中共六盘水市委
六盘水市人民政府　主办

六盘水年鉴

LIUPANSHUI YEARBOOK

2014

六盘水市地方志编纂委员会　编

方志出版社
Publishing House of Local Records

图书在版编目（CIP）数据

六盘水年鉴．2014 年 / 六盘水市地方志编纂委员会编．
—北京：方志出版社，2014.12
ISBN 978-7-5144-1491-2
Ⅰ．①六…　Ⅱ．①六…　Ⅲ．①六盘水市—2014—年鉴
Ⅳ．① Z527.33

中国版本图书馆 CIP 数据核字（2014）第 296833 号

六盘水年鉴（2014）

编　　者：六盘水市地方志编纂委员会
责任编辑：王笃银

出 版 人：冀祥德
出 版 者：方志出版社
地址　北京市朝阳区潘家园东里 9 号（国家方志馆 4 层）
邮编　100021
网址　http://www.fzph.org
发　　行：方志出版社发行中心
电话（010）67110500
经　　销：各地新华书店
印　　刷：昆明鹰达印刷有限公司

开　　本：889 × 1194　　1/16
印　　张：38.75
字　　数：1081 千字
版　　次：2014 年 12 月第 1 版　　2014 年 12 月第 1 次印刷
印　　数：0001 ~ 1500 册

ISBN　978-7-5144-1491-2/K · 1220　　定价：200.00 元

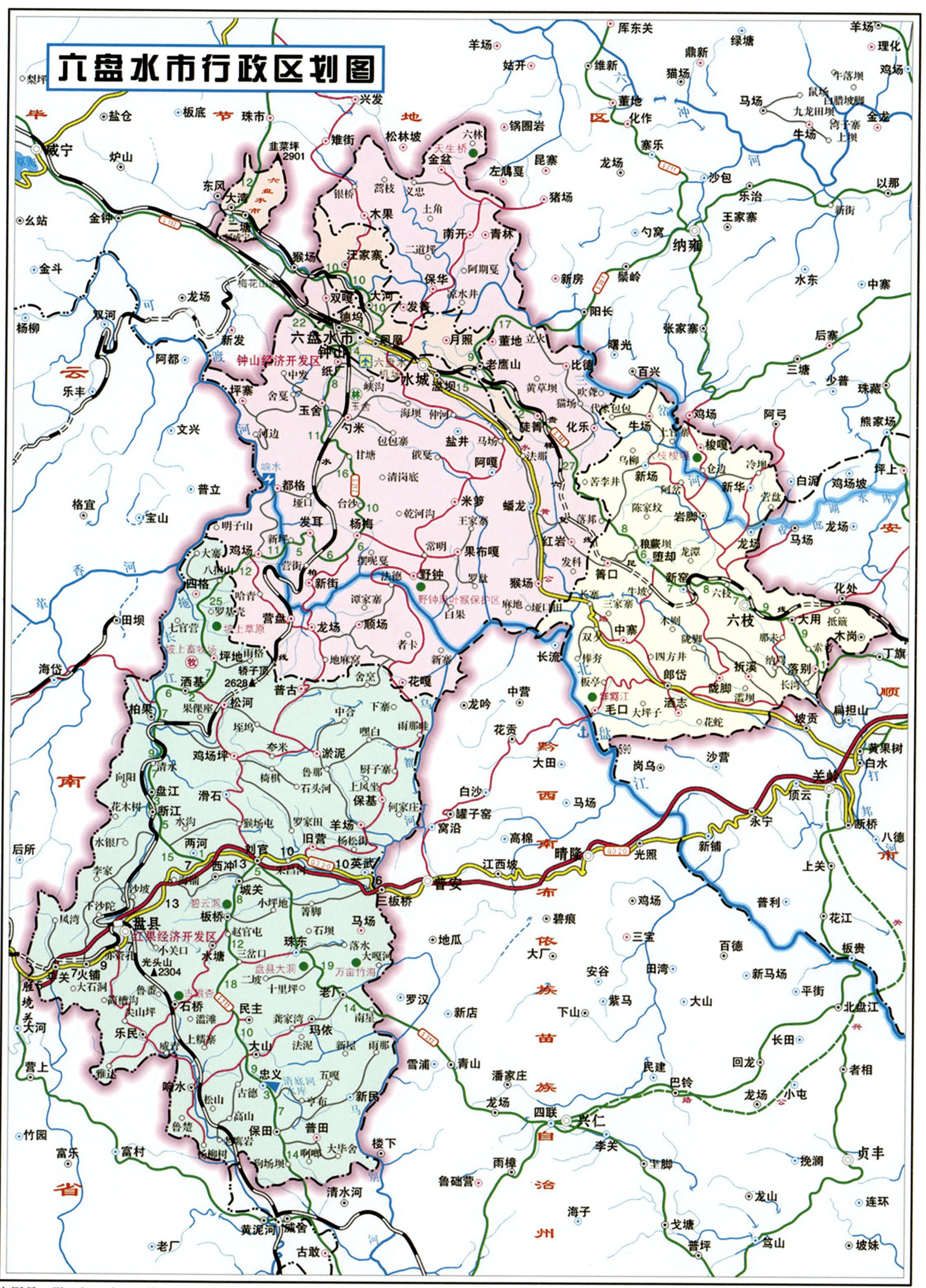

审图号：黔S(2008)020号

六盘水市旅游景点分布图
韭菜坪风景区
天生桥风景区
海发苗族芦笙舞
三口塘苗族跳花坡
阿勒河旅游区
天生湖
玉舍水库
玉舍国家级森林公园
海坪彝族火把节
陡箐苗族跳花
梭嘎生态博物馆
彝文岩刻
牂牁湖
木来温泉
岩脚古镇
野钟黑叶猴自然保护区
仙人桥
新窑邓印苗
滴水滩瀑布
酒耳风景区
坡上草原
花嘎温泉
懒猫河峡谷
牂牁江
郎岱古镇
布依风情园
彝族风情
淤泥白雨
世界第一深渊
陆家寨布依风情
彝族风情园
白族风情
碧云洞
丹霞山护国寺
盘县大洞
方竹海
火铺十里杜鹃风景区
妥乐千年古银杏
乐民温泉
新民羊圈鱼龙化石
六盘水市
钟山
水城
六枝
盘县
威宁
纳雍
晴隆
普安
兴仁
关岭
毕节地区
安顺
黔西南布依族苗族自治州
云南省
图例
市人民政府驻地
县（区）政府驻地
乡、镇政府驻地
一般居民地
省界
州、市、地区界
县、市、特区（区）界
铁路
国道、高等级公路
省道
县道
乡道
河流
1：80万

六盘水市地方志编纂委员会

名誉主任委员　李再勇　周　荣
主　任　委　员　王　彬
常务副主任委员　郑建国　范三川
副主任委员　李盘春　罗资湘　江胜东　余朝林
委　　员　蒋　宇　李　丽　龚远鹏　陈永红　何友座　向镭钠
汤金云　谯继忠　魏华松　熊光敏　王永刚　何　勇
邹家进　刘　纯　吴　坚　刘　睿　张锡钢　方　化
陈　松　唐明刚　李维忠　王宜治　陈官林　方裕谦
周应寿　包崇刚　闫秀春　李世雄　郭波美　马　军
黄志芳　何　枢　王成刚　李飞霜　李新益　何　楠
蒋泽选　邹振伟　杨显龙　廖　翔　王　赟　赵福江
夏厚军

办公室主任　总　编　余朝林
办公室副主任　副总编　赵福江　夏厚军

《六盘水年鉴（2014）》编辑部

主　　编　余朝林
副主编　赵福江　夏厚军
编　　辑　敖　波　李正龙　赵　荷　宋　兵　罗　玲
王维向　陶　梅　杨智雄　黄　涛
彩页设计　敖　波
版式设计　赵福江　敖　波　舒菊丽
校　　对　赵福江　敖　波　贺　芬
编　　务　彭志勇　杨小康　陆长海　吴　静　郭应相

编 辑 说 明

一、《六盘水年鉴》是中共六盘水市委、六盘水市人民政府主办，六盘水市地方志编纂委员会编辑出版的大型综合权威资料性文献，国内外公开发行。

二、《六盘水年鉴》于2000年创刊。本卷为 2014 年卷，登载 2013 年的内容，为了增强信息的时效性，保证资料的连续性和完整性，部分资料适当追溯或下延。

三、《六盘水年鉴》以马列主义、毛泽东思想、邓小平理论、“三个代表”重要思想和科学发展观为指导，全面贯彻落实习近平总书记一系列重要讲话精神，坚持解放思想、实事求是、与时俱进的思想路线，坚持为富民兴市同步建成小康社会服务。内容着重反映2013年六盘水市在贯彻省委省政府关于“加速发展、加快转型、推动跨越”主基调，“三化同步”主战略，继续深化改革和扩大开放，维护稳定，加强社会主义经济、政治、文化、社会、生态文明建设和党的建设等方面的新进展、新成果、新问题，为社会各界了解和研究六盘水市提供地情资料。

四、《六盘水年鉴》结构采取类目、分目、条目3个层次。部分分目下设子分目，条目为主要信息载体。2014卷分设33个类目：大事记，六盘水概况，领导人名录，中共六盘水市委，六盘水市人大常委会，六盘水市人民政府，政协六盘水市委员会，民主党派与工商联，纪检监察，人民武装，群众团体，法治工作，经济管理与监督，财政税务，金融保险，农业气象，工业地勘，建设环保，交通运输，信息产业，商业贸易，教育，科技卫生，文化体育旅游，新闻传媒，社会生活，县区概况，开发区建设，公报，专文，另设图片专辑、附录和文件选编。

五、《六盘水年鉴》资料主要由市直各部门，各县、特区、区政府，各经济开发区管委会和有关群团企事业单位提供。原始资料由供稿单位主要负责人担任主审。

六、《六盘水年鉴》“社会经济发展统计资料”类目的数据由市统计局提供。由于各部门统计口径或数字资料来源不同，条目之间同一事项的统计数据有的不尽一致，使用时请以统计部门提供的数据为准。

七、《六盘水年鉴》在撰、编、印、发全过程中，得到各级党委政府、各有关部门和单位领导及社会各界人士的关心与支持，在此一并致谢！本年鉴由于篇幅较大，图文虽经多次审核、校对，但仍难免有差错和疏漏之处，恳请广大读者批评指正。

六盘水市地方志编纂委员会

六盘水年鉴编辑部

图片专辑

目　录

图为水城县境内北盘江峡谷风光。（敖 波 摄影）

重要会议

8月18日，贵州省第八届旅游发展大会在六盘水市召开，图为省委书记赵克志（左四）、省长陈敏尔（左五）等领导在大会主席台就坐。（王述慷　摄影）

8月18日，贵州省第八届旅游发展大会在六盘水市召开，图为开幕式主会场。（田中平　摄影）

2月19日，六盘水市第七届人民代表大会第三次会议。（高翀　摄影）

2月22日，中国人民政治协商会议贵州省第七届六盘水市委员会第二次会议开幕。（高翀　摄影）

5月10日，六盘水市第七届人民代表大会第四次会议。（高翀　摄影）

六盘水市七届人大四次会议补选的市长周荣简历

周荣　男，汉族，1963年1月出生，贵州织金人，1981年12月参加工作，1984年11月入党，贵州省委党校经济管理专业毕业，大学学历。1981年12月至1984年10月，任贵州省织金县珠藏区黑土公社干部（其间:1981年12月至1983年02月在贵州省织金县委党校干训班学习）；1984年10月至1988年08月，任贵州省织金县珠藏区打括乡乡长（其间:1986年09月至1988年07月在贵州省委党校党政管理专业学习）；1988年08月至1989年02月，任贵州省织金县珠藏区委工作员；1989年02月至1989年03月，任贵州省织金县珠藏区委组织委员；1989年03月至1993年01月，任共青团贵州省织金县委书记；1993年01月至1995年08月，任贵州省织金县三甲乡党委书记；1995年08月至1997年12月，任贵州省织金县委常委、组织部部长；1997年12月至2001年03月，任贵州省纳雍县委副书记（其间:1997年09月至2000年06月在贵州省委党校经济管理专业学习）；2001年03月至2002年01月，任贵州省纳雍县委副书记，县长；2002年01月至2002年05月，任贵州省纳雍县委书记，县长；2002年05月至2006年02月，任贵州省纳雍县委书记（其间:2002年09月至2004年07月在清华大学马克思主义理论与思想政治教育专业研究生课程进修班学习；2004年10月至2004年12月在贵州省委党校中青班学习）；2006年02月至2007年07月，任贵州省毕节地区副专员；2007年07月至2011年12月，任贵州省毕节地委委员，毕节市委书记；2011年12月至2012年01月，任贵州省毕节市委副书记，七星关区委书记；2012年01月至2013年03月，任贵州省毕节市委副书记；2013年03月至2013年5月，任贵州省六盘水市委副书记，市政府党组书记、副市长、代理市长，2013年5月起，任贵州省六盘水市委副书记，市人民政府市长、党组书记。

8月18日，贵州省100个旅游景区建设经验交流会在六盘水市召开。 （王述慷 摄影）

4月1日，六盘水市召开市委六届三次全会，对全市干部选拔任用工作进行“一报告两评议”。图为会议现场。（市委组织部 供稿）

7月4日，中共六盘水市委六届四次全会召开。（田中平 摄影）

12月27日至28日，中共六盘水市委六届五次全会召开。（黄蜀锦 摄影）

5月5日至7日，全省统管工作理论研讨会暨六盘水市派驻机构统管工作课题论证会和全省纪检监察统管工作座谈会在六盘水市召开，省委常委、省纪委书记宋璇涛出席会议并讲话。（市纪委　供稿）

7月18日，全市上半年经济工作会议召开。（田中平　摄影）

7 月 19 日，六盘水市邀请国务院发展研究中心世界发展研究所研究员、中国国际公共关系协会常务副会长郑砚农作了题为《公共关系应用——组织形象塑造与危机管理》的专题讲座。（田中平　摄影）

5 月 23 日至 26 日，第十五届中国科协年会六盘水卫星会议召开。图为 26 日在市人大机关会场举办节能减排与循环经济专题讲座。（田中平　摄影）

5月23日，第十五届中国科协年会六盘水卫星会议资源型城市转型与可持续发展座谈会。
（田中平　摄影）

5月23日，省、市领导与受聘为六盘水市高级经济顾问的五位院士合影。（田中平　摄影）

5月4日，全市三年禁毒人民战争暨“夏秋严打整治”动员部署电视电话会议召开。（田中平　摄影）

6月20日，市委、市政府决定对各县（特区、区）政府和钟山经济开发区管委会主要领导，部分市直部门主要领导，部分市直部门重点科（室）和重点岗位负责人，部分基层站所开展“阳光晒权”系列评议活动。（田中平　摄影）

12 月 12 日，全市扶贫开发暨“四在农家 • 美丽乡村”基础设施建设六项行动计划推进会议召开。
（田中平　摄影）

7 月 23 日，六盘水召开“千企帮村、万户结对、同奔小康”工作部署会。图为会议现场。
（市委组织部　供稿）

3月4日，六盘水市举办中共党的十八大精神培训班，对十八大精神进行轮训。图为开班仪式。

（市委组织部　供稿）

8月14日，六盘水市第九届村（居）“两委”换届选举工作电视电话会。图为会议现场。

（市委组织部　供稿）

1 月 23 日，六盘水市召开全市组织工作会议，总结回顾 2012 年工作，安排部署 2013 年工作。图为会议现场。（市委组织部　供稿）

5 月 15 日至 22 日，六盘水市代表团参加第九届深圳文博会。图为文化产业项目签约仪式现场。（市委宣传部　供稿）

领导调研

8月10日至11日，省委书记赵克志（前排左五）到盘县淤泥乡岩博村调研，对中共十八大代表余留芬（前排左四）“敢想敢干、同甘同苦、善作善成”的精神给予了充分肯定。

（盘县组织部 供稿）

7月13日，在2013年全省第二次项目建设现场观摩会上，省委副书记、省长陈敏尔（右二）率第二组代表到红桥新区观摩瑞都建材项目。

（钟山经济开发区 供稿）

4月3日，省委副书记、省长陈敏尔（右一）在火铺矿井下看望当班的矿工。

（盘江集团　供稿）

9月18日，省委常委、常务副省长谌贻琴（前排左二）到盘县仲恒煤矿调研煤矿重组工作。

（盘县煤炭局　供稿）

5月19日至20日，省委常委、副省长秦如培（前排右二）在六盘水市调研交通等重大基础设施建设。

（田中平　摄影）

6月8日，省委常委、宣传部部长喻红秋（前排左三）到六盘水调研凉都体育中心建设情况。

（田中平　摄影）

8月18日，国家旅游局副局长杜一力（左一）、副省长蒙启良（左三）在六盘水参观旅交会。

（王述慷　摄影）

3月9日，副省长陈鸣明（右三）到六盘水市视察六盘水职业教育发展情况。

（水钢　供稿）

10月30日，副省长王江平（左三）和省、市部门负责人到水钢调研，帮助水钢解决生产经营中的一些实际困难。

（水钢　供稿）

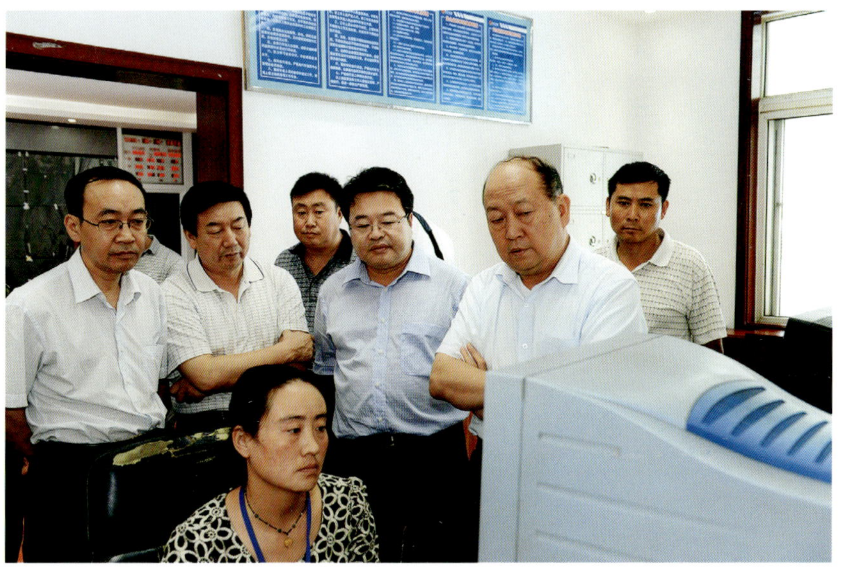

8月4日，全国煤炭工业协会副会长彭建勋（右前一）在汪家寨煤矿调度室了解瓦斯监测监控情况。

（水矿集团　供稿）

8月8日，原国家外经贸部副部长、博鳌亚洲论坛理事、秘书长龙永图（左四）、中国前驻瑞士大使董津义（左五）携考察团一行到滑石乡哒啦仙谷进行考察。（盘县滑石乡　供稿）

12月11日，市四大班子领导在水城县四化建设成果展览馆参观。（黄蜀锦　摄影）

11月25日，市委书记李再勇（右一）在红果经济开发区调研“凉都圣果”食品生产情况。（红果经济开发区　供稿）

12月11日，全市第二轮项目建设现场观摩会上，市委书记李再勇（前排右一）率观摩组到红桥新区六盘水梅安森科技有限责任公司观摩。

（钟山经济开发区　供稿）

12月15日，市委书记李再勇（左一）在水城县青林乡二寨村调研扶贫开发工作。图为市委书记李再勇与贫困村民李少清（右一）亲切交谈。

（黄蜀锦　摄影）

10月13日，市人民政府市长周荣（前排左二）到西南天地煤机装备制造有限公司调研。

（水矿集团　供稿）

项目建设与招商合作

4月8日，市投资促进局小分队赴江苏开展招商引资活动，图为座谈会现场。

（市投资促进局　供稿）

5月22日，2013六盘水市重点项目香港推介会暨签约仪式上，六盘水与企业签订重点投资合作项目。

（市投资促进局　供稿）

8月18日，贵州省第八届旅游发展大会六盘水招商引资项目推介暨签约仪式现场签约项目。

（市投资促进局　供稿）

贵州省100个产业园区之一，初具雏形的六盘水红桥新区。

（2013年7月14日　高锡杰　摄影）

贵州省100个城市综合体之六盘水市凤凰山城市综合体　（2013年7月22日　高锡杰　摄影）

贵州省100个重点打造旅游景区之水城县野玉海国际旅游度假区一角　（2013年7月21日　高锡杰　摄影）

贵州省 100 个示范小城镇之水城县玉舍乡建设场面 （2013 年 11 月 10 日 高锡杰 摄影）

贵州省 100 个现代高效农业示范园区之盘县哒啦仙谷休闲农业观光示范园区 （市农委 供稿）

1 月 21 日，全省 100 个城市综合体之中国·凉都体育中心施工初期。（朱祖雄　摄影）

2013 年 8 月 5 日，中国·凉都体育中心建成开馆。（高锡杰　摄影）

9月27日，盘县刘官镇胜境温泉旅游文化城市综合体开工。（盘县刘官镇　供稿）

2013年12月，建设中的中国·凉都大剧院。（朱祖雄　摄影）

基础设施建设

11 月 10 日，通车后的水盘高速公路（左）。（高锡杰　摄影）

12 月 19 日，杭瑞高速六盘水段，图为正在建设的水城县滥坝镇以朵村陈家寨高架桥。　（黄蜀锦 摄影）

12 月 8 日，建设中的六盘水月照机场。（高锡杰　摄影）

12 月 8 日，六盘水月照机场高速公路红桥隧道施工场景。　（高锡杰　摄影）

12 月 8 日，红桥西线施工场景。　（高锡杰　摄影）

2013 年，水城县纸厂乡至红桥新区公路通车。　（钟山经济开发区　供稿）

2011 年，首钢水钢连接凤池路隧道开工建设。（张三都　摄影）

7 月 28 日，市中心城区连接首钢水钢的又一条重要通道——凤池路隧道建成通车，该隧道单洞长 935 米，为单向双洞 4 车道。
（黄蜀锦　摄影）

城镇化建设

2004 年的六盘水市人民广场　（高锡杰　摄影）

2013 年的六盘水市人民广场　（高锡杰　摄影）

1996 年未开发的六盘水市凤凰山　（高锡杰　摄影）

2006 年开发建设中的六盘水市凤凰新区　（高锡杰　摄影）

2013 年的六盘水市凤凰新区　（高锡杰　摄影）

2002 年的六盘水市城市东片区　（高锡杰 摄影）

2006 年的六盘水市城市西片区　（高锡杰　摄影）

2002 年初建时的六盘水市钟山区荷城片区　（高锡杰　摄影）

2013 年建设中的六盘水市城市东片区　（高锡杰　摄影）

2013 年建设中的六盘水市城市西片区　（高锡杰　摄影）

2013 年建设中的六盘水市钟山区荷城片区　（高锡杰　摄影）

1992 年的六盘水市钟山区黄土坡　（高锡杰　摄影）

2013 年建设中的六盘水市钟山区黄土坡　（高锡杰　摄影）

7 月 3 日，建设中的水城县玉舍乡小城镇。　（张三都　摄影）

2006 年初建时的六盘水市钟山区杨柳社区 （高锡杰 摄影）

2013 年建设中的六盘水市钟山区杨柳社区。（高锡杰 摄影）

10 月 25 日，盘县羊场乡小城镇建设。（张三都 摄影）

新型工业化

12月11日，市委书记李再勇（前排左三）、市长周荣（前排左二）参观钟山经济开发区梅安森项目。（田中平　摄影）

9月10日，钟山经济开发区（红桥新区）“百日攻坚行动”动员大会现场。（钟山开发区　供稿）

12 月 30 日，市委副书记、市政府市长周荣（中）在红果开发区调研双凤酒业发展情况。
（红果开发区 供稿）

10 月 5 日，中国煤炭工业协会党委书记、会长王显政（中）到盘江精煤股份公司作全国煤炭市场形势分析，指导产品结构调整思路。
（盘江煤电集团 朱华云 摄影）

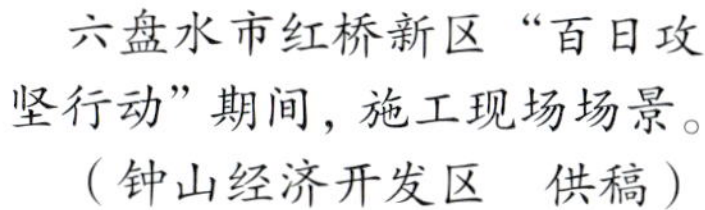

六盘水市红桥新区“百日攻坚行动”期间，施工现场场景。
（钟山经济开发区 供稿）

12月11日，全市项目观摩暨工业发展大会召开。
（田中平　摄影）

5月26日，“凉都秘境工业之旅”采风团在火铺矸石电厂采访循环经济项目建设。
（盘江煤电集团　朱华云摄影）

盘县黔桂发电煤电化一体化循环经济项目，图为厂区全景。（黔桂发电公司　供稿）

11 月，贵州黔桂天能焦化有限责任公司 200 万吨 / 年循环经济型煤焦化项目 2 号焦炉投产。

（黔桂发电公司　供稿）

12 月 25 日，黔桂发电公司“上大压小”改建工程新 1 号机组顺利通过 168 小时试运行，图为签字仪式。

（黔桂发电公司　供稿）

证书号第2633908号

实用新型专利证书

实用新型名称：水膜式原煤仓

发　明　人：方阳

专　利　号：ZL 2012 2 0303427.5

专利申请日：2012 年 06 月 27 日

专 利 权 人：贵州金元发电运营有限公司盘南分公司

授权公告日：2013 年 01 月 09 日

本实用新型经过本局依照中华人民共和国专利法进行初步审查，决定授予专利权，颁发本证书并在专利登记簿上予以登记。专利权自授权公告之日起生效。

本专利的专利权期限为十年，自申请日起算。专利权人应当依照专利法及其实施细则规定缴纳年费。本专利的年费应当在每年 06 月 27 日前缴纳。未按照规定缴纳年费的，专利权自应当缴纳年费期满之日起终止。

专利证书记载专利权登记时的法律状况。专利权的转移、质押、无效、终止、恢复和专利权人的姓名或名称、国籍、地址变更等事项记载在专利登记簿上。

局长 田力普

1 月 9 日，盘南电厂的“水膜式原煤仓”技术被国家知识产权局授予“实用新型专利证书”。

（盘县盘南电厂　供稿）

农业现代化

9月28日，六盘水市参加在贵阳举办的贵州省100个现代高效农业示范园区招商引资项目签约。图为签约现场。（市农委　供稿）

2013年，建设中的六枝特区郎岱现代农业综合产业示范园区　（市农委　供稿）

4 月 14 日，建设中的六枝特区岩脚镇迴龙溪温泉旅游度假区。（田中平　摄影）

2013 年，扩大规模的水城县猕猴桃产业示范园区。
（市农委　供稿）

水城县富硒茶产业示范园区。
（市农委　供稿）

10月7日，六盘水市人民政府与中科院武汉植物园签订猕猴桃产业合作伙伴协议。图为签约仪式。
（市农委　供稿）

8月9日，中科院主任黄宏文到六盘水市调研考察。
（市农委　供稿）

12月3日，钟山区大河镇建成的都市型农业产业示范园区。
（马永超　摄影）

12 月 6 日，水城县陡箐乡新农村建设。
（张三都　摄影）

12 月 8 日，水城县都格乡垭口村新农村建设。
（张三都　摄影）

12 月 19 日，钟山区大湾镇海嘎村。（张三都　摄影）

6 月 27 日，盘县淤泥乡麻郎垤村全景。（张三都　摄影）

8 月 18 日，六盘水市市长周荣手中举起贵州省第八届旅游发展大会旗帜。

（王述慷　摄影）

贵州省第八届旅游发展大会主会场　（黄蜀锦　摄影）

10 月，六盘水市明湖国家湿地公园得到国家林业局正式授牌。（林业局　供稿）

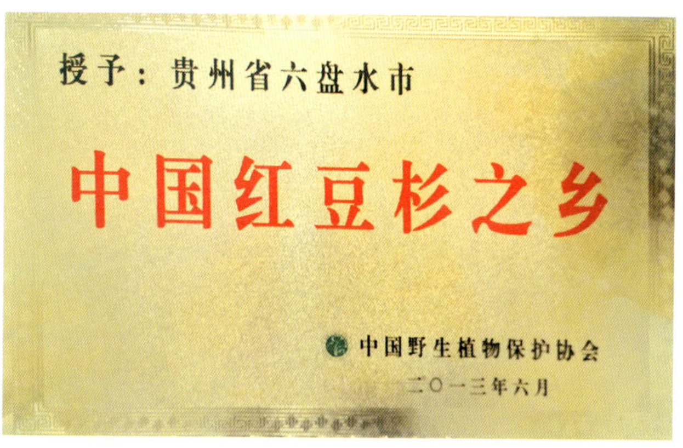

6 月，中国野生植物保护协会正式授予六盘水市“中国红豆杉之乡”称号。（林业局　供稿）

8 月 6 日，六盘水市明湖国家湿地公园航拍效果。（王述慷摄影）

7 月 30 日，改造后的六盘水市凤池园。（高锡杰　摄影）

8月10日，中国·凉都六盘水夏季国际马拉松赛开幕。图为男子5公路迷你马拉松前三名在领奖台上。

（黄蜀锦　摄影）

8月17日，中国·凉都消夏文化节活动之一滑翔伞比赛。图为运动员在牂牁江景区比赛。（黄蜀锦　摄影）

7月2日，六枝特区牂牁江景区。（黄龙星　摄影）

7月6日，六盘水市明湖国家湿地公园鲜花盛开，等待贵州省第八届旅游发展大会开幕。
（张三都　摄影）

钟山区韭菜坪韭菜花盛开　（张三都　摄影）

5月6日，盘县四格坡上草原。（王述慷　摄影）

9 月 16 日，盘县四格坡上草原。 （敖 波 摄影）

钟山区韭菜坪夕阳 （王述慷 摄影）

7月2日，六枝特区牂牁江景区。（胡吉斌　摄影）

六枝特区牂牁江景区 （王述慷 摄影）

7月23日，六枝特区牂牁江景区。（张家裕 摄影）

六枝特区牂牁江景区之毛口乡 （张三都 摄影）

6月17日，六盘水市食品安全宣传周启动仪式现场。（食品药品监督局 供稿）

1月5日，民警为因凝冻停运在梅花山的司机送食品。（市公安局　供稿）

9月5日，缉毒民警正在查缉车辆。（市公安局　供稿）

10月25日，六盘水市举行庆祝贵州省第十六届环卫工人节暨表彰大会，表彰了6个先进集体和80名先进个人。图为表彰会现场。

（市城管局　供稿）

11月7日，六盘水市地税局“税源专业化管理平台”、“税企信息互换平台”成功通过省局专家组评估验收。

（市地税局　供稿）

8月29日，"营改增"后第一家纳税人申报现场。
（市国税　供稿）

7月29日上午9点30分，贵州省"5个100工程"急需紧缺人才专场招聘会六盘水分会场启动仪式在人民广场举行。（黄蜀锦　摄影）

2月28日，六盘水市2013"春风行动"大型专场招聘会在市人力资源市场举行。图为求职者填写应聘材料。
（黄蜀锦　摄影）

3月25日，市政协副主席张俊昌（左一）、市地税局局长任亚林（右一）为六盘水市纳税人培训基地揭牌。
（市地税局　供稿）

5月15至19日，全市卫生监督员协管员培训班开班。
（市食品药品监督局　供稿）

8·29测绘法宣传日，市国土资源局领导干部上街向群众宣传测绘法相关知识。

（市国土局　供稿）

4月27日，贵州省新农合商报经办及大病保险工作现场会在六盘水市召开。

（市卫生局　供稿）

4月13日，六盘水市商业保险机构参与经办新农合工作启动仪式。

（市卫生局　供稿）

4月23日，市人防办为旅游重大项目，提供“人防工程”上门服务。

（市人防办　供稿）

6月13日，无线电管理局为盘县机场选址测试现场开展工作。

（市无线电管理局　供稿）

12月4日，市档案局干部上街开展档案法制宣传活动。

（市档案局　供稿）

2013年，中共十七大、十八大代表，盘县淤泥乡岩博村党委书记余留芬用企业家的眼光经营村庄，让岩博村从“空壳村”发展成为远近闻名的小康村、文明村、示范村。图为余留芬（右二）带领村民学习实用技术。

（市委组织部　供稿）

6月14日，国家863计划先进能源技术研讨会在六盘水市召开。

（市科技局　供稿）

3月28日，第一届中国贵州人才博览会开幕式上六盘水市人民政府副市长尹志华（右一）代表六盘水市与中南大学常务副校长黄健柏（左一）签订人才战略合作协议。

（市人资社保局　供稿）

教育卫生

2013年六盘水市实施教育"9+3"计划。图为9月29日推进会现场。
（市教育局　供稿）

3月28日，六盘水师范学院院长郁钟铭（前排右一）在贵州省第一届人才博览会上与华北科技学院签订协议。
（六盘水师范学院　供稿）

8月24日，六盘水师范学院承办乌蒙山区发展研究第一届学术研讨会。

（六盘水师范学院　供稿）

11月23日，全市职业院校学前教育专业技能大赛开幕式。

（市民族职校　供稿）

3月14日，国家外专局与日本日中技能者交流中心访问六盘水市第三中学。

（市三中　供稿）

2013 年 5 月，市特殊学校参加贵州省第八届残疾人文艺汇演，并荣获小品类金奖。图为演出现场。

（市特殊学校　供稿）

7 月 26 日，市疾控中心开展人感染 H7N9 禽流感应急演练。

（市疾控中心　供稿）

6 月 21 日，市第二人民医院到六枝特区堕脚乡开展义诊活动。

（市二医　供稿）

7 月 31 日，市第三人民医院开展“服务之星”评选活动。

（市第三人民医院　供稿）

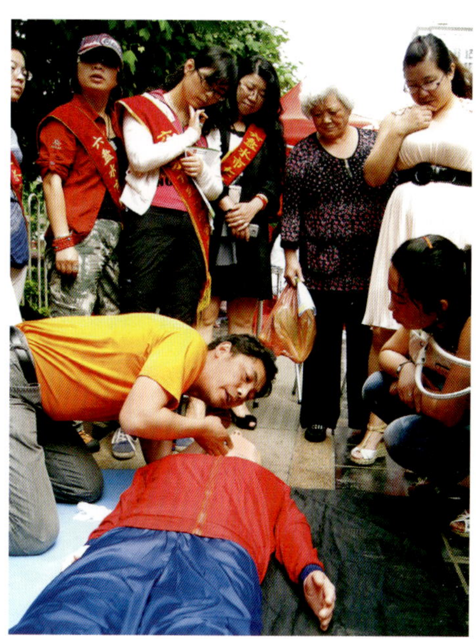

“5 · 8”世界红十日活动现场，市红十字会工作人员向群众讲解急救要领。

（市红十字会　供稿）

3 月 24 日，副市长谢朝碧（前排左三）亲临宣传活动现场，向结核病人了解他们的生活、生产情况。

（市疾控中心　供稿）

10月22日，省老龄办领导为六盘水市荣获首届全国“敬老文明号”的单位授牌。
（市老龄办　供稿）

8月15日，市民政局领导到盘县检查低保金发放工作。
（市民政局　供稿）

香港吴星可慈善基金会慈善轮椅
捐赠仪式
主办单位：六盘水市归侨侨眷联合会
协办单位：六盘水市残疾人联合会
承办单位：六盘水市钟山区委、区政府
2013/06/23

2013年6月23日，在人民广场举行香港吴星可慈善基金会慈善轮椅捐赠仪式。
（市侨联　供稿）

1 月 15 日，贵州省红十字会 2013 年“红十字博爱送万家”活动走进六盘水。

（市红十字会　供稿）

6 月 29 日，六盘水市九三水城支社、师院支社到水城县陡箐乡开展社会服务活动。

（九三六盘水市委　供稿）

1 月 8 日，李连杰“壹基金儿童温暖礼包”六盘水地区发放仪式启动。

（市红十字会　供稿）

7 月 19 日，市委离退局举办“昱霖爱晚志愿活动”启动仪式。该活动组建志愿服务队员 238 名，为 157 名“空独”老干部及遗孀开展服务活动 35 次。

（市委离退局　供稿）

8 月 18 日，六盘水市志愿者在招商引资洽谈会会场服务。

（团市委　供稿）

2月7日至5月20日，六盘水武警支队组织开展“百日城市武装巡逻勤务”。

（市武警支队　供稿）

1月18日17时29分，贵州盘江精煤股份有限公司金佳矿金一采区211运输石门发生煤与瓦斯突出事故。图为矿山救护队员下井搜救。

（黄蜀锦　摄影）

6月9日，六盘水市公安消防支队消防官兵救助洪涝灾害被困群众。

（市公安消防支队　供稿）

5月22日，六盘水市公安消防支队官兵救助洪涝灾害被困群众。

（市公安消防支队　供稿）

8月7日，六盘水市公安消防支队消防官兵争分夺秒营救车祸被困人员。

（市公安消防支队　供稿）

3月12日20时07分，水城县阿戛镇境内的水矿集团格目底公司马场煤矿发生一起煤与瓦斯突出事故。图为矿山救护队员下井搜救。

（黄蜀锦　摄影）

2月17日，六盘水市武警支队参与首钢水钢集团山林大火抢险救援任务。

（市武警支队　供稿）

精神文化生活

8 月 17 日，贵州三线建设博物馆在六盘水市开馆。图为开馆仪式现场。

（朱祖雄　摄影）

12 月 31 日，六盘水市“2013 感动凉都十大人物”颁奖典礼在人民广场举行。卜玉莲、王盘银、马正林、朱德忠、肖启珍、李文峰、陈永会、严国立、赵文泰、董静被评选为“2013 感动凉都十大人物”。

（田中平　摄影）

4 月 28 日，市直机关职工参加健步走比赛。图为启动仪式现场。 （市直机关工委 供稿）

7 月 22 日，以"凝聚正能量 共筑中国梦"为主题的贵州省第三届道德模范先进事迹报告会在六盘水市举行。（田中平 摄影）

2013年6月6日，中国军事科学院原副院长、中国三线建设研究会筹备领导小组组长钱海皓（前排左六）中将，率中国社会科学院当代中国研究所三线建设调研组在盘江投资控股（集团）有限公司调研。

（市地方志办公室　供稿）

2013年7月，原西南三线建设委员会秘书、1965年随邓小平视察贵州及六盘水三线建设的专职摄影师单兰山（前排左三），在市委常委、宣传部部长杨宏远（前排左二），市人大副主任刘静（前排左一），市地方志办党组书记、主任余朝林（前排右二）的陪同下，参观贵州三线建设博物馆建设施工现场。

（市地方志办公室　供稿）

6月25日，六盘水市社科院成立，省社科院副院长宋明（左一），市委常委、市委宣传部部长、市社科联主席杨宏远（右一）出席授牌仪式。

（市社科联　供稿）

4月26日，三线建设文献文物资料征集工作会召开。

（田中平　摄影）

9月11日，中国凉都·首届共和国将军部长书画展在六盘水美术馆开幕。图为开幕式现场。

（田中平　供稿）

4月15日，全国第五次图书馆评估定级工作组听取盘县文体广电旅游局工作汇报。

（市文体广电局　供稿）

5月29日，六盘水市举行“浩瀚六百年·激荡新贵州——三线那些人和事”大型广播直播活动，大力弘扬“艰苦创业、勇于创新、团结协作、无私奉献”的三线精神，纪念贵州建省600年。

（田中平　供稿）

8月5日，2013“多彩贵州”歌唱大赛巡回赛在六盘水市人民广场开幕。图为晚会现场。

（田中平　供稿）

6月26日，中央人民广播电台著名播音人雅坤在水城县米箩乡铜厂小平小学现场连线直播新闻。
（黄蜀锦　摄影）

9月23日，2013多彩贵州旅游商品两赛一会六盘水赛区选拔赛在市体育馆举行。图为参加比赛的能工巧匠邓笔先（右一）在给一位布依族妇女捏面人。
（黄蜀锦　摄影）

2月3日，市委宣传部、市文联新春文艺下乡在钟山区大河镇开展。
（市文联　供稿）

2013年5月3日，中央电视台《远方的家》栏目组采访六盘水市民族风情。
（王述慷　摄影）

近年来，石文化在六盘水方兴未艾，每年在中国凉都·消夏文化节上都有展现，融入自然是生态文明建设的方向。

金玉满堂（红方解晶体）
产地：贵州；尺寸 48×37×20
（收藏：郭　昆）

和平万岁（乌江石）
产地：贵州；尺寸 38×30×35
（收藏：郭　昆）

鱼趣（长江石）
产地：贵州；尺寸 31×30×20
（收藏：郭　昆）

鲤鱼跳龙门（乌江石）
产地：贵州；尺寸 32×36×20
（收藏：郭　昆）

六盘水历史建筑——

双洞古营垒残墙 （钟山区月照乡）

狗场营古城营垣尚存的外营西门 （盘县普田乡）

岱翁腰岩古石堡
（六枝特区岩脚镇）

双锁山狗场营古城营垣 （盘县普田乡）

龙家屯堡大门局部
（六枝岩脚）

清咸同年间所建的老白岩连环石堡群 （六枝特区新华乡）

古城垣营堡

城垣营堡建筑在六盘水市有着悠久的历史。最早的城防建筑为尚有部分遗存的明洪武年间开始修建的普安卫城城垣。其他于清雍乾年间所建的水城厅城垣、郎岱厅城垣除几段残墙外已不复存在。除城垣建筑外，尚有散布于各地关隘险地的各类营盘堡垒等军事防卫建筑，大多年代久远或只剩遗址及部分断壁残垣。较为著名的有盘县双锁山狗场营城营垣，水城阿扎屯古营垣，六枝新华大白岩峭壁古堡、紫龙洞古营垒，岩脚岱翁村老鹰岩古营垒，民国时期所建的六枝板梅屯堡以及岩脚龙家屯堡等。（汪龙舞／摄影撰文）

明代普安卫城垣西门（盘县城关镇）

阿扎屯古战场残墙及石砌拱券门（水城县盐井乡）

民国期间所建的板梅屯堡 （高锡杰摄于六枝坝湾）

清代所建的紫龙洞石堡（六枝特区新华乡）

民国初始建于小屯石峰顶的龙家屯堡（六枝特区岩脚镇）

明代拱券纵联分节并列砌筑的普安卫城垣北门 （盘县城关镇）

钟山区韭菜坪　　摄影　张三都

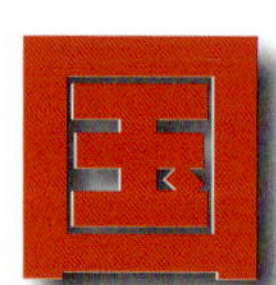

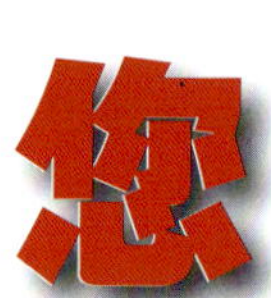

目　录

大事记

六盘水概况

领导人名录

中共六盘水市委

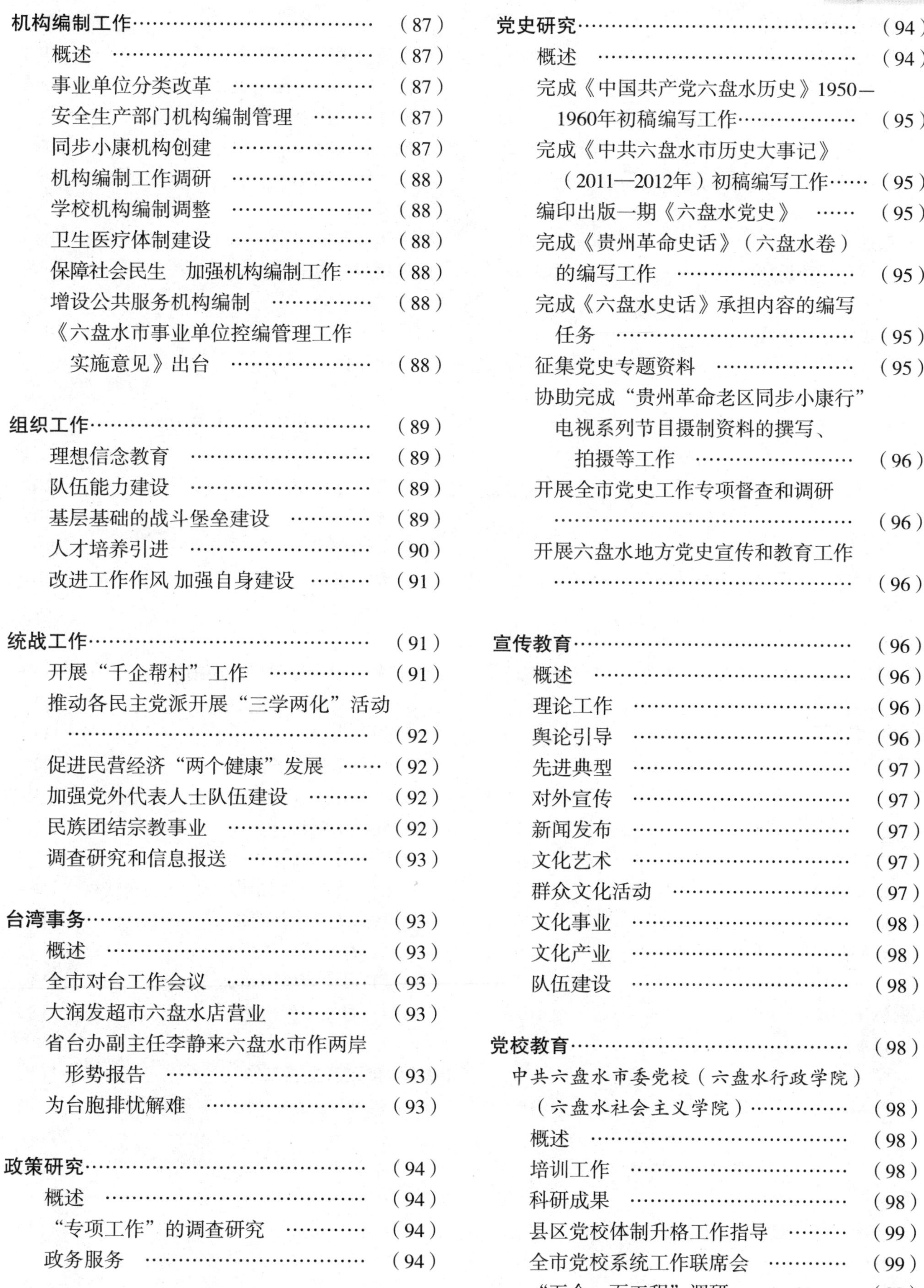

六盘水市人大常委会

六盘水市人民政府

政协六盘水市委员会

民主党派与工商联

纪检 监察

人民武装

群众团体

法　　治

经济管理与监督

财政　税务

金融　保险

农业　气象

工业　地勘

建设　环保

交通　运输

信息产业

商业贸易

教　育

科技　卫生

文化　体育　旅游

新闻　传媒

社会生活

县区概况

开发区建设

公　报

专　文

文件选编

附　录

大事记

1月

4日 六盘水市召开旅游工作座谈会。

同日 六盘水市召开“三农”工作座谈会。

4日至5日 市委书记王晓光主持市委中心组2013年第一次集中学习。学习中共十八大、中央经济工作会议、省委十一届二次全会、全省经济工作会议、市委六届二次全会和六盘水市经济工作会议精神。

5日 六盘水市城市建设工作座谈会举行。

同日 中国邮政集团公司在六盘水明湖花园酒店举行《癸巳年》特种邮票首发仪式。贵州省政协副主席班程农，中国集邮总公司党组书记李永明，省邮政公司副总经理、省集邮协会会长牟崇俊出席。六盘水市市长何刚出席并讲话。副市长马雷主持。

6日 市委书记王晓光在钟山区大河镇裕民社区、周家寨社区走访慰问部分困难群众。

同日 市长何刚、副市长周斯弼听取六盘水市2012年度项目建设情况汇报。

同日 市委政法委书记徐立平在市经信委、市规划局、市城管局、市交通局检查2012年度惩防体系建设情况并座谈。

同日 六盘水市2012年度项目建设专题会召开，研究《六盘水市2012年度项目建设专项检查报告》中反映的2013年度六盘水市重点项目、一至四季度集中开工项目及“十大工程”项目存在困难及问题。

7日 六盘水市几大班子领导及水城军分区领导“送煤下乡”，将冬季取暖所需民用煤送到困难群众家中。

8日 六盘水市政府第17次常务会议召开，研究六盘水市人民防空工程管理办法等问题。

同日 第20次市长办公会议召开，研究2013年“两节”期间市重点慰问活动方案等问题。

同日 市政府专题会议在六盘水会议中心二会议室召开，研究城镇化建设有关问题；研究水黄公路沿线隧道美化问题。

同日 中央电视台副台长、中央新影集团董事长高峰在六盘水市作题为“文化与产业发展”专题报告会。

9日 六盘水市推进“工业化、城镇化、农业现代化”2012年度第四次现场观摩会在钟山区举行。市委书记王晓光参加观摩并在总结会上讲话，市委副书记何冀参加观摩并主持总结会。

同日 市政府专题会议研究市中心城区应急供水花岩洞取水工程融资、征地拆迁及项目推进等有关事宜。

10日 市政府专题会议研究双桥水库建设涉及煤矿处置问题。

同日 六盘水市2013年第一次消防工作联席会议暨“除火患、保平安”冬春专项行动部署大会召开。

同日 市政府专题会议研究市中心城区民用燃气保障工程有关问题。

11日 贵州省委政法委书记、省公安厅厅长崔亚东在六盘水市强制隔离戒毒所、102省道梅花山抗凝冻救灾服务站、市交警支队直属一大队梅花山执勤点、钟山公安分局钟山派出所等地慰问部分政法干警、困难群众、英烈家属。

11日至12日 六盘水市党政代表团到大连市学习考察。市委书记王晓光、市长何刚率队。

考察期间，代表团与辽宁省委常委、大连市委书记唐军就大连市对口帮扶六盘水市工作进行了座谈。代表团先后考察了大连东部港区及大连国际会议中心、百年城雕、大连高新技术产业园区。

11日至13日 国家污染物总量减排核查组在六盘水市核查总量减排工作。

12日 市政府专题会议研究六盘水市煤矿企业兼并重组问题；研究城市棚户区改造及六盘水火车站周边环境治理有关问题。市政府专题现场办公会议在省有色金属和核工业地质勘察局二总队召开，研究市中心城区红桥西路连接明湖路支线道路建设涉及省有色金属和核工业地质勘查局二总队片区征地拆迁与开发改造有关问题。

同日 国家安监总局组织的开民煤矿安全科技进贵州活动启动仪式在六盘水时代假日酒店举行。

同日 市委宣传部部长杨宏远在六枝特区中寨乡岩脚村走访慰问部分贫困户、低保户、五保户、二女结扎户。

同日 六盘水市计划生育非诉行政案件强制执行联席会议召开。

同日 六盘水市综合治理出生人口性别比偏高工作会议在六盘水电视电话会议室召开。

同日 六盘水市城市电网迁改审查会召开。

14日 市人大常委会副主任杨明达到“四在农家”挂帮点盘县板桥镇调研。

15日 六盘水市人民政府工作报告征求意见座谈会在市中心城区开投大厦10楼统战部会议室召开。

15日至16日 贵州省副省长卢智明赴六盘水市水城县玉舍乡、杨梅乡慰问贫困农户并听取水城县扶贫工作汇报。

同期 市人大常委会副主任、市总工会主席陈光明先后到盘县刘官镇瞿家庄村、盘江煤电集团公司火铺矿开展“心系群众、关注民生”冬令送温暖活动。

15日至17日 六盘水市市副市长杨朝晖在国家有关部门对接六盘水市2013年水利项目。

16日 市政协主席唐方信率市政协机关干部职工深入水城县米箩乡，开展冬令送温暖活动。

同日 盘南煤电铝一体化循环经济产业基地产业发展规划审查会在贵阳举行。

同日 市人大常委会副主任杨龙政到盘县英武乡调研农村贫困户过冬取暖用煤解决和2013年农业产业发展情况，并慰问部分贫困农户。

同日 市人大常委会副主任阳松林到盘县两河乡下寨村开展“心系群众、关注民生”冬令送温暖活动。

同日 市人大常委会副主任刘静到“四在农家”联系点盘县鸡场坪乡塘子边村走访慰问困难群众。

同日 贵州省2012年固定资产投资检查组在六盘水市检查工作。

16日至19日 市人大常委会副主任、市工商联主席陶兴锐出席中国海南博鳌亚洲论坛2013年中小企业发展论坛。

17日 市人力资源和社会保障工作会议在六盘水电视电话会议室召开。

同日 市政府专题会议研究六盘水市能源公司组建问题。

同日 六盘水市保险机构参与新农合经办服务暨大病补充医疗保险座谈会举行。

同日 2013年六盘水市人口计生工作第一季度调度会召开。

同日 贵州省促进农民增收综合检查考核组在六盘水市检查工作。

18日 17：29时，贵州盘江精煤股份有限公司金佳煤矿发生煤与瓦斯突出事故，当班施工现场作业人员18人，5人安全升井，13人遇难。事故发生后，贵州省委、省政府主要领导立即就事故抢险救援作出批示。副省长孙国强，市委书记王晓光，市委副书记、市长何刚，市委常委、盘县县委书记陈少荣，副市长尹志华等省市领导第一时间赶赴事故现场，组织指挥抢险救援。

同日 六盘水市教育工作会议召开。

19日 市人大常委会主任黄金，到盘县四格乡坡上村慰问贫困老党员和贫困户，向他们发放慰问品和慰问金。

19日至20日 2012年度省扶贫开发工作督查考核组赴六盘水市检查工作。

21日 市政府第18次常务会议在六盘水会议中心二会议室召开，研究 2013年提交市“两会”审议有关报告等问题。

同日 第21次市长办公会议在六盘水会议中心二会议室召开，研究六盘水市交通运输集团有限公司申请房源解决康乐北路拆迁户安置

等问题。

21日至22日 市政协七届五次常委会议召开。会议听取了市人民政府关于市政协七届一次会议以来提案办理情况的通报，协商讨论了市人民政府工作报告；审议了市七届政协常务委员会工作报告（草案）和市政协七届一次会议以来提案工作情况的报告以及市政协七届二次会议文件。市政协主席唐方信，副主席王兴建、田满华、张俊昌、聂志权、邓刚、赵泽义、滕树红、吴文祥，秘书长江胜东出席会议。

22日 六盘水市全省旅游发展大会筹备工作调度会召开。

同日 中共六盘水市委下发《〈关于改进工作作风、密切联系群众的十项规定〉的通知》（六盘水党发〔2013〕1号）。

23日 六盘水市组织工作会议召开。

同日 六盘水市人民政府与贵州易广建设有限公司、贵州添钰生态科技股份有限公司签订《六盘水市红豆杉建设投资协议》。市长何刚出席签约仪式并讲话。

同日 六盘水市委组织部部长李朝卉在水城县玉舍乡俄脚村走访慰问部分困难群众。

同日 市政府专题会议研究市中心城区应急供水花岩洞取水工程BT融资合作项目。

23日至24日 贵州省移民局到六盘水市调研督导善泥坡水电站移民工作。

24日 2013年中共六盘水市委农村工作电视电话会议召开。

同日 六盘水市审计工作电视电话会议召开。

同日 六盘水市安全生产工作会议召开。

同日 六盘水市移民工作会议在六盘水电视电话会议室召开。

同日 市政府专题会议研究市中心城区水西南路水果批发市场及其周边区域环境秩序整治问题。

24日至25日 六盘水市2013年第一次城规委会议召开（25日会议在贵阳召开）。

25日 市纪委书记向昀在六枝路喜循环经济产业园区、六镇高速公路一标段项目部、六枝特区平寨镇敬老院等地走访慰问重点项目建设单位、贫困党员、归侨、优秀公安干警、鳏寡孤独老人。

26日 市委政法委书记徐立平到六盘水火车站视察安保工作并慰问六盘水车站派出所民警。

同日 六盘水市春季动物防疫联席会议召开。

27日 六盘水市第九次农业产业化经营联席会议召开。

28日 市委政法委书记徐立平在市交警支队直属一大队梅花山执勤点、钟山公安分局钟山派出所、水城县看守所、水城县公安局滥坝派出所、水城县武警中队走访慰问政法干警。

同日 六盘水市煤炭工作会议在六盘水电视电话会议室召开。

同日 六盘水市经济与信息化工作会议在六盘水电视电话会议室召开。

29日 市委宣传部部长杨宏远在六六高速一标段项目部、凉都体育中心施工现场、市社会福利中心、钟山区儿童福利院、钟山区红岩街道丫口社区、钟山区大河镇大桥社区等地走访慰问环卫工人、鳏寡孤独老人及儿童、乡土人才、计生专干、市级劳模。

同日 市政府专题会议在盘县召开，研究煤矿安全生产保证金问题。

同日 市政府专题会议研究市中心城区美化亮化工程招投标有关问题。

30日 六盘水市宣传思想文化工作会议召开。

31日 市委常委、水城县委书记王彬在水城县滥坝镇双水社区、黄家桥社区居家养老中心等地走访慰问台属、困难职工、五保户、侨眷、优秀计生干部、环卫工人。

同日 市政府与市直部门、各大企业、各金融机构招商引资工作座谈会举行。

2月

1日 六盘水市统计工作会议召开。

同日 贵州省拖欠农民工工资专项督察组在六盘水市检查工作。

同日 六盘水市民政工作会议召开。

同日 中共六盘水市委、市人民政府下发《关于实施2013年“十大工程”和“二十件民生实事”的通知》（六盘水党发〔2013〕2号）。

同日 市政府专题会议在双桥水库工程建设现场召开，研究加快推进双桥水库库区移民搬迁安置和工程建设工作。

2日 市委书记王晓光、市长何刚分别看望慰问部分离退休老同志、贫困党员、城市低保户、全国劳模。

3日 市委书记王晓光在城市内环快线主体工程项目点、机场高速公路项目点、月照机场项目点开展春节慰问。

同日 市委组织部部长李朝卉看望慰问部分离退休老同志。

同日 市政府第19次常务会议在六盘水会议中心二会议室召开，研究六盘水市残疾人事业"十二五"发展纲要等问题。

同日 第22次市长办公会议在六盘水会议中心二会议室召开，研究春节期间有关工作安排等问题。

4日 六盘水市第五次归侨侨眷代表大会召开。

同日 六盘水市实施煤矿安全生产责任保证金启动大会在六盘水电视电话会议室召开。

同日 六盘水市道路交通安全工作联席会议召开。

同日 六盘水市商务粮食工作会议召开。

同日 六盘水市森林防火工作电视电话会议召开。

5日 中共六盘水市纪委六届三次全会召开。市委书记王晓光出席并讲话，市纪委书记向昀作工作报告。

同日 六盘水市2013年春节团拜会举行。市委书记王晓光出席并致辞，市长何刚主持团拜会。

同日 六盘水市金融运行分析会召开。

同日 六盘水市卫生工作会议召开。

6日 六盘水市政法工作会议召开。市委书记王晓光出席并讲话，市长何刚主持会议，市委政法委书记徐立平作工作报告。

同日 六盘水市城市管理工作会议召开。

7日 六盘水市中心城区植树造林工作会议召开。

同日 市委书记王晓光到六枝特区郎岱镇阿乐村看望慰问部分困难群众和老党员。

同日 市长何刚在市中心城区部分蔬菜批发市场、农贸市场、政府基金平价肉菜供应点和超市检查节前生活必需品供应情况。

同日 市政府专题会议研究双桥水库工程建设征地拆迁移民安置及整合生态移民资金事宜。

9日至10日 市长何刚在市社会福利中心看望慰问老人、孤残儿童和工作人员；在市公交总公司、市公安局指挥中心、市人民广场看望慰问部分公交、公安、环卫职工。

13日至14日 贵州省人民政府副省长王江平在盘县火铺矿、首黔公司、黔桂天能公司、盘县电厂、盘江煤矸石电厂和淤泥乡岩博村调研。

16日 市政府专题会议研究加快推进双桥水库建设征地移民工作。

17日 六盘水市旅发大会重点项目调度专题会召开。

18日 "中国凉都"品牌传播方案推介会举行。

同日 六盘水市森林防火工作紧急会议召开。

同日 市政府专题会议研究变更六盘水市城市供水及污水处理工程项目业主问题，研究市中心城区公交站台建设有关问题。

18日至22日 中国人民政治协商会议第七届六盘水市委员会第二次会议在钟山区召开。会议同意唐方信代表政协第七届六盘水市委员会常务委员会所作的工作报告和张俊昌代表政协第七届六盘水市委员会常务委员会所作的七届一次会议以来提案工作情况的报告，列席了六盘水市第七届人民代表大会第三次会议，听取并协商讨论了市长何刚所作的《政府工作报告》以及其他有关报告。委员们对2012年"一府两院"工作取得的成绩给予了高度评价，对2013年"一府两院"工作部署表示赞同，并提出了很多好的意见和建议。

19日至23日 六盘水市第七届人民代表大会第三次会议在钟山区召开。听取和审议市人民政府工作报告；审查和批准六盘水市2012年国民经济和社会发展计划执行情况与2013年国民经济和社会发展计划草案的报告，批准2013年国民经济和社会发展计划；审查和批准六盘水市2012年六盘水市和市本级预算执行情况与2013年六盘水市和市本级预算草案的报告，批准2013年市本级预算；听取和审议六盘水市人大常委会工作报告；听取和审议六盘水市中级人民法院工作报告；听取和审议六盘水市人民检察院工作报告。大会依法补选禄祎为六盘水市第七届人民代表大会常务委员会委员，并通过大会各项决议。

21日 六盘水市2013年度人口计生工作座谈会举行。会上，市委书记王晓光、市长何刚代表市委、市政府与各县、特区、区及首钢水钢集团

公司、水矿控股集团、六枝工矿、盘江精煤公司签订了2013年度人口计生工作目标责任书。

同日 市政府专题会议在市水务公司一楼会议室召开，研究加快推进花岩洞取水工程建设征地等有关事宜。

22日 六盘水市纪检监察机关查办案件工作座谈会召开。

同日 市中心城区防火会议召开。

同日 第23次市长办公会议在六盘水会议中心二会议室召开，研究六盘水市农村有线广播电视联网覆盖工程建设实施方案等问题。

24日 市长何刚、常务副市长魏树旺在红桥新区双龙新苑、红桥路西段、仓储加工物流园、荷源面业、西南天地煤机装备制造基地、瑞都建材等地调研项目建设情况并座谈。

25日 六盘水市信访维稳工作电视电话会议召开。市委书记王晓光出席并讲话，市长何刚主持会议。

26日 六盘水市中心城区机关干部、志愿者、驻市武警消防官兵计200余人，在市中心城区明湖水库北岸举行春季义务植树活动。市四大班子副地级以上领导干部参加植树活动。

同日 六盘水市统战工作会议召开。

同日 六盘水市实施教育“9+3”计划工作座谈会举行。

同日 六盘水市道路交通安全电视电话会议召开。

同日 市政府专题会议研究市中心城区交通拥堵问题。研究明湖水库水位线加高问题。

27日 市委书记王晓光主持召开市委常委专题会议，听取六盘水市承办第八届贵州旅游产业发展大会重点项目建设情况汇报，研究部署加快项目建设工作。

同日 市政府专题会议研究项目建设缺口资金事宜。

同日 旅发大会重点项目调度会召开。

同日 六盘水市人民政府与华润集团六枝电厂座谈会在明湖接待中心举行。

同日 贵州省、六盘水市选派干部驻村工作电视电话会议相继召开。六盘水市在六盘水电视电话会议室主会场参加会议。

28日 贵州省、六盘水市扶持微型企业发展电视电话会议相继召开。六盘水市在六盘水电视电话会议室主会场参加会议。

同日 贵州省、六盘水市道路交通安全百日整顿行动电视电话会议相继召开。

同日 六盘水市人口计生工作电视电话会议召开。

同日 市政府专题会议研究明湖水利风景区管理站组建及其管理体制相关问题。

3月

1日 市委书记王晓光主持召开六盘水市领导干部会议，传达学习习近平总书记在新进中央委员会委员和候补委员学习贯彻党的十八大精神研讨班开班仪式上的重要讲话精神。

同日 市委常委、市委政法委书记、市公安局局长徐立平向省委政法委全国“两会”安保、信访维稳工作督导组汇报工作。参加全国“两会”安保工作视频调度会和向公安部、公安厅工作组汇报专案工作情况。

同日 六盘水市春季传染病防控工作会议召开。

同日 六盘水市开展《贵州省宗教事务条例》颁布实施宣传活动。

1日至12日 市长何刚在北京出席第十一届全国人民代表大会。

2日 六盘水市参加全省维稳安保工作紧急电视电话会议，召开六盘水市维稳安保紧急电视电话会议。

2日至4日 六盘水市副市长付昭祥率队就六盘水市农业产业建设与广州白马资源控股有限公司、美国黑石基金合作事宜组织有关人员赴广州商洽。

5日 贵州省计生委主任王忠到盘县红果镇舍勒村检查指导计生工作。

同日 六盘水市金融机构主要负责人联席会议召开。

同日 市政府专题会议研究部署六盘水市参加贵州——香港投资贸易活动周活动有关事宜。研究花岩洞取水工程征地拆迁工作。

同日 六盘水市工业经济运行分析会召开。

同日 六盘水市庆“三八”国际妇女节巾帼志愿者集中服务月启动仪式暨广场学雷锋巾帼志愿者大型服务活动在市中心城区人民广场举行。

6日 水黄公路隧道口美化方案讨论会召开。

同日 国家安监总局信息研究院到六盘水市调研。

7日 六盘水市商业保险机构经办新农合服务工作座谈会举行。

同日 《六盘水行政区划调整建议方案》座谈会举行。

7日至8日 贵州省委常委、遵义市委书记廖少华率遵义市党政代表团考察六盘水市明湖湿地公园、凤凰山城市综合体、凉都体育中心、荷城街道办事处花园路社区、西南国际家居装饰博览城、红桥新区时代广场、市社会福利中心等。

同期 国家防汛抗旱总指挥部办公室副主任姚文广、省防汛抗旱指挥部办公室常务副主任赵云一行在六盘水市盘县检查防汛抗旱工作。

8日 市长何刚在新华网、中国政府网就六盘水市如何转型发展、心中的"中国梦"等话题接受访谈。

同日 六盘水市融资工作座谈会在六盘水电视电话会议室召开。

9日 贵州省副省长陈鸣明到六盘水市调研职业教育工作。

同日 市政府专题会议研究进一步加快明湖城市综合体项目建设有关事宜。调度、研究六盘水市春耕工作情况暨重点农业示范园区建设。

10日 六盘水市2013年住房和城乡建设工作会议在六盘水电视电话会议室召开。

同日 六盘水市人民防空（交通战备）工作会议在六盘水电视电话会议室召开。

11日 市委书记王晓光在六枝特区调研木岗产业园区、路喜循环经济产业园区、城市综合体开发、六镇高速公路建设进展情况。

12日 水城矿业集团格目底公司马场煤矿发生一起煤与瓦斯突出事故，致25人死亡。事故发生后，国家安监总局局长杨栋梁，副局长王德学，副局长、煤矿安监局局长付建华立即就事故抢险作出指示，国家煤矿安监局副局长黄玉治率工作组赶赴事故现场指导抢险救援。在京参加全国"两会"的省委书记赵克志和省长陈敏尔立即召开紧急会议，研究部署事故抢险救援，并分别作出重要批示；副省长王江平率有关人员赶赴事故现场指导抢险救援。市委书记王晓光、副市长尹志华立即赶赴现场指挥抢险救援，在京参加全国"两会"的市长何刚也连夜从北京返回六盘水赶赴事故现场指挥抢险救援。

同日 六盘水市安全生产紧急电视电话会议召开。

同日 六盘水市老干部工作会议召开。

同日 市政府专题会议研究解决原水城特区化肥厂职工上访问题。

同日 2013年六盘水市消防工作会议暨第二次消防工作联席会议召开。

同日 六盘水市水利工作会议召开。

13日 六盘水市春季农业生产调度会议和涉农部门融资工作会议召开。

14日 市委政法委书记徐立平主持召开六盘水市"两会"维稳工作视频会议。同日，陪同省政府法制办副主任肖祖才一行在六盘水市开展《贵州省见义勇为人员奖励和保护条例（草案）》立法调研并座谈。

同日 六盘水市涉外企业座谈会举行。

同日 六盘水市安全生产工作会议召开。

同日 北京桑德集团客商在六盘水市调研红豆杉产业建设情况。

同日 市政府专题会议研究市中心城区红桥西路建设及六盘水师范学院校区规划范围调整等有关问题。

15日 《六盘水市城市总体规划纲要》汇报会召开。

同日 市政府专题会议研究凉都体育中心、月照机场等项目融资事宜、研究利用医疗设备进行融资有关事宜。

同日 六盘水市扶贫系统2013年招商引资签约仪式暨扶贫龙头企业授（挂）牌仪式举行。

15日至16日 国家发改委稽察特派员张康民在盘县稽察鱼洞坝水库和卡河水库工程建设与管理情况。

16日 市长何刚在水城县木果乡群力煤矿、晋家冲煤矿和金盆乡义忠等煤矿暗访停工停产整改情况。

同日 市委宣传部部长杨宏远在北京参加中国·凉都品牌中长期发展规划专家研讨会议。

18日 六盘水市城乡中小企业信用互助协会举行成立大会。

同日 六盘水市人大召开六盘水市人大代表工作座谈会。

18日至19日 大连市对口帮扶考察团在六盘水市调研。副市长付昭祥陪同调研并在明湖接待中心与考察团一行座谈。

19日 贵州省委常委会议讨论决定：周荣任中共六盘水市委委员、常委、副书记；何刚不再担任中共六盘水市委副书记、常委、委员职务。

同日 市委组织部部长李朝弃主持市委中心组2013年第一次集中学习，人力资源和社会保障部国际劳动保障研究所所长、研究员、学术委员会主任莫荣作题为《中国就业形势和战略》专题讲座。

同日 六盘水市法院院长会议暨反腐倡廉建设工作会议召开。

同日 贵州省科技厅巡视员程敏智到六盘水市调研高新技术产业园。

19日至21日 贵州省水利厅领导在六盘水市检查水利工作。

20日 黔西南州人大常委会主任贺登祥率黔西南州人大考察团一行到六盘水市考察。

21日 六盘水市舆情信息应对专题会召开。

22日 贵州省副省长刘远坤到六盘水市检查抗旱保春耕、保民生工作情况。

同日 六盘水市委副书记周荣到水城县机关办公区、明硐湖国际新城和以朵影视主题公园项目点调研。

22日至23日 六盘水市"3·12"马场煤矿事故分析会在圣地亚哥酒店举行。

23日至24日 六盘水市委副书记周荣在盘县调研小城镇建设和农业产业发展工作。

24日 六盘水市第二届"道德模范"和首届"十佳美德少年"表彰暨道德模范先进事迹报告会在钟山区会展中心举行。

同日 市政府专题会议研究水黄公路隧道口及重要节点美化设计方案。

25日 六盘水市职教园区建设专题汇报会召开。

同日 六盘水市科协七届二次全会（扩大）召开。

26日 国际休闲联盟副主席王坚在野玉海景区考察，并作题为《十八大后国际休闲经济发展的走势》专题讲座。市委宣传部部长杨宏远陪同考察并主持专题讲座。

同日 2013年六盘水市主要污染物总量减排暨环保工作会议在六盘水电视电话会议室召开。

同日 市政府专题会议研究安全生产监管体制建设问题。

26日至29日 六盘水市组织有关人员到浙江考察三级医院建设情况。

27日 六盘水市七届人大常委会第九次会议召开，会议通过了关于何刚辞去六盘水市人民政府市长职务的决定；决定任命周荣为六盘水市人民政府副市长、代理市长。

同日 2013年六盘水市科技暨知识产权工作会议在六盘水电视电话会议室召开。

同日 六盘水市第一季度工业经济指标完成情况调度会召开。

同日 市政府专题会议在双桥水库施工现场召开，研究切实抓好双桥水库度汛安全有关事宜。

28日 部分六盘水市人大代表、市政协委员联合视察市中心城区老城棚户区改造工程并在视察后举行座谈。市人大常委会主任黄金，市政协主席唐方信率队视察并出席座谈会。

同日 常务副市长魏树旺在水城县以朵村、双水社区对市职业教育园区进行选址。在钟山区双戛乡对高中教育城进行选址。

同日 市政府专题会议在水城县滥坝镇以朵村、双水社区塔山组现场召开，研究市职业教育园区选址问题。

同日 六盘水市国土资源工作会议在六盘水电视电话会议室召开。

28日至4月2日 市人大常委会副主任刘静带领市人大教科文卫委员会调研组到六枝特区、盘县、水城县、钟山区调研档案工作开展情况。

29日 六盘水市"3·29"交通事故现场会在水城县新街乡召开。

29日至30日 国家防汛抗旱总指挥部办公室副主任姚文广一行在六盘水市六枝特区和水城县检查指导防汛抗旱工作。

30日 六盘水市安全生产工作电视电话会议召开，对安全生产工作进行紧急动员和部署。市委副书记、代市长周荣出席并讲话。尹志华主持会议。

同日 环保部西南督查中心主任张迅一行在六盘水市检查重金属污染防治项目情况。

30日至31日 市委书记王晓光、盘县县委书记陈少荣在盘江精煤股份有限公司、盘南产业园区、石桥镇妥乐村等地调研安全生产工作、旅游景点建设、企业生产经营、园区建设等情况。

31日 市政府专题会议研究安全生产监管工作有关问题。

4月

1日 中共六盘水市委六届三次全会召开。六盘水市委书记王晓光代表市委常委会向全会报告2012年度干部选拔任用工作情况。

同日 六盘水市关心下一代工作会议召开。

同日 六盘水市融资工作座谈会召开。

1日至9日 市人大常委会副主任杨龙政带领市人大内务司法委员会相关人员一行到六枝特区、钟山区及市直相关部门调研六盘水市社区管理工作。

2日 贵州省委常委会议讨论决定：周宏文、张志祥任中共六盘水市委常委；杨光芒任中共六盘水市委委员、常委；汪寿武不再担任中共六盘水市委常委、委员职务。

同日 第七届六盘水市人民政府第二次廉政工作会议在六盘水电视电话会议室召开。

同日 六盘水市第二季度项目集中开工仪式在水城县滥坝镇以朵村举行。此次六盘水市集中开工项目303个，总投资514.7亿元，包括产业项目59个、交通项目30个、城市建设项目92个、社会事业项目49个、农林水利项目46个、其他项目27个。

同日 市政府专题会议研究水城军供站项目建设有关事宜。研究市中心城区清明封禁防火工作。

同日 贵州省水利厅机关党委书记陈黔珍、省防汛办副主任赵云一行到六枝特区检查中坝水库、旧院水库防汛抗旱工作。

3日 贵州省委副书记、省长陈敏尔到盘江精煤股份公司火铺矿调研安全生产工作、到盘县平关镇和红果镇调研抗旱救灾工作。

同日 六盘水市二中移交六枝特区管理工作会议在六枝特区召开。

同日 六盘水市水利系统贯彻党的十八大精神宣讲会在六盘水电视电话会议室召开，省水利厅机关党委书记陈黔珍作“坚持中国特色社会主义学习贯彻党的十八大精神”专题报告。

7日 全省煤矿矿长紧急电视电话会议、六盘水市安全生产电视电话会议相继召开。

同日 市委书记王晓光在六盘水火车站、明湖湿地等调研旅发大会项目建设情况。

同日 市委常委、水城军分区政委杨光芒在盘县主持召开盘县人武部党委班子调整命令大会。

同日 市政府专题会议在盘县鸡场坪乡二楼会议室召开，研究加快鱼洞坝水库移民搬迁及安全度汛工作。

7日至8日 六盘水市组织有关人员到国家发展改革委、住房和城乡城建设部对接市中心城区集中供暖工作。

8日 贵州省监察厅副厅长杨小鲁到六盘水市调研派驻机构统管工作并座谈。

同日 六盘水市委、市人民政府下发《关于深入贯彻落实赵克志同志四个更加指示精神推动六盘水市科学发展后发赶超同步小康的意见》（六盘水党发〔2013〕6号）。

同日 市政府专题会议研究明湖城市综合体国有土地使用权挂牌出让方案等有关问题；研究市疾控中心、市卫生监督所、市食品药品检验所项目建设有关问题，调度有关部门对陈敏尔省长近期在盘县调研期间对六盘水市抗旱工作所作指示的落实情况；研究白河沟水库移民搬迁工作；研究市中心城区红桥西路连接明湖路支线道路建设涉及的拆迁安置和施工安全等有关问题。

8日至9日 贵州省政府特邀咨询禄智明到水城县调研帮扶工作。

9日 贵州省委第四巡视组到六盘水市开展巡视工作。

同日 贵州省教育厅专家组评估六盘水职业技术学院思想道德建设工作总结会召开。

同日 贵州科学院六盘水分院有关工作对接会议召开。

同日 市政府专题会议研究市中心城区凤池园补水工程有关问题；研究9万吨煤矿恢复生产问题。

同日 六盘水市妇女小额担保贷款工作现场会在盘县召开。

9日至10日 常务副市长魏树旺在上海、昆山参加长三角经贸活动。

同日 成都军区副政委王增钵中将在水城军

分区、水城县人武部、盘县人武部视察工作。

10日　市人大常委会副主任阳松林带领市人大民宗侨委、市人大信访办、盘县人大常委会有关人员，到盘县两河乡下寨村开展“四在农家”建设情况调研。

同日　市政府专题会议研究六盘水市参加“香港投资推介会”有关工作；研究市保障性安居工程项目中老鹰山镇堰湖小区改造工程有关问题。

同日　六盘水市产业园区建设情况调度会召开。

11日　“多彩贵州”歌唱大赛六盘水赛区选拔赛动员大会举行。

同日　市政府专题会议在水盘高速公路施工现场召开，就如何加快水盘高速公路建设进度进行再安排、再部署。

同日　六盘水师院作为新增学士学位授予单位和授权点专家评审意见反馈会举行。

12日　市政府专题会议研究六枝特区郎岱至毛口公路项目有关问题；研究安排第十五届中国科协年会六盘水卫星会议有关工作。

同日　六盘水市煤矿兼并重组暨安全生产工作会议召开。

同日　六盘水市创建国家卫生城市动员大会在六盘水电视电话会议室召开。

15日　市政府专题会议研究解决有关信访事项。

同日　六盘水市副市长杨朝晖率队组织有关人员到水利厅、省发展改革委对接工作。

15日至16日　六盘水市组织有关人员到深圳对接市中心城区内环快线融资事宜。

同期　市政协副主席邓刚率市政协社法委委员对六盘水市中心城区道路交通管理情况进行视察。

16日　市委组织部部长李朝卉向省委巡视组汇报六盘水市换届以来干部选拔任用工作情况。

同日　市纪委书记向昀向省委巡视组汇报六盘水市换届以来党风廉政建设工作情况。

同日　贵州省维稳办副主任徐铭一行在六盘水市召开化解维稳疑难问题专题会。

同日　市人大常委会副主任杨龙政带领市人大内司委一行赴贵阳，参加全省市、州人大内务司法（法制）工作座谈会。

同日　市政府专题会议在钟山区会展中心203会议室召开，研究市中心城区城市管理有关问题。

同日　六盘水市妇幼卫生及基本公共卫生工作推进会召开。

同日　市政府专题会议研究原水城特区化肥厂“亦工亦农”人员上访事项解决方案；研究协调市强制隔离戒毒所建设用地问题；研究市污水处理厂安全渡汛有关问题。

17日　2013年中共六盘水市委中心组第三次集中学习，传达贵州省党政代表团赴长三角地区考察学习情况，学习省委书记赵克志，省委副书记、省长陈敏尔在贵州省党政代表团赴长三角考察总结会上的讲话精神并开展学习讨论。

同日　贵州省委作风建设督察组到六盘水市检查指导工作。

同日　贵州省节能目标考核组一行到在六盘水市检查工作。

同日　市政协副主席聂志权陪同遵义市政协副主席朱庆跃率考察组一行到六盘水市考察集中供热情况。

同日　市政府专题会议研究加快推进窑上水库正常蓄水位抬高工程施工进度事宜。

17日至19日　六盘水市乡镇卫生院院长中南大学湘雅医院培训班第一期开班仪式举行。

18日　第八次全省旅发大会项目建设调度会召开。

同日　代理市长周荣主持召开旅发大会重点项目调度会。

同日　代理市长周荣与北京泰合天创投资有限公司董事长王全合签订六盘水市年产200万吨煤基液体燃料项目合作框架协议，常务副市长魏树旺主持。

同日　六盘水市集中整治水钢片区及周边治安秩序专项行动动员部署会召开。

同日　六盘水市委、市人民政府下发《关于建立六枝经济开发区的决定》（六盘水党发〔2013〕7号）。

同日　由贵州省社科联党组书记、副主席唐福金率队的省学习贯彻党的十八大精神“社科理论走基层”宣讲团一行走进六盘水市。宣讲团成员、贵州师范大学教授殷红梅作题为“‘中国凉都’品牌打造与营销”的首场报告。

同日　副市长范三川代表六盘水市人民政府出席在六盘水市图书馆召开全国第五次公共图书

馆评估定级交流会。

同日 市政府专题会议研究双桥水库建设涉及煤矿处置问题。

18日至19日 由贵州省政府参事陈雯茜（省农委原总经济师）、吕建军（省审计厅正厅级干部、高级审计师），离任省政府参事罗小刚（特邀专家，省食品药品监管局原副局长）等一行5人组成的的省政府参事调研组在水城县和六枝特区调研。

同期 市人大常委会副主任杨明达带领市人大农业与农村委员会、市农委等人，到水城县阿戛乡、米萝乡、果布戛乡了解六盘水市农业九大产业的发展情况。

19日 市委书记王晓光、盘县县委书记陈少荣在北京新华联合冶金控股集团公司考察煤焦化和钢铁生产项目，并与公司董事局主席、总裁、党委书记孙纪木洽谈盘北煤钢电及煤炭深加工项目合作事宜。

同日 常务副市长魏树旺主持召开与葛洲坝、上海吉金公司融资座谈会；出席六盘水市金融工作座谈会。

同日 杨光芒陪同贵州省预备役师政委傅皓在水城军分区调研。

同日 市政府第22次常务会议在六盘水会议中心二会议室召开，研究市七届人大常委会第六次会议审议意见通报落实情况报告等问题。

20日 中建股份房地产事业部负责人在六盘水市调研考察。

同日 六盘水市召开研究智慧城市工作推进会。

21日 副市长周宏文与安信证券事务所有关领导座谈。

22日 市政府专题会议研究融资工作管理事宜。

22日至23日 六盘水市组织有关人员在省发展改革委对接现代高效农业产业园区基础设施建设工作。在省水利厅、省发展改革委对接2013年农村饮水安全指标等事宜。

同期 市政协七届八次常委会议召开。会议听取并讨论了市人民政府关于工业园区项目落地情况、旅发大会设施建设情况、全市安全生产情况的通报。以书面形式传达了省政协十一届一次常委会议精神。会议免去郑学群政协第七届六盘水市委员会人口资源环境委员会主任职务。

23日 六盘水市老年教育工作会议、六盘水市对台工作会召开。

同日 六盘水市城市绿化美化亮化工作会召开。

同日 市政府专题会议研究5月份香港招商有关工作；研究聘用农贸市场协管员有关问题；研究甲醇汽油推广工作。

同日 六盘水市省级经济开发区考核评价工作汇报会召开。

同日 一季度六盘水市经济运行分析会召开。

23日至25日 六盘水市七届人大常委会第十次会议召开。会议听取、审议、表决通过了市人民政府关于市七届人大常委会第六次会议审议意见通报落实情况的报告、关于六盘水市城市社区管理工作情况的报告、关于六盘水市城乡规划工作情况的报告、关于六盘水市档案工作情况的报告，六盘水市人民代表大会常务委员会代表资格审查委员会关于补选市七届人大代表和代表变动情况的审查报告，通过了有关人事任免职事项。

24日 六盘水市园区直供电可研报告审查会举行。

24日至26日 中国科学院院士宋振骐、山东科技大学教授石永奎、程为民、中国科学院山西煤炭化学研究所科研处处长侯相林博士、山西省科技咨询服务中心主任曹利军、副主任璩石领一行8人到六盘水市调研。六盘水市副市长范三川陪同调研并在六盘水会议中心二会议室与宋振骐院士、侯相林博士一行座谈。

25日 贵州省检验检疫局局长马元林一行就检验检疫机构筹建工作到六盘水市调研。

同日 市委书记王晓光与中国煤炭科工集团董事长刘高倬考察组一行座谈。

同日 市政协主席唐方信到六六高速公路沿线工地现场办公。

同日 六盘水市实施教育“9+3”计划推进会召开。副市长魏树旺、谢朝碧出席并分别讲话。谢朝碧代表市政府与各县、特区、区人民政府在会上签订2013年实施教育“9+3”计划目标责任书。

同日 六盘水市中心城区清洁生产专项行动工作会召开。

同日 市政府专题会议研究六盘水水月产业

园区项目基础设施配套费收取及使用等有关问题；研究部署市中心城区清洁生产专项行动。

同日 六盘水市学校安全稳定（综合治理）工作会议召开。

同日 水城军分区武装正规化建设试点观摩会召开。

25日至26日 中煤科工集团董事长刘高倬、总经理吴德政一行在六盘水市考察。中煤科工集团与市政府签署深入合作框架协议。

同期 市政协副主席王兴建率部分市政协委员视察六盘水市基层公共文化服务体系建设情况。

26日 市委书记王晓光主持召开汇报会，向省委第四巡视组汇报六盘水市经济社会发展、执行民主集中制、作风建设等情况。

同日 西南天地煤机装备制造公司、西南天地煤炭科学院和六盘水煤矿安全培训中心揭牌。

同日 六盘水市“三线建设”文献文物资料征集工作会召开。

同日 贵州省副省长刘远坤到六枝特区检查黔中水利枢纽工程防汛准备工作。

同日 农业部专家在六盘水电视电话会议室举行“三农问题专题讲座”。

同日 六盘水市工业企业推进发展工作会议召开。

同日 贵州省新农合商保经办及大病商保工作现场会在钟山区召开。

同日 贵州省政府特邀咨询禄智明在盘县调研烟叶移栽工作。

27日 市政府专题会议研究市中心城区美化亮化工程建设问题；研究融资工作问题；研究城市公交问题；研究面向高校及社会引进煤矿安全专业技术人才问题；研究市中心城区土地出让收储清理问题；研究工业经济运行问题。市政府专题会议在市中心城区应急供水花岩洞取水工程施工现场召开，研究该工程施工进度、征地补偿等有关事宜。

同日 月照机场高速南互通方案汇报会召开。

同日 六盘水市中心城区城市管理攻坚战动员会召开。

同日 召开会议安排部署地质灾害防治工作。

同日 六盘水市总商会南安商会成立大会举行。

同日 六盘水市残联第五次代表大会召开。

同日 六盘水市道路交通安全“百日整顿”暨城市管理攻坚战相关专项行动专题培训会召开。

28日 广州王老吉药业股份有限公司总裁方广宏一行在六枝特区考察。

同日 六盘水市举行“攻坚克难、后发赶超、同步小康庆‘五·一’”健步走比赛。

同日 市委常委、副市长刘友宾到环保部对接有关工作。

同日 市政府专题会议研究市中心城区市场规范建设专项行动；研究市中心城区农贸市场提升改造专项行动；研究煤矿兼并重组工作；调度六盘水市工业经济运行情况。

同日 六盘水市2013年残疾人工作会议在六盘水电视电话会议室召开。

同日 六盘水市妇女儿童规划中期评估督导工作调度会在六盘水电视电话会议室召开。

28日至30日 六盘水市组织有关人员赴深圳市与紫荆控股公司商谈产业发展有关事宜。

30日 市政府专题会议研究市中心城区美化亮化工程建设问题。

5月

2日至3日 六盘水市产业园区（开发区）建设推进会召开。市委书记王晓光，市委副书记、代市长周荣分别在总结大会上作讲话。周宏文主持总结大会。市委、市人大、市政府、市政协领导班子成员，市委、市政府副秘书长参加观摩会或总结大会。

同日 副市长杨朝晖率队组织有关人员在省水利厅、省发展改革委协调人畜饮水项目有关事宜。

3日 六盘水市五四青年节表彰大会暨六盘水市润苗工程仪式启动。

同日 市政府专题会议研究明湖城市综合体拟开发土地有关问题。

4日 六盘水市三年禁毒人民战争暨“夏秋严打整治”动员部署大会在六盘水电视电话会议室召开。

4日至6日 六盘水市组织有关人员到黔东南州考察产业园区建设。

5日 贵州省统管工作理论研讨会暨六盘水市派驻机构统管工作课题论证会在六盘水市召开。

省委常委、省纪委书记宋璇涛出席会议并讲话，中央纪委监察部研究室理论研究处处长苏静应邀出席会议，省纪委常务副书记贾朝忠主持会议，市委书记王晓光致辞，市纪委书记向昀介绍六盘水市纪检监察派驻机构统一管理体制机制课题研究情况。

同日 贵州省公安厅党委副书记、副厅长赵翔在六盘水市听取信访维稳百日攻坚战、“雷霆行动”百日破案会战、“阳光工程”暨打击毒品犯罪、打假行动、天网工程、清剿火患等工作推进情况汇报，市委政法委书记徐立平作汇报。

6日 市委组织部部长李朝卉向省委调研组汇报六盘水市科技创新和创新型人才队伍建设情况。

7日 市委书记王晓光、代理市长周荣在贵阳参加国家发展改革委对口帮扶贵州工作启动会。

同日 贵州省委政法委书记宋璇涛看望慰问钟山派出所、荷城派出所基层民警，调研指导基层公安工作。

同日 由贵州省委政研室副主任王瑞军率队的省委调研组一行，到六盘水市调研科技创新和人才队伍建设工作。

同日 市政府专题会议研究市公安局强制戒毒所和市中心城区城市棚户区改造有关问题；研究市中心城区管网建设有关问题。

同日 六盘水市组织有关人员到北京与首钢集团对接首黔煤钢电基地项目有关事宜。

7日至8日 贵州省政协副主席李汉宇一行在盘县调研农村妇女创业就业工作。

8日 国务院扶贫办副主任郑文凯一行在贵州省政府特邀咨询禄智明、省扶贫办副主任吴坦陪同下到六盘水市调研。

同日 国家能源局煤炭司副司长魏鹏远、国家煤矿安监局科技装备司副司长姚勇率调研组到六盘水市，督导重点产煤地区和煤炭企业煤矿瓦斯防治工作，省能源局副局长胡世延陪同。其间，在市中心城区明湖接待中心举行座谈会。六盘水市副市长周宏文，毕节市副市长蒋从跃，安顺市副市长罗荣彬参加座谈。

同日 市住房公积金管理委员会2013年第一次全体会议召开。

同日 贵州省教育厅厅长霍健康一行到六盘水市调研教育工作。

9日 六盘水市召开“网络舆情”应对工作专题会。

同日 贵州省环保厅考察组到六盘水市考察。

9日至10日 六盘水市七届人大四次会议在市机关会场召开。市委副书记、代市长周荣当选为六盘水市人民政府市长。

10日 市政府第23次常务会议在六盘水会议中心二会议室召开，研究一季度六盘水市经济运行情况及二季度经济工作等问题。

同日 市政协副主席聂志权率科教文卫体委员会全体成员、水城县政协副主席简正隆一行到水城县陡箐乡调研。

同日 六盘水市人口计生工作推进会召开。

11日 六盘水市规划局在六盘水市政协三楼会议室就城市规划馆布展大纲征求市政协的意见。

同日 六盘水市教育重点工作座谈会召开。

同日 贵州省委常委会讨论决定，魏树旺任中国六盘水市委副书记。

11日至12日 新华联合冶金集团公司党委书记孙纪木一行在盘县考察煤电钢、煤电化和煤矿建设情况。

13日 市委书记王晓光在贵阳与贵州银行高层就进一步深化金融合作，助推六盘水经济社会科学发展、后发赶超、同步小康进行座谈。同日，陪同中南大学湘雅医院党委书记肖平、院长孙虹在六盘水市考察。主持召开重大项目协调会。

同日 市长周荣主持召开旅发大会项目建设调度会。

同日 钟山经济开发区迎接全省园区观摩会项目建设暨“产业项目建设投产达产百日攻坚”行动誓师大会举行。

同日 六盘水市分税体制改革专题会议召开。

同日 市政府专题会议研究协调双桥水库移民工作有关问题。

13日至15日 贵州省环保厅2013年上半年污染物总量减排专项督查组在六盘水市开展督查。

14日 六盘水市重点项目规划专题会召开，听取市规划馆布展方案及市中心城区内环快线联络路网规划汇报。

同日 市长周荣出席六盘水市重点项目专题规划会和与西南天地煤机制造公司负责人座谈会。

同日 全国醇醚燃料及醇醚清洁汽车专业委

员会甲醇汽油相关能源标准编制工作会议在六盘水市召开。

同日 全省保护煤矿矿工生命安全特别行动月度电视电话会议召开。

同日 六盘水市人民医院与中南大学湘雅医院结成协作指导医院签约挂牌仪式在市人民医院举行。

同日 六盘水市第二批、第三批中央财政小型农田水利重点县工程建设情况座谈会举行。

同日 市政府专题会议在研究市中心城区景观种植红豆杉补植有关事宜。

14日至15日 贵州省政府党组副书记、特邀咨询、省委金融工委书记黄康生率有关人员到六盘水市开展重点项目融资调研，并在市中心城区明湖接待中心明湖厅召开重点项目融资对接座谈会。

14日至17日 贵州省委党建工作考核组在六盘水市检查考核2012年度基层党建工作。

15日 六盘水市重点项目融资对接工作座谈会召开，市委书记王晓光出席。同日，在贵阳参加中组部来黔召开的市委书记、县委书记座谈会。

同日 六盘水市2012年度党工委书记抓基层党建工作述职会召开。

同日 常务副市长魏树旺在省政府参加省第八届旅发大会工作调度会。

同日 市政协副主席田满华率民进市委领导班子成员、市政协学习文史委负责人到蟠龙镇对“四在农家”工作开展情况进行调研。

同日 市政协副主席邓刚前往“四在农家”挂帮点水城县阿戛镇刘家寨村进行视察并协调指导工作。

同日 市政府专题会议研究“三农”保险服务站设立有关事宜。

16日 市政府专题会议研究机动车辆环保定期检测及环保检验合格标志核发有关问题；研究市中心城区第一批电力线路迁改工程有关事宜；研究审定花岩洞取水工程招标结果。

同日 全国工商联环境服务业商会会长、桑德集团有限公司董事长、总裁文一波一行到六盘水市调研，商讨六盘水市与桑德集团有限公司合作事宜。

同日 市政府专题会议研究融资、土地收储、政府行政效能、卫生和教育系统人才招聘等问题。

16日至17日 六盘水市组队赴深圳参加中国（深圳）国际文化产业博览交易会。

17日 市政协副主席邓刚前往玉舍煤业公司进行调研。

同日 贵州贵能集团捐赠见义勇为基金仪式在六盘水市举行。

18日 市政协主席唐方信到六枝特区牛场乡黔中库区调研。

19日 六盘水市在第九届中国（深圳）国际文化产业博览交易会，广东省高州市深圳商会换届大会上开展六盘水项目专场招商推介活动。

同日 六盘水市第23个“全国助残日”活动启动。

19日至20日 贵州省委常委、副省长秦如培在六盘水市调研高速公路、铁路、机场、城市综合体等建设情况。

19日至23日 六盘水市组团赴香港参加2013贵州·香港投资贸易活动周活动，在香港举办2013年六盘水市重点项目香港推介会暨签约仪式，签约总额78.41亿美元。

20日 市委书记王晓光率六盘水市代表团一行在香港拜访华润（集团）有限公司，并与华润集团高层座谈。

同日 市政府专题会议在市政府驻贵阳办事处召开，研究煤矿兼并重组规划问题。

同日 市政府专题会议召开，研究红桥西路连接明湖路支线道路建设涉及勘二队片区征地拆迁与整体开发改造有关问题。

20日至29日 市政协副主席邓刚率市政协社法委部分委员对六盘水市牂牁江区域民族乡经济社会发展情况进行调研。

21日 市政府专题会议研究信访工作问题。

同日 六盘水市省级重点现代高效农业示范园区发展规划评审会举行。

同日 市长周荣主持召开中国科学年会六盘水分会筹备会和信访工作专题会。

同日 杨光芒在钟山区大湾镇检查指导武装部正规化建设、民兵队伍建设和征兵宣传工作。

22日 2013六盘水市重点项目香港推介会暨签约仪式在香港举行。王晓光、傅敏（香港贸易发展局内地关系与事务经理）、陈丹丹（香港中国商会长）参加签约仪式并分别致辞。

同日 贵州省纪委副书记陈再天一行到六盘

水市检查指导纪检监察机关依纪依法办案工作。

同日 六盘水市承办第八届贵州旅游产业发展大会推进会议召开。

同日 贵州省扶贫办副主任胡红霞一行在六盘水市检查调研农业产业园区建设。

同日 贵州省供销社副主任徐仕光一行在六盘水市调研供销工作。

同日 农业部发展计划司区划开发处处长刘海启一行在六盘水市考察猕猴桃种植。

23日 市人大常委会副主任杨龙政带领市人大内务司法委员会相关人员一行到市中级人民法院对六盘水市法院基层基础工作进行调研。

同日 由贵州省人大农业委员会主任委员吴坤凤、省政府法制办副主任肖祖才、省水利厅副巡视员袁卓荣、省水投公司总经济师赵刚带队的《黔中水利枢纽工程保护条例》起草组一行到六盘水市调研。

同日 市委书记王晓光在深圳分别会见中建四局和联泰集团高层，就凉都体育中心、荷城片区城市综合体、水城河治理等重点项目进行座谈。

同日 市政府专题会议研究市中心城区体育中心城市综合体、凤凰山城市综合体、城市内环快线等重点项目商品混凝土保障工作有关问题。

23日至24日 六盘水市总工会第七次代表大会在市机关会场召开，选举产生了市总工会第七届委员会领导班子，市人大常委会副主任陈光明当选主席，周焕品、张雅萍、付应林当选副主席。

23日至26日 第十五届中国科协年会六盘水卫星会议在六盘水市举行。其间，先后举行了资源型城市转型与可持续发展座谈会、科技创新与煤炭产业发展高端论坛、与会专家学者到企业和学校提供科技咨询并作科普报告、“节能减排、全民行动”科普宣传暨万人签名、节能减排与循环经济专题报告会等活动。中国科学院院士宋振骐，中国工程院院士金涌、张铁岗、彭苏萍、袁亮，浙江大学教授周俊虎及其他有关专家，省市领导等出席座谈会或论坛或参加其他有关活动。

24日 市政府专题会议研究市委党校搬迁重建有关工作。

同日 六盘水分会场出席全省公安机关“雷霆行动”夏季严打整治百日行动动员部署视频会和六盘水市重大工程重点项目建设领域周边社会治安集中整治专项行动视频会。

同日 盘县县委书记陈少荣在盘县接受中央媒体采访同步小康驻村工作。

26日 六盘水市节能减排全民行动科普宣传暨万人签名活动启动。

同日 第十五届中国科协年会六盘水卫星会议—“节能减排与循环经济”专题报告会举行。国务院发展研究中心研究员周宏春应邀到会作报告，副市长刘友宾主持。

26日至27日 贵州省教育厅示范性高中评估验收组在六盘水市检查工作。

27日 六盘水市水城县200万吨/年煤基液体燃料项目（一期48万吨/年）对接会在省发展改革委举行。

28日 六盘水市主要污染物总量减排工作推进会召开。

同日 市职教园建设工作协调会召开。

同日 市人大常委会副主任、市总工会主席陈光明到盘县刘官镇慰问困难、留守儿童。

28日至29日 市人大常委会副主任陈光明到六枝特区陇脚乡、郎岱镇和盘县火铺镇调研乡镇人大工作。

29日 贵州广播电视台与市委、市政府举行的“浩瀚六百年·激荡新贵州——三线那些人和事”广播大型直播活动开始。

同日 六盘水分会场参加六盘水市政法机关领导干部视频会和全省公安机关当前维护社会政治稳定视频会。

同日 六盘水市总商会湖北商会成立大会举行。

同日 市政协主席唐方信在调研六六高速公路建设进展时指出，加快施工进度，确保明年国庆节前全面通车。

同日 六盘水市交通运输工作推进会在六盘水电视电话会议室召开。

同日 六盘水市就业工作会议在六盘水电视电话会议室召开。

同日 市政府专题会议调度六盘水市与承办全省第八次旅发大会有关交通项目工作情况。

同日 市人民医院门急诊综合楼项目建设协调会召开。

30日 市委书记王晓光、市长周荣率六盘水党政代表团与安顺市委、市政府主要领导就六盘水至安顺城际铁路、六镇高速公路丁旗互通至木岗工业园区连接线建设有关事宜进行座谈。

同日 市人大常委会副主任阳松林到挂帮重点企业六枝特区永鑫硅业有限公司进行调研。

同日 市政府专题会议研究商务粮食有关工作。

同日 国家林业局退耕办巡视员张秀斌一行到六盘水市水城县验收、督查2013年退耕还林工作。六盘水市就退耕还林工作在明湖接待中心三楼1号会议厅向张秀斌一行汇报。

30日至31日 市委书记王晓光，市长周荣、副市长谢朝碧等市领导在市有关学校开展“六一”儿童节慰问活动。

同日 杨光芒组织水城军分区开展“强军梦·官兵梦”专题教育系列活动。

31日 六盘水市就“四个一体化”建设推进情况向贵州省政府汇报会在省政府1107会议室召开。

同日 六盘水市人口计生、教育工作情况汇报会召开。

6月

1日 六盘水市公安消防支队领导干部大会召开，市委书记王晓光出席并讲话。

2日 六盘水市筹办全省第八次旅发大会项目建设情况汇报会召开。

同日 六盘水市工业经济调度会召开。

同日 市政府现场办公会议在水城县四小会议室召开，专题研究水城县四小校园改扩建拆迁工作。

2日至3日 贵州省委常委、常务副省长谌贻琴率队赴六盘水市调研。先后调研了六枝特区新窑乡扶贫生态移民安置点、堕却乡扶贫生态移民安置点和水城县蟠龙镇法那村百车河移民安置点建设情况，并考察了市中心城区明湖湿地公园、凤凰山城市综合体、凉都体育中心、西南天地煤机装备制造基地项目建设情况。

3日 贵州省公安厅党委副书记、副厅长赵翔率队在六盘水市听取“雷霆行动”百日攻坚工作推进情况汇报。市委常委、市委政法委书记、市公安局局长徐立平作汇报。

同日 中央电视台导演组“第八届贵州省旅发大会暨第十届中国凉都·六盘水消夏文化节开幕式”签约仪式在北京举行。

同日 六盘水市中心城区启动机动车辆环保定期检测和环保检验合格标志核发工作。

3日至4日 市政协主席唐方信带领视察组对六盘水市工业园区建设情况进行视察，并认真听取水月产业园区、水城经济开发区（董地工业园区）、红桥新区建设情况的汇报。

4日 市长周荣在贵阳参加中央巡视组谈话会。

同日 中国人民解放军军事科学院原副院长、中国“三线建设”研究会筹备领导小组组长钱海浩中将一行在六盘水市调研“三线建设”工作。

同日 六盘水市召开全省项目建设现场观摩会筹备工作情况调度会。

同日 六盘水市煤矿兼并重组汇报会召开。

5日 六盘水市筹办全省第八次旅发大会项目建设调度会召开。

同日 市政府专题会议研究市中心城区排污管网建设问题。

同日 六盘水市煤矿安全生产座谈会召开。

同日 六盘水市非公有制经济人士理想信念教育实践活动暨“千企帮村”工作推进会召开。

同日 研究“天网工程”建设工作专题会议召开。

5日至6日 贵州省人大选任联委主任委员张燕，到六盘水市调研人大代表工作开展情况。

同期 市委书记王晓光在盘县调研教育“9+3”计划落实情况、经济社会发展情况及第八届省旅游产业发展大会项目实施情况。

6日 旅发大会安保工作领导小组第一次会议、六盘水市6月至7月重要时期信访维稳工作视频会召开。

同日 六盘水传媒大厦选址协调会召开。

同日 市政府第24次常务会议在六盘水会议中心二会议室召开，研究六盘水市扶贫生态移民和煤矿兼并重组工作等问题。

同日 六盘水市人口计生“双诚信双承诺”工作动员部署电视电话会议召开。

6日至7日 六盘水市人大代表工作现场会在六枝召开。

7日 六盘水市上半年经济运行调度会召开。

7日至8日 贵州省委常委、省委宣传部部长喻红秋在六盘水市调研信访维稳和宣传思想文化工作。

同期 六盘水市组团参加在云南省昆明国际会展中心举行的“2013首届中国——南亚博览会暨第二十一届昆交会”。

9日 六盘水市安全生产电视电话会议召开。

同日 六盘水市组织有关人员到省水利厅协调烟水配套项目申报工作。

同日 市政府专题会议研究六盘水新蓝天科技公司焦炉气安全运输有关问题。

10日 六盘水市筹办全省第八次旅发大会项目建设调度会召开。

13日 市政府专题会议研究首钢水城钢铁（集团）公司红桥新区辅业发展生产基地建设相关事宜；研究六盘水体育中心和凤凰山城市综合体范围综合管网建设有关问题；研究凉都大剧院、博物馆（含城市规划展馆和地方志馆）、凤凰山城市综合体会议中心室内工程招标方式。

同日 市殡仪馆规划选址协调会召开。

13日至15日 青海省海北藏族自治州人民政府副州长刘宝春一行14人到六盘水市考察六枝梭戛生态博物馆。

14日 贵州鑫晟煤化工有限公司承担的千吨级新型干排渣加压气流床气化工艺技术及装备研究课题获准列入国家高技术研究发展计划即国家“863”计划（这是六盘水市项目首次获准列入国家“863”计划），该项目启动仪式暨课题研讨会举行。

同日 市中心城区用水工程花岩洞取水工程协调推进会在威宁县东风镇四楼会议室召开。

同日 市政府专题会议研究市美术馆家具采购有关问题。

同日 市政协副主席张俊昌率提案委员会全体同志，并组织消防支队、食品药品监督管理局、质监局、卫生局、旅游局等相关负责人到所协调服务的海岸酒店开展调研工作。

15日 第24 次市长办公会议在六盘水会议中心二会议室召开，研究当前经济工作等问题。

同日 贵州省政府就六盘水至安顺城际铁路建设在省政府会议室召开调度会。

16日至17日 常务副市长魏树旺率队在黔东南州考察扶贫生态移民工程。

17日 六盘水市政府与国开行贵州省分行在六盘水明湖接待中心举行开发性金融合作座谈会及备忘录签约仪式。根据协议内容，2013年到2015年期间，开发银行将按六盘水市发展规划，通过贷款、投资、债券、租赁、证券相结合的综合金融服务，向六盘水市新型城镇化提供意向性融资总量300亿元，用于支持六盘水新型城镇化建设、新型工业化发展、农业产业化、中小企业发展等领域重点项目。

同日 六盘水市社会创新管理大会召开。

同日 贵州省体育局局长蔡国祥、华体集团高级规划师袁也利一行到六枝特区毛口乡召开老王山国家生态型多梯度高原运动训练示范基地建设项目工作推进现场会。

18日 六盘水市扶贫生态移民搬迁工程推进会议在六盘水电视电话会议室召开。

同日 贵州省政协副主席蔡志君率省政协调研组到六盘水市调研示范小城镇建设及传统文化的保护与传承情况。

同日 贵州省和六盘水市扶持微型企业暨实施商标战略助推经济发展工作视频会议相继召开。

19日 全省和六盘水市征兵工作电视电话会议召开。

同日 六盘水市第一次现代高效农业示范园区建设联席会议召开。

19日至20日 贵州省旅游局调研组在六盘水市调研全省第八次旅发大会筹备情况。

同期 贵州省政府党组成员、省委农工委书记、省农委党组书记黄家培一行在六盘水市调研。

20日 六盘水市财税收入调度会召开。

同日 四川宝德集团投资考察团到六盘水市考察。六盘水市在凤凰祥林大酒店与考察团一行举行座谈会。

同日 全省远程老年教育工作推进会召开。

同日 《六盘水市第一次全国水利普查成果公报》审查会议在市水利局会议室举行。

同日 六盘水市“阳光晒权”评议活动启动大会召开。

20日至21日 贵州省人大常委会副主任谢庆生一行到六盘水市调研新型农村合作医疗工作。

同期 贵州省军区工作组在水城军分区检查工作。

同期 市政协副主席吴文祥带领部分政协委员就六盘水市现代高效农业产业园区建设进展情况进行视察。

21日 市委中心组举行2013年第四次集中学习，传达学习《赵克志同志在县（市、区）委书记贯彻十八大精神专题研讨班上的报告》及中央、省有关文件精神，并就做好六盘水市当前意识形态工作进行研究部署。

同日 市政府第25次常务会议在六盘水会议中心二会议室召开，研究扶贫开发工作等问题。

同日 六盘水市佛教协会第一次代表大会召开。

22日 六盘水“中国凉都”品牌中长期发展规划汇报会召开（六盘水市委托北京富达尔咨询公司承担该规划有关研究工作）。

同日 六盘水市摄影家蒋行远的纪实摄影画册《坚守与纪录》首发式在市体育馆小广场举行。

22日至30日 副市长刘友宾在美国参加环境与城市可持续发展高级研修班学习。

23日 六盘水市就即将在六盘水召开的2013年全省第二次项目建设现场观摩会举行预演习。

同日 市政府专题会议在六盘水会议研究黔西南民管校98级盘县籍学生就业遗留问题。

同日 贵州省政府就首黔煤电钢项目在省政府1104会议室召开专题会议。

24日 市委书记王晓光调度市中心城区旅发大会和2013年全省项目建设现场观摩会进展情况。

同日 市政府专题会议研究六盘水农村商业银行筹建工作有关问题。

同日 六盘水市道路命名会议召开。

同日 六盘水市重大活动期间信访维稳工作会召开。

同日 旅发大会暨项目建设现场观摩会筹备工作专题会召开。

24日至25日 六盘水市社会科学界联合会第二次代表大会召开，市委常委、市委宣传部部长杨宏远当选市社科联第二届委员会主席。

25日 六盘水市筹办全省第八次旅发大会项目建设调度会召开。

同日 六盘水市工商联与市公共关系协会举办的“六盘水市民营企业创新管理暨上市培育工程”启动，举办“建设高效企业组织系统”专题讲座。

同日 六盘水市第一强制隔离戒毒所举行“6·26国际禁毒日”文艺活动。

同日 “2013·大山之梦中央人民广播电台走基层大型采访活动”仪式启动。

25日至26日 贵州省副省长王江平在六盘水市调研煤矿兼并重组和安全生产工作。

同期 贵州省人大财政经济委员会主任委员陈仁贵率省人大常委会财政经济咨询专家、贵州财经大学教授、国际经济学院党委书记赵普，省人大常委会财政经济咨询专家、贵州大学教授、经济学院经济贸易系主任马红梅，省人大财政经济委员会办公室副主任向波，到六盘水市调研上半年经济运行情况。

同期 市政协主席唐方信到四川省攀枝花参加政协五省二十市州会议。

同期 市政协副主席聂志权率市政协科教文卫体委员会委员对市级“七馆四中心”建设情况进行视察。

25日至27日 中央人民广播电台（以下简称央广）在六盘水市开展“2013·大山之梦中央人民广播电台走基层大型采访活动”。

同期 市七届人大常委会第十一次会议召开。会议听取、审议、通过市人民政府关于市七届人大常委会第七次会议审议意见通报落实情况的报告、市中级人民法院关于市七届人大常委会第七次会议审议意见通报落实情况的报告、市人民政府关于2012年市级财政决算草案的报告、市人民政府关于2012年市级财政预算执行和其他财政收支情况的审计报告、市人民政府关于六盘水市扶贫开发工作情况的报告、市中级人民法院关于六盘水市基层人民法院建设情况的报告、六盘水市人民代表大会常务委员会代表资格审查委员会关于补选市七届人大代表和代表变动情况的审查报告，批准了2012年市级财政决算，通过了有关人事任免职事项。

26日 市委书记王晓光与富力集团有关领导座谈。

同日 市委书记王晓光接受中央人民广播电台“走转改”采访团专访，畅谈六盘水市经济社会发展亮点及未来发展思路和前景。

同日 市委政法委书记徐立平主持召开黔桂电厂“上大压小”项目建设有关问题协调解决专题会和六盘水市“7・5”敏感期维稳工作会。同日，出席“6・26国际禁毒日”宣传活动，并发表电视讲话。

同日 六盘水市政府与中国农业发展银行贵州省分行战略合作备忘录签字仪式在六盘水明湖接待中心明湖厅举行。根据协议内容，农发行贵州省分行在“十二五”及“十三五”期间，将向六盘水市累计提供300亿元的信用额度，支持六盘水市“三农”及相关领域发展。

同日 六盘水市“四在农家”创建工作现场推进会在六枝特区陇脚乡召开。

同日 贵州省政府就六盘水至安顺城际铁路建设在省政府会议室召开协调会。

同日 六盘水市水利工程前期工作推进会召开。

27日 六盘水市开展2013年全省第二次项目建设现场观摩会预演。对即将在六盘水市召开的2013年全省第二次项目建设现场观摩会的观摩点、路线、项目进度、工作细节进行摸排。

同日 “中国梦・凉都梦”——“大山之梦”央广“走、转、改”2013年贵州行诗歌朗诵会在六盘水市市中心城区人民广场举行。著名播音人方明、雅坤、陆洋、于芳、傅成励、苏洋等登台朗诵了毛主席诗词及其他名家作品和凉都本地作家的作品。

同日 市殡仪馆规划选址协调会召开。

28日 贵州省扶贫办主任叶韬在六枝特区检查郎岱现代农业综合产业（扶贫）示范园区和陇脚万亩有机猕猴桃基地项目建设情况。

同日 六盘水市直机关举办“七一”表彰大会暨“我的中国梦・永远跟党走”合唱演出活动。

同日 六盘水市政协副主席王兴建陪同遵义市政协主席陈凌华一行在六盘水市考察。

同日 六盘水市工业经济调度会暨园区建设推进会召开。

同日 六盘水市职教园区建设工作会议召开。

同日 六盘水市副市长杨朝晖组织有关人员到省水利厅协调农村饮水安全项目申报事宜。

28日至29日 六盘水市举行2013年第三季度项目集中开工仪式。六盘水市第三季度项目集中开工总投资达500多亿元，主要涉及产业、交通、城建、社会事业、农林水等方面，其中产业项目和城市基础设施项目占总投资85%。

30日 市政府专题会议研究市中心城区凤凰山城市综合体建设有关事宜。研究凉都体育中心询价有关事宜。

同日 贵州省公安厅党委副书记、副厅长赵翔率队在六盘水市听取“7・5”敏感时期维稳工作情况，徐立平作汇报。

6月30日至7月4日 “三线”建设者单兰山（曾任原国家计委常务副主任、西南局书记处书记、西南“三线”建设委员会常务副主任程子华的秘书。1965年11月3日至12月7日曾随邓小平等中央领导视察西南“三线”建设，承担摄影和记录工作）应市委、市政府邀请到六盘水市调研“三线”建设情况。

7月

1日 六盘水市人大常委会召开农业产业化工作座谈会，专题讨论和研究六盘水市农业产业化问题。

同日 六盘水市“天网工程”试运行启动仪式在市公安局指挥中心举行。

同日 贵州省能源局局长张应伟一行在六盘水市调研。

同日 六盘水市组织开展《中华人民共和国老年人权益保障法》宣传活动。

2日 六盘水分会场参加“7・5”敏感期全省维稳工作电视电话会。市委书记王晓光出席“7・5”敏感期六盘水市维稳工作视频会并讲话。

同日 双水“小地基”信访问题化解研判工作会召开。

同日 贵州省第二次项目建设现场观摩会宣传画册制作工作协调会召开。

同日 副市长范三川组织有关人员到省商务厅对接工作。

同日 六盘水市煤矿企业融资座谈会召开。

同日 市政府专题会议研究市妇女儿童医院改扩建工程外观设计有关问题。

同日 市社会福利院建设协调会在六盘水会议中心三会议室召开。

2日至4日 市政协主席唐方信率市政协委员第九视察组对六盘水市民办教育发展情况进行视察。

2日至12日 市政协副主席邓刚率领市政协社会法制委员会组织部分政协委员进行六盘水市民营企业职工合法权益保障情况调研。

3日 第25次市长办公会议在六盘水会议中心二会议室召开，研究六盘水市煤矿企业兼并重组规划等问题。

同日 安顺至六盘水城际铁路线路方案对接会召开。

同日 六盘水市政法综治宣传工作会召开。

4日 中共六盘水市委六届四次全会召开，王晓光讲话，市长周荣总结讲话、并就《中共六盘水市委关于加强人才培养引进加快科技创新的意见（讨论稿）》作说明，副市长魏树旺就《中共六盘水市委关于推进产业园区又快又好发展的意见（讨论稿）》作说明。

同日 贵州省副省长陈明鸣到六盘水市开展包案下访。

5日 六盘水市举行2013年全省第二次项目建设现场观摩会预演。

同日 市政府专题会议研究六盘水职院学生公寓（一期）和食堂浴室BOT项目遗留问题处置工作。研究调度双桥水库工作。

同日 六盘水市殡葬改革推进会议召开。

8日至9日 六盘水市在广东省广州市、深圳市开展招商推介活动。

同期 贵州省调研组到六盘水市调研煤矿企业兼并重组工作情况。

8日至10日 六盘水市人大常委会组织六盘水选举的省人大代表到盘县对城镇建设和旅游发展进行专题调研。

9日 由贵州省政协副主席、民进贵州省委主委左定超率队的省政协小城镇建设考察组就小城镇建设、城市建设等在六盘水市考察。

同日 贵州省政府党组成员、省长助理、省公安厅厅长孙立成视察六枝特区郎岱派出所。

同日 市中心城区荷城城市综合体规划方案评审会举行，规划方案获原则同意。

同日 市政府专题会议研究现代高效农业示范园区建设问题。

9日至10日 市人大常委会副主任刘静带领市人大教科文卫委员会、研究室一行，分别到市中心城区市第二实验中学、市第四中学、市第十三中学开展“进校园，访教育”调研活动。

10日 贵州省副省长蒙启良到六盘水市调研第八届全省旅发大会筹备情况。

同日 贵州省公安厅党委委员、机关党委书记唐宇一行到六盘水市就省公安厅开展党的群众路线教育实践活动进行座谈。

同日 贵州省第二次项目建设现场观摩会“一对一”服务工作调度会召开。

同日 市政府第26次常务会议在六盘水会议中心二会议室召开，研究2013年六盘水市上半年经济工作总结和下半年经济工作意见等问题。

同日 市政府专题会议研究调度市中心城区道路油化工程情况；研究明湖水库安全度汛有关事宜。

11日 六盘水市信访维稳工作紧急会议召开。

12日 贵州省委常委、副省长、省委政法委书记秦如培听取六盘水市政法综治信访维稳工作情况汇报。

同日 贵州省计生委领导一行到六盘水市检查指导工作。

同日 六盘水市新型社区温馨家园建设动员会议召开。

同日 六盘水市中职教育工作推进会召开。

13日 贵州省政府党组成员、省长助理、省公安厅厅长孙立成在六盘水市听取公安工作情况汇报。

12日至14日 2013年全省第二次项目建设现场观摩会代表到六盘水市观摩。省委书记、省人大常委会主任赵克志率第一组代表观摩，省长陈敏尔率第二组代表观摩。

15日 贵州省第二次项目建设现场观摩会服务工作总结会召开。

同日 贵州省法院常务副院长邹伟到六盘水市调研，在钟山区检查普法依法治理工作。

15日至16日 黔西南州州委常委、州委秘书长、义龙新区党工委书记陈国芳率队在六盘水市考察城市、园区、产业项目建设。

同期 六盘水市组织部分发展较好的村党支部书记赴江苏省华西村学习培训。

16日至18日 贵州省政府特邀咨询禄智明率省有关部门主要负责人在六盘水市调研扶贫开发、烤烟产业发展、水库建设等工作。

同期 市政协副主席张俊昌带领市政协第五组委员到六枝特区、水城县对招商引资项目落实情况进行视察。

17日 市人大常委会主任黄金陪同省人大内委调研六盘水司法工作。

同日 六盘水市承办全省第八届旅发大会项目建设调度会召开。

同日 中共市委统战部与各民主党派、工商联、无党派人士联席会召开。

同日 六盘水市公安交警系统2013年“迎旅发岗位练兵比武”竞赛举行。

同日 盘县县委书记陈少荣在广州与广钢集团就项目合作事宜进行洽谈。

同日 中共六盘水市委、市人民政府下发《关于推进产业园区又快又好发展的意见》（六盘水党发〔2013〕10号）和《关于加强人才培养引进加快科技创新的意见》（六盘水党发〔2013〕11号）。

18日 市委书记王晓光会见凤凰卫视副总裁、凤凰都市传媒总裁刘作庚。

同日 贵州省军区工作组到水城军分区和钟山区人武部检查指导工作。

同日 六盘水市召开半年经济工作总结会。

同日 六盘水市召开基层党建工作暨同步小康驻村工作推进会。

同日 六盘水市召开六盘水市信访维稳工作视频专题会，涉法涉诉信访事项专题会。

同日 六盘水市半年金融运行情况分析会召开。

19日 市政府专题会议研究市级融资平台公司融资工作。

同日 政协六盘水市委员会组织市政协领导与委员约谈会，就如何推进“9+3”教育计划实施工作进行约谈。

同日 六盘水市与贵州省高速公路开发公司举行高速公路建设座谈会。

同日 六盘水市邀请国务院发展研究中心世界发展研究所研究员、中国国际公共关系协会常务副会长郑砚农在市机关会场作题为《公共关系应用——组织形象塑造与危机管理》专题讲座。

同日 市殡仪馆规划选址协调会议召开。

19日至22日 西北农林科技大学专家组在六盘水市调研。

20日 第十届中国凉都·六盘水消夏文化节开幕式文艺演出参演人员誓师大会召开。

同日 国家认监委实验室资质认定专项监督检查组在六盘水市疾病预防控制中心检查工作。

同日 岳阳市政协赴六盘水参观考察。

同日 旅发大会会务接待工作专题会召开。

同日 市政府专题会议研究农业产业融资工作问题。

7月下旬 由市人大常委会副主任杨龙政带队，市人大环资委牵头，市人大常委会委员、环资委委员，市环保局、市水利局、市住建局等单位参加，对六盘水市贯彻执行《中华人民共和国水污染防治法》情况进行了执法检查。

21日至22日 由黔西南州副州长曾孔祥、范华率队的黔西南州政府代表团一行到六盘水市，就城市、园区、产业项目建设等进行参观考察。

22日 市政府第27次常务会议在六盘水会议中心二会议室召开，研究六盘水市对全省促进100个城市综合体健康发展现场观摩会议精神贯彻落实意见等问题。

22日至23日 六盘水市驻市省政协委员、市政协主席会议视察组视察六盘水市扶贫生态移民工程，为六盘水市推进扶贫生态移民工程建言谋策。

23日 六盘水市在广州举办“凉都六盘水、消夏避暑地”旅游推介会。

同日 六盘水市“千企帮村、万户结对、同步小康”工作会议在盘县召开。

同日 “巾帼共筑中国梦·提升素质建小康”六盘水市村居、社区妇干培训班开班仪式在市委党校举行。

同日 第三届贵州省道德模范先进事迹六盘水专场报告会在钟山区会展中心举行。

同日 六盘水市安全生产半年工作视频会议暨市安委会第三次全体会议召开。

同日 市政府专题会议研究调度花岩洞取水工程建设情况。

24日至25日 政协第七届六盘水市委员会常务委员会第九次会议召开。会议听取并讨论了2013年上半年全市经济运行情况、十个特色小城镇建设工作情况、现代高效农业示范园区建设情况、“五城联创”工作情况的通报，协商同意夏厚军等九人辞去委员职务，协商增补陈健等十人为市七届政协委员。

同期 市人大常委会主任黄金率队对六盘水市保障性住房建设、中心城区景观改造提升、集

中供热、社区建设等工作进行调研。

同期 贵州省旅游局副局长杨俊一行调研六盘水市旅发大会筹备情况。

24日 第八届全省旅发大会暨第十届中国凉都·六盘水消夏文化节开幕式文艺晚会保障会议召开。

同日 第八届全省旅发大会暨第十届中国凉都·六盘水消夏化节有关体育赛事工作协调调度会议召开。

25日 市委书记王晓光在市公安局召开座谈会，传达学习省委书记、省人大常委会主任赵克志在全省第二次项目建设现场观摩途经梅花山时，对梅花山交警中队工作给予的高度赞扬和对有关工作作出的重要指示，并就进一步抓好贯彻落实提出要求。

同日 成都军区政治部主任柴绍良和省军区政治部主任肖茂光在水城军分区和水城县人武部检查调研工作。

同日 六盘水市召开旅发大会市直部门与接待酒店共同开展"一对一"服务工作部署会。

同日 贵州省农委领导一行在六盘水市调研现代农业产业园区建设及省农委挂钩帮扶项目推进情况。

同日 市政府专题会议研究凤池园水置换事宜。

26日 六盘水市在中国凉都·野玉海国际旅游度假区开展以"和谐共建凉都，同奔小康"为主题的"八一"军事日活动。

同日 市委2013年度议军会议在水城军分区召开。

同日 六盘水市深入推进禁毒人民战争电视电话会议召开。

同日 六盘水市上半年工业经济运行调度会议在六盘水电视电话会议室召开。

同日 六盘水市打击非法营运车辆启动会举行。

26日至27日 中国城市竞争力研究会（属国际性学术团体，1998年成立于香港，专门从事中国城市竞争力研究并向城市提供竞争力提升、顾问与评价服务）会长桂强芳到六盘水市考察。

27日 赫（章）水（城）高速公路建设线路方案洽谈会举行。

28日至29日 副市长付昭祥组织有关人员到国家林业局对接工作。

29日 六盘水市召开旅发大会系列活动协调会。

同日 市政府专题会议研究第八届全省旅发大会六盘水市美食文化节活动方案；研究市百货公司民族路门面资产有关问题。

同日 全省5个100工程急需紧缺人才专场招聘会六盘水分会场启动仪式在市中心城区人民广场举行。

29日至30日 贵州省政协副主席孙国强、李汉宇率省政协煤矿企业兼并重组调研组到六盘水市，就煤矿企业兼并重组工作了解存在困难和问题、听取意见和建议，为省委、省政府下步加快煤矿企业兼并重组步伐提供决策依据。

29日至31日 市政协副主席滕树红率部分政协委员视察六盘水市重点景区建设情况。

29日至8月3日 市政协主席唐方信任组长，副主席张俊昌、赵泽义为副组长的调研组对六盘水市安全生产情况开展调研。

30日 六盘水市政府投资BT项目检查整改工作汇报会召开。

同日 市政府专题会议研究新建、改建居民区配套建设中小学校问题；研究加大凤池园补水量、改善凤池园水生态环境有关事宜。

30日至31日 贵州省体育局局长蔡国祥一行到六盘水市调研体育工作。

31日 市政府专题会议研究市老年养护楼项目建设问题。

同日 六盘水市政府性债务审计进点电视电话会议召开。

31日（至8月1日） 由毕节市委书记张吉勇，市委副书记、市长陈昌旭率领的毕节市党政代表团，就产业园区建设、城市综合体建设、统筹城乡发展等到六盘水市学习考察。

同日 贵阳海关副关长陈清峰一行到六盘水市调研。

8月

1日 水利部农水司副司长李天佑、贵州省水利厅副厅长涂集一行到六盘水市督导调研基层水利服务机构建设工作。

同日 六盘水市召开第八届旅发大会安保工作领导小组会暨六盘水市信访维稳专题会。

同日 市委秘书长张志祥主持召开会议，安排“三线建设”老同志在六盘水市参观考察有关工作事宜。

同日 第26次市长办公会议在六盘水会议中心二会议室召开，研究钟山经济开发区2013年度第一批国有建设用地使用权出让等问题。

同日 市政府专题会议研究当前防汛抗旱有关工作。研究制定《“产业园区＋标准厂房＋职业教育”模式实施意见》。

1日至4日 2013中国凉都·六盘水“贵州银行杯”第十届全国桥牌公开赛在市中心城区富丽豪酒店举行，泸州老窖队获冠军，上普实业队和云岭通队分获二、三名。

2日 六盘水市全面小康社会建设推进会议召开。

同日 贵州省公安厅副厅长邹碧声到六盘水市检查指导第八届旅发大会安保工作并听取汇报，徐立平主持并作汇报。

同日 六盘水火车站站前广场建设管理专题会召开。

同日 市政府专题会议研究发嘎坡铁路货场建设有关问题。研究市武警支队选址新建问题。

3日 市政府专题会议研究重大项目谋划问题。

3日至5日 国家安监总局第16督查组在六盘水市开展安全生产大检查。

4日至5日 国家煤矿安监局原副局长、中国煤炭工业协会副会长彭建勋在六盘水市督查安全生产工作。

5日 市委书记王晓光主持召开市委常委专题会，传达中央、省领导对当前抗旱工作的重要批示精神并研究贯彻落实意见。

同日 市委书记王晓光、市委宣传部部长杨宏远会见省委宣传部副部长、省广播电视台台长白芳芹一行。

同日 2013中天·未来方舟多彩贵州歌唱大赛巡回赛最后一场比赛在六盘水市市中心城区人民广场举行。

同日 六盘水市人大代表、政协委员回访市中心城区老城棚户区改造项目建设情况，在钟山区会展中心举行座谈。

6日 六盘水市承办第八届贵州旅游产业发展大会筹备工作紧急会议召开。

同日 市人大常委会主任黄金陪同国家空管局视察月照机场。

同日 市政府专题会议研究国有企业职教幼教退休教师待遇。研究解决市广电网络公司房屋产权证办理等相关事宜。

同日 《盘县竹箐河水库工程可行性研究报告》《盘县磨格当水库工程可行性研究报告》专家评审会在盘县四海龙10楼会议室举行。

同日 盘江雅阁大酒店工作协调组授予盘江雅阁大酒店为“贵州省第八届旅游发展大会指定酒店”。

7日 市委书记王晓光接受人民日报社总编室副主编苏显龙、人民网地方部总监杨菲关于六盘水市发展环境建设专访。

同日 市政府专题会议研究加快报送内环快线等项目建设用地报件资料工作有关问题。

同日 六盘水市“一打两保”专项行动部署动员大会在六盘水电视电话会议室召开。

7日至8日 市政协副主席王兴建率科教文卫体委员会部分委员对民生问题进行调研。

8日 市委组织部部长李朝卉接受人民网、新华网关于“千企帮村、万户结对、共奔小康”专访。

同日 贵州省第八届旅发大会新闻发布会在贵阳举行。

同日 市政府第28次常务会议在六盘水会议中心二会议室召开，专题研究“5个100工程”工作。

同日 六盘水市安全生产大检查推进工作会议召开。

同日 第八届贵州旅游产业发展大会志愿者誓师大会在市机关会场举行。市委副书记、市政府分管常务工作副市长魏树旺，市人大常委会副主任陈光明，市政协副主席邓刚向第八届贵州旅游产业发展大会志愿服务队授旗。

同日 市政协副主席滕树红到八一花园酒店督查试运行情况，对搞好旅发大会酒店服务工作提出要求。

同日 市政协副主席张俊昌、邓刚带队对六盘水市平安建设情况进行督查。

9日 2013凉都·六盘水国际马拉松赛调度会议召开。

同日 云南省曲靖市市委书记高劲松，市委副书记、市长范华平率曲靖市党政代表团到六盘水市学习考察产业园区建设、城市综合体建设、

统筹城乡发展等工作情况。

同日 为期三天的2013年“李宁红双喜杯”中国乒乓球协会会员联赛贵州六盘水站赛开幕式在六盘水市体育馆举行。

同日 贵州省百名厅局长进企业专项行动六盘水座谈会举行。

同日 市委政法委书记徐立平出席中央、省媒体与六盘水市企业家座谈会，并接受采访。同日分别主持召开服务非公企业现场办公会和第八届旅发大会安保工作会。

同日 市委宣传部部长杨宏远接见国家体育总局田径运动管理中心副主任、中国田径协会副主席王大卫一行。

同日 水城县委书记王彬与云南华丰集团公司有关负责人洽谈百车河项目推进事宜。

同日 2013年六盘水市第三次消防工作联席会暨消防安全大排查大整治推进会召开。

同日 市政府专题会议研究市人民医院门急诊医技综合楼改造项目有关事宜。研究协调花岩洞取水工程有关事宜。

9日至11日 贵州省旅游局纪检组长牟勇在六盘水市调研旅发大会筹备工作情况。

10日 第八届贵州旅游产业发展大会的主要体育活动项目——“源禧五金机电杯”2013凉都·六盘水夏季国际马拉松赛开幕式，在市中心城区人民广场举行。来自国内外近万名优秀马拉松选手和长跑爱好者参加比赛。当天，男、女全程马拉松（42.195公里）桂冠分别由肯尼亚的史蒂芬和云南省队的郑文荣摘取；男、女马拉松接力第一名分别由云南曲靖会泽队和贵州省体育工作大队获得。

同日 市政府专题会议研究推进六盘水市棚户区改造工作有关问题。

10日至11日 贵州省委书记赵克志深入六盘水市盘县淤泥乡岩博村，专程听取基层群众对省委开展群众路线教育实践活动的意见建议。

同期 中科院华南植物园主任（所长）黄宏文博士一行在六盘水市水城县米箩、猴场猕猴桃基地调研。

10日至12日 由全国政协人口资源环境委员会副主任、中国科协决策咨询专委会主任齐让率队的全国政协委员调研组来到六盘水市，就六盘水市《全民科学素质行动计划纲要》实施情况进行视察调研，其间召开了《全民科学素质纲要》实施工作“十二五”中期评估交流会。

12日 六盘水市新农村建设和农村农民饮水工作专题汇报会召开。

同日 市政府专题会议听取六盘水市综合经济实力进入全省第一方阵和工业转型升级专题调研汇报。

同日 六盘水市人民政府与北京商莱工程技术有限公司煤矿瓦斯地面示范抽采综合利用项目座谈会暨签约仪式在市中心城区时代假日酒店举行。

12日至13日 贵州省副省长蒙启良到六盘水市检查指导承办第八届全省旅游产业发展大会筹备工作情况和产业园区建设工作情况。

13日 第五届行知赏识论坛开幕式在市三中黄土坡校区礼堂举行。

同日 水盘高速公路开通准备工作会议召开

同日 六盘水市农村饮水安全工作推进会议召开。

14日 六盘水市政府第29次常务会议在六盘水会议中心二会议室召开，研究六盘水市综合经济实力进入全省前三位等问题。

同日 六盘水市第九届村居“两委”换届选举工作电视电话会议召开。

同日 六盘水市赴省进京非访专项治理工作会议召开。

同日 市政协主席唐方信率部分市政协委员对六盘水市景区建设情况进行视察。

14日至15日 国家统计局副局长李强在六盘水市调研企业统计网上直报工作。

16日 贵州电视台《论道》栏目，在位于六盘水市明湖湿地公园的第八届贵州旅发大会主会场举办题为“中国凉都的冷思考”论道节目。节目主题为周密分析、冷静思考、理性把脉六盘水发展走势。曾任中国复关及入世谈判首席谈判代表、外经贸部原副部长、博鳌亚洲论坛原秘书长、《论道》栏目嘉宾主持龙永图，中国驻瑞士前任大使董津义，市委书记王晓光，市委副书记、市长周荣，《论道》节目主持人窦爱莉，在节目现场就此话题共同论道。

同日 贵州省人大常委会副主任袁周在黔中水利枢纽工程调研环境保护工作。

同日 市人大常委副主任杨龙政带领市人大

内司委及市民政局、市老龄委的有关人员，深入水城县、钟山区及市直相关部门开展六盘水市养老服务保障体系建设专题调研。

16日至19日 2013年“中国凉都·六盘水”国际滑翔伞公开赛暨全国滑翔伞优秀选手赛在六枝特区毛口乡国际滑翔伞基地举行。匈牙利、俄罗斯、西班牙、韩国、法国、加拿大、委内瑞拉、哥伦比亚、瑞士、土耳其等国际及国内众多运动员和爱好者参加了此次赛事。

17日 贵州省“三线建设”博物馆在六盘水市正式落成。贵州副省长何力，省政协副主席陈海峰，原国务院三线办规划二局局长、国家计委三线建设调整办公室主任、中国三线建设研究会筹备领导小组副组长王春才，省文物局副局长张安琪出席开馆仪式。市委副书记、市长周荣，市人大常委会主任黄金，市政协主席唐方信，市委常委、市委宣传部部长杨宏远等市领导，及原煤炭部36处凉都回访团等老同志出席开馆仪式。何力、王春才为博物馆揭幕。

同日 “多彩贵州第六届中国原生态国际摄影大展暨无上清凉·全国书画名家作品展”开展仪式在新落成的六盘水美术馆举行。本届大展是六盘水历史上规模最大、档次最高的书画摄影作品展，有来自国内外的近2000幅作品参展，有许多国外作品是首次在中国亮相。其中，“大三线·六盘水印迹”展出的183幅书画作品，给大众呈现了一个新视觉的魅力凉都六盘水。

同日 贵州省委副书记、省长陈敏尔参观六盘水美术馆、明湖湿地公园。

17日至18日 国家旅游总局副局长杜一力在六枝特区牂牁江、水城县野玉海景区实地考察。

同期 市公安局指挥中心调度督导第八届贵州旅发大会及相关系列活动安保工作。

17日至19日 曾任中国复关及入世谈判首席谈判代表、外经贸部原副部长、博鳌亚洲论坛原秘书长、贵州电视台《论道》栏目嘉宾主持龙永图，中国驻瑞士前任大使董津义一行在六盘水市水城县野玉海景区，盘县坡上草原、妥乐村、红果经济开发区和安顺市黄果树等地调研。

18日 第八届贵州旅游产业发展大会在六盘水明湖湿地公园召开。会议强调，要深入贯彻落实习近平总书记关于旅游业一系列重要讲话精神，以100个旅游景区为重点抓手，打造贵州旅游发展升级版，发出贵州旅游好声音，凝聚贵州旅游正能量，真正让具有山水风光、民族风情、特色风物的“多彩贵州”风行天下。省委书记、省人大常委会主任赵克志，省委副书记、省长陈敏尔，省政协主席王富玉，省委副书记李军，国家旅游局副局长杜一力，省领导廖少华、龙超云、蒙启良出席。陈敏尔、杜一力讲话，李军主持会议，蒙启良向第九届贵州旅游产业发展大会承办地贵阳市政府负责人授旗。市委书记王晓光参会并致辞。

同日 贵州省委省政府在六盘水市明湖接待中心明湖厅召开“四在农家·美丽乡村”建设工作座谈会，研究部署进一步推进“四在农家·美丽乡村”建设有关工作。

同日 2013中国凉都·六盘水休闲产业博览会开幕式在凉都国际会展中心举行。

同日 贵州省100个旅游景区建设经验交流会在六盘水市体育中心多功能厅召开。会议强调，各级各部门要深入贯彻落实第八届贵州旅游产业发展大会精神，进一部增强信心和决心，抓住关键，突出重点，整合资源，创新模式，综合推进，确保全面完成2013年全省100个旅游景区建设目标任务。

同日 六盘水市招商引资项目推介会暨签约仪式在凉都锦江温泉国际大酒店举行。当天共签约18个项目，投资总额达403.2亿元。

19日 贵州省副省长蒙启良参观野玉海景区。

同日 六盘水市委副书记魏树旺与贵州省政府驻北京办事处、驻大连办事处有关领导座谈。

同日 六盘水分会场参加全省公安局长电视电话会议。市委政法委加强政法机关纪律作风建设电视电话会召开。

同日 市中心城区荷城片区暨安置房建设项目签约仪式举行，在官厅路举行开工仪式。

同日 市政府专题会议研究市开发投资公司发行二期公司债券有关问题。

同日 市人大常委会副主任阳松林率领由市政法委综治办、市公安局、市安监局、市信访局等单位组成的督查组，对盘县的安全维稳工作进行督查。

20日 六盘水月照机场飞行区土石方工程（道槽部分）验收评审会举行。

20日至21日 江苏省委原副书记、纪委书记王寿亭一行在六盘水市考察。

20日至22日 六盘水市七届人大常委会第十二次会议召开。会议听取、审议、通过了市人民政府关于市七届人大常委会第十次会议审议意见通报落实情况的报告、市人民政府关于2013年上半年国民经济和社会发展计划执行情况的报告、市人民政府关于2013年上半年财政预算执行情况的报告、六盘水市现代农业高效示范园建设情况的报告、六盘水市“节能减排”工作开展情况的报告，作出了关于命名六盘水“市树”“市花”的决定。

21日 市政府第30次常务会议在六盘水会议中心二会议室召开，传达学习国务院总理李克强在经济形势座谈会上的讲话精神、省委省政府《关于支持六盘水市加快旅游业发展的意见》，研究部署市粮油储备中心项目建设等有关事宜。

同日 第十届中国凉都·六盘水消夏文化节钢琴小提琴独奏音乐会在市机关会场举行。

同日 六盘水月照机场高填方地基变形沉降评估会议举行。

同日 中国凉都·六盘水山地自行车公路赛开幕式在水城县野鸡坪举行。

同日 六盘水市全民肝病普查及公益帮扶捐赠仪式举行。

同日 市政府专题会议研究荷城花园凤池园供水工程方案。

21日至22日 西南林大与六盘水市盘县举办的古树保护与开发利用学术研讨会在盘县举行。

22日 凉都生态休闲公园规划方案及编制单位审查会举行。

同日 六（盘水）安（顺）铁路引入长沙至昆明客运专线洽谈会在北京举行。

同日 贵州省统计信息交流会召开。

同日 香港惠明基金会钟惠明先生一行到六盘水市参观美术馆、三线博物馆。

同日 六盘水市古树保护与生态文化建设研讨会开幕。

同日 市政府专题会议研究牂牁江风景名胜区范围调整有关问题。

22日至23日 贵州省新闻出版局副局长、省文改文产办副主任杨庆武督查六盘水市文化产业工作。

22日至24日 由中日韩经济发展协会和市人民政府主办的首届“贵州银行”杯中日韩少儿围棋赛在市体育馆举行。

23日 六盘水市承办第八届贵州旅游产业发展大会总结表彰会在凉都体育中心多功能厅召开。会议表彰了34个作出突出贡献的单位、83个先进单位、521名先进个人。

同日 市政府专题会议市直中高等院校教师公租房项目建设有关问题。

24日 全国人大常委会副委员长万鄂湘到六盘水市调研。

同日 乌蒙山区发展研究第一届学术研讨会开幕式在市中心城区圣地亚哥大酒店举行。

25日 由国家体育总局汽车摩托车运动管理中心、省体育局、市人民政府主办，水城县人民政府承办，北京摩托运动发展公司、市文体广电局协办的中国凉都“水城信合杯”全国摩托赛越野锦标赛（六盘水站）在六盘水市水城县野鸡坪举行。

25日至26日 副市长付昭祥组织有关人员在省扶贫办对接工作。

26日至29日 六盘水市党政代表团赴安顺、遵义、毕节三地，就城市建设、园区建设、新农村建设、工业经济发展等进行学习考察。

同期 市政协副主席邓刚率队对六盘水市医疗机构无主病人救治保障现状进行调研。

27日 六盘水农业产业政、产、学、研结合座谈会在六盘水师院召开。

同日 市政府专题会议研究六枝旧院水库实行长期补偿安置有关事宜。

28日 市政府专题会议研究双桥水库工程建设及移民安置工作。

同日 水城军分区官兵参观“三线”建设博物馆。

28至29日 由六盘水市主办的贵州省人大财经工作会召开。

28日至31日 六盘水市组团参加在宁夏银川国际会展中心举行的中国民族医药博览会。

29日 黔东南州宣传文化系统考察学习组在六盘水市考察。

29日至30日 林业部、省林业厅领导一行到六盘水市考查盘县普古湿地公园建设。

30日 六盘水市上半年老干部工作情况通报会召开。

同日 贵州省军区副政委陈钢少将到水城军分区和水城县人武部检查指导工作。

31日 第27次市长办公会议在六盘水会议中心二会议室召开，研究当前六盘水市改革开放重点工作安排等问题。

9月

1日 六盘水市纪检监察派驻机构统管课题研讨会在北京召开。中央纪委研究室副主任孙飞，中央纪委监察部廉政理论研究中心副主任孙志勇，北京航空航天大学廉政研究所所长任建明，中央编译局世界战略研究所所长何增科，中国纪检监察学院、《中国监察》和《中国纪检监察报》等有关方面人员参加研讨。

同日 市政府专题会议研究产业园区“百日攻坚”行动。

同日 水利部稽察六盘水市双桥水库供水工程座谈会举行。

2日 贵州省妇联主席罗宁、省旅游局原局长杨胜明一行调研六盘水市旅游产业发展情况。

同日 市纪委书记向昀在北京为第3期全国纪检监察派驻机构业务培训班作派驻机构统一管理工作经验介绍。

同日 六盘水市“水情杯”水利摄影作品评审会举行。

2日至5日 市长周荣率团在上海、广州、深圳、南宁开展重点项目对接活动，走访在六盘水市投资的企业集团。其间，在南宁参加2013年东盟博览会、在广州与广东粤电集团公司座谈；在深圳与华润电力公司座谈、考察TC1集团公司、召开重大项目合作洽谈会；在上海考察红星美凯龙、与中国鑫仁铝业公司座谈。

3日 贵州省政协主席王富玉率省政协主席会议视察团在六枝特区牂牁江西戛景区、水城县野玉海景区、六盘水美术馆、凤凰山城市综合体、凉都体育中心等地视察旅游产业发展情况，省政协副主席孙国强、孔令中、左定超、谢晓尧、陈敏一同视察。

同日 人力资源和社会保障部就业促进司司长刘丹华一行到六盘水市调研，了解就业困难人员政策落实情况。

4日 川滇黔赣冀五省二十市州政协第34次联系会议在六盘水市中心城区盘江雅阁大酒店四楼维多利亚多功能厅召开。贵州省政协副主席、民进贵州省委主委左定超出席并代表贵州省政协讲话。中共六盘水市委书记王晓光致辞。六盘水市政协主席唐方信主持会议。

同日 贵州省文化厅副厅长、省文物局局长王红光调研红二、六军团盘县会议纪念馆、丹霞山护国寺、文庙等文物景点保护工作。

同日 六盘水市2010—2012年财政专项扶贫（发展）资金自纠自查工作会议召开。

5日 贵州省老年科协会长、省人大常委会原副主任李万禄一行到六盘水市调研。

5日至6日 副市长杨朝晖组织有关人员分别到省政府和省水利厅、省水利水电勘测设计研究院汇报水利融资工作、对接水利项目申报工作。

6日 市委书记王晓光到盘县调研暴雨受灾情况和景区景点建设情况。

同日 六盘水市第四季度经济运行调度会召开。

6日至8日 副市长付昭祥组织有关人员参加在厦门举行的第十七届中国国际投资贸易洽谈会。

7日至10日 市长周荣带队在贵阳参加第九届泛珠三角区域合作与发展论坛暨经贸洽谈会和第三届中国（贵州）国际酒博会。

9日 盘（县）兴（义）高速公路开工仪式在盘县举行。盘兴高速公路是贵州省高速公路规划“678网”中昭通至安龙公路的重要组成部分，路线全长105公里，其中盘县境内60.62公里，桥梁39座，隧道20座，桥隧比57.3%；兴义境内45公里。

同日 六盘水市2013年教师节座谈会召开。

同日 市委书记王晓光、常务副市长魏树旺在贵阳会见韩中亲善协会会长李世基率队的韩国经贸代表团一行。

10日 由大连市人大常委会副主任姚家凯率队的大连市代表团到六盘水市考察。

同日 六盘水市煤矿兼并重组推进会召开。

同日 市政府专题会议研究六盘水市安全生产工作。

同日 贵州千名唇腭裂儿童救助行动走进六盘水公益活动启动仪式在市人民医院举行。

同日 贵州省政府对六盘水市新建改建居民区中小学配套建设督查情况反馈会召开。

同日 贵州省政府特邀咨询禄智明到六盘水

市调研。

同日 贵州省政协调研组就农业科技与人才培养对农业产业园区支撑情况到六盘水市调研。

11日 市政府专题会议研究市工业投资开发有限责任公司资产重组事宜。研究成都铁路局驻六盘水遗留社会职能人员移交工作。研究讨论六盘水市原集体所有制卫生员待遇落实方案。

同日 “纪念毛泽东诞辰120周年中国凉都·六盘水首届共和国将军部长书画展”在六盘水美术馆举行。

同日 市铁路护路领导小组工作会议召开。

11日至12日 国家土地督察武汉局工作督察组在六盘水市开展督查工作。其间，应督察组要求，六盘水市召开了土地管理政策法规和土地督查制度宣讲工作电视电话会议，国家土地督查武汉局副局长唐世力出席并讲话，国家土地督查武汉局督查三室主任贺楚华作专题讲座。

12日 中组部、团中央第十三批赴黔博士服务团在六盘水市调研并举行“智汇凉都——资源工业转型发展机遇与挑战”主题座谈会。

同日 市政府专题会议研究黔晟新能源M15甲醇汽油推广工作。

同日 中共六盘水市委、市人民政府下发《关于新一轮扶贫开发攻坚战的实施意见》（六盘水党发〔2013〕19号）。

13日 六盘水市政府第31次常务会议在六盘水会议中心二会议室召开，研究2014年六盘水市新开工项目等问题。

同日 六盘水市政府服务规范化建设推进会在六盘水电视电话会议室召开。

15日至16日 六盘水市组团参加在成都举行的全国特色食品博览会，并考察学习成都市都江堰等县猕猴桃产业建设。

16日 六盘水市煤矿企业兼并重组领导小组工作会议召开。

同日 市政府专题会议研究协调花岩洞取水工程建设有关事宜；研究市中心城区垃圾焚烧发电项目建设有关问题。

16日至18日 贵州省人大常委会副主任袁周率队在盘县红果污水处理厂、哮天龙水库水源保护区、妥乐银杏风景区，水城县玉舍水库、野玉海景区，凤凰山城市综合体、市污水处理厂等地检查贯彻实施《中华人民共和国水污染防治法》执行情况并座谈。

17日 贵州省人大教科文卫工作座谈会在六盘水会议中心二会议室召开。省人大常委会副主任谢庆生出席并讲话。市委副书记、市长周荣受市委书记王晓光委托致欢迎辞并介绍六盘水市市情。省人大教科文卫委员会主任委员王建富介绍上半年工作情况及下一步打算，省人大教科文卫委员会副主任委员喻培萱主持座谈会。

同日 六盘水市基层“五好”关工委创建活动表彰会和第三届“农村青年致富能手”表彰会召开。

同日 市政府专题会议研究凤凰山城市综合体施工用水增容有关问题。

18日 贵州省委常委、常务副省长谌贻琴到盘县红果煤矿、仲恒煤矿，盘江精煤公司火铺矿调研督导煤矿企业兼并重组工作并座谈。

同日 市政府专题会议研究盘县乌都河洞口水电站与格所河峡谷景区统筹开发问题。

22日 市政府专题会议研究产业园区“百日攻坚”行动有关工作。

22日至30日 市政协副主席滕树红率市政协人口资源环境委员会部分委员就六盘水市人口性别比情况开展调研。

23日 六盘水市第二届社会科学宣传普及周活动启动仪式暨“三下乡”大型科普宣传活动开幕式在市中心城区麒麟公园广场举行。

同日 2013金沙回沙杯“多彩贵州”旅游商品“两赛一会”六盘水赛区选拔赛开幕式在市体育馆广场举行。

23日至24日 市委中心组举行2013年第五次集中学习，传达学习习近平总书记一系列重要讲话精神。

24日 第28次市长办公会议在六盘水会议中心二会议室召开，研究六盘水市深化医药卫生体制改革实施意见等问题。

同日 六盘水分会场参加全省建设平安贵州禁毒雷霆严打整治行动动员部署电视电话会议。同日，六盘水分会场参加全省危爆物品安全大检查大整治电视电话会议。

同日 六盘水市第三季度经济运行分析会召开。

同日 市政府专题会议研究珠三角招商引资签约项目事宜。

同日 市直机关"唱响凉都，喜迎国庆"歌咏比赛在市中心城区人民广场举行。来自市直机关各系统的16支合唱队、1300多人用歌声赞美凉都，讴歌祖国。

25日 毕节市人大常委会机关离退休老同志代表团在水城县野玉海景区、凉都体育中心、贵州"三线建设"博物馆、凤池园等地考察。

同日 贵州省总工会党组副书记、副主席杨清源，常务副市长魏树旺出席钟山经济开发区（红桥新区）集中建会暨市职工职业技能教育培训基地授牌仪式。

同日 六盘水市第三次经济普查工作筹备情况汇报会召开。

24日至28日 市政协副主席田满华率队组织市政协学习文史和联谊委员会部分委员，对六盘水市水利水电建设工作中文物保护情况进行调研。

26日 六盘水市党风廉政警示教育视频大会召开。市纪委书记向昀通报近年来六盘水市查办的违纪违法典型案例。

同日 六盘水市2014年人口计生工作预安排会议召开。

同日 市委书记王晓光在明湖接待中心接受中国经济网《网络"美丽中国"城市行》大型走基层活动栏目组专访。

同日 市政府专题会议研究海关六盘水办事处、出入境检验检疫局建设有关事宜。

同日 六盘水市产业园区建设工作推进会召开。

同日 六盘水市工业经济运行调度会在六盘水电视电话会议室召开。

27日 六盘水市2013年第四季度项目暨盘县刘官胜境温泉旅游文化城市综合体项目集中开工仪式在盘县刘官镇举行。该批项目共321个，总投资583亿元，年度计划投资74.1亿元。

同日 市中心城区内环快线东环线、德宏路、康乐路、麒麟路、凤凰南路设计方案汇报会在盘县刘官召开。

28日 贵州省矿山事故应急演练在六盘水市六枝特区举行。

同日 六盘水市由128人组成的代表团在贵阳参加了全省农业园区招商引资暨项目签约会。六盘水市在签约会上成功签约项目12个，签约资金达32亿元。

29日 贵州省政府煤矿企业兼并重组工作第二督导组组长、省安监局局长李尚宽一行到六盘水市检查煤矿企业兼并重组和安全生产工作并座谈。

同日 六盘水市实施教育"9+3"计划推进会在六盘水电视电话会议室召开。

同日 副市长付昭祥组织有关人员到省发展改革委对接六安铁路建设工作。

同日 省林业厅就光照电站库区申报国家级湿地公园召开协调会议。

30日 六盘水市在市委市政府大院举行国庆升国旗仪式。

同日 都（匀）香（格里拉）高速公路六盘水至威宁段高速公路工程初步设计外业初测验收会议在威宁县召开。

10月

5日至6日 国家煤监局原局长王显政、原副局长彭建勋在六盘水市调研。

8日 贵州省委常委、省委统战部部长刘晓凯在六枝特区梭戛乡调研"梭戛自然与文化生态旅游保护区"建设情况。

8日至9日 常务副市长魏树旺在国家发改委、交通部汇报项目工作。

9日 市委书记王晓光主持召开市委常委专题会议，研究市级行政中心办公楼调整使用有关工作。

同日 市人大常委会主任黄金到六盘水职业技术学院进行调研。

10日 市长周荣率队组织有关人员现场参观学习钟山经济开发区西南天地煤机制造项目、水城经济开发区中国光能科技有限公司节能灯具生产项目、六枝特区郎岱镇特色小城镇建设、木岗产业园区11万平方米标准厂房建设项目、盘县羊场乡特色小城镇建设、柏果镇黔桂天能焦化项目、红果经济开发区天刺力科技有限责任公司项目、盘县红果镇城市建设管理。

同日 市政协主席唐方信到水城县米箩乡调研"四在农家·美丽乡村"创建工作，帮助解决实际困难。

同日 六盘水市组织工作会议召开。

同日 六盘水市产业园区"百日攻坚"专项行动工作会议暨六盘水市煤矿企业兼并重组工作推进会召开。

同日 六盘水市生态移民搬迁工作情况通报会暨双戛乡与老鹰山镇互换后财税管理体制清理协调会在盘县召开（双戛乡由原属水城县变为属钟山区，老鹰山镇由原属钟山区变为属水城县）。

同日 市政府专题会议研究协调市民职校项目建设有关问题。

10日至12日 四川大学水利专家到六枝特区调研水利工程建设。

11日 市委组织部部长李朝卉在钟山区黄土坡街道人民西路社区慰问百岁老人、空巢老人和困难老人。

同日 贵州省综治办副巡视员饶昌贵、省统计局社情民意调查中心主任雷和林在六盘水市调研政法综治工作及“群众安全感和满意度”提升工作情况。

同日 六盘水市特色小城镇建设暨城镇管理、产业园区“百日攻坚行动”及六盘水市煤矿企业兼并重组工作推进会在盘县召开。

同日 六盘水市秋冬季农业生产工作调度会召开。

12日 市政府专题会议在六盘水会议研究工业企业税收调查问题；研究协调水矿（集团）公司鑫晟煤化工中水供应问题；研究水矿技校校门建设问题。

同日 六盘水市新农合基金管理专题工作会议召开。

13至16日 贵州省委组织部干部任用监督检查组在六盘水市检查工作。

14日 市政府专题会议研究协调双桥水库压覆煤矿问题。

15日 茅台集团公司名誉董事长、技术总顾问季克良，贵州醇酒厂原厂长鄢文松到盘县淤泥乡岩博村考察白酒业发展情况。

同日 贵州省政府督查室民营经济督导组在六盘水市调研。

同日 市政府专题会议研究六盘水市测绘地理信息及成果失泄密隐患风险防范问题。调度工业经济、民营经济运行情况。

15日至16日 六（盘水）安（顺）铁路项目建设前期工作推进会在成都中铁二院召开。

16日 贵州省公安厅党委副书记、副厅长赵翔在六盘水市督查“建设平安贵州治安整治行动”及“全省公安局长座谈会”贯彻落实情况。

同日 六盘水市政府第32次常务会议在六盘水会议中心二会议室召开，研究加快推进生态扶贫移民工程实施意见等问题。

17日 贵州省党管武装工作考察组到六盘水市考察。

同日 市委市政府在六盘水会议中心三会议室召开城市管理专题会议。

同日 市政府专题会议研究协调市三中BOT项目有关问题。

同日 六盘水市政法综治机关向人民群众报告工作大会在六盘水会议中心大会议室召开。

18日 六盘水市第八届老年人文艺汇演开幕。

18日至20日 2013年西南片区网球赛在市体育馆举行。

19日 市人大常委会主任黄金赴六枝特区调研行政区划工作。

同日 2013年中国凉都·六盘水“弘景旅游杯”西南片区网球赛开幕。

19日至22日 贵州省铁建办、铁投公司领导在盘县检查沪昆线（盘县段）建设情况并到水矿集团公司对接工作。

22日 王晓光主持市委中心组2013年第六次集中学习。世界旅游城市联合会专家委员会主任、全国休闲标准化技术委员会副主任、中国著名旅游经济和管理专家魏小安教授作题为《中国新春城、凉都六盘水》专题讲座。

同日 全省市（州）政协秘书长会议在六盘水市召开。

22至24日 市七届人大常委会第十三次会议召开。会议听取、审议、通过了市人民政府关于市七届人大常委会第十一次会议审议意见通报落实情况的报告、市中级人民法院关于市七届人大常委会第十一次会议关于六盘水市基层人民法院建设情况报告的审议意见通报落实情况的报告、关于六盘水市公益性文化设施建设情况的报告、关于《贵州省宗教事务条例》执行情况的报告、市人民政府关于市七届人大三次会议代表意见建议办理落实情况的报告。会议还通过了人事任免事项。

23日 粤港澳集团总裁蔡岳到水城县野玉海景区考察六盘水市旅游项目建设情况。

24日 六盘水市非公有制经济人士优秀中国

特色社会主义事业建设者推荐委员会会议召开。

同日 六盘水市卫生工作暨新农合工作调度会召开。

同日 市政府专题会议研究协调凤凰山城市综合体交通组织问题。

25日 六盘水市庆祝贵州省第十六届环卫工人节暨表彰大会在市机关会场召开。

同日 政协六盘水市委员会民主评议六盘水市文体广电局工作动员大会召开。

28日 六盘水中心城区规划审查会召开。

28日至29日 市长周荣率队参加在贵阳举行的贵州·台湾经贸交流合作恳谈会。

29日 贵州省纪委副书记季森到盘县调研反腐倡廉工作。

同日 市政府第33次常务会议在六盘水会议中心二会议室召开，研究国有企业改革改制等问题。

同日 第30次市长办公会议在六盘水会议中心二会议室召开，研究提高六盘水市城乡居民最低生活保障标准等问题。

同日 六盘水市城市总体规划（2013—2030年）成果征求市政协意见会召开。

同日 六盘水市第三季度农口经济运行分析会召开。

同日 钟山区中坡水库工程可行性研究报告评审会举行。

29日至30日 贵州省副省长王江平到米箩煤矿、水矿（集团）公司、首钢水钢公司调研。

30日 市委组织部部长李朝卉向省委专项督查组汇报六盘水市非公企业党建工作情况。同日，六盘水分会场参加全国非公有制经济人士理想信念教育电视电话会议。

30日至31日 市政协七届十次常委会议召开。会议听取并讨论了全市重大项目建设及固定资产投资完成情况、2013年“二十件民生实事”进展情况、2013年“十大工程”进展情况、2013年水利设施建设情况的通报；协商免去王成俊的政协第七届六盘水市委员会常委、委员职务。

31日 市委书记王晓光、副市长周宏文、市委秘书长张志祥会见富力集团董事长、总裁张力等高管人员。

同日 六盘水市棚户区改造工作联席会议召开。

同日 六盘水市社会保障、社会监督委员会全体会议召开。

同日 六盘水市安全生产工作会议在六盘水会议中心电视电话会议室召开。

同日 水城军分区国防综合训练基地建设协调会议召开。

11月

1日 市政府专题会议研究市中心城区绿化改造提升工程和六盘水市绿化产业带规划工作。

同日 市政协副主席邓刚率部分市政协委员就六盘水市茶叶产业发展情况进行调研。

3日 市政协副主席滕树红陪同民建中央副主席张少琴在六盘水市考察。

同日 六盘水市城市管理工作推进大会在市中心城区人民广场召开，宣布《致全体市民倡议书》。

5日 市委书记王晓光会见首钢水城钢铁（集团）公司党委书记、副总经理卢正春一行。

同日 六盘水市“四在农家·美丽乡村”基础设施建设六项行动计划专题会召开。

同日 市政府专题会议研究调度“凉都体育中心、内环快线、月照机场、机场高速”工作进展情况；研究调度六盘水市“四在农家·美丽乡村”基础设施建设六项行动工作情况。

5日至6日 国家煤监局副局长李万江到盘县检查煤矿安全生产工作。

6日 全国人大常委会副秘书长张少琴在六盘水市调研民建组织工作开展情况。

同日 市政府专题会议研究双桥水库压覆煤矿相关事宜，双桥水库征地拆迁、移民安置事宜。

7日 市委书记王晓光陪同省政协副主席、民进贵州省委主委左定超和省政协秘书长李月成带队的省部分知名书画艺术家在六盘水市开展“下基层、送文化、促发展”交流活动。

同日 华润电力六枝电厂项目环评会议在贵阳举行。

同日 贵州省安全生产监管系统国办发〔2013〕99号文宣传贯彻会议在盘县召开。

同日 市政府专题会议研究六盘水师院二期融资工作。

8日 国家发展改革委西部开发司副巡视员肖渭明一行到盘县调研退耕还林工作。

同日 贵州省政协书画院六盘水创作基地在市美术馆举行挂牌仪式。

同日 六盘水日报社庆祝第14个中国记者节活动。

10日 六盘水市园区企业座谈会举行。

同日 六盘水市农业龙头企业负责人座谈会召开。

同日 六盘水市"中国梦"书画摄影大赛暨金秋书画展开幕。

同日 六盘水市申报城市集中供热气候条件分析会议召开。

11日 六盘水老年人健步走大联动活动在市中心城区人民广场与全国同步举行。

11日至14日 六盘水市组织有关人员到大连市对接对口帮扶招商项目事宜。

12日 第31次市长办公会在六盘水会议中心二会议室召开，研究市中心城区农贸市场升级改造和标准化建设实施方案等问题。

同日 六盘水市举行房开企业座谈会。

同日 贵州省第二次民族地区贫困乡镇产业扶持工作现场会在六枝特区召开。

同日 六盘水市召开城市综合体及棚户区改造企业业主座谈会。

同日 贵州省军区工作组到水城军分区机关检查指导武装工作。

12日至13日 由黔南州政协副主席王雯洁、李强率队的黔南州考察组一行在六盘水市考察教育、文化、卫生、体育等社会事业发展情况。

13日 重庆盈田置业发展有限公司董事长卿兴旺一行到六盘水市调研。

同日 省经信委"电煤组织、安全确认、整顿复产"三合一服务基层调研组到六盘水市调研。

同日 贵州省学前教育三年行动计划总结暨集团化办园工作现场推进会在盘县召开。

13日至14日 六安铁路建设现场踏勘及修改预可行性研究报告评估会议在安顺市举行。

14至15日 由贵州省政府法制办副主任肖祖才率队的省依法行政考核组到六盘水市考核2013年依法行政工作。

同期 贵州省第九届村（居）民委员会换届选举工作指导组在六盘水市检查工作。

15日 遵义县"7·18"因公牺牲英雄群体先进事迹巡回报告会在钟山区会展中心举行。

同日 六盘水市冬春造林暨森林防火工作电视电话会议召开。

16日 市政府专题会议研究调度财税、统计工作情况。研究2014年煤炭产品产量目标工作。

同日 双桥水库建设征地移民搬迁安置及压覆煤矿处置工作专题会在水城县召开。

16日至17日 副市长付昭祥率队组织有关人员到国家发展改革委、林业部对接25度坡耕地退耕还林工作。

17日 市政府专题会议研究粮油储备中心建设事宜；研究调度统计、融资工作情况。

18日 市政府第34次常务会议在六盘水会议中心二会议室召开，研究落实《中共中央国务院关于地方政府职能转变和机构改革的意见》及《李克强总理在地方政府职能转变和机构改革工作电视电话会议上的讲话》精神等问题。

同日 六盘水市煤矿企业兼并重组工作会召开。

18日至20日 贵州省委统战部常务副部长陈庆义，省人大代表、市人大常委会主任黄金，省人大代表、市人大常委会副主任陈光明等33名省人大代表，视察六盘水市经济社会发展情况。

19日 六盘水市2013年同步小康驻村工作组大学生志愿者兼任团支部第一书记示范培训班开班仪式在市委党校举行。

同日 六盘水市市直机关职工"强身健体、凝聚力量、同步小康"行进有氧健身操展示活动在市体育场举行。

同日 市政府专题会议研究新能源加气站建设有关问题。

同日 中国野生植物保护协会领导到玉舍林场、米箩乡考察野生猕猴桃分布和生长情况及六盘水市猕猴桃产业建设情况。

同日 "中国猕猴桃之乡——贵州六盘水"申报工作情况汇报会举行。

同日 六盘水市水利工作会议召开。

19日至20日 王晓光、周荣、魏树旺、徐立平、陈少荣、向昀、张志祥参加中央党的群众路线教育活动第十五督导组个别访谈。

20日 市政府专题会议研究民营担保公司资金引入就业小额担保贷款担保基金工作问题；研

究凉都体育中心运营方案；研究粮油储备中心建设有关事宜；研究水城经济开发区煤化工产业发展有关问题。

同日 六盘水市野生猕猴桃资源保护与开发座谈会召开。

同日 六盘水市民营担保公司资金引入就业小额担保贷款担保基金工作研究会召开。

20日至22日 中央党的群众路线教育活动第十五督导组在六盘水市调研党的群众路线教育实践活动及基层党建工作。

21日 六盘水市思想宣传工作会议在六盘水电视电话会议室召开。

同日 市中心城区第一批电力线路迁改信访事项协调会召开。

同日 六盘水市第九届村居民委员会换届选举工作推进会召开。

21日至22日 中央党的群众路线教育督导组到盘县视察。

同期 市人大常委会副主任杨明达一行到六枝特区调研"十二五"规划实施情况及交通工作开展情况。

22日 六盘水市领导干部大会召开，宣布省委决定：李再勇任中共六盘水市委委员、常委、书记，王晓光不再担任中共六盘水市委书记、常委、委员职务，另有任用。省委组织部副部长郑德川讲话，王晓光、李再勇、周荣分别作表态发言。

同日 市政府专题会议研究市三中BOT项目有关事宜。

同日 六盘水市教育"9+3"计划项目建设调度会召开。

同日 贵州省农发行行长吴标一行到水城县调研猕猴桃产业建设情况。

24日至25日 遵义市副市长田刚一行考察六盘水市城市建设与管理工作。

25日 市政府专题会议学习《中共中央关于全面深化改革若干重大问题的决定》。

同日 六盘水市老兵退伍仪式在市消防支队举行。

同日 市人大常委会副主任杨明达一行到水城县调研"十二五"规划实施中期评估及交通运输工作情况。

25日至28日 六盘水市组织有关人员到北京参加全国信息消费试点示范城市答辩会议。

25日至29日 市委书记李再勇在盘县、六枝特区、水城县、钟山区、钟山经济开发区调研经济社会发展情况，魏树旺、张志祥陪同调研。

26日 六盘水市安全生产紧急电视电话会议召开。

同日 仁怀市党政代表团在六盘水市考察城市建设管理。

同日 工业和信息化部新型工业化示范基地调研组到水钢、红桥新区中煤科工、瑞都建材调研。

26日至27日 司法部政治部副巡视员沙荣才一行在六盘水市调研。

27日 六盘水市安全生产工作会议在六盘水电视电话会议室召开。

同日 市政府专题会议研究水矿技校、水城县四小建设有关问题；研究发嘎坡货场建设有关事宜。

同日 大连大商集团向水城县玉舍乡海坪小学捐赠书籍。

同日 贵州银行党委委员、副行长肖慈发一行在六盘水市调研。

同日 六盘水市金融系统党风廉政建设座谈会召开。

28日 六盘水分会场参加全省学习贯彻习近平总书记重要指示精神全面加强安全生产工作视频会议。六盘水市安全生产工作会议召开。

同日 贵州省人民政府就落实省委书记赵克志"将六枝梭嘎建设成自然与文化生态旅游示范区"重要批示召开专题会议。

同日 贵州省工商联副主席丁建光一行到六盘水市调研"千企帮村"工作。

同日 人民日报贵州分社社长万秀斌一行在六盘水市采访报道"四在农家·美丽乡村"建设情况。

29日 2013年六盘水市乡村学校少年宫现场推进会召开。

30日 六盘水市委市政府举行2014年工作要点安排会议。

同日 六盘水市蔬菜产业规划、建设座谈会召开。

12月

2日 市委书记李再勇、市委秘书长张志祥到首钢水城钢铁（集团）公司、贵州水矿投资控股（集团）公司调研企业生产经营情况并座谈。

同日 市政府第35次常务会议在六盘水会议中心二会议召开，研究贯彻中央和省领导安全生产工作重要指示精神等问题。

3日 市政府领导班子与市人大领导班子座谈会在六盘水会议中心二会议室举行。

同日 市政府专题会议研究市中心城区农贸市场升级改造及标准化建设工作。

同日 贵州出版集团公司有关负责人在六盘水市调研出版印务工作。

同日 六盘水中石油昆仑燃气有限公司揭牌仪式举行。

3日至5日 贵州省军区政治部主任肖茂光一行在六盘水市考核年度武装工作。

同期 水利部财务司检查组在盘县开展中央水利资金使用管理专项检查。

3日至8日 副市长魏树旺率队组织相关人员到国家发展改革委、中国气象局、住房和城乡建设部联系项目工作。

4日 水城军分区党委第一书记任职大会召开。省军区政治部主任肖茂光宣读省军区党委文件：李再勇任水城军分区党委第一书记。

同日 六盘水市宣讲党的十八届三中全会骨干培训班动员会举行。

同日 第32次市长办公会在六盘水会议中心二会议室召开，研究贯彻省委省政府实施工业强省战略加快推进工业转型升级的意见等问题。

同日 市政府专题会议研究融资共建六盘水职院护理院事宜。

5日 六盘水市政府领导班子与市政协领导班子共商经济社会发展大计座谈会在六盘水会议中心二会议室召开。

同日 贵州省委学习贯彻党的十八届三中全会精神宣讲团到六盘水市作宣讲报告。

6日 市政府专题会议研究六盘水市卫生工作。

6日至8日 六盘水市组织相关人员到山东寿光学习考察蔬菜产业发展建设情况。

9日 贵州省常务副省长谌贻琴率省有关部门负责人到六盘水市考察党风廉政建设和安全生产责任制落实情况。

10日 六盘水市领导干部大会召开。李再勇主持会议和传达学习省委书记赵克志在听取六盘水工作汇报时的重要讲话精神并讲话，周荣传达学习省委十一届四次全会精神和省长陈敏尔在参加省委十一届四次全会六盘水分组讨论时的重要讲话精神并讲话。

同日 六盘水市融资工作会召开。

同日 贵州省纪委副书记陈再天到六盘水市调研党风廉政建设和反腐败工作。

11日 六盘水市项目观摩暨工业发展大会召开。

同日 六盘水市委市政府下发《关于“四在农家·美丽乡村”基础设施建设六项行动计划的实施意见》（六盘水党发〔2013〕22号）。

同日 贵州省交通厅副厅长罗强一行到六盘水市检查高速公路建设。

12日 六盘水市扶贫开发暨“四在农家·美丽乡村”基础设施建设六项行动计划推进会议召开。

同日 市委书记李再勇、市长周荣、市委秘书长张志祥会见大唐移动通信设备有限公司党委书记李珠袁一行并座谈；同日，李再勇、张志祥会见川威集团董事长、党委书记、首席执行官王劲一行并座谈。

同日 贵州省国土资源厅厅长朱立军一行就六盘水市资源管理、项目建设用地申报、土地收储、资源市场化配置改革等工作进行座谈。

同日 市委、市政府、水城军分区下发《关于开展新兴领域武装工作建设的实施意见》（六盘水党发〔2013〕24号）。

同日 六盘水市预防和解决企业工资拖欠工作联席会议召开。

同日 贵州省教育督导组在六盘水市开展教育工作考核验收并举行考核验收情况反馈会。

13日 水城县委书记王彬会见中国环球租赁公司代表团并洽谈水城县教育融资相关事宜。

同日 贵州省军区司令员王盛槐到水城军分区机关检查指导武装工作。

同日 六盘水市食品安全工作会议召开。

14日 市政府专题会议研究煤炭转型升级发展有关问题；研究2014年六盘水市工业经济指标任务分解有关问题。

15日至19日 六盘水市组织相关人员到深圳参加贵州省面向珠三角地区招商推介活动。

16日 六盘水市反邪反恐和信访维稳工作专题会议召开。

同日 六盘水市政府第36次常务会议在六盘水会议中心二会议室召开，研究贯彻落实《党政机关厉行节约反对浪费条例》等问题。

同日 市政府第33次市长办公会在六盘水会议中心二会议室召开，研究调整2013年“二十件民生实事”方便早餐工程规模等问题。

同日 六盘水市离退休老干部座谈会举行。

同日 市政府专题会议研究水矿鑫晟煤化工中水回用深化处理有关问题。

同日 六盘水市与山东寿光蔬菜产业集团座谈会在明湖接待中心举行。

17日 市委中心组举行2013年第七次集中学习会，传达贯彻党的十八届三中全会和省委十一届四次全会精神。

同日 六盘水市与中国平安融资促进会座谈会举行。

同日 市政府专题会议研究2014年经济社会发展主要目标任务相关事宜。

18日 六盘水市扶贫生态移民工程推进会召开。

同日 市政协主席、六六高速公路指挥部指挥长唐方信到六六高速沿线工地实地督导。

同日 专题研究市中心城区停车难和乱停乱放有关问题会议召开。

同日 贵州省委政法委副书记温杰到六盘水市考核2013年度综治、维稳、反邪、涉法涉诉工作。

同日 贵州省保障性安居工程2014年项目集中开工现场会在钟山经济开发区召开。

同日 2013年六盘水市综治维稳反恐反邪汇报会在市公安局召开。

19日 六枝到镇宁高速公路交工验收大会举行。

同日 贵州省委十一届四次全会宣讲团在六盘水市宣讲报告会举行。

同日 市政府专题研究市中心城区学校、医院规划布局及建设有关问题。

同日 发嘎坡货场道路建设协调会召开。

20日 六盘水市经济责任审计工作联席会议召开。

同日 市级投融资平台整合重组工作会召开。

同日 六盘水市1至11月份经济运行分析会暨第三次经济普查领导小组会议召开。

同日 六盘水市公交IC卡推广应用新闻发布会暨签约仪式在明湖接待中心举办。

22日 市政府专题研究六盘水市经济工作会议有关重要文件。

23日 市政府第34次市长办公会议在六盘水会议中心二会议室召开，研究讨论周荣市长在六盘水市经济工作会议上的讲话等问题。

同日 六盘水市公安局“天眼工程”建设情况汇报暨新闻发布会召开。

同日 市委宣传部部长杨宏远在贵阳与中央驻黔和省级主流媒体单位对接宣传工作。

24日 贵州省司法厅厅长吴跃一行到六盘水市调研有关工作。

同日 市委秘书长张志祥到水城县四小就改扩建问题开展现场办公。

同日 市政府专题会议研究双桥水库煤矿压覆问题。

25日 中共六盘水市委召开各民主党派市委、市工商联、无党派代表人士和部分“两代表一委员”、群众代表征求意见建议座谈会。

同日 市政府专题会议研究六盘水市工业转型升级发展大会有关问题。

同日 六盘水市铁路护路联防总结暨第18轮承包工作会议召开。

24日至26日 六盘水市七届人大常委会第十四次会议召开。会议听取、审议和表决通过了《市人民政府关于市七届人大常委会第十二次会议审议意见通报落实情况的报告》《市人民政府关于“十二五”规划中期评估报告》《市人民政府关于2013年市本级财政预算调整方案（草案）的报告》《市人民政府关于六盘水市交通工作情况的报告》《市人民检察院关于六盘水市检察机关申诉检察工作情况的报告》和《六盘水市人大常委会代表资格审查委员会关于市七届人大代表变动情况和补选六盘水市第七届人大代表的代表资格审查报告》；审议、表决通过了《六盘水市人民代表大会常务委员会关于批准2013年市本级财政预算调整方案的决议》《六盘水市人民代表大会常务委员会关于召开六盘水市第七届人民代

表大会第五次会议的决定》《六盘水市第七届人民代表大会第五次会议建议议程》《六盘水市第七届人民代表大会第五次会议主席团和秘书长建议名单》《六盘水市第七届人民代表大会第五次会议列席人员名单》。会议补选沈芹为贵州省第十二届人民代表大会代表，通过了有关人事任免职事项。

26日 市政府专题会议研究六盘水市“创优强企业、创优质产品”实施方案，研究学生冬季校服相关事宜。

同日 贵州省安全生产考核组在六盘水市考核。

26日至30日 市委政法委书记徐立平在北京参加2013第八届中国全面小康论坛评选活动。

27日 六盘水市民族团结表彰大会召开。

同日 市政府专题会议研究粮油储备中心项目建设有关事宜。

27日至28日 中共六盘水市委六届五次全会在市机关会场召开。

28日 六盘水市统计工作会暨市第三次经济普查工作会议召开。

30日 六盘水市市级融资平台整合重组工作专题会议召开。

同日 六盘水市受灾困难群众今冬明春生活救助工作会议召开。

31日 六盘水市开展第二批党的群众路线教育实践活动筹备工作情况汇报会召开。

同日 六盘水市政府第37次常务会议在六盘水会议中心二会议室召开，研究市委六届五次全会重点工作任务责任分解等问题。

同日 市政府第 35次市长办公会议在六盘水会议中心二会议室召开，研究 2014 年“两节”期间市领导重点慰问活动方案等问题。

同日 市长周荣，副市长魏树旺慰问财税金融系统干部职工。

同日 六盘水市2013年感动凉都十大人物表彰仪式暨2014年迎新春文艺演出在市中心城区人民广场举行。

同日 2014年元旦“体彩杯”户外健步走在凉都森林公园举行。

（赵福江　综编）

六盘水概况

基本情况

【历史变迁和建制沿革】 六盘水市境内史前是古人类的重要发源地。贵州省目前发现的早期智人主要分布在六盘水市。盘县大洞出土的距今20多万年的人牙化石呈现直立人向早期智人过渡的特征，被命名为“大洞人”。水城硝灰洞出土的距今8万年的人牙化石具有早期智人的特征，被命名为“水城人”。六枝桃花洞出土的距今一万多年的人股骨化石也具有早期智人的特征，被命名为“桃花洞人”。

今六盘水市所辖境内春秋时期为牂牁国属地；战国时期，市境内为夜郎国属地，由于金属工具的使用，已进入了农耕时代，并反映奴隶制生产关系的特征；秦统一中国后，为巴郡汉阳县属地；汉代，中央王朝派使者通往六盘水境内，设立郡县，市境内分属牂牁郡夜郎县、宛温县、平夷县和犍为郡汉阳县、存鄢县，郡县设立后，驻军推行了屯田政策，大批移民迁入夜郎地区，促进了当地政治经济文化社会的发展。东汉以后，屯田制逐渐被瓦解，许多毫民发展成为封建贵族，反映出了封建制生产关系的特征。

三国魏晋南北朝时期，彝族先民从滇东北向今市境内和黔西广大地区发展，逐步战胜了当地的濮人而占有其地，实行了封建领主制统治。三国时期，市境内分属“南中”的牂牁郡平夷县和兴古郡宛温县；魏仍分属牂牁郡平夷县和兴左郡宛温县；晋也属牂牁平夷县和兴左郡宛温县。隋时期，改郡为州，唐承隋制。唐代今市境内南为盘州地，北为汤望州地。中央王朝为了通过土官实施对其地的间接统治，二州为羁縻州。唐后期至宋末，中央王朝对土酋封以王号，借助土酋力量对抗南诏和大理国。今市境内作为缓冲地带，南为于矢部地（自杞国），东北为牂牁国（后称罗甸国），北为罗氏鬼国，这三个藩国均为少数民族政权。

元代，于矢部地（自杞国）被命为于矢万户，后改为普安路总管府；罗殿国被命为普定万户，后改为普定府；罗氏鬼国被命为八番顺元宣慰司。二府一司任用“蛮夷官”，实行土司制度。土司在其领土上仍然“世有其土，世长其民”。

明代，今市境内社会制度有了新的发展，中央王朝改土官间接统治方式为任命流官直接统治的方式，即改土归流。这个时期，普安路总府改为普安州（明永乐十三年即1415年）设流官知州，普定府改为西堡官司，八番顺元宣慰司改为贵州（水西）宣慰司。由于政治制度的变革，经济的发展，社会的进步，中原文化开始渗入。清雍正年间，今市境内改土归流基本结束，今市境内北设水城厅，东设郎岱厅，南设普安州。从此，中央政权实行了对县级政区的直接统治，延续千余年的领主制度被地主制度取而代之。地主制经济取代了过去领主制经济，实物地租取代了劳役地租，自耕农相对于农奴有较大的人身自由。民国时期，今市境内设水城县、盘县、郎岱县。

随着流官统治制度的进一步推行，今市境内自清代以后社会经济得到了较大的发展，交通状况得到改善，教育文化事业得到发展，农业生产方式大为改进，粮食产量大幅提高，手工业和商业显著发展，采掘业和冶炼业逐步兴起和发展。

中国工农红军一、三军团，九军团，二、六军团分别途经今市境内，得到各族儿女的热情拥护和支持，人民群众看到了光明。抗日战争时期，今市境内各县开展了声势浩大的抗日救亡运动，数千名爱国青年奔赴抗日前线。

中华人民共和国成立后，1949年12月至1950年2月，今市境内的盘县、郎岱县、水城县相继解放。紧接着就顺利地完成了“清匪、反霸、征粮、减租、退押”的五大任务，并用两年左右的时间完成了土地改革。到1956年今市境内各县基本完成了“农业、手工业、资本主义工商业”的社会主义改造，社会主义制度得以建立。新中国成立初期，今市境内的水城县、盘县、郎岱县的建制没有什么变化。

1964年年初，根据中共中央工作会议的精神，经过国家计划委员会和煤炭工业部等部门反复调查对比，1964年5月，中共中央作出关于建设“大三线”的战略决策，并决定在贵州西部煤藏丰富的六枝（时属安顺地区），盘县（时属安顺地区后属兴义地区），水城（时属毕节地区）三县境内建立三线建设的重点煤炭基地，设立三个相应的矿区分别进行管理，当时，这种管理体制具有比较政企合一的特点。1965年1月，经国家经济委员会批准成立西南煤矿建设指挥部。3月，中共贵州省委支援三线建设领导小组成立。1965年11月29日，贵州省人民委员会决定设立六枝、盘县、水城三个矿区人民委员会，接受煤炭工业部和贵州省人民委员会双重领导，从贵州省的六枝、盘县、水城、威宁、普定、镇宁和云南省宣威划出部分区、社（队）归新成立的三个矿区，原六枝、盘县、水城三个县仍分别属安顺、兴义、毕节地区管辖。1966年2月22日，三个矿区改为特区。4月，经中共中央批准成立六盘水地区工业建设总指挥部。1967年春，贵州省军区对六盘水实行军事管制，六盘水地区工业建设总指挥部的职能自然终止，其机构名存实亡。1967年10月29日和1968年4月18日，经贵州省革命委员会、贵州省军区批准先后成立六盘水地区革命委员会筹备小组和六盘水地区革命委员会。1970年12月2日，国务院、中央军委批准成立六盘水地区革命委员会，为地区一级政权机关，撤销西南煤矿建设指挥部；原六枝、盘县、水城三个特区分别与郎岱（六枝）、盘县、水城三个县合并为六枝特区、盘县特区、水城特区，行使县一级职权，归六盘水地区革命委员会领导。1978年12月18日，也就是中共中央十一届三中全会召开的当天，国务院批准，六盘水地区改设为六盘水市（省辖市），下辖六枝特区、盘县特区、水城特区。1987年12月15日，经国务院批准，撤销水城特区，分设钟山区和水城县；1999年2月28日，经国务院批准，盘县特区更名为盘县。至此，六盘水市辖一特区两县一区，为六枝特区、盘县、水城县、钟山区。全市国土面积为9914平方公里，到2013年年底全市人口约为320万人。

（余朝林）

【自然地理】 六盘水市位于贵州省西部、云贵高原一、二级台地斜坡上，地跨北纬25° 19′ 44″至26° 55′ 33″、东经104° 18′ 20″至105° 42′ 50″，总面积9914平方公里，占全省总面积的5.63%。市境东邻安顺市，南连黔西南布依族苗族自治州，西接云南省曲靖市，北毗毕节市；市区钟山区的大湾镇飞嵌于毕节市威宁县和赫章县之间。

市境大地构造属扬子准地台上扬子台褶带。位于扬子准地台（Ⅰ级构造）上扬子台褶带（Ⅱ级构造）的威宁至水城迭陷褶断束、黔西南迭陷褶断束以及黔中早古拱褶断束和黔南古陷褶断束的极西边缘。地势西北高、东南低，境域因北盘江与三岔河的强烈切割侵蚀，起伏剧烈。一般地区海拔在1400至1900米之间。市域最高点在钟山区大湾镇韭菜坪，海拔2900.3米，同时也是贵州省海拔最高点；最低点在六枝特区毛口乡北盘江河谷，海拔586米。相对高差2314.3米。地貌景观以山地、丘陵为主，还有盆地、山原、高原、台地等地貌类型。

土壤类型主要有黄壤土类、红壤土类、山地黄棕壤土类、山地灌木丛草甸土类、石灰土土类、紫色土土类、水稻土土类、潮土土类、沼泽土土类等9种，分为24个亚类，74个土属，141个土种。土壤面积933.03万亩，占土地总面积的62.74%。黄壤是境内地带性土类，面积422.32万亩，占土壤总面积的50.62%。

市境属亚热带季风湿润气候区，受低纬度高海拔的影响，冬暖夏凉，气候宜人。年均温13至14℃，1月均温3至6.3℃，7月均温19.8℃至22℃。

有“中国凉都”之美誉。年降水量1200至1500毫米。无霜期200至300天。由于地形起伏较大，局部地区垂直气候明显。全市总水量约142.18亿立方米，其中地表水体平均年流量64亿立方米，地下水体年平均流量52.68亿立方米，过境地表水体（不计界河水）25.5亿立方米。

六盘水市地处长江流域乌江水系和珠江流域北盘江水系的分水岭地区。分水线为乌蒙山脉东支岭脊和苗岭山脉西端岭脊，由水城的纸厂、城关、白腻、滥坝、陡箐、冷坝至六枝郎节坝老马地大山与苗岭相接，再延至六枝、木岗。分水线北为长江流域，以乌江上游三岔河为干流，展布于市境北部；南为珠江流域，以北盘江为干流，由西北向东南横贯市境中部，南盘江支流分布于市境南部边缘。境内长10公里以上的河流有43条，其中长江水系9条，珠江水系34条。地表河网多呈现河谷深切、河床狭窄、水流急、落差大的特征。

境内地理环境复杂，植被种类多样，分布错杂，地理区域分异明显。天然植被有针叶林、阔叶林、竹林、灌丛及草丛、沼泽与水生五类植被；地带性植被为中亚热带常绿阔叶林。东部植被为湿润性中亚热带常绿阔叶林；南部植被为具有热带成分的河谷季雨林；西部植被为中亚热带半湿润常绿阔叶林。植被在水平分布上表现出南北过渡和东西过渡的特征。由于境内海拔差异大，植被垂直分开特征也很明显。珍稀植物有水杉、秃松、珙桐、红豆杉、银杏等。六盘水市有“世界古银杏之乡”、“中国红豆杉之乡”称号。境内原生植被破坏严重，现存植被多为次生植被。森林面积476万亩，灌林面积281万亩，森林覆盖率43.3%。

（赵福江）

【自然资源】 六盘水市国土总面积9914平方公里，占贵州省国土总面积的5.63%。境内岩溶地貌类型齐全，发育典型。山峦众多，延绵起伏；沟壑纵横，深履险峻。地势西北高，东南低。

六盘水矿产资源丰富。已发现矿种有煤、铁、铅、锌、铜、锑、镍、铀、钴、银、钴、硫铁矿、硅砂、石灰石、白云石、大理石、萤石、方解石、冰洲石、重晶石、海泡石（又称石棉）、锗、镉、镓、铟、铱、镧、砷、水晶、油页石、石膏、水泥配料黏土等30余种。已探明储量的有煤、铁、铅、锌、铀、镍、银、锗、镉、镓、铟、硫铁矿、石灰石、白云石、萤石、石膏等，其中以煤、铁、铅、锌储量为多。煤储量居全省之首。六盘水煤田可靠储量711亿吨（2000米以内），探明储量164亿吨，垂深 1000米以内可靠储量413亿吨，煤种齐全，煤质优良，埋藏浅。六盘水市素有“西南煤海”“江南煤都”之誉。

六盘水境内水资源主要源于天然降水。地表水与地下水相互补给，转化频繁。地下水循环交替强烈，化学类型简单，以低矿化度重碳酸盐类淡水为主，除局部轻度污染外，大部分地区水质良好。过境客水主要为北盘江及三岔河干流客水。北盘江多年平均入境径流总量23.5亿立方米，三岔河多年平均入境径流总量13亿立方米，总量36.5亿立方米。由于河流切割深，农田灌溉难于利用。全市水能资源理论蕴藏量116.65万千瓦，平均每平方公里土地拥有水能资源理论蕴藏量117.66千瓦。可开发水力资源70.68万千瓦，占理论蕴藏量的59.84%。

市内野生植物种类繁多，按用途分为牧草类、药用类、果类及其他类4个类型。牧草类植物有40科192属514个种。药用植物略计700余种，主要品种195种。野生果类有刺梨、猕猴桃、棠梨、山楂、樱桃、葡萄、枇杷、杨梅、草莓等。其他有用野生植物有毛栗、毛脉山栎、青冈子、蕨类、火棘、野生茶树、苦酊茶、八角、花椒、棕榈等。市境乔木树种及竹种223个，分属62种、140属。其中有国家一级保护树种水杉、秃松，二级保护树种红豆杉、伞花木、香果树、银杏、杜仲、十齿花、光叶珙桐、鹅掌楸、野茶树，三级保护树种银雀树、黄杉、西康玉兰、三尖杉、檫木、厚朴、清香木、木荷等；有省、市珍稀树种木棉、紫树、复叶栾树、黄连木、香楠、毛黑壳楠、山桐子、黄牛奶树、火绳树、贵州紫薇、红花油茶、灯台树等。具观赏价值的树种有滇杨、杜鹃、大官杨、沙兰杨、水杉、垂柳、法桐、女贞、枫杨、冬青、雪松、玉兰、木槿、龙柏、凤尾柏、木芙蓉、郁李、桂花、夹竹桃、山茶、罗汉松等。粮食作物有玉米、稻、马铃薯、麦、大豆、荞等。玉米产量居全市大田作物之首，次以稻产为大宗。经济作物有油菜、烟草、花生、茶、麻类、棉、糖料、蚕桑、芝麻及其他油料作物。所产水果分属12科22属计30余种。

六盘水市的动物。鱼类有35个品种，分属4目8科。其中本地鱼21个品种，分属4目7科；省外和国外引进品种14个，分属3科。两栖类动物共18种，分属有尾和无尾2目7科。其中大鲵（娃娃鱼）属国家三级保护动物；贵州疣螈、蓝尾蝾螈为稀有品种。爬行类动物分属龟鳖目、蜥蜴目、蛇目，有8科33种。野生鸟类品种繁多，常见50余种，分属13目21科。稀有珍禽有国家一级保护动物白鹳、白冠长尾雉；二级保护动物白腹锦鸡；三级保护动物鸢、苍鹰、鹊鹞等。哺乳类野生动物有52种，分属8目23科。其中珍稀种类有国家一级保护动物华南虎（现已绝迹）、黑叶猴、金钱豹（近年未发现）、云豹、斑羚、苏门羚；国家二级保护动物猕猴、穿山甲、林麝；国家三级保护动物西南黑熊、大灵猫、小灵猫、豹猫。

六盘水旅游资源独具特色。市境山奇水秀，气候宜人，具有容民族风情和喀斯特地貌风光为一体的独特旅游风格。2005年8月，六盘水市以“凉爽、舒适、滋润、清新、紫外线辐射适中”的气候特点，被中国气象学会授予“中国凉都”的称号。境内名山、喀斯特景观与洞穴、河段漂流、温泉、林木、草场、野生动物栖息地、人类文化遗址、古建筑、革命纪念地、特色村落与园林等各显风姿，加上地域特征明显，气候资源独特，为六盘水开发集休闲游览、避暑度假为一体的旅游项目奠定了良好的基础。已开发的旅游路线主要有盘县精品线路、六枝旅游精品线路、中心城区周边游、凉都山水风光游、凉都民族风情游、凉都地质生态游、凉都山地休闲度假游。主要景点有廻龙溪景区（岩脚古镇）、牂牁江风景区、梭戛长角苗国际生态博物馆、陇脚凉都·月亮河夜郎布依生态文化园、盘县会议会址（九间楼）、妥乐银杏景区、丹霞山护国寺、四格坡上牧场、长海子景区、盘县大洞古人类文化遗址、盘县万亩竹海、天生湖景区、罗咪期度假区、玉舍森林公园、麒麟洞公园、荷城花园、白鹤旅游区、韭菜坪景区等。

（夏厚军）

气候概况和降水

【气候概况】 2013年，六盘水市年平均温度正常到偏高，年降水量偏少，年日照时数正常到偏多。其中，市区年平均温度13.6度，比常年偏高1.0度，年降水总量794.2毫米，比常年偏少3成，年日照总时数1494.8小时，比常年偏多127小时。全市年内出现了冬、春连旱及夏旱，年内低温雨雪冰冻天气偏轻，局地冰雹灾害较常年略偏重，大部分地区气象干旱中等偏重，洪涝灾害偏轻，秋风灾害天气偏轻。2013年全市气候总体比较平稳，无大范围严重的气候极端事件发生，总体为正常年景。

（卢文诗）

【2013年市境降水情况】 全市境内降水量较常年略偏少。枯期降水与多年均值相比较，降雨量比常年偏少1成至4成。枯期降雨总量最高出现在盘县土城雨量站，枯期降水总量 428.4毫米；枯期降雨总量最低出现在水城县滥坝雨量站，降水量为154.0毫米。

2013年汛期降水总量在461.2～884.0毫米之间，总体比常年偏多。降雨主要集中在5～8月份，其中6月、7月降水相对较为集中。各站点出现暴雨次数7次。汛期降雨总量最高出现在盘县亦资孔雨量站，雨量为884.0毫米，为一降水中心；汛期降雨总量最少出现在盘县土城雨量站，雨量为416.2毫米。与历年同期均值相比较，比常年偏少1到6成。年降水量最大出现在盘县老厂雨量站，年降水1172.5毫米，为一降水中心；盘县普古雨量站年降雨量650毫米为最小。与常年相比较，全市较常年偏少1到4成。

2013年出现暴雨次数较多，江河水位水势平缓，各水文站水位变幅较之常年大幅度偏少，汛期各站均未出现超警戒水位的大洪水。

（岳健强）

2013年国民经济发展和社会发展情况

【概述】 2013年，全市生产总值完成882.11亿元，增长15.9%。其中，第一产业完成58.06亿元，增长6.5%；第二产业完成503.79亿元，增长16.6%；第三产业完成320.26亿元，增长16%；人均生产总值突破 3 万元；财政总收入完成 178.31 亿元，公共财政预算收入完成 123.59 亿元，分别增长 9.88%和 19.02%；

固定资产投资：第一产业完成投资76.46亿元，增长115.8%；第二产业完成投资491.13亿元，增长36%；第三产业完成投资487.34亿元，增长31.8%。其中完成工业投资 490 亿元，增长36%、交通投资 92.6 亿元、水利投资 43 亿元、城市建设和房地产投资 219 亿元、其他投资 134.3 亿元，完成社会投资 455 亿元。全社会固定资产投资总额1480亿元，全年50万元以上固定资产投资完成1054.93亿元，增长37.7%，增速为全省第一。

重大项目建设：紧紧围绕国发 2号文件和“5个 100 工程”谋划项目、实施项目、推进项目，共安排市级项目前期费7744万元，项目库项目达3518个，项目总投资1.56万亿元。实施“十大工程”项目180个，完成投资570.11亿元。安排省市重大工程和重点项目372个，总投资4555.6亿元，年计划投资748.1亿元，实际完成投资762亿元。坚持用项目开工“倒逼”前期工作，全年集中新开工项目1261个，总投资2251亿元，年计划投资620.1亿元，已开工项目1260个，已入库项目1194个，累计完成投资711.4亿元。坚持半年召开一次项目建设现场观摩会，实行“旬调度、月督查、季考核”机制，项目建设加快发展。

公路建设：2013年年底，全市公路通车里程已达12003公里，新修公路里程245公里。其中：国道153公里，省道635公里，县道1969公里，乡道2356公里，村道6805公里，专用公路85公里。水盘高速通车里程91公里，六镇高速通车里程44公里； 以乡镇为单位，全市公路通车率达100%，柏油、硬化路通车率达100%。以村为单位，全市柏油、硬化路通车率达56%，同比增加15%。

通信能力：重点信息基础设施建设项目投资完成7.8亿元，占年目标任务的134.5%。新增70个自然村寨通电话和60个行政村通宽带，分别占年目标任务的140%和120%。电信业务总量完成20.13亿元，同比增长12.67%；全市电话用户数306万户，同比增长19.99%。其中：移动电话用户275.4万户，固定电话用户30.6万户；固定互联网宽带接入用户191183户，同比增长22.16%。

城镇建设：市中心城区综合交通规划、绿地系统规划、公共设施规划、环卫设施规划、建安组团控规修编等工作有序推进，第四轮城市总体规划修编工作加快推进。开工建设了凉都大剧院、会议中心、市档案馆、市地方志馆、市博物馆、市城市规划展览馆、凤凰山综合写字楼和五条城市干道。凤凰山、体育中心、红桥等城市综合体完成投资47.7亿元。启动了 25 个特色小城镇建设，其中10个示范小城镇完成规划编制，累计完成投资42.3亿元。打造了淤泥乡、羊场乡、岩脚镇、玉舍镇等一批“小而精、小而美、小而富、小而特”的特色小城镇。

消费能力：2013年六盘水市社会消费品零售总额完成209.33 亿元，增长 14.5%；城镇居民人均可支配收入达 19620 元；农民人均纯收入达 5934 元，增长 14.5%；金融机构存、贷款余额分别为 754.42 亿元、599.88 亿元，分别增长11.57%、18%。

农村经济：全年粮食产量80.9万吨，增长7.45%，其中夏粮19.44万吨、增长3.9%，秋粮61.46万吨、增长9%。种植马铃薯206.43万亩，蔬菜71.5万亩，茶叶15.05万亩，猕猴桃8万亩，核桃29.6万亩，油茶5.45万亩，中药材8.82万亩，红豆杉1.08万亩，烤烟13.15万亩。粮经比由2012年的63：37调整为51：49。完成农林牧渔业增加值58.06 亿元，增长 6.5%。建成红心猕猴桃、茶叶、红花油茶等特色产业示范基地25 万亩。市级以上农业产业化龙头企业达 82 家，农民专业合作经济组织达549个。12 个现代高效农业示范园区建设加快推进。

农业园区建设加快推进。12个现代高效农业示范园区全年完成总投资48.62亿元，建设猕猴桃、茶叶等特色产业示范基地25万亩；新培育和引进农业产业化企业15家，新成立农民专业合作社87个。

农村基础设施建设力度加大。完成营造林52.54万亩，森林覆盖率提高到43.3%。治理石漠化面积53.5平方公里，治理水土流失面积48.44平方公里。解决了29.39万农村人口饮水安全问题，实施中小河流治理项目10个，全年新增蓄水能力200.74万立方米，新增节水灌溉面积2.79万亩。完工沼气池7500户。完成省级土地出让金基本农田建设面积3240亩。完成“四在农家·美丽乡村”新民居建设改造14.3万户。支农惠农力度继续加大，市级财政投入农业专项资金8500万元，增长10.34%。完成“阳光工程”培训任务14528人。

招商引资：全年共开展招商引资活动184次，对接推介重点项目406个。全市招商引资实际到位资金1102.18亿元，同比增长69.55%，占同期全社会固定资产投资总额1480亿元的74.47%，为全年1040亿元目标任务的106%。其中：新引进项目629个，总投资为3575.79亿元，实际到位资金530.67亿元；续建项目新增实际到位资金571.51亿元。

旅游商贸服务业：全市具备团队接待能力酒店共36家，其中星级酒店12家，新建五星级标准酒店2家。共有旅行社总社18家，旅行社分社14家。2013年接待游客700万人次，旅游总收入44.36亿元，分别增长38%和34.9%。商贸业集聚带动作用明显。全市共有各类商业网点4万多个，规模以上商场30余家，各类商品市场200家，规模以上批发市场50余家。物流业发展迅速。各产业园区的物流园区、煤炭、建材、汽车、矿山机械、农产品等专业化物流交易市场和集散基地等物流基础设施进入大规模建设高潮。

教育事业：教育基础设施建设加快发展。学前教育工程（乡镇公办幼儿园14个项目，校舍改建幼儿园29个项目，农村小学、教学点增设附属幼儿园45个项目，闲置校舍改建幼儿园9个项目）已全部完工。寄宿制攻坚工程学生宿舍47个项目96550平方米（其中4万平方米纳入“二十件民生实事”）已全部完成，累计完成投资10302万元；寄宿制攻坚工程乡镇教师公租房（纳入住建部门统一管理）134个项目已全部进入主体1/2以上，其中完工项目102个（2755套），累计完成投资16981.2万元。边远艰苦地区教师周转宿舍计划建设369套，已竣工353套，累计完成投资1626万元。六盘水师范学院二期工程总投资概算12亿元，2013年完成投资1亿元，规划已审批，设计招标及勘察招标已完成。六盘水职业技术学院二期工程总投资31293万元，2013年投资5000万元，体育训练馆、学生宿舍、教师公租房正在施工，累计完成投资3424万元。教育教学工作良性发展。2013年，完成了20万余人次的报名、审查、考试、成绩录入、建档、录取等工作，全市高考共有22717人报考，比2012年增加了1424人。首次对全市小学六年级语文、数学、英语、科学、品德与社会五个学科进行了质量监测，并组织专家组对各县区和市直小学进行了学生音、体、美基本素能监测。通过监测，全面把握了全市小学六年级学生学业水平，有效促进了全市小学教学质量的提高。

文化事业：重大基础设施项目建设进展顺利。凉都体育中心2013年完成投资8.2亿元，项目主体工程于年底全部竣工。凉都大剧院完成投资1.5亿元。市博物馆完成投资1.56亿元，主体封顶，装修布展招标完成。贵州三线建设博物馆于8月中旬开馆。老王山多梯度高原运动训练示范基地项目可研报告通过评审。文化惠民工程建设取得新进展。全年建成公共电子阅览室20个，社区文化活动中心2个，为10个社区文化活动室配置信息资源共享设备，完成30个数字图书进农家设备配置；投资584万元建成“全民健身路径”42套、“村级农民体育健身工程”62个、“乡镇农民体育健身工程”7个。建成广播电视直播卫星户户通工程200516套，农村广播电视“村村通”工程建设43764套，行政村有线广播电视联网延伸覆盖工程825个。完成农村电影公益放映12338场。2013年共计争取到各类文化专项资金1278.5万元，主要用于公共图书馆、文化馆（站）免费开放及基层文化设备设施的基本运行维护、书报更新、文艺演出、农村体育活动等。其中中央农村文化建设专项资金620万元，免费开放资金606.5万元，省级农村文化建设专项资金52万元。文物保护和非物质文化遗产保护成效显著。与贵州省文物局、省考古所共同完成了“六盘水市史前至夜郎时期区域考古调查”，共发现100余处史前至夜郎时期古文化遗存。组织实施文物保护抢救修缮工作。2013年，各级共投入3500万元专项资金对水城钱家印楼、盘县丹霞山护国寺、普安州文庙、范家公馆等一批重要文物保护单位进行整体修缮。盘县小冲墓群、茶马古道（贵州六盘水段）经国务院核定公布为第七批全国重点文物保护单位。启动非物质文化遗产文化生态保护区建设工作，开展全市适合舞台演出的非物质文化遗产项目调查，启动非物质文化遗产专题片拍摄制作。

卫生事业：2013年，全市卫生机构床位数预计达到12791张，是2010年的141%，千人拥有卫生床位数从2010年的3.16张提高到2013年的4.46张；2013年，卫生技术人员数预计达到11154人，是2010年的128.7%，千人拥有卫生技术人员数从2010年的3.02人提高到2013年的3.89人。

民生保障：扎实抓好“二十件民生实事”，完成投资 161 亿元。新增城镇就业 10.1 万人，城镇登记失业率为 3.95%。社会保障标准、医疗保障水平大幅提高，城乡基本医疗保障实现全覆盖；全年发放低保金 7 亿元，惠及 48万城乡低保对象；完成 24 万人冬春困难救助。完成 3.57 万套保障性安居工程建设和 2.8 万户农村危房改造。大力实施集中连片特困地区扶贫攻坚规划，争取上级财政扶贫资金 2.85 亿元，启动实施扶贫生态移民搬迁 2 万人，减少贫困人口 15.26 万人，20 个乡镇实现“减贫摘帽”，52 个贫困村实现“整村推进”。建成省救灾物资储备库六盘水代储库、市流浪未成年人救助保护中心和市救助管理站。深入开展“平安凉都”建设，大力实施“天眼工程”和“333 工程”，全市未发生重大群体性事件和恶性治安案件。安全生产保障能力不断提升，实现安全生产事故起数和死亡人数“双降”，全市煤矿百万吨死亡率降低到 0.54，首次实现各类安全生产事故死亡人数控制在 100 人以内。

2013年，六盘水市全面小康实现程度达 73.4%，提高 4个百分点。全省增比进位预排名，六盘水市从 2012 年第 5 位上升至第3位，盘县进入西部十强县和全国百强县，填补了贵州全国百强县的空白。

【“三化”观摩会】 为推进全省“工业化、城镇化、农业现代化”建设，2013年7月中旬，省委书记、省人大常委会主任赵克志和省委副书记、省长陈敏尔分别率全省第二次项目建设现场观摩代表到六盘水市观摩。代表们实地观摩了凤凰山城市综合体、西南天地煤机装备制造基地、昱霖门窗集团、瑞都新型建材、天日闽商科技产业园、奥特莱斯城市综合体、凉都体育中心、中国凉都百车河统筹城乡小城镇建设项目，切身感受六盘水在贯彻省委、省政府“5个100工程”中，以“5个10 工程”为“起跳点”，强势推进10个产业园区、10个城市综合体、10个示范小城镇、10个现代高效农业示范园、10个重点旅游景区的建设，通过补齐发展短板、加固优势长板，为科学发展、后发赶超、同步小康积蓄正能量。

【第八届贵州旅游发展产业大会】 2013年8月18日，贵州第八届旅游发展产业大会在六盘水召开。活动筹备期间，按照省委书记、省人大常委会主任赵克志关于“有创新、有改进、有提升”和省委副书记、省长陈敏尔关于“六盘水要由观光型旅游向休闲体验型旅游方式转变”的指示，全市把承办旅发大会作为推动经济社会转型的重要机遇、展示凉都形象的重要平台、促进旅游产业发展的重要抓手，紧紧围绕打造世界知名、国内一流的户外旅游休闲目的地目标，建设旅发大会项目99个，投资249亿元，加快交通基础设施建设，大力完善城市功能型基础设施，着力推动景区开发建设步伐。全面改善城市环境，提升城市形象，并率先推出度假旅游产品和户外运动产品，开发建设了月亮河、野玉海、百车河、乌蒙大草原、妥乐银杏等11个新旅游景区，推出了“玉舍高山滑雪之旅”、“野玉海山地运动之旅”等精品旅游线路，实现由资源城市向旅游宜居生态城市的转变。

【第十届中国·凉都消夏文化节】 8月，第十届中国凉都·六盘水消夏文化节与第八届贵州省旅游产业发展大会联动举办。其间举办了中国凉都·六盘水夏季国际马拉松赛、中国凉都·六盘水国际滑翔伞公开赛暨全国滑翔伞优秀选手赛、中国凉都·六盘水全国露营大会（包含中国凉都·六盘水全国露营大会、中国凉都·六盘水山地自行车公路骑行游活动、中国凉都·六盘水房车展示、中国凉都·六盘水全国摩托车越野锦标赛水城分站赛等活动）、全国桥牌赛、中日韩少儿围棋赛、钢琴独奏音乐会等。

【参加贵州·香港投资贸易活动】 5月4日至10日举办的2013贵州·香港投资贸易活动周期间，六盘水市成功签约10个项目，投资总额达78.41亿美元。其中，华润（六盘水）循环经济产业园、盘县体育文化城市综合体、高精装备型材研制基地、首钢水钢集团进出口有限公司进口铁矿石合作协议等4个项目在“2013贵州·香港投资贸易活动周项目签约仪式”上签约，总额68.76亿美元（投资类65.96亿美元，为省下达任务的599.64%；

贸易类2.8亿美元，为省下达任务的165%）；六枝特区苯加氢（环已酮）建设、盘县古城文化旅游综合体、六新洗煤厂建设、大润发精品购物广场、红桥电子产业园区、奥特莱斯贸易合作协议等6个项目在“六盘水市重点项目香港推介会暨签约仪式”上签约，总额9.65亿美元（投资类6.65亿美元，贸易类3亿美元）。

【调整城市低保对象分类实施标准金，提高困难群众生活用煤补贴】 六盘水市对城市低保对象施保分类标准，对无生活来源，无劳动能力，无法定赡养人、扶养人或抚养人的城市低保对象，按当地城市低保标准的20%增发分类施保金；对低保对象中重度残疾人、长期患重大病人员按当地标准的15%增发；对低保对象中年满70周岁以上的老年人、在校学生、单亲人员按当地标准的10%增发，调整后标准从2013年1月1日起执行，从4月份按新标准兑现并补发1至3月份与原标准差额。六盘水市对困难群众生活用煤供应补贴翻一番，2013年，市级财政在已安排补助2200万元的基础上再增加2200万元，用于解决困难群众生活用煤的供应，其中农村低保对象每户、城市低保对象每户和农村五保对象人均分别不低于480元、260元和200元。

【六盘水市3企业被评为省级知识产权优势企业培育工程培育企业】 5月，六盘水市3企业获省知识产权局评审确定为省知识产权优势企业培育工程培育企业。分别为贵州盘江矿山机械有限公司、贵州盘江煤层气开发利用有限责任公司、贵州宏狮煤机制造有限公司。这是六盘水市继2012年首钢水城钢铁（集团）有限责任公司被确定为培育企业后，又获得确定的第二批培育企业。

【成功举办第十五届中国科协年会卫星会议】 5月23日，第十五届中国科协年会卫星会议——资源型城市转型与可持续发展座谈会在六盘水市召开，中国科学院院士宋振骐，中国工程院院士金涌、张铁岗、彭苏萍、袁亮及有关专家应邀出席会议，围绕“资源型城市转型与可持续发展”作了学术报告，并针对六盘水市煤炭产业、科技创新的热点问题，作了深入分析，积极探讨贵州煤炭产业发展进程中的勘探、采选、利用和环境治理等科技问题，为六盘水市加快煤炭产业转型升级、推动经济社会跨越发展建言献策。

【盘县小冲墓群被确定为第七批全国重点文物保护单位】 3月5日，国务院发布《关于核定并公布第七批全国重点文物保护单位的通知》，盘县小冲墓群名列其中。盘县小冲墓群位于红果镇东华屯村，系六盘水市第三次全国文物普查新发现，曾入选国家文物局“2008年第三次全国文物普查重要新发现”，有墓138座，分布面积1万余平方米，分别为张氏、邓氏家族墓群，形成于明末至光绪年间，其中葬有享受清朝俸禄者40人，官居二品、六品、九品不等，有武功将军、处仕郎、登仕郎、纬武郎、武英俊、武略骑尉等。该墓群规模大，墓碑造型别致，石刻雕塑精美，有极高文物艺术价值，也为研究古代西南地区政治、军事、民俗、人文、堪舆等提供了珍贵的实物资料。

【六盘水市行政审批事项清理工作取得重大进展】 2013年行政审批事项清理后，市级继续行使的行政许可事项46项、非行政许可审批事项20项、行政服务事项25项。取消行政审批事项26项、下放管理层级的行政审批事项27项、转变管理方式不再作为非行政许可审批事项82项、纳入政府内部管理事务的非行政许可审批事项23项、市直机关初审后上报省直机关的行政审批事项31项。

【循环经济发展加快】 2013年预计淘汰落后产能207.4万吨，单位工业增加值能耗下降9.6%以上。重点推进六枝路喜循环经济工业园、黔桂天能煤焦化一体化、恒远新型建材等一批循环经济项目建设，初步形成洗煤煤泥干化利用、矿井水治理回收利用、焦炉煤气掺烧发电、余热余压发电、粉煤灰制新型墙体材料、冶金废渣制矿渣微粉、煤矿瓦斯发电及浓缩罐装民用、煤矸石发电等循环发展模式，大力实施节能减排。

（敖　波）

招商引资

【推进项目建设】 坚持领导干部带头招商不动摇，尤其是市县党委政府主要负责人率先垂范，突出领导高层推动，加快项目建设步伐，提升招商实效。2013年度领导干部带头招商项目30个，投资总额178.3亿元，其中：市级主要领导每个投资10亿元以上项目6个总投资88.3亿元，县（区）主要领导每个投资1亿元（经济强县4亿元）以上项目24个总投资90亿元。30个项目全部履约，项目履约率为100%；到位资金93.6亿元，资金到位率52.50%；开工项目30个，开工率100%；20个项目投产（含部分投产），投（达）产率66.67%；入园项目12个，入园率40.00%。

（刘　军）

【夯实招商基础】 按照“结合实际、突出优势”的原则，紧紧围绕“五张名片”“四个一体化”“5个100工程”和六大战略性新兴产业，进一步充实完善招商引资项目库，储备项目393个总投资7876.69亿元。依据“立足产业、突出重点、体现特色”的论证审核要求，从初选的239个（投资总额2615.57亿元）招商项目中精选出特色鲜明、重点突出、前景广阔、基础扎实的重点项目88个（投资总额1857.82亿元）汇编成册，并请专业策划公司进行精包装，努力增强项目深度提升引资成功率。同时，精心编制了中英文对照的《六盘水市投资指南》、重点推介项目PPT资料和六盘水市招商引资宣传片等项目宣传资料，不断加强对外推介和宣传力度。

（刘　军）

【借平台争进位】 借助省搭建的招商引资活动平台，积极参加贵州省在北京举办的全国优强企业招商项目推介会、在上海举办的“取经聚力、推动跨越发展”招商项目推介会、2013贵州香港投资贸易活动周、第三届中国（贵州）国际酒博会等省级招商活动，与客商、商协会、中介机构等广泛开展合作，共签约43个项目（含境外投资项目），签约资金1104.5亿元，签约总额位于全省前列。六盘水市在全省综合实力排位中，从2012 年第5位上升至2013年第3 位，盘县进入西部十强县和全国百强县，填补了贵州全国百强县的空白。

（刘　军）

【优化招商环境】 通过市直相关单位取消、下放、转变管理方式、归并审批事项等措施，行政审批事项大幅减少，现继续实施的行政许可事项46项、非行政许可审批事项20项、行政服务事项20项，并于2013年7月31日以《六盘水市人民政府令（第7号）》公布实施；市政府办下发了《关于印发〈六盘水市2013年招商引资考核办法〉和〈六盘水市2013年招商引目标任务分解表〉的通知》（六盘水党办发〔2013〕10号），认真开展招商引资“旬调度、月督查、季考评”工作，狠抓项目跟踪和项目质量的提高，加强服务促进项目开工和到位资金的落实，不断推动招商“扩量提质增效”；根据市政府办出台的《六盘水市重大投资项目审批服务绿色通道暂行办法等四个制度的通知》（市府办发〔2011〕104号）文件精神，开通了重点项目审批“绿色通道”，实现环境更优化，吸引力更持久；在结合西部大开发及省内外有关招商引资优惠政策的基础上，草拟了《六盘水市招商引资优惠暂行办法》（征求意见稿），已根据征求到的19家市有关部门意见进行修改完善上报市政府审查。起草了《关于加强招商引资工作的意见》报市政府研究。积极开展代办服务工作。根据明确的代办服务流程，按照客商自愿的原则，指导、办理代办服务事项31件，帮助协调解决客商投诉事项2件。努力帮助客商解决项目建设过程中的签约、落地、建设、运营等各个环节遇到的困难和问题，加大协调工作力度，合力推动招商签约项目落地早、建设快、投产真、增效实。

（刘　军）

六盘水行政区划

截至2013年年底，全市共辖4个县（特区、区）和103个乡（镇、街道），其中街道10个，镇44个，乡49个（其中民族乡41个）。

撤乡设镇：完成水城县木果彝族苗族乡、比德苗族彝族乡、保华彝族苗族乡和盘县滑石乡、

珠东乡、新民乡等6个乡的撤乡设镇工作。

增设街道办事处：撤销盘县两河乡，设立两河乡街道办事处；从盘县红果镇析置出亦资街道办事处、翰林街道办事处；钟山区月照乡撤乡设街道办事处已上报省政府待批。

调整变更部分县、区行政区划：将水城县双戛彝族乡整建制划归钟山区管辖，将钟山区老鹰山镇整建制划归水城县管辖。

撤县设市：盘县撤县设市省政府已上报国务院，国务院已转民政部审核。

联合省民政厅对六枝特区平寨镇等12个乡镇的行政区划调整进行初审、复审。

完成了黔滇省界六盘水段第三轮联合检查基础性工作，水城县、钟山区部分行政区域界线变更的界线勘定工作。

（蒙元芳）

领导人名录

本名录时限为2013年，姓名后面有*号的为2013年内去职，无*号的仍在职。

中国共产党六盘水市委员会

书　记　王晓光*　李再勇（仡佬族）
副书记　何　刚*　周　荣
　　　　魏树旺
常　委　李朝卉（女）　徐立平
　　　　周宏文　杨宏远（侗族）
　　　　陈少荣（穿青人）
　　　　向　昀　王　彬
　　　　杨光芒（苗族）
　　　　张志祥　李新旺（挂职）
　　　　彭说龙（挂职）
秘书长　张志祥
常务副秘书长　张　涛（彝族）
副秘书长　赵　坤　余榕江（彝族）
　　　　蒋体佩（白族）
　　　　王志禹　王崇立

中国共产党六盘水市委员会各工作部门

市委办公室
主　任　张志祥
专职纪检监察员　朱竣立（彝族）
直属机关党委书记　王崇立
督查室主任　陈　石

市委组织部
部　长　李朝卉（女）
常务副部长　吴文祥
副部长　李　丽（女）
　　　　林书华（女，白族）
　　　　汤金云（女）
　　　　张　勇（彝族）
部务委员　孔　滔（彝族）
　　　　杜　军（苗族）
　　　　廖　艳（女）

市委宣传部
部　长　杨宏远（侗族）
常务副部长　龚远鹏　（回族）
副部长　袁国中　鲁玉龙　陈　松
　　　　李　黎（女）
专职纪检监察员　赵　煦（女，白族）

精神文明建设指导委员会办公室
主　任　鲁玉龙
专职副主任　姚　斌（白族）

市委统战部
部　长　李朝卉（女）
常务副部长　陈永红（女）
副部长　吕贵平
　　　　陈官林（苗族）
　　　　王文明（彝族）
　　　　车明江（彝族）
调研员　卢书林（布依族）

市委政策研究室
主　任　赵　坤
副主任　谭明福　廖明芳

政法委员会

书　记　徐立平

常务副书记　黄勤励

副书记　潘铁军　龙晨明　舒　勇

政治部主任　徐　青（女）

秘书长　何友座

综治办主任　黄勤励

综治办副主任　杨香琴（女）
　　丁廷权（回族）
　　宋邦会

维稳办主任　余榕江（彝族）*

维稳办副主任　龙　兴（彝族）

见义勇为基金会办公室主任　王大邦（彝族）

离退休干部工作局

局　长　林书华（女，白族）

副局长　刘亚非　唐　胜　杨　勇

直属机关工作委员会

书　记　闫秀春（女）

副书记　马鑫（回族）
　　司硕（彝族）

市直目标办专职副主任　夏　雪（女）

市委党校

校　长　李朝卉（女）

常务副校长　马秀峰

副校长　陈　丽（女）　封　毅

教育长　周慧敏

纪检组长　郭绍全

六盘水行政学院

院　长　魏树旺

常务副院长　马秀峰

副院长　陈　丽（女）　封　毅

教育长　周慧敏

六盘水社会主义学院

院　长　张俊昌

常务副院长　马秀峰

副院长　陈　丽（女）　封　毅
　　吴永祥

教育长　周慧敏

六盘水日报社（六盘水日报传媒集团有限公司）

党组（委）书记　袁国中

党组副书记　刘　黔*

社　长　刘　黔*　袁国中

总编辑　袁国中

副总编辑　谷　平　赵　芳（女）

副社长　秦海峰
　　任舟影（女，黎族）
　　胡　媛（女）
　　马永刚

纪委书记　杨光辉

总会计师　段松臣

机构编制委员会办公室

主　任　李　华（女）

副主任　喻　可　余　华

老年大学

校　长　何发建

副校长　周尚书

老龄工作委员会办公室

主　任　沈成秀（女，布依族）

市委台湾工作办公室（市人民政府台湾事务办公室）

主　任　戴玉芬（女）*
　　王文明（彝族）

副主任　张　涛

党史研究室

主　任　李　瑜

副主任　王　娟（女）
　　向镭钠（女）

市委讲师团

团　长　王鹏升（彝族）

副团长　邓永龙（苗族）　王光全

市委群众工作部（市信访局）

部长（局　长）　余榕江（彝族）

副部长（副局长）　杜　荣（穿青人）
　　王维伦（水族）

市群众工作中心主任　严景波

市政府信访督查专员　冷　尉　胡建新

中国共产党六盘水市纪律检查委员会

书　记　向　昀

副书记　张　洪（女，穿青人）*
　　郑建国（彝族）
　　马　莉（女）*
　　孔跃辉（彝族）
　　李文旭（彝族）

常　委　赫光祥　吴　刚　周晓波
郭丙生　王　瑾（女，回族）
秘书长　吴　刚

监察局

局　长　张　洪（女，穿青人）*
郑建国（彝族）
副局长　赫光祥　郭丙生
普兆敏（女，彝族）

办公室

主　任　吴　刚（兼）

机关党委

书　记　王红蕾（女）

纪检监察一室

主　任　吴胜卫

案件监督管理室

主　任　夏祥坤

案件审理室

主　任　王　瑾（女，回族）

信访室（市监察局举报中心）

主　任　黎得学（彝族）

党风廉政建设室（市委党风廉政建设责任制领导小组办公室）

主　任　任　健

干部室

主　任　陶乃维（苗族）

执法监察室

主　任　周　海

纠正部门和行业不正之风室（市政府纠正部门和行业不正之风办公室）

主　任　王永曦（女）

宣传教育室

主　任　傅文友

第一纪工委（监察分局）

书　记　朱峻立（彝族）
副书记、局长　骆科用
副书记　曾启芬（女，土家族）
委　员　史红伦（穿青人）
赵煦（女，白族）

第二纪工委（监察分局）

书　记　孔跃辉（彝族）*
曾晓芳（女）
副书记、局长　张　涛
副书记　黄育军
委　员　张和昆（回族）
冯安兴（彝族）

第三纪工委（监察分局）

书　记　陈晶
副书记、局长　黄　河（苗族）
副书记　任　浩（羌族）
委　员　邵建梅（女）

第四纪工委（监察分局）

书　记　罗　敏（女，布依族）
副书记、局长　李建辉（女）
副书记　宋作丽（女）
委　员　谢建平（壮族）　唐克思

第五纪工委（监察分局）

书　记　马　玲（女）
副书记、局长　陈大贤
副书记　李继明
委　员　廖亚玲（女）　范云莉（女）

第六纪工委（监察分局）

书　记　胡学华（女）
副书记、局长　刘　雄
副书记　田　沛
委　员　王事必（女）　袁荣林

六盘水市人大常委会

主　任　黄　金
副主任　杨明达（彝族）　陈光明
陶兴锐（白族）　杨龙政（白族）
龙秋芳（彝族）　阳松林（壮族）
刘　静（女）　高玉林
秘书长　李盘春
副秘书长　耿贵正（常务）　张明常
卢　薇（女）
常务委员（按姓氏笔划排列）
尹华亮　王朝荣　邓兴贵　卢　瑶（女）
吕学锋　吕树鸣　向　红（女）
刘国尧（苗族）*　禄　祎（彝族）*
杨　坚（苗族）　杨　虹（女）
李　明　李绍祥　吴文祥　何　皋
张　倞　张　雷　陈永红（女）
陈华伟（黎族）　陈启文　胡中兴
赵庆周（白族）　赵桂兰（女）

郭岚莲（女，土家族）　普兆敏（女，彝族）*
谢承厚　潘顺华

市人大常委会办公室

主　任　李盘春（兼）
专职纪检员　史红伦（穿青人）

市人大常委会机关党委

书　记　李盘春
专职副书记　薛　珏（女）

市人大常委会研究室

主　任　詹　高
副主任　余盛龙

市人大常委会信访办公室

主　任　朱文才（彝族）
副主任　王　艳（女）

市人大常委会离退休干部工作处

处　长　郑爱晶*

六盘水市人大专门委员会

内务司法委员会

主任委员　吕学锋
副主任委员　杨　波

财政经济委员会

主任委员　胡中兴
副主任委员　丁晓宁　敖琴英（女）

教育科学文化卫生委员会

主任委员　潘顺华
副主任委员　王玉琼（女）

选举任免联络委员会

主任委员　杨　虹（女）
副主任委员　张　黔

环境与资源保护委员会

主任委员　陈启文
副主任委员　明祥玉（女）

农业与农村委员会

主任委员　刘国尧*（苗族）　吴显龙
副主任委员　吴显龙*　郑爱晶

民族宗教侨务委员会

主任委员　何　皋
副主任委员　赵渝培（蒙古族）

六盘水市人民政府

市　长　何　刚*　周　荣
副市长　周斯弼*　魏树旺　刘友宾*
周宏文　范三川　马　雷
尹志华（白族）
谢朝碧（女，布依族）
付昭祥　杨朝晖
李新旺（挂职）　彭说龙（挂职）
市长助理　周清波*　张　艳（女）*
由　阳（女）　韩　培
陈继荣
秘书长　程绪权*　罗资湘
副秘书长　罗资湘*　王际明*
向　萍（女）
吴世平　戴宇霖
赵　泽　王晓春
周晓东　陈　泉
韩　洪（土家族）
曹　进　王维家（挂职）
纪检组长　曾启芬（女，土家族）
机关党委书记　吴　进

市人民政府驻外机构

市政府驻北京联络处主任　肖开荣
市政府驻上海联络处主任　李维毅*
副主任　刘　昆（白族）
市政府驻广州办事处主任　饶丹梅（女）*
常开林（彝族）
市政府驻重庆办事处主任　陈怒涛
市政府驻昆明办事处主任　陈清发
市政府驻贵阳办事处主任　蔡　斌*
付　迁
市政府驻大连办事处主任　李维毅

市委市政府接待处

副主任（主持工作）　方荔波（女）
副主任　蒋家华

市政府法制办

主　任　贺兴华
副主任　赵　方（彝族）

六盘水市人民政府工作部门及所属单位

市发展和改革委员会

主　任　邹家进
副主任　高进文　毛贞红　凌　云　葛永罡
机关党委书记　潘　静（女，布依族）
总经济师　邬瑞凡
纪检组长　张　涛
党组成员　司选权　杨建成
市铁建办主任　王永诚
市生态移民办副主任　周斯文（女）
市医改办副主任　肖石通

市政府研究室

主　任　李新宜
副主任　张云长*（常务）　吴　进

市政府金融办公室

主　任　宋　昕
副主任　赵宝玉　陈继荣（挂职）

市电子政务办公室

主　任　孙立杰

市政府政务服务管理局

局　长　王印春（女）
副局长　肖德米（侗族）
　　　　杜　瑜（穿青人）

市经济和信息化委员会

主　任（党组书记）　李令波
副主任　王宜明　段刚奇
　　　　张经阳（苗族）
　　　　王　瑞（满族，挂职）
党组成员　王　刚
总经济师　梅建南
纪检组长　黄军育
机关党委书记　张瑞炎

市国资委

主　任（党委书记）　周　兆
副主任　袁潮涌
　　　　郭　华（女）
纪委书记　郑永萍（女，彝族）
总会计师　吴向军

市教育局

局　长（党委书记）　王时明
党委副书记　薛月琼（女，回族）
副局长　田本华　彭大章
　　　　黄初俊（彝族）
纪委书记　王　勇
正县级督学　余龙江
副县级督学　陈　黎　刘成义
　　　　　　但家红（仡佬族）
教育招生考试中心主任　杨一飞（壮族）
教育教学研究室主任　蔺代平

市科学技术局（知识产权局）

局　长（党组书记）　李晓东
副局长　蒲毅藏　杨　莉（女）
专职纪检监察员　李继明

市民委市民族宗教事务局

党组书记　张远才（彝族）
主　任（局　长）　陈官林（苗族）
副主任（副局长）　杨诗超（布依族）
　　　　　　　　　王礼琴（女，彝族）
　　　　　　　　　车家文（彝族）
专职纪检监察员　张和昆（回族）

市公安局

局　长（党委书记）　徐立平
常务副局长（副书记）　魏华松（仡佬族）
副局长　钟　铮（女）
　　　　李晓忠　黄崇文
　　　　马从容（回族）　卢成祝
纪委书记　管　维（布依族）
政治部主任　江辅华
机关党委书记　孔铃华（女，彝族）
局党委委员　何　方
　　　　　　蔡大强（仡佬族）
交警支队支队长　卢成祝

市民政局

局　长（党组书记）　唐明刚（侗族）
副局长　覃　杰　徐　祥*　覃才科
　　　　王亚军　彭　康
老龄委主任　沈成秀（女，布依族）
纪检组长　任　浩（羌族）
双拥办主任　彭　康
机关党委书记　罗　轲

市司法局
局　长（党委书记）　何　勇（穿青人）
副局长　吴道贤　韩建波　彭　康
　　　　杜　梅（女）　谢　凝*
　　　　宋登远
纪委书记　黄毕忠（白族）
政治部主任　周仕银*（土家族）
　　　　　　徐　晴（女）
机关党委书记　周仕银（土家族）
市财政局
局　长（党组书记）　刘　睿（女）
副局长　蒋泽川（白族）
　　　　彭纪星（女）
　　　　张　辉
市人力资源和社会保障局
局　长（党组书记）　李　丽（女）
副局长　马龙华
　　　　张锡钢（苗族）
　　　　陈　静
纪检组长　黄　河（苗族）
机关党委书记　龙振宇（土家族）
市能源局（市煤炭局）
局　长　王　刚
副局长　周　龙　李　珂
市交通运输局
局　长（党组书记）　方志江*
副局长　吴仕泽（彝族）
　　　　李远林　王佐华（回族）
　　　　宋邦维　吴文峰
机关党委书记　朱华俊
纪检组长　罗　敏（女，布依族）
总工程师　孙建平
党组成员　彭福生
公路处处长　郑晓燕（女）
道路运输局局长　周　涛
地方海事局局长　刘明月
交通质量安全监督处主任　李松林
交通执法支队队长　张文博
重点公路建设管理处主任　田友明
交通规划勘察设计所所长　王　宇
公交总公司副总经理　曾　利（主持工作）
市公共资源交易中心
主　任（党组书记）　肖建军（彝族）
副主任　薛盘文　任炳才
市交通运输集团
总经理（党委书记）　万伦军（穿青人）
纪委书记　樊红军
副总经理（工会主席）　王　强
副总经理　张　平
水城公路管理局
局　长　桂希衡（回族）
党委书记　郭　元
纪委书记（工会主席）　陆魁林
副局长　郑　健　袁大海
总工程师　翟树林
水城高速公路管理处
处　长　袁金章（彝族）
副处长　钱廷方　廖　荣
市住房与城乡建设局
局　长（党组书记）　李维忠
副局长　姜永凤（女）　贾应华（苗族）
　　　　陈玉琢
党组成员　王正海
机关党委书记　周学锋（布依族）
纪检组长　谢建平（壮族）
总工程师　阳东升
市棚改办主任　冯全云
风景名胜管理处主任　邓安宁
城建执法支队队长　陈　雄
市城乡规划局
局　长　王诗煌
副局长　黄　浩（彝族）　张金焰
专职纪检员　宋作丽（女）
总工程师　沈　明
执法支队队长　温红飚
市城市管理局
局　长（党组书记）　马　军（回族）
副局长　龚申雄（苗族）
　　　　王文仕　孔　涛（女）
纪检组长　唐克思
市投资促进局
局　长（党组书记）　邢　华
副局长　朱德贵（彝族）
　　　　饶丹梅（女）
　　　　刘　娟（女）
　　　　龙　超（彝族）

市规划设计研究院

院　长　陈　劲

副院长　陈　劲*　吴　焱
　　　　甘袁华（女）

总工程师　吴　焱

市燃气总公司

总经理　熊小林

党委书记　任　清

纪委书记　秦国亮

副总经理　付九全　顾　洪　何英杰

工会主席　李永昌

总工程师　陈建西

市住房公积金管理中心

主　任（党组书记）　许利霖

副主任　李　进　陈志雄（白族）

纪检组长　韩嘉彦

总会计师　陈志雄（白族）

市国土资源局

党组书记　陈寿林

局　长　方　化

副局长　覃莉蓉（女，壮族）
　　　　杨　鹏

总工程师　黄友青

纪检组长　吕　波（女）

机关党委书记　杨普胜

执法支队长　张　应

市环境保护局

局　长（党组书记）　项　凯*　张云长

副局长　于鹏磊　李桂军（女）
　　　　魏　嵬　刘鸿雁（女，挂职）

总工程师　黄亚萍（女）

专职纪检监察员　刘　雄

市审计局

局　长（党组书记）　李文旭（彝族）*
　　　　　　　　　　代云盘

副局长　李成培　董巍娜（女）

纪检组长　邵建梅（女）

总审计师　卢德正

市统计局

局　长（党组书记）　罗资湘*　黄志芳（女）

副局长　陈银芳（女）
　　　　李武星

统计执法支队支队长　陈红梅（女）

统计调查中心主任　瞿开英（女，土家族）

市物价局

局　长（党组书记）　司选权

副局长　杜学玉（彝族）　王必钧

市农委

主　任（党组书记）　方裕谦

副主任　许小由　胡光汝（白族）
　　　　胡书龙（布依族）
　　　　刘德彬　龙伟杰　王奇兵
　　　　蒋先福　张锦林

纪检组长　胡学华（女）

机关党委书记　徐　莉（女）

总农艺师　黄光辉

总畜牧师　胡兴建（白族）

市林业局

局　长　杨显昌（苗族）

副局长　李瑞霞（女）
　　　　吴开燕（女）

总工程师　聂玉林

专职纪检员　袁荣林

森林公安局局长　王安刚

市水利局

局　长（党组书记）　李文科（白族）

副局长　段　炼（白族）　周有柏
　　　　黎明棣（女）

纪检组长　田　沛

总工程师　姚文龙

水利水电勘测设计研究院院长　余荣健

市双桥供水工程管理处（市地方电力局）

主　任　何维申

副主任　夏松林（彝族）

总会计师　姜　帆（满族）

市水利水电工程移民局

党组书记　蒋泽选

局　长　何　枢

副局长　李春兰（女）　张　林

市商务粮食局

局　长（党组书记）　李世雄（白族）

副局长　万昌思（苗族）
　　　　张　华（女）
　　　　张　宇（女　苗族）

机关党委书记　杨　毅

纪检组长　冯安兴（彝族）

党组成员　王建军（女）
　　　　　张应华（苗族）
总经济师　张春华（女）

市文体广电局

局　长（党组书记）　周应寿（布依族）
副局长　王　静（女）
　　　　李幼曦（彝族）
　　　　邓昭华（仡佬族）
　　　　蒋　宇
专职纪检监察员　范云莉（女）
机关党委书记　顾树莉（女）

市广播电视台

党委书记　张金黔*
台　长　彭绍良（穿青人）
副台长　谢笃芳（苗族）
　　　　王家平（穿青人）
总编辑　奚宽军
副总编辑　高其林　黄向东

市地方志编纂委员会办公室（年鉴编辑部）

主　任（党组书记）　余朝林（蒙古族）
副主任　赵福江　夏厚军

市人口计生委

主　任（党组书记）　包崇刚
副主任　李文瑛（女，白族）
　　　　花照林（布依族）
　　　　蒋承礼
计生协会专职副会长　罗兴全
计生协会秘书长　敖永红
纪检组长　马　玲（女）
督查室主任　赵　健

市人防交通战备办公室

主　任　杨国彦（布依族）
副主任　淳廷勇　李雄辉　王　旭
　　　　陈启勇

市外事侨务办公室

副主任　杨谦麟

市旅游局

局　长（党组书记）　李飞霜（女，彝族）
副局长　樊　勇　李松涛（满族）
　　　　李　伟

市供销合作社联合社

主　任（党组书记）　曹泽坤
副主任　伍广秀（女）　黄万鹏　赵　敏
机关党委书记　邓　平（女）

市机关事务管理局

局　长　郭　前（穿青人）
副局长　富　源（满族）　肖建平

市档案局

局　长（党组书记）　王际明
副局长　王留德（彝族）
　　　　肖　丽（女，彝族）

市扶贫开发局

局　长（党组书记）　张　涛*（彝族）
　　　　　　　　　　王成刚
副局长　何　楠（女）　胡雍贤
专职纪检员　王事必（女）

六盘水市无线电管理局

局　长　黄　劲
副局长　姜顺涛

市安全生产监查管理局

局　长（党组书记）　蔡　军
副局长　范存文　蒋弟明　王圣刚
执法局专职副局长　吴学刚
纪检组组长　李建辉（女）
总工程师　穆　江

市卫生局

局　长（党组书记）　张新芝（女）
副局长　黄良民　孙海霞（女）
　　　　郑国伦
纪检组长　陈大贤
直属机关党委书记　许　松

卫生监督所

所　长　陈辛幸
副所长　赵贵生（壮族）
　　　　胡雍琦（穿青人）

市疾病控制中心

主　任　朱桉瑛（女）
副主任　傅文建　张德武（彝族）
专职纪检员　王咏梅（女）

市中心血站

站　长　伍　军（布依族）

六盘水市人民医院

院　长　郎庆华（布依族）
党委书记　张丽莎（女）
副院长　张丽莎（女）　吕建一

陈冬梅（女，苗族）
纪委书记　蒋先国（彝族）

市妇女儿童医院

党委书记　张兴槐（穿青人）
院　长　刘春萍（女）
副院长　张兴槐（穿青人）
范青梅（女）
田　艳（女）
纪委书记　马永荣

市第二人民医院

党委书记　周福良
院　长　胡长福
副院长　周福良　王世其
陇文菊（女，彝族）

市第三人民医院（市传染病院、市精神病院）

院　长　吕　武
党委书记　张莉翎（女）

贵州银行六盘水分行

书　记　李克勇
副书记　丁伟恒
委员会委员　张弘东　鲁桂英　卓子丹
纪委书记　张黔林
副行长　张　倞

政协六盘水市委员会

主　席　唐方信
副主席　王兴建　田满华　张俊昌
聂志权　邓　刚（苗族）
赵泽义　滕树红（女）
吴文祥
秘书长　江胜东（苗族）
副秘书长　吕选俊（苗族）　张林青
杨继军（彝族）

七届政协常委（排名不分先后）

王兴建　王　霞（女）　邓　刚（苗族）
车明江（彝族）　田满华　江胜东（苗族）
汤金云（女）　吴文祥　赵泽义　唐方信
舒　勇　何兴贵　杨友联　杨孝平
滕树红（女）　何　黔（女）　刘洪章
张俊昌　敖显能　聂志权　彭纪星（女）
李　睿　周焕品　丁成珍（女）　王守会
邓　辉　陈长江（黎族）　安开华（彝族）
金　芬（女）　潘　柯　任　丽（女）
高　霞（女，仡佬族）　张植星　梁　嵩
肖平川（仡佬族）　骆汉民　高长益
王永芳　龚江平（土家族）　庄智辉
严新忠　何登明　吴洪昌　杨　忠
赵庆福　卿宪华　徐仁义　秦　江（苗族）
黄清海　谢　梁（彝族）　韩德坤　王井洪
邹盘龙　简正隆　曾　慧（女）
孙海霞（女）　姚玉龙　陈官林（苗族）
杨明祥（苗族）　刘开全（彝族）
陈本友　陈盛德　周晓波　郑学群（女）
谢培康（白族）　鲍时举

机关党委

书　记　任溪霞*（女，满族）　张金黔
专职纪检员　骆科用

研究室

主　任　安开华（彝族）

智力支边办公室

主　任　文向东（彝族）

政协六盘水市委员会各专门委员会

提案委员会

主　任　陈本友
副主任　张同云

经济委员会

主　任　谢培康（白族）
副主任　孔垂平（彝族）

社会法制委员会

主　任　陈盛德
副主任　马　力

科教文卫体委员会

主　任　刘开全（彝族）
副主任　王圣麟　倪荣中

学习文史和联谊委员会

主　任　鲍时举
副主任　黄　燕（女）

人口资源环境委员会

主　任　郑学群*（女，土家族）
副主任　袁　美（女，彝族）

委员联络处（信访办）
主　任　穆　燕（女）

市中级人民法院

院　长（党组书记）　潘铁军
常务副院长（党组副书记）　熊光敏（女）
副院长　马敏龙（回族）　李学伟
政治部主任　敖显伦
机关党委书记　王广文
纪检组长　王　雯（女）
审委会专职委员　陈代艳（女）　谢沁玮

市人民检察院

检察长　龙晨明
常务副检察长　王永刚
副检察长　孙志勇　谢　凝
　　　　　赵　杉（女，白族）
纪检组长　杜安祥（彝族）
政治部主任　朱华祥
机关党委书记　王丽娜（女）
反贪局局长　杨胜鸿

人民武装

中国人民解放军水城军分区
司令员　尹华亮
政　委　杨光芒
参谋长　孟和平
政治部主任　谯继忠
后勤部部长　周晓波
中国人民武装警察部队六盘水市支队
支队长　吕红星（回族）
第一政治委员　徐立平
政治委员　李先江*　陈　杰
副支队长　吴英俊*　吴　敌
　　　　　陈泽波（布依族）
副政治委员　熊海龙*　胡果理
参谋长　杨东山
政治处主任　刘基智
后勤处处长　万军民
中国人民武装警察部队六盘水市消防支队
支队长　曹　进
政治委员　蔡大强
副支队长　杨正毅　汪　洋
参谋长　袁仁文
政治处主任　袁　韬
后勤处处长　欧阳春东
防火处处长　杜林俊

民主党派与工商联

中国民主同盟六盘水市第六届委员会
主任委员　范三川
副主任委员　吴永祥　何兴贵
　　　　　　向　红（女）
中国民主建国会六盘水市第四届委员会
主任委员　滕树红（女）
副主任委员　杨孝平　王　霞（女）
　　　　　　张　倞　王友梅（女）
中国民主促进会六盘水市第四届委员会
主任委员　田满华
副主任委员　宋淑珍（女）　何　黔（女）
　　　　　　陈华伟（黎族）　辛朝素（女）
九三学社六盘水市第六届委员会
主任委员　张俊昌
副主任委员　普兆敏（女，彝族）
　　　　　　刘洪章　卢　瑶（女）
　　　　　　陈声波
市工商业联合会（六盘水市总商会）
会　长　陶兴锐（白族）
党组书记　吕贵平
副会长（驻会）　吕贵平　邱传海　王守会

群众团体

市总工会
主　席　陈光明
党组书记（副主席）　周焕品
纪检组长　曾晓芳（女）

副主席　张雅萍（女）　付应林
经审委员会主任　王　军（穿青人）

共青团六盘水市委员会

书　记　杨　坚（苗族）
副书记　李　睿（穿青人）
　　　　刘　强（苗族）

市妇女联合会

主　席（党组书记）　禄　祎（女）
副主席　丁成珍（女，回族）
　　　　戴　燕（女，苗族）
　　　　杜　薇（女）

市残疾人联合会

理事长（党组书记）　尹德贵
副理事长　柏学德（回族）　贾　兵

市文学艺术界联合会

党组书记（副主席）　陈　松
主席（党组副书记）　徐永俊
副主席　吴学良　石忠华
副主席（美术馆馆长）　樊　武

市社科联

主　席（兼任）　杨宏远（侗族）
专职副主席　赵　略
副主席（市社科院院长）　黄　笠
秘书长　林　梅（女）

市科学技术协会

党组书记　刘绍元
主　席　卢　瑶（女）
副主席　阳晓军　欧阳崇筑　蒋承成

市归侨侨眷联合会

主　席　晏　虹（女）
副主席（秘书长）　杨　飚

市红十字会

会　长　范三川
常务副会长　孙乾卫（布依族）
秘书长　籍中丽（女）

中央有关部门在市单位

市国家税务局

局　长　（党组书记）　周光辉
副局长　毛世华　刘洪静　陈　斌
　　　　余　强（蒙古族）

纪检组长　张定强（仡佬族）
总会计师　陈　林
总经济师　王德平

中国人民银行六盘水市中心支行

副行长（主持工作）　林铁毅
副行长　江　虹（女）
　　　　张永东（女）万积波
纪委书记　孙为民

农业发展银行六盘水分行

行　长（党委书记）　林　卫
副行长　邓　勇　夏　昆　李长刚

工商银行六盘水分行

副行长（主持工作）　袁珍凡
副行长　陈　宇（女）　张　艳（女）
　　　　李华辉　　曾莉红（女）
　　　　唐志里

农业银行六盘水分行

行　长（党委书记）　戴忠杰
副行长（党委副书记）　杨　嵩（彝族）
副行长（纪委书记）　向庆荣（水族）
副行长　谢　勇（京族）　项承刚
　　　　胡国元（布依族）

中国建设银行六盘水分行

行　长（党委书记）　杨昌标（土家族）
纪委书记　翟爱东（女）
副行长　李艳秋（女）　李德平　张克亚

中国银行六盘水分行

行　长（党委书记）　王　强
副行长　万朝志　张　蓓（女　蒙古族）

中国银行业监督管理委员会六盘水监管分局

局　长（党委书记）　吴忠胜
副局长　罗德琼（女）　张永刚
纪委书记　李黔胜

中国人民财产保险股份有限公司六盘水分公司

总经理　杨光华
副总经理　邓　濛　张亚军
　　　　　陈　敏（女）

中国人寿保险股份有限公司六盘水分公司

总经理（党委书记）　汤　剑（满族）
副总经理（纪委书记）葛　鑫
党委委员（总经理助理）　汤文荆

中国人寿财险六盘水市中心支公司

总经理（党委书记）　仵洪彬

副总经理（纪委书记） 宋玉君

中国平安财产保险六盘水中心支公司

总经理 罗 毅（布依族）

副总经理 刘远烈 徐 琳（女）

国家统计局六盘水统计调查队

队 长（党组书记） 杨再兴（土家族）

副队长 李发举 赵 兴

省有关部门在市单位

市地方税务局

局 长（党组书记） 任亚林

副局长 时素敏（女） 赵光立
姜 华

纪检组长 祝学林

总经济师 陈忠德（苗族）

总经济师 张家荣

机关党委书记 杨芳玲（女）

市工商行政管理局

局 长 吴 坚（男侗族）

副局长 王汉标 孙丽玫（女）
宋启志

纪检组长 邓 军

机关党组书记 杨成虎（白族）

经检支队支队长 段永红

市质量技术监督局

局 长（党组书记） 张汉刚（苗族）

副局长 朱慧鹏 王美玉（女）
王泰鸿

纪检组长 张道波

总工程师 徐 娅（女）

稽查局局长 王芳伟

市食品药品监督管理局

局 长（党组书记） 郭收年

副局长 赵仁怀（白族） 牟绍璞
瞿从勇

纪检组长 廖亚玲（女）

执法支队支队长 雷 青（女）

省煤监局水城煤监分局

局 长 李恒超

副局长 黄国平 高景波 冉 剑

总工程师 高景波

六盘水市水文水资源局

党工委副书记（纪委书记） 夏选锋

副局长 何朝东

总工程师 张晓聪

省、市双重领导单位

中国石油贵州六盘水销售分公司

总经理 陈永亮

党委书记 郑伟山

副总经理 张发富

总会计师 吴 涛

中国石化六盘水石油分公司

副经理（主持工作） 陈 青

党委书记 姚建波

副经理 张 琦（布依族） 李 胜

贵州电网公司六盘水供电局

局 长 徐 铭

党委书记 王瑞祥

副局长 耿先祥 刘应明
杨永祥 范 伟

纪委书记（工会主席） 何俊华

总工程师 李 巍

总会计师 刘云凡

省广电网络公司六盘水市分公司

总经理 樊 俊（白族）

副总经理 徐应坚 马福伟 范延飞

六盘水市邮政局

局长（党组书记） 余卫国

副局长 邹 勇 段 评

六盘水市电信公司

总经理（党委书记） 陈忠义

副总经理 李生虎 李 健 吴文红

财务总监 彭 毅

贵州移动通信有限责任公司六盘水分公司

总经理（党组书记） 何 飞

副总经理（纪委书记） 杨 涛

副总经理（工会主席） 朱希伟

副总经理 陈海涛

中国联合通信有限公司六盘水分公司

总经理（党委书记） 龙立军

副总经理（工会主席） 张财富 阎 春

六盘水市气象局

局　长（党组书记）　康学良（彝族）

副局长（纪检组长）　赵群剑

副局长　刘书华　易列刚

贵州省广播电影电视局八九六台

台　长　谢国山

副台长　刘开俊　林　杰

六盘水市烟草专卖局（分公司）

局　长（经理）　张拥军

副局长　韩晓勇

副经理　张　毅（仡佬族）

　　　　何建华　王丹林

纪委书记　马　翼

贵州省农村信用社联合社六盘水办事处

主　任　卢　建

大、中专及学校

六盘水师范学院

党委书记　袁仁庆

院　长　郁钟铭

党委副书记　周斯弼

党委副书记（纪委书记）　蒋承云

副院长　田应洲（侗族）　傅亚频

　　　　董明建　彭望书（女）　张德恩

党办主任　王崇正

组织部部长　王国宁

宣传部部长　朱　彬

教务处处长　牛鸣岐

学生处处长　张　武

人事处处长　赵　芳（女）

科研处处长　林长松

计划财务处处长　张贤昌

保卫处副处长（主持工作）　余　征

招生就业指导中心副主任　左金洪

监察室（审计处）主任　武友琴

机关党委书记　王世平（女）

团委副书记（主持工作）　李　翔

成人教育部主任　崔有昌

现代教育技术中心副主任（主持工作）　左红卫

学报编辑部主任（地域文化研究所）　左经会

后勤处处长　吕选周

图书馆馆长　黄　萍

国资处副处长（主持工作）　任　慧（女）

基建处处长　钟承智

教师工作处处长　程绪权

师院附中校长　何友江

政教与法学系主任　肖兴燕（女）

副书记（主持工作）　李枝维

历史与社会文化科学系主任　刘青秀（女）

书　记　杨永贵

中文系主任　费　虹（女）

书　记　刘付华（女）

外语系主任　彭雪梅（女）

书　记　张　枝（女）

教育科学系主任　张　林（女）

书　记　孔德明

数学系主任　张忠群

书　记　杨光强

物理与电子科学系副主任（主持工作）　祝　坤

副书记（主持工作）　王家理

化学与化学工程系主任　李　志

书　记　卢香宇

生命科学系主任　李　松

书　记　谭　萍（女）

计科与信息技术系主任　陈声波

书　记　张凌峰

环境与资源科学系副主任（主持工作）　张美竹（女）

矿业工程系主任　艾德春

副书记（主持工作）　陈才贤

艺术系主任　杨再伟

书　记　王星治

体育系副主任（主持工作）　伍德忠

副书记（主持工作）　方敬秋

六盘水职业技术学院

党委书记　杨兴祥（白族）

院　长　李葆青

党委副书记　晋其勇　何　鹏

副院长　张加一（回族）　张先宇

纪委书记　黄筑卫

工会主席　何　鹏

贵州广播电视大学六盘水市分校

校　长　张和平（回族）

副校长　王　战　王世泽（彝族）

市民族职业学校

校　长　董国芳（彝族）

副校长　肖莉群（女）

市一中

校　长　周昭华*（女）　朱家彦

副校长　杨云和　许路林　石明光

市二中

校　长　樊国庆

副校长　刘　容（女）

市三中

校长（党委书记）　桂　斌（回族）

副校长　周扬平　朱放鸣　刘功盛

市民族中学

校　长（党总支书记）　王廷云

副校长　庄德红（女）　何兴贵

市实验一中

党委书记　刘朝发

校　长　李　植

市实验二中

校　长　何有江

副校长　陈　磊　杨彦庆
　　李军花（女，布依族）

钟山区

中共钟山区委

书　记　付国祥

副书记　梁　建　郑建国*（彝族）

常　委　黄承勇（苗族）　张群芳（女，彝族）
　　程国强　吴世泽*（彝族）
　　王　赟（苗族）　孟国光
　　唐　霞

区委组织部

部　长　黄承勇（苗族）

副部长　胡凌云

区委宣传部

部　长　张群芳（女，彝族）

副部长　陆登江（彝族）　张世军

区纪委

书　记　曾晓芳（女）*　唐　霞

副书记　孟永平（彝族）　杨　军（彝族）

纪委常委　黄明杰　葛　倩（女）

第一纪工委副书记（第一监察分局局长）
　　费琅琳（女）

第二纪工委书记　肖　璇（女）

第二监察分局局长　杨朝刚（穿青人）

第三纪工委书记　蒋　平

第三监察分局局长　王浚力（女）

第四纪工委书记　夏体军

第四监察分局局长　郭国会

区政法委

书　记　孟国光

副书记（维稳办主任）　李永林

副书记　刘桂新（苗族）　邹　雄

统战部

部　长　黄承勇（苗族）

副部长　赵德文（白族）　张世军

区委督查室

主　任　蔡绍锦（女）

信访局

局　长　张伯萍（女）

机要局

局　长　邓召勇

保密办（保密局）

主　任（局长）　左敏常

区委史志办

主　任　马永超

区武装部

政　委　程国强

编　办

主　任　方金怀（女，彝族）

机关党委

书　记　黎永明

老干局

局　长　齐运梅（女）

总工会

党组书记　张道举

妇　联

主　席（党组书记）　卢文琪（女，彝族）

残　联

理事长（党组书记）　费家彦

工商联

党组书记（副主席）　李文标（白族）

科　协

党组书记 （主 席） 肖俊良

红十字会

副会长 刘 云（女）

党校

常务副校长 姜顺兴

区人大常委会

主 任 李 明

副主任 蔡永忠 陆秀薇（女）
詹 琴（女） 谌洪举
刘伟民（蒙古族）
孙 鹏 宋文雄

人大办公室主任 褚永祥

人大内司委主任 李朝建

人大环资委主任 邱 敏（女）

内务司法委员会主任 李汝莉（女，彝族）

人大选联委主任 姜 玲（女）

人大信访办主任 王刚义

人大教科文卫委主 任 李 刚（水族）

民族宗教委主任 罗爱红

区人民政府

区 长 梁 建

副区长 吴世泽*（彝族）
王 赟（苗族）
宋淑珍（女）
黎家良（苗族）
赵庆强 王厚源
胡宝钢 王永明

政府办、应急办主任 刘开盛

区政协

主 席 陶贵萍（女）

副主席 杨 丹（女） 潘 柯
杨 溢 饶富学 李明勇
潘继华 罗绍瑜

秘书长（办公室主任） 李永红

学习与文史委主任 陈素芳（女）

社会发展委主任 高继华

提案委主任 尹端德（彝族）

经科委主任 刘建平

智力支边办主任 张 恒（女）

区检察院

检察长 钱廷刚（彝族）

副检察长 张瑞槐 刘 艳（女）
何启贵（白族）

纪检组长 谢鉴灵

反贪局长 邓 华（羌族）

反渎职侵权局局长 杨承前

区法院

院 长 唐 锋

副院长 王 勋 赵 萍（女）
陈芸筠（女）

纪检组长 杨 卫

公安分局

党委书记（局长） 陶 甄

党委副书记（政委） 郭世清（回族）

副局长 鲍金海 邵云红（苗族）
罗 康

监察局（纠风办）

局 长（主任） 孟永平（彝族）

外事办

主 任 张国燕（女）

国教办

主 任 龙怀林（女）

人防办

主 任 黄甫军

法制办

主 任 谢光清

投资促进局

局 长 冯艳秋（女）

机关事务局

主 任 刘原鑫

区政务服务中心

主 任 徐昳飞（女）

房屋征收和补偿管理办

主 任 王 鑫

发改局

副局长（主持工作） 荆艳君

教育局

党委书记 洪胜华

局 长 欧阳蓓蓓（女）

经信局（非公经发局）

党组书记 张 平

局 长 王 军

安监局

局 长（党组书记） 李晓荣

民宗局

局　长（党组书记）　熊礼渊（女，苗族）

民政局

党组书记　尹家顺

局　长　唐宏伟

财政局

局　长（党组书记）　姜壁文

人资社保局

局　长（党组书记）　王丽敏（女）

住房和城乡建设局

党组书记　马令琦

局　长　吴　勇

城管局（城市综合执法局）

局　长　陈宏量（彝族）

交通运输局

党组书记　史飞亚

局　长　杨　磊（彝族）

海事处

处　长　冉泽全

公路管理所

所　长　胡良凤（女）

道路运输局

局　长　张选池（仡佬族）

农业局

党组书记　李　刚

局　长　孙昌盛

科技事业局

局　长　李永凯（女）

蔬菜产业服务中心

主　任　王明凤（女）

防震减灾管理中心

主　任　黄家奇

林业和园林绿化局

党组书记　张有儒（白族）

局　长　孟　捷

文体广电旅游局

党组书记　刘元敏

局　长　季　忠

卫生和食品药品监督管理局

党组书记　蒋承君

局　长　姚志勇（侗族）

卫生监督所

所　长　卢凤权（穿青人）

疾控中心

主　任　张亚玲（女）

钟山人民医院

党委书记　黄　刚（彝族）

院　长　王震宇（回族）

计生局

局　长（党组书记）　胡传斌

妇幼保健站

站　长　陈　敏（女，彝族）

煤炭局

党组书记　彭晓庆

局　长　吴国军

审计局

局　长（党组书记）　苏荣仙（女）

统计局

党组书记　周　卉

局　长　林　宏

档案局

局　长（党组书记）　邓小敏（女，白族）

环保局

党组书记　蒋　谦

局　长　刘海膺

商务和粮食局

党组书记　周　胜（彝族）

局　长　杨友发

水利局

党组书记　敖顺安

局　长　陈　涛

司法局

局　长（党组书记）　安　芳（女，彝族）

市五中

校　长　李明晶

市九中

校　长　何　波（回族）

市十中

校　长　佘大纲

市十二中

校　长　杨明才

市十三中

校　长　左常安

市十四中
校　长　付予黔
市十五中
校　长　代俊生
市十六中
校　长　周得忠（苗族）
新兴中学
校　长　肖明卫
农广校
校　长　吴永贵
黄土坡街道办
办事处主任（党工委副书记）　舒　军
红岩街道办
党工委书记　陈林庆
主　任　颜家华
荷泉街道办
党工委书记　吴　迪
主　任　苏志敏
荷城街道办
党工委书记　闵志宏
主　任　谷立新
杨柳街道办
党工委书记　杜　琼
主　任　卢文涛
凤凰街道办
党工委书记　李　昕
主　任　赵庆尧
德坞街道办
党工委书记　王　劭
主　任　彭　勇
大河镇
党委书记　刘崇厚（穿青人）
镇　长　王建克
汪家寨镇
党委书记　李　茂
镇　长　徐运畅
双嘎乡
党委书记　徐永安
乡　长　王　萍（女，彝族）
大湾镇
党委书记　蒋朝明
镇　长　王　渊
月照乡
乡　长（党委副书记）　陈星运
大河经济开发区
党工委书记　卢凤学
管委会主任　朱　莉（女）
水月产业园区
党工委书记　周元智
管委会主任　高登权（彝族）
杉树林社区管理局
局　长　钱文舟
荷城花园公司
总经理（党组书记）　刘伦标
城建公司
总经理（党组书记）　周培官

六枝特区

中共特区区委
书　记　高玉林
副书记　舒　勇　李令波*
　　　　石灿敏（女）
常　委　邹振伟　吕　荣（白族）
　　　　李海燕　幸雪梅（女）
　　　　卢　波　安长辅
　　　　杜安祥（彝族）
党委办公室主任　候东何
特区纪委
书　记　杜安祥（彝族）
特区组织部（统战部）
部　长　吕　荣（白族）
特区宣传部
部　长　幸雪梅（女）
特区人大常委会
主　任　王朝荣
副主任　韩伟兴　金　芬（女）
　　　　李德兴　王　菁（女，布依族）
　　　　龚鸿文　王道洪
人大办公室主任　杨朝荣
选任委主任　杜　娟（女，彝族）
教科文卫委主任　向忠花（女）
财经委主任　李开学
民宗侨与农经委主任　王元礼

信访办主任　王　毅（彝族）
法工委主任　喻　勇
环资委主任　叶　波

特区人民政府

区　长　舒　勇
常务副区长　李令波*　邹振伟
副区长　周金平　撒玉怀（回族）
　　　　于军锋　郭　萌（女，白族）
　　　　王　赟*（苗族）
　　　　谭　枫　（苗族）

特区政协

主　席　夏　明
副主席　余红亚　黄秋英（女）
　　　　黄世杰　吴文英
　　　　赵孝和（布依族）
　　　　叶发伦
秘书长（办公室主任）　胡　平（彝族）
办公室主任　周元军（穿青人）
提案委主任　邓进仁（苗族）
文史委主任　马淑元（女）
社法委主任　陈　华
经科委主任　王道平
智力支边办主任　艾　妮（女）

特区法院

院　长　肖　健（满族）

特区检察院

检察长　余　松（蒙古族）

特区公安局

局　长　卢　波

特区监察局

局　长　陈俊松

特区工商联

主　席　金　芬（女）
党组书记　杜昌黎（彝族）

特区编委办

主　任　卢　刚

直属机关党委

书　记　韦如电（布依族）

特区信访局

局　长　江　浩

特区离退局

局　长　陈　方（女）

特区党校

校　长　吕　荣
常务副校长（党委书记）　周　龙（彝族）

特区史志办公室

主　任　焦兴敏（女）

特区老年大学

校　长　刘佐祥

特区发改局

局　长　金家琪

特区经信局

局　长　丁　勇

特区教育局

党组书记　杨文光（苗族）
局　长　邓仁委

特区民宗局

党组书记　李　旭
局　长　马敏龙（回族）

特区民政局

局　长　钱国富

特区司法局

局　长　丁朝栋（彝族）

特区财政局

局　长　苏　勇（彝族）

特区人资社保局

局　长　刘廷和（回族）

特区城乡建设局

局　长　敖　勇

特区水利局

党组书记　王明秀
局　长　龚　伦

特区农业局

党组书记　柴　健（彝族）
局　长　王士福

特区林业局

局　长　路　林（彝族）

特区环保局

党组书记　杨洪波
局　长　李清洋（苗族）

特区交通运输局

局　长　程文阁

特区卫食药监局

党组书记　周　洪
局　长　郭永贤

特区计生局
局　长　刘　义（彝族）
特区审计局
局　长（党组书记）　何兴品
特区统计局
局　长（党组书记）　左永洪
特区文广旅游局
局　长　周元军（穿青人）
特区煤炭局
党组书记　陈富强
局　长　丁　勇
特区国土局
党组书记　连家华
局　长　龙启江
特区安监局
党组书记　李孟林
局　长　吴　江（苗族）
特区档案局
局　长　蔡兴忠
特区水利水电移民局
党组书记　王明秀（布依族）
局　长　龚　伦
特区社保局
局　长　刘廷和（回　族）
特区草地中心（农业产业办）
主　任　王明祥
特区疾控中心
主　任　吴永平（女）
特区卫生监督所
所　长　田　敏（女）
特区人民医院
院　长　杨　芳（女）
特区总工会
主　席　吴文英
特区团委
书　记　张家兴
特区妇联
主　席　肖启芬（女）
特区科协
主　席　任官科（仡佬族）
特区文联
主　席　黄微波
特区残联
理事长　张　辉（苗族）
特区红十字会
会　长　陈米突（女）
特区职校
校　长　高　源
特区二中
校　长　黄邦谦
特区三中
校　长　曾启芳（女）
特区四中
校　长　李西铁
特区五中
校　长　李国东（主持工作）
特区六中
校　长　张钦荣
特区七中
校　长　刘大宇
特区九中
校　长　陈　鸿
实验中学
校　长　李升科
平寨镇
书　记　杨　强（苗族）
镇　长　陈　刚
郎岱镇
书　记　王国华
镇　长　李恒付
岩脚镇
书　记　金　剑（仡佬族）
镇　长　袁达平
大用镇
书　记　陈本义
镇　长　李志军（女）
木岗镇
书　记　龚德祥（黎族）
镇　长　吴　峰
落别乡
书　记　周合平
乡　长　何　蕊（彝族）
折溪乡
书　记　金　波（彝族）
乡　长　肖　良（彝族）

新窑乡
书　记　谭有跃
乡　长　洪　军
堕却乡
书　记　彭良国（穿青人）
乡　长　谭明勇
陇脚乡
书　记（乡长）　卢运勇（布依族）
毛口乡
乡　长　吕阳益
洒志乡
乡　长　李　林（彝族）
中寨乡
乡　长　高奎星（彝族）
新场乡
书　记　宁　浩
乡　长　杨兴礼（穿青人）
牛场乡
乡　长　郑　刚
梭戛乡
书　记　李廷斌
乡　长　刘盛奇（苗族）
新华乡
乡　长　龙殿声
箐口乡
书　记　程　虎（彝族）
乡　长　朱　晶（仡佬族）
龙场乡
书　记　邓建新
乡　长　何天轶

盘　县

中共盘县县委
书　记　陈少荣（穿青人）
副书记　邓志宏（苗族）　王成刚*
　　　　雷邦元（苗族）
常　委　支成平（彝族）
　　　　宿　刚（满族）
　　　　段　芳（女，白族）
　　　　杨　强（侗族）
　　　　王　帆　杨显龙（水族）
　　　　邹立宏
县委办主任　金良武（白族）
组织部部长　王　帆
副部长　肖　明（白族）
　　　　吴忠幸（女）
　　　　瞿春元　任　水
　　　　许忠阳（白族）
宣传部部长　段　芳（女，白族）
副部长　祝天华（常务）
　　　　邹兴林
　　　　王爱民（女，彝族）
　　　　蒋晓雄
　　　　甘　琦（彝族）
统战部部长　支成平（彝族）
副部长　苏　俊（常务，彝族）
　　　　牛光龙（彝族）
　　　　胡亭峰（苗族）
　　　　韩德俊
政法委书记　宿　刚（满族）
副书记　刘　勃　肖　力（满族）
　　　　李廷勇（常务，白族）
　　　　吴有洋（回族）
　　　　陈正雄（彝族）
　　　　顾　勇
综治办主任　吴有洋（回族）
维稳办（县委610办）主任　陈正雄（彝族）
国安办主任　顾　勇
禁毒办主任　许太平
直属机关党委书记　许忠阳（白族）
县信访局长　郭贵诗（苗族）
保密局局长　余芝文
机要局局长　陈荣志
党史研究室主任　唐　昆
老年大学第一副校长　王　平
离退休干部工作局局长　肖　明（白族）
县人大常委会
主　任　谢成厚（彝族）
副主任　叶晓尧　方奇政
　　　　杜国辉（彝族）
　　　　徐卫星　吴彦忠
　　　　欧阳廷宏（彝族）
　　　　龙　琳（女、彝族）
办公室主任　邓永清（苗族）

信访办主任　张祥舟
财委主任　蒋　虹（女，布依族）
教科文委主任　张发凤（彝族）
选任联委主任　张宗凯（彝族）
法委主任　蒋泽伟（白族）
民宗侨与农村经济委主任　张双平（彝族）

县人民政府

县　长　邓志宏（苗族）
常务副县长　王成刚*　杨显龙（水族）
副县长　邹立宏　张　毅
　　曹　丽（女　白族）
　　桂希统（回族）

县政协

主　席　张礼各
副主席　张忠阳　陈长江（黎族）
　　王文峰　张进忠　黄建勋
　　龙剑锋（彝族）　胡开然
秘书长（办公室主任）　马忠益
提案委主任　张培基
科教文卫体委主任　张　璇（女）
学习与文史委主任　段学成
智力支边办主任　邱光粉（女）

县纪委

书　记　雷邦元（苗族）
副书记（监察局局长）　赵六云（彝族）
副书记　严翔宇
纪委常委　李贵雄　李方川　任若寒
第一纪工委书记　李晓昌（彝族）
第二纪工委书记　赵　文
第三纪工委书记　张映霞（女）
第四纪工委书记　杨兴彦（女，白族）
第五纪工委书记　刘仕琼（女，白族）
第六纪工委书记　张廷军

县法院

院　长（党组书记）　刘　勃
副院长　刘泽欢　李兴贵
　　张光选（布依族）

县检察院

检察长（党组书记）　肖　力（满族）
副检察长　蒙朝政（布依族）
　　唐君武　李文国（白族）

县公安局

局　长（党委书记）　宿　刚（满族）
副政委（纪委书记）　李　云
副局长　顾　勇　丁泽坚　钱卫国
　　梅华平　易正凯

县委县政府督查室

主　任　张　健

县编委办

主　任　黎家华（彝族）

县发改局

党组书记　鲁文永
局　长　张兴坤

县投资促进局

局　长　田子能（苗族）

县经济和信息化局

局　长　高　新（白族）

县教育局

党组书记（副局长）　顾有元

县民宗局

党组书记　张学富（回族）
局　长　牛光龙（彝族）

县民政局

党组书记　张朝伟
局　长　朱家应（彝族）

县司法局

党组书记　王学平
局　长　周建辉

县财政局

党组书记　李大连
局　长　任　山

县人力资源和社会保障局

局　长（党组书记）　吴忠幸（女）

县国土资源局

局　长（党组书记）　刘　玉

县住房与城乡建设局

党组书记　张卫星
局　长　顾　勇

县交通运输局

党组书记　胡荣成（彝族）
局　长　范友忠

县水利水电移民局

党组书记　赵兴俊
局　长　支太斌

县农业局

局　长（党组书记）　朱文俊（彝族）

县林业局

党组书记　易正忠

局　长　张智标（白族）

县环保局

党组书记　石　勇

局　长　尹　虎

县卫生和食品药品监督管理局

党组书记　封嘉菊（女）

局　长　陈春涛

县疾控中心

主　任　王　飞

县人口与计生局

党组书记　郑　东

局　长　唐　震

县审计局

党组书记　马　骏（回族）

局　长　范仕云

县统计局

局　长（党组书记）　王德熙（彝族）

县安监局（煤炭局）

局　长（党组书记）　王平波

县文体广播电视局

党组书记　徐　丽

局　长　邹兴林

县档案局

局　长（党组书记）　张登蓝

县城管局

局　长（党组书记）　黄维通

县扶贫开发局

主　任　李　芳（女，彝族）

县供销社

主　任（党组书记）　李德思（白族）

县武装部

部　长　杨　强

县党校

校　长　王　帆

第一副校长　丁武柱（回族）

县一中

副校长（主持工作）　封乔周

县二中

校　长　彭　书

县三中

校　长　刘经宇

县四中

校　长　刘书荣

县五中

校　长　赵金稳

县六中

校　长　牛开江

县七中（华夏中学）

校　长　叶二宽

县八中

校　长　薛　平

党支部书记　唐永惠（女）

县十一中

校　长　李枝玉

县十二中

校　长　叶丕达

县职业中学

校　长　叶征雄

县教师进修学校

校　长（党支部书记）　张太能（黎族）

县人民医院

院　长　赵金祥

县第二人民医院

院　长　何水清（彝族）

县中医院

院　长　王文峰

党支部书记　杨　成

县安宁医院

院　长　高明凯（彝族）

县总工会

党组书记　陈春华

主　席　徐文星

县团委

书　记　王　娴（女）

县妇联

主　席　郑林春（女）

县工商联

党组书记　韩德俊

主　席　陈长江（黎族）

县残联

党组书记　支太生

理事长　胡　勇（女，彝族）

县文联

党组书记　李　丰

主　席　万和平（彝族）

县科协

主　席（党组书记）　敖成秋

保田镇

书　记　廖招才

镇　长　罗　波

忠义乡

书　记（人大主席）　谢　烜（彝族）

镇　长　唐　笠（布依族）

大山镇

书　记（人大主席）　龙剑锋（彝族）

镇　长　吕群洋

民主镇

书　记　张　蔚

镇　长　孔维锐（彝族）

马依镇

书　记　肖执方

镇　长　高　海

老厂镇

镇　长　周　潮

刘官镇

书　记　陆凤萍（女，水族）

镇　长　代荣亮

洒基镇

书　记　刘昌华

镇　长　孔令川（彝族）

柏果镇

书　记　蒋泽鹏（白族）

盘江镇

书　记　丁武培（回族）

断江镇

书　记　徐　政

镇　长　张　贤

红果镇

书　记（人大主席）　舒小本（彝族）

镇　长　杨龙双（白族）

火铺镇

镇　长　莫　帆（苗族）

平关镇

书　记　张云沛

镇　长　王晓华

西冲镇

书　记（镇　长）　洪光祥（彝族）

城关镇

书　记　朱映泉（白族）

镇　长　张　宇

板桥镇

书　记（镇　长）　唐　振

水塘镇

书　记　肖启龙

镇　长　汤治诺（回族）

石桥镇

书　记（镇　长）　陈清泉

乐民镇

书　记　丁全宇（回族）

镇　长　邹跃信（彝族）

响水镇

书　记　黄　圣

镇　长　路　拓

新民乡

书　记　王　强

乡　长　李　波

普田乡

书　记　桂宝斌（回族）

乡　长　丁廷刚（回族）

珠东乡

书　记　谭方智

乡　长　杨晓明

马场乡

书　记　邓寿长（苗族）

英武乡

书　记　杜国辉（彝族）

乡　长　李华锋

旧营乡

书　记（人大主席）　邓文专（苗族）

乡　长　李华甫（白族）

羊场乡

书　记　路　振

乡　长　李文刚（白族）

保基乡

书　记　陈万能（彝族）

乡　长　张从文（苗族）

淤泥乡

书　记　顾　平

乡　长　安　振（彝族）

松河乡

书　记　蒋文刚（彝族）

坪地乡

书　记（乡长）　杜国龙（彝族）

四格乡

书　记　杨晓荣（苗族）

乡　长　毛明贤（彝族）

鸡场坪乡

书　记　廖光卫（彝族）

乡　长　柳修美（彝族）

滑石乡

书　记（乡长）　肖枝稳（彝族）

两河农业产业园区管委会

主　任　邹盘龙

两河乡

书　记　马　鹏（回族）

乡　长　胡召航

普古农业产业园区管委会

主　任　徐天和

普古乡

书　记　徐天和

乡　长　柳修江（彝族）

盘南产业园区管委会

副主任　龙剑锋

水城县

中共水城县委

书　记　王　彬

副书记　王尔彬　吴君隆（侗族）
　　　　龚　茜（女）

县委常委　李仕强　尹俊辉　何　方
　　　　　李佳军（彝族）　蔡盛周
　　　　　廖　翔（苗族）　李　勇（水族）
　　　　　黄光启*　　　　　龙　挺（穿青人）

纪委书记　李佳军（彝族）

武装部长　盛向阳

县人大常委会

主　任　赵庆周（白族）

副主任　徐青青（女）　严金光
　　　　谢开亮　王　鹏（彝族）
　　　　马玉勇（彝族）
　　　　李　刚（苗族）
　　　　赵传纲（白族）

办公室主任　朱书文

县人民政府

县　长　王尔彬

常务副县长　李仕强

副县长　蔡盛周　罗忠国（彝族）
唐小国　陈朝晖（土家族）　贺小考

县政协

主　席　颜昌友

副主席　陈泰斌　王友梅（女）
　　　　杨喜书（布依族）
　　　　蒋先中（苗族）
　　　　简正隆　罗亚婴
　　　　赵玉雄（布依族）

秘书长　狄春波（女，蒙古族）

县法院

院　长　徐　园（彝族）

县检察院

院　长　蒋金安

县委办

主　任　赵传纲（白族）

县政府办

主　任　沈建黔

县委组织部

部　长　廖　翔（苗族）

县委宣传部

部　长　李　勇（水族）

县纪委监察局

局　长　锁才江

县委统战部

部　长　黄光启*　龙　挺（穿青人）

县政法委

书　记　何　方

县编委办

主　任　高龙俊

县离退局

局　长　杜雨昕

县委党校

校　长　陈兴益

县机关党委

书　记　王家奎

县委督查室
主　任　王　群
县信访局
局　长　李江姿
县保密局
局　长　周厚龙
县机要局
局　长　杨　锐
县法制办
主　任　金春雨
团县委
书　记　李　珺
县工商联
会　长　史洪滔
县妇联
主　任　陈　芳
县总工会
会　长　马玉勇
县科协
主　任　王鹏华
县文联
主　席　王鹏祥
县残联
主　任　李连君
县国防教育办
主　任　刘德群
县武警中队
中队长　涂小亮
县史志办
主　任　郑应吉
县人防办
主　任　陈祖琼
双水新区办
主　任　唐信林
县国土资源局
局　长　安　胜
县水利局
局　长　许云峰
县林业局
局　长　杨玉乾
县民政局
局　长　严碧超
县住建局
局　长　范尔玺
县交通运输局
局　长　陈幼学
县文体广电旅游局
局　长　冯　伟
县发改局
局　长　易基恒
县农业局
局　长　冉启权
县经信局
局　长　蒋　彪
县煤炭局
局　长　梅　鸿
县煤焦稽查大队
队　长　马东海
县移民局
局　长　刘　文
县人口计生局
局　长　黎永胜
县人资社保局
局　长　齐强华*　张　凌
县环保局
局　长　张　苗
县财政局
局　长　赵　琦*　张　凌
县审计局
局　长　徐爱华
县档案局
局　长　龙迎洪
县安监局
局　长　李卫华
县教育局
局　长　刘祖均
县民宗局
局　长　周顺昌
县卫生局
局　长　刘渡凯
县疾控中心
主　任　李明
县红十字会
会　长　陈圣贤

县卫生监督所

所　长　周　俊

县统计局

局　长　严碧超*　金鑫

县公安局

局　长　何　方

县司法局

局　长　马明安

城市管理局

局　长　杨潮海

县电视台

台　长　赵丹秋

县国税局

局　长　林　刚

县地税局

局　长　黄照君

县工商局

局　长　王柄苏

县技术监督局

局　长　凌　涛

县供销社

主　任　张天常

县气象局

局　长　钱文胜

县招投局

局　长　尹志东

县网络信息中心

主　任　龙　江

县烟草局

局　长　董华飞

县政务服务中心

主　任　张艳燕

县供电局

局　长　瞿　铅

滥坝镇

书　记　王　鹏

镇　长　曾　俊

董地乡

书　记　段昌友（白族）

比德镇

书　记　李昌富（苗族）

镇　长　叶荣旺（苗族）

陡箐乡

书　记　赵庆林

乡　长　蒋明尚

化乐镇

书　记　侯俊然

镇　长　邓泽跃（苗族）

阿戛镇

书　记　段　权

镇　长　陈胜荣

盐井乡

书　记　王洋龙

乡　长　梁成立

米箩乡

书　记　谢寿阳

乡　长　陆朝平

猴场乡

书　记　郭　萌

乡　长　袁　鉴

蟠龙镇

书　记　朱志鹏

镇　长　张　辉

红岩乡

书　记　范　伦

乡　长　曹　浪

纸厂乡

书　记　陈志文

乡　长　肖　昕（彝族）

玉舍镇

书　记　赵玉雄（布依族）

镇　长　邹云钦

勺米镇

书　记　金　星

坪寨乡

书　记　李恒刚（穿青人）

乡　长　张仕兵（彝族）

杨梅乡

书　记　邓泽正（苗族）

乡　长　尚源卉

新街乡

书　记　陆胜新（布依族）

乡　长　张明俊

野钟乡

书　记　王元海

乡　长　陆大明（布依族）

果布戛乡

书　记　赵玉彬（布依族）

乡　长　陈顺福（彝族）

发耳镇

书　记　王　敏

镇　长　罗能辉

都格镇

书　记　翁毅飞

镇　长　廖官伦（彝族）

鸡场镇

书　记　王彬达（彝族）

镇　长　王安佳

营盘乡

书　记　何泳熙

乡　长　程　猛

龙场乡

书　记　邓世学（苗族）

乡　长　王　志（白族）

顺场乡

书　记　柏晋江

乡　长　刘　鸿（苗族）

花戛乡

书　记　杨兴慧（苗族）

乡　长　訾承毅

发箐乡

书　记　朱如才（苗族）

保华镇

书　记　范　义

镇　长　王　垚（苗族）*

青林乡

书　记　余天志（蒙古族）

乡　长　谢圣祥（苗）*　刘纯玉

木果乡

书　记　张　瑜

乡　长　刘纯玉

南开乡

书　记　余天志（蒙古族）

金盆乡

书　记　李洪喜

乡　长　卯丹鸿

老鹰山镇

书　记　颜　迅

镇　长　吕荣军

经济开发区

钟山经济开发区管委会（红桥新区）

党工委书记　张志祥*

　　刘　纯（水族）

管委会主任　王宜治

纪工委书记　龙选芝（女，瑶族）

常务副主任　李　勇

副主任　邹振伟*

　　郭振东（女，穿青人）

　　蔡盛昌

　　陈　勇（彝族）

公安局红桥分局局长　严贵平（土家族）

红果经济开发区管委会

党工委书记　陈少荣（穿青人）

管委会主任（副书记）　邓志宏（苗族）

常务副主任　陈再仁

纪工委书记　王龙江（黎族）

副主任　杨九生（彝族）

　　吴国兴

两河分局局长　伍　江

主任助理　赵　咏

水城经济开发区管委会

党工委书记　王　彬

管委会主任　王尔彬

纪工委书记　谢如宪

常务副主任　黄光启

副主任　张　霖*（穿青人）

　　王晓春*　赵庆强*

　　马华国　李立国　陆秀云

盘北经济开发区管委会

工委副书记（常务副主任）　刘虎生

工委副书记（纪工委书记）　姚平方

副主任　司　烽　廖光卫（彝族）

工矿企业

首钢水城钢铁（集团）有限责任公司

党委书记（副董事长）　卢正春

董事长　张槐祥（穿青人）
总经理　张新建
党委副书记（纪委书记、工会主席）　赵　单
副总经理　王　彬　常　进　夏朝开
　　　　　何友德
总工程师　王琳松
总会计师　髙　军（女）

六枝工矿（集团）有限责任公司

董事长（党委书记）　施文刚
副董事长（党委副书记、总经理）　何宗辉
党委副书记（纪委书记、工会主席）　李英俊
副总经理　周　东　高世俊　迟恩波
总工程师　皮礼明
总会计师　付　建

盘江精煤股份有限公司

董事长　张仕和
党委书记　周炳军
总经理　孙朝芦
党委副书记　刘永国
纪委书记　肖时华
副总经理　易国晶　包庆林　黄　华
　　　　　白　磊
总经济师　李果毅
总会计师　郝春艳
总工程师　徐再刚

水城矿业（集团）有限责任公司

董事长（党委书记）　魏永柱*　王　祺
副董事长（总经理）　倪德飞
股份公司总经理　阎昭铸
党委副书记　刘振涛
纪委书记　苏国泽
副总经理　蔡　毅　张思明　杨　建
田景刚（满族）　陈佐南
总会计师　黄时晴（苗族）
工会主席　赵　诚
总工程师　徐思曼

贵州乌蒙山发展有限公司

党委书记　李文田*
董事长（总经理）　王永刚
副总经理　路言琼（女）
工会主席　杨达志（苗族）

贵州省地矿局113地质大队

大队长　卢启富（穿青人）
党委书记　史洪桥
副大队长　刘　军　付汉阳
总工程师　孟昌忠

贵州有色地质勘查局二总队

队　长（副书记）　刘政远
党委副书记（纪委书记）　肖世明
副队长　杨宁文　蒋向东
总工程师　张　震

贵州煤田地质局159队

队　长　刘　青
党委书记　周嘉仁
副队长（总工程师）　任文林
副队长　张建云

贵州黔桂发电有限公司

总经理（党委书记）　詹玉华
副总经理　郭满志　官正兴
　　　　　麻朝海（彝族）
　　　　　沈　健
　　　　　方德亚（白族）
　　　　　侯应权　黄子俊
纪委书记（工会主席）　田四清

盘南电厂

总经理　黎中涛
党委书记　邓　雄（土家族）
副总经理　方　阳　陈　艳
　　　　　罗德海（土家族）
　　　　　许新宇
纪委书记（工会主席）　陈兴鹏

大唐贵州野马寨有限公司

总经理　田　波
党委书记　冉怒吟

六盘水车务段

段　长　石光德
党委书记　张琪琳
副段长　曹建学　张　剑　覃如相
熊晓明　廖文君
纪委书记　毛　云
工会主席　钟　啸
党委副书记　江大建

贵州水红铁路有限责任公司

总经理　杨明海
常务副总经理　杨凤翔
党委副书记（纪委书记、工会主席）　陈兴汶

副总经理　杨学文

重庆啤酒集团六盘水啤酒有限责任公司

总经理　王应中
党委副书记　宋拴平
副总经理　方　针　聂　伟　张恩富
工会副主席　周　毅

六盘水市开发投资有限公司

董事长　王晓春
总经理　王晓春*
副总经理　王成洪　唐性芬（女）
　　　　　江文勇
总工程师　王成洪

六盘水市公共交通总公司

副总经理　曾　利（主持工作）
副总经理　瞿　辉　谢　健　李　刚
　　　　　沈承云　陈　文（女）

六盘水市水务公司

经　理（董事长）　李志明
党委书记　张瑞国
副经理　黄模刚　董书全　唐　刚
总工程师　王光鹏
纪委书记　钟　海

中央储备粮库六盘水直属库

主　任　卢永利
副主任　魏　泉　聂胜明

发耳电厂

总经理　冉怒吟
党委书记　杨万格
副总经理　瞿　进
　　　　　俞愫哲（回族）
　　　　　李　容　童　巍
总工程师　邹学明
财务总监　张　政

六盘水市月照机场公司

总经理　龙秋芳（彝族）
副总经理　申　浩　张强开（白族）
总会计师　蒋仕文
总工程师　张强开*（白族）　余洪川

六盘水市食品总厂

厂　长　杨文艳（彝族）
党总支书记　张光华
副厂长（工会主席）　胡才清

中共六盘水市委

2013年市委常委会议

【六届市委第41次常委会议】 1月5日下午，在明湖花园酒店明湖会议厅召开六届市委第41次常委会议。

一、研究《关于规范市民生发展有限责任公司及明湖花园酒店有限责任公司管理问题的建议方案》；

二、研究《六盘水市机构编制委员会关于机构编制事宜的请示》；

三、研究《关于召开六盘水市残疾人联合会第五次代表大会的请示》；

四、研究《六盘水市优势特色矿产资源投资开发有限责任公司组建方案》；

五、干部工作。

（市委办秘书四科）

【六届市委第42次常委会议】 1月18日上午，在市政府一会议室召开六届市委第42次常委会议。

一、研究《关于改进工作作风.密切联系群众的十项规定》（稿）及其《实施细则》（稿）；

二、听取以乡镇（街道）为单位全面建成小康社会统计监测工作情况汇报，研究《六盘水市以乡镇（街道）为单位全面建成小康社会统计监测实施意见》（稿）；

三、传达全省组织部长会议和全省人才工作座谈会精神；

四、研究《2013年春节市领导重点慰问活动方案》；

五、研究《关于市七届人大三次会议有关事项的请示》和《关于市政协七届二次会议筹备工作情况的报告》；

六、研究《关于确定六盘水市代表团出席省十二届人大一次会议第一召集人.召集人，临时党支部建议名单的请示》和《六盘水市人大常委会2013年度议题计划》；

七、研究《关于推荐六盘水市归侨侨眷联合会第五届委员会领导班子等人选的请示》；

八、研究干部工作。

（市委办秘书四科）

【六届市委第43次常委会议】 1月18日上午，市委书记王晓光在六盘水会议中心一会议室主持召开六届市委第43次常委会议。

一、研究《中共六盘水市委关于改进工作作风、密切联系群众的十项规定》及其《实施细则》；

二、听取以乡镇（街道）为单位全面建成小康社会统计监测工作情况汇报，研究《六盘水市以乡镇（街道）为单位全面建成小康社会统计监测实施意见（稿）》；

三、传达全省组织部长会议和全省人才工作座谈会精神并研究贯彻意见；

四、研究《2013年春节市领导重点慰问活动方案》；

五、研究《关于市七届人大三次会议有关事项的请示》；

六、研究《关于市政协七届二次会议筹备工作情况的报告》；

七、研究《关于确定六盘水市代表团出席省

十二届人大一次会议第一召集人、召集人，临时党支部建议名单的请示》和《六盘水市人大常委会2013年度议题计划》；

八、研究《2013年省“两会”期间六盘水市信访维稳工作方案》（稿）；

九、研究《关于推荐六盘水市归侨侨眷联合会第五届委员会领导班子等人选的请示》。

（市委办秘书四科）

【六届市委第44次常委会议】 2月1日下午，在明湖花园酒店明湖会议厅召开六届市委第44次常委会议。

一、传达学习省“两会”精神；

二、传达学习中共中央办公厅、省委办公厅《关于认真学习贯彻习近平总书记厉行勤俭节约反对铺张浪费重要批示的紧急通知》；

三、研究《中共六盘水市委常委会2013年工作要点》；

四、传达全省统战部长会议精神并研究贯彻意见；

五、讨论《政府工作报告》《六盘水市中级人民法院工作报告》《六盘水市人民检察院工作报告》《六盘水市2012年国民经济和社会发展计划执行情况及2013年国民经济与社会发展计划草案的报告》和《六盘水市2012年全市和市本级财政预算执行情况及2013年市本级财政预算草案报告》；

六、研究《2013年市领导包案处理突出矛盾纠纷和信访问题的通知》和《关于迎接省委常委带队督查指导突出问题化解工作的方案》；

七、研究当前有关工作；

八、研究《关于水城县双戛乡和钟山区老鹰山镇行政区划调整情况报告》。

（市委办秘书四科）

【六届市委第45次常委会议】 2月4日上午，在一会议室召开六届市委第45次常委会议。

一、研究《关于学习贯彻省委书记赵克志“四个更加”讲话精神的通知》；

二、传达省纪委二次全会精神，听取“阳光晒权”系列活动和推进惩防体系建设和党风廉政建设责任制检查考核情况汇报，研究《关于建立六盘水市影响国发2号文件贯彻落实行为问责联系会议制度》；

三、听取2012年度县（特区.区）和市直机关目标考核情况汇报，并研究《六盘水市直机关2013年度目标考核办法》；

四、传达学习习近平总书记针对当前春节、“两会”安保工作的重要批示，听取近期政法、公安系列工作会议精神汇报并研究贯彻意见；

五、听取全市计生工作情况汇报；

六、研究《六盘水市煤矿安全生产责任保证金管理暂行办法》（稿）；

七、研究干部工作。

（市委办秘书四科）

【六届市委第46次常委会议】 2月6日下午，在明湖花园酒店明湖会议厅，市委书记王晓光主持召开六届市委第46次常委（扩大）会议。

一、市长何刚传达《中共贵州省委关于认真学习贯彻习近平同志在第十八届中央纪律检查委员会第二次全体会议上的讲话的通知》；

二、市委组织部长李朝卉传达《习近平同志在第十八届中央纪律检查委员会第二次全体会议上的讲话》；

三、市纪委书记向昀传达《王岐山同志在第十八届中央纪律检查委员会第二次全体会议上的讲话》。

（市委办秘书四科）

【六届市委第47次常委会议】 2月17日下午，在明湖花园酒店明湖会议厅，市委书记王晓光主持召开六届市委第47次常委会议。

一、市长何刚传达省委书记赵克志在省委常委（扩大）会议上的讲话；

二、市委组织部长李朝卉传达省委副书记.省长陈敏尔在省委常委（扩大）会议上的讲话；

三、市委书记王晓光讲话。

（市委办秘书四科）

【六届市委第48次常委会议】 2月23日上午，在市政协七楼会议室召开六届市委第48次常委会议。

一、研究《2013年市政府重点工作分解督办方案》（稿）；

二、研究《2013年全市“三化”现场观摩

会.开发区（园区）建设推进会.项目集中开工方案》（稿）；

三、听取全市选派同步小康驻村工作组情况汇报；

四、研究《2013年全国“两会”期间六盘水市信访维稳工作方案》（稿）。

（市委办秘书四科）

【六届市委第49次常委会议】 3月14日下午，市委书记王晓光在一会议室主持召开六届市委第49次常委会议，传达国家有关部委和省领导关于“3·12”马场煤矿煤与瓦斯突出事故有关批示精神，听取关于“3·12”马场煤矿煤与瓦斯突出事故情况汇报，听取对“3·12”马场煤矿事故责任人的处理建议，研究六盘水市当前煤矿安全生产工作。

一、市长何刚传达国家有关部委和省领导关于“3·12”马场煤矿安全事故有关批示；

二、副市长尹志华汇报关于“3·12”马场煤矿煤与瓦斯突出事故情况；

三、张洪汇报对“3·12”马场煤矿事故责任人的处理建议；

四、市委常委发言；

五、市委书记王晓光讲话。

（市委办秘书四科）

【六届市委第50次常委会议】 3月17日下午，市委书记王晓光在一会议室主持召开六届市委第50次常委会议。

一、传达省委书记赵克志和省委副书记、省长陈敏尔在《中共六盘水市委六盘水市人民政府关于贯彻落实省委省政府和国家有关部委领导对“3·12”事故重要批示的报告》上的批示精神；

二、研究干部工作。

（市委办秘书四科）

【六届市委第51次常委会议】 3月21日上午，市委书记王晓光在明湖接待中心明湖会议厅主持召开六届市委第51次常委（扩大）会议。

一、市委书记王晓光传达李克强在参加十二届全国人大一次会议贵州代表团审议时的讲话、栗战书在贵州代表团审议《政府工作报告时》的发言、赵克志书记在省直机关领导干部会议上的讲话；

二、市长何刚传达习近平总书记在十八届二中全会上的讲话；

三、市人大常委会主任黄金传达十二届全国人大一次会议精神；

四、市政协主席唐方信传达全国政协十二届一次会议精神；

五、市委书记王晓光讲话。

（市委办秘书四科）

【六届市委第52次常委会议】 3月22日上午，市委书记王晓光在明湖接待中心一号厅主持召开六届市委第52次常委（扩大）会议。

一、省委组织部干部二处副处长肖虎宣读省委文件；

二、省委组织部副部长、秘书长潘荣讲话；

三、何刚发言；

四、周荣发言。

（市委办秘书四科）

【六届市委第53次常委会议】 3月22日下午，市委书记王晓光在明湖接待中心明湖会议厅主持召开六届市委第53次常委（扩大）会议。

一、市委副书记、代理市长周荣传达省委书记赵克志在县（市、区）委书记学习贯彻十八大精神专题研讨班上的报告；

二、市委书记王晓光讲话。

（市委办秘书四科）

【六届市委第54次常委会议】 2013年3月26日下午，市委书记王晓光在一会议室主持召开六届市委第54次常委会议。

一、案件工作；

二、干部工作。

（市委办秘书四科）

【六届市委第55次常委会议】 4月4日上午，市委书记王晓光在明湖接待中心明湖会议厅主持召开市委第55次常委（扩大）会议。

一、传达学习省委副书记、省长陈敏尔在盘县调研时的重要讲话精神；

二、研究《六盘水市全面小康社会建设实施方案》和《六盘水市全面建成小康社会机构设置事宜的请示》；

三、研究《关于建立六枝经济开发区的决定方案》和《关于贵州六枝经济开发区机构编制事宜的请示》；

四、研究《六盘水市煤矿安全生产职能.机构及人员编制调整方案的请示》。

（市委办秘书四科）

【六届市委第56次常委会议】 4月18日上午，市委书记王晓光在会议中心一会议室主持召开市委第56次常委会议。

一、传达省委书记赵克志在《关于贵州省贯彻落实全国宣传部长座谈会精神意见的报告》上的重要批示并研究贯彻意见；

二、听取全省扶贫开发会议及对口帮扶工作专题会议精神汇报并研究贯彻意见；

三、研究《关于加强和改进新形势下国防动员和民兵工作的实施意见》；

四、研究《市七届人大四次会议有关事宜的请示》；

五、研究《六盘水市残疾人联合会关于换届人事安排事项的请示》；

六、研究《关于调整市“三化”等工作领导小组的通知》（稿）。

（市委办秘书四科）

【六届市委第57次常委会议】 5月4日上午，市委书记王晓光在明湖接待中心明湖会议厅主持召开六届市委第57次常委（扩大）会议。

一、传达学习全省社会管理创新暨平安贵州建设大会精神并研究贯彻意见；

二、研究《六盘水市关于进一步促进工业企业加快发展的实施方案》；

三、传达学习《贵州省机关工作人员作风问题处理办法（试行）》；

四、研究《六盘水市“阳光晒权”——治理“脑梗阻、中梗阻、肠梗阻”系列评议活动实施方案》；

五、传达学习全省干部监督工作座谈会精神并研究贯彻意见；

六、研究《关于市民族职业技术学校迁至以朵职教园区有关问题的报告》；

七、研究《关于进一步实施科教兴市战略大力加强人才队伍建设的实施意见》。

（市委办秘书四科）

【六届市委第58次常委会议】 5月9日上午，市委书记王晓光在市人大一楼会议室主持召开六届市委第58次常委（扩大）会议，通报省委组织部对六盘水市干部的考察情况。

（市委办秘书四科）

【六届市委第59次常委会议】 5月17日上午，市委书记王晓光在会议中心一会议室主持召开六届市委第59次常委会议。

一、传达学习习近平总书记在贵州省专报件上的重要批示；

二、传达学习省委书记赵克志在安顺市的接访侧记；

三、研究《关于创建扶贫开发攻坚示范区的实施意见》（稿）；

四、研究《2013年市级单位公用经费与目标考核挂钩办法（试行）》（稿）；

五、研究《关于进一步做好招商引资工作的意见》（稿）；

六、研究《六盘水市2013年度县区目标管理考核办法》（稿）；

七、研究《关于市总工会第七届委员会和经费审查委员会组成人员候选人的请示》；

八、研究《关于召开六盘水市青年联合会第六届委员会第一次全体会议的请示》；

九、研究魏树旺、张志祥分工事宜；

十、同意市城乡规划委员会主任调整为周荣，王晓光不再担任。

（市委办秘书四科）

【六届市委第60次常委会议】 5月31日上午，市委书记王晓光在明湖接待中心明湖会议厅主持召开六届市委第60次常委（扩大）会议。

一、市长周荣传达第十五届中国科协年会精神；

二、市委书记王晓光传达省委十一届三次全会精神；

三、向昀传达全省党风廉政警示教育大会精神；

四、市长周荣讲话；

五、市委书记王晓光讲话。

（市委办秘书四科）

【六届市委第61次常委会议】 6月9日上午，市委书记王晓光在六盘水会议中心一会议室主持召开六届市委第61次常委会议。

一、传达《中共贵州省委贵州省人民政府关于学习贯彻习近平总书记和李克强总理重要指示的通知》和全国、全省安全生产电视电话会议精神，并研究贯彻意见；

二、研究《市人民政府关于传达学习省委常委、常务副省长谌贻琴在六盘水市调研扶贫生态移民工程时的重要讲话的报告》，传达省委常委、省委宣传部部长喻红秋在六盘水市调研宣传思想文化工作时的重要讲话精神和省委常委、副省长秦如培在六盘水市调研重大交通基础建设时的重要讲话精神，并研究贯彻意见；

三、传达全省深入推进中国特色社会主义宣传教育工作视频会议精神并研究贯彻意见；

四、传达省委常委、省委宣传部部长喻红秋在六盘水市调研信访工作时的重要讲话精神及黔办发电〔2013〕33号文件精神，研究《六盘水市逐级信访制度（试行）》和《关于切实加强网络舆情处置工作的报告》；

五、研究《市关工委关于贯彻落实省委常委会第33次会议关工委工作议题会议纪要的报告》；

六、听取市教育局关于实施教育“9+3”计划及职教园规划情况汇报；

七、研究《市综治委关于召开全市社会管理创新暨“平安凉都”建设大会的报告》和《市公安局关于加强反恐应急工作的报告》；

八、研究《六盘水市中心城区基准地价更新工作的报告》；

九、研究《市社科联关于第二届委员会组成人员候选人的请示》；

十、研究《六盘水市机构编制委员会办公室关于机构编制事宜的请示》；

十一、传达全省干部选拔任用工作监督检查动员部署会精神并研究贯彻意见。

（市委办秘书四科）

【六届市委第62次常委会议】 6月21日上午，市委书记王晓光在明湖接待中心明湖会议厅主持召开六届市委第62次常委（扩大）会议。

一、听取2013年第二次全省项目建设现场观摩会筹备情况及项目建设推进情况汇报；

二、传达学习《中共贵州省委贵州省人民政府关于认真学习贯彻〈李源潮同志在第十五届中国科协年会上的讲话〉的通知》；传达学习省委书记赵克志同志在传达学习习近平总书记关于一季度经济形势重要讲话时的讲话；传达学习吉林省委书记王儒林同志在煤矿生产安全座谈会上的讲话；传达成都军区司令员李世明、政委朱福熙和省委书记赵克志、省长陈敏尔有关批示精神。

三、传达学习孙永春部长近期批示及全省同步小康驻村工作推进会精神；

四、传达省人才工作领导小组（扩大）会议精神；

五、研究《六盘水市关于推进城乡统筹发展的实施意见》（稿）；

六、研究《六盘水市人民政府关于加快推进循环经济发展的实施意见》（稿）；

七、研究《关于六盘水市“新型社区.温馨家园”建设试点工作意见》（稿）；

八、研究《中共六盘水市政协党组关于召开川滇黔赣冀五省二十市州政协第34次联系会议的请示》。

（市委办秘书四科）

【六届市委第63次常委会议】 6月27日晚，在明湖接待中心三楼一号厅召开六届市委第63次常委会议。

研究《六届市委四次全会方案》《中共六盘水市委关于加强人才培养引进加快科技创新的实施意见（讨论稿）》和《中共六盘水市委关于进一步加快产业园区（开发区）又快又好发展的实施意见（讨论稿）》。

（市委办秘书四科）

【六届市委第64次常委会议】 7月3日上午，市委书记王晓光在会议中心一会议室主持召开六届市委第64次常委会议。

一、传达学习2013年6月22日至6月25日中央政治局专门会议精神；

二、研究《王晓光同志在市委六届四次全会上的讲话》《中共六盘水市委关于加强人才培养引进加快科技创新的意见（讨论稿）》和《中共六盘水市委关于推进产业园区又快又好发展的意见（讨论稿）》；

三、听取六盘水市2012年增比进位综合测评正式排位情况汇报；

四、听取市水利局关于窑上水库防汛安全工作情况的汇报；

五、研究《六盘水市喀斯特山区特色农业示范区总体规划》；

六、研究盘县撤县设市的相关事宜；

七、研究《六盘水市领导联系高层次人才办法》和《关于调整市人才工作领导小组成员的通知》。

（市委办秘书四科）

【六届市委第65次常委会议】 7月16日下午，市委书记王晓光在明湖接待中心明湖会议厅主持召开六届市委第65次常委（扩大）会议。

一、传达全省半年经济工作会暨项目观摩总结会精神.听取全市上半年经济运行情况汇报及研究《全市半年经济工作会议方案》；

二、听取六盘水市煤矿企业兼并重组工作情况汇报，研究《六盘水市煤矿企业兼并重组规划》；

三、研究《2013年市级行政审批事项清理工作情况报告》；

四、研究《关于学习贯彻秦如培、孙立成同志讲话精神的报告》；

五、听取市委组织部关于2012年度六盘水市“一报告两评议”工作反馈情况。

（市委办秘书四科）

【六届市委第66次常委会议】 7月26日下午，市委书记、水城军分区党委第一书记王晓光在水城军分区办公楼二楼指挥中心主持召开六届市委第66次常委会（市委常委议军议警会）。

一、会议举行了市国防动员委员会专业办公室和市民兵专业分队授牌仪式；传达了成都军区国动委第七次全体扩大会议精神；听取了水城军分区2012年以来国防后备力量建设情况汇报和市武警支队、市消防支队工作情况汇报；市委常委、盘县县委书记、盘县人武部党委第一书记陈少荣，市委常委、水城县县委书记、水城县人武部党委第一书记王彬就履行党管武装工作职责情况作大会述职，六枝特区、钟山区人武部党委第一书记作书面述职；研究了六盘水市国防后备力量建设有关问题。

（市委办秘书四科）

【六届市委第67次常委会议】 7月31日上午，市委书记王晓光在明湖接待中心明湖会议厅主持召开六届市委第67次常委会议。传达学习习近平总书记《在中央政治局常委会会议上关于当前经济形势和经济工作的讲话》。

（市委办秘书四科）

【六届市委第68次常委会议】 2013年8月2日下午，市委书记王晓光在会议中心一会议室主持召开六届市委第68次常委会议。

一、传达学习《省委办公厅省政府办公厅关于认真学习贯彻傅克诚赵克志陈敏尔同志重要批示精神的通知》；

二、研究《关于进一步贯彻落实省委书记赵克志等领导同志重要指示精神的报告》和《关于全省维稳和治安形势分析会议精神及贯彻意见的报告》；

三、研究《六盘水市本级政府性债务管理办法（试行）》；

四、研究《市发展改革委.市安监局申请设立机关党委的请示》。

（市委办秘书四科）

【六届市委第69次常委会议】 2013年8月5日上午，市委书记王晓光在明湖接待中心三楼一号厅主持召开六届市委第69次常委会议。会议传达中央和省领导对当前抗旱工作的重要批示，听取六盘水市抗旱工作情况汇报，对贯彻落实中央和省领导重要批示精神，切实抓好全市抗旱救灾工作进行了安排部署。

一、各县（特区、区）要高度重视“三农”工作，确保农业增效、农民增收、农村稳定；

二、加大水利基础设施投入力度，做好水利工程前期工作，积极争取国家和省的政策支持和项目扶持。全力抓好水源性工程、提灌工程和地下水资源开发利用，保障城乡居民饮水安全，保障人民群众正常生活生产秩序；

三、统筹推进水利基础设施建设。要把已

开展前期工作的水利工程和正在建设的水利工程结合起来，全力加快水利基础设施建设速度。要把水利工程规划和城市规划、小城镇规划结合起来，统筹工业、农业和群众生产生活用水；

四、加强灾害性天气监测预警。及时发布灾害性天气预警信息，进一步做好旱情研判评估和监测预警，为市委、市政府决策和科学应对提供依据。同时，各级各部门要坚持24小时值班制度，畅通信息渠道，做好旱情、灾情的信息报送工作，为防汛抗旱救灾提供决策信息；

五、加大农技、水利、气象等方面专业人才的培养和引进力度，为农业和水利事业持续健康发展提供坚强的人才保障；

六、市委办公室向省委专题报告六盘水市贯彻落实中央和省领导对当前抗旱工作重要批示的情况。

（市委办秘书四科）

【六届市委第70次常委会议】 2013年8月7日下午，市委书记王晓光在会议中心一会议室主持召开六届市委第70次常委会议。会议传达《第八届贵州旅游产业发展大会方案》，听取六盘水市承办第八届贵州旅游产业发展大会筹备工作情况汇报，对下一步工作进行安排部署。

一、抓好两个统筹。一是统筹好内外。抓好对内统筹，树立圆满成功的底线思维，统筹协调好各类活动的方案、预案。抓好对外统筹，加强对外联系沟通，确保来宾乘兴而来、满意而归。二是统筹好上下。统筹好各类活动的组织协调、现场指挥、信息沟通等各个环节，动员广大干部群众发挥主人翁精神，积极参与到旅发大会的各项筹备工作中，全力服务好旅发大会；

二、做好三个加强。一是加强领导。各级各部门要进一步提高认识，增强责任感和紧迫感，以更加扎实的作风推进各项筹备工作。二是加强协调。各部门各单位要加强文艺演出、会场布置等各类活动筹备工作的沟通协调，形成合力，保证各类活动顺利进行。三是加强督查。要加大对旅发大会各类活动筹备工作和项目建设进度的督查力度，发现问题，立即下达整改文书，确保事事有人管、件件都落实；

三、着力四个强化。一是强化细节。旅发大会期间举办的各类活动要制定工作方案、工作预案和工作细则，确保各类活动有序进行。二是强化节点。要综合考虑各项因素，切实把握好工作节点和时间节点，注重工作细节，做到工作无缝隙、万无一失。三是强化责任。加强舆情监控，坚决防止发生非正常上访和群体性事件，按照属地管理原则，各类活动要签订安保责任和信访维稳责任，各县（特区、区、开发区）党（工）委书记为第一责任人。毫不松懈抓好安全生产，全力抓好煤矿、非煤矿山、交通运输、消防、危险化学品、建筑施工等重点行业和领域的安全隐患排查治理和监测监控，坚决遏制重特大事故发生。若出现责任事故，纪检监察部门要启动问责程序，严格问责。四是强化和谐。要加强对广大干部职工的宣传教育力度，倡导绿色出行、低碳生活理念，缓解市中心城区交通压力。各地区各部门各单位在加大管理和执法力度的同时，要把思想教育、人文关怀寄于管理和执法工作中，切实做好群众工作，争取群众的理解和支持，确保社会和谐稳定。

（市委办秘书四科）

【六届市委第71次常委会议】 2013年8月15日上午，市委书记王晓光在明湖接待中心明湖会议厅主持召开六届市委第71次常委（扩大）会议。

一、传达省委书记赵克志在六盘水市调研时的重要指示精神；

二、传达习近平总书记关于安全生产工作的重要讲话精神；

三、研究贯彻省委信访维稳工作电视电话会议精神的意见；

四、研究《六盘水市综合经济实力进入全省前三位的研究报告》《六盘水市工业转型升级的研究报告》《加快六盘水市中心城区百万人口城市建设的调研报告》《关于六盘水市煤矿安全生产情况的调研报告》《六盘水市农村饮水安全有关问题》；

五、研究《关于荷城古镇城市综合体项目开发建设框架协议签订有关事项的请示》；

六、传达学习全省组织工作会议精神。

（市委办秘书四科）

【六届市委第72次常委会议】 2013年8月15日晚，在会议中心一会议室召开六届市委第72次常委会议。研究落实国家五部委关于文艺演出勤俭节约等有关规定和省委书记赵克志节俭办会要求的贯彻意见。

（市委办秘书四科）

【六届市委第73次常委会议】 2013年8月16日下午，在会议中心一会议室召开六届市委第73次常委会议。

研究落实国家五部委关于文艺演出勤俭节约等有关规定和省委书记赵克志节俭办会要求的贯彻意见。

（市委办秘书四科）

【六届市委第74次常委会议】 2013年8月22日下午，市委书记王晓光在会议中心一会议室主持召开六届市委第74次常委会议。

一、研究《中共六盘水市委六盘水市人民政府关于表彰承办第八届贵州旅游产业发展大会突出贡献单位和先进集体、先进个人的决定》；

二、传达学习《中共中央办公厅国务院办公厅关于党政机关停止新建楼堂馆所和清理办公用房的通知》；

三、研究《六盘水师院党委关于迎接教育部本科教学合格评估更改至2015年的请示》；

四、研究《六盘水市人才公寓建设五年行动规划方案》和《六盘水市人才发展专项资金使用管理办法（试行）》；

五、传达全国宣传思想工作会议精神；

六、传达建设平安贵州治安整治行动电视电话会议精神。

（市委办秘书四科）

【六届市委第75次常委会议】 2013年8月30日下午，市委书记王晓光在明湖接待中心明湖会议厅主持召开六届市委第75次常委（扩大）会议。

会议通报了六盘水市党政代表团赴安顺、遵义、毕节考察学习情况，总结交流考察学习情况，对当前相关工作进行安排部署。

（市委办秘书四科）

【六届市委第76次常委会议】 2013年9月23日下午，市委书记王晓光在六盘水会议中心一会议室主持召开六届市委第76次常委会。

一、传达全省纪检监察半年工作会议精神；

二、传达全省扶贫开发工作座谈会精神；

三、听取关于发布《六盘水市第一次水利普查公报》有关情况汇报；

四、研究《市委统战部市工商联关于召开全市非公有制经济人士优秀中国特色社会主义事业建设者表彰大会的请示》；

五、听取大连市委组织部对口帮扶六盘水市人才培养工作情况汇报。

（市委办秘书四科）

【六届市委第77次常委会议】 2013年9月30日上午，市委书记王晓光在六盘水会议中心一会议室主持召开六届市委第77次常委会议。

一、传达《中共贵州省委办公厅关于做好2013年国庆期间值班工作的通知》《关于加快园区职校建设推进校企合作的意见》（稿）；

二、传达学习第二届全省小城镇发展大会会议精神；

三、传达学习全省煤矿企业兼并重组工作视频会议精神；

四、听取关于妥善解决六盘水市国有企业职教幼教退休教师待遇问题的有关情况汇报；

五、传达学习全省实施教育“9+3”计划推进会精神和研究。

（市委办秘书四科）

【六届市委第78次常委会议】 2013年10月22日下午，市委书记王晓光在明湖接待中心三楼一号厅主持召开六届市委第78次常委会议。

一、传达省委书记赵克志在中共贵阳市委贵阳市人民政府《关于应对处置“观山湖区存在学生参与拆除违章建筑”舆情事件的情况报告》上的批示；

二、传达省委组织部部长孙永春在培养选拔优秀年轻干部和近期能够使用干部专项调研工作动员部署会议上的讲话精神；传达中央组织部《关于结合巡视对内蒙古等5省区市和水利部等5家中央单位选人用人工作检查情况的通报》精神。

（市委办秘书四科）

【六届市委第79次常委会议】 2013年10月28日下午，市委书记王晓光在明湖接待中心明湖会议

厅主持召开六届市委第79次常委会议。

（市委办秘书四科）

【六届市委第80次常委会议】 2013年11月1日上午，市委书记王晓光在六盘水会议中心一会议室主持召开六届市委第80次常委会议。

一、传达省信访联席会议办公室《关于印发〈关于研究落实中联办关于在近期对进京非正常上访人员组织开展集中劝返和化解工作的方案的通知精神和省委书记赵克志省长陈敏尔重要批示精神的专题会议纪要〉的通知》及《贵州省联席会议关于党的十八届三中全会期间全省信访维稳工作方案》并研究贯彻意见；

二、传达《关于规划、建设盘县特大城市的建议——袁周同志在省人大常委会赴六盘水市检查水污染防治法时的讲话摘要》（省人大常委会办公厅2013年《情况通报》第155期）。

（市委办秘书四科）

【六届市委第81次常委会议】 2013年11月6日下午，市委书记王晓光在六盘水会议中心一会议室主持召开六届市委第81次常委会议。

一、研究《关于废止〈六盘水市群众安全感升降奖惩办法（试行）〉的报告》；

二、传达学习《中共贵州省委办公厅关于印发〈贵州省党员干部政治纪律“十严禁”〉和〈贵州省党员干部作风“十不准”〉的通知》《中共贵州省委办公厅贵州省人民政府办公厅关于印发〈禁止公车私用规定〉的通知》并研究贯彻意见；

三、研究《中共六盘水市委六盘水市人民政府关于贯彻落实省委书记赵克志对六盘水市“四项工作”指示精神的报告》和《中共六盘水市委六盘水市人民政府关于贯彻落实省委领导对农村饮水安全问题重要指示精神的报告》；

四、研究《六盘水市支持和鼓励新设银行业金融机构暂行办法》（稿）；

五、研究《关于举办中国凉都·六盘水第一届全民健身综合性运动会的报告》；

六、研究《中共六盘水市委组织部六盘水市人资社保局关于对2010—2012年市直机关科级及以下公务员年度考核奖励的请示》。

（市委办秘书四科）

【六届市委第82次常委会议】 2013年11月15上午，市委书记王晓光在明湖接待中心明湖会议厅主持召开六届市委第82次常委会议。

一、市长周荣传达党的十八届三中全会公报；

二、市委书记王晓光传达赵克志书记在全省领导干部会议上的讲话；

三、市委书记王晓光讲话。

（市委办秘书四科）

【六届市委第83次常委会议】 2013年11月20日上午，市委书记王晓光在六盘水会议中心一会议室主持召开六届市委第83次常委会议。

一、研究市人大常委会党组《关于召开六盘水市第七届人民代表大会第五次会议的请示》和市政协党组《关于召开政协第七届六盘水市委员会第三次会议的请示》；

二、传达全省干部监督工作联席会议暨干部选拔任用工作专项检查情况通报会精神。

（市委办秘书四科）

【六届市委第84次常委会议】 2013年11月22日下午，市委书记王晓光在明湖接待中心三楼一号厅主持召开六届市委第84次常委会议。

一、省委组织部干部二处副处长肖虎宣读省委文件；

二、省委组织部副部长郑德川讲话；

三、市委书记王晓光发言；

四、市长周荣发言；

五、李再勇发言。

（市委办秘书四科）

【六届市委第85次常委会议】 2013年12月1日下午，市委书记李再勇在明湖接待中心明湖会议厅主持召开六届市委第85次常委会议。

一、贯彻落实党的十八届三中全会精神，分析经济社会运行情况，安排部署当前各项工作，确保完成全年目标任务；

二、周荣讲话；

三、李再勇讲话。

（市委办秘书四科）

【六届市委第86次常委会议】 2013年12月1日下午，市委书记李再勇在明湖接待中心明湖会议厅主持召开六届市委第86次常委会议。

一、研究“全省优秀村组织书记、优秀社区党组织书记和优秀乡镇党委书记”推荐人选；

二、研究干部工作。

（市委办秘书四科）

【六届市委第87次常委会议】 2013年12月4日下午，市委书记李再勇在六盘水会议中心一会议室主持召开六届市委第87次常委会。

一、传达学习省委群众工作委员会第一次全体扩大会议精神并研究贯彻意见；

二、研究《中共六盘水市委关于切实做好当前六盘水市意识形态工作的实施意见》（稿）；

三、研究《中共六盘水市委六盘水市人民政府关于“四在农家·美丽乡村”基础设施建设六项行动计划的实施意见》（稿）；

四、研究《六盘水市禁毒工作领导责任追究办法》（稿）；

五、研究《关于六盘水市非公有制经济人士优秀中国特色社会主义事业建设者初步人选及有关事宜的报告》；

六、研究《六盘水市深化医药卫生体制改革实施意见》（稿）；

七、研究《市委政法委关于全市政法综治战线开展“我最喜爱的政法团队”“我最喜爱的凉都卫士”评选活动工作情况报告》；

八、研究《六盘水市机构编制委员会办公室关于六盘水市市直部分机构编制事宜的请示》和《六盘水市机构编制委员会办公室关于六盘水月照机场有关事宜的请示》；

九、研究《六盘水市人民政府驻外办事（联络）处改革方案》；

十、研究《市规划局关于市委党校选址定点方案》；

十一、原则同意《六盘水市2013年度困难群众生活用煤供应补助方案》；

十二、研究《六盘水市人民政府关于六盘水农村商业银行筹建有关情况的报告》。

（市委办秘书四科）

【六届市委第88次常委会议】 2013年12月17日上午，市委书记李再勇在明湖接待中心明湖会议厅主持召开六届市委第88次常委会。研究市人大常委会党组《关于召开六盘水市第七届人民代表大会第五次会议的请示》《关于市七届人大五次会议有关事项的请示》和市政协党组《关于召开政协第七届六盘水市委员会第三次会议的请示》。

（市委办秘书四科）

【六届市委第89次常委会议】 2013年12月24日下午，市委书记李再勇在六盘水会议中心一会议室主持召开六届市委第89次常委会。

一、传达全省经济工作会议精神，听取六盘水市2013年主要指标预计完成情况汇报并研究2014年主要经济指标；

二、听取市委六届五次全会筹备情况汇报，研究《中共六盘水市委关于全面深化改革的实施意见（讨论稿）》，研究《李再勇同志在市委六届五次全会上的工作报告》《李再勇同志在市委六届五次全会第二次全体会议上的讲话》和《周荣同志在市委六届五次全会第二次全体会议上的讲话》；

三、研究《六盘水市国民经济和社会发展第十二个五年规划纲要中期评估报告》；

四、听取六盘水市农业结构调整转型发展目标汇报；

五、研究《2014—2015年六盘水市中心城区农贸市场升级改造和标准化建设项目实施方案》（稿）；

六、传达第九次全国归侨侨眷代表大会会议精神；

七、听取六盘水市第二届市管专家人选评选情况汇报；

八、研究《中共六盘水市委关于进一步加强和改进新形势下机关党的建设的意见》（稿）；

九、原则同意《中共六盘水市纪委关于对2013年度惩防体系和党风廉政建设进行检查考核的报告》；

十、研究《六盘水市青年联合会关于第六届常务委员会候选人预备人选的请示》；

十一、听取2013年“感动凉都十大人物”评选情况及颁奖典礼有关事项的汇报。

（市委办秘书四科）

【六届市委第90次常委会议】 2013年12月27日

下午，市委书记李再勇在市人大一楼会议室主持召开六届市委第90次常委会。

一、研究案件工作；

二、研究干部工作。

（市委办秘书四科）

中共六盘水市委办公室工作

【概述】 市委办公室设市委市政府督查室（正县级）、秘书一科、秘书二科、秘书三科、秘书四科、信息科、综合科、直属机关党委办公室、文书科、行政科、财务科、接待科、退休干部管理科、电子政务科、车队15个科（室、队）。共有行政编制59名（其中副县级以上领导职数10名），工勤人员编制20名。主要负责办理市委的日常工作事务，确保市委日常工作正常运转；负责市委日常文书处理，督促检查中央、省委和市委重要工作部署贯彻落实的情况，督办落实中央、省委和市委领导同志批示；组织安排市委各种会议、事务工作和市委领导同志参加的重大活动；围绕中央、省委和市委总体工作部署，收集处理信息、反映动态、进行综合调研；承担市委文稿的起草、修改和审核工作；指导全市党委办公室系统业务工作；指导、协调人民群众来信来访工作，负责重大信访案件的立案和督办工作；负责中央、省委文件和党、政、军领导机关及要害部门机密文电、信件的传递和密码管理工作；承办市委档案资料的立卷、归档、管理工作；负责市级重要接待任务的协调工作，负责和参与接待部分重要宾客；协调市人大常委会办公室、市政府办公室、市政协办公室和市纪委机关的有关事宜；完成市委和省委办公厅交办的其他任务。

（张　捷）

【全市“三化”观摩会】 全市推进“工业化、城镇化、农业现代化”2012年度第四次现场观摩会在钟山区举行。观摩组现场观摩了凤凰山城市综合体、凉都体育中心、钟山区工业化展厅和水月园区、康师傅生产厂、钟山区城镇化展厅和蝴蝶湾楼盘、汪家寨新塘万亩蔬菜基地、钟山区农业现代化展厅、大河现代农业科技园、大桥农村社区和大桥蔬菜基地和大河小城镇建设。市委书记王晓光参加观摩并在总结会上讲话，要求全市各级各部门要立足“三个围绕”抓好“三化”工作（“三个围绕”即：围绕特色抓好“三化”建设；围绕“十大工程”“二十件民生实事”来举办2013年的“三化”观摩会，实现转型跨越；围绕小康指标和增比进位指标夯实体系，定指标、上项目，使全市进入“第一方阵”。

（张　捷）

【每季度项目集中开工】 六盘水以深入贯彻落实中共十八大、省委十一届二次全会、市委六届二次全会精神，扎实推进国发2号文件精神为契机，把投资作为经济工作第一任务，牢固树立抓投资就是抓发展，上项目就是促跨越的理念，提出“每季度集中开工项目300个，投资500亿元以上，2013年新开工项目1200个，总投资2000亿元以上”的目标，通过每季度项目集中开工以及采取“旬调度、月督查、季考核”等措施，各级各部门逼着干、比着干、争着干，形成了你追我赶、奋力争先的良好局面，确保了固定资产投资高速增长。全年全社会固定资产投资突破1000亿元大关，同比接近翻一番，开创了六盘水历年来最好局面，为推动“五个六盘水”建设、实现同步小康增添强劲动力，作出了积极贡献。

（张　捷）

【市委六届三次全会】 2013年4月1日，中共六盘水市委六届三次会议召开。市委书记王晓光代表市委常委会向全会报告2012年度干部选拔任用工作。按照中央组织部关于《地方党委常委会向全委会报告干部选拔任用工作并接受民主评议办法（试行）》《党政领导班子和领导干部年度考核办法（试行）》和省委组织部的有关要求，市委常委会向全委会报告2012年度干部选拔任用工作情况，对市委2012年度干部选拔任用工作和新选拔任用干部进行民主评议，对市党政领导班子和省管干部进行年度考核。

（张　捷）

【市委六届四次全会】 2013年7月4日，中共六盘水市委六届四次全体会议举行。会议的主要任务是全面贯彻落实中共十八大、习近平总书记系列重要讲话和省委十一届三次全会精神，审议通过《中共六盘水市委关于加强人才培养引进加快科技创新的意见》《中共六盘水市委关于推进产业园区又快又好发展的意见》，团结带领全市广大党员干部群众，进一步解放思想，扩大开放，改革创新，攻坚克难，开拓进取，坚持主基调、实施主战略，强化人才科技支撑，加速园区建设，推动转型跨越，为与全省全国同步全面建成小康社会而努力奋斗。

（张　捷）

【市委六届五次全会】 2013年12月27至28日，中共六盘水市委六届五次会议召开。全会认真学习贯彻中共十八届三中全会、全国经济工作会议和省委十一届四次全会、全省经济工作会议精神，听取了李再勇代表市委常委会作的工作报告，审议通过了《中共六盘水市委关于全面深化改革的实施意见》，研究部署六盘水市改革发展和2014年经济工作。全会提出，要按照中央“六个紧紧围绕”的要求，充分发挥市场配置资源的决定性作用，紧密结合六盘水实际，创新工作思路，强化顶层设计，搞好总体规划，着力破解难题。走出一条具有时代特征、中国特色、六盘水特点的改革开放之路，确保在创新驱动、转型升级、区域合作、城乡统筹、资源整合、基础设施、民生保障、生态建设上实现重大突破，把六盘水市建设成“产业更加优化、环境更加优美、人民更加富裕、社会更加和谐”的经济强市。

（张　捷）

【开展“四找”活动】 按照市委的部署，全市开展了“十破十立”——找差距、找问题、找目标、找路径“四找”学习教育活动。作为经济后发地区和资源型城市，六盘水在做大经济总量、统筹城乡、产业布局、转型发展等方面还存在着不少矛盾和制约，面对不进则退、慢进也是退的严峻形势，必须坚决克服小富即安、小进即满的骄傲自满情绪，必须以慢不得的紧迫感、等不起的责任感去面对新形势、新挑战和新任务。通过深入开展“四找”学习教育活动，进一步深化认识、统一思想，明确目标，找准路径，大力发扬“奉献、包容、创新、超越”的新时期六盘水精神，着力在顶层设计上、在转型升级上、在创新驱动和区域合作上、在基础设施建设上、在推进城镇化上、在资源整合上、在生态建设上实现“七个突破”，从而将六盘水建成产业更加优化、环境更加优美、人民更加富裕、社会更加和谐的经济强市。学习教育活动时间为1个月，即2013年12月6日至2014年1月6日，分三个阶段推进。即：（一）深入学习阶段（2013年12月6日至15日）；（二）全面查找阶段（2013年12月16日至25日）；（三）整改落实阶段（2013年12月26日至2014年1月5日）。

（张　捷）

【市委常委变动】 3月19日，省委常委会议讨论决定：周荣任中共六盘水市委委员、常委、副书记；何刚不再担任中共六盘水市委副书记、常委、委员职务。4月3日，省委常委会议讨论决定：周宏文、张志祥任中共六盘水市委常委；杨光芒任中共六盘水市委委员、常委；汪寿武不再担任中共六盘水市委常委、委员职务。11月22日，省委常委会议讨论决定：李再勇任中共六盘水市委委员、常委、书记，王晓光不再担任中共六盘水市委书记、常委、委员职务。

（张　捷）

【信息与“四在农家”工作】 2013年，通过建立健全信息快速反映机制，较好地突出了重大信息和紧急信息上报的时效性和准确性，多篇调研信息被省委办公厅采取，其中《水城县49名党员交纳大额党费》得到了中共中央政治局常委刘云山的签批。

“四在农家”创建工作。市委办公室把“四在农家”活动与机关党建工作紧密结合起来，选派一名副科级干部到“四在农家”联系点乐别乡牛角村蹲点，在帮助村“两委”制定发展规划、理清发展思路、确定发展目标的同时，积极协调有关部门，通过对外招商引资，共投入2600余万元帮助解决该村基础设施建设、农业产业结构调整、精神文明建设等方面所需资金。

（张　捷）

机构编制工作

【概述】 2013年，设立六枝经济开发区工委（管委会）和盘县沙淤、普古、两河三个农业产业园区管理委员会；市、县（特区、区）纪委（监察局）设“统管室”，负责派出纪工委（监察分局）的管理和后勤保障等工作；市、县发改部门设立“扶贫生态移民工程领导小组办公室”，负责牵头编制、承办六盘水市扶贫生态移民工程相关工作；市政府办及文体广电、人资社保、民政、商务粮食、经信等部门设立机关党的工作机构；完成老鹰山镇和双嘎彝族乡行政区划调整后有关机构编制管理工作；完成盘县部分乡撤乡建镇和设立街道办事处后有关机构编制调整工作；根据省人民政府关于进一步推进政务服务规范化建设的有关精神，“六盘水市人民政府政务服务中心”更名为“六盘水市政务服务管理局”；适时对安、检、法、司机关机构进行调整，以适应政法工作需要。

（李怀建）

【事业单位分类改革】 2013年，市编办按照省市部署，继续推进全市事业单位分类改革工作。

稳步推进事业单位分类工作。全省事业单位分类改革工作会议召开后，编办及时将会议相关精神向编委领导汇报，市委市政府重新调整市分类推进事业单位改革工作领导小组成员。市编办组织人员深入市级相关部门和事业单位就机构设置、职责履行、工作运行、人员编制等情况进行全面调研，并到全省试点遵义市学习分类工作经验，在广泛征求各县、特区、区意见后，印发《六盘水市事业单位分类工作实施方案》和《关于开展市直事业单位分类工作的通知》，全面动员部署事业单位分类工作。明确分类工作的目标任务、划分类别、步骤安排和工作要求，同时进一步加强与各成员单位之间的联系，严格执行政策规定，与相关成员单位形成合力，正确引导和组织实施事业单位分类工作，要求各部门要高度重视，坚持分类标准，强化部门责任，严肃工作纪律，按时完成分类任务。

做好第一批生产经营性事业单位改革工作。市编办加强对市属生产经营性事业改革单位的沟通、指导和协调，初步拟定《关于市属生产经营性事业单位改革的实施意见》，为生产经营性事业单位改革顺利开展提供政策保障，妥善处理好生产经营类事业单位转为企业后职工各项待遇的衔接工作。

至年底，事业单位分类改革工作进入行政类单位备案阶段，六盘水市参考省直事业单位8家列入行政类的情况，结合实际认真研究，将7家事业单位暂列为行政类别。

（李怀建）

【安全生产部门机构编制管理】 2013年，根据省委、省政府关于加强煤矿企业安全生产监督管理有关精神，结合六盘水安全生产情况，市编办进一步加强了全市安全生产部门的机构编制管理工作。增加市安监局“监督管理全市国有及国有控股煤矿安全生产”的职责，并对其内设机构进行调整。将“六盘水市安全生产执法监察支队（六盘水市煤矿安全生产执法监察支队）”更名为“六盘水市安全生产执法监察局”，加挂“六盘水市煤矿安全生产监督管理局”牌子，实行“两块牌子，一套人员”的工作机制。将煤矿（含国有及国有控股煤矿）安全生产日常监管职责划归市安全执法监察局（市煤安局）。将市安监局安全生产应急救援和信息统计职责与市安全生产应急救援指挥中心职责整合，设立“六盘水市安全信息调度中心”，加挂“六盘水市安全生产应急救援指挥中心”牌子。比照市级机构设置，对县、特区、区安全生产监管机构进行了调整。重新核定乡（镇、街道办）安监站事业编制，并按实有煤矿数每个煤矿配备2名驻矿安监员。在贵州钟山经济开发区党工委、管委会设立了职能机构“安全生产监督管理局”。重新对42家政府工作部门及相关单位安全生产职责进行梳理，对行业安全生产监管职责进行明确界定，实现安全生产监督管理全覆盖。

（李怀建）

【同步小康机构创建】 为加快全市全面小康社会建设步伐，实现与全省全国同步全面建成小康社会。2013年，全市在市、县、乡三级分别成立全面建设小康社会工作领导小组办公室，负责全面小康社会建设的领导、协调。同时在市、县两级设立全面小康社会建设服务中心和全面小康社会建设监测中心，为全面小康社会建设做好综合服务和落实小康社会创建工作指标的调查、测算、任务分解。

（李怀建）

【机构编制工作调研】 2013年，市编办按照“属地管理、权责一致、重心下移”的原则，深入全市各地开展机构编制工作调研，主要的调研内容有：以提高城市管理水平和建立长效管理机制，合理划分市、钟山区政府、钟山开发区管委会、水城县政府城市管理职责范围和权责关系，形成“统一指挥、分级管理、责任明确、市区联动、权责对等、高效运转、全面覆盖”的工作格局和“两级政府、三级管理、四级网络”的城市管理新体制为目标，开展“理顺城市管理体制，提高城市管理水平”调研；按照《国务院机构改革和职能转变方案》精神，对全市食品安全监管工作运行情况和存在问题进行调研；对全市20个开发区（园区）机构设置、履职情况、人员到位情况等进行调研。

（李怀建）

【学校机构编制调整】 按照实施教育“9+3”计划的有关精神和推进义务教育均衡发展，大力发展现代职业教育要求，全市进一步优化和规范义务教育阶段中小学校布局调整。市编办下发《关于重新确定县乡中小学机构编制事宜的通知》，对全市部分学校进行撤销整合，全市共计撤销183所学校，更名27所学校，新设“六枝特区第八中学”等22所学校，并重新明确部分学校的机构级别、领导职数、人员编制等机构编制事项。根据全市实施教育“9+3”计划中“扩大中等职业学校办学规模”的有关部署，六盘水市民族职业技术学校加挂六盘水市幼儿师范学校牌子；六盘水市广播电视大学加挂六盘水市艺术中等专业学校牌子。同时市编办以优化事业编制人员结构为导向，重新核定六盘水职业技术学院机构编制，核准成立六枝特区第二职业技术学校，盘县第二、第三职业技术学校，促进全市职业教育事业发展。

（李怀建）

【卫生医疗体制建设】 根据省人民政府关于贵州省“十二五”期间深化医药卫生体制改革规划有关精神，市编办结合六盘水实际，推进卫生系统机构编制管理。整合乡镇卫生院编制资源，按乡镇卫生院的基本功能和服务人口，综合当地经济和财政状况、卫生服务需求、地域面积、交通状况等因素，在2012年年底各县乡（镇、办）卫生院总编制不增加的情况下重新整合编制资源，重新测算乡镇卫生院编制，规范乡镇卫生院机构设置。进一步加强市妇幼保健院机构建设和管理，核准将六盘水市妇女儿童医院（六盘水市妇幼保健院）更名为六盘水市妇幼保健院（六盘水市妇女儿童医院），并重新确定机构编制等事宜。

（李怀建）

【保障社会民生　加强机构编制工作】 2013年市编办在围绕保障社会民生机构编制方面开展的工作有：核准将六盘水市流浪未成年人救助保护中心与六盘水市救助管理站分设，加强未成年人保护工作；核准设立市县两级社会帮扶服务中心，贯彻执行国家和省、市有关社会帮扶政策，落实“企业帮村，结对帮扶”要求；核准成立六盘水市扶贫生态移民工程服务中心，促进城乡协调发展；增加市社会保险事业局12333咨询服务平台值班人员编制，健全社会保障服务体系；增加市社会救助局关于做好社会救助申请家庭经济状况核对的事业编制。

（李怀建）

【增设公共服务机构编制】 2013年市编办围绕完善市、县公共服务体系和公共服务设施建设，核准设立机构及编制。核准设立六盘水美术馆；完善县级“四馆”“两中心”机构设置；完善市、县（特区、区）人工影响天气机构设置。

（李怀建）

【《六盘水市事业单位控编管理工作实施意见》出台】 2013年，根据《中共中央国务院关于地方政府职能转变和机构改革的意见》和省编办、省委组织部、省监察厅、省财政厅、省人资社保厅联合下发的《关于在政府职能转变和机构改革中严肃纪律的通知》文件精神，按照“严控总

量、盘活存量、分级管理、动态核编”的原则，市编办拟订了《六盘水市事业单位控编管理工作实施意见》，提出具体控编办法，科学配置机构编制资源，创新事业单位机构编制管理方式，严格控制事业编制总量，从人员编制上严格控制了财政供养人员的数量。

（李怀建）

组织工作

【理想信念教育】 2013年，全市组织系统，深入学习中共十八大、十八届三中全会和习近平总书记系列重要讲话精神，深入贯彻省第十一次党代会和市第六次党代会以来决策部署，按照统一规划、分工负责、分类组织、分级实施的原则，采取各级党委（党组）中心组学习、集中学习、个人自学，各级培训班培训、宣讲团集中宣讲，网络学习、在线学习等形式，把十八大等中央、省、市会议精神及领导讲话纳入新一轮“讲、访、帮、促”，纳入同步小康驻村工作，纳入各级各部门干部教育培训计划，确保学习培训全覆盖。其中，在市委党校办班10期，对市管干部、乡镇党政正职共计958人进行重点培训。紧紧围绕“十破十立”解放思想，深化拓展“三忠诚”集中教育、保持党的纯洁性教育活动，把服务“两会两节”（全省第八届旅发大会、全省项目建设现场观摩会，92周年建党节、第10届“凉都·六盘水”消夏文化节）作为深化两项教育活动的主要内容，扎实开展“解放思想、推动跨越”大讨论、“争创优秀业绩、争做优秀党员”“服务旅发大会、献礼党的生日”等形式多样的主题活动，教育引导广大党员干部进一步坚定道路自信、理论自信、制度自信，自觉增强发展自信、跨越自信、小康自信。

（代小龙）

【队伍能力建设】 选好干部配强班子。始终坚持党管干部原则，坚持五湖四海、任人唯贤，坚持德才兼备、以德为先，坚持注重实绩、群众公认，围绕好干部“五条标准”，紧扣同步小康、“5个100工程”、旅发大会等重点工作选干部、配班子，树立良好用人导向。扎实做好市七届人大三次、四次会议选举服务工作；圆满完成市人民政府市长、市人大常委会委员的补选工作；统筹抓好市总工会、市社科联、市残联、市侨联等单位的换届选举工作。认真抓好县（特区、区）、经济开发区、产业园区、市直有关部门和企事业单位领导班子和领导干部选配工作，共提请市委常委会研究干部议题16次，涉及干部任免296人次，提拔干部134人，交流干部130人。

紧扣发展提升能力。围绕全市经济社会发展主基调、主战略，以提升干部“五种能力”为核心，拓展培训手段、优化培训内容，完善培训机制、整合培训资源。加强干部教育培训力度，统筹抓好全市干部教育工作，与清华大学、浙江大学、复旦大学等高校建立联合办学机制，全市共投入培训经费2331万元，完成培训1261期79108人次。加强干部实践锻炼力度，从机关选派2941名优秀干部到村挂职锻炼，选派一批优秀干部到中直机关、省直机关、东部相对经济发达地区、园区建设、项目一线进行挂职锻炼。

加强管理强化监督。不断改进考核方法和手段，完成97家市直单位、各县（特区、区）和经济开发区市管干部年度考核工作。加大干部监督管理力度，拓宽监督渠道，畅通举报平台，完善预防措施。集中开展四项监督制度及“12380”举报受理渠道学习宣传活动。扎实做好干部选拔任用监督检查工作，接受省委组织部对六盘水换届以来选人用人工作情况检查。组织开展2012年全市“一报告两评议”工作，经省委组织部反馈，六盘水市“一报告两评议”测评情况为：干部选拔任用工作满意度分值98.98、整治用人上不正之风工作满意度分值99.3、执行干部法律法规满意度分值98.95、深化干部人事制度改革满意度分值98.25、新选拔任用干部满意度分值97.56，全市、各县（特区、区）及市直单位测评情况良好，满意度比上年均有大幅度提升。

（代小龙）

【基层基础的战斗堡垒建设】 建强组织优化队伍。创新组织设置模式，在农村，积极探索“村居联建”“村村联建”“村企联建”等党组织设置模式，全市共建立5个村级党委， 121个产业党支部，340个产业党小组；在社区，构建“街道—社区—小区—楼栋—居民”的五级网络组织体系，全市100个城市社区划分为687个网格党小组，形成以网格为基本单元的工作网络；在非公和社会党组织，按照“应建尽建、立体延伸、全面覆盖”的原则，成立非公经济和社会组织党工委和12个产业园区党工委，建立非公企业党组织795个，社会组织268个，派驻党建指导员3984个，党组织和党的工作覆盖率大幅提升。以第九届村（居）“两委”换届为契机，把“三高三强”（政治素质高、群众威信高、文化水平高和带富能力强、服务能力强、协调能力强）型的能人选进村级班子。推行发展党员申报审批制度，注重新发展党员结构和质量，全年新发展党员2565名，其中35岁及以下党员1799名；大专以上学历党员1024名。加大党员培训力度，共培训党员干部60余期、8400余人次；培训村级党组织书记2000余人次；举办SYB党员创业就业培训班76期，培训党员创业就业带富能手2000余人次；培训农民党员4000余场次、4.6万余人次。

创新载体助推小康。深入推进同步小康驻村工作，从市、县、乡三级机关选派2941名干部、公开招募1258名大学生志愿者参加同步小康驻村工作，投入资金1.5亿余元，实现1019个行政村驻村工作组和帮扶资金“双覆盖”，全市驻村干部共走访党员群众37万人次，协调项目886个，协调资金7000万余元。深入开展“千企帮村、万户结对”活动，以“产业联村、项目带村、智力扶村、捐赠帮村、文化兴村”为载体，动员全市1247家企业和广大党员干部积极参与，共结对帮扶2万余户群众，实施帮扶项目1400个，投入资金物资15.74亿元，吸纳农村剩余劳动力就业117740人次。大力实施“千村增收”行动，总结推广资源开发型、资产经营型、服务创收型、项目带动型和合作发展型等五种成功模式，壮大村级集体经济，全市村级集体经济积累达10万元以上的村82个，100万元以上的村6个。深入开展“阳光晒权”评议活动，着力整治庸、懒、散、慢、贪等不良风气。

强化民主加强保障。围绕落实党员“知情权、参与权、选择权、监督权”，在第九届村（居）两委换届中，全面实行“两推一选”“海选”等民主选举办法，在机关、企事业单位党组织中逐步推行“公推直选”，全市村（居）党组织换届采取“两推一选”占97.55%、“公推直选”占2.1%、“双述双评”占0.35%；建立党员民主议事、重大决策征求意见、重大问题票决、党代表旁听基层党委会议等制度，全面推行“四议两公开”制度；在全市推行“村干部向乡镇党委和群众述职，接受组织和群众的评议”为主要内容的“双述双评”活动。加大基层保障力度，为全市101个乡（镇、街道）全部配备组织委员；按照“六位一体”的标准，推进社区、非公和社会组织活动场所建设；建立基层党建经费保障和村干部报酬增长机制，为每村、社区每年安排工作经费1.5万元，村（社区）干部待遇达到1000元以上，非公企业党组织工作经费提高到6000元以上，为3859名村干部办理养老保险，按照1500元～2500元的不同等次发放离任村干部补贴，从村干部中招录公务员45人。

培育典型强化宣传。大力推进以“5条示范带、5个100示范点”为重点的党建示范工程建设。评选命名16个“全市机关、企事业单位党建工作先进党组（党委）”、100个市级“五好”基层党组织、100个富民型党组织。推荐命名10个全省机关、企事业单位党建设工作先进党组（党委）、24个全省“五好”基层党组织，向省委推荐46名基层优秀党组织书记参评人选。加大宣传力度，省委书记赵克志深入盘县淤泥乡岩博村调研，对十八大代表余留芬苦干不苦熬的精神给予充分肯定。涌现出坚守“天路”的好干警——梅花山交警、百姓心中的“村里人”“贴心人”——驻村干部覃宇等一大批先进典型。市党建工作共得到省委领导批示肯定7次，在中央及省级主流新闻媒体宣传报道634次。

（代小龙）

【人才培养引进】 加强领导聚合力量。及时调整充实市人才工作领导小组。建立市县党委主要负责人定期听取人才工作情况制度。制定下发《六盘水市人才工作目标责任制考核办法》，把人才工作纳入党政主要领导年度目标责任考核内容。建立市领导联系人才制度，对全市39名省管专家、市管专家、省政府特殊津贴和国务院特殊津贴获得者等高层次人才进行为期3年的联系。设立人才发展专项资金，解决人才培养、引进、科研等方面资金需求。

完善政策优化环境。制定《关于进一步实

施科教兴市战略大力加强人才队伍建设的实施意见》和《关于加强人才培养引进加快科技创新的意见》，配套出台《六盘水市“六个一批”人才引进实施办法》《六盘水市“33111”产业人才引进实施办法》《六盘水市人才公寓建设五年行动规划》等23个政策文件，初步形成“2+X”的人才政策框架。建立高层次人才“一站式”服务中心，启动人才公寓建设任务，制定引进高层次人才服务直通办法，为人才提供高效便捷服务。组织开展全市首次全口径人才资源统计监测工作，实行全市人才工作动态月报制度，全面掌握全市人才基数现状。开展“市管专家走基层”服务周系列活动，对全市300余名骨干教师和医生进行现场指导培训。

突出引进注重培养。围绕实施“四个一体化”“5个100工程”和“6大战略性新兴产业”，全面推进“六个一批”“33111”、现代服务业等人才引进计划。认真抓好省“六个一批人才”引进申报工作。针对教育、医疗卫生、安监等系统人才紧缺实际，组团到北京师范大学、中国矿业大学、华西医科大学等高校进行招聘，达成签约意向300余人。组织参加中国贵州人才博览会，签约人数位居全省第二。围绕产业园区发展人才需求，举办“五个100工程”专项人才招聘会。发布《六盘水市2013年高层次人才和急需特殊人才引进公告》，全市140余家单位拿出1949个高层次人才和急需特殊人才岗位面向全国引进。开展第二批市管专家的评选工作，共评选市管专家26名。与大连签订人才培养帮扶协议，制定高层次青年人才培养计划，实施科技创新团队培育计划，培育市级科技创新团队5个，省级科技创新人才团队3个，省级人才基地1个。2013年，全市共引进高层次和急需特殊人才2503名，其中博士22名，硕士研究生351名，共培训各类各级人才37171人次。

（代小龙）

【改进工作作风 加强自身建设】 按照“讲政治、重公道、业务精、作风好”要求，制定下发《关于进一步加强全市组织系统组工文化建设的实施意见》，以“放飞组工梦想·服务同步小康”为主题，以“对党忠诚、公道正派、求实创新、以人为本、甘于奉献、清正廉洁”为核心，以提升组工干部发展能力为重点，全面提高组织工作科学化水平。紧紧围绕“十破十立”开展“解放思想大讨论”活动；制定组织部门改进工作作风、密切联系群众有关规定及实施细则，建立完善领导干部联系基层、组织部门联系农村（社区）制度和干部职工“一对一”结对帮扶制度；组织全市52名组工干部到浙江大学进行为期10天的教育培训；开展“读好书·撰美文·铸梦想”读书月、征文比赛等系列文体活动；开展“庆七一、迎旅发、奔小康”系列活动，组织干部职工赴六枝特区补雨村、钟山区广场社区慰问老党员、了解基层情况、解决基层难题，不断坚定理想信念、提高发展能力，改进工作作风、激发工作热情。

（代小龙）

统战工作

【开展“千企帮村”工作】 2013年，市委统战部多次向市委汇报“千企帮村”工作，得到市委领导的高度重视。市委常委会专题研究此项工作，要求以“千企帮村”活动为平台，推动农村经济社会发展、加快同步小康步伐。市委主要领导多次深入农村了解、指导、协调“千企帮村”工作，并指示：“千企帮村”活动是六盘水市破解城乡二元结构、统筹城乡发展、推动农业现代化、促进经济转型升级、实现农民增收致富的好载体。7月23日，市委在盘县召开全市“千企帮村、万户结对、共奔小康”工作会议，市直有关部门和单位负责人及300余名非公企业家参加了会议。市委主要领导在大会上作了专题讲话，有效地激发了民营企业家参与“千企帮村”活动的激情热情。市委、市政府印发了《六盘水市“千企帮村、万户结对”帮扶实施意见》，明确“千企帮村”活动的工作要求，充实调整了组织机构，将“千企帮村”活动提升为市委、市政府全局性的重要工作，为进一步推动“千企帮村”活动向纵深推进提供了保障。全市共计动员1366家民营企业参与“千企帮村”活动，活动覆盖1023个村居，覆盖率达到100%。据不完全统计，六盘水市开展“千企帮村”活动总投入近20亿元。市委统战部在全市评选出100个“千企帮村”示范村

（点），并授牌管理。全市上下已形成共识，合力推进“千企帮村”工作，实现了围绕中心、彰显统战优势、突出统战特色，服务大局、服务六盘水全面发展的工作目标。“千企帮村”工作得到省委统战部的充分肯定。

（陈健梅）

【推动各民主党派开展“三学两化”活动】 以“同心”思想为引领，以深入推动“三学两比”（学理论、学传统、学典型，参政议政比质量、促进发展比贡献）活动为载体，积极引导和推动各民主党派市委不断提升“政治把握、组织协调、参政议政、合作共事”履职能力。市委统战部积极牵头、协调各民主党派市委、市工商联与政府职能部门开展对口联系工作，协助市委下发了《关于完善市人民政府有关职能部门与各民主党派市委和工商联对口联系制度的通知》。全年各民主党派、工商联提议案、提案66个，完成调研文章9篇。各民主党派突出党派自身优势，积极开展具有党派特色、内容丰富的社会服务活动：民盟市委积极开展“同心·烛光”行动、“同心·扶贫济困”行动、“同心·助推转型升级”活动、“同心·心理咨询帮教”等活动；民建市委开展了10场“让世界充满爱”的爱心教育，全年会员捐赠、扶贫济困、公益事业资金达1200万元；民进市委精心开展社会服务、活跃基层支部活动，通过开展“送医、送戏、送教”三下乡等活动真情服务社会；九三学社市委发挥自身优势，积极开展智力支边和社会服务活动，全年有20余人次获得行业“先进个人”“科技骨干”等荣誉称号。

（陈健梅）

【促进民营经济“两个健康”发展】 扎实开展非公有制经济人士理想信念教育活动，促进非公有制经济人士健康成长。市委统战部、市工商联坚持团结、服务、引导、教育的方针，以“民营企业家与中国梦”为主题，以“忠诚于祖国、忠诚于党、忠诚于人民”为主要内容，在全市非公有制经济人士中开展理想信念教育实践活动。分别在水城县、盘县召开了“六盘水市非公有制经济人士理想信念教育实践活动推进会”，进一步激发非公有制经济人士为六盘水市科学发展贡献智慧和力量的激情。民营企业家邓兴贵捐款100万元作为“六盘水市总商会·兴贵教育专项资金”；贵州省第八届旅发大会在召开期间，六盘水市民营企业家积极参与活动，吴洪昌、代华远等民营企业家向大会捐款2000多万元，民营企业家谭庆向大会捐赠了价值350万元的鲜花，为旅发大会的圆满召开做出了积极贡献。充分发挥统战优势，服务民营经济，促进民营经济健康发展。市委统战部认真做好非公经济代表人士综合评价工作，对401名非公经济代表人士进行了综合评价，比上年新增123人。市委统战部从“三强化”（强化组织部署、强化调研、强化服务精细化）入手，精选16家民营企业，由部领导带队到省城参加与香港裕华国产百货有限公司的“企超对接”工作；为民营企业与港商产销对接提供精细化服务，促成8家企业特色商品走向香港市场。市工商联通过广结友好商会，采取“以商招商，以商会招商”等措施积极引导市外企业入驻六盘水，全年共引进项目33个，签约资金178亿元，到位资金29.97亿元。

（陈健梅）

【加强党外代表人士队伍建设】 2013年，市委统战部积极协调市委组织部切实加强党外干部培养工作：牵头起草了《中共六盘水市委关于加强新形势下党外代表人士队伍建设的实施意见》（送审稿）报市委；全市四个县、特区、区政府班子全部配齐党外副职；在全市范围内选派了8名党外干部到市直政府部门和乡镇（街道）进行为期一年的挂职锻炼；积极参与市委对党外干部的考察工作，全年市委统战部参与市委考察党外干部活动30余次；市委2013年提拔、交流副县级以上党外干部6人，为党外干部多岗位锻炼、提升素质搭建平台、创造条件。

（陈健梅）

【民族团结宗教事业】 深入实施贵州省“十二五”民族事业发展十大推进计划，着力推动少数民族和民族地区各项事业加快发展。据不完全统计，全年协调安排投入到民族乡的各类资金达2.3亿元，有效改善了当地少数民族群众生产

生活条件。

（陈健梅）

【调查研究和信息报送】　全年共向省委统战部报送《六盘水统战信息》78篇，其中被中央非公有制经济人士理想信念教育实践活动网站采用1篇，被贵州省委统战部网站采用24篇，被省总商会网站采用10篇。编发内部刊物《六盘水统战工作》12期。组织和推动各民主党派市委、市工商联和县（特区、区）统战部门开展调研活动，共完成调研文章27篇，向省委统战部报送8篇调研文章，有6篇文章获奖。其中：《六盘水市统一战线“千企帮村”活动实施方案》获2013年度统一战线与同步小康创建活动优秀设计方案奖；《发挥统一战线优势助推农业产业化进程》获2013年度全省统一战线理论政策研究优秀成果奖；《民主党派监督实效性问题研究》《六盘水市投资发展软环境建设调研报告》获2013年度全省统一战线政府政策研究优秀成果奖；《千企帮村创大业万户结对奔小康》《开展民主恳谈活动筑牢统一战线连心桥》获2013年度全省统战工作实践创新成果优秀奖。

（陈健梅）

台湾事务

【概述】　2013年，六盘水市对台工作取得了明显的成效：世界500强之一的台湾润泰集团下属大润发超市正式落地六盘水；省台办高度重视六盘水市的对台教育工作，办领导亲自到六盘水市教育系统作两岸形势报告；以促进两岸同胞情为出发点，不断加强对台胞台属的服务。

（陈龙远）

【全市对台工作会议】　根据市委、市政府的安排，承担了全市对台工作会议的筹备和会务工作，并组织召开了全市台办主任会议，总结了2012年对台工作，安排部署了2013年的工作。市委常委、市委组织部部长、市委统战部部长李朝卉出席会议并作了讲话。

（陈龙远）

【大润发超市六盘水店营业】　随着经济社会的不断发展，台资企业对六盘水市的重视度也不断提高。在市台办的牵线搭桥下，世界500强企业台湾润泰集团下属大润发超市与六盘水市民企恒远房地产公司达成了合作协议：由恒远公司按照大润发的设计要求修建营业场所，大润发租赁使用。年底，大润发2.6万平方米的超市正式营业，成为六盘水市目前规模最大的商业超市。大润发的入驻，是继沃尔玛超市后又一家国际知名零售超市进驻六盘水市，进一步提高了六盘水市的城市形象和知名度。

（陈龙远）

【省台办副主任李静到六盘水市作两岸形势报告】

为进一步夯实六盘水市对台工作基础，提高干部群众对两岸形势的认识，5月，市台办邀请省台办副主任李静对六盘水市教育系统教职工作了一堂两岸形势报告。李静从台湾问题的产生、现状及今后可能面临的变化三个方面深入浅出地剖析了两岸形势的过去、现在和将来，生动的讲述让广大教职工接受了一堂深刻的台情教育。

（陈龙远）

【为台胞排忧解难】　2013年清明期间，台属卓刚的继父、86岁的台胞谢一勤回乡扫墓时因突发疾病，生命垂危，紧急关头，卓刚给市台办打来电话，希望市台办能为其在贵医协调解决床位，便于抢救。接到电话后，市台办立即与省台办联系，通过省台办为其解决了病房问题，挽救了老台胞的生命。水城县台胞刘先生的祖坟因修建杭瑞高速公路需于3月20日前搬迁，对此刘先生表示理解，但希望能等到清明节后自己来看祖坟原貌最后一眼，以寄哀思之情。在得知刘先生的意愿后，台办立即与各方沟通，最后同意延期至4月中旬前搬迁。台胞陈先生就职于新天地煤机制造有限公司，因工资发放问题被公司工人围殴，在得知情况后，市台办迅速与110取得联系，及时控制了事态的发展，避免了涉台突发事件的发生。

（陈龙远）

政策研究

【概述】 2013年，市委政策研究室设有综合科、经济研究科、社会研究科，有行政编制9名，工勤人员编制1名。2013年4月，成立了财政全额拨款事业单位六盘水市小康社会建设服务中心，隶属于中共六盘水市委政策研究室，下设综合科、业务科、信息科3个职能科室。核定事业编制9名（其中，管理人员8名，聘用工勤人员1名）。

2013年，参与起草完成《关于深入贯彻落实赵克志同志四个更加指示精神推动全市科学发展后发赶超同步小康的意见》《六盘水市全面小康社会建设实施方案》《关于推进产业园区又快又好发展的意见》《关于加强人才培养引进加快科技创新的意见》《关于进一步实施科教兴市战略大力加强人才队伍建设的实施意见》《关于盘县沙淤村以抗旱救灾为契机大力推动“四在农家·美丽乡村”六项行动计划有关情况的报告》《关于“四在农家·美丽乡村”基础设施六项行动计划的实施意见》等文稿。

按照市委市政府关于全面小康社会建设的工作安排，先后出台《中共六盘水市委关于认真学习贯彻党的十八大精神为与全省全国同步全面建成小康社会而奋斗的决定》（市发〔2012〕3号）《中共六盘水市委六盘水市人民政府关于印发〈六盘水市全面小康社会建设实施方案〉的通知》（六盘水委〔2013〕42号）等12个文件。初步测算了2012年度全市全面小康实现程度、四个县区实现程度以及以乡镇为单位的全面小康实现程度，组织开展完成全市4个县（特区、区）、101个乡（镇、街道）的县乡级政府行政服务群众满意度调查工作和32个同步小康示范示范点推选展示活动。同时，加强全面小康工作的宣传。出台了《六盘水市全面小康社会建设领导小组办公室关于加强全面小康创建活动信息报送工作的通知》（六盘水康办通〔2013〕1号），编辑小康简报27期、小康微信35期，上报省小康办信息处100余条，采用20余条。在《六盘水日报》开辟全面小康创建活动宣传栏，对各县（特区、区）乡镇、各部门抓全面小康社会建设工作的典型事迹和市小康示范点进行宣传报道。

认真开展内部刊物《调研报告》编辑工作，2013年共编辑《调研报告》6期，供市委、市政府决策参考。积极组织撰写文稿，在《贵州调研》《省小康工作简报》《六盘水日报》《当代六盘水》《六盘水经济发展研究》《凉都》等省、市报刊杂志上发表文章20篇。向省委政研室报送信息100余条，向市委信息科报送信息40篇，完成省委政研室、市委办信息工作任务。

2013年4月，完成《2012年度全市重点调研课题汇编》的收集、整理、汇编和印刷工作。

（马文忠）

【“专项工作”的调查研究】 经济强县建设工作。认真贯彻落实全省经济强县建设工作会议精神，深入钟山区、盘县调查了解经济强县建设情况，适时指导，并要求各相关县区按要求落实建强工作要求。2013年，在全省88个县（市、区、特区）经济发展增比进位综合测评中，盘县列第1位。

农村改革试验试点工作。按省农村改革试验试点办公室的要求，积极开展省第五轮农村试验改革相关工作，指导钟山区完成了《六盘水市钟山区统筹城乡发展改革试点方案》，已获得省农村改革试验试点办公室批复。

（马文忠）

【政务服务】 2013年5月，确定了涉及全市经济社会发展重点、热点、难点问题的34个课题，起草了《关于认真做好2013年重点调研课题调研工作的通知》，经市委办公室、市政府办公室批准下发了市办通字〔2013〕52号文件，并督促各承担课题单位在12月30日前全部完成。

2013年，起草和参与起草《市委书记王晓光同志在市委六届四次全会上的讲话》等市委领导讲话稿、汇报材料等10余个。

（马文忠）

党史研究

【概述】 市委党史研究室是市委直属事业参照

公务员管理单位，设编辑科、征集研究科和秘书科3个科室。2013年，共有事业编制11人，在编9人，其中：主任1人、副主任2人，副调研员1人。

2013年，市委党史研究室坚持以邓小平理论、“三个代表”重要思想和科学发展观为指导，深入贯彻中共十八大及十八届三中全会、省第十一次党代会、市第六次党代会精神，按照《中共中央关于加强和改进新形势下党史工作的意见》《中共六盘水市委关于加强和改进新形势下党史工作的实施意见》和《六盘水市2011年至2015年党史工作规划》的要求和部署，认真开展党史资料的征集、研究和党史的宣传教育工作。

2013年，继续开展《中国共产党六盘水历史》的编撰工作，编写出1950—1960年的初稿；完成《中共六盘水市历史大事记》（2011—2012年）的资料征集和初稿编写工作；编辑出版《六盘水党史》（六盘水革命史话专辑）第二十一期；开展党史宣传教育工作；加大党史资料征集力度，征集部分《中共六盘水市委文献》资料并参与完成了三线建设博物馆的资料征集工作。征集“六盘水抗美援朝”“六盘水学习实践科学发展观活动”和“六盘水市建设社会主义新农村带头人口述历史”3个专题资料；分别完成《贵州革命史话》（六盘水卷）和《六盘水史话》中承担部分内容的编写工作；协助盘县、水城和钟山3个革命老区党史部门完成“贵州革命老区同步小康行”电视系列节目的相关工作；开展对全市党史工作的专项督查和调研。同时，按照市委、市政府及市直有关部门的要求，加强机关作风建设，进一步巩固“三个建设年”活动成果；开展“十破十立”“十强化、十转变”解放思想大讨论活动；加强机关党建工作，开展“五型”党组织建设、“互助共建”和党建扶贫工作；开展惩防体系建设，落实党风廉政建设和反腐败工作责任制。

（洪　溢）

【完成《中国共产党六盘水历史》1950—1960年初稿编写工作】 继续开展《中国共产党六盘水历史》的编写工作，在收集、整理相关资料的基础上，编写出1950—1960年的初稿。

（洪　溢）

【完成《中共六盘水市历史大事记》（2011—2012年）初稿编写工作】 补充、完善《中共六盘水市历史大事记》（2011—2012年）资料，并编写出初稿。

（洪　溢）

【编印出版一期《六盘水党史》】 2013年，市委党史研究室编印出版《六盘水党史》（六盘水革命史话专辑）第二十一期。专辑共分“黑暗中的抗争”“新思想的萌芽”“红色的足迹”“黎明前的战斗”“除匪患固政权”五个部分，全面介绍了自1840年鸦片战争到新中国建立初期六盘水境内的抗暴斗争和党领导下的各种武装斗争及剿匪斗争，展现了六盘水各族人民进行不屈不挠斗争的英雄气概。《六盘水党史》（六盘水革命史话专辑）是一本开展爱国主义和市情教育的教课书，是六盘水广大党员和干部群众了解家乡历史的简明读物，同时也是扩大党史宣传、普及党史知识的基础教材。

（洪　溢）

【完成《贵州革命史话》（六盘水卷）的编写工作】 根据贵州省委党史研究室的统一部署，市委党史研究室组织专人在进一步收集、整理资料的基础上，完成了《贵州革命史话》（六盘水卷）的编写工作。《贵州革命史话》是由中共贵州省委党史研究室和贵州教育出版社联合出版的革命史普及丛书。

（洪　溢）

【完成《六盘水史话》承担内容的编写任务】 按照市委宣传部的安排，市委党史研究室参与了《六盘水史话》的编写，完成郎岱“民先”与抗日救亡、红军长征过六盘水、古城三月烽烟浓、阳长突围战、国家领导人与六盘水、党史人物等承担内容共约2万字的撰写任务。

（洪　溢）

【征集党史专题资料】 2013年，市委党史研究室分别到县区党史（史志）部门和市直有关部门，征集了“六盘水抗美援朝”“六盘水市学习实践科学发展观活动”和“六盘水市建设社会主义新农村带头人口述历史”共3个专题的相关资料。

（洪　溢）

【协助完成“贵州革命老区同步小康行”电视系列节目摄制资料的撰写、拍摄等工作】 按照中共贵州省委宣传部、中共贵州省委党史研究室、贵州广播电台“关于摄制《贵州革命老区同步小康行》电视系列节目的通知”要求，市委党史研究室协助盘县、水城和钟山3个革命老区党史部门完成摄制资料的撰写、报送和拍摄等工作。

（洪　溢）

【开展全市党史工作专项督查和调研】 按照贵州省委党史研究室的要求，室领导分别带队到各县区开展党史工作的专项督查和调研，并进行了全面的自查。根据督查和调研情况，撰写专项自查报告报送省委党史研究室。

（洪　溢）

【开展六盘水地方党史宣传和教育工作】 积极强化党史研究成果的转化和利用，除继续采用上党课、出刊物等宣传手段外，不断拓宽教育渠道，在市社科联主办的《中国凉都》杂志上刊登了部分六盘水游击武装开展活动的情况；在“中国凉都·六盘水”网站上刊登“盘县淤泥乡岩博村建设社会主义新农村带头人口述历史”专题资料；在“贵州三线建设博物馆”展出图片等，进一步扩大了党史宣传的受众面。

（洪　溢）

宣传教育

【概述】 2013年，六盘水市宣传思想文化工作，坚持把学习贯彻中共十八大、十八届三中全会精神作为首要任务，大力弘扬“奉献、包容、创新、超越”的新时期六盘水精神，凝聚起“全党抓发展、全民奔小康”的强大力量，为把六盘水建设成“产业更加优化、环境更加优美、人民更加富裕、社会更加和谐”的经济强市提供思想保证、舆论支持、精神动力和文化条件。

（王　超）

【理论工作】 认真抓中心组学习，创新学习方法，拓展学习内容，坚持理论联系实际。开展学习贯彻中共十八大精神征文活动，收到征文45篇，向省委宣传部推荐优秀征文12篇，其中吕黄燕的《以十八大精神为指导 大力实施人才强区战略》收入《共筑中国梦 同步奔小康——贵州省深入学习党的十八大精神征文集》。举办学习党的十八大精神电视知识竞赛，选拔4人代表六盘水参加省级比赛。推进“十破十立”解放思想大讨论活动，在《六盘水日报》开设专栏，收到征文和心得体会文章100余篇，刊登50余篇。向省委宣传部报送“十破十立”解放思想大讨论活动总结和3个典型材料，其中《解放思想 凝聚共识 推动发展——六盘水市解放思想“十破十立”大讨论活动总结》入选《贵州省解放思想“十破十立”大讨论活动成果文集》。通过市、县、乡“三级联动”方式开展“社科理论走基层”宣讲中共十八大精神；组织省级专家报告会2场，副地级以上领导干部宣讲16场，理论专家宣讲350余场，听众近4万人。组织9人参加2013年全省哲学社会科学教研骨干研修班。组建市级示范宣讲团，深入各地机关单位、乡镇、企业、学校、农村等开展“示范”宣讲60余场，受教育3万余人次。由市委党校、社科联、文联、讲师团组成指导宣讲团，市直机关单位、各县（特区、区）委宣传部、乡镇党委、同步小康工作组等单位组成地方宣讲团，开展形式多样、丰富多彩的宣教活动，以群众喜闻乐见的方式讲述“中国梦”的深刻内涵。

（王　超）

【舆论引导】 开展对外新闻宣传工作，在《人民日报》推出独立稿件5篇（头版1篇）。成立新闻宣传工作领导小组，建立新闻联络员、新闻通讯员队伍，按照省委宣传部要求，每个季度按时报送重点新闻选题，全年共上报重点新闻选题28个。加强突发事件和热点敏感问题舆论引导，建立健全舆情信息日报、周报、月报和重大舆情专报制度，实施网上舆论引导59起，成功处置34起。及时回应本年发生的几起煤矿安全生产事故

和《贵州12岁女孩被“嫁”给28岁男人》《贵州六盘水警察收矿老板55万元非法办案事件》等突发事件和网络舆情事件。推动所辖4个县（特区、区）、2个经济开发区、45家市直部门开设官方微博；建设1支网评员队伍。邀请省委宣传部舆情研究室副调研员蒋坤尧和市委办信息科科长刘胜江，对各县（特区、区），驻市大企业党委宣传部、市直各单位从事舆情信息和每日要情（党政信息）通讯员60余人进行培训；组织市、县两级网络评论员130余人参加中国外文局教育培训中心在广西北海举办的2013年媒体危机公关和舆情防控研修班。

（王　超）

【先进典型】　坚持用社会主义核心价值观教育人民，构筑“精神高地”，汇聚正能量，弘扬雷锋精神，开展“道德模范”“感动凉都十大人物”“贵人善行”“五心教育”“祖国好·家乡美”“和谐贵州三关爱”绿丝带志愿服务等活动。挖掘、树立体现时代精神、主流价值观的先进典型。树立余留芬、郭翔、王帮正、严国立等一批先进典型，其中中共十八大代表、盘县淤泥乡岩博村党支部书记余留芬，梅花山交警等典型受到中央及省级多家新闻媒体的关注。

（王　超）

【对外宣传】　借第八届贵州省旅游发展大会在六盘水召开之际，制作《中国凉都》宣传画册、《梦向凉都飞》歌碟、旅游版《中国凉都六盘水》和故事版《家的味道》宣传六盘水，制作推广歌曲《千年北盘江》《工业的步伐》《中国凉都》。在央视投放15秒六盘水城市形象宣传片和气象预报、在贵州卫视和多彩贵州资讯31频道播放六盘水城市形象宣传片和歌曲《梦向凉都飞》等。制播《三线建设那些人和事》大型广播直播节目，开展“大山之梦”中央人民广播电台“走转改”大型采访暨诗歌朗诵活动；借助新浪网、联合凤凰网等10余家全国重点网站和数名知名博主、网络达人，开展“微访凉都”大型微博宣传活动；旅发大会前期，邀请中央驻黔和省级媒体到市开展“关注贵州旅发大会，寻访凉都旅游看点”大型采访活动，对本市景点景区建设情况和大会筹备情况进行集中宣传报道；开展新华社“天翼高端访谈”走进六盘水活动，围绕本市转型发展做深度报道。邀请博鳌论坛秘书长龙永图和前中国驻瑞士大使董均毅到市录制《中国凉都的冷思考》论道特别节目。结合本市美术馆落成，组织世界级知名摄影家到市开展摄影采风活动和摄影作品展。报送的“中国凉都的冷思考”“穿越北盘江”体验活动和“关注留守儿童、呵护空巢老人”公益性活动等主题宣传活动，“凉都官员赴火炉城市兜售19度清凉气候”“一座资源型城市的转型突围”“兴节俭办会之风”等新闻，被中央电视台、新华社、凤凰网等采用和转载。中央电视台《新闻联播》播发了“贵州谋划旅游产业新发展”和“贵州劲吹节俭办会新风”2条新闻。

（王　超）

【新闻发布】　组织市公安局打假专项行动新闻发布会、第八届贵州旅游产业发展大会暨第十届中国凉都·六盘水消夏文化节筹备工作新闻发布会等；与中国外文局联合举办全市新闻发言人培训班，117名新闻发言人和网评员参加培训。

（王　超）

【文化艺术】　组织申报25个文艺项目，其中6个项目列入《贵州省精神文明建设“五个一”工程规划纲要》。建成六盘水美术馆、三线博物馆、六盘水大剧院等，开展“无上清凉·全国名家书画展”、六盘水市首届“十佳文艺家”评选活动、“中国梦书画摄影”暨金秋书画展、多彩贵州原生态国际摄影大赛作品展、全国将军书画展等活动。推荐16名会员加入中国曲艺家协会、中国书法家协会等。组织专家培训曲艺创作表演、语言艺术、快板等400余人。《千年北盘江》《工业的步伐》由贵州文化音像出版社出版发行，在贵州电视台“多彩贵州”频道播出；广播剧《百车河畔》在中央人民广播电台中国之声播出。

（王　超）

【群众文化活动】　在“2013多彩贵州歌唱大赛”单项决赛中，本市选手分获三等奖3个，优秀奖1个、组织奖1个。举办正月十五“闹元宵”民间艺术展演活动、“五·一”国际劳动节表彰大会暨文艺演出、庆祝建党92周年“唱响凉都”歌咏比赛、“迎国庆·促和谐节”广场文艺展演、“迎旅发·促五创”首届凉都书画、摄影艺术作品展等近20余场群众文化活动。牵头组织“三下乡”活动，送文化下乡300余场次。

（王　超）

【文化事业】 市级建成或开工建设大剧院、美术馆、博物馆、地方志馆，会展中心、体育中心等文化体育设施，县级“四馆两中心”、乡镇文化站、农民文化家园等文化基础设施建设大力推进，公共文化服务体系初步形成。《当代六盘水》连年获“全国十佳党刊”称号。6月，成立六盘水市社会科学院。召开全市文联工作座谈会，设立300万元文学艺术事业工作经费，出台文艺作品创作奖励方案。

（王　超）

【文化产业】 完成省、市重点项目“六盘水会展基地”建设，举办“2013·中国凉都六盘水休闲产业博览会”。组团参加第九届中国（深圳）国际文化产业博览交易会，签约项目总投资额48.6亿元。设立200万元的市级文化产业发展专项资金。

（王　超）

【队伍建设】 邀请清华大学、中国人民大学、中央电视台的知名专家学者到市，对全市新闻宣传工作者进行业务培训。在上海交通大学举办全市文化体制改革和文化产业发展高级研修班，交流提拔5名副县级干部，完成文产、网络、编辑部人员选调及相关科室人员的配置。

（王　超）

党校教育

中共六盘水市委党校
（六盘水行政学院）
（六盘水社会主义学院）

【概述】 中共六盘水市委党校成立于1975年9月，六盘水行政学院成立于2000年9月，六盘水社会主义学院成立于2008年1月。中共六盘水市委党校、六盘水行政学院和六盘水社会主义学院实行合署办公，三块牌子一套人马。校园占地面积约为50亩，建筑面积约为1.5万平方米，校园绿化率达53.6%。学校有室外网球场1个、篮球场2个；有16间教室；藏书近6万余册。有教职工85人，行政、党务管理人员30人，事业人员43人，工勤人员12人，拥有一支学科结构、学历结构和职称结构较为合理的师资队伍，其中研究生共24人，本科生共50人，正高职称2人，副高职称19人，讲师22人。2012年完成大专体制升格评估，正式升格为大专体制规格（副厅级），学校属大专体制办学，开设班次分五类：一类是主体班次，包括县级、科级、乡镇干部、后备干部、少数民族干部和妇女干部培训班；二类是公务员培训班，包括初任公务员培训班、公务员的轮训班；三类是非中共人士及非公人士培训班，包括民主党派、无党派人士和统一战线其他方面的代表人士；四类是学历教育班；五类是各系统、部门举办的具有专业性、针对的培训、轮训班。

（王　韬）

【培训工作】 2013年，完成了“深入学习贯彻党的十八大精神轮训研讨班”“学习习近平总书记系列重要讲话精神专题班”“2013年六盘水市选调高校优秀毕业生及公务员初任培训班”“2013年市直机关新任科级干部培训班”“2013年六盘水市公务员初任培训班”“2013年全市参照公务员法管理机关（单位）工作人员培训班”“2013年六盘水市直事业单位新进人员初聘培训班”等各类班次31期，培训人数为2801人。

（王　韬）

【科研成果】 2013年，教师在公开刊物上共发表科研论文40余篇，其中在核心期刊上发表论文8篇，参加各级理论研讨会获奖论文5篇。常务副校长马秀峰主持的《毕水兴能源资源富集区科学发展研究》《六盘水市“立足煤、依托煤、跳出煤、超越煤”研究》和副校长封毅主持的《六盘水市自主创新能力建设与优势产业发展问题研究》三个课题顺利结题。学校科研办通过招投标方式发放的16个课题结题。

（王　韬）

【县区党校体制升格工作指导】 根据贵州省委办公厅关于印发《关于加强和改进新形势下全省县级党校工作的意见》的通知和贵州省县（市、区）委党校体制升格评审委员会关于印发《贵州省县（市、区）委党校体制升格评审实施办法》的通知（省评委会〔2013〕1号）文件的要求，按照市委领导的批示意见，多次组织有关人员到各县（区）进行调研，及时向市委汇报。成立六盘水市（县、区）委党校体制升格推荐委员会，各县（区）成立以“一把手”为组长的升格迎评领导机构，负责各县（区）迎评工作，确保在2015年前完成中专体制评估工作。为了更好指导各县（区）党校的迎评工作，帮助县区党校做好迎评资料的搜集和整理，组织相关人员到市委党校进行培训。

（王　韬）

【全市党校系统工作联席会】 2013年5月2日，在学校第二会议室召开全市党校系统工作联席会议，各县（特区、区）委党校校长、常务副校长，市委党校校委成员参加会议。会议传达学习中共贵州省委办公厅《关于加强和改进新形势下全省县级党校工作的意见》文件，各县（特区、区）委党校校长和常务副校长结合实际就如何贯彻落实黔委厅字〔2013〕19号文件精神做了发言，四个县区都采用自建的方式。

（王　韬）

【“五个一百工程”调研】 2013年5月7日至30日，将专兼职教师分成三个调研组，分赴六枝、盘县钟山和水城就六盘水市的“五个一百工程”即工业园区建设、农业园区建设，特色小城镇建设、城市综合体建设、旅游景区建设情况采取座谈会和实地参观考察的形式进行调研。各组根据调研情况形成调研报告，报市领导决策参考。

（王　韬）

【优质课评比活动】 10月25日，学校开展了全市党校系统教师优质课评比活动，通过第一轮选拔，来自全市党校系统的15名教师参加决赛，经过现场打分，评出一等奖1名、二等奖2名、三等奖3名。市委党校对在活动中获奖人员进行表彰。通过本次活动的开展，使全市党校系统更好地适应新形势、新任务、新发展的需要，提高干部教育培训质量，培养造就品牌教师，打造品牌课程，推动教学改革和教学方法创新。

（王　韬）

【党校系统理论研讨会】 为深入贯彻落实中共十八大、省第十一次党代会和市第六次党代会精神，充分发挥党校作为党委、政府的智库作用，并结合六盘水实际进行科研、教学，11月20日至22日，在六枝特区区委党校召开了以党的十八大精神与六盘水经济社会发展为主题的全市党校系统第五届理论研讨会。通过评比，评出一等奖1名，二等奖2名和三等奖3名。中共六盘水市委党校对深入研究六盘水经济社会发展中的各种问题，并取得了优秀成果的教师进行表彰。

（王　韬）

【研究党校升格和新校区建设问题】 2013年6月8日下午，市委常委、市委组织部部长、市委统战部部长、市委党校校长李朝卉到学校调研，与学校校委班子成员及中层干部就党校升格后“怎么办”及党校搬迁建设工作进行讨论研究。

（王　韬）

【黔西南州委党校一行到六盘水市考察】 为贯彻落实国发2号文件精神，2013年6月26日，黔西南州委党校常务副校长吴家富率黔西南州委党校校委班子成员及中层干部一行22人就如何推动毕水兴能源富集区的发展到六盘水市考察。考察组一行通过座谈会、实地参观等方式，深入红桥工业园区、水月工业园区、水钢等地考察六盘水市的城市发展、园区建设和煤化工产业等发展情况。考察组一行还与学校校委班子及中层干部就如何开展校级交流，在管理、教学和科研等方面相互借鉴、学习和资源共享等进行了座谈。

（王　韬）

【学习贯彻省委十一届三次全会精神】 6月14日下午，召开全校教职工大会，常务副校长马秀峰向全校教职工传达了省委十一届三次全会精神。马秀峰还结合学校的工作实际，提出贯彻落实的要求：全校上下要通过学习，将思想统一到省委、市委关于人才和科技创新工作的安排部署上来，统一到转变机关作风的要求上来。结合学校的实际，充分利用好大专体制办学这个平台，健全和完善学校的人才管理制度，营造良好的人才发展氛围，为推动党校教学、科研和后勤保障工作的发展注入新的动力。

（王　韬）

【参加全省党校系统运动会】 2013年8月1日至7日，学校组队代表六盘水市参加了黔南州委党校举办的第十届全省党校系统运动会。来自全市党校系统的60名运动员，参加了本次运动会设男女篮球、男女乒乓球、男女羽毛球、中国象棋、围棋等项目的角逐，并取得了优良的成绩。全体代表团成员发扬“加强团结、增进友谊”的运动会精神，展示了六盘水党校系统职工的精神面貌，大力弘扬了奉献、包容、创新、超越的新时期六盘水精神。

（王　韬）

【参观三线建设博物馆】 9月20日，校机关党委书记、副校长陈丽带领全体党员参观了三线建设博物馆，大家参观了馆内收藏的“三线建设”时期极具代表性的生产工具、生活用具以及历史文献、图片等，并通过微缩场景观看了当时的生产生活景观。还观看了六盘水城市宣传片和“三线建设”时期的视频。通过参观，大家对六盘水的历史和艰苦奋斗、无私奉献的三线精神有了更深刻的了解。

（王　韬）

中共六盘水市委讲师团

【概述】 中共六盘水市委讲师团作为市委的意识形态工作部门，其工作的职责是，紧紧围绕党中央、省、市委的中心工作，按照上级主管部门的安排部署，结合本地实际，重点抓好“理论宣讲”“理论调研”“干部理论教育的普及考试”工作。市委讲师团编制18人，设团长1人，副团长2人，调研员1人，下设有办公室、马列主义理论教研室、市场经济教研室、综合教研室、网络教育科5个科室。

2013年，市委讲师团按照“政治立场坚定，理论功底深厚，文化知识广博，职业道德良好，工作本领过硬”的团训要求，认真贯彻落实好党中共十八大精神、十八届三中全会精神、全国、全省、全市“两会”精神、省委十一届二次、三次、四次全会精神、市委六届二次、三次、四次、五次全会精神，紧紧围绕“加速发展、加快转型、推动跨越”的主基调，按照建设学习型党组织的要求，以理论学习、理论宣讲、理论研究、理论教育为主线，创新工作思路，不断拓展干部理论宣讲教育平台，切实增强理论学习和理论研究的针对性，努力提升在职干部理论教育工作科学化水平，努力造就一支立场坚定、肯学善讲的理论工作宣讲队伍，为推动全市经济社会又好又快更好更快发展提供有力的理论指导和思想保证。

（王鹏升　杨　璐）

【开展主题宣讲】 结合中共十八大精神、“中国梦·贵州中国梦·我的梦”以及十八届三中全会精神等主题，组织教学人员深入开展“理论下基层”宣讲活动，大力推进理论宣讲到基层的延伸，总计宣讲了56场次。宣讲党的十八大精神、新党章9场次；宣讲六盘水当前政策、中央农村工作1号文件、家庭农场专题宣讲、文明礼仪9场；“中国梦·贵州中国梦·我的梦”主题宣讲22场次；十八届三中全会精神宣讲16场次，圆满地完成了上级交给的宣讲任务。

（王鹏升　杨　璐）

【做好各级党委中心组学习服务工作】 按照中央、省委、市委对加强各级党委（党组）中心组学习的有关要求，按期发放省委讲师团编制的《中心组学习参考资料》，2013年度总计发放8期，为各级党委中心组学习提供了最新、最重要、最有价值的参考信息。

编写《2013年政治理论学习参考》，其中有《学习贯彻中央、省、市经济工作会议专辑》《学习贯彻市委六届二次全会专辑》《学习贯彻中央、省、市委党风廉政建设专辑》《学习贯彻2013年全国、省、市人代会专辑》《中国特色社会主义宣传教育专辑》《深化“中国梦”宣传教育专辑》《认真开展党的群众路线教育实践活动宣传专辑》《学习宣传贯彻党的十八届三中全会精神专辑》《学习宣传贯彻党的十八届三中全会精神专辑（增刊）》《学习宣传贯彻贵州省委

十一届四次全会精神专辑》共10期，编载文章99篇。发放到市直机关单位、各县（区、特区）党委宣传部及各乡镇领导学习参考，切实发挥在理论宣讲工作中的辅导作用；积极抓好省委讲师团主办的《理论与当代》杂志的征订工作。

（王鹏升　杨　璐）

【理论研究工作】　积极抓好调研课题和理论文章的撰写工作，2013年度，市委讲师团在省内外发表理论调研文章26篇，其中获省级表彰的一等奖2篇、二等奖1篇、三等奖8篇。

9月，全省讲师团系统“贯彻十八大、同步奔小康”理论研讨会暨工作交流会在铜仁市召开，六盘水市委讲师团获省级表彰二等奖1篇，三等奖5篇，即：《千企帮村共发展 实现同步小康梦——六盘水市“千企帮村”活动调研》获省委讲师团表彰二等奖；《中国家庭农场模式初探》《加快特色小城镇建设 助力同步全面小康》《“三化”同步 助推贵州实现小康梦》《以贵州中国梦实现六盘水同步小康》等5篇获省委讲师团表彰三等奖。

12月6日，市委讲师团获由中共贵州省委讲师团、贵州省科学社会主义暨政治学学会、《理论与当代》杂志社共同举办的全省“中国特色社会主义与贵州科学发展”征文活动优秀征文组织奖。组织推荐的作品中，由王鹏升、杨璐撰写的《六盘水市全面建成小康社会与实现贵州“中国梦”的对策方略》和刘军撰写的《如何加强党员理想信念建设——以六盘水市为例》分别获一等奖。由市委讲师团课题组撰写的《富民党建惠民众 凝心聚力奔小康——贵州省六盘水市水城县创建“富民型”党组织实践调查》，王鹏升、邓琼云等同志撰写的《以社会主义核心价值体系为引领　构筑六盘水“精神高地”推动跨越发展》和封毅撰写的《在创新驱动中实现跨越与科学发展——以六盘水为例》分别获三等奖。

圆满完成省委讲师团下达的《六盘水市文化旅游发展创新战略研究》课题以及市委组织部下达的《4个1000富民型党组织创建工程》课题。

市委讲师团副教授、退休干部马涥善和网络教育科科长马韶光编著的《独创殷鉴·中华古今三百巨贪》，作为向党的十八大献礼，为全国人民提供一部反腐倡廉教育辅导材料，于2013年3月由中国文联出版社正式出版发行。

（王鹏升　杨　璐）

【理论教育考试及理论培训工作】　年初，市委宣传部、市委组织部、市委讲师团联合下发了《2013年全市在职党员、干部和在职职工政治理论学习考试的通知》（市宣通〔2013〕17号）文件，及早安排部署学习考试工作。为了便于各单位和个人学习，编写了《2013年政治理论学习读本》，内容包括中央、省、市重要会议及文件精神，并于9月23日组织了全市五万余名党员干部职工参加了考试，考试情况及时进行了通报，巩固了全市创建学习型党组织建设成果。

为了深入学习贯彻落实中共十八届三中全会精神，及时将精神传达到全市广大党员干部群众中去，把全市广大党员干部群众的思想统一到中共十八大精神、三中全会精神和省委、市委要求上来，根据省委要求及市委的安排部署，2013年12月3日至4日由市委宣传部主办、市委讲师团承办，邀请了省委党校教授刘旭友、邓献辉，省委讲师团副团长吴兰书亲临讲课，解读全会精神，培训了94名理论宣讲骨干。

（王鹏升　杨　璐）

【开办“理论教育网”】　为了认真贯彻落实习近平总书记在全国宣传思想工作会议上的讲话精神和中共十八届三中全会精神，适应网络时代把干部理论教育搬上网络的新趋势，拓展干部理论教育新阵地，按照市委宣传部及省委讲师团的要求，市委讲师团创办了“理论教育网”（网址：http：//swjst.gz1ps.gov.cn），并于2013年11月21日正式建成使用，六盘水市委讲师团“理论教育网”网站原于“中国凉都”门户网下的子网站，由六盘水市政府信息中心提供域名空间和维护，单位的网络工作人员负责进行信息、资料、图片、网页等上传工作。网站栏目设有“工作动态”“热点透视”“理论探讨”“中心组参考”“凉都宣传”“凉都论坛”“本团教研”“资料博览”八个主栏目，主栏目下又分设子栏目，同时开设“走进党组织”“党建园地”“网站视频”“下载中心”“领导信箱”“成绩查询”等辅助栏目，集中、迅速反映党的理论、形势政策的最新动态和全市党员干部的理论宣讲、调研、考试等最新信息。

（王鹏升　杨　璐）

【驻村讲师团助力同步奔小康】　2013年，市委讲师团和市委党建办联合在各县（特区、区）组建了4支同步小康驻村工作讲师团，强化农村基层宣讲资源，不断推动驻村干部“一宣四帮”工作，将“讲、访、帮、促”活动推向深入。全市驻村讲师团已开展各类宣讲671次，其中政策理论宣讲201场次、农村实用技术宣讲175场次、综合宣讲295场次，接受宣讲群众共计3.7万余人次，积极地推进了全市同步小康驻村工作的开展。

为确保驻村工作讲师团真正发挥作用，各县（特区、区）讲师团成员由各县（特区、区）同步小康驻村工作队全体队员组成。其中，市委向每个县（特区、区）选派挂职的党委副书记任讲师团团长，选派挂职的副县（特区、区）长任讲师团副团长，对各讲师团明确了宣讲职责。讲政策，提高群众理论知识。要求各驻村讲师团成员要深入村组、农户家中或田间地头，宣传中共十八大、省委十一届二次全会和市委六届二次全会精神；宣传中央、省、市和本县（特区、区）“两会”精神和经济工作会议精神；宣传中央1号文件以及党和国家的各项强农惠农富农政策等，努力营造学习宣传贯彻党和国家各项方针政策的浓厚氛围，激励广大基层群众为与全省全国同步全面建成小康社会而共同奋斗。讲法律，增强群众法律意识。要求法律宣讲由来自公、检、法、司系统或熟悉法律的驻村干部担任讲师团成员，结合实际讲解民法、计划生育法、森林防火法、治安信访条例等，同时，把法律宣讲与老百姓日常行为规范教育、公民道德教育、村规民约等相结合，帮助农村群众养成良好的习惯，不断增强群众的法律意识。讲技术，增强群众致富本领。要求驻村工作讲师团各成员利用自身熟悉相关技术的优势，对群众进行专业技能和实用技能讲解培训，使群众掌握1～2门实用技术，增强群众致富本领，培养新型农民。

各县、特区、区分别组建了驻村讲师团，深入村组、农户家中和田间地头，宣传中央、省委、市委对与全省全国同步全面建成小康社会的新要求新部署，以浅显、通俗、生动的语言，运用农村宣传栏、广播站、远程教育站点，采取村民会议、上党课、作形势分析报告、专题辅导、送学上门、张贴标语和山歌、文艺演出等群众喜闻乐见的形式，向广大农民群众广泛宣讲党的方针政策、培训种养技术等，切实把驻村工作讲师团办成党的方针政策的“扬声器”，农业实用技术的“直通车”、农村和谐稳定的“连心桥”、党员创业带富的“助推器”。

（王鹏升　王光全　杨　璐）

精神文明建设

【概况】　开展“五城联创”活动，实施市中心城区园林绿化美化亮化工程、市民文明素质提升工程、“多彩贵州文明行动”、网格化管理等工作，进一步加大城市管理和“整脏治乱”力度，构建生态文明、和谐宜居的城市发展环境。启动14.1万户“四在农家·美丽乡村”创建工作，培育出5个省级示范点、7个市级示范点。形成以乡村旅游型为特色的盘县石桥镇妥乐村，以景区观光型为特色的六枝特区中寨乡扁朝村，以产业带动型为特色的水城县猴场乡补那村、钟山区大河镇大桥社区等示范典型。

（王　超）

机关工委工作

【概况】　2013年，市直机关各级党组织紧紧围绕市委市政府工作部署，全面加强机关党的建设，在服务科学发展、跨越赶超、同步小康等中心工作中取得积极成效，体现了机关党建六个“走前列”。

以创建“五型”党组织为载体，提升党建能力走前列。创建“学习型”党组织提升党员素质。以“凉都讲座”为载体推进学习型党组织建设，特邀省委党校管理学院院长王宏对中共十八届三中全会精神进行解读。在基层党组织中开展“一周一讲”，各级机关党组织结合实际，不断创新学习形式。创建“服务型”党组织强化宗旨意识。在窗口部门和服务行业，广泛开展“党员

示范岗”“流动红旗”“群众评议”“服务评星”等活动；从市直机关选派126名驻村干部到农村助推同步小康进程；启动了“为民服务进社区·践行宗旨解民忧”“讲访帮促进社区”“机关党员进网格”等主题实践活动。创建“发展型”党组织激活发展动力。打造发展型党员干部队伍，选优配强党组织班子，把各单位业务骨干选配到党组织班子中来；组织各级党组织开展“推动发展，我们怎么干”讨论、“十破十立”解放思想大讨论等活动，开展“进园区、进景区、树信心、促发展”活动，不断增强发展自信和发展自觉。创建“创新型”党组织增强机关活力。推进党建理念创新和品牌创新，确保党建工作和中心工作相融合相促进。如：市住建局“把党小组建在项目工地上”，党员24小时蹲守项目工地开展保姆式服务，推进重大项目高效完成；探索“有品牌、有内涵、有载体、有成效”的机关党建工作示范点建设取得成效。创建“效能型”党组织推动发展提速。以转变机关作风为重点、以营造良好发展环境为目的、以敢担当重执行为关键，加强效能型党组织创建，推动工作高效落实。如：市发改委围绕“干部提神、工作提效、发展提速”目标，推行“四时五办六制”项目服务模式，有效推进项目建设。

以深化“互助共建”为抓手，联系服务群众走前列。以“五联五强五提升”为主要内容深化拓展“互助共建”工作，加强调研指导和考核评价，制定了“互助共建”示范点管理办法，命名了市委办等27个“互助共建”示范单位，涌现出一批工作亮点，如：市委办下派干部任社区党支部副书记，强化帮扶工作；市政协办在德西社区开展“五个文化进社区”；市纪委到社区开展“三帮三结三争”和“我承诺、我报到、我奉献”主题活动；市公安局在钟环社区开展“社区五进”工作。2013年，机关与社区召开党建联席会315次，开展党员主题实践活动196次，帮助社区理清发展思路342条，慰问困难党员群众956人次，协调和投入各类资金230余万元，为社区居民办好事、做实事、解难事623件次。

以组织建设和队伍建设为重点，基层组织建设走前列。党组织结构不断优化。指导所属基层党组织及时进行换届选举，选优配强党组织领导班子。全年指导基层党组织换届27个，新成立基层党组织6个，补选6个；新成立市安监局、市发改委直属机关党委；调整市建筑安装公司党委等4家党组织隶属关系，将市燃气公司党委等15个党组织划由相关党委管理。队伍活力不断提升。按照控制总量、优化结构、提高质量、发挥作用的总要求，下发了《关于进一步做好发展党员工作的通知》，严格执行发展对象预审备案制，严把发展党员入口关，全年发展145名党员；举办了市直机关科级干部十八大精神轮训班、入党积极分子培训班、党务干部复旦大学研修班、工会干部培训班、青年干部培训班；组织开展了市直机关“学党章、转作风、提效率”主题教育活动、市直机关庆“七一”表彰大会暨“我的中国梦，永远跟党走”大合唱。创先争优不断加强。“七一”期间，命名了60个“五好”基层党组织，表彰了25个先进基层党组织、40名优秀共产党员、30名优秀党务工作者。市委办公室、市住建局党组、市人民医院党委、市审计局党组4家单位被省委党建领导小组表彰为全省机关、企事业单位党建工作先进党组（党委）；市政府办第二党支部、市地税局机关党委、市发改委党支部、市扶贫局党支部4家单位被省委党建领导小组表彰为省级“五好”基层党组织。

以发出机关党建好声音为关键，营造良好氛围走前列。在《六盘水日报》《乌蒙新报》开设“机关党建新动向”专栏，刊发机关党建稿件11篇，深入报道“五型”机关党组织创建活动中涌现的鲜活经验、亮点做法；在六盘水电视台开设“机关党建新动向”专题对市直机关先进基层党组织和优秀共产党员进行采访报道。编报机关党建信息30余条，其中3条被“贵州先锋网”采用，3条被市委党建办工作简报采用，4条被《六盘水日报》采用。

以扎实做好群团统战工作为重点，夯实党的执政基础走前列。大力实施职工素质建设工程，开展“职工书屋”建设，健全工会帮扶工作体系，实现困难职工帮扶全覆盖，年度共帮扶（慰问）1188名困难职工，发放慰问（帮扶）金36.16万元。组织开展跳绳比赛、健步走、行进有氧健身操展示等活动；大力推进志愿者服务常态化，组织引导志愿者深入社区、养老院开展义诊服务500余人次，免费发放药品价值6000余元。组织纪念五四运动94周年暨“绿动青春·团心向党”青年林建造活动；建立市直机关统战资源数据库，开展“同心·就业助学”活动，资助贫困学生2名。

以强化目标考核管理为导向，推动工作高效落实走前列。合理设置目标体系，强化实绩考核。重点突出了全面建成小康社会、增比进位、向上争取资金任务完成情况和荣誉称号获取情况等工作实绩的考核；强化过程管理，坚持半年考核与年终考核相结合，注重对目标实施过程、效果及结果的全面考核；精心组织年度考核，强化公平公正公开，做好考核结果运用，推动考核结果与行政办公经费、评先选优、干部使用相结合。

（袁志祥）

老年教育工作

【概述】 2013年，六盘水市共有各级各类老年大学（学校）223所，比2012年增加130所，增长2.39倍，增幅全省第一。其中：地方222所（县级以上5所，乡镇101所，村及社区116所），大企业1所。常年在校学员总数17992人，比2012年增长31.1%，高于全省平均水平0.58%。其中，县以上老年大学4409人，增长15.54%；乡镇、街道老年学校6859人，增长14.59%；村及社区6607人，增长57.54%；大企业老年大学117人，下降53%。老年学员占老年人总数的4.7%，高于全省平均水平0.25个百分点。新建乡镇、街道老年学校35所，村及社区老年学校95所。乡镇建校率100%，比2012年增长32.65个百分点，高于全省平均水平27.58个百分点。

课程设置情况：市老年大学设16个专业，26个教学班。各县（特区、区）一般都开设8个专业10个教学班以上。基层老年学校课程设置最少3门，最多达10余门。县以上老年大学全年组织和参与大型第二课堂活动45场/次，其中自主举办的10场/次。

全市5所县以上地方老年大学均为参公管理事业单位（市老年大学为正县级，县、特区、区为正科级），人员编制25人，实际在岗24人，校舍总面积1660平方米，全年纳入同级财政预算业务经费总额85.5万元，比2012年增长18%。

（何发建）

【远程老年教育工作】 整合资源、突破瓶颈、探索实践远程老年教育试点工作中取得明显成效，得到省老年大学领导的高度关注。全省远程老年教育工作推进会于6月20日在六盘水召开，以此为契机深化推进远程老年教育工作。在组织机制方面，坚持市远程老年教育工作联席会议制度，结合各自工作职能，各负其责，密切配合，共同做好老年教育各项工作；各县（特区、区）均出台了推进远程老年教育的工作规划或方案，明确了组织领导、工作路径和目标任务。在经费投入方面，全市配套投入805.45万元，完成了271个远程站点的设备更新任务，为下一步深化拓展远程老年教育提供了良好的硬件基础。仅六枝特区用于课件制作的投入就达21万元。在课件开发制作和人员培训方面，全市共完成老年远程教育本土课件开发制作63个，下载刻录课件500GB，发放课件光盘600余张；创建网络课件资源库2个，开展专题集中培训90余人次。在推动效果方面，六枝特区、盘县被中国老年大学协会列入全国首批远程老年教育基地；远程教育、老年教育相得益彰。全市基层老年学校的场地、设备等得到了远程教育的强力支撑，远程教育平台也因为老年学校的加入而更加丰富多彩；全市老年教育普及率和乡镇建校率实现跨越。2013年11月底前，新建基层老年学校130所（其中乡镇35所，村及社区95所），比历年建校总数还多38所。四个县（特区、区）乡镇建校率都达到100%。全市各级各类老年大学（学校）常年在校学员17992人，比2012年净增5604人，是2006年的12.21倍，是2010年的3.95倍。老年学员占全市老年人口比总体上达到4.7%，提前两年超过“十二五”规划目标。

（何发建）

【抓“双争”促规范】 市老年大学在创建过程中，召开研究创建工作的专题会议10余次，组织教师、学员代表测评 2次，学员对学校工作满意度达100%；整理、归档教学、管理文字、图片、音像资料5卷48份；投入经费2.8万元添置、更新教学设施、设备；进一步规范了校训、校风；投入

经费1万余元打造平安、洁净、美好校园；新开教学班2个；引进学籍管理软件并投入使用；深化室外办学模式；创新时政教育方式，利用举办学员书画展等形式宣传市委、市政府重大决策，表现“迎旅发、促五创”主题；及时编印教学业务简报25期等。健全制度，不断提高教学质量和办学水平。通过加强调查研究，及时征求教师、学员的意见和建议，改进教学内容。不断完善各项教学管理制度，实行规范化、制度化管理，健全、完善教学管理相关制度5个，使教学管理工作做到科学、有序和高效。积极争取党委政府和领导支持，加强基础建设，改善办学条件。市老年大学向市委、市政府就办学场地问题作专题请示，并多次向有关领导汇报情况；盘县的场地建设已开始启动，六枝正在协调之中。

（何发建）

【开展第二课堂活动】 各级老年大学（学校）积极开展丰富多彩的第二课堂活动，宣传党的路线方针政策，宣传中共十八大精神，讴歌凉都新貌，迎旅发、促五创、庆国庆、乐重阳等，共组织开展和参与活动200余场次，其中，县以上45场次，自办10场次。市老年大学每年组织的送春联活动深受社区群众欢迎；校合唱团赴台湾参加首届“两岸相拥·欢歌共享”中老年合唱节，获得金奖和优秀组织奖；参加市“颂歌献给党”百单位万人“唱响凉都”电视歌唱大奖赛获银奖；赴韩国首尔参加国际合唱比赛获金奖；校舞蹈队参加“全省文化馆馆办文艺团队调演”获三等奖，校健身班参加2013年全国全民健身操推广大赛贵州分站赛暨贵州民族健身舞大赛获二等奖。盘县老年大学每年组织的全县老年运动会影响大、反响好；六枝特区老年大学举办的“党在我心中”主题文艺汇演获好评；水城县、钟山区亦结合实际，活动搞得有声有色。

（何发建）

离退休干部工作

【延展工作范围　提高服务水平】 认真落实离退休干部阅读文件、听报告制度。通过支部学习、情况通报、上门走访等方式，向老干部传达中共十八大、十八届三中全会、省十一届三次、市六届四次等重大会议和习近平总书记重要讲话精神以及有关老干部政策要点；市委政府邀请老干部参加重要会议10余次150多人次，向老干部征求党务政务、经济社会建设、干部选拔任用、党风廉政建设等重大决策工作的意见和建议；召开情况通报会3次，向520人次老干部通报六盘水经济社会运行情况以及组织工作和老干部工作开展情况。

坚持就近就地参观考察制度。全市各级老干工作部门共组织12次，300余名离退休干部参观考察市容市貌、新农村建设、工业园区和第八届旅发大会建设成果，让老干部亲身感受到了六盘水快速发展带来的新气象、新变化和浓郁的地方特色。

认真落实离休干部离休费和医药费等各项待遇。确保离休费按照规定发放，医药费按规定实报实销，确保离休干部“两费”保障机制的正常运转。认真组织老干部进行身体健康检查，结合实际，制定方案，充分准备，细致服务，共组织521名老干部参加了体检。

落实特困老干部帮扶机制。严格按照《六盘水市直机关特困离休干部、离休干部遗孀及副县级以上退休干部帮扶工作（暂行）实施办法》的要求和措施，有序开展帮扶工作。水城、六枝按帮扶工作要求，争取财政支持，落实特困老干部帮扶资金20万元。盘县、钟山区结合本地实际，分别落实帮扶资金10万元和5万元。仅市直部门2013年度帮扶对象共37名，发放帮扶金14.9万元。

积极开展“五必访”工作。制定《六盘水市离退休干部“五必访”工作制度》，对老干部做到“重大节日必访、生病住院必访、特殊困难必访、生日必访、去世必访”。要求各县（区）、市直各单位老干部工作部门结合实际，认真抓好落实。全市各级各部门共探访生病住院老干部213人次，特困老干部34人次，吊唁去世老干部39人，慰问过生日老干部28人，重大节日活动走访老干部1200多人次。

探索建立服务“空独”老干部长效机制。为做好“空巢”、独居、失能、失独的离退休干部服务工作，制定《关爱“空巢”、独居、失能、失独的离退休干部志愿服务活动工作方案》，以

"关爱空独老干部、送温暖进家门"为活动主题，组建"昱霖爱晚志愿服务队"，238名队员为157名"空独"老干部及遗孀开展服务活动35次，受到老同志的广泛赞誉。

落实对建国初期退休干部在生活和医疗上给予进一步照顾的政策。与市委组织部、市财政局、市人力资源和社会保障局联合转发《关于提高贵州省建国初期参加革命工作脱产享受供给制待遇退休干部生活补助费标准的通知》（省老干通〔2013〕4号），各级各单位认真对182名建国初期参加革命工作的退休干部落实了增加200元的生活补助费及1000元的医疗补助一次性上个人医疗卡的进一步照顾的政策。

（张　巍）

【学习和活动建设】 加大投资，丰富内容，进一步夯实阵地基础。召开第5届市委离退局机关工作委员会换届大会，调整党委委员构成，加强对机关党建工作的领导力度。"七一"期间，机关党委召开2013年度表彰大会，表彰了5个老干党支部和机关党支部以及19名优秀党员，其中离退休老党员12名。

加强老干部活动阵地的建设。积极争取资金20万元，为市老干（年）活动中心安装了空调，更换了健身器材和娱乐设备，为老干部提供舒适的锻炼娱乐环境。

丰富老干部精神文化生活。各级活动中心全年接纳老干部（老年人）活动8万多人次。及时调整老干部活动内容、活动方式，适时开展健康有益的文体活动，举办保健知识讲座、专题讲座、老年书画展、宣讲报告会等，在"国庆节""重阳节"期间，举办了象棋、跳棋、扑克、乒乓球友谊赛，参加的老同志、老干部达900多人次。

（张　巍）

【发挥离退休干部积极作用】 以"同心共筑中国梦·同步小康夕阳红"主题实践活动为载体，引导离退休干部积极发挥作用。各老干工作部门结合实际，精心安排，采取学习座谈、专题讨论和撰写心得体会等形式，组织离退休干部深入学习中共十八大精神和习近平总书记关于实现中国梦的一系列重要论述，组织引导老同志为全市经济社会发展作出积极贡献。同时，还依托关工委、老体协、老科协、开发研究促进会等25个涉老组织，共组织51个宣讲团（组）198名老干部为群众、学生开展宣讲136场次，开展各种咨询指导服务36次，开展关爱活动22次，组织108名老干部志愿者开展志愿活动78次。这些活动为六盘水市经济建设、社会建设、党的建设、文明建设和关心下一代等起了积极的作用。

（张　巍）

六盘水市人大常委会

【依法行使监督权】 2013年，市人大常委会认真行使法律赋予的职权，依法召开了市七届人大三次、四次会议和7次常委会会议。听取和审议了市人民政府市人民政府2012年市本级财政决算、财政审计的报告，2013年上半年财政预算执行情况和国民经济与社会发展计划执行情况报告，“十二五”规划中期评估、融资工作等专项工作报告及城乡规划 、扶贫开发、现代高效农业示范园区建设、公益性文化设施建设、城乡规划、交通建设、节能减排、城市社区管理、档案工作、执行《贵州省宗教事务条例》等17个专项工作报告。

（余盛龙）

【执法检查】 2013年，市人大常委会组织开展了《中华人民共和国水污染防治法》《中华人民共和国义务教育法》《贵州省宗教事务条例》在六盘水市贯彻实施情况的执法检查。并积极参与省人大常委会关于《贵州省禁毒条例》《贵州省人力资源市场条例（草案）》《贵州省残疾人保障条例》《贵州省义务植树条例》《贵州省森林防火条例》《贵州省新型墙体材料促进条例（草案）》《贵州省生态文明促进条例》等相关法规的立法调研和修改工作，组织相关单位、专家及相关人员认真讨论、研究，并及时向省人大常委会反馈修改意见。

（余盛龙）

【开展专题调研】 2013年，组织有关部门深入县区、乡村、社区、园区和企业，围绕常委会审议议题开展调查研究，为常委会提高审议质量提供了大量翔实的依据。针对六盘水市经济社会发展中的重大问题，积极开展加快市中心城区百万人口城市建设、六枝特区行政区划调整、农业“九大产业”推进工作等专题调研，提出相关建议，为推进城市建设、行政区划调整和农业产业化发展发挥了作用。

（余盛龙）

【司法监督工作】 2013年，常委会听取和审议了市中级人民法院关于基层人民法院建设工作情况的报告、关于全市检察机关申诉检察工作情况的报告。推动法院高度重视基层基础工作，加强了基层人民法院建设。促进检察机关申诉检察工作有序开展，切实维护社会和谐稳定。 常委会会议召开前，在常委会网站上征求网民对将要审议的议题的意见和建议，并将网民提出的意见和建议整理后印发供常委会组成人员审议时参考，同时，将网民的意见和建议反馈“一府两院”，并及时向市人大常委会报告落实情况。 一年来，接待群众来信来访525批次共1176人。其中来信29件，来访496起。

（余盛龙）

【依法行使重大事项决定权】 2013年，常委会会议听取和审议了市人民政府关于2012年市本级财政决算草案的报告，作出《六盘水市人民代表大会常务委员会关于批准2012年市本级财政决算的决议》。围绕六盘水市树市花命名、凉都·体育村一期棚户区改造工程、凉都·凤凰城棚户区改造工程、凉都·德福苑棚户区改造工程等重大事项，依法作出决议、决定，推动了市委重大决策部署的贯彻落实，加快了重大项目建设步伐。

（余盛龙）

【依法行使人事任免权】 2013年，依照法定程序，任免地方国家机关工作人员30人，其中，任职12人，免职13人，接受辞职5人。另外，完成了16名市七届人大代表的补选和终止代表资格的审查工作。

（余盛龙）

【保障人大代表知情知政】 为全市340名市人大代表订阅《中国人大》《人大论坛》，同时向代表寄送《六盘水人大》《人代会文件汇编》《人大常委会会刊》等资料。邀请部分省、市人大代表和乡镇人大主席列席会议。积极组织部分市人大代表参加“全市土地登记发证工作征求意见”“六盘水市投资环境随机评价座谈会”、市中级人民法院“走进人民法院、感受司法阳光”公众开放日等活动。

（余盛龙）

【代表建议督办】 市七届人大三次会议以来共收到代表建议46件（含议转建7件，闭会期间收到3件）。根据每件建议所涉及的内容，分别转有关专门委员会，以便掌握情况，搞好跟踪监督。从代表建议中选择一些事关人民群众切身利益的建议5件作为主任会议重点督办件，由市人大常委会副主任分别领题督办。2013年度代表建议已全部办理答复完毕。

（余盛龙）

【培训代表履职水平】 2013年6月，在六枝特区召开了全市人大代表工作现场会。并委托各县、特区、区人大常委会对市七届人大代表进行培训，截至12月底，共培训市人大代表300多人。组织部分市人大常委会组成人员、市人大专委会组成人员、市人大代表和市、县、乡人大干部共133人赴省人大培训基地开展专题培训。主要培训了《依法提高常委会组成人员的监督水平》《区域经济发展中的热点问题》《人大代表履职的方法和要求》《乡镇人大工作的思路和方法》等内容。积极参加省人大选联委组织的省人大代表工作培训班。

（余盛龙）

【代表活动】 组织部分省人大代表，对旅游景区开发建设、小城镇示范点建设、统筹城乡转型发展项目建设、职业教育项目建设、贵州黔晟新能源甲醇汽油生产、西南天地煤机装备制造基地等项目建设情况进行视察。委托县区组织市人大代表，分别对工业园区建设、农业园区建设、“四在农家.美丽乡村建设”、小城镇建设、旅游基础设施建设、市中心城区城市建设及管理等工作进行集中视察；组织部分市人大常委会组成人员和城建环保专业组部分代表对老城棚户区改造项目进行两次专题视察。在全市各级人大代表中深入开展“三带头、五个一”活动。

（余盛龙）

【强化学习提素质】 采取“请进来，走出去”等方式，邀请专家讲授税法、金融知识，选派干部参加党校学习、外出培训，不断加大培训力度，拓宽视野，充实人大工作知识，着力提升整体素质。

（余盛龙）

【强化制度规范】 坚持和完善常委会党组中心组学习和“三会一课”制度，落实党员组织生活会制度，党组织书记抓党建工作责任制，党员民主评议制度，进一步修订和完善了市人大常委会机关各办事机构工作制度、机关后勤保障制度，进一步加强和改进信息报送工作。

（余盛龙）

【作风增效能】 认真开展“四帮四促”“四在农家·美丽乡村”“十破十立”大讨论和找差距、找问题、找目标、找路径“四找”活动，开展“六评六比”“六进六访”主题实践活动。常委会班子成员带头深入基层开展调查研究，带头宣讲党的十八大、十八届三中全会精神，带头抓招商引资，着力为基层、为群众办实事。

（余盛龙）

【宣传工作】 充分运用各新闻媒体，采取多种形式，不断强化对人大工作的宣传。严格按照《六盘水市人大常委会人大新闻宣传规程》《六盘水市人大新闻发言人制度》《六盘水市人大好新闻评选办法》等制度，认真组织召开市人代会

新闻发布会，开展六盘水人大新闻奖评选活动。组织市直新闻媒体采访团分别深入各县、特区、区开展“进基层访代表”活动，参加人大代表视察和执法检查随访活动，大力宣传人大制度，展示代表风采。把《六盘水人大》刊物改成彩色版。

（余盛龙）

【交流工作】 承办了全省人大财经工作联系会、全省人大教科文卫工作座谈会，加强与全省人大和兄弟州市人大的交流。参加了在安徽淮北召开的全国十六煤城人大工作研讨会、在贵阳召开的全省人大宣传工作会。

（余盛龙）

六盘水市人民政府

市人民政府办公室工作

【概述】 根据《中共贵州省委办公厅贵州省人民政府办公厅关于印发〈六盘水市人民政府机构改革方案〉的通知》（黔委厅字〔2009〕73号）和《中共六盘水市委六盘水市人民政府关于市人民政府机构改革的实施意见》（市发〔2010〕4号）精神，设立六盘水市人民政府办公室，为协助市人民政府领导同志处理市人民政府日常工作的机构。

（吴定勇）

【职责调整】 2013年度，市政府办强化协调服务职责，加强应急、法制、督查工作，进一步发挥参谋助手和运转枢纽作用。

（吴定勇）

【主要职责】 （一）协助市人民政府领导同志处理日常工作；根据有关法律、法规和政策，协助市人民政府领导同志抓好政策指导和组织协调工作。

（二）负责市人民政府会议的会务工作，协助市人民政府领导同志组织实施会议议定事项；负责市人民政府重大活动的组织安排。

（三）承办省委、省政府及省直各部门和市委、市人大常委会交给市人民政府办理的有关事项。

（四）处理各县、特区、区人民政府和市人民政府各部门报送市人民政府的文电；组织起草或审核以市人民政府、市人民政府办公室名义制发的公文；指导全市政府系统的公文处理工作。

（五）根据市人民政府领导同志的指示，对各县、特区、区人民政府和市人民政府各部门之间出现的争议问题提出处理建议，报市人民政府领导同志决定。

（六）根据市人民政府的工作重点和市人民政府领导同志的指示，组织专题调查研究，及时反映情况，提出建议。

（七）负责办理市以上人大代表议案建议和政协委员提案，并督促检查议案、建议及提案的落实情况。

（八）负责全市政府法制工作的规划、协调、监督和服务，审查修改或起草规范性文件、行政规章草案，负责行政执法监督工作，办理行政复议、应诉和国家行政赔偿等事项。

（九）负责全市国防教育规划的具体实施，全面掌握国防教育情况，并适时进行检查指导。

（十）负责协调全市重大项目前期工作及建设的有关事项；收集、整理、分析市重大项目的动态情况、政策信息、市场信息等事项。

（十一）督促检查市人民政府重大决定、重要工作部署及市人民政府领导同志批示的贯彻执行情况。

（十二）负责拟定全市应急管理规划建议，指导、督促全市应急管理体系建设；负责协助市领导处置特大、重大及敏感突发事件；协助处理各县、特区、区和市人民政府各部门向市人民政府反映的重要问题；负责接收、汇总、研判、报告突发事件有关信息，汇总、处理应急管理工作有关信息；负责市人民政府总值班工作；指导、督促全市政府系统值班工作。

（十三）负责市人民政府驻外办事机构的管理工作。

（十四）负责市人民政府有关对外接待和后勤保障工作。

（十五）办理市人民政府领导同志交办的其他事项。

（吴定勇）

【内设机构】 市人民政府办公室设14个内设机构和市政府法制办公室、市国防教育办公室、市政府应急管理办公室、市外事侨务办公室。

（吴定勇）

2013年各月份主要经济发展指标

【1至2月主要经济指标】 全市规模以上工业增加值完成49.62亿元，同比增长19.2%；工业总产值完成177.32亿元，同比增长34.3%；工业销售产值完成174.88亿元，同比增长36.4%；工业产销率累计实现98.62%，同比增长1.5%。

全市非公有制企业增加值完成30.41亿元，同比增长28.47%。

全市限额以上社会消费品零售总额12.13亿元，同比增长32.5%。

全市50万元以上固定资产投资完成76.92亿元，同比增长44.9%，其中：基建投资完成51.29亿元，更新改造投资完成7.49亿元，房地产开发投资完成6.67亿元，其他投资完成5.11亿元，农村非农户完成6.36亿元。

全市公共财政预算收入完成141245万元，同比增长14.3%；公共财政预算支出完成263579万元，同比增长54.5%。

2月末，全市金融机构各项存款余额人民币704.93亿元；各项贷款余额人民币531.20亿元。

（吴定勇）

【1至3月主要经济指标】 全市规模以上工业增加值完成72.33亿元，同比增长17.5%；工业总产值完成260.63亿元，同比增长11.4%；工业销售产值完成256.40亿元，同比增长13.3%；工业产销率累计实现98.38%，同比增长1.6%。

全市非公有制企业增加值完成66.25亿元，同比增长19.7%。

全市限额以上社会消费品零售总额17.59亿元，同比增长23.3%。

全市50万元以上固定资产投资完成179.02亿元，同比增长62.3%，其中：基建投资完成80.40亿元，更新改造投资完成20.26亿元，房地产开发投资完成13.24亿元，其他投资完成9.31亿元，农村非农户完成55.80亿元。

全市公共财政预算收入完成284550万元，同比增长21.9%；公共财政预算支出完成449982万元，同比增长32.2%。

3月末，全市金融机构各项存款余额人民币744.69亿元；各项贷款余额人民币541.47亿元。

（吴定勇）

【1至4月主要经济指标】 全市规模以上工业增加值完成101.60亿元，同比增长18.6%；工业总产值完成359.39亿元，同比增长11.6%；工业销售产值完成354.64亿元，同比增长13.6%；工业产销率累计实现98.68%，同比增长1.8个百分点。

全市非公有制企业增加值完成104.02亿元，同比增长34.0%。

全市限额以上社会消费品零售总额23.57亿元，同比增长18.1%。

全市50万元以上固定资产投资完成257.12亿元，同比增长61.5%，其中：基建投资完成125.93亿元，更新改造投资完成28.08亿元，房地产开发投资完成17.41亿元，其他投资完成15.96亿元，农村非农户完成69.74亿元。

全市公共财政预算收入完成352374万元，同比增长22.0%；公共财政预算支出完成583160万元，同比增长25.9%。

4月末，全市金融机构各项存款余额人民币753.58亿元；各项贷款余额人民币558.22亿元。

（吴定勇）

【1至5月主要经济指标】 全市规模以上工业增加值完成133.79亿元，同比增长17.6%；工业总产值完成465.33亿元，同比增长11.8%；工业销售产值完成457.46亿元，同比增长13.2%；工业产销率累计实现98.31%，同比增长1.2个百分点。

全市非公有制企业增加值完成130.31亿元，同比增长35.5%。

全市限额以上社会消费品零售总额29.7亿元，同比增长17.5%。

全市50万元以上固定资产投资完成327.22亿元，同比增长60.4%，其中基建投资完成165.01亿元、更新改造投资完成32.11亿元，房地产开发投资完成22.32亿元、其他投资完成23.57亿元、农村非农户完成84.21亿元。

全市公共财政预算收入完成434166万元，同比增长21.4%；公共财政预算支出完成730022万元，同比增长23.4%。

5月末，全市金融机构各项存款余额人民币760.10亿元；各项贷款余额人民币566.39亿元。

（吴定勇）

【1至6月主要经济指标】 全市规模以上工业增加值完成165.56亿元，同比增长17.0%；工业总产值完成562.67亿元，同比增长9.50%；工业销售产值完成552.14亿元，同比增长10.4%；工业产销率累计实现98.13%，同比增长0.8%。

全市非公有制企业增加值完成191.01亿元，同比增长39.7%。

全市限额以上社会消费品零售总额35.4亿元，同比增长17.5%。

全市50万元以上固定资产投资完成453.27亿元，同比增长54.3%，其中：基建投资完成220.86亿元，更新改造投资完成 41.95亿元，房地产开发投资完成31.93亿元，其他投资完成27.83亿元，农村非农户完成130.70亿元。

全市公共财政预算收入完成655049万元，同比增长33.1%；公共财政预算支出完成962143万元，同比增长26.9%。

6月末，全市金融机构各项存款余额人民币754.77亿元；各项贷款余额人民币572.00亿元。

（吴定勇）

【1至7月主要经济指标】 全市规模以上工业增加值完成193.05亿元，同比增长16.80%；工业总产值完成654.08亿元，同比增长9.40%；工业销售产值完成642.59亿元，同比增长10.4%；工业产销率累计实现98.24%，同比增长0.9%。

全市非公有制企业增加值完成217.69亿元，同比增长41.7%。

全市限额以上社会消费品零售总额41.2亿元，同比增长18.2%。

全市50万元以上固定资产投资完成513.31亿元，同比增长54.6%，其中基建投资完成250.66亿元、更新改造投资完成48.49亿元，房地产开发投资完成39.85亿元、其他投资完成33.25亿元、农村非农户完成141.06亿元。

全市公共财政预算收入完成693505万元，同比增长30.2%；公共财政预算支出完成1118418万元，同比增长27.1%。

7月末，全市金融机构各项存款余额人民币747.38亿元，各项贷款余额人民币581.17亿元。

（吴定勇）

【1至8月主要经济指标】 全市规模以上工业增加值完成220.47亿元，同比增长16.5%；工业总产值完成745.19亿元，同比增长10.7%；工业销售产值完成730.77亿元，同比增长11.7%；工业产销率累计实现98.06%，同比增长0.9%。

全市非公有制企业增加值完成272.15亿元，同比增长52.1%。

全市限额以上社会消费品零售总额47.7亿元，同比增长19.4%。

全市50万元以上固定资产投资完成567.31亿元，同比增长52.0%，其中基建投资完成272.59亿元、更新改造投资完成57.44亿元、房地产开发投资完成47.1亿元、其他投资完成38.53亿元、农村非农户完成151.65亿元。

全市公共财政预算收入完成737300万元，同比增长38.4%；公共财政预算支出完成1221800万元，同比增长20.9%。

8月末，全市金融机构各项存款余额人民币751.68亿元；各项贷款余额人民币590.27亿元。

（吴定勇）

【1至9月主要经济指标】 2013年1至9月，全市规模以上工业增加值完成249.79亿元，同比增长16.2%；工业总产值完成841.17亿元，同比增长9.4%；工业销售产值完成824.32亿元，同比增长10.1%；工业产销率累计实现98.00%，同比增长0.6%。

全市非公有制企业增加值完成301.49亿元，同比增长45.9%。

全市限额以上社会消费品零售总额53.9亿元，

同比增长18.9%。

全市50万元以上固定资产投资完成686.80亿元，同比增长52.6%，其中基建投资完成334.27亿元、更新改造投资完成64.90亿元、房地产开发投资完成55.14亿元、其他投资完成46.20亿元、农村非农户完成186.28亿元。

全市公共财政预算收入完成83.9亿元，同比增长31.4%；公共财政预算支出完成143.4亿元，同比增长26.7%。

9月末，全市金融机构各项存款余额人民币758.23亿元；各项贷款余额人民币588.13亿元。

（吴定勇）

【1至10月主要经济指标】 2013年1至10月，全市规模以上工业增加值完成281.91亿元，同比增长15.7%；工业总产值完成944.47亿元，同比增长9.1%；工业销售产值完成925.26亿元，同比增长9.7%；工业产销率累计实现97.97%，同比增长0.6%。

全市非公有制企业增加值完成326亿元，同比增长42.6%。

全市限额以上社会消费品零售总额59.59亿元，同比增长15.9%。

全市50万元以上固定资产投资完成760.05亿元，同比增长47.8%。其中：基建投资完成352.63亿元，更新改造投资完成71.1亿元，房地产开发投资完成62.7亿元，其他投资完成53.3亿元，农村非农户完成220.2亿元。

全市公共财政预算收入完成98.37亿元，同比增长31.5%；公共财政预算支出完成160.38亿元，同比增长22.3%。

10月末，全市金融机构各项存款余额人民币749.41亿元；各项贷款余额人民币589.44亿元。

（吴定勇）

【1至11月主要经济指标】 2013年1至11月，全市规模以上工业增加值完成316.34亿元，同比增长15.6%；工业总产值完成1057.39亿元，同比增长6.9%；工业销售产值完成1035.2亿元，同比增长7.4%；工业产销率累计实现97.92%，同比增长0.5%。

全市非公有制企业增加值完成367.72亿元，同比增长38.4%。

全市限额以上社会消费品零售总额67.7亿元，同比增长12.7%。

全市50万元以上固定资产投资完成885.25亿元，同比增长41.8%。其中：第一产业投资完成64.26亿元，同比增长81.4%；第二产业投资完成416.12亿元，同比增长35%。工业投资完成415.22亿元，同比增长34.5%；第三产业投资完成404.87亿元，同比增长45%。

全市财政总收入完成159.75亿元，同比增长14.0%，其中：公共财政预算收入完成110.18亿元，同比增长21.7%；公共财政预算支出完成183.92亿元，同比增长13.9%。

11月末，全市金融机构各项存款余额人民币736.57亿元，比年初增加60.36亿元，同比增长13%；各项贷款余额人民币591.13亿元，比年初增加82.75亿元，同比增长17.1%。

（吴定勇）

【1至12月主要经济指标】 2013年1至12月，全市规模以上工业增加值完成351075亿元，同比增长15.6%；工业总产值完成1172.51亿元，同比增长6.6%；工业销售产值完成1150.1亿元，同比增长7.2%；工业产销率累计实现98.09%，同比增长0.5%。

全市非公有制企业增加值完成440.73亿元，同比增长30%。

全市限额以上社会消费品零售总额73.77亿元，同比增长14.6%。

全市50万元以上固定资产投资完成1054.93亿元，同比增长37.7%。其中：基建投资完成565.85亿元，更新改造投资完成84.17亿元，房地产开发投资完成81.72亿元，农村非农户完成250.63亿元，其他投资完成72.56亿元。

全市财政总收入完成178.31亿元，同比增长9.9%，其中：公共财政预算收入完成123.60亿元，同比增长19.0%；公共财政预算支出完成219.17亿元，同比增长16.5%。

12月末，全市金融机构各项存款余额人民币754.42亿元，比年初增加78.21亿元，同比增长11.6%；各项贷款余额人民币599.88亿元，比年初增加91.50亿元，同比增长17.1%。

（吴定勇）

2013年市政府主要工作

【调整城市低保对象分类施保标准】 对无生活来源，无劳动能力，无法定赡养人、扶养人或抚养人的城市低保对象，按当地城市低保标准的20%增发分类施保金；对低保对象中重度残疾人、长期患重大病人员按当地标准的15%增发；对低保对象中年满70周岁以上的老年人、在校学生、单亲人员按当地标准的10%增发。调整后标准从2013年1月1日起执行，从4月份按新标准兑现并补发1至3月份与原标准差额。

（吴定勇）

【困难群众生活用煤供应补贴翻一番】 全年市级财政在已安排补助2200万元的基础上再增加2200万元，用于解决困难群众生活用煤的供应。其中：农村低保对象每户、城市低保对象每户和农村五保对象人均分别不低于480元、260元和200元。

（吴定勇）

【平价肉菜供应点向市民开放】 1月10日至2月8日，市政府从价格调节基金中划拨80万元平抑肉、菜市场物价，供应平价鲜猪肉21万公斤，31个品种的平价蔬菜70万公斤，在市中心城区的康乐、百信、明湖、水矿、水钢、凤凰新区6个菜市场设立12个肉、菜供应点，以购销同价的方式直接向市民供应。

（吴定勇）

【六盘水市水城南客运站（临时）投入使用】 1月7日，首辆长途客车从临时站点运营发送，标志着新建的水城南客运站投入使用。该站位于红桥新区红桥路南侧、南南快速西侧，建设国家一级客运站。项目占地66600平方米，总建筑28600平方米，其中：综合服务办公楼13050平方米、候车大厅12100平方米、维修及保养厂2000平方米、基地建筑面积11333平方米、绿地19980平方米、铺装硬地43355平方米、停车位245个（站场客运停车位区间站停车位150个，站场临时停车位60个，地下停车位35个）。设计日发送能力1.5万人次日。总投资16867.9万元。

（吴定勇）

【水城县都格乡等4个乡撤乡设镇】 1月3日，省人民政府印发《关于同意撤销水城县都格乡等4个乡设置都格镇等4个镇的批复》，同意撤销水城县都格布依族苗族彝族乡、鸡场布依族苗族彝族乡、勺米彝族苗族乡、化乐苗族彝族乡，设置都格镇、鸡场镇、勺米镇、化乐镇。

（吴定勇）

【双桥水库大坝基础工程通过验收】 1月17日，市水利局对双桥水库大坝趾板及基础工程进行了验收。验收专家通过到现场对趾板、基础拟验收范围的质量进行检查、询问、复核、审查工程资料等，一致认为双桥水库大坝基础工程建设符合要求，同意通过验收。标志着双桥水库工程的主体大坝工程正式进入施工阶段。

（吴定勇）

【工伤保险制度在全市实现全覆盖】 1月1日，将事业单位（参照公务员管理的除外）纳入工伤保险范围；2012年10月1日，又将行政机关及参照公务员管理的事业单位纳入工伤保险范围。自2013年1月起，共有438家事业单位、259家行政机关及参照公务员管理事业单位参加了工伤保险，实现了工伤保险制度在全市各类用人单位全覆盖及待遇和标准的统一。

（吴定勇）

【全年度扶贫生态移民工程进度排名跃升全省第二】 截至2013年12月底，房屋主体完工1317套，为2013年度任务数1438套的91.59%，进度排名仅次于黔东南州。

（吴定勇）

【全年集中开工项目完成年投资计划125.9%】

全年项目共计1261个，总投资2251亿元，年度投资计划620.1亿元。截至12月30日，已开工1260个，开工率99.9%；已入库1233个，入库率97.8%；累计完成投资781亿元，为年投资计划125.9%。

（吴定勇）

【全年完成移民搬迁1094户4549人】 其中：双桥水库完成移民搬迁644户、2898人；旧院水

库完成移民搬迁45户、161人；白河沟共完成移民搬迁322户、1191人；鱼洞坝水库共完成移民搬迁34户、159人；卡河水库共完成移民搬迁49户、140人。

（吴定勇）

【年度铁路护路联防工作考核取得优异成绩】 六盘水市铁路护路联防工作与黔南州以99.3分的成绩并列全省第一。

（吴定勇）

【全年发放社会救助资金逾8.1亿元】 共发放城乡低保金70278.42万元；共发放农村五保供养金3831.04万元；共发放医疗救助资金7431.36万元。

（吴定勇）

【全年电煤供应超额完成目标任务】 2013年，市内电厂总进煤1998.06万吨，同比增长9.26%，增加169.40万吨，为全年任务1890万吨的105.72%，超量108.06万吨；市内电厂总耗煤1975.76万吨，同比增长8.88%，增加161.12万吨。

（吴定勇）

【安顺至六盘水铁路项目获批复】 2013年，安顺至六盘水铁路建设项目获省发改委批复，安顺至六盘水铁路等级采用客运专线，设计行车速度250公里/小时，正线全长98.9公里，投资估算130.3亿元。

（吴定勇）

【盘北低热值煤发电厂点火试运行】 2013年5月底，盘北低热值煤发电厂点火试运行。该电厂是2010年2月省政府招商引资建设项目，属于国投盘江发电有限公司先期开发的低热值煤发电厂（2×300MW）项目，总投资25.8亿元，2011年7月开工建设。

（吴定勇）

【玉舍水库与窑上水库实现输水管网联网】 5月，玉舍水库与窑上水库实现输水管网联网，联网后每天可向窑上水库、明湖湿地公园、凤池园、水城河补水5万立方米。

（吴定勇）

【全市3个城市综合体获省专项资金竞争一等奖】 6月，红桥、凤凰山、体育中心等3个城市综合体在2013年省城市综合体建设专项资金公开竞争评审会上，通过现场公开陈述、专家组提问、答辨等环节，最终获一等奖。

（吴定勇）

【市中心城区启动公交IC卡业务】 市公共交通总公司6月18日启动了公交IC卡业务，共投入200多万元，在所属175辆公交车上安装了智能调度系统。

（吴定勇）

【六盘水市有效注册商标达1083件】 截至2013年6月底，六盘水市有效注册商标达1083件，较“十五”期末增长430.46%。“岩脚”“蓝鸥”“百姓装饰”“乌蒙山”“水钢”“盘江”“信友”“月亮河”等17个商标获省著名商标，其中水钢牌钢筋混凝土用热轧钢筋、盘江牌洗精煤、姜太公牌老姜汤、宏狮牌带式输送机、宏狮牌刮板输送机等5个产品获省名牌产品称号；“郎岱酱”“盘县火腿”“盘县核桃”“妥乐银杏”等4个等获国家地理标志认定。

（吴定勇）

【发耳电厂1号机组脱硝改造工程建成投运】 9月16日，大唐贵州发耳发电有限公司1号机组脱硝改造工程顺利完成试运行，现已正式投入运行。该工程是2013国家主要污染物减排目标责任书的治理任务之一，共投入资金1.05亿元，采用1NB+SCR的脱硝改造方案，成为继该厂2号机组后又一台投入运行的脱硝机组。

（吴定勇）

【产业园区指标提前完成省下达年度目标任务】 1至10月，全市产业园区累计完成工业投资281.6亿元，其中：产业项目完成175.2亿元，为省年度目标任务的110.9%，基础设施完成100亿元，为省年度目标任务的109.9%；签约项目210个，新入园项目177个，签约资金1312.4亿元，到位资金348.4亿元，为省年度目标任务的188.3%；在建产业项目386个，计划总投资985.3亿元，其中：新开工项目238个，为省年度目标任务的261.5%，新增投产项目61个，为省年度目标任务的145%；新增建成道路、供水管网、排水管网分别为107千米、128.9千米、174千米，分别为省年度目标任务的105.4%、104.8%、202.3%。

（吴定勇）

【全市超额完成教育“9+3”招生计划】 全年六盘水市辖区内4所技工学校招生6323人，完成计划任务的114.5%。其中：盘江集团公司技工学校招生1710人，完成任务的85.5%；首钢水钢集团公司技工学校招生2756人，完成任务的137.8%；贵州省机械职业技术学校招生604人，完成任务的120.8%；水城矿业集团公司技工学校招生1253人，完成任务的113.91%。

（吴定勇）

社会发展改革

【概述】 2013年，全市生产总值完成882.11亿元，增长15.9%。其中：第一产业完成58.06亿元，增长6.5%；第二产业完成503.79亿元，增长16.6%；第三产业完成320.26亿元，增长16%；人均生产总值突破3万元；财政总收入完成178.31亿元，公共财政预算收入完成123.59亿元，分别增长9.88%和19.02%；全社会固定资产投资完成1480亿元，增长35.9%，其中50万元以上固定资产投资突破千亿元大关，完成1054.93亿元，增长37.7%；社会消费品零售总额完成209.33亿元，增长14.5%；城镇居民人均可支配收入达19620元；农民人均纯收入达5934元，增长14.5%；金融机构存、贷款余额分别为754.42亿元、599.88亿元，分别增长11.57%、18%。全面小康实现程度达73.4%，提高4个百分点。全省增比进位预排名，六盘水市从2012年第5位上升至第3位，盘县进入西部十强县和全国百强县，填补了贵州全国百强县的空白。

（吴晓颖）

【农业发展】 围绕农民增收致富抓农业转型。全年粮食产量80.9万吨，增长7.45%，其中夏粮19.44万吨、增长3.9%，秋粮61.46万吨、增长9%。种植马铃薯206.43万亩，蔬菜71.5万亩，茶叶15.05万亩，猕猴桃8万亩，核桃29.6万亩，油茶5.45万亩，中药材8.82万亩，红豆杉1.08万亩，烤烟13.15万亩。粮经比由2012年的63∶37调整为51∶49。完成农林牧渔业增加值58.06亿元，增长6.5%。建成红心猕猴桃、茶叶、红花油茶等特色产业示范基地25万亩。市级以上农业产业化龙头企业达82家，农民专业合作经济组织达549个。农业园区建设加快推进。12个现代高效农业示范园区全年完成总投资48.62亿元，建设猕猴桃、茶叶等特色产业示范基地25万亩；新培育和引进农业产业化企业15家，新成立农民专业合作社87个。农村基础设施建设力度加大。完成营造林52.54万亩，森林覆盖率提高到43.3%。治理石漠化面积53.5平方公里，治理水土流失面积48.44平方公里。解决了29.39万农村人口饮水安全问题，实施中小河流治理项目10个，全年新增蓄水能力200.74万立方米，新增节水灌溉面积2.79万亩。完工沼气池7500户。完成省级土地出让金基本农田建设面积3240亩。完成“四在农家·美丽乡村”新民居建设改造14.3万户。支农惠农力度继续加大，市级财政投入农业专项资金8500万元，增长10.34%。完成“阳光工程”培训任务14528人。

（吴晓颖）

【工业发展】 全部工业增加值完成452.43亿元，增长15.4%，其中500万元以上工业增加值433亿元，增长20.4%。完成原煤7309万吨，增长2.1%；洗精煤2526.15万吨，增长12.8%；焦炭562.94万吨，增长21.8%；钢材454.55万吨，下降6.7%；水泥720.8万吨，增长40.2%；发电量421.75亿千瓦时，增长14.3%。一批重大项目建成投产。完成煤矿矿井项目竣工验收及联合试运转36处，批复联合试运转煤矿32处，释放产能1131万吨；盘县电厂“上大压小”改扩建工程1#机组，盘北煤矸石电厂1#机组，盘县四格风电场一期、二期建成并网发电；盘江矿山机械制造项目、六矿瑞安水泥有限公司异地新建项目、黔桂公司循环经济焦化项目、路喜园区焦化项目2#炉建成投产。一批重大项目开工建设。盘县四格风电场三期、老黑山风电场、首黔煤电钢配套年产200万吨焦化一期项目、六枝路喜循环经济产业园热电联产一期项目、黔桂天能焦化苯加氢精制项目等开工建设。

一批重大项目前期工作进展顺利。六枝电厂一期、水城煤电一体化项目、盘北低热值煤电厂项目二期、水城县化乐矿井前期工作进展顺利。产业园区建设有序推进。全市11个产业园区入驻企业516家，企业入驻率90%；建成投产企业67家，建成标准厂房180万平方米；完成园区基础设施投资110亿元、产业项目投资220亿元。

（吴晓颖）

【基础设施建设】 综合交通运输体系加快构建，交通建设取得新进展。月照机场飞行区土石方工程通过验收，航站楼主体工程基本完工，其他附属工程完成40%；盘县支线机场完成规划选址工作。六沾铁路复线、沪昆客运专线境内段进展顺利；六盘水火车站站房改造主体工程完工，发嘎坡散堆装货场基本达到使用条件，六盘水至安顺铁路获批复立项。水盘高速、六镇高速建成通车，杭瑞高速境内段、六六高速、机场高速顺利推进，盘兴高速开工建设，鸡场坪至柏果高速、六威高速前期工作加快推进；市中心城区内环快线加快推进；S212省道窑上至俄脚段、红桥至纸厂公路、俄脚至五里坪旅游公路、雨格至坪地公路、长寨至兴隆旅游公路已全部完工；新增通村水泥路（油路）2262.3公里，提前两年完成“十二五”规划目标；新建运煤公路254公里。

水利建设取得新突破，水利项目加快推进。2013年全省集中开工骨干水源工程20个，六盘水市占5个；34个水利项目纳入全省“三位一体”规划骨干水源工程；黔中水利枢纽工程大坝顺利封顶，白河沟、鱼洞坝、旧院水库全面竣工；开工建设懒龙河、卡河、双桥等中型水库9座、完工3座，开工建设小型水库10座、完工3座；纳格、西得泥、万营、红岩水库开展前期工作；实施病险水库除险加固5座。解决29.39万人农村人口饮水安全问题。

信息、电网基础设施建设扎实推进。完成825个行政村有线电视联网延伸覆盖任务，安装4.38万套农村广播电视村村通和20.05万套农村广播电视户户通直播地面接收设备。电力基础设施建设投入资金11.3亿元，建设和改造电网线路4400公里。

（吴晓颖）

【生态建设】 实施市中心城区108个山头绿化1.04万亩，完成营造林52.54万亩，森林覆盖率提高到43.3%；完成水土流失治理48.44平方公里、石漠化治理53.5平方公里。启动实施“四在农家·美丽乡村”基础设施建设六项行动计划，完成14.1万户民居整治。

（吴晓颖）

【投资融资显成效】 全年共争取上级发展改革部门各类资金28.12亿元；协调国家、省批准发行企业债券31亿元，其中盘县宏财投资公司15亿元、市开发投资公司16亿元；协调以色列政府优惠贷款2500万美元。全力保障项目建设用地，新增用地指标2.7万亩。项目前期工作加快推进。共安排市级项目前期费7744万元，项目库项目达3518个，项目总投资1.56万亿元。重大项目和集中新开工项目推进顺利。实施“十大工程”项目180个，完成投资570.11亿元。安排省市重大工程和重点项目372个，总投资4555.6亿元，年计划投资748.1亿元，完成投资762亿元。坚持用项目开工“倒逼”前期工作，全年集中新开工项目1261个，总投资2251亿元，年计划投资620.1亿元，已开工项目1260个，已入库项目1194个，累计完成投资711.4亿元。坚持半年召开一次项目建设现场观摩会，实行“旬调度、月督查、季考核”机制，项目建设进度加快，固定资产投资增速排名全省第一。

（吴晓颖）

【城镇规划】 第四轮城市总体规划修编工作加快推进，市中心城区综合交通规划、绿地系统规划、公共设施规划、环卫设施规划、建安组团控规修编等工作有序推进。城市建设进一步加快。德坞少数民族图腾广场、钟山凤凰文化广场等城市广场建设进展顺利。开工建设凉都大剧院、会议中心、市档案馆、市地方志馆、市博物馆、市城市规划展览馆、凤凰山综合写字楼和五条城市干道。完成市中心城区园林绿化升级改造、城市美化亮化工程和城市道路改造等市政基础设施建设，100座高标准城市公厕建成投入使用。凤凰山、体育中心、红桥等城市综合体完成投资47.7亿元。市中心区与双水新区同城化发展加速，六枝平寨、盘县红果县城建设力度加大。以旅发大会助推城镇建设，实施了市中心城区和盘县、六枝特区县城城市基础设施和功能性市政设施等一批重点工程，城市面貌焕然一新，城市品质大幅提升。规划建设了一批业态新、环境优、容量大的城市综合体，促进新区拓展与旧城改造共同推进；启动了25个特色小城镇建设，其中10个示范小城镇完成规划编制，累计完成投资42.3亿元。打造了淤泥乡、羊场乡、岩脚镇、玉舍镇等一批“小而精、小而美、小而富、小而特”的特色小城镇。坚持以旅发大会提升凉都品牌，重点建设了野玉海、牂牁江、妥乐古银杏、坡上草原、陇脚月亮河、韭菜坪等特色旅游景区，玉舍森林公园被评为国家4A级旅游景区，明湖湿地公园成为全省首个国家级湿地公园。“贵州屋脊·中国凉都”的知名度和美誉度不断提升，荣获“美丽中国·十大生态文明城市”“中国红豆杉之乡”“中国野生猕猴桃之乡”等称号；位列中国最具竞争力城市西部排行榜第7名、中国十佳开发潜力城市排行榜第9名。

（吴晓颖）

【服务业】 旅游业保持快速发展。以举办第八届贵州旅游产业发展大会为契机，大力完善公共服务设施、旅游接待设施、交通基础设施，全市旅游“吃住行游购娱”产业链条已初具雏形。全市具备团队接待能力酒店共36家，其中星级酒店12家，新建五星级标准酒店2家。共有旅行社总社18家，旅行社分社14家。2013年接待游客700万人次，旅游总收入44.36亿元，分别增长38%和34.9%。商贸业集聚带动作用明显。全市共有各类商业网点4万多个，规模以上商场30余家，各类商品市场200家，规模以上批发市场50余家。物流业发展迅速。各产业园区的物流园区、煤炭、建材、汽车、矿山机械、农产品等专业化物流交易市场和集散基地等物流基础设施进入大规模建设高潮。房地产市场健康发展。2013年新开工房屋面积293.23万平方米、增长61.3%，完成投资81.72亿元、增长47.3%；商品房销售额51.31亿元、增长44.7%，销售面积131.33万平方米、增长10.3%。

（吴晓颖）

【社会公共事业】 实施教育“9+3”计划和“四项突破工程”，中、小学生辍学率分别降至2.6%、0.3%；完成学前教育工程14个、高中教育工程50个，建设农村寄宿制学校学生宿舍9.66万平方米；农村义务教育阶段学生营养餐基本实现全覆盖；率先在全省推行“产业园区+标准厂房+职业教育”模式，完成职业教育、高中教育招生68959人。鑫晟煤化工“煤气流床气化关键技术与工业示范”项目获国家立项，实现了六盘水市项目在国家“863”计划零的突破；启动13个省市重点实验室、工程技术研究中心和科技创新团队建设；建成国家煤炭清洁转化产品质量监督检验中心；贵州科学院六盘水分院挂牌。建成贵州三线建设博物馆、凉都体育中心、六盘水美术馆等一批标志性公共服务设施，丰富了凉都品牌内涵；成功举办第十届中国凉都消夏文化节、夏季国际马拉松赛、国际滑翔伞公开赛等活动，夏季国际马拉松赛被中国田径协会授予“马拉松铜牌赛事”称号。六枝特区原生态音乐作品《我爱我家》获第十届中国艺术节作品类“群星奖”、“公共文化服务机构队伍拓展模式”列入国家第二批公共文化服务体系示范项目。成功创建三级甲等和二级甲等医院各5家；完成19个乡镇卫生院规范化建设；新型农村合作医疗参合率达98.74%。人口计生工作主要指标实现“三降一升”。招才引智力度加大，引进高层次和急需特殊人才2503人，其中博士22人、硕士351人。妇女、儿童、老龄、残疾人等事业稳步发展，工会、共青团、民族、宗教、外事、侨务、对台、档案、气象、人防、红十字、地方志等工作取得新进步。

（吴晓颖）

【民生保障能力】 扎实抓好“二十件民生实事”，完成投资161亿元。新增城镇就业10.1万人，城镇登记失业率为3.95%。社会保障标准、医疗保障水平大幅提高，城乡基本医疗保障实现全覆盖；全年发放低保金7亿元，惠及48万城乡低保对象；完成24万人冬春困难救助。完成3.57万套保障性安居工程建设和2.8万户农村危房改造。大力实施集中连片特困地区扶贫攻坚规划，争取上级财政扶贫资金2.85亿元，启动实施扶贫生态移民搬迁2万人，减少贫困人口15.26万人，20个乡镇实现“减贫摘帽”，52个贫困村实现“整村推进”。建成省救灾物资储备库六盘水代储库、市流浪未成年人救助保护中心和市救助管理站。深入开展

"平安凉都"建设，大力实施"天眼工程"和"333工程"，全市未发生重大群体性事件和恶性治安案件。

（吴晓颖）

【安全生产死亡人数"双降"】 加强了安全生产队伍建设和行业监管，安全生产保障能力不断提升，实现安全生产事故起数和死亡人数"双降"，全市煤矿百万吨死亡率降低到0.54，首次实现各类安全生产事故死亡人数控制在100人以内。

（吴晓颖）

【改革开放】 改革方面：统筹谋划全市改革工作，重点领域改革成效明显，行政审批制度改革不断深化。2013年市级共取消和调整行政审批事项189项，保留实施46项行政许可、20项非行政许可、25项行政服务事项，行政服务时限压缩率达51.3%。投融资体制改革步伐不断加快，制定和完善《六盘水市金融机构支持地方经济发展考核奖励办法》《市人民政府办公室关于鼓励和引导金融机构增加信贷投放的通知》《市级融资平台公司融资工作考核奖励办法》等一系列政策文件。重庆银行六盘水支行已正式营业，招商银行六盘水分行已装修，浦发、光大等银行六盘水分支机构入驻前期工作已开展。融资平台逐步完善，海通证券、方正证券着手在六盘水市设立分支机构，新设小额贷款公司1家、融资担保公司2家，市供销社兴合股金服务部挂牌营业。民营经济发展壮大，2013年完成投资455亿元，民营经济增加值占GDP比重达48%。开放方面：认真贯彻落实《中共贵州省委贵州省人民政府关于进一步扩大开放加快开放型经济发展的意见》，以项目为载体，以园区为平台，推进全市开放水平再上新台阶。成功举办了省第八届旅发大会暨第十届中国凉都·六盘水消夏文化节，以凉都品牌助推旅游发展。积极参加第九届泛珠三角区域合作与发展暨经贸洽谈会、省酒博会、川滇黔十二市州合作与发展峰会及省组织的各类招商推介活动，成功签署了一批投资合作协议，引进了一批战略合作者，奥特莱斯等国际、国内知名品牌和知名企业入驻六盘水。对外宣传力度增强。取得成果：从《六盘水市国民经济和社会发展第十二个五年规划纲要》中期评估情况看，"十二五"规划纲要确定的6个方面41个主要指标中，37个指标达到或超过了预期进度要求，指标完成率达90.2%。其中：反映经济增长的10个指标完成情况均达到或超过预期；反映结构调整的10个指标中，原煤产量等4个指标离目标有一定差距；反映基础设施的4个指标基本完成预期目标；反映人民生活的6个指标均达到序时进度；反映社会建设的8个指标达到了预期；反映安全生产的4个指标控制较好。

（吴晓颖）

【存在的问题和困难】 经济总量小，经济下行压力增大，部分企业生产经营困难；产业结构单一，发展方式粗放，资源集约化、规模化利用程度低，产业链条短，附加值低；交通基础设施落后，工程性缺水问题突出，生态环境脆弱，制约发展的瓶颈依然存在；城乡居民收入差距大，城乡二元结构、城市二元结构、农村二元结构矛盾突出，城镇化水平低，基本公共服务体系尚不完善；扶贫攻坚任务依然艰巨，贫困家庭缺乏稳定和可持续的收入来源；安全生产形势依然严峻，煤矿企业兼并重组工作仍面临挑战；政府职能转变还不到位，政府工作部门还存在工作效率不高、服务意识不强的问题。

（吴晓颖）

政府政策研究

【文稿起草】 2013年完成《周荣市长在2013年半年经济工作会上的讲话》《六盘水市人民政府2014年工作报告》《周荣市长在2014年经济工作会上的讲话》重大文稿3篇，完成《六盘水市政府性投资项目融资研究》《六盘水市资源型经济可持续发展情况汇报》《用好差别化产业政策促进六盘水市新型工业化发展研究报告》《六盘水市建立生态补偿机制研究》等研究报告18篇，完成《市长在科技创新与煤炭产业高端论坛上的讲话》《市长在"四在农家·美丽乡村"基础设施建设动员会上的讲话》《周荣市长在第61次市委常委（扩大）会议上的讲话》《六盘水市四个比重年度分析报告》等重要文稿5篇。整理《周荣市长在市委常委扩大会议上的讲话》《周荣市长在讨论全市经济实力调研报告会议上的讲话》等4个录音。

（董凤琴　朱金成）

【调研工作】 向市委、市政府提出了《六盘水关于完善贵州省失地农民补偿及保障机制的政策建议》《关于支持5个100工程政策措施的意见》《六盘水市人民政府关于推进六盘水市房地产业健康发展的意见》《六盘水市农村人口向城镇转移实施意见》等6篇政策建议。参与了经信等部门组织的《六盘水市服务业重点产业发展规划》，为省政府经济发展与研究中心撰写并报送了《六盘水关于打造生态文明建设先行区的调研报告》《六盘水市会展业发展情况汇报》等调研报告。利用研究室的优势，鼓励单位职工积极参与学术研讨活动。《六盘水民族民间文化保护及开发研究》入选2013年乌蒙山区发展研究第一届学术研讨会论文汇编、《全面建成小康社会的重点难点分析》获贵州省社会科学学术年会六盘水分会“凝聚智慧，助力同步小康”主题研讨会二等奖。

（董凤琴　朱金成）

【服务平台建设】 根据《市政府研究室提高经济运行分析能力工作方案（试行）》和《市政府研究室经济运行分析讨论会工作计划》，与各研究方向人员沟通协调和研讨，逐步提高经济运行分析工作水平。《六盘水市人民政府公报》共编辑出版12期，《六盘水市经济社会发展研究》组稿范围进一步拓展，共编辑出版4期。根据市长周荣要求，8月，《经济快讯》改为半月刊，并对刊载内容进行了针对性调整，围绕经济工作热点、难点以及六盘水市产业发展的关键问题，组织国家产业政策、外地发展经验、理论研究前沿的资料，并加强了市内有示范效应的值得推广的信息刊载。

（董凤琴　朱金成）

【“同步小康”工作】 3月，选派工作人员进驻钟山区双嘎乡河沟村开展“同步小康”工作。通过深入群众家中、座谈、走访等形式，对河沟基本情况进行了解，撰写了《双嘎乡河沟村全面小康建设调研报告》。为河沟村协调、争取项目资金20余万元，赠送电脑、打印机等办公用品。春节期间为河沟村20多户困难群众送去了慰问金和慰问品，帮助10户残疾人到相关部门协调6万元危房改造金。

（董凤琴　朱金成）

【网站宣传】 利用“市政府研究室网站”网络平台，将研究室在履行职能时所形成的调研报告、重要文稿、研究成果、学术研讨动态、刊物等内容上传网站。

（董凤琴　朱金成）

【通过学习强化管理】 开展政治业务学习，坚持每周四政治业务学习制度。加强目标管理，将各项目标任务细化量化，落实到人，签订责任书。加强培训，全年外出培训职工共18人。通过培训，完善后勤机制，实现公文运转、档案与保密、后勤保障等工作规范化运作。

（董凤琴　朱金成）

依法行政

【法治政府建设】 2013年年初，印发《六盘水市2013年度依法行政工作要点》，对全市6个方面12项依法行政重点工作进行安排部署，随后及时跟踪指导各项任务的具体落实。3月，组织各县（特区、区）政府法制办召开市、县两级政府法制工作会议，总结2012年政府法制工作，分析、研究法治政府建设过程中存在的困难和问题，对2013年政府法制工作进行安排。9月，鉴于全国人大常委会行政复议法执法检查组到本省开展执法检查，组织水城县、钟山区政府法制办开展《中华人民共和国行政复议法》及其实施条例宣传活动。利用“12·4”法制宣传日，广泛开展法治宣传教育活动。

（张　碧）

【办理法律事务】 全年对《中国·六盘水最具竞争力城市战略规范委托协议书》《六盘水市职业技术学院一期BOT项目遗留问题处理协议》《华润（六盘水）循环经济产业园项目投资合同及补充协议》《六盘水行政村有线广播电视联网

延伸覆盖建设工程协议书》《2013年全国田径路跑赛事承办协议书》《六盘水市公开招募大学生志愿者者参加同步小康驻村工作组服务协议书》《钟山区2011年度第一批次工业用地3号—B地块国有建设用地使用权挂牌出让方案》等合同协议提供了法律意见；对《六盘水市支持和鼓励引进银行业金融机构暂行办法》《关于扎实推进全市煤矿企业兼并重组工作的意见》《关于加快100个示范小城镇改革和发展十条意见》《六盘水市人民政府部门及相关单位安全生产监督管理职责》《关于创建国家级创业型城市工作的实施意见》《六盘水市国民经济和社会发展第十二个五年规划纲要中期评估报告》《六盘水市人民政府关于加强城市管理工作的实施意见》等40余件征求意见稿提出了法律意见。

（张　碧）

【行政审批事项清理】 按照省委办公厅、省政府办公厅《关于深入推进行政审批制度改革的意见》、《省人民政府关于提高行政效能的若干规定》和市委、市政府有关进一步减少市级行政审批事项工作的要求，3月至7月，会同市行政审批制度改革工作领导小组各成员单位，召开2次行政审批事项清理工作推进会，组织各部门开展行政审批事项清理工作。通过清理，确认市级需继续保留实施的行政许可事项46项、非行政许可审批事项20项、行政服务事项25项；取消和调整行政审批事项189项，其中取消行政审批事项26项、下放管理层级的行政审批事项27项、转变管理方式不再作为非行政许可审批事项82项、纳入政府内部管理事务的非行政许可审批事项23项、市直机关初审后上报省直机关的行政审批事项31项。组织编印《六盘水市市直机关行政审批事项目录》和《六盘水市2013年市级行政机关行政职权目录》，并将目录放在“中国凉都·六盘水”政府门户网站，向社会进行公布。7月，会同市监察局、市政府研究室和市政府政务服务部门，对全市5个省级经济开发区行政职权运行开展调研，梳理出市级有关部门可以委托省级经济开发区实施的行政审批事项124项（其中钟山经济开发区17项、红果经济开发区43项、盘北经济开发区64项），并专题向市政府作了汇报。

（张　碧）

【规范性文件备案审查】 市政府法制办对市政府出台的《六盘水市国有煤矿企业安全生产监督管理暂行办法》《六盘水市人民防空工程管理办法》《六盘水市人民防空通信警报设施管理规定》《市人民政府关于开展个体税收征管秩序清理整顿工作的通告》《六盘水市价格调节基金使用管理实施细则（试行）》等37个文件进行合法性审查，确认20个规范性文件需向省政府报备，并及时报备规范性文件13件。5至6月份，按照《市人民政府办公室关于建立规范性文件有效期制度和定期清理制度的通知》的要求，对市政府2007年以前出台的16件规范性文件进行集中清理，并将清理结果（废止12件、修改2件、继续实施2件）报请市政府研究。对《贵州省见义勇为奖励和保护条例》《贵州省戒毒康复人员就业促进办法》《贵州省人力资源市场条例》《贵州省交通建设工程质量安全监督条例》《贵州省社会信用体系建设规划纲要》《贵州省行政复议简易程序办法》等13件征求意见稿提出了修改意见，并按时反馈。

（张　碧）

【行政执法检查】 3月，与市地方志办联合开展对各县（特区、区）政府地方志行政执法调研工作。6月，与市档案局和市人大教科文卫委员会联合开展对各县（特区、区）及市政府工作部门档案工作的行政执法检查工作。9月，与市监察局、市财政局和市审计局联合对市住建局、市环保局、市水利局、市安监局、市教育局开展依法行政综合监察工作情况进行监督检查。

（张　碧）

【规范行政执法行为】 5月，印发《市人民政府法制办公室关于开展2013年行政执法案卷评查工作的通知》，要求市级各行政执法机关严格对照“评查标准”开展行政强制、行政征收、行政裁决、行政确认等案卷评查工作；随后对市农业局、市交通局、市环保局、市卫生局及部分县（特区、区）政府部门行政执法案卷评查工作进行抽查，对发现的问题，督促相关部门进行整改落实。6月，印发《市人民政府法制办公室关于开展规范行政处罚自由裁量权工作的通知》，要求市级各行政执法机关对本部门制定的行政处罚自由裁量权作进一步梳理、细化和规范。组织市级各行政执法机关法制工作机构和各县（特区、区）政府法制办开展行政执法证申领和换发工作，完成全市行政执法人员的资格培训和信息录入工作。8月，组织市直有关部门法制工作人员和各县（特区、区）政府法制办工作人员共16人，参加由省政府行政复议办举办的全省行政复议工作培训，培训人员均获得由省政府颁发的“贵州省行政复议人员资格证书”。

（张　碧）

【行政复议】 全年共收到行政复议申请41件，经审查，受理37件，不予受理4件。受理案件审结33件，其中维持18件，撤销及确认违法11件，自愿撤回申请3件，驳回1件。

（张　碧）

民　政

【城乡低保提标】 2013年城市低保月保障标准为水城县、钟山区400元，六枝特区、盘县380元，平均增幅为13%，保障水平列全省第二；农村低保年保障标准为六枝特区1680元、盘县1760元、水城县1680元、钟山区1860元，平均增幅为10.6%，保障标准列全省第四。

（蒙元芳）

【社会救助】 2013年，全市共发放社会救助资金81891.86万元。

发放城乡低保金70278.42万元，其中：按月发放城市低保金19115.87万元，保障了64356名城市低保对象基本生活名城市低保对象基本生活，人均月救助247元；发放农村低保金51162.55万元，保障了419878名农村低保对象基本生活，季度人均救助305元。6至8月，全市按月向符合条件的农村低保季节性缺粮对象发放救助粮482.01万斤，保障了46039户、73848人名农村低保对象季节性基本口粮。

有力保障五保对象基本生活。全市共有农村“五保”对象8204户9377人，发放农村“五保”供养金3831.04万元，其中：集中供养1865户2150人，发放集中供养资金935.29万元；分散供养6339户7277人，发放分散供养金2895.75万元。

城乡医疗救助工作力度不断加大，有效缓解了困难群众看病难问题。2013年，全市共发放医疗救助资金7431.36万元。农村医疗救助发放救助资金6086.86万元，其中：农村医疗救助资助396699人参加2014年新型农村合作医疗保险，支出资金1227.81万元；开展大病救助17346人次，共发放医疗救助资金4859.05万元，人均获救助2801元。城市医疗救助发放医疗救助资金1344.50万元，其中：城市医疗救助资助59542人参加2014年城镇居民医疗保险，支出资金60.36万元；城市医疗救助资助开展大病救助3148人次，发放医疗救助资金1284.14万元，人均获救助4079元。

全市发放临时救助资金277.84万元，救助城乡困难群众2374人，人均获救助金1170元，有效解决城乡困难群众临时性生活困难。

认真做好20世纪60年代精简退职老职工生活费发放工作，共向305名20世纪60年代精简退职老职工发放定期定量救济费73.2万元，月人均救助200元。

（蒙元芳）

【农村敬老院建设】 2013年，全市新建、改扩建农村敬老院（养老服务中心）11所，累计改扩建提升农村敬老院（养老服务中心）达30所。目前全市共有农村敬老院（养老服务中心）91所，占地总面积约220亩，建筑总面积约7.8万平方米，床位数4200张，集中供养农村五保对象2554人，集中供养率26%；核定全市乡镇养老服务中心编制人员232名，已招考到位117名。

（蒙元芳）

【民政救助制度】 市人民政府出台《六盘水市社会救助申请家庭经济状况核对暂行办法》，市核对小组下发了贯彻落实文件，全面启动了社会救助申请家庭经济状况核对工作；市委办、市政府办印发《六盘水市城乡低保工作监管问责联席会议制度》，商市财政局、市邮政局、省信合联社六盘水办事处联合下发《关于进一步做好民政救助资金社会化发放工作的通知》，进一步健全完善了监督机制。

（蒙元芳）

【防灾减灾】 截至2013年年底，全市共发生各类灾情87起，其中：低温凝冻3起，旱灾5起，风雹灾33起，洪涝灾20起，生物灾害1起，其他灾害25起；全市119.82万人受灾，因灾死亡1人，紧急转移安置436人；因灾倒塌房屋301间、6726间房屋受损；农作物受灾54.7千公顷、成灾19.8千公顷、绝收4.96千公倾。全市直接经济损失54435.15万元（农业损失51829.45万元、家庭财产损失1881.75万元、工矿企业和基础设施损失548.4万元，其他经济损失175.55万元）。据不完全统计，省、市、县各级民政部门共下拨救灾资金、发放救灾物质折合人民币630余万元，出动救灾人员6万余人次，及时帮助受灾群众渡过难关，有效降低了灾害损失。印发了《关于深入开展综合减灾示范社区创建活动的通知》《六盘水市综合减灾示范社区创建办法》《六盘水市综合减灾示范社区创建标准及评分标准》。组织召开了全市减灾救灾工作暨业务培训会，联合市农委、市国土局对各县（特区、区）和20个重点乡镇人员进行了灾情信息管理和减灾救灾业务培训。圆满完成了5·12防灾减灾宣传、市级灾害应急救助演练，成立了市减灾中心，全面促进了防灾减灾体系建设。

（蒙元芳）

【冬春救助】 完成了2012至2013年度23.7997万人的冬春救助工作任务，全市共发放救助粮8592.24吨、衣被2.5676万件/床、救助卡8.07万张。冬春救助工作的扎实开展，切实保障了受灾困难群众的基本生活。

（蒙元芳）

【养老服务建设体系】 认真落实养老服务优惠扶持政策，向省民政厅申报了5所民办养老机构申请床位补助建设金，申请补助床位239张；本着福彩公益金“取之于民，用之于民”的原则，评审资助了21个需资助项目；全市共发放高龄补助金180余万元；下拨了40万元扶持经费用于完善养老服务设施、开展为老服务活动；据不完全统计，2013年两节期间，全市共发放慰问金、慰问品折合人民币186万余元；完成《养老服务体系中长期规划（2013—2020）》编制工作。

（蒙元芳）

【孤儿保障工作】 完成17名孤儿参加职能培训统计；对各县（特区、区）孤儿生活费发放情况进行入户核实；督促各县（特区、区）对2011年、2012年孤儿资金发放使用管理进行了自查，有力保障了孤儿的合法权益。

（蒙元芳）

【公益慈善】 坚持“安老扶孤，扶贫济困”的工作宗旨，积极募集善款。截至年底，共募集善款3277.3万元，支出2895.65万元，为雅安地震灾区募集捐款157万元；积极开展“微笑列车”项目，为100名唇腭裂患者进行免费医治；配合民建市委做好12名大学生的助学活动；配合市工商联、市教育局建立“兴贵教育专项扶持基金”，开展“三个一百工程”扶持行动，即由恒远集团每年出资100万元资助100名贫困初中生、100名贫困高中生、100名贫困大学生。

（蒙元芳）

【福利彩票】 福利彩票发行稳步增长。截至11月30日，2013年全市共销售福利彩票2.0126亿元，同比增长17.62%。

（蒙元芳）

【双拥工作】 投入2.5亿元资金支持部队建设，37名军转干部按“三满意”要求安置到市直行政机关，52名未就业随军家属安置保障金按时兑现，117名驻地部队干部子女就地就近入学入托。

市、县两级共下拨资金671.82万元，解决1.5万名优抚对象生活补助。

投入28万元，分批次组织78名重点优抚对象到市社会福利中心疗养；投入132余万元为全市13110名重点优抚对象缴纳医疗保险；组织省、市医疗专家分别为6275名优抚对象和农村104名1至6级伤残军人开展巡回医疗服务；优抚医保“一站式”服务系统开通运行，全市优抚对象医保实现“全覆盖”。

投入302万元，对230户重点优抚对象的住房进行了新建和维修改造。以成立“爱国拥军促进会”为平台，将动员“两新组织”参与爱国拥军作为年度双拥工作的一项创新工作来抓，市委、市政府办公室下发了《关于做好“两新组织”双拥共建工作的通知》，组织召开了全市成立“爱国拥军促进会”动员大会和筹备工作业务会，现已有97家“两新组织”积极报名参加促进会。

（蒙元芳）

【优抚安置】 2013年度，省下拨六盘水市优抚对象生活补助、医疗补助等抚恤补助经费共计5261.7万元；省财政厅、省民政厅下拨六盘水市安置补助经费384万元，下达军供站补助金10万元，下达军休干部医疗补助金2.4万元。2013年度全市享受国家定期抚恤补助的重点优抚对象共有16223人。其中：在乡老复员军人4225人、三属人员371人、带病回乡退伍军人2001人、伤残人员1228人、两参人员5276人。认真落实自然增长补助机制。六枝年600元/人，盘县753元/人、水城1057元/人、钟山1003元/人。2013年度，全市带病回乡人员和两参人员年补助标准均按提标后的标准全部落实位，年补助标准为3420元/人。义务兵家属优待金全面落实。钟山为5800元、水城为4750元、六枝为4500元、盘县为4500元。2013年度全市接收转业、退役士兵850名，其中农村自主就业的561名、城镇自谋职业的214名、安排工作75名，发放自主就业补助金663.19万元，发放安置期间生活补助金69.36万元。对502名退役士兵进行了就业培训，推荐就业502名（省厅分配任务为455名），培训率、就业率达到100%。从2011年到2013年年底，共对338座散葬烈士墓、5座纪念设施全部进行了迁移、整合和修缮，市、县两级共投入资金1292万元。全力做好复退军人的信访维稳工作。“两会”“八一”等重要节日和敏感时期，在全省影响较大的上访事件中，均无六盘水市上访对象。六盘水市创新复退军人服务工作经验“四个知道、一个跟上”的工作方法，在《中国双拥》杂志第6期登载转发。

（蒙元芳）

【基层政权建设】 钟山区“村务公开民主管理示范单位”创建工作通过省级评估验收并被命名为省级示范单位，钟山区“居务公开民主管理示范区”、盘县“村务公开民主管理示范县”创建工作顺利通过省级评估验收。全市第九届村（居）委会换届选举工作有序推进，按照市委、市政府的统一部署和要求，2013年12月底全面完成。

（蒙元芳）

【社区建设】 盘县“农村社区建设实验全覆盖示范单位”创建工作通过省级评估验收并被命名为省级示范单位，钟山区“城市和谐社区”创建工作通过省级评估验收；全市完成21个社区服务中心和138个社区服务站建设、改造、提升；完成《城乡社区服务体系建设中长期规划（2013－2020）》编制工作。加强和创新社会管理，深入学习和借鉴“贵阳经验”，在六盘水市选择5个单位，开展“新型社区、温馨家园”建设试点工作。

（蒙元芳）

【社会组织管理】 截至年底，全市共有市级社会组织145家，市级共新登记23家，市级新直接登记2家，完成市直115家社团的年度检查，参检率88.52%，合格率100%。对25家市级社会组织进行了评估。按照简化登记程序、缩短登记时限的原则，对县级非公募基金会和异地商会登记下放登记管理权限，由县级民政部门注册登记。要求各县（特区、区）出台《社会组织登记与备案管理制度》，进一步规范了全市的社会组织登记管理。

（蒙元芳）

【地名命名及标牌设置】 开展市中心城区地名清理排查工作。完成102条街、路、巷的命名和更名。完成市中心城区1066块街、路、巷路牌标识设置，指导县区做好乡镇政府驻地地名标志设置、更新和维护等工作。完成16个新居民小区地名命名。

（蒙元芳）

【殡葬改革】 截至年底，全市共火化遗体2300具，入公墓341穴，与2012年同期相比，火化率增长3%，超额完成省民政厅下达增长2%的任务目标；市中心城区共治理坟墓4904座，取缔碑石制作点10余处、棺木制作销售点8家，六枝特区共治理坟墓5195座。完成《殡葬事业发展规划（2013—2020）》编制工作。

（蒙元芳）

【救助管理工作】 按照“自愿求助，无偿救助”的原则，加强部门联动，加大上街劝导力度，积极为救助人员解决实际困难。截至年底，全市共救助流浪乞讨人员3648人，其中未成年人415人。救助山西女孩徐许青、威宁拾荒老人张志美、黔西南州流浪老人杨东伦，引起了省市新闻媒体广泛关注报道，得到省领导喻红秋、慕德贵的充分肯定。

（蒙元芳）

【登记服务工作】 加快婚姻登记机关信息化建设步伐，全面实现了省、市、县、乡四级婚姻登记机关联网，提高了婚姻登记科学化管理水平。截至年底，全市共办理婚姻登记28836对（结婚登记26104对、离婚登记2732对）；办理收养登记12件，解除收养登记1件，登记合格率均为100%。

（蒙元芳）

【民政公共服务项目】 2013年，市各级民政部门将民政基础设施建设作为全年工作的重中之重抓紧抓实。贵州省救灾物资仓库六盘水市代储库、六盘水市救助管理站、六盘水市未成年人救助保护中心已基本建成，年底前投入使用。六枝特区仙鹤山生态陵园。该项目1、2、3号路已经修通，正在进行样品展示区的绿化，预计近期样品展示区将完工，已投入资金3700万元。盘县安宁医院。一期工程总投资2200万元，装修工程已基本结束，二期工程总投资3432万元，现已完成70%。水城县社会福利中心（光荣院）。已完成投资630万元，1、2号楼室外及室内装修已完成，现正在做围墙、场平工程及污水处理工程。水城碧天园公墓。完成投资470万元，其中征地拆迁费用320万，目前进场道路及便道建设完成。

（蒙元芳）

【党建扶贫】 市民政局2013年有2名中层干部分别在水城县化乐镇猫场村、比德镇比德村驻村开展挂帮扶贫工作。全年民政局下拨和争取各部门帮扶资金122.9万元，为帮扶点解决道路、饮水、完善基础设施等民生问题，做到了党建扶贫与业务工作推进“两不误、双促进”。

（蒙元芳）

人力资源与社会保障

【就业工作】 返乡农民工就地就近转移就业3.92万人，促进高校毕业生就业5450人，全年开展统筹培训1万余人，全年城镇新增就业10.1万人，城镇登记失业率控制在4%以内；国家级创业型城市创建工作正式启动；就业小额担保贷款实现新跨越。全年发放就业小额担保贷款3.6亿余元，同比增长37%，贷款回收率98.7%，促进9530人成功创业，带动就业2.34万人，拉动民间投资6.67亿元。覆盖城乡的公共就业创业服务体系进一步完善。全年开展各类就业服务专项活动21场，进场求职人员达到1.2万人次，进场招聘单位达到750家次，帮助9200余人找到了就业岗位。

（李　瑜）

【社会保障】 全市城镇职工基本养老保险、失业保险、基本医疗保险、工伤保险、生育保险、城乡居民社会养老保险参保人数分别达到8.6万人、10.4万人、65.6万人、23万人、13.9万人、102万人，社会保险基金收入15.8亿元，支出12.8亿元，102万城乡居民拥有了城乡居民社会养老保障，27万名60周岁以上城乡居民已享受养老待遇，社会保障卡持卡人数突破69万人。城镇职工养老金待遇在2012年基础上人均月增加162.55元，达到1315.49元。对城镇居民基本医疗保险补助标准进行了调整，补助标准达到280元，城镇居民基本医疗保险最高报销限额达到10万元、城镇职工基本医疗保险报销限额达到15万元。全年各项社会保险待遇全部按时足额发放，群众参保积极性得到进一步提升。社会保险基金社会监督工作先试先行。根据人力资源和社会保障部发〔2012〕98号和省人力资源和社会保障厅发〔2013〕20号文件精神，六盘水市被人力资源和社会保障部确定为社会保险基金社会监督的十七个部级试点城市之一，市本级和钟山区被确定为六盘水市试点地区。

（李　瑜）

【引进人才】 全市共引进人才2503人，其中博士22人，硕士351人，其他紧缺专业技术人才2130人。3月29日，六盘水市组织参加第一届中国贵州人才博览会，高层次人才和紧缺急需人才总签约人数达872人，全省排名第二，唯一获省组委会颁发的第一届中国贵州人才博览会最佳参展交流奖。

（李 瑜）

【干部人事制度改革】 组织开展公务员初任、任职和专门业务培训，公开招考公务员437人。公务员奖励资金纳入市级财政预算，为市直机关529名优秀公务员兑现奖励经费91.1万元。为教育、医疗及基层一线公开招聘工作人员2223人。完成10名军转干部安置工作，相关待遇全部兑现。

（李 瑜）

【争取中央和省政策资金】 通过贯彻落实国发2号文件，积极争取中央和省的支持，全年获得中央和省级各类补助资金4.6亿元。盘县、钟山区除“一拖四”项目外所有乡（镇、街道）人力资源和社会保障基层服务平台实现全覆盖，共投入资金1200余万元。争取到人力资源和社会保障部人力资源和社会保障信息化建设工程补助资金150万元。通过大力实施技能人才振兴计划，六盘水市2013年被人力资源和社会保障部确定为全国技能振兴专项活动百家城市之一，获得批准国家级高技能人才培训基地1个，获扶持资金500万元；获得批准国家级技能大师工作室2个，省级技能大师工作室2个，省级高技能人才培训基地2个。

（李 瑜）

【人才培训】 加大各类人才培训力度，共组织市直公务员和事业单位人员各类培训1119人；城乡劳动者职业技能培训、创业培训、农村实用人才培训8371人；高技能人才培训9839人；职业技能鉴定4500余人。组织实施专业技术人员各类资格考试工作，严肃考试纪律，确保考试安全。

（李 瑜）

【创业型城市通过省级验收】 1月，六盘水市创建省级创业型城市工作顺利通过省级验收。8月，省人民政府批准六盘水市作为继贵阳、遵义之后全省第三个启动国家级创业型城市创建工作的市（州），省人力资源和社会保障厅已将六盘水市列入第二批国家级创业型城市的情况报人力资源和社会保障部备案，标志着六盘水市作为国家级创业型城市创建工作正式启动。

（李 瑜）

【社保基金监督试点城市】 六盘水市被人力资源和社会保障部确定为社会保险基金社会监督的十七个部级试点城市之一，市本级和钟山区被确定为六盘水市试点地区。

（李 瑜）

信 访

【概 述】 2013年，六盘水市信访工作着重在机制创新、渠道畅通、事要解决、责任落实、秩序规范等五个方面下功夫，以“百日攻坚”“非访治理”“信访改革”“强化基础”为抓手，着力化解了一批事关全市和谐稳定的突出矛盾和信访问题，为全市科学发展、后发赶超、推动跨越、同步小康创造了和谐稳定的良好环境。

2013年12月，六盘水市成立了市委群众工作委员会，市委副书记、常务副市长魏树旺任市委群众工作委员会主任；2013年12月，市信访投诉受理中心（市长专线电话办公室）增加参公管理事业人员编制5名，市联合接访中心增加事业编制3名。

2013年，全市信访总量8540件人次，比上年22623件人次下降62.3%，其中：集体访476批次5515人次，比上年916批次16916人次分别下降48.1%和67.4%；重复访326批次1355人次，比上年871批次5161人次分别下降63.1%和73.8%。六枝特区、盘县、水城县和钟山区信访总量分别下降55.4%、88.8%、33.3%和72.8%，集体访人次分别下降58.8%、87.0%、33.0%和72.9%，重复访人次分别下降52.0%、80.0%、66.9%和73.6%。市县信访量出现了近10年来的首次全面下降和最大幅度下降。

（宋帮启）

【重点工作】 及时接处。在接待处理好来信来访的同时，及时办理其他信访事项4838件。其中：中央巡视组交办件18件，国家投诉办交办件2件、直转件85件；全国信访信息系统354件，“书记省长—群众直通交流台”交办件108件，省长

信箱交办件65件、转办件123件，省信访局交办件55件，市长信箱1196件，市长专线电话1891个，“阳光信访”820件，督办交办事项102件，复查复核信访事项20件。

排查化解。坚持“市级旬排查、旬研判、旬交办，县级周排查、周研判、旬上报”，通过立案交办、领导包案、帮扶救助等方式多措并举化解矛盾纠纷，大量问题被解决在基层、化解在萌芽状态。全市排查化解新增矛盾纠纷1551件。

事要解决。以“百日攻坚战”为抓手，通过公开接访、定时约访、带案下访、入户回访等方式，综合运用政策、经济、法律、思想等手段化解矛盾、解决问题，共包案化解突出矛盾纠纷和信访问题1052件。申请使用“和谐凉都”资金261万元，化解信访疑难老案77件。

基层基础。坚持关口前移、重心下移，不断加强基层信访网络建设，30%左右的乡镇和信访任务较重的县区直部门设立了群众工作站，部分村社设立了群众工作室，36个乡镇开展了逐级信访示范乡镇创建活动。部分乡镇明确专兼职信访联络员并延伸到村社和企业，按规定解决兼职信访津贴。

制度建设。一手抓矛盾纠纷处置化解，一手抓长效机制建立完善。2013年7月市委市政府出台了《六盘水市逐级信访制度》，2013年10月出台了《六盘水市领导包案督访工作规定》。六枝特区陇脚乡建立群众信访诚信基金，盘县推行“信访一卡通”，市直有关单位着手建立信访与诉讼分离、信访工作与行政复议衔接等工作机制，力促涉法涉诉信访工作根本性转变。

责任追究。认真贯彻落实信访工作责任追究制度，不断压实职能部门在源头预防、排查调处、首问首办、包案化解、稳控劝返、协作配合等方面的责任。全市共对46名干部进行了责任追究，其中责令书面检查22人、党内严重警告2人、党内警告3人、行政警告2人、诫勉谈话17人，5个乡镇党委政府被通报批评。

依法处置。开展了为期4个月的非正常上访专项治理行动，各地对进京非正常上访和到市赴省集体上访重点人员落实劝导、教育、训诫、警告、行政拘留等依法处置措施，维护了信访秩序。全市共依法处置违法上访人员342人次，其中教育告诫221人次、刑事立案处理4人次。

统筹协调。针对大事要事多、关键敏感节点多的实际，千方百计把信访群众吸附在当地，对1979名重要重点人员和全国“两会”期间可能进京上访的101个重点人员逐一立档建卡、成立工作专班、制定工作方案、落实稳控责任，有效控制了重点人员择机上访，确保了中共十八届三中全会、各级“两会”、全省项目观摩会、第八届旅发大会、贵阳生态年会、第九届泛珠大会、第三届酒博会等期间的和谐稳定。

（宋帮启）

外事侨务

【概述】 2013年，开展对外交流合作，交往领域涉及文化、科技、教育、体育、扶贫等方面，尤其利用全省旅游发展大会在六盘水市召开的契机，邀请许多国（境）外各类专业、友好人士到六盘水市访问交流，提高了六盘水市的知名度。格按照中央“八项规定”，省委“十项规定”的要求，控制无实质内容的出国考察活动；全年因公出访65批、143人次（参加2013贵州·香港活动周系列活动3批、28人次，参加贵州省公务员局组织的“千人赴港培训”共23批、60人次，本市自组团考察、交流4批、14人次，参加国家部、办、委组织的双跨团组6批、6人次，其余29批、35人次为省厅组织的各类培训、经贸考察、招商、交流活动）。

（丁新军）

【外国人到六盘水市考察】 3月14日至15日，日本日中技能者交流中心常务理事兼行政、教育交流部部长新井力先生、中心教育交流部堤英理子女士在国家外专局文教司调研员逯一光的陪同下，到六盘水市三中进行友好访问，了解日中技能者交流中心选派的日籍教师在市三中的工作、生活情况；对进一步与六盘水市拓展合作和交流与市教育局、市人资社保局、市外侨办领导进行座谈。4月18日至19日，德国SINSASS公司TOBIASKUH1先生一行4人到六盘水市考察投资合作意向，考察了水城茶叶公司有机茶园、加工厂，与市进行茶叶合作洽谈。4月20日，联合国基金会儿童健康部执行理事AndreaGay女士（美国籍）一行6人在国家疾控中心领导陪同下，经毕节到六盘水市考察了解六盘水市疾病控制方面的情况。

（丁新军）

【国际性赛事】 8月10日，作为省旅游发展大会活动之一的“源禧五金机电杯”2013凉都国际马拉松赛在六盘水市钟山区举行，来自肯尼亚、美国、英国等19个国家的60多名外国运动员及国内近万名选手参加。8月17日，多彩贵州·第六届中国原生态国际摄影展在六盘水市开幕，邀请来自中国、美国、印度、新加坡、印度尼西亚、芬兰、马来西亚等国家的90余位著名策展人及摄影师参与；收到国内外7.2万余幅参选作品，分为邀请展、名家展、公益展等29个主题展，近2000幅作品参展。2013年中国凉都·六盘水国际滑翔伞公开赛暨全国滑翔伞优秀选手赛，于8月16日至19日在六盘水市六枝特区毛口布依族苗族乡牂牁江景区举行，来自韩国、匈牙利等8个国家的10多个代表队的40多名滑翔高手参赛。

（丁新军）

【侨务工作】 市外事侨务办结合实际制定年度工作目标，宣传、贯彻落实侨务“一法两办法”，开展侨务信访、涉侨行政确认，完成侨务慰问救济、侨务扶贫、侨务捐赠等工作。1月，市外事侨务办赴盘县、六枝特区向5户侨务“关爱工程”扶贫项目实施户发放6.2万元无息借款，扶持经营鲜花店、五金店、生猪养殖等；在盘县走访葡萄牙华侨周同学开办的金源商贸有限公司，发放“六盘水市、县外侨办联系侨资企业工作服务卡”。1至2月，市外事侨务办联合市侨联深入全市各县（特区、区）、厂矿企业开展春节慰问活动，共慰问归侨侨眷165户，发放慰问金8.25万元，向全市40户贫困归侨侨眷发放从省侨办争取到的侨务救济费2万元（每户500元）。5月，市外事侨务办联合各县（特区、区）外事侨务办对全市的7户侨务扶贫项目户进行走访调研。2013年，市外事侨务办接待韩国华侨来访1起；办理7起侨务行政确认事项（5起侨眷身份认定、2起侨眷考生身份证明），满意率为100%。

（代　锦）

【侨港同胞捐赠】 六枝特区毛口乡卫生院获“侨爱工程—陈沙立先生救护生命万里行”项目捐赠1辆救护车。3至9月，香港慈恩基金会通过市政协支边办分别5次来六盘水市开展基层社区图书捐赠和学校助学金发放，共计捐赠图书2万册、助学金86.72万元。7月，香港吴星可基金会通过市侨联向钟山区残疾人捐赠150张轮椅，向150名残疾人发放捐赠款（每人300元）；向钟山区大湾镇丁拉小学35名学生发放助学金（每人500元）；9月，向六枝特区150名白内障患者捐赠复明资金14万元。7至10月，香港惠明慈善基金通过市妇联来六盘水市为基层妇女干部培训，向水城县猴场乡建设“布依绣娘惠明合作社”项目捐资40万元。12月，市三中100名高一学生获得“香港小平教育基金”的捐赠共计30万元。

（代　锦）

方志年鉴

【落实方志规划】 2013年6月27日，市地方志办公室印发《关于贯彻落实〈贵州省〉地方志事业“十二五”发展规划〉的实施意见》。按照“十二五”规划，全市的第二轮修志工作将在“十二五”时期内完成。其中《六盘水市志（1978—2008）》2013年完成初稿，2014年完成初审和复审，2015年完成终审和出版；《六枝特区志（1978—2008）》2013年完成初稿，2014年完成初审和复审，2015年完成终审和出版；《盘县志（1986—2008）》2013年完成终审，2014年出版；《水城县志（1978—2008）》2013年完成初稿，2014年完成初审和复审，2015年完成终审和出版；《六盘水市钟山区志（1988—2008）》2013年完成复审，2014年完成终审和出版。全市在“十二五”期间将逐步推进乡镇志、企业志、学校志、特色志的编纂；各县（特区、区）将启动年鉴的编纂；各县（特区、区）建立地方志网站，至2015年实现资料信息全部上网；至2015年，各县（特区、区）建成方志馆。

（宋　兵）

【《六盘水市志》初稿完成】 《六盘水市志（1978—2008）》为纳入贵州省修志规划的第二

轮志书，由六盘水市地方志办公室承编。首轮修志六盘水市的市级志书分专志单册出版，书名统一为《六盘水市志·××志》，共有57部专志，规模宏大，卷帙浩繁。由于首轮修志总字数逾千万，册数较多，志书上下限不整齐，因此使用起来不方便。为强化志书规范，增强志书的应用功能，充分发挥志书的作用，经六盘水市地方志办公室报请省地方志办公室研究，决定六盘水市的第二轮修志市级志书统一编纂一部，书名定为《六盘水市志（1978—2008）》，分上中下三册出版，字数250万字，志书上限为1978年，下限为2008年。

《六盘水市志（1978—2008）》初稿于2013年11月底编纂完成，志稿共300余万字，全面记述了六盘水市1978年至2008年的自然、政治、经济、文化和社会的历史与现状。1978年恰好是六盘水建市之年，同时也是中共十一届三中全会召开之年，可以说是中国改革开放的元年，因此第二轮《六盘水市志》的编纂具有特殊意义，正好反映建市30年、改革开放30年全市的发展和所取得的成就。

（宋　兵）

【《盘县志》召开终审会】　2013年11月13日，《盘县志》终审会议在省档案局（省地方志办）召开。会议由省志办主任王传福主持，省志办副主任归然、曾健出席会议，参加会议的还有省志办有关处室、市地方志办公室和盘县修志有关人员。会议对《盘县志》志稿进行评审，认为志稿规模较大，篇目、结构、体例、行文等不够规范，要求《盘县志》作进一步修改完善后再报请省志办进行终审验收。

《盘县特区志》于1998年7月出版，上限因事溯源，下限1985年，为盘县的首轮修志。1999年2月，盘县特区更名为盘县，《盘县志》为盘县的第二轮修志；由盘县档案局（县志办）承编，上限为1986年，下限为2008年。《盘县志》初稿于2012年年初完成，为全市最早完成第二轮修志初稿的县区；2012年11月13日，市志办组织召开《盘县志》复审会，志稿共1461页260万字，设有部类、编、篇、章、节、目等结构，复审认为志稿篇目过于庞大，需调整和压缩，会议原则通过志稿的复审并要求修改后再报市志办验收；2013年10月，《盘县志》志稿通过复审验收。

（宋　兵）

【《六盘水市钟山区志》复审会召开】　2013年10月14日，《六盘水市钟山区志》复审会议在钟山区会展中心召开。会议由市志办主任余朝林主持，钟山区区委常委、宣传部部长张群芳出席会议，参加会议的还有省市专家和各县（特区、区）地方志工作机构人员。与会评审人员对《六盘水市钟山区志》志稿给予肯定，并纷纷发表评审意见，会议一致同意《六盘水市钟山区志》原则通过审查，志稿经修改后再报请市地方志办公室验收。

六盘水市钟山区成立于1988年，《六盘水市钟山区志》是由钟山区史志办承修的六盘水市的首部城市区志。《六盘水市钟山区志》系统记载钟山区自建区以来经济社会发展的历史，志稿于2008年下半年启动编纂，2013年5月完成初稿，2013年6月组织初审。志稿上限为1988年，下限为2008年，共设23篇、115章、547节，约195万字。复审会认为，《六盘水市钟山区志》志稿规模过于庞大，建议将字数压缩至100万字以内，并按照志书的规范和要求，进一步修改完善和充实志稿内容，体现和突出地方特色。

（宋　兵）

【年鉴工作】　2013年3月，《六盘水年鉴》（2012年卷）出版发行。全书88万字，收录图片162张，大16开硬封精装，方志出版社出版。2013年5月10日，由市地方志办公室承编的《贵州年鉴》（2013年卷）六盘水资料组稿任务完成并上报贵州年鉴社，共上报图片35张、条目32个约3万余字。2013年12月，《六盘水年鉴》（2013年卷）出版发行。《六盘水年鉴》（2013年卷），全书97万字，收录图片161张，大16开硬封精装，方志出版社出版。

（宋　兵）

【省执法检查组到六盘水市检查】　2013年8月23日至26日，由省档案局副局长（省地方志办副主任）梁贵钢担任组长的省档案地方志行政执法检查第一工作组一行6人到六盘水市开展档案地方志行政执法检查。检查组成员由省档案局（省地方志办）政策法规处、省人大教科文卫办公室、毕节市档案局组成。检查组一行先后对盘县、水城县的档案地方志工作进行检查，听取各县档案地方志工作汇报，进行工作评议，填写行政执法检查登记表。

县区检查工作结束后，市地方志办公室于8月25日组织召开档案地方志行政执法检查工作汇报会，检查组成员及市志办、市档案局、市人大、市政府法制办有关人员参加会议，市志办、市档案局作了执法检查工作自查报告。检查组对六盘水市的档案地方志工作成绩给予肯定，对工作中的亮点给予表扬，对存在的问题提出意见、建议。检查组同时就省档案局（省地方志办）开展群众路线教育实践活动征求了市地方志办和市档案局的意见。

（宋　兵）

【《六盘水市简志》完成三级审验】 《六盘水市简志》为六盘水市地方志办公室承编的规划外志书，2011年编修工作启动，2012年6月开展编纂，2012年12月完成初稿。2013年10月9日，市地方志办公室召开志稿审验会，完成志稿的三审工作。《六盘水市简志》为六盘水市历史与现状的缩影，章节体结构，共19章91节，全书40万字左右，上限因事溯源，下限断至2008年。经审稿会议研究，决定将志稿调整为条目体结构，下限定为2010年，计划2014年出版成书。

（宋　兵）

【三线建设专著出版】 2013年8月上旬，《六盘水三线建设志》和《三经风云》（六盘水专辑）由当代中国出版社出版发行。为迎接第八届贵州旅游产业发展大会召开，市委市政府决定打造三线文化品牌，其中三线建设文化资料征集工作领导小组办公室设在市志办。为深刻发掘三线建设文化内涵，弘扬三线建设精神，经市志办研究，决定在年度工作计划外，组织编纂《六盘水三线建设志》《三线风云》（六盘水专辑），以整理、研究和丰富三线建设文化的内容。《六盘水三线建设志》《三线风云》（六盘水专辑）系统记载了市境三线建设的兴起、六盘水的由来、三线建设的成就、三线建设中的人物事迹等。图书形式装帧美观大方，书中内容经过多方研究考证，尤其是经过多方努力，收录了邓小平秘密视察三线建设时到达贵州及六盘水的图片资料，系全国首次公开刊出的珍贵资料。

《六盘水三线建设志》为大16开硬壳精装本，共11章30节，40万字，收录图片145幅，设有专记“邓小平与六盘水三线建设”和“彭德怀与六盘水三线建设”，主编余朝林，执行副主编斯信强，副主编赵福江、夏厚军、余祖海、朱祖雄，该书由市委书记王晓光作序。

《三线风云》（六盘水专辑）系中国三线建设文选丛书，大32开，68万字，收录图片73幅，主编余朝林，执行副主编余祖海，副主编赵福江、夏厚军、斯信强、朱祖雄，该书由中国人民解放军军事科学院原副院长钱海皓中将作序。

（宋　兵）

【辽宁铁法能源公司到六盘水市采集资料】 铁法能源有限责任公司是辽宁省的大型煤炭企业，其中部分员工来自原中国人民解放军基建工程兵四十一支队。1966年8月1日，中国人民解放军基建工程兵煤炭部队四十一支队在贵州省盘县瓦厂宣告成立，部队先后完成月亮田、老屋基、火烧铺、土城等国家大型煤矿的基本建设任务，为盘县矿区的建设作了贡献。1973年，部队在完成盘县矿区的建设任务后挥师北长，转战辽宁省铁法矿区。1983年基建工程兵部队撤销后，基建工程兵四十一支队改编为煤炭部第二建设公司，1985年与辽宁铁法能源有限责任公司合并。

2013年3月5日，铁法能源有限责任公司“重走三线路”调研组一行4人到六盘水市，为编纂《基建工程兵史》采集资料。由市地方志办公室牵头，盘县县委、盘江控股集团公司配合接待调研组一行。

《基建工程兵史》为中央军委安排编纂的大型史志图书，记载中国人民解放军基建工程兵在祖国建设中的贡献。

调研组成员分别为：曹良华，铁法能源公司副总，曾服役于四十一支队政治部；吴龙水，铁法能源公司矿建公司党委书记，曾服役于四十一支队四〇四团；董长杰（女），铁法能源公司史志办主任；王俊田，铁法能源公司

史志办责任编辑。

调研组一行对六盘水市进行了为期4天的调研（2013年3月5日至8日），调研活动主要有召开座谈会，探讨基建工程兵四十一队历史；征集史实资料；参观六盘水市城市建设新貌；参观凉都“三线建设”博物馆建设工地；考察原四十一支队司令部旧址（盘县板桥镇）、盘县烈士陵园、红二六军团盘县会议会址、四十一支队成立授旗阅兵仪式旧址（盘县两河乡瓦厂）、山脚树矿等。考察期间先后有市政府有关领导、盘江控股集团盘江精煤股份公司有关领导、盘县县委县政府有关领导、市志办、盘县档案局等有关人员与调研组进行了座谈。

（宋　兵）

【三线建设博物馆文化资料征集完成】　2012年，市委市政府决定打造六盘水三线建设文化品牌，6月26日，六盘水市三线建设文化资料征集工作领导小组成立，下属办公室设在市志办，由市志办主任余朝林兼任办公室主任。

三线建设文化资料征集工作领导小组办公室成立后，市志办随即安排人员组成征集组，开展三线建设文献资料和文物的征集工作。征集组先后深入驻市境三线建设企业以及迁出市境的三线建设企业、有关档案馆博物馆征集三线建设资料。在资料征集的过程中，征集人员行程数千公里，足迹遍及云、贵、川、渝、京、辽等地。每到一处，征集组均召开座谈会，查阅历史档案，走访老同志，访谈“老三线人”300余人。征集组通过一年多的努力，至2013年8月，共征集到文献资料500余件、音像资料2万多分钟、图片1200余张和部分文物。

三线建设文化资料征集工作领导小组办公室所采集到的图片、文献、文物移交贵州三线建设博物馆；部分文字资料编辑整理后提供给三线建设博物馆；部分资料编辑整理后出版了《六盘水三线建设志》和《三线风云》（六盘水专辑）；部分资料还在进一步研究整理中，备2014年计划召开的三线建设学术交流会使用。此外，三线建设文化资料征集工作领导小组办公室还同时向贵州三线建设博物馆提供了文物征集线索并参与博物馆的布展论证等工作。2013年8月17日，贵州三线建设博物馆举行揭牌仪式，宣告正式开馆。贵州三线建设博物馆为全国唯一一家以三线建设为主题的博物馆，其中部分展品和大量文字资料均为三线建设文资料征集工作领导小组办公室提供。

（宋　兵）

【社科院当代中国研究所到六盘水市调研】2013年6月6日，中国社会科学院当代中国研究所调研组一行14人到六盘水市进行调研，调研组由中国人民解放军军事科学院原副院长、中国三线建设研究会领导小组组长钱海皓中将和当代中国研究所副所长武力率队，调研六盘水市的三线建设企业及城市转型发展情况。调研期间，市委书记王晓光、市长周荣等领导向调研组介绍了情况，有关人员陪同。

调研工作为期4天（6至9日），调研组先后深入盘江投资控股集团公司、首钢集团水城钢铁公司、水城矿业集团汪家寨煤矿、凤凰山城市综合体、凉都体育中心、三线建设博物馆、红桥新区等地实地考察，与地方及企业领导及老同志进行座谈，了解三线企业的建设、调整、改革与转型情况，并就资源型城市转型发展提出意见建议。

（宋　兵）

【单兰山应邀访问六盘水】　经市地方志办公室联系，曾随同邓小平视察西南三线建设的单兰山于2013年7月1至3日应邀访问六盘水。

单兰山退休前任国家建材工业部办公厅主任，曾于1959年4月至1960年10月任林彪秘书；1960年至1966年4月任国家计委常务副主任、西南局书记处书记、西南三线建设委员会常务副主任程子华秘书；1967年至1974年任谷牧秘书。

1965年11月3日至12月7日，中共中央总书记邓小平秘密视察西南三线建设情况，因为当时国际形势比较紧张，所以没有记者跟随采访报道，仅由时任西南三线建设委员会常务副主任程子华秘书的单兰山随行承担摄影和记录工作，拍摄和记录下了一些珍贵的照片和文稿。11月23日，邓小平、薄一波、李井泉、程子华、吕正操等领导视察了贵昆铁路六枝关寨工地。事后邓小平为关寨火车站提写了站名。11月24日，邓小平一行视察六枝矿区地宗煤矿，并在一个尚未建成的澡堂里召开了汇报会。单兰山拍摄和保存了视察组在六枝视察期间的珍贵照片。

此次访问为单兰山第五次到六盘水。访问期间，单兰山还与市地方志办公室签订了照片转让协议，授权市地方志办公室在贵州省境内使用其三线建设时期在六盘水拍摄的照片。2013年8月出版的《六盘水三线建设志》《三线风云》（六盘水专辑）及贵州三线建设博物馆均采用了由单兰山提供的一些珍贵照片。

单兰山访问六盘水期间，先后参观了明湖国家湿地公园、贵州省三线建设博物馆、凤凰山城市综合体、首钢集团水城钢铁公司等地，市委市政府有关领导和市委宣传部、市地方志办公室有关人员陪同。

（宋　兵）

【外出考察方志馆建设】　市博物馆、市城市规划展览馆、市方志馆为三馆合建的项目体，于2012年6月28日作为凤凰山城市综合体项目之一集中开工兴建，其中市方志馆设计面积8063平方米，单体建筑面积为全国地级市中较大的方志馆，建成后将致力于收藏全国省、市、区、县乃至国外的地方志书及历史文献资料，并建成为开展地方志学术文化研究的一个平台。至2013年12月，六盘水市方志馆完成主体建筑封顶，计划于2014年开馆。

2013年9月14日至27日，市地方志办公室组成考察组外出学习考察全国一些地方志馆的设计布展规划及管理运行方式。考察组先后到国家方志馆、北京市方志馆、上海通志馆、江苏省方志馆、山东省历史博物馆、广东省方志馆、深圳市方志馆、江西省方志馆、秦皇岛市方志馆、杭州市方志馆、杭州市余杭区方志馆等展馆实地考察，与各馆举行座谈，介绍六盘水市方志馆的情况，交流工作经验，交换志书及方志资料，学习布展规划，听取意见建议，为六盘水市方志馆的开馆做准备。考察活动结束后，贵州红双吉装饰有限公司结合考察实际制作了六盘水市方志馆装修设计方案，市地方志办公室制订了六盘水市方志馆布展大纲。

（宋　兵）

【市地方志办受表彰】　第八届贵州旅游产业发展大会于2013年8月18日在六盘水市召开，在迎接大会召开的前期准备工作中，市地方志办公室负责三线建设文化资料的征集工作，在大会召开前夕，市地方志办公室如期完成征集任务并编纂出版了《三线建设志》《三线风云》（六盘水专辑）。

2013年8月23日，全市召开第八届贵州旅游产业发展大会总结表彰大会，表彰在第八届贵州旅游产业发展大会工作中表现突出的集体和个人，市地方志办公室获得先进集体称号，市地方志办公室罗玲获得先进个人称号。

（宋　兵）

档　案

【招商引资】　2013年，市档案局与六盘水清洁能源有限公司达成招商引资协议，引入投资建设项目（六盘水市中心城区民用燃气保障工程）1.7238亿元（其中水城县勺米镇格目底矿业东井煤矿6832万元、水城县勺米镇格目底矿业中井煤矿5203万元、水城县玉舍乡玉舍煤矿5203万元）。

（胡小平）

【人员培训】　2013年5月20日至21日，举办了市直机关档案人员业务素质提升培训班，参训人员109名；2013年6月7日至8日，与市计生委联合举办钟山区村级计生主任档案培训班，钟山区各村、居委会、社区共109人参训。2013年7月3日至7日，组织干部职工分两组赴上海浦东、浙江绍兴，广东珠海、中山等考察学习档案工作管理新经验。

（胡小平）

【行政执法检查】　2013年，市档案局联合市人大教科文卫委、市政府法制办共同拟发了《关于开展2013年度档案行政执法检查的通知》，组成2个联合检查组，重点检查29个市级机关的档案工作情况及4个县级档案部门，同时，抽查17个县级机关和10个乡镇的档案工作。对市级机关4个档案管理混乱单位下发了整改通知书。8月23日至25

日，贵州省人大教科文卫委、省政府法制办、省档案局联合组成档案行政执法检查组，到六盘水市开展档案行政执法检查工作。

（胡小平）

【重大工程和重点项目档案管理】 制定并下发《2013年六盘水市重大工程和重点项目档案管理任务分解表》，进一步明确市、县两级档案局监督指导、登记的重大工程和重点项目档案工作，按要求上报省的市级重点建设项目120个单位，省级重点建设项目65个单位。市松河矿井、市供电局220千伏双龙（鸡场坪）变电站、市人民医院综合楼、市地震应急指挥中心办公楼等建设项目档案工作获得省级档案重大建设项目验收组专项验收。

（胡小平）

【到期档案和重大活动档案进馆】 2013年，市档案馆接收到期档案进馆12个全宗1069卷。在六盘水市承办贵州省第八届旅游产业发展大会活动结束后，收集整理35盒档案资料接收进馆。

（胡小平）

【档案验收】 2013年1月底，市档案局与市水利普查档案验收工作小组开展对钟山区、盘县、水城县、六枝特区水利普查档案预验收工作，8月中旬顺利通过省水利厅正式验收。9月3日，贵州省档案局副局长（副馆长）曾健率领省档案局工作人员一行四人对钟山区创建省级社会主义新农村建设档案工作示范区进行验收。钟山区通过验收。

（胡小平）

【档案资源开发】 2013年，共提供档案利用391卷，复印档案文件资料3998页。提供利用土地征用、养老保险、工伤赔偿等方面的现行文件106人次，复制文件117件。接收整理政策性、法规性文件738件，收集、装订报刊资料236册。收集书籍资料66册，电子文件155件。在六盘水市档案信息网上上传物价、能源、扶贫、教育、财政、统计等类别目录信息1100条，校对、修改、整理、提供1500条现行文件、政府信息公开等目录。

（胡小平）

【门户网站建设】 在市电子政务中心的帮助和指导下，成功建立六盘水市档案局门户网站并开通试运行，共整理新上传信息456条。

（胡小平）

【档案开放鉴定】 完成对第三批（1981—1983年）馆藏档案鉴定开放工作，鉴定1981—1983年馆藏档案，84个全宗共1717卷。

（胡小平）

【档案全文扫描】 2013年，对馆藏两个全宗136卷档案开展全文扫描工作。装裱修复宋平等领导题字五幅，并对题字进行数字化扫描。

（胡小平）

【重点档案抢救保护】 在六盘水市境内开展重点档案（彝文古籍）的征收征集工作，共征收征集50册进馆（其中纸质原件14册，电子版36册）。2013年4月，组织市县两级档案部门申报2014年国家重点档案抢救和保护中央专项补助经费共20万元（其中市级10万元，水城县5万元，六枝特区5万元）；2013年5月，组织县级档案部门申报2014年国家重点档案抢救和保护省级专项补助经费共20万元（其中六枝特区5万元，盘县5万元，水城县5万元，钟山区5万元），并积极做好中央、省级专项补助经费在县级重点档案抢救和保护使用中的监督指导工作。

（胡小平）

【典型案例】 2013年，完成收集强化管理、服务创新、技改工程、计划生育、退休、养老保险、地产地界等方面的典型案例55例共21400余字，并编印成册。

（胡小平）

【馆藏重点档案开发利用】 与贵州大学、贵州民族大学民族科学研究院合作，争取建立贵州大学、贵州民族大学六盘水市民族文化研究基地，以馆藏重点档案资源为基础，依托贵州大学、贵州民族大学研究人员优势，逐步开展对馆藏重点档案的开发利用工作。

（胡小平）

【新农村建设和林权制度改革档案】 2013年5月6日，完成2000年至2010年期间全市（州）开展社会主义新农村建设档案工作和全市（州）林权制度改革档案工作情况的资料汇总上报工作。

（胡小平）

【副市长范三川到市档案局视察】 2013年12月19日，市政府副市长范三川到市档案局视察工作，肯定了市档案局服务社会的工作举措，对新馆建设提出合理化建议，并帮助解决市档案局在工作中遇到的一些困难和问题，针对下一步档案工作提出加大执法力度、加强业务指导、拓宽档案干部培训渠道等意见和建议。

（胡小平）

电子政务

【概况】 六盘水市电子政务办公室为财政全额预算管理的副县级参公管理事业单位，隶属于六盘水市人民政府办公室，内设综合科、电子政务推进科、政府信息公开科、系统管理科和网站管理科5个科（均为副科级），共有编制18个，其中：管理人员编制15个，工勤人员编制3个（含聘用驾驶员编制2个）。现有副县级领导1人，正科级领导3人，副科级领导5人（其中2人为非领导职务），普通管理人员4人，工勤人员2人（其中聘用制工勤1人）。

2013年度，主要开展以下工作。

扎实推进全市政府信息公开工作。加快推进财政预决算、“三公”经费信息公开；突出抓好重点领域信息公开；加强依申请公开办理工作；加强督查指导和宣传培训工作。

凝心聚力，建设一流政府门户网站。做好政府门户网站的信息保障与维护管理工作；加强互动功能，为市民提供网络问政、建言献策的信息交流和沟通平台；做好投诉咨询平台系统升级及日常运行管理工作；加强“中国凉都.六盘水”政府门户网站整改。

加快推进协同办公系统应用。推进市政府协同办公平台应用；加快推进公文交换系统应用；完成六盘水市政府协同办公网公共空间规划建设，构建全市统一的办公业务网络平台；做好省市县三级政府协同办公系统应用。

充分发挥管理职能，推动电子政务健康发展。加强市级电子政务项目的管理；制定规章，规范管理。

推动凤凰山城市综合体电子政务外网基础设施建设。

强化安全措施，提升服务质量。加强信息网络安全建设；做好电子政务技术服务和运维工作。

“中国凉都.六盘水”政府门户网站在六盘水市影响力日益提升，2013年访问量达到650万（人次）。在第十二届（2013年度）中国政府网站绩效评估中，“中国凉都·六盘水”政府门户网站在全国297个地市政府中名列24名，在全省位列第二。

（邢颖辉）

政务服务

【概述】 2013年，市政府政务服务中心共受理各类政务服务事项55.3万件，办结54.7万件，提前办结率为98.9%，提供咨询引导服务30.6万人次。

（刘　皓）

【基础设施建设】 健全基础设施。2013年，“六盘水市人民政府政务服务大厅”更名为“六盘水市人民政府政务服务中心”。在市中心主要路口设置了标有六盘水市政务服务中心的道路指示牌共6块；在现有停车场所基础上，标画了停车线，方便办事群众停车；新修残疾人通道，为残疾人提供方便。

合理设置分区。中心进驻了38家依法行政的审批部门和8家与老百姓生产生活相关的水、电、气等公用企业，设有96个服务席位和55间进驻单位审批服务办公室，根据群众的办事特点，将中心划分为企业注册登记区、投资项目申报区等8个主功能区和文印中心、投诉中心等4个辅助功能区。

配全便民服务设施。设置咨询导办台，为办事群众提供咨询导办服务；配备了文印、电传、信息查询、自助上网等设备；提供了填单台、便

民雨伞、休息等候椅、手机加油站、报刊架等30余种便民服务设施，制作微笑服务等标志牌200余块。

调整政务服务分厅。将以往的4个政务服务分厅调整为市公安局交警支队分厅、市住建局产权监理处分厅、市人资社保局分厅3个政务服务分厅。

（刘　皓）

【规范政务服务行为】　起草20余个政务服务工作制度，并对已出台的40个工作制度、管理办法进行修订和完善。编制市政务服务中心进驻事项目录并报市政府审定印发。督促全市具有行政审批职能的部门将行政审批事项，非行政许可审批事项全部纳入中心办理。现中心进驻事项241项（含行政许可事项44项、非行政许可审批事项20项、其他服务事项177项〈含行政服务事项23项〉）。设置的3个市级政务分厅中，市公安局交警支队分厅进驻事项13项，市住建局产权监理处分厅进驻事项18项，市人资社保局分厅进驻事项4项（含2项行政许可，2项行政服务）。事项进驻达到“应进必进”的要求。

推出咨询导办、加班延时、主动上门、电话预约、特事特办、全程代办、休息日服务等延伸服务。年内共开展咨询引导服务30.6万人次，预约服务82次，加班延时服务430次、延长工时达6000余小时，上门服务35次，办理特事特办事项50余项，全程代办事项6项，休息日服务8次。

（刘　皓）

【规范行政审批事项】　完成事项区分。与市效能办共同组成审核组，对进驻中心的174个事项（含168个子项）的区分情况进行审核，区分出“一般事项”和“复杂事项”，督促各进驻部门对区分出的“一般事项”进行充分授权，做到窗口受理后直接办理，提高现场办结率。

压缩办事时限。要求各部门、单位减少审批环节，优化审批流程，将对外承诺办理时限在法定时限基础上缩短50%以上。8月底，向各进驻部门印发《关于确认市政府政务大厅进驻事项所含子项的通知》。11月初印发《关于印发2013年行政审批事项承诺时限压缩表的通知》，公布市级59个行政审批事项的办理时限，从总法定办理时限3598个工作日，压缩到总承诺办理时限1752个工作日，时限压缩率为51.3%。

编制行政权力运行流程图。9月初，向各进驻部门印发《关于开展梳理审批环节、优化审批流程工作的通知》，要求各单位梳理审批环节，优化审批流程，编制行政审批流程图。

编制行政审批职权目录。配合市政府法制办对市级各行政执法机关行使的行政职权事项进行全面梳理和审核。10月中旬，市政府法制办印发《关于六盘水市2013年市级行政机关行政职权目录的通告》，公布了市级各行政执法机关行政职权共3936项，其中行政许可46项、行政处罚3676项、行政强制措施91项、行政强制执行59项、行政征收19项、非行政许可审批20项、行政服务25项。

制定行政审批、服务事项要件标准。印发《关于审核确认事项申请条件的函》，审核、整理市政府7号令中涉及的91个行政审批、服务事项的申请条件。

（刘　皓）

【监督管理】　每月对进驻人员进行量化评分，评选出流动红旗窗口、优秀工作人员和办件明星。全年评选流动红旗窗口、窗口优秀工作人员、办件明星90余人（个）次。起草完善行政审批专用章管理制度，规定纳入中心办理的审批、服务事项，除法律有特别规定外，都必须加盖行政审批专用章。通过凉都六盘水网站、市政府政务中心门户网站、公开栏、新闻媒体等载体，进一步扩大政务服务公开范围和公开力度。聘任来自人大、政协、新闻媒体、企业代表的8名人员作为政务服务工作义务监督员。

（刘　皓）

【加强政务服务体系建设】　加强对各县区政务服务中心规范化建设工作指导。邀请县区参加市、县政务服务工作交流会10余次。中心领导带队到各县区政务中心指导工作8次，协助水城县和盘县建设新的政务服务中心。

加大宣传力度。每天采用1ED电子大屏滚动宣传为民服务、领导关怀、工作交流、业务工作、活动开展等内容。更新网站内容300余条，接受各级新闻媒体采访10余次，印发中心运行情况通报11期，政务服务规范化建设工作信息8期，上报政务服务工作信息100余篇，在开展政府公报日活动的同时，上街发放宣传画册、服务指南、办事指南等宣传资料6000余份。

（刘　皓）

【全省政务服务规范化建设评比获第一名】 2013年，六盘水市政务服务中心在全省政务服务规范化建设评比中获得第一名。

（刘　皓）

【印制便民服务资料】 共印制服务指南1000份、办事指南（一次性告知单）245种共计18.8万份，并陈列于查阅中心、中心资料架、窗口前台资料架上，供申请人（办事群众）免费查阅。

（刘　皓）

公共资源交易

【概述】 市公共资源交易中心是属于市人民政府管理的正县级全额拨款事业单位，定编50人，下设八个正科级部室。

（丁　顺）

【交易项目完成情况】 2013年，市公共资源交易中心共受理进场交易项目843个，完成交易项目693个，完成交易金额1477718.138万元，节约和增值资金30127.95284万元，为市级财政创造非税收入2625.583万元。

（丁　顺）

【国有股权首次通过交易平台转让】 5月8日，六盘水市啤酒有限责任公司49%股权以人民币5566万元转让给重庆嘉酿啤酒有限公司，这是国有企业股权首次通过公共资源交易平台转让。

（丁　顺）

【汽车特殊号牌拍卖创新高】 6月28日，六盘水市汽车号牌贵BQ0000以39万元成交，创车牌拍卖最高记录。所得收入将用于社会公益事业。

（丁　顺）

【首例广告经营权拍卖】 11月13日，六盘水市公共资源交易中心完成首例广告经营权进场交易拍卖会（六盘水市中心城区公交车候车亭及出租车招呼站五年广告经营权拍卖），成交价550万元，经营期五年总成交额达到2920.56875万元。国有无形资产通过交易平台市场机制的公开选择实现了较好的货币增值。

（丁　顺）

【领导调研】 6月6日，市委常委、市纪委书记向昀到市公共资源交易中心调研。

7月29日，省公管办副主任张洪率省公管办调研组到市公共资源交易中心调研。调研组用“一个奇迹”“一个很到位”“一个很好”“一个非常好”高度评价了中心一年来的工作。

9月11日，市委副书记、市政府常务副市长魏树旺到市公共资源交易中心检查指导工作。

（丁　顺）

政务接待

【概况】 2013年，随着六盘水市招商引资工作的不断深入，对外开放力度不断加大，项目建设、基础设施建设、民生工程建设不断推进，特别是全省第二次项目现场观摩会和第八届贵州旅游产业发展大会在六盘水市的召开，各方宾客到六盘水市调研、考察、学习、交流人数大幅增加，接待工作呈现出时间紧、任务重、要求高、规模大等新特点。市委市政府接待处按照中央、省、市关于公务接待的规定和要求，围绕市委市政府中心工作，在加强接待队伍建设的同时，强化工作职责，积极主动地开展工作，较好地完成了各项工作任务，为全市的改革和发展做出了积极贡献。全年共接待来宾80批、3515人次，其中，省部级领导98人次，厅局级领导453人次，接待总量达7111人次。在第八届贵州旅游产业发展大会期间，因成绩突出，市委市政府授予接待处“突出贡献奖”。

（李晓涛）

机关事务

【概述】 六盘水市机关事务管理局为财政全额预算拨款的正县级事业单位，隶属于市人民政府办公室，内部设置办公室、财务科、物业管理科、保卫科（武装部）、公产管理科和机关公共节能科等6个科室。主要管辖市委市政府办公楼和大院、市人大政协办公楼和大院、地级干部住宅楼（包括24户和10户）、十二层综合办公楼、信息综合办公楼、金钟综合办公楼、党群综合办公楼、统战综合办公楼、市直机关三号办公楼、常委楼、会议中心、两个地下停车场。直接为40多个市直单位提供服务。

2013年，共投入资金344.51万元添置国有资产，对办公楼维修管理。完成了市委常委楼会议室改造和外观美化工程、电视电话会议室设备更换和改造维修工程、“两院”监控设备采购安装工程、市级周转房及活动室维修建设、会议中心大会议室设备改造装修工程、十二层大楼和信息大楼的电梯更换验收等，并积极参与凤凰山城市综合体建设管理接管工作。

积极参与行政中心建设和接管准备工作。认真履行凤凰山城市综合体建设推进组成员单位责任人职责，为各项功能设计建设提出许多合理化建议，提前做行政中心办公用房分配的调查摸底工作；在认真学习借鉴发达地区成功经验的基础上，及时组织研究拟定新行政中心餐饮、保卫、会务和物业管理等工作方案，并提前做相关准备工作；积极推进凤凰山城市综合体的绿色建设。

招待所及餐饮服务工作水平稳步提升。

（陈建华）

【宣传贯彻落实《机关事务管理条例》】 年初召开了相关会议，以六盘水市人民政府办公室名义下发了《市人民政府办公室关于印发六盘水市贯彻落实〈机关事务管理条例〉实施意见的通知》，成立领导小组，明确责任领导，加强领导，对全市贯彻落实“条例”工作进行了统一安排部署，完善了统一协调机制，分阶段、分步骤安排了全市贯彻落实“条例”工作，进一步理顺完善全市各级机关事务管理部门工作机构和职能。结合清理办公用房、六盘水市市直相关单位办公地址搬迁等工作和《党政机关厉行节约反对浪费条例》的贯彻实施进一步推进机关服务社会化改革，加速推进“条例”落实。适时到各地进行调研和检查“条例”贯彻落实情况，年底全面检查，向省人民政府办公厅报告了情况。2013年，《机关事务管理条例》在六盘水得到初步的贯彻执行，市和各县特区区机关事务工作开始向规范化、制度化、科学化起步。

（陈建华）

【物业管理】 认真检查维修，随时排查隐患，及时排除故障，确保所辖办公楼水电气暖正常运行，全年维修1460次，出动工人2300余人次；结合“五城联创”和迎接旅发大会召开工作，认真落实卫生工作制度，及时清理卫生区域的残留物，全年清运垃圾约120吨；并及时查找细节失误，努力提高服务人员素质，会务服务工作保持优质运行；时刻强化警惕性和责任感，努力克服队伍不稳定困难，保卫工作的对外形象明显提升。

（陈建华）

【安全保卫】 完善各项措施，搞好重点整治，严格执行规章制度，做到有章可循。安装完善了市委市政府大院的监控设备，信息大楼安装了IC卡门禁系统、大厅增设了高清监控等。改进了防范技术手段。改进加强了政府大院的保卫工作，同时加大对“两院”的巡逻巡查力度，严格对来访人员、出入车辆的进行登记管理和跟踪监督服务，保卫工作的管理水平和管理效果明显提高。全年共协助疏导上访群众2796人221次，其中：100人以上3次，50人以上12次，50人以下206次；共劝离上访群体37起160余人次；门卫询问登记外来办事人员5145人次、盘查外来办事无证车辆4589辆次。一年来未发生因保卫失职造成的机关物品丢失现象。

（陈建华）

【公共机构节能工作】 进一步完善公共机构节能工作的管理制度，建立统计员、联络员队伍及其工作机制，节能管理和统计上报工作有序进行；加大节能工作的督促检查指导力度，完成了县、特区、区检查2次以上、机关检查率达80%的要求任务；节能周宣传活动有声有色，省检查组表扬公共机构节能工作是六盘水的一大亮点；成功申报市三中获国家机关事务管理局批准为国家级“公共机构节能示范单位”，获国家发展资金30万元；申报市行政中心地下停车场及节能灯改造项目，获省发展资金20万元。开展了以“践行节能低碳，建设美丽家园”为主题的节能宣传周和低碳日活动，取得了良好效果。

（陈建华）

【会务工作】 加强对服务人员的管理和业务培训，加强保密宣传教育，积极改善会务环境，服务质量和服务水平不断提高。圆满完成“两会”等重要会议、活动的会务保障和服务工作，提供会议服务500余场次，参会人员6.4万余人次，实现场场零失误，得到各级参会人员的好评。

（陈建华）

政协六盘水市委员会

【市政协七届二次会议举行】 中国人民政治协商会议第七届六盘水市委员会第二次会议于2月18日至22日在钟山区举行。会议同意市政协主席唐方信代表政协第七届六盘水市委员会常务委员会所作的工作报告，同意市政协副主席张俊昌代表政协第七届六盘水市委员会常务委员会所作的七届一次会议以来提案工作情况的报告，列席了六盘水市第七届人民代表大会第三次会议，听取并协商讨论了何刚市长所作的《政府工作报告》以及其他有关报告。委员们对2012年“一府两院”工作取得的成绩给予了高度评价，对2013年“一府两院”工作部署表示赞同，并提出了很多意见和建议。

市党政军领导出席会议的开幕式和闭幕式。市委、市政协领导分别参加了全体会议、主席会议和各组讨论，听取委员们的意见和建议，与参会人员面对面进行交流。

会议期间共收到提案196件。经审查，立案193件，未立案3件。在立案的193件提案中，委员提案128件，各民主党派市委和市工商联提案64件，市政协各专门委员会提案1件。按类别分，经济建设方面的提案113件，占立案总数的58.55%；科教文卫体方面的提案42件，占立案总数的21.76%；政法统战、劳动保障、社会管理及其他方面的提案38件，占立案总数的19.69%。

（温洪涛）

【第七届市政协常务委员会会议】 2013年，政协第七届六盘水市委员会常务委员会会议一共举行了6次。

七届五次常委会议于1月21日至22日召开。会议由市政协副主席王兴建、赵泽义主持。市政协主席唐方信，副主席王兴建、田满华、张俊昌、聂志权、邓刚、赵泽义、滕树红、吴文祥及秘书长江胜东，政协常务委员共59人出席了会议。市人民政府副市长付昭祥应邀参加会议。市政协副秘书长及其他有关人员参加了会议，市委办、市政府办、市发改委、市经信委、市农委、市教育局的负责人以及驻市省政协委员，各县、特区、区政协主席或副主席，各企业联络组负责人、部分市政协机关干部列席了有关议程的会议。会议听取了市人民政府关于市政协七届一次会议以来提案办理情况的通报，协商讨论了市人民政府工作报告；审议了市七届政协常务委员会工作报告（草案）和市政协七届一次会议以来提案工作情况的报告以及市政协七届二次会议文件。

市政协七届六次、七次常委会议于市政协七届二次会议期间召开。两次会议均由市政协主席唐方信主持会议，市政协副主席王兴建、田满华、张俊昌、聂志权、邓刚、赵泽义、滕树红、吴文祥及秘书长江胜东和政协常委出席会议，秘书处有关人员列席会议。2月21日召开的市政协七届六次常委会议审议通过了市政协七届二次会议决议（草案）、市政协七届二次会议提案审查情况的报告（草案）、补选常务委员会委员候选人名单（草案）、总监票人、监票人、总计票人名单（草案）、选举办法（草案）。2月22日召开的市政协七届七次常委会议对市政协七届二次会议第三次全体会议选举结果的报告进行了审议，一致同意车明江当选为七届市政协常务委员会委员。

市政协七届八次常委会议于4月22至23日召开。会议由市政协副主席王兴建、聂志权主持。市政协主席唐方信，副主席王兴建、张俊昌、聂志权、邓刚、赵泽义、滕树红、吴文祥及秘书长江胜东，政协常务委员共58人出席了会议。市委常委、市人民政府副市长刘友宾应邀参加会议。市政协副秘书长及政协机关其他有关人员，驻市省政协委员，各县、特区、区政协主席或副主席，各企业联络组负责人参加了会议，市委办、市政府办、市发改委、市经信委、市旅游局、市安监局、市旅发办的负责人列席了有关议程的会议。会议听取并讨论了关于工业园区项目落地情况、旅发大会设施建设情况、全市安全生产情况的通报。以书面形式传达了省政协十一届一次常委会议精神。会议免去郑学群政协第七届六盘水市委员会人口资源环境委员会主任职务。

市政协七届九次常委会议于7月24至25日召开。会议由市政协副主席王兴建、邓刚主持。市政协主席唐方信，副主席田满华、张俊昌、邓刚、滕树红、吴文祥及秘书长江胜东和市政协常委出席了会议，市人民政府副市长谢朝碧应邀参加会议。市委办、市政府办、市委统战部、市发改委、市经信委、市商务粮食局、市统计局、市住建局的负责人、驻市省政协委员，各县、特区、区政协主席或副主席，各企业联络组负责人、部分市政协机关干部列席了会议。会议听取并讨论了2013年上半年全市经济运行情况、十个特色小城镇建设工作情况、现代高效农业示范园区建设情况、“五城联创”工作情况的通报，协商同意夏厚军等9人辞去委员职务，协商增补陈健等10人为市七届政协委员。

市政协七届十次常委会议于10月30至31日召开。会议由市政协副主席王兴建、赵泽义主持。市政协主席唐方信，副主席田满华、张俊昌、邓刚、吴文祥及秘书长江胜东等58名市政协常委出席了会议，市人民政府副市长付昭祥应邀参加会议。市委办、市政府办、市委统战部、市发改委、市教育局、市经信委、市住房和城乡建设局、市交通局、市农委、市水利局、市文体广电局、市卫生局、市林业局、市旅游局的负责人以及部分驻市省政协委员，各县、特区、区政协主席或副主席，各企业联络组负责人、部分市政协机关干部列席了会议。会议听取并讨论了全市重大项目建设及固定资产投资完成情况、2013年“二十件民生实事”进展情况、2013年“十大工程”进展情况、2013年水利设施建设情况的通报；协商免去王成俊的政协第七届六盘水市委员会常委、委员职务。

（温洪涛）

【政协委员带头创业】 工商经济界的委员领办创办企业，积极拓展市场，加快转型升级步伐，勇于承担社会责任，积极投身“千企帮村”活动，带动1247个企业参加帮村（社区），帮扶项目1400个，投入资金15.74亿元，吸纳11.77万人就业；农林界的委员积极投身到社会主义新农村建设中，促农民增收、农业增效、农村发展；科技科协界的委员积极推动科研成果转化应用，开展形式多样的科技下乡、科技支农活动；文教卫生体育界别的委员用良好的职业道德和业务素养，促进全市文教卫体事业发展，积极开展文化、教育、医药下乡活动；党派团体、民族宗教、侨联界别的委员积极促进政党关系、阶层关系、民族关系、宗教关系、海内外同胞关系的和谐，合力营造政通人和的社会环境；党政机关的委员积极为基层群众搭建平台，凝聚发展合力，营造发展环境；财政、金融部门和从事法律服务的委员坚持深入企业、深入基层，搞好政策宣传，当好参谋顾问，提供法律援助，努力破解发展难题。

（温洪涛）

【解放思想大讨论活动】 按要求开展“十破十立、十强化十转变”解放思想大讨论活动，并在此基础上集中开展找差距、找问题、找目标、找路径的“四找”学习教育活动，进一步深化认识，统一思想，明确目标，找准路径。市政协机关结合工作实际，开展“五查五看五提升”作风教育活动，从学习、思想、作风、工作、纪律五个方面，推动机关作风转变。机关干部职工撰写心得体会共80余篇，其中28篇文章分别在共产党员网、《贵州政协报》《六盘水日报》《当代六盘水》《六盘水政协》等媒体发表。在市委宣传部、《六盘水日报》联合举办的“十破十立”“十强化十转变”主题征文活动中，市政协

机关2篇心得体会文章分获一等奖、优秀奖。

（温洪涛）

【围绕民生热点履职】 市政协坚持把市委、市政府确定的民生课题和群众关注的热点问题作为调研视察的重点，先后组织委员围绕旅游景区建设、煤矿安全生产、市中心城区餐饮服务业经营状况、教育资源及管理体制、民办教育、医疗机构无主病人救治保障、民营企业职工合法权益保障及“五城联创”等民生问题开展调研。组织委员视察了市中心城区道路交通管理情况、城市综合体和小城镇建设推进情况、工业园区建设情况、基层公共文化服务体系建设以及“七馆四中心”建设情况。

（温洪涛）

【提案办理情况】 市政协七届二次会议以来，共收到提案236件，经审查立案233件，其中，委员提案155件、各民主党派市委和市工商联提案77件、专门委员会提案 1件。送交市委办公室研究办理的10件，送交市政府办公室研究办理的222件，作为委员来信转市政府办公室研究参考的3件，送交市政协办公室研究办理的1件。

（温洪涛）

【与市政府共商经济社会发展大计】 12月5日，市政府与市政协召开专题协商座谈会，共商经济社会发展大计，市长周荣主持会议。市政府、市政协领导班子及相关人员出席座谈会。此次市政府与市政协专题协商座谈会，充分体现了市政府与市政协就重大事项在决策之前进行政治协商的重要形式，富有成果。市长周荣认为市政协就推动产业结构转型、城市建设和管理、休闲旅游城市打造、增强可持续发展的科技支撑等方面提出了富有建设性的真知灼见，意见建议涉及顶层设计、制度建设、效能建设以及如何抓好重大项目落实等各个层面，对明确明年政府工作思路很有启发，要最大限度的吸纳进政府工作中。

（温洪涛）

【交流协作】 2013年，市政协参加了川滇黔赣冀五省二十市州政协第33次联系会议、贵州省九市州政协第22次联系会议、贵州省城市政协主席联席会第22次会议。接待了云南省政协、湖南岳阳市政协、贵州省政协、遵义市政协、安顺市政协等兄弟政协的考察调研团（组），促进了省内外兄弟政协的交流和合作，对外宣传了六盘水。

（温洪涛）

【川滇黔赣冀五省二十市州政协第34次联系会议】 9月4日，川滇黔赣冀五省二十市州政协第34次联系会议在六盘水市举行。贵州省政协副主席、民进贵州省委主委左定超出席会议，并代表贵州省政协讲话。中共六盘水市委书记王晓光致辞。市政协主席唐方信主持会议。市人大常委会副主任杨龙政、副市长杨朝晖应邀出席会议。市政协副主席王兴建、田满华、邓刚、赵泽义、吴文祥出席会议。会议围绕深入学习贯彻中共十八大精神，就新形势下人民政协在促进本地经济建设、政治建设、文化建设、社会建设、生态文明建设中，如何更好发挥作用的做法及经验进行了深入交流和探讨。会议强调，各参会单位之间要进一步加强联系沟通、信息交流和相互协作；在历次会议形成的“联系、交流、协作、提高”共识的基础上，充分发挥人民政协人才荟萃、智力密集、联系广泛的优势，大胆探索政协工作的新思路、新办法、新举措，进一步提高人民政协围绕中心、服务大局、凝聚人心、共谋发展的能力和水平。与会代表还参观考察了贵州省三线建设博物馆，六盘水城市规划馆、美术馆、体育中心、明湖国家湿地公园，中国凉都野玉海旅游度假区，中国凉都百车河统筹城乡转型发展综合体等重点项目建设情况。

（温洪涛）

【强化创新意识】 市政协改变以往会议模式，将全市政协系统秘书长联席会议搬出机关到村寨，放到盘县普古乡舍烹村召开，实地为 “千企帮村，万人结对”活动建言献策。在各类重大会议和活动的服务接待工作中，推行和完善“一对一”服务模式，最大限度地搞好对外接待工作，受到省政协及兄弟政协和来宾的一致肯定和好评。

（温洪涛）

【联络机制与委员管理】 在深入调研、借鉴外地经验的基础上，围绕发挥委员主体作用，进一步完善服务管理机制。发挥委员联络机构的作用，明确专人专职负责委员的管理与服务工作，规范对市政协委员的服务、考核与激励。完善履职档案，实行动态管理。如实记录委员参加学习、出席会议、开展活动以及信息报送等方面的履职表现，对出勤情况较差的委员进行通报批评。

（温洪涛）

【民主评议与民主监督】 市政协根据《市政协民主评议工作暂行办法》，对市司法局、市文体广电局进行民主评议。选派96名市政协委员分别担任纪检监察、政法部门和公共服务管理等行业的特邀监督员。推荐市政协委员担任人民喜爱的政法干部评选员。组织多名市政协委员分别参加了市直物价、政法等有关部门的听证会、向人民群众报告工作大会、征求意见座谈会以及旁听庭审等活动。通过开展民主评议和其他形式的民主监督，促进了行政司法部门正确行使权力，增强了委员的监督意识、责任意识和履职意识，扩大了政协的社会影响。

（温洪涛）

【宣传】 组织新闻记者采访市政协委员，在六盘水市广播电视台和《六盘水日报》开设《话说凉都》委员风采栏目和《政协之窗》委员风采栏目进行系列报道，《贵州政协报》进行了转载。举办政协工作新闻写作培训班，对市县两级政协和各民主党派机关工作人员进行培训，培养政协工作宣传队伍。征编《六盘水多党合作事业》一书，通过文史资料的形式留给后人、留给时代，更好地体现多党合作的优越性。

（温洪涛）

【作风建设与廉洁意识】 结合中共中央“八项规定”和省委、市委的“十项规定”及廉洁自律的各项规定，出台了《市政协机关贯彻落实〈关于改进工作作风、密切联系群众的十项规定〉的实施办法》，进一步对办公耗材、公务接待、车辆使用维护等加强管理，采取措施加以节约。截至2013年12月，较2012年同期相比，“三公”经费节约23.61万元。精减机关公文，全面推行无纸化办公，向外报送的各类纸质文件比2012年同期减少60%，机关内部发文比2012年同期减少20%。

（温洪涛）

【落实招商引资任务】 市政协机关积极参与招商引资，全年签约资金3.5亿元，实际到位资金1.24亿元。牵线搭桥，促成闽商签订建设“美食文化步行街”的投资意向。

（温洪涛）

【参与交通基础设施建设大会战】 市政协有关领导分别兼任“六六”高速公路、杭瑞高速公路建设指挥长，经常深入现场实地调研和督促检查指导工作，现场解决工程建设中的困难和问题。

（温洪涛）

【助力旅发大会成功召开】 8月，贵州省第八届旅游产业发展大会在六盘水召开。按照市委市政府迎接全省旅发大会的要求，市政协主席、各位副主席分别深入联系宾馆酒店，督促、检查、指导落实整改，开展具体有效的工作。

（温洪涛）

【帮助扶贫创业】 通过走访、座谈，宣传和动员同步小康工作联系点——水城县米箩乡米箩村的村民围绕六个万亩工程（核桃、猕猴桃、杨梅、烤烟、茶叶、蔬菜）建设，结合自身实际，找准项目谋发展。帮助村民成立健康、棚发两个村民合作社发展种植养殖业。综合考虑米箩村的地理、气候优势，创建中草药示范种植基地和茶叶种植基地。帮助米箩村新增各项贷款300余万元，推广种植中草药500亩、茶叶500余亩，示范性种植名贵水果30余亩，饲养黑山羊500余只。

（温洪涛）

【真抓实干解民困】 市政协领导班子成员和各专委会负责人深入党建扶贫点、“四帮四促”和“四在农家”联系点，为当地群众出点子、筹资金、解难题，改善帮扶村的生产生活条件。协调资金330万元和各类物资，用于抗旱救灾、走访慰问、希望助学、购买农机、修筑村寨道路、安装路灯等；提供法律援助，帮助追讨拖欠农民款项；联系市残联为残疾贫困大学生安装假肢；

组织志愿者到米箩乡敬老院开展老年关怀活动等等。

（温洪涛）

【智力支边工作】 2013年，市政协争取香港慈恩基金会和爱心人士的支持，引进资金86.6万元，资助235名贫困学生；向4个社区图书室捐赠2万册图书，价值30余万元；举办中小企业管理和绩效考核讲座，培训人员350余人；协办公共关系与危机管理专题讲座，500余人参加培训；继续开展“一乡人”大学生支教团暑期支教活动，组织84名六盘水籍在校大学生赴六盘水市边远乡镇学校支教；联系六盘水平安保险公司等企业，“六一”期间向民办小学、幼儿园捐款捐物；协调组织文化、科技、卫生三下乡活动，丰富农村群众的业余文化生活，送去农村实用科技技术，帮助群众看病就医。

（温洪涛）

【互助共建】 市政协加大与德坞街道办事处德西社区党支部的交流力度，不定期召开联席会议，想方设法筹措资金，用于社区精神文明建设、扶贫济困等。帮助建设社区一站式服务大厅，举办读书会，组建社区民乐队、合唱队、秧歌队，邀请著名书法家到德西社区举办讲座，为社区少儿书画培训班解决所需的笔墨纸张，组织开展十八大精神宣传、普法知识、气象科普等培训讲座，成立“老年人之家”，开设“小饭桌”等。

（温洪涛）

【全省市（州）政协秘书长会议】 10月22日，全省市（州）政协秘书长会议在六盘水市召开，进一步总结交流全省各地推进政协机关制度化建设的经验，分析存在问题，商讨加强政协机关制度建设的思路和举措，努力提升政协机关工作科学化水平。省政协副秘书长石超主持会议，秘书长李月成出席会议并讲话，市政协主席唐方信致欢迎辞。省政协常务副秘书长肖向阳介绍省政协机关制度化建设和建立长效机制情况。各市（州）政协秘书长分别围绕本单位的制度化建设工作作了交流发言。

（温洪涛）

【理论研究】 12月12日，贵州省人民政协理论研究会第五次理论研讨会在贵阳举行。六盘水市共有5篇论文入选《贵州省人民政协理论研究会第五次理论研讨会文集》，其中市政协3篇，钟山区政协、六枝特区政协各1篇。

（温洪涛）

【省政协助推六盘水市文化事业发展】 11月6日至10日，贵州省政协组织知名书画家到六盘水市四个县（特区、区）开展“下基层、送文化、促发展”交流活动。艺术家们先后到妥乐世界古银杏景区、明湖湿地公园、牂牁江进行实地采风。书画艺术家们通过贴近生活、贴近群众，亲身感受新农村建设的新面貌，创作出富有时代特色的书画作品，传播和弘扬传统艺术。同时，省政协书画院六盘水创作基地在市美术馆挂牌。

（温洪涛）

【市委书记就政协调研视察报告作批示】 12月9日，市委书记李再勇在收到的市政协调研、视察报告上作出批示。对《关于六枝境内高速公路建设情况的视察报告》，李再勇批示：“提出的问题和建议很有针对性和工作指导性，请市政府相关部门和各县区领导要认真研究、统筹推进，切实做到项目要落地、建设要加快、矛盾要化解、群众要满意”；对《关于盘县城镇化建设推进情况的视察报告》，李再勇批示：“分析深入，提出的建议有很强的工作指导性，城镇化推进过程中要立足高起点规划、高质量建设、高效益经营、高标准管理，让城镇化发展推动、支撑农业现代化、新型工业化和现代服务业的发展，让城市化发展造福于人民”；对《关于全市综合治理人口性别比偏高问题的调研报告》，李再勇批示：“市计生委和各区县人民政府认真研读，关于人口性别比偏高问题要引起高度重视，要从偏高存在的源头入手，制定政策和措施，切实加以解决，对违法违纪人员从严处理，对独生子女女孩户要通过政策导向给予鼓励、给予支持，统筹抓好计生工作”。

（温洪涛）

【人大代表和政协委员视察棚户区改造】 3月28日，市人大常委会主任黄金，市政协主席唐方信率部分市人大代表、市政协委员联合视察老城棚户区改造工程。视察组建议：城市建设要精心规划、科学实施，从人民群众的利益出发，克服困难，抢抓机遇，加快建设，做好长远规划，落实和加强物业、市政等管理，完善工程配套设施建设，着力优化功能布局，切实让百姓放心、满意；征地拆迁工作要以人为本，规划安置要先行，正确引导百姓使用征地拆迁补偿款，切实保护好老百姓的合法权益；要加大招商引资力度，加快推进旧城改造工程建设步伐，加大安置住房建设力度，尽快让老百姓住上新房；要加大城市管理力度，提升城市管理水平，不断改善市民居住环境，提升城市品位，着力把六盘水打造成宜居宜业宜游的城市。

（温洪涛）

【安全生产专题调研】 按市委要求，由市政协主席唐方信任组长，副主席张俊昌、赵泽义为副组长的调研组一行，于7月29日至8月3日就全市安全生产情况开展调研。调研组总结会上，唐方信要求，一要充分肯定全市安全生产取得的成绩；二要严格执行安全生产制度和规定，认真分析查找影响安全生产的因素，切实研究解决办法。及时形成高质量、有价值的调研报告供市委、市政府决策参考。市安监局、市能源局领导全程陪同调研。

（温洪涛）

【助推旅游基础设施建设】 为加强六盘水市旅游业的发展，贯彻落实好旅发大会精神，使六盘水市能顺利完成各项筹备工作，8月14日，市政协主席唐方信率部分市政协委员，对六盘水市景区建设情况进行视察。实地视察了水城县玉舍镇野鸡坪、海坪彝族火把节广场、玉舍森林公园、米箩乡现代高效猕猴桃产业基地、百车河中国凉都统筹城乡转型综合体等景区建设情况。经过实地察看、听取汇报，委员们充分肯定了风景区开发建设所做的工作及取得的成绩，并就进一步推进景区景点项目建设、提升开发保护水平和景区打造等内容提出意见建议。

（温洪涛）

民主党派与工商联

中国民主同盟六盘水市委员会

【**概述**】 2013年，中国民主同盟会六盘水市委辖10个直属基层组织，分别为民盟六枝特区总支部委员会、水城县总支部委员会、钟山区总支部委员会、市一中支部委员会、六盘水师院支部委员会、市三中支部委员会、直属一支部委员会、直属二支部委员会、市实验二中支部委员会和水钢小组，另有单独联系盟员11人。截至2013年12月底，全市共有盟员361人，主要分布在教育、文化、科技、经济等界别，其中重点界别294人，占总人数的81.5%（教育界251人，占总人数的69%；文化界3人、占总人数的0.9%；科技界40人、占总人数的11.6%）；非重点界别67人，占总人数的18.5%（人大、政府、政协、司法、党派机关47人，占总人数的13%；社会团体3人，占总人数的0.8%；公有制经济7人，占总人数的1.9%；其他社会阶层人士10人，占总人数的2.8%）。全市盟员中具有高级职称的有136人，占总人数的37.7%；中级职称有161人，占总人数的44.6%；中上层人士共有322人，占总人数的89.2%。全市盟员中具有行政副地级职务人员2人，县级职务4人、副县级职务11人，科级职务10人，副科级职务20人；男盟员157人，女盟员204人，平均年龄48.5岁。全市盟员中有省政协委员1人，市人大代表2人（常委1人）、政协委员19人（常委3人），县（特区、区）人大代表2人（常委1人）、政协委员23人（常委7人），市级特约人员9人。民盟六盘水市委机关有国家公务员4人，九级职员1人，行政工勤人员1人。

（颜亨凭）

【**参政议政与民主监督**】 2013年，民盟市委参加的会议有：2012年财政预算执行情况及2013年财政预算草案报告情况征求意见会；市政府《政府工作报告》征求意见座谈会；《中共六盘水市委关于加强人才培养引进加快科技创新的意见》（讨论稿）和《中共六盘水市委关于推进产业园区又快又好发展的意见》（讨论稿）征求意见会；中共市委统战部组织的与各民主党派、工商联、无党派代表人士联席会；全年召开特约人员联席会议两次。

党派提案是民主党派参政议政最重要的形式之一。在2013年的市政协七届二次全会上，民盟提交提案 11件，分别为：《关于改善凤凰新区与周边交通联接问题的建议》《关于尽快在市实验二中凉都大道侧修建景观声障墙的建议》《加快市三中凤凰校区二期工程建设的建议》《进一步完善市中心城区公园（景点）设施的建议》《关于加强幼儿园管理，纠正学前教育小学化倾向的建议》《关于进一步加强农村水利工程设施维修养护的建议》《关于优先发展六盘水市公共交通的建议》《关于在六盘水市开展环境空气PM2.5监测的建议》《促进六盘水市招商工作的几点建议》《关于加大食品安全监管和落实力度的建议》《加强环境保护意识，促进“农家乐”健康发展》。提交大会发言3篇，分别为：《构建家庭、学校、社会三位一体关爱留守儿童长效机制》《关注留守儿童，不能忽视家长的责任》《六盘水的社会服务设想》等。党派提案保持民盟的“教育”特色，涉及社会、经济、文化、旅游、交通、城市管理等多个方面。11件党派提案中，《关于加大食品安全监管和落实力度的建议》被列为市政协主席会议督办提案，《关于进一步加强农村水利工程设施维修养护的建议》《关于在六盘水市开展环境空气PM2.5监测的建议》被列为市政府领导领衔督办提案。此外，盟员中的市政协委员向大会提交了委员个人提案11件。其中个人提案《关于加强整治人行道商贩占道经营的建议》被列为市政府领导领衔督办提案。

调查研究是民主党派参政议政的基础，根据民盟省委和中共市委统战部有关要求并结合民盟市委工作实际，由民盟领导班子成员和市委委员组成的调研组完成了《新形势下进一步加强师德师风建设研究对策之“最受欢迎的教师”和“最不受欢迎的教师”标准》《六枝特区农村义务教育学生营养改善计划实施情况调研报告》《关于对六枝特区乡镇卫生院人才队伍建设情况的调查报告》等课题调研，并形成调研报告。部分直属基层组织也因地制宜开展了部分课题调研，如六枝总支完成《二十八载星火相传党盟和谐同步发展》《蓬勃发展和谐党盟关系》调研报告两篇；钟山总支完成《钟山区食品安全工作现状》的调研并形成调研报告等。

民盟市委在2012年度参政议政工作中表现突出，在2013年的市政协七届二次全会上，被市政协表彰为“2012年度先进提案单位”。

（颜亨凭）

【基层组织换届】 2013年是民盟市委直属基层组织换届年，民盟市委研究制定了《民盟六盘水市委关于2013年基层组织换届工作的实施意见》《民盟市委基层组织领导班子成员述职测评办法》《民盟市委基层组织领导班子成员考察提纲》等文件，换届工作严格按照述职、民主测评、民主推荐、酝酿人选、多方协商、汇报通气、报批备案、组织考察、选前公示、选举、选举结果报批、总结等程序进行，注重政治交接、加强基层组织领导班子建设、推进后备干部队伍建设、严格工作程序、做好思想工作等方面的总体要求，以“政治坚定、结构合理、团结合作、工作高效”为目标建设新一届基层组织领导班子，按照规范化、科学化、程序化的要求高质量、高标准开好换届大会。截至7月15日，民盟市委共指导9个基层组织召开盟员大会，完成总支换届2个、支部换届3个，新建总支1个、支部3个，基层组织换届工作圆满完成。

（颜亨凭）

【基层组织建设】 2013年，根据《民盟贵州省委关于开展“基层组织建设活动”的通知》要求，民盟市委印发了《民盟六盘水市委关于开展2013年“基层组织建设活动”的通知》。结合六盘水民盟工作实际，民盟市委进一步明确职责、加强联系，进一步深入了解盟务工作情况和盟员诉求，分析和探求增强基层组织活力的有效方式，帮助基层组织提高组织生活的质量，发现和树立典型基层组织以及优秀盟员，调动盟员积极性，推动民盟后备干部队伍的建设，提高履职能力。此外民盟市委还研究制定了《民盟六盘水市委基层组织建设调研方案》，根据该方案，3月至5月，发放调查问卷面向全市各基层组织开展问卷调查；3月至9月，分别在六枝总支、水城总支、钟山支部、市一中支部、师院支部等基层组织，通过参加组织生活、支委会、与盟员座谈、拜访单位党组织等方式，开展以“过好组织生活、和谐党盟关系”为主题的重点调研。在问卷调查和重点调研的基础上，民盟市委认真分析查找问题，摸清了基层组织家底，找准了目标，总结了经验，10月份撰写出较高质量的调研报告上报民盟省委。

通过采取一系列举措，基层组织建设活动取得了成效：一是形成主委（一把手）重点抓，分管副主委具体抓，机关干部和各基层密切配合上下齐抓共管的工作格局。二是形成了以机关干部和总支（支部）班子成员为骨干，以总支（支部）委员为依托，以小组长和热心盟务的盟员为基础的工作体系。三是形成典型示范，以点带面，上下联动，整体推进的工作模式。四是形成以制度建设为主线，以开好总支（支部）主委会议、全委会议、过好“主题组织生活”等为内容的工作局面。

（颜亨凭）

【对口联系】 对口联系是民主党派知情出力的重要途径。2013年，根据市委办、市政府办印发的《关于完善市人民政府有关部门与市级各民主党派和工商联对口联系制度的通知》，民盟市委

对口联系的政府部门调整为市发展改革委、市教育局、市科技局、市城管局、市交通局等5个。民盟市委加强与对口联系单位的沟通，丰富对口联系形式，创新对口联系方式，先后参加了市住建局的对口联系座谈会、市科技局项目评审会和"全市科技及知识产权工作会议"等。通过开展对口联系，从部门工作中获得一些有价值的基础材料和提案线索，为更好的参政议政、知情出力打好基础，同时通过与政府职能部门的对口联系工作，增进了民主党派对各职能部门工作的了解，达到工作上相互促进的目的，拓宽了民主党派参政议政的渠道，对推动部门的工作也起到积极的促进作用。

（颜亨凭）

【机关工作】 2013年，民盟市委机关以建设高效、文明、团结、务实的高素质民主党派机关为目标，机关各项工作情况完成如下：

民盟市委全年共召开主委会议16次，全委会议5次。班子坚持民主集中制原则，重大事项严格实行集体讨论，集中决策；重视每年一次的领导班子民主生活会（谈心会），邀请中共市委统战部领导参加，在民主生活会上深入自我剖析，寻找问题和根源，开展自我批评。通过会议形式，有计划、有部署地进行议事决策。

工作调整。3月，根据《关于完善市人民政府有关部门与市级各民主党派和工商联对口联系制度的通知》，民盟市委主委会对领导班子成员分工进行调整，主委范三川负责全盘工作，对口联系市发展改革委，联系六枝总支和水钢小组；副主委吴永祥负责协助主委工作，具体分管组织、调研、机关工作，对口联系市科技局、市交通局，联系水城总支和六盘水师院支部；副主委何兴贵负责协助主委工作，具体分管参政议政、宣传工作，对口联系市教育局，联系钟山支部、市三中支部；副主委向红负责协助主委工作，具体分管社会服务工作，对口联系市城管局，联系市级机关支部和市一中支部。

领导检查指导工作。7月，民盟贵州省委主委、省人民政府副省长何力到民盟市委检查指导工作，并与民盟市委委员、各直属基层组织负责人、机关干部进行了座谈；9月，民盟省委副主委、中科院地球化学研究所研究员苏文超到民盟六盘水市委检查指导盟务工作，并与民盟市委领导班子成员、各直属基层组织负责人、盟员代表进行了座谈。

2013年，民盟省委对市州委员会的年度考核中，民盟市委因工作成绩突出分别获"先进奖"和"创新奖"，同时民盟市委获得市直机关目标管理考核二等奖。

（颜亨凭）

【宣传工作】 2013年，民盟市委机关办公室依托《黔地盟音》、民盟省委网站、《六盘水日报》《六盘水政协》市政协网站等媒体平台，报道各类活动消息70余篇，特别是结合"民盟基层组织建设活动"共撰写系列报道10余篇。基本做到重大活动及时报道，完成《民盟六盘水市委工作情况通报》4期。

民盟市委联合市政协学习文史委开展"六盘水多党合作"文史资料收集，围绕多党合作的内容和形式，征集反映民盟盟员在六盘水经济社会发展不同历史时期统一战线和多党合作事业中"亲历、亲见、亲闻"（"三亲"）史料。征集工作共召开调度会两次，走访老龄盟员和盟员家属20余人次，征集到"三亲"史料40余篇，资料全部提交《六盘水多党合作》文史资料丛书编撰委员会。

2013年，在由民革贵州省委、民盟贵州省委、共青团贵州省委、贵州省人口计生委、贵州省教育厅和文化厅联合举办的"第二届中国贵州人口·人才·素质高峰论坛"暨"贵州省中小学生创新作文大赛"活动中，民盟市委研究制定了关于组织参加活动的通知并下发各直属基层组织，要求全市各级民盟组织和广大盟员积极参加活动，同时动员所在地机关、企事业单位、群众团体、大中专院校、中小学校教师学生和对六盘水建设发展关心支持的各界人士积极参加活动。截至11月，共收到论文43篇，中小学生创新作文18篇，并将文章提交"第二届中国贵州人口·人才·素质高峰论坛"领导小组办公室。

（颜亨凭）

【智力支边与社会服务】 2013年，力所能及地开展智力支边与社会服务活动，各级民盟组织主要开展的活动情况如下：

“同心·烛光行动”软件捐赠和图书捐赠活动。2013年年初，民盟市委为六枝特区教育局、六枝特区第一中学和六枝特区堕却中学等8所中心城区和乡镇中学捐赠《几何王》教学软件105套（价值63000元）；9月，为部分市直中学、水城县和钟山区部分乡镇中学捐赠《几何王》教学软件152套（价值91200元）。此外经民盟市委与《几何王》软件主要研发者徐方瞿教授（民盟“烛光行动”专家）及其女儿徐雯联系，取得上海市杨浦区党外知识分子联谊会的支持，6月，民盟市委会同六枝特区教育局代表上海市杨浦区知识分子联谊会将捐赠的300册书籍送到六枝特区岩脚第二中学。

“同心·扶贫济困行动”。通过民盟市委和市政协沟通协调，香港慈恩基金会向六盘水市部分边远地区贫困学生发放生活补助金和学习用品。5月，民盟市委主委、市政协有关人员、香港慈恩基金会3名义工等相继到水城县顺场乡法德村法德小学、米箩乡丫口小学、董地乡中学走访视察学校校园建设情况，资助贫困学生，向法德村法德小学、米箩乡丫口小学40名贫困学生发放1.2万元（每人300元）助学金和小礼物，向董地乡中学20名贫困学生发放助学金8000元（每人400元），共计2万元。

“同心·做文明人，建文明六盘水，从我做起”活动。中共六盘水市第六次党代会提出了建设“实力、魅力、活力、文明、幸福”六盘水的目标，7月，民盟六盘水师范学院支部组织开展了“做文明人，建文明六盘水，从我做起”倡议活动，师院支部盟员，学院部分教师及学生参加了活动。活动向全体参加人员发放并宣读了“做文明人，建文明六盘水，从我做起”倡议书和民盟六盘水师范学院支部盟员“十不准”文明行为规范；支部盟员在印有“做文明人，建文明六盘水，从我做起”的布幅上签名；活动邀请了六盘水师范学院中文系主任作了《现代礼仪规范》的专题讲座。

“同心·关爱弱势群体”活动。9月，民盟六枝总支联合六盘水征途技能培训学校组织爱心人士和志愿者到六枝特区落别乡牛角村慰问留守儿童和留守老人45人，发放慰问金5000元，同时开展免费理发、照相、体检等志愿服务活动，服务群众200余人；民盟六枝总支与六枝特区教育局发起了关爱留守儿童的活动，由六枝总支10名女盟员、六枝三中17名女教师组成的“康乃馨妈妈”和“康乃馨姐姐”分别与27名留守儿童结对认亲；师院支部制定了《民盟六盘水师范学院支部助学资金管理制度（试行）》，在全市盟员中募捐和向社会募集的方式筹措资金，资助六盘水师范学院在校大学生。

“同心·助推转型升级”活动。10月，经民盟市委协调，盘县红果镇舍勒村8户农户到盘县农科所香菇种植基地学习香菇种植技术；盘县红果镇舍勒村6户农户到盘县刘官镇花卉世界园艺种植基地学习花卉种植技术；盘县蔬菜站站长到舍勒村为10户农户作蔬菜种植技术指导。

“同心·为经济建设作贡献”活动。经民盟市委协调沟通，盘县红果镇舍勒村永丰种植养殖专业合作社申报的“早熟蔬菜种植”项目列入市级星火科技计划项目，争取到项目资金16万元，用于发展大棚蔬菜种植；帮助钟山区大河镇大地社区争取到牲畜交易市场建设资金25万元。此外，民盟市委将盘县小关村小关小学文体健身设施项目报告提交民盟省委，积极争取民盟省委的支持。

“同心·心理辅导”活动。12月，民盟市委、六盘水师范学院联合举办“同心·心理辅导”走进戒毒所活动，民盟贵州省委社会服务处、民盟遵义市委、民盟安顺市委、民盟黔西南州委、六盘水师范学院、民盟六盘水市委、六盘水市司法局等单位领导，民盟六盘水市委各直属基层组织主要负责人，以及六盘水强制隔离戒毒所干警共100余人参加活动。活动邀请了3位国家二级职业心理咨询师作了《民警职业心理分析》专题讲座，结合强制戒毒所工作环境剖析干警心理，传授解压技巧。活动由民盟市委、六盘水师范学院与六盘水强制隔离戒毒所签订合作意向书，将六盘水强制隔离戒毒所确定为“同心·心理辅导”活动实施基地。市司法局局长、强制隔离戒毒所第一政等为3位心理咨询师颁发聘书，聘请3人为“‘同心·心理辅导’活动基地心理咨询师”。心理咨询师还与干警就心理方面具体问题

做了互动解疑。活动期间民盟市委主持召开了交流座谈会，介绍了“黄丝带帮教行动”的意义；戒毒所介绍了基本情况；戒毒所机关、大队、中队的4名干警代表作了交流发言，其他与会人员也围绕活动主题纷纷发言。

“同心·义务法律咨询”活动。12月4日，民盟六盘水市委利用全国法制宣传日，组织民盟盟员执业律师上街开展法律宣传活动。在活动现场，律师和工作人员向过往群众发放《中华人民共和国宪法》《中华人民共和国继承法》《六盘水市全民学法用法宣传手册》等法律宣传资料100余份，义务为市民解答交通肇事、婚姻、房产租赁等法律纠纷疑难。

（颜亨凭）

【思想建设】 2013年，民盟市委共组织中心组集中学习3次，内容紧扣中共十八大、中共十八届二中、三中全会，全国、省、市“两会”精神及民盟中央、民盟省委和中共省委、市委有关会议和文件精神。六届六次中心组学习邀请了省人大代表、六盘水市发改委主任邹家进介绍了全市发展基本状况和人民群众普遍关心的重大项目进展情况；六届七次中心组学习邀请了全国人大代表、市实验二小教师吴明兰宣讲全国人大十二届一次全会精神，学习党和国家领导人看望贵州代表团成员时对贵州发展所作的重要指示。

2013年为中共中央发布“五一口号”65周年，民盟市委开展了各种主题纪念活动，主要的活动有：4月19日，机关干部在主委的带领下，参观仙水坡烈士陵园，重温历史、缅怀革命先烈；4月21日，民盟市委组织市中心城区部分盟员参观廉政教育建设基地，开展廉政警示教育。

（颜亨凭）

【学习培训】 3月，民盟市委主要领导参加了中共贵州省委统战部在省社院和中央社院举办的“民主党派地方组织负责人培训班”；3月和9月，民盟市委三位副主委参加了中共市委组织部在市委党校举办的“深入学习贯彻党的十八大精神轮训班”和“深入学习习近平总书记系列重要讲话精神专题培训班”；11月，驻会副主委按照中共市委统战部的安排，参加了中共贵州省委统战部在省社院和广东社院举办的“全省新任民主党派领导班子成员专题研讨班”；7月和8月，按照民盟省委的安排，民盟市委推荐4名盟员参加了在省社院举办的第十三、十四期“全省民主党派基层骨干培训班”。

11月23日上午，民盟市委与中共钟山区委统战部在钟山区联合举办了一期“钟山总支新任委员、新盟员培训班”，钟山总支及所属3个支部、2个小组的新任委员（小组长）和新盟员共28人参加了培训；23日下午，民盟市委与中共六枝特区委统战部在六枝特区联合举办了一期“六枝总支新任委员、新盟员培训班”，六枝总支及所属9个支部、2个小组的新任委员（小组长）和新盟员共41人参加了培训；24日上午，民盟市委机关举办了一期“直属支部新任委员、新盟员培训班”，民盟市委6个直属支部的新任委员和新盟员 39人参加了培训；24日下午，民盟市委在市发改委大会议室举办了一期“参政议政骨干盟员培训班”，邀请市人大、市政府、市政协有关人员分别就人大的批评建议议案工作知识、如何写好调查报告、政协委员如何撰写高质量提案和大会发言等内容进行培训，民盟市委全体委员、直属基层组织分管调研工作的主委或副主委和调研委员以及盟员中的市县两级人大代表政协委员、市级特约人员、在政府部门担任副科级以上职务的盟员共60人参加了培训。

（颜亨凭）

中国民主建国会六盘水市委员会

【概述】 中国民主建国会（简称民建）是主要由经济界人士组成的、具有政治联盟特点的、致力于建设中国特色社会主义事业的政党，是中国共产党领导的多党合作和政治协商制度中的参政党。1999年10月30日，民建六盘水市委员会正式成立。

截至2013年年底，民建六盘水市委共建有7个基层组织，共有会员229名，平均年龄50.1岁，高级职称16人，中级职称75人，研究生5人，通过与各级统战部门协商，民建市委在各级人大担任人大代表的会员7人/次 ，各级政协委员47人，在政府、政协担任县处级以上领导职务10人。特约监督员、行风监督员13人。

（办公室）

【参政议政】 2013年，民建市委参加中共六盘水市委、人民政府、市政协召开的民主协商、情况通报、意见征集、论证、约谈、对口联系和提案办理等各种会议共24次。在七届政协二次会议上，提交党派提案17个，两会之后又提交平时提案2个。组织部分会员就六盘水市农业产业化龙头企业发展、民营旅游实体企业生存和发展、和谐政党关系构建中存在的困难和问题、民主党派成员思想动态情况进行调研，形成《促进六盘水市农业产业化龙头企业加快发展的几点建议》《壮大本土民营旅游景区开发企业，地企协力打造精品休闲旅游城市》《用科学发展观引导六盘水市小型微型企业健康成长》《借第八届贵州省旅游产业发展大会在六盘水市召开之际，大力发展六盘水旅游文化业的建议》《新时期构建和谐政党关系的思考》《六盘水市民主党派成员思想动态分析》等调研报告。其中，《对家属区营业场所进行清理整顿的建议》被列为市长督办提案，《推进保障性住房管理创新的建议》被列为主席督办提案；《关于对独生子女意外死亡家庭予以特殊照顾的建议》《用科学发展观引导六盘水市小型微型企业健康成长》等提案被市政协评为优秀提案。

（办公室）

【社会服务】 在服务社会方面，集慰问金5000元、衣被25套、大米750斤、食用油125斤，慰问25户贫困户；协调慈恩基金为钟山区和水城县的5个社区捐赠图书2.5万多册，价值6万余元；协调山东济宁的民建会员资助今年高考贫困学子12名，每生每年5000元，首批资助款6万元已在8月22日到位；协助市智力支边办引进助学资金75400元，资助市县5所中学的138名贫困学生；资助老鹰山贫困党员3000元；筹集9000元资金资助皮肤癌症患者王运通；协调安全饮水工程资金427万元，修建大小水池31个，小水窖383口，安装饮水管道89千米，解决9个村87个组5180户20770人，9650头（匹）牲畜的饮水安全问题；协调市农委资金15万元用于该乡发展大蒜产业；协助金盆乡实施茅草房改造工程253户，已于2012年6月份全部完工。在全省范围内开展了10场“让世界充满爱”的爱心教育；争取民建中央支持，为水城县人民医院争取救护车1辆；协助相关部门培训统战成员、职业经理人和农民兄弟近百人次；全年会员捐赠抗震救灾、捐资助学、扶贫济困、公益事业的资金近1200万元；解决近千人就业问题。会员邓兴贵向省残联捐赠1000万元，用于残疾人事业；每年出资100万元，建立六盘水市总商会·兴贵教育专项扶持资金，对六盘水籍在校贫困学生开展扶持活动，具体扶持“三个100”，即初中生100名，高中生100名，大学生100名；初中生每人每年1000元，高中生每人每年2000元，大学生每年每人每年7000元。会员严新明、陈伟分别为市特殊学校捐助1万余元文体用品和现金。会员罗显芬为敬老院和贫困人群捐助1500斤猪肉和7000元现金。

在服务会员方面，关心企业界会员。依托会组织的网络优势，充分发挥本会法律、金融、税务、管理等方面专业人员的力量，为会员企业释疑解惑、排忧解难、提供服务和帮助；组织会员企业家参加民建中央举办的非公经济发展论坛、省市招商引资活动等，为企业谋求新的发展搭建平台。关心会员的工作和生活。坚持会员约谈、走访会员单位制度。一年来，班子成员与会员约谈近200人次；走访会员单位20余人次，慰问老会员及身患重病会员近100人次；会组织为会员解难事数十件。

（办公室）

中国民主促进会六盘水市委员会

【宣传思想工作】 2013年，民进钟山总支不断创新宣传思想工作，被民进中央表彰为“全国宣传思想工作先进集体”。分别在6月和11月举行两期培训班，对2013年新入会的25名会员进行国情、省情、市情专题培训。2013年11月20日，民进贵州省委副主委刘大泯到民进六盘水市委调研宣传思想工作情况。

（李家勇）

【参政议政】 2013年，民进六盘水市委紧紧围

绕各项社会事业的发展和人民群众关心的热点、难点问题深入调研，积极建言献策。

充分用好“两会”平台，积极撰写政协提案，履行参政议政职能。在2013年年初召开的六盘水市政协七届二次会议上，向大会提交《严厉打击“医托”、保障公众权益、维护社会稳定》《关于打造凉都饮食文化一条街的建议》《关于打造六盘水夜郎文化旅游创意产业园区的建议》《关于加强市中心区湿地公园管理的建议》《关于加强市中心区夜市摊点管理的建议》《关于尽快完善市中心区人民路东段道路设施，造福于民的建议》《关于大力提升六盘水市市民素质 增强城市软实力的建议》《关于推动六盘水市中小学校（园）场地对社会开放的建议》《关于在六盘水市修建历史名人雕像的建议》《关于增加出租车解决六盘水市区“打的难”的建议》《关于着力打造北盘江峡谷大型旅游风景区的建议》《关于尽快启动六盘水市金牌导游评选认证工作的建议》《关于市中心城区医保网络覆盖、报销比例均衡的建议》等十三个党派提案。本次政协大会发言共采用民进大会《关于着力打造北盘江峡谷大型旅游风景区的建议》《关于打造六盘水夜郎文化旅游创意产业园区的建议》《关于大力扶持市食品总厂做大做强的建议》《关于完善盘县坡上草原风景区设施的建议》等4篇发言稿。

2013年4月，民进市委提交的《关于尽快制止砂石厂破坏水城县蟠龙镇冰臼天然风景的建议》被市政协《社情民意》专刊采用。

2013年6月18日，省政协副主席蔡志君率省政协调研组一行到六盘水市，就省级示范小城镇建设中传统文化保护与传承情况进行调研。

2013年，为迎接旅发大会召开，民进六盘水市委先后组织会内人大代表、政协委员对水盘高速公路的建设情况、进度，北盘江旅游资源的开发情况、盘县坡上草原风景区、野鸡坪风景区、富丽豪大酒店、水城县蟠龙镇冰臼天然风景区、野马寨电厂、夜郎谷水业有限责任公司进行督查视察，发现问题及时向有关部门提出整改意见，为推动六盘水市旅游业发展建言献策。

参加市委、市政府、市政协和政府各部门的征求意见会、听证会、提案办理通报会等10余次，提出有建设性的建议20余条；并完成了市委统战部安排的调研课题《关于增强民主党派民主监督实效性的调研报告》《六盘水市农业产业园区发展现状及对策》。

（李家勇）

【组织建设】 2013年共发展新会员 25人，一批政治素质好、知识层次高、具有一定社会影响的中青年代表人士入会。至2013年11月，民进六盘水市委实有会员405人。

（李家勇）

【信息化建设】 2013年，民进六盘水市委加强了门户网站的建设和管理力度，及时更新信息，共刊发民进市委各种动态消息30余篇；编撰民进六盘水市委简报4期，向民进省委、市政协、中共市委统战部及省市新闻媒体报送新闻稿件40余条，民进市委的大型活动得到市新闻媒体及时报道。

（李家勇）

【社会服务】 2013年，民进坚持以“体现党派特色，创新服务机制”为目标。通过开展“送医、送戏、送教”三下乡等活动进一步提升民进的社会影响。

抓好“两节”期间的访贫问苦和救助困难群众工作。1月31日，市政协副主席、民进六盘水市委主委田满华到“四在农家”联系点蟠龙镇蟠龙村六组走访慰问李应德、刘明亮两名贫困中共老党员和吴文友、吴文明、李应坤三户贫困户，实地了解他们的生产生活情况，为每户送去慰问金500元和棉被1床、棉衣1件。同时坚持在“两节”期间对钟山区钟环社区的部分困难群众进行走访慰问工作，确保他们过安定祥和的节日。

在“三八”国际劳动妇女节为全体女会员举办妇女健康知识讲座。邀请市妇幼保健院从事多年妇女疾病研究和实践工作，具有丰富的理论基础和临床实践经验的宋清莲，为女会员作《更年期综合症》的专题讲座。

3至4月，在纪念毛泽东主席提出向雷锋同志学习50周年活动中，民进六盘水市委医疗专委会、民进钟山区人民医院支部组织从事医疗工作的民进会员主动到六盘水市钟山大街为过往的市民义务诊疗看病，发放各种卫生防疫资料1000余份，解答群众咨询160多人次。

2013年4月20日，四川雅安地区发生7.0级地震后，民进六盘水市委迅速组织会员再次捐款，向雅安灾区献爱心。在这次活动中共收到会员的再次捐款7530元上交民进中央。

助学活动。5月10日，民进六盘水市委与中共六盘水市纪委、六盘水市农委共同发起“关爱女孩、关注留守儿童”爱心活动，走进六枝特区落别布衣族彝族乡抵耳村五菱小学献爱心。民进六盘水市委市实验小学支部的会员给五菱小学的老师们上了示范课；民进六盘水市委市直支部的会员和市农委的人员向抵耳村的村民发放了农业实用技术资料；市纪委向五菱小学捐献了一百套服装，市农委捐献现金一万元，山东济宁市创佳户外家私有限公司捐献现金两万元，六盘水市创新科技职业培训学校还向五菱小学捐献书包、文具各一百套。民进六盘水市委文艺专委会的会员和六盘水“心相连”艺术团的演员为五菱小学的同学们表演了精彩的文艺节目。

5月31日，民进六盘水市委文艺专委会到水城县玉舍乡俄脚学校，与该校的近千名师生共度“六一”儿童节。文艺专委会主任黄远丽还自费请老师对该校民族舞蹈队进行民族舞蹈的培训。

10月18日上午，在民进市委副主委何黔带领下，民进六盘水市实验小学支部与六盘水市实验小学党支部联合送教下乡到钟山区月照中心校。本次送教下乡教研活动内容主要有作文课“读词写话”和音乐课“声音的长短”。月照中心校相应学科教师聆听和研讨了两节课的教学。

11月6日，民进水城总支与俄脚学校开展联谊活动。民进水城总支文化艺术界的会员、水城县玉舍镇俄脚学校的全体师生、六盘水国贸广场春天百货公司员工及当地干部群众近千人参加联谊活动。联谊活动中，由民进水城总支会员与贵州民间助学促进会、贵州国贸广场百货集团——六盘水国贸广场春天百货公司联系、协调，为水城县玉舍镇俄脚学校争取了价值2万余元的音乐教学器材及学习用品。同时，民进水城总支还从有限的工作经费中挤出2000余元，购买30套书包、文具盒等发放给30名学习成绩好、家庭困难的学生。

（李家勇）

九三学社六盘水市委员会

【概述】 截至2013年12月，九三学社六盘水市委共建有六枝支社、水城支社、钟山支社、市直支社、市医支社、农业支社、职院支社、师院支社、水矿支社、水钢小组10个基层组织，社员263名，均龄52.9岁，高级职称135人，占总人数的51.3%；社员多数为所在单位的业务技术骨干和学科带头人，主要界别（科学技术、高等教育、医药卫生）人数为198人，占总人数的76%。

社员中先后有近200人次担任各级人大代表、政协委员及各级各类特约人员（2013年有市七届人大代表3人，市七届政协委员25人；县区政协委员20人，其中副主席2人，常委8人），多名社员获得国务院、省政府特殊津贴。九三学社六盘水市委成立以来截至2013年，在历届各次市人大、政协全会上，以政协委员和九三学社党派名义提出提案近500件。针对在经济社会发展当中一些情况比较复杂、问题比较重要、解决困难相对较大的问题，开展深入调查研究，共向市委、市政府提交了调研报告和政协大会发言20余篇。

（王　锐）

【履行参政党职能】 2013年，为促进全市政治、经济、社会、文化、生态文明发展积极建言献策，在参政议政方面主要做了以下工作：

积极参与提案工作。九三学社市委在社内广泛征集提案草案，形成《强化科技创新，促进跨越发展》《建立现代农业评价指标体系实现六盘水市农业跨越式发展》两篇大会发言稿和《关于强化科技创新，促进跨越发展的建议》《关于加快煤层气开发，发展现代煤化工的建议》等12件提案，与市工商联联合提出《关于促进产学研相结合，加快企业科技创新及产业技术进步的建议》《关于着力培育民营科技企业，充分发挥高新技术企业示范带动作用，提高科技经济对增长贡献率的建议》两件联合提案，其中《关于切实加强全市农业农村基础设施建设的建议》《关于切实加强全市农业园区建设的建议》两件提案被列为2013年市政协主席会议督办提案。提案提出后，引起了与会人员的关注，得到了中共市委、

市政府和有关职能部门高度重视。

九三学社市委高度重视提案答复办理情况，主要领导多次与提案承办、协办单位座谈，及时与相关部门协商、交换意见，力求提案所提问题得到较好解决。7月1日，市农委组织召开人大建议政协提案答复座谈会，会上对九三学社市委提出的《关于切实加强全市农业园区建设的建议》《关于切实加强全市农业农村基础设施建设的建议》《关于加强全市农村生态环境建设的建议》3件提案作答，就全市农业园区建设、农业农村基础设施建设、农村生态环境建设情况进行了通报，并对提案答复进行相关说明，与会人员就撰写提案及建议的初衷及对市农委的答复提了意见建议。

开展专题调研。市政协全会前夕，九三学社市委在市经信委、市科技局、市科协等有关部门负责人陪同下，到六盘水神驰生物科技有限公司调研，实地察看生产建设情况，并与公司领导和技术人员进行座谈。听取公司领导就企业科技创新及对农村发展带动情况汇报后，调研组就公司存在的问题与公司主要领导进行探讨，并提出意见建议。

4月8日至12日，九三学社市委联合市民政局成立调研组，开展六盘水市养老服务体系建设情况调研。调研组先后走访盘县、六枝、水城县、钟山区，通过走访和交流，实地察看、召开座谈会等形式，对养老服务体系建设及存在问题进行全面了解，形成《全市养老服务体系的调研报告》，为市委市政府在养老服务体系建设决策时提供参考依据。

7月，九三学社主委张俊昌到水城县阿嘎镇小牛煤业实地察看并召开座谈会，就煤矿存在的问题和困难逐一分析和解答，并与业主取得一致意见。

11月，九三学社市委联合市科技局、市科协成立专题调研组，开展“全市民营科技企业发展情况”专题调研，调研组先后走访了盘县、六枝、水城县、钟山区，通过实地察看、召开座谈会等形式对全市民营科技发展情况进行全面了解，搜集多方意见和建议，形成《关于全市民营科技企业发展情况的调研报告》。

按照九三学社贵州省委的部署，九三学社六盘水市委积极配合社省委调研工作，开展对全市“9+3”教育现状、全市煤层气开发利用情况的调研，组织农业支社社员完成“现代高效农业示范区建设情况”的调研，分别形成了《关于六盘水市职业教育现状的调研报告》《关于加快六盘水市煤层气开发利用的建议》《六盘水市高效农业园区建设情况》3篇调研报告上报九三学社省委，其中《关于加快六盘水市煤层气开发利用的建议》被九三学社省委作为专题调研报告上报中共贵州省委统战部。

同时，各基层组织也积极开展调研工作。钟山支社组织社员进行调研，撰写了《依托都市型农业产业园区建设，大力发展休闲观光旅游业》的调研报告；六枝特区统战部组织六枝支社到盘县开展学习考察活动，并撰写《关于学习现代高效农业园区建设情况的考察报告》。

参加各类通报会、座谈会，履行民主监督职能。2013年，九三学社市委参加市政府有关部门的通报会、协商会、座谈会10余次，并开展与市财政局、市食品药品监督管理局等对口联系单位开展对口联系工作座谈会。在对《关于中共六盘水市委关于加强人才培养引进加快科技创新的意见（征求意见稿）》和《关于推进产业园区又快又好发展的意见（征求意见稿）》征求意见过程中，社市委召开主委会议，专题研究，讨论修改两个《意见》（征求意见稿），结合全市经济社会发展实际，形成了修改意见20条，其中十余条意见得到中共市委的采纳，被吸纳入正式文件中。此外有1名社员被推荐为市监察局特邀监察员。6月21日，九三学社市委应市食品药品监督管理局邀请参加对口联系工作座谈会，会上与会人员对市食品药品监督管理局的工作给予充分肯定，就工作中存在的困难及下一步工作进行了积极讨论，并提出了意见建议。

由于参政议政工作突出，2013年12月22日，九三学社六盘水市委被九三学社贵州省委评为“2013年度参政议政先进集体”。

（王　锐）

【2013年九三学社提案目录】 ①关于强化科技创新，促进跨越发展的建议；②关于加快煤层气开发，发展现代煤化工的建议；③关于加快全市文化产业发展的建议；④关于切实加强全市农业

园区建设的建议（重点督办提案）；⑤关于切实加强全市农业农村基础设施建设的建议（重点督办提案）；⑥关于加强全市农村生态环境建设的建议；⑦关于进一步加强城市管理工作的建议；⑧关于建立常设机构，加强食品安全监管工作的建议；⑨关于大力开发优质教育资源的建议；⑩关于建立全市职业教育校企合作机制的建议；⑪关于加大全市社会养老服务保障体系建设力度的建议；⑫关于解决市中心城区停车难问题的建议；⑬关于促进产学研相结合，加快企业科技创新及产业技术进步的建议（与市工商联联合提案）；⑭关于着力培育民民营科技企业，充分发挥高新技术企业示范带动作用，提高科技经济对增长贡献率的建议（与市工商联联合提案）。

（王　锐）

【加强学习提高参政议政水平】　2013年，九三学社六盘水市委将自身建设与提高参政议政水平相结合，进一步推进学习与建设，着力提高社员参政议政水平。

5月5日，九三学社六盘水市委召开六届七次全委会，传达学习赵克志在贵州省党政代表团考察长三角总结会上的讲话、贵州省纪委二次全会、“十破十立”“十强化十转变”等相关精神。会议要求全市社员不断巩固和发展全市人民团结奋斗的共同思想基础，着力构筑“精神高地”，为冲出“经济洼地”提供强大精神动力，与全省、全国同步全面建成小康社会不懈奋斗。

8月24日，九三学社六盘水市委召开六届八次全委（扩大）会暨中心组学习会，传达学习第八届贵州旅游产业发展大会总结表彰大会、中共市委六届四次全会和全市上半年经济工作会议精神。会议要求各基层组织要认真学习，深刻领会，转变作风，真抓实干，把市委、市政府各项决策部署理解好、贯彻好、执行好。

年内九三学社六盘水市委领导班子成员分别参加了“民主党派地方组织负责人培训班”、中共市委“深入学习贯彻党的十八大精神轮训研讨班”和九三学社贵州省委开展的贵州“九三讲坛”启动仪式暨第一讲活动。同时选派4名社员参加省社会主义学院第十三期、十四期民主党派基层骨干培训班，选派1名机关人员参加九三学社全省宣传工作骨干培训班。

（王　锐）

【组织建设】　2013年11月2日，九三学社六盘水市委召开六届九次全委（扩大）会暨中心组学习，传达学习了九三学社中央《关于进一步加强组织建设的若干意见》及九三学社贵州省委组织建设工作学习研讨会精神。会议指出，中国正处在建设中国特色社会主义的关键时期，新形势、新任务对参政党建设提出了更高要求，九三学社六盘水市委要履行好参政党的历史使命和职责，迫切需要进一步加强组织建设，各基层组织要认真学习九三学社中央出台的“意见”，落实到组织建设工作中，全面提升组织化水平和整体运行能力。

全社全年发展新社员11人，其中高级职称5人，硕士研究生1人，主要界别7人（高等教育、科学技术、医药卫生）。截至2013年年底，全市共有社员263人，其中高级职称人数135人，占总人数的51.3%；主要界别人数200人，占总人数的76%。

（王　锐）

【社务工作】　2013年，九三学社六盘水市委社务工作开展情况如下：

信息宣传工作。九三学社六盘水市委网站建成上线，进入试运行阶段；九三学社六盘水市委文化走廊建设完成，对宣传社内突出贡献先进人物起到积极作用；多次召开社史编纂工作会议，推动社史编纂工作；全年在各类刊物、报纸、网站登载新闻报道50余篇（次），较好的宣传了九三学社的各项工作。

参加第九次全省地方社务工作研讨会。5月13至15日，九三学社贵州省参政议政培训暨第九次地方组织社务研讨会在贵州贵阳召开，全省50余人参加会议。与会人员听取了《坚持兴国之要，奋力科学发展》及《参政党建设有关问题》的报告；传达学习了全国政协主席俞正声的重要讲话精神；围绕九三学社贵州省第一轮地方社务工作研讨会取得的成效作了经验交流和探讨。六盘水市政协副主席、九三学社六盘水市委主委张俊昌，专职副主委普兆敏及机关专职干部参加了会议。会上专职副主委普兆敏代表九三学社六盘水

市委作了《探索创新，成效显著，继往开来》的发言。

开展九三学社成立纪念日活动。2013年九三学社成立68周年，九三学社六盘水市委统一安排了“传递正能量，促进社会和谐发展”为主题的纪念活动。钟山支社、农业支社、市直支社分别召开座谈会畅谈九三学社成立68周年以来的风雨历程，对热点问题进行讨论；水城支社、市医支社、水钢小组、职院支社分别组织社员参观旅发大会后水城县环境改造情况、市体育中心、三线建设博物馆、凤池园、明湖湿地公园、乌撒寨“凉都生态馆”等；六枝支社开展了“学新社章、讲社史”和“健康保健知识”智力竞赛活动；水矿支社组织社员开展统一战线和九三学社有关知识竞答和趣味猜谜活动。

表彰情况。2013年，各基层组织20余人次获各级各类“先进工作者”、行业“先进个人”“科技骨干”“优秀科技工作者”“年终优秀”等荣誉，1名社员获“省第八届高等教育省级教学成果三等奖”；2名社员分别被九三学社中央授予“2012—2013年度全社参政议政工作先进个人”和“先进组工干部”称号，4名社员分别被九三学社贵州省委授予“2013年度优秀社务工作者”和“2013年度优秀社员”称号。

（王　锐）

【社会服务】 2013年九三学社六盘水市委各项社会服务工作开展情况如下：

开展慰问活动。2月1日，市政协副主席、九三学社六盘水市委员会主委张俊昌带领市政协提案委及九三学社六盘水市委，前往“四在农家”挂帮点水城县盐井乡进行走访慰问，先后慰问了百岁老人、残疾人员、二女结扎户、优抚对象等特困群众10余户，送去棉衣、棉被、慰问金等。随后，张俊昌又与乡干部交谈，了解工作中的一些具体困难，探讨下一步结合盐井乡自身的实际发展的思路，并对乡党委、政府下一步工作提出希望。

开展科技宣传普及活动。为提高猕猴桃种植质量及产能，促进猕猴桃产业发展，11月16至17日，九三学社六盘水市委和市农委联合举办了六盘水市首期猕猴桃产业培训班，九三学社主委、市政协副主席张俊昌和市政府副市长付昭祥分别作讲话。全市100多名农技人员、种植企业、种植大户及相关部门的负责人参加了培训。培训会邀请了中国园艺学会猕猴桃分会理事、代理秘书长、四川省成都市猕猴桃产业首席科学家钟彩虹博士，北京华麟农科科技有限公司总经理李深，分别讲解介绍猕猴桃幼年园、成年园冬季管理技术关键要点，猕猴桃生长特性及对环境条件的要求，建园技术要点，世界猕猴桃产业发展现状等。培训期间专家还亲自到水城县米箩乡猕猴桃生产基地进行现场讲解，解答生产中的疑难问题。

开展国际科学与和平周活动。11月16日，九三学社六盘水市委联合六盘水市科学技术协会，在市人民医院、市中医院等单位的支持下，在市中心城区钟山大街开展第25届“国际科学与和平周”宣传活动。活动围绕“提高科学素质，促进全民健康”主题，制作了大量的宣传展板，向市民宣传科学常识，引导市民健康的生活方式，促进科学文化发展。同时，九三学社发挥科技人才优势，组织社员开展义诊、法律、农业科技咨询等活动，发放各类科技书籍和宣传资料1000余份，受到广大市民的欢迎和赞誉。

基层组织开展社会服务活动情况。钟山支社在月照乡小屯村、双洞村分别开展开展“四帮四促”社会服务活动和科技“三下乡”活动，赠送价值1200元的优良蔬菜种子，种植、养殖技术光盘20张、各类科普书籍500余册，接受义诊72人次，接受咨询32人次；职院支社到水城县阿嘎镇开展送医送药活动，送去价值1000余元的药品并在现场开展义诊；六枝支社组织社内专家在六枝特区街上开展义诊、教育等咨询活动，发放科技书籍和宣传资料1000余份；水城支社与师院支社联合在水城县陡箐乡开展智力支边活动，向陡箐乡中心校捐赠了一批书籍，向陡箐乡卫生院捐赠了洗衣机一台及一批药品，价值2000余元，并组织社内医学专家为当地群众开展针灸治疗腰腿痛200余人次；在全国第一个法定的“老年节”到来之际，水城支社到红桥敬老院开展了“尊老、敬老、爱老”活动，为老人们送去5000余元的慰问品，并免费为老人们进行了血常规、肝、肾功能检查和健康体检。

（王　锐）

六盘水市工商业联合会

【概述】 2013年，六盘水市工商联认真履行职能，各项工作取得较好的成绩。召开主席会长会3次，常委会2次，执委会1次，全市工商联系统主席会议1次。指导四川省泸州市工商联成功举办“黔滇川桂渝毗邻地区工商联（商会）工作协作会第五次会议”。出版《六盘水商会》10期，工作简报2期，举办大型文艺演出活动2次；邀请人民日报、新华社等30多家等新闻媒体对六盘水市“三铁”理念和“千企帮村”进行采访报道。成功举办民营企业“实力100强”“活力100强”的评选活动，为六盘水市经济社会发展注入生机和活力。

组织调研，参加政治协商。组织开展金融如何支持非公经济、民营经济发展、中心城区餐饮服务业经营等调研，全年完成调研报告5篇，大会发言材料2篇，向“两会”提交团体提案13个，充分发挥工商联参政议政职能。

构筑非公有制经济发展通道。加强与有关部门的对口联系，为会员搭建与政府职能部门、政法、金融、宣传、院校、统战群团等部门沟通合作平台，建立对口联系工作制度。让社会各界更多地了解非公有制经济，从而更好地支持非公有制经济。

加强组织建设。新建基层组织9个，发展企业会员180名，个人会员446名。全会共有会员11118名。

（龚鸿宇）

【以商招商】 2013年，市工商联牵头组织市政法系统、统战系统、政府职能部门等20余家单位完成招商引资任务签约资金252.5万元，到位资金20.34万元。

（龚鸿宇）

【首期纳税人培训班开班】 3月28日，市工商联、市地税局举办首期纳税人培训班。市人大常委会副主任、市工商联主席陶兴锐作题为“发挥民营经济在推动工业强市和城镇化带动战略的作用”专题讲课。

（龚鸿宇）

【发动企业为“见义勇为基金”捐赠】 5月17日，贵能集团攀枝花煤矿举办“贵能集团向市‘见义勇为基金’捐赠仪式暨市工商联送文化进企业活动”，市委常委、市委政法委书记、市公安局局长徐立平，市人大常委会副主任、市工商联主席陶兴锐，市工商联副主席邱传海、王守会等领导参加，贵能集团6000余名工人捐款12万余元。6月9日，贵州弘黔集团组织职工向“见义勇为基金会”捐赠 1.8万元。

（龚鸿宇）

【发动企业捐资助学】 8月中旬，市工商联副主席邓兴贵（恒远房开）捐款100万元作为“六盘水市总商会·兴贵教育专项资金”开展“三个一百”工程，即每年捐款100万元资助贫困初中生100名、高中生100名、大学生100名，资助金额分别为1000元、2000元、7000元。5月31日，一生一本公司在市实验一中举行“一生一本·同心助学”启动仪式，向六盘水市的中小学捐赠学习机、护眼仪等价值达100多万元。

（龚鸿宇）

【开展“民营企业管理创新与上市企业培育工程”培训】 6月25日至27日，邀请北京长松咨询公司注册咨询师常青教授为300余名会员举行了“建设高效企业组织系统”专题讲座。10月10日至13日，邀请北京对外经贸大学特邀专家、上海海事大学潘国陵教授为120名企业家举行为期15天的“国际金融知识”专题讲座。9月12日，邀请中国儒学会副理事长、北京大学历史学教授雷元为100余位企业家讲授东方文化与现代管理、民营企业上市工程国学专题讲座。组织10名企业家到上海财经大学参加非公企业经营管理人员培训班。

（龚鸿宇）

【首次与国外社团建立友好商会】 9月1日至5日，市人大常委会副主任、市工商联主席陶兴锐率团到泰国、新加坡、马来西亚考察，并与当地华人商会即泰国泰中经济贸易交流中心、马来西亚下霹雳中华工商总会建立友好商会。

（龚鸿宇）

【举办“纪念毛泽东诞辰120周年——中国凉都六盘水·首届共和国将军部长书画展”】 9月10日至12日，在六盘水美术馆成功举办“纪念毛泽东诞辰120周年——中国凉都六盘水·首届共和国将军部长书画展”活动。本次活动邀请了中南海画册编辑委员会、中国水墨艺术研究院、中国毛泽东诗词研究会书法艺术研究分会、北京中海联水墨画艺术院参加。同时邀请北京大学历史学教授雷元为100余位企业家讲授东方文化与现代管理，举办民营企业上市工程国学专题讲座。

（龚鸿宇）

【“六盘水市‘三铁措施’服务非公经济促进社会和谐”获“2013中国十大社会管理创新”奖】

12月28日，“第八届中国全面小康论坛”在北京举行，市委常委、政法委书记、综治委主任、公安局长徐立平，市人大常委会副主任、市工商联主席陶兴锐获此奖项并赴北京参加论坛领奖。对此，《贵州日报》《六盘水日报》先后头版头条进行了报道，省委常委、省委政法委书记、副省长秦如培，省政府党组成员、公安厅长孙立成，六盘水市委书记李再勇，市长周荣等省、市领导先后批示给予充分肯定。

（龚鸿宇）

纪检　监察

【六届市纪委三次全体会议】 2013年2月5日，中国共产党六盘水市第六届纪律检查委员会第三次全体会议在市中心城区召开。会议传达学习了中共十八届中央纪委二次全会、十一届省纪委二次全会精神，回顾总结了2012年党风廉政建设和反腐败工作，研究部署了2013年工作任务。全会审议通过了市纪委书记向昀代表市纪委常委会所作的《解放思想 助推跨越 在新的起点上奋力开创反腐倡廉建设新局面》的工作报告。中共六盘水市委书记王晓光出席会议并讲话。

（洪海波）

【监督检查体制机制】 市纪检监察系统，严肃查处违反党的纪律特别是政治纪律的行为，加强监督检查体制机制建设，整合监督力量，围绕安全生产、强农惠民、规范和节约用地、重大基础设施建设等政策措施落实情况加强监督检查，加大问责和通报力度，全年共责任追究618人次，有力推进中央、省、市决策部署的贯彻落实。在市直5个部门开展依法行政综合监察，纠正问题78个。

（洪海波）

【八项规定和纠正“四风”问题】 市纪检监察系统，全力推进中央、省、市作风建设有关规定的贯彻落实，改进作风取得阶段性成果。紧盯元旦、春节、五一、旅发大会、中秋、国庆等重要时间节点，开展公车私用，公务接待，公款消费，公款送礼，迟到早退，上班时间打麻将、上网购物、聊天玩游戏等明察暗访57次，处理干部219人。组织全市2.91万名党员干部清退会员卡，实现“全覆盖、零持有、零报告”。坚持警示提醒在前，反面教育和正面引导相结合。节前下发通知明令禁止事项，向党员领导干部发送“七个严禁”短信4次1万余条。编发《中央省市作风问题典型案例摘编》2000余册，集中通报作风典型问题4次84人。下发《关于禁止国家公职人员大操大办各类酒席的通知》，受理群众关于滥办酒席等顶风违纪举报71件，处理23人。以治理“庸懒散慢浮”为切入点，全力深化“阳光晒权”，综合治理“脑梗阻”“中梗阻”和“肠梗阻”。市委常委会进行专题研究，将民生实事、“9+3”义务教育等目标完成情况和转变作风、服务群众及党风廉政建设情况纳入评议范围。组织4个县区、1个经济开发区、12个市直部门、3家公共服务部门、47个重点岗位负责人通过媒体作出公开承诺并接受社会评议，对405个乡镇基层站所开展民主评议，提出整改意见建议713条，纠正问题59个，问责18人。

（洪海波）

【“打虎”和“拍蝇”】 全市纪检监察机关不断加大查办案件力度。全年共受理信访举报1351件，同比上升9.75%；初核311件，同比上升15.61%；立案229件，同比上升20.53%；涉及县级干部11人，同比上升37.5%；党政纪处分282人，同比上升10.59%；移送司法机关56人，同比上升51.35%。重点查办了市规划局原党组书记、局长王诗煌违纪案，市第三人民医院原院长吕武受贿案，市职院基建处原处长罗碧忠受贿案，盘县教育系统腐败窝案，县区农机购置补贴腐败案，水城县官煤勾结腐败案，钟山区双戛乡“两违”建筑腐败案。全市检察机关共立案侦查贪污

贿赂、渎职侵权等职务犯罪108人。全市法院系统审结一审贪污贿赂案件62件。进一步畅通信访举报渠道，深化拓展“三访”活动，开展集中下访84次，受理“三访”件351件，办结314件，发现案件线索74件。对近五年所有问题线索进行全面清理，按照拟立案、初核、暂存、留存和了结五类处置方式逐件提出处理意见，建立案件线索集中管理和重大线索集体排查制度。着力提升依纪依法安全文明办案水平和案件质量，实行办案安全一把手负责制，开展案件审理规范化建设工作，深化安全事故责任追究“双审核”，案件质量考核名列全省第一。编写《廉政勤政警示与指引》，强化查办案件治本功能。注重抓早抓小，召开市县乡三级警示教育视频大会，举办“凉都清韵”廉政剪纸艺术大赛，40万余名干部群众到场参观展览。

（洪海波）

【自身建设】 全市纪检监察系统以“转观念提素质、转作风提效能”为总要求，加强领导班子和干部队伍建设。自2月起，集中5个月时间，在全省纪检监察系统率先开展“学党章”主题教育活动，广大纪检监察干部党章意识显著增强，贯彻党章维护党章的能力和素质明显提高。制定《市纪委监察局领导班子务虚会议制度》和《全市纪检监察系统谈心谈话制度》，开展“纪律学习月”活动。市纪委监察局立足厘清职责、突出主业，清理调整牵头和参与的议事协调机构，由145个减少到28个。深入抓好完善派驻机构统管工作。市县纪工委有序运转，共开展检查1708次，监督“三重一大”事项2278项，提出意见建议1060条，否定提议116项，立案36件，处分41人，初步扭转了过去不能办案的局面。全省统管工作研讨会暨六盘水课题论证会、全省统管工作座谈会在六盘水市召开。邀请中央纪委研究室、中国纪检监察学院等有关领导和专家参加在北京召开的六盘水统管课题研讨会，加强课题调研及成果转化。应邀到中国纪检监察学院派驻机构业务培训班作统管经验介绍。

（洪海波）

【煤矿事故责任人调查工作】 1月18日，市纪委监察局对自响水煤矿“11·24”重大煤与瓦斯突出事故发生以来，盘县县委、县政府、市直有关部门有关责任人员进行调查。3月12日，贵州格目底矿业有限公司马场煤矿发生煤与瓦斯突出事故（造成25人死亡），市纪委监察局对有关责任人员进行调查。3月中旬，响水煤矿、金佳煤矿、马场煤矿煤与瓦斯突出事故相关责任人员共10名被问责，8名直接责任人被刑事拘留，同时，水城县大树脚煤矿、天宗煤矿和钟山区镇艺煤矿等3家煤矿违法生产（建设）相关责任人共13名被问责。

（洪海波）

【廉政文化】 3月5日，全市纪检监察系统深化拓展“三访”工作和“学党章”教育活动动员大会召开。6月20日，全市2013年“阳光晒权”举行启动仪式。8月17日，中国·凉都清韵廉政剪纸艺术大赛颁奖仪式暨展览活动在六盘水凤池苑隆重开幕。

（洪海波）

【省领导指导工作】 12月9日，省委常委、常务副省长谌贻琴带队检查六盘水市党风廉政建设责任制落实情况。

（洪海波）

【省纪委领导检查工作】 4月8日，省监察厅副厅长杨小鲁在六盘水市调研统管工作。4月9日，省纪委常委文江到六盘水市调研作风建设情况。4月22日，省纪委常委孙学雷到六盘水市检查指导纪检监察机关依纪依法安全文明办案工作。4月22日至23日，省纪委常委、秘书长李豫贵到六盘水市联系督导重点工作。5月22日，省纪委副书记陈再天到六盘水市检查指导依纪依法办案工作。8月29日，省纪委常委、秘书长李豫贵到六盘水市联系督导工作。11月13日，省纪委常委陈麟到六盘水市调研纪检监察特色工作。12月10日，省纪委副书记陈再天到六盘水市调研党风廉政建设和反腐败工作。

（洪海波）

【全省统管工作理论研讨会】 5月5日至7日，全省统管工作理论研讨会暨六盘水市派驻机构统管工作课题论证会和全省纪检监察统管工作座谈会在六盘水市召开，省委常委、省纪委书记宋璇涛出席会议并讲话。

（洪海波）

【经济责任审计工作会】 3月7日，2013年全市经济责任审计工作第一次联席会议召开。6月19日，2013年全市经济责任审计工作第二次联席会议召开。12月20日，2013年全市经济责任审计工作第三次联席会议召开。

（洪海波）

【对外交流】 9月1日，六盘水市纪检监察派驻机构统管课题研讨会在北京召开。9月2日，向昀应邀到中国纪检监察学院第3期全国纪检监察派驻机构业务培训班作统管工作经验介绍。10月23日至27日，向昀带队到江苏无锡、上海浦东纪委等考察学习纪检派驻机构统管和案件查办工作。

（洪海波）

【党风廉政警示教育大会】 9月26日，全市党风廉政警示教育大会召开。向昀通报六盘水市近年来违法违纪案件查处情况并提要求，市委书记王晓光出席会议并讲话。

（洪海波）

【明察暗访】 9月16日，市纪委常委会研究部署中秋、国庆作风建设明察暗访工作。10月14日，市纪委常委会听取中秋、国庆期间开展明察暗访的情况和2013年全市作风建设情况，专题研究作风建设工作。

（洪海波）

【严禁公款购买印制寄送贺年卡】 11月，市纪委监察局下发《关于坚决贯彻落实中纪委省纪委要求严禁公款购买印制寄送贺年卡等物品的通知》。

（洪海波）

人民武装

水城军分区

【思想政治建设】 分步骤、分批次持续掀起学习贯彻中共十八大精神热潮，组织12名师团职领导干部参加两级军区4期理论集训，对全区33名副团职以下干部进行理论集训。围绕“坚定信念、铸牢军魂”，开展主题教育、形势政策和“四反”教育。坚持“每月一课”法制教育、外出培训干部返回授课、周三晚“夜校”学习等制度，增强官兵牢记强军目标、坚定强军信念、献身强军实践的使命感责任感。以作风建设为引领狠抓党委班子建设，开展“正秩序、转作风、促打赢”专项教育活动，推动作风建设根本性转变。按照“两尊重四坚持”提升使用9名干部，接收交流干部12名，完成2名老干部移交和4名转业干部离队报到，干部队伍结构进一步优化，能力水平不断提升。组建民兵“三战”分队，充实完善政治工作战备物资器材库，政治工作准备和规范化建设持续稳步推进。推进新闻宣传工作，在省级以上主流媒体用稿203篇（条），超额完成省军区下达的任务。认真落实党管武装制度，召开2013年度市委议军会和新任第一书记调整任职，与市委市政府联合出台《关于进一步做好驻市部队干部随军家属就业的意见》，议军会及军事日活动的做法被省军区转发。

（朱兴奎）

【军事斗争准备】 修订完善16类保障方案，市、县、乡三级联动投入资金150余万元，开展战备库室正规化建设。抓重大节日和敏感时期战备演练，出动官兵民兵1.8万余人次，参与清明节防火、第八届贵州省旅游产业发展大会安保执勤和森林山火、矿难、交通等事故抢险救援。出台《军事训练奖惩实施办法》，完成首长机关军事训练32天（364小时），组织两级机关6人参加省军区“三分之一人员集训”。狠抓高炮、侦察、通信、防化等民兵专业骨干分队训练，完成1139人的民兵训练任务。新组建信息、装备动员办公室和通信、油料保障等5支民兵专业分队。与市委市政府联合出台《关于加强和改进新形势下国防动员和民兵工作的实施意见》《关于开展新兴领域武装工作建设实施意见》。抓市国防动员综合训练基地建设，完成选址和规划工作。投入12万元加强装备监管信息系统一体化改造，制定《武器仓库值班人员管理规定》，以管理规范化促进装备工作健康安全发展。完成传输设备升级改造，信息化建设管理使用水平有新提高。

（朱兴奎）

【正规化建设】 在水城县人武部等3个基层单位召开试点观摩现场会，以点带面推动全区基层建设整体提升。全区78个乡（镇、街道）武装部（六枝19个、盘县24个、水城23个、钟山12个）均达到“三室一家”规范化建设标准。制定《军分区党委机关挂钩帮带计划》，结合省军区“四项工作”检查考核，“下连当兵、蹲连住班”等活动，常委带机关干部先后120余人次深入基层蹲点调研、指导帮带，有力促进了基层建设。始终保持对安全工作常抓常议的强劲势头，狠抓“条令学习月”、驾驶员作风纪律教育整顿、“三假”专项治理等活动；持续开展倾向性问题专项整治，定期不定期开展安全隐患拉网式大排查，有力促进了安全稳定工作良性发展。

（朱兴奎）

【后勤综合保障】 围绕保障打赢现代化战争、服务部队现代化建设、向信息化转型的建设目标，抓后勤战备库室设施规范化建设，充实完善战备物资器材和各类作战数据库，整理规范档案资料。加强营区基础设施建设，对机关营区大门、车库、餐厅、接待室和招待所进行装修改造，对营区水、电线路进行全面检查维修和士兵楼电路改造。制定下发《军分区经费管理规定》，落实财务人员每季度集中办公制度，定期对固定资产及大宗物资进行清理检查登记。完成5名职工移交，对新招聘的7名工勤人员进行岗前培训，职工队伍履职尽责意识明显增强。抓后勤倾向性问题专项整治，突出空余房地产租赁管理，重签部分军用土地、商业门面，清理借垫款20余万元，增强了军事经济管理质量效益。

（朱兴奎）

【参建参治】 推出盘县四格乡坡上村党支部书记、民兵连指导员李碧峰先进典型，在军区“支援西部大开发、实现同步建小康”座谈交流会上受到表彰并作书面交流；制定军分区2020年前《参加和支援西部大开发工作规划》。抓了盘县板桥镇顺居屯村328户“四在农家·美丽乡村”整治改造，高标准完成4个人武部军民共建农村饮水工程。开展1+1结对资助优困学生活动，常委和机关各部捐资1.95万元，为市实验一中、市一中8名品学兼优的优困生发放助学金和学习生活用品。开展“不忘革命烈士、关爱烈士亲属”拥政爱民活动，向芦山地震灾区捐款8.9万元，为水城县董地乡董地村80余户村民送去原煤80吨，慰问老干部、军烈属20余户50余人次。

（朱兴奎）

【党委全体（扩大）会议】 1月23日，水城军分区党委召开九届六次全体（扩大）会议。六盘水市委书记、水城军分区党委第一书记王晓光出席会议并讲话，军分区政委杨光芒代表常委作报告，司令员尹华亮就加强作风建设讲话并提要求。会议传达学习了成都军区和省军区党委全体（扩大）会议精神，表彰了一批先进集体和个人。8月21日，水城军分区党委召开九届七次全体（扩大）会议，总结上半年工作，查找存在问题，进一步明确下半年任务。军分区党委书记、政委杨光芒代表党委常委作报告，军分区党委副书记、司令员尹华亮主持会议并提要求。

（朱兴奎）

【议军会】 7月26日，中共六盘水市委召开2013年度议军会，审议通过《关于加强和改进新形势下国防动员和民兵工作的实施意见》和《关于进一步做好驻市部队干部随军家属就业的意见》，以及加速推进六盘水市（县、区）国防动员综合训练基地建设方案，研究、解决部队建设中需要地方支持、帮助的四项实际问题。

（朱兴奎）

【领导检查与调研】 4月9日至10日，成都军区副政委王增钵中将到水城军分区视察调研。7月25日，成都军区政治部主任柴绍良中将在省军区政治部主任肖茂光少将陪同下，到水城军分区机关及水城县人武部视察调研。10月17日至18日，省军区政治部主任肖茂光率省党管武装工作考察组，到六盘水考察市委书记、水城军分区党委第一书记王晓光履行党管武装工作职责情况。10月31日至11月1日，省军区政治部副主任李嵩率省民政厅优抚处处长李秋华、省军区政治部秘群处副处长段卫星等，对六盘水市新一轮全国双拥模范城（县）创建工作进行调研考查。12月3日至5日，省军区政治部主任肖茂光率军地联合工作组到军分区检查考核年度工作。12月13日至14日，省军区司令员王盛槐到军分区视察指导工作。

（朱兴奎）

人民防空（交通战备）

【人民防空业务学习】 组织干部系统学习了《中华人民共和国人民防空法》《贵州省人民防空条例》《关于防空地下室易地建设费收费标准的通知》（黔价费〔2003〕281号）《六盘水市

人民防空工程管理办法》（六盘水市人民政府令4号）《市人民政府办公室关于进一步规范市中心城区防空地下室建设及易地建设费收取有关事项的通知》等。组织干部参加全省执法培训，6月上旬，市人防办组织干部职工4人参加省政府法制办组织的为期5天的执法人员资格培训，系统学习《全面推进依法行政实施纲要》《中华人民共和国行政许可法》《中华人民共和国行政处罚法》和《中华人民共和国行政强制法》等。组织干部外出考察学习，借鉴外地先进工作经验，组织干部职工分期分批到南京市、淮安市、柳州市、都匀市、贵阳市、昆明市等地考察学习先进经验和做法，结合六盘水市实际，改进六盘水市人防工作管理。

（刘雨树）

【人防工程】 在2012年编制的六枝、盘县《防空袭预案》《六盘水市中心城区人民防空建设规划（2010—2015年）》基础上，根据《人民防空工程规划编制办法》要求，2013年4月编制审定了《六盘水市中心城区人防工程专项总体规划（2012—2020年）》。启动六盘水市中心城区和盘县地下空间开发利用规划编制工作。严格人防行政许可，推进人防工程建设。认真落实人防前置审批，市人民政府4号令颁布实施以来，通过召开前置审批联席会、业务工作交流会等形式，严把人防行政许可前置审批关口。全年召开主任办公专题会议11次，研究解决结建审批重大事项2个；审批人防工程建设项目18个，报建面积9万平方米；审批易地建设项目77个。开展早期人防工程普查，对六盘水市35个早期人防工程逐一普查，对已报废的29个半拉子工程，督促责任单位封堵。对水矿机关、机厂、市供电局、水城特区机关、水城酒厂和钟山人防工事完善相关档案、做好开发利用准备。探索完善平战结合管理制度，汲取先进地区管理经验，结合市人民政府4号令，拟制人防工程平时开发使用管理办法。

（刘雨树）

【通信应急能力】 5月30日开工建设地面应急指挥中心，6月建成机动指挥所；启动基本指挥所前期工作，申请前期工作经费20万元。做好人防音响警报器维护管理，全市现有音响警报器28台，其中：已安装使用26台，待安装2台，经抽查，总体上运行良好。成立文化南路社区人民防控志愿者队伍，5月10日，在钟山区黄坡办事处文化南路社区组建人防志愿者队伍；制定了全市人防（交战）干部队伍准军事化训练实施方案。协调水矿集团下发了中共贵州水矿控股集团有限责任公司委员会《关于成立水矿集团人民防空机构的通知》，实现了六盘水市人防有实质性地走进大企业。

（刘雨树）

【行政执法】 促成市人民政府施行了《六盘水市人民防空工程管理办法》（六盘水市人民政府令4号）、《市人民政府办公室关于进一步规范市中心城区防空地下室建设及易地建设费收取有关事项的通知》文件。借鉴外省、外地区经验做法，印制人防行政执法文书19种，草拟《六盘水市人民防空行政许可工作程序》《六盘水市人民防空行政执法案卷管理办法（试行）》等，基本满足了人防行政执法需要。根据市政府法制办要求，印发《六盘水市人民防空（交通战备）办公室2013年人防行政执法案卷评查工作方案的通知》，认真组织梳理和评查；抓好“六五”普法和依法治市日常工作，印发《六盘水市人民防空（交通战备）办公室“六五普法中期督导检查实施方案》下发县区遵照执行。聘请了法律顾问1名；落实与检察机关联席会议制度，召开预防和查处人防工程建设领域渎职犯罪工作联席会议1次；加强与纪委联系沟通，接受纪检监察部门监督；加强人防行政执法力度。联合市人大、市法制办、水城军分区组成联合检查组，对国发〔2008〕4号和黔党发〔2009〕21号贯彻落实情况进行一次检查。

（刘雨树）

【交通战备建设】 抓好国防林管护。3月12日检查战备林，有报告、有图片、有登记表、有纪录，及时上报省交战办，并制定战备管理制度。加强专业保障队伍演训练。制定了演训练计划、工作方案，6月3日—5日和水城公路管理局共50余人在（S212煤兴线K125—K126）处举行了道路抢修演练，落实演练经费，演练后将总结和声像资料上报省交战办。建立交通建设贯彻国防要求军地联席会议制度。召开一次军地联系会议（3月10日至3月11日），召开二次主任办公会议、联络员会议；收集整理资料，对国防交通数据适时更新。抓好落区前期准备工作。接到上级指示后，市人防办立即召开专题会议，及时研究部署，主任率队分别到市政府、水城军分区和盘县政府协调落区资料收集工作，并明确专人负责，做好保密工作，将工作成果逐级上报。

（刘雨树）

【“挂帮”扶贫】 根据相关文件，市人防办2013年度“四帮四促”“挂帮”扶贫点为钟山区马坝乡和水城县双嘎乡小屯村。小康项目建设落实工作，全程参与一、三组1.5公里入村主干道及一、二、三组2.7公里串户道路建设工作。积极参与协调有关部门，做好供给社区饮用水供水网建设工作。完成计生双承诺双诚信宣传等上级布置的工作。协助社区搞好苗族“4月8”跳花节的筹备、会场布置等工作。组织同步小康驻村工作组开展工作，制定了2013年驻村工作计划、每周召开一次驻村工作小组人员碰头会。

（刘雨树）

【招商引资】 结合市人防办实际情况，认真筛选优秀外地企业、挑选合适项目。经过一季度调查摸排，二季度筛选研究，三季度深入磋商，10月市人防办成功引入鑫联工贸公司鑫联包装袋厂项目落户六盘水市。10月16日到位资金1600万元，其中工业项目资金1600万元，完成年初制定招商引资目标任务。

（刘雨树）

【宣传信息】 3月11日，召开了全市人民防空（交通战备）工作暨人防交战主任会，层层签订目标责任书，分解落实年度目标任务。5月10日，六盘水市人民防空（交通战备）办公室举行了人防志愿者队伍授旗仪式。共青团六盘水市委、六盘水市委办公室机关党委、水城军分区、钟山区人防办等单位领导出席授旗仪式。全国第五个防灾减灾日期间，编制《人民防空法律法规汇编（一）》2000册，分送市财政局等10余家单位；制作并悬挂防灾减灾宣传标语，上街发放《防空防灾知识手册》《防灾宣传手册》等3000余册。截至6月底，向《人民防空杂志》投稿3篇，向省人防网上报文章5篇，简讯（含信息）55篇。7月23日，市人防办党组成员、副主任王旭一行3人到大河、水月经济开发区宣传人防政策。7月27日至30日，六盘水市人民防空办公室党组书记、主任杨国彦一行3人，考察学习河南省洛阳市人防宣传教育、人防信息化建设、市中心城区地下空间开发与利用和人防行政执法等相关人防工作先进经验和做法。

（刘雨树）

【城区人均人防面积有提升】 经过一年的努力，市中心城区人均人防防护面积达到提升，初步理顺了市中心城区行政执法工作，理清了人防工作历史遗留问题处理办法和思路，人防应急指挥信息化硬件建设初见成效。

（刘雨树）

【人防训练比武获奖】 按照上级要求，积极组织全市人防系统防训练比武竞赛工作，通过在全市选拔，两名人员被省办选派参加西南地区竞赛，并取得优异成绩，在全省获得团体第四名，有两名人员在全省比赛获得单项第二名，有一名人员在西南地区单项获得第二名。

（刘雨树）

六盘水市武警支队

【思想政治工作】 2013年，开展“坚定信念、铸牢军魂，永远做党和人民的忠诚卫士”教育活动。落实每月“四课”，组织12期“官兵讲坛”。把经常性思想工作作为确保部队安全稳定的重要途径，用好“三互”“双四一”等载体，借助“尊干爱兵双三十优”评选表彰活动，定期评选尊干爱兵先进典型。开展“真心沟通、真情交流、平等对话”活动，组织中秋家属座谈会，广泛听取基层官兵和家属心声，及时帮助解决官兵探亲休假等问题和实际困难。开展“二十个

一”等“送关爱，暖兵心”活动，做好一人一事思想工作。落实每月个别人排查制度，关注长期在外、久病不愈、家庭变故、个人愿望未实现、身体心理素质弱等人员，每周与转业待安置人员、在外学习人员联系，每月听取思想汇报，召回1名长期病休人员，2次组织普遍政治考核，拿出10万元帮助14名官兵解决家庭变故、亲人涉法、生活困难等问题，有效排查转化“个别人”和重点关注对象88人次。开展“好读书、读好书、书读好”活动，提升能力素质、强化精神状态。购置配发各类图书1000余册，投入10余万元构建政工网。组织新兵瞻仰烈士陵园，进行红色文化教育。组织文化骨干培训4期，开展“和谐杯”篮球、拔河、乒乓球比赛等文化活动，组织体会交流、展评4次，以及“梦想·青春”读书演讲比赛和“喜迎新兵、欢度国庆”文艺晚会各1次。

（刘洪良）

【训练与执勤】 抓住新兵训练、“两官”素质、勤训轮换3个重点；建立逢会必考、逢提必考、季度必考机制，每周一、四城区部队统一组织体能训练，机关每周三晚留营学习；12次组织机关干部、中队主官、司务长理论和军事考核，3批勤训轮换总评良好，支队勤训轮换做法被总队转发、“五小练兵”做法在总队三级干部集训时交流。组织1次野战文化装备操作使用培训，抓好“三战”骨干培养。加强首长机关训练，精心参加“卫士—13”演习，5次组织首长机关带实兵拉动演练。贯彻新修订的《执勤规定》，每天检查督促，每周通报讲评，每月分析研究，每季评比表彰，提升正规执勤能力。支队党委按新《规定》指导执勤工作的做法，在总队培训会上交流；支队建立“哨位情况处置小方案”的做法被总队推广，支队在总部执勤正规化等级评定交叉检查中总评优秀。建立军警地联动协作机制，与市维稳办、公安、气象等部门建立联合预警机制，利用地方政务网、公安道路交通网，拓宽情报侦察渠道；与市客运公司签订遂行处突任务运输保障协议，与市八一汽车修理厂签订车辆维修协议，依托市军供站代储后勤战备物资，搞好联合演练、联勤防控，提高保障能力。针对敏感期和抢险救灾等任务形势，加强演练，充分做好应急准备。出动兵力2058人次，车辆168台次，完成武装押解、扑灭山火和省旅发大会安保等临时勤务62起。

（刘洪良）

【部队建设】 以“三跟三查”为载体，狠抓组织生活制度落实，加强基层党支部建设，开展“党支部岗位练兵、干部大练基本功”活动，坚持每季度召开政工例会。1月，组织2期基层主官和团支部书记、武警委员会主任培训。开展“依法从严治警，纯正部队风气”教育整顿活动，选拔15名学员苗子、23名技术学兵、20人参加预提指挥士官集训，调整提拔干部28人。修订完善《先进中队季度综合考评实施细则》，优化考评办法；发挥支队3名先进典型的激励作用，开展尊干爱兵“双三十优”“军事训练先进个人和军事训练标兵”等评选表彰，营造争先进、当标兵的良好氛围。

（刘洪良）

【从严治警】 开展“百日安全无事故”和安全隐患排查治理活动，先后3次组织拉网式普查整治，1次组织私家车驾驶资格考核审查，消除各类隐患132个（处）。坚持从严落实干部带操制度，确保干部履职尽责，帮助解决后顾之忧，为3名干部解决子女入学入托问题。组织官兵学法规，开展4次体会交流、1次条令知识竞赛和1次队列会操。9名军事技能不合格的干部集中到教导队“回炉补课”，1名副支队长带2名先进中队主官到黔南、毕节、安顺支队的3个标兵中队参观见学；投入130余万元建设六枝特区中队，在六枝中队召开“规范化工作”试点现场会。

（刘洪良）

【后勤保障】 完善应急保障预案，配齐战备物资，6次进行后勤战备演练，组织驾驶员培训4期、军械员培训2期、四小工培训1期、炊事员培训1期；搞好战备物资储备并定期检查、补充更换，采购580人1日份09系列单兵食品，严格落实机关150人2日份、机动中队50人2日份和基层中队26人1日份的储备要求，充分做好应急后勤保障准备。严格落实经费物资管理规定，坚持党委（支部）当家、后勤理财、依法管理，大宗物资采购、重大工程建设坚持阳光操作。开展开源节流活动，协调将市县（特区、区）部队建设纳入地方财政预算。修订完善《“四项设施”管理细则》，层层签订责任书，确保物资件件有人管，提高管理使用效益。严格落实伙食管理“五项制度”，科学调剂伙食，防止跑冒滴漏和铺张浪费，确保官兵吃得营养卫生，穿得合体舒适，住得称心舒心。开展卫生防疫宣传教育，有效防范“禽流感”等重大疫情传入，确保官兵身心健康。坚持向地方党委、政府请示汇报，先后2次召开议警会议，1次现场办公，积极协调地方党委政府帮助解决三中队、教导队营房新建选址等实际问题。

（刘洪良）

【党委建设】 落实《“五学”规定》，党委班子“一班人”撰写心得体会80余篇，有4名常委在《人民武警报》《中国特警》上发表理论文章。落实中央八项规定、军委十项规定和总部总队关于作风建设的措施，开展“学习贯彻党章、弘扬优良作风”教育和开展“树立正确理念，明确是非界限”教育讨论活动。班子调整后，贯彻《党委工作条例》和“三个规范性文件”，落实支队“两个细则”，规范议事决策程序。党委成员带头落实制度、带头改进作风、带头学习训练，8名常委平均轮休不足20天，周末将主要时间和精力投入一线调查研究、检查督促，为广大官兵树好了形象。

（刘洪良）

【灭火、植树、值勤】 2月17日，武警六盘水支队出动90名兵力，车辆8台，参与首钢水钢集团炼钢区山林大火扑救，经过2个小时战斗，成功扑灭大火，扑救面积100余亩。2月26日，武警六盘水支队政委委员李先江带领160名官兵参加义务植树活动，共植树1800余株。8月11日，水城县举行海坪“彝族火把节”文艺活动，武警六盘水支队出动兵力60人次，车辆3台，警棍50根，参与开幕式文艺表演值勤。

（刘洪良）

【领导检查调研】 3月6日，省武警总队司令员高国成到六盘水支队检查指导工作，总队政治部副主任陈东升、作勤处长李加洪、信息化处处长罗学江、训练处处长郭承国陪同。3月15日至16日，省武警总队政治部主任王亚东到六盘水支队检查指导工作。5月22日，省武警总队司令部警务处副处长陈志率警务处罗叶荣、尤军参谋一行3人，对六盘水支队正规化建设进行检查。7月19日，省武警总队政委韩云鹏一行3人到六盘水支队检查指导。8月9日至11日，省武警总队司令员高国成一行6人，到六盘水支队检查调研。9月3日至4日，省武警总队副参谋长李沛一行4人，对六盘水支队安全工作和新训准备工作进行全面检查。9月22日至23日，省武警总队副司令员王志虎、副参谋长李文胜一行5人，深入六盘水支队检查正规化执勤等级评定准备情况。11月1日至4日，省武警总队副司令员郭游文一行7人，对六盘水支队2013年度工作进行检查考评。11月20日，省武警总队部长张晓华一行5人对六盘水支队进行检查指导。

（刘洪良）

六盘水市消防支队

【概述】 2013年，全市共发生火灾83 起，死亡1 人，受伤4人，直接财产损失215.85万元。全市公安消防部队共接警346起，出动车辆604辆，出动警力3047人，抢救被困人员430人，疏散被困人员7254人，抢救财产价值9058.45万元；2013年全市各级财政下达各类消防经费预算4621.14万元，实际到位5182.66万元，其中消防业务经费较上年增长165.62%。

（丁　珊）

【领导视察】 2月20日下午，省公安厅纪委副书记范春云大校率领省厅督查组到特勤消防中队检查指导工作； 3月9日下午，贵州省副省长陈鸣明一行深入六盘水市公安消防支队调研消防工作，并对全市消防工作作了指示；3月12日上午，2013年全市公安消防部队工作会议在六盘水市公安消防支队会议室召开，省消防总队党委委员、副总

队长王兵，市委常委、政法委书记、市公安局长徐立平等领导出席会议并作讲话；7月4日上午，贵州省人民政府副省长陈鸣明、省应急办主任王洪斌、省消防总队总队长罗灿一行到盘县消防大队调研，并对消防工作和部队建设提出了意见和建议； 8月17日，省消防总队总队长罗灿受邀赴六盘水出席“第八届贵州旅游产业发展大会”开幕式，并亲切慰问了现场执勤保卫的消防官兵；9月4日，六盘水市委书记王晓光就进一步加强六盘水市消防部队车辆装备配备、营房建设，队伍管理、综合应急救援队伍建设等工作作指示；9月28日，副省长王江平在观摩完贵州省矿山事故应急演练后，到六枝特区消防大队执勤点看望慰问执勤官兵；9月28日，省公安厅党委成员、省消防总队党委书记、政治委员吴晏平大校与六枝特区党政领导座谈，帮助六枝消防解决实际困难；10月28日，六盘水市公安消防支队邀请市四大班子“一把手”参加“119”宣传活动，来自贵州电视台、贵州日报、贵州都市报、贵阳晚报、六盘水日报等各类媒体记者应邀走进部队参观；11月30日，六盘水市新任市委书记李再勇亲切接见了市公安消防支队军政主官，专题听取了消防工作情况汇报，并对当前和今后一段时期内部队建设和消防工作作出指示；12月3日，六盘水市市委副书记、市长周荣采取不打招呼、不发通知的方式，率队深入人员密集场所检查消防安全工作。

（丁　珊）

【组织建设】 1月29日上午，六盘水市公安消防支队召开干部任命大会，对支队27名营连职干部进行任职调整；2月28日上午，六盘水市公安消防支队召开2013年度第一次党委中心组学习会，学习中共十八大报告；5月31日，贵州省公安厅任命曹进为六盘水市公安消防支队支队长；蔡大强为六盘水市公安消防支队政治委员。5月31日，中共贵州省公安消防总队委员会批准蔡大强为六盘水市公安消防支队党委书记；曹进为六盘水市公安消防支队党委副书记；6月27日，六盘水市公安消防支队召开干部大会。会上，省公安厅政治部现役办副主任何卫东宣布了正团职干部任职命令，总队党委委员、副总队长王兵宣布了副团职干部任职命令及党内任职通知，会议由支队党委书记、政委蔡大强主持；8月2日，中共六盘水市委常委会议决定，蔡大强任中共六盘水市公安局委员会委员；曹进兼任中共六盘水市人民政府办公室党组成员。9月4日，六盘水市人民政府决定，曹进兼任六盘水市人民政府副秘书长。

（丁　珊）

【为民办实事】 3月15日，六盘水市南环路水泥新苑小区内煤气管道泄漏发生燃烧，六盘水市公安消防支队调集3个中队6台车前往处置。经过近一个小时的协同作战和密切配合，成功将大火扑灭；4月20日8时02分，四川省雅安市芦山县发生7.0级地震，六盘水市公安消防支队接到省消防总队的跨区域增援调度命令后，第一时间组织由36名官兵组成的轻型地震救援队赶赴贵阳集结增援四川；5月15日，六盘水市公安消防支队发起“红水桶”公益行动，先后出动车辆50余台，官兵200余人，将500多吨清洁用水送到城区乡村的各个角落，惠及群众近万人；5月24日至25日，红桥新区、钟山区等地多户居民被洪水围困。经过消防官兵连续奋战，洪水围困的103名居民被安全转移。中央电视台《新闻直播间》等主流媒体纷纷报道了消防官兵连夜排洪抢险救援实况；7月11日，新华网、环球网、中国网、人民网、光明网、凤凰网、贵州都市报、贵阳晚报等中央、省市媒体深度报道六盘水 “7·11”大吊车侧翻抢险救援事迹，在社会上引起了强烈反响，再次展现了“凉都”消防铁军风采；12月23日至12月25日，六盘水消防联合公安、交警、武警等多警种部门深入辖区重点单位开展“错时”消防安全大检查行动；12月24日，六盘水市中心机械化屠宰场发生液氨泄漏事故，市政府副市长尹志华，市政府副秘书长、消防支队支队长曹进等赶到事故现场指导救援工作；2013年，六盘水市公安消防支队开展了 “除火患，保平安”“平安贵州”大排查大整治等专项行动，圆满完成“贵州省第八届旅游产业发展大会”等重大消防安全保卫工作，全市共检查单位8.1万家次，督促整改火灾隐患7.26万处，办理行政处罚375起，提请政府挂牌督办20起重大火灾隐患；2013年，六盘水市公安消防支队承办了全省消防部队2013年春季练兵跨区域拉动地震救援（西片区）演练活动。经六盘水市公安局同意，支队从公安警务助理队伍中招收了70人担任消防助理，补充消防部队一线执勤执法力量。

（丁　珊）

【消防安全知识宣传】 6月27日，六盘水“生命通道体验活动”启动仪式在实验二小举行，六盘水市、区两级联动，模拟了大型人员密集场所火灾应急疏散演练，实验二小3000师生参与了“火线”逃生；2013年，六盘水市公安消防支队开展了消防培训200余次，向社会发放消防宣传杂志《六盘水消防》1万余册，发放消防知识宣传品及宣传资料200余万份，惠及群众100余万人。

（丁　珊）

【获得荣誉】 10月23日至24日，全省消防部队首届财务岗位练兵比武举行，六盘水市公安消防支队参赛官兵不负众望，获比武竞赛团体第二名；2013年，六盘水市公安消防支队被省消防总队评为安全工作先进支队；2013年，六盘水市公安消防支队机关获六盘水市公安局2013年度全市公安机关目标绩效综合考评“二等奖”，记集体嘉奖一次；2013年，六盘水市公安消防支队机关获2013年度市直目标管理单位考核“一等奖”；2013年，在“中国梦·平安情”移动杯贵州省第四届警察文化艺术周上，六盘水市公安消防支队选送的《浴战火海》获摄影作品一等奖；2013年，六盘水市公安消防支队32人次被部消防局、省公安厅、省消防总队评为先进个人，18人次立三等功，120人次受到各级表彰。

（丁　珊）

群众团体

六盘水市总工会

【建功立业活动】 开展“创新、创效、创一流”建功立业劳动竞赛。全市开展劳动竞赛和提合理化建议、技术革新、技术创新等活动的企业2500余家，覆盖职工20余万人；深入开展“节能减排达标竞赛”和“节能减排我先行”等活动，各级工会提合理化建议1万余条，创经济效益2.5亿元；开展小改小革1500余项，创经济效益1.2亿元；开展技术攻关项目160余项，创经济效益5000余万元，其中50项创新成果获得39项专利，10项获得全国总工会、省总工会表彰；发展节能减排义务监督员1000余人。

（徐桂红）

【技能竞赛】 开展职工技能竞赛和技术比武活动。在不同行业、不同领域开展亟需、通用、技术含量高工种的技能比赛，建立和完善创新工作室、劳模示范岗，选树“首席员工”“创新能手”等。2013年，全市开展技能竞赛、技术比武529场次，参加职工近18万人，比赛工种60余个。

（徐桂红）

【依法维权】 推进以职代会制度为基本形式的厂务公开民主管理向国有、集体及其控股企业管理的各个层面延伸，进一步拓展非公企业厂务公开制度的覆盖面，推动区域性、行业性职代会制度覆盖小微企业，继续开展创建厂务公开民主管理示范单位活动。全市国有、集体及其控股企业以及事业单位厂务公开职代会建制率达100%，已建工会的非公企业厂务公开职代会建制率达95.7%。加强平等协商集体合同机制建设，维护和发展职工经济权益。指导职工与用人单位签订劳动合同，代表职工与企业进行平等协商签订集体合同和工资集体协议，完善工资协议“一账四证”工作。截至2013年年底，全市国有、集体企业职工98%签订劳动合同，非公企业职工90%以上签订劳动合同，已建会企业集体合同和工资集体协议的签订率达95%以上。加强职工培训就业机制建设，维护和发展职工劳动就业权益。实施“培训促进和稳定就业”工程，集中开展技能培训、就业培训，组织开展“春风行动”“阳光就业”行动等促进就业活动。2013年，举办就业培训班117期、培训下岗失业人员和农民工1.5万余人，多渠道促进就业7600人。加强劳动安全卫生监督机制建设，维护职工生命健康权益。加大安全生产宣传教育力度，完善安全生产隐患排查、“三违”行为举报和“三违”人员帮教制度，开展群监员自查、工会督查为主要形式的煤矿安全隐患排查治理活动，畅通职工举报渠道，防范和遏制重特大事故发生。市总工会在4个县区举办了煤矿安全生产巡回教育培训班，共培训煤矿工会主席和群监员500余名；980家企业开展了内容丰富的“安康杯”竞赛活动，覆盖班组8618个，职工18.7万人；开展安全知识演讲、法律法规知识竞赛等756场次；开展安全生产知识培训2312场次，发放宣传资料15万份；组织职工开展“查隐患、堵漏洞、保安全”活动，共查找隐患13500余条，全部督促整改落实到位。

（徐桂红）

【帮扶救助】 继续推进星级困难职工帮扶中心建设，指导县区申报全国工会法律援助维权服务示范单位。在全市企业工会和乡镇、社区建立职工服务帮扶机构，建立困难职工档案20820户。整合社会资源，筹集资金，对困难职工长期跟踪、全程帮扶，实现“送温暖”工程的制度化、常态化和社会化。2013年“两节”期间筹集发放送温暖资金684.1万元（其中市总工会本级筹集送温暖资金205万元），走访慰问困难企业46户、困难职工和劳模代表19103人。开展梦园金秋助学活动，筹集助学资金249万元，资助困难职工（农民工）子女上学3307人次；实施女职工“关爱行动”，筹集资金47万元，帮扶困难女职工1002人次；开展“六一”慰问活动，筹集资金65万元，慰问儿童6468人次。扎实推进党建扶贫联系村工作，协调资金、物资折合人民币600余万元，其中，500余万元用于修建11公里通村公路，40万元用于修建村办公楼，10万元用于修建人畜饮水工程，4万元用于两节慰问及金秋助学。

（徐桂红）

【自身建设】 基层组织建设。推进工业园区工会组织建设，抓好规模以上非公企业工会组建工作，着力组建区域、行业工会联合会覆盖小微企业，推动农民工、劳务派遣工、城镇新增就业人员入会，扩大“会员评家”活动覆盖面。2013年，共新建企业工会组织344个、发展会员26069名，超额完成省总下达的建会任务。干部队伍建设。组织工会干部参加中华全国总工会、贵州省总工会的相关培训，市总工会举办工会干部培训班、女职工干部培训班、财务经审培训班各1期，培训工会干部180余人。作风建设。建立和完善机关各项规章制度25项，切实强化制度管理；切实加强党政务公开，有效铲除腐败滋生的土壤。物质基础建设。管理使用好工会经费，确保工会资产保值增值。

（徐桂红）

【开展“凝聚正能量 共筑中国梦”活动】 自2013年4月起开展“凝聚正能量 共筑中国梦”六盘水市职工思想想教育主题活动。本次主题活动由百场讲堂、百篇职工征文、百条职工微博、百幅职工摄影和百名“最美劳动者”五个具体活动组成。共举办职工讲堂158场次，其中市总邀请市委党校专家进行中共十八大、十八届三中全会宣讲3次，市总工会领导下基层宣讲10余场次；164家基层工会开通微博，发表微博作品267条；收到职工征文作品126篇、职工摄影比赛作品118幅；推荐“最美劳动者”12名，其中4名入围；向市文明办推荐“感动凉都10大人物”10名，市总工会推荐的肖启珍获得“感动凉都10大人物”称号。

（徐桂红）

【市总工会六届八次全委（扩大）会议】 4月2日，市总工会召开六届八次全委（扩大）会议。会议学习贯彻了中共十八大和中央、省、市经济工作会议精神，全国总工会十五届七次执委会议和省总工会十二届九次全委会议精神，总结回顾2012年工作，安排部署2013年工作任务，审议通过了赵桂兰代表市总常委会所作的工作报告，听取了王军代表市总经审会作的经费审查工作报告。

（徐桂红）

【六盘水市工会第七次代表大会】 5月23日至24日，六盘水市工会第七次代表大会召开。会议选举产生了新一届工会委员会和工会经费审查委员会。提出今后五年全市各级工会要坚持走中国特色社会主义工会发展道路这个主题，突出抓好工会组建和工资集体协商两个重点，开展“当好主力军，建功‘十二五’”“工业强市·工人当先——工会组织在行动”“安康杯”竞赛三项活动，健全和完善职工知情参与、协商共决、评议监督、争议调处四个机制，着力推进政治理论学习、建功立业劳动竞赛、构建和谐劳动关系、参与加强和创新社会管理、加强自身建设五项工作。

（徐桂红）

【集中建会暨职教基地授牌仪式】 2013年9月25日，六盘水市总工会在贵州钟山经济开发区（以下简称红桥新区）凉都温泉国际酒店举行仪式，为红桥新区29家企业工会、全市12个职工职业技能教育培训基地集中授牌。

（徐桂红）

【第四届全市职工职业技能大赛】 2013年9月25

日至27日，与市人资社保局联合举办的第五届全市职工职业技能大赛在首钢水城钢铁（集团）公司举行。本次比赛共设电工、钳工、焊工3个工种，来自全市各县区和企业工会的41名选手参加比赛。赛后，市总工会与市电视台联办“劳动创造美”栏目，对比赛中获得各工种前3名的选手进行集中宣传报道。

（徐桂红）

【工会干部培训】 11月16日至20日，为期5天的全市工会干部培训班在重庆举办，来自全市各县（区）、企事业单位的工会财务、经审、女工干部共48人参加了学习。培训内容主要有：中国工会十六大精神，财务、经审、女职工相关理论知识。

（徐桂红）

共青团六盘水市委员会

【概述】 2013年，在五四、六一期间，举办“唱响美丽凉都、点燃青春激情——我的中国梦”“红领巾相约中国梦·少先队快乐过六一”等系列活动。评选表彰了五四红旗团委9个、五四红旗团支部（总支）27个、优秀共青团干部38名、优秀共青团员45名，评选优秀少先队辅导员10名，优秀少先队员20名，建立红领巾示范校2所、业余团校1所。开展各类志愿服务活动，推动学雷锋志愿服务活动常态化，开展文明交通、铁路春运、微笑小屋、关爱农民工子女、“和谐贵州三关爱”、陪同老人小孩过元宵、中国梦七彩梦等主题活动，参与志愿服务8500余人次。建立健全六盘水青少年心理咨询平台，服务青少年心理健康成长。完善12355心理咨询平台建设，深入开展“花季护航——轻松备考12355与你同行”阳光系列行动，提供专业化心理辅导600多人次，帮助高考考生100余名，组织200名爱心车主组成“高考爱心车队”，免费接送考生；继续开播“我与你同行”青少年电台栏目，围绕青少年的心理健康、权益保护、成长成才等话题开播“青少年与网络”“关爱问题少年、远离违法犯罪”“亲子教育”“早恋”“寒假自护教育”等栏目25期。投入资金20余万元，加强青少年活动中心软硬件基础设施建设。中心开设音乐、舞蹈、书法、乒乓球、美术、跆拳道等课外培训班，2013年培训学生1000余名；组织开展全市青少年“游学”冬夏令营活动，丰富学生假期生活。

（李　静）

【润苗工程】 “润苗工程”数据库已建立，搭建了爱心资助平台，截至年底，“润苗工程”筹集资助贫困儿童物资、资金共200余万元，惠及贫困学生、儿童1500余人，聘请包括市领导、市直各部门领导、爱心企业家、社会工作者等在内的“润苗工程”志愿者80余名。与此同时，深入实施“圆梦大学”活动，共筹集助学资金179万元，帮助373名贫困学子圆了大学梦。

（李　静）

【旅发大会志愿者工作】 第八届贵州旅游产业发展大会期间，团市委通过网上报名、报名点现场报名、定向本地高校推荐报名等方式共接受报名2271人，经培训选拔出900名志愿者参与一对一服务、迎宾接待服务、酒店服务等15个项目，服务旅发大会达937人，4159人次。

（李　静）

【青年就业工作】 团市委联合相关部门落实农村青年创业就业小额贷款1500余笔，贷款资金1600余万元，带动就业2000余人；全年共开办2期微型企业培训班，培训500余人；组织六盘水市40家企业参加全省首届创业投资博览会；深化青年创业就业见习基地建设，共新增见习基地10家，提供见习岗位200个，实现岗位对接67人。组建223只“青年突击队”，组织开展青工技能大赛，为青年职工展示技能、提高水平搭建平台。

（李　静）

【生态文明建设活动】 开展保护母亲河行动，团市委与市绿委、林业局联合下发相关文件对该项工作进行安排部署，开展“保护母亲河·青年长征纪念林”青少年植树活动，组织312名青年造林200余亩。争取春晖家园项目4个，落实建设资金20万元，助推农村道路交通、文化广场等基础设施建设。

（李　静）

【自身建设】 围绕建好一级团组织工作目标，创新开展选派同步小康驻村志愿者兼任村团支部第一书记工作。在市委组织部的大力支持下选聘村团支部第一书记604名，活跃了基层团组织。进一步深化乡镇实体化“大团委”建设工作，以服务农村青年为立足点，开展相关活动。开展青年联合会换届准备工作，发挥共青团联系体制外青年的职能作用。强化少先队工作，组织召开了六盘水市少先队第四次代表大会，选举产生市少工委新一届领导班子，明确六盘水市未来五年少先队工作的方向和目标。开展共青团解放思想大讨论活动，破解制约发展的思想观念、影响发展的不良作风。强化QQ、微博等新媒体引导青年，夯实基层团组织工作基础。争取市委组织部培训经费12万元，举办团干部培训班2期，各县区培训团干部近500人。

（李　静）

六盘水市妇女联合会

【概述】 2013年，深入贯彻中共十八大以及市委工作会议精神，继续解放思想，围绕大局，以搞好法制宣传、维护妇女儿童权益为主线，以引领妇女全面参与社会主义新农村建设、促进妇女创业再就业、统筹推进城乡妇女发展为重点，以加强妇联组织建设为基础，以创新工作机制为手段，因地制宜，开拓创新，为实现全市经济社会又快又好发展，促进和谐社会建设，推进妇女工作的创新发展做出了新的贡献。

（林蔚倬）

【执委会议】 1月15日，六盘水市妇联召开六届五次执委会议。到会的执委经过无记名投票选举，禄祎当选为市妇联主席、杜薇当选为市妇联副主席、卢文琪当选为市妇联六届常委。

6月20日，六盘水市妇联召开六届七次执委会议，选举六盘水市出席中国妇女第十一次全国代表大会代表候选人，市委组织部部委委员廖艳出席会议并就选举有关事项作了要求。出席会议的30名市妇联六届执委通过无记名投票选举，市妇联主席禄祎、盘县妇联主席郑林春2人均全票当选为出席中国妇女第十一次全国代表大会代表候选人，将参加6月25日在贵阳召开的贵州省妇联十届四次执委会上的正式代表选举。

（林蔚倬）

【领导活动】 2013年4月25日，大连市妇联发展部部长徐淑媛到六盘水市调研妇联工作情况。调研组对六盘水市妇联在困境中所取得的成绩表示肯定，通过此次调研进一步深入了解六盘水市妇联工作情况。对六盘水市妇联在工作中遇到的困难，调研组将结合六盘水实际情况认真研究后，给予最大的帮助和支持，共同促进妇联工作更好的发展。

7月18日，省妇联陈月蓉一行到六盘水市妇联进行党的群众路线调研活动，并召开座谈会，市妇联全体职工，钟山区、水城县妇联参加了座谈会。

6月4日，市委副书记、常务副市长魏树旺一行到六盘水市妇联调研并听取了市妇联班子的工作情况汇报。

3月26日，市妇联主席禄祎、副主席戴燕一行赴钟山区就妇女儿童工作特别是妇女小额贷款工作进行调研。3月28日，市妇联主席禄祎、副主席戴燕一行赴六枝特区就妇女儿童工作特别是妇女小额贷款工作进行调研。5月14日，六盘水市妇联主席禄祎一行到水城县妇联调研指导工作。5月31日，市妇联主席禄祎、副主席戴燕与市直机关工委副书记马鑫、市委组织部部务委员孔滔、中国移动六盘水分公司党群办主任邹西壮等一行14人到广场社区开展了调研工作。10月16日，市妇联主席禄祎一行来到钟山区凤凰街道办广场社区检查指导“妇女之家”建设工作。5月17日，六盘水市妇联主席禄祎带领相关工作人员到六盘水黔灵女家政服务有限公司调研。9月24日，禄祎一行到钟山区民艺苑商贸有限公司进行调研。

（林蔚倬）

【特色活动】 2013年3月5日下午，六盘水市纪念“三八”国际劳动妇女节103周年“春暖三月 小康社会 巾帼建功”系列活动。集中服务月活动启动。在全市各地开展了学雷锋巾帼志愿者服务活动，服务内容包括卫生医疗、法律咨询、文化教育、创业就业、心理调适、计划生育、美容健身、食品药品安全、旅发大会宣传、整脏治乱以及关爱空巢老人等，接受巾帼志愿者服务对象达

到1万余人。

3月8日上午，市妇联举行“春暖三月 小康社会 巾帼建功”庆“三八”国际妇女节跳绳比赛。市委常委、市委组织部部长、市委统战部部长李朝卉，市人大常委会副主任刘静参加了开幕式。全市各单位、各部门选派的56支集体代表队，402名个人，共1000余人次参加了比赛。

5月28日，市妇联针对信访工作实际，对近期较为典型的信访妇女群众开展了信访集中“约访”活动。活动由市妇联副主席丁成珍主持，市妇联主席禄祎、副主席戴燕、水城县妇联、钟山区妇联分管维权工作的副主席以及负责维权工作人员、市妇联法律顾问——市司法局法援科科长张琼、贵州中创联律师事务所六盘水分所王文伦律师参加此次活动。通过耐心细致的解答，为“约访”对象指明了有效解决问题的方向，使她们明白了如何运用法律手段和渠道维护自己的合法权益。

2013年6月25日，市妇联党支部在市妇联小会议室组织全体党员及入党积极分子开展了建党92周年知识竞赛活动。竞赛知识涉及：走群众路线、五型党组织创建（学习型、发展型、创新型、效能型、服务型）、党史、党风廉政建设等内容，竞赛主要采取书面答题形式进行。知识竞赛之前，支部书记戴燕组织全体党员及入党积极分子学习了相关知识。比赛结束后立即组织评卷，评出一等奖1名，二等奖3名，优秀奖若干名，并发放了购书卡以资鼓励。

7月19日，六盘水市妇联与六盘水职业技术学院综合服务公司携手，邀请贵州优秀女企业家、六盘水市劳模、六盘水市女性创业之星、六盘水市女大中专毕业生创业就业导师、六盘水民艺苑商贸有限公司董事长蔡庭芬依托SYB培训项目，在六盘水职业技术学院开展了“优秀成功女性进高校”活动。到场参加活动的大学生300余人，其中女大学生200余人

2013年6月30日，六盘水市妇联牵头市级“巾帼文明岗”——市地税与市级“巾帼示范村”——水城县猴场乡补那村开展“岗村联动”活动，市地税局的15名女职工与补那村的15名留守儿童开展了“一对一”帮扶活动，与孩子们一起欢度“六一”儿童节。活动中，市地税局15名女职工分别以爱心妈妈的身份和孩子们一起做游戏、画画、说悄悄话，并给孩子们送去书包、文具盒、钢笔、本子等学习用品。

10月24日，经师院艺术系、美术馆、旅游局、经信委等单位的专家评选，熊兴凤、刘琦英、沈燕等10名选手获“十佳绣娘”荣誉称号，张笒箐、杨俊芬、邓兴兰等50名选手获“优秀绣娘”荣誉称号，水城县妇联、首钢水钢工会获优秀组织奖。六盘水市妇联下步将对评选出来并符合相关产业政策的“十佳”绣娘进行重点扶持。同时组织市直机关、厂矿企业、县、乡镇妇联2000余名干部职工参观作品。

10月25日下午，六盘水市妇联为赴澳门参加纪念活动的10名“春蕾女童”举行了出征仪式。仪式上，市妇联工作人员对孩子们进行了文明礼仪知识的宣讲。这批“春蕾女童”赴澳门的行程是10月26日至28日三天，活动内容包括向林则徐献花，参加澳门林则徐纪念馆主办的《珍爱生命，拒绝毒害》系列活动，其间由澳门莲峰庙值理会提供往返机票及交通食宿。该基金会还设立了“春蕾计划实用技术培训专项基金”，用于帮助贫困地区品学兼优的女童成长成才。

六盘水市妇女儿童活动中心举办以“凉都大发展·童眼看未来”为主题的小学生手抄报及儿童画比赛。通过孩子们的视角更多的发现、感受、宣传“五个六盘水”建设活动给我们的生活、环境带来的积极影响。活动时间自10月初开始策划、组织、协调、部署；11月初，在全市中心城区及各县区数所学校及幼儿园的积极参与下，共收集作品达500余幅，11月12日，在评审组认真、严格的几轮反复评选中，共评出获奖作品76幅。

（林蔚倬）

【慰问活动】 10月16日，市妇联主席禄祎、副主席戴燕带领机关干部职工一行6人深入到钟山区凤凰街道办事处广场社区，走访慰问了杨书美、王金琼等4户贫困群众，为她们送去了大米、食用油等生活必需品以及《中华人民共和国老年人权益保障法》、省市老年人优待证办理流程、高龄老年人养老补助、居家养老服务、养生常识等资料。

2013年10月23日，上海可诺丹婷美颜美体有限公司高层领导在六盘水市妇联工作人员的陪同

下，带上礼物到水城县猴场乡慰问贫困春蕾女童。年初，上海可诺丹婷美颜美体有限公司捐资147600元，资助六盘水市123名贫困女童，其中水城县猴场乡82名，六枝特区落别乡18名，盘县留官镇23名，每人每年资助400元，资助时间从2012年起，共资助3年，2012年和2013年助学金已经发放完成。

（林蔚倬）

【培训活动】 4月9日，由六盘水市委组织部、市妇联举办的六盘水市村、居、社区妇干部培训班第一期在六盘水市市委党校开班，来自全市村、居、社区妇干近160余人参加培训。此次培训共分三期进行，来自四个县、特区、区基层一线的村、居、社区妇干近500余人参加培训。培训期间，六盘水市妇联邀请了专家进行授课。培训包括《党的十八大宣讲》《妇女在家庭环境整治中的作用》《社区环境与村容村貌整治》《生活环境与健康》《文明礼仪知识》《计划生育知识》《妇女小贷知识》等内容。

2013年7月23日至8月3日，在市委组织部和市妇联组织开展的4期村（居、社区）基层妇干培训班上，市妇联主席禄祎对参训的基层妇女干部就妇女儿童维权知识专题进行了培训。

12月3日，市妇联与市信访局联合举办六盘水市妇女信访代理员专题培训班，六盘水市妇女信访代理员、各县（特区、区）妇联、信访局的分管领导、信访专兼职骨干、市直机关妇委会主任90余人参加了培训。

（林蔚倬）

【六盘水市2013年妇女小额担保贷款工作现场会在盘县召开】 4月9日上午，六盘水市2013年妇女小额担保贷款工作现场会在盘县平关镇召开。市政府副市长谢朝碧出席了会议。各县区的分管领导，市县（区）妇联、人资社保局、财政局、人民银行、农村信用社的分管领导和盘县的部分乡镇的分管领导、妇联主席、信用社主任等90多人参加了会议。以此次现场会为契机，参会人员表示将按照各自职责加强部门联动，整合资源，稳步推进全年的贷款任务，努力发挥妇女半边天在全面建成小康社会中的作用，为六盘水与全省同步步入小康社会奠定坚实的基础。

（林蔚倬）

【六盘水市妇联建立全市首个儿童书屋】 5月30日，六盘水市妇联带着3000余册儿童图书及书架到补那村举行“儿童书屋”捐赠仪式，并为儿童书屋挂牌。

（林蔚倬）

【六盘水市挂牌建立反家庭暴力庇护站】 为进一步整合社会资源，更好的预防和制止家庭暴力，营造全社会关心和保护妇女儿童及老人合法权益的良好氛围，为家庭暴力受害者提供一定的安全庇护，市妇联、市民政局联合建立了六盘水市反家庭暴力庇护站，并于8月2日上午在市救助管理站举行了挂牌仪式。

（林蔚倬）

六盘水市文学艺术联合会

【概述】 六盘水市文学艺术界联合会编制14人，设办公室、联络部、编辑部、文艺部4个科室；有六盘水文艺创作研究室和六盘水美术馆2个下属事业单位。文艺创作研究室属正科级单位，编制5人，设文学艺术类正高级职称2个；六盘水美术馆属副县级单位，编制15人，设办公室、物管保卫部、推广陈列部、典藏研究部4个科室。

（杨　彬）

【“文化三下乡”】 1月26日至2月2日，市文联组织市书协、美协书画家，曲协艺术家分别到盘县石桥镇妥乐村、钟山区大河镇、荷城社区、麒麟社区进行现场义务书写春联、演出活动。在雪凝大、气温低的艰苦条件下，共为老百姓书写春联2000余幅，进行文艺演出4场。还为百岁老人照全家福10余户，慰问困难群众20户。

（杨　彬）

【音乐考级】 8月2日，由市文联和市音乐家协会主办的“2013中国音乐家协会音乐考级六盘水考点”拉开序幕，分钢琴、古筝、电子琴、打击乐、声乐、手风琴、双排键7个艺术种类，设置考场11个，考生突破1300余人，考级于8月4日结束。

（杨　彬）

【六盘水美术馆投入使用】 8月18日，六盘水市美术馆投入使用，该馆占地面积0.28万平方米，建设面积1.3万平方米，总投资1.3亿元。

（杨　彬）

【作品展】 8月18日，“无上清凉·全国书画名家作品展”在六盘水美术馆开幕，中国书法家协会副主席聂成文，著名书画家刘洪彪、周祥林等到现场指导，省领导陈敏尔、龙超云等亲临现场观展，并给予高度评价。展出了中国书协副主席聂成文、王家新、申万胜及全国著名书画家张旭光、吴悦石、陈洪武、石开、鲍贤伦、杨长愧、包俊宜、陈加林等人的作品174件。市文联还举行全国著名画家采风活动，来自江苏、山东、四川、甘肃、北京、上海等地的25名全国知名画家，到野钟、天生桥、湿地公园等地感受六盘水的山水风光、民族风情，举行采风创作笔会，顾扬、阳满弟等画家共为六盘水创作作品数十幅。10月，举办纪念毛泽东诞辰120周年将军部长书画展；李铎、启功、邵华泽等名家作品参与展出，尤其难得的是毛泽东的30幅原稿影印作品展出。11月11日，“我的中国梦”暨“金秋书画展”在市美术馆2个展厅开展；“我的中国梦”书画摄影大赛作品展，展出获奖作品及入展作品70件；“金秋书画展”展出六盘水地区市级以上书画协会会员作品120件，作品涵盖书法、篆刻、国画、油画、版画、剪纸、素描、农民画等。12月，市美术馆与六盘水师院举办“明湖清风”廉政文化作品展，展出师院教师、学生作品70余件。

（杨　彬）

【文艺激励】 市文联牵头拟定六盘水市政府文艺奖等8个促进文学艺术大发展大繁荣的相关激励措施，每年为文学艺术提供300万元的经费扶持。10月30日，六盘水市首届“十佳文艺家”名单通过，每位获奖金1万元。11月，优质图书出版资金得到落实，4名作家的图书出版发行得到该资金支持。

（杨　彬）

【作品获奖】 《贵州少数民族音乐文化集》（六盘水原文联副主席张仁卓负责编辑仡佬族音乐部分）获第九届中国音乐（2013）金钟奖理论类金奖，实现六盘水文艺在国家重要奖项上的零突破。10月，六枝特区创作的“倮山倮者”原生态表演唱获文化部群英奖，也是六盘水民族音乐首次获得全国性最高奖项。

（杨　彬）

【会员发展】 2013年，六盘水有登记在册的国家级会员53人，省级会员276人，市级会员845人，总计1174人。虽与发达地区有一定差距，但较上年递增20%。

（杨　彬）

【文艺培训与创作】 2013年，市文联所属10个协会到位工作经费30万元。共举行省内外知名文艺专题讲座、培训班10场，参加人数超过3000人；音乐类和舞蹈类培训机构超过200家。共出版发行各类书籍50余册，个人专著13部，作品100多部；其中较有影响的作品有《黄河情》《清清淤泥河》《颂歌献给党》《全国名家书画作品展作品集》《六盘水之歌》《灵河》《花朵的光芒》《结绳记事》《莽莽高原》《爱的皈依》《那些年的爱情》《寻找沉香木》《如花绽放》《见行见远》《正在消逝的村庄》《我如是言》《梦向凉都飞——大型民族歌舞乐集》《假如给我三天光明》《垂钓》《青花瓷》《无处遁形的穿越》《夜路》《六盘水曲艺》《吾土吾民》《大高原之牛棚梁子的古歌》《夏至的前一天》《浮云》《蜕变》《有鱼的风景》《留得枯荷听雨声》《大高原之秋色赋》《朵儿》《花间梦事》《马缨花》《溜溜的云》《没有硝烟的战争》《党旗更鲜艳》《环保凉都》等。

（杨　彬）

【书籍出版】 2013年，吴学良的散文《灵河》由大众文艺出版社出版，许雯丽的小说《城门》由贵州人民出版社出版，石忠华的诗集《花朵的光芒》由中国文联出版社出版，祝发能的散文《结绳记事》由线装书局出版，市文联的展览作品集《“无上清凉·全国书画名家作品展”作品集》由中华工商联合出版社出版。

（杨　彬）

六盘水市科学技术协会

【举办第十五届中国科协年会六盘水卫星会议】 5月23日至27日，六盘水市举办和开展“科技创新与煤炭产业发展高端论坛”“资源型城市转型与可持续发展座谈会”、院士专家到煤炭企业、工业园区开展科技咨询活动等作为六盘水卫星会议的核心活动，辅之以“节能减排、全民行动”科普宣传暨万人签名活动、“节能减排与循环经济专题报告会”、科普大篷车进校园活动、院士专家科普报告会等一系列内容丰富、形式多样、富有特色、力求实效的活动。年会过程中，经积极协调争取，邀请到中国科学院院士宋振骐，中国工程院院士金涌、张铁岗、彭苏萍、袁亮，浙江大学教授周俊虎，国务院发展研究中心研究员周宏春等前沿专家为六盘水市经济社会发展，特别是煤炭产业科技创新建言献策、把脉问诊。市政府聘请宋振骐、金涌、张铁岗、袁亮、彭苏萍五位院士为六盘水市“高级经济顾问”，省人大常委会副主任傅传耀、市人民政府市长周荣为他们颁发了聘书。借助年会全国院士专家援黔行动计划—“签百约”活动，六盘水市梳理全市人才、技术、项目以及拟签约项目总共为330个，经过筛选后符合要求的有272个，其中企业技术和项目需求28项、企业高层次人才需求87人、高等院校和科研机构高层次人才需求106人、高等院校和科研机构合作项目需求16项。拟签约项目35个，全部获省评审通过，签约项目资金76172万元。同时，水城矿业（集团）公司、盘江投资控股（集团）有限公司分别与中国科学院院士宋振骐领队的山东科技大学于5月25日下午，在贵阳年会现场签订了“复杂条件下薄煤层安全高效综采技术”“薄煤层填充无煤柱智能化开采技术合作开发项目”。

（王胜利）

【决策咨询　建言献策活动】 六盘水市科协围绕党委和政府中心工作广泛开展建言献策活动，由市科协主要领导亲自抓，学会部人员具体负责，共开展“科技创新与煤炭产业发展研讨”和“全市民营科技企业调研”等软课题研究2个，党委政府对决策咨询和建言献策工作反馈评价意见3项，向省科协报送重点调研课题10个。

（王胜利）

【学术交流和调研活动】 2013年，市科协领导多次深入工业园区、企业、县区、学会开展调研活动，与市经信委、市国资委、市科技局等单位共同开展此项工作，通过调研，收集整理了六盘水市12个工业园区基本情况，对人才需求情况进行了汇总整理，结合第十五届中国科协年会机会建立了园区人才、技术、项目需求科技信息服务共享平台。2013年，市科协向省科协申报了题为“科技创新与煤炭产业发展学术研讨会”重点学术资助项目，向市级相关学（协）会、各县区科协下发了征文通知，于11月21日召开了学术交流会。多年来，市科协一直对市直学（协）会进行目标管理工作，不断加强对学（协）会工作的指导，2013年年初，市科协对市直学（协）会2012年度工作进行考核，共评出优秀学会3个，表彰先进学会工作者14个。市科协领导关心支持学会组织建设，多次到学（协）会指导换届工作。2013年，市科协指导市水利学会、市中医药学会完成换届工作。

（王胜利）

【全国科普日活动】 市全民科学素质工作领导小组、市科协分别向市全民科学素质工作领导小组各成员单位、各县区科协和市级各学（协）会下发了《关于举办六盘水市2013年全国科普日活动的通知》，并制定了《六盘水市2013年全国科普日系列活动实施方案》。市全民科学素质工作领导小组各成员单位、各县区科协和市级各学（协）会，按照通知要求、结合自身实际制定了活动实施方案，填报《六盘水市2013年全国科普日重点活动登记表》。9月15日，组织市全民科学素质工作领导小组各单位、市级各学（协）会四十多家单位，钟山区科协及钟山区德坞街道办事处、德西社区共41家单位400余名科技工作者和

科普志愿者参加了在德西社区举行的2013年全国科普日主题宣传活动。社区文艺爱好者、学生等群众演员一起奉上了一台精彩的科普文艺表演。表演者以歌舞，相声、小品、快板等各种形式，宣扬计生国策、法律法规以及科学素养等科普知识。参加活动的各单位结合自身实际，围绕本次活动主题，通过发放科普宣传资料、科技咨询服务、义诊义疗、科普宣传、法律法规宣传、科普大篷车车载展品演示等形式，共展出科普知识展板200余块，发放科普图书、科普资料近10万份，义诊义疗1000人次，发放宣传图片2000余张，悬挂标语80幅，发放作物良种100公斤，农药100包，推广新技术新品种42项，接受各种科技咨询2000人次。参加活动的群众达2万余人。

（王胜利）

【实施《全民科学素质行动计划纲要》工作】 5月14日召开六盘水市全民科学素质工作领导小组第六次会议。研究安排了“节能减排、全民行动”科普宣传暨万人签名活动工作及其他工作。8月27日，召开了六盘水市全民科学素质工作领导小组办公室会议暨全国科普日主题宣传活动安排部署会，对“六盘水市2013年全国科普日主题宣传活动”进行了安排部署。8月11日，全国政协人口资源环境委员会副主任、中国科协决策咨询专委会主任齐让，全国政协常委、教科文卫体委员会委员、解放军空军原副司令员、中将何为荣，中国科协书记处书记、中国科协科普专委会副主任徐延豪，全国政协委员、中科院物理报学术委员会副主任、磁学国家重点实验室主任、中科院院士沈保根，全国政协委员、中科院自动化所综合信息系统研究中心副主任易建强一行五人在省科协党组书记、副主席任湘生，市政协主席唐方信、市政府副市长范三川等领导的陪同下，到闽商科技产业园区、花园路社区调研《全民科学素质行动计划纲要》实施工作。8月12日，全民科学素质纲要实施工作“十二五”中期评估交流会在六盘水市召开。全国政协人口资源环境委员会副主任、中国科协决策咨询专委会主任齐让，全国政协常委、教科文卫体委员会委员、解放军空军原副司令员、中将何为荣，中国科协书记处书记、中国科协科普专委会副主任徐延豪，全国政协委员、中科院物理报学术委员会副主任、磁学国家重点实验室主任、中科院院士沈保根，全国政协委员、中科院自动化所综合信息系统研究中心副主任易建强出席会议。《全民科学素质纲要》实施工作办公室成员、联络员及各成员单位参加《全民科学素质纲要》“十二五”中期评估实地检查工作的人员，贵州省科协党组书记、副主席任湘生，贵州省科协党组成员、副主席钱斌，六盘水市委副书记、市政府常务副市长魏树旺，市政府副市长范三川和13个国家部、委、办的有关领导共50余人参加了会议。会议听取了各组汇报全民科学素质纲要实施工作“十二五”中期评估实地检查情况，审议了《关于全民科学素质行动计划纲要实施工作“十二五”中期评估的报告》，通报了2013年上半年全民科学素质纲要实施情况及下半年工作安排，各成员单位交流近期全民科学素质纲要工作情况。全国政协委员调研和纲要实施工作“十二五”中期评估交流会在六盘水市的成功举办，得到了与会领导和市委主要领导的充分肯定，也大力宣传和提升了凉都六盘水的影响力和知名度，同时也为六盘水市一些产业项目的成功申报起到了积极的牵线搭桥和助推的作用。

（王胜利）

【百万公众网络学习工程】 安排部署六盘水市2013年深入开展“百万公众网络学习工程”活动，明确了活动的指导思想、活动内容及活动要求。为扩大宣传，引导更多的公众知晓“百万公众网络学习工程”活动和贵州数字图书馆，市科协把加强学习示范点的建立和管理作为一项重要工作来抓。到已建立的省科协和市科协免费上网阅读站点进行检查，了解站点开展学习示范的工作情况，对存在的问题和困难及时给予解决，保证站点示范工作正常开展。通过科技活动周、全国科普日、各种纪念日等科普宣传活动介绍“贵州数字图书馆”，进一步引导广大公众对贵州数字馆的关注和兴趣；在市职院、市师专、市民中等学校开展了2013“百万公众网络学习工程”活动集中测试，通过集中测试活动，向广大青少年宣传介绍“贵州数字图书馆”，激发和引导学生们的关注和兴趣。加强对科协干部职工的培训和教育。对各县区开展 “百万公众网络学习工程”活动进行检查，就如何上网学习进行演示培训，要求全市科协干部职工要把熟悉了解“贵州数字图书馆”的功能及资源作为自己的本职工作，把每天上“贵州数字图书馆”学习作为一种习惯，长期坚持下去。

（王胜利）

【开展贵州省第四次公民科学素质调查活动】 调查活动于10月8日正式启动，10月10日组织各县区科协主要负责人及工作人员召开工作会议进行安排部署。市科协协调市移动公司向市民群发短信，宣传此次调查的意义和作用，并结合调查发送科普宣传短信。市科协分别到4个县区开展督导。按照要求在六盘水市4个县区的12个社区、56个村居民委员会开展了800份问卷调查，此次调查反映的六盘水市公民科学素质水平数据将为市委市政府制定科技政策提供重要依据。

（王胜利）

【青少年科技创新大赛】 第二十八届贵州省青少年科技创新大赛于2013年3月29日至31日在贵阳市一中进行终审决赛，六盘水市10名选手、11名辅导老师和组织人员赴贵阳参加决赛。这次省级大赛，六盘水市选送作品117件，获奖61项，总获奖率为52%。4月20日，印发了《关于举办第二十九届全国青少年科技创新大赛六盘水赛区选拔赛的通知》。截至12月初，共收到作品403件，其中展示类252件，竞赛类151件。12月10日，经专家评审，共评出获奖作品134件，其中展示类88件，竞赛类46件，并对获奖作品进行公开展示。

（王胜利）

【农民科学素质行动】 科普惠农项目的申报。经推荐申报，六枝特区堕却乡马铃薯产业协会、水城县顺场乡养殖协会、钟山区大湾镇安乐村果蔬协会、盘县四格坡上马铃薯种繁育基地、钟山区大河镇大箐村章纪宝、水城县花戛乡水井村杨文章、钟山区松坪北路社区等集体和个人在“2013年全国科普基层行动计划”中被评为先进集体和先进个人。共申报科技致富“二传手”培训工程项目2个、科技扶贫项目3个获省科协2013年科技扶贫项目，目前均在实施中。农村劳动力素质培训工程。市人社局创新SIYB培训工作思路，将农村党员、农村“两后生”、复退军人、“一村一名大学生”等纳入创业培训范围，提高了创业成功率。全年共举办创业培训班10余期，培训学员800余人，成功创业500余人；科技下乡送服务活动。市委组织部、市委宣传部、市文明办、市教育局、市农委、市科技局、市文体局、市卫生局、市林业局、市妇联、团市委、市文联、市社科联、市科协等部门和单位，积极开展科技文化卫生“三下乡”活动。市委宣传部全年组织开展“三下乡”活动5次；市科技局、市妇联、市科协等单位结合自身工作实际，组织开展了各种形式的送科技下乡服务。

（王胜利）

【城镇劳动人口科学素质行动】 市科协联合有关单位积极开展社区科普活动。根据中国科协2013年工作要点及省科协关于开展创建省级科普示范社区的安排，市科协领导多次深入到有关社区调研、进行宣传和指导，提高了社区对实施社区科普益民计划重要性的认识。各社区积极行动，从建立和完善社区科普组织建设，整合资源、加强社区科普设施建设入手，组织开展形式多样的社区科普活动，取得初步成效，经推荐松坪北路社区被评为国家级科普示范社区。组织开展各种科普讲座。邀请有关专家为社区居民作健康科普知识讲座。开展创建社区科普书屋活动。分别在钟山区、红桥新区的12个社区创建科普书屋，为每个社区捐赠了2件科普图书和2个书架。

（王胜利）

【组织推荐第十二届贵州省青年科技奖人选】 六盘水市委组织部、市科协、市人社局联合向六盘水市各县（特区、区）党委组织部、人社局、科协，市级各学（协）会，市直各部办委局，各高等院校，省驻市单位，水城军分区政治部下发了《关于做好参加第十二届贵州省青年科技奖评选推荐工作的通知》。至8月10日止，共推荐了5名候选人。经市委组织部、市科协、市人社局共同协商后，成立了由市委组织部、市人社局、市科协、市农委、市科技局、市教育局、市卫生局等单位专家领导参加的评审推荐组，于9月9日召

开评审推荐会，通过查阅申报材料、讨论和无记名投票等程序，最后确定推荐胡秋舲等2人为六盘水市推荐人员。

（王胜利）

【本地区科协组织建设情况调研】 六盘水市科协组织调研人员到首钢水城钢铁（集团）有限责任公司、六枝工矿（集团）有限责任公司、盘江精煤、水城矿业（集团）有限责任公司、发耳电厂、六盘水市师院、六盘水职院、红桥工业园区等单位，对科协组织状况及其工作情况进行了调研。截至2013年底，六盘水市现有企业科协4家，其中国有企业科协2家，民营企业科协2家，组建筹备中3家。经过调研，形成了《六盘水市企业科协组织现状及发展思考》调研报告。

（王胜利）

【成立农技协组织】 市科协组织六盘水市辖区内从事农业、农村专业技术研究和科学普及推广的科技工作者、专业技术能手、科普带头人，以及全市各地农村专业技术协会、农产品行业协会等组织在自愿、平等、互利的基础上，依法登记成立了市农技协联合会。11月28日，组织召开了六盘水农技协成立大会暨第一次会员代表大会，并在会上对农技协农民骨干进行了培训。

（王胜利）

【组建老年科协】 10月28日，市老科技工作者协会第一次会员大会暨市人力资源开发促进会第二次会员大会召开，标志着市老科技工作者协会正式成立。会上，金成良当选为市老科技工作者协会和市人力资源开发促进会会长。参会领导向市老科技工作者协会、市人力资源开发促进会授牌。

（王胜利）

六盘水市社会科学界联合会

【社科联"二大"】 6月24日，市社科联第二次代表大会召开，来自全市社科界的114名代表参会。市委书记王晓光为市社科联"二大"的召开，发表了《繁荣发展哲学社会科学 服务转型跨越同步小康》的署名文章。市委副书记、市政府常务副市长魏树旺，省社科联秘书长吴黔斌，六盘水师范学院党委书记、市社科联一届委员会主席袁仁庆，市委常委、市委宣传部部长杨宏远，市人大常委会副主任刘静、陶兴锐，副市长范三川，市政协副主席张俊昌等领导出席大会。大会修改了《六盘水市社会科学界联合会章程》，回顾总结市社科联"一大"以来全市哲学社会科学工作的主要成绩和经验；研究确定了今后五年全市哲学社会科学工作的主要任务；选举产生市社科联第二届委员会及新一届领导班子。

（刘　军）

【六盘水市社科院成立】 6月25日，六盘水市社会科学院成立。贵州省社会科学院副院长宋明出席成立大会并讲话；市委常委、市委宣传部部长、市社科联主席杨宏远出席成立大会，共同为社科院的成立授牌。社科院的成立，健全了六盘水市专门从事哲学社会科学的研究机构，完善了哲学社会科学事业的发展格局，为促进六盘水经济社会全面协调发展提供理论服务和智力支持。

（刘　军）

【"社科理论走基层"系列活动】 4月至5月，市社科联在市直机关及四个县区开展"社科理论走基层"系列活动。省社科联原党组书记、副主席唐福金率队，由贵州师范大学教授殷红梅、陈英葵和省委党校副校长汪建初等组成的省学习贯彻中共十八大精神"社科理论走基层"宣讲团，于4月18日至19日分别作了题为"'中国凉都'品牌打造与营销""中国人的精神生活——论人格扩展的空间""贵州暨六盘水经济发展现状及展望"的3场报告会，800余人出席报告会。

同时，市社科联领导带队到县区和乡镇开展活动。在六枝特区、盘县火铺镇、水城县果布戛乡、钟山区分别举办"如何勾勒同步小康之路""如何做好新时期的群众工作，进一步密切党群干群关系"等4场主题报告会，报告会共有1000余人参加。

（刘　军）

【"社科宣传普及周"系列活动】 9月23日，在市区举办了全市第二届社会科学宣传普及周开幕式暨“四进社区”文艺演出活动，副市长范三川、市政协副主席张俊昌出席。活动共发放书刊、图册资料1万余份。

9月24日，在六枝街心花园开展了社会科学宣传普及周活动。特区宣传部等12家单位参与，活动采取发放宣传资料、广场文艺演出、有奖知识问答等形式进行。共发放宣传资料2000余册。

9月25日，在市第六中学举办了凉都大型公益讲座——“《弟子规》对现代人的启示”。凉都国学教育研究会筹备组刘樱围绕《弟子规》的作者、来源、主要内容以及学校学习《弟子规》的重要意义等方面作主题报告。会上，圆梦微公益筹备组的爱心人士还为第六中学和红岩社区捐赠了价值6000元的图书《弟子规》。红岩社区党员干部职工、市六中师生代表等1000余人参加报告会。

9月26日分别在水城县双水、盘县红果举行科普宣传活动。活动分别由水城县委宣传部和盘县县委宣传部承办，县直有关单位参加，共2000余人参与，发放宣传资料2000余份，计生用品500余盒。

（刘　军）

【“中国梦”巡回宣讲活动】　8月27日至8月29日，市社科联共主办了“中国梦·贵州中国梦·我的梦”系列主题报告会5场。报告会由市社科联专职副主席赵略，市委党校副校长、教授封毅，水城县法那村村民、《再唱山歌给党听》词作者顾建平组成宣讲团进行巡回宣讲。分别在钟山区区直机关、凤凰街道、大河镇、首钢水钢集团博宏公司、水矿大湾矿等地进行宣讲，共1000余名干部职工参加报告会。

（刘　军）

【编撰《六盘水史话》】　由中国社会科学院牵头，社会科学文献出版社编纂的“十二五”国家重点图书出版规划项目《中国史话》系列《六盘水史话》由市社科联主持编纂。市社科联成立了编委会，组织六盘水市的相关专家学者进行稿件撰写，最后由市社科联统一编辑整理、校对，2014年由社会科学文献出版社出版。

（刘　军）

【编辑出版《中国凉都》】　2013年，市社科联对《中国凉都》杂志进行改版升级，共编辑出版6期，向市直机关、四个县区、省直机关、全国社科联及市区30余家酒店宾馆交流发行2万余本。

（刘　军）

【“凝聚智慧 助力同步小康”主题研讨会】　11月15日，由省社科联主办，市社科联承办的2013年贵州省社会科学学术年会六盘水分会—“凝聚智慧 助力同步小康”主题研讨会于在六盘水市举行。市委常委、市委宣传部部长、市社科联主席杨宏远，副市长范三川、市人大常委会原副主任钟新本出席，30余名专家学者参加此次研讨会，部分论文获奖代表发言。研讨会共征集到论文32篇，评出一等奖3篇，二等奖8篇，三等奖10篇，优秀奖11篇。

（刘　军）

【社科课题研究】　2013年，市社科联动员所属学会、协会（研究会）和机关干部职工申报省社科联的“贵州省社科联理论创新课题”项目，共申报课题3个，其中《六盘水工业园区发展研究》获得资助立项，顺利结题并评为良好课题。完成“关于开展宣传思想文化工作特点、规律研究”子课题《六盘水社科理论普及模式探索》的调研工作。

（刘　军）

【参加省社科评奖】　按照《贵州省第十次哲学社会科学优秀成果评奖工作实施细则》和《贵州省第十次哲学社会科学优秀成果评奖工作安排意见》，通过市政府门户网站和办公公文交换平台进行广泛宣传动员。2013年共受理申报成果47项，其中专著9部，论文32篇，调研报告3篇。六盘水师范学院张绪清的《利益剥夺：国家能矿基地演化成“问题区域”的逻辑归因》、马士彬等作者的《山区城市土地利用动态空间分布特征—以贵州省六盘水市为例》获论文类三等奖。

（刘　军）

【社科专家数据库】　2013年组建六盘水市哲学社会科学专家数据库，共收到申报社科专家材料80份（人），拥有正高职称的11份（人），符合

省级专家数据库的已经上报11人。

（刘　军）

【社科网络宣传】 2013年，六盘水社科网站建设基本完成，板块有学术交流、学术讲座、学术成果、社团概况、学会动态、学会成果、支部建设、互助共建、扶贫工作等。

（刘　军）

【“互助共建”“同步小康”工作】 7月2日，市社科联对“互助共建”联系点红岩社区的胡惠文等三名贫困党员进行慰问。

市社科联分别于8月10日和11月23日，组织社科联（院）干部职工同社区党员、工作人员一起组成整脏治乱、清理小广告工作队，开展卫生整治行动。

11月20日，市社科联为红岩社区协调小康工作扶持经费1万元，并捐赠各类社科类图书1000余册。

2013年，市社科联派孙红到水城县滥坝镇法都村参与“同步小康驻村”工作。驻村人员围绕“一宣四帮”的要求，有序开展各项工作。发放各类资料800余份；成立劳务输出、工程承包公司1个；解决法都村饮水问题；帮助村里修了路；争取到3万元资金修建健身篮球场，帮助村发展党员6人，协调有关单位为村的留守儿童送去3000余元的生活学习用品和办公电脑1台。

（刘　军）

六盘水市残疾人联合会

【概述】 2013年，六盘水市残疾人“十二五”发展纲要印发实施，残疾人康复、就业、扶贫、文体工作深入开展，“两个体系”建设稳步推进，市残疾人综合服务中心主体工程顺利峻工，第五次代表大会圆满召开。

六盘水市残疾人联合会是由残疾人及其亲友和残疾人工作者组成的人民团体，是全市各类残疾人的统一组织，履行“代表、服务、管理”职能：代表残疾人共同利益，维护残疾人合法权益；团结帮助残疾人，为残疾人服务；履行法律赋予的职责，承担政府委托的任务，管理和发展残疾人事业。市残联内设办公室、康复部、教育就业部，下设残疾人劳动就业服务中心，现有干部职工16人，其中，正县级干部1人，副县级干部2人，正科级干部4人，副科级干部1人，科员2人，管理九级职员1人，高级工2人，中级工2人，普工1人。

（张元忠）

【印发《六盘水市残疾人事业“十二五”发展纲要》】 经市人民政府第19次常务会议研究同意，2013年3月12日印发《六盘水市残疾人事业“十二五”发展纲要》

（张元忠）

【康复工作】 2013年，争取到“残疾人重点康复项目”国家级经费70万元、省级经费55万元，市级配套经费41万元、县级配套经费41万元。完成白内障复明手术707例，为年度目标的235.67%；完成贫困精神病患者入院治疗122例，为年度目标的244%；完成聋儿语训及家长培训40例，为年度目标的500%；完成智残儿童康复训练15例，为年度目标的187.5%。

（张元忠）

【就业工作】 2013年，协调解决235名残疾人就业，为年度目标的130.56%；指导举办城镇残疾人职业技能培训9期，共计培训残疾人916名，分别为年度目标的300%和1017.78%；指导举办农村残疾人实用技术培训7期，共计培训残疾人784人，分别为年度目标的175%和490%；征收残疾人就业保障金1350万元，为年度目标的225%。

（张元忠）

【扶贫工作】 2013年，完成农村贫困残疾人危房改造277户，为年度目标的402.5%；完成贫困残疾人无障碍设施改造95户，为年度目标的316.67%；走访慰问贫困残疾人家庭536户，慰问物资折价16.08万元；发放残疾人用品用具2100件。

（张元忠）

【两个体系建设】 2013年，1623名城镇残疾职工参加了基本社会保险，16482名残疾村居民参加了医疗保险；6143平方米的市残疾人综合服务中心主体工程竣工，完成投资1200万余元。

（张元忠）

【残疾人办证】 2013年，换发二代“残疾人证”8932本，累计办证9万余本，办证率达42.8%，连续四年排名全省第一。

（张元忠）

【宣传文体工作】 2013年6月3日，组团参加“贵州省第八届残疾人艺术汇演”，获金奖1个、银奖1个、铜奖2个、组织奖1个；2013年8月，《假如给我三天光明》代表贵州省参加“全国残疾人文艺汇演”，获金奖；“12·3”国际残疾人日，组织市中心城区盲人举办座谈会，组织市中心城区盲人按摩从业者开展义务按摩活动，在市特校组织文艺节目汇演。

（张元忠）

六盘水市红十字会

【概述】 市红十字会成立于1988年8月，至2013年年底有内设机构两个（综合科、业务科）、下属事业单位1个（备灾救灾中心），编制11名，在岗职工11人，其中专职副会长、秘书长各1人。六枝特区、盘县、水城县、钟山区红十字会独立分设开展工作，全市红十字会系统有专职工作人员26人。红十字会基层组织288个，会员49783人，其中青少年会员31590人，志愿工作者1800名，注册志愿者928名。

红十字事业成为全市经济社会发展的重要组成部分，2013年全年筹集救助款物224.9883万元，开展初级自救互救知识和技术培训21场（次）、培训人员19455人（次），组织各级红十字宣传活动50余场（次），共发放宣传资料6.2万余份。

募捐赈灾。2013年4月20日，四川芦山发生里氏7.0级地震，灾区损失严重。灾情发生后，市红十字会通过电视、报刊、网络等新闻媒体向社会发出《向四川芦山灾区献爱心的紧急倡议书》，公布募捐账号及联系人、募捐热线电话，接收社会捐款。在救灾捐款管理工作中，对募捐的款项做到专人、专账管理，手续完备，账目清楚、账款相符，公开和公示募捐情况，增加了募捐透明，接受社会各界的监督，增强红十字会的社会公信度。同时主动邀请审计部门对接收四川芦山地震捐款财务收支情况进行审计。募捐活动结束后，共接收到来自全市各界的抗震救灾爱心捐款1071383.65元，全额汇往上级红十字会，体现了灾害无情人有情，一方有难，八方支援的人道情怀。

救贫济困活动。“红十字博爱送万家”活动是中国红十字会对困难群众进行人道救助的一个品牌项目，活动旨在为最困难、最易受损害的群众送去温暖。2013年，市红十字会通过 “红十字博爱送万家”活动，开展现场慰问特困户、元旦春节慰问贫困户、发放“壹基金”儿童温暖礼包、开展“抗旱救灾”等活动，向受灾地区重灾户和贫困地区人民群众送去温暖和爱心，共发放约117.85万元救灾物资，受益户3430户，受益人口达11994人次。

参与和推动无偿献血、造血干细胞捐献工作。全市各级红十字会积极配合市中心血站及各县区血库利用“五八”世界红十字会日、“六一四”世界献血者日开展无偿献血和造血干细胞宣传，同时结合“五八”世界红十字博爱周活动深入学校、厂矿、社区、乡村开展宣传活动，发放宣传资料约6万份，免费为群众义诊1.3万余人次，全年采集造血干细胞血样461人份。全市近10年连续保持临床用血100%来源于无偿献血，并连续两次评为五年一度的“全国无偿献血先进城市”。随着红十字宣传工作的不断深入，群众参与红十字会人道救助的意识也不断增强。

卫生救护培训。2013年，市红十字系统组织开展了对大中小学学生和社区居民的初级卫生救护培训，以提高广大群众在自然灾害及突发事件中的自救互救能力，截至年底，累计举办21期培训班，培训学员19455人次。

宣传工作。宣传内容主要有无偿献血、捐献造血干细胞、健康教育、艾滋病防治、卫生救护培训、红十字基本知识、相关法律法规、筹资募捐等。截至2013年年底，共举办各种类型宣传活动244次，印发各种宣传资料约100万份，义诊咨询135次，接受义诊咨询约65100人次。

（何天霞）

【“少数民族地区大学生成才计划奖（助）学金”教育资助项目】 “少数民族地区大学生成才计划奖（助）学金”是由中国建设银行出资的面向少数民族地区贫困大学生设立的奖（助）学金项目，其中由红十字会协调学校做好贫困大学生资助项目的相关工作。2013年，经市红十字会协调，中国建设银行出资，对六盘水市师院20名品学兼优、家庭困难的大学生发放了助学金6万元。

（何天霞）

【志愿服务者工作】 六盘水市义工联合会主动与壹基金公益基金会联系，开展“壹基金西南凝冻地区儿童温暖行动”活动，2013年向水城县木果乡三家寨小学、保华乡奢旮小学、钟山大河镇周家寨小学、六枝特区第一小学等18家学校及社区儿童发放价值365元的儿童温暖礼包1500个，共计54.75万元，并承担向云南和毕节转运儿童温暖礼包2700个的任务；组织各级红十字会志愿者到养老院、儿童福利院开展志愿服务活动，为敬老院老人理发、按摩、打扫卫生，陪老人聊天；与个体商户、商场、企业联合开展慈善义卖募捐活动；承办“五一二”防灾减灾大型应急救援综合演习，开展卫生救护培训等。

（何天霞）

【盘县红十字会组织中小学生开展自救互救知识竞赛】 2013年，盘县红十字会组织了第二中学等学校5000余名中小学生参加自救互救知识竞赛活动，8月9日，《中国红十字会》第1497期刊登竞赛结果，盘县第二中学李雪妮获二等奖，盘县断江镇第三小学陈琪获三等奖，盘县红十字会获最佳组织奖的三等奖。

（何天霞）

【盘县红十字会开展重病反贫家庭救助】 为帮助患重大疾病返贫家庭渡过难关，维持正常的生产生活，盘县红十字会向社会各界发出“伸出援助之手，奉献一点爱心”的呼吁，并得到贵州黔桂发电有限公司的积极响应和并大力支持。2013年4月12日，盘县红十字会举行爱心企业捐款仪式，贵州黔桂发电有限公司捐款18万元，县红十字会现场向红果镇蛾螂铺村一组李伟家庭发放救助金6万元，向柏果镇红卫村六组赵兴成、乐民镇威箐村六组李平、两河乡鄢官村九组鄢正宇三户家庭分别发放救助金4万元。

（何天霞）

【争取项目和资金情况】 2013年，全市共引进红十字项目两个，资金75万元。其中钟山区大湾镇小湾村绿色家园健康新村项目资金45万元；盘县石桥镇鲁番村“四在农家”项目资金30万元。

（何天霞）

【编辑出版《发展中的六盘水市红十字事业》画册】 2013年，市红十字会编辑出版了《发展中的六盘水市红十字事业》，该书图文并茂，2万余字，160余幅图片，收集整理了六盘水红十字会十余年来的发展历程和重要实践活动，收录了募捐赈灾、救贫济困、参与和推动无偿献血以及造血干细胞捐献、卫生救护培训、志愿服务者工作、宣传工作、教育资助等方面的内容，另外分有四个篇幅分别介绍六枝特区、盘县、水城县、钟山区4个县区红十字会工作开展和发展情况。

（何天霞）

六盘水市归侨侨眷联合会

【六盘水市第五次归侨侨眷代表大会】 2月初，六盘水市召开第五次归侨侨眷代表大会，来自六盘水市各条战线的100名归侨侨眷代表参加了会议。会议作了题为《凝聚侨心，汇集侨智，发挥侨力，为六盘水经济社会又好又快更好更快发展贡献力量》的工作报告，全面回顾总结了市侨联五年来开展的各项工作和取得的成绩，并对今后五年的侨联工作进行了安排部署，审议通过了《六盘水市第五次归侨侨眷代表大会决议》。本次大会选举产生了市侨联第五届委员会主席1名、副主席兼秘书长1名、兼职副主席2名和常务委员13名、委员23名。选举的侨联委员及其领导班子，在年龄、知识结构等方面都有较大变化，一批年轻的侨界代表人士进入了新一届市侨联委员会。

（余培玲）

【慰问困难归侨侨眷】 向省侨联申领并发放困难老归侨生活补助费23400元和春节慰问金8000元，帮助解决部分困难归侨侨眷困难；春节期间，分别到盘县、六枝、水城、钟山和市中心城区走访慰问困难归侨侨眷165户，送上每户500元慰问金，共计82500元。

（余培玲）

【宣传法律】 利用“9·7”侨法宣传日、“12·4”法制宣传日等时机，采取召开座谈会、走访、上街宣传、悬挂标语等方式宣传侨法，宣传了《中华人民共和国归侨侨眷权益保护法》《中华人民共和国归侨侨眷权益保护法实施办法》《贵州省实施〈中华人民共和国归侨侨眷权益保护法〉办法》。把“一法两办法”一起编印了200余份小册子，送到归侨侨眷手中，使他们能够知法用法，依法维护自身合法权益。

（余培玲）

【爱心助学款】 4月，分别到市三中、市四中、市民中开展马来西亚星洲日报爱心助学款的发放活动，将14万元助学款发放到200名学生手中。市侨联已连续6年将105万元助学款分别发放到六盘水市1500名品学兼优的高中贫困学生手中。

（余培玲）

【开办“珍珠班”】 主动与省侨联及浙江省新华爱心教育基金会取得联系，详细了解申报“珍珠班”的条件，为市三中争取到基金会捐资助学款，资助开办了第四个“珍珠班”。该基金会每年给予每位学生2500元支助，共捐助236名学生，发放捐助款59万元。“珍珠班”创办以来，严格按照浙江新华爱心教育基金会和省侨联的要求，严格管理，学生都是单独成班，由学校配备骨干教师授课。申办的首届珍珠班“施维雅珍珠班”，高考中50名珍珠生均上二本线，二本上线率达100%，其中，一本上线38人，上线率76%。600分以上1人，500分以上25人，400分以上22人，370分以上2人。“珍珠班”的举办，成为侨联打造出的又一品牌。

（余培玲）

【推荐学生到印尼总统大学留学】 在受捐助学校发放马来西亚星洲日报助学款捐赠仪式上，市侨联向市三中、市民中、市四中等面临高考的学生介绍、宣传印尼总统大学招生情况，并做了推荐服务工作。7月，市四中的晏江同学被印尼总统大学录取。全年共成功推荐2名学生到印尼总统大学留学。

（余培玲）

【侨界人士参加“两会”活动】 在市人大组织的民族宗教侨务委员会第一次会议和民族宗教侨务外事工作座谈会上，侨界人大代表晏虹从群众工作、维护侨益、参政议政、海外联谊等方面进行了全面汇报，提出了侨界关心的热点、难点问题及好的建议。7、8、10月，侨界政协委员和人大代表积极参加市政协、市人大组织的视察活动和调研活动。组织侨界政协委员履行政治协商、民主监督、参政议政职能，围绕群众关心的热点、难点、重点问题，建言献策，撰写提案。

（余培玲）

【拓展侨联工作】 “请进来，走出去”是侨联组织加强联谊的工作方针。接待了来市捐助的香港吴星可慈善基金会吴碧会长一行和回市探亲的海外侨胞秦楚乔女士，邀请他们座谈，听取他们对六盘水的期望及建议，并向他们推介六盘水，为引进海外人才搭建桥梁。与云南省昭通市侨联、新疆塔城地区侨联等缔结为友好侨联，进行了友好交往和相互介绍经验等一系列交流活动。

（余培玲）

【理论宣传】 认真做好信息宣传报道工作，将信息宣传报道工作摆上工作日程，分别向省侨联、市委、市委统战部报送信息105条，达到总结经验、宣传成果，扩大影响的效果。1月，撰写的课题成果《试论基层侨联的建设与发展——以六盘水市侨联建设与发展为个案》被中共贵州省委统战部授予“2012年度全省统一战线理论政策研究优秀成果”优秀奖称号。12月，在全国第九次归侨侨眷代表大会上，单位及一名个人分别获“全国侨联系统先进组织”和“全国归侨侨眷先进个人”荣誉称号。在省侨联七届三次全委会上，获贵州省侨联2013年度信息工作三等奖。在2月召开的全市统战工作会议上，获2013年全市统

战信息工作先进单位。

（余培玲）

【省侨联主席赴六盘水调研】 7月中旬，贵州省侨联主席吕虹一行赴六盘水，开展党的群众路线教育实践调研活动。六盘水市县区统战部、基层侨联干部、离退休侨联干部、归侨侨眷、侨资企业、侨界人大代表和政协委员等代表20余人参加了座谈会。会后，实地走访了六盘水市侨资企业水城姜业有限公司，了解了公司发展经营情况，询问公司负责人和企业在生活、运营过程中遇到的困难和问题，以及对侨联工作的意见和建议。

（余培玲）

【招商引资】 通过积极努力，在相关部门的帮助下，引进贵州新德远置业有限公司建设红果“野马寨”城市棚户区改造项目资金1亿多元，顺利完成年度招商引资任务。

（余培玲）

【挂帮扶贫】 选派一名干部到挂帮联系点钟山区月照乡玉顶社区，开展同步小康驻村和帮扶工作。驻村干部通过积极努力，为挂帮联系点钟山区月照乡玉顶村争取到市水利局饮水安全工程款89.4万元，用于解决当地农村居民饮水困难问题。

（余培玲）

法　治

六盘水市政法委员会工作

【概述】 2013年，六盘水市法治工作没有发生影响国家安全和社会政治稳定的重大案事件，没有发生重大恶性刑事案件和严重暴力恐怖事件，没有发生重大群体性事件和公共安全事故，全市社会政治持续稳定，刑事发案连续下降、治安状况不断向好。

（赵　照）

【决策部署】 2013年，市委市政府先后出台《集中开展三年禁毒人民战争总体方案》《深化“平安凉都”建设实施意见》《平安凉都建设治安整治“333”工程实施方案》等系列文件。市县两级全面实行重大工作专班抓落实制度，组建由各分管市领导、县领导担任专班组长的七个社管专班（社会治安、社区建设、基层社管、纠纷排解、风险评估、四在农家、社管宣传），抽调骨干力量集中办公。为保障政法社管等工作顺利开展，全市各级政府共投入政法综治工作经费数亿元。市委市政府出台《贯彻落实深化“平安凉都”建设实施意见目标任务分解方案和办法》，市与县（区）、县与乡（镇、街道）层层签订综治目标责任书，明确了目标任务，落实具体责任。把加强和创新社会治理、群众安全感满意度测评纳入各级领导班子、领导干部目标考核的重要内容，考核结果作为干部任用和奖惩的重要依据，严格按照省、市“一票否决权制办法”等相关规定对履职情况实行重奖和重罚。市县实行四大班子领导联系包保县、乡平安建设责任制，强化包保目标，明确奖惩措施。以市委市政府文件印发了《关于对平安凉都建设治安整治“333”工程实施情况进行督导检查的通知》。全年市委、人大、政府、政协、市政法、综治部门累计到各县区、各开发区、乡镇（街道）督导检查近30次，全力帮助基层解决存在的困难和问题。

（赵　照）

【信访维稳】 市委、市政府成立了分管领导任组长和副组长的“处置化解省委常委包案督导矛盾纠纷和信访问题领导小组”和“百日攻坚战专项行动工作领导小组”，组建了11个工作专班负责对省委常委包案督导的信访事项进行调度督导。各县区通过整合乡镇综治中心资源、开展日常走访摸排社情民意活动、利用“一站式”办公等方式，完善调处机制，全年矛盾纠纷调解成功率达95%以上，未发生民转刑案件。市委市政府相继建立了20多项工作制度，出台了《信访问题源头预防及过错处理暂行规定》等文件。出台了《六盘水市党员干部联系和服务群众工作制度》，选派2941名干部到1019个行政村开展联乡驻村工作。把矛盾纠纷防范纳入平安凉都治安整治“333”工程范畴。从8月1日开始实施《六盘水市逐级信访制度》，市级群工部门共接待走访群众274批943人次，同比下降24.9%和34.5%；各县区群工部门共接待走访群众319批次1400人次，同比下降了30%和30.1%，全市信访工作呈现“三降一好转”的良好态势。在市级财政每年预算100万元建立涉法涉诉救助资金的基础上，又筹建了“和谐基金”1700万元。2013年利用基金356.6万元，化解信访问题和矛盾纠纷91件。盘县推行

了群众“信访一卡通”制度，六枝特区建立了群众信访诚信基金。涉军群体维稳工作实现“零上访”目标，得到省政法委书记秦如培的批示肯定。对水城汽车站搬迁、重庆啤酒（集团）六盘水有限公司49%股权转让、盘县马依煤矿西一井等78重点个项目进行了社会稳定风险评估，对县区煤矿兼并整合做社会稳定风险评估。共化解省、市、县三级集中交办的矛盾纠纷和信访事项674件。其中：第一轮369件已于6月底全部化解；第二轮305件已于8月初全部化解。全市排查新增的269件也在8月初全部化解。两轮排查出的50具陈尸已在9月份全部妥处。年初以来，全市没有发生50人以上规模的群体性事件，没有涉军人员到省上访、参与聚集串联活动，受到全省通报表扬。截至11月，全市信访量出现了近10年来的首次全面下降，其中信访总量同比下降62.7%、集体访人次下降67.7%、重复上访人次下降74.9%。

（赵　照）

【治安防控体系】　2010年10月以来，市县两级每年投入经费5000多万元，共招聘特巡警和社区（村）警务助理、协勤等5300余人，协助民警全面开展街面巡防、管理服务等基层警务工作。截至2013年年底，这支队伍协助正式民警共抓获、查处各类违法犯罪人员6000余人，调解治安纠纷1.2万余起，救助群众18600余人次。中心城区还投入近2000万元，扩大完善50个治安岗亭和4个出城武装检查站，配备80名特巡警、450名巡防辅警，招募600余名“平安使者”。全市建立了农村群防群治队伍2500余支。2010年以来，全市“见警率”连续四年全省前列。技防方面：把“天网工程”和“地网工程”整合统称为“天眼工程”，建成运行后，进一步完善全市治安防控和道路交通、城市环境等管理体系，进一步提升对违法犯罪的震慑威力和公安机关的侦查破案新水平。至2013年年底，全市已安装报警装置6万余个，已建成使用27724个监控探头，报警点1004个；中心城区917辆的士车、175辆公交车已安装探头并接入钟山分局指挥中心。管理方面：不断强化消防、交通、危爆物品等公共安全管理。完成了城区智能交通管控系统的升级改造，完善了交通标识信号的设置和规范，加强机动车和驾驶员的源头管理；加强排查治理，严管重罚，最大限度地保持了全市道路交通安全畅通。2013年度，全市共立刑事案件14170起、下降1.55%；立“两抢一盗”案件10858起、占比76.63%、下降3.77%，其中街面抢劫、入室盗窃案件分别下降30.46%和7.05%；立八类严重刑事案件1683起、下降25.20%。命案现案立案111起，下降6.72%。交通事故起数下降96.24%、死亡和受伤人数分别下降22.22%和36.25%。火灾事故起数上升70%。特别是钟山中心城区刑事发案从以前每天20余起，下降至每天五六起。

（赵　照）

【解决突出治安问题】　开展了冬春严打、夏秋严打、三年禁毒人民战争、重大工程（项目）周边治安整治、一打两保等系列专项整治行动。全面启动建设平安凉都治安整治“333”工程，努力实现“五升五降五强和三减少”的工作目标，19个重点整治地区已全部整治完毕，并获省认定。加大对农村突出治安问题的整治力度，全市农村社会治安继续保持稳定。通过持续开展严打整治行动，全市全年共破刑事案件6449起，同比上升3.53%，其中，“两抢一盗”案件4227起，八类案件1103起，命案105起、破案率为94.59%。毒品案件765起，缴获毒品69.86公斤，抓获犯罪嫌疑人792人，强戒吸毒人员3075人。

（赵　照）

【网格化管理和警务室建设】　市委市政府将乡镇服务管理中心建设和村综合服务管理站建设纳入“2013年市委市政府二十件民生实事”，加大对“政法社管基础项目”政策、资金等的支持力度，加强乡镇街道综治办、公安派出所、人民法庭、司法所等建设。全市城市社区网格化管理已全面启动，88个城市社区共划分为655个网格。中心城区800多名网格服务员已全部上岗。乡镇（街道）社管服务中心规范化建设已完成6个，488个社区（村）社会管理服务站建设正在完善。共建立城乡警务室831个，配备民警244人，警务助理985人。总投资近15亿多元的军警训练基地、“监管四所”、业务技术用房等建设，取得不同程度的进展。

（赵　照）

【重口管理】　出台了《全市关爱留守儿童工作

实施方案》《流浪辍学留守未成年人救助保护工作联系会议制度》《刑释解教出监所人员必接工作督查问责办法（暂行）》和《进一步加强肇事肇祸等严重精神障碍患者救治救助和服务管理工作的意见》等文件。创新人口管理机制，盘县在社区矫正工作中探索出"落实三有保障、强化五个注重、加强五项措施"的"355"工作模式，探索出了社区矫正人员"管得住、管得好"的有效途径，取得了良好效果，受到省司法厅的肯定并在全省推广；加大"阳光工程"建设力度，通过社区矫正、社区康复、企业安置等不同形式安置6222人。施行《市政法机关领导干部"一对一"挂钩联系非公企业制度》和《六盘水市非公经济组织内部治安保卫工作暂行办法》。共选派760名民警为657家民营企业、重大项目担任治安顾问；在治安复杂、矛盾较多的企业和重点建设项目设置警务室37个，派驻民警 65人。帮助企业完善内保组织，落实安范措施，全市已有326家大中型非公企业健全完善了内保工作机制。发起"见义勇为基金"募捐活动，非公企业家主动为见义勇为基金捐款，共募集基金1800多万元，在全省市级基金总量排名第一。

（赵　照）

【政法委书记到县区调研】 2013年3月，市委常委、市委政法委书记、市公安局局长徐立平到钟山、六枝、盘县走访调研社会管理和平安建设等工作，实地查看了各地住宅小区治安防范工作，详细询问了警务室和治安岗亭建设、社区网格化管理以及"阳光工程"建设等工作情况。徐立平针对2013年六盘水社会管理和平安建设面临的问题，提出工作要求：要找准问题。要从民生问题、老百姓最关心的问题入手，公平公正执法，改变工作作风，勤勉廉洁工作。要加强措施统筹，加大宣传发动力度，以防范、打击、服务为重点，以加强基层基础、管好特殊人群、重点部位为要害，全面抓好社会管理工作。要强化落实。各地各有关部门要坚决快速把各项工作措施落到实处，下大力抓好队伍建设，把群众反映强烈的司法公正问题，摆在突出位置来抓，坚决做到公正司法、公平服务。要确保效果。一切工作都要围绕扭转社会治安被动局面，提升群众安全感满意度这个核心任务，过程中要认真对待，不能以结果而为之，要以老百姓实实在在感到安全、满意为目标。

（赵　照）

【社会管理创新暨平安凉都建设大会】 6月17日，六盘水市委、市政府召开全市社会管理创新暨平安凉都建设大会。市委书记王晓光，市委副书记、市长周荣，四大班子和市委常委以及相关部门领导出席会议。上午，与会领导参观考察了水城县勺米镇综治工作中心、勺米弘财煤矿、红桥新区西南家居装饰博览城、钟山区荷城花园批发市场、德坞街道德西社区，详细了解了和谐矿区建设、非公经济治安保卫、社区网格化服务管理等工作进展情况，对勺米弘财煤矿"无围而治"、拆墙与民和谐共处，西南家居加强内部治保工作，德西社区"八大员"加强服务管理，荷城批发市场十户联防等经验和做法予以充分肯定。下午，与会领导听取了钟山区社区网格化管理、水城县村民自治一项机制多项内容、钟山区大湾镇综治工作中心建设、市公安局创新治保管理服务非公经济、盘县社区矫正、六枝特区个性学生教育管理、市民政局农村养老服务机构建设等工作情况介绍，并观看了专题片。

（赵　照）

【组建"七个专班"】 2013年，市委、市政府决定成立全市社会管理重点事项领导小组，领导小组由市委常委、市委政法委书记、市公安局局长、市综治委主任徐立平担任组长，市四大班子分管领导和市法院、检察院主要领导任副组长，相关单位负责人为成员。领导小组下设"七个工作专班"，从相关部门抽调100余名干部组成，具体抓好各项工作的落实。新型社区·温馨家园建设工作专班：主要任务是把办事处划到社区，以网格服务为抓手，以治安防控为主攻任务，在村（居）委建立社区服务站，全面夯实社区和农村工作基础。办公室设在市民政局。打击防范工作专班：主要负责打击防范、"阳光工程"建设等工作的检查督导。办公室设在市综治办。 基层平安建设工作专班：主要负责余庆经验一线法、基层社管服务中心建设等工作的督查指导。办公室设在市综治办。社会稳定风险评估工作专班：主要负责重大决策和重大项目风险评估工作的督查

指导。办公室设在市维稳办。矛盾纠纷排查调处工作专班：主要负责处理突出矛盾纠纷和信访问题，确保“四个不能”（小事不能出村、大事不能出乡镇、难事不能出县、矛盾不能上交），实现“三个不发生”（不发生大规模群体性事件、不发生到省进京群体性非正常上访、不发生因信访问题引发的恶性事件）。办公室设在市信访局。宣传工作专班：主要负责其他六个专班工作开展情况、典型经验、做法、先进事迹及先进人物的宣传报道，营造浓厚舆论氛围。办公室设在市委政法委。全市社会管理创新暨平安凉都建设大会筹备工作专班：主要负责大会筹备工作，办公室设在市委办。

（赵　照）

【“见义勇为基金会”被评为AAAA级社会组织】 贵州省民政厅评估专家组一行莅临六盘水，通过听取汇报、查阅资料、座谈调研、实地考察等方式，围绕基础条件、内部治理、工作绩效、社会评价等4个方面对六盘水市见义勇为基金会进行了全面考评。后经资格审查、第三方初评、全省性社会组织评估委员会终评及社会公示，六盘水市见义勇为基金会获AAAA等级，是全省州市见义勇为基金会唯一一家获得AAAA级以上的基金会。

（赵　照）

【省委书记肯定梅花山交警工作】 7月13日，省委书记赵克志在全省第二次项目建设现场观摩途经梅花山时，对梅花山交警中队的工作给予高度肯定，对相关工作作出重要指示，赵克志讲到：“六盘水梅花山交警中队是坚守高寒山区的公安队伍，正是因为他们的执着坚守，保障了人民群众生产生活秩序，很不容易，对中队要高看一眼、厚爱一层，加大关心力度。要大力宣扬他们这种甘于吃苦、无私奉献、为民服务的精神，什么时候都不能忘了他们，不能到了冰天雨雪才想起他们，这种精神就是贵州公安精神的生动体现”。随后，省市有关领导就贯彻省委书记赵克志指示进行安排落实。

（赵　照）

【宣传工作】 2013年，全市政法综治系统投入宣传工作经费共计200余万元。向省上报13件作品，获奖作品数量和质量均在全省前列，并获全省政法综治宣传工作组织奖。充分利用媒体优势，分别与六盘水广播电视台创办了“99平安”电视栏目，与《法制生活报》《六盘水日报》《乌蒙新报》、六盘水广播电台合办“平安凉都”专栏，与“中国凉都六盘水网”合创“六盘水政法新闻网”。《贵州政法信息》（2013年第17期）在全省通报表扬了六盘水市的政法宣传工作。创新工作机制，与市委宣传部联合下发了《2013年六盘水市政法综治暨“平安凉都”建设宣传工作实施方案》，明确宣传重点，强调宣传形式和载体，制定了每个月的重点宣传内容和题材。每年与省市新闻媒体签定协议，并给予一定经费补助。建立了《全市政法综治暨“平安凉都”建设好新闻评选奖励办法和宣传报道奖励办法》，对成绩突出的记者和政法干警、综治干部进行表彰。大力加强对网络舆情、舆论的评论、引导，全年没有发生网上热炒的负面舆情。

（赵　照）

【队伍建设】 8月19日下午，市委政法委组织召开全市政法机关领导干部视频会，就进一步加强全市政法队伍纪律作风建设进行再部署、再安排。开辟“绿色通道”，实行首问负责和一次性告知制度，相继推出一些便民利民、优化行政管理的措施。选人用人上坚持“三看、三公、三倾斜”的指导思想，加大公开选拔和竞争上岗力度，大力倡导健康向上的政治生态和用人导向。市县两级继续出资45.75万元为全市4575名政法干警（含政法、综治干部）购买了意外伤害保险。开展了多种形式的学习培训活动。邀请省市有关专家、领导对全市各乡镇政法委书记、综治办主任110余人进行封闭式培训，进一步提升了综治干部的理论水平和业务能力。

（赵　照）

【荣誉表彰】 全市政法队伍涌现了受省委书记赵克志等省委领导高度评价的梅花山交警大队等一大批先进典型。2010年至2013年，政法综治系统有246个集体、1312名个人受到市级以上表彰（其中，全国表彰的先进集体12个、先进个人22

名；省级表彰的先进集体27个、先进个人138名；市级表彰的先进集体207个、先进个人1152名）。3年来，立功受奖的数量是前5年的总和，是六盘水市政法机关获得荣誉最多，最好的时期。同时，全市政法干警违法违纪案件数和人数同比下降45%和60%。另外，在全省安全感测评中，六盘水市群众安全感满意度首年突破90%，同比上升5.44个百分点，比2007年开始测评以来上升了38.42个百分点，上升幅度为全省最大，摆脱了长期挂末的不利境地。

（赵　照）

公　安

【严打整治】 坚持"以打开路、打防结合、以防为先"的原则，针对突出治安问题，持续开展"雷霆行动""冬春严打""夏秋严打""校企周边""333"工程等严打整治斗争。破获公安部副部长李伟签批督办的盘县"4·07"入室盗窃案；摧毁公安部督办的两个特大贩毒团伙，有效斩断云南、广东至六盘水、广西至盘县的2条贩毒通道，得到公安部贺电表扬；打掉称霸一域、危害一方的黑恶团伙17个；侦破六枝系列儿童拐卖案、钟山区"5·29"双尸案等性质恶劣、反响强烈的特大案件，受到厅、市主要领导和广大群众的高度赞誉；强力整治的19个重点整治区域，全部通过省厅验收；全市命案破案率94.53%（再创历史新高，钟山区达到100%）；全市毒品破案数、缴毒数、抓获数、强戒数上升32.27%、34.96%、23.55%和13.3%，经济犯罪破案数同比上升116%。

（市公安局）

【治安防控】 共招聘特巡警和社区（村）警务助理、协勤等5300余人；街面巡防队伍共抓获各类违法犯罪人员2246人，打掉犯罪团伙31个，救助服务群众3000多人，各界送予锦旗73面、感谢信141封，网上发布赞扬信息1200余条。安装"天眼"视频探头23839个，"技防入户"报警装置6万余个；刑事案件发案率总体下降，侵财犯罪占比下降，暴力犯罪、街面抢劫、入室盗窃发案大幅下降。

（市公安局）

【社管工作】 出台"接处警工作问责""12条便民利民"等务实举措，积极探索社区创新服务管理；将全市刑释解教、社区矫正和肇事肇祸精神病人等各类重点人口和特殊人群全部纳入有效管控。各地为破解社管难题、维护社会稳定进行积极探索。钟山区建立两新组织综治工作站，全面铺开"新型社区温馨家园"网格化服务管理；六枝特区校警携手打造"个性学生成长关爱点对点""爱心妈妈关爱留守儿童" 教育试点；盘县探索出"落实三有保障、强化五个注重、加强五项措施"社区矫正新模式；水城县探索推进"一项机制多项内容"的社管机制、勺米镇"和谐矿区无围而治"、科技报警防范偷牛盗马等务实举措。

（市公安局）

【交通监管】 针对机动车日益增长（全年新增5万余辆；日均车流量11.7万余辆次，同比上升21.87%）的实际，在城区完成智能交通管控系统的改造升级，完善交通标识信号的设置和规范，确保全市道路交通安全畅通。

（市公安局）

【执法为民】 出台"法制工作会议""执法巡视检查""个案执法监督"和"案件合议办法"4项制度；全市询（讯）问室同步录音录像、监控设备配备率均达100%。组织各类专项执法培训80余期，选派10人分赴公安部、浙江参加警务技能战术培训，选派28名业务骨干分赴省厅、浙江跟班学习；7月，省委书记赵克志对梅花山交警中队的工作作出高度评价。各地积极创新服务群众新举措，盘县、钟山区推行"一张笑脸、一杯热茶、一张凳子、一句好话"为民便民举措，六枝探索出关爱"留守儿童"三结合、个性学生点对点等预防青少年违法犯罪的工作模式。

（市公安局）

【基层基础建设】 推进"基层警务、科技情报、侦察技术、基础设施"4大基层基础建设。全

市110个派出所中，有一级所12个、二级所26个、三级所65个，三级以上等级达标率92.72%；全市11个公安监管场所三级以上等级达标率为100%；建立城乡警务室831个，配备民警244人，警务助理985人；建立警民联调室337个（1368人）。警务室、联调室，共调解治安纠纷6500万余起。建成市公安局DNA实验室和理化重点实验室，4个县级刑事技术室全部达到公安部二级以上（盘县、钟山达一级，水城、六枝达二级）；完成全市二、三级公安网改造，建成全市公安情报综合应用平台和视频卫星通信指挥系统；军警训练基地、“监管四所”（看守所、女子看守所、戒毒所、行拘所）、技术用房等建设，取得不同程度的进展。

（市公安局）

【队伍建设】 2013年，全市有近3000名公安民警，占总人口的万分之8.46，低于全省平均数。相继出台“信访源头治理”、民警优良不良记录档案、监所安全“十严禁”“十必须”和“零容忍”等治警规定，开展清理整顿民警违规经商行为等活动，公布市、县两级公安机关“一把手”、纪委书记、政治部主任的手机号码，全天24小时接受群众投诉举报和监督；实施“执法过错追究”“信访过错处理”规定和“信息质量、执法办案、现场勘查及检验鉴定”3个质量终身负责制；发放50余万元关爱民警资金。全市公安机关有22个集体（省级4个），631名民警（省级27人）立功受奖；有44名公安民警因公负伤（重伤15人）。

（市公安局）

【公安部监管局局长赵春光到盘县检查】 6月17日，公安部监管局局长赵春光、局长助理张智泽、看守所工作指导处处长游蓉一行3人到盘县公安监管场所检查指导工作。

（市公安局）

【盘县查获海洛因】 2013年7月17日12时20分，全市公安机关禁毒“大查缉”专项行动盘县毒品检查站查缉组在例行检查时，在一辆车牌号为贵GD5187的车上查获毒品海洛因2100克，当场抓获彭刚、陈挺2名犯罪嫌疑人。

（市公安局）

【查获假冒注册商标大米】 4月1日，市公安局经侦支队接到举报，立即会同市工商局经检支队赶到现场，在六盘水康盛粮油有限公司仓库内查获86吨仿冒黑龙江省五常市鑫禾米业有限公司“鑫禾缘”注册商标的大米。

（市公安局）

【完成旅发大会安保任务】 8月18日，第八届贵州旅游产业发展大会在六盘水市召开，国家旅游局、省直相关部门负责人及来自各行各业的近2000余人参加会议。在省旅发大会期间，全市公安民警取消双休日，共投入安保力量5.32万人次，实现“大事不出、小事也不出”的安保目标。

（市公安局）

【省公安厅厅长崔亚东到市慰问和调研】 1月11日，省委常委、省委政法委书记、省公安厅厅长崔亚东到六盘水市进行慰问和调研。相继深入市强制隔离戒毒所、102省道梅花山抗凝冻救灾服务站、市交警支队直属一大队梅花山执勤点、钟山公安分局钟山派出所、钟山区阳光鼎艺印刷包装厂、市第二看守所、武警六盘水支队钟山中队、钟山区城管局、钟山区粮食收储购销有限公司、钟山公安分局刑侦大队、钟山区凤凰街道龙苑社区低保农户刘华祥家中、钟山区委政法委共12个点进行慰问和调研，给每个慰问点及慰问对象送去慰问金或慰问品。

（市公安局）

【DNA比对破获抢劫强奸案】 2012年3月4日零时40分许，受害人吴某在钟山区区府南路南井坊住处被一名陌生男子持刀抢劫，犯罪嫌疑人在发现吴某没有携带财物后将其强制带到区府南路南井坊附近实施强奸。市公安局DNA实验室在送检的物证中，成功提取出同一男性DNA分型，并录入全国公安机关DNA数据中进行比对，历时7个月，将已抓获的犯罪嫌疑人王某查出。

（市公安局）

【选派干部到基层工作】 六盘水市公安局从市局机关选派22名工作责任心和业务能力强的民警（其中2名正科级领导干部、1名副科级领导干部、3名主任科员、1名副主任科员、15名科员）分别到盘北、水城、月照机场公安办和两河分局工作。

（市公安局）

【中央媒体深入梅花山采访】 8月11日，人民网、《求是》杂志等多家媒体记者到梅花山（梅花山路段平均海拔2400米，制高点达2680米，是贵州省海拔最高的山区道路，且一年四季气候恶劣，全年大雾天气200余天，雪凝时间60余天）。对位于“贵州屋脊”上的梅花山交警大队进行采访。梅花山交警大队秉持“立警为公、执法为民”的宗旨，坚持全天24小时为受困司乘人员及过往群众生命财产安全保驾护航。

（市公安局）

【市政府常务会议专题研究禁毒与交通安全】 4月19日，市委副书记、代市长周荣主持召开市人民政府第22次常务会议，专题研究禁毒与交通安全。

（市公安局）

【市委书记慰问公安民警】 1月1日，市委书记王晓光到市公安局指挥中心大厅、中心城区各派出所及钟山分局指挥中心，对坚守岗位的值班民警和接线员进行慰问，与钟山分局班子成员座谈。

（市公安局）

检　察

【概述】 2013年，六盘水市检察机关以平安建设、法治建设为载体，强化法律监督、强化自身监督、强化队伍建设，贯彻实施修改后的刑事诉讼法和民事诉讼法，以保障“5个100工程”顺利实施和贵州省第八届旅游发展大会在六盘水市召开为重点，大力提升执法能力素质和执法公信力，各项工作取得新进展。全年共立案查办国家工作人员职务犯罪案件69件89人，为国家和集体挽回直接经济损失825余万元；依法审查批准和决定逮捕犯罪嫌疑人1954件2886人，代表国家提起公诉2469件3530人。依法开展刑事、民事、行政诉讼法律监督，全力维护司法公正。职务犯罪预防、法律政策研究、检察技术等各项业务稳步推进，为六盘水经济社会又好又快更好更快发展创造和谐稳定的法治环境。

（李春红）

【打击严重刑事犯罪】 按照市委统一安排部署，积极参与“雷霆行动”“一打两保”“333工程”等行动，对危害国家安全犯罪、严重暴力犯罪、黑恶势力犯罪、多发性侵财犯罪、毒品犯罪始终保持高压态势。全年，共批准逮捕上述案件1602件、2255人，起诉1792件、3262人；批准逮捕生产销售伪劣产品、销售假冒注册商标商品、集资诈骗、信用卡诈骗、合同诈骗等严重破坏市场经济秩序的犯罪案件33件、50人，起诉46件、73人。

（李春红）

【预防查办职务犯罪】 全市检察机关立案侦查贪污贿赂犯罪案件69件、89人，其中要案3人，大案65件，大要案率为94.2%；立案侦查渎职侵权犯罪案件9件、19人，其中重特大案件4件。坚持侦查一体化办案机制，集中力量查办窝案串案52件、71人。查办涉及“两违”建设拆除、土地征用补偿的受贿案件10件、10人，涉及农机补贴领域的受贿案件9件9人；查办“三农”领域的渎职犯罪4人。结合本地区职务犯罪发案特点开展预防调查119件，提出预防检察建议79件，开展预防宣传、警示教育436场次，受理行贿犯罪档案查询1801次。与住建系统联合开展重大工程项目专项预防，与教育系统联合就学生营养午餐计划、“9+3”计划实施情况进行走访调查，举办“还教育一片美丽蓝天”主题巡回宣讲。与市委组织部、市人资社保局、市委党校共建预防教育工作机制，将预防职务犯罪教育纳入党校必修课。全面推行预防职务犯罪年度报告制度，向党委、人大、政府及有关部门提交年度报告43份。

（李春红）

【科技强检工作】 钟山区检察院配备了电子数

据、话单分析、心理测试等技术装备，对符合条件的11人指定居所监视居住。盘县检察院建成了专门的指定居所执行场所。

（李春红）

【诉讼监督】　立案监督方面，依法监督公安机关立案35件，对自侦部门建议报请立案20件。侦查监督方面，对应当提请逮捕、移送起诉而未提请逮捕、移送起诉的，依法决定追加逮捕33人，追加起诉31人，追诉漏罪40起；对不构成犯罪、证据不足或无逮捕必要的，决定不批准逮捕855人，对不构成犯罪、证据不足或犯罪情节轻微不需要判处刑罚的，决定不起诉52人。对侦查活动中存在的违法情形，提出书面纠正意见124次，已纠正110次。审判监督方面，依法对法院的刑事判决和裁定提出抗诉10件、16人。民事行政检察监督方面，共受理各类监督案件71件，其中不服法院生效判决、裁定及调解书监督案件30件，审查后，提出抗诉1件，提请省院抗诉1件，提出再审检察建议6件（法院采纳并启动再审程序3件），不抗诉1件，作出不支持监督申请18件。受理执行监督5件，采纳4件。受理审判活动违法监督案件13件，纠正12件。收到法院再审判决9件，其中改判4件，调解1件，维持4件。办理督促起诉、支持起诉案件23件，防止国有资产流失，挽回经济损失1250余万元。刑罚执行监督方面，依法监督纠正监外执行罪犯脱管漏管52人次，审查“减、假、暂予监外执行”案件19件，提出检察意见7件，变更执行收监10人，清理久押不决案件21件44人并进行了催办、督办。实现与看守所信息联网和检察专线联网。控申检察方面，认真开展重大突出矛盾集中化解“百日攻坚战”。共受理各类来信来访461件，检察长接待126件。对排查出的9件涉检信访案件，由领导包案，依法化解4件。受理刑事申诉案件18件，立案复查14件，对2件不服法院刑事判决裁定案件提出再审检察建议。办理被害人救助案件7件，协助解决救助资金25万元。对30名犯罪嫌疑人认罪悔罪，积极赔偿的轻微刑事案件促成和解。钟山区检察院设立“群众工作站”，落实诉访分离信访工作机制。市检察院已连续4次通过全国检察机关文明接待室验收，水城县检察院连续3次通过全国检察机关文明接待室验收。

（李春红）

【落实修改后刑诉法新职责新要求】　参加庭前会议6次，列席审判委员会7次，接待辩护律师阅卷260余次。与司法局会签了《关于刑事案件侦查、审查起诉阶段适用法律援助的实施意见（试行）》，书面通知市法律援助机构指派律师为可能判处无期徒刑、死刑、没有委托辩护人的86名犯罪嫌疑人提供法律援助。积极推进简易程序、刑事和解、量刑建议、非法证据排除等工作的开展。与市中院联合出台《简易程序出庭机制（试行）》，共办理简易程序案件1057件，二审出庭86件264人，开展羁押必要性审查33件33人，变更强制措施33人，提出量刑建议2364人，证人出庭2件7人，启动非法证据排除程序2件2人。对轻微刑事犯罪和未成年人犯罪案件，以及初犯、偶犯、过失犯等慎用批捕强制措施。两级检察院均成立未成年人刑事检察机构，全面开展未成年人社会调查、监护教育、犯罪记录封存等工作，对138名未成年人犯依法作出不批捕、不起诉处理。盘县检察院未检科被高检院公诉厅确定为贵州省全国未检工作联系点，全省检察机关首个青少年法制教育暨犯罪预防基地在盘县建成。

（李春红）

【检察管理】　市、县两级检察院设立案管专门机构，筹建或建成案管大厅，配备了27名专职人员。制定了案件管理规章制度，建立统一的信息化案件管理体系，对执法办案过程实行全程管理、动态监督，提升了执法规范化水平。共接受辩护人、诉讼代理人阅卷申请153次，安排律师阅卷128次，组织案件评查57件。出台《六盘水市人民检察院办案工作区适用管理及内部协作规定（试行）》，进一步明确法警、技术、自侦部门等在办案中的职责；积极推进讯问职务犯罪嫌疑人全程同步录音录像，办案工作区实现管用分离、看审分离；对执法办案纪律、公务用车、枪支弹药管理、扣押冻结的涉案财物管理等情况进行明察暗访20余次。检务公开方面，开展了以“完善举报制度，加强举报人保护”为主题的举报宣传周活动；认真落实人民监督员、专家咨询委员、特约检察员制度，多途径征询社会各界意见。人民监督员对拟撤案和拟不起诉的15件职务犯罪案件进行了评议，提出不同意见2件，对执法活动提出书面建议23件；创建六盘水市人民检察院政法微博，加强检察工作正面宣传；加强与人大代表和政协委员的联系，集中走访了73名全国、省、市人大代表。就检察职能履行中的重大问题向人大常委会作专题报告并逐条落实人大代表和政协委员的意见、建议。

（李春红）

【挂帮扶贫】 市检察院党组成员多次深入挂帮点盘县刘官镇支家屯村和火铺镇李子树村调研，指导同步小康驻村工作。为挂帮点协调资金145万余元，帮助支家屯村新建文化活动广场、修建龙井山塘、发展生猪养殖、改建党员活动室等，帮助李子树村村组道路硬化，争取到1000亩核桃树树苗。盘县检察院协调投入资金100多万元为盘县忠义乡五棚小学解决基建困难。

（李春红）

【基层检察院建设】 把基层检察院“4+1”工程创建作为推动基层检察院建设新的载体，钟山区院、水城院分获全省首批基层检察院建设“4+1”工程创建先进检察院和模范检察院称号。全市共增加合同编制、公益性岗位和检察辅助人员188名。启动检察专网三级机要分级保护建设。

（李春红）

【荣誉表彰】 在创先争优活动中，钟山区检察院干警王伟琴获省检察院一等功，水城县检察院干警周宝金获“严肃查办危害民生民利渎职侵权犯罪专项工作”先进个人，盘县检察院获全国先进基层检察院称号，水城县检察院获全国维护妇女儿童权益先进集体称号。全市检察机关13个集体、34名个人受到市级以上表彰；深入开展检察队伍“能力提升年”活动，组织、参加各类培训31期1003人（次）。两名干警分获第三届全省优秀公诉人业务竞赛活动“十佳公诉人”和“优秀公诉人”，两名干警获第三届全省“侦查监督优秀检察官”荣誉称号；深入开展“转变作风年”活动，切实整治“慵懒慢浮贪”，组织院领导班子成员参加岗位廉政教育课和廉政知识测试，组织广大党员干警听廉政党课、观看拒腐防变警示教育片9次，全面开展“廉政文化进家庭”活动。建立廉洁从检短信平台，节假日向干警发送警言、警句。切实加强对执行中央《八项规定》和省委、市委《十项规定》的监督检查，对28名中层干部（包括新晋升的17名中层干部）进行廉政谈话，另对4名中层干部进行诫勉谈话，确保检察权规范行使。

（李春红）

法　院

【概述】 2013年，全市两级法院共受理各类案件16173件，审结15882件，分别上升1.93%和2.44%；结案率为98.2%，同比上升0.49个百分点。其中，市法院受理案件1709件，审结1676件，同比分别下降4.36%和4.5%；结案率为98.07%，同比下降0.14个百分点。

严厉打击刑事犯罪全年共受理一、二审刑事案件2556件，审结2534件，同比分别下降10.03%和9.98%，结案率为99.14%，同比上升0.06个百分点。深入开展“一打两保”、夏秋严打等专项活动，依法严惩黑恶势力、杀人、抢劫等严重刑事犯罪以及盗窃、抢夺、诈骗等多发性侵财犯罪，审结此类案件779件1256人，有力提升了人民群众的安全感。依法打击走私、贩卖、运输等毒品犯罪，审结此类案件565件674人，有力推动了禁毒人民战争深入开展。认真贯彻“宽严相济”刑事政策，对情节较轻或具有法定、酌定从轻减轻情节的犯罪嫌疑人，依法从宽处理，共适用缓刑540人，免予刑事处罚33人。

（孙　岩）

【审理民商事案件】 全年共受理民商事案件11022件，审结10812件，同比分别上升上7.67%和8.45%，结案率为98.09%，同比上升0.3个百分点；其中市法院受理民商事案件962件，审结946件，结案率为98.34%。审结交通事故、婚姻家庭、医疗损害等涉民生案件4788件，切实维护人民群众的合法权益。审结买卖、金融借款等合同纠纷案

件1668件，进一步规范交易秩序。审结民间借贷纠纷案件1702件，促进了民间借贷关系合法有序发展。

（孙　岩）

【化解行政争议】　全年共受理一、二审行政案件211件，审结210件，同比分别下降1.86%和1.40%，结案率为99.53%，同比持平；其中市法院受理一、二审行政案件71件，审结71件，结案率为100%。依法支持行政机关履行社会管理职能，妥善审理工业园区建设、推进城镇化过程中引发的规划设计、征地补偿等行政争议案件149件。依法审查社会抚养费征收、拆除违法建筑等非诉行政执行案件493件。加大对公民合法权益保护力度，审结行政赔偿案件6件，判决赔偿义务机关支付国家赔偿金32.97万元。

（孙　岩）

【执行工作】　以“创建无执行积案先进法院”为突破口，着力完善立、审、执协调配合机制，形成执行工作合力。全年共受理执行案件1810件，执结1755件，同比分别下降11.14%和11.27%，执结率为96.96%，同比下降0.14个百分点；其中市法院受理197件，执结186件，执结率为92.68%。向省法院报送全市第一批55个失信被执行人名单及信息，统一录入最高人民法院失信被执行人名单信息库，对拒不执行者进行信用惩戒，促使被执行人自觉履行义务。六枝、盘县、水城县法院均已通过“创建无执行积案先进法院”检查验收。

（孙　岩）

【立案窗口建设】　完善刷卡缴费终端系统、触摸屏查询系统、信息显示系统和便民导诉制度，加强诉讼指导，方便当事人及来访群众查询案件信息、交纳诉讼费用。依托巡回审判开展司法延伸服务，采取多种形式，充分发挥简易程序制度功能，加大司法救助工作力度，全年依法为当事人缓、减、免交诉讼费218.96万元，提供司法救助92.21万元，指定辩护人、代理人128人次。

（孙　岩）

【涉诉信访工作】　加强矛盾纠纷源头化解工作，全年共调解各类民商事案件4176件、执行和解299件、行政协调后撤诉33件，有效减少信访增量。坚持院领导轮流接访、立案庭专人日常接访、相关庭室负责人及办案法官随时接访制度，对重点案件的涉诉信访人员，实行约访和带案下访，共接待群众来信来访2049人次，其中市法院接待来信来访475人次。根据省、市关于继续开展信访维稳“百日攻坚战”的部署，逐案建立稳控台账、制定稳控措施、落实稳控责任，办结各级领导机关交办涉诉信访案件57件，依法维护群众合法权益。

（孙　岩）

【刑事审判工作制度建设】　坚持以法庭审理为中心的原则，市法院制定刑事案件一审、二审庭审规范和一、二审裁判文书制作规范等制度，进一步提升了庭审质量和裁判文书质量，制定的《关于进一步提升死刑案件质量预防冤假错案发生的意见》被《人民法院报》刊登。对于重、特大案件，严格执行市公、检、法三机关制定的《关于完善死刑案件办理机制规范死刑案件证据标准的规定》和死刑案件三合议制度，有效提高了刑事案件特别是死刑案件质量。

（孙　岩）

【完善调研工作制度】　创新调研工作机制，出台《关于统筹推进全市法院理论研究和调研工作的若干规定》《反对调研成果中抄袭行为的若干规定（试行）》等制度，全面推动全市法院的理论调研工作。全市两级法院全年共评选优秀调研成果24篇，有14篇调研文章在全国、省、市的各种评选活动中获奖或进行交流。其中市法院路克林撰写的调研报告《试论第三人撤销之诉在实践中的运用》在全国法院系统第25届学术讨论会征文评选活动中获二等奖，是全市法院历年来调研文章所获得的最高荣誉。

（孙　岩）

【队伍建设】　结合实际提炼“法重如山、持正守廉”为院训、“博学笃行、团结奉献、务实创新、奋进卓越”为法院精神。扎实开展“十破十立”—找差距、找问题、找目标、找路径“四找”等学习教育实践活动，加强对干警的党性教育、理想信念教育和职业道德教育；建立遴选制度和上下级法院互派干部挂职锻炼制度，不断增强队伍的生机和活力；全年组织干警参加各级各类培训1292人次。强化对干警的廉政教育，将集中式教育与经常性教育相结合，将9月作为“警示教育月”、开展“六个一”活动；出台《六盘水市中级人民法院关于切实改进工作作风的九项规定》，开展清退会员卡、争创“廉洁家庭”及算好人生“七笔账”等活动；采取明察暗访的方式，对部分基层法院、人民法庭开展审务督察、司法巡查工作，严肃查处违法违纪案件，促进司法廉洁。

（孙　岩）

【基层基础建设】 市法院至基层法院的专网通信线路由4兆带宽升至20兆带宽，提升了数据传输速度；市法院与基层法院刑事二审案件实现远程提讯，通过视频会议、科技法庭等，逐步推进办公自动化。盘县法院完成法庭网络监控系统项目建设，对各人民法庭实行远程监控管理；钟山区法院完成人民法庭接入网建设，实现了院机关及人民法庭通过审判系统和内网传送、收发文件。

（孙　岩）

司法行政

【概述】 2013年，继续抓好“法律十进”，不断创新法制宣传载体，进一步加强与各类新闻媒体的合作，投入资金近10万元，分别与《法制生活报》《六盘水日报》、市电视台等媒体合作，不断完善了“律师说法”“律师信箱”等法制栏目；通过开通的《新浪政务微博》和门户网站上与网友进行互动来进行法制宣传，让广大网民积极参与到普法宣传工作中来。

全市共收戒强制隔离戒毒人员401人，转社区戒毒39人，截至12月31日在册528人。

全市各级人民调解委员会共调处矛盾纠纷6020件，调解成功5704件，调解成功率为94.8%，其中婚姻家庭纠纷878件，邻里纠纷1281件，房屋宅基地纠纷569件，劳动争议纠纷68件，山林土地纠纷1086件，征地折迁纠纷446件，医疗纠纷48件，合同纠纷111件，损害赔偿纠纷603件，生产经营纠纷72件，村务管理纠纷45件，环境保护纠纷1件，道路交通事故纠纷97件，计划生育纠纷14件，物业纠纷1件，其他纠纷700件。排查纠纷2406件，防止民间纠纷引起自杀4件4人，防止民间纠纷转化为刑事案件71件583人，防止群体性上访92件2246人，防止群体性械斗40件537人。

全市刑释解教人员衔接人员总数3055人，其中农村籍人员人数2448人，重点帮教对象人数617人，帮教2132人，安置1958人。

全市律师共办理刑事案件849件、民事案件1234件、行政案件46件、非诉讼案件100件、担任法律顾问230家，办理法律援助案件496件；全市公证员共办理国内民事公证2264件、国内经济公证222件、涉外公证397件，涉港、澳、台公证40件。

全市共办理法律援助案件1404件，其中刑事案件740件，民事案件656件，行政案件8件，解答法律咨询3297人次。市法律援助中心接受、审查、指派法律援助案件354件，其中刑事案件310件，民事案件41件，行政案件3件，接待来电来访710人次。

截至2013年12月31日，全市在册社区矫正人员1647人，其中缓刑1077人（其中被宣告禁止令5人）、假释448人、暂予监外执行122人、管制0人、剥夺政治权利0人。

2013年，全市各司法鉴定机构共收案793例。

4月9日，盘县社区服刑人员集中教育基地在盘县看守所挂牌成立，成为全市首家社区服刑人员集中教育基地。

3至4月，六盘水市司法行政机关和市律师协会分别对全市18家律师事务所、130名执业律师、14名公职律师、4名法律援助律师进行了年度考核。

4月至6月，市司法局对全市31个基层法律服务所，228名基层法律服务工作者进行了年检注册。

（戴建旗）

【出台刑事案件侦查 审查起诉阶段适用法律援助的实施意见】 2013年2月，市检察院、市公安局、市司法局联合下发了《关于刑事案件侦查、审查起诉阶段适用法律援助的实施意见（试行）》（以下简称《意见》），进一步加大了刑事法律援助工作力度。该意见就法律援助对象、

各单位法律援助工作衔接以及对援助律师提供法律援助的协助等方面均作了明确规定。该意见对当前及今后一段时期内的侦查、审查起诉阶段刑事法律援助工作有极为重要的指导意义。

（戴建旗）

【剥夺政治权利并在社会上服刑的罪犯移交公安机关管理】 根据2013年1月1日施行的刑事诉讼法修正案第二百五十九条规定，经六盘水市公安局、司法局经共同研究，于2012年10月20日联合行文《关于对被判处剥夺政治权利在社会上服刑的罪犯由司法行政机关向公安机关移交的通知》，对被判处剥夺政治权利在社会上服刑的罪犯由司法行政机关向公安机关移交工作进行提前安排和部署，要求自2012年10月20日起，由六盘水市司法行政机关管理的被判处剥夺政治权利在社会上服刑的罪犯，全市各级司法行政机关要尽快向公安机关移交；同时明确自发文之日起，来六盘水市报到的被判处剥夺政治权利在社会上服刑的罪犯由公安机关负责接收执行。3月，六盘水完成将被判处剥夺政治权利在社会上服刑的罪犯移交到公安机关的工作。

（戴建旗）

【规范化司法所专项考评】 为全面完成全市2013年规范化司法所专项考评工作，5月10日至17日，组织考核小组深入各乡镇司法所进行督查、指导。8月5日至30日，市司法局组织了四个考评组到各县、特区、区对拟申报的司法所进行了实地考评，经考评会审，拟申报平寨、保基、发箐、凤凰等35个司法所为规范化司法所。11月5日至15日，省司法厅考评组对六盘水市的35个司法所进行了评查，经评查，六盘水市申报的35个司法所均顺利通过考评。

（戴建旗）

【社区矫正完成首个跨省撤销假释案例】 5月8日，经六盘水市、盘县两级社区矫正机构的努力以及与云南省曲靖中院的沟通协调，六盘水市完成了社区矫正首个跨省撤销假释案例，盘县社区矫正人员陆某某被撤销假释，收监执行。通过对社区矫正人员陆某某撤销假释收监执行，为今后办理此类案件理顺办案流程，规范办案程序，提高办案效能打下了坚实的基础。

（戴建旗）

【社区矫正执法检查】 6月27日至28日，市司法局副局长吴道贤率局社区矫正科相关人员组成检查组在盘县检查社区矫正执法工作。此次检查内容包括：社区服刑人员日常监督管理措施执行情况；是否存在假借进行调查评估、实施手机定位管理等向社区服刑人员乱收费现象；是否存在核实居住地、给予社区服刑人员警告、提请治安处罚、提请收监执行等执法活动中弄虚作假、违规办理行为；是否存在超越权限审批社区矫正事项情况；是否存在履行职责不严情况；是否将社区矫正经费纳入财政预算；是否存在管理和使用社区矫正经费不规范、社区矫正信息管理系统录入等涉及社区矫正执法工作多个方面情况。

（戴建旗）

【全市统一使用刑释解教人员出监所必接函件】

自7月1日起，全市统一使用刑释解教人员出监所必接《介绍信》《回执单》《告知单》，函件将作为考核是否履行工作职责的依据。乡、镇、办综治工作中心组织接回刑释解教必接对象的，由综治工作中心向接回工作责任人（家属）出具《介绍信》。接回工作责任人（家属）凭《介绍信》前往监所办理接回工作相关手续，且必须将《介绍信》交监所存档备查。监所要向前来接回刑释解教必接对象的工作人员或持有《介绍信》的家属出具《回执单》。《回执单》由乡、镇、办综治工作中心存档备查。县、特区（区）司法局基层股，乡、镇、办司法所，在接到监所拟释放的刑释解教人员信息后必须填写告知单送各乡、镇、办综治工作中心，乡、镇、办综治工作中心在告知单上签字后将存根交司法所工作人员带回存档备查。

（戴建旗）

【“六五”普法依法治理中期督导检查】 市委宣传部、市司法局、市依法治市办于5月27日联合下发了《关于开展“六五”普法中期督导检查的通知》，针对县区、机关（单位）、学校、企业等不同行业，制定了相应的中期督导检查标准及实施方案。7月1日，市依法治市领导小组下发了《关于对“六五”普法依法治理工作进行中期督导检查的通知》，成立了中期督导检查领导小组，同时成立了6个督导检查组，于2013年7月15日至7月25日对全市4个县区119个机关、企事业单位进行了“六五”普法依法治理工作中期督导检查。

检查的主要内容是“六五”普法《规划》和《决议》的贯彻执行情况。重点检查组织领导和机构建设情况，宪法等国家基本法律，与经济社会发展、与社会和谐稳定、与民生密切相关法律法规的宣传情况，领导干部、公务员、青少年、企业经营管理人员、工人、农民等六类重点普法对象学法用法情况，“法律十进”活动开展情况，依法治理工作尤其是法治城市、法治县（特区、区）创建活动开展情况，法制宣传方式方法创新情况，保障措施落实情况等。检查的基本方法是采取听、看、查、访、议的方式进行。

7月15日至25日，6个督导检查组分赴各县区及有关单位开展督导检查工作。检查结束后，市司法局党委于8月27日组织召开了检查情况汇总会，各督导组汇报了相关检查情况，介绍了亮点、指出了问题、提出了意见，并依据检查的具体情况，给各个受检单位进行了打分。

（戴建旗）

【《中华人民共和国公证法》颁布八周年宣传周系列活动】 六盘水市统一安排部署，开展以“充分发挥公证职能作用，服务地方经济社会发展”为主题的为期一周的一系列宣传活动。

与《六盘水日报》联合开辟了一个宣传专版，以图文并茂的形式宣传报道了六盘水市公证工作自《中华人民共和国公证法》颁布实施8年来的发展及工作成绩；利用市司法局《凉都司法》，编印一份《中华人民共和国公证法》和六盘水市公证工作宣传增刊，印刷2000份作为此次宣传周活动资料之一广泛发送；全市分设六枝、盘县、市中心区三个宣传点，集中于8月30日开展宣传活动。活动中，全市三个宣传点向群众发放了《中华人民共和国公证法》《凉都司法·纪念公证法颁布八周年增刊》《中华人民共和国宪法》《贵州省法律援助条例》《六盘水市全民学法用法宣传教育手册》等法律知识读本与宣传资料、宣传手提袋1万余份（册）。公证员为群众提供法律咨询解答500余人（次），主要涉及夫妻财产、房产、继承、债权债务、合同等方面。

（戴建旗）

【法律援助检查】 11月4日至15日，六盘水市司法局制定下发了《关于开展法律援助专项经费检查工作的通知》，抽查了三个县（区）法律援助经费的使用和法律援助案件卷宗。从各县（区）自查和市局抽查的情况来看，各县（区）仍然存在法律援助办案补助标准发放不统一的情况，在案件卷宗的归档上，仍然不同程度的存在卷宗材料顺序混乱，审批表、指派通知填写不完整、不规范，阅卷笔录、庭审记录、会见笔录、辩护词（代理词）过于简单，审查申请人提供的材料不全等。值得注意的是，在抽查中又发现个别县（区）将中央补助地方法律援助办案专款用于支付法律援助培训费和办公经费，这不符合《中央补助地方法律援助办案专款管理暂行办法》关于中央专款不得用于司法行政部门和法律援助机构的人员经费和公用经费的规定；个别县（区）法律援助案件登记本出现很多空白栏，指派通知书未区分民事、刑事类别，导致指派函件混乱；个别县（区）辩护词除被告人的年龄和姓名不一致外，其他都是一致的；还有的卷宗内法律援助人员既是代理人又是书记员又是调解员等多重身份。

（戴建旗）

【“12·4”全国法制宣传日系列活动】 六盘水以“12·4”全国法制宣传日为契机，紧紧围绕“大力弘扬法治精神，共筑伟大中国梦”这一主题，开展了系列宣传活动。

组织全市领导干部公职人员参加全市学法用法和普法无纸化考试；组织全市各级、各部门参加司法部、全国普法办、国家互联网信息办组织的“百家网站暨中国普法官方微博法律知识竞赛”；开展送法进校园活动。12月9日至11日，屯恒律师事务所律师王琳和金鸟律师事务所律师邵敏玲、金鸟律师事务所律师王恒、济元律师事务所赵泽勇律师、兆孚律师事务所所律师邓凯分别到市第六中学、第三中学、市民中、市民族职业技术学校为广大师生进行了题为《认识和预防青少年犯罪》《法的作用》《 预防青少年犯罪 》

《如何预防青少年犯罪》法制讲座；认真组织开展12月4日的法制宣传活动。12月4日，在钟山大街黄土坡段街道两旁、市人民广场等地，150余家单位和部门悬挂“12·4”法制宣传横幅、设立宣传点，向过往行人发放各类法制宣传资料，解答法律咨询。活动当天，发放的宣传资料近5万余份（册），参加活动的9个律师事务所律师为群众解答法律咨询近300人次；制作专题展板，进行广泛宣传。依法治市办与市委宣传部等单位合作制作了200余块“12·4”法制宣传展板，展板的内容以“12·4”全国法制宣传日活动的主题、指导思想、“12·4”全国法制宣传日的由来以及与人民群众生产、生活息息相关的法律法规漫画为主。安装在全市各级机关大院、社区、车站等公共场所进行宣传；开展送法下乡活动。12月20日，市司法局、市依法治市办组织市文体局、市农业局、市林业局、市水利局、市卫生局、市安监局、市人口计生委、水城县司法局、水城县安监局到水城县木果镇开展送法下乡活动。活动的主要内容有法治文艺汇演及摆摊设点发放法制宣传资料、解答法律咨询。

（戴建旗）

仲　裁

【概况】　2013年，六盘水市仲裁委共受理建设工程施工合同、商品房买卖合同、个人合伙合同、买卖合同等各类仲裁案件91件，涉案标的金额4873万元。

（王亚斌）

经济管理与监督

物价管理

【概述】 六盘水市物价局始建于1980年4月，是市人民政府主管价格的职能部门。至2013年年底，市物价局下设办公室、价格管理科、收费管理科、价格监测调控科（市政府成立的市价格调节基金管理委员会办公室设在该科）、成本调查监审科、价格监督检查科（六盘水市价格监督检查局）等6个科室，以及1个下属财政全额拨款事业单位价格认证中心。截至2013年年底，共有职工42人，其中在职24人、退休18人。

2013年，把保持价格总水平基本稳定作为首要任务，把推进资源性产品价格市场化改革作为主攻方向，把保持和改善民生作为出发点和落脚点，统筹兼顾，改革创新，不断提升价格工作水平。

（贯应芳）

【物价运行情况】 全市市场价格总水平保持基本稳定。全年居民消费价格指数（CPI）同比上涨3.3%，涨幅低于年初调控目标0.2个百分点，高于全省平均水平0.8个百分点，高于全国平均水平0.7个百分点。

从吃、穿、用、医、住、行等八大类商品价格变化看，价格指数呈6升2降。分别是食品类上涨5.6%、烟酒类上涨0.6%、家庭设备用品及维修服务类上涨2.0%、医疗保健和个人用品类上涨6.4%、娱乐教育文化用品及服务类上涨3.0%、居住类上涨8.2%；衣着类下降0.3%、交通和通讯类下降10.1%。食品类中涨幅较大的是：粮食上涨11.2%、淀粉及制品上涨19.0%、干豆类及豆制品上涨12.3%、蛋上涨10.2%、茶及饮料19.1%、干鲜瓜果上涨18.2%。

从鲜菜价格变化看，2013年12月，六盘水市居民消费价格指数中的鲜菜价格环比上涨2.1%，同月比下降11.6%，1—12月累计比下降5.0%。在全省9个市、州中心城市鲜菜价格涨幅从高到低排名，分别为环比排第2位，同月比排第9位，累计比排第9位。

（贯应芳）

【主要指标完成情况】 价格调节基金征收情况：2013年1—12月全市共征收价格调节基金15987万元，完成年预算计划1.2亿元的33%。

价格鉴定、认证、认定完成情况：全年全市共完成价格鉴证（即价格鉴定、认证、认定）业务1402件，鉴证值64595.47万元，其中：涉案财物价格鉴证1386件，鉴证值2332.87万元；价格认证16件，认证值62262.6万元；涉纪、涉税价格鉴定本年度零委托。

价格违法案件查处情况：2013年1—12月全市查处价格违法案件21件，已实施经济处罚24.749万元，待结案案件涉案金额近150余万元。

价格举报投诉受理情况：2013年1—12月，全市共受理群众电话咨询、举报42条，查处价格举报案件25件，实施经济制裁33.497万元，办结率为100%。按照“有举必查，有查必果，有果必复”的原则，切实保障了消费者合法权益。

（贯应芳）

【价格监测】 加强与居民生活密切相关的粮、

油、肉、蛋、蔬菜等副食品的价格监测，随时掌握其变化动态，及时分析研究可能引起市场价格异常波动倾向性、苗头性问题，积极防范价格异常波动。在完成国家监测的商品和服务价格157个品种和省监测的26个品种的价格采集和上报工作的同时，加大监测频率和密度，经市政府同意，出台了《六盘水市价格监测预警预报工作实施方案》和《六盘水市平抑粮油肉菜等副食品供应价格应急预案》，从4月1日起每10日向市政府上报一次监测情况，并向社会公布，合理引导消费预期。

（贾应芳）

【价格调节基金管理】 进一步加强了价格调节基金的征、管、用，经市政府同意出台了《六盘水市价格调节基金使用管理实施细则（试行）》。会同市财政局及时下达2013年使用价格调节基金项目投资计划1.08亿元到各县、区及项目实施单位。其中：用价格调节基金600万元，建设了30个平价供应专区（店），向市民供应平价肉、蔬菜等农副产品，既稳控了物价，又保障了低收入群体生活水平；安排300万元基金建设便民平价早餐工程，当年已有4个早餐店、20个早餐亭投入使用；安排500万元专项资金用于“市长菜篮子”工程，不断改造升级现有蔬菜基地，解决蔬菜供给问题；安排200万元专项资金增加活体猪动态储备，有效发挥了价格调节基金保供稳价的积极作用。继续做好六盘水市最低生活保障和失业保险标准与物价上涨挂钩联动机制工作，配合有关部门做好最低生活保障和失业保险标准调标相关工作，同时，安排价格调节基金600万元用于学校营养餐计划配套资金，安排500万元基金用于低保对象价格补贴，安排2200万元基金对贫困农民生活用煤进行补贴。

（贾应芳）

【资源性产品价格改革】 督促落实阶梯电价政策并做好宣传解释工作，执行阶梯电价以来，居民“一户一表”用户的月平均用电量明显下降；积极探索开展电力用户与发电企业直接交易试点。省已明确的5家直供电试点企业，六盘水市西南天地煤机装备制造有限公司为其中之一；深入开展六盘水市中心区再生水生产成本调研，推进六盘水市中心城区再生水价格制定工作；市中心城区供热示范工程安装费及供热暂行价格定价已完善资料报市政府审批；加强成品油价格管理，全年国家发改委15次（8升7降）调整成品油价格，市物价局及时安排对市中心城区及各县、特区、区的成品油价格进行监督检查，确保价格及时执行到位；对六枝城区供水价格调整开展成本监审等前期工作，委托六枝发改局成功召开了调价听证会，新的水价方案已于2013年12月1日起执行。盘县发改局结合实际审核批准了盘江、板桥、洒基、忠义等乡镇供水价格。

（贾应芳）

【民生价格监管】 加强医药价格监管，及时转发国家发改委、贵州省物价局制定的阿片膏、帕司烟肼、呼吸解热镇痛和专科特殊用药等药品价格文件，并深入相关医疗单位进行监督执行；规范收费行为，按照国家和省的有关规定，结合实际，适时调整了六盘水千惠职业技术学校收费标准，规范了市中心城区管道煤气设施建设费、幼儿学前教育收费、全市生猪定点屠宰加工服务收费等收费标准，核定市社会福利中心老年公寓、钟山区第二幼儿园伙食费、市煤炭协会煤矿安全技术培训中心培训收费标准等；规范旅游景点门票价格，盘县发改局结合实际审核批准了盘县妥乐旅游公司、盘县坡上草原的门票价格；认真督促执行国家、省有关取消、降低和减免收费政策，清理规范行政事业性单位169个，更换收费许可证363个，取消行政事业性收费项目38项、降低收费标准2项，对微型企业免征收费项目5项；及时转发并督促落实省关于2013年烤烟收购价格、中晚籼稻最低收购价格等政策文件，确保惠农政策的贯彻执行；认真开展农产品成本调查工作，为上级制定相关政策提供基础资料。

（贾应芳）

【价格监督检查】 开展价费专项检查，把群众关心、社会关注、关系民生的价格和收费作为重点，开展了春运客运票价、农资价格和涉农收费、教育收费、新型农村合作医疗收费、旅游行业价格、产业（工业）园区涉企收费行为等价费专项检查，切实规范了价格和收费行为；结合元旦、春节、“五一”“中秋”“国庆”等节假日的市场价格检查，经常性地开展以明码标价为主、禁止价格欺诈和牟取暴利行为的市场价格检查，检查中主要采取提醒、告诫的方式，以教育、纠正、规范为目的，切实维护市场价格秩序。水城县发改局在节日市场价格检查中，发放告诫书400份，纠正虚假标价220条，共检查个体工商户206户、超市12家、加油站11个。同时继续配合有关部门开展清理整顿大型零售企业向供应商违规收费行为的检查；继续深化商品房明码标价工作，举办了商品房明码标价工作培训会，组织县、特区、区价格部门有关人员及辖区内74家房开企业就《商品房销售明码标价规定》等相关法规政策进行培训，同时，在企业自查自纠的基础上开展了拉网式检查，有效推进了商品房明码标价工作。对四个县区级市级价格举报中心进行授牌，推进了价格举报平台建设，规范和优化举报办理流程，方便公民、法人和其他组织投诉举报。

（贾应芳）

【价格认证】 除接受委托完成涉案物品价格鉴定、交通事故定损外，钟山区发改局为钟山区政府廉租房价格进行了认证，价值达61603.69万元。六枝发改局还积极参与房屋评估、食堂设备设施、六镇高速、黔中水利枢纽工程等重大建设项目炮损房屋价格鉴定、路喜园区、六枝特区职业技术学校扩建工程、水利枢纽工程等非法阻工损失价格鉴定等，积极拓宽了价格服务领域。

（贾应芳）

工商行政管理

【企业注册登记】 2013年，全市共登记注册各类市场主体101089户、注册资金7219087万元。其中，内资企业2616户，注册资金3941429万元；私营企业13276户、注册资金2596186万元，分别比上年增长40.41%、20.9%；个体工商户84102户、资金352058万元、从业人员176148人，分别比上年增长15.2%、23.07%、15.7%；农民专业合作社1056户、注册资金175151万元、成员总数为7906人，分别比上年增长23.22%、45%、23.13%。

（周　技）

【微型企业发展】 开展"进高校、进社区、进村寨、进园区"主题宣传活动，举办"中国凉都六盘水高校创业就业宣传季"活动，共发放宣传资料10万余份、悬挂和滚动宣传标语4000余幅。下发《关于切实发挥"两个作用"大力帮扶微型企业发展的实施意见》，通过开展"8个结合"（与工业园区产业配套相结合、与失地农民安置相结合、与招商引资相结合、与地方民族特色相结合、与当地特色饮食相结合、与孵化园区相结合、与高校毕业生创业相结合、与省旅游发展大会相结合）扶持微企发展。在全市建立100个创业指导站，聘请200名义务指导专家。帮助享受扶持政策的微型企业获得贷款6399.7万元，帮助146户小微企业、个体工商户获得贵州银行六盘水分行贷款3800万元。建立微型企业孵化园、创业园、小微企业孵化基地3个，打造微型企业专业街1个，共入驻微型企业287户，其中入驻微型企业皮鞋一条街的微型企业41户及上百户个体工商户，年创产值5000多万元；"马铃薯龙头企业+孵化园+微企"的微型企业特色农业科技孵化园的操作模式初显成效。引入代理记账企业，帮助微型企业建立健全账目，建立3家代理记账企业。投入资金2.2万元，成功举办首期"IYB"——"改善你的企业"培训班，培训学员34名；成功举办"改善你的企业（IYB）小微企业创业论坛"，围绕"如何引导和帮助小微企业建立规范的企业管理体系"主题进行交流。全年全市共扶持发展微型企业2107户，提前完成省下达的目标任务；带动就业人员12312人，户均带动就业5.8人；拉动民间资本21191万元，发放财政补助资金3965万元；共发展政府重点扶持的6大行业微型企业710户，占微型企业发展总数的33.7%。盘县利用"中国三大名腿"优势，重点扶持从事火腿加工的微型企业，1户微企年产值上百万元，产品远销上海、云南等地；六枝特区积极引导牂牁江景区32户经营户申请创办农家乐微型企业，为省旅游发展大会提供旅游服务。

（周　技）

【行政指导】 成功举办行政指导优秀案例评审会，对12个优秀行政指导案例进行了交流学习，获得省局法规处、市法制办、市普法办的高度评价。全系统共确立63个行政指导项目名称。通过

积极运用建议、辅导、提醒、规劝、示范、公示等行政指导手段，引导企业遵章守法、诚信经营。2012年10月至2013年9月，全系统共办理行政指导案件7675件。市探索出的“项目+案例”行政指导工作模式，在全省工商系统法制岗位培训会上得到了推广。

（周　技）

【食品安全监管】　全系统共查处食品案件180件，罚没金额63.44万元，查获假冒伪劣和超期变质食品1047.6公斤。为迎接第八届贵州旅游产业发展大会、第十届“中国凉都·六盘水消夏文化节”召开，对全市流通环节食品经营主体进行“地毯式”排查，查办不符合食品安全标准的案件41件，罚款8.62万元，没收不符合食品安全标准的食品155公斤，现场销毁过期、变质食品590公斤；完成1125批次快速检测，定量检测175批次。

（周　技）

【商标工作】　制定“商标发展年度推进计划”，推行“一分局（大队）二标”“一县一牌”工作。全市共引导349件商标申请注册；全市有效注册商标达1325件，其中地理标志商标1件、省著名商标 17 件、市知名商标 43 件。引导“岩脚面”商标、“盘江”商标、“乌蒙山”商标申报驰名商标。

（周　技）

【市场与合同监督】　加强节日市场监管，规范农资市场秩序，加强校园周边经营秩序监管，加大流通领域成品油市场监管力度。共计查处无照经营化肥5户、罚款1.85万元；查处黑网吧10件，罚款2万元，收缴电脑66台，销毁赌博机10台；加大H7N9禽流感防控力度，发现不明原因死亡鸡2起，均及时联系农业部门排除禽流感疫情，督促业主做好销毁。开展“守合同重信用”工作，共复核“守合同、重信用”单位350户，发展“守合同、重信用”单位65户；积极推行农贸市场合同示范文本，实行摊位实名制；抓好格式合同备案工作，全市共备案格式合同47件；查处侵害消费者解释格式合同条款权利案件29件，罚款6.7万元。开展利用合同格式条款侵害消费者合法权益专项行动，检查苹果电子产品销售店43户，查扣无中文标示和厂名厂址价值的配件5万余元。开展动产抵押工作，共办理动产抵押29件，融资金额63883.3万元。集中精力抓好农贸市场“整脏治乱”工作，主动向市委市政府请示汇报市中心城区农贸市场现状，促使市政府投入1400万元资金对中心城区27个农贸市场进行提升改造。

（周　技）

【消费者权益保护】　加强消费者权益保护联络站（点）建设，把“一会两站”和“12315”“五进”纳入创新社会管理考核体系；全市一会两站“精品分会、站点”达92户。认真组织第二届全国消协组织投诉调解技能大赛（预赛）工作，开展“让消费者更有力量”年主题活动，不断完善消费教育和咨询服务体系，防范消费风险。截至9月30日，全市共受理消费者投诉1005件，解决1005件，为消费者挽回经济损失169.03万元。

（周　技）

【经济户籍数据库建设】　每周全面检查一次数据质量，每月发布一期数据通报，每季度发布一期督查通报，全市工商系统数据质量在全省位列前列；组织开展信用分类监管系统培训及数据录入，在全省录入信用分类监管系统市场巡查数据23520条中，六盘水占19628条；做好全市网络经营企业备案工作，截至9月30日，全市经营性网站共179个。

（周　技）

【无传销城市创建】　围绕省工商局提出的“1245”打击传销规范直销工作思路，率先在全省启动创建无传销城市工作，抓住传统传销与网络传销2个重心，强化定点宣传、重点宣传、规模宣传这3种形式，立足市、县、乡、社区“4级联动”，坚持量化考评、定期考评、严格考评、公正考评、高效考评5项标准，强力推动创建活动有效落实。全市共创建精品示范“无传销社区（村）、校园”51个，召开全市打击传销暨创建“无传销城市”活动现场推进会1次，基本建立以城乡社区（村）为基础、以基层组织为主导、以群众自治组织为依托、社会各方广泛参与的长效监管机制。

（周　技）

【农贸市场“整脏治乱”】 把开展“整脏治乱”专项行动、“满意在贵州”主题活动与市场提升改造工作有机统一，建立工作督察制度，落实问责制，推行领导与科室联系基层工作方式，全面推进全市“五城联创”。全年配合交通部门整治马路市场3个，配合城管部门取缔占道经营60余户；共清理各类不规范、不健康广告牌（匾）以及固定形式印刷品广告1380多条（幅）、拆除大型医疗广告446幅、小型不健康广告1125幅；对3户没有办理户外广告登记企业进行调查，下发整改通知书15份。国庆期间，市中心城区县、区工商局全体职工全部取消休假，各局针对辖区农贸市场制定具体整治方案，逐项逐条抓好落实，市中心城区农贸市场环境卫生及经营秩序明显改善。

（周　技）

【机关建设】 认真落实中央关于作风建设的八项规定，市工商局被市纪委推荐申报省级廉政文化进机关示范点，加大全系统作风建设和督查力度；层层签订党风廉政建设工作责任书，加大政务公开力度，完善《廉政风险点督察落实制度》，在原来156个风险点的基础上增加16个微型企业发展方面的风险点，进一步推动党风廉政建设和反腐败工作深入开展。开展党建扶贫、“互助共建”、干部下基层、“学党章、转作风、提效能”、转变工作作风密切联系群众等活动，与大营社区联合举办“同上一堂党课”“庆七一联欢演出”活动，共为63名困难群众、党员送去慰问金2.7万元。加大对干部职工的教育力度，由市局各科室负责人开展业务工作授课活动。加大干部人事选拔任用力度，共选拔副科级非领导职务46人，实职改非1人，选拔副科级实职2人。

（周　技）

国有资产管理

【概述】 六盘水市国有资产监督管理委员会成立于2010年3月，是市人民政府综合职能部门，下设4个科室，人员编制14人（含工勤人员）。

2013年，六盘水市人民政府授权六盘水市国资委履行出资人职责的监管企业共计9户：六盘水市水务有限责任公司、六盘水市燃气总公司、六盘水市开发投资有限公司、六盘水市江源电力有限公司、六盘水市交通运输集团有限公司、重啤集团六盘水啤酒有限公司（已于2013年6月实施改制，市属国有资本完全退出。）、六盘水市食品总厂、贵州乌蒙山发展有限公司、六盘水市民生发展有限公司。2013年1—11月授权监管企业资产总额94.33亿元，同比增长86.5%；负债60.89亿元，同比增长259.34%；所有者权益33.44亿元，同比增长1%；实现营业收入4.09亿元（含重啤（集团）六盘水啤酒公司），比2012年同期增长97.59%；实现利润总额0.71亿元，比2012年同期增长69.29%。

（林　锋）

【进行国企改革，优化国有经济结构】 按照市人民政府要求，指导督促市开发投资公司完成重啤（集团）六盘水啤酒公司49%股权（5566万元）挂牌交易转让和职工安置工作，将公司改制、股权转让、职工安置等情况形成书面总结上报市人民政府；按照市人民政府安排抽调市直部门有关人员，组成六盘水市国企改革改制调研组赴贵阳、遵义、毕节和省经信委、国资委等地区和单位考察学习国企改革改制实际经验和可操作性的成功案例与具体做法，将学习考察报告上报市人民政府研究，为下一步配合市直有关部门全面开展六盘水市国企改革改制工作奠定基础；按照第33次市人民政府常务会议安排，及时印发《市国资委关于开展全市国有企业基本情况摸底统计的通知》，对市属国有企业开展摸底统计工作，为今后开展六盘水市国企改革做到底数清、情况明、数字准；鼓励和支持市食品总厂和贵州老百姓药业连锁有限公司引资合作改造发展，为下步市食品总厂可持续发展、优化产品结构、创新经营能力和改变企业现状做好前期支持服务工作；配合有关部门完成对钟山宾馆重组的资产清理和监交工作；指导、督促监管企业在优化劳动、人事和收入分配制度等方面加大改革力度；按照中央、省、市要求和规定，减少审批事项，规范核准、备案程序工作。2013年4月份报经市人民政府批准，印发《关于对市委市政府及有关领导明确安排监管企业办理的重大事项实行备案管理的通知》，

加快企业项目建设、重点工程、投融资、对外担保、资产抵押等工作的备案审核和时限。

（林　锋）

【重大项目建设】　截至2013年12月底，完成招商引资到位资金20.4816亿元。

六盘水市燃气总公司中心城区集中供热（一期）示范工程：2013年计划投入资金3亿元，年末资金落实2.44亿元，实际到位2.133亿元。热力公司营业收入910万元，工程累计完成投资2.56亿元，年末完成热力管网冲洗、严密性试验、过渡热源厂等调试工作，2014年12月可实现正式供热。

六盘水市江源电力公司双桥水库建设工程：2013年，项目到位资金74268万元，工程累计投资完成70815万元，计划完成投资2.5亿元，实际已完成投资36966万元。坝体部分，填筑至1612米高程，累计填筑量达80万立方米，达到安全度汛高程关键节点。管线部分，隧洞计划总长5539米，已完成4139米，完成任务的74.72%。征地移民部分，共需征地8360亩，搬迁安置人口5532人，投资50584.55万元。

六盘水市交运集团公司水城南客运站点和德坞客运站点建设项目：南客运站项目计划投资16867.9万元，交通运输部补助建站资金2500万元，其余部分企业自筹。截至2013年年末，完成工程主体招投标、建设用地许可、项目平场工作，完成投资5639万元。德坞西客运站建设工程项目投资1.3亿元，交通运输部补助建站资金2500万元，其余部分企业自筹。2013年年末，完成项目可研批复、规划选址、地勘、设计招标工作。

六盘水市开投公司一揽子市政建设项目：明湖片区六盘水市美术馆、一线天景区等项目已基本完成；康乐北路延伸段工程，完成投资1.27亿元。汪水路改扩建工程，总工程量已基本完成，完成投资5224万元。火车站广场改造及环境综合治理已完成并交付钟山区政府管理，完成投资2234万元。明湖城市综合体新建项目总投资15亿元，累计完成13亿元。水城河治理二期工程、师范学院二期工程、明湖片区安置房建设工程施工进度整体推进。

六盘水市民生公司系列工程：凉都体育村工程土石方累计完成104050立方米，地勘钻探进尺累计13186.5米，边坡治理基础及墙体混凝土浇筑，已完成投资金额2056.840万元，一期贷款9.6亿元，金融机构贷款审批已经完成，等待放款，二期拟融资5亿元，拟向国开行进行融资。凉都德福苑项目土石方累计完成123902立方米，地勘完成C1栋、B1栋、B2栋区域，完成地勘钻探1733.3米，因方案变动该项目暂停施工，已完成投资1297.069万元。西福园公益性公墓工程完成基槽土石方开挖完成70248立方米、石方开挖完成25074.5立方米、土石方回填完成30959立方米、临时道路换填钢渣3076.9立方米、毛石挡墙砌筑完成15003立方米，已完成投资2823万元，拟向交通银行融资1.33亿元，经审批核定贷款金额为1.05亿元，并签订合同。凉都凤凰城项目现场尚未启动工程施工，项目完成投资189.9万元，拟融资12亿。

（林　锋）

【完善国有资产监管制度】　制定《市属授权监管企业重大事项管理暂行规定》《市属授权监管企业用工管理办法》《市国资委关于要求严格执行重大活动报告制度》《关于市国资委监管企业审计结果联席通报制度》《六盘水市市属授权监管企业全面预算管理办法（试行）》《关于做好完善监管企业“十二五”发展规划及细化年度滚动发展计划编制工作的通知》《关于加强市属授权监管企业财务监督管理工作的指导意见》《市国资委关于加强监管企业资金管理防范财务风险的紧急通知》《市国资委监管企业负责人重大决策失误责任追究办法》等一系列管理制度。按照“一企一考核”办法，有针对性的制定《市属监管企业负责人经营业绩考核暂行办法》《市商行负责人经营业绩考核暂行办法》《市开投公司负责人经营业绩考核暂行办法》《贵州乌蒙山发展公司负责人经营业绩考核暂行办法》。

（林　锋）

【产权管理】　截至12月，已办理登记市属企业112户，资产总额1202308万元，负债593154万元，所有者权益609164万元，指导各县区国资监管机构开展国家出资企业产权重新登记工作，共登记县属企业136户，为加强和推进企业产权制度改革做好基础性工作。

（林　锋）

【财务监测和年终财务审计】 强化对监管企业财务运行动态监测和分析工作，强化监管企业的财务监管措施和办法，加强企业财务预决算管理、企业财务精细化管理，逐步推行全面预算管理，探索企业财务绩效管理办法，完善内控，推行全面风险管理。聘请中介机构对8户监管企业进行年度财务审计，联动审计、财政、社会中介等监督机构，形成监管合力，充分做好各机构审计成果的应用工作。

（林　锋）

【业绩考核和企业薪酬】 完成2012年监管企业负责人经营业绩考核兑现，签订2013年经营业绩考核目标考核责任状，对企业工资总量进行宏观调控与审批。

（林　锋）

【国有资本经营收益的收缴和使用】 2013年共上缴2012年度国有资本收益 3464.59万元，支出预算安排3724.59万元，全部用于支持市属国有企业技术改造、项目建设，扶持企业发展，推动市属国有企业改革改制。

（林　锋）

国土资源管理

【概述】 六盘水市国土面积9914.48平方公里，其中：耕地面积310378.13公顷，园地4579.01公顷，林地375590.87 公顷，草地108016.55 公顷，城镇及工矿用地40854.99公顷，交通运输用地11832.66公顷，水域及水利设施用地10058.99公顷，其他土地130137.43公顷（以上数据系2012年全国第二次土地调查数据，已进入国家数据库）。六盘水矿产资源十分丰富，有煤、铁、铅、锌、铜、银、金、石灰石、白云石、重晶石、煤层气等30多种矿产资源。其中，煤炭资源远景储量844亿吨，已探明储量174亿吨，保有储量168.2亿吨，煤种全、煤质好、易开采，素有“江南煤都”“江南煤海”之称。六盘水市国土资源局是市人民政府工作部门，依法履行对国土资源的保护、开发和合理利用，地质灾害防治，测绘行政管理等职能，有六盘水市国土资源局钟山分局，在各经济开发区设有国土资源分局，为副县级机构，为市国土资源局的派出机构，分别行使对本区域内的国土资源保护、开发和合理利用职责；各县、特区设有国土资源行政管理部门，为本级人民政府的工作部门，各乡镇设有国土资源所，为县级国土资源部门的派出机构。现有市级国土资源行政主管部门1个，内设9科3室，有直属事业单位9个；县级国土资源行政主管部门4个，经济开发区国土资源管理机构5个，乡镇国土资源所101个。

（杨普胜）

【土地利用总体规划和年度计划】 完成六盘水市土地利用总体规划（2006—2020年）中期评估资料并上报省国土资源厅。完成盘县、六枝特区2013年度土地利用总体规划布局调整工作，已上报省国土资源厅审批。严格按照土地利用总体规划实施建设项目用地预审，2013年开展建设项目用地预审32个。2013年省下达六盘水市建设用地计划360.95公顷。

（杨普胜）

【建设用地管理】 2013年，全市共申报项目建设用地82宗，面积2149.9734 公顷；经国务院和省人民政府审批67宗，面积1832.74公顷，为年初计划数的507%。开展征地及进场施工项目用地161宗，面积2756.7524公顷。

（杨普胜）

【土地开发整治】 2013年，全市共获批立项省级、市级、县级土地整治项目6个，建设规模3407.6573公顷，投资12156.44万元，新增耕地275.3887公顷；实施土地整治项目38个，建设规模4811.2121公顷，投资26356.06万元，新增耕地965.5899公顷；验收土地整治项目21个，建设规模995.0760公顷，投资4569.87万元，新增耕地678.3306公顷。按照省国土资源厅下达的2013年高标准基本农田建设10.0586万亩任务，编制完成涉及全市11个项目，规模面积11.0586万亩，投资估算24806.38万元的《2013年六盘水市高标准基本农田建设实施方案》并上报省国土资源厅。根据省国土资源厅《关于批准省级30个省级示范小城镇高标准基本农田建设项目立项的通知》精神，组

织实施3个省级示范小城镇高标准基本农田建设项目，面积3.7万亩。开展耕作层剥离利用试点项目2个，投入资金78.84万元，面积10.24公顷，新增耕地8.15公顷。验收完成2011年度城乡建设用地增减挂钩项目4个，规模面积900亩。组织实施2012年度城乡建设用地增减挂钩项目3个，规模面积1000亩，申报2013年度城乡建设用地增减挂钩项目4个，面积1200亩。

（杨普胜）

【土地收购储备出让】 2013年，全市共收储土地24026.5233亩（较2012年增长约147.22%）。其中，市本级完成收储12157.8743亩（含钟山区）（较2012年增长487.34%）。全市共招拍挂出让土地530.982公顷（7964.73亩），成交总额为33.8863亿元，创历史新高；其中，市本级（含钟山区）完成出让838.69亩，收取土地出让金11.123亿元，协议出让土地2宗，面积9.9182公顷，出让金2541.8868万元。

（杨普胜）

【土地登记】 2013年，市级共完成国有土地使用权登记发证7800宗，登记面积1393.31015708万平方米；完成土地抵押登记89宗，登记面积311.1860021万平方米，抵押金额396249.6148万元。开展农村集体土地建设用地、宅基地确权登记。全面完成农村集体土地1034宗、面积约944268公顷所有权确权登记发证工作，完成率为100%。完成农村宅基地登记发证169350宗。

（杨普胜）

【矿产资源管理】 积极配合矿产资源整装勘查工作，积极协调，确保六盘水市行政区域内的盘县保田煤炭整装勘查、普安罐子窑～水城布坑底铅锌矿整装勘查、威宁～水城地区铁多金属矿整装勘查和黔西北威水背斜铅锌矿整装勘查4个勘查项目的有序推进。与省地矿局一一三地质大队合作组建了六盘水市矿业开发投资股份有限公司，为推进全市矿产资源体制改革奠定了基础。积极配合做好煤矿兼并重组整合工作，全市煤矿企业应申报办理采矿权过户手续245个全部进入省国土资源厅窗口。

（杨普胜）

【矿山日常监管】 规范矿山企业开采行为，完成2012年度采矿许可证的年检工作。全市持有采矿许可证矿山884个，应检矿山831个，实检矿山769个，合格739个，合格率96%。完成了全市重要矿产资源“三率”调查的实地核查工作，通过了省国土资源厅的验收，评定等级为良好。全面清理市中心城区及周边砂石企业，会同市规划局、市安监局、市经信委、市林业局、市环保局组成联合清查组进行了全面清理，结合市中心城区建设砂石供应需求，拟定了《市中心城区规划范围及周边砂石矿山企业处置意见》报市政府批准实施，有效解决市中心城区规划范围及周边砂石矿山在开发利用过程中存在的突出问题，改变矿山“多、小、散、乱”的开发现状，保护了市中心城区规划范围及周边山体自然景观和生态环境。

（杨普胜）

【大中型煤矿建设】 为保证化乐煤矿、黑塘煤矿、黑拉嘎煤矿等大中型煤矿的顺利建设，组织编制了煤炭国家规划矿区外黑塘矿区、郎岱矿区的煤炭矿业权设置方案报省国土资源厅审批。

（杨普胜）

【矿业权出让】 2013年，通过挂牌出让采矿权4宗，出让成交总价款1739.52万元。督促采矿权人缴纳采矿权价款和矿产资源补偿费，全市共缴纳采矿权价款2.7亿元，征收矿产资源补偿费1.69亿元。

（杨普胜）

【地质灾害防治】 编制并经各级人民政府发布实施了《2013年地质灾害防治方案》。坚持和完善群专结合、群测群防的监测网络体系，认真执行地质灾害防治年度预案、险情巡查、灾情速报、汛期24小时值班等制度。与市气象局建立地质灾害气象预警预报信息平台，各地质灾害隐患点的信息全部录入信息平台，完善了预警预报系统，提高了防治能力，全市所有地质灾害防治人员能及时收到预报预警信息，达到了时时监测、随时调度，实现了地质灾害一张图管理。2013年全市发生地质灾害20起，无因地质灾害造成的人员伤亡事故。成功预报地质灾害2起，避免了21

户53 人的人员伤亡事故和约1500万元的直接经济损失。

2013年，申报1个部级地灾治理项目和5个省级地灾治理项目，可研预算资金5058.13万元。组织实施2012年国土资源部、省国土资源厅批准实施的地质灾害项目5个，争取资金2145.51万元，完成六枝特区平寨镇南极山危岩群崩塌、水城县顺场滑坡治理（第三期）、六盘水市第五中学和第十四中学危岩带、大湾镇大湾村双包包危岩崩塌等4个地质灾害治理；盘县洒基半坡村滑坡治理项目，获省级补助资金244万元。

（杨普胜）

【矿山环境恢复治理保证金】 2013年，六盘水市共计缴存矿山环境恢复治理保证金约 51373.3万元，全市近年来累计共缴存保证金19亿元，2013年批复使用保证金276宗68375.8万元（其中盘县人民政府统一申报使用保证金41959万元），矿山企业独自申请并批复使用资金26416.8万元，其中用于搬迁资金22181万元，搬迁户数1000余户；用于矿山环境治理项目8个，使用资金4235.8万元。

（杨普胜）

【“矿山复绿”工作】 全市总计纳入矿山复绿的矿山数842个，复绿面积1180.5公顷。纳入省级复绿规划的2013年1个，2014年12个，2015年14个，2016年—2020年11个。其余804个纳入市、县复绿规划。已委托地勘单位编制完成《“矿山复绿”实施方案》。2013年省级复绿项目为六盘水市水城县鸡场镇攀枝花煤矿，该矿委托贵州省地质环境监测院编制了《六盘水市水城县鸡场乡攀枝花煤矿矿山复绿工程实施方案》，于9月13日经专家审查通过，并以六盘水市国土资复〔2013〕318号给予批复。该矿区复绿项目分为一期、二期。一期复绿面积为22公顷，投入资金431.29万元。二期为矿区内96户村民搬迁，预计投入资金4000余万元，启动搬迁工作。

（杨普胜）

【国土资源执法监察】 开展2012年度土地矿产卫片执法检查工作。2012年全市共涉及矿产卫片图斑13个，土地卫片执法检查图斑共计594个，涉及土地面积17148.0366亩（耕地10143.218亩）。全市共立案查处违法用地32宗，涉及土地面积368.514亩（耕地195.499亩）。结案32宗，立案率、结案率均为100%。收缴罚没款共计176.30万元，拆除违法构建物面积41.00百平方米。申请法院强制执行拆除违法构建物面积279.0056百平方米，拟没收违法构建物171.85百平方米，拟收回土地3.9725公顷，拟追缴罚没款64.8424万元。2012年度土地卫片执法检查顺利通过省国土资源厅和国家土地督察武汉局的验收。全市共立案查处各类矿产类违法案件52件，结案49件，收缴罚没款81.8万元。

（杨普胜）

【测绘行政管理】 实施六盘水地理空间框架建设，完成数字六盘水地理空间框架电子地图数据配图、专题数据入库、三维模型数据标准、数据入库规定实施方案，完成数字六盘水地理空间框架实施方案，数字六盘水地理空间框架基础数据库入库规定。完成市中心城区100平方公里1：500数据整理，中心城区293平方公里1：2000数据整理；中心城区293平方公里地理框架三维场景制作与中心城区建成区35平方公里三维建模边缘线数据采集工作。完成1：500、1：2000框架要素提取、重组、电子地形图制作及共享平台和专题的开发建设，完成60%三维平台建设。向市公安局“天网工程”、市规划局”市中心城区总体规划及各专项规划提供了相关数据，实现资源共享。完成市中心城区1：500，1：2000的3D产品生产。组建了六盘水市测绘地理信息局。

（杨普胜）

【测量标志保护】 认真开展测量标志保护日常巡查管理工作，全市测量标志维护保护任务137个点，其中二等三角点1个、一等水准点28个、二等水准点21个、GPS（C）级点36个、GPS（E）级点40个、GNSS（B）级点11个。通过省国土资源厅批复迁移GPS（E、C）2个；水准点1个。

（杨普胜）

【测绘日常监管】 认真开展测绘地理信息整顿治理工作，开展地图市场专项检查，查处非法使用地图和互联网上传、标注涉密地理信息行为，

加大地图市场的销售、展示、登载情况的监督检查力度，进一步规范地图市场秩序。完成测绘成果保密专项检查，联合市保密局、市国安局对六盘水市、县（区）城乡规划、交通、住建、水利、林业等政府部门以及现有持证21家测绘单位开展了测绘成果保密专项检查。按期完成了测绘成果保密专项检查工作。完成辖区内17家丙、丁级测绘资质单位年检注册工作。开展涉外测绘活动治理整治，对项目涉外情况，逐一进行认真检查，六盘水市辖区范围内，持证21家测绘单位，没有与外国组织或个人进行测绘项目的合作、合资行为，也没有从事涉军测绘项目的行为。

（杨普胜）

统计调查

【概述】 2013年，六盘水市统计局坚持统计方法制度与开门搞统计相结合，加强统计调查和联合调研，努力推进统计事业与时俱进；坚持经济发展综合测评与履行参谋部、情报部职责相结合，着力抓好应统尽统和经济运行节点调度，努力发挥好经济“预报员”作用；坚持经济普查与转型发展相结合，为开展第三次经济普查做好各项准备工作，努力为未来5年发展奠定坚实基础；坚持小康监测与统筹城乡发展相结合，将各项工作分解细化、落实到专人负责；在《六盘水日报》开辟专栏宣传，营造全面小康创建活动氛围；坚持深化企业“一套表”改革与抓入库相结合，努力提升统计数据质量；坚持统计队伍建设与继续教育相结合，努力夯实统计基础；坚持反腐倡廉与履行统计职责相结合，努力做到清清白白做人、干干净净做事。

（唐　曲）

【全市统计工作会议】 2月1日，市委常委、常务副市长魏树旺组织召开2013年全市统计工作会议，市直各相关部门、各县（特区、区）政府分管领导、统计局负责人参加会议。会议充分肯定2012年全市统计工作取得的成绩后，对2013年的统计工作提出了具体要求。

（唐　曲）

【周荣看望慰问统计干部】 4月15日，市委副书记、代市长周荣到市统计局看望慰问统计干部职工，与大家亲切交谈，勉励大家继续发扬无私奉献、敢于担当、勤奋工作的好传统和好作风，当好党委政府的参谋助手。周荣对下一步统计工作提出四点要求：一、要体现科学性，严格遵照相关规章规范兢兢业业做好统计工作；二、要把握规律性，深刻把握统计工作的动态和静态规律，善于在工作实践中总结规律，把规律性的东西融入到实践中，坚持走出办公室搞统计，深入到基层了解最新最真实的情况，加强和业务部门的联系，加强指导和培训，提升业务部门的统计水平；三、要注重真实性，坚持不出假数，所有数据都要经得起历史的检验，对数据背后的支撑因素要搞准搞实，要经得起推敲，加强统计执法，确保统计数据可靠可信；四、要富于创造性，统计干部要紧紧围绕“两加一推”主基调和工业化、城镇化主战略，立足既要赶又要转的双重任务，突出预见性、前瞻性、敏感性，做好相关研究和分析，为党委政府科学决策提供真知灼见。

（唐　曲）

【统计监测】 市委六届二次全会立足本市实际，本着以乡保县、以县保市的思路，决定以乡镇（街道）为单位开展全面建设小康社会监测工作。市统计局充分调动乡镇推进经济发展、推进“三化同步”建设积极性，以建成不含水分、群众认可、经得起历史考验的全面小康为目标，拟定《六盘水市以乡镇（街道）为单位全面建设小康社会统计监测指标体系》，并开展2012年乡镇全面小康监测工作。

（唐　曲）

【在《六盘水日报》开辟专栏】 4月26日，市委政策研究室、市统计局联合在《六盘水日报》开辟《学习统计知识、建设小康社会》专栏，每周五在重要版面连续刊登相关知识。市委常委、常务副市长魏树旺为专栏撰写了寄语，提出了殷切期望，要求专栏在授予统计监测知识、捎来小康建设佳讯的同时，展示好凉都人民在十八大精神指引下凝心聚力奔小康的精彩瞬间，记录好凉都各族群众为与全省全国同步全面小康奋斗历程。

（唐　曲）

【全面小康社会建设推进暨培训会】 8月2日，全市全面小康社会建设推进暨培训会议在市政府会议中心召开。会议对全市全面小康社会建设工作进行了安排部署，对市、县、乡三级有关领导干部和业务人员进行了培训。市委副书记、常务副市长，市全面小康社会建设工作领导小组副组长、办公室主任魏树旺到会并讲话。

（唐　曲）

【国家统计局副局长李强到市调研】 8月14日至15日，国家统计局副局长李强一行到市调研“企业一套表”统计制度改革；省统计局党组书记朱新武、贵州调查总队副巡视员王渝随行；市委副书记、常务副市长魏树旺陪同。调研组到首钢水城钢铁（集团）公司和贵州省烟草公司六盘水分公司，就当前企业数据统计工作需要解决的问题及统计数据联网直报平台使用情况等与相关人员进行交流并交换意见，还参观首钢水城钢铁（集团）公司轧钢新高棒线生产现场。

（唐　曲）

【全省统计信息交流会】 8月22日，全省第二届第八次统计信息交流会在六盘水市召开，全省9个市州统计部门领导和相关工作人员参加会议。省统计局副局长肖云慧应邀出席会议并讲话，市委副书记、常务副市长魏树旺到会致欢迎辞。会议要求：一、各市州必须高度重视信息工作，把信息交流这一平台搭建得更好；二、不断提高信息工作水平，真正发挥信息交流作用；三、适时反思，提出问题，分析问题，解决问题，不断促进全省信息工作健康发展；四、使交流经常化，通过交流，促进统计服务工作。

（唐　曲）

【宣传第三次经济普查】 12月26日，市委宣传部联合市经普办开展了“摸清家底惠百业，普查经济靠大家”主题宣传活动，14家经济普查成员单位在钟山大街设立宣传点，开展宣传工作。市政府副秘书长赵泽，市委宣传部副部长李黎，市经普办主任、市统计局局长黄志芳到活动现场看望宣传人员并为群众解答第三次经济普查相关问题。市经普办副主任、市统计局副局长陈银芳现场接受六盘水电视台、六盘水广播电台、六盘水报社等多家媒体采访，详细介绍了第三次全国经济普查有关内容。

（唐　曲）

【六盘市经济社会发展综合排名】 2013年，六盘市经济社会发展综合测评排名全省第三，较上年预排位进1位，较上年最终排位进2位，进入全省“第一方阵”。4个县区全部进入前20名，盘县为第2名，退1位；水城为第6名，与上年持平；六枝为第15名，进1位；钟山为第19名，进3位。

（唐　曲）

调　查

【城乡居民收入稳步增长】 2013年，六盘水市城镇居民人均可支配收入19625元，农村居民人均纯收入5934元，增长14.5%，其中，工资性收入3135元，增长16.5%；家庭经营纯收入2238元，增长6.5%；转移性纯收入484元，增长48.9%；财产性纯收入77元，增长16.9%。

（万广锋）

【城镇居民消费价格平稳】 2013年，六盘水市中心城区居民消费价格总指数103.3%，其中，非食品价格102.0%，服务项目价格102.6%，工业品价格101.5%。八大类消费品及服务价格总指数分别为：食品类105.6%，烟酒类100.6%，衣着类99.7%，家庭设备用品及维修服务类102.0%，医疗保健和个人用品类106.4%，交通和通信类89.9%，娱乐教育文化用品及服务类103.0%，居住类108.2%。

（万广锋）

【抽样调查工作】 2013年完成城镇居民住户调查100户，城乡一体化住户调查120户；抽样调查38户批发零售住宿餐饮业和89家服务业小微企业。加强对数据评估以及数据质量控制，对住户调查数据进行审核及质量评估，并实现分市县住户调查数据的内部共享。

（万广锋）

【提升统计服务水平】 2013年共撰写调查信

息、分析57篇，其中，14篇被贵州调查总队采用，3篇被《贵州统计》刊载；1篇（条）被《六盘水信息》采用；3篇（条）被国家统计局内网采用。

（万广锋）

【参与全国第三次经济普查工作】 9月，参与试点督导和参加组织第三次全国经济普查“宣传周”活动，制定《六盘水市第三次全国经济普查个体经营户清查工作实施细则》，作为辖区内各级经普办开展个体经营户清查工作指导性文件。

（万广锋）

【统计法知识竞赛获组织奖】 组织人员参加贵州省纪念统计法颁布30周年知识竞赛活动，获得组织奖。

（万广锋）

审　计

【概述】 2013年，六盘水市审计局人员编制53人，在编52人。设有办公室、政策法规科、财政审计科、行政事业审计一科、行政事业审计二科、农业与资源环保审计科、固定资产投资审计一科、固定资产投资审计二科、金融与外资审计科、经济责任审计一科、经济责任审计二科、企业审计科、社会保障审计科、六盘水市政府投资审计中心等14个职能科（室）。

2013年，六盘水市审计机关对全市166个单位实施审计或审计调查，查出问题金额232.34亿元，其中违规金额2.58亿元，管理不规范金额229.75亿元、损失浪费47万元，向纪检监察机关和有关部门移送案件2件，移送金额135万元。通过上交财政、减少财政补贴或拨款、归还原渠道资金等为国家增收节支2.17亿元，核减固定资产投资4.44亿元，提出审计建议341条，向市委、市政府和省审计厅提交审计专题、综合报告和审计信息284篇，被批示（采用）174篇（次）。其中，市审计局共审计40个单位，查出问题金额198.29亿元，其中违规金额0.15亿元，管理不规范金额198.13亿元，为国家增收节支0.33亿元，核减固定资产投资2.31亿元，提出审计建议96条，向市委、市政府和省审计厅提交审计专题、综合报告和审计信息161篇，被批示（采用）155篇（次）。

1月25日，召开六盘水市内部审计协会成立大会并审议通过了《六盘水市内部审计协会筹备工作情况报告》《六盘水市内部审计协会会费缴纳标准》和《六盘水市内部审计协会章程（草案）》等，选举产生了协会第一届理事会及第一届常务理事、名誉会长、会长、副会长、秘书长。

12月31日，原“六盘水市审计局审计政策咨询服务中心”更名为“六盘水市政府投资审计中心”，扩展了业务范围和人员编制。

（易　文）

【财政、行政事业审计】 全年完成24个部门和单位预算执行审计，4个单位的财政决算审计，揭示预算编报不真实不完整8270万元、未按规定征收缴纳收入2087万元、未落实收支两条线和专户管理规定1532万元、违规改变项目计划和资金用途9540万元、资金滞留闲置68468万元、违规出借财政资金5304万元、会计核算不实10959万元等问题。市审计局受市人民政府委托，在市七届人大常委会第十一次会议上作了2012年市级预算执行和其他财政收支审计情况工作报告，获市人大常委会审议高票通过。

（易　文）

【专项资金审计（调查）】 六盘水市审计机关完成专项资金审计项目14个，审计专项资金总额23.24亿元，查出违规金额7.4亿元。对六枝特区、盘县、水城县保障性安居工程进行审计，审计总金额10.84亿元，揭示向不符合条件的家庭发放廉租住房租赁补贴和实物配售审批、个别项目未进行公开招标投标、四证不齐、以他人名义从事建设工程服务活动、将平场工程包给无资质条件的个人施工、未缴纳履约保证金、项目因选址不当造成损失浪费、部分保障性安居工程项目施工及监理管理不到位等问题；完成全市工伤保险基金、城镇居民基本医疗保险基金审计，揭示了内控制度不完善、信息系统不健全、部分企业少报缴费基数少缴纳工伤保险费、未足额征收工伤保险费、审核把关不严违规支付工伤保险费、挤占工伤认定调查费、部分定点医院多计医疗费用等问题；完成全市地方政府性债务资金审计，摸清了全市政府性债务的规模、结构、使用方向和风险状况，揭示违规担保、以回购方式举借债务、乡镇违规举借、违规集资、未按规定用途使用资金等问题。

（易　文）

【固定资产投资审计】　六盘水市审计机关完成审计项目70个，核减投资3.28亿元，其中，六盘水市审计局完成投资审计项目15个，审计投资总额8.85亿元，审减金额2.26亿元，审减率25.54%。其中，钟山大街园林绿化改造提升项目试验段竣工结算审计，报审金额331.44万元，审减196.48万元，审减率59.28%。该审计项目得到市政府领导高度重视，副市长周宏文批示“结果与城管局报送差距这么大，请业主高度重视，认真审核，报送与结果要尽量符合”。

（易　文）

【经济责任审计】　完成市安监局、市民委、市水利局主要领导干部任期经济责任审计等项目11个，查出违规金额1095万元，管理不规范金额28.47亿元，其中主管责任9600万元、领导责任27.5亿元，促进财政增收节支2577万元。揭示违规收费、设置“小金库”、未及时上缴财政收入、挤占专项资金、未进行政府采购等问题。

（易　文）

质量技术监督

【概述】　2013年，六盘水市质量技术监督局认真学习中共十八大报告精神，以科学发展观和国发2号文件统领质量技术监督工作全局，围绕“抓质量、保安全、促发展、强质检”这条主线，坚持依法行政，认真履行职责，各项工作取得了一定成绩，质监事业有了新发展。全力提高产品质量和食品、特种设备安全水平，保障人民生命健康安全，认真完成食品安全监管、特种设备安全监察、标准化、产品质量与计量监管、打假治劣。坚持依法行政，认真履行职责，以促进经济发展为目标，进一步解放思想、真抓实干，实现了综合管理水平、行政执法水平和服务发展水平的全面提升。

（廖　伟）

【效能建设】　传达学习中纪委、省纪委二次全会、市纪委六届三次全会和全省质监系统党风廉政建设工作会议精神，拟定《改进工作作风、密切联系群众的实施意见》；抓好廉政预防工作，确定风险流程图35个，风险点64个，61名干部职工进行“一岗双责”及廉政承诺；梳理出台了《党组议事规则》《财务管理制度》等10个制度；对系统内9个单位进行财务检查及审计，对“三公”经费开展检查；对32家企业及服务对象的行政执法及行政许可等工作进行调查回访；全系统9个单位均召开了党员领导干部民主生活会，31名党员领导干部全部进行了《个人会员卡零持有报告》《“小金库”零设立报告》《公车配备使用零违规报告》，提出整改意见53条，均由局党组成员分解落实。贯彻学习十八大报告和十八届三中全会精神，开展“十破十立”“党的群众路线教育实践”“基层组织建设年”“联乡驻村”和“创先争优”等活动。选派人员参加湖南大学十八大高级研修班学习，回程后，在全系统开展十八大报告巡回宣讲，组织全系统贯彻学习中共十八届三中全会精神，并解读公报；召开“十破十立”解放思想大讨论动员大会，部署阶段工作，并按期总结；召开党组中心组（扩大）会议，集中学习传达“党的群众路线教育实践”活动精神，并根据上级安排开展工作。

（廖　伟）

【产品质量监管】　大力推进质量兴市工作。出台《六盘水市2013年质量兴市工作要点》；拟定省局与市政府合作备忘录方案；召开质量兴市工作领导小组联席会议。

积极推进名牌战略工作。组织2个开发区申报省级知名品牌示范区；组织11家企业12个产品申报省级名牌产品，6家企业6个产品通过材料初审和实地评价。

严格实施市场准入和无证查处工作。应参加年审的34家企业年审均合格，省局实地抽查3家企业，2家合格通过，1家停产；查处8家钢筋混凝土输水管、1家水泥、1家粗苯、1家防水卷材，共计

12家无证生产企业；帮扶3家企业新获和5家企业到期换发工业产品生产许可证。

开展产品质量监督抽查及工业产品质量定期监督检验工作。全市共抽查工业产品441个批次，其中合格产品409个批次，不合格产品32个批次，综合合格率为92.7%，合格率较2012年同期上升0.31个百分点。完成第一到第四季度抽查产品不合格生产企业后处理工作。

开展工业产品风险监控工作，建立质量信用评价体系。制定了年度工作计划，风险监抽中发现2家加油站车用汽油和1家化肥企业磷肥存在质量安全风险，已交属地局调查处理完毕；辖区获证企业已全部建立质量信用档案；完成每季度和年度质量分析报告，并提交市政府和省质监局。

开展机动车安全技术检验机构监督管理工作。按省质监局年度计划，请省级专家组成现场评审组，对全市14家机动车安检机构进行2次监督检查，并督促企业限期整改。

（廖　伟）

【食品安全监管工作】　严格实施食品质量安全市场准入。共对12家新老企业进行了申证和换证的现场资料审查工作（其中新办证企业8家，换证4家）。

加强监督抽检和风险监测工作力度。重点抽查酒类、粮食加工品、糕点、辣椒、饮料、食用植物油类等11类14种产品849批次，合格833批次，合格率为98.11%，与2012年同期相比抽检产品增加194%批次，合格率提高3个百分点；对问题产品的企业负责人进行8次约谈。

深入开展各类专项整治工作。开展元旦、春节期间及大米等粮食加工品、食用植物油等专项监督检查。共检查食品生产经营单位243家；大米加工企业3家、小作坊2家，米粉加工小作坊23家，饵块粑加工小作坊1家；现场制售菜籽油加工小作坊8家，食用油生产企业1家，榨油点3个；批发烤鸭店面3家，冷库1家；肉制品生产企业1家。共抽取米粉样品29个批次，大米样品2个批次，检验结果待出；跟踪4个食用油销售点，移送公安机关案件1起，提供1条餐厨废弃油的线索至市食安委。

加强培训。举办《贵州省食品安全条例》宣贯培训，共培训70余人。

（廖　伟）

【特种设备安全监察工作】　落实监管责任。与各县区局签订《特种设备安全监管责任书》共6份，签订率达100%。

开展特种设备使用安全标准化管理工作。六盘水市实际使用特种设备达50台的企业共9家，市局成立了特种设备使用安全标准化工作领导小组，制定了方案，全面开展了特种设备使用安全标准化管理工作。在设备所在地质监部门考核完毕，均为合格。

深化“打非治违”，加强重点领域和涉及民生特种设备安全监管。截至2013年年底，共出动检查人员1387人次，检查各类企业654家次，涉及各类特种设备1456台次，打击各类非法违法、行为共189起，查处各类特种设备案件50余起，罚款42.4万余元。

开展节假日期间特种设备安全大检查。开展“元旦、春节”“元宵、两会”“六一”“安全生产月”“贵州省第八届旅发大会”“中秋、国庆”等重要节假日及活动期间安全大检查7次，检查单位562家次，各类设备1125台（套），下发《特种设备安全监察指令书》96份，整改各类隐患215条次。

完善运用好特种设备动态监管系统。5月20日起，在全市范围内开展特种设备动态监管网设备普查及数据清理工作，共修改金质工程各类信息1200余条；贵州省特种设备监督管理平台已于8月26日正式启动，市质监局对平台数据再次进行清理核查、完善填充，截至2013年年底，六盘水市特种设备注册登记率为99.36%，检验率为86.78%。

开展工业锅炉能效测试工作。完成六枝工矿、盘南煤业等单位的15台工业锅炉能效测试。

（廖　伟）

【标准化工作】　组织制订省级地方标准。共组织11家企事业单位申报国家、地方标准编制工作，包括国家标准3项、地方标准22项，其中有10个地方标准得到立项。截至2013年年底，2项标准经专家评审原则性修改通过，3个标准在12月中旬前完成评审工作，5个地方标准在组织起草中。

农业标准化工作。国家级第七批农业标准化六盘水市钟山区生猪养殖标准化无公害生猪养殖标准化建设工作已完成，并通过验收；已立项的5个第四批省级农业标准化示范区建设项目正有序开展；完成第八批国家级农业标准化示范区建设项目和第五批省级农业标准化示范区建设项目申报工作，并已立项。

煤及煤化工标准化工作。已组织召开一次全省煤及煤化工标准体系研讨会，成立了煤及煤化工标准体系领导小组，建立了六盘水市煤及煤化工专家库，制定煤及煤化工标准体系实施方案及贵州省煤及煤化工标准，制修订近期工作要求及初步分工，初步搭建标准体系基本框架。

标准备案和商品条码工作。完成企业备案1个、企业标准注销1个、企业标准复审7个，没有发生因企业产品标准备案造成重大质量安全事故；完成商品条码续展28个，续展率达到90%。

组织引导首钢水城钢铁集团公司创建标准化良好行为企业活动。引导水钢创建国家AAAA级标准化良好行为企业活动，指导公司制定完成技术标准体系、管理标准体系和工作标准体系，并9月进行内部评审，在12月中旬申请省质监局验收。

（廖　伟）

【计量】 开展“计量惠民生、诚信促和谐”双十工程活动。在集贸市场、加油站等重点领域实现自我承诺共计238家；走进55 所中小学校、67个社区乡镇，开展诚信计量宣传活动，共为400余人次群众免费测量血压，为学生免费检测视力、验光及清洗维修眼镜300余人次，并发放计量小常识等宣传资料共计4850份，及时解答群众提出的计量疑问200余人次，媒体报道11余次。

继续加大民生计量监管力度。对4家经销电子计价秤商铺进行检查；对集贸市场、大型超市、餐饮店等37家单位237台件电子计价秤进行检查；制定月饼等食品和化妆品包装计量监督检查工作方案；抽检大米、水泥等19家企业10个种类19个批次的定量包装商品，净含量标注合格19个批次，合格率100%，净含量检验合格17个批次，合格率89%；中秋、国庆期间，开展商品过度包装监督检查，共抽查了1家超市4个种类4个批次的月饼， 2个种类2个批次月饼的包装层数、月饼净含量等指标均为合格；开展民用水表监督管理，共检查了5个小区1213台件水表。

加强重点领域安全用计量器具监管工作。组织部分重点领域企业自查64家，涉及安全防护用强检计量器具5056台件；现场抽查涉及煤矿、石油石化及化工行业企业7家，主要抽查企业配备的安全防护用强检计量器具429台件；监督检查从事安全防护用计量器具强检的计量检定机构7家。

建立民生计量器具风险应急机制，贯彻落实“十二五”期间节能减排工作任务。制定《六盘水市出租车计价器管理应急预案》1个及加油站、超市计量器具2个投诉处理流程；制定2013年至2015年能源计量审查实施方案，完成54人次能源计量审查人员培训工作；与辖区内省重点用能单位签订《能源计量工作责任书》19份；开展节能宣传，同时抽调县区监管人员组成审查组开展能源计量审查，共计完成6家，六盘水市列入省局审查的重点企业是4家，完成率为150%。

开展实验室资质认定证后监管和机动车安检工作。制定实验室资质认定专项监督检查方案，组织各县区局开展本辖区实验室自查共计47家及监督检查28家；制定机动车专项监督检查实施方案，召开了动员会，开展监督检查共计13家。

开展强制性认证产品监管和有机产品获证企业监督检查工作。对5家获得强制性产品认证企业进行监督检查，完善企业档案5家；检查3家有机产品认证企业的5个产品，建立起本地区有机认证产品企业档案，并定期上报动态监管情况。

（廖　伟）

【行政执法】 2013年，全系统共办理各类案件402起，结案402起，结案率100%；大要案件5起，移交司法机关案件2起；无行政复议、行政诉讼、行政赔偿案件；办理投诉、举报、申诉、咨询86起，其中办理“12365”省稽查局交办的投诉案件12起，均处理完毕。

（廖　伟）

【地理标志产品普查及申报】 申报4个地理标志产品，其中1个产品通过国家质检总局专家评审，3个产品通过省质监局初审并上报国家质检总局。

（廖　伟）

【组织人事培训】 市质监局共选拔科级领导干

部6名，其中4名为竞争性选拔提任，占2/3；抓好事业单位的公开招录（聘）工作，招聘的6名事业单位人员全部到岗；加大培训力度，7名处级干部参加了省局十八大轮训，16名正科级领导干部参加市直机关工委组织的十八大轮训。

（廖　伟）

【财务工作】 严格执行财经纪律，做到财务收支两条线。2013年共向省质监局、国家质检总局申报技装技改项目3个，获得准批复3个，项目总投资58万元，其中中央投资35万元，自筹23万元；检验检测项目参数在2012年基础上增加97个，增长24.07%；全市技术机构能力建设自筹经费投入比2012年增加30.5万元，增长56.48%以上；科研项目增长200%。

（廖　伟）

【法规宣传工作】 采编各类政务信息292期；新闻报道总计594篇次，其中省级以上121篇次，市县等各级媒体473篇次。组织开展各类宣传活动，发放涉及产品质量法、食品安全法、特种设备安全监管条例等质监法规宣传资料1.1万余份，提供现场咨询400余人次，受理群众投诉3起。

（廖　伟）

【技术机构能力建设】 市质监局所辖2个技术机构。检测所检验检测食品、建材等产品1142个样，计量检定6282台（件）；在“计量惠民”活动中，对全市农贸市场及公平秤免费检定，共检定小衡器435台，减免检定费用21750元；对4家微型企业实施帮扶，减免检验费1800元；特检所共检验检测电梯、锅炉等特种设备4433台（件），安全阀1703台（件），限速器331台（件），压力管道380米，查出特种设备事故隐患31起。

（廖　伟）

【基础设施建设】 国家煤炭清洁转化产品质量监督检验中心工程，总投资2439.316万元，2013年年底已建成且验收交付；六盘水市质监检验检测中心工程，总投资1350万元，2013年年底主体工程完工，进入室内外装修阶段；盘县质监局检测综合楼项目，2013年年底主体工程完工，进入室内外装修阶段。

（廖　伟）

贵州省煤炭产品质量监督检验

【概述】 2013年，完成项目参数的检验检测能力，达到检验检测项目覆盖85%的目标；积极配合做好仪器设备的招投标及设备到位后的验收安装调试工作，设备到位37台套，到位率达90以上；2013年引进了1名硕士研究生和5名大学本科毕业生；有一项目获批，一项已上报待批中；地方标准制修订2个；制定的《煤及煤矸石的划分方法》地方标准获六盘水科技二等奖。完成2013年的定期监督检验工作，抽样1288批次。

（余阳博）

【党建工作和党风廉政工作】 以党章、党的十八大、省十一次党代会精神为主要内容，认真抓好中心组和支部学习活动。继续开展“五好”基层党组织创新工作。严格执行中央“八项规定”、省委“十项规定”、《省质监局党组关于密切联系群众规定及实施细则的实施意见》。严格执行机关干部作风行为规范“四要十不准”、纪检监察干部“三严守九严禁”等规定。教育引导广大党员干部认真学习和实践中国特色社会主义理论体系，坚持不懈地加强党性修养和党性锻炼。牢固树立马克思主义的世界观、人生观、价值观和正确的权力观、地位观、利益观，做共产主义远大理想和中国特色社会主义共同理想的坚定信仰者和忠实践行者。通过学习教育活动，院党支部培养的两名入党积极分子已加入中国共产党，成为预备党员。

（余阳博）

【国检中心建设情况】 “国检中心”综合实验大楼建设完成，煤检院于7月搬迁完毕，现按照国家中心《筹建任务书》的要求，积极完成前期准备工作，“三合一”认证文审材料上报国家认可委和认监委，能力建设工作正按计划进行。

（余阳博）

安全生产监管

【概述】 2013年，市委、市政府高度重视安全生产，主要领导多次批示，要求认真学习贯彻习近平总书记、李克强总理等中央领导和省委、省政府领导批示精神，始终把“人命关天，发展决不能以牺牲人的生命为代价”作为一条不可逾越的红线，以壮士断腕的决心和扎实有力的举措，全面加强安全生产工作。市委、市政府先后召开3次市委常委会、3次市政府常务会、6次市安委会全会和13次电视电话会议，安排部署安全生产工作。通过各级、各部门、各单位的共同努力，克服一季度安全生产被动的局面，取得明显成效，主要指标实现历史性突破。各类事故起数和死亡人数实现“双降”，发生各类事故120起、死亡98人，分别下降10.4%和20.9%，死亡人数首次降到100人以内。煤矿事故起数和死亡人数也实现“双降”，煤矿共发生事故4起、死亡40人，分别下降83.3%和21.6%。反映安全生产水平的4项相对指标控制在“十二五”规划目标范围内，亿元GDP死亡率0.112，同比下降34.12%；煤矿百万吨死亡率0.54，同比下降23.94%，取得历史最好值；工矿商贸从业人员10万人死亡率3.76，同比下降18.61%；道路交通万车死亡率1.56，同比下降31.88%。

（陈　威）

【落实安全生产责任】 年初召开全市安全生产工作会议，对全市安全生产工作进行部署和安排，市政府与各县（特区、区）政府及46家安委会成员单位签订安全生产目标和任务责任书。制定下发《关于调整市安委会领导组成及进一步明确安委会成员单位工作职责的通知》，明确全市安委会组成领导的工作职责。出台《国有煤矿企业安全生产监督管理暂行办法》，建立国有煤矿“双包保”“双挂钩”制度。下发《煤矿包保领导工作要求》《驻矿安监员管理办法》和实行《煤矿安全保证金》制度。明确县乡包保领导、公司包保领导和驻矿安监员职责。市委常委会、市政府常务会先后共12次讨论、研究安全生产议题。累计组织召开25次全市性安全生产工作会。市委书记、市长、分管副市长等领导多次深入企业开展安全调研、检查和现场办公，有力地推进了全市安全生产的各项工作。

（陈　威）

【安全生产大检查】 根据习近平总书记、李克强总理等中央领导批示和6月7日全国安全生产电视电话会议精神，按照《国务院办公厅关于集中开展安全生产大检查的通知》和《省政府办公厅关于集中开展安全生产大检查的通知》要求，结合实际制定大检查工作及“回头看”活动实施方案，落实机构、人员、责任和措施，以煤矿、道路交通、危险化学品和烟花爆竹、非煤矿山等行业为重点，按照“全覆盖、零容忍、严执法、重实效”的要求，采取“四不两直”（不发通知、不打招呼、不听汇报、不用陪同和接待，直奔基层、直插现场）的形式，突出零点班、四点班等薄弱班次和周末、节假日的突击检查，全面、深入开展“无盲点、无死角、无遗漏”的“大排查、大整治、大防范”行动。大检查期间，全市共组织检查组2725个、派出执法人员1万余人次、检查各类生产经营单位1万余家次，排查治理各类隐患10万余条，共责令98家企业停产、停业或停止建设，共计实施罚款2393.32万元。其中，明察暗访、突击夜查生产经营单位2396家次，占检查总数的21.62%。

（陈　威）

【队伍建设】 设立市、县安全生产执法监察局（市煤安局）。2013年，全市安监系统编制数由664人增加到1506人；全年面向高校和社会引进、招考安全监管人员339名；增加驻矿安监员161名（其中正常生产建设矿井按照每矿2名进行配备）。制定出台驻矿安监员《十项基本》《十项工作日志》和《激励考核办法》等规定，规范驻矿安监员的管理。驻矿安监员队伍建设得到省长陈敏尔等领导的肯定，并在全省驻矿安监员工作会上作了交流发言。

（陈　威）

【宣教培训】 以全国第12个“安全生产月”活动为契机，举办群众性安全文艺晚会、安全知识宣传、事故案例警示教育等系列宣教行动。全年共组织各类安全培训班43期，培训各类企业主要负责人、安全管理人员和特种作业人员4869人次；培训注重“产、学、研”相结合；与西南天地煤机公司合作开展的煤矿安全培训，得到市委书记王晓光、市长周荣等领导的一致褒扬。邀请省煤监局副局长陈富庆、中煤沈阳研究院姜文忠等专家学者，对全市252名总工程师进行防突和防治水专题培训，理论与实践相结合，确保了培训质量。

（陈　威）

【基础建设】 2013年，全面开展煤矿、危险化学品和烟花爆竹、非煤矿山等行业的安全标准化建设。扎实推进“三化两型”（采掘机械化、安全标准化、管理信息化，本质安全型和绿色环保型）矿山建设。持续推进强基固本，提升安全生产基层基础水平。全年全市共完成二级煤矿安全标准化评定验收76个，完成年度任务的143.3%，申报一级煤矿安全标准化矿井23家。非煤矿山企业完成标准化三级达标467家，冶金等8大行业完成标准化三级达标9家，危险化学品生产经营单位完成三级达标142家，烟花爆竹生产批发企业完成三级达标9家。职业健康标准化试点达标企业17家。煤矿完成紧急避险系统建设165家，为省下达指标的105%；非煤地下矿山完成省下达的指标（2家）。

（陈　威）

【推进科技强安战略】 按照“数据、语音、视频”三网合一的要求，着力推进安全生产监管综合信息化平台民生实事工程建设。总投资89.89万元的市级监管信息化平台建成投用；全市123家企业已实现市、县、集团公司、企业四级联网，其中煤矿企业110家、非煤企业10家、危险化学品及烟花爆竹2家。出台《全市安全生产监管信息化平台运行与管理办法（试行）》，切实做好信息化平台运行管理，为全市安全生产提供了技防保障。推进矿山机械化建设，全市累计完成煤矿综采、综掘设备251套：国有煤矿完成综采40套、综掘98套；地方煤矿完成综采52套、综掘61套。全市非煤露天矿山中深孔爆破技术使用率达63%，机械化铲装水平达到90%，机械化二次破碎达到88%，防尘除尘设施设备使用达92%。

（陈　威）

【落实煤矿“双七条”规定】 贯彻落实国家安监总局《七条规定》和“七大攻坚措施”。开展宣传121场次，10216从业人员参加考试，签订责任书1367人。组织开展“保护矿工生命，矿长守规尽责”主题活动和安全思想大整顿、“敬畏生命”大讨论活动。与各县（特区、区）签订兼并重组期间煤矿安全生产责任书，制定下发《关于加强煤矿企业兼并重组期间安全生产工作的通知》和《安全风险分析评估报告》等文件，对未进入主体企业或未办理过户手续的煤矿实施重点监管，做到安全风险提前分析预判、预控。启动重点产煤县攻坚工作，将国家确定的2个重点攻坚县增加为4个，成立领导小组，制定工作方案，明确目标责任。

（陈　威）

【“打非治违”和专项整治】 2013年，全市共打击整治各类非法违法、违规违章行为13983起；市安委会对13条重大隐患进行了挂牌督办。完成167个正常生产建设矿井的煤矿安全生产条件确认工作；深入开展瓦斯治理、水害防治等重点整治和专家技术会诊活动。瓦斯治理落实保护层开采和穿层钻孔预抽煤层瓦斯等区域防突措施；突出瓦斯抽采和利用，全年共完成瓦斯抽采4.5亿立方米、利用1.2亿立方米，超额完成省下达的任务指标。深入开展以马路市场（特别是急弯、长下坡路段）等为重点道路的交通安全整治；推进水盘高速公路等危险路段安全隐患治理工作。全面打击“三超一疲劳”等道路交通违法和非法行为。全面开展以打击非法制售爆竹为重点的危险化学品和烟花爆竹专项整治。加强对加油（气）站、输油气管道等的监管。全面开展非煤矿山整顿关闭，强化地下矿山通风、提升、爆破、顶板、空区、地压、机电设备和探排水管理等工作。建筑施工、人员密集场所、消防安全、职业健康等行业也针对自身特点，全面开展本行业的安全治理行动。按照机构不撤、人员不减的要求，深入开展“打非治违”专项行动及“回头看”活动；推进打非治违工作常态化、规范化。

（陈　威）

【“1·18”重大煤与瓦斯突出事故】 2013年1月18日17时29分，盘江精煤股份有限公司金佳矿金一采区211运输石门发生一起重大煤与瓦斯突出事故，造成13人死亡，3人受伤。事故发生后，省委书记赵克志、代省长陈敏尔分别作出重要批示，副省长孙国强率省安全监管局（贵州煤矿安监局）及有关部门负责人赶赴现场，会同市、县党委、政府全力开展救援；国家煤矿安监局副局长黄玉治及在北京开会的省安全监管局（贵州煤监局）局长李尚宽连夜从北京赶到现场，指导抢险救援工作。省政府启动事故问责，成立以贵州煤监局副局长陈富庆为组长的事故调查组，提出处理意见；责令盘江投资控股集团公司董事长、总经理向省政府做出深刻书面检查，盘江精煤股份有限公司分管安全的副总经理邓德华引咎辞职，责令金佳矿矿长、总工程师及安全副矿长辞职。

（陈　威）

【“3·12”重大煤与瓦斯突出事故】 2013年3月12日20时，水城矿业控股（集团）格目底公司马场煤矿13302底板瓦斯抽风进风巷发生煤与瓦斯突出事故，造成25人死亡。事故发生后，国家煤矿安监局副局长黄玉治率工作组赶赴事故现场督促指导抢险救援；在北京参加“两会”的省委书记赵克志，省委副书记、省长陈敏尔分别作出重要批示；副省长王江平率省有关部门赶到事故现场指挥抢险救援；市委书记王晓光，市委常委、常务副市长魏树旺，副市长尹志华带领市、县相关部门第一时间赶到事故现场，协调、配合抢险救援工作；在北京参加“两会”的市委副书记、市长何刚立即从北京返回协调处理事故有关工作。

（陈　威）

财政　税务

财　政

【财政总收入】 2013年全市财政总收入完成1783093万元，比上年增长（以下简称增长）9.88%。其中，市本级完成294698万元，增长4.64%；六枝特区完成143339万元，增长48.98%；水城县完成286142万元，增长26.00%；钟山区完成342356万元，增长1.18%；红桥新区完成31310万元，增长81.74%。公共财政预算收入完成1235902万元，增长19.02%。其中，市本级完成294698万元，增长4.64%；六枝特区完成110562万元，增长61.25%；水城县完成200080万元，增长38%；钟山区完成158701万元，增长3.35%；红桥新区完成22783万元，增长87.73%。公共财政预算支出2191657万元，增长16.53%。其中，市本级完成390343万元，增长15.68%；六枝特区完成328099万元，增长19.82%；水城县完成431250万元，增长23%；钟山区完成285872万元，增长16.36%；红桥新区完成33380万元，增长31.18%。

（财政局办公室）

【非税收入】 2013年全市政府非税收入完成825625万元，较上年同期增收177739万元，增长27.43%。其中：纳入公共财政预算管理的非税收入完成551774万元；政府性基金收入完成264827万元；财政专户收入（教育收费收入）完成9024万元。市本级政府非税收入完成179720万元，较上年同期增收59527万元，增长49.53%。其中：纳入公共财政预算管理的非税收入完成89098万元（财政部门组织的公共财政预算非税收入完成85260万元）；政府性基金收入完成90622万元。

（财政局办公室）

【驻村干部争取资金】 市财政局选派干部周荣文到水城县发箐乡发箐村驻村，为发箐村争取资金1553.74万元，其中一事一议财政奖补美丽乡村示范村寨项目争取资金210万元，争取水利工程维修资金79.24万元（市财政局出资30万元），申报7.88公里村村通油路（水泥路）资金394万元，申报村庄整治资金614.46万元，申报1.1公里排污管道项目资金7.15万元，申报170盏太阳能路灯项目资金64.6万元，申报3.2公里道路硬化资金83.45万元，申报财政扶持项目资金100万元，市财政局全体职工为发箐村捐资慰问资金0.84万元；以上资金当年已到位361.83万元。解决发箐村行路难、饮水难等民生事宜。

（财政局办公室）

【“四在农家”建设资金】 2013年，全市小康寨行动计划完成投资14890.93万元，覆盖自然村寨898个。一事一议财政奖补完成投资9750.36万元，建成项目212个，其中：通寨公路项目165个290.453公里，人行步道项目5个10.2公里，路灯项目29个，购置太阳能路灯2579套，垃圾池56个，公厕18座，普通桥1座，堡坎712立方米。项目涉及69个乡（镇、街道）、148个行政村、725个村民组，受益农户76151户、253288人。“三改”及庭院硬化、环境保护、便民设施等完成投资5140.57万元。其中，完成通寨公路6.9公里，投入资金415.3万元，人行步道5.2公里，投入100万元。完成“三改”及庭院硬化7660户，投入2078.5

万元；完成文体活动场所项目107个，投入366万元。完成21自然村寨污水处理项目13个，投入1212.3万元，完成19个乡镇垃圾收集处理项目22个，投入528.3万元，完成17个行政村集中饮用水源地保护项目15个，投入235.8万元。投入其他项目资金204.37万元。项目覆盖村寨的群众生产生活条件得到明显改善，农村村容村貌发生明显变化。

（财政局办公室）

【制定市与钟山区新财政管理体制】 2013年3月至8月，市财政局配合省财政厅进一步完善分税制财政管理体制，制定市与钟山区新财政管理体制。将市级管理的企业按属地管理原则下划钟山区管理。将原作为市级固定收入的房产税、印花税、土地增值税、车船税等税种全部下划钟山区。增值税、企业所得税两项税种地方分享部分及营业税，按省、市、区三级2∶6∶2比例分享；个人所得税地方分享部分及资源税、城镇土地使用税，按省、市、区三级2∶3∶5比例分享；城市维护建设税、契税两项税种，按市、区两级7∶3比例分享；耕地占用税按市、区两级2∶8比例分享。明确指出，市级财政支出主要包括：市级一般公共服务支出，市级负担的公共安全、教育、科技、文化、医疗卫生、社会保障、环境保护、城乡社区事务、农林水事务、交通运输等各项支出。区级财政支出主要包括：区级一般公共服务支出，区级负担的公共安全、教育、科技、文化、医疗卫生、社会保障、环境保护、城乡社区事务、农林水事务、交通运输等各项支出。

（财政局办公室）

【国库拨付资金情况】 2013年，全市国库拨付资金共计482551万元，其中，直接支付101785万元，占比21%。

（财政局办公室）

【市级预算公务卡结算制度改革】 为进一步推进公务卡制度改革，市财政局拟发了《六盘水市财政局关于加快推进市级预算单位公务卡结算制度改革的通知》，并召开市级预算单位公务卡培训会议。截至2013年11月底，总共发卡7982张，报账4909笔，报账金额7724万元。

（财政局办公室）

【市级财政国库集中支付办法】 2013年9月，出台《六盘水市市级财政国库集中支付动态监控管理暂行办法（试行）》。对动态监控范围、内容、职责分工和监控方式等作出明确规定，设置限制向本单位实有资金账户转账、限制大额提现等多条预算执行动态监控系统预警规则。

（财政局办公室）

【农发土地治理项目】 2013年度，六盘水市土地治理项目3个，治理总面积2.17万亩，其中：高标准农田建设示范工程1个，治理面积1.33万亩；中低产田土改造项目2个，治理面积0.84万亩。3个项目总投资2571万元，其中：财政资金2399万元，群众投劳折资172万元。高标准农田建设示范工程项目全面完成建设任务，累计新建排涝渠4.21千米、新建田间支渠6.08千米、新建倒虹管0.42千米、新建取水坝5座、新建集水池2口、改造干渠28.26千米，新建机耕道2.53千米、新建生产便道8.45千米，购置农机具75台（套），完成河道及机耕道绿化3.30千米，完成农技培训1000人（次），示范推广优质水稻2000亩、大蒜100亩、蔬菜100亩。项目总投资1591万元，其中：财政资金1485万元，群众投劳折资106万元。中低产田土改造项目全面完成建设任务，累计新建排涝沟1.76千米、新建取水口2座、新建取水坝（堰）两座、新建干渠8.95千米、新建支渠4.04千米、新建引水管道8.82千米、铺设田间管网1.10千米、新建250立方米高位水池1座，新建机耕路1.14千米、新建生产便道2.24千米、新建机耕桥2座，示范推广杂交水稻良种600亩，完成农技培训600人（次）。项目总投资980万元，其中：财政资金914万元，群众投劳折资66万元。

（财政局办公室）

【农业产业化项目】 2013年，农业综合开发产业化经营项目《盘县淤泥乡岩博村年产1.6万羽绿壳蛋鸡年产320万枚绿壳蛋养殖基地扩建项目》和《水城县年产0.03万亩中华寿桃种植基地扩建项目》全面完成建设任务并通过验收，市级财政共补助两个项目289.24万元。其中，盘县1.6万羽蛋

鸡养殖基地扩建项目总投资163万元（其中：财政资金63万元，自筹资金100万元）。累计新建鸡舍1000立方米、购进自动清粪系统2套、道路硬化500米、培训农户200人（次）、新建兽药室50立方米、新建孵化室300立方米、新建育雏室400立方米、新建污水处理室250立方米、新建饲料加工室150立方米、购进鸡笼150组、购进饲料加工机1台、购进自动消毒喷雾机1台、购进自动检测设备1套、购进自动上料机2套。水城县0.03万亩中华寿桃种植基地扩建项目总投资126.24万元（其中：财政资金50.4万元，自筹资金75.84万元）。累计新建管理房108立方米、新建30立方水池6口、新建作业道路1千米、铺设管道1万米、种植中华寿桃苗1.26万株、购置设备（太阳能杀虫灯、机动喷雾器、耕地机等）共17台（套）、购园林工具30套。

（财政局办公室）

【上级财政水毁修复资金】 2013年，六盘水市共争取上级财政水毁修复资金70万元，其中：六枝特区30万元，盘县40万元。2个项目全面完成建设任务，累计维修排洪渠0.07千米、维修干渠1.17千米、维修机耕道3.72千米、新建渠道0.02千米、新建农桥2座、铺设泥结石路面1000.2立方米、完成路基块石垫层600.32立方米。

（财政局办公室）

【农发项目中央贴息资金】 2013年，全市农发项目共争取中央财政贷款贴息资金317万元，其中：六盘水市永恒粮油贸易有限公司贴息155万元、六枝特区昌文特色生态养殖观光有限公司贴息28万元、水城县长丰绿色科技实业有限公司贴息87万元、水城县天瑞食品有限公司贴息24万元、贵州大宇种业有限责任公司贴息23万元。

（财政局办公室）

【产业园区扶持资金】 2013年，六盘水市产业园区建设取得“以奖代补”扶持资金700万元。根据省人民政府工作要求和《省人民政府办公厅关于印发贵州省100个产业园区成长工程2013年工作方案的通知》精神，为进一步加大对贵州省100个产业园区成长工程的支持力度，省财政厅、省经信委以绩效评价的方法，对绩效排位前例的产业园区，视其银行贷款情况，按照“以奖代补”的方式给予扶持，专项用于产业园区基础设施及标准厂房建设的贷款贴息。通过考核，六盘水市参加绩效评价的7个产业园区中，六枝特区木岗工业园区获第3名、钟山红桥产业园区获第29名，分别获得上级财政贷款贴息资金500万元、200万元，共计700万元支持。

（财政局办公室）

【企业申报上级专项资金项目149个】 根据国家有关政策，六盘水市企业积极争取上级财政支持。截至11月底，审核、申报上报项目149个，其中：特色产业中小企业节能减排和资源综合利用项目21个；国家中小企业发展专项资金项目12个，地方特色产业中小企业发展资金项目14个；省级中小企业、民营经济发展项目33个，2个服务体系建设项目，4个万户小老板工程项目，5个信用担保服务补助项目和4个小额贷款公司业务补助项目；淘汰落后产能财政奖励资金项目19个；关闭小企业补助资金项目15个；安全生产专项资金项目6个；中小企业国际市场开拓资金项目11个，配套资金项目2个；民族特需商品项目1个。

（财政局办公室）

【技改项目拨款情况】 2013年，市级技改项目资金预算安排1600万元，其中：市经贸委安排项目5大类，资金1400万元；市商务粮食局安排项目10个，资金200万元。截至2013年11月底，市经贸委安排的市级工业和信息化专项资金完成项目拨款607万元；市商务粮食局安排的市级商贸企业技术改造资金完成项目拨款200万元，共完成市级技改项目拨款807万元。

（财政局办公室）

【政府采购申报】 2013年，六盘水市市级政府采购申报51044.09万元。审批发布政府采购信息236条。“控购”（控制社会集团购买力）审批各类汽车242台，金额3872.97万元。

（财政局办公室）

【“六盘水市人才发展专项资金”专户】 根据《中共六盘水市委关于进一步实施科教兴市战略大力加强人才队伍建设的实施意见（试行）》精

神，六盘水市人才工作领导小组于2013年9月2日印发《六盘水市人才发展专项资金使用管理办法（试行）》（以下简称“办法”）。六盘水市财政局依据《办法》，于2013年10月设立“六盘水市人才发展专项资金”专户：10月14日拨入专户资金915万元，11月5日拨付六盘水市就业局11.89万元，用于引进高层次人才“一站式”服务中心启动经费。

（财政局办公室）

【农业专项资金投入】 2013年，全市共投入农业专项资金8500万元。其中，农业园区建设915万元、马铃薯、猕猴桃等产业发展资金3623.62万元、其他生产性资金（粮食增产补助、新品种选育、病虫害防治等）914万元、配套资金2102.88万元、其他费用（项目前期费、部门项目资金等）944.5万元。

（财政局办公室）

【社保专户拨付资金】 2013年，市级财政社保专户拨付专户资金141408.42万元，其中：养老保险基金69950.29万元，失业保险基金6790.24万元，医疗保险基金29598.38万元，工伤保险基金31608.9万元，创业基金2215万元，建安工程劳保费1089.61万元，贴息资金156万元。

（财政局办公室）

【累计就业小额担保贷款】 2013年，六盘水市完成2010—2013年各县、区就业小额担保贴息检查工作及2012年就业小额担保贴息资金的清算及2013年小额贷款任务贴息资金的申报工作。截至11月30日，2013年全市累计小额担保贷款36447.6万元，扶持创业人数9531人，新增带动就业人数23375人，拉动社会资金66717万元。兑付贴息资金2100万元。

（财政局办公室）

【医保医疗补助资金筹集】 2013年，城镇居民基本医疗保险和新型农村合作医疗共筹集资金82006.99万元。其中：个人缴费13118.84元、各级政府补助资金68888.15万元。

（财政局办公室）

【社保争取上级资金情况】 截至2013年11月30日，六盘水市社会保障共争取上级资金202434.7万元，其中城乡居民低保补助及救助77866万元、城乡医疗补助62328.71万元、城镇居民养老保险及新型农村养老保险补助17098.39万元、就业补助10585万元、优抚对象生活补助6958.2万元、基本公共卫生服务补助7763万元、公共卫生项目补助6261万元、基本药物制度补助2816万元、孤儿生活费及流浪乞讨人员救助1273.3万元、扶持微型企业发展资金5495万元。

（财政局办公室）

【财政性资金投资项目审定】 2013年，财政性资金投资项目预算、结算80个，报审金额96153万元，审定金额89001万元，审减金额7152万元，审减率7%。其中：预算审核项目58个，报审金额87944万元，审定金额81610万元，审减金额6334万元，审减率7%，结算审核项目22个，报审金额8209万元，审定金额7420万元，审减金额789万元，审减率10%。

（财政局办公室）

【市级项目前期工作经费绩效评价】 2013年，市财政局组织开展市级项目前期费绩效评价试点工作。制定《六盘水市市级项目前期工作经费绩效评价实施方案》，设置绩效评价考评指标表，对2011、2012年市级项目前期工作经费安排82个项目承办单位，239个项目的使用情况进行绩效评价。通过自评和抽查，2011—2012年市级财政预算安排项目前期费10400万元；市改委下达计划10601万元。截至2013年10月31日，市财政局拨付资金8633.5万元，项目使用单位尚未申请拨付的资金1967.5万元。清理收回结余在市级项目前期专户资金1240.74万元。

（财政局办公室）

【追缴违规财政资金】 为充分发挥会计监督服务宏观调控和财政管理的重要作用，全市共安排检查单位27户，其中市级6户、县级20户。按行业分：交通行业7户（按要求实行市县联动检查），教育行业5户、行政及公用企事业单位15户。全市检查发现违规问题单位9户，涉及违规金额8281.48万元。其中：责令调账8179.7万元，

追缴财政资金101.78万元。

（财政局办公室）

【清理“吃空饷”资金】 2013年6月初，六盘水市财政局组织开展市直行政事单位公职人员“吃空饷”问题专项清理工作。检查发现六盘水市民族中学1公职人员存在“吃空饷”问题，涉及金额12.60万元，其中：工资9.8万元（在“其他应付款—病事假”中暂存），增量补贴2.78万元（已发给个人）。市财政局按照《财政违法行为处罚处分条例》的有关规定，责令单位限期整改，并收回违规资金12.60万元，上交财政。

（财政局办公室）

【会计从业资格考试】 2013年，六盘水市会计从业资格考试全市报名人数3728人，参加考试人员2601人，通过考试506人。合格率13.57%。本年度的会计从业资格考试为无纸化考试，一年分两次考试。上半年报考人数1794人，1245人出考，出考率为69.4%。合格196人，合格率为15.74%。下半年报考人数1934人，1356人出考，出考率为70%；合格310人，合格率22.86%。

（财政局办公室）

【世界银行贷款本金及利息收回情况】 2013年元月至12月31日，收回各县区世界银行贷款项目本金及利息446.28万元。其中结核病控制项目转贷本金及利息13.84万元（本金11.65万元，利息2.19万元），疾病预防项目转贷本金及利息7.47万元（本金7.28万元，利息0.19万元），第九个卫生发展项目本金及利息110.77万元（本金104.95万元，息费5.82万元），长江中上流水土保持项目本金及利息91.06万元（本金75.33万元，利息15.73万元）。

（财政局办公室）

【还本付息专户结余】 2013年，市财政局还本付息专户收入127442.11万元。其中，国内债务付息资金40674.42万元，债务本金86759.11万元，利息收入8.58万元。专户支出132826.21万元：其中国内债务付息资金42976.65万6元，债务本金89849.55万元）。其他支出29.58万元。其中，专户利息上缴市级国库8.58万元，上缴2012年利息21.00万元。其他应付款8300万元，结余2886.33万元。

（财政局办公室）

【累计拨付贷款资金项目】 2013年，市财政局累计拨付贷款资金项目17816万元，其中：凤池路水钢隧道1000万元，人民西路BT工程1886万元，人民西路改造工程728万元，人民西路电缆入地工程300万元，凉都大道改造419万元，中央投资水利项目配套600万元，市三中等学校工程638万元，市二医1768万元，市血站搬迁、建设1396万元，火车站站房改造1754万元，市水务公司（借改拨）6483.5万元，中坝—大窑等公路码头174万元，市区道路维修222万元，煤炭质监院—煤炭清洁转化中心300万元，其他工程项目147.5万元。

（财政局办公室）

国　　税

【概述】 2013年，六盘水市国税系统共组织入库税收519429万元（不含营改增），同比下降7.58%，减收42580万元。其中：税收收入完成488669万元，同比下降8.6%，减收45963万元；其他收入30760万元，同比增加3383万元，增长12.36%，其中：教育费附加、地方教育费附加完成20423万元，同比减收2012万元，下降8.97%，价格调节基金完成10337万元，同比增收5395万元。营改增完成4281万元。2013年，开展各类检查102户，查补入库税款5148万元，查处发票违法案件26户，清理欠税682万元，清查走逃户155户，催报催缴527户次，全年减免税达3.83亿元，固定资产抵扣8.73亿元。

（贯实贵）

【“营改增”试点工作】 按照全国税务系统“营改增”试点推行工作安排部署，确保了各项准备工作和各节点任务扎实有序开展，实现改革试点工作顺利上线和平稳过渡。在全省代开出第一张货运专票。截至2013年年底，试点纳税人登记1.21万户，较试点初期增长了15.24%，入库税收4281万元。

（贯实贵）

【“分税制”财税体制改革】 2013年市国税局制定“三步走”实施方案，按时完成下划征管企业和税源分配，落实属地征管改革，完成预算分配级次的录入调整和已入库税款的对账、调账，实现7月1日起纳税人按新的分配体制属地解缴入库税款，确保了新的财政管理体制顺利运行。

（贾实贵）

【深化税源专业化管理】 优化征管力量配置。在县（区）局机关内设科室职能整合的基础上，延伸到分局进行职能整合，强化对重点行业、企业的管理。

做实办税服务厅。进一步简化审批程序，下放前移14项审批项目；规范纳税评估。合理界定市、县、分局三级的纳税评估职责及衔接，建立专门的纳税评估机构或团队，开展全系统的纳税评估讲评活动；深化税收征管状况分析。增加税源风险监控分析中心工作人员，成功推行自主开发的风险二期管理平台，将税收征管状况分析作为考核评价、征管布局的“指示器”。2013年，共发布征管状况通报5期，专项分析3期，通过督办事项的跟踪和落实，全市税收征管质量保持稳定，几项主要指标保持在全省前列。

（贾实贵）

【强化大企业服务和管理】 对重点企业尤其是招商引资的重点工业项目实行个性化服务，建立并落实大企业涉税联席会议、定点联系企业信息报送、电话服务平台个性化服务以及定点联系企业上门服务等制度，开通QQ政策咨询和邮箱政策传递服务，拓展服务手段及方式。4月，组织开展“发挥税收职能、服务企业发展”的税企高层座谈会。截至12月底，共走访大企业12户、上门辅导24户次。坚持以风险管理为导向，以税务审计为手段，深化大企业风险管理。以关联申报审核、同期资料管理为重点，加强反避税工作；通过对2012年度关联申报进行清查，对应做而未做关联申报的8户企业处以罚款并进行追踪辅导，稳步推进全市关联企业申报管理。

（贾实贵）

【做实服务纳税人工作】 2013年年初，组织开展全市办税服务厅的明察暗访活动，梳理出纳税服务方面存在的问题18个，纳税人满意度由上次调查的80.75%提升到89.40%；开展“走基层、转作风、解难题”活动。深入园区、大企业、困难问题比较多的企业，班子成员平均下基层23天/人次，通过开展对不同对象、不同层次的走访调查活动，帮助基层和企业解决实际困难，着力推进重点帮促单位加快发展。

（贾实贵）

【干部队伍建设】 2013年共组织开展各类业务培训15期，参训人员共计1304人次。创新培训模式，开发建成“网上学习教育培训管理系统”，成立了“六盘水市国税系统网上学校”，2013年组织网上学习20期，在线学习答题量12.46万题，参学比例为98.7%；在线考试4期，参考578人次；严格按照相关规定开展干部选拔任用工作。2013年开展了9名科级领导干部试用期满考核转正工作，组织开展了非领导职务干部选拔任用工作2次，共选拔任用副科级非领导职务干部67名。2013年干部选拔任用工作民主评议和新选拔任用干部民主评议的总体满意和基本满意率之和均为90%以上。

（贾实贵）

【公务接待较上年下降】 3月到10月，市国税局在全市国税系统开展作风教育整顿工作，规范公务接待和公车管理。2013年，全市国税系统公务接待费支出70.45万元，同比下降11.78%。

（贾实贵）

地　　税

【地税收入】 2013年，六盘水市地税局共组织两项收入79.28亿元，为省局年计划77.4亿元的102.43%，市政府年计划84亿元的94.38%，同比增长16.76%，增收11.3783亿元。从收入总量来看，全市地税收入总量继续保持全省第3名；从服务地方来看，全市地税市县本级收入达59.73亿元，同比增长26.65%，占全市公共财政收入的48.33%；从收入质量来看，2013年全市宏观税负为14.56%，地方税收宏观税负为8.98%，地方税收收入弹性系数为1.05，体现了地方税收与经济的协

调发展。

【信息管税能力】 2013年，圆满完成税源专业化管理改革试点任务，承担省局深化税收征管改革试点任务，通过改革建成“税源专业化管理平台”“税企信息互换平台”“第三方信息交换平台”和“土地增值税清算模块”。通过实施征管改革，全市地税税收征管专业化、科学化、精细化水平不断提升，实现“征、评、管、查”四环节的分权制衡和专业化管理。全市地税系统通过税企信息互换平台，共采集录入、修改完善房开行业纳税人不动产项目信息2612项，建安行业纳税人建安项目登记信息2935项，煤炭行业基本信息161项、生产经营信息1468项，向纳税人发送低风险提醒短信64127条，为开展风险分析、纳税评估提供有效数据支撑；通过第三方信息交换平台，对各部门涉税数据进行抽取、识别、分析，生成有用的涉税信息，用于税收征管，解决税收征管信息来源渠道过窄的情况，提高了税收风险评估等工作的指向能力。全年累计对1367户纳税人进行纳税评估，评估入库税费4.13亿元；在盘县地税局运用土地增值税清算模块试点开展清算项目6个，补缴土地增值税252万元。

【税收执法环境】 2013年，全市地税系统严格坚持组织收入原则，认真落实国家各项税收政策和优惠政策。在税收执法过程中，严格过错责任追究，全年追究过错责任人员2385人（次），批评教育230人（次），通报批评36人（次），经济惩戒2155人（次），给予经济惩戒65800元。建立完善行政复议制度17个，规范税务行政复议流程和法律文书范本40个。全市实施一级税务稽查，不断提高选案准确率、结案率。2013年共立案稽查检查纳税户51户，辅导督查企业17户，牵头组织自查872户，查补地方各税（费）、加收滞纳金、处罚款共计1.22亿元。认真落实税收优惠政策，为40户企业落实所得税优惠政策，减免所得税额3.1亿元；为个体工商户累计减免地方各税10.23万元；为残疾人减免地方各税3.18万元。落实宏观税收政策，完成“营改增”试点工作。6月，全市纳入试点的10837户纳税人全部完成管户移交，其中交通运输业10514户，现代服务业323户。截至7月31日，全市地税纳入试点范围的管户及相关资料全部移交国税。

【优化服务加强管理】 开通“同城通办”业务37项、“同城通缴”业务11项，简化业务流程9项，免单项目从原来的2个增加到7个，免填单业务从12个增加到32个，最大限度缩减办税时间。开通地税微博、网站、“12366”等税收宣传和服务渠道，接听电话3776次，发布微博信息40条，受理纳税咨询1118件，办结1118件，直接办结率100%，全年未收到涉税投诉及不廉行为投诉。在全国第22个税收宣传月期间，六盘水市地税局充分发挥区域特色，将税收宣传与深化税收征管改革、优化纳税服务、加强税企沟通、密切征纳关系等相结合，扎实开展系列宣传活动。挂牌成立贵州省首家“纳税人培训基地”，举办2期纳税人培训班，培训企业财务人员123名。“培训搭桥税企互哺”宣传活动项目获2013年全省地税系统税收宣传月活动优秀项目一等奖，被省局作为优秀项目上报国家税务总局。2013年，全市地税系统纳税人满意度维持在99.5%以上。

金融　保险

中国人民银行六盘水中心支行

【概述】 2013年，人行六盘水市中心支行党委立足于抓班子、带队伍、拓思路、抓创新，树立“开门办央行”的理念，逐步理顺与市政府、银监局、金融机构和内部管理四大关系。在切实防范风险、加强内部管理的基础上，坚持寓监管于服务之中，在管理中体现服务。初步实现服务实体经济、服务民生民本、开门办央行的工作目标，为地方经济平稳较快发展做出了积极贡献。

有效贯彻落实稳健的货币政策，为辖区经济平稳较快发展提供有力的金融支持。2013年，六盘水中支针对辖内实际情况，提出了信贷六项重点工作。落实好稳健的货币政策，保持金融对实体经济的支持力度；优化信贷结构，支持六盘水经济结构调整；确定贷款利率，提高经营管理水平；加强防范，坚决守住不发生金融系统风险的底线；落实金融服务工作要求，服务全市经济发展和民生改善；推进银行间市场直接融资，提高金融综合服务能力。首次运用“存单+信用”的模式对水城蒙银村镇银行发放首笔支农再贷款。转变小贷公司报数方式，由中支代理全辖小贷公司报数改为按属地管理的原则由各县支行独立完成辖内新增小贷公司数据报送工作。

截至2013年12月末，全市人民币各项存贷款余额分别为754.42亿元和599.88亿元，分别较2012年同期增长11.57%和18%。通过积极使用支农再贷款、再贴现等货币政策工具，不断引导金融机构优化信贷结构。2013年累计发放支农再贷款18.09亿元，办理再贴现7.74亿元。2013年12月20日，中支促成市公交金融IC卡应用项目的成功签约，有效推动金融IC卡在公交领域的应用，让更多群众享受安全、便捷、高效的金融服务。标志着六盘水市金融IC卡公共行业应用进入新的发展阶段。

（郭　鹏）

【维护金融消费者权益】 2013年，成立了金融消费权益保护中心，召开了金融消费权益保护工作预备会，通过“中国凉都·六盘水·投诉咨询平台”和“贵阳中支横向联网工作平台电子邮件系统”实现网上投诉处理。2013年，成功处理7起投诉。

（郭　鹏）

六盘水银监分局

【概况】 注重监管引领，服务实体经济。抓住六盘水旅发大会契机，引导银行业重点加大对战略性新兴产业、节能环保、科技创新及文化产业的金融支持力度。认真贯彻落实《关于深化小微企业金融服务的意见》，确保差异化政策落实到位；积极开展第二届小微企业金融服务宣传月活动；建立小微企业定期监测报告制度，强化考核。督促指导辖内农村中小金融机构立足市场定位，优化网点布局，改进服务方式，切实加大对三农的支持服务力度；在“三大工程”基础上继续推进农村金融全覆盖后续工作，努力扩大农村金融服务覆盖面。

保持监管连续性，严守风险底线。督促各银

行业机构强化“名单制”管理，建立平台贷款到期台账和按季统计分析报告制度，实施平台贷款和非贷款融资的全口径风险监测。督促辖内银行业金融机构落实差别化住房信贷政策，建立房地产贷款按季监测分析制度。把案防工作贯穿于全年监管工作始终，开展安保现场检查和安全评估大检查，建立案防工作联席会议制度。解决辖内银行业中心城区网点运钞车停放脱离监控范围、1226钞车通行问题，年内实现“零”案件工作目标。督促辖内银行业金融机构建立企业授信总额联合管理机制，加强交叉担保情况的核实调查。对辖内煤炭行业运行及银行贷款风险变化情况进行调研，及时提示风险。积极开展全国预防和打击非法集资宣传月活动，督促银行业开展自查并建立严密的“防火墙”，防范外部风险向银行系统传染渗透。

加快发展转型，深入推进银行业改革。积极做好新监管标准政策宣传、解读和引导工作，确保新资本报表制度的顺利执行。督促指导辖内农合机构做好改革各项基础工作；协调相关部门落实解决了信用社资产确权、清收机关职工借款、涉案贷款久拖不结等问题，为信用社改制工作打下了坚实的基础。指导村镇银行研究制定长期发展战略，不断提升市场竞争力。年内，蒙银村镇银行建业支行、万和村镇银行洒基支行、凉都村镇银行红桥支行相继开业营运。持续推动“引银入市”工程，重庆银行六盘水钟山中路支行如期开业，招商银行六盘水分行获批筹建。

（肖　平）

中国工商银行股份有限公司六盘水分行

【概述】 2013年，六盘水分行的储蓄存款增量、贷款、中间业务等几大主营业务指标持续保持当地同业市场第一的优势。各项指标完成情况如下表：

分类	序号	项目		12月31日实际完成	实际序时完成率
发展目标	1	存款	储蓄存款时点增量（万元）	85295	81%
	2		储蓄存款日均增量（45%均衡率，万元）	62022	131%
	3		储蓄存款增量市场占比	第一	—
	5		公司存款日均增量（45%均衡率，万元）	47898	-138%
	6		机构存款时点增量（万元）	61279	108%
	7		机构存款日均增量（45%均衡率，万元）	45813	179%
	12	贷款	公司贷款日均增量（50%均衡率，万元）	134796	177%
	13		个人贷款日均增量（50%均衡率，万元）	23734	198%
	14		非信贷融资业务量（亿元）	18	69%
	15	经济资本回报率		32.58%	97%
效益目标	16	拨备前利润（万元）		53914	105%
	17	拨备提取（万元）		2218	161%
	18	净利润（万元）		38654	111%
	19	经济增加值（万元）		18500	106%
	20	中间业务收入（万元）		17849	102%
	23	中间业务收入市场排名		第一	—

续上表

分类		序号	项　目	12月31日实际完成	实际序时完成率
风险控制		24	不良贷款率	0.09%	202%
		25	个人客户违约率	0.93%	269%
结构优化	渠道结构优化	26	柜面业务可分流率较年初降幅	8.50%	166%
		27	电子银行客户渗透率	41.36%	106%
	客户结构优化	28	个人客户中高端占比	20.0%	100%
		29	法人客户中高端占比	29.00%	94%
合计					

【结构调整】 优化信贷结构。六盘水分行按照“储备一批、锁定一批、突破一批”的思路和工作要求，建立项目储备库。走出一条以煤兴业、多元发展的路子，发展一批中型客户，解决信贷客户集中的问题。密切跟踪六盘水境内旅游项目，积极发掘新的信贷市场增长点；继续在学校、医院等民生领域挖掘新的业务机会；加大对民营企业和中小企业的信贷支持力度，落实“三专”金融服务，大力发展小企业信贷业务。调整收益结构，扎实推动“收入目标＋挖潜增收”中间业务劳动竞赛活动，消灭减少零收入、低收入账户数量，挖掘增收潜力。全面梳理中高端客户持有的金融资产状况，综合考虑客户在账户、结算、融资、理财、办理业务渠道等多方面的金融需求，设计套餐服务，提供综合化的解决方案，提高产品覆盖面。调整客户结构，加大对财政、烟草、社保、教育、交通等单位的营销和走访力度，扩大份额占比。将客户梳理后进行细分，提供账户管理、网上银行、贸易融资、代发工资等一揽子金融产品，把业务渗透到小企业经营的各个环节。

（夏明杨）

【风险防控】 抓好规定动作执行和自选动作的延伸。抓好案件及安全防范制度执行，确保规定动作不变形、执行不走样。加大个贷不良率和违约率的监测力度，将违约率纳入催收人员、法律人员及信贷管理人员绩效考核，严控不良率。

（夏明杨）

【创新工作】 持续推进网点竞争力提升项目，开展网点竞争力提升考核评价，检验网点竞争力提升效果，固化网点管理模式。加快创新商行+投行，表内加表外、信贷加非信贷、间接融资加直接融资相互协同，以创新业务带动存款、中间业务的快速增长。创新开展各类客户服务营销活动，抓住教师节、中秋节、国庆节的节日时机，提升客户体验。

（夏明杨）

【队伍建设】 对中年员工进行适岗、转岗培训，对青年员工进行多岗位轮流培养，狠抓客户经理营销团队综合素质的打造，通过拓展、急训、考试、考核、评比等流程逐步建立起一支能打、能拼适应市场的客户经理队伍。另外，通过“党的群众路线教育实践活动”的开展，全行上下形成了二线主动服务一线、一线主动服务客户的良好工作氛围。

（夏明杨）

【开展各类营销活动】 根据省分行开展的“黄金季”“理财季”“产品收入季”“拓户竞赛季”“红色记忆、贵金属销售”沙龙，结合分行核心指标、业务短板，开展季度性业务推动专项活动竞赛。通过每周通报、点评，促进各项活动考核产品按序时目标逐步推进，提升六盘水分行重点业务、促进短板业务，扩大六盘水分行市场占比和影响力。在全行营造了“你追我赶、奋勇争先”氛围。通过活动以点

带面做好全行理财业务和重点产品发展，在巩固优质客户，壮大客户群体。

（夏明杨）

【网点建设工作】　梳理辖内网点竞争发展情况，分析当前各营业网点发展现状与差距，查找自身在工作推动中存在的问题和不足，思考制定有针对性的提升目标及措施。采取传、帮、带的学习交流方式，促进全行网点竞争力的全面提高。通过树立标杆网点，以点带面，从网点负责人管理理念、网点具体设施摆放布局，网点员工服务动态管理等四方面形成帮扶学习小组，通过活动的开展，网点整体服务水平和营销能力得到提升。

（夏明杨）

【构建品牌效应】　开展“超越2013.卓越服务在工行”主题活动。持续提升客户服务水平，着力打造卓越金融服务，建设客户满意银行；六盘水分行按季制作《服务反光镜》和《服务争星候选人风采展》。结合精品网点建设推动贵宾中心标准化。从环境规范、VIP窗口使用、仪容仪表、品牌推广等细节高标准管理，打造贵宾中心形成辐射全辖中高端客户的服务基地，提升中高端客户服务品质能力。

（夏明杨）

中国农业银行股份有限公司六盘水分行

【概述】　截至2013年年末，中国农业银行六盘水分行下辖4个支行（六枝特区支行、盘县支行、水城县支行、钟山支行）和一个营业中心；共27个营业网点；全行员工504人。其中：硕士研究生4人，大学本科170人，大学专科160人，中专115人。中共党员229人。高级经济师1人，经济师156人，助理经济师107人；会计师5人，助理会计师90人；政工师2人，助理政工师2人。

（韩永生）

【主体业务】　2013年年末，全行各项存款余额80.25亿元，较年初增加2.42亿元；其中个人存款余额48.68亿元，增长2.61亿元。实现中间业务收入8939万元，完成计划的100.1%，同比增加1380万元。累计投放贷款54.2亿元，各项贷款余额73.9亿元，到期贷款收回率99.98%，在全省农行中名列前茅。实现利润2.77亿元。

（韩永生）

【资产质量】　各项贷款余额73.9亿元，其中个人贷款占比22.9%，较年初提升3.24个百分点；委托清收不良资产本息765万元，完成计划的101.33%，清收自营不良贷款本息5032.38万元。不良贷款余额2.57亿元，较年初下降1864万元，余额占比3.48%，较年初下降0.24个百分点，实现了持续“双降”目标。

（韩永生）

【基础管理】　加快全面风险管理体系建设，风险管理水平评价在全省农行中排名保持在前三位。深入开展“四项专项治理”“合规教育宣讲暨检查发现问题集中整改月”等活动，稳步推进“三基本学习”“三化三铁”“三化三无”“三化三达标”工作，内控综合评价由二类行上升到一类行。全年未发生案件和重大责任事故，连续6年实现安全经营。

（韩永生）

【发展亮点】　以“5个100”工程为重点，紧抓煤炭技改扩能和整合、招商引资、产业园区建设机遇，营销一批优质企业和项目。成功办理同业融资6亿元，完成5300万元债权转让，促成9000万元融资租赁业务，并实现了国内保理、并购贷款、国内信用证、银行承兑汇票等业务品种上的突破。贴现余额3.39亿元，位居全省农行第一。现金与结算、托管、代理保险、第三方存管等提前或超额完成全年任务。

（韩永生）

【三农业务取得突破】　“新农保”工作稳步推进。截至年末，共建设新农保服务点97个，项目累计带动发放惠农卡30.21万张。扎实推进“惠农通”工程。前期分行的“惠农通”“新农保”服务点纳入人民银行助农取款服务点进行管理。截至年末，建立金穗“惠农通”服务点610个，已选点准备建设运行的服务点180个，农村支付环境得到进一步优化。农户贷款业务稳步发展。在做好农户不良贷款清收工作的同时，发展农村个人生产经营贷款，调整和优化农户贷款结构、切实提高风险管控。农户小额贷款较年初新增967万元，农户贷款不良率为4.27%，到期收回率98.73%。在全省农行位列第三名。

（韩永生）

【激励约束机制】 完善“三位一体”考评机制和“赛马＋计价”激励约束机制，成功实施机关部室考核，不断优化网点考核，考核导向作用更加明显。以加强民主集中制建设为切入点，健全领导班子沟通协调机制，完善班子议事和决策规则。加快各项规章制度建设，真正形成用制度规范行为，按制度办事，靠制度管人的有效机制。加快干部员工队伍建设。组织开展了风险管理部总经理“海选”工作，对5名科级干部的岗位进行调整，组织开展副科级干部公开竞聘，将10名优秀员工选拔充实到副科级岗位。加大培训力度。以员工的全面发展为中心，大力倡导员工苦练基本技能，全年多次举办柜面业务、营销技能、系统操作等培训，增强干部员工的专业素养和综合管理能力。

（韩永生）

中国农业发展银行六盘水分行

【概述】 2013年，分行以新农村建设为支点，认真贯彻国家各项支农强农惠农政策，切实改进作风，狠抓业务发展，突出支农作用，夯实发展基础，各项工作稳步开展。截至2013年年末，全行各项贷款余额302925万元，同比增加38234万元，增幅15%；各项存款余额97417万元，同比增加4960万元，增幅5.4%；实现账面盈利6612万元。

（邱　洁）

【发挥政策性职能作用】 2013年，以农发行贵州省分行与六盘水市政府签订300亿元战略合作备忘录为契机，加大贷款项目推进力度，充分发挥自身职能作用。做好粮油信贷基础业务，发放各级粮油储备贷款4738万元，有效保证了地方粮油安全。做好已审批中长期项目贷款投放工作，认真落实贷前准备争取信贷计划，2013年省分行审批分行新农村建设中长期贷款3笔、金额8.83亿元，全年累计投放7.27亿元。做好农业农村基础设施建设项目调查申报，六盘水“十二五”通村油路9.03亿元贷款项目成功上报农发行总行。做好信贷支持特色优势农业产业项目模式的创新，向省分行上报猕猴桃项目贷款2.96亿元。围绕“水利、土地”做文章，开展了盘县出水洞水库9.67亿元、水城观音岩水库3亿元、钟山红岩水库0.8亿元等水利项目前期调查评估；上报六枝土地收储项目1亿元、盘县土地收储项目1.98亿元，前期调查评估钟山区土地收储项目2亿元。全年上报及已开展调查初评估项目达30亿元。做好票据贴现业务，办理完成六枝工矿集团717万元票据贴现。

（邱　洁）

【改进作风提升水平】 按照中央和上级行关于作风建设的有关规定，分行把改进作风作为队伍建设的重要抓手，进一步加强内部管理工作。深入学习贯彻中共十八大精神以及十八以来习近平总书记一系列重要讲话，不断提高领导干部和全体党员整体素质。通过开展“四无”创建、银企廉政共建、案件防控考评等工作，深入推进惩治和预防腐败体系建设，进一步强化党风廉政建设。从吃、住、行入手，控权制欲，筑牢拒腐防变的思想防线，制定作风建设有关规定，修订完善办公用品和重要物品领用管理办法、车辆管理办法等，改进会风文风，严格控制公务支出，严禁非公务公款吃喝、娱乐活动，严禁铺张浪费。坚持廉洁办行，一年来没有发生违纪违法案件。

（邱　洁）

中国建设银行股份有限公司六盘水市分行

【概述】 2013年，建行六盘水市分行按照省分行年初工作会议部署，坚持“综合性、多功能、集约化”定位，坚持“增效益、提份额、重质量、调结构、推综合”管理，把握机遇，转变发展方式，增强核心竞争力，以快速扩大客户账户规模为基础，以拼抢优质项目为抓手，各项业务有所发展。

截至2013年12月31日，一般性存款余额839235万元，比年初新增75811万元；对公存款余额为409741万元，比年初新增31352万元；个人存款余额429495万元，比年初新增44459万元。中间业务净收入7825.89万元，比上年增收196.4万元。电子银行账务性交易量比上年提升4.53%。经营效益快速增长，实现税前利润23905.73万元，比上年增加2648.73万元，计划完成率138.61%。

（邓书文）

【资产业务增长】 2013年，建行六盘水市分行加大对招商引资项目、工业园区建设和区域煤炭行业兼并重组企业的营销力度，采取一系列举措促进资产增长，主要有为贵州盘江投资控股（集团）有限公司、水城矿业集团、首钢水城钢铁集团等集团或集团成员企业客户提供授信工作，并积极为地方煤炭企业和当地项目提供优质服务；重点支持市人民政府和六枝特区、水城县人民政府信贷需求，进一步密切银政关系；全力支持中小客户的合理信贷需求，稳定和拓展中小企业客户群体，全年发放小微企业客户贷款41笔。截至12月31日，市分行各项贷款余额为582994万元，较年初新增112505万元，增幅为23.91%；公司类贷款余额495378万元，较年初新增85486万元，增幅20.86%；个人类贷款余额87616万元，较年初新增27020万元，增幅为44.59%。

（邓书文）

【不良贷款情况】 2013年，市分行不良贷款额为196.37万元，较年初减少了116.99万元，不良贷款全部为个人类贷款，不良贷款额度控制在省分行年初下达的300万元以内。全行不良贷款率0.03%，较年初下降0.04个百分点；个人类不良贷款现金回收100.86万元，完成全年计划74.25万元的135.84%；公司类贷款继续保持不良贷款为零的成绩。个人类贷款不良额度和不良率均有所下降。

（邓书文）

【客户持续增长】 2013年，建行六盘水市分行对公全量客户新增799户，完成省分行计划的185.81%，对公有效客户新增368户，完成省分行计划的245.33%。个人全量客户净增15026户，完成全年计划7800户的192%，个人客户中AUM0.2万至5万的个人有效客户净增10652户，为年计划6291户的169%；AUM5万至20万的个人有效客户净增2733户，为年计划1125户的242%；AUM20万至100万的个人有效客户净增1504户，为年计划334户的450%；AUM100万至500万的个人有效客户净增137户（其中AUM500万以上客户新增10户），为年计划50户的274%。

（邓书文）

中国银行股份有限公司六盘水分行

【概述】 2013年，中国银行六盘水分行人民币各项存款余额375040万元，计划完成率为37.58%；日均存款为367461万元，计划完成率为122.04%；外币存款余额664万美元，计划完成率为3087%。截至12月末，分行四行口径存款市场份额为10.6%，较年初上升0.17个百分点，全金融机构口径存款市场份额为5.01%，较年初下降0.24个百分点。2013年，中国银行六盘水分行各项贷款余额为311103万元，其中：公司贷款269022万元；零售贷款余额27283万元；票据贴现6652万元。截至12月末，向六盘水政府融资平台公司和六盘水大中小微型企业发放贷款共计20.25亿元，其中表内新增公司贷款5.13亿元，位列全省第三；省外引进投融通业务资金14.5亿元。

（罗丽莎）

【推出多彩贵州卡】 中国银行与省旅游局共同推出了以贵州十二个地州市的景点为卡面的多彩贵州卡，以扩大六盘水地区旅游胜地的影响力，增加旅游收入。该卡除银行卡的基本功能外，还融合旅游卡和市民卡的功能，持卡客户可享受全国数百家旅游景点刷卡优惠及公交、景点、酒店、购物快捷支付等功能，是目前市面上功能最全面的借记卡之一。

（罗丽莎）

【积极组织参加公益活动】 2013年，中国银行六盘水分行组织对木果乡三家寨小学、盘县大山镇的捐赠，中对木果乡三家寨小学捐助现金及物资近万元，盘县大山镇捐赠现金30万元。利用行内柔性组织志愿者协会积极参加六盘水公益捐助，为六盘水白血病女孩等募集善款10225元。

（罗丽莎）

交通银行六盘水支行

【支持地方经济发展】 2013年，累计向当地投放贷款12.35亿元，同时利用信用证等金融产品，解决客户的资金需求，成为服务地方经济发展的重要力量。主要体现：支持政府主导重点项目建设，为六盘水市文化投资开发有限公司“凉体中心”项目授信1亿元，六盘水市民生发展有限公司“西福园公墓”项目授信1.05亿元，向六盘水市国土储备中心授信5亿元（已提款3.05亿元），向水城经济开发区高科开发投资有限公司“标准化厂房”项目授信2.2亿元。积极支持民生领域，先后向市人民医院、水矿总医院等单位贷款2亿元。支持地方煤矿整合及水钢、水矿等大中型企业流动资金、项目贷款，累计投放资金40亿元。支持中小微企业发展，累计向小微企业发放贷款3亿余元。创新融资渠道，投行+商行、表内+表外，多渠道实现项目资金投放。

（尹纳娜）

【经营质效】 截至2013年年末，交通银行各项存款余额14.60亿元，较年初增加3.18亿元，储蓄存款余额3.13亿元，较年初增加1.84亿元，各项存款余额市场占比1.94%，位于全市第8位，较2012年提升0.26个百分点。2013年，各项存款余额增长率位于“五大行之首”，实现经营利润6078万元。

（尹纳娜）

【渠道建设】 按照“三位一体”格局加大机构网络建设，提升品牌美誉度。加速推进自助银行网点布局，2013年12月末，交通银行共设置了5个自助银行（其中盘县支行1个），6个自助银行单机点，自助银行与人工网点比例达到2.5：1，服务功能进一步完善。

（尹纳娜）

【服务质量】 开立“特殊人群专用服务窗口”、开设便民区域、设置无障碍通道等人性化服务措施，引自动填单台和自助发卡机，在重点节日开展客户慰问活动，拉近与客户的距离。

（尹纳娜）

贵州银行六盘水分行

【业务指标完成情况】 截至2013年年末，各项存款余额130.44亿元。其中：对公存款余额93.9亿元，较年初增加19.1亿元，增幅25.61%，计划完成率54.96%。对公存款余额在全市金融机构占比24.93%，增量在全市金融机构公司类存款新增占比57.3%。各项贷款余额65.12亿元，存贷比49.92%。其中：小微企业贷款6.9亿元，较上年末增长0.16亿元，增幅为2.37%；直融落地资金44.6亿元，交易融资落地金额60.92亿元，累计为地方融资达百亿元以上；不良贷款余额5827万元，较上年减少2400万元，下降29.27%；增提拨备3686万元，实现利润4.17亿元。

（姚 黎）

【“春雷活动”社区营销】 开展“春雷活动”“五个一”“迎中秋、庆行庆”社区营销，通过在广场设点，商户刷卡打折、扫街式进社区营销等活动，实现品牌形象由六盘水市商业银行向贵州银行的转身，提升品牌形象。截至2013年12月20日，分行储蓄存款余额为356355万元，比年初增加88336万元，增幅为32.96%，完成全年12亿元计划的73.61%，占总存款的27.05%，比年初增加2.34个百分点。较7月份增长21768万元，完成“五个一”增长10亿目标任务的21.77%。截至12月20日，分行有效卡发卡总量为240728张，较年初增加53044张，卡下存款余额150674万元，其中：活期存款136866万元，卡下定期存款13808万元，卡均存款0.63万元。较7月份增长25826张，完

成“五个一”新3.8万张目标任务的67.96%，年底完成3.8万张发卡任务。

截至12月30日，银行卡中间业务收入253万元，其中：银行卡中间业务收入中POS收单收入为166.06万元，ATM收单收入86.94万元。新增POS商户212户，新增装机225台，完成13年100户任务的225%，撤机48户，57台。总商户数达748户，总装机802台，分别较年初增长了164户、168台。发行“贵银恒利”等理财产品10期，840笔，销售金额为12371.52万元，其中：个人客户837笔，销售金额为10706.52万元，企业客户3笔，销售金额为1665万元。分行新增代发工资户98户，代发人数6232人，完成分行95户目标任务的103%。

（姚　黎）

【融资业务促进服务功能】 2013年，贵州银行六盘水分行通过开展直接融资和交易融资业务，与传统贷款相结合，有效支持地方经济发展，带动机构业务的良性发展。截至11月末，分行贷款余额634967万元，较年初新增32159万元，增幅为5.33%，贷款余额全市占比10.74%，新增占比4.31%，其中：公司类贷款余额507732万元，保理余额18000万元，贴现余额20321万元。贷款为水矿集团恒利物流公司、水矿医院、盘县职中、六盘水市文化投资开发有限责任公司等客户提供资金支持。截至2013年12月22日，小微贷款余额为10181万元，562户，较年初增加9779万元，558户，全年累放贷款14785万元，实现利息收入820.88万元。与市工商局微小办、钟山区各办事处、红桥新区管委会等政府机构、商会协会、市场业主等广泛合作，搭建多层次的小微企业金融服务平台。

2013年，贵州银行六盘水分行直融业务共落地直融项目11个，累计金额44.6亿元，主要分布在房地产、水利、能源等行业，支持六盘水市的经济建设，取得了较好的社会效益。共办理直贴业务927笔，累计金额302108万元，贴现余额20321万元；办理转贴现业务541笔，累计金额237614万元；办理再贴现业务206笔，累计金额37376万元。机构客户开户701户，机构客户存款余额44.78亿元，较年初下降3.22亿元。从机构存款的分类来看，存款较多的类别为：住房公积金类、财政类、教育类、移民扶贫等专项资金类。

贵州银行六盘水分行交易融资部推动交易业务发展，协助支行上报立项项目。立项期间，六盘水分行上报立项项目19个，其中实现贵州水城矿业股份有限公司25亿元的总对总授信、贵州贵能投资有限公司6.9亿元的单一客户授信以及登封少林耐火材料有限公司1200万元的授信。截至12月20日，六盘水分行交易融资业务共有客户数62户，审批金额60.92亿元（含水矿、贵能31.9亿元），累计签票金额32.78亿元，银行承兑汇票余额25.97亿元，用信（敞口）余额14.96亿元，保证金余额11.01亿元，派生存款余额12.15亿元，中间业务收入155.62万元。

（姚　黎）

【风险防控】 2013年，贵州银行六盘水分行重视抓好风险防控，一是制度先行，印发《贵州银行信贷资产风险五级分类管理办法》和《贵州银行信贷资产风险五级分类操作规程》《贵州银行授信后管理办法》《贵州银行授信后检查操作规程》等制度，使贷款管理工作有章可循；二是提前预警，注重行业风险的调查和风险预警提示，督促和协助各经营机构识别和控制风险，建立有效的风险预警机制。全年通过下发风险预警提示的方式牵头组织对民营煤矿进行调查，形成相应的调查报告和风险控制建议。六盘水分行风险管理部全年共下发风险预警提示17份，除针对行业的风险预警外，还针对个别风险较高的客户单独下发风险预警提示，为经营机构提示风险点、提供有关风险化解措施的建议；三是强化不良贷款清收、处置、保全力度，有效控制不良贷款增长势头，截至11月末清收四级逾期贷款13972万元，截至2013年12月19日，清收压降五级不良贷款3190万元，其中公司类不良贷款3038万元，个人类不良贷款152万元。其中现金清收2690万元，以资抵债500万元。

（姚　黎）

【内控巩固会计基础工作】 六盘水分行加强制度执行的检查力度，内审稽核部和会计结算等部门，结合工作实际多次开展专项检查。其中审稽核部开展内控检查6次，包括4次常规检查和2次突击检查。内容包括案件防控、票据业务、反洗钱、柜面操作风险、银企对账等，共发现问题157

个，对87名员工进行处罚，其中包括8家支行行长，处罚金额11450元。会计部门进行9次检查，其中4次节前节后查库，1次突击查库，1次会计专项检查，2次会计营运制度执行情况全面检查。共查出问题130条，对213名责任人进行了处罚，处罚金额42900元。

（姚　黎）

【保障工作】 科技部门确保六盘水分行业务系统和设备正常运转，完成中心机房通讯系统的升级、全辖营业网点联通通讯线路MSTP改造、网上银行上线、ATM银行卡跨行转账的ATMP端和C端程序的开发改造，为六盘水分行各项电子设备和系统运转提供保障。人力资源部门加大人员招聘和培训，截至2013年年末，分行员工总人数399人，其中：在册394人，退休人员2人，劳务派遣3人，较年初新增员工59人，招聘关键人才18名，到岗16名。另外，开展入院入岗、在岗培训和直、交融培训，进行主管会计上岗考试等工作；办公室等部门加大服务和监督力度，规范文件、印章、车辆、会议等工作流程，加强保安人员管理和日常安全设备、制度落实的检查力度，到基层检查20余次。

（姚　黎）

【党群团工作】 六盘水分行组织党员干部学习中共十八大精神，培养党员新生力量，5名预备党员按期转正，18名积极分子参加入党积极分子培训；执行党风廉政建设要求，签订责任书，开展党员干部收礼、宴请的备案工作；工会组织关心职工，例行职工体检和职工慰问工作；团委在“五四”期间开展青年植树活动。

（姚　黎）

六盘水市农村信用合作联社

【概述】 2013年年末，各项存款余额189.38亿元，存款比年初增加23.47亿元，同比多增1.97亿元，增幅14.15%，高于全市存款增幅2.58个百分点。各项贷款余额156.58亿元，较年初增加27.91亿元，同比多增5.91亿元。从全市金融机构看，农信社存款和贷款增量市场份额和存量市场份额均居全市银行业金融机构第一位。2013年，全市农村信用社累计发放信合卡193671张。实现各项收入178399万元，比上年同期增加30831万元；实现净利润37840万元，同比增加15989万元，增幅73.17%。

2013年年末，六盘水辖内有4家农村信用合作联社，共有117个营业机构网点，其中：4个营业部（县级联社直属机构），113个信用社，其中城区36个，城乡81个，15个便民服务点。全辖农村信用社共有员工1607人。其中研究生14人，占员工总数的0.9%；本科学历971人，占员工总数的60.4%；大专学历412人，占员工总数的25.6%；中专学历以下210人，占员工总数的13.1%。

（屈　怡）

【支持地方经济发展】 在新增贷款的投向上坚持面向三农，面向小企业，面向社区，确保全年涉农贷款、中小企业贷款增幅高于全部贷款的增幅。2013年年末，全市农村信用社涉农贷款余额137.15亿元，比年初增加27.27亿元，高于同期增量9.98亿元，增幅为24.81%，高于各项贷款增幅3.12个百分点;2013年年末全市农村信用社小微企业贷款余额102.95亿元，较年初增加18亿元，高于同期增量2.33亿元，增速31.89%。

（屈　怡）

【信用乡（镇）诚信农民建设工作】 省农信社六盘水办事处积极开展信用乡（镇）及诚信农民建设工作。2013年，全市农村信用社累计创建信用乡（镇）32个，新增10个，完成计划任务的125%，通过率100%。

（屈　怡）

【电子化网点建设】 2013年，全市共计增加ATM机具60台，ATM机具总计达123台，完成全年计划154%；2013年全市所有联社均开通网上银行业务，年底开通个人网银6800余户、企业网银近250户，网银签约完成全年计划180%。POS机总数分别达679户和836台。

（屈　怡）

中国邮政储蓄银行六盘水市分行

【业务发展】　5个自营网点储蓄余额60516.2万元，较年初增长3884.05万元。短信、信用卡、保险、国债、基金、理财、托管、代收付业务实现收入304.66万元，占个人业务收入的18.27%。全年新增信用卡1848张，结存4912张；新增短信9870户，结存33038户；增加电子银行客户44555户（电话银行10411户、网上银行12428户，手机银行12293户，电视银行9423户），电子银行替代率（含ATM）达到52%。就业贷款全面铺开，盘县支行、荷城东路支行启动再就业贷款业务；小企业贷款拓展了客户群体。

（余　靖）

【人事与业务管理】　通过优化作业流程，在风险可控的前提下减少不必要的中间环节，将人员调整到急需岗位；通过员工跨部门、跨岗位合理兼职，达到减员增效的目的；调整前台营业时间和后台作息时间，在保证服务质量的基础上合理减轻员工的工作量；结合机构改革，合理安排各岗位人员，确保各部门、各岗位各司其职、各负其责。根据业务发展情况科学测算各项成本，年初制定收入、利润预算，将人工成本、营销费用纳入预算，在保证重点业务发展费用的同时，确保员工收入逐年增长；对每个支行进行损益核算，严格控制非生产性支出，对各项业务进行成本费用核算。在会计营运方面，加强头寸管理和备付金管理，科学预测头寸，在保证网点正常支付的情况下，减少网点、出纳和金库库存现金。

（余　靖）

【风险与案件防控】　开展“合规大讨论”活动，要求各部门、各支行在保证基本动作不走样的前提下，结合自身存在的问题进行认真梳理，查找并改正业务工作中不合规的行为，让员工进一步熟悉规章制度、操作流程，正视存在的问题并采取有效措施进行整改，树立合规就是效益，违规就是风险的合规意识，确保业务持续健康发展。在与省分行签订《案件防控和资金安全责任书》的基础上，与分管行领导、各部门、支行负责人、员工层层签订责任书117份，将案件防控的各项工作落实到每一个部门、每一个岗位、每一个员工，并要求分管行领导、部门负责人和支行长交纳风险金；实现了全市邮政金融零案件的目标。

（余　靖）

【内部建设】　开展优秀员工评选活动，营造比、学、赶、帮、超的良好氛围。创建盘县支行职工小家，推进工会组织体系建设，员工入会率达100%。建立职工急、病、难帮扶的“送温暖”工作长效机制，慰问困难员工2人，异地交流干部4人，看望生病员工1人，员工直系亲属去世慰问1人。

（余　靖）

【创富大赛】　8月28日，由六盘水市人民政府金融工作办公室、中国邮政储蓄银行六盘水市分行主办的“创富先锋六盘水赛区2013中国邮政储蓄银行创富大赛”，在盘江雅阁酒店举行，来自不同行业的15名选手参加比赛。

（余　靖）

市政府金融工作办公室

【“引金入市”工程】　通过“引金入市”工程，大力引进各地股份制商业银行及证券、期货、信托、保险、基金等非银行金融机构。重庆银行六盘水支行正式开业，招商银行、贵阳银行、浦发银行入驻工作全面启动；海通证券、方正证券相继入驻六盘水市；不断发展壮大地方金融机构，六盘水商业银行已成功参与组建贵州银行，交通银行盘县支行、建设银行水城支行、贵州银行钟山支行获批开业，六盘水农村商业银行筹建工作全面展开；大力支持小额贷款公司和融资性担保公司发展。2013年新增1家小额贷款公司和1家融资性担保公司，支持六盘水市广源担保公司增资扩股到1亿元，增强国有融资担保公司发展实力；政府与金融机构战略合作进一步强化，与国家开发银行贵州省分行、中国农业发展银行贵州省分行、贵州银行三家银行成功签订总额1100亿元的战略合作协议。

（李艾秋）

【拓展融资模式】 邀请、会同省政府金融办、国信证券公司、省证监局及华创证券公司等对部分企业、部门进行金融知识讲座，提升企业对资本市场的认知及应用水平；沟通协调市级平台公司积极依托有实力的证券、信托机构和基金公司全方位进入资本市场开展融资，促成市政府与平安证券、华创证券、中小企业产业投资基金管理有限公司等签署战略框架合作协议，为六盘水市深入拓展资本市场奠定基础。全市通过定向资管、资产证券化、短融、中票、信托、签发承兑汇票、融资租赁等方式合计融资累计160亿元。

（李艾秋）

【完善投融资体制】 建立完善平台公司奖励激励机制、银行信贷投放鼓励引导机制、平台项目调度协调制度，制订完善《六盘水市金融机构支持地方经济发展考核奖励办法》《市人民政府办公室关于鼓励和引导金融机构增加信贷投放的通知》《市级政府融资平台公司融资工作考核奖惩办法》等一系列政策文件，调动金融供需双方信贷投放和融资积极性，有序推进市级政府性项目融资工作。建立项目库统计更新制度和重点项目协调、调度制度，健全六盘水市重点融资项目库，涉及项目274个，融资需求达1700亿元，项目涵盖全市“5个100”和“四个一体化”等建设领域。协调金融机构与重大项目对接，向市内外各金融机构和证券机构做好项目推荐工作，配合各平台公司做好项目融资的商谈、对接。

（李艾秋）

【宣传教育】 联动非法集资领导小组各成员单位开展打击非法集资，从源头防范和遏制非法集资活动，有效维护正常金融秩序，保护广大市民的切身利益。在六盘水电视台、《六盘水日报》上播放、刊登打击非法集资公益广告和案例。其中，电视台公益广告宣传18期（次），电视台案例宣传2期，电视宣传报道活动开展情况1期；《六盘水日报》播报公益广告6期，案例宣传2期；利用辖区银行业金融网点、小额贷款公司、融资性担保公司、典当行等网点进行宣传，张贴打击非法集资海报，发放宣传画册；开展集中大型宣传教育活动，共组织大型宣传性教育活动3次，发放宣传单（册）1500余份，清理非法集资小广告500余条，设立咨询点和摆放宣传展板11次。

（李艾秋）

【运行监管】 开展融资性担保机构和小额贷款公司年检，并以年检作为切入点，及时摸清两类公司经营情况，进一步规范两类公司合规审慎经营；加大两类公司风险排查。4月、11月份，联合人行六盘水市分行、六盘水银监分局对全市22家融资性担保机构和18家小额贷款公司进行风险排查，就排查中发现的问题，同公司的管理人员进行现场交流，提出整改意见和建议，使其严格按照法规制度开展经营活动，更好地助推地方经济社会发展；进一步完善监管办法，为进一步规范两类公司经营发展，建立健全监管体系，市金融办在原有的基础上草拟新的管理办法（暂行），包含各级监管部门管理权限及职责，公司设立申请变更事项，法律法规事项以及违法违规处理事项等内容。

（李艾秋）

【队伍建设】 针对金融办工作需要和干部队伍实际，坚持每周集中一次政治业务学习，汇编《融资知识手册》；加强作风建设和规范单位内部管理，认真贯彻执行中央关于改进工作作风、密切联系群众的“八项规定”；草拟《市政府金融工作办公室规章制度汇编》《市政府金融工作办公室主任办公会议制度》《市政府金融工作办公室专题会议制度》《市政府金融工作办公室公文处理办法》《市政府金融工作办公室资产管理办法》等制度和规定。

（李艾秋）

六盘水市开发投资有限公司

【概述】 六盘水市开发投资有限公司是市政府直接授权的国有独资企业，代表市政府对授权范围内的国有资产形使管理权，享有法人财产权，独立承担民事责任。公司注册资本7.48亿元，公司总资产170亿元，净资产142亿元，资产负债率40%。下属六盘水曙光置业有限公司（注册资金6亿元）、六盘水市水城河治理开发建设有限公司

（注册资金5000万元）、六盘水恒兴项目建设有限公司（注册资金1000万元）、明湖花园酒店有限公司和市物资交易中心等5个全资子公司。经营范围为：项目开发、项目投融资、项目管理、项目代建和资产管理、土地开发与整理。公司现内设9个部室，现有在职职工42人，其中高级工程师3人、高级会计师1人、高级经济师3人；工程师5人、经济师4人、会计师3人。

围绕“项目开发、项目管理建设、项目投融资、项目代建和资产管理”经营范围，秉承以“城市基础设施建设为基础、土地经营为支撑、多元化经营为辅助”的经营理念，以“建设城市、经营城市、服务城市”为主旨，以“宜居六盘水、生态六盘水、旅游六盘水”为目标，2012年，发行全市首支企业债券16亿元，2013年申报发行二期企业债券20亿元，信托资金5亿元，商业银行短期贷款1.5亿元。累计投资30亿元，完成六盘水市美术馆、书院路、一线天景区、主会场周边山体绿化、湿地公园提升改造、师院外立面改造、师院人工湖、启动水城河（铁路桥至公园路桥段）河道治理、火车站广场改造、汪水路改扩建（已有工作面）、明湖水库环湖步道、市三中凤凰校区一期、松坪菜场棚户区前期调查摸底工作、火车站棚户区前期调查摸底工作、明湖片区安置房明湖新苑一期工程、明湖片区安置房滨河苑一期工程、市政务服务大厅室内装修等工程建设及第八届旅发大会主会场等项目建设。建设中的明湖城市综合体项目、水城河治理二期工程、六盘水师范学院二期工程、明湖片区安置房建设工程、康乐北路延伸段工程、市电大双水校区代建工程等预计总投资超过200亿元。

作为全市的投资主体、融资载体和建设实体，公司已形成城市基础设施建设、土地治理开发、城市经营管理和国有资产经营管理四大业务板块。在市政府的支持下，公司不断拓宽业务范围，通过参股贵州银行、贵州水城矿业（集团）有限公司、湖南黑金时代股份有限公司等优质公司逐步提升多元化经营能力，为着力打造“融资的平台、经营的载体、建设的先导、财政的支柱”，成功组建六盘水市开发投资集团公司奠定基础。

（何 金）

【融资情况】 公司实际完成融资4.026亿元，达成意向融资15亿元。申报发行企业二期债券20亿元。

（何 金）

【盘活资产】 在市公共资源交易中心公开招租公司位于火车站附近的9个门面，类似交易，在市公共资源交易中心交易属首例。

（何 金）

【荣誉情况】 8月23日，六盘水市承办的第八届贵州旅游产业发展大会总结表彰会。市开投公司获承办第八届贵州旅发大会突出贡献奖、水城河公司（子公司）获承办第八届贵州旅发大会先进集体，王晓春、张华、王成洪、黄波、邓辉、欧阳润、金波获承办第八届贵州旅发大会先进个人。

10月24日，第三届中国湿地文化节暨东营国际湿地保护交流会议在东营市举行，贵州六盘水明湖国家湿地公园等20处湿地公园试点通过验收并获授牌，贵州六盘水明湖国家湿地公园从此成为国家级湿地公园。

（何 金）

【项目建设】 已完工项目：六盘水市美术馆工程，总投资1.25亿元。旅游发展大会主会场周边山体绿化，总投资1400万元。师院外立面改造，总投资8500万元。师院人工湖，总投资3465万元。火车站广场改造，总投资2473万元。汪水路改扩建，总投资3844万元。明湖水库环湖步道及明湖接待中心迎宾楼装修，总投资6100万元。第八届旅发大会主会场，总投资2500万元。市电大综合楼项目，总投资1330万元。市政府服务大厅室内装修工程，总投资1500万元。市三中凤凰小区一期工程，总投资2.89亿元。康乐北路延伸段改造工程，总投资1.65亿元。

在建项目：明湖城市综合体项目，市开投公司主要负土地一级开发整理，包括协调征地拆迁和安置工作。该项目需征收房屋1494户约53万平方米（含明湖湿地公园一期），总投资约15亿元。已征收房屋1351户48.63万平方米，累计完成投资13亿元，还需征收房屋150户，需拆迁资金1.4亿元。水城河（铁路桥至公园路桥段）河道治理。总投资2780万元（不含征地拆迁费用），完成投资1946万元。明湖国家湿地公园扩建（一线天景区）工程。总投资3631万元，完成投资1500万元。

安置房建设项目：滨河苑一期安置工程总投资5297万元，完成5100万元；滨河苑二期工程总投资21744.93万元，完成投资900万元。

项目前期工作已完成火车站棚户区改造项目前期调查摸底工作（征地拆迁、安置房建设投资估算25亿元）；水城河治理二期（三至六标段）（投资估算9亿元），正在做规划设计；市民职校以朵校区建设（投资估算5.8亿元），已做施工图设计；市社会福利中心异地置换项目，正在做可行性研究报告；钟山区二十小学建设，正在做可行性研究；市商务局拟在德坞片区新建10万吨粮库及办公设施（投资估算3亿元），正在拟定建设模式；市第三人民医院二期项目（投资估算3亿元），正在拟定建设模式。

（何　全）

中国人民财产保险股份有限公司六盘水分公司

【概述】 2013年，人保财险六盘水分公司坚持“保持稳健增长注重价值创造”的工作主基调，“围绕一条主线，坚持两大原则，实现三个目标”的工作思路和“以客户为中心转型年”的战略部署开展各项工作。共完成保费收入23955.49万元，同比增长1170.94万元，实现利润1140万元。全险种已结案件27400件，同比增长28.1%，直接赔款13900万元，同比增长21%，未结赔案6500件，同比增加39.45%，未决赔款估损毛额达到10800万元，同比增加14.7%。

（孙　政）

【改善业务结构】 因历年营业货车业务发展过快，近两年六盘水市地区煤炭产业不景气，导致大量营业货车停运，对公司保险业务产生了严重影响。2013年，人保财险六盘水分公司不断改变业务结构，大力提升家用车业务和非营业客车等业务的占比；家用车市场有较好的发展，增量1471.6万元，增速为26.22%；在非营业客车、营业客车以及非营业货车上同比也有所增长，总体增量为235.2万元；营业货车保费同比减少640.3万元，降幅为11.59%。

（孙　政）

【三农保险服务站建设】 为进一步服务三农，人保财险六盘水分公司于2013年开始，在全市范围内各乡镇建设三农保险服务站；设立三农保险服务站88个，覆盖全市90%以上乡镇。

（孙　政）

【门店战略和理赔服务标准化】 2013年，人保财险六盘水分公司大力实施门店战略，完成城区1家公司和非城区1家支公司的转型。人保财险六盘水分公司通过培训、专题学习、自主学习等多种方式在全市系统内开展《车险理赔服务标准化指引（试行版）》《中国人民财产保险股份有限公司服务界面标准化操作手册》《贵州省保险行业机动车辆保险理赔服务标准》的学习活动。采用知识问答、知识竞赛等方式，检查《车险理赔服务标准化指引（试行版）》的学习情况。以“专家诊断、集中整改”的方式聘请北京零点公司进行服务品质提升的点对点辅导，有针对性的对各网点的服务进行标准化辅导，建立标准化、规范化的服务操作模式，打造标杆网点，以标杆示范效应，以点带面、逐步覆盖；通过培训，网点服务品质得到跨越式提升，服务形象逐渐规范，服务品质得到客户认可。

（孙　政）

中国平安财产保险股份有限公司六盘水中心支公司

【概述】 2013年，中国平安财产保险股份有限公司六盘水中心支公司以科学发展观为统领，坚持渠道化改革，将提升价值创造能力放在更加突出的位置，呈现出业务规模稳健增长的态势，整体保费达成8493万元：其中，承保六盘水北盘江

水电开发有限公司财产险业务38万元，承保首钢水城钢铁（集团）有限责任公司财产险13万元。

（孙海玲）

【社会公益活动】　2013年“6·1”儿童节，平安财产保险公司联合六盘水市教育局，对六盘水市残疾人学校、新世纪幼儿园等三家学校进行了捐助，共计9000余元。

（孙海玲）

【理赔服务及重大赔案】　理赔服务创新。2013年，平安产险贵州分公司推出了一些创新的理赔服务。“车险简单快赔”，即对于事故车辆在平安快赔合作厂维修的纯车损案件，平安在收齐有效理赔单证影像件及客户确认车辆维修方案后，立即进行赔付；客户大小不限，理赔金额不限，出险次数不限。“车险IPAD查勘”，即查勘员现场拍照采集资料并即时上传后台，后台审核通过后短信告知客户价格，从而提高理赔时效。IPAD查勘提高了定损速度，从而支持部分简单快赔客户更快得到赔款。“财产险一证快赔”，即结案赔款金额万元以下（含万元）的财产险案件，在客户提交索赔资料齐全有效、保险双方就赔款金额达成一致的情况下，客户只需填写一张理赔单证，在一张制式的“快赔表”上填写简单的客户信息后一个工作日即可完成赔付。免去客户收集资料、填写繁琐信息、上门提交资料等一系列手续，是谓“一张单证，快速赔付”，简称“一证快赔”。该项服务除无牌照工程机械保险、农业险、共保跟赔案件外，覆盖所有客户、财产险所有险种和所有承保标的。

重大赔案。平安产险六盘水中心支分公司2013年的重大保险赔案有：冰雹案件，赔付30万元；林木火灾保险案件，赔付约40万元。

（孙海玲）

【优化客户服务工作】　举办第十届客户服务节，邀请千余名平安客户参与活动。组织进行汽车保养培训、女性时尚圈系列讲座、安全进校园活动等一系列活动，提高了公司的品牌形象及社会美誉度。

（孙海玲）

中国人寿保险股份有限公司六盘水分公司

【概况】　中国人寿保险股份有限公司六盘水分公司是中国人寿集团公司下辖的中国人寿保险股份有限公司的分支机构，下设六枝支公司、盘县支公司、水城支公司及钟山支公司，现有在职员工88人、保险代理人651人。

2012年中国人寿被收归中央、国务院直接管理，六盘水分公司紧紧围绕总、省公司“坚持抓转型发展”的工作方针，2013年中国人寿六盘水分公司在困境中求发展，业务规模保持持续增长。截至12月31日，中国人寿六盘水分公司完成总保费22219.56万元，同比增长16%。长险首年期交1119.62万元，同比增长35%，其中：10年期及以上717.54万元，同比增长72%；团险短期险保费收入2051.17万元，同比增长8.0%；银邮渠道长险首年保费收入9614.19万元（趸交8346.55万元，同比增长32%，长险首年期交1267.64万元，同比增长56%）。业务得到发展，结构得到优化。2013年共支付各类赔款3939件，共支付赔款金额人民币1376余万元；给付满期保险金及养老金2856件，支付金额合计人民币3600余万元。

公司充分发挥商业保险的社会管理功能，勇于承担社会责任，服务三农，积极参与当地政府新农合经办服务及承保新农合大额医疗保险业务。公司于2007年参与钟山区新农合补偿服务工作至今，已将服务区域扩大到六盘水市全辖的四个县（区），2013年4月13日分公司分别与六枝特区、盘县、水城县、钟山区人民政府签订了《六盘水市商业保险机构经办新型农村合作医疗服务协议》和《六盘水市新型农村合作医疗基金购买商业大病保险协议》，并积极协助六盘水市政府成功举办全省新农合委托经办服务及新农合大额医疗保险业务现场会议。

分公司2013年参与六盘水市新农合经办服务共补偿审核新农合107.08万人次，支付新农合补偿金29994.15万元。

（人寿保险）

中国人寿财产保险股份有限公司六盘水市中心支公司

【概述】 2013年，六盘水市中心支公司签单50624件，实现保费收入5243.36万元，位列当地市场第四位，市场份额7.54%；已决赔案4931件，已决赔款2256.72万元，综合赔付率55.53%；实现承保利润486.88万元。截至2013年年底，六盘水市中心支公司设有总经理室、办公室、财务会计部、业务处理中心、理赔/客户服务中心、渠道业务部、互动业务部、电子保险部、直属营业部九个部门，共有员工48人，其中，管理序列员工14人，技术序列员工17人，销售序列员工17人。

（马雪丽）

【3·15宣传系列活动】 2013年3月10日至15日，市中心支公司及盘县支公司、六枝特区支公司组织开展主题为“诚信保险、优质服务”的3·15宣传系列活动。设立领导投诉接待日，安排总经理室成员、办公室等相关部门人员，轮流对投诉客户进行接待与处理；发放宣传资料1200余份，如机动车辆保险购买指南、保险基础知识解读、行车宝典、防灾知识等资料；邀请六盘水市日报社记者对公司在保险服务方面成绩作宣传报道。

（马雪丽）

【庆祝成立五周年活动】 为庆祝公司成立五周年，展现公司在经营管理、客户服务和业务发展方面的业绩，营造公司和谐、向上、互帮互助的团队氛围，2013年6月10日，公司组织全体员工进行两天一夜的户外拓展训练，总经理室成员全程参与了本次活动。全体员工观看了总公司及中支公司发展历程宣传片，并通过盲人方阵、信任背摔、穿越电网、共同进退、齐心杆、毕业墙等一系列活动，在轻松和谐与具有挑战的氛围中塑造了更加有力的团队精神，增强了公司员工在队伍建设上领悟和谐、向上、奋进团队的重要性认识。

（马雪丽）

【“国寿客户节”活动】 6月16日，六盘水市中心支公司举办2013年“国寿客户节”暨行风监督员聘任仪式活动。活动聘请市政府、市纪工委、市国资委、市纠风办等主管单位领导及重要客户代表共25名为“社会义务监督员”，通过播放“中国人寿2012年发展纪实”“六盘水中支建司五周年”记录片向到会嘉宾汇报了公司的工作状况，请“社会义务监督员”关注、支持、帮助国寿财险进一步取得更好的成绩。活动还开展以“积聚正能量.诚信我先行”为主题的演讲比赛，共有来自县支公司和中支公司本部窗口服务人员、一线销售人员组成的10名选手参赛，到会嘉宾作为评委进行现场评比。

（马雪丽）

【公开选拔年轻干部】 2013年12月26日，中支本部和县支公司共9名员工通过PPT现场演讲方式，从竞聘优势、竞聘上岗后的工作思路、措施及达到的目标对7个部门管理岗位竞聘上岗。本次公开竞聘是公司成立五年以来，第一次在全辖系统公开条件、公开岗位、公开流程选拔年轻干部。通过公开竞聘，中支本部七个管理岗位均配备了管理人员，3新的年轻干部充实到中支管理队伍中，新鲜血液的注入有效提升了中支机关各部门管理能力和工作效率，全体员工参与公司管理、发展的活力得到激发，“公平竞争、能上能下”的用人机制得到建立。

（马雪丽）

太平洋财产保险六盘水中心支公司

【业务经营情况】 成本类指标：截至11月30日，公司综合成本率为94.70%、其中综合赔付率61.05%、简单费用率33.64%、车险综合成本率91.85%、非车险综合成本率122.37%。

发展类指标：截至11月30日，共完成全年保费收入12452.01万元、保费增速21.03%、市场份额19.58%；交叉销售保费收入占比为4.56%、银保保费收入占比为1.27%。车险保费收入11254.27万元，市场份额20.31%、车险单均保费为4993.85元

（不含交强险）、电销保费收入占私家车比重为18.76%、车商保费收入占车险比重为11.12%（不含营销员渠道）；非车险保费收入1197.74万元，市场份额为14.63%、企财险市场份额为12.45%、意外险市场份额为17.89%、责任险市场份额为20.42%；管理类指标：应收保费率为0.43%、非车险应收保费率为4.46%、综合赔付率67.97%、车险案均赔款5592元。

（太保财险）

【多举措促进业务发展】　2013年，公司业务发展手续费率较同期增加到16.1%。针对此情况，首先取消电销转营销业务，实行电销回归；其次扩大公司直销业务规模、鼓励公司员工做大个人直销业务，减少直销业务挂靠代理渠道套取费用的现象发生。加强对各类代理业务、代理手续费的管控，规范业务取得途径。在电话销售、交叉销售以及非车险业务等渠道开展业务，电销升至月度平均保费收入150万元；交叉销售增至月平均保费50余万元；非车险业务累计完成保费收入1197.74万元；民用建筑意健险保费收入突破200万元。

（太保财险）

【服务质量】　明确规定客户经理在服务上的职责；服务态度上要求"速度要快、态度要好、实事求是"；8月份，组织客户服务部对理赔前期工作进行总结与安排，针对出现的问题，提出《理赔工作的八点要求》，制订《理赔日常工作管理办法》。

（太保财险）

【完善激励考核制度】　2013年，公司根据业务发展情况与需要，对已出台的《客户经理制度》《展业费用管理办法》《绩效考核管理办法》等一系列考核办法进行修订，在此基础上，还相继出台了《个代理业务及兼业代理管理办法》《承保验车及特种车承保补充办法》《客户经理基础工作考核办法》等考核方案。

（太保财险）

【队伍建设】　对服务人员采取集中培训、外出交流等各种方式，不断加强员工的业务素质和服务能力。出台了《客户经理基础工作管理规定》《销售人员保险从业资格证持证要求》及《销售人员掌握出单技能的通知》等，将销售人员业务素质、服务能力与薪酬待遇联系起来，从制度上保证了队伍建设的实施。

（太保财险）

【存在的不足】　由于受毛家河水电站滑坡事故，水钢集团三起财产损失事故等非车险重大赔案影响，2013年综合成本率没有达成目标值。员工培训没有形成制度。执行力有待提高。

（太保财险）

农业　气象

农　业

【农业和农村经济概况】 2013年，全市完成农林牧渔业增加值58.07亿元（农业增加值31.94亿元，林业增加值3.48亿元，牧业增加值20.32亿元，渔业增加值0.12亿元，农林牧渔服务业增加值2.21亿元），增速6.5%；实现农民人均纯收入5934元，增速14.5%。粮食作物播种面积183.5千公顷，粮食总产量80.9万吨（夏粮19.44万吨，同比增长3.9%；秋粮61.46万吨，同比增长9%），同比增长8%。油菜籽产量0.9446万吨，同比增长11.38%。肉类总产量11.9万吨，同比增长5%。禽蛋产量5907吨，同比增长0.71%。水产品产量1650吨，同比增长5%。新建规模养殖场62个，完成农业固定资产投资76.46亿元，同比增长115.83%。

（黄亮慧）

【作物播面】 全市秋冬种总播面410万亩，其中夏粮播面219万亩，面积比上年减少39万亩。油菜籽播面18万亩，增加3万亩；蔬菜播面78万亩，增加9万亩。新增茶园6.2万亩，新增果园6.5万亩。

（黄亮慧）

【农业产业结构】 全市粮食播面268.9万亩，经济作物播面264.75万亩，粮经比51∶49。种植马铃薯206.43万亩，茶叶15.05万亩，猕猴桃8.002万亩，核桃28.603万亩，油茶4.45万亩，蔬菜71.51万亩，中药材6.8万亩，烤烟13万亩、收购烟叶29.67万担。全市生猪存栏114.73万头，同比增长1.73%；牛存栏31.28万头，同比增长0.04%；羊存栏20.43万只，同比增长8.38%；禽存栏579.75万羽，同比减少0.43%。出栏猪107.39万头，同比增长2.23%；出栏牛7.51万头，同比增长10.61%；出栏羊11.87万只，同比增长7.03%；出栏禽556.56万羽，同比增长6.86%。

（黄亮慧）

【园区建设】 全市12个重点园区（其中省级园区7个）分类推进，基本建成水城县猕猴桃产业园区、六枝特区郎岱现代农业综合产业示范园区、盘县“哒啦仙谷”休闲农业观光园区、盘县娘娘山生态农业示范园区和钟山区都市型现代高效农业产业园区。园区完成投资29.13亿元，占年度计划的212.63%，各级财政整合资金投入3.48亿元，园区实体投入25.65亿元。园区内累计建设主导产业示范基地29.71万亩，有无公害农产品认证基地30个（4万余亩），获批郎岱酱、盘县核桃、盘县火腿、水城猕猴桃4个地理标志品牌。培育和引进企业111家，其中省级以上重点龙头企业12家；投产企业95家，达产企业49家。培育和引进农民合作社147个，投产合作社127个，达产合作社39个。完成总产值15.3亿元，实现销售收入11.5亿元，销售利润4.6亿元。

（黄亮慧）

【农业招商引资】 完成招商引资10.32亿元，占全年任务的254.16%；实际到位资金2.04亿元，占全年任务的143.73%，涉及新建项目4个，续建项目6个。遴选、编制农业循环经济园区建设等招商引资项目77个，总投资76.2亿元，引资66亿元。完成签约项目21个，签约资金37.31亿元，其中，省外签约项目3个，签约资金7.2亿元。

（黄亮慧）

【扶持新型农业经营主体】 全市有市级以上龙头企业82家（其中省级重点龙头企业有33家），资产总额达11.84亿元，固定资产5.58亿元，营业收入9.57亿元，利税总额0.71亿元，带动农户11.8万户，农户户均增收2486元。全市有农民专业合作经济组织549家（其中农民专业合作社540家，新增87家），资产总额21887万元，带动农户86262户。组织7家合作社申报2013年省级财政专项补助，获得补助资金30万元。有26家企业共获省级扶持资金457万元，六盘水永恒粮油贸易有限公司等13家企业获得2013年贵州省乡镇企业发展专项资金387万元。实施“千村千社”工程，计划用5年时间，实现全市所有行政村均有1个以上农民专业合作社，农民专业合作经济组织发展到1000家以上。评选“六枝特区惠牧养殖农民专业合作社”等11个（六枝特区3个、盘县3个、水城县3个、钟山区2个）农民专业合作社为全市农民专业合作社示范社。

（黄亮慧）

【资金投入】 年内，市级财政投入农业专项资金8500万元，主要用于农业园区建设、农业十大产业发展等农业项目。安排小麦、油菜、水稻、玉米等良种补贴资金2107.65万元。全市争取到中央农机具购机补贴资金1750万元，落实农户直接购机补贴1762.685万元。灾后农作物改种补种3.2万亩，补助资金60万元。全市各级农业部门共争取到省以上资金2.3亿元。

（黄亮慧）

【农业重点项目】 实施粮食增产工程85.65万亩，涉及4个县（特区、区）、47个乡镇、292个村、27.58万户农户、111.23万人，兴办示范样板109个，完成科技示范户7972户，兴办新技术示范片5个。实施玉米高产创建项目4万亩，水稻高产创建项目1万亩，马铃薯高产创建项目3万亩，油菜高产创建项目1万亩，小麦高产创建项目1万亩。实施超级稻示范田2万亩，油菜高产栽培技术示范田5万亩，苦荞示范田4万亩，芸豆示范田2万亩。完成2012年生猪标准化规模养殖场（小区）建设项目，总投资689万元，涉及31个规模养殖场；省级畜禽养殖标准化示范创建项目总投资338.07万元；市级优质肉牛基地建设项目总投资2925.72万元；“菜篮子”工程建设项目总投资251.5万元。

（黄亮慧）

【调研与规划】 完成《农机社会化服务体系建设调研报告》，拟写《六盘水市现代高效农业示范园区建设体制机制创新调研报告》《六盘水市助农增收情况调研报告》《六盘水市农村土地流转情况调研报告》。参与市人大完成《对茶叶等“五个”产业实施情况的调研报告》，参与市政协完成《牂牁江区域民族乡经济社会发展情况调研报告》。对2012年评审通过的《喀斯特山区特色农业示范区总体规划》进行修改完善，完成猕猴桃、茶叶、蔬菜、马铃薯、畜牧五大产业发展规划的评审、报批。完成12个园区的规划编制，完成8个园区的评审。

（黄亮慧）

【推广农业科技】 全市推广杂交水稻25.27万亩、优质稻23.53万亩、杂交玉米90.61万亩、优质及特用玉米46.63万亩、玉米种子包衣77.33万亩、脱毒马铃薯163.88万亩、杂交油菜10.59万亩。全市推广玉米育苗移栽41.61万亩、水稻旱育稀植25.91万亩、旱地分带轮作多熟制121.53万亩、玉米地膜覆盖栽培43.96万亩、油菜育苗移栽8.49万亩、小麦种子包衣22.51万亩。完成牛改良配种55633头，完成羊改良配种60701只，推广杂交猪136.92万头，推广良种禽634.74万羽，推广意蜂3204群。完成人工种草5.4万亩，秸秆科技处理16.8万吨，冬闲田土种草10万亩，工业饲料推广13万吨。农业机械总动力达185.85万千瓦，完成年计划的120%；完成机耕面积94.33万亩，完成年计划的120%。

（黄亮慧）

【实施阳光工程】 全市完成省农委、省财政下达的农村劳动力培训阳光工程14528人，中央和省级财政培训补助资金共计615.23万元。其中培训农村妇女8166人，为任务数的100%。

（黄亮慧）

【病虫防治与疫病防控】 全市农作物病虫草鼠发生面积503.08万亩次，防治面积404.57万亩次，防治面积占发生面积的78.96%。共计预防注射牲畜W疫苗360.22万头（只）份，应免密度达100%。免疫禽类高致病性禽流感948.3万（只、羽），免疫高致病性猪蓝耳病疫苗216.24万头，应免密度全部达100%。全年无重大动物疫情发生。

（黄亮慧）

【质量监管】 全年共开展定性检测5000余个，合格率达99.83%；开展定量检测蔬菜、水果、食用菌500余个，合格率达98.69%。完成认证无公害农产品10个，启动绿色食品认证6个，有机食品认证1个，认证“六枝牛场辣椒”地理标识1个。完成六盘水市农产品产地重金属污染防治项目采样4631个，占需采样数的100%。

（黄亮慧）

【沼气工程】 完成中央投资户用沼气项目7500户，中央投资1500万元，省级投资337.5万元，市级配套225万元。完成2012年中央投资沼气服务网点建设任务20个，中央投资90万元，省级投资10万元。建成大中型沼气工程3处：六枝顺利养殖场大中型沼气工程项目，六盘水市大丰农牧业发展有限公司大中型沼气工程项目，盘县淤泥岩博农民养殖专业合作社大中型沼气工程项目。完成小型沼气项目18处，总投资276万元。完成乡村清洁工程3个，省级补助资金60万元，市级配套资金40万元。

（黄亮慧）

【新农村建设】 建设省级“四在农家·美丽乡村”示范点5个（水城县4个，盘县1个），总投资432万元（其中省级补助资金400万元）。2012年省级“整乡推进”试点——蟠龙乡的新农村建设工作所实施的项目顺利通过验收。编写毛口乡精品水果示范基地建设方案。启动“同步小康驻村工作组”共建新农村工作，分别对果布戛乡大寨村、兴隆村，南开乡浑塘村，米箩乡俄戛村帮扶10万元。

（黄亮慧）

【发展休闲农业】 全市共有休闲农业经营主体47个（农家乐32家，休闲农庄9家，休闲农业园区6个），资产总额115472万元，经营面积19156.2亩，从业人员3158人（其中农民就业人数3052人），带动农户3559户，营业收入1072.6万元，利润总额251.9万元，上缴税金33万元。

（黄亮慧）

【农业执法】 全市累计出动农业执法人员3376人次，检查农资市场992场次，检查经营户3316户次，检查农资企业80个次，发放宣传资料11.781万份，查获违法农资产品8075.66公斤，货值12.2339万元。全市一般程序案件立案68件，结案66件，共收缴罚没款322079元。

（黄亮慧）

【信息与宣传】 向省农委报送各类农情报表467份，报表合格率100%；完成指定文字材料及工作信息报送2650篇，被省级采用85篇。向市两办报送信息191条，采用40余条。编发《六盘水农业工作简报》5期。在中央、省、市主要媒体刊发农业宣传报道300余条次（其中贵州省电视台播出11条次，六盘水电视台播出90余条次）。完成汇报片《产业引领园区支撑喀斯特山区现代农业发展之路》、茶叶宣传片《云雾中的乌蒙舌尖上的春天》、园区宣传片《现代农业的起航》和宣传册《建设中的六盘水现代农业高效示范园区》的制作。

（黄亮慧）

【涉农专项资金监管】 成立涉农资金管理使用监督检查组，共录入投资依据文件150余条，资金总额10034.1万元（中央资金2856.4万元，省级资金3590.92万元，市级资金3586.78万元）。对项目进度及时填报，并在六盘水涉农公示网上进行公示，接受社会监督。

（黄亮慧）

【畜牧业几项举措】 全市投入畜牧业资金63066.54万元。贵州凉都鑫农牧业有限公司、六盘水宏裕农牧有限责任公司、六盘水群发农业科技有限公司和盘县火铺雄鑫牧业有限责任公司5家养猪企业获国家生猪标准化示范场。省发改委批复盘县2013年实施退牧还草工程。省级补助六枝特

区昌文特色生态养殖观光有限公司等5家企业资金165万元。省发改委核定六盘水市2013年共建设16个生猪标准化规模养殖场（小区），核定项目总投资749万元。动物疫病调查采集血清样本1845份均为阴性，动物防疫部门采取措施预防禽流感。

（黄亮慧）

【放流鱼种】 市农委筹措资金15万元，分两次向中心城区的明湖水库、湿地公园投放锦鲤、鲫鱼、鲢、鳙鱼种共32万尾。

（黄亮慧）

【农业部专家到市调研】 4月26日，农业部产业政策与法规司司长、农村改革试验区办公室主任张红宇一行到市调研，并举行《当前农业形势与相关重大问题》专题讲座。5月22日，农业部发展计划司区划开发处处长刘海启到市调研猕猴桃产业发展情况。

（黄亮慧）

【茶技能大赛获奖】 在2013年5月10日举办的"2013年贵州省手工制茶技能大赛暨全国职业院校技能大赛贵州（区）手工制茶选拔赛"中，六枝特区洒志茶种养殖专业合作社的卢从贵、水城茶叶协会顾跃进、刘兴、李如飞和六枝特区重农茶叶种植农民专业合作社朱东等5名选手分别获得手工扁形绿茶一、二、三等奖和手工曲形绿茶三等奖。

（黄亮慧）

【参会与签约】 8月29日至9月1日，副市长付昭祥率领70余人，参加2013中国·贵阳国际特色农产品交易会、贵州国际绿茶博览会。9月28日，在贵州省100个现代高效农业示范园区招商引资推介会上，本市12个项目进行现场签约（签约资金32.01亿元），非现场签约项目9个（项目总投资5.3亿元）。10月7日，市政府与中国科学院武汉植物园签订《猕猴桃产业合作框架协议书》。12月14日，市政府与山东寿光蔬菜产业控股集团签订蔬菜产业合作框架协议。12月18日，六枝特区与贵州大学签订《六枝特区与贵州大学全面合作协议》《喀斯特山区植物资源利用与育种国家地方联合工程研究中心六枝试验站合作协议》《聘请教授担任六枝特区现代农业发展顾问及技术顾问合作协议》《农业部贵阳作物有害生物科学观测试验站合作协议》《茶叶产业发展和茶叶园区建设规划项目合作协议》《委托培训及现场培训项目合作协议》《特色养殖项目合作协议》。

（黄亮慧）

农村经济扶贫开发

【减贫摘帽财政扶贫】 2013年，全市预计减少农村贫困人口15.26万人，为省下达任务12.06万人的126.53%，占市任务的100.39%，实现20个乡镇的"减贫摘帽"和52个村的"整村推进"。争取到省级以上财政扶贫资金28090.42万元，为2012年省下达资金23492.45万元的119.58%。

（市扶贫局）

【产业扶贫项目】 争取省级以上财政扶贫资金4569.02万元。计划种植核桃25万亩，实际种植28.603万亩，占计划的114%。争取财政扶贫资金2400万元。已完成购基础母羊24580只，占计划100%；购种公羊1220只，占计划100%；种草7790亩，占计划144.26%；建圈37720平方米，占计划104.78%。争取财政扶贫资金1600万元，完成猕猴桃种植600亩，至2013年年底已全部完成种植；已完成2012年扶贫攻坚示范县（水城县）猕猴桃种植2万亩，占计划100%；完成植精品水果种植1万亩，占计划100%。争取财政扶贫资金809万元，完成一级原种扩繁275亩、二级原种扩繁1600亩、一级种扩繁6500亩，大田优质薯种植8970亩，占计划任务的100%。争取财政扶贫资金548.4万元，计划种植面积5万亩，共完成种植8.735万亩，完成计划任务数的174.7%。争取财政扶贫资金700万元在钟山区汪家寨镇、月照乡、大湾镇共15个村实施，完成种植18643亩，占计划的100%。争取财政扶贫资金200万元，完成盘县民主镇2000亩龙井茶项目，占计划的100%。争取财政扶贫资金352万元，完成油茶种植5474亩，占计划的100%。通过招商引资，发展红豆杉产业，全市计划种植3万亩，至2013年年底完成种植1.08万亩，占计划总数的36%，共争取省级以上财政扶贫资金951.6万元，招商引资1.2亿元，委托北京紫光阁研究发展中心开展了《六盘水红豆杉产业发展规划》《六盘水红豆杉产业发展十年行动计划》的编制工作。

（市扶贫局）

【大连对口帮扶工作】 完成《大连市对口帮扶六盘水工作计划（2013—2015）》和《大连市对口帮扶六盘水市框架协议》编制工作。选派10名优秀副科级干部到大连挂职；选派6名优秀中学校长到大连挂职；大连市委党校为六盘水市举办了一期40人的扶贫干部培训班；选派卫生系统专业技术人员59人到大连培训，大连市卫生局向六盘水市提供乡镇、村卫生院（室）医生教材1900套、教学光碟5套；争取大连大商集团为六盘水小学捐献价值120万元的图书5.1万册；大连鹏升基金捐献56万元支助全市75名贫困家庭子女助圆“大学梦”，在大连市举办了贵州（六盘水）·大连对口帮扶招商引资项目对接座谈会。到位大连对口帮扶资金3000万元。

（市扶贫局）

【“雨露计划”培训】 争取“雨露计划”培训资金345.8万元，完成培训10834人，占计划任务数9860人的109.87%。争取贫困地区干部培训资金120万元，计划培训1403人，共举办31期贫困地区干部培训班，完成培训1484人，占计划任务数1403人的105.78%。

（市扶贫局）

【集团帮扶项目】 六枝特区梭戛乡集团帮扶项目，2011年启动，主要实施脱毒马铃薯种植6000亩、生姜种植2000亩、蔬菜种植2000亩和绿壳蛋鸡养殖35万羽两个项目，已经实施完毕。

水城县杨梅乡集团帮扶项目，2011年启动，主要实施马铃薯种植12640亩，核桃种植12000亩和养羊3000头、蛋鸡养殖14万羽四个项目，已实施完毕。水城县猴场乡作为2013年度新增省领导定点扶贫乡镇和拓展帮扶乡镇。立项1000万元，分2年实施，已下达资金500万元，正在组织实施。

（市扶贫局）

【扶贫产业园区】 2013年，共争取省级以上财政扶贫资金1.35亿元，撬动社会投资90200.69万元，在省、市等重点园区、牵头园区大力实施核桃、猕猴桃、中药材、蔬菜等产业；开展招商引资，加强产业园区基础实施建设，完善园区服务功能，推动扶贫产业园区的发展，带动贫困农户增收。

（市扶贫局）

【招商引资】 全年，招商引资目标任务1.63亿元，实际到位资金任务0.57亿元。共推进2012年招商引资续建项目13个，新签约项目4个，总投资额37.2585亿元，实际到位资金3.3861亿元，其中新签约项目签约资金17.12亿元，实际到位资金1亿元。分别超年初目标任务218.58%和494.06%。

（市扶贫局）

【培育扶持龙头企业】 2013年新增市级龙头企业19家，推荐上报省级扶贫龙头企业15家。全市共有76家扶贫龙头企业，其中：国家级2家，省级21家，市级53家。推荐21家企业的项目申报贴息，申请贴息资金共计494.2万元，省批复补助企业11家，获补助资金280万元。

（市扶贫局）

【乡村旅游产业化扶贫项目】 争取到乡村旅游扶贫项目资金1680万元，在六枝陇脚乡补雨村、盘县羊场乡瞿家寨村、钟山区大河镇大桥村等11个乡村项目点实施，争取水城县列入全省首批命名的10个乡村旅游扶贫重点县，六枝特区郎岱镇安乐村、陇脚乡以及盘县贵州娘娘山喀斯特特色农业生态旅游观光园均列入全省首批命名的20个乡村旅游扶贫示范点。

（市扶贫局）

林　业

【超额完成省下达的营造林任务】 2013年，省下达六盘水市营造林预安排计划30.6万亩，市委市政府下达各县区目标任务43.09万亩。全市共完成营造林52.54万亩，占省安排任务的101.23%，市计划的121.93%。其中：人工造林37.22万亩，封山育

林7.32万亩，森林抚育8万亩。在完成的37.22万亩人工造林中，核桃9.86万亩、油茶5万亩、刺梨7万亩、茶叶3.24万亩、油桐1.36万亩、木本中药材0.5万亩、红豆杉0.8万亩、蓝莓0.3万亩、猕猴桃0.4万亩、其他8.76万亩。

（廖均良）

【订单育苗保障种苗造林】 市林业局与6家育苗企业签定供销协议，选定育苗品种，明确质量和数量，培育特色优势苗木，实现造林与育苗的有效衔接。全市共育苗8137亩，预计产苗2.38亿株。其中定点育苗720亩，产经济林苗木2140万株，为林业产业发展提供了坚实的种苗保障。

（廖均良）

【森林资源保护与林政管理】 加大征占用林地管理力度，协调帮助建设单位办理征占用林地手续。通过在全市组织开展林地项目清理整顿专项行动，共清理违法用地322起，涉及林地面积94.5公顷，审理办理使用林地事项95起。认真执行森林采伐限额管理和木材凭证采伐制度。全市完成森林采伐蓄积6.3968万立方米、办理采伐证129份，占省下达任务计划19.055万立方米的33.6%。强化木材经营监督管理，规范木材流通秩序。清理整顿木材经营加工单位，对全市的木材经营（加工）企业法人进行年审，不符合条件一律吊销经营加工许可证。规范行政审批制度，2013年行政许可受理149件，办结149件，办结率100%。完成生态效益补偿公益林面积454.05万亩，共兑现资金5159.15万元。组织开展县级林地年度变更调查试点工作，进一步完善林地范围、林地利用状况（地类）、林地管理属性等内容。

（廖均良）

【森林公安与林业案件】 开展“森林公安队伍怎么建，工作怎么干，民警怎么当”大调研、大讨论活动。信息化和基础设施建设稳步推进。2013年年底全市已建成信息采集室3个，执法场所视频监控系统7个，市县视频会议系统已开通并投入使用；市森林公安局及各县区办公用房都基本建设完成。以“天网行动”“雷霆行动”专项严打为契机，加大林业案件查处力度。2013年，全市各级森林公安机关共受理各类森林和野生动物案件468起，查处422起。其中：刑事案件立案64起，破51起，抓获犯罪嫌疑人40人；林业行政案件受理366起，查处334起，处理违法人员362人，林政罚款63.67万元；受理野生动物行政案件32起，处罚32人，罚款0.958万元。

（廖均良）

【森林防火】 全面落实森林防火目标责任制和各级行政主要领导负责制，严厉打击野外非法用火，执行24小时值班制等措施，森林防火取得明显成效。2013年，全市共发生森林火灾17起，过火面积1815.9亩，受害面积为174.6亩，受害率0.03‰。加大森林防火资金投入，加强基础设施建设。2013年完成200公里防火公路建设，已验收合格；充实防火物资，建设完成10个通信系统中继台站，125台对讲机系统将通过调试正式投入使用，提高森林防火的应急处置能力。

（廖均良）

【林业有害生物防治】 2013年，组织开展林业有害生物越冬代调查，全市林业有害生物累计共发生面积为19.42万亩，经过及时防治，成灾率为零；有效防治面积17.6万亩，人工防治16.9万亩，无公害防治率为100%；对重点林区、林业有害生物发生重灾区实行重点监测，预测2013年六盘水市林业有害生物发生面积22万亩，实际发生19.42万亩，测报准确率为88%。产地检疫苗木298.2公顷，产地检疫率达100%。“四率”指标均达到或控制在省规定的范围内。

（廖均良）

【保护区建设和野生动物保护】 抓好野钟黑叶猴自然保护区和湿地分布区管理工作，确保野生动植物资源及湿地资源的可持续发展。成功申报为“中国红豆杉之乡”。明湖国家湿地公园获得国家正式授牌，成为全国32家正式授牌的国家级湿地公园之一，贵州省第一家正式授牌的国家级湿地公园。娘娘山国家湿地公园列为国家湿地公园试点范围。成功申报“中国野生猕猴桃之乡”等重要生态名片。

（廖均良）

【市中心城区和景点绿化】 市县财政自筹资金

1.2亿元，实施了市中心城区可视山体绿化景观和妥乐古银杏、韭菜坪等景区景点绿化改造2.7万余亩，其中市中心城区绿化完成10360亩，占计划任务10000亩的103.6%，工程建设取得明显成效，受到市委市政府表彰。按照“四季有花，三季有果”的设计理念，合理配置观花、观果、观叶树种，种植红枫、玉兰、银杏、珙桐、红豆杉、梅花等大树，基本实现绿化全覆盖，城市品位和景区景点生态景观得以大幅提升。

（廖均良）

【林业产业快速发展】 按照“调结构、重区域、树亮点、创品牌、促增收”的工作思路，着力发展核桃、油茶、茶叶、刺梨、猕猴桃、红豆杉、森林生态旅游等产业。采取“公司+基地+农户”的发展模式，成功引进林永恒粮油贸易公司、天刺力公司、鸿源公司等6家公司，切实加大林业产业基地建设和林产品加工、包装和销售的力度，提高林业附加值。统筹区域布局。将林业工程重点安排布局在主要交通干线沿线、江河源头、旅游景区景点、库区周边、城市周边及其生态极为脆弱但区位极为重要区域，做到“点、线、面”的结合，着力打造水黄高等级公路、水盘高速、六镇高速沿线三条百里绿色生态长廊。自筹资金在水黄、镇胜等高速公路沿线、市中心城区可视山体等重要节点启动实施退耕还林21.7万亩。建立健全林业专业合作社，促进林业产业提速转型升级。全市已建立林业专业合作社187家，实现营业收入2.4亿元，涉及林地面积31.66万亩，惠及林农12.31万户49.24万人。重点发展特色优势产业，取得较好的实施效果。2013年，利用巩退项目，在水城县比德乡连片实施万亩油茶基地，龙场乡高标准建设万亩茶园，其长势良好；利用科技推广、农业综合开发、造林补贴等资金项目，引进企业参与投资建设管理，分别在六枝特区高标准高规格建设万亩车厘子和玛瑙红樱桃基地，在盘县建设万亩核桃和刺梨基地，在水城县建设万亩核桃基地，起到示范引领作用。

（廖均良）

【制度改革】 积极开展林权流转。全市共流转林地34宗，面积15337.21亩。制定优惠政策，引导林农兴办各类林业专业合作社123个。结合市情林情，制定出台《加快林下经济发展的实施意见》，出台了森林保险、林业产业发展等一系列的优惠政策。

（廖均良）

【“同步小康”“互助共建”工作】 市林业局抽调一名干部到盘县柏果镇铜厂沟村驻村挂帮扶贫，协调项目资金40余万元，用于铜厂沟村建设1299亩核桃、刺梨基地和3000亩荒山造林；完成对铜厂沟村50户以上贫困计生户进行林业项目上的开发式扶贫。市林业局与娅口社区联合开展“弘扬爱国主义精神，推进生态文明建设”的主题实践活动。出资2万元为社区开展活动场地改造和修建创新社会管理宣传栏；帮助社区解决2万余元的森林防火物资；帮助社区开展绿化，为社区提供150株树高2米以上价值2万余元的红豆杉。

（廖均良）

【2013年生态文明贵阳国际论坛生态产品（技术）博览会系列活动】 组团参加7月19日至23日的生态产品展出活动，征集贵州添钰等19家企业，红豆杉、核桃、茶叶、红心猕猴桃、林下中药材等10项系列近50种林业生态产品实物进行展出展示，充分展示凉都生态文明建设成果。制作《腾飞的凉都林业》等专题宣传片，编制招商引资画册；协助中国绿色时报社出版了《森林与人类》（2013第7期），对六盘水湿地、红心猕猴桃、“水城春”茶叶、红豆杉产业等进行广泛宣传；在《当代贵州》杂志《生态·转型·可持续》专刊宣传六盘水生态建设的亮点和成效；开展“贵州六盘水·中国红豆杉之乡”专题文化宣传。几项活动均取得良好的宣传效果。

（廖均良）

气　　象

【概述】 六盘水市气象局成立于1970年，下瞎六枝、盘县、水城、钟山4个县、特区、区气象局。内设4个机关科室（办公室、业务科技科、人事教育科、计划财务科）和5个直属事业单位（气象台、防雷减灾中心、人工影响天气作业指挥中

心、气象科技服务中心、天气雷达站）。现有正式职工44人，高级职称9人。为贵州省文明单位、贵州省气象部门三星级台站。

2013年，六盘水市年平均温度正常到偏高，年降水量偏少，年日照时数正常到偏多。其中，市区年平均温度13.6度，比常年偏高1.0度，年降水总量794.2毫米，比常年偏少3成，年日照总时数1494.8小时，比常年偏多127小时。全市年内出现了冬、春连旱及夏旱，年内低温雨雪冰冻天气偏轻，局地冰雹灾害较常年略偏重，大部分地区气象干旱中等偏重，洪涝灾害偏轻，秋风灾害天气偏轻。2013年全市气候总体比较平稳，无大范围严重的气候极端事件发生，总体为正常年景。

（卢文诗）

【公共气象服务】 2013年，继续与六盘水电视台和广播电台签订合作协议，在2012年栏目的基础上增设《都市气象站》节目39期、《气象万千》节目10期、《气象信息电话连线》574次。加强与移动、联通、电信等运营商协作，手机气象短信服务用户达58万多户，与2012年相比增幅达40%。适时发布道路结冰、降温、大雾、雷电、暴雨等气象灾害预警信号，各种气象服务公众594万人次。

（卢文诗）

【决策气象服务】 2013年，建立分灾种分部门气象灾害研判专家组和气象决策短信服务平台与接收人群数据库。年内针对春耕、干旱、暴雨、低温等，在市委、市政府有关会议上作专题气象决策服务6次，制作《重要气象信息专报》20期、《气象信息报告》114期、《气象信息快报》141期，市领导在决策服务材料上批示17次，决策服务56234人次。

（卢文诗）

【专题气象服务】 2013年加强干旱、汛期强降水、森林防火、秋收秋种等关键农时季节的决策气象服务55期，为六盘水月照机场建设气象要素资料条件分析、四个一体化建设项目、垃圾焚烧发电和城市综和治理项目、2013凉都·六盘水消夏文化节暨省第八届旅发大会等重大工程建设、重要活动专题服务7次64期。

（卢文诗）

【气象应急响应】 2013年启动、变更和解除凝冻、干旱、暴雨气象灾害应急命令13次，每次服务到地方党委、政府和22家气象灾害应急指挥部成员单位。适时通过六盘水市委、市政府的“666114”应急指挥平台发布气象应急信息和气象决策服务材料。

（卢文诗）

【气象现代化建设】 2013年，“六盘水市新一代天气雷达建设项目”动工。“山洪项目”非工程性项目建设（新型自动站）分两期共投入57万元（设备）先后在盘县、水城县和六枝特区气象局建成投入使用。盘县保田土壤水分站和水城县常明土壤水分站纳入业务化运行。建成大湾镇、月照乡、汪家寨镇、野马寨电厂、老屋基选煤场、盘南电厂灰渣坝用于监控尾矿库、灰渣坝灾害隐患点气象要素的自动气象站。

（卢文诗）

【天气雷达项目建设】 国家项目“六盘水市新一代天气雷达建设项目”，总投资3621万元，其中，地方投资1300万元，雷达塔楼建设地址位于红桥新区严家寨村观音坡。到2013年年底累计完成投资1368万元，占总投资数的38%。其中，2013年度完成投资667万余元，完成1.98公里的通村毛路、10千伏供电、场平工程和雷达塔楼及附属设施开工建设。

（卢文诗）

【气象科研开发】 2013年，为将六盘水列为国家长江以南地区集中供暖试点城市争取项目，市气象局从天气气候特点，气候变化与适应的角度，对市中心城区集中供暖气候可行性进行论证得出，六盘水市中心城区具备适宜集中供暖的气候条件，供暖期为95天，完成六盘水市政府科研项目报告《贵州六盘水市中心城区集中供暖的气候可行性报告》。该报告经中国气象局组织相关专家论证，认为可作为项目规划建设的依据，并颁发中国气象局《气候可行性论证确认书》。《水城县核桃种植气候精细区划研究》项目2013年获贵州省气象局青年基金立项。2012年完成的《六盘水马铃薯生产气候精细区划及其主要病虫害发生的气象预测预警系统开发》项目经贵州省气象局和六盘水市科技局评审、认定并推广使用。

（卢文诗）

【防雷减灾】 完成水城县发耳乡新龙煤矿（变更）、盘县大山镇旧屋基煤矿（变更）、六枝特区安家寨煤矿等51份雷电风险评估报告和盘县电厂、水泥厂余热发电站、洒基35千伏变电所等21个强电项目防雷检测。年内和相关单位、部门开展联合执法检查3次，防雷安全专项行政执法7次，执法检查了12个单位（煤矿、炸药库、加油加气站）和17个新建项目的建（构）筑物。

（卢文诗）

【人工影响天气】 2013年，全市共投入作业高炮42门，车载火箭发射系统6套，从业人员200余人，共进行人工防雹增雨作业283次，其中人工增雨13次，使用人雨弹6222发，火箭弹38枚。开展农业产业园区火箭增雨防雹点建设，向省气象局争取经费30余万元，购买4台落地火箭发射装置，先后在盘县娘娘山高原湿地生态农业示范园区和保田特色农业示范园区安装使用。

（卢文诗）

【农经网】 2013年，通过贵州农经网站、1ED电子显示屏、多功能信息服务站发布各类涉农信息共计127859条。24次深入到7个省级产业园区开展马铃薯、蔬菜、猕猴桃等作物的物候观测及病虫害防治等现场气象信息服务与科普宣传。加强与当地特色农产品生产企业的合作力度，组织了6家企业进驻农经网电子商务平台，架起了六盘水市农特产品外销高速通道。

（卢文诗）

水文和水资源

【概述】 贵州省六盘水市，地跨长江、珠江两大流域。境内有乌江源头河流白泥河和三岔河；西江水系的拖长江、北盘江等主要河流。辖区内共设有五个正科级水文监测站，八十个雨量站。

（岳健强）

【2013年市境降水情况】 全市境内降水量较常年略偏少。枯期降水与多年均值相比较，降雨量比常年偏少1成至4成。枯期降雨总量最高出现在盘县土城雨量站，枯期降水总量428.4毫米；枯期降雨总量最低出现在水城县滥坝雨量站，降水量为154.0毫米。

2013年，汛期降水总量在461.2～884.0毫米之间，总体比常年偏多。降雨主要集中在5～8月份，其中6月、7月降水相对较为集中。各站点出现暴雨次数7次。汛期降雨总量最高出现在盘县亦资孔雨量站，雨量为884.0毫米，为一降水中心；汛期降雨总量最少出现在盘县土城雨量站，雨量为416.2毫米。与历年同期均值相比较，比常年偏少1到6成。年降水量最大出现在盘县老厂雨量站，年降水1172.5毫米，为一降水中心；盘县普古雨量站年降雨量650毫米为最小。与常年相比较，全市较常年偏少1到4成。

2013年出现暴雨次数较多，江河水位水势平缓，各水文站水位变幅较之常年大幅度偏少，汛期各站均未出现超警戒水位的大洪水。

（岳健强）

【基础设施建设】 新建新场、双桥、六枝、高桥、箐脚和中寨等6个水文监测站，以上监测站的建成可以为全市防汛抗旱工作提供更全面、更有力的数据支撑。

（岳健强）

【水情报汛】 根据辖区内各时段的雨、水情，水文水资源局及时编发《水情简报》55期共600份，《旱情简报》6期共60份，发送到市委、市政府及有关部门，以便各部门和相关领导及时掌握辖区内雨、水情信息。2013年报汛任务：各水文站除向省局和市局报汛外，向阳水文站向国家防汛办和长江水利委员会报汛，大渡口站向珠江防总报汛。2013年汛期六盘水市5个基本水文监测站向省内外各防洪单位拍报1096份，为各防汛单位提供了大量准确及时的雨、水情信息，为各级政府部门防洪减灾提供了科学决策依据。

（岳健强）

【水环境监测】 完成2013年常规河流站点、供水水源地站点、省界站点、重点水功能区、重点公报站及《六盘水水资料公报》水质监测化验的任务。全年共完成全市常规河流水质站点龙场桥、金竹林的水质监测6次，每2月1次；对全市供水水源地窑上水库、玉舍水库、哮天龙水库、中坝水库的水质监测共12次，每月每点1次；省界站点、重点水功能区，重点公报站站点为窑上水库、玉舍水库、向阳、大渡口、土城、黄泥河石桥镇，全年共完成12次，每月1次；完成全省水环境监测分中心的内审、交叉复审工作；完成2013年全年水质资料整编工作；完成《2013年水资源公报》的水质化验任务，在现有资料的基础上，增加了盘县松关水库、白河沟水库、亦资孔河火铺段、西冲河城关镇段、乌都河三板桥段、楼下河盘县段、月亮河、岩脚河、六枝河、岱翁小河、阿勒河、德坞水库，全年共监测两次，汛期、枯期各1次；完成2012年的《六盘水市水资源公报》水质部分的编写工作。

（岳健强）

水利工作

【主要业务指标】 2013年，全市水利行业新建续建项目共78个。其中新建项目51个，续建项目27个，含骨干水源工程建设、农田水利建设、农村饮水安全工程、中小河流治理、病险水库除险加固、水土保持和水土流失治理、水电站建设、防汛抗旱及水文网点建设等八大类项目，总投资达220.86亿元，2013年计划完成投资50.7亿元，比2012年增长12.42%。

到12月底，全市水利项目建设共完成50.7亿元，其中：实施建设双桥、观音岩、旧院、卡河、懒龙河、朱昌河、出水洞等一批重点水源工程，解决了30.84万农村人口饮水安全问题，实施病险水库除险加固5座，实施六枝特区六枝河党校桥段、岩脚河、花德河等中小河流治理项目10个，全年新增蓄水能力200.74万立方米，新增节水灌溉面积2.79万亩，新增旱涝保收面积1.1万亩，治理水土流失面积48.44平方公里。

（田应惠）

【骨干水源工程建设加快】 2013年，全市在建水源工程20个，其中中型水库9个，小型水库11个。全年工程计划完成投资291313万元，年底全部完成投资计划。在全省集中开工20个骨干水源工程中六盘水市占5个，其中：中型水库4座，小（2）型水库1座，总投资42.45亿元，占全省91.45亿元的46.4%，项目数占全省的25%。双桥水库坝体回填至1612米高程，取水洞洞挖完成；隧洞开挖完成3.5公里，管线开挖2700米，工程累计完成投资71513万元。观音岩水库导流洞、工程临时施工道路、临时用水、用电已完成，完成投资13701万元。旧院水库大坝枢纽工程已全部完工，并已下闸蓄水。右输水管道已开工，临时输电线路已完成，隧洞掘进1251米。提水站场地平整完成，蓄水池开挖完成，累计完成投资24578万元。懒龙河水库“三通一平”已基本完成，完成现场搭建施工临时房屋300平方米，完成移民资金1500万元，完成总投资4200万元。卡河水库完成工程用地征地1200亩，修建施工住房1200平方米，土方15.5万立方米，石方22.5万立方米，混凝土浇筑30020立方。累计完成投资19267万元。朱昌河水库三通一平工程基本完成，因招投标出现问题，未确定施工单位，年底正在重新组织招标。累计完成17471万元投资。出水洞水库已完成项目所有前期工作，正开展招标方案核准、建设资金筹集、招标准备、料场渣场的核实，土地红线放线测量及土地丈量等相关工作。累计完成19980万元。

（田应惠）

【水利投融资工作】 继六枝特区水利投资有限责任公司正式挂牌，成立了贵州省首家县级水利投资公司后，盘县、水城、钟山也相继成立水利投资公司，积极开展水利融资工作。据不完全统计，2013年年底，各县（特区、区）水利（务）投资公司与金融机构签订贷款协议或意向性合同的资金规模已达80.7亿元，已累计到位资金13.7亿元；通过招商引资工作引进民营资本规模达34.5亿元。8月，贵州日报以《从“一条腿”走路到“两条腿”跑步——六盘水市场融资破解水利建设瓶颈》进行报道，对六盘水市通过市场融资，有效破解水利建设资金不足的难题，给予了极高的评价。

（田应惠）

【重点水电站建设】 2013年，全市在建设水电站共12个，其中电气化项目1个（水城县黄家寨电站），小水电代燃料项目1个（水城县天生桥水电站），总装机容量64.15万千瓦，总投资53.75亿元，累计完成投资343543万元。重点项目建设情况：万家口子电站：电站装机容量为2×90兆瓦，正常蓄水位为1450米，水库总库容约为2.7亿立方米。年底永久公路工程、左岸2#交通洞和右岸3#交通洞已全线贯通，下游永久桥完成通车，年底洞内路基修整工作已经全面完工。累计完成投资98118万元。毛家河电站：电站装机容量18万千瓦（3×6万千瓦），以发电为主。目前大坝左岸顶层灌浆洞总长561.5米，完成开挖及支护404米，大坝帷幕灌浆试验完成。累计完成112230万元。善泥坡电站：电站装机185.5兆瓦，保证出力20.78兆瓦，多年发电量6.788亿千瓦时。年底，引水隧洞全长2400米已全线贯通，进水口完成预埋件、浇筑阶段。调压井边坡和锁口处理完成，井身开挖支付已完成。累计完成91020万元。金狮子一级电站：电站装机容量22兆瓦，总投资22681万元。年底完成场地平整和总长4.7公里的进场公路；导流洞已贯通，准备实施截流。累计完成12600万元。岔河电站：电站装机20兆瓦，多年平均发电量6297万千瓦时。主要建筑物为拦河坝、引水隧洞、调压室、地下压力埋管、发电厂房。年底引水隧洞全线贯通，完成引水隧洞衬砌；厂房基础基本开挖完毕，大坝基础开挖完成，机电设备开始进行安装。项目累计完成投资7005万元。下屯电站：装机20兆瓦，总投资2.1亿元。年底，大坝已开始回填，主厂房已基本完工，完成工程投资8000万元。

（田应惠）

【民生水利建设】 农村饮水安全工程。农村饮水安全项目作为市委、市政府2013年20件民生实事之一。全市解决22万人农村饮水不安全问题项目主要由2012年第二批、第三批农村饮水安全工程资金和2013年中央预算内资金三部分组成。工程计划总投资11770万元，截至2013年12月底，全市累计完成工程总投资17932.45万元，累计解决农村30.8421万人（不含学校师生2.39万人）饮水不安全问题，其中：六枝5.3718万人，盘县16.65万人，水城5.3626万人，钟山区3.4577万人。病险水库治理。2013年实施跃进、海坝、中屯、旧铺、小河五座水库。完成投资1791万元。中小河流治理。2013年计划完成中小河流治理项目10条，共完成投资18461万元。水土流失治理。2013年，六盘水市治理水土流失面积8.32平方公里。主要项目：六枝特区2012年度坡耕地综合整治试点工程项目。盘县2012年坡耕地综合整治试点工程项目，项目点位于民主镇。截至2013年12月，六枝及盘县已基本完成治理水土流失面积8.32平方公里，完成全年建设任务，完成投资1222.14万元。小型农田水利重点县建设。2013年实施的小型农田水利建设主要是：盘县中央小型农田水利重点县项目、水城县中央财政小型农田水利重点县项目、钟山区小型农田水利专项县项目、六枝小型农田水利专项县项目和六枝中型灌区节水配套改造项目。所有工程均已全部完工，共完成投资5751.88万元。冬春农田水利基本建设。截至2013年4月25日，全市共累计完成农田水利建设资金9.1亿元。完成土石方量900.7万立方米，新增、恢复、改善灌溉面积5.97万亩，各项指标任务的完成为改善农村生产生活条件，保障粮食丰收，打下坚实的基础。

（田应惠）

【防灾减灾工作】 2013年，全市加强防灾减灾工作预警预报，认真组织开展一年一度的汛前安全检查。按分级管理原则，做好小型及其以上水库（水电站）行政首长责任人的落实。做好防汛24小时值班，及时掌握水旱灾害灾情信息。在年初春旱期间，投入抗旱人数29.15万人，投入抗旱资金2590.7万元，解决39.43万人、大牲畜24.46万头的临时饮水困难。全年无重大洪涝灾害发生。

（田应惠）

【招商引资】 2013年，市水利局招商引资任务为4.06亿元。经水利局积极努力，引进水城县蟠龙水电站项目建设和贵州娘娘山高原湿地生态农业旅游开发项目建设任务，其中：蟠龙水电站项目装机2万千瓦，总投资1.5375亿元，计划2014年10月开工。贵州娘娘山高原湿地生态农业旅游开发项目为特色农业、休闲观光和生态旅游，总投资11.3亿元，年底正在建设的园区公路48.5公里，其他基础设施建设正在进行。项目到位资金5.565亿元，实际完成投资5.4亿元。

（田应惠）

水利移民

【移民安置】 2013年，全市有移民干部107人；完成移民搬迁1094户4549人（双桥水库移民搬迁644户2898人，旧院水库移民搬迁45户161人，白河沟水库移民搬迁322户1191人，鱼洞坝水库移民搬迁34户159人，卡河水库移民搬迁49户140人）。完成六枝毛口集镇地质坍塌滑坡治理工程并进行验收，完成六枝、水城县光照库区库岸失稳报告并进行审查。完成六枝黔中水利枢纽一期工程施工区、库区、输配水区各工程标段的搬迁安置。完成双桥水库度汛期1587米线下移民搬迁安置和实物指标分解。完成双桥水库围堰截流验收、白河沟水库和旧院水库下闸蓄水验收，协调处理善泥坡、毛家河水电站水电站移民搬迁安置遗漏问题和库区专复建项目。

（张林 彭艳）

【移民后期扶持】 完成2012年全市新增后期扶持人口1423人审核上报（盘县鱼洞坝水库），全市后期扶持人口为13843人。完成《六盘水市小康移民村“整村推进”实施规划（2013—2017年）》编制；规划涉及全市3个县6个移民村，共规划项目91个，计划总投资11230万元。完成后期扶持项目申报27个、资金1580.6万元；项目涉及黔中、光照、旧院、清底河、响水、鱼洞坝、玉舍等7个大中型水库库区和移民安置区，洒坝、二河、中坝等3个小型水库。完成移民干旱灾情报告，实施申请到的移民灾害应急补助项目资金15万元。全市各部门共投入库区和移民安置区项目资金6.56亿元。

（张林 彭艳）

【移民资金管理】 严格执行各项规章制度，制定《市移民局招待费差旅费报销制度》《市移民局移民资金拨款流程图》和《市移民局财政资金支付流程图》《双桥水库资金拨付流程图》等相关制度，规范资金管理。全年市移民局共收到移民资金35280万元（光照电站2000万元，双桥水库32580万元，旧院水库700万元）；下拨移民资金30831.1151万元（鱼洞坝水库459.8751万元，黔中水利枢纽488.24万元，双桥水库32183元，旧院水库700万元），保证各类资金专款专用。完善重大经费支出的审批程序，定期或不定期召开会议，对重大资金事项进行审批。严格执行涉农资金三项制度，通过涉农资金监管系统进行公示的涉农项目计划总资金114.48万元，未发现截留、挤占、挪用资金等问题。

（张林 彭艳）

【移民信访】 明确专人负责移民信访，对符合政策的问题及时协调解决，对不符合政策规定的，做好解释宣传。对各个水库移民矛盾隐患进行排查，建立以库区为单位的移民维稳矛盾纠纷化解工作台账，细化局领导联系县（特区、区）、移民干部包库区、全局职工参与移民大接访的“三位一体”信访工作机制。共处理移民群众来信访180人次，办理各类信访案件15件，消化社会矛盾15起。

（张林 彭艳）

【机关建设】 采取多种方式培训移民干部100人（次），选派1名驻村干部到水城县茅草坪村任职，帮助该村解决道路硬化项目1个、资金99万元，开展白萝卜引种试验100亩，扶持贫困党员群众化肥25包。与钟山区月照乡响水社区开展“互助共建”工作。

（张林 彭艳）

【移民要事】 1月25日，全市水库移民工作电视电话会议召开，市政府副市长杨昭晖、副秘书长向萍出席会议。1月31日，市移民局党组书记蒋泽选、局长何枢一行到新场乡旧院村，看望慰问旧院水库15户贫困移民，送去慰问金3000元。2月5日，市委书记王晓光在《信访快报》第3期，对《全市移民信访工作水平进一步提升》一文作出重要批示：“这项工作抓得很好。对移民工作要高度重视，涉移信访要做深做细，达到不出市就地解决。”2月16日，市长何刚召开会议，专题研究双桥水库建设征地移民工作。3月29日，副市长杨朝晖到玉舍镇了解移民信访维稳问题。4月8日，副市长杨朝晖到盘县调研移民工作。4月9

日，第一次全省移民工作调度会议在贵阳召开。5月13日，副市长杨朝晖召集市移民局、水城县政府、市江源公司、设计单位、移民监理等部门负责人召开双桥水库移民工作协调会。6月25日至26日，毕节市移民局党组书记雷洪坤、局长罗太瑜带领考察组一行10人，到市考察对接水利水电移民工作。7月9日至10日，省移民局总会计师李静仁一行到市对移民小康示范村“整村推进”规划修编工作进行调研和指导。7月19日至21日，市移民局参加由中国社会学学会主办，贵州省移民局、中国社会学会移民社会学专业委员会、河海大学中国移民研究中心联合举办的“美丽中国：移民与社会发展”论坛。11月4日，市长周荣主持专题会议，研究双桥水库建设有关问题。11月19日，市长周荣到市移民局检查工作并看望移民干部。12月24日，省移民局副总工（业务二处处长）汤越强对光照水库六枝库区信访工作进行调研。12月25日至27日，省移民局处长周双林率领省目标考核组，对市2013年移民工作完成情况进行考核。

（张林　彭艳）

工业　地勘

【概述】　2013年中心工作：抓运行、突重点、强保障；抓投资、促项目、提增量；抓园区、建平台、促承载；抓转型、调结构、促优化；抓非公、增活力、促发展。努力克服国际国内经济下行压力带来的不利影响，经济运行与信息化建设取得成效。

（高　璟）

【规模以上企业】　1月至12月，全市规模以上工业总产值完成1403.79亿元，规模以上工业增加值完成433.00亿元，同比增长20.4%，增速排名稳定在全省第5位。规模以上工业投资完成490.24亿元，同比增长36%，增速全省排名第二，较2012年同期上升4位。2013年新入库规模以上工业企业128户，较2012年新增61户，2013年全市规模以上工业企业达到404户，较2012年增加57户，其中：500万元～2000万元135户，2000万元以上269户。

（高　璟）

【信息化水平】　重点信息基础设施建设项目投资完成7.8亿元，占年目标任务的134.5%。新增70个自然村寨通电话和60个行政村通宽带，分别占年目标任务的140%和120%。电信业务总量完成20.13亿元，同比增长12.67%；全市电话用户数306万户，同比增长19.99%。其中：移动电话用户275.4万户，固定电话用户30.6万户；固定互联网宽带接入用户191183户，同比增长22.16%。

（高　璟）

【非公经济发展成果】　2013年全市民营经济市场主体达101415户，其中个体工商户91375户，私营企业10040户；民营经济注册资本604.57亿元。2013年增加值440.73亿元，同比增长30.04%，是2010年187.35亿元的2.35倍，占全市GDP比重达50.28%以上，在2012年的基础上提高4.39个百分点，比2010年37.42%提高12.86个百分点；完成民间投资456.43亿元，同比增长37.88%，是2010年73.72亿元的6.19倍；从业人员45万人，新增就业4万人以上，比2010年增加5.2万人。全年成功申报国家、省级民营中小企业发展项目专项扶持资金共计1465万元。

（高　璟）

【2013年增比进位情况】　2013年六盘水市围绕增比进位指标，以抓煤电为核心，狠抓工业新增项目的试产、投产和达产，大力实施规上企业培育工程、全力提高企业开工率等工作措施，煤炭、发电量等主要产品产量实现预期，工业用电量大幅增长，全年工业用电量完成122.55亿千瓦时，同比增长15.4%以上。规模以上工业增加值、规模以上工业增加值增长速度、工业增加值增速与用电量增速之差的绝对值等增比进位指标均实现位次前移。

（高　璟）

【工业经济运行调节成果】　每月召开全市工业经济运行调度会议，定期监测重点行业、重点企业乃至重点产品的生产和市场情况，帮助企业把握宏观经济形势和市场变化趋势，适时调整生产计划和开拓市场。开展进园区、帮企业、促项目活动，实行各级领导班子联系企业制度，协调解决重点企业生产和销售中面临的困难，促进企业生产提速增效。强化煤电油运等要素保障，采取调整产品结构、价跌量补、高载能行业配套电价补贴等应对措施，促进企业正常生产经营。全年预计完成电煤供应1998.06万吨，同比增长9.26%；完成成品油销售49.79万吨，同比增长32.21%；完成铁路货物发送2196.83万吨，同比增长3.19%。市、县补贴高载能资金4316.12万元；抓增量，全市规模以上工业企业达到404户，较2012年增加57户；抓攻坚，着力实施产业园区百日攻坚和“决战100天务求10个进”攻坚行动。确保实现标准厂房建成面积提高20%、新增招商引资到位资金提高20%、基础设施项目投资提高20%、规上企业入库率100%的目标，确保全年工业经济主要目标任务的完成。

（高　璟）

【发展载体建设】 进一步理顺园区管理体制。2013年8月9日，市政府批准成立六盘水市产业园区建设推进办公室，从市经信委、市商务粮食局、市科技局抽调人员统一办公，强化对产业园区的统筹和管理，提高工作效率，实现产业园区统一管理、统一调度。推进园区规划工作。强化规划引领，全面推进产业园区“三规划一评价一方案”（产业发展规划、总体规划、控制性详规、规划环评、土地利用方案）编制、批复及产业发展规划中期评估工作。红桥、盘北、董地、红果、木岗等园区已完成产业发展规划中期评估工作。园区基础设施和产业项目建设。红桥、董地、红果、水月和木岗等5个园区核心区基本实现“七通一平”，盘北、路喜、盘南等3个园区核心区基本实现“五通一平”。产业园区完成标准厂房164.2万平方米。黔桂天能焦化200万吨/年循环经济型煤焦化项目、路喜240万吨/年煤焦化项目及紫森源煤矸石粹取提取价值元素等一批重大项目、科技含量高的项目陆续落户园区，西南天地一期、豪龙水泥、满全食品、盘江矿山机械设备制造、老鹰山矿渣微粉等10余个投资过亿的项目建成投产。

（高　璟）

【产业结构优化升级】 立足六盘水市资源优势和工业基础，做大做强煤炭、电力、钢铁、建材等资源型基础产业，加快推进资源优势向经济优势转化。预计完成原煤产量7309.21万吨、发电量421.75亿千瓦时、水泥724.54万吨、电解铝（含铝材）20.51万吨，同比分别增长2.14%、14.3%、38.5%、19.1%，完成钢材产量454.55万吨，同比下降6.7%。加快发展资源精深加工，大力推进煤电钢、煤电铝、煤电化、煤电材“四个一体化”建设，实现资源就地加工转化，延长产业链，提高附加值。采取政企合作，积极支持和鼓励企业开展自主创新，加强与科研院所、大专院校、先进工业企业、同行企业在技术上的对接与合作，成立了西南天地煤炭科学研究院、六盘水煤矿安全培训中心。重点发展煤矿成套装备、铸造加工、汽车及零配件等装备制造业，培育节能环保、信息技术、生物制药、新能源、新材料等战略性新兴产业，产业结构进一步优化。

（高　璟）

【循环经济】 重点推进六枝路喜循环经济工业园、黔桂天能煤焦化一体化、恒远新型建材等一批循环经济项目建设，初步形成洗煤煤泥干化利用、矿井水治理回收利用、焦炉煤气掺烧发电、余热余压发电、粉煤灰制新型墙体材料、冶金废渣制矿渣微粉、煤矿瓦斯发电及浓缩罐装民用、煤矸石发电等循环发展模式，大力实施节能减排。2013年淘汰落后产能207.4万吨，单位工业增加值能耗下降9.6%以上。

（高　璟）

【中小企业】 积极为中小企业的发展创造良好的政策、资金和服务环境，推动中小企业的健康发展。实现民营经济增加值、投资、注册资本和新增就业“四个倍增”。实施优强中小企业计划、万户小老板工程、中小企业星光培训和银河培训、小企业创业基地建设。分类指导加强中小企业服务体系建设，创建多层次、统一高效的中小企业公共服务平台网络。2013年民营经济增加值完成440.73亿元，民间投资完成456.43亿元。

（高　璟）

【企业改革与维稳】 开展市属国有企业调查摸底工作，指导制定重庆啤酒集团六盘水啤酒有限责任公司49%股权转让方案。做好企业培育上市工

作，组织六盘水市6户企业参加全省重点拟上市企业培训。做好委属企业管理和稳控工作。协调解决原六盘水市卷烟厂246名职工养老保险缴纳，做好原水城特区化肥厂“亦工亦农”人员的身份认证及成都铁路局驻六盘水遗留社会职能人员移交工作。

（高 璟）

【安全生产检查监管】 高度重视民爆行业安全监管工作，共计开展民爆行业安全生产检查11次，检查工业企业84户。重新梳理行政许可审批事项15项，其中行政许可1项，非行政许可1项，行政服务13项，全部压缩办事时限50%。梳理行政处罚事项21项，行政强制措施1项（登记保存），行政强制执行1项（滞纳金），积极抓好“六五”普法工作。

（高 璟）

【工业发展存在的问题】 在工业发展上仍存在总量小、结构偏、档次低、链条短、能耗高、效益低的问题，需要在以后推动工业转型升级中逐步加以解决。问题的存在，与市经信委在推动工业转型升级的顶层设计及统筹、把控、服务、引导工业经济运行的队伍能力水平、作风建设等存在差距有很大关系。

（高 璟）

煤炭工业

【煤炭工业主要经济指标完成情况】 煤炭生产安全指标完成情况：全市原煤累计完成7309.21万吨，完成年计划的92.52%，同比增长2.14%，其中：地方完成4947.66万吨，完成年计划的102.65%，同比增长13.41%（六枝298.59万吨，同比下降0.88%；盘县2602.41万吨，同比增长5.74%；水城县1853.16万吨，同比增长42.53%；钟山区193.50万吨，同比下降35.50%）；国有集团公司完成2361.55万吨，完成年计划的76.67%，同比下降15.46%（六枝工矿集团399.42万吨，同比增长3.26%；盘江精煤股份集团1053.1万吨，同比下降32.81%；水城矿业集团909.03万吨，同比增长8.30%）。洗精煤地方产量累计完成2522.44万吨，完成年计划的126.12%，同比增长20.30%（六枝51.06万吨，同比增长20.60%；盘县1386.73万吨，同比增长26.92%；水城县889.85万吨，同比增长13.63%；钟山区194.80万吨，同比增长9%）。焦炭地方产量累计完成455.00万吨，完成年计划的98.91%，同比增长24.29%（盘县351.63万吨，同比增长34.06%；水城县61.93万吨，同比下降12.85%；钟山区41.44万吨，同比增长26.65%）。

全市地方煤矿电煤、民用煤、燃气煤供应情况：2013年完成民用煤实物供应补助22.19万吨，兑现补助资金15078.19万元，较上年同期增加2633.09万元；完成电煤供应1082万吨，其中地方711万吨，国有集团371万吨；供应市内燃气用煤280万吨。

煤矿建设项目完成情况：2013年完成煤矿矿井建设项目竣工验收或联合试运转36处，完成年计划的100%，产能1431万吨/年，批复联合试运转煤矿32处，新释放产能1311万吨；取得安全生产许可证合法煤矿47处，产能1695万吨；煤矿开工备案煤矿5处，产能150万吨；修改《开采方案设计》备案煤矿9处，产能351万吨。

（梁卫华）

【能源（煤炭）行业管理工作】 规范建设程序，提升联合试运转质量。2013年，市能源局把矿井建设作为全年的中心工作强力推进。成立联合试运转工作领导小组，相继下发《六盘水市能源局关于规范全市煤矿建设管理的通知》（市能源通字〔2013〕70号）、《关于成立煤矿联合试运转复核验收领导小组的通知》（市能源通字〔2013〕106号）、《关于加强煤矿建设项目管理工作的通知》（市能源通字〔2013〕125号）等文件，进一步规范煤矿联合试运转有关事项的申请陈述、专家现场检查验收、联合试运转工作领导小组会议讨论研究和上报局行政办公会研究决定等环节的程序；通过开展专项检查、日常检查、四个县区煤炭局和煤矿企业集团公司工程师进行交叉检查等方式，长期深入煤矿、深入井下，逐矿研究煤矿建设中存在的问题，加大对新建、改扩建、技术改造、资源整合等煤矿建设项目监管力度；进一步提高技术指导服务质量，对建设进度缓慢的矿井现场帮助，指导其制定合理的施工组织计划，通过积极参与、协调各项验收等措施，切实加强地方煤矿建设管理工作，保障全市煤矿基本建设。2013年完成煤矿矿井建设项目竣工验收或联合试运转36处，完成年计划的100%，产能1431万吨/年，批复联合试运转煤矿32处，新释放产能1311万吨；取得安全生产许可证合法煤矿47处，产能1695万吨；煤矿开工备案煤矿5处，产能150万吨；修改《开采方案设计》备案煤矿9处，产能351万吨。

（梁卫华）

【煤矿兼并重组工作】 按规划，六盘水兼并重组后保留煤矿170处。截至12月31日，全市共有煤矿及矿权387个（市内302个、市外85个）参与兼并重组。在全省处于领先位置。兼并重组后，全市预计保留煤矿183个（六枝特区22个，盘县84个，水城县62个，钟山区15个），尚有24个煤矿暂不能确定兼并重组后保留情况。兼并重组后，全市基本消除30万吨/年以下矿井，煤与瓦斯突出矿井设计规模将不低于45万吨/年。

（梁卫华）

【“六化”典型示范矿井建设】 市能源局将“六化”（生产集约化、装备机械化、管理信息化、质量标准化、队伍专业化、环境生态化）矿井建设作为打造全市煤炭工业转型升级的重要抓手，成立工作领导小组，多次召开调研会、征求意见会、专题会或现场推进会，广泛征求专家意见和建议，根据煤矿现场实际，下发《关于开展“六化”矿井建设“百日攻坚行动”工作方案》（市能源通字〔2013〕134号），制定“六化”矿井建设标准，完善了“六化”矿井的验收、检查和评分办法，为今后全面推进“六化”矿井建设工作奠定了理论基础；通过《凉都能源》、局网站和报纸等平台，加强“六化”矿井建设宣传工作，使“六化”理念在煤炭系统形成了共识。

（梁卫华）

【采掘机械化】 2013年，全市完成新增综采装备21套、新增综掘装备22套，均超目标考核任务调整计划5套；全市煤矿累计实现综采96套，其中：国有煤矿综采43套，地方煤矿综采53套；累计实现综掘装备159套，其中：国有煤矿综掘85套，地方煤矿综掘为74套。

（梁卫华）

【提升煤炭行业发展水平】 市能源局将矿井生产建设技术指导服务作为工作重点，认真研究制订《加强煤炭行业管理的意见》和《六盘水市煤炭行业在兼并重组中化危为机做大做强的振兴规划》，并配套制订了《关于对煤矿企业进行分类管理分级指导的工作意见》《强化生产管理、提高开采水平》等提高煤炭行业管理的文件；把督促指导矿井生产建设同技术服务相结合，积极帮助协调建设矿井的颁证验收工作；积极配合安监、煤监部门开展安全生产联合执法工作，实现了全市地方煤矿安全生产形势的稳定好转。2013年，市县两级煤炭工程技术人员配合、协助、参与安全生产检查、业务技术指导服务共2489矿次，涉及产煤乡（镇）66个、煤矿企业306家，检查覆盖率达100%，共查出各类隐患16868条，现场指导整改率达到95%。地方煤矿未发生事故，同比减少11起少死亡13人，分别下降100%和100%；国有煤矿发生4起死亡40人，同比减少9起多死亡2人，分别下降69.2%和上升5.3%。全市煤炭百万吨死亡率为0.541。

（梁卫华）

【继续开展洗选和焦化行业治理整顿】 全年任务计划完成10家。到10月底完成建设竣工14家，其中：7家全部完成手续办理，7家正在办理完善相关手续。

（梁卫华）

【保障“三煤”供应】 2013年，完成民用煤实物供应补助22.19万吨，兑现补助资金15078.19万元，较上年同期增加2633.09万元；完成电煤供应1082万吨，其中地方711万吨，国有集团371万吨；供应市内燃气用煤280万吨。

（梁卫华）

【新能源开发利用】 配合有关部门在钟山区扁担湾开展地面开采煤层气示范性抽采项目工作；开展新能源产业风电项目的跟踪服务和新开工项目的调度工作；开展太阳能发电项目的前期跟踪服务、调度工作；积极开展低热值发电、垃圾焚

烧发电项目的配合工作；做好全市煤层气（煤矿瓦斯）利用和煤矸石利用调度上报工作。

（梁卫华）

【开展培训】 2013年，市能源局分别组织市、县煤炭工程技术人员到重庆、山西、四川等地进行矿井建设质量标准化、煤矿企业兼并重组、急倾斜及薄煤层机械化开采技术、煤与瓦斯防治关键技术等方面的实地学习培训，市县共计200余人参与；组织地方煤矿矿长安全资格证培复训4期，共计140人；组织煤矿管理人员培训、复训各7期，共计1066人；法人代表培训、复训各3期，共计139人。合计培复训管理人员815人；组织地方煤矿特种作业人员培复训7期，共计2603人；培复训煤矿从业人员18983人。组织地方煤矿工程技术人员职称继续教育培训5期，272人参加，组织地方煤矿CAD制图培训1期，40人参加，组织地方煤矿工人培训3期，342人参加。

（梁卫华）

贵州煤矿安全监察局水城监察分局工作

【概述】 2013年，分局辖区（六盘水市）煤矿共发生各类生产安全事故4起、死亡40人。与上年同比，事故减少20起、同比下降83.3%，少死亡11人，同比下降21.6%。辖区煤矿生产原煤7260万吨，百万吨死亡率0.55，与上年同比下降0.16，降幅为23%。全年分局辖区内乡镇煤矿、钟山区和六枝特区区域内国有煤矿首次实现了安全生产“零事故”。

（李 祥）

【煤矿监察执法】 全年计划监察122矿次，实际监察254矿次，完成计划的209%。共制作各类执法文书862份，查处各类安全隐患3613条。制定了《水城监察分局煤矿安全生产暗查抽查工作制度》，使分局暗查抽查工作规范化、制度化和常态化。进一步细化监察执法。开展解剖式监察、示范性监察，强化联合执法，完善安全约谈机制。加大对省属国有煤矿监察力度。以贵州盘江精煤股份公司、水矿（集团）公司和六枝工矿（集团）公司所属矿井为重点对象。全年对省属国有煤矿监察78矿次，查处各类安全隐患1560条。开展“打非治违”专项行动和开展“回头看”活动，严厉打击各类煤矿非法违法生产建设行为。

（李 祥）

【安全检查工作】 按照省政府统一安排部署开展了保护矿工生命安全特别行动，共组织检查组23个，派出监察执法人员105人次，检查煤矿企业42矿次，查出各类安全隐患和问题512条。大检查期间，共组织检查组42个，派出监察执法人员165人次，检查煤矿企业89矿次，其中暗访暗查24矿次，督促检查地方政府及安全监管部门16次，查出各类安全隐患和问题1079条。按照省局的统一安排部署，分局全力配合省局对分局辖区34处中央在黔和省属国有煤矿进行安全生产条件确认，共查出安全隐患和问题910条。全年，与六盘水市人民政府、各县（区、特区）人民政府及有关部门召开联席会议17次，与中央在黔和省属重点煤矿企业、国有地方煤矿企业、民营企业召开煤矿安全生产工作座谈会7次。同时针对各地煤矿安全生产管理中存在的问题，共向地方政府、集团公司提出加强和改善煤矿安全管理建议书、意见书35份。配合六盘水市纪委组织专项督查组采取明察暗访、查看资料、与煤矿企业负责人座谈或个别谈话等方式，对辖区4个县（区、特区）履行政府监管职责进行专项督查，检查发现部分领导煤矿包保责任制落实不到位等11条问题，督查组及时将督查情况向六盘水市委、市政府进行了报告。

（李 祥）

【审查验收】 全年分局共受理煤矿建设项目安全设施设计审查申请13处，已审查13处，2处审查不合格，批复11处；受理煤矿安全设施及条件竣工验收申请34处，同时受省局委托对44处矿井的安全生产许可证现场审查（包含矿井安全生产许可证延期现场审查），通过现场验收，对6个达不到安全设施设计及条件竣工验收要求的煤矿下达了不合格通知书。

（李 祥）

【宣传活动】 以开展全国第12个“安全生产月”活动为契机，组织监察员参加了六盘水市大型安全文艺晚会。活动期间，发放安全知识宣传传单300余份，事故案例警示教育光盘300余张。邀请省局副局长陈富庆到分局作防治煤与瓦斯突出专题讲座。采取召开工作例会、专题会议、局长办公会、地方政府联席会、事故警示教育会及下基层监察执法等形式把安全生产有关政策、要求，传达和落实到煤矿安全生产的各个环节。

（李　祥）

【开展党的群众路线教育实践活动】　组织参加教育实践活动学习20余次，专题集中学习6次。向六盘水市及各县区人民政府、有关部门、煤矿企业代表共计40余个单位广泛征求意见，召开征求意见座谈会13次，向辖区煤矿发放征求意见表100余份，共收集到各类意见建议23条，进行了原汁原味的整理和反馈，其中“四风”方面的意见15条，梳理提炼为4个方面12条。分局领导班子2次专题研究对照检查材料，2次征求意见、7次反复修改。班子成员相互谈心谈话30余次，各科室谈心交心136人次。召开专题民主生活会，班子成员之间互相提出了73条批评意见。制定了《水城监察分局深入开展党的群众路线教育实践活动整改落实方案》《水城监察分局突出问题专项整治方案》。

（李　祥）

【年度煤矿安全事件】　1月18日，贵州盘江精煤股份有限公司金佳矿发生1起重大煤与瓦斯突出事故，造成13人死亡。3月12日，贵州水城矿业集团格目底矿业有限公司马场煤矿发生1起重大煤与瓦斯突出事故，造成25人死亡。

（李　祥）

【煤矿事故警示教育会议】　11月26日，组织召开六盘水市辖区中央在黔和省属国有煤矿事故警示教育会议。省局、六盘水市人民政府、市纪委监察局、市安监局相关领导，分局领导班子成员及各室主任，中央在黔和省属国有煤矿集团公司、安监部（局）负责人及下属各矿矿长，辖区地方国有煤矿集团公司负责人共计60余人出席参加会议。

（李　祥）

贵州盘江精煤股份公司

【概述】　贵州盘江精煤股份有限公司是1999年经贵州省人民政府批准，由盘江煤电集团公司作为主发起人，联合中煤进出口公司、贵阳特钢公司、防城港务局等七家单位共同发起设立的股份制企业。盘江股份于2001年5月在上交所正式挂牌交易。

公司位于贵州省六盘水市盘县，前身为盘江矿务局，始建于20世纪60年代（1966年）“三线”建设时期。1997年盘江矿务局改制为盘江煤电集团公司，2009年3月，盘江煤电集团公司进行资产重组，煤炭主业整体上市，资产全部注入盘江股份（2010年9月经贵州省人民政府批准，盘江煤电集团公司更名为贵州盘江投资控股集团公司并迁址贵阳，公司业务由生产经营向战略规划、投资管理、资本经营、资源开发、高新技术产业开发等转型）。因此，盘江股份全部承接了盘江煤电集团公司的主体业务，成为以原煤生产、洗选加工为主导，融资本营运、发电、安装、矿建、机械加工及维修、仪器仪表、质检化验为一体的生产能力超千万吨的大型煤炭工业企业，也是中国长江以南唯一一家上市煤炭企业。

公司是盘江矿区煤炭开发主体。盘江矿区是中国“十二五”规划建设的全国14个大型煤炭生产基地之一。矿区因与云南富源、宣威接壤，地处中国“攀西——六盘水”这个资源富集“金三角”的最南端，又以丰富的煤炭资源称冠江南，被誉为“金三角下的一颗明珠”。

公司拥有丰富的煤炭资源，是中国南方地区重要的大型炼焦煤和动力煤生产基地。矿区煤炭储量丰富，井田面积706平方公里，远景储量383亿吨，地质储量95亿吨，可采储量20亿吨；煤种齐全，主要有气煤、肥煤、1/3焦煤、主焦煤、瘦煤、贫煤、无烟煤，储量和煤种在长江以南地区得天独厚；交通便利，贵昆铁路、南昆铁路威红段、水红铁路、沪昆高速公路、水盘高速公路以及在建设的沪昆高铁贯穿矿区，是北通巴渝，南接粤桂，西进云南，东联黔中的西南及西部地区交通、能源输出重镇。公司冶炼精煤、动力煤主要销往江南地区的19个省（市、区），用于冶金、建材、煤化工、煤制气行业。

公司现有六对生产矿井，参股在建的松河矿井建成投产，托管盘南煤炭开发公司（响水矿），投资控股的马依矿和发耳矿已开工建设；还有五座矿井选煤厂；两座矸石发电厂，装机容量7.8万千瓦。现原煤生产和洗选加工能力1445万吨，在册职工2.75万余人，各类专业技术人员近5000人。

（朱华云）

【主要生产经营指标】 2013年，生产精煤379.02万吨，生产混煤401.78万吨，原煤960.04万吨，销售商品煤770.15万吨，精煤回收率39.3%，综合回收率81.5%；发电46057万千瓦时，电力销量（上网）5397万千瓦时；主营业务收入537754万元，主营业务成本331173万元，实现净利润31324万元，比上年同期减少79.51%；完成瓦斯抽采钻孔378万米，抽采瓦斯总量2.24亿立方米，抽采率达到42.4%瓦斯发电和民用9500万立方米；采煤工作面平均单产4.92万吨/月/个，掘进工作面平均单进147.4米/月/个。职工人均薪酬收入7.18万元，比计划减少3200元，与上年基本持平。完成固定资产投资8.9亿元。

（朱华云）

【金佳矿“1·18”事故】 2013年1月18日17时29分，贵州盘江精煤股份有限公司金佳煤矿金一采区211运输石门发生煤与瓦斯突出事故，共造成13人遇难。事故发生后，国家煤监局及省、市、县的有关领导、部门负责人，及时到事故矿井进行察看，慰问遇难矿工亲属，对事故抢险救灾给予指导、支持、协助，维护了矿区稳定。

（朱华云）

【矿厂合并联合开采】 1月30日，盘江股份公司总经理孙朝芦在山脚树矿主持召开“两矿一厂合并大会”，决定将山脚树矿、老屋基矿、老屋基选厂进行合并。

山脚树矿、老屋基矿是盘江矿区的规划矿井，原设计原煤生产能力分别为45万吨、90万吨，经过不断扩能改造，已增至190万、130万吨，老屋基选煤厂是1982年年初从老屋基矿分离为独立核算的正处级群矿选煤厂，通过洗选工艺改造、系统更新、设备升级，年原煤入洗能力达到了300万吨，曾被评为“全国十佳选煤厂”，是中国“九五”科技攻关项目——无压三产品重介洗选漩流器工业性试验之地，为中国的煤炭洗选加工技术升级做出了积极的贡献。

实行矿厂合并，将减少管理层次，更能有效在做好人员与资源的配置，促使原煤生产、洗选加工能力得到更大发挥，降低管理成本，实现经济利益最大化。

（朱华云）

【企业文化建设】 盘江精煤股份公司在抓经济建设的同时，也不断搞好企业的文化建设，确立了以“安全、管理、服务、廉洁”四个方面为重点，加强企业文化建设，以企业核心理念为要求，培育职工的价值观，用企业独特文化引领好职工的行为。

在发挥传统宣传工具、阵地、媒体作用的基础上，2013年组织人员编写了17万字的《安全文化手册》，整理编辑《阳光的眷念——盘江矿区职工文学作品·诗歌卷》，已委托贵州人民出版社，用国内统一书号出版发行。

（朱华云）

【质量管理工作】 盘江股份公司将2013年确定为“质量提升年”，全面加强管理，促进工作效率和质量上新台阶，矿井及地面厂推行对标管理、精细化管理，加大质量标准化建设力度，修订完善现场管理制度，实行责任追究，严格标准化检查与奖惩；公司及二级单位机关科室，进一步修订各岗位说明书，规范工作流程，制定出工作标准。

2013年5月，股份公司中心化验室通过了中国认证中心的监督审核，准许继续使用该中心2012年7月24日颁发的00112Q27220ROS/52300管理体系认证证书。商品煤质量稳定，全年没有发生较大的质量纠纷，保持着“盘江煤”的良好形象。

（朱华云）

水城矿业（集团）有限公司

【概述】 2013年，全年公司原煤产量1075万吨，完成计划的114.04%，同比下降2.4%；销售收入860155万元，完成计划的93.18%，同比上升

19.74%；利润17995万元，完成计划的192.83%，同比下降69.24%；应缴税费54451万元，完成计划的93.18%，同比下降40.43%；在岗人均收入41269元，完成计划的80.97%，同比下降4..64%；资产总额2481930万元，完成计划的105.52%，同比增加21.47%。2013年，水矿股份公司获2012年度煤炭行业"AAA级信用企业"荣誉称号。在全国范围内有120家煤炭企业获"AAA级信用企业"这一殊荣。

（葛志国）

【安全整顿】 "3·12"事故后，按要求开展安全整顿，通过了监管部门的验收，生产矿井全部恢复生产，在建矿井和技改矿井逐步恢复施工。各级领导班子开展安全思想大整顿，学习安全生产法规，贯彻"三个敬畏"，抓好"双七条规定"和"双十项要求"的落实。健全安全层级管理制度和安全管理机构，配齐"五职矿长"，组建瓦斯抽采公司，全面排查治理各矿井存在的安全隐患，强化安全生产过程和环节的控制，特别是强化"一通三防"及防突管理，加强职工安全应知应会教育培训，安全形势稳定向好。

3月12日，水矿集团格目底公司控股的贵州玉马能源开发有限公司发生一起重大煤与瓦斯突出事故。事故导致25名矿工遇难。事故使遇难职工的家庭陷入巨大的悲痛，给国家和企业的财产蒙受重大损失，给企业改革发展受到了严重影响。

3月15日，水矿集团安全整顿紧急会议在米箩煤矿召开。会议要求各单位认真吸取事故教训，举一反三，结合控股集团煤矿停产整顿方案，学习好、贯彻好、落实好《煤矿矿长保护矿工生命安全七条规定》，制定可行办法和措施，进一步落实安全责任，加大安全管理力度，建立和完善安全生产保障体系。

4月8日，水矿集团根据《省委办公厅、省政府办公厅关于加强国有煤炭企业安全生产工作的通知》和认真贯彻落实省国资委、省安监局制定的《省属国有和国有控股煤炭企业领导班子成员安全思想大整顿活动方案》要求，结合水矿实际，制定了《水矿集团领导班子成员安全思想大整顿活动实施方案》。

4月9日，水矿集团召开领导班子安全思想大整顿活动动员会，要求各级领导干部转变思想观念、提高安全意识，正确处理好安全与发展、安全与生产建设、安全与效益的关系，切实解决安全生产思想认识不到位、安全监管严格不起来、安全措施落实不下去等突出问题，促进大家进一步改进工作作风、狠抓工作落实，推动公司下一步安全生产工作，实现安全状况稳定好转。会议要求企业负责人要紧紧围绕"敬畏生命、敬畏制度、敬畏岗位职责，严格管理，狠抓落实，遏制事故，推进企业安全发展"主题，开展安全思想大整顿。

6月18日，由省国资委、安监局和能源局组成的验收组，对集团公司领导班子成员安全思想大整顿活动进行检查验收。集团公司汇报了公司领导班子成员安全思想大整顿活动开展情况及下一步工作打算。验收组认为，集团公司对领导班子成员安全思想大整顿活动高度重视，准备充分，认识到位，剖析深入，整改有力，落实及时。验收组要求，进一步深化巩固大整顿成果，进一步抓好安全隐患排查治理，进一步转变抓安全工作的思想观念，进一步协调好地方政府与企业的关系，进一步抓好保护矿工生命安全主题活动，进一步学习先进企业好的经验与做法。

11月1日，由生产调度、人员定位、电力系统、机电系统等14个系统组成的股份公司安全生产指挥中心正式启用。通过对所属六对矿井的200余个摄像头多角度画面同步实时切换，第一时间对各矿井的生产状况、调度室值班、人员出入井口等情况进行监管定位。

（葛志国）

【创新经营管理】 树立"经营统领生产"的理念，强化效率效益意识，强调生产经营算账，加强经济运行分析，严格成本费用控制，在提质降耗、创造效益上下功夫，向高产量、高质量、高效率，低消耗的"三高一低"转变。引导、督促各生产矿井摆正产量和质量的关系，建立正常生产秩序，积极为矿井产能发挥和煤质提升创造条件。

（葛志国）

【实施生产矿井三年攻坚】 在抓好复产各项工作的同时，根据省煤矿安全生产"三年攻坚"部署和省国资委"一企一策"要求，启动了水矿

生产矿井“三年攻坚”“一矿一策”工作，制定采、掘、抽规划，从安全、系统、接替等方面研究治理、调整、优化的具体措施，争取三年后从根本上解决采掘接替紧张导致安全治理工程欠账的矛盾。

（葛志国）

【项目建设】 加快煤矿项目建设，研究加快进度的措施和办法，大部分基建矿井手续完备，具备建设条件。抓好煤化工检修工作，引进先进的管理团队，为化工试车复产做好准备，同时积极引战、盘活煤化工资产。其他非煤产业和业务板块，按照“服务于内，拓展于外”的工作要求，积极发展。申城高科、安和公司、渝煤科公司等高新科技产业，抓紧立项、努力开展工作。7月6日，西南天地煤机装备制造有限公司与优泰科（苏州）密封技术有限公司签订合作协议，实现煤机制造设备密封件的生产当地化、服务当地化，达到“以商招商”目的。西南天地董事长李学敏，总经理秦乐尧，优泰科（苏州）公司董事李奇，执行董事夏利民等出席合作签字仪式。

公司与大唐移动通信设备有限公司、贵州科学院三方合作意向书在贵阳签订。按照协议，汪家寨煤矿将作为无线移动通信项目示范点单位。

11月18日，日处理30万立方米低浓度煤层气深冷液化项目在贵州肥田煤矿启动。该项目由集团公司与中煤科工集团重庆研究院共同投资新建，项目投资2.8亿元。

（葛志国）

【党建工作】 加强领导班子业绩考核和干部履职考核。开展“解放思想，转变作风，狠抓落实”大讨论活动，营造真抓实干氛围。开展“献计献策、建家园、促发展”活动，凝聚力量，激发干劲。开办“水矿大讲堂”，进行大规模干部培训；组织学习永煤集团安顺煤矿经验。举办第三届职工、第六届青工技能大赛，锻炼、选拔、激励技能人才。提前部署党的群众路线教育实践活动，积极做好舆论、思想和组织准备。

7月1日，集团公司隆重召开庆祝建党92周年暨表彰大会。公司党委号召，各级党组织和广大干部职工向受到表彰的先进集体和优秀个人学习，以改革创新精神推进基层党的建设，把企业党组织的组织优势转化为推动企业改革发展的强大力量。正视困难，努力工作，充分发扬主人翁精神，同心同德，创先争优，推动水矿又好又快、更好更快发展。

7月12日，集团公司召开贯彻省党的群众路线教育实践活动工作会精神传达会，提前部署开展党的群众路线教育实践活动。

7月12日，集团公司召开人才暨职教工作会，传达省十一届三次和市六届四次人才队伍建设会议精神，总结集团公司近年来人才队伍建设工作，明确公司下一步人才培养引进工作指导思想和工作目标。会议传达省十一届三次和市六届四次人才队伍建设会议精神，重点传达了省委书记赵克志和市委书记王晓光的讲话精神，并对进一步加强人才队伍培养引进工作作出安排。

（葛志国）

【职工大会】 1月11日，水矿控股集团十五届一次、水矿股份公司一届一次职工代表大会在公司会议中心召开。296名代表参加会议。控股集团董事长、党委书记，股份公司董事长魏永柱作题为《贯彻落实党的十八大精神加速发展赶超跨越为开创新局面而努力奋斗》的讲话，控股集团总经理、股份公司党委书记倪德飞代表控股集团作工作报告，股份公司总经理阎昭铸代表股份公司作工作报告，控股集团党委副书记刘振涛作关于2013年工效挂钩及二级单位党政领导经营业绩考核办法的说明，控股集团纪委书记苏国泽作提案处理情况报告。控股集团工会主席赵诚主持会议。

12月10日，集团公司召开专题会，认真学习传达了习近平总书记对贵州省工作的最新指示精神，省委书记赵克志在省委十一届四次全会上的工作报告和重要讲话，以及《中共贵州省委关于贯彻落实〈中共中央关于全面深化改革若干重大问题的决定〉的实施意见》和《贵州省人民政府职能转变和机构改革方案》以及省长陈敏尔就《实施意见（讨论稿）》和《机构改革方案（讨论稿）》向全会作的说明。会上，集团公司董事长、党委书记王祺强调，要围绕市委新的要求，进一步做好顶层设计，坚持“创新驱动，升级发展”，抓住发展机遇，发挥国有企业龙头和平台作用，加快水矿发展。要认真研究政策，全面深化企业改革，推进科技创新，推广新技术新工艺新装备，加大老矿区技改、新矿区建设力度。要借地方经济发展的东风，思考谋划水矿区域循环经济园区建设、做大区域物流等，实现水矿跨越发展。

（葛志国）

【领导活动】 2月6日，水矿集团公司在凉都宾馆举行2013年新春团拜会，共庆新春。公司领导、副总师、机关部门负责人、二级单位党政正职、已退休的公司老领导、老同志代表、劳模代表、党代表、统战方面代表、合资企业代表和部分调出去的人员代表100余人参加团拜会。

3月1日，由六盘水市中级人民法院、市劳动人事争议仲裁院联合主办的劳动人事争议仲裁2012年疑难案例研讨会，在水矿控股集团会议中心召开。水矿控股集团总法律顾问、最高人民检察院检察长办公室主任张相军，六盘水市人力资源和社会保障局副局长马龙华，市中级人民法院专员陈代艳及市劳动仲裁院相关领导出席，市、区县法院，仲裁院，水矿控股集团、水矿股份公司相关人员参加研讨会。

3月6日，水矿控股集团、水矿股份公司新一轮“三项制度”改革动员会在公司机关四楼会议室召开。会议就新一轮“三项制度”改革工作作动员部署，进一步明确此次改革的目的、意义、目标任务、工作重点、实施办法和保障措施。水矿控股集团副董事长、总经理，水矿股份公司党委书记倪德飞作动员讲话。水矿控股集团董事、水矿股份公司总经理阎昭铸宣读《关于开展新一轮“三项制度”改革实施意见》。水矿控股集团党委副书记刘振涛主持会议。

3月23日，省委组织部、省国资委召开水矿集团领导干部会议，王祺推荐为贵州水矿控股集团有限责任公司董事长人选，贵州水城矿业股份有限公司董事长人选，任贵州水矿控股集团有限责任公司党委书记。

4月25日，中国科学院院士、矿山压力及岩层控制学家宋振骐院士在六盘水市人民政府副市长范三川及市能源局、科技局相关负责人的陪同下到汪家寨煤矿指导工作。股份公司副总经理郑志伟在汪家寨煤矿迎接宋振骐一行。4月26日下午，水矿控股集团与中国煤炭科工集团合作共赢座谈会在凉都宾馆召开。

5月1日，水矿控股集团公司召开劳模座谈会，水矿集团董事长、党委书记，股份公司董事长王祺，来到凉都宾馆二号会议室，同集团公司劳动模范代表座谈并发表讲话，代表公司向劳动模范致以节日的问候和崇高的敬意，向广大职工致以节日良好祝愿。全国劳动模范龙世昌、翟培卡、王光华，全国煤炭工业劳动模范仇长军、文永松、王顺荣，十八大代表、省五一劳动奖章获得者吕丽等各层次劳动模范代表19人参加座谈会。

5月8日，国家能源局煤炭司副司长魏鹏远一行到格目底公司马场煤矿调研安全整顿、瓦斯治理以及新项目建设情况。水矿控股集团董事长、党委书记，水矿股份公司董事长王祺汇报了在马场煤矿“3·12”事故发生后，全公司深刻吸取事故教训，重点抓好管理人员安全思想转变、优化完善煤矿安全系统、强化煤矿瓦斯防治等方面开展的工作。水矿控股集团副董事长、总经理，水矿股份公司党委书记倪德飞向调研组一行汇报了马场煤矿的基本概况、矿井建设情况、“3·12”事故发生的经过和原因分析及矿井近期开展的相关工作。

5月16日，国家安监总局《煤矿矿长保护矿工生命安全七条规定》宣贯专题行活动组一行，到水矿集团就宣贯工作进行检查。人民日报、中央电视台、法制日报、工人日报、中国煤炭报、新华网、人民网、国家安监总局政府网站和国家安全生产宣教网站等媒体参加座谈会。

6月7日，中国三线建设研究会筹备领导小组组长、军事科学院原副院长钱海皓中将一行，到集团公司汪家寨煤矿调研三线建设有关情况。

6月26日，贵州省人民政府副省长王江平到鑫晟煤化工调研，公司领导王祺、阎昭铸、杨建等陪同调研。在鑫晟公司发电厂和化工厂，王江平听取该公司主要负责人对电厂和化工厂的情况汇报，详细询问原料煤供应、设备最长开机时间及相关系统的运行情况。随后，王江平主持召开座谈会，就集团公司当前面临的安全生产和经营形势，就如何尽快扭转被动局面提出要求。

8月4日，以国家煤矿安全监察局原副局长、中国煤炭工业协会副会长彭建勋为组长的国家安全生产监督管理总局第16专项督查组，到汪家寨煤矿督查安全生产工作。

9月13日，中组部、团中央第13批赴黔博士服务团一行，深入集团公司鑫晟煤化工、米箩煤矿和西南天地煤机装备制造有限公司进行考察，并出席“智汇水矿——大型煤炭企业集团转型跨越发展”座谈会。

10月13日，六盘水市人民政府市长周荣在股份公司总经理阎昭铸的陪同下，到西南天地煤机装备制造有限公司调研，副市长尹志华陪同调研并主持调研座谈会。

10月29日，贵州省人民政府副省长王江平率省国资委、安监局、国土厅、能源局等省直部门负责人到水矿调研指导工作，了解企业安全、生产、经营情况，协调解决企业改革发展中遇到的困难和问题。

（葛志国）

【工作成果与获奖】 根据中共中央、国务院《国家中长期人才发展规划纲要（2010—2020年）》要求，中国企业联合会、中国企业家协会对照《职业经理人资格认证标准》，本着从严、从优的原则，经严格审查，水矿控股集团党委书记、董事长，水矿股份公司董事长魏永柱获第十一批高级职业经理（特殊贡献人才）资格。据悉，全国共有57人获此批资格证书。1月25日，“感动凉都十大人物”王文举事迹座谈会在二塘选煤厂召开。水矿总医院引进的3.0T飞利浦全身梯度核磁共振成像系统经调试正式投入使用，这在六盘水市尚属首台，投用仅一周时间就为200余名患者做了检查。贵州省成果办公室发布，水矿集团公司工会申报的“双百”班组安全生产建设创新活动，获得第十四届贵州省企业管理现代化创新成果一等奖。人力资源和社会保障部、中国煤炭工业协会联合下文表彰了全国煤炭工业先进集体、劳动模范和先进工作者。水矿股份公司那罗寨煤矿被授予“全国煤炭先进集体”荣誉称号；大湾煤矿采煤一工区工人文永松、汪家寨煤矿巷修二工区区长李贵军获“全国煤炭工业劳动模范”荣誉称号，并享受省部级劳动模范待遇。根据3月11日《中国煤炭报》公布的“2012年度全国煤炭机械工业优秀企业、优秀企业家”排名榜，水矿机制分公司获优秀企业，经理赵连山获优秀企业家称号。王文举获2012年度高技能人才国务院政府特殊津贴，蔡毅获2012年度专业技术人才贵州省政府特殊津贴。此次获此殊荣的，全省共有61人（2013年3月贵州省人社厅公布）。5月18日，水矿控股集团班组安全建设工作暨表彰大会在公司会议中心召开。会议对一年来班组安全建设工作取得的成绩和经验进行总结交流，对下一步班组安全建设工作作出安排，表彰了来自各条战线的100个明星班组及100名明星班组长。会议指出，召开班组安全工作暨表彰大会，是为了总结工作，交流成功经验，促进后八个月安全生产和经营工作的健康发展。救护大队获“特级”质量标准化荣誉。国家安全生产监督管理总局公布2012年度“特级”质量标准化矿山救护大队名单，水矿集团矿山救护大队再次登榜，这是救护大队连续六年来获此殊荣。贵州省社会保险事业局针对社会保险省级统筹管理单位进行了2012年度养老、失业保险工作评比表彰，水矿集团因基础扎实、管理规范而获二等奖。大湾煤矿机电工区供电队获贵州省“工人先锋号”光荣称号。机制分公司获2013年“贵州省知识产权试点单位”荣誉称号。8月12日，股份公司老鹰山煤矿防爆班女职工吕丽获得省国资委系统企业“贵人善行·最美员工”荣誉称号。9月24日，总医院代表集团公司参加六盘水市文明礼仪知识竞赛获一等奖。10月13日，救护大队获贵州省第九届矿山救援技术竞赛二等奖。12月4日，集团公司那罗寨煤矿退休职工肖启珍入选11月份中国好人榜。肖启珍在身患重病的情况下，十七年如一日，悉心照顾瘫痪在床的弟弟。6月14日，在由贵州省经信委、贵州省企业联合会召开的“第十四届贵州企业管理现代化创新成果表彰会”上，股份公司工会的“大型采掘企业以安全为核心的特色型班组建设”获一等奖。此次创新成果表彰会共评出一等奖14家，二等奖26家。8月9日，集团公司第三届职工（第六届青工）职业技能大赛正式启动。363名参赛选手在综采、巷修、瓦检等15个专业门类中通过理论考试与实际技能操作一争高下，理论考试和技能考核均合格的前三名选手，可以直接晋升高一级职业技能等级。8月15日，集团公司党委获省国资2012年度系统企业党委抓基层党建工作考核一等奖。 10月8日，经国家住房城乡建设部2013年第五批建设工程企业资质审定，贵州新建业公司获得国家房屋建筑工程施工企业总承包一级资质。

（葛志国）

六枝工矿（集团）有限公司

【经营指标完成情况】 2013年，煤炭生产量计划完成450万吨，预计完成183万吨，完成计划的41%，同比减少79万吨。掘进进尺计划完成32340米，预计完成12837米，完成计划的40%。煤炭销售量计划完成411万吨，预计完成164万吨，完成计划的40%，同比减少75万吨，其中：精煤计划40万吨，预计完成10万吨，完成计划的25%；电煤计划371万吨，预计完成154万吨，完成计划的42%。发电量计划完成3000万千瓦时，预计完成3170万千瓦时，完成计划的106%，同比增加1260万千瓦时。销售总收入：计划完成20亿元，预计完成8.5亿元，完成计划的43%，同比减少39046万元。利润指标计划完成1.7亿元，预计完成-15000万元，比计划欠利3.2亿元，同比减利20478万元。货款回收97500万元，货款回收率106%。上缴税费15400万元，同比下降35%。项目投资计划完成208412万元，预计完成73837万元，完成计划的35%。工程进尺计划完成40160米，预计完成4774米，完成计划的12%。职工人均薪酬4.48万元，同比增长7%。安全质量标准化达二级水平，全年未发生重伤及以上事故。

（杨见君）

【夯实基础工作】 配备专职抽采副经理，成立专门的防突管理办公室。召开了4个推进会：6月19日在化处公司召开“班组建设推进会”，搭建经验相互交流、工作互相促进的平台，推动基层班组达标建设开展；7月25日，在竹林公司召开“师带徒工作推进会”，交流“师带徒”经验，推广“传帮带”效果，为企业发展培养人才；9月11日，在比德公司召开“安全质量标准化暨对标管理工作推进会”，促进各矿安全质量标准化和对标管理工作水平的提升，夯实矿井安全生产基础；10月25日，在马临公司召开“煤矿安全风险预控管理体系建设现场推进会”，提高对危险源的识别、控制和消除能力，助推各矿井风险预控水平的提升。

（杨见君）

【资产优化】 完成四角田矿关闭后的整体资产处置，转让处置了三塘煤矿资产及部分无效闲置资产，获得处置收益4000万元，资产报酬率61%，优化了资产配置。集团公司资产负债率为67%，控制在国资委要求的70%以下，防范财务风险。

（杨见君）

【增强发展后劲】 生产矿井证照齐全，各矿在年初全省煤炭企业开展的停产整顿整改专项行动中，对内齐心合力整改不安全隐患，全力补齐证照。玉舍公司、比德公司、化处公司、竹林公司分别于4月3日、4月8日、5月8日、7月17日通过省煤监局组织的复工验收，陆续恢复了生产。基建矿井在年初全面停工缓建后，把项目建设重心及时转移到集中完善办矿手续上来，竭尽全力完善办矿手续，新华分公司于8月13日、化乐分公司于11月14日，先后完成项目开工备案，相继恢复建设。黑拉嘎公司积极申请90万吨/年项目核准，力争尽快恢复建设。在干部队伍建设上，集团公司全年共提职28人（总经理助理2人、副总工程师3人、副处级提正处级13人、正科提副处级10人），内部交流调整28人，引进各类毕业生269名（本科毕业生53名、大专毕业生117名、重庆大学委培生85名、单招定向生14名），引进高级管理人才2名。在培训工作上，集团公司安全技术培训中心举办安全生产管理人员素质提升培训班4期，347名安全生产管理人员参加封闭式培训；举办安全培训43期，培训安全管理人员和特殊工种人员1609人次；各二级单位共举办各类安全培训310期，参培人数达13482人次，安全培训率、培训合格率、持证上岗率均达到100%。

（杨见君）

【管理集约化、规模化】 物资管理不断优化，供应公司发挥物资供应体系统一后专业化和集中化管理的优势，建立物资供应大平台，实现物资供应的采、供、储一体化，规范管理机制和管理流程，做到“盘活物资控采购、保供促效效率高、服务快捷投诉少”。销售管理不断进步，运

销公司构建煤炭销售“计划、合同、定价、调度、结算、回款”统一管控体系，抓好市场运作、货场管理、煤质管理、合同管理、运输协调等重点工作，及时调整产品结构和销售流向，加强货款回收工作。

（杨见君）

【践行责任】 2013年，推荐1名人员参加省党建扶贫工作队驻村扶贫，支持地方经济社会发展。化处公司承办六枝特区煤矿综合机械化现场推进会，向地方煤矿介绍机械化开采经验和做法，发挥国有大矿技术帮扶地方小矿的社会责任。“两节”期间，集团公司筹集118.35万元，帮扶救助困难职工2757户。开展金秋助学活动，筹资31.28万元资助困难职工子女424人，基层各工会开展与困难职工“结对子”活动，共结帮扶对子124对，重点帮扶286名困难职工。

（杨见君）

冶金工业

首钢水城钢铁（集团）有限责任公司

【概述】 首钢水城钢铁（集团）有限责任公司位于贵州省六盘水市，始建于1966年，是以钢铁业为主，采矿、煤焦化、水泥制造、机加工、建筑、物流、进出口等配套经营的大型国有控股企业。公司注册资本341395万元，首钢总公司、中国华融资产、中国信达资产、中国长城资产、中国建设银行、贵州省国资委分别占股权的61.06%、16.23%、13.15%、0.36%、4.69%、4.51%。钢铁主业具备500万吨钢产能，有抗震钢筋、高速线材、棒材等13个长材产品30多个品种。水钢公司下设规划发展部、生产运输部、安全技术管理部、环境保护部等14个职能管理部门；保卫部/武装部、技术中心、离退休服务中心、职教中心4个复合部门；总医院、瑞泰公司2个代管单位；炼铁厂、炼钢厂、轧钢厂等6个主体单位；煤焦化公司、自动化公司、观音山矿业公司等5个分公司；博宏公司、赛德公司2个子公司。在册职工18946人，其中，硕士54人，大学本科学历1502人；高级职称158人（其中正高级7人），中级职称994人；中共党员8880人。

（王立新 田 甜 郑晓华）

【研发盘条螺纹和大规格螺纹钢】 2013年，成功研究开发特殊用户需求的盘条螺纹和大规格螺纹钢筋，高性能钢筋实现了批量生产，直径10毫米和直径12.5毫米的SWRH82B盘条获第五届首钢名优产品和中国冶金产品实物质量金杯奖称号。

（王立新 田 甜 郑晓华）

【降低污染物排放】 2013年，水钢开展“环评”项目3项，总投资10694万元，其中环保投资5110万元。建成废水处理设施1套，处理能力10立方米/小时。废气处理设施4套，处理能力11200立方米/小时。投资4262.94万元实施焦化酚氰废水改造。全年实现污染物综合排放合格率84.53%，同比下降12.49%；外排工业废水达标率99.9%，同比上升0.1%；外排废气达标率74.67%，同比下降25.18%；工业水重复利用率98.07%，同比下降0.15%。

（王立新 田 甜 郑晓华）

【抓生产保效益】 2013年，面对供需矛盾突出、市场持续低迷、资金严重紧缺等严峻形势，水钢以中共十八大精神为动力，围绕“一切以效益为中心，扭亏图存是第一要务”的经营思想，通过对标挖潜、降本增效、增收节支等措施，稳秩序、降成本、调结构，全力以赴扭亏攻坚，经受住了市场考验。全年水钢产铁476.24万吨，钢459.11万吨，钢材454.55万吨，焦炭140.52万吨，水泥77.60万吨，自发电10.67亿千瓦时。年主营业务收入1592027.39万元，税金44253.65万元。

（王立新 田 甜 郑晓华）

【水钢技校获准为国家重点技校】 1月9日，水钢技工学校获准成为国家级重点技工学校，成为了西南地区唯一一所培养以钢铁冶金为核心，涉及焊接、数控、电工电子等相关专业的职业训练基地。4月28日，水钢技工学校“国家级重点技工学校”正式揭牌。

（王立新 田 甜 郑晓华）

【创新及成果】 3月11日，观矿橡胶厂质量管理体系通过中国质量认证中心贵州省质量评审中心专家组的审核。3月14日，公司干熄焦干熄率达到了92%以上，领先国内同行业开工单体运行干熄率平均水平。5月20日，水钢新开发的直径20毫米盘螺在轧钢厂一高线试制成功。7月5日，由水钢申报的“一种HRB600热轧带肋钢筋的生产方法”获国家知识产权局授权。7月16日，15日—16日干熄焦24小时发电量再创新高达到38万千瓦时，创下投产以来日发电量历史最高水平。10月24日，在水钢2013年测量管理体系换证审核总结会上，水钢通过了中国计量体系认证中心贵州分中心审核组对水钢测量管理体系的审核。11月16日，“水钢”牌水泥入围毕都高速A类产品。11月26日，动力厂60兆瓦富余煤气发电机组，日均发电量在148万千瓦时，和其他余热、余压、余汽发电机组发电量相加，水钢每天自发电量超过330万千瓦时，与外购电量基本持平，实现了新突破。11月26日，运输部“内燃机车智能燃油回油检测控制器”专利成果获国家知识产权局专利受理。

（王立新　田　甜　郑晓华）

【调研促进企业发展】　3月9日，贵州省副省长陈鸣明在公司党委书记张槐祥、总工程师王琳松陪同下参观了水钢技校实训大楼。4月18日，首钢董事长王青海到水钢总医院视察。5月12日16时，贵州省副省长王江平在省政府3号楼专题召开帮助协调解决水钢经营困难促进企业扭亏增效会议。10月30日，贵州省副省长王江平和省市部门负责人到水钢调研，帮助水钢解决生产经营中的一些实际困难。

（王立新　田　甜　郑晓华）

【向地震灾区捐款】　4月22日，公司向四川雅安地震灾区捐款20万元。

（王立新　田　甜　郑晓华）

【水钢总医院通过“三甲”评审】　4月29日，首钢水钢总医院通过三级甲等医院模拟评审。

（王立新　田　甜　郑晓华）

【凤池路隧道正式通车】　7月28日上午10点，倍受关注的凤池路隧道正式通车。该隧道于2010年11月10日开工建设，南接人民中路，北接水钢厂区道路，全长935米。

（王立新　田　甜　郑晓华）

【首钢水钢领导班子调整】　9月13日，首钢总公司党委在水钢招待所召开首钢水钢干部大会，宣布首钢水钢班子调整通知，卢正春任首钢水钢党委书记，为董事、副董事长人选，张槐祥任首钢水钢党委副书记，为董事长人选。

（王立新　田　甜　郑晓华）

【水钢党校成立】　9月30日，经公司党委研究决定，水钢党校成立。

（王立新　田　甜　郑晓华）

【董事会选举产生新班子】　10月28日，水钢2013年度股东会及二届一次董事会在贵阳召开。选举了公司董事长、副董事长、董事、监事，审议了水钢2013年度的生产、财务、投资等事项。

（王立新　田　甜　郑晓华）

贵州首黔资源开发有限公司

【概述】　贵州首黔资源开发有限公司是由贵州首钢产业投资有限公司（为首钢股份全资子公司，占股51%）、贵州盘江精煤股份有限公司（占股25%）、贵州黔桂发电有限责任公司（占股15%）、首钢水城钢铁（集团）有限责任公司（占股9%）四方共同出资组建的企业。公司总部设在贵州省六盘水市盘北经济开发区。2012年公司项目建设在原规划基础上，根据仔细调研的结果和钢铁市场的变化作了调整。将项目调整为以贵州省的资源优势作为支撑，以煤及煤化工、发电为主导产业，钢铁为延伸配套产业的循环经济产业协调发展试点项目。项目拟建设规模为年开采煤炭1077万吨，配套建设30万千瓦煤矸石、煤泥发电和7万千瓦瓦斯发电；年产400万吨级（全焦）焦炭，配套建设年产20万吨焦炉煤气制1NG、30万吨焦油深加工、10万吨苯加氢；年产300万吨钢铁（100万吨优质高强度棒材、50万吨优质拉丝材和高强度优质高速线材、100万吨中厚板、50万吨中小型矿用型材）及钢材深加工；利用钢铁工序余热余压进行（TRT、干熄焦等）发电；配套建设铁路专用线、冶金辅料矿山、供水、供电等公辅设施。首黔项目按照总体规划分步实施原则，一期先建设200万吨焦化配套化产项目，实现煤、焦、化、电等能源转换。首黔公司下设综合办

公室、党群工作部、人力资源部、计财部、规划发展部、投资管理部、供应销售部、工程管理部、资源开发管理部、武装保卫部10个部（室）和杨山煤矿1个生产单位。员工总数114人，其中，大专以上学历101人；高中级职称45人；中共党员68人。

（段学凯）

【重点工作】 2013年，公司全力推进现场施工和杨山煤矿技改，做好一期一步200万吨焦化项目优化调整，积极办理纳木煤矿相关手续。杨山煤矿技改克服煤矿停产整顿、地质构造复杂、受当地百姓干扰等不利因素，于2013年9月底通过六盘水市能源局联合试运转验收。进行200万吨焦化及配套项目周边市场原料供应情况及产品销售情况的市场调研，对200万吨/年焦化和部分实施内容优化调整。煤炭企业兼并重组方面，成立主体资格申报工作小组，收集相关信息，研究兼并重组政策，梳理申报条件，做好申报相关基础工作。落实项目上，重点落实纳木煤矿采矿权批复，完成煤矿设计合同的签订，获得国土资源部批复纳木矿区的年度投放计划。

（段学凯）

【公司基础管理】 9月，完成精简人员及机构、理顺管理。拟制、修改并印发公司级制度性文件30余项。加强投资与财务管理，每月召开资金平衡专题会议，严把管理费用关，严格接待费用管理，不乱花股东一分钱，厉行节约，勤俭办企业。

（段学凯）

【领导视察】 2月14日，副省长王江平率领省国资委主任韩先平、副主任胡永忠，省安监局局长陈晓辉等领导，赴首黔项目建设工地视察。3月7日，首钢总公司副总经理张功焰、总经理助理韩庆率相关部门负责人视察首黔公司并召开座谈会。5月12日，新华联合冶金控股集团有限公司董事局主席、党委书记孙纪木，新华联合冶金控股集团有限公司总裁孙翔一行考察首黔公司及首黔项目。6月19日，省长陈敏尔一行视察首钢贵钢。8月28日，副省长王江平与首钢总公司总经理徐凝在省政府，就加快推进首钢总公司在黔企业发展相关问题进行座谈。

（段学凯）

电力工业

贵州电网公司六盘水供电局

【概述】 六盘水供电局负责六盘水电网的统一规划、统一建设、统一管理；按照管理权限对所辖电网以及并网的电厂实施统一调度，负责电网的安全、可靠、稳定运行；经营管理六盘水电网和六盘水市行政区域内六枝特区、盘县、水城县、钟山区的电力供应任务。供电面积9926平方公里，供电人口320万人，截至2013年年底，供电客户756004户。

生产经营情况。全年完成售电量83.93亿千瓦时；平均电价630.51元/千千瓦时；综合线损率4.89%；电费回收率99.95%；客户平均停电时间23.93小时，综合供电可靠率99.834%，城市供电可靠率99.963%，农村供电可靠率99.813%；220千伏N—1通过率为100%，110千伏N—1通过率为88%，城市中压配网可转供电率为60.5%；连续15年220千伏及以上保护正确动作率100%；220千伏及以下变电站无人值守率100%；客户满意度73分，贵州电网公司第一名；2013年绩效考核为贵州电网公司第一名。

安全生产情况。全年安全生产形势总体平稳，未发生贵州电网公司安全目标考核事故，主要经济技术指标持续向好。按照“全覆盖、零容忍、严执法、重实效”的原则，落实谁检查、谁负责、谁签字、谁负责的责任制，开展安全大检查和隐患排查治理，共查出安全隐患和问题673项，整改率100%。开展城市电缆管网、管沟专项隐患排查行动，形成中心城区110/10千伏电缆管网专项隐患排查及治理报告。在安全风险管控方面，深化风险体系建设及标准化达标工作。安全生产风险体系复核达三钻73.6分。将安全风险管理要求融入“两册”，覆盖率、应用率均达100%。安全生产标准化达标建设得分85.5分，达二级标准。制定全局238个岗位人身风险卡，有效控制了人身事故。梳理电网发生三级及以上电力安全事件和城市大面积停电风险点159个，制定了441条预控措施，实现电网风险闭环管控，消除了一般电力安全事故的电网风险。实施违章“零容忍”，加强和创新了作业现场违章管理和处罚方式，严重违章得到了有效控制。加强应急管理和保供电工作，修订完善“1+21+105”预案体系，与地方政府搭建了应急联动机制。

（李时金）

【电网运行】 加强城网农网维护和管理，实现了防外力破坏和客户端设备故障引起电网故障下降50%，中压线路故障率同比下降30%，公用变压器故障率同比下降74%。城市供电可靠率99.963%。客户平均停电时间同比下降31.8%。根据《六盘水电网2013年运行方式》，分析总结了六盘水电网2013年防范电网运行风险的八大措施，编制完成《六盘水电网2013年系统运行计划》，制定了14大项35小项重点工作，并督促抓落实。严格执行电网运行风险闭环管控，发布电网风险201份，落实上级发布的电网风险15份，督促各环节控制措施的执行。开展输变配专业监察性巡维，推行设备差异化、预防性维护，完善设备基础台账和差异化档案，强化安全自动装置及继电保护专项整治工作，完成率100%，保障电网运行安全。

（李时金）

【电网建设】 完成“5个100工程”的电网专项规划及建设方案、六盘水市变电站站址及线路走廊控制规划编制工作，优化“十二五”配电网规划项目库，启动“小康电”电网规划工作。完成36个35千伏及以上项目前期工作，储备3.8亿元的10千伏项目。积极服务“5个100工程”、旅发大会等，向贵州电网公司争取33个紧急项目，2840万元投资。全年完成电网建设投资10.28亿元，完成贵州电网公司调整计划的101.7%，项目投产率93.07%。建成投运35千伏及以上变电站（含扩建）9座，新建35千伏及以上输电线路261千米，新增变电容量19万千伏安。500千伏六盘水变电站新建工程获国家优质工程奖、中国电力行业优质工程奖和南方电网公司优质工程奖称号；220千伏台沙变电站新建工程及110千伏荷城变电站新建工程获2013年度贵州电力行业优质工程奖称号。

（李时金）

【增供扩销与客户服务】 制定保增长工作方案，积极促政府出台电价补贴政策，硅锰、金属硅、黄磷等开工率达88.9%，增加电量1.09亿千瓦时。加强客户调度，建立与政府沟通协调的客户服务调度机制，及时帮助企业解决实际困难，促企业稳定生产。全年开展带电作业、零点检修354次。出台《支持和服务“5个100工程”及重点项目实施细则》；进一步落实“以客为尊、和谐共赢”的服务理念，细化“首问负责制”工作要求；全面开通业扩报装绿色通道，业扩报装平均办理时间缩短43%；实施“业扩预受理”和客户经理负责制，全程跟踪、协调、服务“5个100工程”、旅发大会等112个项目，装见容量116020千伏安。结合六盘水市“阳光晒权”评议活动，开展了“五走进”活动，多角度、全方位查找问题和差距，定期评价改进成效，定期查找问题和完善措施，实施动态管理，第三方客户满意度评价73分，名列全省第一。5月19日，六盘水供电局局长徐铭走进六盘水电视台《百姓直通车》进行“阳光晒权”，代表全局员工从供电可靠率、停电公告、抢修复电时限等十三个方面面向社会各界进行公开承诺，并接受社会监督。

（李时金）

【经营管理】 开展常态化“挖潜增效”营销专项行动及营业普查工作，增加电费收入1389万元。开展线损精细化管理，推进供电所系统档案清理、违章违约用电查处等专项整治行动，10千伏城农网线路线损异常率同比下降6.1%，配变台区线损异常率同比下降8.8%。全额吸纳小水电5.54亿千瓦时。加强成本管控，严格执行中央八项规定，办公费、差旅费、会议费、招待费等弹性管理费用同比下降18%。编制2013年创先重点推进实施计划，全局有效运行制度385个。强化内控和依法经营意识，合同法律审核和规章制度法律把关率100%。开展11项审计工作，审计整改率100%。

（李时金）

【人才培养与技术创新】 建立和完善干部教育培训考核和激励制度，加强干部员工岗位履

职考核，差额选拔、公开竞聘中层管理人员12人，调整交流干部24人次。依托重点科技项目加快技术、技能专家的培养，14人获贵州电网公司聘任技术、技能专家，高技术技能人才成才率73.68%，技能人才岗位持证率80.6%，人才培养贡献度1.8%。完成了县供电局所有中层管理人员管理能力提升轮训。建立健全县局三级培训网，完成了县局技能岗位初级作业员胜任能力评价试点工作。编制“科技创新领域管理诊断分析报告”及“科技创新领域管理提升措施计划”；制定《加强科技创新促进经济社会更好更快发展工作任务分解表》；在线监测实用化通过贵州电网公司A级验评；投运5座110千伏数字化变电站；调控一体化通过贵州电网公司验收试运行；配网生产管理系统通过贵州电网公司实用化验评，城区分局评价为90分，排名全省第一。六盘水供电局科技创新成果1项获贵州电网公司科技进步二等奖、2项获贡献奖、2项获专利奖，取得1项发明专利、4项新型实用专利和3项软件著作权。

（李时金）

【党的群众路线教育实践活动】 贯彻落实网、省公司关于开展教育实践活动工作部署，在开展“四项行动”的基础上，结合实际开展“牵手连心”特色实践活动，解决“5个100工程”、老百姓用电等问题23个。召开高质量的民主生活会。建立19个领导干部基层一线联系点，全方位、多渠道听取意见查摆问题，共收集领导班子“四风”方面存在的10大项35个具体问题，制订整改落实方案、专项整治方案和制度修编工作计划，已初步整改完成19个问题。贯彻落实中央“八项规定”，结合实际制定密切联系群众改进工作作风实施细则等5个办法，进一步规范工作行为、转变工作作风。全年各类会议活动153次，同比减少53.8%，文件简报659份，同比减少7.4%。积极开展先锋工程、“三带三争当”、示范党支部创建等主题实践活动。强化反腐倡廉工作，开展廉洁风险点排查和防控工作，创建3个县级廉洁文化示范单位和8个“廉洁高效、为民服务”供电所。

（李时金）

【信息化与企业文化】 持续开展“18+1”信息系统的深化和常态化应用。整合全局资源集中开展营配信息核查工作，全省首家完成信息核查，并积极推进业扩辅助报装、客户停电统计等高级功能试点应用，实现“输配一张网”“全局一张图”。开展“宣贯南网文化、传递幸福能量”主题宣讲活动及南网文化宣贯远程培训班学习，实现文化培训率、文化覆盖面100%；推进3个公司班组文化建设示范点和25个局级班组文化建设示范点的建设；开展幸福六供建设，举办辅导员培训班2期，完成56名辅导员的初次辅导员注册登记和分级认证，1名辅导员获南方电网公司优秀辅导员称号，3名辅导获贵州电网公司优秀辅导称号。利用“心灵港湾”等阵地加强人文关怀，开展小组辅导31次，个案辅导104次，辅导员工471余人次；通过道德讲堂对《公民道德建设实施纲要》及《市中心城区市民文明素质提升工程专项行动工作方案》进行宣传教育和落实。组织参加多彩贵州文明行动，建立志愿服务队、网络文明传播志愿服务小组，进行生态文明宣传教育。开展文体活动32项，参与职工达4000余人次。参加文艺、摄影作品征文3篇征文、2幅摄影作品获奖。盘县供电局、六枝供电局获省级“职工书屋”示范点称号。

（李时金）

【抗冰保电工作】 1月7日，六盘水市最低温度达零下3摄氏度，电网110千伏系统共14条输电线路覆冰，最大为110千伏滥二米线18毫米，覆冰比值60%；35千伏系统共28条输电线路覆冰，最大为比德II回线15毫米。同日，贵州电网公司发布低温冰冻灾害橙色预警，六盘水供电局召开第一次防冰抗冰应急办公室领导小组会议，启动低温冰冻灾害橙色预警响应，对防冰工作进行了部署。六盘水电网首次对110千伏滥二米线路实施直流融冰成功。截至1月12日，抗冰保电完成阶段性工作，并召开抗冰保电应急领导小组工作会议6次；设置观冰点82个，164人驻扎在观冰点实时对线路覆冰情况进行监测上传；采取直流融冰和人工除冰对7条110千伏、7条35千伏覆冰线路进行了融（除）冰，对61条10千伏覆冰线路进行人工除冰；共出动人力692人次，车辆217台次，确保了六盘水电网安全稳定运行，未发生10千伏及以上输、配电线路倒杆断线；1月12日，六盘水电网解除低温凝冻灾害橙色预警。12月21日至12月31日，六盘水电网经历了低温冰冻气候，前后历时达11天，其间10千伏及以上覆冰线路前后达49条，多条线路覆冰比值达40%。在覆冰期间共设置观冰点218个，进行人工观冰638条/次。根据覆冰预警监测系统并结合人工观冰情况，10千伏及以上线路共开展人工除冰5条/次，110千伏线路直流融冰2条/次，220千伏线路直流融冰1条/次。

（李时金）

【年度重要会议】 2月4日，六盘水供电局召开2013年工作会议暨十五届四次职工代表大会。会议明确了2013年的6项重点工作，对2012年度“十佳职工”及先进集体和先进个人进行表彰。3月11日，六盘水供电局召开2013年安全生产工作会暨安全风险体系建设工作动员会，会议提出2013年局安全生产工作思路、工作目标及重点工作，局长徐铭对安全管理和安全风体系建设工作提出具体要求。6月27日，六盘水供电局邀请政府职能部门、媒体、企业和市民等客户代表参加“阳光晒权”意见征集会，从多方获取对供电部门的意见和建议，进一步接受社会各界的监督。

（李时金）

【台沙变电站启动投运】 1月13日，六盘水供电局220千伏台沙变电站启动投运。该变电站总投资2.3943亿元，建成规模1期为主变1×18万千伏安，220千伏出线2回，110千伏出线4回。

（李时金）

【旅游发展大会保供电工作】 此次旅发大会涉及的保电场所凉都体育中心、三线博物馆、凉都书画院等共24个场馆以及32家酒店，是六盘水有史以来范围最大、时间最长、要求最高、影响最大的保电任务。六盘水供电局每天出动保电人员160余人次、车辆50余台次。14台应急发电车和8台应急发电机在各保电现场24小时值守，采取一系列有效可行的保供电措施。8月23日，第八届贵州旅游产业发展大会总结表彰大会上，六盘水供电局获“突出贡献奖”称号。

（李时金）

【“十二五”配电网规划项目通过评审】 8月27日，贵州电网公司专家组一行对六盘水供电局《“十二五”配电网规划项目库优化报告》进行评审。本次项目库优化工作中创造性地引入项目优选评价机制，对项目建设的重要性、紧急性进行全面的评价、排序，为规划项目的建设时序提供了重要依据。由于规划项目库优化的指导思想和思路正确，目标清晰，技术原则合理，经专家组评审通过。

（李时金）

【安全生产标准化达到2级】 10月19日，南方电网公司专家评审组分成八组，经过六天评审，宣布六盘水供电局安全生产风险管理体系建设通过了“三钻”复查，安全生产标准化建设达到2级标准。

（李时金）

【六盘水电网日最大负荷创历史水平】 11月14日，六盘水电网日最大负荷1337兆瓦，创历史新高。

（李时金）

【小康电建设计划】 11月20日，六盘水供电局制定了“四在农家美丽乡村”小康电建设8年计划。该计划预计总投资27.6亿元，分阶段实施，总体目标是到2020年全面实现城乡居民生活用电“同网同价”，实现农村供电可靠率达99.925%，用户平均停电时间小于6.56小时，建成智能、高效、可靠的绿色农村电网。

（李时金）

【海开变电站建成投运】 11月23日，六盘水供电局110千伏海开变电站建成投运。该站为无人值守全数字化，主变1×4万千伏安，35千伏出线4回，10千伏出线10回。

（李时金）

【双龙集控中心投运】 11月26日，六盘水供电局双龙集控中心建成投运。该集控中心投运后，110千伏大营、柏果、淤泥，35千伏普古、鲁那、保基、鸡场坪等9个变电站纳入集控管理，实现无

人值守和调度自动化管理。

（李时金）

【优秀QC小组成果发布】 11月28日，六盘水供电局2013年度QC成果发布，本次发布的12项成果是从本年度申报的18项成果中经过精心筛选出的优秀成果。经过评审，继保班QC小组发表的《数字化变电站双套化智能终端防跳功能完善》获一等奖；兴隆公司QC小组和继电保护班QC小组发布的《提升宾馆服务水平》和《数字化变电站过程层交换机组网原则优化》分别获二、三名。

（李时金）

【地县调控一体化系统投入试运行】 12月23日，六盘水供电局地县调控一体化系统正式投入试运行。县调控一体化系统是集调度、集控、县调功能于一体，以一套系统平台支持调度中心、变电站集控/监控中心、县调运行管理的体系。

（李时金）

贵州黔桂发电有限责任公司

【概述】 贵州黔桂发电有限责任公司是由贵州广投黔桂投资有限公司控股，贵州产业投资（集团）有限责任公司、盘县宏财投资有限责任公司参股的大型国有企业。

至“十二五”期末，黔桂公司将建成为拥有发电装机1320MW、480万吨/年选煤装置、200万吨/年冶金焦、600万吨/年水泥、100万立方商品砼、2亿块/年标砖、15万立方米/年加气混凝土砌块、5万吨/年苯加氢、50000Nm^3/h焦炉煤气制1NG、30万吨/年煤焦油精深加工、7万吨/a已二酸、11万吨/a尼龙66盐精深加工、59.5MW干熄焦和水泥余热发电机组的产能，年销售收入超过100亿元的循环经济型示范企业。作为盘县政府战略合作方，正在配合政府开展盘南“煤电铝”一体化项目的前期工作。

（田宇 刘婕）

【贵州黔桂公司发电分公司】 负责发电产业生产经营及建设管理工作，实施“上大压小”改建工程，建设2台660兆瓦机组替代原有5台200兆瓦机组，同步建设脱硫脱硝系统。项目于2012年8月16日获得国家发改委正式核准。首台660兆瓦机组2013年12月25日顺利通过168小时试运行，第二台660兆瓦机组预计2014年建成投产。

（田宇 刘婕）

【贵州黔桂天能焦化有限责任公司】 由贵州黔桂发电有限责任公司控股，贵州新能实业发展公司、盘县宏财投资有限责任公司共同出资组建的国有煤焦化综合型企业。黔桂天能焦化有限责任公司依托现有70万吨/年煤焦化产业基础，扩建130万吨/年煤焦化及煤气净化装置，配套建设300万吨/年选煤厂和干熄焦及余热发电系统。选煤厂已于2012年11月投入试生产，1号焦炉2013年8月建成投产，2号焦炉2013年11月建成投产。

（田宇 刘婕）

【贵州黔桂三合水泥有限责任公司】 位于贵州省六盘水市盘县两河乡，是贵州黔桂发电有限责任公司围绕发展循环经济，秉承清洁能源及废弃物综合利用发展理念，在盘县建设循环经济产业基地的项目之一，年产水泥140万吨。

（田宇 刘婕）

贵州金元发电运营有限公司盘南分公司

【概述】 2013年，盘南电厂完成发电量144.16亿千瓦时，同比增长12.55%，比历史最高值多发9.78亿千瓦时。进煤734.38万吨，同比增加96.2万吨，年末存煤41.54万吨。累计实现安全长周期运行2826天。机组利用小时达6006小时，首次超过6000小时，燃油单耗从2011年的4.8千克/万千瓦时下降到2012年的1.75千克/万千瓦时，2013年下降到0.66千克/万千瓦时，在贵州省18家火电厂中名列第一，处于行业领先水平。圆满完成3、4号机组的脱硝改造并顺利通过环保部门的验收。

（蔡赤军）

【水膜式原煤仓改造技术获专利】 1月22日，盘南电厂具有自主知识产权的原煤仓水膜改造技术荣获国家实用新型专利。此技术解决了电厂磨煤机断煤、堵煤的技术难题。

（蔡赤军）

【年度荣誉】 5月9日，全国安全生产宣传工作会议暨安全文化建设现场会在湖北武汉隆重召开，盘南电厂荣获“国家级安全文化示范企业”荣誉称号，总经理黎中涛代表企业现场接受表彰，这是贵州省唯一一家上榜的火电企业，也是中电投集团唯一获得此殊荣的企业。

（蔡赤军）

大唐贵州野马寨发电有限公司

【发电量】 2013年，公司利用小时为6050.21小时，同比增加536.93小时，位居集团公司前列；发电量完成36.3亿千瓦小时，同比增加3.2亿千瓦小时，超出省公司下达任务1.5亿千瓦小时。

（野马寨公司）

【安全生产】 “按系统，分层次，横到边，纵到底”的原则，梳理出412项问题，整改94项，“两落实”工作整改27项，主设备隐患排查处理17项。形成闭环管理模式，推进班组管理规范化；强化安全教育、培训，建立职工安全教育培训档案，坚持和完善日常班前安全交底和每周安全学习活动制度；并网安全性评价和电力安全生产标准化二级达标。

（野马寨公司）

【管理促效益】 对全面计划管理办法、全面预算管理办法进行修订，推行内部模拟市场和费用定额承包制，实现费用的可控、在控；将安全经济指标和成本费用指标逐层分解到人，培养全员成本管理的模式；完善内部索赔制，以设备状态评定和联动责任考核保证设备的健康水平；建立和疏通各种与经营有关的数据流，及时准确掌握有关指标的实时运转情况，从方法上解决预算执行过程的监控问题；通过全面责任管理信息系统的建设、培训和运用，制定全面责任管理办法，使全面责任管理系统成为评价部门及班组、职工工作情况的有效工具和发现挖掘人才的平台，全面责任管理得分与奖金分配逐步挂钩，以激发员工的积极性和主动性。

（野马寨公司）

【燃料经营】 因省内电煤价格逆势而上行，矿难频发，政策影响严重，电煤采购举步维艰。公司执行“保煤量、调结构、控煤价”的指导原则，对煤炭市场作准确的评估，制定采购的相关策略；采购人员连续工作，保障供应；利用5月至6月煤矿逐渐恢复生产的机会，及时对价格进行调整，加大进煤量，8月，确定每人每天进煤任务，最高日进煤量超1.2万吨；以合同谈判为突破口，实行等值扣价、逐级加扣的原则，将运费与煤质挂钩，提高入厂热值；坚持对燃料合同的签订、采样、制样、化验、结算、验收现场等全程监督，净化环境；研究泥煤和工程煤掺烧，全年掺烧经济煤种80余万吨，使用泥煤约25万吨，利用了“弃煤”，成为扭亏“亮点”。

（野马寨公司）

【降耗增效】 优化运行方式，对脱硫系统优化调整，使脱硫厂全年用电率同比下降0.23%，对吸风机、增压风机入口负压最佳节能值进行研究，使厂用电率下降0.112%；针对集团公司经济性评价专家组的评价报告，制定整改措施78项；完成汽封径向间隙调整、大功率给水泵变频、空预器专项治理等多项技改，其中氢冷发电机密封装置、汽轮机低压缸密封结构、火电厂石膏在线pH值测量结构、大功率给水泵变频技术，获得国家专利；“劣质煤燃用技术的研究与实践”获得集团公司2013年“科技成果二等奖”。

（野马寨公司）

【其他工作】 贯彻落实中央“八项规定”和集团公司24条规定，成立“八项规定”贯彻落实专项效能监察领导小组和工作机构，召开职工群众代表参加的座谈会，通报作风建设情况，建立领导人员公务用车、业务招待费、差旅费、通讯费等管理台账，定期督查；开展“转变观念，完美融合”和“查差距、找问题”两个活动；对职工反映最强烈、最普遍的食堂等问题进行整改，改善用餐的环境和质量，建立职工活动中心；开展“送温暖”活动，走访、慰问、探望公司生病住院职工；党风廉政建设获省公司年度考评第一名；初步建立SAP系统，坚持公开、公平、公正的选人用人机制；加强宣传报道，在公司网站发表稿件1075篇，省公司网站发表240篇，集团公司网站发表23篇，中国电力报发表5篇，乌蒙新报发表1

篇。2月1日至2日，中国国际工程咨询公司在贵阳主持召开"大湾（二塘）低热值煤发电厂新建工程初步可行性研究报告"评审会，原则通过贵州电力设计研究院编制的《初可研报告》。10月16日，国家环保部西南督查中心督查一处干部杨俊等一行到野马寨公司检查工作；野马寨公司顺利通过国家环保部西南督查中心主要污染物核查。

（野马寨公司）

大唐贵州发耳发电有限公司

【概况】 大唐贵州发耳发电有限公司是一座现代化的大型火力发电公司，总投资约105亿元，总装机容量240万千瓦，是贵州省"西电东送"第二批"四水六火"重点项目之一。

2008年1号机组投产发电，其他三台机组分别于2008年11月，2009年11月，2010年6月建成投产。2008年实现发电量21.96亿千瓦时，到2009年实现62.73亿千瓦时，2010年完成95.99亿千瓦时，2011年突破113.79亿千瓦时，2013年完成了149.14亿千瓦时的历史最高纪录。

2013年，保持持续盈利，供电煤耗完成319.21克/千瓦时，较同期下降1.18克/千瓦时，生产厂用电率完成5.70%，较同期下降0.04%，燃油单耗完成7.71吨/亿.千瓦时，较同期下降5.25吨/亿千瓦时。

大唐发耳发电有限公司实现从亏损大户到持续盈利的跨越，在贵州省取得"电力安全标准化达标""机组脱硝改造"的两项第一，成为贵州省生态文明建设的排头兵，获得大唐集团公司"特殊贡献单位""文明单位""两型企业"和"安全生产先进单位"等诸多殊荣。

（叶 敏）

六盘水北盘江水电开发有限公司

【概况】 六盘水北盘江水电开发有限公司成立于1997年7月，是由水利部珠江水利委员会珠江水利水电开发有限公司、六盘水市江源电力有限公司、宣威市革香河水电开发有限公司三方出资共同组建的有限责任公司，注册资本金1.6亿元，经营范围为发（供）电、城乡供水、矿产、建材等。

公司下设有办公室、计划财务部、工程部、营销部等职能部门和投资建成的响水水电厂、全资子公司六盘水北盘江电力检修有限公司；响水水电厂内设办公室、安监科、生技科、运行车间和检修车间。公司现有职工108人，其中，本科18人，大专79人；拥有高级职称2人，中级职称35人。

公司始终把发展作为兴企的第一要务，坚持以为股东负责、为公司负责、为员工负责的精神和态度，真抓实干，开拓进取，通过采取一系列行之有效的管理措施，企业逐步呈现出良好的发展态势，截至年末，公司总资产达9.07亿元，所有者权益2.52亿元，上缴各种税费2.2781亿元，为云贵两省两地市经济社会发展作出了应有的贡献。展望未来，公司将充分发挥水利水电开发方面的工程技术优势以及电厂运行、检修维护管理经验，立足北盘江干流，依托响水水电站，通过兼并、收购或联营等方式，进一步整合六盘水市境内水电、地产等方面的资源，逐步将公司发展成为以发电、供水为主，物贸、商贸并举的企业集团。公司自成立以来，充分利用北盘江干流丰富的水能资源，依靠各方股东的资金优势和管理优势，先后建成了响水水电站一、二期工程，电站总装机容量为230兆瓦，一期工程于2003年建成投产发电，总投资5.38亿元，装机容量100兆瓦（2×50兆瓦），多年平均发电量6.12亿千瓦时；二期工程于2011年8月建成投产发电，总投资约5.4亿元，装机容量为130兆瓦（2×65兆瓦），多年平均发电量3.918亿千瓦时。响水水电站二期工程完工后，与上游电站联合运行的多年平均发电量为10.038亿千瓦时、年产值超过2.5亿元、年上缴税费5000万元以上，经济社会效益显著。

建材工业

贵州乌蒙山发展有限公司

【概况】 2013年，营业收入18672378.8元（含投资收益），利润总额5106900.01元（含投资收益），纳税总额2575376.25元。

（丁振苏）

食品工业

六盘水市食品总厂

【概况】 企业设有管理部门6个（财务部、行政部、供储部、市场部、质管部、生产技术部），生产车间1个，经营单位1个（贵阳销售办事处）。截至2013年12月31日，企业在册职工62人（其中在册在岗43人，停薪留职19人），长短期临时工18人。

截至2013年12月31日，企业资产总额1716万元，负债748万元，所有者权益总额968万元，无银行贷款，生产及办公用房3300平方米，占地面积9314.04平方米，土豆片生产线1条，年生产能力为1500吨。

主要产品品牌及产品市场状况：主要产品为与昆明天使食品总厂联营生产的特色风味食品“天使”牌土豆片，产品销售贵阳、重庆、成都、长沙、南昌、石家庄、太原、银川、沈阳、长春、哈尔滨、乌鲁木齐、北京、上海、广州等地，企业曾先后获全国食品行业质量效益型先进企业、贵州省食品工业优秀企业、贵州省农业产业化经营重点龙头企业、六盘水市国有工业“十强企业”等称号，并已通过ISO 9001—2000国际质量体系认证和HACCP国际食品安全保证体系认证。企业自创品牌“喀斯特”牌土豆片2013年筹划推广上市。

生产经营状况：2013年累计生产鲜切土豆片250452件；主营业务收入1016万元；利润总额为—99.7万元；上缴税金109万元。

（谭膀林）

六盘水啤酒有限责任公司

【概述】 重庆啤酒集团六盘水啤酒有限责任公司前身为六盘水市啤酒厂，始建于1985年1月，初期设计能力为年产1万吨啤酒、3000吨干麦芽。1990年5月与重庆啤酒厂结成跨省（市）经济联合体（松散型），实现横向联合。

1997年11月与重庆啤酒（集团）公司实现资产一体化（紧密型），形成二元投资主体的国有股份公司，并挂牌运行。成立27年，经历了计划经济、市场经济两个不同历史时期的发展变革，一度面临倒闭，在六盘水市人民政府和重啤集团双方股东的重视支持下，建立起适应市场经济要求的运行机制。生产规模通过“一改二”“二改三”“三改十”的技术改造和更新后，逐年扩大。现拥有固定资产近1.2亿元，年产能达10万千升，有“山城”“贵星”两个品牌系列产品投放市场。

2007年至2013年，随着全国啤酒行业竞争形势加剧和外企进入中国市场的冲击（特别是雪花啤酒对我公司基础市场冲击较大），近5年来产销量一直维持在5万千升左右，市场销量未完成计划目标，连续3年亏损。2013年，企业成功完成改制和股权转让，实现历史性转变，扭亏为盈。

（杨　毅）

【获得荣誉】 2002—2013年连续11年获贵州省“守合同、重信用”单位称号。

（杨　毅）

【年度经济指标】 产量：全年累计完成产量50050千升，比计划50600千升减少550千升，比同期47266千升增加2784千升，增幅1.1%。

销量：全年累计销售啤酒52600千升，比计划50600千升增加2000千升，比去年同期47054千升增加5546千升，增幅12%。

利润：全年累计实现利润259万元，比计划-359万元减少200万元，比去年同期-565万元减少亏损306万元。

税金：全年累计实现税金及附加1467万元

（杨　毅）

地质勘探

贵州省有色金属和核工业地质勘查局二总队

【概述】 2013年，贵州省有色金属和核工业地质勘查局二总队有职工758人，其中在岗123人，待岗68人，内部退养41人，离休4人，退休522人。

具有固体矿产勘查甲级，水文地质、工程地

质、环境地质调查丙级，岩矿鉴定与岩矿测试丙级，测绘丙级，地质灾害评估丙级，贵州省民用建筑工程室内环境检测甲级，土地规划乙级七个方面资质。

2013年，省局下达计划产值4000万元，收入3500万元，实际完成产值5539.58万元，完成收入5539.58万元。

（杨素敏）

【地质项目完成情况】 贵州省道真县浣溪向斜北部铝土矿勘查项目。截至2013年12月底，地表地质、物探、勘探线的测量等与设计对照完成率为100%，钻探进尺19189.92米，槽探施工2560立方米。贵州省威水背斜铅锌矿整装勘查项目。该勘查矿权空白区已经完成了地表地质、物探、化探、老硐编录及槽探工作，正在开展部分异常查证工作；杉树林勘查区已完成《水城县银硐沟铅锌矿普查（整合）》普查工作，正在整理资料，编制普查报告；山王庙—青山勘查区正在开展《贵州省六盘水市钟山区大岩洞铅锌矿详查》《贵州省六盘水市钟山区仰天窝铅锌矿详查》等勘查工作；金钟勘查区正在开展《威宁县大箐脚铅锌矿详查》工作。至2013年12月底，地表地质、物探、老硐编录、工作量完成90%以上；化学样、工程点测量、槽探的工作量完成近50%；完成钻探进尺7387.1米，槽探3654立方米，老硐编录4710.43米。贵州省观音山铁矿接替资源勘查项目。到2013年12月底，地表地质工作完成率100%，物探、钻探、槽探工作完成率50%，其中完成钻探772.97米，槽探262立方米。

（杨素敏）

【地质找矿新发现】 贵州省道真县浣溪向斜铝土矿区发现2个铝土矿矿体，主要位于向斜南部，Ⅰ号矿体位于向斜南部西翼黑山梁子一带，矿层沿走向线长2600米，矿体平均品位60.69%，A/S平均为5.11，平均厚度1.41米；Ⅱ号矿体位于浣溪向斜南部东翼莲池村胡家湾—赵窝水一带，矿层沿走向线长3100米，矿体平均品位55.16%，A/S平均为4.64，平均厚度1.29米。初步估算铝土矿333+334？矿石资源量1349万吨。目前，向斜轴部ZK1钻孔已目估见矿，较大地扩展资源量空间，根据现有地质资料分析，预期333+334？资源量可达到2000万吨以上。

贵州省威水背斜铅锌矿整装勘查区空白区地表发现新的矿化点5处，其中2处达到工业品位；发现物探异常体26个。矿权区内仰天窝实施钻孔600米深发现铅锌矿3层，局部品位达Pb63.17%。大箐脚铅锌矿深部也发现铅锌矿体铅锌矿沿深部延深达100米以上，矿体随深度的增加，厚度变大，品位变高。杉树林勘查区发现铁矿化点4处及玻璃硅质原料，铁矿矿化点Fe含量高达50%。区内深部工作程度较低，该区探索到的深部矿体可指导下一步找矿方向。

实施的商业项目勘查中，织金窑上铅锌矿普查实施的2个钻孔均发现磷矿及铅锌矿，磷矿2层，第一层较厚，3.77～58.94米，第二层厚0.706～2.97米，磷矿样品尚在化验中。在磷矿层下部发现了四层铅锌矿，厚1.34到28.78米不等，Pb平均品位较低，Pb0.365%～2.27%，区内深部铅锌矿有很大找矿潜力。

（杨素敏）

【工程勘测及施工情况】 截至2013年12月底，在工程勘察与施工（矿山钻探）、水文地质成井、矿山储量动态监测和地形测量、室内环境检测与化验、商业地质勘查及地质灾害危险性评估等共计签订合同金额3208.54万元，完成产值2808.5万元，收入2506.49万元。全年共计完成各类钻探41357.8米，槽探6476立方米，老硐编录4710米。

（杨素敏）

【安全生产】 拟定下发《二总队2013年安全生产工作意见》管理文件，下达《2013年队属各生产经营单位安全生产目标责任书》；开展“安全生产月”“安全生产年”活动，进行各类安全生产检查41次/310余人次，下达整改通知书6份；组织安全生产管理人员、主要负责人、法人安全资格培训13人次，加强安全生产宣传和“三级”安全教育；安全资质证书培训3人并取得资质证书；特殊工种继续教育培训4人次；对新分配来的大学生及实习（见习）的新工人、转岗工人进行安全生产教育16人次。全年未发生一起死亡、重大工伤、重大设备、重大交通和重大生产性火灾事故，实现“五大事故”为零、伤亡事故为零。

（杨素敏）

【能力建设】 公开招考6名技术人才，到桂林理工大学和成都理工大学招聘学生，签订就业协议11份。组织鉴证取样检测培训10人次；室内空气质量检测培训6人次；GNSS测量技术及应用培训2人次；年初技术人员培训48人次；找矿理论培训学习3人次，地质调查项目预算编制培训1人次。购置汽车2台、手持GPS2台、置换全站仪1台、航测解释工作站3台套、测斜仪2台、示波极普仪1台、ICP1台、微波消解仪1台，电脑、打印机共30台，以及办公家具、设备等，投入费用200余万元。获得了贵州省国土资源厅土地学会颁发的“土地规划乙级机构”资质。

（杨素敏）

贵州省煤田地质局一五九队

【概况】 2013年，煤炭勘探共完成任务3万多米，完成煤田钻孔36个，其中甲级孔1个，乙级孔34个，丙级孔1个，甲乙级率97.2%。水文钻机完成钻孔8个，钻探总进尺1350米；全年完成工程项目33个，其中房勘项目25个，桥梁勘察项目8个，钻探总进尺65886米；完成柏果镇毛寨煤矿勘查设计报告、完成盘县三官营井田补充勘探勘查、水城县大营—东风煤矿勘探设计报告等10个。

贵州省煤田地质局一五九队位于盘县刘官镇辖区内的土地被盘县人民政府征用110.86亩。在盘县红果置换同等价值的土地14.5亩，一五九队公房、附属物、围墙等基础设施以货币置换的方式进行处置。

（周祥灵）

贵州省地矿局一一三地质大队

【概述】 2013年贵州省地矿局113地质大队有职工918人，其中在职职工367人，占职工总数的40%。在职职工中各类专业技术人员186人，其中高级职称13人，中级职称65人，初级以下职称97人。2013年全队创收10523.69万元，提前两年时间实现亿元队的目标，较2012年同期增长54.53%，增长速度位列全局第一，是局下达年计划的117.45%。全队经济实现快速发展，争比进位从全局第八位上升到第六位，获局绩效目标考核二等奖和三项目标创新奖（经济发展速度快、可乐整装勘查项目重大突破奖和基地开发重大突破奖）。

（高　荣）

【地质勘查主业】 2013年，地勘主业积极拓展项目来源，克服了专业技术人员匮乏、时间紧、任务重等各种困难，通过精心组织和科学部署，取得了显著成绩，产值和利润占全队收入和利润的90%，充分发挥主力军作用。全年开展地质勘查重点项目13个，其中基础性公益性项目（包括地下水勘查项目）4个，基金项目2个，整装勘查项目5个，社会勘查项目2个。

（高　荣）

【整装勘查工作】 2013年全队整装勘查项目取得显著成绩。毕节可乐向斜煤炭整装勘查项目按期完成工作任务，于2013年10月通过省国土资源厅评审，估算新增资源量超过10亿吨；盘县保田煤炭整装勘查找矿效果较好，得到省局和当地政府的高度评价；普安罐子窑—水城花嘎铅锌矿整装勘查、晴隆锑矿整装勘查、威宁—水城地区铁多金属矿整装勘查按时完成年度工作任务。

（高　荣）

【基础性公益性项目】 完成贵州兔街子—辅处地区铅锌铜矿远景调查项目工作；茅口—罐子窑矿产资源远景区调查评价项目报告于2013年6月5日已经通过地调院专家组初审，并送西南地调中心进行资料汇交；编制完成《贵州省乌蒙山区优势矿产资源调查评价2014年立项论证报告》并通过西南地调中心评审。

（高　荣）

【地下水勘查工作】 2013年全队地下水勘查任务圆满完成。全年完成10口水井施工，成井率80%，钻探进尺1600米，产值250万元。

（高　荣）

【社会地质勘查项目】 全年共签订社会地质勘查项目合同72个，合同金额1200万元。完成70个

合同，产值1000万元。其中较大的社会勘查项目有威宁县舍居乐铜矿区铜铁矿详查、贵州省赫章县财神岳家坡萤石矿详查。

（高 荣）

【基地开发工作】 基地开发工作取得实质进展。花渔洞家属基地一期开发合作项目正式动工；制管厂开发项目由局投资公司与113队合作开发，已完成六盘水市成立分公司的注册工作，已办理制管厂两宗土地使用证，制管厂规划设计正在有序推进中。

（高 荣）

【其他主要工作】 测试中心完成产值160万元。印刷厂完成总产值150.98万元。

全年共签订工勘施工合同29个，合同额1525.17万元。全年完成总产值1335.17万元，占年初职代会下达经营指标1200万元的111%，与上年1050万元的产值相比，增长了27%。

安全生产情况：完成2012年度安全生产工作考核并兑现奖惩，与11个单位签订《安全生产目标管理责任书》。加强安全文化建设，组织开展机台安全生产标准化达标保持工作、车队安全标准化建设工作、安全生产打非治违“常态化和三年攻坚活动”、安全生产年、安全生产月活动、汛期安全生产工作和安全生产隐患排查治理活动等，全年开展安全大检查12次，查出隐患12条，整改12条，隐患整改用款7.7万元。全年安全培训1516人次。全年全队无安全生产事故发生。大队获局安全生产先进单位、安全文化建设示范单位、小车队标准化建设合格、安全生产标准化建设钻探达标保持单位等荣誉称号。

（高 荣）

建设　环保

城乡建设

【概述】　2013年，全市住房城乡建设系统以旅发大会项目带动城乡建设品质升级，努力实施好“十大工程”和“二十件民生实事”，全面推进新型城镇化建设。2013年，全市城建口固定资产投资完成572.19亿元，为年度计划投资553.42亿元的103.39%，同比增长153%。中心城市、县城、乡镇、新农村建设一同推进，城乡一体化发展呈现良好的发展态势。开工建设市中心城区内环快线建设工程、凤凰山城市综合体建设工程等重大项目；完成了凉都体育中心建设工程、市中心城区给水工程、市中心城区排水（雨水）一期工程、凉都大道与龙井路交叉口人行天桥工程、新建城市公厕、水西北路道路建设工程等重大工程项目的建设任务；市中心城区集中供热等续建工程进展顺利。提前完成农村危房改造、保障性安居工程、省、市级示范小城镇建设及“四在农家·美丽乡村”建设等改善城乡人居环境的民生工程；行业管理及建筑节能等科技创新取得新成效。

（谢寿和）

【内环快线建设】　市中心城区内环快线为高速城市环形道路，是六盘水市城市道路基础设施重点工程项目。项目估算总投资86亿元，道路总长46.44公里，分三段建设：机场高速在建段、红桥新区改造段和新建段；其中，新建段由六盘水新世纪城市基础设施建设工程有限公司负责实施。该段全长23.86公里，估算总投资47.7亿元，全年完成投资33.23亿元，为总投资的69.66%，工程进展顺利。

（谢寿和）

【凤凰山城市综合体建设】　项目总占地面积1133亩，建筑总面积32万平方米，估算总投资15亿元，项目包含凉都大剧院、会议中心、综合写字楼、博物馆、城市规划展览馆、地方志馆等建设工程。工程于2012年6月3日开工建设，采用BT投融资模式，由川威巨力公司作为BT方承建。项目累计完成投资17.61亿元（含道路管网及拆迁安置、设备采购等投入）。

（谢寿和）

【凉都体育中心工程】　项目预计总投资12亿元左右，至2013年年底，项目累计完成投资约11.2亿元。体育场、体育馆主体工程已建成，田径场塑胶跑道施工完毕，草坪重新铺装完毕。市民健身中心及游泳馆、市民体质监测中心、体育培训学校的外墙装饰完成95%，室内安装完成60%。网球配套用房、室内训练场外墙装饰完成95%，室内装修及安装完成85%。地下车库在实施地下通风和消防设施安装。室外景观、亮化、绿化已全面完成。外围公路22号路和西侧道路基本建成，双龙路体育中心段完成工程量的70%。

（谢寿和）

【市中心城区排水一期】　项目为新建和改造雨水管沟109.28公里，概算总投资1.75亿元，建设工期两年。2013年2月开工建设，年度完成钟山大道明湖高架桥至凤池苑路、市一中片区、帝都新城钢城大道至市一中加油站、凉都体育中心外侧等

路段管（沟）13.2公里，完成投资5000万元。

（谢寿和）

【人行天桥】 新建凉都大道与龙井路交叉口东、西两座人行天桥，项目概算总投资1099万元，工程于2013年5月1日完工并投入使用。

（谢寿和）

【新建城市公厕】 该项目在全市范围内的风景区、车站、广场、城市出入口、交通干线等处建设137座标准城市公厕，总投资约8000万元。已完成126座标准城市公厕建设，其余标准公厕和新建项目配建，将逐步实施完善。

（谢寿和）

【市中心城区集中供热】 市中心城区集中供热工程（一期）利用大唐贵州野马寨电厂为热源，总供热面积1200万平方米，项目总投资7.98亿元，于2012年10月开工建设。工程累计完成投资3亿元。至2013年年底，室外主干管网已敷设凉都大道、凤凰大道、明湖路、钢城大道、人民路西段等路段17.5公里；室内供热设施安装完成26万平方米，完成投资1880万元，正在设计施工的学校、办公楼等约有117万平方米，实现供暖面积150万平方米；过渡热源厂工程完成40吨、100吨锅炉运行主要设备安装。

（谢寿和）

【市中心城区给水】 中心城区应急供水花岩洞取水工程，由花岩洞调水工程、天生湖水厂工程、威宁县猴场镇供水工程三部分组成，主要建设内容为取水池2个、主管道48公里、装机3×630千瓦泵站2个、5万吨/天中型水厂1座、0.15万吨/天小型水厂1座，项目总投资2.3亿元。共铺设输水管道45公里。项目完成投资1.05亿元，已于2013年年底实现通水。

（谢寿和）

【水西北路道路建设】 道路起点为东风东路与东风西路交叉口，途经水矿（集团）总医院前，终点至汪水路交叉口，全长528.6米，宽20米（车行道14米＋人行道2×3米），双向四车道，道路等级为城市次干道，总投资2240万元，项目已于2013年6月22日建成通车。

（谢寿和）

【农村危房改造】 2013年，实施农危改任务2.8万户，其中六枝特区6800户，盘县13200户，水城县8000户。全市共开工建设2.8万户，开工率100%，竣工2.8万户，竣工率100%；入住22172户，入住率79.19%。至此，六盘水市2008年统计的第一批147119户农危房改造工程提前一年完成。

（谢寿和）

【小城镇建设】 全年示范小城镇招商引资签约项目48个，签约资金53.03亿元，到位资金21.15亿元；“8个1”和“8+3”项目完成投资24.84亿元，其他项目完成投资15.84亿元。全市示范小城镇建设累计完成投资40.67亿元，占年度投资计划的79%。全市村镇固定资产投资完成125.5亿元，同比增长136.78%。3个省级示范镇的建设带动其他7个市级示范镇建设。10个示范小城镇中，初步定位旅游景观型2个（石桥镇、玉舍镇），绿色产业型1个（郎岱镇），工矿园区型7个（发耳镇、木岗镇、岩脚镇、柏果镇、大山镇、淤泥乡、大湾镇）。全市其他小城镇（乡），也在10个示范镇的激励和带动下加速发展。

（谢寿和）

【保障性安居】 2013年保障性住房建设，2013年，全市保障性住房开工建设任务为10358套。已有2488套主体完工，6862套进入主体施工，1008套基础施工，共完成投资4.95亿元，占年度计划的138.09%。2012年及以前项目续建，2007—2012年，保障性住房建设累计完成投资20.73亿元，2013年完成投资3.56亿元。棚户区改造。煤矿棚户区改造。六盘水市中央下放煤矿棚户区改造工程共实施10342户，已全面开工建设。基础施工4370户、主体施工5972户，累计完成投资4.55亿元，为年度完成投资计划的130.2%。城市棚户区改造。城市棚户区改造任务为1.5万户，已全部启动，累计完成投资21.99亿元，为年度完成投资计划的226.5%。

（谢寿和）

【房地产开发】 全年计划完成投资90亿元，实际完成投资90.41亿元，为年度计划的100.44%，同比增长67%。全年计划完成商品房销售154.86万平方米，实际完成商品房销售面积135.92万平方米，为年度目标任务的87.77%，同比增长23.25%。

（谢寿和）

【风景名胜区规划建设】 完成六盘水乌蒙牂牁风景名胜区整合申报为国家级风景名胜区的文本、影视资料的制作工作。完成大唐电力（坡上草原风力发电）、盘县妥乐喜乐庆煤矿、大洞竹海白云河梁子风力发电、华润电力（六枝老卜底火电站）、六枝岩脚污水处理厂、六枝牂牁江接待中心等项目选址意见书的初步审查工作。完成南开风景名胜区总体规划编制并通过市级评审。完成野鸡坪景区门楼及接待中心建设。

（谢寿和）

【建筑节能】 新增建筑面积约97.7万平方米，节能标准执行率为96.88%。已将28个项目（建筑面积199万平方米）列为绿色建筑项目申报备案项目呈报，申请星级评审认定。将凉都体育中心二期及以后工程列为高强钢筋工程应用示范工程。截至2013年年底，六盘水市已取得认证的新型墙体材料生产企业共34家，产能230万立方米，市中心城区共预征收新型墙体材料专项基金485.05万元。将六盘水市职业学院学生宿舍太阳能热水项目作为可再生能源应用示范项目，采用太阳能与空气源热泵耦合技术，2013年已完工并投入使用；凉都大酒店项目已基本建成地热源系统，通过利用地热能、地热水，有效减低煤电能耗，将组织申报2014年可再生能源应用示范项目。

（谢寿和）

城乡规划

【规划编制工作】 第四轮总规修编工作。经2013年5月9日省住建厅组织专家评审通过，第四轮总规已于9月25日完成方案成果，10月28日已向市政府专题进行汇报，并分别征求市人大、市政协及各民主党派的意见，编制单位正按会议精神和新一届市委要求进一步深化调整。

市中心城区专项规划编制情况：市中心城区综合防灾规划、市中心城区综合交通规划、市中心城区绿地系统规划、市中心城区十二五住房建设规划、市中心城区公共设施专项规划现已完成初步成果编制，均于2013年11月通过市级专家评审。东环快线规划研究、四联干路（德宏路、康乐路、麒麟路、凤凰东路）规划研究已完成可研报告。

市中心城区地下管网调查工作开展情况：已完成市中心城区地下管网现状调查，形成调查成果。在此基础上已委托重庆市规划设计研究院开展规划编制工作。

建安组团（汪水路片区）控规编制情况：建安组团（汪水路片区）控规已通过专家评审并完成初步规划成果。

启动实施老城片区、水西片区旧城和棚户区改造，拓展市中心城区面积5平方公里以上。目前老城片区、水西片区旧城和棚户区改造已完成概念规划，老城片区旧城改造已和中建四局达成协议，实施规划方案正在优化调整中，市中心城区面积共拓展8.3平方公里，其中：双水片区1.9平方公里、红桥新区3.7平方公里、水月园区1.2平方公里、水城开发区1.5平方公里。六枝中心城区拟扩容区域面积约2.61平方公里，其中建设用地约2平方公里。红果拟通过开发建设平头山、南湖公园、湿地公园片区、黔景酒店城市综合体共3平方公里，均在建设当中。

完成城中村、棚户区改造项目库建设。已建立市中心城区34个棚改区（城中村）项目库，其中已完成11个概念方案，总建筑面积约600万平方米，总投资约458亿元

建设城市综合体项目库，推进城市综合体建设。已编制完成《六盘水市综合体布局规划》，建立包含23个综合体项目的城市综合体项目库。其中市中心城区布局18个（含城区外百车河1个）、六枝21个、盘县4个，总建筑面积约521万平方米，总投资约467.86亿元。按照市政府安排继续推进城市综合体建设，先后完成《六盘水市综合体布局规划》编制、《六盘水市城市综合体健康发展实施方案》制定、城市综合体技术培训、

时代、帝都、红果湿地、明硐、六枝特区人民路、荷城城市综合体规划设计技术审查、六盘水市城市综合体文化特色田野调查等工作，6月6日还牵头参加了省财政厅、省住建厅联合开展的对全省22个先期试点城市综合体项目的公开评比，评比中六盘水参评的3个城市综合体（凤凰城市综合体、体育中心城市综合体、红桥城市综合体）推进工作，获得专家一致好评，全部获一等奖。此外，为六盘水城市综合体项目争取到省级财政专项补助资金1650万元。派专人驻凤凰山城市综合体指挥部、体育中心城市综合体指挥部，靠前指导凤凰山、体育中心城市综合体具体建设工作，为凤凰山城市综合体周边土地出让提供了规划条件；组织编制凤凰山城市综合体景观规划；推进规划馆布展设计和施工工作，并在旅发大会前完成VIP按时接待了参观团体，得到较好的评价；启动了1—10号综合写字楼、餐饮中心室内装修设计；完成凤凰山城市综合体综合管网施工图设计。保证凤凰山城市综合体和体育中心建设的顺利进行。

加强指导、督促。已帮助大河经济开发区进行了一次总规技术审查，并提出修改意见，2013年年底已完成规划成果编制，待批。指导、督促完成10个示范小城镇总规编制，并开展控规、修规编制。2013年年底10个示范小城镇已全部完成控规编制和初步成果编制，除木岗纳入六枝中心城区规划区内，其余9个示范小城镇总规也已全部编制完成且部分已批复。指导、督促7个乡镇完成总规，181个行政村完成村庄整治规划编制。指导盘县完成总体规划修编工作。2013年年底盘县总体规划已完成编制工作，成果已通过省住建厅组织的专家评审并经省城规委审议通过，正按程序报批。

（方 毅）

【履行规划局其他职责】 依据《中华人民共和国城乡规划法》《贵州省城乡规划条例》及城市总体规划，严格审查报建资料，认真核发“一书三证”。2013年，共办理《建设项目规划选址意见书》49件，为26个项目提出了规划选址意见；办理“建设用地规划许可证”141件，用地面积693万平方米；办理“建设工程规划许可证”208件，建筑面积1145万平方米。

按照城市规划审批权限、程序和市城规委职责要求，组织市城规委及其专家委员会对城市重要地段、重大项目、重点小城镇、重要性建筑进行规划审查。共组织召开城规委会4次，审议重大项目22项，召开专家评审（咨询）会12次，评审重大项目58项。

认真履行提供规划设计条件和规划技术审查职责。2013年，共完成提供规划设计条件229项，设计面积673万平方米；完成规划审图任务175项，审图面积1090万平方米。

（方 毅）

【整治违法建设】 加强批后跟踪管理，监管前移，分阶段进行跟踪管理（放、验线，±0.000，标准层、转换层，封顶），及时发现违规行为，及时下达整改通知书，从中间环节遏制违法建设的产生。2013年，对在建项目进行批后跟踪管理33次，规划执法巡查190次，对单位及个人下了整改通知书32份；对72户单位和个人的建设项目进行了竣工验收。针对年初出现的抢修、抢建风潮，市规划局联合钟山区政府等部门，组织开展了一次集中整治，经各级规划执法部门共同努力，2013年，共拆除违法建设2007户，共计269860平方米。从根本上遏制了年初出现的抢修、抢建等违法现象。

（方 毅）

六盘水市规划设计研究院

【概况】 六盘水市规划设计研究院下设总工室、生产经营室、办公室、设计一室、设计二室、设计三室、设计四室、建筑规划室、市政室、地质队、监理部、盘县分院、毕节分院；全院有职工138人（在册在编职工78人、聘用职工39人、退休职工21人，市管专家1人、国家级或一级注册师27人、国家二级注册师21人，研究员3人、高级工程师21人、工程师35人、助理工程师45人、高级政工师1人、政工师2人）。资质及主要经营范围有：工程设计乙级（含建筑行业、市政工程及水电）、工程勘察乙级（含劳务）、城市规划设计乙级、工程监理乙级（含建筑、市政）、工程咨询乙级（含建筑、市政）。2011年通过了GB/19001—2008/I109001：2008质量管理体系认证。2013年，先后共组织完成市职业技术学院、市广播电视大学、市一中、市师院、市三中、市实验二中、红果开发区、红桥开发区、钟山区全民健康活动中心、扬州酒店、玉龙新苑二期等项目工程的勘察、设计、监理任务；实现经营收入4127.6万元，上缴税收410万元，人均创收接近40万元/年，人均创收水平位于全省各地区前列。2014年元月，市中心城区人防工程项目规划获得省优三等奖。

（兰　敏）

城市管理

【完成旅发大会项目建设任务】 在六盘水市承办第八届贵州旅游产业发展大会过程中，根据市委、市政府的安排，由市城管局牵头实施市中心城区园林绿化提升改造工程、市中心城区美化工程、市中心城区亮化工程、市中心城区人行道改造工程、市中心城区道路铺新改造工程，项目于2013年7月全部完工。

完成市中心城区园林绿化提升改造工程。项目主要采用BT模式实施，工程总投资约2.14亿元。实施范围包含钟山大道、凉都大道、人民路三条主干道、部分次干道以及水城河沿岸，共计种植银杏、香樟等大乔木10340株，桂花等二乔木2705株，红叶石楠等球形植物3349株，地被植物13.86万平米，草坪4.3万平米。

完成市中心城区美化工程。项目采用企业带资建设模式，工程总投资约2.6亿元。改造大小楼宇立面400余栋、门头牌匾4000余个；完成人民广场、白鹤公园等6个公园广场的升级改造；修建美化墙40余万平米；购置垃圾桶3000个、果皮箱6600个、0.5吨垃圾斗1095个、环卫车辆137台、车载垃圾斗70个、3吨垃圾收集箱36个、大型移动公厕车2台。

完成市中心城区亮化工程。项目分别采用企业带资建设、按进度付款等模式建设，工程总投资约2.22亿元。亮化楼宇135幢，亮化明湖湿地公园、上下钟山等山体6座。改造钟山大道、人民路、明湖路路灯1616棵，安装钟山大道景观灯231棵、引导灯346棵、高杆灯3棵。

完成市中心城区人行道改造工程。项目分别采用按进度付款、BT等模式建设，工程总投资约2.575亿元，改造市中心城区主次干道、背街小巷人行道板近54万平方米、路缘石133.3公里。

完成市中心城区道路铺新改造工程。项目采用按进度付款模式建设，工程总投资约2.16亿元，涉及市中心城区主次干道和背街小巷50余条，改造面积198万平方米。

完成市中心城区入城洗车场建设。项目按属地原则实施，共计投资3500余万元，建成并投入使用水黄路、背阴坡、大垭口、两水线、红桥新区等入城简易洗车场5座。

（马　斌　包宇程）

【城市日常管理和专项整治】 常态化管理方面：实施环卫保洁作业网格化、精细化管理。将环卫工人、环卫作业车辆及路段等进行网格化编号管理，主要街道实行16小时保洁工作制，一般街道保洁时间不低于12小时。生活垃圾日产日清，定时定点收运，确保垃圾清运及时，其中市中心城区全年清运城市生活垃圾25万余吨。充分利用新购置的环卫作业机械设备提高机械化作业率，主次干道每天确保两次机扫、一次冲洗，道路隔离护栏基本实现了机械化清洗。城管执法工作实行定点定岗、责任到人，同时加大机动巡查密度，按照“主干道严禁、次干道严控、背街小巷规范”的原则，加大对占道经营、占道停车等行为的管理力度，防止反弹，共计签订“门前三包”责任书3万余份。按照“疏堵结合，以疏为主”的原则，设置了南门桥等5个便民疏导点，积极引导流动摊贩入驻经营。运用数字化手段全天候加强工作监测。2013年，市城管局网站及数字化城管指挥平台建成并投入使用，利用257个探头对市中心城区重点区域、重点路段进行24小时监控，在数字化城管指挥平台开通了12319城管热线，实现24小时专人值守，随时接受群众的情况反映、工作监督，并承诺限时办结，答复率100%。不断加强各类市政设施的日常维护工作，维修路灯8000余盏次、电缆线6000余米、雨篦子500余套次、井盖板320余套次，疏通污水管道

6000余米，封闭设置不合理道口320余个次，安装人行道护栏3.8万余米。

专项整治方面：开展以流动摊贩、店外店、占道堆放物品、占道加工等为重点的市中心城区占道经营专项整治行动，攻克了明湖高架桥下、交通菜场、沃尔玛周边、场坝片区等一批长期顽固存在的占道经营重难点，清理整顿流动摊贩1万余个次。通过取缔占用人行道的临时停车场、设置隔离桩，加大占道停车锁扣力度等，全面整治占用人行道停车现象，共计向商家和市民发放《关于人行道上严禁停放车辆的通知》1万余份，查处机动车辆上人行道7600余起，批评教育1.2万余起。积极开展了市中心城区户外广告专项整治行动，对市中心城区“破、旧、乱”等影响市容市貌的各类广告进行拆除、清理覆盖和集中改造，共计清理野广告122万余条，拆除喷绘、彩绘、铁架构造等户外广告3200余块。同时，根据市中心城区户外广告设置和技术规范，结合市中心城区美化亮化工程，对必要的广告进行规范审批、快速设置。积极配合相关部门开展校园周边环境综合整治，保障广大师生正常的教学和生活秩序，确保高考、中考期间校园周边环境干净整治。与公安、交通、工商等部门联动，对市中心城区非法营运车辆、医院周边的医托、黑救护车等进行了联合整治。对运输煤炭、渣土、建材、建筑垃圾等车辆带泥上路、抛洒滴漏的现象进行整治，处罚违规车辆3000余台次。

（马 斌 包宇程）

【履行行业主管部门和市城管委办公室职能】 按照“统一领导、分级负责、属地管理”的原则和《六盘水市城市管理事权划分暂行办法》，继续对市、县（特区、区）、各经济开发区及境内大企业的城市管理职责、事权、城管行政审批权、审批程序等进行了进一步的明确，为工作的规范运行奠定了一定的基础。

代拟《市中心城区城市管理攻坚战总体方案》《市委、市政府关于进一步加强城市管理工作的实施意见（稿）》等多个市级关于城市管理方面的指导性文件，较好地发挥了参谋助手作用。

不断探索符合工作实际的体制机制。在市中心城区试行了“人员统一指挥、设备统一调度、工作任务统筹安排”的“市、区联动”工作机制，市中心城区脏乱现象治理成效明显，该机制得到了市委、市政府相关领导的肯定。针对全市城管工作体制机制上存在的问题，积极配合市政府研究室等部门开展调研，形成《市中心城区城市管理体制机制建设情况调研报告（稿）》《市城管委工作机制建议（稿）》等报告和建议报市委、市政府。

（马 斌 包宇程）

【表彰环卫先进集体和个人】 10月25日，六盘水市举行庆祝贵州省第十六届环卫工人节暨表彰大会，表彰6个先进集体和80名先进个人，以此激励环卫系统广大干部职工向先进学习，积极投身到环卫工作中，推动全市环卫事业又好又快发展，为打造整洁、舒适、优美、和谐的城市环境作出贡献。市委常委、副市长周宏文，市委常委、市委秘书长张志祥，市人大常委会副主任杨龙政，市政协副主席赵泽义出席表彰大会。

（马 斌 包宇程）

燃气供应

【概述】 2013年，六盘水市燃气总公司实现总收入11906万元；发展煤气用户11497户；完成煤气管网安装80.7千米；铺设凉都大道、凤凰大道、明湖路、钢城大道、人民路西段等路段集中供热工程主干管网18.5千米。销售煤气4925万立方米；上缴税费1289万元。

（聂应权）

【市中心城区集中供热（一期）工程建设】 根据市政府的安排，市燃气总公司作为项目业主，负责市中心城区集中供热项目，该工程被列为2013年市委、市政府的“二十件民生实事”之一。截至2013年12月底，市中心城区集中供热（一期）工程累计完成投资3亿元。

（聂应权）

【控股六盘水红桥新区津黔管业有限公司】 六盘水市集中供热工程进入次级管网安装阶段，需大量使用不同规格的高密度聚乙烯直埋式保温管材，为节约安装成本，六盘水市燃气总公司决定与天津市津浥管业制造有限公司联合成立六盘水红桥新区津黔管业有限公司，专门进行高密度聚乙烯直埋式保温管材的生产。该公司注册资本700万元，六盘水市燃气总公司出资357万元，出资比例为51%，天津市津浥管业制造有限公司出资343万元，出资比例为49%，公司成功控股六盘水红桥新区津黔管业有限公司。

（聂应权）

【安全生产管理】 根据《中华人民共和国安全生产法》《城镇燃气管理条例》以及《贵州省燃气管理条例》的规定，加大安全管理力度，贯彻省、市有关安全工作的指示精神，根据各部门安全生产工作职责，制定详细安全生产管理目标，明确各部门安全生产主体责任，各部门层层签订《2013年安全生产及消防工作责任状》，按照“谁主管、谁负责”“管生产必须管安全”的要求，将安全工作分解落实，确保安全管理工作顺利进行。严格执行领导24小时带班，抢险人员24小时值守制度，确保人员在岗在位。

（聂应权）

【老、旧煤气设施安全技术改造】 针对近几年来市中心区部分老旧管网运行中出现较严重腐蚀、老化、堵塞的突出问题，制定改造方案，纳入年度生产工作计划加以落实。着重改造黄土坡、水矿集团等片区老化锈蚀严重的庭院管网。坚持对人民路、钟山大道和凉都大道3条主干线徒步巡查。

（聂应权）

【内部制度建设】 依据业务及管理要求，修订《财务报销制度》《财务管理制度》，起草《财务授权审核办法》《网络管理办法》《机房管理制度》，探讨并起草《集团公司财务管理办法》《公司合并报表制度》《资金收支管理规定》《货币资金管理制度》《资金结算中心管理及核算办法》《借款管理办法》等内控制度，设置资金、费用预算管理表格模式及办法。

（聂应权）

供排水务

【概述】 六盘水市水务有限责任公司为市属国有独资企业，内设办公室、人事教育科、财务科、生产技术科、武装部等科室部门，公司党委设纪委、党办，同时选举成立公司工会，有安装公司、污水处理厂、水厂、黄土坡营业所、一户一表营业所、场坝营业所、供水稽查大队、玉舍水库管理所、双水供水公司、钟山供水公司等下属单位。拥有固定资产5.65亿元。公司有在册职工总数为415人，其中公司领导7人，中层管理干部64人，专业技术人员53人。管理水库2个，总库容3411万立方米，管理供水水厂2个，日供水能力13.5万立方米，其中：玉龙水厂设计规模为10万立方米；朝阳水厂设计规模为3.5万立方米。供水管网覆盖东至双水，西至德坞，南至铁路编组站，北至水矿中心医院、建安处，DN100以上的供水管网总长约453.44公里，供水服务人口为45万人，现公司的供水范围已覆盖市中心城区。管理污水处理厂3个，日处理生活污水能力7.5万吨，污水处理后达国家一级B排放标准。

（王　芳）

【运行机制】 2013年，公司围绕“狠抓内部管理，外塑企业形象，安全优质供水、热情周到服务”的管理目标，严格遵照《城市供水企业资质管理规定》，对出厂水进行严格把关，确保水量够、水压足、水质达国家《生活饮用水水质标准》；切实加强行风建设工作，实行“五公开、一监督”，即公开服务承诺、公开办事程序、公开收费标准、公开服务电话、公开水质检测报告，自觉接受群众监督。坚持“急用户之所急，想用户之所想，解用户之困难”的服务标准，做好服务工作。

（王　芳）

六盘水市双桥供水工程管理处

【单位编制】 六盘水市双桥供水工程管理处（原六盘水市地方电力局）事业编制25名（党政管理人员5名，专业技术人员18名，工勤人员1名、聘用驾驶员1名）。内设综合科、财务科、建设管理科、协调科、安全生产科。领导职数为主任1名，副主任2名，总工程师1名（副县级），总会计师1名（副县级），科长或副科长6名。

（龚清娣）

【双桥水库工程】 六盘水市双桥水库供水工程是省、市重点工程，是省在建的第二大水利工程，跨越水城县和钟山区。大坝位于水城县保华乡境内乌江水系三岔河左岸一级支流阿勒河下游，距离保华镇政府约2公里，距六盘水市中心城区约35公里，水厂位于钟山区月照乡大坝村的青冈坡。工程坝址以上集水面积502.2平方公里，多年平均径流量2.58亿立方米，多年平均流量8.19立方米/秒。工程包括水库枢纽工程、泵站及输水管线工程、附属电站工程、水厂工程等。工程静态总投资10.7937亿元（未包含电站、水厂及煤矿处置费用），其中征地移民投资5.0584亿元。双桥水库正常蓄水位1614.5米，总库容9140万立方米。大坝为混凝土面板堆石坝，最大坝高65.5米，输水管线总长为11.5公里，其中输水管线长5.425公里，采用1.2米管径的球墨铸铁管双管供水，隧洞长5.118公里，净空断面尺寸为4米×3.5米，提水采用二级泵站，设计总扬程357.1米，设计引用流量3.68立方米/秒，其中一级泵站装机6×2200千瓦，一级泵站装机6×2300千瓦。水库附属电站装机4500千瓦，水厂日供水30万立方米（生活供水20万立方米、工业供水10万立方米），主要向六盘水市中心城区“一城七片”供水，“一城”即中心城区，“七片”即将中心城区分为钟山、石龙、柏杨坡、德坞、水（钢）月（照）、双水和老鹰山七大片区。

（龚清娣）

【年度工作】 2013年的工作主要有大坝的坝体回填、移民征地和库区设施迁复建、管线的管槽开挖和隧洞开挖、剩余标段的招标。2013年4月26日，大坝达到安全渡汛高程。

（龚清娣）

住房公积金管理

【概述】 六盘水市住房公积金管理中心是市政府直属的正县级参公单位，下设9个科室、8个管理部，编制共65人，在编57人，因病改非2人，退休1人。2013年，全市公积金缴存单位1324家，缴存职工16.8万人，全年归集住房公积金12.42亿元，完成年计划10亿元的124.2%，公积金归集余额42.78亿元；发放住房公积金贷款7.89亿元（项目贷款1.56亿元，公积金个人住房贷款6.33亿元），完成个人住房贷款计划5亿元的126.58%；提取住房公积金5亿元，完成计划3.24亿元的154.32%；实现增值收益7731.94万元，完成计划6102.53万元的126.7%。

（廖　加）

【机构调整】 2013年8月，中心对所有科室、分中心（管理部）人员进行整合。组建水城县管理部，设立贷款风险管理科、项目贷款管理科，水钢管理部、水矿管理部与中心进行合署办公，盘江管理部与盘县分中心合署办公，六枝工矿管理部与六枝分中心合署办公；围绕“管事要管人”的工作要点，提高办事效能、优化人力资源、调动职工积极性，对市中心城区、盘县地区、六枝地区采取合署办公的方式，整合紧缺的人力资源，发挥全体干部职工主观能动性。

（廖　加）

【支持保障性住房建设】 首次实施住房公积金贷款支持保障性住房建设项目，发放水矿棚户区改造项目和钟山区公租房项目贷款1.56亿元，填补六盘水保障性住房建设资金缺口，支持六盘水保障性住房建设。

（廖　加）

【便民服务】 在六枝、盘县、水城城区推行“一站式”办公服务，争取到专项资金550万元；

六枝和水城县的“一站式”服务体系建设基本完成，盘县建设工作已启动。定期向职工发送缴存住房公积金个人信息，全年发出信息近10万人次。利用中心公积金网站、大厅政务宣传栏、LED电子屏，多渠道发布信息，公开各项业务的办事流程，方便群众查询公积金金额及缴存状态和基本情况。设立投诉举报箱和投诉电子邮箱，对相关网络投诉和实名举报等问题，进行限时答复，对存在的问题及时改正，努力化解矛盾。

（廖　加）

环境保护

【减排工作】 计划和预算管理：报请市人民政府于3月26日召开了六盘水市主要污染物总量减排暨环保工作会议，市委常委、副市长刘友宾代表市政府与各县、特区、区政府签订2013年减排目标责任书。完成六盘水市2013年区域总量、重点行业总量和新建项目总量的预算。制定《六盘水市2013年主要污染物总量减排计划》并报省环保厅审核。指导各县区制定2013年主要污染物总量减排计划，对年度减排目标进行分解落实。

重点减排项目监管：联合市住建局对新建乡镇污水处理工程项目建设情况进行专项检查；对盘县柏果污水处理厂久不开工，严重影响六盘水市减排任务完成的问题，对盘县人民政府实施预警通报；按三天一调度、每周一检查的方式，加大对水泥行业重点减排项目的调度、督促检查力度；对水钢烧结机长期调试，不能认定减排量的问题，向省环保厅提交《关于首钢水城钢铁（集团）有限责任公司6、7号烧结机烟气脱硫工程有关情况的报告》，建议由省环保厅对其挂牌督办。

减排监测体系建设：继续加强减排监测体系建设，实现国控重点污染源自动监控数据、企业自行监测数据和国控重点污染源监督性监测数据三项指标在六盘水市环保局网站公布。2013年上半年污染源自动监控设备运行基本正常，每月在线率均在90%以上，数据传输平均有效率83.17%，数据有效性审核合格率达97.5%。

执行排污许可证制度：对国控、省控企业排污许可证进行严格管理，以总量控制指标作为换发排污许可证的重要依据，为水矿西洋焦化厂等8家企业换发排污许可证。对无证排污、持无效证排污的单位下达环境执法通知书，责令限期整改。省环保厅2013年2月对六盘水市2012年主要污染物总量减排工作考评中，六盘水市2012年主要污染物总量减排工作为“合格”等次。

（市环保局）

【环评审批环评服务】 2013年上半年六盘水市共审批项目264个，与2012年同期相比上升13%。市环保局共审批项目12个，其中编制报告书项目5个、编制报告表项目6个、编制登记表项目1个，与2012年同期相比减少了76%；审查规划环境影响报告书1个；共出具初审意见23个、执行标准15个，与2012年同期相比分别减少了18%和48%。

对六盘水市第一、二季度集中开工项目、六盘水市重点项目等重点项目工程，开辟“绿色通道”，特事特办，全程跟踪服务，确保环保手续顺利完成，推动项目建设，按时调度汇总项目环评进展情况。在六盘水市2013年372个重点项目通过环评审批的有95个，正在办理环评的25个。六盘水市2013年第一、二季度集中开工项目共计621个，已通过各级环保部门环评审批或不需开展环评工作的140个，正在办理环评手续的15个。六盘水市11个产业园区中，3个已取得省环保厅的审查意见，4个正在编制规划环评。在六盘水市2013年“二十件民生实事”涉及的项目中，六盘水凤骐汽车服务公司检测站等84个项目通过各级环保部门环评审批或不需开展环评工作。六盘水市2013年“十大工程”涉及的项目中，已通过各级环保部门环评审批或不需开展环评工作的有65个。

（市环保局）

【环境治理污染防治】 联合市公安局、市交通局、市质监局、市物价局印发了《关于开展机动车环保定期检测及环保检验合格标志核发工作的通告》，2013年6月1日全面启动六盘水市机动车环保定期检测及环保检验合格标志发放工作。

委托省环科院产业公司编写《六盘水市重金属污染综合治理项目建议书》并报省环保厅，共申报重金属污染综合治理项目20个，总计资金预算7.05亿元。其中钟山区项目12个（民生应急保

障项目9个、污染源综合治理项目2个，能力建设项目1个），资金4.51亿元；水城县项目8个（民生应急保障项目7个、能力建设项目1个），资金2.54亿元。

开展集中式饮用水源环境状况评估和饮用水源地环境保护工作，编制《六盘水市2012年县级以上集中式饮用水源环境状况评估报告》并上报省环保厅。完成《六盘水市玉舍水库集中式饮用水水源地环境治理整改方案》并上报市政府和省环保厅。

开展三岔河流域环境保护河长制工作，对六枝特区、水城县和钟山区政府2012年度三岔河流域环境保护河长制工作目标任务完成情况进行了督查，完成六盘水2013年河长制项目报送。

强化环境污染限期治理工作，向省环保厅报送《关于对2013年省级限期治理工业渣场和尾矿库整治任务进展情况的报告》，对六盘水市涉及工业渣场和尾矿库整治的企业进行现场核实，适时下达限期治理。

上报2个危险废物污染防治工程项目，对危险废物、医疗废物进行检查和强化管理。

（市环保局）

【执法监管应急管理】 制定《六盘水市强化环境执法监管工作实施方案》，对重点污染源、重点流域区域、饮用水源地的现场进行监督检查。2013年上半年，市环保局共出动监察人员896人次，检查企业253家次，与2012年同期相比下降13%。对7家企业违法行为进行立案查处，其中3家已下达行政处罚决定书，处罚金额共计18万元，与2012年同期相比上升200%。开展拖长江、巴朗河流域沿线企业、重金属企业、非煤矿山尾矿库和湖库型集中式饮用水源地专项执法检查。组织开展汛期环境安全检查活动、市中心城区清洁生产专项行动，对在建（拟建）工业渣场、尾矿库开展专项整治。会同市教育局、市公安局、市文体广电局和市住建局等单位在中、高考及公务员考试期间加强环境噪声监管。开展放射源和电磁辐射检查和管理，确保辐射安全。

排污申报登记核定与排污费征收工作：2013年上半年，六盘水市共征收解缴排污费6178.20万元，与2012年同期相比增长19.74%。市环保局共征收解缴排污费1117.81万元，与2012年同期相比下降21.22%。

环境应急工作：第一，修订《六盘水市环境突发事件应急预案》（征求意见稿）。第二，成立市环保局环境应急指挥领导小组，初步确定了环境应急专家库名单。第三，对环保、消防应急联动机制和联动协议进行修改和完善。第四，强化汛期、重要会议、节假日期间应急值守，确保“12369”投诉热线24小时畅通。

县区2012年环境监察考评、稽查和排污费稽查工作，下达《稽查意见书》，要求各县区环保局进行整改。2013年6月25至28日，省环保厅对市环保局环境监察工作进行稽查，通过查阅资料、现场核查等方式进行稽查，并对六盘水市环境监察工作给予肯定。

（市环保局）

【环境监测环境管理】 完成每月饮用水源地、主要河流跨界断面、三岔河“河长制”水质监测、国控断面水质监测、单月的“城考”地表水监测、枯水期地表水监测、重点污染源监督性监测、酸雨监测、噪声监测和每天城市环境空气质量监测等常规工作。对环境质量例行监测数据和自动监测数据进行综合分析，发挥环境监测数据作用，编制完成2012年度环境质量状况公报；共完成36家次咨询及临时送样监测工作；完成1个PM2.5空气自动监测站的建设，拟定《六盘水市实施新〈环境空气质量标准〉（GB3095—2012）工作方案》并开展PM2.5试监测工作；完成实验室升级改造，环境监测能力得到提高。

农村环境和生态保护。争取中央、省级农村环境综合整治项目资金，与市财政局联合进行2012年230万元农村环境综合整治项目的实施和资金的监管工作，完成2012年度六盘水市农村环境综合整治项目资金、受益、进度情况统计表和农村环境综合整治项目实施情况月报表，推荐6个村参加2013年省级生态村的申报。

（市环保局）

【宣传和公众参与】 制作完成电视专题宣传片《一江春绿焕生机》，于2013年5月3日晚8：19在六盘水广播电视台播出。组织六盘水市2013年

“六五”世界环境日的宣传活动，通过发放宣传册、空飘气球、电视飞字广告和在六盘水日报上刊发六盘水2012年环境质量公报等形式，营造环境宣传氛围。推荐绿色社区1个、绿色学校9所参加2013年省级绿色社区、绿色学校的申报。明确市环保局新闻发言人，制定2013年环境新闻发布规划。开通市环保局政务官方微博和新闻发言人官方微博，经市委宣传部统一开通实名认证后启用。

（市环保局）

【编制《六盘水市创建国家环境保护模范城市规划》】 为编制《六盘水市创建国家环境保护模范城市规划》，协调市直相关单位收集了大量资料，征求六盘水市相关单位对《六盘水市创建国家环境保护模范城市规划》的修改意见，2013年5月完成《六盘水市创建国家环境保护模范城市规划》。经积极与省环保厅、环保部协调沟通，六盘水市《六盘水市创建国家环境保护模范城市规划》于5月23日通过省级审查，6月26日通过环保部审查。

（市环保局）

【环境质量】 2013年上半年，六盘水市饮用水源地水质监测达标率100%，跨界断面、国控断面水质监测达标率100%，地表水河流断面水质共监测了17个断面，达标率70.6%。完成市中心城区环境空气自动监测151天，空气质量优的天数为28天，良的天数为123天，优良率达100%。PM2.5试监测100天，其中1级天数为10天，2级天数为36天，2级以下天数为54天，达标率为46%。

（市环保局）

交通　运输

交通运输行政管理

【概述】　2013年，全市公路通车里程共12003公里，其中：国道153公里，省道635公里，县道1969公里，乡道2356公里，村道6805公里，专用公路85公里。新增通车里程245公里。以乡镇为单位，全市公路通车率达100%，柏油、硬化路通车率达100%，以村为单位，全市柏油、硬化路通车率达56%，同比增加15%。

（伍盘南）

【交通基础设施建设】　2013年，全市完成交通固定资产投资108.8亿元，同比增长29%。

高速公路建设。水盘高速91.4公里，总投资89.53亿元，8月15日建成通车；六镇高速公路24.7公里，总投资18.39亿元，累计完成投资18.28亿元，12月23日建成通车；杭瑞高速公路（毕节至都格段）64.57公里，总投资64亿元，累计完成投资35.66亿元，总体形象进度达55%；六六高速公路60.7公里，总投资62.58亿元，累计完成投资28.98亿元，总体形象进度达50%；机场高速公路10.88公里，总投资17.77亿元，累计完成9.66亿元，总体形象进度达50%；盘兴高速公路60公里，总投资65亿元，9月9日控制性工程已开工建设；六威高速公路60公里，总投资60亿元，12月28日控制性工程开工建设。

旅发大会项目建设。俄脚至野鸡坪公路8.65公里，总投资3265.5万元，7月25日完工；五里坪自行车道18公里，总投资2219万元，7月25日完工；雨格至坪地公路7.4公里，总投资10233万元，8月上旬完工；市中心城区公交站台300个，总投资5995.1万元，7月底完工；完善毛口货运码头总投资10万元，7月完工；西嘎旅游码头总投资130万元，7月完工；旅游接待中心总投资650万元，7月底完工；大湾至韭菜坪旅游公路13.988公里，总投资3800万元，8月15日完工。

二级公路建设。红果主城区西北出口道路1.7公里，总投资5.1亿元，累计完成投资5.06亿元，12月建成通车；红果至两河快速通道17公里，累计完成投资14.13亿元，主体基本完成；英武至羊场二级公路14.57公里，总投资2.29亿元，7月通车；英武至大山公路53.5公里，总投资10.19亿元，10月通车；六枝长寨至兴隆公路7.3公里，总投资9493.6万元，7月通车。

运煤公路建设。运煤公路实际开工建设463.8公里，建成137公里，完成投资4.1亿元。

通村油（水泥）路建设。全市开工建设通村油（水泥）路2262.3公里，总投资11.31亿元，于2013年年底完成。六盘水市提前两年完成了“十二五”规划通村油（水泥）路建设任务。

客运站场建设。水城南客运站主站房、司机公寓基础工程已动工，累计完成投资5639万元；石桥物流中心一期工程已完工，累计完成投资3亿元，二期工程于12月动工建设；水钢物流中心已完成前期工作，累计完成投资8000万元；坪寨、勺米客运站总投资均为50万元，主体工程已完工。德坞西客运站、大丫口公交始发站在规划设计阶段。

国省道改造工程。水黄公路油路中修、微表处、安保、波形护栏整治、美化等工程，总投资3612.49万元，7月完工；水城窑上至俄脚改造工程26.79公里，总投资3373.17万元，7月完工；水城梅花山至梁子上公路改造工程13公里，总投资5265万元，10月完工。

其他项目建设。渡口建设、农村公路安保工程、农村公路大中修、危桥改造等19项工程，累计完成投资5.25亿元。

（伍盘南）

【交通运输业全面发展】 2013年，全市完成客运量3980万人、旅客周转量151460万人公里，分别比上年增长23.33%和25.88%；完成货运量7952万吨、货物周转量858816万吨公里，分别比上年增长23.88%、27.83%。开展客运市场秩序规范整顿工作；制定进出市中心区班线客运实载率计划；完成旅游客运包车信息系统建设；加快农村乡镇客运站建设。截至12月末，全市建成乡镇客运站45个，行政村招呼站478个。

（伍盘南）

【公共交通服务】 2013年，完成道路运输驾驶员从业资格培训考试7537人，初培驾驶员28013人；建成六盘水市从业资格考试中心；完成2000余名出租车驾驶员的职业道德和技能培训，完成出租车顶灯、GPS安装917辆，统一了车辆运营标识和驾驶员服装；为老年人办理免费乘坐公共汽车优待证22547个，兑现老年人乘车补贴资金302.08万元；兑现市中心城区公交企业、城市出租车2013年度预算燃油预拨补贴资金1581万元；按标准为6个公交企业399辆车发放燃油补贴资金4999830元，为14个出租汽车企业917辆车发放燃油补贴资金3373826元；更新油汽或气电混动型公交车179辆、新增油气混动型出租汽车160辆。

（伍盘南）

【交通行业管理】 加强道路运输安全生产。强化“两客一危”车辆等重点领域的安全监管，建成六盘水市道路运输局营运车辆动态监控平台；启动全市客运企业、危险货物运输企业安全生产标准化达标考评工作；组织开展“道路交通安全百日整顿行动”、农村客运、旅游包车、危险货物运输等专项整治，以及在春节、国庆黄金周等重要时段内开展安全大检查工作；加大对旅游包车、三类以上班线客车的监管力度；建立道路运输安全隐患排查工作制度。2013年全市未发生重特大道路交通事故。

加强工程质量安全监督。2013年全市在建交通建设项目共536个4216.34公里，总投资70.61亿元，全部纳入工程质量安全监督范畴，工程质量安全监督覆盖率达到100%，全年全市交通建设工程未发生质量安全事故。

道路运输执法工作。2013年，全市共投入稽查人员80535余人次，查处未经许可擅自从事道路旅客运输车辆2895辆，超经营范围许可维修经营点16家，清除路障1391余处，纠正各类路政违章121件，立案15件。

（伍盘南）

【水盘高速公路全线控制性工程】 贵州最长隧道—松河隧道贯通。水盘高速公路松河特长隧道位于坪地乡与松河乡交界处，隧道左、右幅长度分别为4760米、4722米，为省内目前在建或已建公路中最长的公路隧道，5月18日实现右幅开通。

亚洲第一连续钢构桥—北盘江大桥合龙。北盘江特大桥位于水城县发耳乡和营盘乡交界处，北盘江为其界河，跨越北盘江峡谷，全长1261米，主桥为（82.5m+220m+290m+220m+82.5m）预应力混凝土斜腿连续钢构，引桥采用先简支后结构连续或刚构形式的预应力混凝土T梁。主墩采用空心薄壁墩，最大墩高为170米，最大跨度290米。主桥主跨度在已建、在建同类型连续钢构桥梁中名列亚洲第一，预应力混凝土空腹（斜腿）式连续钢构位居世界第一，有“世界第一斜腿”之美称，5月31日正式合龙。

望龙包大桥左幅合龙。7月1日，望龙包大桥左幅合龙，标致着水盘高速公路全线控制性工程已全部完成。

（伍盘南）

【水盘高速公路通车】 8月16日，水盘高速正式通车，水盘高速公路是贵州省2020年骨架公路规划方案“三纵三横八联八支”公路网中第三纵，毕节至安龙高速公路重要组成部分。路线起于水城县玉舍法窝与212省道相连，南至盘县红果海铺与镇胜高速公路相连，全长91公里，路线途经水城县、盘县等众多的产煤乡镇和贫困乡镇，还途经发耳电厂、盘县煤电基地等在建项目。

（伍盘南）

【盘兴高速陈官箐隧道开工】 9月9日，盘兴高速控制性工程陈官箐隧道开工。盘县至兴义高速公路是贵州省高速公路“678网”中的第七纵线，北通云南昭通，南接广西百色，是盘县南下出海和东进珠三角的大通道。盘兴高速公路全长约88千米，其中盘县境内长约61.3千米，途经盘县的两河、西冲、板桥、水塘、民主、大山、忠义、保田、普田等9个乡镇。

（伍盘南）

【德宏路二期工程开工】 11月18日，德宏路二期工程开工，起于红桥西路德宏路互通，近期止于北内环快线德宏互通，全长4.944千米，是汪家寨组团、大河组团连接市中心城区的重要通道。

（伍盘南）

【六镇高速六枝东互通至镇宁段开通】 12月22日，六镇高速六枝东互通至镇宁段建成通车，实现六枝特区通高速公路。六镇高速公路起于六枝西侧那玉村，与在建的六盘水至六枝高速公路相接，途经六枝、落别、丁旗等地，止于镇宁，与镇胜高速公路相接。主线全长44.132千米，路基宽24.5米，设计速度为80千米/小时。

（伍盘南）

民　航

月照机场

【项目概况】 六盘水月照机场位于六盘水市钟山区月照乡大坝村与水城县董地乡大窑村的交界处，是国家民航局“十一五”规划建设的重点基础设施项目和贵州省“十一五”综合交通规划项目之一。机场至市中心红桥新区的高速路长10.8公里（在建，约2014年6月建成，与在建的杭瑞高速、水盘高速互通）。月照机场按满足2020年旅客吞吐量25万人次，货邮吞吐量1250吨的目标进行设计；跑道主降主起方向为东北向西南方向；可以起降包括波音737和空客320在内的各主流机型。2007年11月7日，中国民航总局《关于贵州六盘水月照机场场址的审查意见》，原则同意将花竹林场址作为机场推荐场址；2009年3月24日，国务院、中央军委《关于同意新建设六盘水月照机场的批复》（国函〔2009〕36号）同意六盘水月照机场的立项；2010年12月8日，国家发改委《关于贵州六盘水机场工程可行性研究报告的批复》（发改基础〔2010〕2893号）批复项目可研报告，项目总投资129888万元，工程建设规模为：飞行区等级指标为4C，新建跑道长2800米，宽45米，一条长136.5米、宽18米的垂直联络道，站机坪位3个，航站楼面积3500平方米（后增加为8300平方米），停车场3500平方米，货运仓库和业务用房300平方米；2011年5月26日，民航西南地区管理局（民航西南局函〔2011〕77号）批复六盘水月照机场飞行区工程初步设计及概算；2012年11月16日，民航西南地区管理局、贵州省发展和改革委员会（民航西南局函〔2012〕240号）联合批复六盘水机场工程初步设计及概算，核定工程总概算为142484.53万元，其中129888.14万元按国家发改委可研批复的资金渠道解决，增加的12596.39万元由六盘水市政府安排财政资金解决；2012年11月26日，六盘水市发展改革委员会《市发展改革委关于六盘水月照民用机场增设展览厅项目初步设计的批复》（市发改项目〔2012〕712号）同意增设展览厅4842平方米，展览厅总投资概算5920.5万元；2013年4月8日，六盘水市发展改革委员会《市发展改革委关于六盘水月照民用机场增设展览厅配套工程初步设计的批复》（六盘水发改项目〔2013〕162号）同意增加服务用车300万元，展览厅配套工程3029.3万元。累计批复投资总概算为15.17亿元。六盘水月照机场为国内支线机场中挖填土石方量最大（5968万立方米）、填方高度最高（最大高差165米，最大填深85米）、地质条件最复杂（包括九黄机场、攀枝花机场的所有地质灾害）、施工条件最艰难（炭质泥岩、煤层、粉砂质泥岩等填料）的机场之一，项目于2011年9月26日开工，2012年2月27日正式全面动工建设。

（月照机场）

【施工情况】 2013年，飞行区土石方工程已全部完成；所有分项工程的招标均完成，道面及附属、围场路、排水、助航灯光工程、工程设备总包采购、供暖及供配电工程、使用油库工程、消防工程、总图工程、航站楼主体工程、航站楼附属工程等所有机场建设项目均已进场展开全面施工。六盘水月照机场预计2014年内建成并实现通航，拟开通六盘水至北京、上海、广州、贵阳、深圳、海口、成都、重庆、昆明、武汉、西安等大中城市的多条航线。

（月照机场）

铁　路

贵州水红铁路有限责任公司

【概述】 2013年，公司货物发送682.86万吨，同比增加36.8万吨、增长6%；直通日均装车291.7车，同比增加12.8车（共增加4674车）、增长5%；货物周转量完成12.91亿吨公里，同比减少1.74亿吨公里、减幅12%；旅客发送170.71万人，同比增加4.7万人、增长3%；完成经营收入48636万元，同比下降11%；经营亏损3469万元。

（殷鸿声）

【安全管理】 2013年，水红线共发生铁路交通路外伤亡事故9件，其中：伤2件2人，与2012年基本持平；死亡7件7人，同比下降2件2人。安全管理措施：1.完善补强安全管理制度办法，强化安全信息管理，注重风险防范，强化安全问责，实现安全管理工作正常化、常态化。2.全年投入352.3万元，对Ⅰ级防洪地点设点看守。联系地方政府，协调解决沿线危树砍伐工作，组织曲靖工务段砍伐危树10901棵，降低行车安全威胁。3.下达了2013年防洪预抢工程件名10件900万元并督促工务整治。4.设备维护投入上，更改投资计划6422万元，主要对夹沟至渡船寨区段的桥梁地段线路进行破底清筛、大机捣固及线路综合整治，共完成桥梁清筛67座，清筛线路12.6公里，更换失效轨枕681根，锚固桥枕1040根，补充石碴6800立方米，焊接梁缝板265块，完成大机捣固线路23公里，综合整治线路16公里。通过整治，经轨检车动态检查不良扣分由18分下降为10分。完成玉舍、月亮田、盘关车站混凝土枕道岔改造23组，完成了新寨2#隧道、2#大桥病害整治施工和k108+340左侧路肩挡墙病害整治抗滑桩施工，有效提高了固定行车设备质量。

（殷鸿声）

【加强路地协作】 加强护路联防工作。开展全省“十百千万”爱路护路宣传月活动和“强化基础、爱路护路、推动发展”主题活动，与地方护路部门联手宣讲40余场次，印制宣传资料1万余册（份），3次邀请昆铁公安路外宣传小分队赴水红线走访宣传。协助地方护路部门与水红线18个车站站场、12个岗点的131名保安重新签订了劳动合同。加强道口及铁路沿线巡视检查，重点检查道口看守、监护人员落实作业标准和应急处理能力情况。继续投入480万元安装防护栏11.5千米，实现了水红铁路柏红段重点地段全封闭。全面推进水红线立交人行通道建设。协调盘县政府和沿线乡镇多次实地调查，确定了28处立交通道处所，一期确定项目17处、总投资2945万元。加强路外施工安全监控。下半年，路局连续接到采煤危及隧道、线路安全的举报，在路局和地方政府的领导下，开展地质灾害评估和安全鉴定，督促设备管理单位加强检测、监测。

（殷鸿声）

【改善基层员工福利】 投资近50万元对玉舍工务房屋进行大修并购置生活、办公用品，投资近500万元在发耳车站修建员工综合楼，白鸡坡站“三电”车间生产、生活房屋大修完成前期工作。开展钓鱼、棋牌和羽毛球等形式多样的文体活动，丰富职工业余文化生活，有计划地组织职工疗养休息，看望慰问生病住院职工。

（殷鸿声）

成都铁路局六盘水车务段

【概述】 六盘水车务段截至2013年12月31日，管辖里程417.677公里，管辖范围沪昆线六枝至且午，内六线梅花山至昭通南站，水大支线、六盘水站、六盘水南站共35个车站，一个乘务车间，下设劳动服务公司。其中，一等站2个，二等站1个，三等站6个，四、五等站26个，段机关设10个

科室，年末在册职工1624人。2013年被命名为全局“安全优质站段”。

（席 玲）

【货运组织】 2013年6月15日，货运组织改革工作启动，贵州贵铁物流有限公司涉及装卸（含抑尘，下同）的业务人员（物流公司机关人员除外）、资产按属地划交车务站段管理，按照路局下达编制选配人员，多渠道妥善安置238名移交人员；同时客货运科分拆为客运营销科、货运管理部；整合原段值班室和支线调度室，成立车务段生产调度室，负责全段运输生产组织指挥、协调，同时兼顾重点施工盯控及现场安全巡视检查。

（席 玲）

【发送旅客】 在国庆期间全段发送旅客28.75万人，较2012年同期增长18.71%。客运收入完成1223.66万元，同比增长9.15%，增幅在全局运输站段中排名居首位。10月1日全段发送旅客4.4万人，当日六盘水站发送29530人，均创历史新高。草海站三次刷新记录，10月7日旅客发送达到5917人。

（席 玲）

【发送货物】 2013年，六盘水南编组站继9月30日刷新办理记录8833辆后，于11月10日再次刷新办理记录，达到9194辆。

（席 玲）

【运输收入】 截至12月31日，全段运输收入完成172558.87万元，同比增加13644.97万元、增长8.58%；全年完成旅客发送800.76万人，同比增加24.56万人、增长3.16%，完成货物发送1425.13万吨，同比减少58万吨、下降3.91%，全年装车223521车，同比减少11521车、下降4.90%，卸车206274车、同比减少32车。

（席 玲）

【安全责任事故】 截至2012年12月31日，六盘水车务段段实现无责任行车特别重大事故13014天，无责任行车一般D类事故147天。无责任职工因工死亡事故2476天，无责任职工因工重伤事故1177天，无责任职工轻伤事故2115天。

（席 玲）

成都铁路局六盘水工务段

【概述】 2013年，六盘水水务段以“巍巍乌蒙跨通途，平安舒适六工铸”为己任，以提升管理为核心，以建线工作为载体，紧紧围绕集中修、防洪重点任务，上下同心，合力共为，显现了安全平稳、目标兑现、队伍和谐的良好态势。段轨检车评分进入8分以内，桥路抗洪能力进一步增强，顺利实现防洪安全年，探伤比武获全局第一，线路竞赛贵州领先，职场环境面貌一新，队伍状态积极向上，全年安全经营生产目标圆满完成，六工段步入了全新发展的新征程。

为更加高效完成全年生产任务、进一步优化车间劳动生产组织，按“精简机构、提高效率”原则，科学组织、精心调配，对部分车间、班组劳动组织进行整合调整。经过实际调查、果断决策，先后撤销了大湾养路工区、裕民养路工区，新成立了六盘水线路重点维修车间、探伤二工区、轨料工区、162线路工区，为更好的发挥班组作业效率，完成生产任务提供了坚实基础。

（曹 冉）

【线路工作】 全力以赴，圆满完成全年集中修任务。线路捣固完成工作量536.16千米；道岔捣固完成工作量283组；钢轨打磨完成工作量795.35千米；道岔打磨75组。线路钢轨焊接716头；焊缝打磨689头；平推改道176.47千米；绝缘接头胶结50头；更换再用长轨7.76千米；道岔无缝化4组；正、到发线切边清筛8.6千米；成段更换配件17.43千米；道岔综合整治69组。

精心筹备、积极协调，高质量完成全年线路大修工作。以大修为契机，精心抓好大修配合工作，提升线路设备质量。重点抓好清筛质量卡控，主动介入，对曲线成段压溃地段更换胶垫，对路基病害地段进行同步封闭；提前对线路翻浆地段进行清挖并捣固；对线路接头、长期病害地段采取换轨前整治并标注病害情况，确保换轨后加强对这些处所的处理及检查；严格盯控长轨铺设锁定轨温；高标定位、成段推进。全年大机捣固正线：386.01千米。大机捣固站线：30.53千米。大机捣固道岔：215组。大机打磨线路：累计全段贯通407.05千米。大机打磨道岔：累计全段完成75组。全年更换道岔：7组。

（曹　冉）

【桥路工作】 2013年桥路工作按照段的要求及安排，围绕消除桥隧设备劣化来开展维修工作，狠抓维修工作安全生产、质量管理工作，同时各车间以“三标、三线”建设为契机，认真组织班组开展桥路维修保养、设备模块化检查工作、内业规范整理工作。桥梁维修保养完成情况：制作、安装步行板10450块，制作、安装禁行标志86处，制作1型挡碴9823块，S型挡砟块6569块，修复限高架6个，处理桥梁漏碴26处，刷新桥号标768块，补护轨扣件8018套，支座除锈油漆522个，支座涂油516个，支座螺栓涂油1021颗，护轨改造37140米，补护轨夹板18块、接头螺栓332颗，护轨螺栓涂油4214颗，托架除锈油漆126个，安设警示标志153块，新作桥涵号标23块。隧道维修保养完成情况：增设钢拱架45榀，安设排水板6平方米，清理侧沟16680米，清扫隧道1695米，制作、安装盖板555块、打减压孔4698个，螺栓涂油14008颗，清扫隧道避车洞44个，刷新避车洞指示标50个、分段标82个，新设燕尾槽观测标192个，制作分段标387个。其他维修保养完成情况：清理排水设备182248米；清理挡墙、封闭网杂草70323平方米；疏通泄水孔800个，制作侧沟盖板898块，安装水沟盖板563块，修补封闭网2594米，制作、安装警示标志71个，制作防撞标志300个，清理溜坍837立方米，修建混凝土小挡墙12立方米，修建围墙50米，外观整治72126米。

（曹　冉）

【防洪工作】 针对持续性降雨与强降雨叠加、防洪形势更严峻的实际，全段上下牢固树立“防大洪、抗大汛”的思想，记名制、划号制排查整治隐患；全过程、全方位抓好汛期监控防守。尤其按照“三个宁可、三个不可”的要求，全面落实果断扣车、拦停、慢行、封锁区间等措施，确保行车绝对安全，实现了防洪安全年。

（曹　冉）

【示范线建线工作】 年内通过六沾复线示范线建设，全面带动工务段线路设备质量的提升。通过且午线路车间集中检查为主体，根据月度计划，对且午管内设备进行全覆盖全方位检查。对检查结果进行认真分析，作好记录，作为线路维修养护的重要依据，做到细致维修。根据设备质量动静态检查分析结果，制定设备维修养护方案，充分利用电子道尺等精密仪器，坚持按质量验收标准组织设备几何尺寸平推细修，落实质量回检和记名修制度，有效解决可动心道岔及前后线路轨距、水平、方向不良的问题，降低了岔群轨检出分和惯性晃车的不良现象。坚决落实无缝化理念，对六沾站线进行冻结完成4股道；不断加强线路平推改道，实现轨距零误差，同时针对新型道岔惯性晃车，全面对正线可动心道岔进行综合整治，通过标准整治，六沾线轨检出分下降53%、优良率提高15%、TQI值下降11%。

（曹　冉）

【集中修施工誓师会】 2013年7月1日至8月5日，六盘水工务段管内的沪昆单线、内六线两大干线以及南环上行线开展为期35天的集中修施工。为此，该段于近日在草海线路车间举行了集中修施工誓师大会，进一步动员广大干部职工以积极的态度、高昂的斗志、严谨的作风投入到集中修，扎实做好各项施工工作。来自一线各车间的86名职工代表参加了本次誓师大会。

（曹　冉）

【集中修施工慰问演出】 2013年8月8日下午15点，由六盘水工务段举办的集中修施工慰问演出在草海线路车间正式拉开帷幕，段党委书记张扬、纪委书记杨剑、工会主席李大强与14名演职人员一道，将段党政工团的关心和慰问送到了现场，来自草海线路、草海桥路、迤那线路、重维车间、施工队的80余名职工代表以及部分机关跟班作业干部现场观看了演出。

（曹　冉）

六盘水市铁路护路联防领导小组办公室

【概述】 2013年，全市各级铁路护路联防组织不断加强铁路沿线治安管理，有效维护了境内铁

路治安秩序，确保了铁路大动脉运输安全。境内涉铁刑事案件、治安案（事）件大幅度下降；铁路交通安全事故明显下降并控制在上级下达的年控指标内（年内共发生2起，死亡2人，与上年同比下降1起，少死亡1人，下降率达33.3%）。

（黄碧顺）

【安全大检查】 7月29日～8月4日，全市各级铁路护路组织先后对四县（特区、区）及六盘水、滥坝、六枝、红果四个车站派出所铁路安全大检查暨路外安全专项整治工作落实情况进行专项督查，全市共排查出各类重点涉路安全隐患17个，实现了“两减少”“两提升”的工作目标。

（黄碧顺）

【开展防止大牲畜上道撞车工作】 加大爱路防伤宣传教育工作力度，进一步增强沿线村民爱路护路法制观念和安全防范意识。切实落实大牲畜安全监护责任，逐家逐户调查摸底、登记造册、建档立卡，签订安全监护责任书，强化大牲畜监管工作。将爱路防伤、大牲畜监管工作纳入村规民约，严格工作考核，实行责任倒查和责任追究，对发生耕牛上道的责任乡、村、组、户予以责任追究和经济制裁。由铁路部门安设防护网对线路进行封闭，对村民必经之路投资修筑上跨天桥或下穿涵。组织护路队员加大重点区段、重要时段耕牛上道防控力度，有效劝阻人畜上道。

（黄碧顺）

【宣传爱路护路】 将爱路护路与综合治理、平安建设、安全生产相结合，以《贵州省铁路护路联防管理办法》《中华人民共和国治安管理处罚法》《铁路运输安全保护条例》等法律法规和“铁路路外伤亡事故典型案例”为重点，联合综治、公安、工商等路地有关部门，深入沿线村寨、学校、厂矿、集市，开展铁路安全宣传教育，提高村民爱路护路积极性。各县区结合境内铁路沿线治安状况，选择治安状况复杂、护路工作难度较大的乡镇进行重点宣传，将集中宣传与经常性宣传相结合，采取悬挂横幅、张贴标语、制作展板、发放资料、“万人签名”等方式进行宣传。市、县（特区、区）共出动宣传车辆272台次，出动人员1180余人次，设立大型集中宣传点67场次，悬挂横幅93幅，展板展出60余场次420余幅，发放各类宣传品5万余份，各类宣传资料6万余份，上法制课60余场次，制作爱路护路永久性宣传标语80余条（幅），媒体报道2场次，沿线群众受教育面达95%以上。

（黄碧顺）

【春运工作】 “两节”及春运期间，市县区各级领导深入一线检查慰问达340余人次，拨付春运工作经费及慰问金270400元。积极做好上线巡查工作。春运期间，各县区共开展站车安全防范工作380余人次，劝阻行人上道2800余人次。

（黄碧顺）

【防洪工作】 制定防洪预案，认真抓好抢险队伍、抢险工具等各项工作落实。充分发挥各级铁路护路联防组织在铁路防洪工作中“第七道防线”作用，加大汛期重点防洪路段巡守密度，严格执行雨中、雨后巡查制度；对重点区段安排专人全天候值班，有效防范了危及行车安全的各类事故隐患，保证了汛期铁路大动脉运输安全。

（黄碧顺）

【中共十八届三中全会及“两会”期间护路安保工作】 加强安全防范，消除涉路隐患。实行线路包保，督促、检查和指导护路安保工作。2013年，境内铁路沿线均未发生各类涉路违法犯罪案（事）件，保证了中共十八届三中全会及“两会”期间铁路大动脉运营安全。

（黄碧顺）

公　　路

公路管理养护

【概述】 2013年，水城公路管理局下辖六枝、盘南、盘北、水城4个公路管理段和1个局直属水黄公路养护站（路政管理大队）。在职职工684人，退离休职工748人；管养着六盘水市境内国道、省道等干线公路795.421公里。

（王良甫）

【干线公路养护建设】 干线公路改造及大、中修养护工程投入资金近2亿元：完成公路改造52.89公里、油路大修工程30.2公里、油路中修工程33公里、微表处21公里；全年完成小修养护投资近6000万元；安保工程投资1081余万元；水毁治理投资500多万元，公路通行能力得到提高，为第八届贵州旅游产业发展大会在六盘水市召开创造了良好的交通环境，年终综合目标考核获得全省第三名。

（王良甫）

【推广沥青再生技术】 对油路大、中、小修工程，全面推广沥青再生技术。2013年，累计减少砂石开采近3万立方米，节约成本近1500万元。

（王良甫）

【路政管理】 采取“工程的、法律的、经济的”三个手段对城镇过境路段排水系统进行整治，清除占道物料2015处28383平方米；查处违法建筑102幢5146平方米，投入治超执法人员79873余人次，检测车辆532048余车次。

（王良甫）

【雪凝和春运保畅】 储备融盐108吨、防滑砂2480立方米、车辆设备857台，应急保障队伍1847人，有11225人次上路进行防冻防滑工作，撒盐91.7吨，撒防滑砂1930立方米，投入机车1054台次，投入资金898.050余万元，护送旅客近1600余人，专程护送鲜活农产品、煤、燃油及重点物资车辆340台次。

（王良甫）

【物资保障】 全年完成道路散装沥青采供1640.8吨，争取省局调拨机械56台，价值323.68万元。

（王良甫）

【宣传教育】 全年共办《水城公路报》8期，各类报刊、杂志发表文章79篇，在抗凝保畅、迎接第八届贵州旅游产业发展大会在六盘水市召开、公路建管养工作中开展宣传，市电视台报道7次。12月30日中央电视台对水城公路管理局抗雪凝保畅通工作进行报道1次。

（王良甫）

【先进表彰】 杨明、张忠安、陈国举、熊政勇四人被评为六盘水市承办第八届贵州旅游产业发展大会先进个人，水城公路管理局获突出贡献奖，受到表彰。

（王良甫）

水城高速公路管理处

【单位简介】 贵州省水城高速公路管理处（水城高速公路路政执法支队）成立于2010年8月，驻六盘水市钟山区水西北路8号，由原水城征费稽查处与镇水高等级公路管理处整合成立。2013年管辖G60沪昆高速K2087+000—K2150+502（盘县英武至胜境关段），里程63.5公里，S77水盘高速K0+000—K91+420（俄脚法窝至两河海铺段），里程91公里，G7611都香高速K245+000—K257+000（六枝东至落别段），里程12公里，下设4个路政执法大队、1个超限超载检测站。承担六盘水行政区域内高速公路路政管理行政执法、路产保护和路权维护、超限运输治理；进行高速公路营运通行费稽查和涉及联网收费管理的有关工作；负责所辖高速公路养护、安全生产、路况考核评定的行业管理；对所辖高速公路服务区（含加油站）等的行业进行管理，开展所辖高速公路应急处理、交通战备、交通量观测等行业统计、节能减排等工作。

（王兴俊）

【业务工作】 2013年，辖区路段共发生路政索赔案件208起，结案201起，结案率96.6%。出动救援车辆467台次；处理超限运输车辆57263台次。检测车辆57421台次，劝返恶性超限运输车辆58台次，处理强行通过超限检测站点车辆58台次，办理25个超限运输车辆通行证，实施转载11台次。路产、路权得到有效维护，所辖道路车辆安全、快捷通行；收费稽查累计出勤3788人次，出动稽查车辆1810台次，查处违法车辆175台，其中假冒绿通车13台，维护了收费秩序和收费环境；开展安全隐患大检查20余次，向安顺营运管理中心、水盘高速公路有限公司下发关于隧道隐患（病害）处治、边坡隐患（病害）处治等通知18份。向安顺营运管理中心下发《高速公路设施恢复通知单》

53份，处置52份，处置率达98.1%。

（王兴俊）

【文明创建】 出动执法人员加大“四违”现象整治力度，降低路产路权违法案件发生率，加强安全隐患排查、行业监管，确保道路安全通畅，逐步建成文明大道。争创精神文明单位，在全处组建志愿者队伍，在治超站设置文明示范窗口，建立青年自愿者服务点。处、大队、治超站每周开展敬业爱岗、路政管理、治超标兵之星评选，培树先进典型，弘扬爱岗敬业的精神。加强文化建设，充实处机关职工书屋、基层职工小家图书资料等，丰富职工精神文化生活。开展“脚踏实地、创精品”活动，全处共创建精品项目12个。到基层进行意见征询、谈心活动，及时掌握一线职工工作和生活中存在的问题和困难，为职工排忧解难。开展“道德大讲堂”授课、送文化下基层职工文艺汇演、“读书日”“创建文明大道青年先行”主题演讲比赛、职工篮球比赛等活动，营造团结紧张、严肃活泼的良好文化氛围。

（王兴俊）

【宣传与党建】 充分利用电视、报刊、网站、内部刊物等各种媒介全方位、多视角开展宣传。全处共写稿180余篇，省交通厅网站采用25篇，省高管局网站采用150余篇；办简讯10期，完成水城高管处文学艺术作品集画册创作；与六盘水电视台签订报道协议，播报有关新闻5条。盘县路政执法大队成立党支部；发展5名入党积极分子为中共预备党员，9名入党积极分子参加市直、县直机关工委集中培训。以党的群众路线教育实践活动为契机，开展党风廉政建设，与六盘水市检察院沟通联系，建立处预防职务犯罪联席会议制度。推进处团总支及盘县路政执法大队、胜境关超限超载检测站团支部建设工作。投入钱、物3万余元帮扶六枝中寨乡岩脚村部分贫困农户，投入5万元用于建设路社区文化墙建设。

（王兴俊）

六盘水路桥发展总公司

【概述】 2013年，六盘水路桥发展总公司按照市交通运输局的工作部署和工作计划，完成了公路建设和第三产业开发的工作任务。

在公路建设方面，六枝长寨至新隆公路改建工程项目作为第八届旅发大会重点项目之一，从3月初起，派出督促组督促工程进度，重点对未建成的桥梁、隧道部分，以驻扎和轮流巡查的方式进行督促，工程于7月底旅发大会召开前全线通车。

在第三产业开发方面，下属的六盘水众捷出租车公司已完成经营方案、前期运行筹备和市中心城区出租车新增运力投标准备工作。

（吴耀明）

【长寨至新隆公路】 六枝长寨至新隆公路是第八届旅发大会重点项目之一，位于六盘水市东南部，六枝特区西部，是水黄公路与晴雨公路的联络线，项目建成后可在六枝中寨码头与牂牁湖水路贯通，通过水路可达六枝毛口码头和水城县野钟码头，从而使陆路与水路有机联系起来，使路网更加完善，并对全面开发牂牁湖旅游具有促进作用。

该项目属改建项目，路线起于六枝中寨乡长寨接水黄公路S314K69+300处（阿志河1号大桥与2号大桥之间停车带），经大寨、田坝寨、兴隆，止于凉风洞大桥与晴雨公路相接。项目全长7.323公里，其中新建4.1公里，全线采用四级公路标准改造，沿线增设2米观光带，全线路基宽度8.5米，设计时速20公里/小时，路面为6厘米沥青混泥土、25厘米水泥稳定碎石基层，15厘米填隙碎石底基层，桥涵设计荷载为公路—Ⅱ级，其他技术指标执行交通运输部颁发的《公路工程技术标准》（JTGB01—2003）。项目估算总投资为8840万元，资金来源为市级财政出资，六盘水市发改委以市发改交通〔2010〕596号文件给予该项目工可批复。

根据《中华人民共和国招标投标法》及相关规定，经市人民政府和市发改委同意，该项目采取勘察设计、建筑安装工程EPC模式公开竞争性谈判招标，于2010年11月17日在《贵州商报》发布招标公告，截至招标报名时间，共有贵州路桥集团有限公司、贵州桥梁建设集团有限公司、贵州省公路工程集团有限公司、甘肃路桥集团有限公司四家公司报名。2010年11月30日下午，在六盘水市交通运输局五楼会议室召开了长寨至兴隆公路改建工程EPC模式公开竞争性谈判会议，会上各公司根据谈判方案中工期、保证金、投资报价、回购方式等条款陈述了各自的意见，项目建设单位和项目监督方根据三家公司陈述，并结合工程实际情况，确定贵州桥梁建设集团有限公司为该项目首选谈判单位，并对谈判结果进行了公示。公示期满后，没有收到任何举报，最终与贵州桥梁建设有限公司签订合同。

市委、市政府高度重视项目建设情况，原市委书记王晓光、市委常委、宣传部部长杨宏远都先后到项目现场检查指导工作。该项目于2013年7月30日全线建成通车。

（吴耀明）

六盘水市交通运输集团公司

【概述】 六盘水市交通运输集团有限公司始建于1972年（原贵州省水城汽车运输公司），原系贵州省交通厅直属的全省九大国有专业运输企业之一。1992年4月，公司随建制划归地方管理，2011年12月2日公司通过公司制改建为六盘水市交通运输集团有限公司（国有独资），目前是六盘水市最大一家具有二级客运资质的国有专业运输企业，全国质量信誉考核AAA企业，年内开展了ISO 900质量管理体系认证工作。公司经营范围涉及公路客运、旅游客运、出租的士、城市公交、汽车维修、汽车检测、驾驶培训等项目，顺利通过交通运输企业二级安全标准化达标，安全四项指标实现“四降”，实现零死亡的好成绩。截至2013年12月31日，公司职工数为1182人，在册职工626人。公司现有资产总额为10525万元，固定资产5486万元，流动资产5712万元，其中货币资金2188万元。现有客运车辆544辆，出租车8辆。公司现经营长、短途客运班线151条，日发班942余个班次，跨省线路有广东、福建、浙江、重庆等省市；跨区线路有贵阳、毕节、遵义、兴义等地区；跨县和县境内的线路遍及本市、六枝、盘县、水城及周边乡镇，并积极参加贵州省第八届旅发大会旅客运输服务工作。2013年公司实现生产总值12430万元，实现总收入7735万元，同比增长12%。实现利润总额271万元，同比增长9.72%。国有资产保值增值率：2013年度目标值≥105%，实际完成112%。净资产收益率：2013年目标值≥3.5%。国有资本收益收缴完成率：100%。旅客运输量（人/年）：计划完成≥330万人，实际完成364万人。年平均成本费用利润率：2013年度目标值≥3.7%，实际完成4%。企业上缴税收495万元。

（马　洪）

六盘水市公共交通总公司

【生产经营情况】 2013年，在册职工380人，营运车辆175辆（公营车115辆，联合经营20辆，承包车40辆），营运线路13条。载客5230万余人次（执行60周岁老年人免票乘车880万余人次），营运里程1332万公里。

（王雪勤）

【营运安全】 坚持定期召开营运安全学习培训会，2013年共组织培训会14次，参学人员2724人次；落实安全生产责任制，层层签订《安全生产责任状》，签订率达100%；抓好公交车辆的日常安全管理和安全检查、稽查等工作；按期完成营运车辆二级维护保养工作，完成车辆保养692台次；为提高驾驶员处理突发事件的能力，组织开展营运车辆突发事件应急演练1次。

（王雪勤）

【文明服务】 对公交车驾驶员的文明服务礼仪规范化培训，提高驾驶员的文明服务能力；规范仪容仪表方面，投资38万元为管理人员和驾驶员购买工作服并要求着装上岗；开展讲文明、学先进、树正气教育活动，及时表扬和宣传好人好事，营造爱岗敬业、无私奉献的良好氛围。

（王雪勤）

【车容车貌】 对一批冒黑烟的公交车作报废处理，采取内筹外贷2000多万元新购38辆气（电）混合新燃料公交车到凉都1路运营；投入140余万元对75辆老旧公交车进行了钣金恢复喷漆、冒黑烟处理；对营运车辆实行一天一洗、一趟一扫、随脏随抹的管理制度；统一规范车辆头牌、腰牌、尾牌及提示牌；督促车身破损、车内设施缺损的公交车修复整改。整改的公交车96台次，更换垃圾桶120个，更新座套120件，更换车身破损广告500余台次。

（王雪勤）

【智能化公交】 为更好地为市民提供方便、快捷的出行服务，2013年，投资200多万元建设智能公交IC卡乘车、智能调度、视频监控等三个系统。其中，公交IC卡乘车、视频监控二个系统已正常运行，智能调度系统已安装完毕，现为调试阶段。公交智能系统的运行，实现了公交车辆智能化管理，方便了市民乘车，也为运营管理提供科学准确的数字信息，从而使公交车辆运行有序、平稳、高效、协调。

（王雪勤）

【新路线开通】 2013年1月6日，正式开通水城客运站至红桥工业园区凉都22路公交线。

（王雪勤）

【公益服务】 在迎旅发活动中，免费在175辆公交车上滚动播放公益广告200余条；旅发大会期间，共抽派167台公交车，负责裁判员、运动员、志愿者、演出人员及相关工作人员的接送任务，共发车800余台次，接送人员8万余人次；在六盘水市2013年“两会”和省党代会期间，为“两会”代表、委员提供免费乘车服务；为政府、公安部门提供应急免费交通用车100余台次；在高（中）考期间，提供服务用车266台次，接送考生13300余人次；为60周岁以上老年人提供免费乘车880万余人次。

（王雪勤）

信息产业

邮　　政

【概述】 2013年，六盘水邮政全体干部职工迎难而上，直面经济下行压力，坚持不断夯实基础能力，沉下心来着力调整业务结构，做大高效业务规模，致力于不断提高企业效益和员工收益，加强网点硬件环境建设，扎实开展各项经营、管理工作，全年实现业务收入12986.8万元，较2012年同期增长26.7%，增长排名全省第2，完成省公司确保计划的102%；其中邮务类完成收入4889.94万元，比上年同期增长13%；金融类完成收入7067.98万元，比上年同期增长41%；速递物流类完成收入822.27万元，比上年同期增长65%。

（黄历历）

【特种邮票首发式】 2013年元月五日，六盘水邮政公司2013年《癸巳年》特种邮票首发式的成功举办。此次首发式的举办，是邮票与凉都六盘水的正式结缘，将更加丰富和提升凉都品牌，扩大凉都六盘水知名度和影响力，必将进一步增强全市各族群众的荣誉感、自豪感和责任感，为扩大六盘水在省内外影响起到积极的宣传作用，为地方经济的进一步发展创造机遇，对宣传凉都六盘水风貌，开创贵州省丰富的旅游资源和加快经济建设起到积极的促进作用。

（黄历历）

【世界邮政日宣传】 10月9日，全市邮政喜迎第44届世界邮政日，围绕“情系万家信达天下——服务铸就品牌”主题，全面宣传“人民邮政为人民”的企业宗旨和邮政企业干部职工的精神风貌，展现邮政百年品牌，打造邮政对外新形象，对邮政报刊、集邮、电子商务等业务进行大力宣传。

（黄历历）

【规范报刊亭】 对城市主干道的17个报刊亭进行了更换，并按照市城管局统一安放标准，对报刊亭的放置地点进行了统一规范。至此，市区内的新型报刊亭数量达40个，且全部安放在公交车站台右边，提升了邮政对外服务形象。

（黄历历）

电　　信

中国电信六盘水分公司

【概况】 2013年，中国电信股份有限公司六盘水分公司加快发展，提质增效，以积极姿态推动企业转型取得新突破。一年以来，六盘水分公司全面开展党的群众路线教育实践活动，建立公司领导联系点制度，推进长效机制建立，认真做好民主管理工作，坚持职工代表大会制度，全面推进企务公开。

2013年，全省项目建设现场观摩会是为充分展示六盘水市“三化同步”特别是“5个100工程”项目建设成果，对六枝特区郎岱现代化农业综合产业示范园区、六枝路喜循环经济产业园区、盘县黔桂煤电一体化项目、盘县四格特色小城镇项目建设情况实行视频连线直播展示，是向全省展示近两年来六盘水经济体建设及落实工业强省建设的重要契机，市委、市政府高度重视，要求中国电信股份有限公司六盘水分公司负责此次现场视频连线的现场保障。中国电信股份有限公司六盘水分公司克服诸多困难、排查矛盾、连夜抢修、消除隐患，集中时间，下大力气，力求做到细致、精致、极致要求，以高度的政治责任感和积极主动的工作态度，不辞辛劳、勇挑重担、倒排任务，为全方位展示六盘水市项目建设成果提供了坚实保障，做出了积极贡献。本次户外现场视频传送成功，再次检验了六盘水分公司的强大网络保障及专业的技术人才队伍，充分展示了六盘水分公司特别能吃苦、特别能战斗、特别能奉献的精神，省市领导给予了高度肯定："对这种利用现代化信息手段的方式，让大家看到现场不能及的地方，了解了更多。"

（王　斌）

中国移动通信集团贵州有限公司六盘水分公司

【概述】 2013年，六盘水移动通信分公司完成运营收入年度预算的97.47%，同比增长5.17%，增值业务收入占比达32.18%，同比增长40.53%，保持了市场的持续、稳定增长势头。

（封美术　王　茜）

【基础网络建设】 完成2012年GSM结转项目施工，开通G网基站同比增幅9%，新增载频同比增幅4%。6月底，全省第一家建成开通TD六期二阶段257个基站；完成TD7.1、7.2、7.3建设方案衔接；实现六盘水97个乡镇中心区域的全覆盖；TD7.1期124个站点全部完成配套改造及主设备安装工作。7月，2013年4G网络一期项目建设方案顺利通过省公司专家团队的评审。六盘水作为三类城市，4G网络建设一期项目计划新建1TE基站215个，总投资6770万元，将实现六盘水市主城区4G网络连续覆盖，覆盖效果达到TD网络覆盖水平95dB以上。新建村能基站28个，完成65个自然村网络覆盖，自然村覆盖率达96%。逐步推进省委省政府、市委市政府小康目标的实现。

12月23日，六盘水市级第二核心枢纽机房干线设备正式割接入网，标志着六盘水分公司部分干线业务、TD业务初步实现双节点保护，进一步提升了六盘水网络的健壮性及安全性。

（封美术　王　茜）

【优化网络质量】 对高干扰小区、高质差小区通过频率优化、增加滤波器、参数优化、调整天线等方式开展网格覆盖优化，开展对水盘高速、环城高速、杭瑞高速以及机场高速的现场勘查和站点规划。全年完成干线迁改14段共计50.09公里，割接20次。SDH成环率达到90%以上，城区PTN成环率达到80%以上。2013年凝冻初期，组织了对高山基站、节点基站预送发电机的行动，并对重点基站、节点基站的供电线路进行除冰，共计投入抢修车辆536车次、发电693站次、发电时长4325.25小时，恢复基站732站/次、光缆46段/次，确保了特殊时期的通信畅通。

8月，在第八届贵州旅游产业发展大会期间，公司提前制定保障方案，实施室内外场馆、酒店的覆盖建设、扩容、盲区补点和优化工作，同时对体育馆、美术馆、湿地公园、会展中心等重点会议场所的GSM、TD和W1AN网络进行全面优化。公司为开幕式、山地自行车骑行游、第五届国际行知赏识文化论坛等24项活动提供了优质的网络通信保障，共计投入人员300人次，应急通信车15车次，保障车辆60台次，确保活动期间通信网络运行正常。

（封美术　王　茜）

【企业信息化】 拓展大型国有企业办公信息化，与水矿、水钢、六枝工矿集团签署项目合作协议，将公司信息化产品植入到国有大中型企业中，推进企业信息化进程。

4月19日，公司与六枝工矿集团签署《六枝工矿集团移动办公信息化合作协议》，正式上线应用六枝工矿集团移动办公系统，为该集团200位副处级以上干部提供移动办公服务。

（封美术　王　茜）

【旅游行业信息化】 完成第八届贵州旅游产业发展大会的信息化建设任务。

（封美术　王　茜）

【安监项目信息】 完成安监项目“金沙模式”市级安监、钟山安监平台的建设工作，一期建设专线36条。7月，“六盘水市安全生产综合信息化平台指挥中心”正式投入试运行。7月25日下午，公司与六盘水市安监局签署“安监信息化项目”合作协议，率先在全省范围内搭成“市—县—矿”三层联网的安监项目组网布局。

（封美术　王　茜）

【智慧城市建设】 配合协助六盘水市人民政府、六盘水市住房和城乡建设局完成智慧城市建设试点申报工作。

（封美术　王　茜）

【服务质量】 建立常态化营销模式，进行分时期、分阶段有礼回馈活动。合理有效投入各种资源，持续推进集团产品和行业信息化应用，开展政府、教育、企业行业信息化三大主题推广活动。通过做好综合满意度短板、专项服务、业务能力、服务主动性“四个提升”助推服务工作。

（封美术　王　茜）

【落实实名制】 组织签署实名制责任承诺书，通过报刊、车载广告、营业厅展板等途径进行政策及执行情况宣传，将责任落实到人。对落地执行情况通过明查暗访、发动群众监督、结合系统数据抽查等方式进行监督检查，走访渠道网点20余次，实现全市渠道网点100%拉网式排查；联合工商等行政管理部门清查未签约且非法使用公司标识形象的网点、排查无授权通讯网点，有效遏制不规范售卡行为。制定实名制执行管理支撑体系，对全市社会渠道按地域对门店进行编码，在渠道网点显性位置进行展示，通过门户网站、代理商手册等形式向客户公示，结合建立客户举报有奖机制，安排专人负责受理投诉举报工作，联合社会各界力量推进实名制工作。

（封美术　王　茜）

【改革创新】 着重加强各项规章制度的完善和服务业务流程的梳理，致力提升公司管理效能。

人力资源提升。分三个专业选拔112名精英人才进入公司人才库，为公司人才梯队建设奠定基础；组织核心职位选拔竞聘，提升公司核心职位人岗匹配度；开展各种形式的员工培训工作，开展16期内训课程，2期外聘课程，累计参加人数320人，课时320学时，在网上学院发布52门课程，员工学习人数达658人，学习时长达15456.8学时，比2012年同期学习时长增长25%；对营业员、客户经理和网络维护人员等生产一线员工实施量化薪酬科学绩效管理，动态监控，奖励多劳多得。

集中故障管理试点。10月10日，省移动公司网管中心联合市移动公司正式启动集中故障管理试点工作，试点在省公司集中做好告警监控、工单派发和故障工单预处理，旨在逐步建立“集中化网络维护管理和属地化服务支撑相结合”的运维管理模式。

（封美术　王　茜）

【企业文化建设】 将企业文化理念与公司制度融合，以手机报形式宣传公司重要管理办法及企业文化理念，与员工面对面宣传员工行为规范、经理人员行为规范等。组织员工参加辩论赛、植树活动、“迎五一”员工足球赛、篮球赛等各项文体活动。建成班组66个，积极组织各班组开展特色活动推进班组建设。组建瑜伽、羽毛球、篮球、足球、棋牌等文体协会，丰富职工生活。开展送温暖活动，建立困难员工档案。动员全体员工积极参加重病医疗互助，提高公司工会会员自我保障和互助保障意识，构筑多方位的工会会员重病医疗帮扶渠道。

（封美术　王　茜）

【服务转型】 4月29日，公司首家“新型”营业厅——钟山中路营业厅隆重开业，该厅融合了“服务”和“销售”两大功能和要素。内设有终端销售区、产品体验区、自助服务区、业务办理区四大区域，实现了新一代营业厅纯服务型向销售服务型的成功转型。

（封美术　王　茜）

中国联通六盘水市分公司

【概况】 中国联合网络通信有限公司六盘水市分公司主要经营移动通信、固定通信、数据通信、宽带互联网接入和增值电信业务，辖三个县级分公司、一个运营中心、四个经营部，职工300余人，拥有覆盖全市、结构合理、技术先进、功能强大的现代通信网络。2013年，绩效考核排名从2013年年初全省联通第5名上升至全省联通第2名，10人被评为省分公司优秀员工。组织招聘6场，招聘员工76人，培养中心主任34人，经理助理2人，提拔中层干部9人，行业总监2人，举行员工教育培训82次，职工参训1404人次。全年城域网出口带宽扩容300%。2013年，中国联合网络通信有限公司六盘水市分公司坚持以市场为导向，抢用户、抓规模，双轮驱动、收入及市场份额取得较快增长。

（王的魁）

商业贸易

商务与粮食

【整顿和规范药品市场】 2013年，全市出动执法人员8796人次，检查药品、医疗器械生产经营使用单位5979家次，责令整改158家次，立案查处58件，办结55件，罚款29.2万元。移交公安机关查处4件，抓获犯罪嫌疑人3人（刑拘2人，取保候审1人）。

（阳华念）

【药品、医疗器械抽验】 省下达年度抽验计划600批次，全市完成药品快检1012批次，完成药品抽验640批次（其中快筛抽样100批次），不合格18批次，合格率97.18%，不合格药品主要为中药饮片（14批次）。完成医疗器械抽验40批次，合格40批次。

（阳华念）

【不良反应监测】 全年共上报有效药品不良反应报告1510份，医疗器械不良事件报告560份，药物滥用监测表620份。

（阳华念）

【药品、医疗器械广告监督】 全年监测违法药品广告981条次（含重复播放数，下同），移送工商部门查处20起；监测违法保健食品广告1703条次，移送工商部门查处5起。对康寿大药房违法广告发布情况、违法广告药品蟾酥胶囊购销情况进行核查，并及时报告省局。

（阳华念）

【涉药人员培训】 全市举办4期药品零售企业药学从业人员继续教育培训班，培训涉药人员1903人，培训内容为涉药法律法规、药学知识和药学职业道德。

（阳华念）

【市场准入】 全年受理、核发药品医疗器械经营许可64件，变更77件，换发28件，注销3件。GSP认证跟踪检查375家。对凉都药业异地搬迁进行申报资料审查、仓库建设指导、现场验收等工作，对六枝医药公司开展GSP指导，通过省局组织的认证。

（阳华念）

【药品生产监督检查】 全年对3家药品生产企业、2家医院制剂室进行全程监管，对2家药品生产企业进行换证现场检查，检查覆盖率达到100%。对宏奇药业进行GMP指导，通过了省局组织的认证。

（阳华念）

【医疗器械监督检查】 全年共出动执法人员1121人次，对15家医疗器械批发企业日常检查26家次，对112家医疗器械经营企业日常检查206家次，医疗器械经营企业检查覆盖率100%。对2家违规经营隐形眼镜、软性角膜镜及护理液的眼镜店责令限期整改。

（阳华念）

【保健食品、化妆品专项整治】 5月30日至9月30日，组织开展保健食品、化妆品专项整治工

作，全市出动执法人员2162人次，对1106家药品经营企业、保健食品专卖店进行监督检查，涉及重点检查保健食品1589批次，抽样5批次。发放经营保健食品“八不准”“6个一律”等宣传资料860份，指导经营单位完善管理制度及建档，与经营单位签订经营保健食品质量安全承诺书，责令整改89家，立案10件，罚款金额1.4万元。

（阳华念）

【含特殊药品复方制剂管理专项检查】 出动执法人员710人次，检查药品经营单位955户次。对个别批发企业客户档案资料不完善，使用现金交易，药品零售企业销售含特殊药品复方制剂未做销售记录或记录不全等行为责令整改。

（阳华念）

【中药材、中药饮片专项检查】 查获虫蛀和霉变中药饮片4批次约3千克，霉变中药1536千克，对查获的不合格产品均当场监督销毁，有力整治了中药材、中药饮片购进、储存、管理不规范的问题。

（阳华念）

【药品电子监管】 对药品生产、批发企业经营的基本药物目录品种、麻醉药品、精神药品、血液制品、疫苗、中药注射剂等高风险重点品种实施电子监管。有2家药品连锁企业总部，84家药品零售企业实施电子监管试点，并通过中国药品电子监管网审核。

（阳华念）

【食品安全】 全市出动执法人员4.35万人次，检查食品生产经营户6.6万余户次，查处违法违规生产经营户2678户，收缴不合格食品6.79吨，涉案货值107.22万元，立案查处177件，罚款192.07万元，移送公安机关查处4件，抓获犯罪嫌疑人5人。全市未发生重大食品安全事件。

（阳华念）

【食品专项检查】 市食安委先后组织开展学校食堂、工矿食堂、午托园、小餐饮店、饮品店食品安全专项检查，组织开展地沟油、肉及肉制品、禽流感防控、鱼翅、非法添加剂、瘦肉精、野生菌、野蜂蛹及餐饮服务等专项整治，在元旦、春节、五一、端午、国庆、中高考期间进行专项整治。

（阳华念）

【食品抽验】 快速检测3363批次，合格3331件，合格率99.05%；抽验260批次，不合格39批次，合格率85%。抽验保健食品5批次，合格5批次。

（阳华念）

【餐饮服务监管】 全市检查餐饮服务单位1.2万余户次，下达监督意见书4600份，责令整改1986户次，立案查处43件，罚款34万元，取缔无证经营150户，责令停产停业300户，约谈80人次。

（阳华念）

【餐饮整治规范】 制定实施示范标准，打造市级餐饮服务食品安全示范社区1个、示范街8条、示范店23个、示范学校食堂10家、工矿食堂5家。对全市7258家持证餐饮单位实施量化分级管理，其中A级49家，B级824家，C级5116家。

（阳华念）

【农村集体聚餐食品安全】 培训农村集体聚餐监管人员6446人次，农村集体聚餐累计备案2954户，未备案21户，备案率99.29%，指导集体聚餐2954户，指导率100%。

（阳华念）

【建立健全农产品检测体系】 新认定无公害农产品产地7个（累计76个）；新增无公害农产品10个（累计79个）；新申报绿色食品4个，有机食品2个。

（阳华念）

【食品生产环节监管】 抽检670批次，不合格14批次，合格率为97.91%。立案查处34件，涉案货值29.5万元，罚没金额16.29万元，移送公安机关查处1起（食用油案件）。

（阳华念）

【食品流通环节监管】 取缔无照经营26户，

查处不合格食品0.11万公斤，查处制售假冒伪劣食品案件90件，涉案货值16万元，罚没金额26万元。快速筛查流通环节食品5498批次，不合格120批次；抽验903批次，不合格40批次，合格率为95.6%。对4500吨中央储备粮、3万吨省级储备粮、2万吨市级储备粮抽验样品31个，均为合格。

（阳华念）

【重大活动餐饮服务安全保障】 以驻点酒店监管为突破口，保障重大活动食品安全。对旅游景点和驻点酒店周边特色小吃店进行全面监督检查。共执行重大活动保障82次，下达监督意见书82份，提出整改意见243条，有效保障了6.98万人重大活动餐饮食品安全。

（阳华念）

【保健食品、化妆品监管】 开展保健食品、化妆品日常监督检查和保健食品、化妆品风险监测。打击保健食品、化妆品违法行为，规范市场秩序。

（阳华念）

【食品药品安全宣传】 全市共开展宣传活动7场次，出动宣传人员1692人次；印发宣传资料、宣传画4.3万份，制作宣传牌5万余块；接受群众咨询1300余人次；设置食品安全宣传专栏65个，设置食品安全宣传展板36块，悬挂宣传标语164条；编发食品安全信息共65期。

（阳华念）

【药品经营企业信用体系建设】 完善《六盘水市药品零售企业安全信用分级管理标准》，对药品零售企业实施“安全信用分级管理”。将药品零售企业（含零售连锁加盟店）分为A级（守信），B级（基本守信），C级（失信），D级（严重失信）4个等级；定期或不定期向社会公布药品零售企业（含零售连锁加盟店）信用等级；对评为C级或D级的药品零售企业（含零售连锁加盟店）列入失信企业黑名单，在六盘水市食品药品监督管理局网站向社会公布，对失信企业增加日常监督检查频率，纳入重点监管，并向社会公布。

（阳华念）

【农村药品监督网建设】 对全市乡镇办食品药品安全监管信息员进行培训，提高其监管能力和水平。把监督网建设与“新农合”有机结合，鼓励和支持药品经营企业深入乡镇开办新型农村合作医疗定点药店，参与新农合建设。

（阳华念）

【信息报送】 全年在新闻媒体网站发布信息情况：省政府网站采用14条，省食安办采用7条，省食品药品监管局网站采用3条，六盘水市政府采用34条，市局发布136条，《六盘水日报》和《乌蒙新报》刊登食品安全知识及食品安全工作宣传报道22篇，六盘水广播电台、六盘水电视台播放食品安全公益广告及食品安全工作宣传报道24次，各类媒体网站发布食品预警信息6次，六盘水电信、移动、联通发送预防野生菌中毒知识宣传手机短信6万余条。

（阳华念）

【药品检验检测体系建设】 争取到省局将市食品药品检验所纳入首批重点建设食品药品检验所，完成食品检测扩项申报工作，增加食品检验参数350个。

（阳华念）

【市药学会宣传】 市药学会开展各类药学宣传活动7次，发放宣传资料4250份，张贴宣传画报10幅，摆放展板6块，接受群众咨询300人次。

（阳华念）

中央储备粮六盘水直属库

【概述】 中央储备粮六盘水直属库是国家计委、国家粮食储备局批准新建的第三批中央直属粮库。1998年由国家投资兴建，1999年12月竣工，2000年3月投入使用，2000年9月上划为中国储备粮管理总公司直属库；资产总额4049万元，库区占地96亩，仓容5万吨，储备中央储备粮4.45万吨，有正式员工27人（在岗24人，内退3人），平均年龄42岁，本科13人，大专14人，中共党员13人；内设综合、财务、业务3个科。

（潘　华）

【企业管理】 年初传达总公司、分公司2013年中央储备粮工作会议精神，对全年各项工作任务进行分解落实。按区域一体化运作方案，搞好与毕节库跨区域经营一体化工作，研究市场特点，探索产销协作，走出轮换工作两头在外的“购销困境”。做好中央储备粮的经营轮换工作，推进仓储科技储粮，执行“三个严格”措施，夯实“两个确保”基础。完善产业链条、完善经营机制、提升市场占有率、提升经营管理水平、提升防范风险能力，履行“三个维护”的职责。加强内控制度的执行力度，明确工作目标，落实工作职责，不断提高干部员工的职业素质和综合能力。

（潘　华）

【储备粮轮换经营】 轮换计划下达后，召开专题会议，分析粮食轮换形式，进行安排部署。在巩固原有购销网络的基础上，与省内外酿酒、饲料和特色食品加工企业等用粮大户合作，开辟市场空间，拓展轮换渠道。利用总公司电子购销交易平台，开展产销协作。针对新陈稻谷差价大，采取“边购边销”方式推进轮换，完成了全年轮换计划。强化民主、科学决策的意识，发挥工会组织的监督作用，增强轮换风险的防范；重大的经营轮换决策，重要的合同签订，均通过办公会议研究决定，并邀请工会有关人员参加，实行轮换工作阳光操作。全面完成国家政策性粮食跨省移库1000吨粳谷接收任务。

（潘　华）

【储备粮安全管理】 带班领导对作业现场严把安全巡查关，检验员、保管员、科长根据各岗位职责严格按操作流程进行操作，按作业单流转程序认真审核、签字。每周一、周四检测粮情数据，结合当时三温情况，分析每仓储粮情况的变化，找出不安全因素，及时排除储粮安全隐患，确保粮情稳定。每月开展“红旗仓”评比活动，提高仓储管理水平。按“有仓必到、有粮必查、查必彻底”的原则，对本库及代储库点的中央储备粮进行认真细致的检查，立即整改发现的问题。执行仓储操作规程，对熏蒸、登高、重要设备使用和粮食进出仓等重要业务环节，实行领导带班和安全员巡查制，严禁违章作业，确保安全生产。对储粮化学药剂实行“专人、专仓、双锁”管理，从科室负责人到副主任、主任层层审核把关领用，储粮化学药剂实现非用药期零库存管理。开展科学保粮和绿色储粮工作，向科技储粮要效益。全年机械通风、粮情检测系统应用率达100%，储备粮宜存率达100%、质量合格率达100%、免熏蒸率达52.3%。层层签订安全责任书，把安全生产目标管理纳入半年和年度考核内容。搞好防洪防汛工作，确保储备粮安全度夏度汛。定期对消防设备设施、器材进行检查和维修，每周开展一次火源、电源检查，发现隐患及时处理，加强对重点部位和场所的检查和管理，做好安全保卫防范工作。

（潘　华）

【现场观摩会与培训】 7月12日，市商务和粮食局，在中央储备粮六盘水直属库召开全市储备管理工作现场观摩会，60多人首先到仓内对储粮产地、品种、质量、粮情、和“二牌三簿”进行观看，粮库人员详细介绍储备粮管理和科技储粮技术的应用情况。11月25日至26日，中央储备粮六盘水直属库与钟山区粮食收储购销有限公司联合举办仓储管理规范化及安全生产培训会，2家单位共40多人参加学习培训。

（潘　华）

【领导调研】 7月30日，贵州省粮食局局长沈健到中央储备粮六盘水直属库调研指导。11月22日，中储粮贵州分公司党组书记、总经理褚汉林、副总经理余珂到中央储备粮六盘水直属库调研指导。

（潘　华）

供　销

【概述】 六盘水市供销合作社联合社（简称市供销社）是政府领导下为农服务的合作经济组织。市供销社机关内设办公室、人事教育科、合作指导科、经济发展科、资产管理科、财务科、党办7个职能科室，行政编制27人。

2013年，六盘水市供销社系统有社属企业29个（其中：市属企业11个，县属企业18个），基层社51个（其中：六枝特区13个，盘县20个，水城县14个，钟山区4个）。

2013年，全系统在册职工1791人，其中在岗659人，离退休人员1718人。

（王 俭）

【全年目标任务完成情况】 2013年，全市供销系统利润总额1490.31万元，同比增加78.48%；所有者权益11910.29万元，同比增加33.39%；资产总额53285.59万元，同比增加16.42%；

2013年，全市供销社系统累计实现商品购进79471万元，同比增长19.75%；商品销售78349万元，同比增长20.46%；商品交易（批发）市场交易额58807万元，同比增长49.01%；实现总营业额为137156万元，同比增长31.25%。

（王 俭）

【“新网工程”建设】 2013年，全市供销社系统完成新建村级综合服务站（农家店）86个（其中：六枝特区供销社15个、盘县供销社36个、水城县供销社20个、钟山区供销社15个）；已建设村级综合服务站（农家店）984个（其中：六枝特区供销社85个、盘县供销社610个、水城县供销社174个、钟山区供销社45个、市农资公司70个），覆盖全市99%的行政村。新建农村综合服务社（社区服务中心）5个。各级供销社努力打造为农服务网络终端，在构建农村现代流通体系建设中发挥桥梁作用。

（王 俭）

【改造基层社和直属企业】 用改革创新的思路寻求发展之路是基层社探索前进的新举措。新建基层社12个。已建成市场15个，其中：农副产品市场3个，综合市场6个，家具市场1个，日用小商品市场4个，其他（木材加工销售）市场1个，市场面积48616.8平方米，有门面386个、摊位1529个，主要经营品种有水果、蔬菜、畜禽产品、服装和日用品。以乐民供销社为建设主体，投资500余万元进行升级改造。该市场现有商铺40个，摊位380个，1—11月市场交易额达4500万元，为单位年创收80余万元。

（王 俭）

【农业生产资料供应】 农资储备工作。2013年，全市供销社系统累计库存化肥21333吨，同比增长21.09%；实际完成化肥淡季储备59273吨，是市人民政府2012年下达化肥淡季储备目标任务3.8万吨的155.98%，得到化肥淡储贴息资金234万元。切实做好化肥供应。2013年全市供销社系统累计购进化肥125316吨，同比增长10.73%；销售化肥133249吨，同比增长8.23%。狠抓农资质量保障工作。杜绝假冒伪劣产品通过供销社的渠道流入市场，开展全市供销系统农资储备、供应专项检查，防止坑农事件发生；配合市农委、工商、公安、质检等部门开展的农资打假活动，有力维护农资市场经营秩序，切实维护农民利益。按照省社的要求于11月底完成了40家庄稼医院的建设任务。

（王 俭）

【项目兴社促发展】 2013年，全市供销社系统入库项目16个（其中：培育阶段1个、在建阶段10个、拟开工阶段2个、建成阶段3个），建设规模为597295平方米，总投资达70062.68万元。市供销社指导盘县保田农副产品专业合作社申报《2014年农业综合开发供销合作总社新型合作示范项目》，已通过省级评审，报送中华供销合作总社。

2013年，市供销社争取上级项目资金347万元，已超额完成市政府下达的308万元任务。其中：中央新网工程项目2个，获得以奖代补资金277万元（六枝特区木岗产业园区综合批发市场建设项目175万元、盘县盘江供销社岩脚农贸市场建设项目102万元）；省级供销合作发展资金项目4个，获得以奖代补资金70万元（盘县普古供销社日用消费品配送中心建设20万元、六枝特区岩脚供销社农贸产品批发市场改扩建项目20万元、盘县乐民供销社和洒基供销社基层社建设补助各15万元）。争取地、县政府给予供销合作社发展资金463.25万元。同时，市供销社加大对资金使用的监督检查力度，得到省社检查组对“新网工程”专项资金管理的肯定。供销社坚持新建与改造并举，不断加大网络建设力度。2013年，新建村级综合服务站86个，培育年交易达5000万元以上的农副产品市场1个，培育升级农业产业化龙头企业1个，积极参与省、市现代高效农业示范

园区建设，成立农民专业合作社5个，新建农村综合服务社（社区服务中心）5个，新建各类专业、行业协会4个，新建基层社12个，挂牌建设庄稼医院40个，培训农民社员及农村实用技术人才758人（次）。

（王　俭）

【**股金服务部挂牌试运行**】　2013年，根据市办通字〔2012〕149号文件相关要求，市供销社先以市级为试点，成立股金服务部，已在工商部门注册成功，并于10月19日挂牌，进入内部试运行阶段。

（王　俭）

【**土地开发盘活资产**】　2013年，市供销系统已开展的资产盘活有：督促市果品冷冻厂和银茂商贸有限公司（水果批发市场经营者），做好水西南路水果批发市场的搬迁和搬迁后改造工作。六枝供销社完成了木岗供销社的升级改造工作；完成岩脚供销社市场项目改造；招商引资建设新华、中寨供销社；完成六枝南部（郎岱）供销商贸中心项目的初设等。盘县供销社采取企业自筹、职工集资、招商引资、联合开发、预收租金和施工队垫资等形式，突破资产改造中自身资金缺乏的瓶颈，大力推进资产升级改造，打造全新基层社，加强流通网络建设。在往年的基础上累计完成了60%以上的基层社综合大楼改造，旧房产改造率达80%以上；完成了盘南农资宾馆建设、红果农资大厦主体建设、洒基供销社综合大楼改造工程；启动了盘北经济开发区鸡场坪供销社综合大楼建设、柏果供销社综合楼改造、刘官供销社旧房改造工程、新民供销社农贸市场建设、羊场供销社综合大楼改造工程、老厂供销社综合大楼建设工程。

（王　俭）

【**困难帮扶工作**】　市供销社下属11个企业，截至2013年11月，企业在册职工267人（其中在岗42人），退休人员203人。争取解决了困难企业职工“退一补一”养老保险金财政借款、困难企业在职职工参加城镇职工医疗保险财政借款问题，一定程度减轻了职工参保负担。重点抓好重大节日期间的走访慰问工作。2013年，通过多种途径争取资金25万余元，慰问困难职工、困难党员共200余人。市社机关加强对社有资产出租管理，统筹保证企业职工基本生活费。对于没有固定资产出租收入的个别企业通过对其他企业房屋、门面公开招租后租金增长部分进行统筹管理，保证各企业在职职工每月300元以上生活费。设立帮扶基金，对因大病等特殊原因造成家庭困难的职工给予及时救助。2013年，共帮扶企业困难职工3人，共计拨付资金6000余元。

（王　俭）

【**党建扶贫工作**】　2013年，市供销社积极为水城县坪寨乡普联村百姓办实事：抓好基础设施建设。申报的普联营后头至玉舍老营公路250万元水泥公路项目已落成。关心困难群众。为困难村民申请民政救助款2000元，为残疾老人免费办理残疾证，向敬老院赠送大米，向20多个留守儿童赠送书包文具，为贫困村民争取5000元困难救助金建起了猪圈，积极为村里困难学生申请助学金等。扶持文体、卫生事业。在县文广局申请到精神文化建设经费3.2万元，在普联村举办庆“五一”篮球运动会。联系夏娃医院到普联村为村民免费看病。争取项目促发展。普联村13户村民产业化扶贫养羊项目得到落实，每户得到1.8万元的补助。为普联村的残疾户、计生户送化肥28袋，支持生产发展。

（王　俭）

烟草专卖

【**概述**】　六盘水市烟草专卖局、贵州省烟草公司六盘水市公司成立于1984年，下辖六枝特区、盘县、水城县烟草专卖局（分公司）和钟山区烟草专卖局，1个营销中心、1个物流中心，1个稽查支队。截至2013年年底，全市共有从业人员986人。

（杨国森）

【**烟草基地和合作社**】　建成盘县贵州中烟“贵烟”保田、安徽中烟“黄山”珠东两个国家局基地单元和盘县贵州中烟“贵烟”忠义和水城县湖南中烟“芙蓉王”金盆两个省级基地单元。组建烟农专业合作社6个，共有社员8728人，合作社共实现收入3408万元，盈余115万元。盘县旭日烤烟综合服务农民专业合作社和盘县荣华烤烟综合服务专业合作社获得2013年度省级示范社。

（杨国森）

【卷烟销售及品牌培育】 全年全市在销40个卷烟品牌131个规格，引入新品规格20个，贵烟品牌销售38001.04箱，同比增长26.67%。全市新商盟自主网上订货户12800户，占全市总户数的93%。共有电子结算户数12630户，电子结算率98.77%，建成现代卷烟零售终端861户。

（杨国森）

【物流管理】 全年物流费用1917万元，单箱物流费用172.08元，物流费用率0.74%。2013年物流费用率、单箱物流费用是全省最优指标。

（杨国森）

【烟草科研】 全年全市共开展科技项目30项，投入科研经费788万元，发表科技论文17篇。开展QC课题18个，其中1项QC成果获省局（公司）三等奖。

（杨国森）

【企业文化】 围绕“两烟”中心业务，开展“印心”服务故事会、大学生及烟叶站长座谈会等，丰富企业文化“提升价值年”内涵；创作企业之歌《我心飞翔》，推广廉政文化、发放廉政文化成果书籍、制作廉政文化宣传片。

（杨国森）

【党的基层组织】 按照“将支部设在核心部门、设在基层”的思路，将全市252名党员根据工作部门，从原有9个支部整合为13个支部，重新选举基层党支部书记、支委，设置专职党支部书记，党支部围绕“两烟”中心工作开展活动。严把党员“入口关”。

（杨国森）

【公益事业】 乡村建设：投资16.96万元建设盘县保田下保田村金叶多功能活动中心。“互助共建”：向互助共建单位东风西路社区捐赠电脑、办公桌椅、档案柜、图书等设施设备2.012万元。新村建设：出资市级配套资金600万元用于新村建设。慰问困难群众：节假日慰问辖区困难群众2.28万元。派干部1人到挂帮村挂职。

（杨国森）

盐　业

【概述】 2013年是贵州盐业集团六盘水有限责任公司的“管理提升年”，公司结合“加速转型、加大整合、加强合作、加快发展”主题，以“在基础管理提升、在市场监管提高、在网络管理上提效、在重点项目提速、在财务管理上提质、在发展规模上提量”为工作重点，进一步维护和巩固食盐专营，不断加强基础管理工作，合理控制可控费用，全面推进企业改革和发展工作，各项经济指标完成情况如下。购进：2013年上级下达六盘水地区碘食盐购进计划为13500吨。2013年底全市购进累计16311吨，完成年计划的120.82%。销售：全市2013年底小袋盐累计销售12020.4吨，完成年计划12000吨的100.17%。非盐产品销售收入：非盐产品销售收入3420.93万元，完成计划任务3150万元的108.6%。实现利润：实现利润204万元，完成年计划170万元的120%。实现利税：2013年年底实现利税532.13万元，完成年计划500万元的106.43%。可控费用：2013年年底可控费用129万元，完成年计划130万元的99.23%。

（王　勇）

【市场监管】 由于六盘水地理位置的特殊性，受到价格因素的影响，造成本地与云南方向接壤的区域长期受到滇盐的冲销，再就是由于假冒伪劣的盐品属于暴利产品，因此有部分不法商贩受利益的驱使，进行不法活动，市局及所属各县支局均在市场检查中查获假冒的650克小袋盐、500克小袋盐及绿标盐，市场监管难度较大。市局一方面做好自身市场监管工作，另一方面积极与地方政府部门沟通、协调，争取地方相关职能部门对市局工作的支持。先是与六盘水市公安局开展联合打击制售假盐违法犯罪活动，联名出台了《联合打击制售假盐违法犯罪活动工作制度》，

后来又与六盘水市经信委、市工商局联名出台了《六盘水市经信委、工商行政管理局、盐务分局关于开展整顿和食盐市场秩序专项工作的通知》。通过种种努力，克服不利因素，本地的食盐市场秩序较于稳定。

（王　勇）

【盐业仓容建设】　仓容问题一直是市公司发展的一个短板，2013年公司将仓库的建设作为公司发展的一个重大问题来抓。六枝公司老仓库由于地面多处出现坑凹、开裂，墙壁多处开裂，浸水严重，远远达不到现代物流仓储要求，经集团同意，六枝重新改建了仓库，仓库于2012年12月开工，2013年6月竣工并投入使用。盘县公司仓库在老城区，食盐在购进和销售过程中重复进出库，造成运输成本增大，加之红果的仓库即将被政府征用，基于种种原因，盘县公司主动跑政府跑政策，在红果城郊环东线无偿划拨五亩土地，前期工作已准备就绪，后续工作正筹备中。六盘水公司本部由于城市化建设，装卸盐品的货车进出仓受到很大限制，仓库问题急需解决，公司主动拟文报水月新区管理委员会，拟报征地20亩，此项工作在进行中。

（王　勇）

【财务管理】　按照集团对财会工作的相关规定，统一市县公司的会计政策；加强资金管理，严格财务核算环节；针对市公司财务专业人员青黄不接的现象，2013年下半年六盘水公司本部财会科与水城公司财务股合署办公，有效地解决了公司关键性岗位出现人才缺失的问题。

（王　勇）

【资本运做】　结合集团“四大板块”的内容，2013年盘活现有资产存量，六盘水公司本部的老综合楼，由于日久失修，不符合召开旅发大会的标准，虽然已租出去但是效益不高，经公司班子会议讨论，将其整体出租，一方面节约了管理成本，另一当面也提高了经济效益。对各县公司的资产租赁六盘水公司严格把关，签订的租赁合同都要报六盘水公司审核、备案，尽大限度的使现有资产实现资产效益最大化。

（王　勇）

【增收节支】　2013年，六盘水公司严格贯彻落实中央、省委、集团党委关于改进工作作风的有关要求，从减少环节、控制会议标准、整合资源等方面着手，管理好各项费用开支，控制好成本。如在大会、小会上都强调节约每一度电、节约每一滴水、不浪费每一张纸。2013年六盘水公司还将公司办公室楼、家属楼的用电、用水重新梳理了一遍，从布线到装表，严防出现跑冒滴漏现象。

（王　勇）

【深化改革】　2013年公司在实践中不断完善深化改革各项制度，逐步建立起一套适应市场的新机制、新体制。1.推进分配制度科学化，按照效益优先、兼顾公平的原则，逐步建立和完善新型分配制度，充分调动起广大员工的工作积极性。2.建立和完善各项管理制度，不断加强制度建设，结合本地实际，在不与上级部门相悖的基础上，逐步建立和完善自身各项管理制度和办法。3.结合目前公司的用工情况，推进劳动用工制度双向化，着眼于强化员工的市场化意识，建立起“企业自主用工、员工自主择业”的新兴劳动用工制度，推进用工制度动态化管理，提高广大干部职工的整体素质。

（王　勇）

【非盐产业发展】　2013年市公司非盐产品销售完成3160万元，与2012年同期1650万元相比，增加1510万元，上升191.51%，在非盐工作开展中，公司将非盐产品的销售与职工的绩效工资挂钩，实行上不封顶，下不保底的绩效分配模式，并建立一系列能充分调动广大干部职工的积极性的激励机制。但是也存在一定的问题：2013年集团给市公司下达的任务指标是3150万元，2012年公司将非盐工作定位于两大块：一块是做规模，一块是做效益，但是2013年由于全国实行厉行节约政策，公司往年做效益（红花郎酒、茅台酒等高档烟酒）那一块受到很大限制，据保守估计市公司在高档烟酒这一块较2012年少销500万元。因此2013年公司将工作重心进行转移，主要精力主要放在做规模这一块。

（王　勇）

【拓宽食盐销售渠道】 从2013年年初上级布置下达任务后，市公司每季度召开经营活动分析会，查缺补漏，时刻关注各公司的销售进度，特别是第四季度，要求各家公司将销售计划细分到每月、每周，并强化访销与配送、监管与服务，确保销售任务的全面完成。

（王　勇）

【困难和问题】 对行业和企业发展的紧迫性认识不深，危机意识和工作主动性不够，改革创新意识不强。服务意识还没有全面树立，服务措施还不能很好地适应社会发展和群众的消费需求；县级公司的发展不够平衡，经济基础相对薄弱，抵御风险的能力不强；边境食盐市场监管难度大，对六盘水市食盐市场稳定带来了一定的困难和压力；行业队伍素质、工作作风、服务质量还有待于进一步提高。基础设施仍然较薄弱，基础管理还不够规范，管理手段还跟不上发展需要，给公司推进标准化、信息化、规范化管理带来一定的困难和压力。

（王　勇）

石　油

中国石油天然气股份有限公司贵州六盘水销售分公司

【概述】 中国石油天然气股份有限公司贵州六盘水销售分公司（以下简称“分公司”）成立于2002年6月28日，隶属于中国石油天然气股份有限公司贵州销售分公司，主要经营成品油及非油商品零售业务。截至2013年年底，分公司有六部一室，有员工185人，运营加油站26座，公司资产总额1.60亿元。

2013年，油品销量7.85万吨；实现非油销售收入815万元，同比增幅40%，完成任务指标的135%；全年完成IC卡发售21065张，沉淀资金1200万元，IC卡销售比26%；累计实现销售收入6.5亿元。全年安全生产责任事故为零。

（徐佑勤）

【安全生产】 强化安全管理，推动加油站安全标准化建设。健全组织，完善制度，签订了三级《HSE和质量目标责任书》，将安全管理纳入考核指标；根据贵州公司加油站安全标准化建设要求，分公司将广源、新生、鑫源、耀华、厚源、纸厂6个站作为安全标准化建设站，按照创建标准对6个加油站进行了自查整改，顺利通过每年安全标准化验收，有效推动分公司安全环保工作的开展；坚持每周安全经验学习教育制度，在每周生产经营工作例会上，由机关各部门及各加油站轮流作安全经验分享，学习相关安全管理知识，就发生在身边的安全事故进行再学习和再教育，加深对安全管理的认知程度，加强分公司员工的安全从业意识，提升分公司安全管控能力。

（徐佑勤）

【投资建设】 2013年是“十二五”关键之年，也是公司发展的重要一年。公司加快网络开发步伐。2013年计划开发项目5座，完成了8座，完成率160%。

投运情况：2013年计划投运5座，实际投运了1座，投运完成率25%。

（徐佑勤）

【队伍建设情况】 按照党建工作“三同时”原则，成立了5个支部党组织，配备兼职书记；70%的3000吨级加油站实现了站站有党员。党员队伍不断发展壮大，由上划前的29名发展到2013年年底的55名，基层党员数提高23%。通过开展党的先进性教育和创先争优活动，党员的先锋模范作用和党支部战斗堡垒作用得到有效发挥。

（徐佑勤）

【荣誉】 南城、广源、厚源、耀华加油站分别获六盘水市“青年文明号”。分公司创新了2013年度先进评选办法，对各类先进进行评选和表彰。经过自下而上民主评选，产生出分公司层面的特别贡献奖、先进集体、优秀加油站、优秀管理人员、优秀站经理、先进党员、优秀计量员、优秀核算员、优秀员工、劳动竞赛奖等十余项。

（徐佑勤）

中国石油化工股份有限公司贵州六盘水销售分公司

【概述】 六盘水石油分公司前身为“6719油库”（即滥坝油库），于1967年国家计委批准建立。1985年5月15日，从六盘水市商业局划出，归贵州省石油总公司和六盘水市人民政府双重领导。2000年，中国石化改组上市后，六盘水石油分公司系中国石油化工股份有限公司贵州分公司下属地市公司，主要从事汽油、柴油、煤油、润滑油（脂）及非油品业务经营，所辖水城、盘县、六枝以及毕节地区的威宁、纳雍、赫章等六个片区。2010年4月1日，中国石化贵州石油分公司按照地方行政区域进行机构调整，实行属地管理。2013年年底，六盘水石油分公司本部设5个职能部门和5个专业中心，有职工900余人，其中离退休及内退200余人。下辖钟山、水城、盘县及六枝4个县区公司77座在营加油站，拥有滥坝、盘县两座油库。全市汽、柴、煤等成品油主渠道企业，辐射周边地区并承担毕节威宁、赫章、纳雍等加油站成品油公路配送任务。

（陈　实）

【经营质量】 克服了凤凰、新寨、南门、双环等4座加油站停业改造、红果站站前道路改造的影响，及竞争对手强势竞争的不利局面，仍然实现了两位数的增长。强化地县公司条块管理，有力把控市场，克服六盘水经济转型、矿难事故频发、煤矿大面积停产整顿等影响，夺得两面月度先进红旗，扭转了2012年直分销负增长的被动局面。抓规范，非油品业务整体提升。全面推行“012345+18”的经营要求，目标基本实现，夯实了非油品业务。突出了非油品的主业地位，百万元以上便利店从2012年5座增加到13座，建成一批标杆站，样板店、特色店凸显。

（陈　实）

【精细管理】 强化“不遮丑、高标准、全覆盖”的工作要求，从省公司和分公司两个层面认真查找问题、短板45条，量化措施、整改时间，已销项28条。认真落实《关于深入开展抓对标、找短板、促提升、树标杆工作的通知》，对分公司2座油库、4个县区公司及75座加油站开展对标评价工作，做到站（库）有目标，项目有提升，以县区公司为单位分类标杆站点16座，为精细化管理打下了坚实基础。每周五下午常态化召开经营分析例会，掌握经营情况，对存在问题及下周经营提出指导意见。按照《六盘水石油分公司工作跟踪问效实施方案》要求，每周一上午通过领导班子对部门的工作问效，及时跟踪了解各部门的工作进度，使各部门对存在问题及下周工作方向更明晰，执行力得到有效提高。注重实用、优化平台，增强信息化水平。在省公司的统一推进下，完成移动OA系统的建设，同时将OA系统延伸到加油站，还实现OA与合同系统的集成与应用。视频监控系统已成为对库站的现场管理、监督的重要手段，促进管理模式的转变，视频监控占总数的70.2%。

（陈　实）

【人才队伍及文化建设】 按照“干部培养要有梯次，跨越式人才跨越试培养、紧缺人才紧缺培养、远期人才远期培养”的总体要求，3月份对中层管理人员进行了全面调整，加大干部交流力度和轮岗力度，发挥人力资源的最大效应，形成了“60后过度、70后中坚、80后储备”的一支合理的人才梯次队伍。打造温馨和谐“家文化”，提高了员工满意度。珍视“一线员工是我司最可爱的人”，关心、关爱员工，班子成员、中层管理人员带队检查、调研工作，坚持从简、从朴，原则上要尽可能在库、站与员工同桌聚餐、谈心交心，积极推行“不罚款”的和谐文化，强化管理人员制度执行，加强对一线的引导、帮扶，杜绝以罚代管，慎用负激励、善用正激励、释放正能量。开展帮扶救助和送温暖活动，对全司系统21名特困人员给予帮扶救助，并通过领导班子“接对子”工作，先后为6位困难职工送去生活急需物资，为两名考取大学的特困员工子女实行资助。强化“五小建设”改善了员工生活条件，实现了所有加油站均有员工食堂，建成53个小活动室、64个小宣传栏、63个小浴室、72个小药箱、5个员工流动书橱及73个员工小菜园。滥坝、盘县两油库还获得2013年度贵州省“职工书屋”荣誉称号。

（陈　实）

【安全保障】　筑牢了安全生命线工程。加强QHSE体系建设，确保了生产经营平稳运行。以年度安全工作目标为主线，严格推进“三级达标”工作。并加强加油站新建续建、改过建等项目施工HSE管理，指派专人监控整个施工过程，有效制止“三违”和“野蛮施工”；加强安全隐患排查和清剿，提高了库站安全管理水平。强化加油站视频监控及语音督查，采取分公司“神秘顾客”检查、综合督查及县区公司自查、夜查等方式，全方位全天候监控。针对“11·22”重特大事故，举一反三，建立了动态隐患台账，全面消除库站可能存在的安全隐患。全年共查问题1130条，整改了1064条；加强职业卫生管理，保障从业人员健康工作。开展了年度职业健康体检工作。深化了“每一滴油都是承诺”，对损耗异常超标、排名靠后的加油站实行重点监控，对全区计量工具进行收集、更换管理，送检量油尺180把、温度计200支、密度计320支。严厉打击偷盗油行为，杜绝罐车携带塑料胶管及带转换接头的金属管具。严把油品出入库质量关，油库共做各类质量检测1789次，化验项目共计8505项。为防止偷换油品，油库每月抽检30%的加油站油品质量。加油站严格执行“卸油十二步法”，特别对油品外观质量进行验收。

（陈　实）

【公司建设】　开展“四风”问题查找，推进党的群众路线教育实践活动，认真查摆领导班子在“四风”方面存在的问题，经过梳理汇总，分公司领导班子“四风”方面的意见和建议共9条，基层各单位需分公司解决的问题14条，工作方面的意见和建议4条，已整改15条。对基层10个党支部（含3个离退休党支部）进行换届改选，进一步提高了组织保障，当前3000吨以上或10人以上的加油站党员覆盖率达到了90%，同比提高了30%。健全群团组织建设，按照团章规定，完成了分公司团委及各团支部的换届选举工作，充实团组织力量；依照《中华人民共和国工会法》《中国工会章程》等制度法规，完成分公司职代会、工会、关工委等组织的换届选举工作，被中国石油化工集团公司工会授予“中国石化先进工会组织”荣誉称号。同时开展“下基层、转作风、树形象”活动，落实“6个1”工作，带着问题下去、收集建议上来，切实帮助一线员工解决实际困难。

（陈　实）

教　育

综　述

【教育发展基本情况】 全市各级各类学校（含幼儿园、技校）1210所，在校学生635396人。其中：幼儿园245所，在园（班）人数69728人；小学716所，教学班6714个，在校学生数264567人；初中192所，教学班3053个，在校学生175036人；普通高中学校32所，教学班1310个，在校学生81425人；特殊学校3所，在校学生776人；普通高校2所，在校生8903人；中职学校20所（其中公办学校7所，技工学校4所，民办学校9所），在校学生42147人（含技工11710人）。

（孙　嵘）

【学前教育工作】 开展学前教育三年行动计划（2011—2013年），全市完成新建、改扩建127所公办幼儿园，其中，2011年21所、2012年51所、2013年55所。2013年，全市共有幼儿园345所（其中，100所幼儿园录入年报信息时还在完善机构代码资料，未上年报），比2010年增加181所。其中：公办150所，比2010年新增公办幼儿园127所（有19所为村级闲置校舍改建的幼儿园）；民办（含企业办）195所，比2010年增加69所；省级示范（二类）幼儿园2所，省级一类幼儿园16所。幼儿在园（班）人数69728人，比2010年增加18087人，2013年学前教育招生人数35938人，学前教育一年毛入园率为82.3%，比2010年提高19.3个百分点，学前教育三年毛入园率为67.48%，比2010年提高27.48个百分点。全市幼儿园教职工人数4253人，其中：公办园教职工人数1401人，民办园教职工人数2852人。幼儿专任教师2919人，比2010年增加1787人。具有事业单位编制的教师有1317人，取得幼儿教师资格人数有1790人。义务教育进一步巩固提高，着力开展“控辍保学”工作，建立“控辍保学”“双线”目标责任制，层层签订责任书。全市小学入学率为99.3%，辍学率为0.63%，初中阶段毛入学率为106.21%，年辍学率为2.69%，九年义务教育巩固率为90.47%，中小学生入学率、辍学率和巩固率均控制在指标范围之内。关爱农村留守儿童和进城务工人员随迁子女，办好“留守儿童之家”，建立了42362名（其中小学28967人，初中13395人）留守儿童个人档案和联系卡，做好每学年末留守儿童管理的交接工作，开展多种形式留守儿童结对帮扶志愿服务活动。投入资金建设留守儿童之家活动室，配备了电脑、亲情电话、活动器材、图书等设施设备，让进城务工人员随迁子女与本地户籍学生一样平等接受教育。各县（特区、区）采取出动宣传车、发放宣传单、出板报、墙报、宣传栏，利用赶集天、进村入户宣传“控辍保学”工作。全市共电视宣传4次、报纸宣传23次、网络宣传74次，书写宣传标语4170幅、制作永久性宣传碑牌1193块、办墙报2480期，深入农户中进行家访37253人次，发放宣传单144396份。

（孙　嵘）

【普通高中办学规模情况】 普通高中办学规模不断扩大，通过省级示范性普通高中学校的创建，加大对学校建设的投入，促进学校管理水平和教学质量不断提升。在已建成省级示范性普通高中学5所的基础上，启动了六盘水市第二中学、六盘水市第八中学的“申示”工作。2013年普通高中学生招生33998人，超额完成省教育厅下达的31600人的招生任务数。积极开展高中教学质量的评估与奖励，促进教育教学质量的提升。

（孙　嵘）

【特殊教育工作】　实施特殊教育优先发展策略，全市特殊教育在校生人数逐年上升，“三残”儿童入学率明显提高，特教师资队伍整体素质提升，学校条件明显改善。2013年，全市特殊教育学生在校学生776人，入学率84.5%，在校学生巩固率达93.45%。加大特殊学校的建设力度，多渠道努力筹措资金，进一步积极争取省的特教项目支持，按照30万以上人口的县区要建1所特殊教育学校的规定，水城县特殊教育学校2013年开工建设，预计2014年9月份招生投入使用。办好市特殊教育学校高中班，市特殊教育学校高中班招生31人，填补了全市特殊教育无高中教育的空白。

（孙　嵘）

【民办教育工作】　实施对各级各类民办学校、无证学校进行全面清理普查和考核评估，进一步规范民办学校的办学行为，确保“一校一证”“一证一址”，力争做到“审批一所，规范一所，成功一所”。全市共有经审批取得办学许可证的民办学校共259所，其中六枝18所，盘县55所、水城县20所、钟山区166所；按类型分，幼儿园130所，小学45所，初中7所，九年一贯制36所，十二年一贯制4所，中职9所，培训机构28所。在校（园）人数67317人，教职工3771人，专职教师2537人，学校占地面积65万平方米，校舍建筑面积39万平方米；无证学校共有191所，其中六枝35所，盘县73所，水城县19所，钟山区64所，在校（园）人数19861人。

（孙　嵘）

【高等教育工作】　高等教育稳步发展，办学层次进一步提高，六盘水师院以人才培养为中心，不断深化教育教学改革，提高课堂教学质量，多项学科建设实现“零的突破”。以“学府氛围、青春气息、文化校区、书香溢园”的设计主题，同明湖湿地公园进行联建，把学院建设成一所花园式的大学。加大人才培养力度，注重从主要培养师范教育人才向培养地方经济社会发展的急需工科人才的学科专业结构的转型。六盘水职业技术学院以创建省级示范性高职院校为目标，不断攻坚克难，取得明显成效。建立政校企合作机制，探索集团化办学路径，现已与119家企业开展校企合作。加快基础设施与实验实训项目建设，改善办学条件。基础设施建设累计完成投资22822万元，实习实训争取各级财政支持900余万元。同时，向德国复兴信贷银行贷款2000万欧元投入实训基地建设。注重学生实践，逐步提高人才培养质量，毕业生平均初次就业率达93.95%，就业形势良好。

（孙　嵘）

【学科教研活动】　开展中心城区学科教研活动和教研组团，提高中心城区中小学校教学质量。2013年，开展了市中心区大型教研活动20余次，参与教师近2000人次；开展教研联组活动约20多次，参与教师2000多人次；开展形式多样的教师教学技能竞赛、培训活动共27次，促进教师专业成长，开展学生特长展示竞赛活动共计7次，涉及学生1.4万余人；2013年教科研课题立项评审，申报1236个，共立项市级课题1067多个。课题评奖，参评课题400多个。评选出市级一等奖33个、二等奖105个、三等奖135个。

（孙　嵘）

【国家生源地助学贷款先进单位】　2013年2月27日，在贵州省教育厅11楼会议室召开的全省营养改善计划暨学生资助工作视频会上，省国开行处长笪信仁宣读了《省教育厅　国家开发银行贵州省分行关于对2012年国家助学贷款目标考核先进单位进行表彰的决定》（黔教助发〔2013〕65号），盘县获国家生源地助学贷款先进单位一等奖，市教育局获二等奖。

（孙　嵘）

【全省学前教育现场推进会】　2013年11月13日，贵州省学前教育三年行动计划总结暨集团化办园工作现场推进会在盘县召开。省教育厅党组成员、副厅长级督学邹联克主持会议，省委教育工委书记、省教育厅党组书记、厅长霍健康出席会议并讲话，六盘水市委常委、盘县县委书记陈少荣出席会议，六盘水市人民政府副市长谢朝碧致辞。省教育厅办公室主任王友、计财处处长吴作然、学前教育处处长谢旌、教师工作处处长蔡志坚、民办教育处处长宋黔萍、盘县县委副书记、县纪委书记雷邦元，县人大常委会副主任方奇政，县政府副县长张毅，县政协副主席胡开然参加了会议。

（孙　嵘）

【教育工程项目】　2013年实施“4+2”教育突破工程、“二十件民生实事”“十大工程”、城镇保障性安居工程、教育“9+3”计划等各级各类学校教育工程五大类共1008个（所），其中，学前教育工程（乡镇公办幼儿园14个项目，校舍改建幼儿园29个项目，农村小学、教学点增设附属幼儿园45个项目，闲置校舍改建幼儿园9个项目）已全部完工。寄宿制攻坚工程学生宿舍47个项目96550平方米（其中40000平方米纳入“二十件民生实事”）已全部完成，累计完成投资10302万元;寄宿制攻坚工程乡镇教师公租房（纳入住建部门统一管理）134个项目已全部进入主体1/2以上，其中完工项目102个（2755套），累计完成投资16981.2万元。边远艰苦地区教师周转宿舍计划建设369套，已竣工353套，累计完成投资1626万元。中高等院校教职工公租房计划建设2334套，其中四个县区主体完工608套，市直学校中市一中、六盘水师院进行主体施工，市三中和六盘水职院正进行基础施工，市直完成投资1430万元；四个县区完成投资5467.4万元，超额完成2013年目标任务。高中突破工程共23所学校69个单体项目，其中完工55个，累计完成投资67586万元。城镇义务教育学校建设工程为六枝特区第九中学、盘县第三小学、水城县以朵小学、钟山区第二十二小学，四所学校均已开工建设，其中六枝特区第九中学计10个单体项目全部竣工投入使用，水城县以朵小学教学楼及两幢学生宿舍已投入使用，盘县第三小学教学楼、1#、2#综合楼，钟山区第二十二小学教学楼、综合楼完工，累计完成投资15588万元。优美教室工程和围墙安全工程8月份已按计划全部完成，美化教室6739间，完成投资5229.09万元；新建围墙长度36219米，累计完成投资2874万元。校安工程断江第二小学综合楼、厕所竣工投入使用，完成投资265万元。六盘水师范学院二期工程总投资概算12亿元，2013年计划完成投资1亿元，规划已审批，设计招标及勘察招标已完成，设计单位正在进行设计工作。六盘水职业技术学院二期工程总投资31293万元，2013年投资目标为5000万元，体育训练馆、学生宿舍、教师公租房正在施工，累计完成投资3424万元。六盘水市高中教育城规划建设4所高中30万平方米、1所初中1所小学共计5万平方米、1所幼儿园8000平方米。规划总投资9.5亿元，由于内环线及戒毒所建设等原因，拟重新规划选址。

（孙　嵘）

【先进示范县和市级示范校】　水城县、盘县为全市中小学学科教学渗透法制教育“先进示范县”；市第一中学、市第十三中学、水城县一小、盘县城关一小、六枝特区第四中学为全市中小学学科教学渗透法制教育“市级示范校”。

（孙　嵘）

【学生资助工作】　实现农村义务教育营养改善计划享受学生222183人，享受营养改善计划资金累计11774.39万元。其中：六枝特区和水城县属于国家试点县，全部实施农村义务教育营养改善计划，所需资金全部由中央财政负担，全部落实“人人吃午餐”的目标，六枝特区享受营养改善计划学生84700人，享受营养改善计划资金累计4383万元，水城县享受营养改善计划学生92837人，享受营养改善计划资金累计4357.02万元。盘县和钟山区属于地方试点县，所需资金全部由地方解决，中央和省市给予奖补。由于县级财政资金困难，盘县和钟山区只实施部分乡镇，覆盖面比上年增加了10%。其中：盘县享受营养改善计划学生39868人，享受营养改善计划资金累计2745.32万元。钟山区享受营养改善计划学生5568人，享受营养改善计划资金累计289.05万元。资助农村义务教育阶段家庭经济困难寄宿生人92457人，补助11020.38万元；春季学期中职国家助学金329.18万元，资助中职学生4389人；秋季学期中职国家助学金505.65万元，资助学生人数6701人。三年免费中职教育：全年免学费资金433.12万元，享受中职学生5414人；秋季学期免学费预算1303.85万元、第一批资金省级已下达501.60万元，免学费预算人数12935人。预算安排春季学期普通高中国家助学金2274.48万元，资助普通高中家庭经济困难学生18954人；拨2013年普通本科高校、高等职业学校国家励志奖学金145.00万元，奖励学生290名；国家奖学金8.8万元，奖励学生11人；国家助学金698.85万元，资助家庭经济困难大学生2436人；高校学生服义务兵役学费补偿国家助学贷款资金16万元，资助学生23人；大学生下基层工作满3年学费补偿国家助学贷款资金258万元，资助362人；全市生源地信用助学贷款15496人，贷款金额9030.41万元。

（孙　嵘）

【社会资助教育情况】　中国教育发展基金会“大学新生入学资助项目”32.30万元、资助贫困大学生446人；“励耕计划”项目资金245万元、资助贫困教师245人；“润雨计划”项目正在申报中，主要是资助贫困幼儿教师，受资助标准每人1万元。获贵州宏立城公益基金项目资金94.20万元，资助新入大学困难学生157人。著名企业家邓兴贵出资100万元，资助六盘水市户籍考入大学困难学生100名、每名7000元，高中困难学生100名、每名2000元，初中困难学生100名、每名1000元。

（孙　嵘）

【大中专毕业生报到情况】　2013年大中专毕业生报到人数共计3256人，接收各高校学生学籍档案3377份。转递应往届大中专毕业生及干部人事档案556册。

（孙　嵘）

基础教育

【示范性普通高中】　盘县第七中学通过省级示范性普通高中的二次评估，并被确定为三类省级示范性普通高中。盘县成为全省唯一一个有3所省级示范性高中的县。

（孙　嵘）

【“留守儿童之家”示范校】　关爱农村留守儿童和进城务工人员随迁子女，办好“留守儿童之家”，建立了42362名（其中小学28967人，初中13395人）留守儿童个人档案和联系卡，评选“留守儿童之家”示范校4所，获省级表彰4所，六枝特区落别索考小学被评为贵州省一级农村留守儿童之家，奖补资金为3万元；水城县第二小学、盘县盘江镇中心小学被评为贵州省二级农村留守儿童之家，奖补资金为2万元；钟山区汪家寨镇中心校被评为贵州省三级农村留守儿童之家，奖补资金为1万元。

（孙　嵘）

【农村寄宿制学校】　2013年全市小学生寄宿率目标为大于或等于18%，完成20.88%；初中生寄宿率目标为大于或等于62%，完成64.89%。共评选市级寄宿制管理示范校9所，获省级表彰2所。

（孙　嵘）

【“三生四爱五心五好”示范学校】　盘县第一小学和钟山区实验小学获贵州省“三生四爱五心五好”主题教育示范学校。

（孙　嵘）

【省级绿色学校】　贵州省第十一批“绿色学校”：水城县二小、盘县四中、盘县平关镇大石洞小学、盘县五小、盘县断江镇中学、盘县平关镇中心小学、盘县红果镇大海小学、六枝特区中寨乡二中、钟山区二小。

（孙　嵘）

【免费教科书】　2013年春季，为401282名中小学生免费提供教科书，免除金额达24518497.45元。其中小学生243353人，免除金额达9992117.91元，初中生157929人，免除金额达14526379.54元；为特殊教育学校学生免费提供教科书，免费金额达15660元；地方免费教育综合读本费用523771.96元。2013年秋季，为375869名中小学生免费提供教科书，免费金额达24347016.85元。其中小学生227005人，免除金额达8814361.66元，初中生148864人，免除金额达15532655.19元；为特殊教育学校学生免费提供教科书，免费金额达18720元；地方免费教育综合读本费用1065714.27元。免费发放民族团结教材934449元，贵州中小学专题教育综合读本费用1203700.86元。

（孙　嵘）

【语言文字规范化示范校】　2013年，根据《贵州省语言文字规范化示范校评估标准》，钟山区第二小学、钟山区第四小学、钟山区第七小学经评估认定为省级语言文字规范化示范校。

【语言文字工作】　开展“全国第十六届推广普通话宣传周”活动。加强测试员队伍建设及管理。聘用视导员4人，完成市中心城区2013年度普通话测试员考核工作和测试员资格证的申请工作；对全市申报市级语言文字示范校的29所中小学开展了评估。全市6759人参加普通话培训测试。

（孙　嵘）

【民族教育工作】　2013年，选派了6名（钟山区1名、盘县1名、水城县2名、六枝特区2名）民族民间文化教育相关学校校长及骨干教师参加了培训。市民族中学参加了全省第七届民族高中校长论坛。

（孙　嵘）

职业教育

【概述】　2013年，省下达全市目标任务数为34600人，完成34961人，完成率为101.04%；省下达招聘教师任务数为579人，完成628人，完成率为108.5%；职教师资素质提升任务数350人，完成883人，完成率为252.30%。年底全市职业教育完成投资58178.82万元，其中百校大战学校（技工学校除外）投资任务35972万元，完成投资24837.73万元，完成率为69.05%。六盘水职教园建设：规划总用地1.9万亩，建设学校10所和1个共享实习实训基地。其中普通教育学校3所（高中、初中、小学各1所）、特殊教育学校1所，职业教育学校6所，全部建成后可容纳学生约4.5万人左右，教师及相关服务人员约1万人。

（孙　嵘）

【职教园规划建设】　规划地址位于双水片区，水黄公路以北，以朵大道两侧。按照市政府的部署，市规划局委托设计单位完成了六盘水职教园概念规划方案编制，规划总用地1.9万亩，可提供建设用地8000亩。其中职教园核心区占地4200亩；城市其他建设用地3800亩，教育用地1500亩，占总用地8%。规划建设学校10所和1个共享实习实训基地。其中普通教育学校3所（高中、初中、小学各1所）、特殊教育学校1所，职业教育学校6所（在建2所，新建1所，迁建1所，预留2所），含中职百校大战项目学校3所。全部建成后可容纳学生约4.5万人左右，教师及相关服务人员约1万人。

（孙　嵘）

【招生工作】　2013年，省下达市目标任务数为34600人，年底完成34961人，完成率为101.04%。其中，六枝特区中职招生市分解任务数6364人，年底完成7443人，完成率为116.95%；盘县中职招生市分解任务数13968人，年底完成13980人，完成率为100.09%；水城县中职招生市分解任务数8230人，年底完成8301人，完成率为100.86%；钟山区中职招生市分解任务数6038人，年底完成5237人，完成率为86.73%。

（孙　嵘）

【招聘教师】　2013年，省下达招聘教师任务数为579人，年底完成628人，完成率为108.5%；职教师资素质提升任务数350人，年底完成883人，完成率为252.30%。六枝特区中职教师招聘市分解任务数49人，年底完成86人，完成率为175.51%；职教师资素质提升任务数61人，年底完成183人。盘县中职教师招聘市分解任务数191人，年底完成225人，完成率为117.80%；职教师资素质提升任务数126人，年底完成198人。水城县中职教师招聘市分解任务数44人，年底完成65人，完成率为147.73%；职教师资素质提升任务数81人，年底完成84人。钟山区中职教师招聘市分解任务数295人，年底完成252人，完成率为85.42%；职教师资素质提升任务数82人，年底完成418人。

（孙　嵘）

【中职学校项目建设】　全市职业教育完成投资58178.82万元，其中百校大战学校（技工学校除外）投资任务35972万元，完成投资24837.73万元，完成率为69.05%。具体为六枝特区职校完成6576万元，完成率为132.37%；盘县职业技术学校完成6961.73万元，完成率为62.2%；水城县职校完成4935万元，完成率为65.78%；六盘水艺术中专完成2870万元，完成率为43.6%；市民族职业技术学校完成3495万元，完成率为61.1%。

（孙　嵘）

【职业教育进园区】 产业园区（五个省级经济开发区）建职校是市委、市政府的一项重大决策。全市五个省级产业园区利用闲置标准厂房等资源，筹备办学场所共3万余平米，资金投入总额9882万元，实现招生2335人，配备师资149人，基本形成了政府、企业、职校三方协作联动的良好局面，走出了一条“产教融合、工学交替”的产学研结合路子，受到了省委、省政府和有关部门的充分肯定。为深入推动校企合作，市政府还专门出台了《关于加快园区职校建设推进校企合作的意见》《六盘水市校企合作促进办法》等一系列政策性文件和配套措施。为推广“产业园区+标准厂房+职业教育”的职业学校进园区的新模式，省教育厅决定2014年在六盘水召开全省职业教育进园区现场会。

（孙　嵘）

【技能大赛成绩喜人】 3月31日—4月2日，举办了四个赛区技能大赛，共11所中职学校参加，本次竞赛设13个竞赛项目（企业网搭建与应用、计算机硬件检测维修、数字影音后期制作、网络布线、焊工、酒店服务、英语口语、动漫、计算机辅助设计、服装设计与工艺、美容美发、医药卫生、交通运输），较全面的检测职业学校专业技能课的教学成果。通过激烈的角逐，共52人分别获一、二、三等奖。选拔出来的优秀选手参加2013年贵州省技能大赛，共26人分别获一、二、三等奖。

（孙　嵘）

教　师

【基本情况】 2013年年底，全市中小学有专任教师29478人。其中幼儿专任教师2398人，小学专任教师14069人，初中专任教师9089人，高中专任教师3779人，特校专任教师108人，工读学校专任教师35人。

（孙　嵘）

【国培计划】 国培计划2013年全市涉及到的培训项目为示范性集中培训、示范性远程培训共4708名教师。其中示范性集中培训项目全市35名教师参训。示范性远程培训项目六盘水市组织4673名教师参训。

（孙　嵘）

【“教育名师”培养】 全年完成两批共1536名“教育名师”培养对象培训。第一批“教育名师”培养对象在北京举行，参训教师276人；第二批“教育名师培养对象”培训工作在六盘水市举行，参训教师达1260人。培训取得了很好的效果。

（孙　嵘）

【特岗教师招聘】 2013年6月到9月，特岗教师招聘工作，经过严格的组织网上报名、现场资格审查、笔试、面试、体检等程序和办法，最终确定拟录用955名教师为中小学特岗教师。完成省教育厅下达的国家计划和县级计划的招聘工作。

（孙　嵘）

【教师资格认定】 2013年年底，高中教师、中等职业技术学校、中等职业学校实习指导教师资格认定工作结束，全市共申请认定高级中学教师资格、中等职业学校教师资格和中等职业学校实习指导教师资格809人，通过认定668人。

（孙　嵘）

教育教学

【学业水平监测】 2013年，首次对全市小学六年级语文、数学、英语、科学、品德与社会五个学科进行了质量监测。通过此次监测，全面把握了全市小学六年级学生学业水平，有效促进了全市小学教学质量的提高。全面启动了小学六年级学生音、体、美基本素养监测工作。2013年，在各县区对小学六年级学生音、体、美基本素养全员检测的基础上，组织了五个专家组对各县区和市直小学进行了学生音、体、美基本素能监测。监测活动有效加强了全市小学音、体、美教学工作。

（孙　嵘）

【数字资源应用交流推广活动】　由中央电化教育馆组织的首届全国基础教育数字资源应用交流推广活动评选结果揭晓。全省共推荐40个作品（其中六盘水选送6个作品）参加首届全国基础教育数字资源应用交流推广活动。全省共有五项作品获奖，其中六盘水市占了三项：盘县四格彝族乡中学陈建华老师的作品《祖国统一大业的推进》获得本次活动中学组二等奖，也是贵州省获奖作品中的最高奖；六盘水市第一中学李娟老师的作品《百日维新》和六盘水市第四中学刘荷老师的作品《初中英语形容词副词比较级和最高级复习与总结》分别获得本次活动中学组优秀奖。

（孙　嵘）

招生考试

【招生考试基本情况】　2013年，完成了20万余人次的报名、审查、考试、成绩录入、建档、录取等工作。其中，全国硕士研究生报名349人；普通高考体育、艺术考生2547人；普通高中高考适应性考试21417人；中职优秀毕业生到高等职业院校学习270人；初中毕业升学统考44997人；普通高考22717人（其中普高21284人，中职单报高职1146人，专升本287人）；高考政策照顾5854人（其中民族5311人，创新大赛1人，二级以上运动员5人，侨眷2人，退役士兵1人，农村独生子女户和二女结扎户女孩95人，汉干子女224人，市级优秀1人，外省迁入214人）；普通高考考生贫困地区专项计划3167人和免费师范生资格审查134人；高考的英语口试4189人；成人高考2625人；普通高考英语听力考试两次共45064人；自学考试1328人2582科次；全国计算机等级考试2853人；全国英语等级考试3358人。

（孙　嵘）

【普通高考录取情况】　全市高考共有22717人报考，比2012年增加了1424人，其中报考普通高校考生21284人，；中职单报高职考生1146人；专升本考生287人。2013年贵州省最低投档线第一批本科院校理工类449分、文史类522分，第二批本科院校理工类360分、文史类446分，第三批本科理工类305分、文史类390分，高职（专科）理工类180分、文史类200分。六盘水市理工类三本以上上线7840人（其中一本1600人，二本3623人）；文史类三本以上上线4497人（其中一本413人，二本1728人）。全市普通高考共录取18066人（以省招生考试院发给六盘水市的录取数为准），第一批本科1772人（理工1410人，文史362人；其中清华3人，1人为全省理科状元），第二批本科以上7875人（理工5346人，文史2529人），第三批本科以上10665人（理工6619人，文史4046人），高职专科以上17392人（理工9594人，文史7798人）；中职单报高职录取674人（本科3人，专科671人）。另外，专升本录取72人。第一批本科院校录取率为8.33%，其中理工类为11.95%，文史类为3.82%；第二批本科以上录取率为37%，其中理工类为45.32%，文史类为26.66%；本科以上（含三本）录取率为50.11%，其中理工类为56.11%，文史类为42.65%；专科以上录取率为81.71%，省录取率为85.08%（含中职单报高职）；中职单报高职录取率58.81%，专升本录取率25.09%。

（孙　嵘）

【高考理科第一】　2013年高考，六盘水市第二中学邹贤坤同学以总分698分获贵州省高考理科状元。

（孙　嵘）

【成人高考录取情况】　2013年，全市成人高考网上预报名人数为2625人，其中专起本1438人，高起本247人，高起专940人。2012年全市成人高考报名人数为3227人，共录取2812人，其中专升本1139人，高升本258人，高升专1415人，录取率为87.14%。

（孙　嵘）

【初中升学统考】　全市报名参加初中升学统考的考生共计44997人（其中六枝特区7811人，盘县

20241人，水城县7140人，钟山区9805人）。初中五年制专科有14所（省内8所、省外6所）校点在六盘水市招生（招生计划277人），实际调档录取308人。

（孙　嵘）

【中考网上评卷】 2013年首次中考实行网上评卷。考生44997人，题卡总量达22.6万份。通过网上评卷，提高了评卷工作质量与效率，提高了中考成绩的公平性和准确性，减少了全市的整体评卷经费，节约了人力、物力（过去全市需2000多名教师参与评卷，2013年仅抽选了360名教师）。

（孙　嵘）

2013年六盘水市高考成绩统计表

	最高分		平均分		及格率（%）	
	省	市	省	市	省	市
语　文	135	130	95.95	97.02	77.77	80.85
英　语	149	142	60	58.70	15.26	13.08
数学（理）	149	142	62.96	61.32	17.94	15.73
综合（理）	273	273	125.83	123.59	12.19	9.60
数学（文）	150	143	43.14	42.38	4.20	4.33
综合（文）	280	268	185.56	190.26	61.85	65.38

（孙　嵘）

学　校

六盘水市第一中学

【基础设施】 2013年学校有荷城和双水两个校区，荷城校区位于市中心区，坐落于凉都大道南侧，毗邻风景秀丽的荷城花园，占地65亩。双水校区是省市两级重点建设项目，按照省级示范性高中标准建设，占地308亩，位于双水新区人民路东段北侧，紧邻大型商住小区东方锦绣名门，已于2009年9月投入使用。双水校区科技图书楼已于2013年6月竣工，并启动公租房建设，启动荷城校区综合楼、运动场改造工程。二期工程包括学生宿舍楼、食堂、教学楼、艺术体育中心、学术报告厅等。

（张明冲）

【后勤保障】 完成校本部4套新增多媒体教学设备的采购、安装、调试工作，并已投入使用。完成了双水校区学术报告厅座椅验收工作，完成学校网站的框架构建，对原有学校网站进行更替。完成双水校区行政办公楼网络综合布线、电话线改造等工程。完成对教室、办公室及楼道照明设施检修、学校操场围墙维修、学校监控和显示屏安装、教学楼栏杆维修、阶梯教室音响和投影仪的维修、厕所水箱和水龙头更换及维修、实验综合楼、教职工公租房、运动场改造等各项工程手续的办理、女生院和双水校区厕所的改造、双水校区安防监控系统工程安装、1ED显示系统工程和双水校区校字安装、三间临时活动板房采购及安装、八间教室窗帘采购及安装、老校区教室讲桌的采购等工作。协助市审计局对学校BOT项目进行审计，提供相关资料等。

（张明冲）

【教师工作】 坚持全体教职工政治学习制度，每周星期一下午坚持组织党员和教职工学习党和国家有关方针政策。坚决反对乱收费、乱订教辅资料，严禁体罚和变相体罚学生的行为。组织新老班主任结对子，定期召开班主任例会。建立校本部班主任的QQ群，加强班主任之间的相互沟通交流。以'控辍保学'相关的要求与班主任考核挂钩，实行评优一票否决制。公开招考教师6人，引进研究生12人，免费师范生4人，华东师范大学非免费师范生1人，调动1人、招聘临时代课教师7人；辞退2012年大学毕业见习生5人，辞退2012年招聘临时代课教师4人；学年度实际新增教师23人。申报中级职称34人，通过32人，申报高级职称5人，通过4人。完成高级七岗进六岗的工作。

（张明冲）

【德育活动】 制定了年级德育工作目标和途径设计，在学校所有年级分别进行主题教育和系列教育活动。开展"学雷锋，树新风"活动、祭扫烈士墓、五四"青年志愿者"活动、为受灾地区"捐款献爱心"活动。9月份，开展"感谢老师"

系列活动，办一期“教师节”主题黑板报。10月份，开展“我是中国人”演讲比赛活动，开展评选校园“十佳青少年”活动。11月，全校师生开展“我运动、我健康、我快乐”活动，成功举办了六盘水市第一中学第十七届田径运动会。开展纪念“12·9爱国运动”系列活动。

（张明冲）

【学生】 以《中小学生守则》《中小学生一日常规》和《六盘水市第一中学学生奖惩条例》学习为抓手，抓礼仪常规教育。通过升旗仪式、主题班会培养学生的行为习惯。开展学生文明宿舍和文明班集体的评比活动。坚持每月进行文明班集体和文明宿舍评比。制定结对帮扶制度，通过班主任打电话和家长联系，及时了解学生的家庭状况。开展了两次仪容仪表整理活动大检查，通过整顿，做到不穿奇装异服、不带首饰、不吸烟、不染发烫发，男生不留长发。对经常迟到、不专心听讲的学生，通过科任教师、班主任和政教处领导耐心进行正面品德教育及正确思想引导，同时与其家长的密切联系、面谈、沟通、配合，使之转差为优。加强卫生工作管理，坚持每天早读课前分班落实校园公共卫生打扫，放学后各班进行教室内卫生打扫，每个周进行一次大扫除。狠抓到课率，严格执行课前点名制度，抓人头实行无缝对接。实行晚寝学生人数清查制度。周日至周五晚10：30寝室实行学生人数宿管工作人员清点。

（张明冲）

【学生资助】 收集高一年级1600多名学生“国家普通高中国家助学”材料，并在“国家普通高中贫困生库”网站上信息录入，同时补录高二、高三年级没有录入的学生信息。录入909名学生的2013年春和2013年秋“国家普通高中国家助学”已享受资助学生信息网上录入工作。组织评选了2013年春秋两个批次“国家普通高中国家助学”的贫困生909名，收集整理相关的贫困生资料，给未办理银行卡的每位贫困生办理了商业银行卡1张，并发放的2013年春秋季每人1500元“国家普通高中国家助学”助学金，合计1363500元。组织评选2013年考取大学的大学生贫困生，“大学生新生入学资助”15人，省外6人（1000元/人），省内9人（500元/人）；“宏立城资助”12人（6000元/人）；“兴贵助学”大学生4人（7000元/人），高中生4人（2000元/学期）；“习酒·我的大学”5人（5000元/人）；“诚信·梦圆金秋助学行动”2人（5000元/人）；“谢启德资助”1人（资助学生大学、研究生读书期间的所以学费、生活费）；合计资助金额约落实30万元。评选和发放2013年金秋助学54800元。

（张明冲）

【教学】 开设校本课程、通用技术等课程，树立科学的育人观和质量观。对教师的备课、教学、批改、辅导、复习、考试、成绩等落实各项教学规章制度，严格管理。对所有教师教案定期检查，并将检查结果及时向被检查教师进行反馈。要求高三、高二、高一年级及初中各科教师进行初高考试题进行研究并整理出细目表和详细复习计划，利用集体备课来促进教研活动开展，要求各学科每一单元都要有一套高质量的试题给学生训练并讲评。开展大规模的听课评课活动，每位老师听课均达10节以上，所有行政人员听课达20节。加强课堂的巡查，对迟到、早退的教师认真记录并及时与教师本人谈话。对教师进行期中和期末教学常规工作检查并认真记录。

（张明冲）

【教研获奖】 全年有市级课题66个，省级课题3个，国家级课题1个，共计70个，结题20个，获市级一等奖3个；获市级二等奖12个；获市级三等奖5个。分布在语文、英语、数学、物理、信息、艺术、体育、化学、生物、政治、历史、地理学科。教师论文发表在六盘水刊物共计48篇，论文获省奖和市级奖共计72篇，老师个人获奖共计57人，教师指导学生参加各种比赛获奖教师共计74人，学生120多人。其中论文获省级一等奖8篇，获省级二等奖42篇，获省级三等奖12篇，获市级一等奖6篇，获市级二等奖4篇。优质课评比活动中，市一中信息技术教师王书香和政治学科教师龙江分获市级一等奖，艺术组（美术学科）许小坦老师和王丽燕老师获市级二等奖，数学学科李友志、岳兴珍获市级三等奖。录像优质课评比活动中，历史组李娟老师获省一等奖。化学、历史、英语学科法制渗透录像优质课评比活动中获市级一等奖二等奖共计22人。教师教学技能大赛评比活动中，市一中教师获省一等奖1人，获省二等奖4人，获省三等奖4人。同时9人获市级一、二、三等奖。教具制作评比活动中5人获市级三等奖。全市组织的“船航模”比赛、“理化生实验技能操作”大赛等均有多人次的学生和老师获得市级一等奖和其他奖项。

（张明冲）

【教师培训】　开展中学继续教育教师全员培训，每一位教师完成学时达90学时，圆满完成新教师培训任务。先后外派教师外出学习达278人次，其中到上海、北京、大连、云南等地学习共有88人，参加市级培训共有190人。针对年轻教师多、骨干教师相对不足的局面，对新教师的培训共进行了8期，分别聘请了8位专家给新教师授课。对教师全员培训了《课题研究》和《白板使用》，同时还选派32名教师分别到北京、云南、贵阳等地进行培训学习。派出高中教师192人参加六盘水市教育局组织的2013年高考备考培训学习。

（张明冲）

【教学质量】　教务处通过各种渠道及时了解有关高考的信息，并传达到毕业班的教师和学生，通过年级组精心谋划，整体统筹，全面备战高考、中考。2013年的高、中考取得可喜成绩，高考第一次划线硬上线的学生（含艺术、体育考生）是289人，上线人数是近年来最多的一年，且所有班级均有学生硬上线，文科综合的均分和及格率均超出全省的均分和及格率，多个班级的单科成绩均分或及格率也超出了全省的均分或及格率。

（张明冲）

【第二十三任校长到任】　2013年11月18日，市委组织部副部长汤金云、市教育局局长王时明到市一中宣布新任校长朱家彦到任。朱家彦校长系市一中第23任校长。

（张明冲）

【安全工作】　定期不定期开展安全隐患排查工作。及时解决活动板房学生宿舍宿管室的安全问题，学生冬季饮用开水难等安全隐患。对高一和高二年级进行宿舍调整，方便了班主任对住校生的管理。并针对学生宿舍被盗事件，保卫科组织人员进行调查并查处了多起案件，从而有效遏制了盗窃案件的发生。2013年9月底，开展了“国庆期间的安全教育”，下发了“元旦”和“圣诞”两节期间安全须知。开展了“防灾减灾”和消防疏散演练活动。配合教育局在市一中安装安监系统；请消防队到市一中检查指导工作；与所属派出所联系加强市一中的安全保卫工作：在学校门口安装“天眼”工程，2013年12月上旬查处一起重大的校外租住屋窝藏管制刀具案件，元旦前夕对双水校区开展了“清查行动”，有力的遏制了学校安全事故的发生。配合市综治委开展年终市直机关单位综治考核工作。学校安全工作得到上级部门的肯定，安保科科长王兴怀被评为“六盘水凉都卫士”。

（张明冲）

六盘水市第二中学

【概况】　六盘水市第二中学（原六枝矿务局第一中学）创建于1965年，系全国教育系统先进集体、贵州省首批办好的重点中学、全国煤炭系统标准化学校、贵州省德育先进单位、贵州省教育战线先进集体、贵州省文明单位。

2013年，学校有90个教学班，6200余名学生，260名教职工，其中教师244人，教师学历合格率97%，高级教师36人，中级教师45人。2013年高考一本上线248人，二本上线797人，共1045人。邹贤坤同学获贵州省省理科状元。2013年秋季，高一录取2053名学生，完成教育局下达的2000人招生计划。

校园占地295亩，校舍有综合科技楼1幢，面积8130平方米，教学楼4幢，面积11240平方米，办公楼2幢，面积2200平方米，学生食堂5380平方米，教师宿舍1790平方米，其他辅助用房500平方米，宿舍楼6幢（男生3幢，女生3幢）共2.7万平方米，校舍面积（不含教师宿舍区）共计53950平方米，400米标准跑道的球场（操场）2.4万平方米，篮球场6个3000平方米，绿化面积29600平方米，学校有普通教室90间（其中有66间配有电子白板系统），多功能教室4间，办公室50间。

按照六盘水党办发〔2013〕36号文件精神，六盘水市第二中学于2013年4月3日正式移交六枝特区人民政府管理，积极做好有关人事、财产等方面的对接和移交工作，完成了208名在职人员、25名退休人员的移交工作。

2013年，学校通过多渠道引进教师52名。其中，根据特区人资社保局、教育局的有关文件精神和安排，公开招考教师16名；积极向特区政府争取引进人才有关优惠政策，赴重庆师范大学直接引进教师18名，按照国家相关政策引进11名教育部直属六所免费师范院校免费师范毕业生，2013年3月特区政府通过省人才博览会引进1名体育教师人才；通过引进高层次人才引进研究生4名、引进英语教师2名。

（韦忠宁）

六盘水市第三中学

【概述】 2013年，市三中以加强教学常规管理，提高课堂教学质量。落实教学常规。加大对教学各个环节的监督和调控，课堂考勤管理上实行了3条线同步进行，课堂教学秩序有了明显的改善；同时加强实验室建设，各种实验活动充分准备，常规工作严格规范，针对新课改内容，实验员认真熟悉新教材，提高实验成功率，确保实验质量，实验室使用效率进一步提高。初中部顺利完成了“同课异构”的选课、集体备课、“研究课”研修等环节。高中部进一步落实高一、高二单元目标教学管理体系工作，从寒假开始以教研组为单位编写适合学校学生使用的预习案、检测案等校本教材。通过狠抓教育教学管理和科研工作，办学质量有了新的提高。

（赵升阳）

【师资队伍】 在积极开展践行“贵州教育精神”“贵州教师誓词”的同时，重申省教育厅“六项规定”，市教育局“六条禁令”，按照中央、省、市的有关规定，高标准、严要求，不折不扣贯彻落实，树立良好的教风行风。在狠刹麻将赌博之风的同时，狠刹有偿补课风。2013年1名教师被评为省级优秀教师，2名教师被评为凉都优秀教师。结合学校学科发展需要，开展了教师招聘、引进工作。于11月份开始到西南大学、陕西师范大学、长春师范学院招聘了20多名教师，12月份又继续到相关院校招聘教师。

（赵升阳）

【毕业班工作】 坚持“班级组、备课组”两条主线，狠抓学生管理和学科教学管理，强化周练、固化半月考，提升月考和试卷讲评课质量，加强教学督导，落实小组合作学习、微型课程、心理辅导、体育活动等；2013年高考中实现了一本、二本大面积上线、珍珠生二本上线率达到了100%，一本上线率超过了70%，尖子生发展实现艰难的突破；小语种学科也取得了优异的成绩。录取1402人，其中一本245人，二本以上877人，本科合计1196人；2013年中考成绩全面告捷，600分以上120人，其中700分以上7人，田维文同学以总分738分的成绩夺取全市第一名。李权州同学以731分的成绩名列全市第三名。

（赵升阳）

【教研联盟】 3月9日上午，六盘水市初中教研联盟学校B组联盟13所学校到市三中集中开会，会议讨论并通过了联盟章程和2013年联盟工作计划，并安排了下一个活动的时间、地点、内容和主题。2013年，市三中教研联盟学校工作取得成效，两个联盟均获得全市第一名。从全年活动过程来看，联盟活动在扎实开展的基础上，正逐步提高质量，教师的参与面正在逐步扩大，影响也在逐渐扩大。初中部是六盘水市初中教研联盟B组理事长学校，举行了联盟校大型联合考试、中考研讨会、校长论坛、教师教学技能大赛、教师暑期培训，第五届国际行知文化论坛。高中部是六盘水市高中教研联盟C组理事长学校，举行了中层干部执行力培训、支教总结会暨高初中衔接教育研讨活动，学校对六枝特区六中的支援和帮扶工作得到了六枝特区教育局的肯定。

（赵升阳）

【教师培训】 在常规培训的基础上与东北师范大学教师发展学院合作，暑假期间初三年级全体教师到东北师大培训。11月份又与陕西师范大学出版总社中学教学参考杂志社、陕西师范大学出版总社基础教育研究院签订战略基地学校合作协议，期望通过战略合作，发挥合作方《中学教学参考》学科专业媒体平台优势、基础教育信息资源优势、教育理论专家团队优势，为学校提供教师培训、出版、课题研究等一系列支持。

（赵升阳）

【学生素质教育】 深入推进素质教育，贯穿一条主线，引导学生逐步确立正确的核心价值体系。大力开展励志、感恩、责任、爱心、遵纪守法为主线的养成教育，继续加强对学生的爱国主义、集体主义教育。本年度开展了辞旧迎新活动、雅安地震广场义演义卖、迎旅发主题活动、网上祭英烈活动、我的中国梦等十余项活动。继续深入落实综合社会实践活动课的组织实施，围绕德育课程体系抓好新生入学教育工作和高二年级社会实践活动。举办了“第十二届校园文化艺术节”；关注师生心理健康，关爱身边的贫困学生。适时开好心理健康课，“心晴驿站”心理健康辅导中心挂牌成立，建立了心理热线，启动心理健康活动月活动。进一步建立和完善贫困学生资助工作的长效机制，加大对贫困学生资助的力度，在2010年开办“珍珠班”的基础上，又成功引进“小平基金班”项目，现有学生100名。

（赵升阳）

【教学国际交流】 首先，开展课程、教师队伍建设工作与国际接轨，在成功开设数学、化学、物理学科爱德思AS课程的基础上，新增地理、生物学科爱德思AS课程。日语、法语、俄语、德语、西班牙语课程得到强力推进，二外选修课程渐渐上路。双语、小语种师资得到充实，教师整体教育教学水平提升。两名教师赴英国学习，两名教师率队到美国游学。英语青年教师李洋、文波经国家基础教育实验中心外语教育研究中心批准正式录取出国留学奖学金项目。其次，开展国际交流活动，为学生搭建多渠道的求学之路。2013年美国阿肯色理工大学、阿根廷洛马斯大学、加拿大苏安国际学校纷纷到市三中与师生开展交流、咨询活动。学校在6月份与加拿大苏安国际学校签订合作协议，有望在2014年秋季增开中加国际课程班，与日本的合作正在洽谈之中。暑假组织了美国夏令营，收获丰富。高二年级李溟东同学以数学A、物理A、化学A的优异成绩脱颖而出，已凭优异的学术成绩和雅思6分的成绩申请到英国温丁学院；高二年级的几名学生也顺利申请到了英国理想的高中。高一年级学生在A—1eve1考试中虽然只参加了数学第一部分的考试，但在参加考试的七名学生中有两名学生得到了A+的优异成绩。2013届毕业生郑淳璟同学，被法国自由电影学院表演系录取。2010级英国高中课程班学生陈炫余同学于2013年以优异的A—1eve1成绩成功被英国巴斯大学数学与经济专业录取。

（赵升阳）

【图书馆和数字化校园建设】 强化图书馆内部管理，力保初、高中春秋两季教材的发放顺利完成，自修室延长开放时间；加强数字化校园建设，网上阅卷系统在各类考试中发挥了重要作用。启动联通学生管理平台的推广和使用，为学校德育管理搭建信息化平台。网站建设工作显成效，发布信息量逐年增多，浏览量也较往年提高。学校电子政务办公自动化系统项目启动，成为全市唯一一家开通该系统的学校。11月22日，学校电子政务办公自动化系统项目启动会在凤凰校区第二会议室举行。

（赵升阳）

【后勤保障】 后勤部门强化服务意识，制订相关规章制度，深化内部管理，做好教育教学工作保障。积极开展节能减排，完成1ED节能灯管改造、凤凰校区给水管主管改造。积极做好基建工作，教师公租房进入施工阶段，凤凰校区二期工程单体项目已完成了地勘工作。黄土坡校区运动场改造项目投入使用，黄土坡校区综合办公楼竣工。凤凰校区学生食堂、宿舍回购工作进入尾声。

（赵升阳）

【教职工代表大会】 坚持教职工代表大会制度，不断推进决策的民主化。2013年12月，召开了市三中第十二届教职工代表大会第二次会议，审议通过了学校工作报告，学校财务工作报告，学校基建设工作报告，学校工会报告，学校绩效工资考核方案。

（赵升阳）

【百日冲刺誓师大会】 2月27日，举办了“决战高考百日冲刺誓师动员大会”，特邀深圳道弘文化发展有限公司高飞老师主讲。3月4日，举行了中考百日冲刺誓师大会。

（赵升阳）

【对外交流】 3月14日，举行了“六盘水市第三中学——山东大学品牌学校研究所学校文化建设签约仪式”。仪式上，双方本着平等原则，依据《中华人民共和国合同法》等相关法律法规，签订了“学校品牌文化构建合作协议”。3月14日，国家外国专家局文教司调研员逯一光，日本日中技能者交流中心常务理事兼行政、教育交流部部长新井力先生，日本日中技能者交流中心教育交流部堤英理子女士在贵州省人社厅国际人才交流办公室副主任熊娅等的陪同下到学校考察交流。4月10日，美国阿肯色理工大学中国总代表Jone Pate先生一行来到六盘水市第三中学进行访问，并开展了招生咨询和面试工作。6月19日，市三中与加拿大苏安国际学校签订合作协议。7月9日，51位教师赴吉林省长春市，参加在东北师范大学举办的为期5天“六盘水市第三中学骨干教师高级研修班（首期）”学习。2013年7月，市三中组织高一英国高中课程班及英国高中课程预科班的学生赴上海参加为期一个月的上海环球雅思夏令营集训。9月19日，中欧珍珠班捐赠方中欧国际工商学院AMP12班的黄津艺一行四人不辞辛苦来到学校，看望学校珍珠班的学生，与珍珠生们共度中秋节。10月31日，浙江新华爱心教育基金会杨家荣老师等一行三人到六盘水市第三中学开展走访活动。

（赵升阳）

【基础设施建设】 3月18日，举行了学校公租房建设开工典礼。4月8日，黄土坡校区综合办公楼开工。4月18日，市三中被定为全市唯一一家节约型公共机构示范创建单位。

（赵升阳）

【全市高中政治优质课评选活动】 4月22日，第五届全市高中政治优质课评选活动开幕式在市三中凤凰校区顺利举行。

（赵升阳）

【文体活动】 5月14日至18日，学校举办了以“我的贵州·中国梦”为背景、以“舞动青春，多彩校园”为主题的第十二届校园文化艺术节。11月9日至11日，六盘水市第三中学第二十一届田径运动会在市体育馆田径场、凤凰校区田径场成功举办。11月16日，六盘水市第三中学第四届外国语言文化艺术节暨六盘水市高中教研联盟C组师生外语口语大赛胜利闭幕。

（赵升阳）

【学术讲座】 5月25日下午，在市教育局、市科协的安排下，市三中1000多名师生在黄土坡校区大礼堂听取了一场关于“太空人的衣食住行”的科普讲座。10月30日，由钟山区检察院未成年人刑事犯罪科任芳警官主讲的《在法制的阳光下成长、成熟》的预防未成年人犯罪专题讲座在市三中凤凰校区第一平台举行。

（赵升阳）

【支教活动】 7月20日，来自南京大学、重庆大学、苏州大学等高校的学生在市三中校举行了支教活动动员大会。

（赵升阳）

【全市首届“教育名师”培训会】 7月29日至8月1日，六盘水市首届“教育名师”培养对象第二批培训会议在市三中黄土坡校区学术报告厅举行。

（赵升阳）

【第29个教师节表彰大会】 9月10日上午，市三中在黄土坡校区大礼堂召开第29个教师节庆祝暨表彰大会。市教育局党委书记、局长王时明出席会议。

（赵升阳）

【新课改工作总结大会】 9月14日，举行三年新课程改革总结大会暨2013届高三工作总结大会。

（赵升阳）

六盘水市第四中学

【概况】 六盘水市第四中学（原水城二中），

地处市中心城区，创建于1972年。以“注重发展学校内涵，打造精品学校”为办学理念，以“厚德 远志 躬行 成才”为校训。

2013年有教职工220人，专任教师205人。专任教师中具备高级职称的70人，中级职称的67人，初级职称的68人；有全国优秀教师2名，国家级骨干教师2名，获省政府特殊津贴教师1名，省级名师1名，省级优秀教师3名，省级骨干教师4名。在校学生6844人（初中2901人、高中3943人）、教学班75个（初中35个、高中40个）。已成为六盘水市一所大型完中。

2013年，全校共1389人参加高考，一本上线312人，比2012年增加117人，上线率达22.46%，超出全省上线率（省上线率为11%）一倍以上，二本以上上线共901人，比2012年增加216人，上线率64.87%，超出全省上线率（省上线率为32%）一倍以上；全市文科前10名，六盘水市第四中学占3名；全市理科前10名，六盘水市第四中学占2名；全市文理科600分以上53人，六盘水市第四中学占13人，列全市第二，市中心城区第一；黄荇同学以628分的实考成绩获全市文科实考总分第二名。

2013年中考，全市700分以上共66人，六盘水市第四中学占8人，列全市第三；650分以上55人；全市前10名，本校占2名；全市前100名，六盘水市第四中学占12名，列全市第二，中心城区第一；汪姝君同学以731分的成绩，列全市第四名；李林钰同学以727分的成绩，列全市第六名，李林钰同学以149分的成绩，获全市数学单科第一名。

2013年，成功编写校本教材《六盘水第四中学励志教育综合读本》；《凉都四中之歌》修订完成；成功举办第二十五届学校运动会；成功举办第四届师生书画摄影展；《六盘水市第四中学制度汇编》修订完成；学校多功能学术报告厅改造完成；四中男篮代表队夺取六盘水赛区第一名。

（申和平）

市第一实验中学

【教学质量】 全年高初中教务紧紧围绕提高教学质量这个工作目标，坚持抓好教学管理，规范教学过程，加强教学指导，加大检查力度，探索推广新办法新模式，实现了教学质量的稳步提升。同时，高初中教务都加强了教师业务档案的管理。抓教研活动，有效主持五校教研联盟，推进本校初高中大教研，提高备课质量。高中教务对任课教师的教学过程设专人坚持每周一查，记录在案。并继续试行班主任聘任科任教师的办法，促进以班主任牵头的班级科任教师队伍建设。全面推广“7+2+3”教学模式。科研处和教务联合，加强校本教研建设，拓展教研活动形式，增强教研活动的目的性和准确性，把科研和教研结合起来，切实解决教学中的问题。政教处举办了班主任经验交流会，相互学习借鉴先进经验和管理办法，提高业务能力。

（周念军）

【中高考成绩】 经过努力，学校教学质量经受住了2012年中考高考的检验，均取得优异成绩。中考成绩：钟山区总分前10名，市实验一中占2人，其中戴泽榕733分，列钟山区第二名。700分以上有6人。600分以上有83人。优生率32.5%，列钟山区第三名。单科英语，戴泽榕141分列钟山区第三名；单科理科综合，周世平149分，列钟山区第二名；戴泽榕148分、陆云龙148分、刘攀148分并列钟山区第三名。高考成绩：文理科600分以上共14人，列全市第一；文科包揽全市前三名，理科包揽钟山区前五名；文科600分以上8人，其中王海杉661分（全市文科状元）、卢凤海640分（全市第二名）、龙涛636分（全市第三名）、邓璐623分（全市第九名）、卢孟杰622分（全市第十名）。理科600分以上6人，其中颜鑫637分（全市第三名）、刘巍633分（全市第四名）、李兴祥623分（全市第八名）。单科成绩，颜鑫高考数学142分（全市第一），崔婕高考文综（全市第一）。理科一本上线357人，二本以上上线911人，文科一本上线66人，二本以上上线250人，文理科一本上线423人，艺体考生二本以上上线68人，二本以上上线共1229人。王海杉同学录取到香港中文大学。

（周念军）

【招生工作】 高一招生计划1900人，实际完成2328人。2012年10月24日，六盘水市教育局通报

2013年六盘水市普通高中教学质量评估（奖励）结果，在全市23所普通高级中学中，市实验一中教学质量监测指数为552，实际完成931，监测指数完成指标列全市第二位，获得教学质量监测指数奖237800元；二本以上录取902人，列全市第二位，获得升学奖126100元，合计363900元。这是自2009年以来，市实验一中连续第五年名列全市普通高中教学质量评估前茅。钟山区2013年度目标考核，学校获一等奖一类。初一计划招生300人，实际完成420人。依法实施九年义务教育，落实“9+3”和控辍保学要求，初中生辍学率为零，升学率为93.09%。2013年12月2日，钟山区教育局督导评估专家组到校进行检查评估，对市实验一中义务教育工作给予高度肯定，评价等次为优秀，名列钟山区第二名。

（周念军）

【教研成绩】 全年有教师103人次获得国家级、省级、市级、区级论文评选、优质课评选、教学设计、课题研究等奖项，其中获国家级奖项11人次，省级奖项29人次，市区级奖项63人次。

（周念军）

【教师与干部工作】 关心教师的专业成长，启动名师工程。全年有1名教师被认定为市级教育名师，有4名教师获“凉都优秀教师”称号，有1名教师作为省管专家考察对象，有1名教师作为市管专家考察对象，36名教师进入全市首届和第二届教育名师培训对象名单。干部队伍建设也取得进展，校党委书记、两名校长助理已经到位，17名中层干部正式任职，公开招聘了两名宿管办副主任，一名年级主任。关心教职工生活和身体健康，提高了班主任津贴和教职工早餐补助，为400余名教职工进行了体检。有28人兑现了五岗待遇，31人兑现了六岗待遇。

（周念军）

【教风教学检查】 把师风师德作为教师评先、晋级、职称评定的先决条件，实行一票否决。开展了“三清一加强”工作和学生评教、家长评教工作，通过随堂听课、教学检查，实行教职员工上下班打卡制度，强化了对教师备课、上课、劳动纪律考查，规范教师执教行为。认真开展了教职工年度考核，经过自下而上的考评，有45人获得优秀，354人达到合格，并根据考核结果进行奖励性绩效工资分配。

（周念军）

【教学科研培训活动】 初中教务对全体教师进行了“新课标下7+2+3课堂教学模式”培训。高中教务开展了新教师岗前培训，和“老带新”“一帮一”工作。清华伟新教育扶贫实验一中二级站点于3月11日隆重开班，采取卫星直播远程培训和接收IP数据广播课程内容的远程培训方式，培训高三毕业班骨干教师和其他教师共80余人次。政教处开展了班主任培训工作。科研处开展了“微型课题研究”“学科渗透法制教育”“高效课堂”“课前三分钟演讲”班级负责人校本培训。工会、团委联合举办了粉笔字、普通话竞赛和第二届青年教师技能大赛。全年共组织教师外出业务培训33人次。

（周念军）

【细化管理学生工作】 在加强未成年人思想道德建设的同时，把精细化管理延伸到学生，实行学生挂牌出入校园，对高一年级学生实行封闭管理，实施电子监管工作。重视食品卫生安全，加强食堂管理，成立食堂管理委员会，安排相关人员每日值班。

（周念军）

【法制教育引入课堂】 开展“六五”普法工作，在学科教学中渗透法制教育，提高广大师生的法律意识和法律素质。在此基础上，认真吸取教训，借鉴外校的经验做法，从健全安全制度、坚持每周五的安全例会制度，设立安全信息员、加强管制刀具的排查收缴、落实部门和个人责任、定期邀请民警来校开展法制安全教育、邀请区法院庭审现场进校园、严把进人关等方面采取措施，多管齐下，标本兼治，杜绝了校园恶性案件的发生。提升学校的社会形象。

（周念军）

【各种课外活动】 在加强教育管理的同时，积极引导学生参加健康有益的各种活动和竞赛。2013年学校组建了交响乐队，组织开展第三届校园文化艺术节活动，共收到初选的科技发明、书法、绘画、摄影作品120余件，经过终评，产生获奖作品17件，单项获奖选手27名，选定优秀节目17个，并举办了艺术节文艺汇演。组织学生参加六盘水市首届中学生诚信档案评选活动、贵州省高中生化学竞赛、贵州省青少年科技创新大赛、第七届“地球小博士”全国地理科技大赛、全国30届中学生物理竞赛、全国高中数学竞赛等活动，有69人次获得奖励，其中有17人次获得国家级奖励，3人次获得省级奖励，30人次获得市级奖励。

（周念军）

【教育基础设施】 BOT二期工程项目包括两幢学生宿舍楼、围墙、边坡治理、电量增容等。工作目标是实现工程落地，截至2013年11月末，边坡治理和电量增容项目已经完成。4号学生宿舍楼已经完工，入住学生。完成了明德楼、明信楼外墙油漆粉刷和老实验楼改造（现为艺术楼）。5号学生宿舍楼基础已经完成，正在施工主体。风雨操场建设项目于2013年9月下旬正式启动。

（周念军）

市第二实验中学

【概况】 六盘水市第二实验中学是创办于2006年的公办高级中学。2013年有在校生3000余人，行政教学班级44个，音、体、美特长班3个；在编教职工175人（加外聘人员共196人）的规模。164名专任教师中有教授1人，中学高级职称（含副教授）49人，中学一级职称30人，市级骨干教师5人，教育名师培养对象4人，市级骨干教师培养对象4人，教师合格率100%。

高考成绩再创历史新高。2013年，上线总人数比往年有大幅度增长。二本以上上线人数218人（录取208人），较2012年净增94人，超出市教育局下达的高考检测指数138个。部分学科均分超过省均分。如文综和语文两个学科。

推进新课改向纵深发展。8月召开新课改教学研讨会，认真总结了新课改推行三年以来的经验和教训，找准新课改中存在的问题和不足，并提出了相应的解决办法；进一步转变学习方式，改革评价与考试制度，改革完善课堂教学，促使高效课堂逐步形成；进一步加强学生选课指导与学分管理制度建设，搞好模块化课程设计与实施，使新课改不断向纵深推进。

新生招生质量大有提升。根据《六盘水市教育局关于下达2013年度高中阶段教育招生任务的通知》（六盘水教通〔2013〕99号）文件精神，本校高一招生计划为1200人，实招1250人，超额完成招生任务。所招学生中，生源总体质量较往年要好，呈上升发展趋势，高分段学生比往年要多。据统计，所招学生中中考成绩在700分以上的共招4人，其中最高分为734分（全市排第四名）；550分以上的共招34人，500分以上的共招420余人。最低录取分数线已排名全市28所高中的第8位。

教研工作取得实质性成效。本校成为教育部中国教师发展基金会重点资助项目—全国重点实验基地。《校本课程资源与教材开发研究—六盘水市高中历史乡土教材》等三个课题立项为国家级课题，并在阶段性成果汇报评比中获一等奖2个、二等奖2个、三等奖5个；2013年5月成为《基础教育参考》理事会理事单位，校长何友江被推举为《基础教育参考》理事会理事。

强化师资培训、注重教学研究。2013年共组织200余人次到厦门、贵阳、兴义、红果等地参加国家、省级及市级各类培训；组织30名教师参加“六盘水市教育名师”培养对象第二批培训；推荐4名市级骨干教师候选人；推荐8名学科带头人作为中小学教师资格考试改革试点面试考官。

（张　伟）

六盘水市民族中学

【概述】 2013年，六盘水市民族中学以“加速发展，加快转型，推动跨越”为主基调，坚持“为生命成长奠基，对民族未来负责”的办学思想，通过全体教职工的共同努力，民族中学有了飞跃性的发展。办学规模突破3000人，教学质量连续两年超额完成市教育局下达的监测指数，学生、家长、社会对新民族中学的认可度大幅提升。

有学生3000余人，其中初中22个班，1340余人；高中24个班，1660余人，共46个教学班。有教职工136人，专业技术人员117人，其

中：专职教师117人（高级教师25人，中级教师36人，初级教师56人），代课教师30人，学历合格率为100%。

全年共发放资助资金26.2万元。其中香港慈恩基金，30名同学获资助，每生500元。“建设未来——中国建设银行资助贫困高中生成长计划”，15名学生获资助，每位学生1500元。马来西亚《星洲日报》助学金，70名贫困生各获700元资助。国家助学金，本校234名学生获资助，每个学生750元。

高三年级349名学生高考，一本上线4人，二本上线27人，最高分理科511。初中部毕业生人数437人，372名学生参加中考，500分以上38人，600分以上4人，最高分668分。

（詹　莉）

【德育工作】　加强德育资源开发。整合学校、社会和家庭的力量，形成德育合力。成立了各年级家长委员会；拓宽德育渠道，充实德育内容，增强德育工作的针对性、实效性。组织120余名学生参观了六盘水市第一看守所，使学生受到了警示教育。组织89名寝室长参观了特殊学校学生寝室，使学生深受感动。

积极开展学生德育活动。落实和内化《中学生日常行为规范》，促进学生文明素养的形成；利用国旗下讲话、主题班会等开展常规德育活动；注重学生行为规范的养成教育，让学生树立良好的行为习惯的观念，学生仪容仪表有了较大改观，精神面貌有了明显改变；对违纪学生，班主任和政教处密切关注，随时跟踪，做耐心细致的思想工作；抓好后进生的教育工作，有针对性地对后进生进行教育、转化，进行家访。

加强班主任、年级组和学生会的管理。加强对班主任的培训，完善班主任的队伍建设；举办首届德育论坛，引导班主任通过自我学习和互相交流，帮助年轻班主任掌握班级管理工作的策略和方法；结合控辍保学工作，加强督促班主任对学生开展家访、电访、信访工作，并做好记录；加强对年级部的管理和考核，每半期检查一次年级组工作记录；加强学生会工作，充分发挥学生干部参与学校管理的主动性、积极性和创造性。

重视学生心理健康教育。完善心理健康教育课程，建立问题学生档案，关注发展势头，加强转化的过程研究；不定期开展心理健康教育活动，以专题的形式辅导，面向全体学生，逐步从走进课堂变为走进心灵。

加强校园文化建设。开展“廉洁文化进校园”活动，加强师德师风建设；结合学雷锋日、五四青年节、劳动节、禁毒日、国庆节等节日和纪念日，组织开展丰富多彩的主题教育活动；结合五城联创检查，加大力度整治校园卫生环境，共同努力更换育人环境。

（詹　莉）

【教育活动】　举办六盘水市民族中学第三届科技艺术节。宣传全国青少年科技创新大赛活动的历史、内容、参赛程序等，激发师生科技创新的意识；邀请六盘水市动物防疫站站长、高级农艺师杨鹤峰为本校学生作《禽流感及其防治》的科普知识讲座。

开展“校园十大歌手”比赛及科技艺术节的文艺汇演；组织地理教研组，开展“地球小博士”科技征文活动，2人获全国一等奖，1人获二等奖，2人获三等级奖。

组织学生进行航模、船模培训，参加六盘水市2013年七巧妙科技系列活动。航模比赛10名学生参加，获一等奖3个，二等奖4个，三等奖2个。10名学生参加船模比赛，获二等奖1人，三等奖3人。

组织男女篮球队参加六盘水市第二届普通高中学生篮球运动会，双双获取第四名，为唯一进入决赛的市直属学校。

（詹　莉）

【教研成果】　开展2013年教师节表彰活动，表彰了一批优秀教师，推荐参加市级表彰人员中，3人被评为“凉都优秀教师”，1人获“六盘水市人民教育基金优秀教师”称号。

承办六盘水市第三届初中生物教师技能大赛，本校教师康国娅获一等奖，总分第一。成功承办了六盘水市第六届中小学生英语歌曲演唱比赛，本校学生获得了一等奖1名、二等奖1名及三等奖2名的好成绩。

组织参加各级各类优质课、录像课、技能大赛、论文、课件、案例等相关比赛，并取得一定的成绩，参加市高、初中数学优质课比赛分别获二等奖和三等奖、初中政治优质课比赛二等奖等；杨大恒老师指导的何坤林同学童谣比赛成为全省唯一一篇入围童谣，促进了本校教师专业化发展。组织参加了2013高考仿真模拟试卷比赛等活动。

本学期课题申报，有10个课题申报并已立项。

抓住市教育局教研室启动的“教育名师”评选活动契机，切实启动学校教代会通过的“教育名师”评选及奖励办法，做好相关的申报评选等活动，评选出了10名本校教育名师。

（詹　莉）

【完善校园基础设施】 完成政府采购的校园监控系统、计算机设备、学生课桌凳和铁床共计60万元设施的采购工作并通过验收，通过招标为学校节约了7万元；通过审计，顺利完成食堂104万元设施的回收工作，回收后学校进行自主经营管理，饭菜质量得到提高，师生反映良好；进行了校园文化建设的初期规划设计；完成单身教师宿舍的电表安装，收取房租水电费。在学生宿舍安装自制的多功能充电插板，解决男女生宿舍学生手机充电难的问题。协调有关部门，免费为学校大门入口处铺设200平米沥青路面；多方洽谈与协调，促进校园改扩建工作，改扩建方案正在优化选择当中；改造3间教室，解决高一新生班教室数量不足问题。为各学科组配备专门的教研活动室。利用市财政返回的2012年结余资金8万元，建成高中4个多媒体教室；建成20万元的通用技术教室。

（詹　莉）

【安全工作】 加强校园周边环境的治理，及时收集和化解学生、教职工中的不安全、不稳定因素。进一步强化安全责任制，坚持安全教育常规化、制度化。拓宽安全信息来源，完善信息网络，进行了6次全校性内管制刀具清查，预防安全事故的发生，本年度校园无重大安全事故发生；加强对学生的安全教育，杜绝校园安全事故的发生。开办了校园法制安全教育主题板报，组织开展各种法制安全知识讲座，提高了师生员工的法律意识、安全意识、自我保护意识；建立了安全隐患排查台账。每月对学校存在的各种安全隐患进行排查，对存在的安全隐患及时上报，并采取相应措施进行处置；于4月和11月进行了2次校园紧急疏散演练，学生撤离的速度得到提高。

（詹　莉）

六盘水市民族职业技术学校

【概况】 六盘水市民族职业技术学校，于2009年7月和六盘水市民族中学分离，在原市财经学校校址成立，是一所国家级重点学校、贵州省“百校大战”项目学校、全国教育信息化试点学校。同时还挂有“六盘水幼儿师范学校”“六盘水民族技工学校”两块牌子。内设国家第64职业技能鉴定所，是贵州省少数民族传统体育训练基地、民族文化进校园示范校。学校以“两个特色、一个特长”（即服务类中职学校特色、民族文化进校园特色，让每一个学生都有一个自己的特长）为办学理念。以把学校建设为服务类亮点职校、服务类技能精英成长的摇篮为奋斗目标。

学校占地50亩，建筑面积1.7万平方米。内设办公室、教务处、政教处、人事处、总务处、培训处、保卫处等行政机构。党群机构设有党支部、工会、团委、学生会等。现有在编在岗教职工130人，学生2963人（全日制在校学生1646人）。开设有学前教育（幼师）、计算机应用、旅游与酒店服务管理、电子商务与市场营销等专业。

2013年6月，市委、市政府决定：将学校迁到以朵职教园区按“5000学生规模，占地250亩，国家级示范”的标准重新建设。年底，征地已经结束，可研已经完成，规划正在进行，市政府已经委托市开发投资公司进行建设，预计2016年6月前建成。

2013年是“9+3”和“百校大战”计划实施的第一年。学校成立“9+3”和“百校大战”工作推进领导小组，制定推进计划，落实时间表、路线图、责任人，将“招生、招师、建学校”三项任务，扩充为“招生、招师、建学校、学校管理、校企合作”五项任务，层层分解落实，扎实有效推进。

2013年，省市下达给学校的招生计划1500人，实际完成招生1836人，超额完成336人，完成计划的122.4%。计划招师50人，已招考8人，调入

1人，引进1人，共10人。聘任兼职教师33人。

校企合作联合办学。学校与市内各中小型超市、幼儿园、酒店等建立长期合作关系，联系学生实习实训320人次，向用人单位输送毕业生500余名。另外，与六枝职校等签订联合办学协议。

学校秋季免学费共减免学费40个班级共1516人。其中：六盘水市民族职业技术学校减免943人，六盘水市幼儿师范学校减免573人，覆盖率为83%。助学金补助方面，学校共发放27个班级共1110人，其中：六盘水市民族职业技术学校发放320人，六盘水市幼儿师范学校减免790人，覆盖率为61%。

（杨远梅）

六盘水市广播电视大学
（六盘水市艺术中专）

【概述】 2013年，市电大（市艺术中专）办学规模稳步上升，办学水平进一步提高。成人开放教育、奥鹏远程教育和全日制中专教育管理逐步走上规范化和制度化，教学的管理水平逐步提高，教学质量有较大提升。招收开放教育专、本科学员1109人（未含教学点），“奥鹏’’远程教育专、本科招生348人，全日制中专学生286人。全年共计招生1700余人，确保了学校在校生4300人以上的办学规模。2013年，学校共有各类毕业生900余人。全面推进双水以朵新校区建设工作。新校区已完成教学综合大楼一幢9560.36平方米，学生宿舍一号楼3991.44平方米，学生食堂2042.49平方米。对学生宿舍2、3号楼进行平场，对艺术科技楼等其他项目进行招投标。2014年年初，学校将搬迁水城双水以朵新校区。完善教学实践设备、设施。新购置了50台钢琴，建设钢琴房2个、舞蹈形体室2个、微格教室6个、幼儿模拟教室1个，幼儿卫生室1个，会议室1个，较大幅度改善了办学条件，同时为丰富学生的文化生活创造了条件。加强队伍管理和建设力度。经考察，外聘财务管理人员2名，招聘引进了15名专业教师。同时，外送省内外师资培训30余人次。组织召开2013年度学术研讨会，促进学校教育科研工作。学术研讨会开展了学术论文评选活动，兑现教师论文发表奖和优秀课件奖，对最近几年来学校的学术研究方向进行认真的研讨，尤其注重将科研成果应用到学校办学实践中，指导学校科学发展。举办六盘水广播电视大学第二届文化艺术节，提高学生的表演技能，丰富校园文化生活，促进学校精神文明建设。

（赵华锋）

【发展中等职业教育】 按照国家和上级电大的要求，进一步发展中职教育，继续认真做好与中央电大中等专业学校、贵州广播电视大学附属中专、广州城市职业技术学校及江苏昆山、常熟的校校联合、校企合作工作。2013年，送北京学习、实习、就业学生286人，送江苏、上海68人。学校中专幼师专业毕业生就业率达100%，2013年有56名中专幼师毕业生考入六盘水各县公立幼儿园工作。

（赵华锋）

【“六盘水市艺术中等专业学校”成立】 2013年4月，经上级编制部门审批，六盘水市编制机构委员会下文同意成立“六盘水市艺术中等专业学校”（六盘水编发〔2013〕16号），该校与六盘水市广播电视大学实行两块牌子，一套人员体制。

（赵华锋）

六盘水职业技术学院

【概述】 学院坐落于六盘水市钟山区梅花山脚下德坞湖畔，占地552亩，建筑面积27万平方米。图书馆藏书27万册。全日制在校生6000余人。学院教学设施先进，各种现代化教学手段广泛应用，医护实验室、煤炭工业类实验实训室、会计模拟实训室、计算机机房、形体训练室、语音室等专业实验室数量充足、设施完备，实现了教学、图书检索和办公管理的网络化，校园信息化建设发展迅速。组建了护理系、临床医学系、财经系、商务管理系、工业系、生物工程系、信息工程系和社会科学系8个系。开设了护理、助产、康复技术、会计电算化、图形图像制作、计算机应用技术、煤矿开采技术、煤炭深加工与利用、机电一体化、机械设计与制造、发电厂与电力系统、畜牧兽医、酒店管理、旅游管理、房地产经营与估价等23个高职专业和物业管理、社区医学、烟草、园艺、煤化工、汽车驾驶与维护等38个中职专业。2013年有全日制在校学生6079

人，教职工390人，其中专任教学及科研人员305人，副高以上职称71人，硕士以上学位人员24人，基本形成了一支结构合理、治学严谨、动手能力强、教书育人、热爱职业教育事业的师资队伍。学院设有华中农业大学、西南师范大学、贵州大学、重庆工商大学、贵阳医学院、遵义医学院等高校的研究生、本科生及专科生的函授站点，并与上海同济大学、广东罗定职院等高校联合办学，同时在威宁、钟山、六枝、盘县设置教学点。注重“校企合作”“产学结合”“订单培养”“弹性学制”“半工半读”“一书多证”等办学模式，使专业建设、教学内容、教学方式、实习实训条件等更加符合行业、企业和用人单位需求，确保了教育教学质量稳步提高，促进毕业生就业率逐年提升。

（刘文新　山　涧）

【科研工作】　2013年，学院重视科研工作，保障科研专项经费，分别制定“六盘水职院科研管理办法”等一系列科研激励政策，一方面鼓励教师积极参与科研，另一方面鼓励科研人员积极参与教学，将科研基地的建设和学生实训基地建设统筹考虑，把科研成果及时纳入教学内容，同时注重科技成果的转化、推广和应用，形成了以教促研、以研促教、产学研相结合、教研训一体化的自己独有的办学特色。学院已建立“农产品质量安全监督检测中心”和“植物组织培养中心”两个开放式实验室，承担省、市、院科研项目60余项，主编、参编全国规划教材46本，发表学术论文400余篇。获国家专利2项，有7项科研成果获六盘水市科技进步一、二等奖，9项科研成果获贵州省科技进步二、三等奖，30余项科研成果已推广，并取得了良好的社会效益、经济效益。

（刘文新　山　涧）

【校企合作促进就业】　学院紧紧围绕六盘水市经济社会发展实际，坚持“校企合作、工学结合”的办学模式，积极探索“校企合作、产学结合”，实践“订单培养、顶岗实习”的办学模式，配合有关部门组织好各种类别、各种形式的农民工就业培训。2003年，设在本院的原“贵州省第70国家职业技能鉴定站”升为贵州省第90国家职业技能鉴定所，增加技能鉴定至150余种。建立校外实训基地50个。为企业（行业）开办煤矿安全知识、会计人员培训。安排学生到企业（行业）顶岗实习。由市煤炭协会筹资建设、学院管理的“六盘水市新安煤矿安全技术培训中心”项目运行良好，“方圆职业技术培训学校”开展广泛的培训教育。学院与市工商联联合召开了校企合作座谈会，签订了合作意向书，深化校企合作力度进一步加大。着力抓好就业工作。强化以职业生涯、职业能力为核心的就业指导教育和培训，并且与市有关部门联合举办SYB创业培训班，深入市内外引进用人单位，拓展就业基地，大力促进毕业生就业，建立就业“绿色通道”，以校园招聘为主阵地，每年都成功举办“送岗进校园”毕业生就业招聘会，召开大型和小规模专场招聘会。2011年，全院高职毕业生的就业率达到了98.43%，中职毕业生就业率达到了89%，康复治疗技术、煤炭深加工与利用、机械设计与制造、发电厂及电力系统等4个专业的毕业生就业率达到了100%，护理专业的毕业生就业率达到了98%。

（刘文新　山　涧）

【校园文化】　为丰富大学生的课余生活，加强大学生思想政治教育，学院团委与思想政治教研组组织了8支参赛队，24名参赛选手参加学院的“党的十八大”知识竞赛。以“学习《党章》为主要内容的学习贯彻十八大精神主题教育活动”知识竞赛也在学院多功能报告厅展开。来自护理系党总支、院机关党总支一队、二队、医学系党总支、生物工程系党总支、社科系党总支、财经系党总支、商务管理系党总支、信息工程系党总支、工业系党总支10个代表队参加了竞赛活动。随后，主题：为“读书和实践，哪个对大学生更重要”读书活动之辩论赛举行。秉承“厚德精技服务社会”校训，在院党委委员、副院长、工会主席王铭志和院党委委员、纪委书记黄筑卫带领下，100多名师生代表来到钟山区汪家寨，为当地群众“送科技、送法律、送文化、送卫生、送关爱”，暑期社会实践及“润苗工程”启动。

（刘文新　山　涧）

【领导调研】　2013年1月23日，六盘水市委书记王晓光、市长何刚、副市长马雷、及六盘水市

委、市政府、市教育局及钟山区等有关部门负责人视察了六盘水职业技术学院。王晓光一行实地查看了学院第一教学大楼、第二教学大楼和校园正在施工工程建设情况。王晓光一行还沿学院主干道视察了学生宿舍区、生活区、体育运动场地等建筑设施。王晓光询问了学院的专业设置、师资队伍建设、高职、中职毕业生就业等情况，他对学院的办学模式、办学规模给予充分肯定。王晓光强调要重视学生的技能培养，突出实际操作能力；要切合实际，注重实效，接轨市场，突出职业技术教育特色的办学思想。王晓光指出，职业学院要突出职教特色，注重双师型教师队伍的建设，要发挥地域优势，做好专业调整，更好地为六盘水经济建设和社会发展服务。市长何刚在视察中提出，学院要抓紧校区工程建设，搞好景观绿化，体现六盘水的文化底蕴，突出特色，让校区给人以震撼。

3月9日，贵州省副省长陈鸣明率省有关单位负责人，在六盘水市委常委、市政法委书记、市公安局局长徐立平、六盘水市人民政府副市长马雷陪同下，到六盘水职业技术学院，就学院发展等有关问题进行调研。现场看了六盘水职业技术学院的校园和听了学院领导的精要工作汇报后，对学院在十年发展建设中取得的成绩给予充分肯定，他向六盘水职业技术学院全院广大教育工作者和干部职工们表示亲切慰问，希望大家面向发展、面向小康、面向现代化，进一步增强推动贵州教育事业跨越发展的使命感、责任感和紧迫感，又好又快的发展，努力办好人民群众满意的教育。

5月16日，六盘水市关心下一代工作委员会青少年教育培训基地在学院正式挂牌成立，这也是贵州省首家青少年教育培训基地在高等职业院校的挂牌建立。六盘水市老领导、市关工委主任时念好与学院党委副书记晋其勇为培训基地揭牌。六盘水市老领导、市关工委副主任周绍邦、夏琼英、吴尚琼、靳茹及市委组织部副部长、市离退休干部管理局局长林书华，市委组织部原副部长、市离退休干部管理局原局长李秀英，学院党委委员、副院长张加一出席挂牌仪式。学院方圆技能培训学校的学员和部分学生200多人参加挂牌成立仪式。

5月16日，以尹新黔为组长的省委巡视四组一行，在六盘水市纪委、监察局的负责人陪同下到学院检查指导工作。巡视四组组长尹新黔一行在认真听取了关于学院情况的汇报和介绍后指出，六盘水职业技术学院作为贵州西部一所重要的高等职业技术学院，始终恪守人才培养、实践教育、社会服务和文化传承创新使命，坚持解放思想、改革创新，为区域经济社会发展和转型跨越发展建设输送了一大批高技能优秀人才，提供了强有力的技术支撑。巡视组一行在充分肯定和高度评价了学院的办学成就后，结合新的发展形势、新的目标任务，对学院各项事业发展提出更高要求。

7月12日，中国期刊协会党刊分会会长、全国党刊研究会秘书长、《当代贵州》杂志社社长、当代贵州期刊传媒集团公司党委书记、董事长赵宇飞率领《当代贵州》杂志社部门部分负责人就职业技术教育、招生就业工作、校企合作及党刊进校园活动开展情况等进行调研采访。赵宇飞在听完学院发展情况介绍后说：六盘水职业技术学院经过十年的发展，充满了激情、取得了显著的成绩；在今后的发展中，提出了客观科学的奋斗目标、后发赶超的发展路径，振奋人心。他说，职业教育是国家的发展战略，做好这项工作是担当和责任，找到与实际工作的结合点，抢抓发展机遇、提升发展能力是媒体和六盘水职业技术学院共同的责任。作为省委机关刊物，既要策划好，又要宣传报道好职业技术教育，深刻挖掘校园文化内涵，策划好栏目，为职业技术教育发展推出好文章、好报道，营造良好的舆论环境。双方就下一步的宣传工作、毕业生就业等项工作达成共识。

8月16日，市委副书记、市长周荣来到学院进行现场办公，对学院的基本建设和教育教学工作提出了要求。

9月10日，省政协科技教育委员会专职副主任赵鹰率省政协“农业科技与人才培养对农业产业园区发展支撑情况”调研组一行到学院调研。

9月17日，省人大教科文卫委员会副主任俞培萱率省人大常委会《中华人民共和国义务教育法》执法检查组到学院调研。

9月28日，贵州省教育厅职成教处副处长胡晓、省交通职业技术学院计算机系主任、教授王爱红，省电力职业技术学院教务处处长、副教授谢雯一行到学院指导申办示范性学院创建工作。

10月5日，省教育厅党组成员、机关党委书记赵廷昌、省教育厅副厅长级督学邹联克等一行到学院调研，省教育厅领导实地考察学院并听取介绍后，首先是对学院这十年来的巨大变化感到惊讶，肯定了学院取得的成绩，对学院的领导工作、教育理念、社会效益给予了充分的评价。并表示省教育厅会继续关注和支持六盘水职业教育发展，努力推动六盘水职业教育工作迈向全省前列。

11月11日，“中央财政支持高等学校，提升专业服务能力项目”省级检查组专家莅临学院，受省教育厅委派，贵州交通职业技术学院副院长刘焰，贵阳职业技术学院副院长吴学玲，贵州轻工职业学院信息工程系主任汪洪三位专家通过听汇报、现场查看、深度访谈、查阅资料，对任课教师的学教情况、专业招生情况、师资配备力量，科研项目设立以及课程与教学资源建设等方面进行了解和检查。

12月11日，以胡雪雅为组长的贵州省综合治理工作领导小组一行五人对学院安全工作及校园周边环境安全建设工作进行了检查。

（刘文新　山　涧）

【友好交流】 6月7日，学院党委书记杨兴祥参加由教育部及中国国际教育交流协会组织的考察团赴美国进行了学习考察。

6月26日，燕山大学副校长、博士生导师赵永生教授在院学术报告厅作了“以学生为主体，项目教学为主线，理论与实践一体化，培养卓越工程人才”的学术报告。学院师生代表300多人到场听了报告。

9月11日，学院党委副书记晋其勇率学院交流培训干部和教师到帮扶六盘水市的辽宁省大连职业技术学院进行考察和学习。

10月25日，学院党委副书记晋其勇率领学院十名干部及教师前往中南大学进行挂职及教育培训。

（刘文新　山　涧）

【院领导工作】 1月4日，学院2012年度领导干部述职述廉测评会召开。党委副书记何鹏，党委委员、纪律检查委员会书记黄筑卫出席会议。院副处级干部、48名副科级干部以书面材料方式作了述职述廉报告，与会者现场填写年度考核民主测评表。

1月9日，学院第一届教职工代表大会第六次会议在学院学术报告厅召开。学院领导杨兴祥、李葆青、晋其勇、王铭志、张加一、黄筑卫、张先宇出席，教代会正式代表和列席代表出席了本次大会。大会听取、讨论并审议通过了院长李葆青代表学院作的《解放思想　深化改革　加快发展　强化管理　为全面建成省级示范院校而努力奋斗》的工作报告。大会分组讨论还审议通过了2013年学院工作要点，审议通过了杨朋德代表大会提案工作组所作的《提案工作报告》。

3月12日，主题以“深入贯彻十八大精神、提升高校党建科学化水平，为实现贵州的‘中国梦’提供人才支撑”的全省高校党的建设、教育系统党风廉政建设暨省属高校党委书记抓党建述职视频会议在贵阳召开，学院领导和学院中层干部在学院分会场出席会议。会后，学院党委书记杨兴祥要求，全院领导干部要认真学习和领会会议精神，要带头激情追求贵州的“中国梦”，激情干事业、传递正能量，务实干事业、攻坚勇担当，清廉干事业、身正作师表；要做好学院的一切工作，特别是要完成好今年思想政治教育评估工作和建设省级示范性职业技术学院评估工作的任务，为学院科学发展，又好又快的发展再创佳绩。院领导何鹏、王铭志、张加一、黄筑卫、张先宇在学院分会场出席会议，学院中层干部等60多人参加了分会场会议。

6月25日，院党委书记杨兴祥、副书记何鹏出席六盘水社会科学界联合会第二界代表大会。何鹏当选市社科联第二界委员会副主席。

12月11日，学院“四找”学习教育活动动员部署大全召开，学院领导晋其勇、何鹏、黄筑卫、张先宇出席，学院副科级以上干部参加大会。学院“四找”学习教育活动历时一个月分三个阶段进行。

（刘文新　山　涧）

【对外合作】 1月5日，成都铁路局人力资源部与六盘水车务段的领导一行六人来到学院，就人才培养和校企业合作办学等多项事宜进行协商。院党委委员、纪委书记黄筑卫出席，院办公室、教学科研处、招生就业处、宣传部的负责人参加。

（刘文新　山　涧）

【思想政治工作评估】　4月9日，由省教育厅派出的思政评估专家组到学院，对学院思想政治教育工作展开评估。专家组一行共五人，省招生考试院党委书记邓厚勇担任组长，贵州师范学院副院长、教授石培新担任副组长，专家组成员分别有，贵州财经大学学生处处长、副教授周晶，贵州师范学院宣传部部长、副教授姜东，省教育厅社政处主任科员任世晟。专家组通过听取汇报、召开座谈会、查阅档案资料、问卷调查、实地考察、走访等形式对学院的思想政治教育工作进行了一次全面的检阅和指导，学院思想政治教育评估工作暂告一段落。

（刘文新　山　涧）

【学院举办十年校庆】　10月18日，学院建院十周年庆祝大会在田径运动场举行。大连职业技术学院党委副书记、院长栾永斌、六盘水市教育局党委书记、局长王时明、市政府副秘书长陈泉及学院党委书记杨兴祥、党委副书记、院长李葆青、党委副书记晋其勇、副院长王铭志、副院长张加一、党委委员、纪委书记黄筑卫、副院长张先宇和学院党委原副书记葛凤仪、副院长顾正义出席庆典大会。有关部门的领导，新闻媒体代表及学院的全体师生参加了庆典。为庆祝建院十周年，学院教职工篮球比赛、艺术作品展相继拉开序幕，艺术作品展展出作品70余件。

（刘文新　山　涧）

六盘水师范学院

【概述】　六盘水师范学院是2009年3月经教育部批准成立的一所全日制普通本科院校。学院坐落于贵州西部有“中国凉都”美誉的六盘水市区西南部的明湖之滨、水城河畔。占地面积592亩，教学科研仪器设备总值达3228.03万元，馆藏图书68万册。六盘水师范学院的办学历史，可追溯到1978年挂靠原贵阳师范学院（现贵州师范大学）的贵阳师范学院六盘水专科班，1985年1月经贵州省人民政府批准成立六盘水师范专科学校，1993年经教育部批准更名为六盘水师范高等专科学校，2009年3月经教育部批准，升格为六盘水师范学院。学院有专任教师438人，其中，教授34人、副教授115人；博士学位教师12人、硕士学位教师219人。学院设有本科专业23个、专科专业21个，成人教育专业30个，涉及理学、工学、文学、法学、历史学、教育学等6大学科门类，面向全国13个省（直辖市、自治区）招生，同时招收外国留学生，现有全日制在校学生近6000人。学院设有政治教育与法学系、中国语言文学系、历史与社会文化科学系、外国语言文学系、数学系、物理与电子科学系、化学与化学工程系、生命科学系、计算机科学与信息技术系、艺术系、体育系、教育科学系、环境与资源科学系、矿业工程系等16个教学系、1个成人教育部、1个现代教育技术中心和1所附属中学。学院以培养创新精神和创业能力为着力点，不断强化学生的综合素质，建校30多年来，学院以办人民满意的教育为宗旨，以服务地方经济和社会发展为己任，已向社会输送毕业生23509人，成人本专科毕业生1万余人，培训中小学教师和各类人员1万余人次。

（管　迪）

【实训实习基地】　在水城矿业（集团）有限责任公司、首钢水城钢铁（集团）有限责任公司等国有大型企业以及玉舍国家森林公园、六盘水市国家级湿地公园、六盘水市中小学建有实训实习基地73个。煤系固体废弃物资源化利用实验室为省级特色重点实验室，贵州煤炭清洁高效利用科研实验平台为省级科研试验平台，矿山压力与岩层控制工程中心获批省级工程中心，采矿工程为国家级专业综合改革试点项目、省级重点学科、省级特色专业，动物学学科为省级重点支持学科，植物生理学和植物学为省级精品课程。6月19日，计科系与重庆达内科技有限公司就建立实习实训基地举行签约仪式。11月18日下午，六盘水师范学院与贵州三线建设博物馆在贵州三线建设博物馆举行教学实践基地签约揭牌仪式。仪式上，董明建代表学院与贵州三线博物馆馆长田景彪签订了《教学实践基地合作协议书》，蒋承云和宋淑珍分别代表六盘水师范学院和贵州三线博物馆为六盘水师范学院教学实践基地揭牌。10月13日上午9点，学院第四期创业模拟实训培训开班典礼在综合楼二楼实训教室举行。11月18日下午，学院与六盘水市万事达科贸有限公司战略合作揭牌仪式庆典活动在行政办公楼十楼会议室举行。仪式上，计算机科学与信息技术系主任陈声波就协议签订的背景及合作方式作了介绍。院长郁钟铭与六盘水万事达科贸有限公司总经理牛煜军签订了合作协议，并为六盘水师范学院实习实训基地揭牌。

（管　迪　何俊瑶　陈　茜　徐宇晗）

【学院党委第一副书记到任】 1月7日下午，学院在综合楼召开领导干部会议，市委常委、市委组织部部长、市委统战部部长李朝卉代表省委组织部宣布周斯弼到学院任党委第一副书记的决定。

（管　迪）

【两项目获得国家级大学生创业立项】 2月，学院首次申请的国家级大学生创新创业训练计划项目，在教育部组织的2012地方高校国家级大学生创新创业训练计划项目评审中，生物系孙爱群教授指导该系张镇等5名学生申报的“苗药红花龙胆的繁殖方法研究”大学生创新创业训练计划项目，化学化工系石开仪博士指导该系王俊璞等3名同学申报的“二塘选煤厂细粒煤泥的分选研究”大学生创新创业训练计划项目获得国家级立项。

（学院教务处）

【社科项目获省科教人才资金扶持】 2月，卢香宇教授获2013年贵州省科教人才省长专项资金项目立项，卢香宇教授主持申报的《贵州布依族建筑文化研究》获2013年度贵州省科教人才省长专项资金项目立项。

（管　迪）

【数字化校园建设方案论证会】 3月24日，学院数字化校园方案论证会议在贵阳召开。由省政协副主席、致公党贵州省委主委、贵州师范大学副校长、省管专家、省核心专家、教授谢晓尧，贵州大学网络中心副主任、微电子博士、教授杨建、贵州民族大学网络中心副主任、高级实验师吴军，贵州财经大学网络中心副主任、副教授陈坚、贵州师范学院网络中心主任、高级实验师王海组成的专家组，对学院提交的电信、联通以及学院自制的数字化校园方案进行评审。

（管　迪）

【第一届人才博览会上签约71人】 3月28日—29日，贵州省第一届人才博览会在贵阳国际会展中心举行。学院党委书记袁仁庆，党委副书记、院长郁钟铭，党委副书记周斯弼，副院长彭望书及学院相关单位负责人参加。博览会期间，到学院招聘展位咨询、投简历的各类人才达300余人。通过资格审查、专家组评审等环节，160人表达了签约意向，最终有71人与学院签订用人协议，其中博士5人，硕士66人，涉及文学、物理学、外语及应用语言学等二十余个学科专业。此次人才引进在学院历次现场招聘人数中是最多的，特别是一些紧缺的理工科学科人才实现了零的突破。

（管　迪）

【省学位办评估学院】 4月10日至11日，省学位办对学院新增学士学位授予权单位和学科专业授予权工作进行评估。由省教育厅副厅长代其平率省学位办专家组一行12人对学院申报学士学位授予单位及汉语言文学、生物科学、数学与应用数学、应用物理学等4个专业学士学位授予权进行评审。

（管　迪）

【学院与贵州民族大学签订对口合作协议】 4月10日上午，贵州民族大学校长王凤友、副校长肖远平率校办、教师工作处、美术学院等负责人一行到学院，在办公楼1005会议室签订“六盘水师范学院—贵州民族大学对口合作协议”。

（管　迪）

【校园文化建设规划会】 4月15日下午，党委副书记周斯弼在行政楼1005会议室主持召开校园文化建设规划及创意策划方案座谈会，广泛听取学院内专家的意见与建议。

（管　迪）

【“社科理论走基层”主题报告会】 4月18日下午，“社科理论走基层”主题报告会在学院综合楼三楼学术报告厅举行。贵州省委党校副校长、贵州行政学院副院长汪建初作了主题为“中国人的精神生活——论人格扩展的空间”报告会。报告会由学院党委书记袁仁庆主持。

（管　迪）

【省市领导到学院视察】　3月18日，以省政协科技教育委员会专职副主任龚源为组长的省委教育工委、省教育厅加快发展目标考核组一行7人到校检查指导工作。考核组一行在听取学院专题汇报，查阅相关资料，师生及学生家长代表测评，实地察看校区建设情况后召开了反馈会。5月8日下午，省教育厅厅长霍健康到学院视察，副市长谢朝碧，院党委书记袁仁庆、院长郁钟铭、副院长田应洲、傅亚频、董明建、彭望书、张德恩及市直有关部门负责人陪同。霍健康一行听取了学院领导的汇报，并实地察看了校园环境，对学院近年来的建设和发展给予了肯定。5月16日下午，省委巡视四组组长尹新黔率巡视组成员到学院巡视工作，市纪委副厅级退休干部杨继亮陪同巡视组一行。5月24日上午，市委副书记、市长周荣到学院视察，听取了学院工作情况汇报，并在党委书记袁仁庆、院长郁钟铭、党委副书记、纪委书记蒋承云陪同下视察了校园环境。

（管　迪）

【中国科学院院士到学院视察】　5月23日下午，中国科学院院士宋振骐到学院视察，并在办公楼5楼会议与矿业工程系老师座谈，党委书记袁仁庆、院长郁钟铭、副院长彭望书出席，党政办、科研处等有关部门负责人参加座谈会。

（严庄坤）

【领导专家调研】　9月6日上午，市人才工作领导小组到学院调研，并在行政办公楼10楼会议室召开座谈会。院长郁钟铭向市领导汇报了学院关于人才引进工作的情况。11月18日上午，以云南师范大学宋淑华教授为组长，田世昌、杨杰等为成员的专家组，在省教育厅体卫艺处处长助理何耀武、六盘水市人民政府督学余龙江的陪同下到学院进行了体质健康测试的复查工作。此次抽查复核是根据教育部《关于开展2013年〈国家学生体质健康标准〉测试上报数据抽查复核工作的通知》的要求，教育部委派相关专家组成工作组，赴贵州实施现场抽查复核和调研工作，学院是贵州省被抽查的8所高校之一。

（张　龙　严庄坤）

【第二届读书月】　5月10日下午，学院第二届读书月活动启动，贵州大学党委书记姚小泉教授应邀为学院师生作《中国周边安全形势思考》的学术报告，这是“读书月”活动“名师导读”的第一场讲座。学院党委书记袁仁庆主持报告会，党委副书记、院长郁钟铭，党委副书记蒋承云，副院长田应洲、傅亚频、董明建、彭望书、张德恩出席。

（管　迪）

【高校教师岗前培训】　5月11日下午，2013年贵州省高校教师岗前培训六盘水师范学院班开班典礼在综合楼三楼学术报告厅举行。来自六盘水职业技术学院和六盘水师范学院共95名新进教师参加培训。

（人事处）

【省系统工程学会召开】　6月10日下午，贵州省系统工程学会2013年常务理事会议在学院召开，来自贵州大学、贵州师范大学、贵州民族大学、贵州财经大学、贵州商业高等专科学校等单位相关专家，院长郁钟铭教授参加会议。党委副书记、纪委书记蒋承云、副院长彭望书、张德恩在办公楼502会议室举行了欢迎仪式。

（管　迪）

【贵大博导学术报告】　5月30日下午，贵州大学博士生导师，贵州省博弈、决策与控制理论重点实验室学术委员会主任俞建教授座客“名师导读”讲坛，为学院师生作题为《博弈论，利益冲突与合作的分析》的报告。

（管　迪）

【对外交流】　学院始终坚持开放办学理念，积极开展对外学术交流活动，聘请了一批著名学者为客座教授，常年聘有来自美国的外籍教师（美中友好志愿者）在校任教，先后招收8名美国学生来校学习。5月9日至6月9日，学院党委副书记周斯弼参加了美国西部团海外研修班。6月10日至18日，应韩国国际交流财团、韩中友好协会和韩国《中央日报》中国研究所邀请，经过在全院范围内的选拔，学院外语系杨伦同学代表六盘水师范学院参加此次访问交流活动。7月12日，学院与上海工程技术大学联合召开挂职干部、交换生座谈会。上海工程技术大学校长丁晓东、副校长陈力华，学院院长郁钟铭、副书记周斯弼、副院长彭望书出席。10月29日，学院党委副书记周斯弼、教师工作处处长程绪权送化学与化学工程系党总支书记卢香宇、中国语言文学系党总支书记刘付华赴上海工程技术大学挂职学习锻炼，出席两校对口帮扶工作专题会议，与交换到上海工程技术大学学习的学生进行座谈，并考察上海工程技术大学校园建设、学科专业建设、师资队伍建设、校园文化建设工作。

（管　迪）

【文明有礼签名活动】 7月8日，学院组织开展“我承诺，我文明，我健康——做文明有礼凉都人”签名活动，全院副科级以上干部及党政部门、教辅部门全体教职员工在印有《“我承诺：做文明有礼凉都人”承诺书》的布幅上签名承诺。院领导袁仁庆、周斯弼、蒋承云、傅亚频、董明建出席，党委副书记、纪委书记蒋承云主持仪式。

（管　迪）

【教职工用车捐赠仪式】 7月9日下午，六盘水市地方税务局、贵州盘县紫森源（集团）公司向学院捐赠汽车仪式在办公楼10楼会议室举行，院长郁钟铭、党委副书记周斯弼，副院长傅亚频、董明建、彭望书，贵州省地方税务局党组成员、总会计师、六盘水市地方税务局党组书记、局长任亚林、贵州盘县紫森源（集团）公司总经理范鹏飞出席。六盘水市地方税务局、贵州盘县紫森源（集团）公司先后向学院递交了汽车钥匙，院长郁钟铭分别与六盘水市地方税务局、贵州盘县紫森源（集团）公司签订合作框架协议。

（严庄坤）

【暑期社会实践活动】 7月19日上午，2013年大学生暑期社会实践活动出征仪式举行。学院党委副书记、院长郁钟铭宣布学院暑期“三下乡”社会实践活动出征。党委副书记、纪委书记蒋承云讲话并提要求，副院长彭望书、张德恩，团市委副书记李睿出席。

（张武桥）

【教职工公租房一期工程开工】 8月14日上午，学院在红桥新区红山大道旁举行教职工公租房一期工程开工仪式，院领导周斯弼、蒋承云，贵州建工集团第五建筑工程有限责任公司有关领导出席。学院各部门负责人参加开工仪式。学院教职工公租房拟建1009套，分两期实施，其中一期建600套，二期工程拟建409套。

（管　迪）

【乌蒙山区发展学术研讨会】 8月24日，由学院承办的乌蒙山区发展研究第一届学术研讨会开幕式在圣地亚哥大酒店举行。副市长付昭祥，学院院长、研讨会主席郁钟铭，党委副书记周斯弼，党委副书记、纪委书记蒋承云，副院长彭望书，西南民族大学研究院副院长，西南少数民族研究中心主任、教授民族学博士生导师、乌蒙山研究院顾问杨正文，贵州民族大学、贵州省非物质文化遗产委员会专家、贵州民间文艺家协会副主席、乌蒙山研究院顾问吴秋林，云南大学农村发展研究中心主任、教授、博士肖迎出席研讨会。

（王　林　杨　莹）

【两学院纪委结成友好交流单位】 8月27日，六盘水师范学院纪委（监察）与贵阳学院纪委（监察）在行政楼5楼会议室举行了签字仪式。出席签字仪式的领导有院党委副书记、院长郁钟铭，党委副书记、纪委书记蒋承云，院党委委员、副院长田应洲，贵阳学院党委副书记、纪委书记刘国华。贵阳学院纪委副书记范倩和学院纪委副书记伍友琴分别代表两院纪委（监察）签订了《友好交流单位协议书》。

（谢　春）

【全市农业政、产、学、研座谈会召开】 8月27日，六盘水农业产业政、产、学、研结合座谈会在行政楼10楼会议室召开。市人民政府副市长付昭祥，院党委书记袁仁庆、党委副书记周斯弼、副院长田应洲、彭望书出席会议。市农委、科技局、发改委等六部门相关负责人参加会议。

（王　林）

【生命科学系举行“党员导师制”启动仪式】 10月14日，生命科学系2013级“党员导师制”启动仪式在学院行政楼10楼会议室举行。院党委副书记周斯弼，党委委员、副院长田应洲、彭望书出席，学生导师和生命科学系2013级全体新生参加。

（陈天春）

【中南大学软件工程开班典礼举行】 10月21日下午，中南大学软件工程在职研究生班开班典礼在学院举行。院党委副书记、院长郁钟铭，副院长彭望书，中南大学软件学院院长陈志刚出席。

（杨　莹）

【全省翻译工作者协会年会召开】 10月26日，贵州省翻译工作者协会（简称省译协）2013年年会暨学术研讨会在学院召开。学院副院长田应洲，省译协会长江光伦，省译协副会长戴文年，省译协副会长、四川外国语学院费小平教授，省译协副会长杨祥华，省译协副会长、贵州民族大学肖唐金教授，省译协副会长彭寿云，省译协副会长、贵阳学院杨山青教授出席会议。

（严庄坤）

【黔南州考察团到学院考察】 11月12日，黔南布依族苗族自治州州政协党组副书记、常务副主席王雯洁率领的考察团一行10余人到学院参观考察。市政府副市长谢朝碧，市政协党组副书记、常务副主席王兴建，学院党委副书记、纪委书记蒋承云、副院长田应洲陪同考察。

（管　迪）

【第一次工会代表大会】 7月6日上午，六盘水师范学院第一次工会代表大会在庄严的国歌声中隆重开幕。会议听取《六盘水师范学院第一次工代会筹备工作情况报告》《六盘水师范学院第一次工代会代表资格审查报告》，审议《六盘水师范学院第一次工代会选举办法》，选举产生六盘水师范学院升本以后的第一届工会委员会。

（张武桥）

【第一届第一次教职工代表大会】 11月30日上午，六盘水师范学院第一届第一次教职工代表大会在综合楼学术报告厅开幕，145名教职工代表大会代表（含特邀代表）参加大会。会议表决通过了《六盘水师范学院教职工代表大会章程》《六盘水师范学院奖励性绩效工资实施方案》《六盘水师范学院教师考核评价暂行办法》《六盘水师范学院第一届教职工代表大会执行委员会名单》和《六盘水师范学院第一届教职工代表大会提案委员会名单》。

（管　迪）

【第一次学生代表大会】 12月8日早上9时，学院第一次学生代表大会举行。院党委副书记周斯弼，党委副书记、纪委书记蒋承云以及机关党委、学生处等部门负责人出席此次大会。来自学院各系的167名正式学生代表和3名列席代表参加会议。

（管　迪）

【文体活动】 2月19日至21日，由中国大学生体育协会桥牌分会主办、天津师范大学承办的第四届全国高校教职工桥牌锦标赛在天津举行，学院取得了团体第七名、双人组第六名和第八名的好成绩。5月10日上午，学院首届田径运动会开幕。8月31日，2013年，贵州省蹴球邀请赛在学院举行，来自全省9个市（州）和省少数民族传统体育项目训练基地共13个代表队的52名选手参加比赛。10月27日，贵州省第七届高校“校长杯”乒乓球比赛在贵州理工学院体育馆落下帷幕，副院长彭望书获女子单打冠军。10月，由省委教育工委（省教育厅）组办的第二届全国高校廉政文化作品大赛贵州省赛区评选工作结束，艺术系教师吕技的作品《宴》获得书画摄影类绘画一等奖，并入选参加全国决赛；宣传部刘应该的作品《汉隶楹联》获得书画摄影类书法三等奖；艺术系教师罗黔军的《重击——法不容情》和陈娟的《苗歌飞舞幸福来》两件作品获艺术设计类优秀奖。12月2日下午，学院“明湖·清风”廉政文化艺术作品展在六盘水市美术馆开展。12月27日，学院与六盘水美术馆教学实践基地揭牌仪式在六盘水美术馆一楼大厅举行。12月31日下午，六盘水师范学院书法家协会成立仪式在十楼会议室举行。

（管　迪　李彦瑾　刘朝明等）

科技　卫生

科　技

【概述】　2013年，有市级科技行政管理机构1个，编制14人。其中：行政编制12名、实有9人，工勤编制2名，实有3名。有2000平方米办公大楼一座（六盘水市地震应急指挥中心），办公车辆3辆。有发展计划科、知识产权管理科、农村与社会发展科、科技成果管理与技术市场科4个业务科室和办公室，各项管理制度基本健全。市级科技行政管理机构下属有：副县级六盘水市地震台、正科级六盘水市科技情报研究所（六盘水生产力促进中心）、正科级六盘水市专利执法支队3个事业单位，编制共22人、实有人员21人。

全市辖四个县（特区、区）实行农业局与科技和知识产权局两块牌子，一套人马管理模式。科技行政管理工作由上年成立的隶属于科技和知识产权局的科技事业局（正科事业编制）负责管理。其中：六枝特区科技事业局编制7人、实有7人，内设机构有地震台、办公室、综合股、科技和知识产权股、科技情报室。盘县科技事业局编制10人，实有3人，无内设机构。水城县科技事业局编制9人，实有2人，内设机构有地震台、科技管理股、知识产权股、农村与社会发展股、对外经济合作与信息股。钟山区科技事业局编制4人，实有4人，内设机构有综合管理股。

2013年12月，根据六盘水市编办印发《六盘水市机构编制委员会关于六盘水市地震台更名的通知》文件精神，将“六盘水市地震台”正式更名为“六盘水市防震减灾局”。六盘水市防震减灾局为财政全额预算管理的副县级事业单位，隶属于六盘水市科学技术局（六盘水市知识产权局）。内设3个科室：办公室、地震监测科（市地震台）、震害防御与救援科，事业编制10名。主要承担辖区内地震监测台网及数字信息系统建设、地震监测预报、震情灾情速报、地震应急救援、地震安全评估和地震科普宣传等工作。

六盘水市科技局组织专家对2012年实施的科技项目进行了科技成果鉴定，共鉴定科技项目22项，其中21项通过了六盘水市科技成果鉴定。

经贵州省科技厅专家评审、科技部专家复核后，水城县、盘县通过了2011—2012年度全国县（市）科技进步县考核。六盘水市本级首次通过了2011—2012年度全国地（州、市）科技进步考核。

12月，六盘水市科技局、六盘水市统计局公布了由贵州省科技厅、贵州省统计局公布的2011年、2012年全省综合科技进步统计监测结果。结果显示：六盘水市的综合科技进步水平指数2011年为17.73%，2012年为24.30%，在全省的排名均为第5位。

（刘　丽）

【科技研发资金投入】　2013年，应用技术研究与开发资金投入较上年增加。市级安排应用技术研究与开发资金1100万元，比2012年的1000万元增加100万元，增幅10%。安排科技计划项目71项。六枝特区安排应用技术研究与开发资金1312.2万元，比2012年的400万元增加912.2万元，增幅228%。盘县安排应用技术研究与开发科技经费3883.2万元，比2012年的3120万元增加763.2万元，增幅24.46%。水城县安排应用技术研究与开发经费1342.15万元，比2012年的855万元增加

487.15万元，增幅56.98%。钟山区安排应用技术研究与开发经费2899万元，比2012年的2363万元增加536万元，增幅22.68%。

（刘　丽）

【科技创新平台建设】 贵州省科技文献共享服务平台——六盘水分中心挂牌成立。2013年5月，六盘水市科技局与贵州省科技情报研究所文献馆签订科技文献资源共享合作协议，挂牌成立“贵州省科技文献共享服务平台——六盘水分中心”，为推动科技文献资源在六盘水的共享与使用奠定了基础。

《科技创新团队认定考评指标》出台。2013年6月，根据《六盘水市科技创新团队建设管理暂行办法》，结合实际，市科技局制定了《六盘水市科技创新团队认定考评指标》。指标从“团队领衔人、团队依托单位、团队运行机制、团队人才培养、团队研发项目、团队创新成果”六个方面对科技创新团队进行认定考评。

两“科技创新人才团队”获省级立项。贵州盘江精煤股份有限公司的“贵州省高效煤炭生产科技创新人才团队”和六盘水师范学院的“贵州省煤炭绿色开采及矿区生态环境保护科技创新人才团队”入选“贵州省第六批科技创新人才团队”名单，获省级科技创新人才团队立项支持。

科技计划项目申报管理系统平台建成使用。8月，六盘水市级科技计划项目申报管理系统平台建成并投入使用。2014年度的市级科技计划项目申报工作全部通过“六盘水市科技局科技计划项目管理系统”实行网上申报。

科技创新平台建设工作初具规模。截至2013年年底，共培育了“贵州西部民族药用植物资源研究与利用重点实验室”“六盘水市临床药学重点实验室”“六盘水市配煤炼焦重点实验室”等3个市级重点实验室；“贵州省高性能金属长材工程工程技术研究中心”“贵州省氢能发动机汽车工程技术研究中心”“六盘水林产化工工程技术研究中心”等3个市级工程技术研究中心；“贵州省煤机装备工程技术研究创新团队建设”“植物资源与环境生态研究创新团队”“煤系固体废弃物资源化利用创新团队”“水钢科技创新团队”等4个市级科技创新团队和“贵州盘江高效煤炭生产科技创新人才团队建设”“贵州省煤炭绿色开采及生态环境保护科技创新人才团队”“水钢科技创新团队”等3个省级科技创新人才团队。

（刘　丽）

【争取科技项目资金】 首次获国家自然科学基金项目立项支持。8月，在2013年国家自然科学基金项目评审中，六盘水师院田应洲副院长申请的《贵州高原瘰螈属、拟小鲵属物种多样性及谱系地理学研究》项目获批立项，资助资金47万元，项目实施年限为2014年1月起至2017年12月止。项目的获批，实现了六盘水市在国家自然科学基金领域申报获批立项项目零的突破。

组织申报上级科技项目。2013年，市科技局积极组织申报国家级和省级科技项目，获得立项71项。其中：获省级项目立项69项，项目支持资金865万元；获得国家级项目立项2项，项目支持资金775万元。六枝特区申报市级科技项目21项，立项8项，获得资金54万元；申报省级科技项目10项，立项7项，获得资金125万元；申报国家级科技项目1项，立项1项，获得资金80万元。盘县申报市级科技项目27项，立项14项，获得资金66万元；申报省级科技项目8项，立项8项，获得资金255万元；申报国家级科技项目1项，未获立项。水城县申报市级科技项目29项，立项11项，获得资金39.5万元；申报省级科技项目6项，立项2项，获得资金35万元。未申报国家级科技项目。钟山区申报市级科技项目47项，立项33项，获得资金265万元；申报省级科技项目42项，立项40项，获得资金199.1万元；申报国家级科技项目2项，立项2项，获得资金83万元。

国家“863”计划落户六盘水。2013年，由贵州鑫晟煤化工有限公司申报的国家“863”计划“多用途低品质煤气流床气化关键技术与工业示范”课题获得国家科技部批准实施，获科技部728万元的经费资助。该项目是国家“863”计划首次落户六盘水，实现了六盘水市承担实施国家“863”计划零的突破。

项目助推贵州科学院六盘水分院建设。2013年10月，贵州科学院在六盘水市科技局组织召开了“贵州科学院六盘水分院2013年项目论证会”，确定了“智慧农业园区及郎岱应用示范”“区域性食品安全监测综合技术应用”“红豆杉生物制药原料林育苗基地及示范种植基地建设”“六盘水市野生猕猴桃种质资源收集与保存”“煤矿突出危险性参数检测技术”等5个项目作为推进了贵州科学院六盘水分院建设的专项项目，并安排科技成果转化专项经费80万元。

省、市、院科学技术联合基金项目评审揭晓。2013年7月，由自贵州大学、贵州师范大学、贵州民族大学等省直高校7位专家组成的评审组，对申报2013年度贵州省科技厅·六盘水市科技局·六盘水师范学院科学技术联合基金的51个项目进行了评审。根据科学技术联合基金管理办法，评出立项项目33个，其中重点项目3项、一般项目28项、交叉学科项目2项，安排联合基金120万元。

（刘　丽）

【培育高新技术企业和创新型企业】 2013年，市科技局加大对高新技术企业和省级创新型企业的培育力度。中城建恒远（贵州六盘水）新型建材有限公司获得高新技术企业认定，六枝特区华兴管业制品有限公司获得贵州省创新型企业认定。截至2013年年底，全市共有高新技术企业3家，贵州省创新型企业3家。

（刘　丽）

【第十四次科学技术奖评审揭晓】 2013年，经六盘水市科技进步奖评审委员会、六盘水市人民政府知识产权联席会议办公室评审，共评审出六盘水市第十四次科学技术奖27项。其中：杰出贡献奖空缺；科技进步奖一等奖3项、二等奖6项、三等奖8项；市级科技成果转化奖一等奖2项、二等奖3项、三等奖5项。

（刘　丽）

【民营科技企业扶持】 2013年，六盘水市新增民营科技企业118家，其中，六枝特区新增20家，盘县新增57家，水城县新增20家，钟山区新增21家，增幅达到347%。截至2013年年底，六盘水市经各级科技行政管理部门认定登记注册并通过年审的民营科技企业共有152家。

10月，六盘水市科技企业孵化器有限公司登记注册，落地红桥新区小微企业孵化园，注册资本150万元，并完成13000平方米标准化厂房初装修，并与省外25家科技创新型企业达成了入孵意向。公司的成立标志着六盘水市首家科技企业孵化器运营机构组建完成。

（刘　丽）

【高层次人才培养】 2013年7月，市科技局确定张经阳、段刚奇、王志禹、蒋开林、徐琳、陈石、王蓓蓓、胡英、陈开朗、王旺、余士英等11名申报对象列入2013年高层次人才培养计划，并与之签订了培养合同。截至2013年年底，高层次人才培养计划已培养博士5人、硕士72人、结业2人，尚有4人在读博士学位，7人在攻读硕士学位。

2013年，盘江精煤股份有限公司的龙书云成为贵州省第九批优秀青年科技人才培养对象，填补了六盘水“十一五”以来无省级优秀青年科技人才培养对象纳入贵州省优秀青年科技人才培养计划的空白。培养对象的确立，将对盘江精煤股份有限公司今后在建设盘江精煤科技创新团队，搭建工程技术研究中心，提升行业科技创新能力方面奠定了基础。

（刘　丽）

【各类科技培训】 4月，市科技局组织科技、统计、经贸（工信）、人社、环保、工商、农业、林业等8个部门的统计人员，召开了全市科技进步统计监测培训会；5月，组织市科协、市教育局、市公安局及各县区科技局等25家单位，召开了2012年度科普统计工作专题培训会；8月，组织全市有关企业、园区、县区科技管理部门的有关领导和人员，举办了高新技术企业申报培训会。

（刘　丽）

【选聘科技特派员】 按照供需双方自愿，择优选聘原则，市科技局组织选聘市级科技特派员22名，县区级科技特派员163人。截至2013年年底，六盘水市选聘的市级科技特派员52人，县区级科技特派员215名，其中：企业类科技特派员44名，农业类科技特派员166名，自发型科技特派员5名；选聘的各类科技特派员中，政府机关工作人员29名、高等学校人员13名、其他事业单位人员156名、企业人员17名。

（刘　丽）

【科技示范园区建设】 2013年，六枝有机农业

科技示范园、哒啦仙谷科技示范园、红果智能农业科技示范园、水城猕猴桃科技示范园、钟山现代农业科技示范园等5个农业科技示范园达到市级农业科技示范园标准并挂牌。组织申报2个省级农业科技示范园，其中贵州盘县农业科技示范园已通过立项并获得100万元资金支持。

（刘　丽）

【马铃薯项目】 2013年度共受理马铃薯专项项目13项，确定立项项目7项，支持经费180万元，带动项目实施单位投入资金2100万元。建立马铃薯原原种基地和脱毒马铃薯种薯生产基地5600亩；新建脱毒中心1个；新建雾培中心1个（贵州省第一个采用雾培技术生产微型薯，在全省及西南片区处于领先地位）；建立马铃薯科技园区1个；组建马铃薯专业协会10个。

（刘　丽）

【六盘水中药材产业信息网建成】 2013年，六盘水市科技局新建六盘水中药材产业信息网，实现六盘水市中药重点产业的信息共享。网站主要发布中药产业的政策法规、通知公告、动态信息、重点药材资源介绍、农业适用技术等。

（刘　丽）

【科普工作】 2013年，六盘水市科技局组织并参加了“携手建设创新型国家”为主题的科技活动周，完成82个单位科普统计，其中涉及市直21个、县区61个。发展科普专职人员46人，兼职人员497人；年度科普经费筹集额552.7万元；举办科普讲座119次，参加18550人次，专题科普展览38次，参加22140人次，科普竞赛32次，参加10792人次，举办实用技术培训388次，参加36074人次。

（刘　丽）

【知识产权管理】 2013年，在全省的知识产权工作管理考核中，六盘水知识产权工作获考核一等奖，综合排位第2位，较2012年第5位上升至3位。全年，六盘水市新申请地理标志4个，其中：盘县2个，分别为“盘县刺梨果脯”“四格乌洋芋”，六枝1个为“牛场辣椒”，水城1个为“水城猕猴桃”。六盘水市商标申请855件，向贵州省工商局推荐省著名商标34件，其中32件为新申请，共有22件被认定为贵州省著名商标。六盘水市作品自愿登记共17件（计算机软件登记未统计在内）。其中：六枝3件，盘县5件，水城6件，钟山5件。

市、县两级知识产权局共组织推荐园区、县区、企业申报2013年度贵州省知识产权资助项目，获得省知识产权局立项15项、资金106万元，较往年有了较大突破。

全市共申请专利575件，专利授权421件，其中：六枝特区科技和知识产权局申请专利88件，专利授权45件，发明专利7件；盘县科技和知识产权局申请专利263件，专利授权215件，发明专利25件；水城县科技和知识产权局申请专利69件，专利授权50件，发明专利11件；钟山区科技和知识产权局专利申请155件，专利授权111件，发明专利29件。

市知识产权局分别在四个县区组织了9次专利执法市场检查，共检查商场8家，商品5200余种，对标注有专利号的150余种产品进行了法律状态检索，查处55件涉嫌假冒专利案件。同时，市知识产权局会同市工商局、市版权局、市质监局、市食品药品监督管理局、市农委联合开展专利执法行动，共检查商品1500余种，对标注有专利号的20余种产品进行了法律状态检索核实。

7月，市知识产权局组织开展了六盘水市第二届优秀专利奖评审工作，共评出优秀专利奖5项，分别是：首钢水城钢铁（集团）有限责任公司的“一种热轧82B盘条人工时效检验方法”专利、六盘水神驰生物科技有限公司的“真空系统自动恒温恒压洗涤缶”专利、贵州宏狮煤机制造有限公司的“一种电力电子功率元件的隔爆式水冷装置”专利、六枝特区华兴管业制品有限公司的“一种矿用瓦斯气体抽放管”专利、六盘水金星机电设备有限公司的“节能自适应恒流充电机”专利。

六盘水师院被列为省、市知识产权试点。六盘水师院2011年3月被列为六盘水市第二批知识产权试点单位，同年12月被列为贵州省第四批知识产权试点单位。试点期间共申请专利92件，其中发明专利7件，是试点前的23倍；授权专利37件，在全省高校2013年1—9月专利申请授权中排名第二名。2013年获省级科技人才培养创新团队1个；

2人获省第二届“青年创新人才奖”。2011年以来发表论文685篇，其中：国家核心期刊165篇，国外学术期刊16篇，科技和知识产权工作成效远超试点前。

计算机软件著作权登记获零突破。六盘水地税局和湖北大学共同研发的“六盘水市地税系统税源专业化管理平台及税企信息互换平台”两个平台，分别获得计算机软件著作权证书，实现了六盘水市计算机软件著作权登记零的突破。该平台技术已达到国内领先水平，且已通过了六盘水市科技成果鉴定。

4家企业被确定为2013年贵州省知识产权试点单位。根据《贵州省知识产权局关于组织申报2013年贵州省知识产权试点单位的通知》要求，经省知识产权局评审，六盘水市水城县满全农业开发有限公司、六盘水宏山托辊制造有限公司、大唐贵州发耳发电有限公司、水矿股份有限公司机械制造分公司4家企业被确定为省级知识产权试点单位。截至2013年年底，全市已有10家企业或单位被确定为贵州省知识产权试点单位。

4家企业被确定为省知识产权战略推进工程实施单位。根据《贵州省知识产权局关于组织申报2013年贵州省中小企业知识产权战略推进工程实施单位的通知》要求，经省知识产权局评审，六盘水市六枝特区华兴管业制品有限公司、贵州大宇种业有限责任公司、贵州省六枝特区九龙酒业有限责任公司、六盘水金星机电设备有限公司4家企业被确定为省知识产权战略推进工程实施单位。

3家企业被确定为省知识产权优势企业培育工程培育企业。根据《贵州省知识产权局关于组织申报2013年知识产权优势企业培育工程培育企业的通知》要求，经省知识产权局评审，六盘水市贵州盘江矿山机械有限公司、贵州盘江煤层气开发利用有限责任公司、贵州宏狮煤机制造有限公司3家企业被确定为省知识产权优势企业的培育企业，这是继首钢水城钢铁（集团）有限责任公司于2012年被确定为优势企业培育工程培育企业以来，六盘水市获得的第二批培育企业。

盘县列入贵州省首批实施县域经济知识产权战略推进工程。根据《贵州省知识产权局关于组织开展县域经济知识产权战略推进工程的通知》要求，经省知识产权局评审，盘县被列为2013年贵州省首批十个实施县域经济知识产权战略推进工程县。

钟山经济开发区被确定为贵州省第二批知识产权试点园区。根据《贵州省知识产权局关于申报2013年贵州省知识产权试点园区的通知》要求，经省知识产权局评审，贵州钟山经济开发区（红桥新区）被确定为2013年贵州省知识产权试点园区。这是六盘水市首家被确定为省知识产权试点的园区。

一企业获省第四届知识产权奖。2013年4月，贵州盘江精煤股份有限公司的“盘江”商标获得贵州省第四届知识产权奖，这是继首钢水城钢铁（集团）有限责任公司之后六盘水市第2家获得省知识产权奖的企业。

设立知识产权维权援助中心工作站。2013年4月，六盘水、安顺、黔南、黔西南、黔东南、铜仁和毕节7个市州被正式确定为贵州省首批中国（贵州）知识产权维权援助工作站，并举行了授牌仪式。贵州省知识产权局依托六盘水市知识产权局，开展知识产权维权援助工作。通过工作站的建设，形成基本覆盖全省，统一协调、信息共享、快速反应的知识产权维权援助工作机制。

（刘　丽）

【地震知识宣传、抗震演练、和地震数据监测】 对地震监测台站进行数字化改造升级。2013年11月，由国家地震局统一配备的甚宽带BBVS—120型号地震计在六盘水市双戛地震监测台站安装调试完成。该设备的成功运行，使六盘水市地震监测基础设施建设得到加强，进一步完善六盘水市节点地震信息网络建设，地震监测能力进一步提高，小震活动监测基本可以控制在2.0级以内。开展地震应急演练。2013年5月，六盘水市地震台在六盘水市第十中学开展地震应急疏散演练暨消防知识宣传活动。在市教育局、市公安局、市武警支队、市消防支队、水矿矿山救护、市医院等单位配合下，具体实施地震应急实战演练。9月，在首钢水钢第十二小学开展地震紧急疏散演练、火灾紧急疏散演练和防震知识讲座。建设地震应急指挥中心辅助决策系统。2013年年底，六盘水市地震台购入地震应急指挥系统软件，软件安装成功并已组织完成人员培训，为六盘水市抗震救灾工作的立即启动、提供震区基本资料、快速处理

震情信息、快速评估提供了技术支持。举办防震减灾专题知识讲座。6月，贵州省地震局局长王尚彦应邀在六盘水做“科学防震、高效减灾”专题讲座。市政府副秘书长吴世平和区县政府分管领导、市抗震救灾指挥部成员单位相关负责人、县级防震减灾部门负责人等共100余人聆听了讲座。

（刘　丽）

卫　生

【基础设施建设】　2013年，全市医疗卫生基础设施建设项目19项，估算总投资164251万元，年内计划投资34151万元，年内完成投资39416万元，占年度计划的115.42%。医院建设项目5项，估算总投资138500万元，年内计划投资25900万元，年内完成投资29487万元，占年度投资计划的113.85%。市人民医院改扩建项目完成投资830万元，占年度计划的103.75%；市妇女儿童医院建设项目完成投资5650万元，占年度计划的80.71%，累计完成投资11474万元，占总投资的66.71%；市第三人民医院建设项目完成投资3103万元，占年度计划的100.1%；盘江集团总医院建设项目完成投资8100万元，占年度计划的115.71%，累计完成投资9323万元，占一期总投资的72.23%；水矿集团总医院建设项目完成投资11804万元，占年度计划的147.55%，累计完成投资20064万元，占总投资的77.17%。公共卫生建设项目10项，计划总投资22501万元，年内计划投资5001万元，年内完成投资4205万元，占年度计划投资的84.08%。市中心血站建设项目完成投资2490万元，占年度投资的114.43%，累计完成投资4490万元，已投入使用；4个县（特区、区）急救中心建设项目计划总投资895万元，年内完成755万元，占总投资84.35%，3个完工；4个县（特区、区）卫生监督所建设项目计划总投资1430万元，年内完成投资860万元，占总投资60.13%，2个完工；基层卫生机构建设项目共4项（19个乡镇卫生院规范化建设项目），项目计划总投资3250万元，完成投资5724万元，占总投资的176.13%。其中：六枝特区6所，计划投资882万元，完成投资1012万元，占总投资的114.74%，6所乡镇卫生院全部完工；盘县6所，计划投资1132万元，完成投资1636.3万元，占总投资的144.55%，5所全部完工，1所基本完工（待验收）；水城县5所，计划投资853万元，年内完成投资2693万元，占总投资的315.7%，2所全部完工，3所基本完工；钟山区2所，计划投资383万元，完成投资383万元，占年内投资计划的100%，2所全部完工。

（赵　青）

【人才队伍建设】　完成50名基层医疗卫生机构的全科医生转岗培训；完成378名村医中专学历教育项目；启动实施中南大学湘雅医院和大连扶贫卫生培训项目，110名乡镇卫生院院长赴中南大学湘雅医院培训，选派57名业务骨干赴大连三级医院进修，完成1181名村医培训任务；完成乡镇卫生院骨干医师、药士，社区服务中心B超、放射、护士等人员培训任务共计465人次。探索卫生人才招录用方式，建立高层次和紧缺急需卫生人才录聘用绿色通道，全市公开招考录用卫生从业人员500余人，引进人才40余人。实施万名医生支援农村项目，组织50名三级医院医生对口帮扶县级医院。

（赵　青）

【新型农村合作医疗】　全市参合农民224.26万人，参合率为98.74%，参合率比上年提高1.2个百分点，参合农民比上年增加27093人，参合率和参合人数是自2005年新农合工作启动以来的最高，基本实现农民应保尽保。各级政府对新农合补助标准提高到每人每年280元，人均筹资标准提高到330元，比上年增加40元，全市共筹集资金7.4亿元。新农合统筹资金支付限额提高到20万元。全市参合农民受益率215.94%，基金支出8.56亿元，资金使用率115.69%，住院实际补偿比为71.74%。探索以门诊总额预付和住院按病种定额付费为主的支付方式改革。乡、村两级定点医疗机构在收治新农合门诊病人时除收取基本药物费外，不再收取任何诊疗费用。23种重大疾病按照医疗费用的80%予以补偿，且不受住院医院级别、新农合用药目录和诊疗项目限制。4月，各县（特区、区）政府与中国人寿六盘水分公司签订新农合经办服务与新农合大病医疗保险协议，在全省首家率先实现新农合基金审核全面委托经办与利用新农合基金为参合农民购买商业大病保险工作。通过“基本医保+大病保险”的方式，使参合农民累计报销最高可达30万元，进一步完善新农合医疗保障制度，提高重特大疾病保障水平，实现群众得实惠、经办业务得拓展、政企共赢的目标。

（赵　青）

【基本药物制度和基层运行新机制】　全市104所政府办基层医疗卫生机构、1037所村卫生室全部实施国家基本药物制度。基本药物通过贵州省基本药物集中采购平台进行采购，村卫生室采购基本药物由所属乡镇卫生院代采，全市累计采购基本药物金额33661万元，全年到位基本药物各级补助资金3531万元。基本药物全部纳入新农合报销目录，减轻群众用药负担5000余万元。政府办基层医疗卫生机构实行全员聘用制，全部实行绩效工资，运行和人员工资全部由财政投入，村卫生室人员待遇进一步提高，政府补助平均每人每月达817元。

（赵　青）

【公共卫生服务项目】　实施农村孕产妇住院分娩补助项目，共完成21429人，完成率为101%（任务数为21217人）。农村妇女孕前和孕早期补服叶酸项目，完成25630人，完成率为103.84%（任务数为24683人）。农村妇女宫颈癌检查项目，完成20628人，完成率为103.14%（任务数为2万人）。全市农村孕产妇住院分娩21856人，共补助21429人，补助金额857.16万元，受益率98.05%。全市农村改厕任务数为14700户（六枝特区预下达800座、盘县5000座、水城县6000座、钟山区2900座），完成59.52%。六枝特区、盘县、钟山区全部完成改厕任务，水城县因爱国卫生工作机构调整，改厕任务在落实之中。积极开展居民健康档案建档工作，建立纸质健康档案415698份、电子健康档案197455份，累计建立纸质档案249.2万份、电子档案212.85万份，建立纸质档案87.44%（任务数为80%），电子档案74.69%（任务数为65%）。发放健康教育资料71.4万份，播放音像资料4.77万余次，开展健康主题日咨询活动1545次。加强65岁以上老年人健康管理，新建立50010份档案，并完成144925名老年人体检工作。新发现高血压病人23233例，累计管理172761人（任务数149851人），任务完成率115.29%；新发现糖尿病病人8400例，累计管理55419人（任务数39960人），任务完成率138.69%；完成重性精神疾病线索筛查7671人，诊断复核确诊6167人（任务数6700人），任务完成率92.04%。0～6岁儿童保健覆盖21.9万人，覆盖率为86.9%；0～3岁儿童系统管理10.35万人，系统管理率为86.52%。孕产妇早孕建卡25615人，产检25578人，孕产妇系统管理24403人，系统管理率为89.29%。

（赵　青）

【疾病防控】　全市无甲类传染病报告，共报告乙、丙类传染病25种，发病12828例，年报告发病率为447.83/10万，死亡58例，死亡率为2.02/10万。发病数与上年同期（14763例）相比减少1935例，下降13.11%；死亡数与上年同期（63例）相比下降7.94%；8种重点传染病有4种不同程度下降。六枝特区获得国家级慢性非传染性疾病综合防治示范区称号。继续消除麻风病危害，发现病例12人，治愈13人。累计发现艾滋病病毒感染者/病人1734例，其中AIDS病例427例，死亡312例；当年发现艾滋病病毒感染者/病人434例。累计治疗449人，正在治疗337人（其中儿童正在治疗4人），累计死亡34人，累计停药53人。全市5个社区美沙酮维持治疗门诊累计入组治疗病人3201人，正在治疗904人，新进539人，退出540人，最近一年治疗1413人，日均服药562人，保持率65.6%。发现结核病人3390例，完成任务率120.21%，其中新涂阳病人828例，完成任务率99.76%，治愈率85.22%，达到85%的指标要求。

（赵　青）

【妇幼卫生】　全市婴儿活产27330人，孕产妇住院分娩率97.13%，孕产妇死亡7人，孕产妇死亡率25.61/10万，婴儿死亡率9.15‰，5岁以下儿童死亡率11.49‰，新生儿破伤风发病率2.2/万。

（赵　青）

【卫生应急与无偿献血】　规范处置突发公共卫生事件23起，交通事故医疗救援19次，食物中毒事件2次。全市献血无偿率达100%，连续11年5次获得无偿献血先进城市称号。

（赵　青）

【爱国卫生运动和创卫工作】 完成全市76个农村水质监测点的两轮监测；全面启动创建省级卫生乡镇、卫生村寨工作；4月，召开全市创建国家卫生城市动员大会，多次与市五城联创办联合对全市创建工作开展情况进行督查指导。钟山区巩固“贵州省卫生城市”工作顺利通过省爱卫办复审。

（赵 青）

【等级医院创建】 市人民医院、水矿集团总医院、盘江集团总医院、首钢水钢总医院成功创建三级甲等医院，市妇幼保健院成功创建三级甲等专科医院。市二医、六枝特区人民医院、盘县人民医院、水城县人民医院、钟山区人民医院成功创建二级甲等医院。市中医院、盘县中医院通过省卫生厅组织的二级甲等中医院评审。

（赵 青）

【创建示范】 全市创建示范乡镇卫生院10所，村卫生室100所。钟山区新成立3所政府办社区卫生服务中心，黄土坡办事处社区卫生服务中心成功创建省级示范社区卫生服务中心。

（赵 青）

【监督执法】 开展治理出生婴儿性别比失衡和打击非法施行计生手术专项行动、医疗服务与血液安全监督工作、查处违法医疗广告和非法诊所行动，共出动卫生监督人员722人次，车辆143台次，监督检查医疗机构1099户次，没收药品器械价值2.5万元，立案查处违法医疗案件79起，罚款总金额98200元，下达卫生监督意见书407份，给予警告和限期整改82户次，取缔无证行医81户次，拆除销毁户外非法医疗广告7条，没收非法医疗广告牌匾5块，对违法发布医疗广告给予警告处罚1户次，给予停业整顿处罚1户次，查处非法施行计生手术案件6起，罚款66500元人民币。

（赵 青）

【民营医疗机构】 出台《六盘水市医疗机构设置规划》，引入社会资金，优先发展民营医疗机构。全市社会办医机构共有394个，床位2500余张，人员2300余人。其中，民营医院机构79个（市级审批25个），社区卫生服务中心（站）56个，诊所259个。分别与六盘水友好妇科医院、六盘水胜境精神病院、六盘水大湾医院、六盘水老鹰山医院、水城乌蒙精神病院、六盘水安琪儿妇产医院、六盘水雷氏正骨中医医院、盘县平安儿童医院签订协议，引入投资2.11亿元，实际到位资金0.64亿元。

（赵 青）

【执业医师及职称考评】 全市执业助理医师技能考试1604人，技能考试合格参加纸笔考试1132人；初中级卫生职称考试2498人，取得合格证861人；护士执业既职称考试1643人，取得合格资格514人；人才评价考试43人，取得合格证2人；高级职称评审申报154人。

（赵 青）

【行业作风建设】 开展“三好一满意”活动，六枝特区疾病预防控制中心获得全国群众满意的医疗卫生机构称号；健全网上药品集中采购机制，市直医疗机构、企业医院共采购药品33687.4万元，其中中标药品32717.2万元，中标药品采购率97.11%，让利患者126.34万元。

（赵 青）

【与中南大学签订协议】 5月14日，六盘水市与中南大学签订长期合作协议，中南大学湘雅医院将以专家定期指导、选派人员学习、共同合作项目等方式对市人民医院学科建设、人才培养、教学科研、医院管理4个方面进行协作指导，帮助医院培养学科带头人，完善学科建设，共同开发新技术、新项目。

（赵 青）

【盘县获“省级卫生县城”称号】 通过省专家组的暗访调研、技术评估、综合评审和社会公示等程序，盘县被省爱卫会命名为“贵州省卫生县城”。

（赵 青）

六盘水市中心血站

【采供血】 市中心城区（不含六枝、盘县）共采集血液10835人次，采集全血3309550毫升，采集机采血小板46个单位，检测血液标本18627人份，采血量比2012年同期增长5.6%。供应临床红细胞悬液15593个单位，冰冻血浆1099480毫升；手工浓缩血小板1987个单位；机采血小板44个治疗量；冷沉淀249个单位；洗涤红细胞366个单位；全血4000毫升。成分输血比例超过99.8%。临床用血100%来自无偿献血，确保了全市临床用血的需要和安全。

（江　军）

【献血组织】 营造全社会关心、重视、支持、参与无偿献血的良好氛围，提高广大群众的献血热情和积极性。主动上门与市直机关、企事业单位、工厂、学校、部队等单位联系及沟通，赢取帮助与支持，全年共开展单位团体献血活动50余次。开展“无偿献血知识进校园”活动，通过到六盘水市师范学院给大学生上课，讲解无偿献血法律法规及无偿献血知识，取得良好的效果。将日常的采供血工作与各个中西方传统节日有机结合起来，七夕、情人节、圣诞节等节日期间，通过制作创意宣传牌和横幅，赠送献血者节日气氛浓郁的纪念品，突出宣传招募主题，合理安排街头献血的时间。充分发挥无偿献血志愿者的作用，志愿者不仅参与献血的全过程，对于献血者的招募和保留、献血活动的组织、新的献血志愿者的招募发挥了不可替代的作用。

（江　军）

【血液质量保证】 市中心血站根据“一法两规”的要求，对质量管理体系文件进行了第4次修改完善，使操作性和针对性更强，工作接口更明确，工作细节更清晰，保证血液质量与安全，全年未发生任何血液质量问题。

（江　军）

【医德医风和精神文明建设】 市中心血站把加强医德医风建设、纠正行业不正之风和开展行风评议、创建精神文明单位，作为加强血站全面建设的重要组成部分，与血站工作同部署、同检查、同考核，实现无偿献血工作与精神文明建设同步发展，建立与用血单位及广大无偿献血者之间的良好和谐关系。结合行风评议、“三好一满意”“巾帼文明示范岗”等活动，内强素质，外树形象；制定《优质服务规范》《首问负责制》，设置“优质服务窗口”“首问负责窗口”。2013年，市中心血站入围“贵州省卫生系统十佳服务窗口”，并在网络投票评选中名列采供血机构第一名。

（江　军）

【硬件建设】 2013年11月，市中心血站搬入德坞新办公楼，新站占地面积14.66亩，总建筑面积8794.8平方米，总投资概算4176万元；血站新址完全按照《血站基本标准》和相关规范设计建设，进一步确保临床用血的安全。市中心血站本年还自筹资金500多万元用于硬件改善。

（江　军）

六盘水市人民医院

【概述】 2013年1—10月份，门急诊271546人次，同比增长11.98%；住院病人在手术间施行手术6195例次，同比增长16.98%；出院病人6087人次，同比增长25.82%；平均住院日10.0天，同比缩短0.7天；病床使用率118.1%，同比增长13.7个百分点。各科业务大幅提升，儿科、康复科、泌尿内科收入翻番，老年病科、感染性疾病科、神经外科、肛肠科、妇产科、输血科、影像科、检验科收入增长达50%。

（孙　乾）

【医德医风】 强化医风，严明行风。2013年收到锦旗90面，感谢信10封，拒收“红包”22人次，金额达16700元。

（孙　乾）

【新技术新项目】 2013年1—10月份，院内申报新技术、新项目19个，开展手术330余例。

（孙　乾）

【医疗安全管理】 做好药事质量管理。加强药品耗材采购供应，强化药品耗材质量和处方调配管理，2013年1—10月，采购中标药品9125.1万元，占采购药品总额的98.6%。

严格医院感染管理。开展环境学监测、目标性监测、医院感染病例监测，及时发现医院感染

存在的危险因素，保障医疗安全。2013年1—10月，医院感染率0.72%，同比下降0.09%。

加强输血安全管理。加大对输血适应症的审查力度，保障临床科学、合理，全年完成分输血率100%，总用血量达150余万毫升，业务总收入160余万元，与2012年同期相比增长了53%。

（孙 乾）

【护理工作】 2013年，各项护理指标均达到三级甲等医院的要求。急救物品完好率100%，一人一针一管执行率100%，基础护理合格率99.1%，危重、一级护理合格率98.86%，护理技术操作合格率96.9%，护理表格书写合格率97.3%，压疮发生为零，全年未发生任何差错事故及护患纠纷。

推进“优质护理服务”工作，做到优质护理服务全覆盖。公开服务承诺和服务创优举措，设计制作了静脉输液温馨提示卡等便民措施11项。在全院各护理单元推行“品管圈”护理精细管理模式。病人满意度明显较去年同期明显上升，达到95.97%。

狠抓护理质量，保障护理安全。建立了以安全、质量为主线的11个质控工作小组，实行了院控、科控、自控、互控三级质控网络体系。编印了《护理常规》《实用临床护理指南》《常用临床护理技术操作并发症与应急处理》《护理考核质量标准》及《2013年住院患者十大安全目标》等手册，作为护理人员的行动指南。建立了非惩罚性不良事件报告机制，建立跌倒（坠床）高风险病人上报制度及压疮高风险病人上报制度。全年无重大护理事故。

加强技能培训，提升护理人员素质。按计划对各级护理人员进行三基训练和专科技能培训，选派护理人员外出进修专科知识，加强对护士长及护理骨干的管理能力培养。2013年，护理人员在省市级刊物上发表论文20多篇；开展了“CS技术在经人工气道机械通气危重患者中的临床应用研究”，已发表论文并报市科技局验收。

（孙 乾）

【人才队伍与科研】 多渠道选人、用人、留人。参加“中国·贵州第一届人才博览会”，完成了与第三军医大学重庆新桥医院签定人力资源战略合作协议。2013年引进人才9名（一类本科院校本科生2人、硕士生3人、副高职称4人），招聘编外人员157人，编内人员41人；年底全院职工共计1392人，与2012年同期相比增长9.26%。按照上级有关文件规定，2013年共进行三次调资，与2012年同期相比，高级职称平均工资增长15.9%；中级职称平均工资增长14.6%；初级职称平均工资增长22.8%。

加大人才培养。2013年共派出60人外出进修，涉及到各个专业，是历年来外出进修人数最多的一次；组织参加各类学习培训班共223人，其中学术交流156人，管理人员培训28人；组织大型院内培训6次，参加人数达到2000余人；邀请美国罗切斯特大学解超教授、瑞典隆德大学沃然教授、北京大学王岳教授、贵医附院孙发教授等国内外知名专家到院讲学，帮助医务人员了解全国乃至世界的先进医疗技术。

大力实施科技兴院战略。2013年获得市级科研立项7项。

（孙 乾）

【基础设施设备及后勤管理】 基建工作。二期改造工程纳入市委、市政府“十大重点工程”，完成原外科楼加固改造工程总量的95%，占年度计划的（95%），完成投资760万元；启动六盘水市人民医院·凉都人民医院建设，截至2013年11月10日，已以项目业主的身份配合钟山区政府完成了前期工作及实物量调查，设计方案在广泛征求意见中。

设备管理。通过公开招标采购医疗设备（含急需设备）200余台，采购金额2600多万元，保证了临床需要；同时，做好设备的申购，安装，调试，验收，交付使用等工作。

后勤管理。严把后勤物资采购质量关，维修材料采用“零库存”管理模式，既减少材料库存积压，又为医院节省大量资金。加强节能降耗，杜绝水电气暖跑冒滴漏，1—10月，全院用电较2012年同期减少701453千瓦时，用水减少4998立方米，煤气减少141654立方米，共节约684597.33元。

财务和物价管理。实行收费项目价格公示，增收节支，严格控制各类公务支出费用。2013年业务收入稳中增长，1—10月，业务收入与2012年同期相比增长33.33%，业务支出增长34.07%，收支结余增长50.83%。

（孙　乾）

【信息化建设】　2013年，投入387万元进行以住院患者“电子病历系统”为中心的临床应用信息系统一期建设，逐步实现院信息系统数字化医院建设目标。完成行政大楼及第二住院大楼网络综合布线共建设网络信息点480个及主机房服务器群建设并实施，电子病历系统、检验信息系统（1IS）、协同办公系统（OA）正常使用，体检管理系统、设备管理系统和血库管理系统正在进行基础数据的初始化工作。

设立小型局域网并运用该院自己编制的高考体检数据统计软件，完成了高考体检数据统计工作；建立了数字化图书馆；与湖南中南大学湘雅医院建立了远程会诊、教育协作项目，已会诊病例14例。

（孙　乾）

【公益工作】　完成政府指令性任务，2013年1—10月，完成消夏文化节、八届旅发大会等政府指令性医疗保障任务60项，派出医务人员150余人次，提供1万余元的医疗保障器械及药品；参与承办“微笑行动—贵州千名唇腭裂儿童救助行动走进六盘水市”公益活动1项，承担六盘水地区及来自全国各地的92名计生贫困家庭唇腭裂儿童筛查及73名患儿的手术治疗，减免费用3万余元。在旅发大会期间，选派45名医护人员组成18个医疗组前往活动现场和各医疗保障点开展医疗服务工作，服务对象上万人次，现场诊治400余人次，出动紧急救护送诊病人10余人次到医院实施诊治。

开展卫生帮扶。做好“万名医师支援农村”帮扶工作，2013年共派出28名医师到受援医院进行帮扶。积极参与同步小康驻村工作。为贫困党员户家属进行积极救治，实施截肢挽救生命，减免医疗费用5万余元，为石龙小学在校的108名学生进行免费体检、测血型，并赠送书包、学习用品及教学投影仪。继续做好与杨柳社区的互助共建工作，年内共组织3次免费义诊，发放健康教育宣传单，讲解医疗保健常识，发放上千元常用药品给现场咨询的患者。对水城县候场乡、建设路社区、杨柳社区、石龙村、儿童福利院、敬老院、体育馆等地方进行免费体检、义务劳动、卫生支援及义诊义疗活动共计12次，免费发放8300余元的常用药品，宣传册7410余份，测量血压942余人次，健康咨询2542余人次。

进行三次PTC培训，接纳了贵州省内各地州市共52名学员参加培训。

承担公共卫生工作。2013年1—10月，诊断传染病1868例，迟报29例，迟报率为1.55%；无漏报病例。积极配合疾控中心做好甲型H1N1流感的防控及哨点监测工作，采样712例，共报告手足口病169例，食源性疾病监测88例，疟疾血涂片筛查903例。

医保工作。2013年1—10月完成医保服务42805人次，较2012年同期增长32.14%，医疗总费用达158882509.93元，与2012年同期相比增长56.8%。

2013年全院1137名干部职工自发向四川芦山地震灾区捐款共计112220元，为本院困难职工捐款4.9万余元。

（孙　乾）

【医院宣传】　2013年，在《六盘水日报》《乌蒙新报》上发表宣传稿件64篇，六盘水电视台宣传报道医院近40次。编发《工作简报》53期，制作宣传栏80余版。医院网站及时更新内容，发布有关信息和活动。

（孙　乾）

六盘水市第二人民医院

【概述】　六盘水市第二人民医院位于六盘水市所辖的六枝特区，是贵州省高等医学院校临床教学基地和第三军医大学新桥医院技术指导医院暨双向转诊医院，并参与国家十二五重大专项“H型高血压比较效果学研究”项目。是一所集医疗、科研、教学、康复、预防保健于一体的二级甲等综合医院，承担六枝及周边区域百姓诊疗任务及其他政府指令性任务。医院占地面积41600平方米，建筑面积23343平方米，综合住院楼面积15343平方米，固定资产9000余万元，业务收入突破亿元。全院人员编制470人，2013年有职工510人，其中具有高级职称31人，中级职称100人，初

级职称271人；床位编制870张。全院设有临床、医技、行政、后勤共计27余个科室。

（王薇莎）

【业务工作】 2013年医院业务收入达到了1.27亿元，较上年度增加了4728万元，增长了59.25%。全院完成门急诊患者诊治110232人次，较上年度增加8364人次，增长了8.2%；出入院29181人次，手术6040例，平均住院日10.92天，床位利用率95.8%。

（王薇莎）

【医疗设备】 医院相继引进和更新了1.5T飞利浦核磁共振、东芝16排螺旋CT、美国GEE—8彩色B超、美国眼力健白内障超声乳化仪、德国狼牌腹腔镜、纤维鼻咽喉镜、日本及德国产血透机16台、移动式电视X光机（C臂）等一批先进医疗设备。

（王薇莎）

【信息化建设】 2013年，新增加了医生站8个、护士站6个、住院收费站4个；医疗影像系统（PACS系统）初步建立，医生站能预览核磁共振、胃镜、彩超等图像及报告；完成了22个病种的临床路径模板，完成了数字化医院信息系统工程的招标工作；完善了医院监控系统，新增加24个摄像头，全院内外摄像头共120个。

（王薇莎）

【医疗条件改善】 为进一步方便患者就诊，缩短就诊时间，在住院大楼增开2个收费窗口，对内科门诊实行门、急诊分开，设置4个内科诊室，减少病人排队时间；为了方便病人就医，在更新就医引导标识的同时，增加了醒目的引导标识。根据医院发展，成立了外四科、内四科，进一步满足了广大患者的就医需求。投入80余万元对院内环境进行了绿化改造，并修建篮球场等活动场所。同时完善住院大楼相关配套设施，创建无烟医院，进一步改善就医环境。

（王薇莎）

【体检工作】 完成2013年六枝特区夏季征兵体检，为国家输送800余名合格兵源。完成17家单位团体体检，体检人数1099人，完成职业健康体检，人数991人。

（王薇莎）

【项目建设】 医院综合楼于2013年10月全面动工。2013年5月14日，六枝特区中医医院在该院正式挂牌，中医医院批准规模为床位300张，并拟建中医大楼，用地面积约12亩，建筑面积约3万平方米（含地下停车场），总投资约1.3亿元，拟于2014年年底开工建设。

（王薇莎）

六盘水市第三人民医院

【概述】 六盘水市第三人民医院前身为六盘水市传染病医院，2011年正式挂牌成立，新医院选址于六盘水市钟山区德坞片区，总占地面积74亩。院内分精神病区、感染病区和康复病区。医院整体规划为600张病床，共分为两期建设。建成后的第三人民医院将成为一所走大专科、小综合道路，集医疗、教学、科研、预防、保健为一体的国有医院。

（刘　毅）

【医疗设备】 现拥有重症加强护理病房（ICU）、大型X光机、DR、彩色多普勒超声仪、全自动生化分析仪、血气分析仪、有创、无创进口呼吸机等现代化检查设备。

（刘　毅）

【基建项目】 截至2013年年底，六盘水市第三人民医院精神病区一期工程基本完工，预计2014年3月正式交付使用。

（刘　毅）

【人才培养】 采取派出去请进来的方式推进医院人才建设工作。2013年医院派出大批临床专业技术人员前往贵阳、重庆、成都、上海等多家医院进修学习，同时邀请六盘水市知名专家到医院讲学授课，并采取岗位练兵、技术培训、专业比武等多种形式培养中青年业务技术骨干。

（刘　毅）

【服务基层】 2013年医院先后在六盘水市中心城区及周边乡镇（水城县都格乡、阿嘎镇通寨村）开展义诊活动。共接待健康咨询者1000余人次，测量血压700多人次，发放传染病、精神类疾等病宣传资料900余份，免费发放价值5000余元的药品，抽调临床业务骨干36人次。

（刘　毅）

六盘水市妇女儿童医院

【概述】 2013年，市妇幼保健院以创建三级甲等妇幼保健院为契机，按照五年发展规划和既定工作目标，把社会效益、构建和谐医患关系放在首位，强化内部管理，建立长效机制，推动各项工作的开展。

市妇幼保健院全年共收治门诊病人289086人次，比上年（269642人次）增加7.2%；收治住院病人17333人次，比上年（18816人次）减少8.6%；全院总收入11707万元，比上年增加3.2%。

全年各项工作开展情况：1月25日，一届四次职工代表大会暨一届四次工会会员大会召开；3月17日，贵州省卫生厅专家组正式对医院创建三级甲等妇幼保健院工作进行评审；4月18日，医院更名为“六盘水市妇幼保健院”（加挂“六盘水市妇女儿童医院”牌子），床位增加至270张，核定事业编制352名；4月，主任田琼获贵州省总工会颁发的五一劳动奖章；5月9日，召开国际护士节庆祝大会，表彰优秀护士并举行了授帽仪式；6月7日，市妇幼保健被省卫生厅评审认定为三级甲等妇幼保健院，总评分为1811.5分；9月29日，北京大学王岳副教授到市妇幼保健院进行为期两天的人文沟通技能及相关法律意识培训；10月29日，市妇幼保健院召开“品管圈”管理模式初步成果演示会。

（费庆娣）

【医院扩建工作】 截至2013年年底，市妇幼保健院扩建项目工程累计完成投资10814万元，年内完成投资5290万元，为全年投资计划的75.57%。完成的工程项目有：新建住院大楼主体工程；主楼室内抹灰、初装，水电安装、外墙保温及附属配套工程；市中心血站办公楼拆除工程及地勘钻孔工程。

（费庆娣）

【学习交流及人才引进情况】 全院全年选派20人次到大连中心医院、上海复旦大学附属儿童医院、广州军区武汉总医院、深圳市妇幼保健院进修妇科重症监护、新生儿重症监护、临床药学及护理等专业；97人次参加省内外学术讲座；外请专家授课9人次，举行院内法律法规、应急预案、专题业务等培训30余次。

从省内外高校招收优秀毕业生为市妇幼保健院的常规举措，同时也为医院扩建作前期人才储备。2013年，市妇幼保健院引进妇科肿瘤硕士毕业生1名，应届本科毕业生19名。

（费庆娣）

【提高服务水平】 2013年，全院采取一系列举措，提高服务群众的能力，主要的采取措施有：以产房为试点，开展“感动式服务示范岗”活动，将人文关怀体现在医疗服务的每一个细节。开展“服务之星”评选，定期深入病房走访患者，并根据患者的意见建议评选出季度服务之星，树立学习典范，激发了医护人员比学赶超的工作热情，提升服务质量。开展出院病人电话回访，将患者的意见建议及时反馈给相关科室，使科室及时发现和改进医疗服务过程中存在的缺陷和不足，提高服务水平，全年共开展电话回访10454人次，患者满意率达97.43%。利用“品管圈”管理方法，发现问题、分析原因、改进措施，制定完善标准化服务流程，提高护理工作质量，规范医疗服务行为。推进以电子病历为核心的医院信息化建设，启用门诊医生工作站、门诊叫号系统及1IS、PACS系统，提高了工作效率，优化了就医流程；同时通过科学合理安排门诊医师与专家出诊，对不孕不育专科门诊、产前检查、B超检查、新生儿智力筛查及儿童口腔保健实行预约服务，有效缩短门诊病人就诊时间。完善楼层标识、开通就诊“绿色通道”、增设楼层收费点、增设检验科采血窗口，优化服务流程，改善服务设施，美化服务

环境，方便病人就医。邀请专家学者授课，提升职工业务素质及责任意识。

（费庆娣）

【科技提升医疗水平】 PICU不断发展完善，全年收治危重症病人2874人，采用无创呼吸机治疗和有创呼吸机治疗相结合，抢救成功率为99%，有效降低了5岁以下儿童死亡率；开展小儿肺功能检测、C13—呼气试验、24小时动态视频脑电图检查等多项治疗手段；开展智护训练6954人次，促进新生儿神经系统发育；妇科不断拓宽微创手术范围，提高手术质量与水平；妇科《流产后的计划生育服务》项目被列为市级科研项目；产科加强高危孕产妇的识别与救治，提高危重孕产妇的抢救水平，年内抢救成功率达98.63%；全年开展导乐分娩2442例，提高了平产分娩质量，减少了并发症；《导乐分娩在产科中的临床应用》项目被列为市级科研项目，《B—1ynch缝合在产后出血中的临床应用研究》纳入市级科研项目申报；开展小儿腹腔淋巴结超声诊疗，建立超声工作站，链接PACS系统，实现影像资料数字化管理；《新生儿头颅B超》项目被列为市级科研项目；开展ABO溶血母体效价检测、胱抑素检测、D—2聚体、内生肌酐清除率、不孕不育六项检测、降钙素原及D2—聚体检测等多项检测；建立微生物实验室，初步开展微生物检测；完成1IS系统安装调试，实现与电子病历的联网，有效提高了工作效率。

（费庆娣）

【医护质量与医疗精减】 2013年，市妇幼保健院以创建三级甲等医院为契机，内抓管理，外树形象，采取多项措施提高医护质量，保障医疗安全。历经9个月努力，医院在科学化、规范化、标准化、精细化、专业化方面有所提高，医院综合实力得到大幅提升，2013年6月正式通过省卫生厅“三级甲等妇幼保健院”评审，成为全省第二家通过评审的三级甲等妇幼保健院，并为新评审标准出台后全省首家通过评审的医院。

全院全年在提高医护质量和保障医疗安全方面采取的举措主要有：年初部署任务，年底检测考核，全院全年8个科室优秀，25个科室合格；将“医疗质量万里行”活动、“三好一满意”及“平安医院”创建活动纳入医院日常管理，保障了患者安全，全年医疗纠纷赔偿为历年最低；加强对职工的医疗安全教育和行业法律法规学习，全年组织开展职工培训共计3438人次；落实护理责任制，完善三级护理质控网络管理体系，拓展优质护理活动，开展“品管圈”工作，相关科室定期进行督导考核，有效控制了感染；开展多重耐药菌株监测，不断完善多重耐药菌监测与临床多重耐药菌感染病例的隔离控制工作，加强麻疹、手足口病、人感染高致病性禽流感及H7N9禽流感的防控工作，严格落实防控和个人防护措施，防止医院发生交叉感染，同时积极配合有关部门做好疫情防控；深入实施国家基本药物制度，将基本药物使用纳入科室考核；加强抗菌药物使用管理，严格执行医疗机构抗菌药物分级管理规定，建立抗菌药物临床应用分级审批制度，将抗菌药物应用纳入考核；全年基本药物使用率为29.71%，符合三级医院的标准；抗菌药物管理的各项指标趋于规范，与上年相比住院患者抗菌药物使用率从74.4%下降到62%，抗菌药物合理使用率从90.48%上升到98%，病原学送检率从50.79%上升到60.77%，手术预防用药时机合理率达到100%，抗菌药物临床应用专项整治活动初见成效；开展“临床路径”工作，将开展情况纳入科室医疗质量考核范围，及时对不适宜临床路径管理的病种进行调整，将社区获得性肺炎、异位妊娠等疾病列为临床路径管理，全年共开展了10个病种696例临床路径管理，完成568例，入径率为53.05%，完成率为81.61%；加强血液管理，认真执行《临床输血技术规范》，对输血管理规程、输血技术操作规范、血液出入库管理、用血审批、输血知情告知及输血适应症进行严格把关和控制，同时开展临床用血分析与评价，合理用血，全年成份输血率达到100%。

（费庆娣）

【妇幼卫生】 2013年，市妇幼保健院在妇幼卫生工作方面完成了各项指标，孕产妇住院分娩率为97.13%，孕产妇死亡率为0.256‰，5岁以下儿童死亡率为11.49‰，婴儿死亡率为9.15‰，新生儿破伤风发病率为0.22‰，3岁以下儿童系统管理率为86.52%，孕产妇系统管理率为89.29%。

妇幼卫生工作主要举措及完成情况：年初召开了全市妇幼卫生工作推进会，安排部署全年妇幼卫生工作，同时落实目标责任，市县、县乡层层签订了妇幼卫生目标责任书。坚持每季度深入县、乡（镇）、村指导妇幼卫生工作，年终协同市卫生局对县区进行考核。派驻6名专家对县区妇幼卫生工作进行培训，使项目工作顺利进行；全年农村孕产妇住院分娩补助项目完成数18213例，完成率85.84%；增补叶酸预防神经管缺陷项目完成数20813例，完成率84.39%；预防艾滋病、梅毒、乙肝母婴传播项目，咨询与检测率达97%；其中盘县农村妇女宫颈癌检查项目完成20000人；新生儿疾病筛查全市完成17013例，完成率61.81%；开展县区产科适宜技术专项培训5期，培训580人次；其中帮助盘县妇幼保健站开展孕产期保健和助产工作共派出产科、院感、护理、手术室等专家共18人组成帮扶小组，分批驻站进行现场指导，帮助建立和完善工作制度、工作流程、诊疗常规，并为其培养专业技术人员，使盘县妇幼保健站有能力开展助产技术工作；组织开展孕产妇死亡、新生儿死亡及危重孕产妇监测评审工作，分析可避免死亡的主要因素及危重孕产妇抢救过程中存在的问题，及时总结经验教训，研究制定切实可行的干预措施；做好妇幼卫生监测与出生医学证明管理工作；做好预防接种、听力筛查、新生儿疾病筛查、儿童生长发育监测、营养及健康咨询、托幼儿童的入托体检、高危儿发育筛查及评估等工作，发现问题进行早期干预，定期随访；做好围产保健门诊、妇女病普查、婚前检查、孕产优生检查、妇科检查及艾滋病梅毒乙肝咨询等工作，积极预防保健、监护及治疗措施，有效降低孕产妇及围产儿死亡率。

（费庆娣）

疾病预防控制

【概述】 六盘水市疾病预防控制中心为财政全额拨款的正县级公益事业单位，隶属于市卫生局，内设办公室、人事科、计划财务科、健康教育科、疾病预防健康体检科、卫生检验科、公共卫生监测科、传染病防治科、艾滋病性病皮肤病防治科、地方病慢性病防治科、麻风病防治科共11个科室。核定编制80人，截至2013年年底实有人员72人，其中专业技术人员53人，中级职称19人，副高职称8人，正高职称1人。承担着全市疾病预防与控制、突发公共卫生事件应急处置、疫情及健康相关因素信息管理、健康危害因素监测与控制、实验室检测检验与评价、健康教育与健康促进、技术管理与应用研究指导等工作职责。

（肖琼珍）

【“世界防治结核病日”活动】 2013年3月24日为第18个“世界防治结核病日”，针对结核病在农村多发的情况，市卫生局组织市疾控中心、水城县疾控中心等部门在玉舍镇举行宣传咨询活动。宣传活动主要采用悬挂横幅、发放宣传单、宣传画、宣传卡片、宣传环保袋、宣传围裙等形式并设咨询台现场答疑，对群众的健康咨询进行指导。向赶集群众宣传结核病的症状、危害以及如何早期发现、治疗和预防结核病等方面的知识，过往群众纷纷驻足询问，并对宣传活动交口称赞。活动共悬挂宣传标语4幅，发放结核病宣传画1000张、宣传单3000张，发放宣传环保袋1000个、宣传围裙1000个，接受现场咨询1500人次。活动现场开展招募志愿者签名活动，扩大结核病防治知识传播面，动员全社会共同关注和参与结核病防治，强化宣传效果。六盘水电视台、六盘水广播电台、《六盘水日报》对宣传活动进行了报道。六枝特区、钟山区、盘县疾控中心也分别开展了不同形式的宣传活动。

（肖琼珍）

【H7N9禽流感防控工作】 2013年，针对上海、安徽、江苏等省（市）连续发生人感染H7N9禽流感的情况，六盘水市疾控中心成立了以一把手为组长的人感染H7N9禽流感防控工作领导小组及调整突发公共卫生事件应急小分队，制定了人感染H7N9禽流感应急处置预案。按照预案，全市各级疾控部门储备了治疗药物和防护、消毒等物资，在全市范围对疾控人员开展疫情防控与处置技能培训，要求逐级开展培训，确保培训到乡、村级，做到一旦产生疫情能及时到达现场救治。同时通过广播电台、手机短信、报刊等媒体加强人感染H7N9禽流感疫情防控知识的宣传，缓解公众

的紧张心理和焦虑情绪，正面引导，及时消除谣言传播，维护社会稳定。

7月26日下午，市疾控中心在德坞白云山庄开展了人感染H7N9禽流感应急演练，演练主要有穿防护服、疫情发现和报告、现场流调、采样和消杀处置工作、脱防护服五个部分。通过演练，检验了应急物资装备、应急反应速度和现场处置能力，进一步提高突发公共卫生事件的处置能力。

（肖琼珍）

【疾病预防控制宣传】　2013年，市疾控中心采取多种形式，组织专业人员走进社区、学校、机关、农村，开展疾病预防控制与健康宣讲，以加强人民群众对疾病预防控制了解，提高健康水平。宣讲的内容主要有生活环境与健康知识、手足口病、疟疾、狂犬病、结核病、碘缺乏病、艾滋病、食源性疾病与食物中毒等防治，同时传导了合理膳食、养成生活好习惯等健康理念。截至10月底，全市共开展健康教育巡讲19次，听课人数9000余人，媒体报道16次。

同时，市疾控中心还联合相关部门，以各种活动为契机开展疾病预防控制宣传。9月20日市疾控中心参加了市委宣传部、市社科联在麒麟公园广场举办的全市第二届社会科学宣传普及周开幕式暨“四进社区”文艺演出活动，结合“全国爱牙日”开展宣传，活动现场向群众宣传了传染病防治知识，发放爱牙宣传袋、高血压防治知识宣传单、疟疾防治知识宣传册、健康生活与疾病预防读本等宣传资料，完成咨询答疑20余人次。通过活动，进一步普及卫生知识，提高了群众的疾病防控意识。

（肖琼珍）

【市疾控中心与遵义医学院签约为教学实践基地】　为加强培养预防医学专业人才和科研合作，促进卫生事业发展，本着互相促进、共同提高的原则，2013年12月26日，市疾控中心与遵义医学院举行实践教学基地合作签字和揭牌仪式，六盘水市疾控中心成为遵义医学院的实践教学基地。此为继贵阳医学院之后又一家与六盘水市疾控中心签约成为实践教学基地的医学院校。

（肖琼珍）

【地氟病区义诊】　2013年9月14日，贵州省人民医院、贵阳医学院、贵阳中医学院专家组一行67人到水城县陡箐乡茨冲村、夹岩村和花嘎乡底母村，开展“贵州医学专家赴少数民族地氟病区义诊”活动。六盘水市疾控中心、水城县人民政府、县疾控中心配合参加了义诊活动。此次义诊为近几年来省级专家到六盘水市开展的规模最大的义诊活动，汇聚了传染病学、内科学、外科学、妇产科、儿科学、急诊医学、神经科等学科的17名专家教授，活动时间从9月14日至16日。专家组为村民提供医疗咨询、健康体检和发放药品、宣传资料，共发放健康教育资料约5500份，义诊700余人，免费发放药品价值1万余元，进行血液、尿液检查500余人，进行肺功能、心电图检查200余人，活动受到广大群众好评。

（肖琼珍）

【国家认证认可监督管理委员会专家组到六盘水市检查指导工作】　7月20日，国家认证认可监督管理委员会专家组到六盘水市疾病预防控制中心进行检查指导，检查分为资料审核、实验室管理及现场盲样考核三个部分。通过检查，专家组肯定了六盘水市疾控中心的管理能力、实验室的监测能力和技术水平，并对市疾控中心食品检验方面不足之处进行指导。市疾控中心对专家组提出意见及时进行了整改，并以检查为契机，着力开展疾病预防控制，提升六盘水市食品安全水平。

（肖琼珍）

卫生监督

【人员概况】　2013年，市卫生监督所有23人（所长1名、副所长2名、职工20人，男15人、女8人，大学本科13人，大学专科7人，中专及以下3人；其中少数民族5人、中共党员17人，35岁及以下4人、36～40岁4人、41～45岁5人、51～54岁6人）；退休职工3人。

（余顺先）

【卫生监督培训】　举办不同类型的培训班4期，培训420人（次），参训人员来自市、县（区）卫生监督所及各级卫生监督协管服务站。省卫生监督局38期简报对培训工作给予肯定。

（余顺先）

【放射卫生监督】 全市共有放射诊疗单位155户，抽查放射诊疗单位41户，其中持有放射诊疗许可证的19户，持证率46.34%；41户均配备受检者防护用品，但大部分未给受检者使用；3户存在放射工作人员无证上岗情况。对存在的问题下达整改意见书25份，警告25家，罚款3家，罚金6000元。

（余顺先）

【公共场所中央空调检查】 抽查各类公共场所56户，其中使用集中式中央空调的52户，发现大部分的中央空调没有清洗、没有建立档案，对问题较重的12户给予罚款，罚金共计2.48万元；对问题较轻的44户下达整改意见书并限期整改。督促18户使用集中式中央空调的场所进行专业清洗，并取得合格的卫生学检测评价报告。

（余顺先）

【职业卫生监督】 8月至10月，对全市职业健康体检机构和职业病诊断机构进行专项检查；共检查职业健康体检机构13户，职业病诊断机构3户。对存在问题的7户下达整改意见书，要求在规定的期限内进行整改。

（余顺先）

【医疗机构卫生监督】 检查全市各级各类医疗机构176户次，取缔无证行医4户、责令停止执业活动1户，下发监督意见书59份，对无证行医、超出登记诊疗科目范围执业、任用非卫技人员等的16家医疗机构给予罚款处罚，共处罚款4.56万元；对违规发布医疗广告的5家医疗机构，给予警告处罚。

（余顺先）

【学校卫生监督】 抽查各级各类学校36所次（普通高校2所次，小学10所次，中学16所次，托幼机构8所次）。重点检查学校饮用水卫生、教学环境、生活设施、传染病防控、卫生保健室配备等情况。对存在的问题下达卫生监督意见书8份，责令限期整改。

（余顺先）

【传染病防治监督】 检查医疗机构59户次、疾控部门7户次、采供血机构3户；重点检查传染病防控制度的制定及落实情况、传染病疫情报告工作、医疗机构及医务人员对传染病的预防、院内感染的控制、消毒灭菌、医疗废弃物管理等相关知识的认知情况、医疗废物的暂存条件、消毒、集中处理的执行情况等。对存在的问题下达卫生监督意见书23份，责令限期整改，对7家医疗废弃物处置不规范的行为给予警告和罚款，罚金共计3.1万元；对2家医院内镜未严格按规范进行清洗消毒，给予警告和罚款，罚金共计0.6万元，责令相关科室停业整改。

（余顺先）

【生活饮用水卫生监督】 对5家市政水厂检查8次，针对存在的问题下达卫生监督意见书2份，责令限期整改；各县（特区、区）对7家集中式供水单位进行量化评分（卫生信誉度等级评定为A级的集中式供水单位5家，因处于停产状态不予评定2家）。

（余顺先）

【卫生监督稽查】 7月22日至8月11日，对4个县（特区、区）卫生监督所进行执法专项稽查；全年完成14次卫生监督员风纪风貌稽查和12次机关作风检查。

（余顺先）

【信息与投诉举报案件查处】 向市委、市政府报送卫生监督相关信息25条，在市政府信息公开网站发布信息44条。认真受理群众投诉举报，及时反馈情况，办结4件群众投诉举报案件。

（余顺先）

【驻村工作】 市卫生监督所同步小康驻村和“四在农家”工作点为水城县保华镇加河村。筹集爱心捐赠款2500元，对4户孤寡老人和1户孤儿家庭进行慰问（每户捐赠慰问金500元）；为村活动室捐赠2台电脑；向上级卫生部门申请建设村卫生室1个（项目资金5万元）；向市扶贫局申请10万元农业扶贫资金，用于建设蔬菜大棚；向自愿者组织申请到价值44600余元的爱心温暖包（内含衣服、鞋子、文具等）124个，捐赠给该

村学龄儿童。

（余顺先）

食品药品监督管理

【整顿和规范药品市场】 2013年，全市出动执法人员8796人次，检查药品、医疗器械生产经营使用单位5979家次，责令整改158家次，立案查处58件，办结55件，罚款29.2万元。移交公安机关查处4件，抓获犯罪嫌疑人3人（刑拘2人，取保候审1人）。

（阳华念）

【药品、医疗器械抽验】 省下达年度抽验计划600批次，全市完成药品快检1012批次，完成药品抽验640批次（其中快筛抽样100批次），不合格18批次，合格率97.18%，不合格药品主要为中药饮片（14批次）。完成医疗器械抽验40批次，合格40批次。

（阳华念）

【不良反应监测】 全年共上报有效药品不良反应报告1510份，医疗器械不良事件报告560份，药物滥用监测表620份。

（阳华念）

【药品、医疗器械广告监督】 全年监测违法药品广告981条次（含重复播放数，下同），移送工商部门查处20起；监测违法保健食品广告1703条次，移送工商部门查处5起。对康寿大药房违法广告发布情况、违法广告药品蟾酥胶囊购销情况进行核查，并及时报告省局。

（阳华念）

【涉药人员培训】 全市举办4期药品零售企业药学从业人员继续教育培训班，培训涉药人员1903人，培训内容为涉药法律法规、药学知识和药学职业道德。

（阳华念）

【市场准入】 全年受理、核发药品医疗器械经营许可64件，变更77件，换发28件，注销3件。GSP认证跟踪检查375家。对凉都药业异地搬迁进行申报资料审查、仓库建设指导、现场验收等工作，对六枝医药公司开展GSP指导，通过省局组织的认证。

（阳华念）

【药品生产监督检查】 全年对3家药品生产企业、2家医院制剂室进行全程监管，对2家药品生产企业进行换证现场检查，检查覆盖率达到100%。对宏奇药业进行GMP指导，通过了省局组织的认证。

（阳华念）

【医疗器械监督检查】 全年共出动执法人员1121人次，对15家医疗器械批发企业日常检查26家次，对112家医疗器械经营企业日常检查206家次，医疗器械经营企业检查覆盖率100%。对2家违规经营隐形眼镜、软性角膜镜及护理液的眼镜店责令限期整改。

（阳华念）

【保健食品、化妆品专项整治】 5月30日至9月30日，组织开展保健食品、化妆品专项整治工作，全市出动执法人员2162人次，对1106家药品经营企业、保健食品专卖店进行监督检查，涉及重点检查保健食品1589批次，抽样5批次。发放经营保健食品“八不准”“六个一律”等宣传资料860份，指导经营单位完善管理制度及建档，与经营单位签订经营保健食品质量安全承诺书，责令整改89家，立案10件，罚款金额1.4万元。

（阳华念）

【含特殊药品复方制剂管理专项检查】 出动执法人员710人次，检查药品经营单位955户次。对个别批发企业客户档案资料不完善，使用现金交易，药品零售企业销售含特殊药品复方制剂未做销售记录或记录不全等行为责令整改。

（阳华念）

【中药材、中药饮片专项检查】 查获虫蛀和霉变中药饮片4批次约3千克，霉变中药1536千克，对查获的不合格产品均当场监督销毁，有力整治了中药材、中药饮片购进、储存、管理不规范的问题。

（阳华念）

【药品电子监管】 对药品生产、批发企业经营的基本药物目录品种、麻醉药品、精神药品、血液制品、疫苗、中药注射剂等高风险重点品种实施电子监管。有2家药品连锁企业总部，84家药品零售企业实施电子监管试点，并通过中国药品电子监管网审核。

（阳华念）

【食品安全】 全市出动执法人员4.35万人次，检查食品生产经营户6.6万余户次，查处违法违规生产经营户2678户，收缴不合格食品6.79吨，涉案货值107.22万元，立案查处177件，罚款192.07万元，移送公安机关查处4件，抓获犯罪嫌疑人5人。全市未发生重大食品安全事件。

（阳华念）

【食品专项检查】 市食安委先后组织开展学校食堂、工矿食堂、午托园、小餐饮店、饮品店食品安全专项检查，组织开展地沟油、肉及肉制品、禽流感防控、鱼翅、非法添加剂、瘦肉精、野生菌、野蜂蛹及餐饮服务等专项整治，在元旦、春节、五一、端午、国庆、中高考期间进行专项整治。

（阳华念）

【食品抽验】 快速检测3363批次，合格3331件，合格率99.05%；抽验260批次，不合格39批次，合格率85%。抽验保健食品5批次，合格5批次。

（阳华念）

【餐饮服务监管】 全市检查餐饮服务单位1.2万余户次，下达监督意见书4600份，责令整改1986户次，立案查处43件，罚款34万元，取缔无证经营150户，责令停产停业300户，约谈80人次。

（阳华念）

【餐饮整治规范】 制定实施示范标准，打造市级餐饮服务食品安全示范社区1个、示范街8条、示范店23个、示范学校食堂10家、工矿食堂5家。对全市7258家持证餐饮单位实施量化分级管理，其中A级49家，B级824家，C级5116家。

（阳华念）

【农村集体聚餐食品安全】 培训农村集体聚餐监管人员6446人次，农村集体聚餐累计备案2954户，未备案21户，备案率99.29%，指导集体聚餐2954户，指导率100%。

（阳华念）

【建立健全农产品检测体系】 新认定无公害农产品产地7个（累计76个）；新增无公害农产品10个（累计79个）；新申报绿色食品4个，有机食品2个。

（阳华念）

【食品生产环节监管】 抽检670批次，不合格14批次，合格率为97.91%。立案查处34件，涉案货值29.5万元，罚没金额16.29万元，移送公安机关查处1起（食用油案件）。

（阳华念）

【食品流通环节监管】 取缔无照经营26户，查处不合格食品0.11万公斤，查处制售假冒伪劣食品案件90件，涉案货值16万元，罚没金额26万元。快速筛查流通环节食品5498批次，不合格120批次；抽验903批次，不合格40批次，合格率为95.6%。对4500吨中央储备粮、3万吨省级储备粮、2万吨市级储备粮抽验样品31个，均为合格。

（阳华念）

【重大活动餐饮服务安全保障】 以驻点酒店监管为突破口，保障重大活动食品安全。对旅游景点和驻点酒店周边特色小吃店进行全面监督检查。共执行重大活动保障82次，下达监督意见书82份，提出整改意见243条，有效保障了6.98万人重大活动餐饮食品安全。

（阳华念）

【保健食品、化妆品监管】 开展保健食品、化妆品日常监督检查和保健食品、化妆品风险监测。打击保健食品、化妆品违法行为，规范市场秩序。

（阳华念）

【食品药品安全宣传】 全市共开展宣传活动7场次，出动宣传人员1692人次；印发宣传资料、宣

传画4.3万份，制作宣传牌5万余块；接受群众咨询1300余人次；设置食品安全宣传专栏65个，设置食品安全宣传展板36块，悬挂宣传标语164条；编发食品安全信息共65期。

（阳华念）

【药品经营企业信用体系建设】　完善《六盘水市药品零售企业安全信用分级管理标准》，对药品零售企业实施“安全信用分级管理”。将药品零售企业（含零售连锁加盟店）分为A级（守信），B级（基本守信），C级（失信），D级（严重失信）4个等级；定期或不定期向社会公布药品零售企业（含零售连锁加盟店）信用等级；对评为C级或D级的药品零售企业（含零售连锁加盟店）列入失信企业黑名单，在六盘水市食品药品监督管理局网站向社会公布，对失信企业增加日常监督检查频率，纳入重点监管，并向社会公布。

（阳华念）

【农村药品监督网建设】　对全市乡镇办食品药品安全监管信息员进行培训，提高其监管能力和水平。把监督网建设与“新农合”有机结合，鼓励和支持药品经营企业深入乡镇开办新型农村合作医疗定点药店，参与新农合建设。

（阳华念）

【信息报送】　全年在新闻媒体网站发布信息情况：省政府网站采用14条，省食安办采用7条，省食品药品监管局网站采用3条，六盘水市政府采用34条，市局发布136条，《六盘水日报》和《乌蒙新报》刊登食品安全知识及食品安全工作宣传报道22篇，六盘水广播电台、六盘水市电视台播放食品安全公益广告及食品安全工作宣传报道24次，各类媒体网站发布食品预警信息6次，六盘水电信、移动、联通发送预防野生菌中毒知识宣传手机短信6万余条。

（阳华念）

【药品检验检测体系建设】　争取到省局将市食品药品检验所纳入首批重点建设食品药品检验所，完成食品检测扩项申报工作，增加食品检验参数350个。

（阳华念）

【市药学会宣传】　市药学会开展各类药学宣传活动7次，发放宣传资料4250份，张贴宣传画报10幅，摆放展板6块，接受群众咨询300人次。

（阳华念）

文化 体育 旅游

文体广电工作

【概述】 2013年，市文体广电局按照市委把六盘水建成为“国际标准旅游休闲度假目的地”，将文化打造成老百姓“精神服务业”的要求，通过全市文体广电系统干部职工的共同努力，较好地完成了市委、市政府和上级主管部门安排的各项工作任务。

重大基础设施项目建设。凉都体育中心2013年完成投资8.2亿元，项目主体工程于年底全部竣工。凉都大剧院完成投资1.5亿元。市博物馆完成投资1.56亿元，主体封顶，装修布展招标完成。贵州三线建设博物馆于8月中旬开馆。老王山多梯度高原运动训练示范基地项目可研报告通过评审。

文化惠民工程建设。全年建成公共电子阅览室20个，社区文化活动中心2个，为10个社区文化活动室配置信息资源共享设备，完成30个数字图书进农家设备配置；投资584万元建成“全民健身路径”42套、“村级农民体育健身工程”62个、“乡镇农民体育健身工程”7个。建成广播电视直播卫星户户通工程200516套，农村广播电视“村村通”工程建设43764套，行政村有线广播电视联网延伸覆盖工程825个。完成农村电影公益放映12338场。

文体活动。2013年由市文体广电局主办或承办的大型文体活动有：中国凉都·六盘水第十届消夏文化节、“三八”国际妇女节跳绳比赛、市直机关职工庆“五·一”户外健步走活动、“安全生产月”广场大型文艺演出、“李宁红双喜杯”中国乒乓球协会会员联赛、“迎国庆、促和谐、奔小康”文艺展演等活动，全年共组织送文化下乡106场。全市2013年借阅书刊量140543册次，接待读者37444人次。文化馆（站）、博物馆、纪念馆等公共文化服务机构全部实现向社会免费开放。

文艺创作和文化交流活动。原生态音乐作品《我爱我家》获得全国第十六届“群星奖”；钟山区歌舞团在法国尼斯狂欢节游行上表演“彝族铃铛舞”；水城农民画作品及开发的农民画系列产品参加2013第九届“中国（深圳）国际文化产业博览交易会”；六盘水市歌手段胜高创作的歌曲《亲亲淤泥河》入选由人民文化产业网、北京中视图影文化传媒联合主办的2013年全国原创音乐推广计划；六盘水市文艺工作者张翼、张军、叶红艳、黄流等参与创作的戏剧类节目《假如给我三天光明》获全国残疾人文艺汇演一等奖；5月30日至6月18日，六盘水市50幅农民画作品在香港举办的“根与魂·多彩贵州非物质文化遗产展演”系列活动中展出。

文物保护和非物质文化遗产保护。与贵州省文物局、省考古所共同完成了“六盘水市史前至夜郎时期区域考古调查”，共发现100余处史前至夜郎时期古文化遗存。组织实施文物保护抢救修缮工作。2013年，各级共投入3500万元专项资金对水城钱家印楼、盘县丹霞山护国寺、普安州文庙、范家公馆等一批重要文物保护单位进行整体修缮。盘县小冲墓群、茶马古道（贵州六盘水段）经国务院核定公布为第七批全国重点文物保护单位。启动非物质文化遗产文化生态保护区建设工作，开展全市适合舞台演出的非物质文化遗产项目调查，启动非物质文化遗产专题

片拍摄制作。

加强广播电视行业管理。对广播电视娱乐类节目、有群众参与的直播节目和广告播出进行监管；对互联网传送视听节目进行巡检，全年共巡查400余家网站；开展整治虚假违法医药广告专项治理行动；对六盘水市行政区域内各广播电视播出机构跨地区合办频道频率和传送电视频道的问题进行清理检查；对县级广播电视播出机构开办电视频道和广播频率有关情况进行调查；办理盘县广播电视台变更台标的申报审批事项；对宾馆酒店非法接收境外卫星电视节目进行专项治理。

新闻出版（版权）工作。共对全市出版物市场进行3次专项检查，共查缴各类非法出版物3000余册，盗版光碟1.1万余张。全年共销毁非法出版物5万余盘（册）。完成发行单位及印刷企业年检工作。市县两级政府机关软件正版化工作全面完成。

经文化部批准，市图书馆被评定为地市级二级馆，六枝特区图书馆、盘县图书馆被评定为县级二级馆。

2013年，引进3名高层次人才和3名急需特殊人才。对部分事业单位科级管理岗位实行竞争上岗，共有32名科级干部在竞争中产生。针对新成立事业单位急需工作人员的现状，公开招考聘用工作人员35名。根据文化体制改革精神，结合各下属事业单位情况，进行岗位设置并开展全员聘用工作。

（易昌宁）

【春节文化活动】 春节期间，市文化馆在黄土坡体育馆休闲广场举办“红火凉都闹新春”“春暖凉都”等文艺演出；六枝特区举办以宣传、贯彻落实党的十八大精神为主线的“牂牁流彩、夜郎放歌”蛇年春节联欢晚会；盘县的“盘州春韵”系列活动内容丰富，举办了“非遗游乐场”——新春游园活动、“和谐家园”农村（社区）文艺会演、“流行文化”专场、“童话里的春天”少儿春节晚会、激情大舞台迎春文艺演出、“平安盘县”综艺晚会、“歌声飞扬”盘县原创音乐推介会等深受群众喜爱的文化活动。水城县举办了送温暖下乡慰问演出。钟山区在麒麟公园举行了“敲新年钟声·显麒麟祥瑞”敲钟仪式，祝福百姓新年平安幸福。

（李金松）

【文化专项资金】 2013年，共计争取到各类文化专项资金1278.5万元，主要用于公共图书馆、文化馆（站）免费开放及基层文化设备设施的基本运行维护、书报更新、文艺演出、农村体育活动等。其中中央农村文化建设专项资金620万元，免费开放资金606.5万元，省级农村文化建设专项资金52万元。

（李金松）

【举办第十届中国凉都·消夏文化节】 2013年8月，第十届中国凉都·六盘水消夏文化节与第八届贵州省旅游产业发展大会联动举办。其间举办了中国凉都·六盘水夏季国际马拉松赛、中国凉都·六盘水国际滑翔伞公开赛暨全国滑翔伞优秀选手赛、中国凉都·六盘水全国露营大会（包含中国凉都·六盘水全国露营大会、中国凉都·六盘水山地自行车公路骑行游活动、中国凉都·六盘水房车展示、中国凉都·六盘水全国摩托车越野锦标赛水城分站赛等活动）、全国桥牌赛、中日韩少儿围棋赛、钢琴独奏音乐会等。

（李金松）

【网络淫秽色情信息专项治理“净网”行动】 2013年，全市共出执法人员110人次，对所辖区域的网吧、音像、图书销售场所等销售淫秽色情音像制品的高发地段进行暗访检查，摸清情况。共检查网吧、音像、图书销售场所、印刷复制企业55家次。同时联合网监、工商、电信部门，对企业和监管对象进行全面清理，通过技术手段及时删除、屏蔽各种形式的网络淫秽色情及有害信息143条。通过专项治理，网络淫秽色情信息和出版物明显减少，网络基础管理和日常监管明显加强，人民群众对扫除淫秽色情垃圾的满意度明显提高。

（徐　兵）

【文化市场专项整治行动】 2013年，市文化市场综合执法支队先后开展了“游艺娱乐场所专项整治行动”“冬春严打专项整治行动”“卫星电视地面接收设施清理整顿行动”“5月全市文化市场安全隐患排查专项行动”“校园周边文化市场专项整治”等专项行动。取缔黑电玩8家、无证经营歌舞娱乐场所6家、黑游戏室2家。处罚1家擅自变更经营地点电玩经营户。在校园周边现场没收少儿版人民币十余板，各类刮刮奖十余板。

（赵怀超）

【“李宁红双喜杯”中国乒协会员联赛六盘水站赛】 8月9日至11日，“李宁·红双喜杯”中国乒乓球协会会员联赛六盘水站赛在市体育馆举行。本次比赛分男女团体和男子单打10个组别，女子单打分9个组别。参加这次乒乓球协会会员联赛比赛的运动员共有来自北京、天津、广东等十六个省市的49支代表队500多名选手。

（肖本万）

【2013年中国凉都户外运动挑战赛】 8月21日至22日，由六盘水市委宣传部主办，六盘水市文体广电局、水城县委宣传部与中央电视台五频道《体育人间》栏目组共同承办的中国凉都户外运动挑战赛，在玉舍五里坪进行。本次比赛共设五公里山路负重徒步走、户外烹调大赛、竹筏比赛、篝火晚会节目表演、搭帐篷比赛、户外救护和公路自行车越野赛七个项目。两天的比赛中，CCTV5全程拍摄，比赛实况在CCTV5《体育人间》栏目播出，对六盘水市户外运动起到较好的宣传和推动作用。

（肖本万）

【市场经营单位审核换证】 根据省文化厅的安排，从1月6日到3月30日，组织全市文化市场经营单位审核换证工作，完成全市2011年所发文化经营许可证的回收工作并上报文化厅。全市年审合格网吧193家、游艺娱乐137家、歌舞娱乐131家，省级网吧连锁企业1家。

（安　航）

【第六次体育场地普查工作】 开展10年一度的全国体育场地普查工作。通过普查，摸清了六盘水市现有体育场地类型、面积、人均占有率、分布等情况。2013年，六盘水市体育场地类型主要有体育场、小运动场及田径场、体育馆、游泳馆、综合房、室外专项体育场地、登山步道和城市健身步道、全民健身路径、户外活动营地、室外人工滑雪场、航空运动机场等10类。全市体育场地面积共有205.94万平方米，人均体育场地约0.7082平方米。其中：钟山区体育场地面积为47.476万平方米，人均体育场地约0.755平方米；六枝特区体育场地面积为44.403万平方米，人均体育场地约0.880平方米；盘县体育场地面积为62.300万平方米，人均体育场地约0.590平方米；水城县体育场地面积为51.761万平方米，人均体育场地约0.720平方米。

（杨　健）

【《陇脚布依族非物质文化遗产资料》进校园】 六枝特区陇脚乡组织编写了《陇脚布依族非物质文化遗产资料》一书。全书分为布依族铜鼓的来历、布依族铜鼓十二则、布依族风俗等章节，全面描述了陇脚布依族优秀的传统文化。陇脚乡中小学将其引进校园，作为学生第二课堂内容之一，有力地促进了学生的全面发展，同时也有利于培养非物质文化遗产保护和传承的接班人。

（周友武）

【梭戛乡苗族文化遗产存续状况调查】 市非遗中心2013年对梭戛乡苗族长角苗支系文化遗产存续状况进行调查。调查内容包括建筑、生产生活、工艺技术、头饰服饰、文化教育、社会结构、风俗习惯、节庆活动、宗教礼仪、音乐舞蹈、民间文学等十二个部分，全面摸清了梭戛乡长角苗支系非物质文化遗产存续状况，为全面开展梭戛乡非物质文化保护工作提供了第一手资料。

（周友武）

【第四批国家级非物质文化遗产名录的申报】 2013年10月，向省文化厅推荐了《仡佬族吃新节》《彝族古歌》《布依族服饰》等七个项目，经省文化厅组织省非遗专家委员会评审，确定《仡佬族吃新节》《彝族古歌》《布依族服饰》三个项目作为贵州省向文化部推荐的六盘水市重

点申报项目。

（周友武）

【六盘水市非物质文化遗产数字化】 2013年12月，贵州省文化厅启动全省非物质文化遗产数字化建设工作，六盘水市《布依族盘歌》《苗族服饰》《苗族芦笙舞》等3个项目作为全省数字化建设试点项目。通过运用现代信息技术对非物质文化遗产信息资料进行保存、传播和研究，从而促进六盘水市非物质文化遗产的抢救保护和宣传传播，提升全社会保护非物质文化遗产的意识。

（周友武）

【市文化馆免费文艺创作辅导培训工作】 2013年，市文化馆共举办文艺创作、培训、辅导班10期。其中，举办了首期"百姓健康舞"培训班，培训学员150余人；配合省文化馆"摄影大篷车"走进六盘水活动，开办摄影培训班，培训基层馆站工作人员市民130余人；举办"中国凉都农民画"创作培训班，培训返乡农民工200余人；此外还开展了戏剧家协会创作编导培训班、民族民间文化进校园等活动。

（吴晓波）

【群众文化社团】 市化文化馆组建了六盘水市百姓健康舞团、小提琴艺术中心、声乐培训班、打击乐教室、恒苑艺术培训中心、建业国际钢琴艺术中心、凉都广场老年合唱团、六盘水市喜洋洋民乐团、六盘水市白鹤歌咏队、龙井社区民族歌舞队等馆办团队。

（吴晓波）

【六盘水市体育运动职业技术学校正式成立】 市体育职业技术学校于2013年9月2日正式成立。该校开设田径、跆拳道、拳击、足球、乒乓球、网球、举重、游泳等专业，共有学生58名，教职工23名。

（杨 强）

旅游工作

【概述】 2013年，市旅游局认真贯彻落实中共十八大、省委第十一党代会、市委第六次党代会及各次全会等精神，紧紧围绕承办第八届贵州旅游产业发展大会这条主线，积极作为、强化措施、突出重点、创新方法，扎实推进各项工作。全年接待游客700万人次，同比增长38%；实现旅游收入44.36亿元，同比增长34.9%。

截至2013年，全市共有星级饭店15家，其中四星级4家，三星级6家，二星级5家，国内旅行社17家，分社14家，AAAA级景区1家，旅游车辆20辆。

按照"顶层设计、规划引领"的要求及《贵州省生态文化旅游发展创新区规划》对六盘水旅游业发展的定位，以100个旅游景区为龙头，切实加强旅游规划工作，牵头或协助县区高起点、高标准地推进野玉海、牂牁江、妥乐古银杏、坡上草原、百车河、韭菜坪、月亮河7个纳入全省100个旅游景区的规划编制，为景区发展绘制了蓝图，提供了纲领性指导文件。

抢抓第八届贵州旅发大会机遇，积极争取中央和省级资金4730万元。其中，上报获得省第八届旅发大会承办地专项补助资金1500万元，上报玉舍国家森林公园等项目获批国家旅游基础设施项目补助资金2000万元；上报"全省100个旅游景区"获省旅游发展专项补助资金230万元；上报旅发大会主会场获省预算内基本建设资金650万元，水城河明湖湿地公园段河道治理获200万元，六盘水市旅游信息综合服务平台建设获150万元。

（周 静）

【旅游项目建设】 争取将玉舍国家森林公园、野鸡坪户外运动基地、牂牁江西嘎景区、坡上草原景区、妥乐古银杏景区（石桥镇市级示范小城镇）、六盘水统筹城乡转型综合发展项目（凉都百车河生态旅游度假区）、廻龙溪温泉景区（岩脚小镇市级示范小城镇）、陇脚月亮河布依风情景区、明硐国际旅游新城、凉都体育生态公园、荷城古城11个旅游项目纳入2013年全市"十大工程"，争取将野玉海、牂牁江、妥乐古银杏、坡上草原、百车河、韭菜坪、月亮河7个景区纳入全省100个景区。2013年年底，以上旅游景区点已完成投资28.02亿元。

为迎接旅发大会召开，积极筹备全市旅游信息平台建设开发。软件系统已基本完成，并在市区内四星级以上酒店、牂牁江、妥乐古银杏等景区游客服务中心安放了旅游信息综合平台1ED屏进行试运行，为广大游客提供旅游咨询服务。

完成《贵州省生态文化旅游发展创新区规划》六盘水招商引资旅游项目库建设，并按照“走出去，请进来”相结合的原则，发放项目册、项目上网、邀请客商、参加招商引资洽谈会等多形式开展项目推介和招商，引导社会各界资金助推旅游业发展。在2013年贵阳国内旅交会上，印象夜郎城项目成功签约，总投资金额为50亿元。

（周　静）

【旅游宣传】 协助宣传等部门，邀请新华社、中国新闻社、《人民日报》《中国日报》《经济日报》《光明日报》《农民日报》《工人日报》《环球时报》《中国旅游报》《贵州日报》《四川日报》，中央电视台、中央人民广播电台、凤凰卫视、浙江卫视、广东卫视、重庆卫视、南方卫视，人民网、新华网、新浪网、腾讯网、金黔在线、《当代贵州》等中央和省内外主流媒体全方位、立体式、多角度宣传报道六盘水旅游发展情况、旅发大会盛况，“19度的夏天、360度的激情”成为中国凉都夏季的广告宣传语。

借助旅发大会，完成了旅游项目推介宣传片、城市宣传广告语、全市旅游1OGO、导游词、旅游广告词的征集，制作了画册、户外大型广告、1ED显示屏、旅游网站、旅游手绘地图、8大景区旅游宣传折页等，进一步丰富了全市旅游宣传资料。并赴广州、重庆等主要客源地开拓旅游市场，积极参加2013年中国国内旅游交易会等，展现六盘水丰富的旅游资源，夏季凉爽的气候，推介休闲避暑、户外运动旅游产品和特色线路，城市知名度和旅游知晓率大大提升。

在旅游线路上，争取省支持六盘水市整合文化旅游资源，创新旅游合作模式，加强与省内周边地区和云南、广西、四川等跨区域联合与合作，构建贵阳、六盘水、昆明、南宁旅游协作圈，实现地区间旅游的交通互动、产品互动、市场互动、营销互动、管理互动。旅发大会期间，省旅游局将六盘水市重点线路纳入全省盘子进行包装、宣传和推介，并多次邀请国内外重点旅行社进行踩线。

（周　静）

【提升旅游服务】 完成盘江雅阁、凉都锦江国际、闽浙、元和假日等酒店的建设、改造提升指导，完成盘县大酒店、盘县大浪淘沙假日酒店三星级旅游饭店审批工作，完成贵州道辉旅行社有限公司报批工作，完成了圣地亚哥四星级申报工作，上报玉舍国家森林公园获评AAAA级旅游景区；成功组织了2013年全国导游人员资格、省星级导游大赛等工作。

围绕《中华人民共和国旅游法》、旅发大会、消费者权益、安全生产等内容，积极组织星级酒店、景区（点）、旅行社（分社）等旅游企业开展宣传，分别发放了《绿色餐饮光盘行动》《文明旅游理性消费——品质旅游出行提示》《旅行社责任保险管理办法》《中国公民国内旅游文明行为公约》《中国公民出境旅游文明行为指南》《旅游投诉处理办法》《防灾减灾宣传手册》等宣传资料共计3万余份，进一步提高旅游企业遵纪守法、诚实守信、文明经营等服务意识。

开展行业培训、技能比赛工作。先后完成旅游饭店服务人员培训1000余人次，重点对酒店从业人员进行了普通话、礼仪规范、服务意识、清洁保养等内容讲解、演示、训练培训。同时，举办了2013年第八届贵州旅发大会六盘水市旅游旅游服务技能大赛，对全市42家主要酒店开展了中式铺床、中餐宴会摆台、西餐宴会摆台3个项目的“以赛代训”。有效促进了旅游服务质量的提升，为旅发大会接待工作奠定了良好的基础。同时，组织优秀选手参加了全省旅游饭店服务技能大赛，取得了西餐宴会摆台三等奖的好成绩。

旅游市场行业监管，联合多部门开展节庆期间大型检查活动。分别于每个“黄金周”、小长假期间，充分发挥市假日办作用，积极组织市安监、药监、质监、交通、消防、“五城联创”办等有关部门，对景区景点、旅游饭店等人员密集

场所进行检查，全力排查安全隐患，督促企业提高思想认识，落实安全生产，推进标准化建设，提升行业服务标准。确保旅游行业实现了“零事故、零伤亡”的目标。

（周 静）

【民族节庆】 农历正月初四至正月初十，在六枝举办苗族跳花节。

农历正月二十三，“玩水洞”传统活动在盘县碧云公园进行。

农历二月十五，水城县举办南开苗族跳花节，活动以苗族节庆、歌舞为主。

三月，在水城县蟠龙沙坡举办水城桃花节，广大市民前往观赏桃花。

农历四月八，在钟山区月照乡马坝村举办苗族“四月八”活动，活动内容有绕花树、赛芦笙等。

农历六月初六，六枝布依族同胞举行“六月六”活动。

农历六月二十四，在水城县海坪举办一年一度的彝族火把节。

（周 静）

新闻　传媒

无线电管理工作

【概况】 贵州省无线电管理局六盘水分局是贵州省无线电管理局派驻六盘水的正县级机构，行使六盘水市辖区内的无线电管理职能，领导六盘水无线电管理分局监测站的工作；内设办公室，下设监测站（内设综合科、业务）；有在职职工10名（本科学历9人，研究生学历1人，党员6人），退休人员3名。2013年，分局认真做好无线电监测、基站检测、行政审批、频率指配、台站核查、监督检查等工作，在节假日和重大活动时期以及各类重要考试中开展无线电安全保障工作，教师节被市教育局等4部门评为“尊师重教先进单位”；全年收回频率3组，注销手持台17部，新增基站158部，新增行政审批2家；走访设台用户11家单位，实地核查广播台站28个，专业设备3个，蜂窝基站89个，全市共有台站5220个。2月“世界无线电日”和9月无线电宣传月期间，通过《六盘水日报》、六盘水广播电视台和标语宣传无线电管理法律法规、无线电常识和无线电辐射知识。专程走访市广电网络分公司，就杜绝使用卫星电视干扰器达成共识，使六盘水市辖区内没有出现干扰卫星电视的事件。走访重点设台用频单位、发射设备经销商15家，发放无线电法律法规70余份。1月，完成月照机场电磁环境测试，并编制《电磁环境测试报告》。5月30日，召开六盘水市公众移动通信无线电台站规范化管理专项工作会议，六盘水移动通信分公司、联通分公司、电信分公司分管副总、建设部、运维部负责人、业务人员和分局相关人员共18人参加会议；听取3大运营商意见和建议后，制定《六盘水市公众移动通信无线电台（站）管理暂行规定实施细则》。6月，完成盘县机场3个预选场址的电磁环境测试。8月10日，完成“源禧五金机电杯”2013凉都·六盘水夏季国际马拉松赛事期间的无线电通信保障工作。

（王光南）

广播电影电视工作

八九六台

【概述】 贵州省广播电影电视局八九六台截至2013年12月31日，负责发射播出中央人民广播电台一套节目（981KHZ）和贵州人民广播电台一套节目（765KHZ），两个频率每天播出36.80小时，拥有10千瓦发射机3台，内设机构为4个科室，年末在册职工25人。2012年被评为贵州省广播电影电视技术维护管理工作二等奖。

（林　杰）

【全年安全播出情况】 2013年元月至12月31日，八九六台共播出13447.34小时，其中981KHZ（中广一套）播出6723.67小时，765KHZ（贵广一套）播出6723.67小时。

（林　杰）

【技术维护管理】 严格执行制定规章制度，由

台机房办、技术科负责人到机房负责安排、督促交接班人员，逐一检查柴油发电机组（每次换班用柴油机试发一次电，确保外电停电后，柴油机及时启动成功发电）、高低压配电系统、整个信号源系统。每周除坚持由当班值机人员例行测试发射机指标外，还由机房副主任监督进行每周技术复检。月检、季检由技术科长、机房主任带领当班值机人员完成，台分管技术副台长监督检查。能及时发现各种技术隐患，减少了故障的发生。2012年八九六台被被评为贵州省广播电影电视技术维护管理工作二等奖。这是八九六台上划省广电局以来取得的最好成绩。

（林 杰）

【加强消防安全保卫工作】 9月11日，水城县消防大队派出参谋刘松等三人到八九六台发射机房，对发射机房的消防工作进行现场检查指导，重点检查了发射机房、职工值班住房、柴油发电机房、门卫室。检查后他们对八九六台在消防器材的摆放位置、灭火器的使用数量、员工消防常识的培训、规范用电、应急照明、消防通道的畅通等方面给予肯定，同时对灭火器的更新换代、柴油发电机房的柴油存储提出了意见和建议。

为保障重要播出期间的安全播出，八九六台加强对机房周边的治安联防工作，同时积极与辖区供电、供水等单位和辖区办事处联系，做到信息联动，确保安全。同时启动重大播出安全保卫应急预案，加强对机房大院和发射设备的守护，增加巡逻次数。禁止一切非工作车辆和人员进入发射机房区域，每天增加对发射铁塔、电缆沟和地网外围的巡查巡护，发现有可疑人员立即驱离。

（林 杰）

【开展干部下基层活动】 9月开始台班子领导到机房开展服务基层系列调研活动。开展了我为机房代一次班、我为机房人员做一次拿手好菜、参加一次周末大扫除、为机房绿地除一次杂草、浇一次水等系列送关怀送温暖活动，同时还开展了每月组织一个班组观看一场电影、推荐读一本好书、唱一曲好歌等文化体育娱乐活动。活动期间为基层购买价值9500元的跑步机以及多功能健身器、健身自行车、收腹机等健身器材，组织全体职工体检，组织基层技术人员参加学习培训，为职工食堂更换热水器和餐具。从群众不满意的地方改起，加大资金倾斜，详细了解职工现阶段的思想动态，现实要求和困难，活动期间根据群众意见，报人事厅批准争取解决了单位3个工勤人员的职称结构不合理的问题，落实对应了岗位和待遇。

（林 杰）

六盘水市广播电视台

【概述】 六盘水广播电视台内设15个科室：办公室、计划财务科、总编室、新闻中心、策划部、经济部、社会生活部、专题部、文艺部、广播影视节目部、广告部、技术部、播出控制部、广播电视发射部、新媒体发展部。有编制125名，其中：管理人员24名，专业技术人员90名，工勤人员11名（含聘用驾驶员1名）。2013年年底共有职工184人，其中：在岗职工175人，退休职工9人。在岗职工中，事业编制身份职工111人，聘用身份职工58人，试用职工6人。在编111名职工中，大学本科58人、大学专科44人、中专及以下9人。在编111名职工中，新闻系列（含播音）副高职称11人，新闻系列（含播音）中级职称29人；工程系列副高职称2人，工程系列中级职称11人，政工系列副高职称2人，政工系列中级职称1人。

聘用58名职工中，大学本科22人，大学专科21人，中专及以下14人。

（高其林）

【新闻业务】 2013年，《六盘水新闻联播》《新闻半小时》《都市生活》《九九平安》等节目栏目质量稳中有升，影响力进一步提升。其中，电视《六盘水新闻联播》共编发各类电视新闻稿件5765条，在中央台各栏目发稿40余条，至2013年12月20日，电视外宣组在《贵州新闻联播》节目中发稿292条，位列全省9个市州第4位。广播《新闻半小时》共编发各类广播稿件4950条，新华社消息4630条，在省台发稿20条。另外，通过六个自办节目、十五个引进节目、六个合作节目，进一步丰富了节目内容。

2013年，旅发大会宣传工作成绩明显：旅发大会工作筹备以来，电视《六盘水新闻联播》节目播出旅发大会报道400余条，创该节目单项发稿最高纪录；在贵州台《贵州新闻联播》节目中发稿15条，在中央台《新闻联播》节目中发稿1条，在中央台其他频道也有发稿，为六盘水市办好第八届贵州旅游产业发展大会营造了良好的舆论氛围；电视《百姓直通车》栏目（原为《都市生活》）栏目先后发稿100余条；电视《99平安》栏目发稿50余条，为旅发大会的召开营造了良好的法制环境；广播《新闻半小时》栏目积极策划、主动采访、及时播出，共播发旅发大会新闻300余条；六盘水广播电视台广播交通频率、音乐频率，电视专题《话说凉都》等栏目也大量播出了旅游发展大会有关的节目。

2013年4月起至旅发大会结束，六盘水广播电视台共播出有关旅发大会广播、电视新闻报道近900条，为旅发大会的召开营造了良好氛围，为项目建设、景区建设添力鼓劲，为六盘水市民文明素质提升，为六盘水在全国、全省树立良好形象作出了努力。

（高其林）

【业务交流】 2013年，六盘水广播电视台举办了六盘水广播电视台通联工作会议、成功承办云贵川毗邻十州市广播影视协作会六盘水会议、六盘水广播电视台新闻通讯员业务知识培训会等，达到了培训队伍、提升素质的目的，树立了六盘水广播电视台良好的对外形象。

（高其林）

【承办活动】 2013年，六盘水广播电视台在活动品牌打造方面实现了突破，成功举办六盘水广播电视台首届电视春节联欢晚会、电视元宵晚会、“《颂歌献给党》——六盘水市百单位万人唱响凉都”电视歌唱大奖赛三个大型公益文化活动，并以录播方式向全市观众播出。

（高其林）

【直播、录播】 2013年，六盘水广播电视台顺利完成“2013年新年音乐会”“春暖凉都”大型文艺演出、2013年“多彩贵州”歌唱大赛六盘水巡回赛、中央人民广播电台“走、转、改大型现场诗歌朗诵节目——走进大三线”现场直播；完成贵州广播电视台“三线那些人和事”，中国科协年会六盘水分会场的学术座谈、讲座，市安监局“安全生产月”文艺演出，市文明办庆“十一”文艺演出的录制播出。

（高其林）

【视频连线、随车直播】 2013年6月，贵州省第3次项目观摩会期间，六盘水广播电视台指导六枝、盘县电视台参与视频连线，将六枝郎岱农业园区、路喜工业园区，盘县四格小城镇建设、柏果天能焦化循环经济项目连线到水城百车河农业观光园，呈现在2个省观摩组面前，得到省委、省政府主要领导和其他省领导、市、州领导的肯定。在项目观摩会期间，广播随车直播随2个省观摩组全程直播，得到省、市领导和其他市、州领导的赞扬。

（高其林）

【机房硬件保障】 2013年，肖家松林发射机房实现中央电视台一套、七套、贵州电视台一套、六盘水广播电视台一套四个频道安全优质播出23725小时，双尖山调频发射机房实现中央人民广播电台中国之声、音乐之声安全优质播出13870小时，贵州人民广播电台新闻综合安全优质播出7300小时，实现本台自办的新闻综合、交通广播、音乐广播三套调频节目安全优质播出21352.5小时，手持电视（CMMB）安全优质播出8760小时。同时，完成了六枝、盘县两地交通广播的覆盖。

电视播控机房实现本台3套自办节目和中央新闻、贵州新闻的安全优质播出26250小时，圆满完成了2013年“多彩贵州”歌唱大赛六盘水巡回赛、中央人民广播电台诗歌朗诵会的现场直播工作。完成了播控设备的改造升级工作，实现了对各级输出信号的音、视频监控，实现了标清数字化播出。

广播播控机房实现本台自办的新闻综合、交通广播、音乐广播三套调频节目安全优质播出21352.5小时。完成了“全省项目观摩会”现场随车直播、工业园区观摩会随车直播、每周三下午

"阳光晒权"现场直播、2013年"行风政风"直播的保障任务。

（高其林）

【数字标清播出】　2013年，六盘水广播电视台网站共上传视频节目及视频新闻共计800余条、时长180多小时，文字稿件及图片540余张，共录入自办节目1100条、约260小时，实现高标清制作及数字化播出，标志着六盘水广播电视台正式进入数字标清播出时代。

（高其林）

【获奖情况】　电视新闻获奖。短消息：黄向东、吴雨霖、余彬彬创作的《大唐贵州发耳发电公司在省内率先完成机组脱硝改造》获2013年度贵州广播影视节目奖三等奖；长消息：彭绍良、严昭行、敖涛、张韩睿创作的《新闻特写：山旮旯里的"上班族"》获2013年度贵州新闻奖二等奖、贵州广播影视节目奖二等奖。黄照明、屠娜创作的《新闻特写：高原雪域中的电力巡线工》获2013年度贵州新闻奖三等奖、贵州广播影视节目奖二等奖。严昭行、邓普创作的《凝冻持续：七辆省外大货车被困102省道梅花山，交警部门紧急救援》获2013年度贵州广播影视节目奖三等奖。黄照明、屠娜创作的《新闻特写：深山小站夫妻岗》获2013年度贵州广播影视节目奖三等奖。敖涛、彭丽创作的《水城县米萝乡发现上千亩野生猕猴桃群》获2013年度贵州广播影视节目奖三等奖；系列报道：奚宽军、何勇、陈开泰、周黎创作的《走基层：山路弯弯》获2013年度贵州广播影视节目奖三等奖。

广播新闻获奖。录音专题：陈臻、周杨创作的《一个国家级贫困县的教育梦》获2013年度贵州新闻奖三等奖、贵州广播影视节目奖二等奖；彭尖尖、陈奕祥创作的《"四在农家、美丽乡村"建设：农村的华丽蜕变》获2013年度贵州广播影视节目奖三等奖；录音短消息：彭尖尖创作的《钟山区大河镇大桥社区创新计生工作助推小康》获2013年度贵州广播影视节目奖三等奖；彭尖尖、汪尔丽创作的《六盘水市迎来旅发大会后首批旅行团》获2013年度贵州广播影视节目奖三等奖。

（高其林）

报业传媒

【概述】　《六盘水日报》全年共刊发来自基层的稿件2000多条，社论、评论员文章40余篇，较好地完成了新闻宣传任务。特别是第八届贵州旅游产业发展大会的报道，《六盘水日报》发稿量超过千篇（幅），版面超过200个，《乌蒙新报》推出《旅游周刊》强力营造舆论氛围，无论在报道力度，还是在报道质量上都创下历史之最，不仅得到市委、市政府的充分肯定，同时也受到贵州新闻出版局《审读与管理》杂志专家的高度评价，认为《六盘水日报》不仅成功地宣传了"凉都"，补齐了"凉都"旅游发展的"短板"，而且为打造贵州旅游发展的升级版作出了应有的贡献。

出版《六盘水日报》353期约2500万字，出版《乌蒙新报》246期约3000万字。《六盘水手机报》刊发彩信版早、晚报634期，短信版早、晚讯665期。

（姜媛媛）

【报纸宣传】　舆论引导力不断增强。日报围绕中心，服务大局，充分发挥主流媒体的公信力和影响力，不断强化舆论引导力，为市委、市政府的工作大局营造和谐气氛，创造良好的环境。推出了《抓好旅发大会就是抓发展》《抓好旅发大会就是抓经济》《抓好旅发大会就是抓民生》《抓好旅发大会就是抓社会管理》4篇"全力备战旅发大会"系列评论员文章，及《更高起点上的更高目标》《打破观念"瓶颈"做好顶层设计》《依靠创新驱动实现科学发展》《不断超越自信自强》系列评论员文章，为六盘水"好、快、高"发展，起到统一思想、舆论引领的作用。

重大主题报道有声有色。第八届贵州旅发大会。紧紧围绕第八届贵州旅发大会的召开，以旅发大会为"引爆点"，全方位报道旅发大会准备情况、开幕盛况、"后旅发效应"，充分展示了六盘水的经济社会各个方面发生的翻天覆地的变化。旅发大会的成功举办，赢得了各级领导及外地游客、本地群众、新闻媒体的一致赞誉。重点推出了《众志成城凝聚"六盘水力量"》《凉都辉煌见证“六盘水速度”》《借题发挥创造“六盘水奇迹”》《媒体争相聚焦“六盘水形象”》《无私奉献铸就“六盘水精神”》等稿件，使举办旅发大会的意义更加深入人心，使举办旅发大会所创造的奇迹更加振奋精神。园区建设。园区建设是六盘水市转变经济发展方式，实现转型升级的“重头戏”。报社对园区建设的报道，无论是在力度上、还是在深度上，都创下了历史之最。7月，全省第二次项目建设观摩会在六盘水召开，日报连续在头版或头条刊发了《为跨越发展蓄就后发之势》《今朝风流看红桥》《在新“跳板”上蓄势腾飞》《打造“煤炭经济”升级版》等深度报道，并推出《现代高效农业示范园区：撩开面纱展美颜》《重点旅游景区建设如火如荼》《打造富裕文明绿色幸福示范园》等全省项目建设观摩会专刊，图文并茂对“5个10工程”的建设情况进行深度解读，形成了强大的氛围，达到了很好的宣传效果。

基层报道亮点纷呈。认真贯彻落实中宣部“走基层、转作风、改文风”的要求，由社领导亲自带队，深入农村、工厂、项目建设现场等，采写出大量鲜活、生动、接地气的稿件，受到广大读者的欢迎。报社组织策划了一组“四在农家·美丽乡村”系列报道，由社领导亲自带队，率领记者深入到六枝、盘县、水城、钟山十余个乡镇的田间地头，反映新农村建设的新风貌、新气象，推出了《布依人的幸福表情》《“乡村旅游”催生生活新元素》《“仙谷”里飘出幸福歌》《小康底气从哪儿来？》《小山村的大愿望》等15篇有深度、有份量、有思考的稿件，得到市领导的肯定，为农村同步建设全面小康社会营造了舆论强势。

民生报道力度加大。始终坚持贴近实际、贴近生活、贴近群众的“三贴近”原则，加大民生报道力度，除动态报道全市“20件民生实事”的推进情况外，还重点对蔬菜价格、供电供水、交通拥堵、停车难、教育、医疗、社会治安等与人民群众息息相关的热点焦点事件进行策划和深度报道。推出“凉都人·中国梦”系列策划报道，开设“凉都交警”栏目，采写了稿件《“马路劳务市场”何去何从？》《出租车新增运力，能为凉都解困么？》《对交通安全隐患说“不”》等稿件，取到较好的社会效果。

精神文明建设报道更加深入。在着力报道经济建设辉煌成绩的同时，也加强了精神文明建设方面的报道，专门开设了“贵人善行颂最美精神做最美贵州人”“与雷锋精神同行”等栏目，对爱岗敬业、见义勇为、孝老爱亲、诚实守信的凉都人进行了浓墨重彩的报道，记录他们的感人事迹，万磊、郑克顺、陈涛、王佳文、杨昌华等，一个个鲜活的人物跃然纸上，推动了全市精神文明建设的深入开展。此外，认真贯彻落实省、市文明办的有关文件精神，使用大量版面刊载公益广告。2013年，日报共刊载122个版面，新报共刊载125个版面的公益广告。

（姜媛媛）

【文化产业发展】 2013年，六盘水日报传媒集团公司在2012年的基础上渐进发展，集团公司本部主要经营日报广告、印刷发行、新闻网站（手机报）《凉都印象》画刊，六盘水乌蒙新报公司、贵州中天银海网络科技开发有限责任公司、六盘水视听悦文化演艺公司、六盘水翰园文化创意公司4家子公司独立经营相关业务，严格各项经营考核指标，文化产业发展步入正轨。

六盘水乌蒙新报公司经营细化求发展。2013年，乌蒙新报六盘水采编经营中心加大市场开拓力度。除专门设置房企部、健康部、文教部、通信部等经营部室外，还成立了六枝和盘县工作站，以此扩大乌蒙新报的影响力和覆盖面。年初，乌蒙新报六盘水采编经营中心与湖南一家公司合作，共同开发了乌蒙新报移动新媒体（收集客户端）。年底，该移动新媒体处于试运行阶段，一方面通过纸质媒体来推广，另一方面已与市内一家网络运营商达成协议，直接在用户终端加装客户端，以此加快推广进程。

21do网排名稳居六盘水商业网年度第一。21do网于2012年11月22日正式上线后，网站排名一直稳居六盘水商业网站年度第一，年底，网站注册用户已超过3.8万多人，站内圈子已超过204个，话题超过7000篇。网站已经申请了官方腾讯QQ、腾讯微博、新浪微博与微信公共平台，开始了各个网络公众平台的消息推送。下一步网站将完善网络推广机制，宣传网络推广平台，实现各

平台加V认证，制定网络推广管理制度。

六盘水视听悦演艺公司承办大型活动提升知名度。六盘水视听悦演艺公司重新定位公司发展目标，通过承办大型活动来塑造公司形象，提升公司知名度。2013年6月，成功承办了2013年“大山之梦中央人民广播电台走基层”大型采访活动，在政治效果、艺术效果、社会效果上取得较好成绩。

六盘水翰园文化创意公司建立外宣新平台。六盘水翰园文化创意公司本着以文化产品开拓为主，其他业务为辅的原则，公司先后开展了一些项目，逐渐与市场接轨，业务工作有了一定的起色。目前将《人民文摘·乌蒙》特刊作为公司的主要创收平台，以宣传六盘水的经济建设、旅游风光为主，向外界大力宣传凉都品牌，全年共出刊4期。

传统经营业务稳步推进。中国六盘水网（《六盘水手机报》）立足新媒体特点，不断创新工作思路，知名度大大提升，订户呈逐步递增态势。《凉都印象》共出刊12期，保质保量完成了全年工作任务，为六盘水宣传工作作出了积极贡献。特别是为贵州省第八届旅游发展大会专门出版的《旅游特刊》，将六盘水境内主要景点以精美图片形式进行了集中展示，取得了良好的社会效果。广告中心本着“稳定老客户，发展新客户，抓大不放小”的原则，确保了目标任务的完成。报纸发行争取到从2013年起全市学校五年级以上每个班级赠订一份《六盘水日报》的政策支持。由此《六盘水日报》自2013年1月起发行量增长2200多份，发行量首次突破2万份，《乌蒙新报》六盘水地区的发行量也首次突破万份。

（姜媛媛）

广电网络公司六盘水市分公司

【概述】 贵州省广播电视信息网络股份有限公司于2008年3月27日正式挂牌成立，是贵州广电传媒集团公司旗下的骨干企业，全国文化体制改革先进企业。六盘水市分公司为省广电网络公司下设的9个市（州）级分公司之一，市分公司下设六枝特区、盘县2个县级分公司。共有员工236人。2013年取得了年度考核在全省各市（州）分公司中综合排名第一的好成绩。有线电视用户达到21.3万户。

（石　亮）

【全年经营完成情况】 权责收入完成率为全年计划的133.49%，在全省各市（州）分公司中名列第一；现金流收入完成率为年度计划的131.2%，在全省各市（州）分公司中名列第一；可控利润完成率为年度计划的177%，在全省各市（州）分公司中名列第一；多频看业务开通率34.34%，位居全省第一；新媒体信息发布业务走在全省前列。

（石　亮）

【农村“四位一体”工作情况】 1.农村公益电影放映工作。2013年全市放映12228场（其中盘县5400场；六枝2640场；市公司4188场），提前完成年度放映任务。2.直播卫星设施安装。“村村通”工程：2013年全市完成“村村通”工程43764套建设任务，并通过县、市两级验收。“户户通”工程：全市完成200516套建设任务，已通过县、市两级验收，并获省公司直播卫星“户户通”工程建设和长效维护服务综合考核二等奖。

（石　亮）

【新业务开发情况】 2013年，六盘水市分公司认真分析市场，抢抓机遇，积极发挥行业优势，承接六盘水市县两级政府对行政村有线数字电视联网延伸覆盖建设工程（DTMB—T工程）及六盘水市公安“天网”工程建设项目；“DTMB—T”工程和“天网”工程的实施为六盘水市农村公共文化建设、城乡平安和谐建设作出了积极贡献。

（石　亮）

【行政村广电网络全覆盖】 市政府将全市825个行政村有线数字电视联网延伸覆盖建设纳入六盘水市2013年度民生工程，由市县两级政府一次性补助3334万元的配套资金，由六盘水市分公司组织实施，于2013年月动工建设。截至12月31日，建成基站269个（计划数为278个），覆盖农户约

13万户，建设光缆约1172公里。已发展用户6708户，其中，六盘水市分公司1473户，六枝特区分公司3390户，盘县分公司845户。六盘水市率先在全省实现行政村广电网络全覆盖，为开发农村数字电视市场、实现城乡公共文化均等化打下良好基础。

（石　亮）

【“天网”工程】 六盘水市公安“天网”工程于2013年4月动工建设，共涉及34个派出所（其中城区派出所10个、乡镇派出所24个）。至2013年年底，全市光纤引纤位光缆共敷设完成1314公里，占预算总量2100公里的62.5%（含双路由建设800公里），其中：市分公司完成835.269公里，盘县分公司完成338.811公里，六枝特区分公司完成139.405公里。摄像机上线总数为9410个，完成总数11346个的83%，其中，市分公司完成6136个、六枝特区分公司完成1476个、盘县分公司完成1798个。ONU（光网络单元）上线总数5328台，占总数6647台的80.16%。

（石　亮）

社会生活

人口与计划生育

【完成省委省政府“双降”任务】 根据省人口计生领导小组考核结果：全市2013年度人口出生率为12.22‰，低于目标值0.08个千分点，比上年下降0.06个千分点，高于全省完成值（11.98‰）0.24个千分点；人口自然增长率为5.42‰，低于目标值0.08个千分点，比上年下降0.06个千分点，低于全省完成值（5.39‰）0.03个千分点。符合政策生育率为94.88%，高于目标值0.33个百分点，比上年下降0.05个百分点，低于全省完成值（95.01%）0.13个百分点，实现“双降”目标，在全省9个市州动态综合排名二等奖。

（许尚贵）

【基层基础工作】 2013年，全市计生工作以实施“六个一”〔即建一支胜任工作的基层人口计生干部队伍；建一套规范化的人口计生工作档案资料；建一个标准化的人口文化宣传阵地；建一套操作性强的人口计生《基层群众自治章程》和《村（居）规民约》；建一个完整的人口计生村务公开栏；建一套实用的村（居、社区）人口主任和育龄妇女小组长管理制度〕为着力点，狠抓基层基础工作。市委办、市政府办下发了《关于加强人口和计划生育基层基础工作的实施意见》，市人口计生委相应下发了《关于进一步加强和规范村级人口计生基层基础工作的通知》，对进一步抓基层基础工作进行了细化、量化和规范。2013年3月10至17日和6月18至21日，市人口计生委分别组织四个检查组对四个县区和钟山经济开发区专项检查和督促基层基础工作实施情况，通过狠抓基层基础，全市人口计生基层基础工作得到进一步夯实。

（许尚贵）

【“双诚信双承诺”】 2013年，全市稳步有序开展人口计生“双诚信双承诺”工作，先后下发《关于全面推进六盘水市人口计生“双诚信双承诺”工作的实施方案》《关于印发〈六盘水市人口计生“双诚信双承诺”工作实施细则〉的通知》，同时市公安局等27个相关部门制定出台了支持人口计生“双诚信双承诺”工作的政策措施。全市以示范带动、会议推动的方式抓点抓示范，及时总结成功经验和做法，采取召开现场观摩会、工作推进会等方式，加大面上工作推进力度。6月6日，全市人口计生“双诚信双承诺”工作动员部署电视电话会议召开，对工作进行安排部署；7月26日和8月26日，在六枝特区先后召开全市人口计生“双诚信双承诺”现场观摩会、全市人口计生“双诚信双承诺”工作推进会，总结交流成功经验和做法，全面推进人口计生“双诚信双承诺”工作。同时，为确保各项工作措施落到实处，市人领小组办公室下发《六盘水市2014年度人口和计划生育基层基础工作考核实施方案（试行）》，将“双诚信双承诺”工作开展情况纳入考核，并将考核结果计入乡镇各季度动态综合排名。

自人口计生“双诚信双承诺”工作开展后，各项工作取得明显成效：转变了服务方式。人口计生工作由过去的被动服务管理变为主动服务管理，推动了政府工作作风的转变，加强了人口行政管理与基层群众自治的联动互补，对实现人口计生“三降一升”目标起到了积极的作用。完善了“双诚信双承诺”管理机制。建立健全“双诚信双承诺”工作机制，增强诚信动力、传递失信压力，同时强化了部门支持计生工作的主体责任和意识，使计划生育工作社会综合治理真正落到了实处，改变了计生部门长期单打独斗的艰难局面。提升了村级组织的地位和作用。充分调动了村级干部的工作积极性和主动性，使夯实村级工作基础真正得以实现，改变了长期以来村级工作基础薄弱，村（居）干部不敢抓、不愿抓、不会抓人口计生工作的被动局面。改善了人口计生工作环境。逐步形成了政府诚信、群众守信、村（居）民互信的“双诚信双承诺”氛围，培育和提升了基层干部群众的社会诚信道德意识，为推动社会诚信道德体系建设构建了新的载体。同时，随着“双诚信双承诺”工作的深入开展，对推动社会管理创新也起到了积极有效的作用。

（许尚贵）

【“升位摘帽”工作】 2013年，盘县被贵州省人口和计划生育领导小组列为全省人口和计生工作重点管理县。市党政主要负责人和人口计生分管负责人对盘县实行挂牌攻坚，分解责任，督促落实，2013年3月盘县召开了千人参加的人口计生工作“升位摘帽”动员大会，变压力为动力，加强人口计生工作，通过一年努力，“升位摘帽”取得成效，确保了目标任务的完成。

（许尚贵）

【利益导向引导群众少生快富】 2013年，全市进一步贯彻落实利益导向“四项制度”政策的同时，鼓励各地创新政策，完善人口计生利益导向机制。对计生“两户”落实公共民生普惠政策及计生特惠政策，并依法加大对违法生育行为的处罚力度，引导群众转变婚育观念，少生快富。对办理独生子女父母光荣证的家庭，独生子女父母一次性奖励费提高到1000元，独生子女保健费提高到每人每月100元。对农村二女绝育家庭给予一次性绝育奖励金1万元。对放弃政策内二孩生育并获得独生子女父母光荣证的家庭发放一次性奖励金1万元。对农村计生“两户”家庭，未年满60周岁夫妻双方每人每年领取不低于800元的节育奖励金；年满60周岁，每人每年领取农村部分计划生育家庭奖励扶助金1200元。对依法领取二孩及以上“生育证”，自愿推迟2年及以上生育的一次性奖励1000元；依法领取生殖保健服务证，自愿推迟2年以上生育的一次性奖励500元。对年满60周岁的城镇居民夫妻双方或一方为城镇户籍的独生子女家庭非从业居民，每人每年领取不低于2000元。每年冬季来临之前县级人民政府无偿为农村计生“两户”家庭提供1吨民用燃煤。对政策内出生孩子的家庭，人口计生部门、技术服务部门要在7天之内开展送温暖活动，每户送物品、资金等不低于100元。农村计生“两户”家庭，夫妻双方及子女参加新型农村社会养老保险，每年给予不低于100元的缴费补贴，年满60周岁后，基础养老金月补贴不低于200元。对独生子女伤残和死亡的家庭夫妻双方，女方年满49周岁后，每人每年领取特别扶助金不低于4800元；对计划生育节育并发症对象，发放特别扶助金一级3600元、二级2400元、三级2000元；独生子女死亡的，一次性发放抚慰金3万元；独生子女伤残等级3级及以上的，一次性发放抚慰金2万元；独生子女伤残等级4级及以下的，一次性发放抚慰金1万元。考上普通高校全日制统招本科以上的一次性奖励5000元，考上普通高校全日制统招专科的一次性奖励3000元。全年享受“四项制度”的目标人群共191889人，90394户，兑现各项奖励扶助金额8790.39万元。

（许尚贵）

【打击“两非”工作】 2013年，全市进一步加大打击“两非”力度，努力提升人口计生服务管理水平，扎实抓好以免费孕前优生健康检查为主要内容的优质服务工作。同时以查处、打击“两非”案件为重点，扎实抓好性别比综合治理工作。全年“两非”立案82件，结案78件，处罚资金124.9万元，追究刑事责任2人，开除公职1人。出生人口性别比为106.78，比2012年度下降0.9%。新建乡镇计生服务站2个，改扩建村（居）计生服务室40个，为73名计生家庭唇腭裂儿童免费实施修复整形手术。2013年共完成免费孕前优生健康检查38225人次，其中农村目标人群检查31403人次，覆盖率为108.77%；城镇居民检查6822人次，

覆盖率93.25%。

（许尚贵）

老龄事业

【工作重点】 2013年，在居家养老服务工作全覆盖的前提下，在对各居家养老服务站（点）深入调研的基础上，市老龄办本着资源整合、资金捆绑，以点带面，全面铺开的原则，协调市民政局、市老年基金会共同开展“孝心进社区”活动，盘活资源，抓示范、树典型，重点打造钟山区德坞街道白鹤养老服务中心、钟山区荷城街道养老服务中心、钟山区黄土坡街道青年路社区服务站、六枝特区郎岱镇木城养老服务中心、水城县滥坝镇朝阳养老服务中心五个“孝心进社区”示范单位。共整合资金45万元下拨到各示范点。其中，钟山区白鹤养老服务中心建成全市首家老年人临终关怀室。

（王　娟）

【基层老年协会】 2013年，根据《全国老龄办关于加强基层老年协会建设的意见》和《贵州省村（居）老年协会工作考核与评估试行办法》的要求，结合六盘水市实际，市老龄办印发了《市老龄办关于开展争创星级村（居）老年协会的通知》，推进基层老年协会的规范化建设。通过组织开展“规范管理、关爱老人、构建和谐”为主题的星级村（居）老年协会考评活动，组织调研了各县（特区、区）上报的13个基层老年协会，按照集中打造、典型引路、示范带动、规模效应的原则，召开专题会议研究，筛选出盘县洒基镇锅厂村老年协会等5个基层老年协会，申报为贵州省星级老年协会。全市各级老龄办共同打造了13个基层老年协会示范点，以点带面，点面结合，力争把基层老年协会建设成为组织健全、功能完善、充满活力、作用明显、老年人满意的基层社会组织。

（王　娟）

【老年人权益维护】 2013年，全市在维护老年人权益方面开展的工作主要有：结合“深化‘法律十进’服务科学发展”法制宣传教育主题活动，市老龄委各成员单位广泛开展《中华人民共和国老年人权益保障法》进机关、进乡村、进社区、进学校、进企业、进单位、进家庭等宣传教育活动。全年共发放各类维权宣传资料1.3万余份，发送宣传短信2万余条次，张贴宣传标语800余条。健全老年法律维权网络。全市共设立各类法律援助机构1218个，为老年人提供法律服务。全年共接待咨询2700人次，均做到事事有回音。市司法局开通“微博”，开展老年方面的普法教育，强化老年人合法权益，提高法制观念。做好全市68名百岁老人统计、建档工作，省老龄办下拨的百岁老人的生活补贴款共计81600元全部按时发放到百岁老人手中，全年共发放90岁以上高龄老人养老补贴340余万元。草拟《六盘水市80—89岁高龄老人养老补助实施意见》，并征求修改意见。市老龄办、市交通局提前安排部署2014年度老年人免费乘车证相关事宜，切实维护老年人权益。免费办理老年优待证6000余本，为32000余名老年人办理了免费乘车证及意外伤害保险。

（王　娟）

【城乡日间照料床位建设】 2013年，根据省老龄办《关于下达“十二五”期间贵州省城乡老年人日间照料床位建设任务分解数的通知》，市老龄办于5月27号下发《市老龄办关于下达“十二五”期间六盘水市城乡老年人日间照料床位建设任务分解数的通知》，将“十二五”期间六盘水市新增城乡老年人日间照料床位数分解到各县（特区、区）。2013年，市老龄办共争取到日间照料床位补贴项目12个，总共230张床位，经费46万元。

（王　娟）

【农村幸福院项目】 根据省老龄办《关于续报2013年农村幸福院建设项目的通知》，本着“四个一点”（即项目申报省级扶持一点，市支持一点，县级配套一点，乡镇自筹一点）的集资原则，市老龄办经过调研、筛选，并经县、市逐级专题会议研究，积极争取省级经费扶持，申报六枝特区毛口乡半坡村等83个行政村为省2013年农村幸福院建设项目库项目，其中获批项目76个，项目经费228万元。

（王　娟）

【调研工作】 空巢老人生活状况调研。2013年3月至7月，六盘水在全市范围内开展空巢老人生活状况调研活动，就生活、健康、医疗、精神按等生活状况，采取问卷、走访、座谈等方式对六枝、盘县、钟山、水城、钟山共1000名空巢老人（城区500人、农村500人）进行调查，形成空巢老人调研报告5篇，从政府、社会、社区、家庭等四个方面提出合埋性建议，并将调研情况上报至省老龄办政策研究处，为党委、政府提供决策参考。

专题政策调研。根据《全国老龄办关于2013年开展专题政策调研及优秀调研成果评选活动的通知》，六盘水市围绕老龄工作难点、热点问题，组织老龄工作人员深入基层、深入群众，开展养老服务体系建设、老年文化建设、老龄工作机制建设等专题研究，就相关工作背景、已采取的措施、取得的成效、存在的问题及原因、获得的经验和启示、今后工作思路和拟采取的对策措施等进行深入调查研究，提炼出《科学研判形式细解空巢难题》《六枝基层老年协会的现在与发展》《盘县老年文化建设调研报告》等10篇调研报告。

（王 娟）

【《中华人民共和国老年人权益保障法》宣传活动】 2012年12月28日修订的《中华人民共和国老年人权益保障法》于2013年7月1日生效。2013年6月20日、25日，六盘水市先后下发《关于学习宣传贯彻〈中华人民共和国老年人权益保障法〉的通知》《关于开展〈中华人民共和国老年人权益保障法〉宣传活动的通知》，要求各县（特区、区）老龄委及市老龄委成员单位充分认识学习宣传贯彻“老年人权益保障法”，并开展“宣传老年法，关爱老年人”主题宣传活动。6月30日，副市长谢朝碧在六盘水电视台作“老年人权益保障法”宣传贯彻动员讲话，要求各级各有关部门共同推进“老年人权益保障法”的贯彻实施。7月1日，各县（特区、区）在属地中心地带、市老龄委28家成员单位在市人民广场集中宣传“老年人权益保障法”，在办公场所悬挂宣传标语，营造浓厚的宣传氛围。市政府副市长谢朝碧、市人大常委会副主任杨龙政、市政协副主席邓刚到各单位宣传点进行走访，查阅宣传资料，了解宣传情况，并要求各有关单位结合工作实际，真正将老年人权益保障工作落到实处。宣传活动共计发放《贵州老年报》特刊1万份，《“情系夕阳，和谐凉都”老年一册通》3000本及其他相关资料千余份。水城县补那村老年协会在市、县老龄办的指导下，以新出台的“老年人权益保障法”为蓝本，自编自演节目，以歌舞的形式宣传新的“老年人权益保障法”，送法规进村进户，家喻户晓。

（王 娟）

【老龄事业发展“十二五”规划检查评估】 2013年7月至8月，全市开展《贵州省老龄事业发展“十二五规划”》的贯彻落实情况检查评估。根据《贵州省老龄事业发展十二五规划评估体系》，从社会保障、老年医疗卫生保健、老年家庭建设、老龄服务、老年人生活环境、老年产业、老年精神文化生活、老年人生活管理、老年人权益保障、老龄调查研究和对外交流合作方面等10个方面展开了检查和评估工作，形成检查评估报告，并将报告上报省老龄办。

（王 娟）

【办好事实事】 2013年元旦、春节期间，全市四大班子领导及各县、特区、区领导分别组成慰问组对高龄老人、特困老人、空巢老人、失能老人、部分敬老院及社区居家养老服务中心进行了走访慰问。全市各级领导共123人，走访慰问了高龄老人346人、特困老人298人、五保老人4570人、敬老院及社区居家养老服务站（点）8个。据不完全统计，全市发放慰问金、慰问品折合人民币186万余元。“贵州关注黔籍老兵志愿者慰问团”还对市境17位抗战老兵进行了慰问。

（王 娟）

【关爱老年人出行年活动】 为解决老年人乘车难的问题，市老龄办积极开展调研工作，与公交企业作沟通协调，并将调研情况上报市委市政府，提出开展“尊老敬老树新风——关爱老人出行年”活动方案。2013年新年伊始，以“关爱老人、安全出行”为主题的“关爱老年人出行年”系列活动在市青少年活动中心拉开帷幕。启动仪式上，市人大常委会副主任杨龙政、市人民政府

副市长马雷、市政协副主席邓刚为老年人颁发了“2013年老年人免费乘车卡”。市公交总公司代表、老年人代表上台发言，承诺安全行驶、文明乘车。

（王　娟）

【“情系夕阳·和谐凉都”主题活动】 6月4日，“情系夕阳，和谐凉都”活动启动，活动是由市老龄办、市开发研究促进会主办，市协和医院、信友核桃乳厂、水城县姜茶厂赞助，相关单位共同参与的为老年人服务活动。活动为1200名失能、失独、空巢、困难老人发放了“健康存折”并免费为他们进行体检，持卡老年人看病可享受自负部分20%的优惠。“情系夕阳，和谐凉都”系列活动旨在搭建老年人健康服务平台，完善老年人健康服务网络，目的是鼓励社会各界力量参与和支持老年人健康服务工作，为老年人提供便捷、高效、低廉、优质、优惠的服务，全面提升老年人幸福生活指数。

（王　娟）

【“敬老文明号”评比表彰】 根据省老龄委《转发全国老龄工作委员会关于开展“敬老文明号”创建活动的通知》要求，六盘水市下发《关于申报“敬老文明号”荣誉称号的通知》，在全市各涉老部门、服务窗口、服务行业、村（社区）等范围内开展“敬老文明号”活动，以创优为老服务环境为重点，以敬老爱老助老为主题，精心组织、积极创建。2013年，经过严格选拔、层层审核，六盘水市福利中心等30家单位或集体被授予六盘水市“敬老文明号”荣誉称号。6月中旬，全市推荐8家单位参与省级“敬老文明号”创建。10月，市人民医院老年病科、钟山信用合作社获全国“敬老文明号”荣誉称号。

（王　娟）

【福利彩票“四个十佳”评选活动】 根据贵州省敬老爱老助老主题教育活动组委会《关于开展第三届“温暖贵州·福利彩票”敬老爱老助老“四个十佳”和敬老模范单位评选表彰活动的通知》，六盘水市制定并印发了《六盘水市第三届“温暖贵州·福利彩票”敬老爱老助老“四个十佳”和敬老模范单位推荐活动方案》，积极开展评选表彰推荐活动。通过推荐评比表彰，盘县柏果镇获“十佳敬老院”称号，龙树获“十佳敬老好媳妇”称号，刘璐获“十佳助老服务志愿者”称号，六盘水市钟山区民政局获“敬老模范单位”称号。

（王　娟）

【老年宣讲团】 为了让广大老年人进一步了解党和政府的惠民、利民新举措，感受社会的温暖和党的关怀，中共十八大召开后，六盘水市组织老年宣讲团，深入养老服务机构、社区及村老年协会进行宣讲，宣讲的内容主要有党的发展历程，老年人的生活变迁、三线建设等。全市共开展形式多样老年人“十八大”精神宣讲80余场次，2000余名老人参与。

（王　娟）

【“敬老月”系列活动】 为进一步营造“全社会都来关爱老年人”的氛围，按照《贵州省老龄工作委员会关于开展2013年“敬老月”活动的通知》要求，2013年，六盘水市结合实际，开展了以“贯彻老年法，造福老年人”为主题的“敬老月”活动。

参加第二届贵州省“福彩杯”老年合唱大赛。2013年9月，经筹划、筛选、推荐，六盘水市老年大学合唱团参加全省第二届“福彩杯”老年合唱大赛，获优秀奖。合唱团演唱的《家乡》《山歌出在淤泥河》不仅把六盘水的地方特色、时代气息、人文情怀尽情展示，更将“老有所乐”“老有所为”的风采展现得淋漓尽致，得到广大的观众的赞赏。

六盘水市第八届老年人文艺汇演。为庆祝全国第四个“敬老月”暨第一个法定“老年节”，进一步丰富老年人的精神文化生活，展现老年人热爱生活、积极向上的精神风貌，营造欢乐祥和、健康文明的社会氛围，2013年10月18日，六盘水市老龄办组织15支老年人代表队，在市人大机关场举办“情系夕阳·和谐凉都”第八届老年人文艺汇演。400余名离退休老人代表、老年大学学员、社区老年人代表观看了演出。

走访慰问。“敬老月”期间，全市社会各界开展了形式多样的“送温暖献爱心”活动。活动期间，全市共走访慰问百岁老人68人，空巢老人、特困老人、失能老人、90岁以上高龄老人共计260人，慰问居家养老服务站5个，社区老年人日间照料中心4个，敬老院2所，发放慰问金、慰问品折合人民币21万余元。

开展老年文体活动。“敬老月”期间，全市开展了一系列老年人文体活动。举办“敬老月”书画展，共展出书画作品91幅，展示了六盘水市老年人老骥伏枥、进取向上的精神风貌。开展赠书活动，市老龄办、市老年基金会、市老年书画研究会共同向市福利中心老年公寓赠送了历史、军事、法律、养生等方面价值1万元的图书。各县区开展丰富多彩的老年人体育活动，盘县老龄办与县老体协、县老年大学、县文体广电旅游局、县妇联等单位联合承办2013年“九九重阳节”老年人体育运动会，3000余名老年人参与；六枝特区老龄办、文体局等单位联合“七冶”公司和仙鹤山有限公司等举办了丰富多彩的健身、文艺等比赛和表演。

开展志愿服务活动。“敬老月”期间，结合“和谐贵州三关爱”绿丝带志愿服务等活动，市老龄办协调市直机关工委、团市委等成员单位组织近200名青年志愿者走进养老服务中心、福利中心、社区、居家养老服务站，为老年人义诊送药。各乡镇卫生院组织老年人免费体检。圆梦微公益志愿者开展了“敬老迎重阳”公益活动，携手首钢水钢总医院开展心理健康、老年病防治咨询活动。

“敬老月”节日活动。春节期间，各地基层老年协会组织老年人开展了“抢状元”文艺表演等传统新春娱乐活动；三八节期间，市老龄办与市妇联组织医学、教育、法律等行业志愿者为老年人提供了咨询、义诊服务；五一节期间，开展了企业老工人帮扶活动；七一党的生日，开展“我是老党员，凉都添光彩”活动。9月28日，举办了以“共筑中国梦，同结南网情”为主题的老年节联谊会。

（王　娟）

民族宗教事务

【扶持民贸民品企业】 加大协调力度，在政策上大力扶持全市的民贸民品企业，与人行六盘水支行、市财政局等单位联合行文，十二五期间对六盘水民族贸易和民族特需商品定点生产企业实行扶持优惠政策。实施民族地区贫困乡镇扶持推进计划，扶持推进六枝特区落别、牛场等7个民族贫困乡，开展这7个乡经济社会发展情况调研，投入民族工作有关专项资金174万元，协调投入14679万元。推动民族贸易和民族特需商品定点生产企业发展，举办民贸民品优惠政策培训班，建立民族贸易和民族特需商品定点生产企业档案。认定了首批72家民贸企业。对贵州宏奇药业、六盘水民艺苑公司等民族用品定点生产企业进行了调研。

（刘杰业）

【民族发展项目】 共安排中央、省、市少数民族发展资金485万元，20777户84490人受益。人畜饮水投入发展资金15万元，安装水管5.24公里，修建了蓄水池5个180立方米。受益459户1438人。输电建设投入发展资金5万元，架设输通电线路6公里。受益户数50户216人。公路建设投入发展资金45万元，修建公路21公里，修建堡坎120米。受益2617户11143人。道路硬化等投入发展资金44万元，硬化道路13.86公里，砌围墙长50米，砌堡坎290米。受益1884户8982人。种植业投入发展资金20万元，种植核桃350亩，种植梨树240亩。受益82户328人。养殖业投入发展资金130万元，养牛213头，养羊55只，养猪1781头，养鱼2万尾，养鸡7000只，孵化鸭苗2万只，修建鸡苗孵化场1000平方米，购买鸡饲料7万公斤。受益841户3401人。民族教育投入发展资金4万元，硬化篮球场600平方米，350名师生受益。民族文化等投入发展资金215万元，修建民族文化活动场24166平方米，修建陈列室380平方米，征集民族文物6件，开展民族节日活动3次。受益15844户72399人。

（刘杰业）

【年度民族专项资金】 抓好市、县“三项经费”增长机制落实工作，市级三项经费从2012年的170万元增加到2013年的247万元，增长45.29%；4个县区“三项经费”从2012年的415万元增加到2013年的494万元，增长19.03%。积极争取中央和省有关专项资金761万元，比2012年增加48万元，增长6.7%。

（刘杰业）

【民族地区返乡农民工园区创业调研】 开展民族地区返乡农民工创业园区建设情况调研，撰写《六盘水市民族地区返乡农民工创业园和全市产业园区建设情况调研报告》，编制《2013年六盘水市民族地区返乡农民工创业园项目库》。编制民族手工艺品目录。

（刘杰业）

【民族地区经济社会发展情况监测】 完成了全市民族乡2012年度经济社会发展情况统计工作，按时完成国家民委统计年报。建立了民族统计监测工作制度，办了1期民族统计监测培训班。

（刘杰业）

【六枝岩脚民族文化招商项目】 与贵州天日集团达成红桥新区闽商科技园招商项目，引进资金1.63亿元。与都匀大河民族旅游度假娱乐有限公司达成建设六枝岩脚民族文化一条街项目，签约总投资1.9亿元，实际到位资金0.227亿元。共完成招商引资1.857亿元，超任务完成0.227亿元。

（刘杰业）

【特色民族文化村寨建设】 扶持推进六枝特区落别乡底耳村、牛场乡坪寨村等10个特色民族文化村寨建设，投入民族工作有关专项资金90万元，协调投入2380万元。完成10个特色民族文化村寨经济社会发展情况调研。将六枝特区高兴村等9个村寨作为“十二五”全国少数民族特色村寨保护与发展的村寨（社区）进行了申报。

（刘杰业）

【参加全省少数民族文艺会演】 按照省组委会的要求，在市政府的领导下，会同文体广电部门积极做好经费落实、剧目编排、组建团队等工作。参演剧目《梦向凉都飞》获表演金奖、优秀组织奖等奖项。

（刘杰业）

【传统节庆和民族博物馆扶持计划】 指导有关单位和民族学会办好彝族“火把节”“彝族年”、苗族“跳花节”“四月八”、布依族“六月六”等民族节日活动。扶持六枝梭戛苗族生态博物馆和陇脚布依文化陈列室开展少数民族文物征集和人才培养工作，帮助改善馆藏少数民族文物保存条件，提高馆藏的展示水平。会同六盘水电视台对民族文化进行宣传和报道。

（刘杰业）

【少数民族语言文字】 抽调8人参加彝汉双语骨干培训班学习。开展盘县省级双语和谐示范点建设。开展民族语文监测和数据库建设，完成仡佬语生态状况调研，开展双语社会化工作，扶持六枝箐口、盘县苏座等4个双语教学示范点。对民族语文使用状况和双语人才情况进行了调研。

（刘杰业）

【民族古籍抢救】 搜集上报了彝族、苗族、布依族、仡佬族等民族古籍总目提要100多条。撰写了《六盘水市民族古籍工作情况调研报告》，在全省民委系统首家开展“民族古籍传承人之家”认定，将10名古籍传承人资料上报省，对10个“民族古籍传承人之家”进行授牌、慰问（每人500元）。翻译整理了8本《彝族指路经》，将《水城彝族古歌》口碑古籍转写为彝文并附曲谱，作为“十二五”少数民族古籍抢救推进计划丛书。成功申报彝文古籍《金玉解结经》进入国家珍贵古籍名录。举办了40多名民族古籍工作者参加的民族古籍知识培训班。争取市改委立项，划拨专款25万元对民族古籍进行抢救和保护，在全省九个市州中唯一将民族古籍收集整理工作列入发改项目并获得经费支持。

（刘杰业）

【计生“三结合”帮扶工作】 完成计生“三结合”帮扶指标任务，共帮扶180户689人，落实帮扶资金23.6万元。

（刘杰业）

【民族教育扶持】 2012年省市民族教育专项经费103万元安排的38个项目已全部完成。2013年度省市民族教育经费116万元安排了38个项目，经费已全部下达。积极推进民族民间文化教育活动的开展，对市民族职业技术学校、盘县鸡场坪乡民族中学等省市民族文化进校园项目学校给予重点扶持。积极支持六盘水职业技术学院举办少数民族特长生文艺表演队。安排7万元对沙明兴等35名少数民族贫困大学生进行助学资助。投入14万元对六盘水师院、市民族职业技术学校等民族体育基地进行重点扶持。成功举办“中国凉都·六盘水2013年全省蹴球邀请赛”。来自全省各市州的13支队伍52名运动员参赛。协助贵州省全民健身操舞大赛组委会首次在贵州省举办“中国农业银行信用卡杯”2013全国全民健身操舞大赛贵州分站赛暨多彩贵州民族健身舞大赛，完满完成各项赛事活动。共有来自全省各地31支代表队600多名选手参赛。

（刘杰业）

【少数民族人才培训培养】 协助完成贵州省党政人才现状调查问卷工作，完成《六盘水市民族工作部门干部队伍状况调研报告》并报省。在中南民族大学举办了50名市直机关、县区及部分乡镇科级干部参加的2013年度全市少数民族干部培训班。选派20多名少数民族干部参加市、省和中央部委等各级各类培训。

（刘杰业）

【民族团结进步创建宣传】 指导县区民宗局和示范活动点认真开展每年10月“民族团结进步宣传教育活动月”活动，积极推进四项教育六进活动（民族理论、民族政策、民族法律法规、民族知识为主要内容的宣传教育活动进机关、进企业、进农村、进社区、进学校、进部队）。会同市委宣传部、市委统战部向省民委等三部委申报23个示范创建单位，省三部委已行文全部命名为全省第二批民族团结进步创建活动示范单位。经统计，各县、特区、区民族团结和睦指数得分均为98分以上，统计监测数据及汇总分析报告已报省。

（刘杰业）

【向全省第七次民族团结进步表彰大会推荐典型】 根据省委办公厅和省政府办公厅的通知和市委市政府主要领导的批示精神，经过严格细致的推荐评选，评选推荐了市民委等4个模范集体，王时明等9名模范个人。

（刘杰业）

【城市社区民族工作】 以红果镇迎旭社区、德坞办西宁社区等城市社区民族团结工作为切入点，大力开展民族团结进步教育，围绕“两个共同”的主题，营造民族团结良好社会氛围。认真开展“民族乡享受优惠政策问题”调研，民族乡撤乡建镇“三不变”政策受到省民委的高度肯定，为全省开展相关工作提供参考和借鉴。召开未定族称人们共同体代表座谈会。加强城市外来少数民族流动人口的服务管理，区、镇、社区三级服务管理网络基本建立。全年上报申请民族成份材料492份，已全部办结。

（刘杰业）

【民族法律法规执行情况督促检查】 于5月和7月对部分民族乡和街道办事处进行了《民族乡行政工作条例》《城市民族工作条例》贯彻执行情况督促检查并报省。

（刘杰业）

【有偿使用滚动发展扶贫】 利用少数民族发展资金，在六枝特区、水城县、盘县等地采用有偿使用、滚动发展的方式对贫困户进行扶持，创立了“六盘水模式”，获得省民委高度肯定。2013年11月12日，第二次全省民族地区贫困乡镇产业扶贫现场会在六枝特区新场乡召开，六盘水模式（群众自治、协议先行、有偿使用、滚动发展）向全省推广。

（刘杰业）

【民族调研工作】 积极开展各类调研，深入分析民族地区全面建成小康社会进程中的困难和问题，撰写各类调研报告10多篇，积极为党委政府和上级部门决策提供参考，受到市政府和市政协肯定和重视。

（刘杰业）

【举办宗教政策法规培训】 2013年3月1日，《贵州省宗教事务条例》（简称《条例》）施施，市政府、市委统战部、市人大民宗侨委、市政协法制委和市民委（市宗教局）积极向广大群众宣传《条例》，发放《条例》宣传手册1500余份。利用电视、报刊等新闻媒体进行广泛宣传。将《条例》编入《民族宗教工作宣传读本》发放

各级机关和单位，累计发放3万余册。在钟山区会展中心、猴场乡等地举办宗教政策法规培训，机关和乡镇领导及宗教界人士640人次参加学习培训。在六枝基督教礼拜堂举办了全市宗教教职人员政策法规培训班，市级各宗教团体负责人、六枝片区宗教团体负责人以及宗教活动场所负责人和部分信教群众代表126人参加培训。

（刘杰业）

【宗教工作经费落实】 全市落实宗教工作经费26.5万元（市级9.5万元，六枝2万元，盘县4万元，水城县2万元，钟山区9万元），宗教工作经费得到初步解决。

（刘杰业）

【宗教政务服务】 对涉及宗教事务的行政许可、非行政许可和行政服务事项进行全面梳理，保留行政许可事项1项（3个子项）、非行政许可事项1项（取消2项）、行政服务事项1项，制定了行政许可办事指南、行政许可工作流程图。编制宗教事务行政职权目录，梳理行政处罚事项7项，对相关行政处罚自由裁量标准进行规范和细化。受理了4项行政许可事项，均在承诺办结期限内完成审批、送达。

（刘杰业）

【宗教民族信息采集统计】 对全市已开放的166个宗教活动场所36038名信教人员进行普查，建立了数据信息库。开展宗教工作基础信息采集，完成《宗教教职人员信息采集表》《宗教活动场所信息采集表》和《宗教团体信息采集表》采集录入并报省。对世居少数民族人口数、比例数、分布情况和全市信教人员基本数据、宗教活动场所分布情况等进行全面梳理。完成国防动员数据采集和相关统计表格填报工作。

（刘杰业）

【六盘水市佛教协会成立】 市佛教协会第一次代表大会于6月21日召开，选举产生了六盘水市佛教协会第一届领导班子。市佛教协会成立后，将积极发挥党和政府与佛教界之间的桥梁纽带作用，带领佛教界人士和信教群众为促进六盘水市经济社会发展作积极贡献。

（刘杰业）

【“和谐寺观教堂”创建】 按照贵州省创建“和谐寺观教堂”考评办法和标准，对六盘水市51个宗教活动场所进行考核，51个宗教活动场所全部达标，其中一个场所为优秀。“和谐寺观教堂”创建工作全面完成。

（刘杰业）

【防范与处理邪教问题】 按照市委防范和处理邪教问题领导小组办公室通知，在第一时间将《关于加强识别和抵制“全能神”邪教组织有关宣传教育工作的通知》精神传达到各县、特区、区民宗局和重点寺观教堂；发放《识破邪教“全能神”》光碟250多张。

（刘杰业）

【全市宗教工作调研】 与市人大民宗侨委组成联合调研组，深入盘县丹霞山护国寺、六枝城区清真寺等宗教活动场所进行调研。召开宗教工作座谈会，听取各县区宗教工作和宗教活动情况汇报。对《贵州省宗教事务条例》贯彻落实情况进行全面检查，该条例在六盘水市的执行情况已向市七届人大常委会作了汇报。

（刘杰业）

【化解宗教领域矛盾】 制定和完善了宗教领域突发事件预案，组织力量对宗教领域不稳定因素进行了排查。在有关部门的配合下，妥善处理了水城观音寺、六枝桃源寺土地问题等5起纠纷。

（刘杰业）

【机关党建】 2013年1人被市直机关工委评为优秀共产党员，2人连续3年考核被评为优秀，荣记三等功。建立“四时三办四制”工作服务机制，即：上班准时、办事限时、服务延时、反馈及时；符合政策规定手续齐全的立即办、一次性无法办好的预约办、涉及多部门的会商办；服务承诺制、限时办结制、首问负责制、责任追究制，服务基层、服务群众、服务发展水平进一步提升。

（刘杰业）

【廉政建设和反腐败】 制定印发了《市民委（市宗教局）2013年党风廉政建设和反腐败工作

安排意见》《中共六盘水市民委党组关于改进工作作风、密切联系群众的规定》《中共六盘水市民委党组关于建立廉政谈话制度的暂行规定》等文件，强化落实，深入推进机关作风建设。加大首问首办、限时办结、服务承诺、廉洁从政等制度执行力度。庸、懒、慢、浮，办事不负责、行政不作为，门难进、脸难看、事难办等不良现象得到有效扼制。制定和完善了《惩治和预防腐败体系工作实施方案》《党组行政议事规则》《“三重一大”决策实施办法》《车辆管理办法》《财务管理办法》《固定资产管理办法》《档案管理办法》《印章管理办法》等20多项制度规定，机关管理与运行进一步规范。制订《六盘水市民委（六盘水市宗教局）开展岗位腐败风险防控管理工作实施细则》，风险防控措施进一步完善，岗位腐败风险防控管理工作扎实推进。派出纪检监察督查组，对2012年度实施的涉农资金项目和2013年安排的项目进行督促检查，没有发现违规使用项目资金的情况。

（刘杰业）

【专项工作】 1.抓好民族宗教信息工作。修订和完善考评办法，全年编发信息60余期。重建市民委（市宗教局）门户网站，加快信息化建设，提高信息资源共享和无纸化办公水平，文件和信息实现双向交换、互联互通，民族宗教工作加快提质、提速、提效。2.做好文书档案管理工作。多年沉积下来的文书档案得以清理和移交。共清理2002年至2012年文书档案230多盒，移交市档案馆2002年至2011年文书档案134盒，其中永久36盒，30年98盒。3.抓好党建扶贫、“四在农家”和同步小康“联乡驻村”工作，投入扶贫点项目资金30余万元。抓好“四帮四促”联系点结对帮扶工作，投入资金18万元。4.开展互助共建、五城联创、关心下一代、妇女儿童、禁毒、维稳、普法、计划生育、综治、政务党务公开等工作，全面完成全年各项工作任务。

（刘杰业）

【困难和问题】 民族地区加快发展，与全省全国同步建成小康社会任务艰巨；对民族宗教工作的长期性、复杂性、重要性的认识有待进一步提高，执行政策的体制机制还需进一步完善，督促检查手段有待进一步强化;推进民族宗教工作科学化、社会化有待加强；民族宗教工作队伍建设力度亟待加强；宗教工作人力物力财力严重不足，抵御境外宗教势力渗透难度加大。

（刘杰业）

六盘水少数民族户籍人口情况统计表

单位：人

序号	族别	2011年	2012年	2013年
1	彝族	300680	302114	304812
2	苗族	238540	239678	241818
3	布依族	118113	118676	119736
4	白族	53410	53665	54144
5	回族	18203	18290	18453
6	仡佬族	14319	14387	14515
7	水族	12419	12478	12589
8	黎族	10143	10191	10282
9	蒙古族	3429	3445	3476
10	土家族	2860	2874	2900
11	侗族	2818	2831	2856
12	满族	1574	1582	1596

续上表

序号	族别	2011年	2012年	2013年
13	壮族	1124	1129	1139
14	哈萨克族	967	972	981
15	瑶族	176	177	179
16	仫佬族	173	174	176
17	哈尼族	167	168	170
18	土族	123	124	125
19	傣族	120	121	122
20	藏族	111	112	113
21	京族	95	95	96
22	独龙族	85	85	85
23	维吾尔族	60	60	60
24	朝鲜族	46	46	46
25	佤族	41	41	41
26	傈僳族	36	36	36
27	畲族	36	36	36
28	纳西族	31	31	31
29	毛南族	19	19	19
30	羌族	17	17	17
31	俄罗斯族	16	16	16
32	锡伯族	15	15	15
33	拉祜族	12	12	12
34	德昂族	8	8	8
35	景颇族	8	8	8
36	布朗族	7	7	7
37	撒拉族	6	6	6
38	珞巴族	4	4	4
39	东乡族	3	3	3
40	鄂伦春族	3	3	3
41	怒族	3	3	3
42	基诺族	2	2	2
43	阿昌族	1	1	1
44	达翰尔族	1	1	1
45	待识别民族（穿青人、蔡家人、南京人、里明人）	88988	89412	90210
	合计	86.9	87.31	88.09

县区概况

钟山区

【概述】 全区总面积478平方公里，耕地面积1.36公顷。辖2个乡（均为民族乡）、3个镇、7个街道办事处，2个社区服务中心（正科级），46个村民委员会、65个居民委员会。年末总人口59.78万人，其中非农业人口31.99万人。人口出生率11.69‰，自然增长率5.42‰，符合政策生育率95.78%。人口较多的少数民族有彝、苗、白、回等民族。主要矿藏有煤炭、煤层气、铁、铅锌、石灰石等。森林覆盖率43.5%。

2013年，地区生产总值完成296.78亿元，比上年增长15.8%；全年农业总产值完成5.99亿元，同比增长17.4%，畜牧业占农业总产值比重达到59.27%；实现全部工业增加值147.87亿元，同比增长16%；财政总收入完成34.24亿元，增长58.5%；公共财政预算收入完成15.87亿元，增长3.22%。

50万元以上固定资产投资完成256.24亿元，增长38.1%；重点项目建设投资，城镇基础设施项目

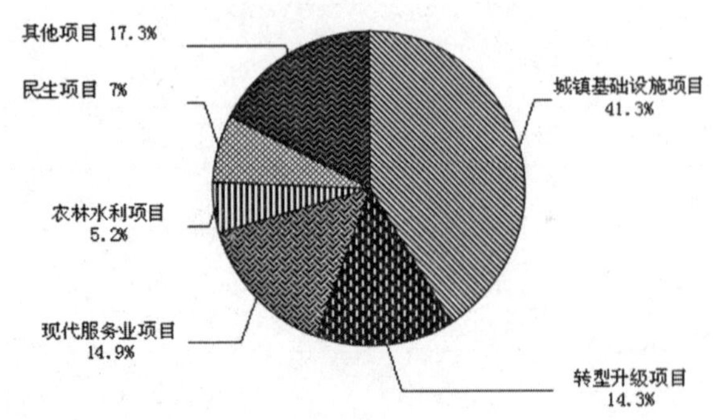

2013年项目投资情况

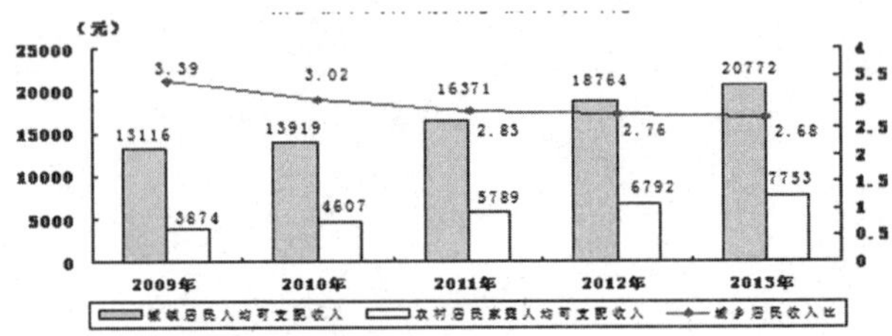

城乡居民收入及城乡居民收入比

投资完成105.7亿元，转型升级项目投资完成36.6亿元，现代服务业项目投资完成25.6亿元，农林水利项目投资完成13.2亿元，教育卫生等民生项目投资完成17.8亿元。

城镇基础设施建设。完成凉都大道、人民路、钟山大道提级改造和绿化美化工程，凤池路隧道、水西北路等13条城市干道及断头路全面贯通，完成人民路、凉都大道等主次干道提级改造及100余条小街小巷改造工程。建成以城市湿地公园、三线建设博物馆、凉都体育中心等为代表的一批城市标志性景观及建筑。加大城市开发力度。高起点、高标准规划城市综合体和城市棚户区改造项目，启动德坞老街、八一、金三角等9个棚户区附着物调查及土地征收工作。拆除中心城区“两违”建筑约18.19万平方米，房屋征收8700余户。凤凰片区、荷城片区等一批城市综合体已初具雏形，城市品质进一步提升。加大城市管理力度。大力实施精细化城管，以“迎旅发、促五创”活动为载体，出台城市管理“1+8”配套文件，加大城镇环卫清洁投入力度，交通智能信息化管控系统投入使用，城市面貌焕然一新。

社会消费品零售总额完成116.1亿元，增长14.6%；城镇居民人均可支配收入完成20772元，增长12%；农村居民家庭人均可支配收入完成

7753元，增长14.1%；居民消费价格涨幅控制在3.5%以内。

改善招商环境和强化服务意识，积极参与贵州香港贸易洽谈周、上海长三角贸易洽谈周、全国优强民营企业招商项目推介会等一系列招商引资活动。依托产业园区和城市改造进行以商招商，引进武汉重冶、金三角棚户区、明湖城市综合体等一批带动性强、产业关联度高的大项目、好项目。2013年，招商引资项目达到321个，到位资金193.19亿元，同比增长26.04%。其中，新引进项目234个，到位资金154亿元。

节能减排。严格控制高能耗、高污染、低效率的落后产能进入，加大节能减排执法力度。推广节能灯9.1万只，完成中心城区1ED路灯改造4590盏，共节约用电近1067万千瓦时，节约标煤约3700吨。完成瑞安水泥脱硝主体工程建设，动力厂锅炉改造项目投入使用。关闭巨峰耐火材料等3家落后产能企业。万元GDP能耗和主要污染物排放总量得到有效控制。

加强天然林保护，巩固退耕还林成果，完成营造林3.4万亩，治理石漠化面积11.6平方千米，治理水土流失面积27.09平方千米，森林覆盖率达43.5%。水城河、三岔河治理取得显著成效，市中心城区空气质量及饮用水源地水质达标率均达到优质。大湾污水处理厂建成投入试运行，汪家寨污水处理厂主体工程完工，大河污水处理厂前期工作进展顺利。

优先发展教育事业。加大教育投入力度，改善办学条件，提高教育教学质量。完成“9+3”计划年度任务，市二十二中学、区十五小学建成并实现招生。乡镇教师公租房及周转房建设全面完成，中小学营养计划等稳步实施。小学、初中、高中入学率分别达到99.53%、101.21%、83.31%。

公共卫生事业加快发展。建成区卫生监督所、月照乡和大湾镇卫生院，区人民医院附属设施等项目稳步推进。新型农村合作医疗工作取得新成效，新农合参合人数达到14.04万人，参合率为99.18%，较2012年提高0.3个百分点。

文化事业加速发展。建成区文化馆和三线博物馆，区图书馆、区档案馆、全民健身中心等项目稳步推进。成功举办国际马拉松、国际行知赏识文化论坛、中日韩少儿围棋大赛等一系列文化活动。

计生服务能力进一步增强。启动区计生服务站项目建设，基本完成11个村卫生室建设，低生育水平持续稳定，人口出生率为11.69‰，人口自然增长率为5.42‰，人口计生工作实现“三降一升”。以率先在全市全面建成小康社会为统领，加快推进城乡公共基础设施一体化建设，结合产城融合的发展思路，统筹推进城乡发展。小康实现程度预计达到93.5%。

【加快产业转型升级】 2013年，全区第一产业、第二产业、第三产业增加值分别完成3.01亿元、162.92亿元和130.85亿元，分别增长6.4%、16.7%和14.8%，三次产业比重达到1.01：54.9：44.09，第三产业增加值比重较2012年提高近0.2个百分点，服务业发展势头强劲，产业结构进一步优化。

【工业经济平稳发展】 面对经济下行压力加大，主要工业产品价格走低的不利形势，加快产业结构调整步伐，稳定工业经济增长，实现全部工业增加值147.87亿元，同比增长16%。传统工业提级改造稳步推进。煤矿兼并重组进展顺利，完成企业兼并重组规划和实施方案编制，并通过省能源局审查。兼并重组后全区煤矿将由原来的30对整合为15对，年产能将由861万吨提高到1400万吨；新能源开发取得突破。韭菜坪风力发电项目通过省能源局审查，大湾低热值煤电联产项目获得省发改委路条，扁担湾煤矿瓦斯地面抽采利用示范（1NG）项目合作取得突破性进展；产业园区建设有序推进。水月园区、大河经济开发区规划面积384平方千米，入驻企业140户，建成投产企业125户，规模以上产值达到276亿元。园区新增标准厂房31.17万平方米。大湾园区滨河大道及工业大道、水月园区金水路及南北路等重大基础设施项目取得实质性进展，恩华白酒、超美保温材料、鑫瑞达钢化玻璃厂等项目正式投产，鑫食豆制品加工、农资仓储物流、源禧五金机电城等一批在建项目进程加快。

【服务业发展势头强劲】 以全省第八届旅发大会为契机，改造提升传统服务业，加快现代服务业发展。2013年，服务业对经济增长的贡献率达40.31%，拉动GDP增长近6.4个百分点。传统服务业不断壮大。出台《关于促进个体工商户和小微企业转型升级的实施意见》，引导528户个体工商户转型升级，激发传统服务业发展活力。大力优化商业网点布局，改造提升以住宿和餐饮、批发和零售为主的传统服务业，分别增长8.4%、8.8%；现代服务业加快发展。金融业加快发展，投资担保、小额贷款等民间融资机构发展逐步规范，招商银行、重庆银行、贵州银行等正式入驻，各金融机构网点稳步增加。金融机构存贷款余额分别完成455.3亿元和382.65亿元，增长17.78%和19.67%；旅游业发展迅速，借旅发大会东风，加快完善公共设施，旅游接待能力稳步提高，以"休闲度假、避暑纳凉"为主的旅游业蓬勃发展，全年接待游客286万人次，实现旅游总收入19.02亿元，同比增长31.8%；物流业发展进入加速期，德坞润发物流投入使用，发嘎坡铁路货场车道基本建成，粮油储备中心启动相关前期工作。

【农业经济保持较好发展】 紧抓全省第五轮农改的机遇，夯实农业基础，加大支农扶农力度，全年农业总产值完成5.99亿元，同比增长17.4%，畜牧业占农业总产值比重达到59.27%。围绕市民餐桌，扩大农业生产基地。完成核桃种植7.3万亩，红豆杉种植0.2万亩，建成100亩石斛种植基地，蔬菜、葡萄、高产马铃薯等种植基地建设稳步推进。生猪、牛、羊和家禽存、出栏量均保持增长的势头；以农业观光园为抓手，全力推进农业产业化发展。充分激活民间资本，投入2.35亿元园区建设资金，实现园区核心区道路、电力、通讯等全覆盖，建成动物防疫室、质量检测中心、农产品批发市场、科普展示温室等配套项目，完成育苗大棚5.4万平方米，流转土地9100亩。

【农村建设】 以"四在农家·美丽乡村"为抓手，加大农村基础设施投入力度，改善农村生产生活环境。启动小康社会基础设施延伸工程。紧紧围绕"四在农家·美丽乡村"基础设施建设六项行动计划，滚动编制小康六项行动计划项目82个，总投资102.65亿元；新农村建设稳步推进。按照统规统建的思路，改造"四在农家"新民居1.5万户，全面启动通组水泥路建设，完成28.4万平方米小康串户路硬化；积极推进水利基础设施建设。有效解决4万农村人口饮水安全问题，完成箐沟、关门山和中坡水库前期工作，红岩水库建设有序推进。

【社会保障】 社会保障稳步推进。城镇居民基本医疗、城乡最低生活保障、城乡社会养老保险等社会保障体系加快完善。城镇职工养老保险、失业保险、城镇医疗保险、工伤保险参保人数分别达16684人、9640人、168719人、22135人。就业工作取得新成效。广开就业门路，拓宽就业渠道，促进城乡人员充分就业，实现城镇新增就业42496人，农村富余劳动力转移就业3520人，城镇登记失业率控制在4.2%以内。社会救助体系进一步完善。城市低保标准由每月340元提高到400元；农村低保标准由每年1680元提高到1860元。平安钟山创建稳步推进。加强治安防控体系建设，"天网工程""地网工程"布控逐步完善，群众安全感满意度排位上升22位。

（石前周）

六枝特区

【概述】 全特区国土总面积1792平方公里，耕地6.76万公顷，辖19个乡（镇）（其中9个民族乡），220个行政村，25个居民委员会，2013年年末人口70.33万人，其中少数民族21.1万人，非农业人口13.91万人。人口出生率7.05‰，人口自然增长率2.58‰，符合政策生育率94.35%。人口较多的少数民族有布依族、苗族、彝族、仡佬族。主要矿藏有煤炭、铁、铅锌、萤石、冰洲石，重晶石、石灰石等。煤炭探明储量25.5亿吨，煤种齐全，煤质好，易开采。瓦斯储存量69.5亿立方米。森林覆盖率41.03%。

2013年全区生产总值完成100.11亿元，比上年增长17.8%；农业总产值、农业增加值完成18.8亿元、11.95亿元，分别增长46.66%、6.3%，工业总产值完成122.45亿元，增长50.05%。

财政收入、公共财政收入完成15.09亿元、12.49亿元，分别增长50.17%、63.88%；金融机构存、贷款余额达89.22亿元、68.48亿元，分别增长6.74%、21.29%。公共财政预算收入、税收收入、旅游总收入增速位列全省第1、3、4位，全省增比进位预排第15位，同比上升1位。

全社会固定资产投资完成312.49亿元，增长96.93%。“一区三园”快速推进，累计完成投资74亿元；六枝经济开发区获省批复成立，路喜园区进入42个省级重点园区名录，木岗园区实现“七通一平”，岩脚园区基础设施逐步完善。传统企业发展壮大，40对煤矿兼并重组为21对，设计产能提升到1365万吨/年；新华煤矿、黑拉嘎煤矿、安家寨煤矿、黑塘煤矿等一批大型矿井快速推进。六枝电厂项目完成投资3.40亿元、六矿瑞安4500吨/日干法水泥生产线完成投资8.47亿元、新场低热值煤项目正在开展前期工作、源鑫洗煤项目完成投资1.41亿元，着力打造煤电化、煤电材、煤电铝一体化产业链。新增规模以上企业15户。

启动2亿元的人民路城市综合体、10.5亿元的滨河公园城市综合体建设，投资1.4亿元的南环路东段项目、投资4000万元的东出口迎宾大道项目相继完工，东方龙城、七冶国际新城一批新区初见雏形。城市扩容达2.81平方公里。扎实推进“五城联创”“多彩贵州文明行动”，投资1834.71万元的桃花公园改造工程即将完工，投资1166万元完成地宗路等道路综合整治，投资2000万元实施城区亮化工程。完成245个村（居）委会路灯工程、2506户公路沿线可视范围内民居改造，拆除违法违规建筑4万余平方米，城镇形象进一步提升。实施188个城镇项目220.7亿元，累计完成投资97.26亿元。完成22座公厕建设，投资9438万元的城区供水二期工程、投资3100万元的郎岱污水处理项目、投资3691万元的城区再生水回用工程等项目稳步推进。以郎岱、岩脚、木岗为代表的特色小城镇建设成效明显，城镇化率达45%，特色城镇进一步展现。

总投资51.2亿元的现代农业园区，完成投资17.89亿元，20余个龙头企业入驻，全区农民专业合作组织达249个，建成园区核心产业基地5.74万亩，农业园区聚集优化。围绕“六大产业”，新增27.79万亩产业基地，新建标准化示范养殖场5个、规模养殖场7个；粮食总产量达21.54万吨，粮经比为46.6：53.4。

交通瓶颈明显打破。六镇高速建成通车、六六高速快速推进、晴纳高速六枝段完成线路比选和工程可行性报告，六枝已步入“高速时代”；投资145.65亿元的六安城际快速铁路六枝境内完成线路比选和车站选址，即将步入“高铁时代”。贵烟线六枝过境段入列全省集中连片扶贫开发省改造项目，投资2.3亿元的115公里运煤公路完成投资7100万元，建成通村水泥路440公里，提前完成“十二五”规划通村公路任务，全区路网密度达1.41公里/平方公里。

水利基础明显夯实。启动实施水利项目53个，总投资4.51亿元，完成投资3.42亿元。黔中水利枢纽工程大坝顺利封顶，投资3.34亿元的旧院水库下闸蓄水，投资4.5亿元的懒龙河水库完成投资6220万元，积极开展纳革、阿雨、头塘、河头上等水库项目前期工作，投资1600万元的中型灌区节水配套改造项目、投资3136万元的小流域治理工程已完工，投资2699.6万元完成农村饮水工程21处，新增解决50139人饮水安全问题。供电保障明显增强。实施总投资3.05亿元的220千伏、110千伏、35千伏等一批电网、变电站建设，完成建设和改造10千伏线路166公里、低压线路227公里。

社会消费品零售总额完成25.93亿元，增长14.4%。城镇居民人均可支配收入、农民人均纯收入分别达17912元、5422元。全面小康实现程度达79.31%，同比提高5.71个百分点。

实施教育工程项目105个，完成投资10.2亿元。特区四小、特区九中、特区职校一期改扩建工程竣工投入使用；特区七中、特区八中（第二职校）加快推进。“控辍保学”全面加强，营养改善计划实现全覆盖，教育“二项”督导评估和高中阶段教育、“4+2”教育突破工程、教育“9+3”计划、学前教育三年行动计划顺利通过省政府督导评估考核验收并得到高度评价。

文体事业快速发展。完成农村广播电视村村通1.2万户、户户通3.6万户，新建60个基站，网络电视覆盖181个行政村。老年活动中心建成使用，青少年活动中心主体完工，老王山国家多梯度体育训练基地项目前期工作加快推进。成功协办全省第八届旅游发展大会、举办2013中国凉都六盘水国际滑翔伞公开赛暨全国滑翔伞优秀选手赛。原生态《我爱我家》获文化部合唱类最高奖项“群星奖”，体育中心被国家体育总局表彰为全国健身活动先进集体。

卫生事业稳步发展。基本公共卫生服务逐步完善，居民健康档案建档率达71.6%。国家慢性非传染性疾病综合防控示范区建设不断巩固，6个乡镇卫生院规范化建设有序实施。出生人口综合性别比为110.61，人口计生“双诚信双承诺”推进率达100%，人口计生工作取得新进步，连续两年获评全市一等奖。

各项工作有效推进。扶贫开发深入实施。整合投入扶贫资金4.5亿元，完成减贫人口30088人，毛口乡、洒志乡、梭戛乡实现“减贫摘帽”，贫困发生率控制在25%以内。就业渠道不断拓宽。新增城镇就业24953人，失业再就业1032人，解决困难就业对象再就业628人，实现转移农业劳动力就业15898人，发放小额创业贷款8119.15万元。全面动态消除“零就业家庭”，城镇登记失业率为4.02%。启动水务一体化工程。撤乡建镇工作合力推进。节能减排全面完成市下目标任务，城区环境空气质量达到国家二级标准，集中式饮水水源水质达标率为100%。基层武装、国防动员和后备力量建设得到加强。工商、物价、供销、物资、烟草、粮食、盐务、史志、石油、金融、通讯等市场监管力度进一步加大，市场秩序保持稳定。“双拥”工作取得新成效，老年人、残疾人合法权益得到保障。对台、外侨工作不断加强，全区民族、宗教大局稳定。气象、人防、防震减灾、档案、工青妇等工作扎实开展。

【社会保障提标扩面】 完善城乡居民医疗保险制度，补助标准提高到每人每年280元。新农合参合人口49.01万人，参合率达98.22%。城乡居民社会养老保险参保人数达17.502万人。60周岁以上养老保险发放率为100%。投放城乡医疗救助、冬春救助、季节性缺粮救助资金2.1亿元。城乡低保标准分别由340元、1520元提高到380元、1680元。发放城镇低保1.78亿元17.27万人次；发放农村低保1.02亿元、救助粮100.87万斤，保障49140户88724人。

【居住条件明显改善】 实施生态移民搬迁5902人、农村危房改造6800户、“四在农家”创建37166户；建设公共租赁住房1465套、廉租房500套、城市棚户区改造1130套、煤矿棚户区改造3645套、各类保障性安居工程3662套。

【社会管理得到加强】 成立那克社区服务中心，加快推进城乡社区服务站建设。启动“新型社区·温馨家园”建设。稳步推进“平安六枝”建设，在全省群众安全感测评满意度为92.37%，同比上升2.9个百分点。安全生产信息化平台成功运行，全年发生安全生产事故7起死亡5人，同比分别下降46.2%、58.3%，煤矿安全首次实现“零死亡”，安全生产实现“双降”。

【2013年民生实事】 实施扶贫生态移民搬迁、农村危房改造、“四在农家”新民居。城镇保障性安居工程。解决农村人口的饮水安全问题；城镇新增就业，公益性岗位安排就业困难人员；实施方便早餐工程。新建农村寄宿制学校学生宿舍；闲置校舍改建幼儿园；农村小学、教学点增设附属幼儿园；加强校园周边秩序整治，实现教育系统联网视频监控系统与城市天网工程无缝对接。实施村委会所在地路灯工程。加快推进乡镇（街道）社会管理服务中心规范化及社区社会管理服务站建设，实施社区网格化管理。电网改造工程。进一步加强社会治安防范体系建设。计划生育、安全生产、节能减排加快推进安全生产信息化平台建设。加强食品安全监管体系建设，培训群体聚餐场所管理人员440人，开展农村集体聚餐备案指导，备案率达95%以上，指导率达100%；开展1所学校食堂电子监管试点工作。加快推进小商品市场建设；新建乡镇农贸市场、特色餐饮街，建成社会福利院（老年公寓）。

（闫秀明）

盘　县

【概述】 全县总面积4057平方公里，耕地面积12.53万公顷，辖13个乡（11个民族乡）、23个镇和3个街道办事处、454个村民委员会、52个居民委员会，年末总人口119.53万人，其中少数民族22.65万人，非农业人口24.05万人，人口出生率9.92‰，自然增长率3.7‰，符合政策生育率98.02%，人口较多的少数民族有彝族、苗族、白族、布依族。已探明矿产资源有煤炭、煤层气、铁、铜、黄金、锰、锌、石灰石、页岩气等20余种，其中煤炭资源储量大、品种全、质量优。森林覆盖率45.42%。

2013年，全县生产总值完成364.3亿元，同比增长17.9%，其中一产、二产、三产分别达26.25

亿元、255.09亿元、82.96亿元，同比分别增长6.6%、17.9%、20.6%。农业总产值达33.21亿元，增长12%；农业增加值达21.28亿元，增长15%；畜牧业产值占农业总产值的比重提高1个百分点以上；规模以上工业总产值506.7亿元，同比增长11.85%。财政总收入68.52亿元，同比增长2.22%，其中公共财政预算收入44.91亿元，同比增长18.79%。财政一般预算支出64.89亿元，同比增长33.03%。

年内固定资产投资576亿元，比上年同期增长37.6%。重大建设项目共181个，主要涉及交通、市政基础设施、煤炭开采及煤化工、电力、水利、生态农业及旅游等方面，总投资2047.6亿元，全年计划投资314.93亿元，实际完成投资317.02亿元。其中，交通投资：沪昆高铁盘县段完成22.15亿元，红果至两河快速通道完成8.41亿元，盘县至兴义高速完成投资5.00亿元，水盘高速公路、英武至大山公路、英柏公路（英武至羊场段）和红果主城区西北出口道路等大项目建设，共完成12.8亿元；市政基础设施投资：黔锦五星级酒店完成6.98亿，盘县新能源汽车经营项目完成5.85亿元，南湖大酒店完成3.29亿元；煤炭开采及煤化工投资：盘县地方煤矿技改完成59.72亿元，天能焦化有限公司完成9.3亿元，盘江煤矿技改完成8.59亿元，盘县宏盛煤焦化有限公司完成5.06亿，盘县贵州煤电钢一体化产业完成1.5亿元；电力、水利投资：盘县电厂“上大压小”改扩完成13.38亿元，盘北煤矸石电厂二期完成8.32亿元，盘县万家口电站完成4.09亿元，盘县四格风电场完成1.74亿元，盘县卡河水库完成1.34亿元，盘县朱昌河水库完成1.79亿元；生态农业及旅游投资：贵州盘县娘娘山喀斯特农业生态园完成3.19亿元，盘县滑石乡万亩生态农业观光园完成2.55亿元，盘县老黑山黑桃产业园区完成2.45亿元，盘县胜境温泉国际度假中心完成1.51亿元。

全县通车公路里程6021.7公里，其中国家高速公路112公里，国道86公里，省道203公里，地方二级公路279.7公里，县公路669公里，乡公路1272.5公里，村公路3343.3公里，专用公路56.2公里。有营运车辆13239辆，其中客运350辆。年货运量3323万吨，货物周转量428075万吨公里，客运量3794万人，客运周转量104399万人公里。交通建设取得突破性进展。全年公路建设完成投资23亿元，建成高速公路46公里（水盘高速盘县段），二级公路138公里，运煤公路132.08公里，旅游公路125.5公里，通村油路1079公里。做好协调服务工作，有序推进沪昆高铁客运专线建设。盘县支线机场、鸡场坪至柏果高速公路前期工作取得实质性进展。盘兴高速公路、320国道境内段公路改造工程启动建设。公路管护工作扎实开展，运输体系不断完善。

通信能力不断加强。有电话用户9.16万户，宽带用户4.34万户，移动电话（移动、联通、电信）用户82.24万户，手机网络及电话覆盖39个乡镇（街道）、400多个行政村。宽带上网得到提速提质，3G信号覆盖所有的乡镇机关所在地。

城镇化建设有序推进。完成《盘县城市总体规划（2012—2030）》和红果经济开发区两河新区、盘北经济开发区、盘南产业园区的总体规划编制工作；完成县城西城区、湿地公园、老城组团、刘官组团和红果经济开发区两河新区控制性详细规划的编制工作；完成除中心城区范围内的8个乡镇外的29个乡镇总体规划的编制工作，实现全县总体规划全覆盖；完成19个乡镇控制性详细规划和250个村村庄整治规划的编制工作，力争在2014年实现全县城乡规划全覆盖。坚持新老城一体化，严格按照县域1小时、主城区半小时、周边五大节点城市不超过1.5小时的目标规划，构建快捷高效的交通网络。全年县城镇化率达39.6%，城市扩容2.01平方公里。全年办理建设用地规划许可证106起，办理建设工程规划许可证112起。实施农村危房改造13200户，现已全部完工，入住11220户，入住率达85%，完成投资9.24亿元。实施完成“四在农家”建设40026户，完成50个示范村村庄整治，完成投资19.2亿元。

社会消费品零售额55.14亿元，同比增长14.5%。城镇居民人均可支配收入18255元；农民人均纯收入5794元，同比增长14.5%。金融机构存、贷款余额分别为209.9亿、148.75亿元，同比分别增长1.86%、12.55%。盘县入选2013年度中国县域经济与县域基本竞争力百强县市，排名第87位，西部十强第8位；在全省经济发展增比进位综合评比中排名第2。全面建设小康社会实现程度达88%。

乡镇企业。全县有民营企业4547个，从业人员106268人，全年发展微型企业1095户，新增民营企业1453户。全年完成企业总产值408.5亿元，工业产值344.03亿元。全年完成招商引资签约项目156个，引资总额1110亿元，增长21.3%；实际到位资金424.5亿元，增长52.72%，项目履约率达100%。旅游业收入10.25亿元，接待游客180万人次，其中海外旅客接待人数138人次，同比增长258%。全县规模以上工业总产值（现价）完成506.7亿元。原煤产量达3706万吨，其中地方达2602万吨，增长6.9%；焦炭产量达351万吨，增长46.03%；精煤产量达1866万吨，增长22.05%，其中地方达1485万吨、增长35.76%；煤矿兼并重组由134对整合为86对，新增产能1000万吨。电力新增装机容量100.75万千瓦，总装机容量达413万千瓦，发电量达210亿千瓦时，同比增长3%；规模工业企业用电量达28.7亿千瓦时，同比增长1%。水泥完成126.97万吨，同比增长9.07%。

农业。全完成粮食播面124.12万亩（其中：夏粮66.22万亩；秋粮57.9万亩）。完成推广杂交玉米45.4万亩、水稻11万亩、小麦19.01万亩；粮食总产量达33.69万吨，增长7.72%；肉类总产量达5.88万吨，增长22.71%。农业投入逐年增加，全年共争取上级资金1.21亿元，县财政资金7000万元。农业总产值达33.21亿元，增长12%；农业增加值达21.28亿元，增长15%；畜牧业产值占农业总产值的比重提高1个百分点以上；“十大产业”建设成效明显。实施马铃薯、蔬菜、茶叶、猕猴桃、中药材、核桃、烤烟、油茶、红豆杉和畜牧业等十大农业产业分别完成72.5万亩、20.54万亩、5.5万亩1.002万亩、4万亩，7.5万亩、7.52万亩、3.02万亩、5100亩和8.34万吨，除烤烟、茶叶完成任务指标外，其余都超额完成任务。

教育事业不断发展。2013年，全县有各级各类学校452所。其中，幼儿园70所；小学302所（含教学点34个）；初中63所；高中12所（有3所省级示范性高中，盘县是全省唯一有3所省级示范性高中的县）；职业教育学校4所（国家级重点中等职业技术学校1所），国家级“示范性县级教师培训机构”1所，特殊教育学校1所，阳光学校1所。在校学生194066人。其中在园幼儿、小学生、初中生、高中生、职校生分别有20254名、68067人、64771人、31570人、9404人。全县教职工11388人。学前一年毛入学率112%。适龄儿童少年小学入学率99.55%。残疾儿童、少年入学率90.30%。初中毛入学率108.10%。高中阶段毛入学率75.83%。全县参加普通高考考生为7588人（理工类4161人，文史类3427人），同比增加531人，各类专科院校录取6424人（理工3487人，文史类2937人）录取率84.66%。一、二本上线总人数2744人，其中，理工类人数1912人，文史类832人。一本上线736人，二本上线2008人。教育基础设施建设加大。投资1685万元建农村寄宿制宿舍，建筑面积14040平方米；计划投资3654万元建高中学校教职工公共租赁住房406套，建筑面积24360平方米，项目涉及县十一中等6所学校，完成投资1830万元；计划投资5812.8万元建设乡镇教职工公共租赁住房1384套，建筑面积48440平方米，项目涉及羊场乡中心小学等62所学校，完成投资4468万元；开工建设乡镇教师周转宿舍23所，计划建筑面积17220平方米，中央资金2119万元；投入1068余万元为150余所学校安装了视频监控和食堂电子监控系统，实现教育系统联网视频监控系统与城市大网工程无缝对接；投入141万元为47个教学点安装远程设备。投入300余万元用于信息化建设及“班班通建设”。

文化事业。举办2013年“盘州春韵”“元宵晚会”、社区文化、儿童文化、流行文化、激情大舞台、原创音乐、平安盘县等系列专场文艺活动。举办了盘县书法美术大展活动，将征集到优秀的书画作品经过专家评审后在红二、六军团“盘县会议”会址中展览。与县总工会联合举办了第三届电视职工歌手大奖赛；与盘县美术家协会联合承办了盘县“金秋杯”美术大赛暨作品交流展；邀请贵州省广播电台音乐频道的10余名专家对盘县的20余首原创歌曲进行了点评、剖析工作，并组织他们到羊场乡、淤泥乡、普古舍烹等地进行采风活动。

深化“多彩贵州”品牌形象，组织37个乡镇以及兴义、贵阳、云南、重庆等地的选手创作、编排节目参加“多彩贵州”歌唱大赛。推荐14个节目参加了六盘水市选拔赛，获3金4银1铜2优的好成绩。选送节目参加全省半决赛、决赛，高峰、杜欣欣获得美声唱法三等奖，马骏获得民族唱法三等奖，王福怀获得原生态表现形式优秀奖。

出版了《秀美盘州》原创集成音乐，收录秀美盘县、坡上草原、春满盘州等15首描写盘县

自然风光、人文风情的歌曲。对《老厂造纸工艺》各流程进行实地拍摄，将《老厂土法造纸工艺》《砂陶制作工艺》推荐为第二批省级非物质文化遗产生产性保护示范基地。开展中国三大名腿——盘县火腿制作工艺、唢呐的调查研究，争取申报成国家级和市级第四批非物质文化遗产名录。拍摄《布依盘歌》《彝族山歌》《羊皮鼓舞》等11个非物质文化遗产项目，进行编辑制作进入档案管理。

文物保护工作进一步加强。对普安州文庙、“盘县会议”、丹霞山古建筑进行功能恢复及周边环境整治工程。完成盘县普安州文庙一期改造、二期维修工程；完善红二、六军团“盘县会议”会址配套设施建设。新建陈列馆、红军广场、红军题材群雕、浮雕文化墙及维修通往范家公馆步行通道和红二、六军团领导人住所范家公馆。改造原幼儿园部分作为休闲、聚散广场，整治入口大门；完成丹霞山护国寺内榨房复原、照明及停车场至山顶路灯、停车场外边公厕、石牌坊、念佛堂、泵房及山门厕所、上山道路及石栏板、祖师殿、左右厢房、小卖部及斋房、天王殿、大雄宝殿、望日楼室等新建改造工程。

卫生事业。全县共有公立医院39所，其中县级公立医院3所，乡镇卫生院36所，共有床位3147张。有私立医院28所，共有床位数910张。有村卫生室450个。全县有卫生专业人员4068人，其中副高职称99人，中级职称333人，初级职称731人，无职称卫技人员为144人。乡村医生950人。加大卫生基础设施建设。盘县人民医院累计完成投资10010万元，占地144.27亩，规划建设床位1000张，主体工程结束。卫生监督所总投资550万元，累计完成270万元；急救中心总投资310万元，累计完成160万元；洒基、西冲、乐民、平关、响水、珠东6乡镇卫生院工程建设加快，全年分别完成投资280.3万元、131万元、320万元、370万元、260万元、275万元。其中西冲镇卫生院正在申请工程验收。

新型农村医疗合作。全年参合951482人，参合率为98.66%。参合人数同比上年增加2885人，参合率上升1.08个百分点。年人均筹资标准为330元（各级财政补助280元，农民自筹50元），同比增加了40元。全年应筹集新农合基金31398.91万元，实际筹集到位基金30879.35万元，其中中央财政17368.30万元，省级财政6565.23万元，市级财政1027.60元，县级财政1160.81万元，个人自筹4757.41万元。与贵阳医学院附属医院和水矿集团总医院异地即时结算。全县39所政府办基层医疗卫生机构、450所开展基本医疗服务的行政村卫生室全部实施国家基本药物制度。药械市场监管力度加大。共动出动执法车辆928台次，出动执法人员1264人次，检查覆盖全县36个乡镇，共检查药品经营企业863户次，医疗机构526个次，完成了80批次药品抽样任务，快检筛查抽样药品200批次。查处过期药品25批次，查处假药6批次；处罚因抽样检验不合格药品案2件，罚没款共计738元。检查保健食品经营企业202户，对23户经营单位提出了整改意见，罚款12户、罚金1.83万元。

食品安全检查到位。对餐饮服务行业进行全面整治，出动卫生监督员1228人次、车辆320台次、监督检查餐饮服务单位12232户次，行政处罚202户（警告87户、责令限期改正113户、罚款12户、罚金7500元）。其中，检查学校食堂及学校周边餐馆255家，持有效餐饮服务许可证234所、未办理餐饮服务许可证21所，持证率为91.7%；从业人员1026人，持有有效健康合格证明975人，健康合格证明持证率为95%；检查旅游景餐饮单位72家，无违法行为；对562家餐饮单位（38家火锅）进行检测，未发现食品非法添加剂、鲜肉制品、瘦肉精、“地沟油”等违法行为；保障重大活动（“两会”及“三化”建设）等期间餐饮食品安全。坚决落实执法人员24小时驻点制，共出动执法人员80人次，快速检测食品及原料156份，保障了人大、政协以及全市“三化”建设等15次大型活动餐饮服务安全。

传染病发病率总体下降。全年无甲类传染病报告。乙类传染病11种，报告发病数2207例，死亡12例。丙类传染病8种，发病数1294例，无死亡病例报告。艾滋病抗病毒治疗完成数79，完成率112%。按现住址符合治疗标准的艾滋病感染者和病人接受抗病毒治疗的比例：应治246例，已治221例，完成率89.8%，高出国家规定标准。应随访检测艾滋病人552例，已随访检测508例，完成率92%。

禁毒工作。全年共破获毒品案件316起（特大50、重大7、一般259），完成上级下达全年任务300起的105%；抓获犯罪嫌疑人336人，完成上级下达全年任务330人的102%；共缴获各类毒品55937克（其中海洛因20582克、冰毒35355克），完成上级下达全年任务25千克的220%；收戒吸毒人员1237人，完成上级下达全年任务900人的137%。

安全生产。全县共发生事故25起，死亡28人。同比，事故起数减少25起，下降50%；死亡人数减少24人，下降46%。发生较大事故1起，死亡5人。其中：煤矿发生事故2起，死亡14人。地方煤矿无事故。道路交通发生事故17起，死亡9人。无较大事故。金属与非金属矿无事故。消防火灾发生事故5起，无人员死亡。工商企业（建筑业）发生事故1起，死亡5人。

计划生育。截至2013年9月30日，全县户籍人口1180048人，常住人口1061758人，流动人口247989人（其中流入人口54086人，流出人口193903人）。全县常住人口出生10600人，政策外出生210人，人口出生率9.92‰，人口自然增长率3.70‰，符合政策生育率98.02%，出生人口性别比106.96，一孩性别比103.02。落实人口计生利益导向，兑现计生家庭28920户，73815人，兑现资金3050余万元。

【城市建设】 红果城市建设项目40余个，总投资约38亿元。着力推进城市中央森林公园和“四湖一湿地”生态景观建设。全年完成东湖公园、东湖大桥、城乡规划建设展厅、胜境大道及胜境大道延长线、银杏大道、火车站进站道路、盘江大道、江源路等16条道路改造；完成亦资孔排洪排污隧道、红沙路、红沙路1—2号桥、胜境广场、银杏广场、15座公厕等工程建设；开工建设南湖公园、南湖酒店、南湖大道、平川北路、平川西路等工程建设；推进蛾螂铺大桥、火车站跨铁路大桥（月牙桥）、平川路延长线、湿地公园排洪排污隧道、放马坪排洪排污隧道、红果体育场、凤鸣路延长线、黔锦大酒店等工程建设；开展西南环线、站前路、南湖大道西段、东湖大道等工程前期工作。共完成投资32亿元。

【扶贫生态移民工程】 2013年完成2012年石桥镇项目实施点房屋主体工程410套66300平方米，修建道路3.2万平方米，安装排污管网4千米，供水管网6千米，修建水池100立方米，安装水表410块，架设输电线路4公里，安装变压器4台，电表入户410户，排水（污）管10千米，新建集贸市场2600平方米，绿化亮化5000平方米等基础设施，工程累计完成投资12460万元。完成省安排生态移民工程新建住房289套，建筑面积52301.5平方米（其中门面14450平方米）；新建安置区道路35863平方米；铺设供水管道22.8千米；架设输电线路10.7千米，安装变压器2台；新建排水（污）沟（管）4.25千米；建设绿化亮化等基础设施。项目总投资11678万元，现累计完成投资4600万元。

【采煤沉陷区治理增加投入】 采煤沉陷区治理工程涉及11834户42160人，项目总计启动11872户，累计完成投资38730万元，占国家批复总投资38377万元的100.9%，占省发改委批复总投资64784万元的102.7%。建设居住小区4个，楼房搬迁安置工程启动2824户，完工2824户；货币补偿搬迁安置启动4446户，完工3673户；维修加固工程启动4602户，完工4578户。

【城市综合体建设】 城市综合体申报：成功申报湿地公园片区城市综合体为省级城市综合体，黔锦花园酒店城市综合体为市级城市综合体，蛾螂铺城市综合体、刘官温泉度假城市综合体、南湖酒店城市综合体和干沟桥城市综合体正在做申报的前期工作。工程进度：黔锦花园酒店城市综合体、刘官温泉度假城市综合体、南湖酒店城市综合体和干沟桥城市综合体、野马寨城市综合体已全部动工建设，湿地公园片区城市综合体和蛾螂铺城市综合体正在开展前期工作。工程投资：全县城市综合体完成投资9.1亿元，其中黔锦花园酒店城市综合体正在进行主体及基础施工，完成投资2.6亿元；刘官温泉度假城市综合体完成1号井取水正在进行2号井钻探，完成投资8000万元；南湖酒店城市综合体正在进行主体及基础施工，完成投资3亿元；干沟桥城市综合体正在进行征地拆迁及平场施工，签订拆迁补偿安置协议172户，完成投资1.5亿元；野马寨城市综合体正在进行征地拆迁及平场施工，签订拆迁补偿安置协议87户，完成投资1.2亿元。新型安置社区小型的城市综合体建设，完成平头山彝族风情园社区、职中社区、凤鸣南路社区、湿地公园社区、月亮山社

区、白岩社区、亦资社区等7个新型安置社区选址和规划设计工作。

【特色小城镇建设】 坚持重点推进交通枢纽型、旅游景观型、绿色产业型、工矿园区型、商贸集散型、民族文化型“六型”小城镇建设。全年建成柏果、石桥、四格、坪地、洒基、羊场、淤泥、鸡场坪、大山、乐民10个特色小城镇，完成投资32亿元；启动城关、刘官、两河、滑石、松河、响水、保基、火铺、平关、老厂、马依等11个“六型”特色小城镇建设，预计完成投资13亿元。到2016年，争取建成2个省级特色示范小城镇、3个市级特色示范小城镇、5个县级特色示范小城镇。通过特色小城镇的建设使全县小城镇的自我发展能力、吸纳就业能力和辐射带动能力显著提高，成为经济社会发展的重要动力，全县新增小城镇人口10万左右，带动全县城镇化水平提升4个百分点左右。

【保障性住房建设】 建设公共租赁住房3280套，其中，红果城区为1400套，乡镇教师1384套，中高等院校406套，计划投资2.2亿元，现已完工1320套，主体施工1970套，完成投资1.8亿元。建设城市棚户区2500套，建筑面积25万平方米，其中，盘北经济开发区建设1500套，改造项目全部实行实物安置，现已主体施工1000套、基础施工500套，完成投资0.8亿元；盘县城市规划区实施城市棚户区改造1000套，实际完成货币补偿1050户棚户区改造拆迁，总投资0.74亿元，补偿协议已全部签订完毕，补偿资金发放到位。全年共完成投资4.24亿元。建设煤矿棚户区改造3700套，建筑面积37万平方米，计划总投资6.3亿元，项目分别在干沟桥建设3188套、火铺矿练山坡小区建设210套、月亮田矿望江小区建设300套，现干沟桥和火铺矿练山坡小区已全部进行基础施工、月亮田矿望江小区已全部主体施工，完成投资2.8亿元。

【房地产业】 全年房地产企业个数65个，物业管理企业23个，共完成投资18.1亿元。开发项目数量呈上升趋势。全年办理商品房预售许可证20宗，建筑面积101万平方米，同比增长62%；办理商品房预售合同备案2429宗，建筑面积33万平方米，同比增长6%；办理各类权属登记7260件，建筑面积约200万平方米，其中办理房地产抵押登记2505件，抵押面积74万平方米，抵押金额达16亿元，抵压权利价值与同期相比有较大增长。

【专项整治建筑市场秩序】 对全县在建317个项目加大监督管理力度，开展质量安全检查2000人次，下发停工整改通知书40份，限期整改通知书400份，现场整改通知650份，督促整改完毕质量安全隐患1000个。办理工程质量安全监督申报手续162项，验收工程44项，质量合格率100%，竣工验收备案44宗，备案率100%。共组织建筑工程季度安全检查4次，专项安全检查20余次，无安全事故发生，死亡率为零。经过整治，工程项目报建200项，工程报建率100%，建筑面积312万平方米，总投资64亿元。施工合同备案150项，建筑面积165万平方米，总投资20亿元。监理合同备案109项，劳务合同备案137项。征收新型墙体材料专项基金681万元，上交建安工程劳保统筹费466万元。组织技能培训3期，参训人员631人；发布500万元以下限额工程招标公告31个，开标28个。限额以下工程公开招标率达100%，招标备案资料齐全，无违规违纪行为。

【文化市场管理】 全年共出动执法人员13320人次，出动车辆4440台次，检查网吧920家次、检查电玩500家次、检查歌舞娱乐场所800家次、检查书刊经营单位820家次、检查音像制品经营单位500家次、检查印刷企业66家次，受理各类举报7起，查实7起。取缔黑网吧1家（扣缴黑网吧电脑设备54套）、取缔无证经营电玩2家、取缔无证经营歌舞娱乐场所2家、取缔无证经营书摊点5家、取缔无证经营音像制品3家、处罚19家违规经营网吧、处罚3家违规经营电玩、责令5家歌舞娱乐场所因噪声问题整改、责令2家歌舞娱乐场所消防设施不全整改、责令3家印刷企业消防器材不足整改。开展了经营证件年审工作，年初共年审换证出版物经营单位207户，与各出版物经营单位签订禁毒暨消防安全责任书。

【助学资金补助】 全年发放学前教育资助金43.36万元，资助幼儿542人。发放寄宿生补助7091.88万元，受助学生59718人次。发放普通高中困难学生国家助学金1061.7万元，资助普通高中困难学生7078人。发放中等职业学校学生国家助学金161.175万元，资助中等职业学校困难学生2149人次。全年免除5538名中等职业学校学生学费553.8万元，为10043名普通高校学生发放生源地信用助学贷款5934万元。发放“润雨计划”资助资金2万元，资助学前教育教师2人。发放“励耕计划”资助资金108万元，资助困难教师108人。实施“人人吃午餐”营养改善计划，对251所学校的109137名学生进行营养补助，拨付营养改善计划资金3977.3万元。

【高效农业示范园区】 完成12个园区建设规划编制工作，其中2个省级园区已完成评审，规划总投资101.39亿元，现完成投资13.5亿元，其中省、市级园区2013年完成投资6.665亿元，其中各级财政投入资金2.54亿元。园区累计完成机耕道路98千米，修建园区主干道86千米，灌溉管网69千米，建成温室大棚42.9万平方米，标准圈舍1.2万平方米，农残检测室2个，销售市场1万平方米。有15家企业入驻园区、培育各类专业合作经济组织21个。累计签约项目11个，签约资金36.8亿元，到位资金8.7亿元。完成种植基地2.8万亩，现有存栏猪、牛、羊等2.1万头（只）。园区总产值4.8亿元，总销售收入1.1亿元。

【农业龙头企业】 全县有省级农业龙头企业5家，市级龙头企业10家，全年15家销售额达25600万元。其中，裕龙种业、大宇种业、信友核桃乳厂、红果农副产品批发公司等省、市级龙头企业运行良好。新增贵州天刺力食品公司、盘县火铺龙马茶叶农民专业合作社和盘县正天金银花种植农民专业合作社、盘县普古银湖种植养殖农民专业合作社等10个市级重点龙头企业，现已完成申报工作。农民专业合作社发展快，现有139个，种植业89家，畜牧业44家，服务业6家。资产总额60.3万元，固定资产19万元，流动资产44万元，会员9900余人。积极申报大山生态养殖、广源油茶种植、珠东竹笋种植、珠东三七种植、板桥镇乾元种种植养殖、乌蒙大草原种植养殖、红果智能科技养殖等22个农民专业合作社。

【水利投入创历史新高】 全年完成固定资产总投资30.66亿元，完成招商引资续建项目到位资金10.3亿元，融资到位资金7.36亿元，争取上级资金29亿元。卡河、朱昌河、出水洞、西得泥、遮车、山王庙、胡冲、雨渠沟7座水库工程实施进度快。总投资348262万元，其中，卡河水利工程总投资33928万元，累计完成投资2.4亿元；朱昌河水库工程总投资113041万元，完成大坝枢纽、泵站及取水池、输水管线、移民工程监理标招标工作、库区320国道改线及部分征地拆迁移民安置工作；出水洞水库工程总投资171241万元，完成库区土地及地上附着物的丈量复核工作，完成大坝枢纽、大坝安全监测、水源工程监理等标的招标工作。水利工作成绩显著，2013年12月，盘县水电局被中组部、中宣部、人力资源社会保障部、国家公务员局授予“人民满意的公务员集体”荣誉称号。

【社会保障】 2013年，实现城乡居民社会养老保险总参保人数49.8万人，为目标任务47.7万人的104.4%；为10.8万60周岁以上的老人发放养老保险金6935万元。城镇职工基本养老参保人数1.82万人，为目标任务数1.76万人的103.41%；征缴基金1.29亿元，为目标任务1.09亿元的118.35%。失业保险参保人数2.68万人，为目标任务数2.68万人的100%；征缴基金1638万元，完成目标1696万元的96.58%；城镇医疗保险参保人数15.35万人，为目标任务数15.35万人的100%；征缴基金7898万元，为目标任务7898万元的100%。工伤保险参保人数5.69万人，为目标任务数5.66万人的100.53%；征缴基金3894万元，为目标任务5682万元的68.53%。生育保险参保人数3.39万人，为目标任务数3.39万人的100%；征缴基金339万元，为目标任务293万元的115.7%。

（李招尚）

水城县

【概述】 全县总面积3589平方公里，常用耕地面积11.33万公顷。辖20个乡（均为民族乡）、13个镇，301个村民委员会，5个居民委员会。2012年年末户籍总人口84.82万人，其中少数民族36.12万人，非农业人口31.21万人，人口出生率12.05‰，符合政策生育率95.97%。主要矿藏有煤炭、煤层气、铁、锰、铅、锌、石灰石等。森林覆盖率41.2%。

2013年，完成地区生产总值137.3亿元，增长18.1%，增速全市第一、全省第三；农业总产值26亿元，增长20%；工业总产值401.09亿元，增长64.77%；财政总收入28.6亿元，增长26.1%，其中公共财政，预算收入20.01亿元，增长38.5%；公共财政预算支出43.1亿元，增长22.7%；全社会固定资产投资409.2亿元，增长66.7%，其中50万元以上固定资产投资238.3亿元，增长37.5%。

加快项目建设，扩大投资规模。以全省项目建设现场观摩会、第八届旅发大会为契机，以“十大工程”“二十件民生实事”“5个100工程”为抓手，全力推进项目建设，确保118个重点项目完成序时进度，集中开工项目280个。完成产业项目投资119亿元、交通项目投资50亿元、城镇项目投资33亿元、农林水项目投资19亿元、社会事业项目投资11亿元、其他项目投资5亿元。

调整产业结构，推进转型升级。按照特色农业产业化的路子，种植猕猴桃、茶叶等面积41.6万亩，7个农产品获推荐列入全国农产品地理标志保护目录。新增省级龙头企业6个、市级龙头企业11个、农民专业合作组织21个。粮食总产量23.3万吨，增长7.6%；按照新型工业集团化的步子，稳步推进煤矿企业兼并重组工作，结合“四个一体化”发展格局，加快电力、有色金属、建材等重点产业发展，拓宽产业幅，延长产业链。新增规上工业企业26个，总数达144个，实现规上工业增加值113.3亿元，增长21.6%，增速全市第一。9个煤矿企业集团基本具备主体资格，生产矿井达67个。按照加快发展现代服务业的调子，切实开展“万村千乡市场工程”“万户小老板”行动计划新增各类市场主体3793个，消费市场逐步活跃，实现三产增加值38.7亿元，增长20.8%。大力发展旅游产业，全年接待游客222万人次，实现旅游总收入5.5亿元。

打造发展平台，优化产业布局。围绕全省“5个100工程”总体要求，大力实施“5个3工程”。把水城经济开发区作为新型工业化的主战场，启动建设发耳煤电化产业园区，以园区水、电、路等基础设施建设为核心，以50万平方米标准化厂房建设为重点，筑巢引凤，招优引强，水城经济开发区产业布局基本成型。启动建设米箩、猴场、龙场、南开等4个现代高效农业产业园区，逐步建立完善产业发展体系，实现产加销协调推进、高效发展，入驻企业21个，建成标准化生产示范基地5.8万亩，园区辐射带动作用明显。以全省第八届旅发大会为契机，大力开发景区景点，百车河统筹城乡转型发展旅游综合体、野玉海景区初具雏形。

完善基础设施，改善发展条件。大力构建以高速公路为“大动脉”，以运煤公路和通村油路为“毛细血管”的大交通格局。杭瑞、六六、机场等高速公路建设顺利推进，水盘高速建成通车。建成通村油路1200公里，提前两年超额完成了“十规划目标。建成运煤公路52公里，建成“旅发大会”“四化同步”等专项公路88.9公里。进一步优化供电通讯网络，辖区内输变电工程、农网升级改造工程建设有序推进。新增移动基站90个，新增联通、移动、电信宽带线路58.6公里，新增农村邮政服务网点24个。

加快城镇化步伐，推进同城发展。紧紧围绕把双水打造为市中心东部核心区的目标和“4+1”城市组团战略部署，加快双水城区同城化步伐，投资9.8亿元实施路网管网、市民广场等一大批城建项目。深入开展“五城联创”活动，城市管理由“粗放式”逐步向“精细化”转变，城市品位快速提升，服务功能逐渐齐备。将中心城区向东扩容延伸，拉开城市框架，城市扩容2平方公里。强力推进明硐、以朵等城市综合体建设，明硐湖城市综合体一期工程建设接近尾声，新政务中心建成投入使用。玉舍、发耳等示范小城镇建设加快推进，“8个1”“8+3”工程等项目完成投资6.1亿元。有序推进撤乡设镇工作，建制镇发展到13个，城镇化率达20.2%，增加13个百分点。社会消费品零售总额12.2亿元，增长14.3%。城镇居民人均可支配收入18001元；农村居民人均可支配收入5421元，增长14.7%。在全省增比进位综合测评预排名中，水城县从2012年的第10位上升至第6位，“两加一推”满意度全省第一。

招商引资成效明显，引进亿元以上项目37个，实际到位资金175亿元。人才引进工作高效推进，引进本科以上学历人员424人，其中硕士研究生49人，副高级职称6人，为水城县干事创业、跨越赶超注入了强大活力。

转型升级加快。猕猴桃、茶叶、核桃等特

色农业发展步伐加快。中国光能照明电器生产项目、西安三才无槽无刷微电机生产项目、中禾德源气源项目等落户水城，“煤电铝、煤电化、煤电钢、煤电材”四个一体化的工业发展取得新进展。凝聚各种要素精心打造的“玉马经济带”，已逐步成为产业优化升级、民族文化体验、生态特色观光、旅游休闲度假的精品线路。

水利水电移民工作取得重大进展。善泥坡、毛家河、黄家寨和金狮子一级水电站建设稳步推进，观音岩、万营水库建设顺利，双桥水库如期实现安全度汛高程目标，五里坪水库如期建成投入使用。实施116个农村饮水及农田水利项目，解决了11.5万农村人口饮水安全问题。

扎实抓好节能减排工作，全年淘汰落后产能39.8万吨，二氧化硫、氮氧化物、化学需氧量、氨氮等主要污染物排放总量控制在市下达的指标范围内。从工业治理、生态恢复、农村面源治污等方面，深入实施三岔河流域、百车河流域、巴浪河流域环境整治。强化2个县级以上和30个乡镇千人以上饮用水源保护工作，有力保障了群众饮用水安全。治理石漠化14.2平方公里。完成营造林14.6万亩，森林覆盖率达41.2%。大力实施沼气池、圈舍改建、土壤改良、土地开发复垦等项目，新增耕地面积9132亩。

改善民生，促进发展成果共享。按照“产业带动、项目支撑、农民增收、脱贫摘帽”的工作思路，争取各级财政扶贫资金实施产业扶贫项目，着力实施“六建六治六改”工程。发放就业小额担保贷款9161万元，拉动社会资金1.7亿元，带动就业4879人。城乡居民社会养老保险参保人数29.57万人。完成低保提标工作，发放城乡低保金1.8亿元。1182套城市棚户区改造项目有序建设，1668套教师公租房、96套廉租房主体工程完工。快速推进“四在农家·美丽乡村”创建工作，申报农业部示范区1个，创建省示范村1个、市示范村2个、县示范村30个，完成创建46300户。人民生活持续改善。把可用财力重点倾斜于民生事业上，投入27.2亿元大力实施“二十件民生实事”，除老年公寓重新选址继续列入2014年实施外，全部完成建设任务。9个乡镇实现“减贫摘帽”任务，扶贫生态移民搬迁3368人，减少贫困人口6.3万人。城镇登记失业率控制在4.2%以内，促进城镇新增就业7369人，促进农业劳动力转移就业17722人。社会保障面不断扩大，保障水平不断提高，城乡养老、医疗保障、基础教育等基本实现城乡全覆盖。

抓好社会事业，保持社会和谐稳定。启动实施教育“9+3”计划和“四项突破工程”，九年义务教育巩固率82.7%，县职校纳入省“百校大战”建设盘子，超额完成幼儿、普通高中、中职招生任务。大力实施学前教育突破工程、高中阶段突破工程等76个教育项目。人口计生工作整体推进，顺利实现保位目标。县人民医院“二甲”创建进一步巩固，市中医院“二甲”创建稳步推进，新型农村合作医疗取得显著成效，参合率达99.17%。297个行政村农民体育健身工程完成申报，广播电视“村村通”“户户通”工程建设任务全面完成，文体事业不断丰富繁荣。强化矛盾纠纷排查调处，下大力解决了一批地质灾害、双水小地基等历史遗留问题。进一步筑牢安全基础，扎实开展煤矿安全生产攻坚专项行动、“打非治违”专项行动、隐患排查整治行动，以铁的手腕强力扭转了安全生产被动局面。扎实推进“平安水城”建设，群众对“平安贵州”建设工作、社会治安、政法机关、公安机关满意率和安全感测评名列全市第一。妇女、青少年、儿童、老龄、残疾人等各项事业健康发展，人武、双拥、档案、史志、气象、工会、民族宗教等工作取得新成绩。

【“十大工程”总投资521.11亿元】 2013年“十大工程”共9项44个项目，总投资521.11亿元，2013年计划投资151.85亿元。一是产业园区工程，主要是开发区标准厂房、基础设施、环保设施建设；二是特色小城镇建设工程，主要是玉舍、发耳、都格三个小城镇；三是现代农业产业园区建设工程，主要是米箩猕猴桃、龙场富硒茶、猴场精品水果、南开无公害蔬菜；四是旅游景区景点建设工程，主要是明硐国际旅游新城、百车河生态旅游度假区、玉舍国家森林公园、五里坪户外运动基地；五是交通运输基础设施建设工程，主要是机场快线、城际铁路、城市快线、高速公路、旅游公路、运煤公路、通村水泥路、东客运站；六是生态文明建设工程，主要是水利、生态、石漠化综合治理，循环经济综合利用；七是教育基础设施建设工程，主要是“9+3”

教育工程；八是医疗卫生基础设施建设工程，主要是乡镇卫生院规范化建设、急救中心、卫生监督所建设；九是文体广播电视建设工程，主要是广播电视建设、文化体育基础设施。

【水城县被列为绿色能源示范县】 2013年，国家能源局、财政部、农业部联合下发通知，批复了《水城县绿色能源示范县实施方案》（以下简称《方案》）。按照国家批复的《方案》，我县将制定相关配套政策措施，积极推进项目建设。市发改、财政、农业等部门也将依据职责分工，加强对示范县项目建设的指导，及时解决出现的问题，确保示范县建设顺利进行。

水城县绿色能源示范县建成后，全县可再生能源开发利用量将达到15万吨标准煤或户均1吨标准煤以上；农村生活用能中可再生能源比重将超过50%，80%以上农户生活能源主要由清洁能源提供；大型畜禽养殖场、80%的中小型畜禽养殖场配套沼气工程；农村能源服务体系范围覆盖80%以上农户。根据《方案》，中央财政资金支持的项目有沼气集中供气工程、生物质成型燃料工程等2个，项目业主均为贵州时和丰农业开发有限公司，项目总投资9240万元，建成投产后，将达到新增可再生能源利用量6.1万吨标准煤、新增可再生能源用户2.8万户、畜禽粪便和农林废弃物能源化利用率提高10个百分点、农作物秸秆资源综合利用率80%以上。

【第一对60万吨地方煤矿通过省级检查复核】 2013年5月25日，水城县小牛煤业联合试运转通过省能源局专家评审组检查复核。小牛煤业有限责任公司煤矿设计生产能力60万吨/年，井田面积3.1平方千米，保有储量3786.6万吨，主要生产主焦煤。小牛煤业是县第一对申报60万吨/年联合试运转的地方煤矿。

【财政信息化建设受省级表彰】 作为贵州省金财工程应用支撑平台建设9个试点县之一，水城县财政局建设了国库集中支付、乡财县管乡用、非税收入收缴、OA办公自动化和预算编审5个网络操作业务处理系统，以及财政应用支撑平台中接入的预算执行、总预算会计账、支付中心账、工资统发4个业务处理系统和CA认证1个门户登陆系统，水城县百余家县直预算单位、33个乡镇、2个代理银行、1个清算银行已正常、有序使用财政内网业务系统。2013年水城县财政信息化建设受省级表彰。

【2013年“雨露计划·圆梦行动”】 “雨露计划·圆梦行动”是扶贫开发重点工作之一，旨在通过国家财政扶贫资金的投入，按照“资助一人，脱贫一家”的理念，帮农村贫困家庭的莘莘学子圆大学梦，帮助解决农村贫困家庭因学致贫问题的智力扶贫新模式。资助对象是全县范围内2013年高考录取二本及以上本科院校、品学兼优，且进入贫困农户信息管理系统内的农村贫困学子。经过水城县扶贫局、县财政局、县纪委监察局、县审计局、县民政局、县教育局、县人口和计划生育局、团县委、县残联等部门召开会议研究制定《水城县2013年“雨露计划·圆梦行动”资助农村贫困大学生名额分配方案》，采取网络等公示方式，确定了52名贫困大学生为资助对象，其中中央扶贫资金资助20人，县级财政资助32人，每人一次性资助4000元，资金共计20.8万元，将通过一折通发到学生本人账户。

【多元化财源体系建设】 2013年，水城县多渠道培植财源，全方位打造多元化财源体系。1至11月，全县完成财政总收入25.66亿元，比上年同期增长40.41%；全社会固定资产投资完成407.24亿元，比上年同期增长88.95%；社会消费品零售总额完成111275万元，比上年同期增长16%。

领导带头、人人抓财源建设。建立和完善领导干部联系点工作机制，规定在职副县级以上领导干部结合所分管工作，联系1个乡镇、1个村、1个社区、1个企业，县直各部门领导班子成员至少明确一个联系点，各乡镇实行领导班子成员包保联系村制度，促进领导带头落实和督促落实财源建设工作。建立健全县科两级领导干部联系服务企业制度，全县42名县级干部、78名科级干部对96个企业进行了联系服务，采取现场办公等方式，切实为企业解决征地、产能提升等相关问题。

坚持“全员抓招商”。截至11月底，全县招商引资协议资金908.37亿元，同比增长183%；实际到位资金232亿元，同比增长98.29%。

坚持“人人抓项目”。2013年，全县各级各部门共争取国家、省、市项目资金15.98亿元，同比增长12%。截至11月底，全县共落实重点项目118个，完成投资169亿元；四个季度集中开工项目259个，完成投资92.76亿元。

坚持“全面抓扶持”，注重壮大骨干财源。全年完成工业总产值401.09亿元，增长64.77%。切实加强对猕猴桃、茶叶、烤烟等“十大特色农业产业”的扶持力度，全县已建成茶叶1.35万亩、核桃10.2万亩、猕猴桃1.7万亩，培育农业龙头企业60余家，农村专业合作社511个。

坚持“创新抓转型”，全力培植新兴财源。倾力打造中国凉都野玉海国际山地运动休闲旅游度假区和百车河统筹城乡转型发展旅游综合体，创新旅游休闲生态业，带动第三产业转型升级，全力培植新兴财源。年底，已在野玉海景区投入资金4.2亿元，完成了近20个基础设施和景点项目的建设。

坚持“依法抓征管”，提升科学理财水平。建立和完善了重点行业领域税源动态监控体系，加强主体税源源头监管，完善协税护税措施，堵塞征管漏洞，防止流失，确保应收尽收，提高收入质量，充分挖掘税收入潜力，培植新的财政收入增长点，增强财政保障能力。

【计生家庭“圆梦小康”】 实施助推计划生育家庭“圆梦小康”行动计划。对农村独女户和双女户家庭女孩考取大学本科及以上的给予一次性奖励助学金1万元，考取专科的一次性奖励5000元。2013年兑现30余万元奖励金；农村年满55周岁的计生“两户”提前领取奖励扶助金每人每年960元，2012年共有447人，发放奖励金43.17万元，2013年度已对481人进行了资格确认。对特殊困难和家庭成员死亡的计生“两户”家庭给予2000元至3000元的一次性扶助金，2012年共扶助181户，扶助金39.4万元，2013年度已扶助130户发放扶助金30.6万元。对独生子女死亡的家庭一次性抚慰金提高到5万元，截至2013年7月30日，为31户失独家庭共发放一次性抚慰金118万元。资助农村“两户”家庭子女就学，为农村“两户”家庭子女成才打下基础，小学生每人每年发放助学金600元；初中生每人每年800元；高中生（含职业高中和普通中专）每人每年1200元；特困大学生每人每年2400元。至年底已扶助10名两户子女，扶助金共计1.04万元。对农村“两户”危房改造和“美好家园”建设家庭给予一次性补助。危房改造家庭一次性给予补助2万元，“美好家园”建设家庭一次性给予补助3000元。截至2013年7月31日，全县共有农村“两户”总数5471户，其中独子户1651户，独女户722户，二女结扎户3098户，助推计划生育家庭人数84452人。截至2013年8月20日，全县帮扶计生户2764户，帮扶资金达308.02万元，帮助928户“两户”家庭脱贫，不仅改变了人民群众的生育观念，更引导了更多家庭自觉参与人口计生工作，水城县通过加大奖励扶助力度标准，助推城乡计生家庭少生快富取得成效。

（罗兰慧）

开发区建设

钟山经济开发区（红桥新区）

【概述】 红桥新区由原水城县的红山工业集中区和原钟山区的石桥工业集中区合并而成，组建于2010年4月，是市委市政府直管的省级开发区。全区面积66.2平方公里（区内可利用地约23平方公里），辖3个社区服务中心、7个居委会，总人口17488人。2013年是红桥新区“加速发展、加快转型、推动跨越”的关键年，工业总产值、工业产品销售额和全社会固定资产投资分别完成20亿元、48亿元和101亿元。分别是2012年完成数的2.4倍、1.6倍和1.8倍。全面完成或超额完成了市下达目标及新区奋斗目标。至2013年年底，新区工业总产值、工业产品销售额和全社会固定资产投资分别累计完成34亿元、106.5亿元和196.2亿元。

（肖力诚）

【财政收入及融资】 2013年，财政总收入完成3.56亿元（其中：国税收入4029.96万元，地税收入2.81亿元，财政收入3492.74万元），同比增长82.82%。至2013年年底，完成财政收入6.4亿元。在采取组建实体公司、包装项目、向银行贷款、土地储备、土地一级市场引进民间资本开发、民间借贷等方式的基础上，又通过中期票据、第三方贷款等方式多方筹措建设资金，进一步改善了融资结构，提高了融资的质量和成效。2013年，向银行争取到信贷资金16.53亿元，引进社会资金3.61亿元，拆借款项1.03亿元，共计融资21.17亿元。至2013年年底，向银行争取到信贷资金27.97亿元，引进社会资金38.11亿元，拆借款项8.03亿元，共计融资74.11亿元。2013年，向上级争取各项扶持补助资金1.34亿元。至2013年年底，向上级争取各项扶持补助资金3.44亿元。

（肖力诚）

【基础设施及功能配套】 2013年，建成道路17.8公里，在建道路45.5公里；完成平场工程量59万立方米，平整土地148亩；完成基础设施建设投资37.9亿元。至2013年年底，建成道路53.3公里；完成平场工程量2575万立方米，平整土地6348亩；完成基础设施建设投资81.2亿元。同步实施了双龙河、沙坝河、红桥东出口和已修建道路的景观绿化工程；围绕“宜业、宜居、宜游、宜购”目标，建成公交站、垃圾中转站等一批城市生活功能配套设施。

（肖力诚）

【招商引资】 创新招商模式，招引项目涉及安全信息、环保设备制造、现代物流、金属压延加工、食品农副产品深加工等行业。2013年，签约项目44个，签约资金358.87亿元，为市考核目标的100.48%；项目库储备项目98个，储备库规模1602亿元。至2013年年底，累计签约项目173个，计划总投资788.98亿元；项目库储备项目151个，储备库规模2268亿元。

（肖力诚）

【项目建设】 2013年，集中开工建设项目72个，计划投资总额180.62亿元；项目建设投资完成63.12亿元；建成工业化标准厂房60万平方米。至2013年年底，已开工建设项目117个，计划投资总额357.06亿元；项目建设投资完成115.01亿元；建成工业化标准厂房110.5万平方米；已投产项目63个。

（肖力诚）

【民生】 2013年年底，启动建设安置社区7个，建成安置房2850套，公租房1476套，完成投资11.87亿元。同步配套修建小学、幼儿园和农贸市场等各项功能配套设施，并积极引入智能化管理手段，着力打造现代城市、智慧社区。全面统筹推进文化、卫生、教育、计划生育、安全生产、防火防汛、信访维稳、社会保障等各项工作，没有出现重大群体性事件及重特大安全事故，安全生产形势总体平稳较好，新区社会大局和谐稳定。

（肖力诚）

【征地拆迁和土地供储】 2013年，征地3485亩，拆迁954户，26.62万平方米，支付征地拆迁款项3.52亿元；拆除“两违”建筑756户，13万平方米；获批及审查通过土地4014.61亩，供地1139.38亩。至2013年年底，累计征地1.71万亩，拆迁2571户，65.91万平方米，迁坟3495所，支付征地拆迁款项11.86亿元；累计拆除“两违”建筑2379户，23.86万平方米；累计获批土地1.55万亩，已供地7620亩。

（肖力诚）

【城市管理】 2013年，累计硬化道口526处，修建冲洗池53处，办理企业占破道口手续20余件，下发整改通知书30余份，设置果皮箱600个，出动清扫车6684次，清除各类垃圾1.38万吨，清理“牛皮癣”广告2090处；及时检修、维护路灯、变压器、井盖、雨水篦子等市政设施；全面实施主干道1ogo灯杆灯箱和1ED照明改造等城市美化、亮化工程；督促抓好绿化管护工作，全年共修剪绿篱、草坪14次，绿化带冲洗、浇水99次，清除杂草、垃圾11次，施肥、打药14次。

（肖力诚）

【工商管理】 2013年，共计注册登记各类企业1390户，注册资金18.13亿元；注册登记个体工商户7999户，注册资金3.45亿元；发展市场主体1205户，扶持微型企业300户，解决就业人员1663人；完成行政执法指导1856户，监管合同64件；绘制新区各类企业详细分布地图，标注招商企业信息145户；建设数据库基数9981条，建立企业动态数据管理145户；上报省著名商标3件，引导注册商标55件；办理食品流通许可证1018户，开展流通环节食品安全专项整治活动46次；查处各类违法违章案件1856件，消费维权328件，挽回消费者经济损失56万余元。

（肖力诚）

【社会治安和消防安全】 2013年，共计接处警2096起，刑事案件立案124起，侦破辖区内刑事案件50起，协助、代破案件32起，出动巡防警力4449人次、警车1320台次，盘查可疑人员1441人、车辆665台次，遏制斗殴、盗窃等可发性治安案件24起。在消防安全工作上，扎实开展火灾隐患排查整治，实现了新区火灾事故“零死亡”的目标。

（肖力诚）

【纸红公路通车】 5月30日，由红桥新区承建，总投资1.17亿元，全长12.5公里，历时8.5个月建设的纸红公路正式通车，至此，按规定车速从水城县纸厂乡到红桥新区仅需10分钟时间。该项目是贵州省第八届旅游发展大会的配套项目之一，也是红桥新区“十二五”期间规划的重要公路。

（肖力诚）

【全省第二次项目建设现场观摩会】 7月12至14日，2013年全省第二次项目建设现场观摩会举行，省委书记赵克志、省长陈敏尔分别带队到红桥新区观摩，代表们实地观摩了红桥新区西南天地煤机装备制造基地、昱霖门窗、瑞都新型建材、天日闽商科技产业园、奥特莱斯城市综合体等项目。赵克志对红桥新区职业技术学校“产业园区+职业教育+标准厂房”的办学模式给予了肯定，要求着力推进校企合作，整合优化职教资源，并将此办学模式在全省推广实施。

（肖力诚）

【第八届贵州旅发大会休闲产业博览会】 8月18—21日，以“休闲中国凉都畅享品质生活”为

主题的2013中国凉都·六盘水休闲产业博览会在红桥新区举行，国家旅游局副局长杜一力，副省长蒙启良出席了开幕式。该博览会围绕“创新业态，转型发展，打造贵州旅游发展升级版”的主题和“六盘水要实现由观光型旅游向休闲体验型旅游方式转变”的目标，由休闲装备展、珠宝玉石展、奥特莱斯购物节、国际车展、城市综合体展五大板块组成，是一项重要的休闲旅游推介活动。

（肖力诚）

【“百日攻坚行动”】 按照市委市政府总体部署和要求，围绕全市第二轮园区项目建设现场观摩会，红桥新区于9至12月开展了“百日攻坚行动”，全面推行“五加二、白加黑”工作机制，“第一时间反应、第一现场处置”，实行管理下沉、阵地前移、项目联系、责任到人的旁站式管理模式，进一步积累了园区建设实践经验，完成各项工作目标任务。“百日攻坚行动”期间，新开工项目28个，新投产项目35个，新增实际到位资金15.37亿元，新增建成标准厂房5万平方米，完成基础设施建设投资15.37亿元，按照规上企业入库要求，收集、整理9家企业数据上报统计部门，并通过市统计部门要件审核。

（肖力诚）

【梅安森科技公司落户红桥新区】 11月20日，全国安全监测监控领域领军企业、国家火炬计划重点高新技术企业、国家重点布局软件企业、国内矿山安全信息重点骨干企业重庆梅安森科技股份有限公司在红桥新区设立第一个面向全国的控股子公司——六盘水梅安森科技有限责任公司，公司注册资本2500万元，其中，梅安森以货币出资2000万元，贵州红桥工业投资有限公司以货币出资500万元。该控股子公司的设立，为六盘水煤炭产业、市政及工业等重大领域发展提供了强有力的技术支撑，实现了资源与技术的紧密结合。

（肖力诚）

红果经济开发区（两河新区）

【概述】 根据《中共六盘水市委六盘水市人民政府关于建设两河新区的决定》要求，2011年8月，红果经济开发区异地调区到两河新区开发建设，新区面积为126.36平方公里。

（任广舟）

【经济指标】 2013年完成工业总产值28.53亿元，同比增长336.91%；完成财政收入3.05亿元，同比增长211.22%；完成固定资产投资49.19亿元，同比增长37.06%。

（任广舟）

【基础设施建设】 2013年全面启动了12条主次干道建设，建设规模约56公里。累计完成路基33.86公里，完成路面油化22.2公里，完成绿化、亮化20公里；建成公交车站8个；铺（架）设、迁改给排水和供电管网100余公里、通讯线路40余公里，核心区基本实现了“五通一平”。

（任广舟）

【招商引资工作】 全年入园项目累计99个，总投资320.51亿元，实际到位资金160.4亿元，实际完成投资58.51亿元。其中投产项目45个，在建项目39个，开展前期工作项目15个。

（任广舟）

【保障工作】 启动标准厂房建设63万平方米，建成40万平方米；启动建设公租房712套，其中已交付使用104套、实施装修308套、主体施工300套；规划建设棚户区房屋改造（回迁安置房）1500套，完成主体施工542套，基础施工100套，其余正在进行平场；累计完成土地报批8个批次，共6948亩，完成征地11492.7亩；共完成拆迁709户，拆迁房屋面积约13.6万平方米，规划建设安置点8个，现已安置农户约400户。

（任广舟）

水城经济开发区

【概述】 贵州水城经济开发区是2011年年底经贵州省人民政府批准设立的省级经济开发区，开发区位于西南交通枢纽——六盘水市中心城区东部，是市中心区“一城七片”的重要组成部分，距市中心区20公里，全区辖2乡镇，25个村居，总面积203.35平方公里，核心区规划面积19.12平方公里，总人口7.8万人，其中农业人口4.7万人。至2013年年底，开发区共有工业企业80家（其中规模以上企业35家）；在建企业14家，计划总投资96亿元；拟建企业11家，计划总投资258亿元。

开发区交通：开发区境内路网四通八达，贵昆铁路、株六铁路复线在境内设有火车站，日吞吐量可达5万吨；杭瑞高速、六六高速公路穿境而过并设有闸道；在建的六盘水月照机场位于开发区境内，预计2014年建成通航，届时，将可实现与北京、广州、上海、深圳、连云港的主要城市直接通航；市内正在启动建设的内环快线，乌蒙大道、红桥东路在区内交汇；区内核心区路网基本建成，产业区与城市组团已实现循环连接，50万平方米标准化厂房已陆续建成投入使用，新建成园区职校1所。开发区境内资源丰富，已探明矿藏有煤、硅石、大理石、硫、铁、锰、锌等十余种，水城县境内已探明的主焦煤储量20亿吨、半无烟煤储量30亿吨，年生产能力在2000万吨以上；正在建设中的双桥水库和即将开工建设的赵家河水库，日供水量可达20万立方米以上；区内有220千伏变电站和110千伏变电站各1座，4×35万千瓦热电联产项目已具备开工条件，建成后可对企业生产提供廉价、可靠的用电保障。开发区依托丰富的矿产资源和现有的双元铝业、鑫晟煤化工、黔晟新能源、小河铁厂等企业和在建的中禾德源六盘水气源项目，按照“县区建设一体化，产城互动一体化，城乡发展一体化，产业推进一体化“的开发建设思路，以“煤电铝、煤电化、煤电材、煤电钢”四个一体化为产业主导，着力打造六盘水市煤焦电气化一体化产业基地。

开发区定位：重点发展煤化工、铝及铝加工、装备制造、新型材料、仓储物流等产业，建成六盘水市重要的产业聚集区、循环经济示范区、长江以南重要的铝工业、机械生产基地和煤化工基地以及城市新区。

开发区建设发展目标：到2015年，开发区企业总产值达到370亿元以上，累计完成固定资产投资620亿元以上，新增就业人员3.3万人；到2020年，开发区企业总产值达到1250亿元以上，累计完成固定资产投资1400亿元以上，新增就业人员7.3万人，人口达15万以上。形成煤及煤化工、铝及铝的深加工、钢及钢铸件深加工的产业集群，形成比较完善的“煤电铝，煤电化，煤电钢”一体化发展的产业体系，成为六盘水重要的经济增长极。

2013年，开发区完成工业总产值132亿元（其中规模以上工业总产值完成115.7亿元），固定资产投资完成42.9亿元，财政税收完成4.2亿元，招商引资到位资金42.9亿元，新增就业人员4134人。

（邓择选）

【水城经济开发区2011主要工作】 2011年，董地工业园区按照边规划、边建设的方式，举全县之力推进董地工业园区建设，全力推进董地工业园区1号大道建设工作和项目用地场平工程，重点对已签约的青年曼卡汽车生产项目、热电联产动力车间项目、锰镁深加工项目、高压电子铝箔生产项目、双元铝业二期项目等项目做好前期服务工作。完成了1号大道6.06公里基础工程和水稳层工程，完成17个项目用地场平工程，完成了董地工业园区产业发展规划和交通路网规划，圆满完成了2011年11月份全省“三化同步”战略项目现场观摩会董地工业园区参观点各项筹备工作。

（邓择选）

【水城经济开发区2011年主要事件】 2011年1月26日水城县委县政府下发《中共水城县委办公室水城县人民政府办公室关于成立董地工业园区建设指挥部的通知》（水委办字〔2011〕17号），成立了董地工业园区建设指挥部，明确由中共水城县委副书记刘纯兼任董地工业园区建设指挥部指挥长，水城县人大常委会副主任王庆明、水城县人民政府副县长陈依良、肖明兼任副指挥长，成员由县直有关部门负责人组成，下设办公室驻董地工业园区，办公室主任由县委督查室主任陈安卫兼任，办公室下设四个处，即综合处、征地拆迁安置处、规划建设处、服务处。同时从乡镇、县直有关部门抽调20余名专业技术人员和管理人员到董地工业园区负责开发建设和管理工作。

2011年2月15日，水城县人民政府下发《水城县人民政府关于成立水城县宏达开发投资有限公司的批复》（水府发〔2011〕6号），批准设立水城县宏达开发投资有限公司，注册资金1000万元，公司隶属水城县宏业投资公司，该公司作为

董地工业园区平台公司。

2011年4月29日，董地工业园区建设指挥部正式入驻董地工业园区开展工作，启动董地工业园区1号大道和项目用地场平工作。

2011年5月，省级专家组评审通过了《水城县董地工业园区产业发展规划》，于2011年6月16日，省经济和信息化委员会下发《关于〈水城县董地工业园区产业发展规划〉的批复》（黔经信园区〔2011〕10号），批复原则同意《水城县董地工业园区产业发展规划》。

2011年7月4日，省住房和城乡建设厅下发《关于同意六盘水经济开发区规划选址的批复》（黔建规复〔2011〕54号），原则同意六盘水经济开发区规划选址意见（后为水城经济开发区）。

2011年10月30日，水城县董地工业园区成立工会筹备小组，何瑞彬任筹备组主任、侯开菊、陈霖任筹备组副主任。

2011年11月15日，经六盘水市人民政府第72次常务会议研究，市人民政府下发《市人民政府关于董地工业园区控制性详细规划的批复》（市府复字〔2011〕73号），批复同意《董地工业园区控制性详细规划》。

2011年11月16日，全省“三化同步”战略项目现场观摩会，原省委书记栗战书、省政府省长赵克志率全省各级干部到董地工业园区观摩。

2011年，董地工业园区建设指挥部完成了董地工业园区1号大道（6公里）水稳层工程建设和17个地块场平工程，完成征地6300余亩，完成房屋拆迁100多栋150余户，完成坟墓搬迁1200多所，完成土石方开挖共计1000多万立方米；完成总投资6亿多元。

2011年11月7日，省人民政府下发《省人民政府关于同意设立贵州水城经济开发区的批复》，批准同意在董地、老鹰山片区设立省级经济开发区，定名为贵州水城经济开发区，实行省级经济开发区的政策，首期开发区面积为15平方公里，起步期面积为5平方公里。

2011年12月19日，经市人民政府决定，市政府下发《市人民政府关于王宜治等同志任免职的通知》，明确由王宜治任贵州水城经济开发区管理委员会主任，张霖任贵州水城经济开发区管理委员会副主任，王晓春任贵州水城经济开发区管理委员会副主任，赵庆强任贵州水城经济开发区管理委员会副主任。

2011年12月20日，经中共六盘水市委常委会决定，市委下发《关于王彬等同志任免职务的通知》，明确组建中共贵州水城经济开发区工作委员会和中共贵州水城经济开发区纪律检查工作委员会。由六盘水市委常委、水城县委书记王彬兼任中共贵州水城经济开发区工作委员会委员、书记，由中共水城县委副书记、水城县人民政府县长付国祥兼任中共贵州水城经济开发区工作委员会委员、副书记，由中共钟山区委副书记、区长梁建兼任中共贵州水城经济开发区工作委员会委员、副书记，由王宜治任中共贵州水城经济开发区工作委员会委员、副书记，谢如宪任中共贵州水城经济开发区工作委员会委员、副书记和中共贵州水城经济开发区纪律检查工作委员会委员、书记，张霖任中共贵州水城经济开发区工作委员会委员，王晓春任中共贵州水城经济开发区工作委员会委员，赵庆强任中共贵州水城经济开发区工作委员会委员。

（邓择选）

【水城经济开发区2012年度主要工作】 规划工作。按照规划先行及高起点、高标准要求，委托新加坡邦城规划顾问有限公司为开发区编制了开发区分区规划（含产业发展规划）、起步区（16.09平方千米）控制性详细规划、城市设计（1.55平方千米），并经专家组评审通过，报市人民政府批准。

基础设施建设工作。1.完成了产业大道一、二标段（6.06千米）建设及绿化、路灯安装工程和第三标段（1千米）路基工程；2.完成产业大道107米跨铁路桥桥台、桥墩基础及桥梁制作工程；3.完成勇能路1.53公里道路水稳层工程；4.启动宜居大道一标段（1.8千米）工程建设；5.启动25万平米的标准化厂房建设，完成5万平方米标准厂房主体工程，开展20万平方基础施工；6.启动尖山营418套、7.9万平方米安置房建设，完成地勘、规划设计、场平工；7.完成各工程项目涉及的电力迁改、施工用水、用电等工作；8.完成了董地工业园区“511”示范园区申报工作并获省批复。

金融财政工作。1.争取到省、市、县、区资金支持6520万元，利用项目融资63290万元；2.建立了《贵州水城经济开发区管理委员会财务审批制度》（试行）《贵州水城经济开发区管理委员会账务管理办法》（细则）《贵州水城经济开发区高科开发投资有限公司关于审批权限的规定》《贵州水城经济开发区驾驶员及公务车管理暂行制度》等适应水城经济开发区过渡期的一系列财务管理制度；3.完成了水城县宏达开发投资有限公司与开发区高科开发投资公司项目移交，初步建立年度部门预算制度。

招商引资工作。组织对辖区内的企业、项目进行摸底调查，编制了《水城经济开发区项目库》，以项目进行招商，同时做好辖区内拟建、在建和存量企业的协调服务工作；2012年，开发区储备项目26个，总投资达354亿元；在建项目25个，总投资达61亿元；拟建基础设施建设项目27个，总投资18亿元；在谈项目7个，总投资159亿元；招商引资到位资金21亿元。

内设机构和干部队伍建设工作。完成了开发区内设机构组建、人员配备工作，从水城县县直部门、乡镇、红桥新区、钟山区抽调20余名科级干部和专业技术管理人员充实到开发区干部队伍。

（邓择选）

【水城经济开发区2012年主要事件】 2012年1月7日，水城经济开发区管委会5名专职班子成员入驻开发区董地临时办公点开展工作。

2012年2月14日，市委市政府下发《关于建立水城经济开发区的决定》，对开发区的范围、定位、目标、管理体制等进行了明确。

2012年2月20日，六盘水市国有资产监督管理委员会下发《关于成立贵州水城经济开发区高科开发投资有限公司的批复》，同意成立贵州水城经济开发区高科开发投资有限公司，隶属于贵州水城经济开发区管理委员会，为国有独资有限责任公司，注册资金为2亿元人民币。

2012年2月20日，中共六盘水市工商行政管理局党组下发《关于组建水城经济开发区工商分局筹备组有关事宜的通知》（市工商局党组通〔2012〕11号），明确组建六盘水市工商行政管理局水城经济开发区分局筹备组。

2012年3月29日，市委办、市政府办下发《中共六盘水市委办公室六盘水市人民政府办公室关于印发〈中共贵州水城经济开发区工作委员会贵州水城经济开发区管理委员会机构编制方案〉的通知》，明确开发区总编制90名，设党工委设书记1名，管委会主任1名，党工委副书记、纪工委书记1名，管委会副主任3名。下设党政办公室、宣传组织人事部、经济发展和环境保护局（招商局）、财政局、住房和城乡建设局、社会事务局、监察室、建设服务中心等8个机构，同时，开发区下设董地工业园区办公室（与水城县董地乡实行“两块牌子，一套人马”的体制）和老鹰山工业园区办公室（与老鹰山镇实行“两块牌子，一套人马”的体制）；2012年4月5日，全市项目建设观摩会，市委书记王晓光，市长何刚率全市各级干部到开发区观摩。

2012年4月13日，经水城经济开发区工、管委研究，决定成立贵州水城经济开发区临时工作领导小组，组长：王宜治，副组长：谢如宪，成员：张霖、王晓春、赵庆强；领导小组下设五个工作组，财经组：组长王宜治、负责人施薇；综合组：组长谢如宪、负责人邓择选；经济发展组：组长张霖、负责人刁海涛；规划建设组：组长赵庆强、负责人张翔；社会事务组：组长赵庆强、负责人雷春燕。

2012年4月，水城经济开发区董地工业园区申报成为全省“511”重点培育示范园区。

2012年6月7日，中共贵州省国土资源厅以《关于对设立水城经济开发区国土资源分局的复函》（黔国土资党函〔2012〕29号）文件批复，同意设立六盘水市国土资源局水城经济开发区国土分局。

2012年6月21日，六届市委第18次常委会议研究，同意将钟山区老鹰山镇委托水城经济开发区管理，基础设施建设等投入由水城县负责。

2012年7月初，市委市政府明确贵州水城经济开发区由水城县负责开发、建设、管理，实行县区一体化管理模式。

2012年8月10日，六届市委第23次常委会议研究，原则同意设立水城经济开发区国土资源分局，为市国土资源局的派驻机构，副县级规格，定局长1名（副县级）、副局长1名（正科级）。

2012年8月31日，县委召开中共水城县委常委会议，专题研究水城经济开发区管理体制，明确开发区定位、机构设置、工作人员引进、行政区划和开发区工、管委班子成员分工。明确开发区

党工委副书记谢如宪协助书记抓好开发区党务工作，开发区管委会副主任张霖临时负责开发区日常行政事务至2013年春节前。

2012年10月16日，市委常委、水城县委书记、水城经济开发区党工委书记王彬在双水县会议中心大礼堂主持召开水城经济开发区开发建设推进会，动员水城县广大干部职工，举全县之力加快推进开发区开发建设工作，并提出按照“抓规划、抓招商、抓融资、抓基础设施配套、抓大项目服务、抓标准化产房建设和安置房建设”的总体要求和“县区建设一体化，产城互动一体化，城乡发展一体化，产业推进一体化”的开发思路，加快推进开发区各项建设工作。

2012年10月23日，中共六盘水国土资源局党组下发《关于成立六盘水市国土资源局水城经济开发区分局筹备组的通知》，决定成立六盘水市国土资源局水城经济开发区国土分局筹备组，由水城县国土资源局党组书记、局长任组长，成员从市、县国土资源局抽调组成。

2012年11月20，开发区内设机构正式成立，从县直部门、乡镇、开发区交流、提拔、选调的第一批干部入驻开发区开展工作。

（邓择选）

【水城经济开发区2013年度主要工作】 1.经济发展运行稳步提升。2013年，开发区经济增长稳步提升，完成工业总产值126.80亿元，同比增长28.68%，其中：规模以上工业总产值完成112.50亿元，同比增长21%；固定资产投资完成42.23亿元，同比增长61.8%；财政税收完成4.25亿元，同比增长37%；招商引资到位资金31.78亿元，同比增长26.61%；新增就业人员27029人。预计到年底，可完成工业总产值145亿元，其中：规模以上工业总产值完成125亿元；固定资产投资完成45亿元，财政税收完成4.33亿元；招商引资到位资金36亿元，新增就业人员4117人。2.招商引资工作初显成效。2013年，水城经济开发区招商签约项目共21个，签约资金110亿元，其中：划地建设项目12个，标准化厂房招商项目9个（其中招商运作中心招商项目5个）；已落地项目15个，有12个项目投入生产。已入驻开发区标准化厂房的中国光能照明电器生产项目、光伏发电1ED交通标志生产项目、三才无槽无刷微电机生产项目、水泥添加剂项目多项专利在园区申报成功。3.基础设施功能逐步完善。2013年，水城经济开发区累计完成道路建设12.7公里，厂区道路建设4.5公里，累计完成投资5亿元；50万平方米标准化厂房陆续建成并投入使用，累计完成投资8亿元；完成其他基础设施配套建设投资2.77亿元。4.产城互动发展步伐加快。按照以产促城、以城带产、产城互动的发展理念，开发区以产业为支撑，认真制定了开发区总体规划、核心区控制性详细规划，并经市人民政府批准，报省专家组审查。“十二五”规划的中期评估经省经信委审查通过。开发区尖山营城市组团418套7.9万平方米生态移民安置房主体工程基本完成，完成208套2.04万平米老鹰山煤矿棚户区改造工程建设基础工程，启动董地文阁组团1200套生态移民安置房和1.2公里市政干道建设工程。5.筹资融资工作稳步推进。2013年以来，争取上级补助资金0.125亿元，银行贷款1.64亿元，银行承兑汇票1.285亿元。正在办理农信社、建设银行、交通银行等金融部门贷款10.65亿元。协助企业办理贷款4360万元。6.创新机制推进职校建设。通过积极探索建立职业教育、产业发展、社会就业有效对接新体制，根据入驻园区企业用工需求，采取订单、定期培训模式，将入驻企业作为实训基地，帮助入驻企业招聘培训符合产业需求的技术人才和技术骨干，为企业入驻解决了技术人才匮乏之忧。开发区成立园区职校，并根据入驻企业产业性质开设了机电、数控、机械加工、服装加工等4个专业，完成招收学生600人。7.社会事务工作有效推进。一是征地拆迁工作。结合基础设施建设和项目建设，采取先急后缓、先急先征的原则，2013年共完成征地2072亩，完成丈量房屋44栋60户，拆迁房屋62栋64户，搬迁坟墓273所，拆迁企业4个。二是群众来信、来访和矛盾纠纷处理工作。共接待群众来信、来访142人次，其中涉及征地57人次，涉及房屋拆迁安置35人次，涉及炮损工作的24人次，其他方面19人次。协调处理矛盾纠纷64起514人次，化解矛盾纠纷62起463人次，矛盾纠纷信访事项办理情况回复率为96.19%。三是社会治安综合治理工作。2013年，开发区辖区内共发生治安案件147起，查处76起；发生刑事案件151起，破83起；调处纠纷235起，处置群体性堵工、堵路事件55起。

（邓择选）

【水城经济开发区2013年主要事件】 2013年4月8日，六盘水市城市管理局以《关于城市管理职能授权委托的函复》文件，同意将水城经济开发区辖区内城管职责委托水城经济开发区建设服务中心负责。

2013年5月2日，六盘水市召开全市产业园区（开发区）建设推进会，市委书记王晓光、市长周荣、市人大常委会主任黄金率全市各级领导干部到水城经济开发区观摩。

2013年5月20日，市人民政府下发《市人民政府关于贵州水城经济开发区分区规划和贵州水城经济开发区中部核心区控制性详细规划的批复》，同意《贵州水城经济开发区分区规划》和《贵州水城经济开发区中部核心区控制性详细规划》。

2013年6月29日，水城县第三季度68个项目集中开工暨水城经济开发区城市综合体企业员工公寓开工仪式在开发区举行。县委、人大、政府、政协及开发区工委、管委领导班子参加开工仪式。

2013年7月1日，开发区成立中共贵州水城经济开发区第一、第二、第三、第四支部委员会。

2013年7月11日，六盘水市机构编制委员会下发《关于设立六盘水市公安局水城经济开发区分局》，同意设立六盘水市公安局水城经济开发区分局，为市公安局派出机构，行使县级公安机关职权。

2013年9月1日，水城经济开发区园区职校正式挂牌成立。

2013年9月13日，市公安局派驻水城经济开发区公安办正式进驻。

2013年11月10日，全市项目观摩会观摩团到水城经济开发区观摩。

2013年11月14日，贵州水城经济开发区总体规划审查专家委员会审查水城经济开发区总体规划。省住房城乡建设厅总规划师（高级规划师）王春，副市长（高级规划师）周宏文，省住房城乡建设厅规划处（调研员、规划师）彭贵匀，省成规委专家委员会（高级工程师）吴本立，贵阳市城市规划设计研究院（副院长、高级规划师）何忠杰等有关专家和市直有关部门领导参加了审查会。

2013年11月27日，市委书记李再勇到水城经济开发区调研，市长周荣，市委副书记、常务副市长魏树旺，市委常委、水城县委书记、开发区党工委书记王彬，市委常委、市委秘书长张志祥，市委副秘书长蒋体佩，水城县委副书记、县长、水城经济开发区管委会主任王尔彬陪同调研。

（邓择选）

盘北经济开发区

【概述】 贵州盘北经济开发区是2011年9月经省人民政府批复、2012年3月经市委、市政府批准成立的省级经济开发区。全区面积402平方公里，下辖鸡场坪、柏果、洒基、松河四个乡镇，共70个村（居）委会，现有人口约18万。开发区具有得天独厚的资源、区位、交通、产业发展、基础设施、气候等优势。境内蕴藏丰富的煤炭资源，是长江以南最好的主焦煤，被列为国家稀缺保护资源，已探明储量28亿吨，远景储量56亿吨。现已形成原煤产能1000万吨，预计“十二五”末达到1500万吨。依托丰富的煤炭资源和“三线”建设以来积累的工业发展基础，以煤炭资源为主的大企业集中发展，区内拥有首黔公司、黔桂发电厂、国投盘江煤矸石发电厂、天能焦化、盘北选煤厂、松河煤业、土城矿等一批国有大中型企业和44个地方煤炭及洗选企业，产业化发展基础雄厚。2013年，区内有总投资479.61亿元的在建大项目7个（贵州首黔煤—电—钢—化一体化产业协调发展试点项目、盘北煤矸石发电厂项目、黔桂电厂“上大压小”改扩建项目、天能煤焦化扩能项目、昊龙胜境水泥厂异地搬迁技改项目、盘县振开尾煤选洗项目、双源石膏粉综合加工项目）。

（吴方宏）

【管理体制及机构设置】 中共贵州盘北经济开发区工作委员会和贵州盘北经济开发区管理委员会是六盘水市委、市政府的派出机构，正县级规格，由市委、市政府直接管理。开发区党工委和管委会合署办公，实行一套工作机构两个机关名称的体制，对开发区实行统一领导和管理。盘北经济开发区党工委、管委会内设8个职能机构：党政办公室、组织宣传人事部、纪检监察室、经

济发展局（招商局）、住房和城乡建设局、财政局、社会事务局、建设服务中心，另外派驻公安、国土、工商、国税、地税等垂管机构。在市委、盘县县委的关心支持下，按照开发区机构编制，2013年年初，市委研究配备充实了一级班子，盘县县委、开发区工委研究配备了二级班子，一级班子6人（陈少荣兼任开发区党工委书记，邓志宏兼任党工委副书记、管委会主任，刘虎生任党工委副书记、管委会常务副主任，姚平方任党工委副书记、纪工委书记，司烽、廖光卫任党工委委员、管委会副主任）、二级班子15人于2013年2月底到位，各部门工作人员陆续到位。争取设置了公安分局和国土分局。工商、国税、地税等机构编制已下达，待协调市直单位及时成立。

（吴方宏）

【2013年主要经济指标】 2013年，全区原煤产量完成1018.13万吨，其中地方原煤产量完成624.6万吨；洗精煤产量完成488.54万吨；焦炭产量完成129.3万吨；发电量完成49.8亿千瓦时；实现工业总产值145亿元，其中规模以上工业产值135亿元；固定资产投资完成44.5亿元；财政总收入完成9.1亿元；解决就业人员21158人；新引进产业项目24个，签约资金66.9亿元，到位资金57.3亿元，现已全部开工，完成投资19.26亿元。成功进入全省30个重点产业园区范围，排名全省开发区（产业园区）第16位。

（吴方宏）

【规划编制工作】 以“实现千亿级经济开发区，创建国家级经济开发区”为发展目标，科学编制产业发展规划、总体规划及其配套规划和规划环评。《产业发展规划》通过市级评审批复执行，《规划环评》《土地利用方案》通过省级评审批复执行，《总体规划》通过省有关部门评审报省政府，力争尽快批复执行；《控制性详规》已委托资质单位编制，待总规批复后组织评审，争取尽快批复执行；同时，加快了给排水规划、电力规划等各项子规划的编制工作。在建设发展过程中，始终坚持规划先行的原则，严格按照相关规划实施，确保产业项目、基础设施建设、城乡建设符合规划布局要求，保障了科学发展和可持续发展。

（吴方宏）

【基础设施建设】 紧紧围绕起步期5.27平方公里、首期15.64平方公里的开发范围，根据开发区核心区建设发展需要，严格按照“七通一平”开展建设工作，统筹兼顾，优先推进重点设施建设。对实施的基础设施项目，狠抓责任落实，实行倒逼机制，强力推进工程进度。规划了开发区核心区“一环三横四纵”骨架路网并推进实施。已建成道路10.75公里、供水管网21.5公里、排水管网19.3公里。投资约3.65亿元的1号路B段、2号路B段动工建设，首黔大道、12号路及以上路段周边地块整治和支线道路建设工程正在开展征地工作，近期将动工建设；投资约2.6亿元的长3.95公里、宽30米工业大道已完成水稳层铺设，近期将铺设沥青。力争2014年基本形成工业区、主城区主骨架路网，2015年形成通达、高效、便捷的交通网络。投资2.6亿元的13.5万平方米标准厂房，平场及基础工程全部结束，正在实施厂房建设。投资4.7亿元的鱼洞坝水库已下闸蓄水，投资3.4亿元的卡河水库正在加快建设；处理能力2.6万吨的污水处理厂正开展前期工作，即将动工。

（吴方宏）

【中心城市建设】 根据“开发区中心城区作为连接六盘水市中心城区和盘县县城的城市新区，作为盘县县城的副中心”的发展定位，高标准规划建设中心城区，拟建成集商贸、物流、金融、信息、科技、旅游和现代服务业于一体的宜居宜业城市，近期发展成为5万人的城市规模，远期发展成为10万人的新兴城市。2013年，投资1亿余元对2.4公里老城街道进行全面改造及其两侧429户房屋进行立面改造，同时配套实施新、老城区水、电、路等基础设施建设，街道改造及立面改造即将完成，正在实施收尾工程；投资600余万元建设长288米、宽30米老城街道至1号路联络线，已建成投用；投资约2.8亿元实施首黔项目1500户共72栋棚户区改造项目及其配套工程，基础工程已全部结束，完成了800套共34栋主体封顶，预计于2014年8月底前全部建成投用；投资800余万元建设盘北职校，已按期建成并顺利开学，完成秋季招生893人；投资8000余万元的供销综合大楼完成基础工程，投资1.2亿元的泰康医院（二甲）已确定投资主体即将动工。同时开展了公厕、临时停车场、临时农贸市场、群众休闲购物广场、城市水体公园、垃圾填埋场、水电路通信等配套设施前期工作。积极谋划引进商贸、物流、金融、酒店等服务业和房地产业，为将开发区中心城区逐步打造成为朝气蓬勃、人气聚集、宜居宜业的新兴城市打下坚实基础。

（吴方宏）

【产业项目】 2013年，在建大项目7个，总投资479.61亿元，累计完成投资近100亿元。贵州首黔煤电钢化一体化产业协调发展试点项目，一期200万吨焦化项目场平及地基处理工程已完成，200万吨焦化项目正制定工作计划，生产工艺调整已基本结束，纳木井田200万吨矿井正在办理资源开采主体资质的申报工作；盘北煤矸石电厂项目，1号机组已投产，2号机组已分步调试完成；盘县电厂“上大压小”项目，1号机组已投产，2号机组土建基本完成，主厂房已封顶，锅炉已安装，电机正在安筑中、脱硫脱销等设备正在安装；天能焦化扩能项目，1号、2号焦炉已投产，1NG、苯加氢等土建、安装、建筑工程快速推进；昊龙胜境水泥厂项目，办公楼已建成办公，已完成土石方开挖70万立方米，完成孔桩开挖工程；双源石膏粉综合加工项目，年生产石膏粉等综合产品6万吨，场平工程已结束，完成保坎修筑3500立方米；盘县振开尾煤洗选项目，入选尾泥煤90万吨/年，现场平工程基本结束，正在实施保坎修筑。其他工业企业建设工程稳步推进。

（吴方宏）

公　报

六盘水市2013年国民经济和社会发展统计公报

2013年，在市委、市政府的正确领导下，全市认真贯彻中央、省的各项决策部署，围绕“加速发展、加快转型、推动跨越”主基调，大力实施“三化同步”战略，着力保增长、调结构、增活力、惠民生、促和谐，全市经济保持平稳较快发展，社会各项事业取得新的成绩。

一、综合

经济平稳较快增长。经初步核算，2013年全市生产总值为882.11亿元，比上年增长15.9%。其中，第一产业增加值为58.06亿元，增长6.5%；第二产业增加值为503.79亿元，增长16.6%，其中工业增加值452.43亿元，增长15.4%；第三产业增加值为320.26亿元，增长16.0%，其中，交通运输、仓储和邮政业增长12.5%，批发和零售业增长9.4%，住宿和餐饮业增长9.5%。

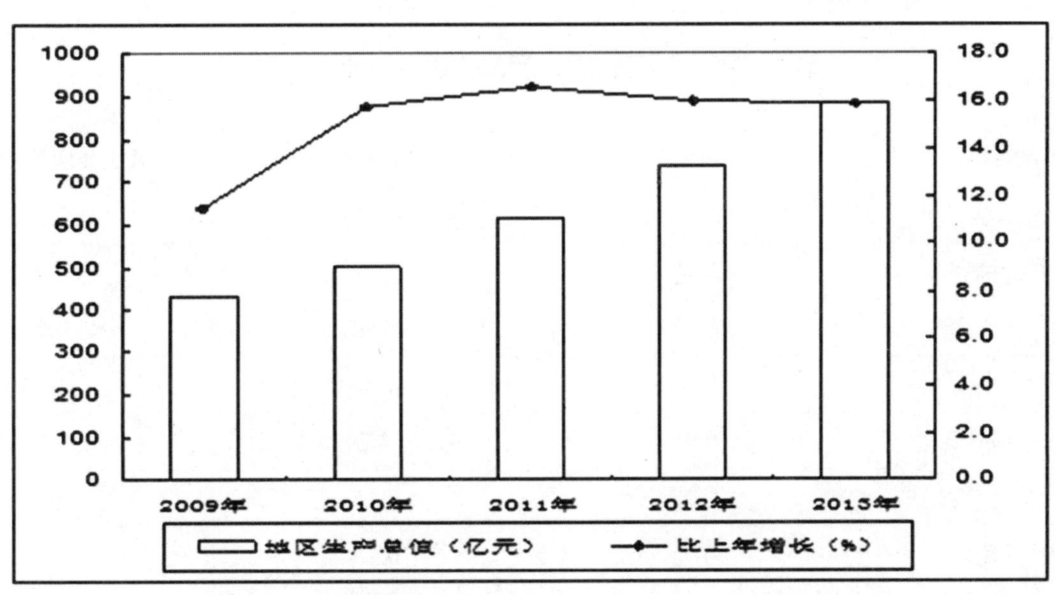

图1　2009—2013年全市地区生产总值及增长速度

第一产业、第二产业、第三产业增加值占生产总值的比重分别为6.58%、57.11%和36.31%。与上年相比，第一产业、第三产业比重分别上升0.84和0.64个百分点，第二产业比重下降1.48个百分点。

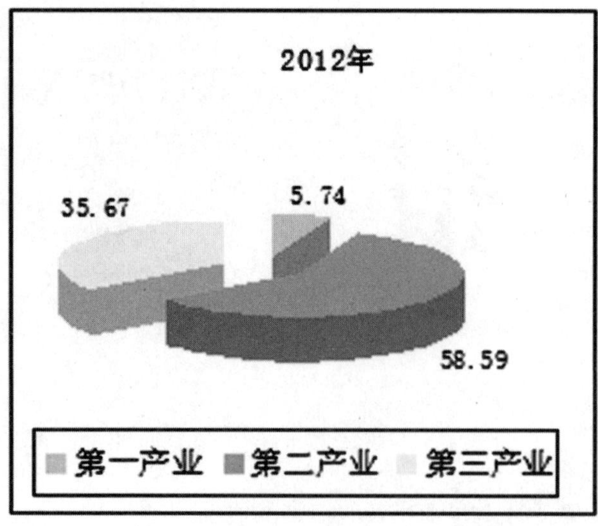

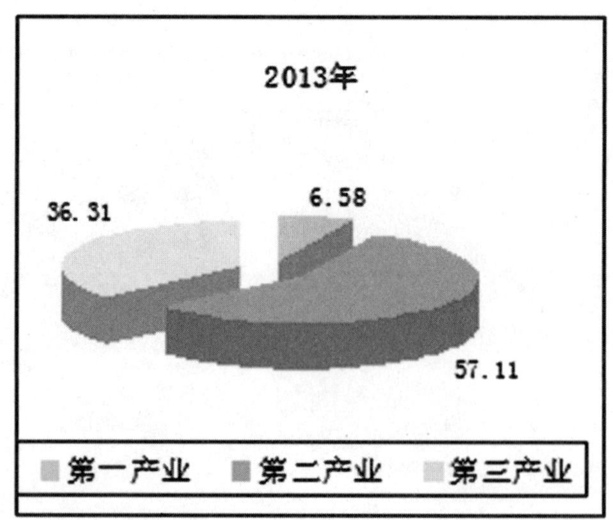

图2　2012年、2013年三次产业增加值构成（%）

二、农业

农业经济运行良好。全年种植业实现增加值31.31亿元，比上年增长6.3%。主要农作物种植面积继续扩大，全年粮食种植面积达到18.35万公顷（275.25万亩），增长1.9%；油料种植面积0.86万公顷（12.96万亩），增长9.9%；蔬菜种植面积2.19万公顷（32.91万亩），增长5.7%。年末果园面积0.73万公顷（10.99万亩），增长49.6%。今年雨水充沛，主要农产品产量有所增长，全年粮食总产量80.90万吨，比上年增长7.5%；油料作物产量1.15万吨，比上年增长10.2%。

表1　2013年主要农产品产量及增长速度

产品名称	单位	绝对数	比上年增长（%）
粮食	万吨	80.90	7.5
其中：稻谷	万吨	12.03	4.9
玉米	万吨	45.47	9.7
小麦	万吨	4.34	–10.5
马铃薯	万吨	14.29	9.2
油料	万吨	1.15	10.6
其中：花生	万吨	0.15	4.0
油菜籽	万吨	0.94	11.4
烤烟	万吨	1.69	11.2
蔬菜	万吨	54.68	2.4
茶叶	吨	504.00	27.9
水果	万吨	2.89	13.7

全年林业实现增加值3.56亿元，比上年增长14.5%。

表2　2013年主要林产品产量及其增长速度

产品名称	单位	绝对数	比上年增长（%）
生漆	吨	164	13.1
油桐籽	吨	49	–5.8
油茶籽	吨	109	11.2
棕片	吨	182	7.7
花椒	吨	257	2.0
银杏	吨	54	20.7

全年畜牧业实现增加21.37亿元，比上年增长6.3%。猪、牛、羊出栏数分别比上年增长2.2%、10.6%和7.0%；肉类总产量11.91 万吨，比上年增长5.1%；禽蛋比上年增长0.7%。

表3　2013年主要畜牧产品产量及牲畜存栏、出栏情况

指标名称	计量单位	绝对数	比上年增长（%）
肉类总产量	万吨	11.91	5.1
其中：猪肉	万吨	9.78	5.1
牛肉	万吨	0.98	10.7
羊肉	万吨	0.19	–3.0
禽蛋产量	万吨	0.59	0.7
猪出栏数	万头	107.39	2.2
牛出栏数	万头	7.51	10.6
羊出栏数	万只	11.87	7.0
家禽出栏数	万只	556.56	6.9
猪存栏数	万头	114.73	1.7
牛存栏数	万头	31.28	0.1
羊存栏数	万只	20.43	8.4
家禽存栏数	万只	579.75	–0.4

全年渔业增加值1020.00万元，比上年增长3.1%。水产品产量1947.00吨，比上年增长23.2%。

全年农林牧渔服务业增加值1.72亿元，比上年增长10.0%。

以农田水利为重点的农业基础设施建设继续得到加强。全年新增有效灌溉面积12.18万亩；年末农业机械总动力达 185.85万千瓦，比上年增长7.7%；实现机耕面积6.32万公顷（94.35万亩），

比上年增长22.5%。

三、工业和建筑业

工业经济快速发展。全年规模以上工业（统计口径为年主营业务收入2000万元及以上工业企业）增加值完成351.75亿元，比上年增长15.6%。其中，轻工业增加值2.29亿元，增长63.9%；重工业增加值349.46亿元，增长15.3%。重工业增加值占规模以上工业增加值的比重为99.3%，比上年下降0.3个百分点。

主要工业行业中，非金属矿物制品业、医药制造业和石油加工、炼焦和核燃料加工业等行业增长较快，分别比上年增长31.0%、19.7%和19.0%。

表4　2013年规模以上工业增加值及其增长速度

单位：亿元

指标名称	绝对数	比上年增长（%）
规模以上工业增加值	351.75	15.6
其中：轻工业	2.29	63.9
重工业	349.46	15.3
其中：国有企业	79.99	3.4
集体企业	0.91	–9.2
股份制企业	153.00	20.0
外商及港澳台投资企业	5.69	61.4
其中：煤炭开采和洗选业	225.89	14.3
石油加工、炼焦和核燃料加工业	12.93	19.0
非金属矿物制品业	10.26	31.0
黑色金属冶炼及压延加工业	17.56	7.2
有色金属冶炼及压延加工业	10.60	11.0
电力、热力的生产和供应业	55.92	10.9

主要工业产品产量中，砖、铝材、水泥和焦炭增长较快，分别比上年增长139.3%、46.1%、40.2%和21.8%。

表5　2013年规模以上工业主要产品产量

产品名称	单位	绝对数	比上年增长（%）
原煤（全社会）	万吨	7309.21	2.1
洗精煤	万吨	2526.15	12.8
焦炭（全社会）	万吨	562.94	21.8
生铁	万吨	480.49	–5.1
粗钢	万吨	459.11	–8.4

续上表

产品名称	单位	绝对数	比上年增长（%）
钢材	万吨	454.55	–6.7
水泥	万吨	720.80	40.2
砖	亿块	3.59	139.3
发电量（全社会）	亿千瓦时	421.75	14.3
饮料酒	万千升	5.01	5.9
中成药	吨	91.49	–14.4

全年规模以上工业企业实现主营业务收入为838.25亿元，比上年下降1.3%；盈亏相抵后的利润总额为33.44亿元，下降56.0%。

建筑业高速增长。全年实现建筑业增加值51.36亿元，比上年增长29.7%。资质内建筑企业施工房屋面积170万平方米，增长46.6%；房屋竣工面积77.45万平方米，增长67.3%，其中，住宅竣工面积48.00万平方米，增长27.6%。

四、固定资产投资

固定资产投资大幅增加。计划总投资50万元及以上的城镇投资、农村非农户投资和房地产开发投资1054.93亿元，比上年增长37.7%。其中，中央投资12.5亿元，增长7.8%；地方投资1042.43亿元，增长38.0%。

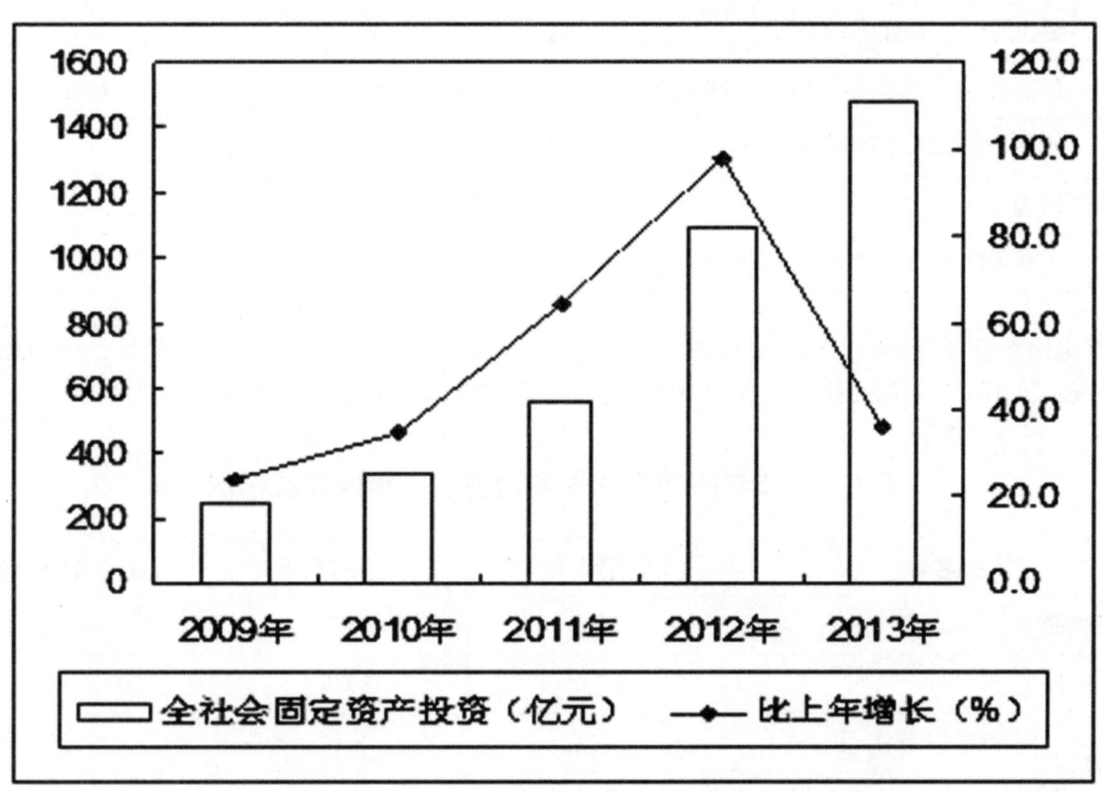

图3　2009—2013年全社会固定资产投资及增速

分产业看，第一产业投资76.46亿元，比上年增长115.8%；第二产业投资491.13亿元，比上年增长36.0%；第三产业投资487.34亿元，比上年增长31.8%。

表6　2013年固定资产投资及其增长速度

单位：亿元

指标名称	绝对数	比上年增长（%）
固定资产投资	1054.93	37.7
其中：中央	12.5	7.8
地方	1042.43	38.0
其中：基本建设	565.85	38.6
更新改造	84.17	4.6
房地产开发	81.72	47.3
其他	72.56	20.3
其中：第一产业	76.46	115.8
第二产业	491.13	36.0
其中：工业	490.24	36.0
第三产业	487.34	31.8
其中：交通运输、仓储和邮政业	95.26	27.0
信息传输、软件和信息技术服务业	5.76	79.3
水利、环境和公共设施管理业	122.57	11.4
教育	34.27	80.2
卫生和社会工作	12.26	64.4

全年房地产开发投资81.72亿元，比上年增长47.3%。按工程用途分，商品住宅投资39.70亿元，增长31.8%；办公楼投资4.49亿元，增长327.6%；商业营业用房投资22.98亿元，增长94.3%。

表7　2013年房地产开发和销售主要指标完成情况

指标名称	计量单位	绝对数	比上年增长（%）
投资完成额	亿元	81.72	47.3
其中：住宅	亿元	39.70	31.8
其中：90平方米以下住宅	亿元	8.11	16.7
房屋施工面积	万平方米	1400.80	35.9
其中：住宅	万平方米	918.14	26.7
房屋新开工面积	万平方米	293.23	61.3

续上表

指标名称	计量单位	绝对数	比上年增长（%）
其中：住宅	万平方米	167.38	42.9
房屋竣工面积	万平方米	77.45	67.2
其中：住宅	万平方米	48.00	27.6
商品房销售面积	万平方米	131.33	10.3
其中：住宅	万平方米	110.33	–4.4
本年资金来源	亿元	100.23	26.9
其中：国内贷款	亿元	10.20	63.5
其中：个人按揭贷款	亿元	10.79	17.5
本年购置土地面积	万平方米	91.47	339.1

五、国内贸易和物价

消费品市场平稳增长。全年实现社会消费品零售总额209.33亿元，比上年增长14.5%。其中，城镇消费品零售总额增长14.2%，乡村消费品零售总额增长16.4%。批发业增长18.6%，零售业增长14.1%；住宿业增长5.1%，餐饮业增长14.2%。

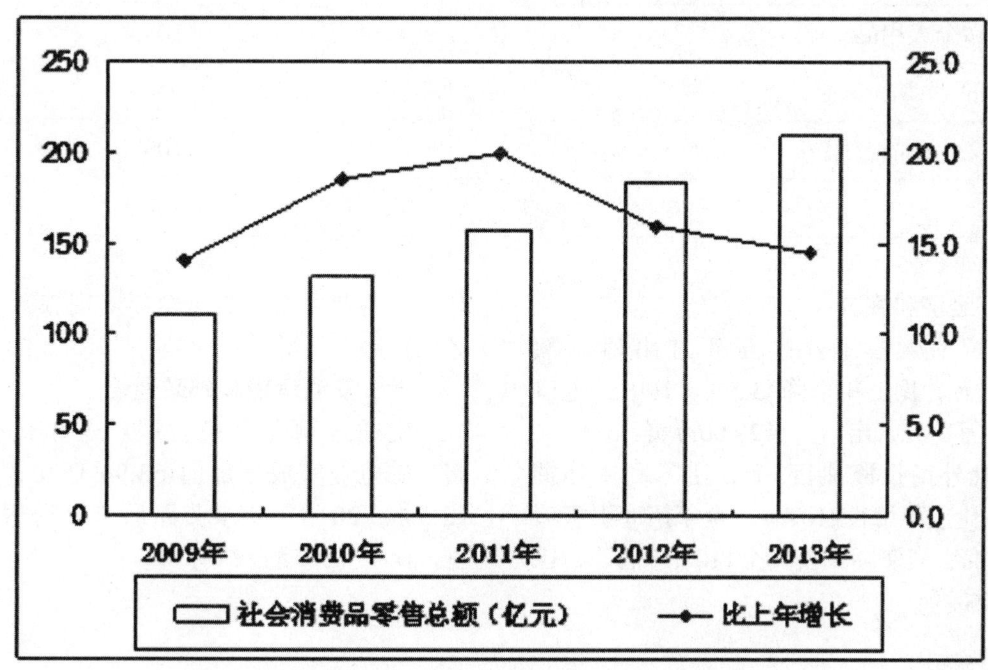

图4　2009—2013年社会消费品零售总额及增速

全年居民消费价格总水平比上年上涨3.3%，居民八大类消费品“二降六升”，衣着类、交通与通信类分别下降0.3%、1.1%；食品类、烟酒类、家庭设备用品及维修服务类、医疗保健和个人用品类、娱乐教育文化用品及服务类和居住类分别上升5.6%、0.6%、2.0%、6.4%、3.0%、8.2%。

表8　2013年居民消费价格指数

指标名称	指数（上年=100）
居民消费价格指数	103.3
其中：食品	105.6
粮食	111.2
肉禽及其制品	108.0
水产品	103.7
蛋	110.2
菜	96.8
干鲜瓜果	118.2
烟酒及用品	100.6
衣着	99.7
家庭设备用品及维修服务	102.0
医疗保健和个人用品	106.4
交通和通讯	89.9
娱乐教育文化用品及服务	103.0
居住	108.2

六、对外经济和旅游

进出口贸易规模缩小。全年进出口总额49758.00万美元，比上年下降33.5%。其中，进口总额49728.00万美元，出口总额29.00万美元。

全年新批外商投资项目2个，实际利用外资2.80亿美元，比上年增长210.3%。全年招商引资项目629个，招商引资实际到位资金1102.18亿元，比上年增长69.6%。

旅游业繁荣发展。全年实现旅游总收入44.36亿元，比上年增长34.9%。

七、交通运输和邮政通信

交通运输业平稳发展。全年交通运输、仓储、邮电业完成增加值 68.94 亿元，比上年增长12.5%。2013年年末公路通车里程达12238.92公里，比上年末增长2.6%。

表9　2013年交通运输发展情况

指标	单位	2013年	2012年
公路通车里程	公里	12238.92	11927.32
按行政区划分			
国　道	公里	85.58	85.58

续上表

指标	单位	2013年	2012年
省　道	公里	633.29	633.39
县　道	公里	1771.98	2044.97
乡　道	公里	2402.06	2399.31
按技术等级划分			
高速公路	公里	182.80	67.20
一级公路	公里	3.27	3.27
二级公路	公里	753.61	664.46
三级公路	公里	452.91	453.40
四级公路	公里	8131.84	7194.97
等外级公路	公里	2714.49	3500.62

邮政电信业平稳增长。全年完成邮电业务总量21.72亿元，比上年增长10.4%。其中，电信业务总量20.13亿元，比上年增长12.4%；邮政业务总量1.59亿元，比上年下降10.0%。互联网用户、移动电话用户继续较快增长，年末移动电话用户和互联网用户分别为275.44万户和19.12万户，分别比上年增长35.6%和30.4%。

表10　2013年邮电发展情况

指标名称	计量单位	绝对数	比上年增长（%）
邮电业务总量（现价）	亿元	21.72	10.4
电信业务总量	亿元	20.13	12.4
邮政业务总量	亿元	1.59	-10.0
年末固定电话用户	万户	30.56	9.1
年末移动电话用户	万户	275.44	35.6
年末互联网用户	万户	19.12	30.4

八、财政、金融和保险

财政收入平稳增长。全年完成财政总收入178.31亿元，比上年增长9.9%，其中公共财政预算收入123.60亿元，比上年增长19.0%。公共财政预算支出219.17亿元，比上年增长16.5%，其中，一般公共服务和农林水事务等方面的支出增长幅度相对较大。

表11　2013年财政收支情况

单位：亿元

指标名称	绝对数	比上年增长（%）
财政总收入	178.31	9.9
其中：公共财政预算收入	123.59	19.0
其中：税收收入	68.41	20.5
其中：营业税	15.54	8.8
企业所得税	3.58	–7.9
个人所得税	2.88	–9.2
城市维护建设税	3.50	1.1
非税收入	55.18	17.3
公共财政预算支出	219.17	16.5
其中：一般公共服务	47.79	45.0
教育	37.37	6.9
科学技术	1.21	22.7
社会保障和就业	15.70	11.6
医疗卫生	14.36	16.7
节能环保	4.09	–3.2
农林水事务	29.56	35.1
交通运输	5.27	–43.3
资源勘探电力信息等事务	5.18	6.2

金融业平稳发展。年末，全市金融机构人民币各项存款余额754.42亿元，比年初增加78.21亿元，同比增长11.6%。金融机构人民币各项贷款余额599.88亿元，比年初增加91.50亿元，同比增长18.0%。

表12　2013年金融机构人民币信贷收支情况

单位：亿元

指标名称	绝对数	比年初增加额
金融机构各项存款余额	754.42	78.21
其中：单位存款	365.00	19.62
个人存款	379.64	55.23
其中：储蓄存款	376.84	55.38
财政性存款	5.23	0.20
金融机构各项贷款余额	599.88	91.50
其中：短期贷款	166.52	31.87
其中：个人贷款及透支	27.48	2.64
其中：个人消费贷款	6.56	–0.18
中长期贷款	424.59	59.00
其中：个人贷款	131.68	24.44
其中：个人消费贷款	92.25	15.52
单位普通贷款	264.76	33.71

保险事业快速发展。全年全市原保险保费收入14.54亿元，比上年增长19.9%，其中，财产险收入6.52亿元，较上年增长13.9%。人身险8.02亿元，比上年增长25.2%；全市原保险赔付支出5.21亿元，比上年增长24.0%。

表13　2013年保险业收付情况

单位：万元

指标名称	绝对数	比上年增长（%）
原保险保费收入	145387.03	19.9
财产险	65193.45	13.8
其中：机动车辆保险	60680.94	16.4
人身险	80193.58	25.2
人寿保险	64254.04	16.5
健康保险	11489.52	144.7
意外伤害保险	4450.02	6.9

续上表

指标名称	绝对数	比上年增长（%）
原保险赔付支出	52058.32	24.0
财产险	36525.16	13.5
其中：机动车辆保险	34568.74	13.7
人身险	15533.16	58.7
人寿保险	10023.00	34.5
健康保险	2348.80	128.9
意外伤害保险	3161.36	141.5

九、教育

教育事业继续发展。小学学龄儿童入学率99.3%，比上年下降0.2个百分点；初中阶段毛入学率106.2%，比上年上升7.8个百分点；高中阶段毛入学率65.6%，比上年提高10.2个百分点。高等教育规模继续扩大，普通高等学校在校生达9599人，比上年增长8.5%。

表14　2013年教育事业情况

指标名称	单位	绝对数	比上年增长（%）
普通高等教育	所	2	持平
招生数	人	2579	–22.7
在校生数	人	9599	8.5
毕业生数	人	2136	100.2
中等职业教育（学校）	所	19	5.6
招生数	人	19091	128.0
在校生数	人	29237	35.4
毕业生数	人	5052	–6.9
普通高中	所	32	14.3
招生数	人	34048	23.9
在校生数	人	81415	20.0
毕业生数	人	18214	12.4
高中阶段毛入学率	%	65.6	10.2个百分点

续上表

指标名称	单位	绝对数	比上年增长（%）
初中学校	所	192	–0.5
招生数	人	57984	–7.0
在校生数	人	175036	–8.1
毕业生数	人	68370	12.5
初中阶段毛入学率	%	106.2	7.8个百分点
普通小学	所	716	–4.9
招生数	人	35663	–12.0
在校生数	人	264567	–8.1
毕业生数	人	57443	–19.6
学龄儿童入学率	%	99.3	–0.2个百分点
特殊教育	所	3	0
招生数	人	65	–30.9
在校生数	人	413	–1.2
幼儿园数	所	245	9.9
幼儿园在园幼儿数	人	69728	13.3

十、文化和卫生

文化事业繁荣发展。公共文化服务体系建设不断加强，文化艺术、广播影视、新闻出版等各项事业稳步发展。年末全市共有博物馆、纪念馆5个，公共图书馆5个，文化馆5个，乡镇文化站98个；艺术表演团体4个；广播节目综合人口覆盖率、电视节目综合人口覆盖率分别为96.9%和97.6%，分别比上年提高1.2和1.0个百分点。

医疗卫生服务能力继续提高。全市公共财政预算支出中用于医疗卫生的支出达14.36亿元，比上年增长16.7%。新农合工作健康可持续发展。全市参加新型农村合作医疗人数为224.26万人，农民参合率达98.7%。

十一、生态环境和安全生产

环境保护工作取得成效。城市污水处理率74.0%，市中心城区（不含水钢、水矿）生活垃圾无害化处理率90.0%。全年化学需氧量为2.42万吨，比上年增加4.28%；二氧化硫排放量为19.35万吨，比上年下降9.58%。

安全生产形势总体稳定。全市生产安全事故起数、死亡人数分别比上年下降10.4%和20.9%，其中工矿商贸企业事故起数、死亡人数分别下降65.9%和24.3%。

十二、人民生活

居民生活水平稳步提高。全市城镇居民人均可支配收入19625.00元。城镇居民人均消费性支出12537.00元。年末城镇居民人均居住面积（建筑面积）28平方米。

表15　2013年每百户城镇居民家庭年末耐用消费品拥有量

指标名称	计量单位	绝对数
淋浴热水器	台	60
家用汽车	辆	19
彩色电视机	台	105
照相机	架	19
计算机	台	48
微波炉	台	38
空调器	台	10
移动电话	部	206

农民人均纯收入大幅提高。2013年，全市农民人均纯收入5934.00元，比上年增长14.5%。农民生活质量进一步提高，人均生活消费支出5378元，比上年增长34.4%。分支出类别看，食品支出2690元，增长36.1%；衣着支出348元，增长27.8%；居住支出703元，增长20.5%；家庭设备、用品支出327元，增长9.6%；交通和通讯支出533元，增长42.5%；文化教育、娱乐支出465元，增长7.1%；医疗保健支出267元，增长18.2%。农村居民人均住房面积35平方米，比上年增长17.0%。

十三、人口、就业和社会保障

人口出生率和自然增长率双下降。全市年末常住总人口287.45万人，比上年末增加1.55万人。2013年全市人口出生率12.22‰，比上年下降0.06个千分点；人口自然增长率5.42‰，比上年下降0.06个千分点。

就业工作取得新成绩。全市年末城镇新增就业人数10.11万人，比上年增加1.47万人，其中促进下岗失业人员再就业人数3988人，比上年增加367人。年末城镇登记失业率3.9%。

社会保障体系不断完善。年末全市城镇企业职工基本养老保险参保人数9.35万人，比上年增长14.6%。新型农村社会养老保险工作取得发展，参保人数94.00万人。城镇基本医疗保险参保人数65.73万人，比上年增长1.7%。城市居民最低生活保障人数6.44万人，比上年下降6.4%。农村居民最低生活保障人数41.99万人，比上年下降1.8%。

表16　2013年社会保险情况

指标名称	单位	绝对数	比上年增长（%）
基本养老保险参保人数	万人	114.75	4.1
其中：企业职工	万人	9.35	14.6
新型农村社会养老保险参保人数	万人	94.00	1.1
城镇基本医疗保险参保人数	万人	65.73	1.7
工伤保险参保人数	万人	23.47	8.2

续上表

指标名称	单位	绝对数	比上年增长（%）
其中：农民工	万人	11.30	1.1
生育保险参保人数	万人	14.01	6.1
失业保险参保人数	万人	10.32	3.3
领取失业金人数	万人	0.12	95.7

说明：

1.本公报中数据为初步统计数。

2.地区生产总值及各产业增加值绝对数按现价计算，增长速度按不变价计算。

3.规模以上工业统计口径为年主营业务收入2000万元及以上工业企业。固定资产投资统计口径为计划总投资50万元及以上的固定资产项目投资和房地产开发项目投资。限额以上批发业统计口径为年主营业务收入2000万元及以上的批发企业和个体户，限额以上零售业统计口径为年主营业务收入500万元及以上的零售企业和个体户，限额以上住宿、餐饮业统计口径为年主营业务收入200万元及以上的住宿和餐饮业企业和个体户。

4. 原保险保费收入是指保险企业确认的原保险合同保费收入。

5.农民人均纯收入、人均生活消费支出的增长速度按现价计算。

资料来源：本公报中城镇新增就业、登记失业率、社会保障数据来自人力资源和社会保障局；财政数据来自财政局；公路里程、公路运输数据来自交通运输局；货物进出口、外商直接投资等数据来自商务粮食局；邮政业务数据来自邮政局；旅游数据来自旅游局；金融数据来自人民银行六盘水支行；新农合、卫生数据来自卫生局；教育数据来自教育局；艺术表演团体、博物馆、公共图书馆、文化馆、广播电视数据来自文体广电局；社会服务、低保和五保供养数据来自民政局；环境监测数据来自环境保护局；安全生产数据来自安监局；人口出生率和自然增长率数据来源于市人口和计划生育委员会；物价和人民生活数据来源于国家统计局六盘水调查队；其他数据均来自市统计局。

社会经济发展统计资料

2013年六盘水市地区生产总值表

单　位	地区生产总值（万元）	分　产　业			比上年增长（%）
		第一产业	第二产业	第三产业	
全　市	8821100	580600	5037900	3202600	15.9
六　枝	1009568	119500	461710.27	428357.35	17.8
盘　县	3642972	262500	2550907.4	829564.15	17.9
水　成	1373357	168540	818160.55	386656.89	18.1
钟　山	2967800	30100	1629227.5	1308472	15.8

六盘水市近3年国民经济与社会发展主要指标表

指　　标	单　位	2011年	2012年	2013年
从业人员	万人	146.97	148.98	152.53
职工人数	万人	20.95	22.79	22.19
职工平均工资	元	39448	44313	46658
城镇登记失业率	%	4.15	4.1	3.9
生产总值	亿元	613.39	738.65	882.11
第一产业	亿元	31.6	43.27	58.06
第二产业	亿元	384.69	451.57	503.79
#工业	亿元	353.06	412.52	452.43
第三产业	亿元	197.1	243.82	320.26
人均生产总值	元	21506	25877	30770
全社会固定资产投资	亿元	550.63	1088.9	1480

续上表

指　　标	单　位	2011年	2012年	2013年
财政总收入	亿元	128.46	156.35	178.31
#公共财政预算收入	亿元	70.84	103.49	123.6
公共财政预算支出	亿元	146.71	188.08	219.17
金融机构存款余额	亿元	577.02	676.21	754.42
城乡居民储蓄存款	亿元	264.96	321.46	376.84
金融机构贷款余额	亿元	416.97	508.38	599.88
农林牧渔业总产值	亿元	56.5	69.25	58.06
社会消费品零售总额	亿元	157.61	182.82	209.27
进出口总额	亿美元	7.76	10.77	4.98
实际利用外资	万美元	2982	9023.24	28000
境内旅游人数	万人次	444.29		
旅游总收入	亿元	30.9	32.88	44.36
城镇居民人均可支配收入	元	16370.89	18764.05	19625
农民人均纯收入	元	4437.38	5182.36	5934
城镇居民消费价格指数	%	105.4	102.7	103.3

2013年六盘水市几项经济指标增长情况表

单位	规模以上工业总产值（万元）	比上年增长（%）	50万元以上固定资产投资（万元）	比上年增长（%）	社会消费品零售总额（万元）	比上年增长（%）
全市	11725100	6.6	10549300	37.7	209.33	14.5
六枝	623400	2.3	1525700	37.5	259300	14.4
盘县	4581100	11.1	4078100	37.6	551400	14.5
水成	2758600	11	2383100	37.5	121700	14.3
钟山	3762100	–0.4	2562400	38.1	1161000	14.6

2013年六盘水市主要行业生产总值增长情况表

单位：万元

指　　标	2012年	2013年	增长（%）
全市生产总值	7386526	8821100	19.4
第一产业	432700	580600	34.2
第二产业	4515660	5037900	11.6
工业	4125160	4524300	9.7
建筑业	390500	513600	31.5
第三产业	2438166	3202600	31.4
交通仓储及邮电通信业	541075	689400	27.4
批发和零售业	355608	435300	22.4
批发业	239283	289100	20.8
零售业	116325	146200	25.7
住宿和餐饮业	225263	306500	36.1
住宿业	18679	42300	126.5
餐饮业	206584	264200	27.9
金融业	254747	373000	46.4
房地产业	80857	144900	79.2
营利性服务业	262780	316700	20.5
信息传输、计算机服务和软件业	87265	92400	5.9
其他营利性服务业	175515	224300	27.8
非营利性服务业	717836	936800	30.5
公共管理和社会组织	496995	685000	37.8
其他非营利性服务业	220841	251800	14.0
人均生产总值	2．5877	3．0770	18.9

六盘水市环境质量公报

（二〇一三年）

六盘水市环境保护局

一、环境空气质量

2013年，六盘水市环境监测站对市中心城区环境空气质量共监测了365天，发布空气质量日报365期，空气质量一级（优）的天数为128天，占总监测天数的35.1%；二级（良）的天数237天，占总监测天数的64.9%，2013年全年六盘水市中心城区空气质量优良率达100%。与2012年相比（2012年，空气质量一级（优）的空气质量天数为231天，占总监测天数的63.1%；二级（良）的空气质量天数135天，占总监测天数的36.9%，2012年全年六盘水市中心城区空气质量优良率达100%。）空气质量一级（优）的天数减少103天，占总监测天数的比例下降28%，空气质量二级（良）的天数增加102天，占总监测天数的比例上升28%，全年空气质量优良率继续保持，空气质量较2012年有所下降。

六盘水市中心城区环境空气质量状况为：空气中可吸入颗粒物浓度年均值为0.059毫克/立方米，达到《环境空气质量标准》（GB3095—1996）中的二级质量标准；二氧化硫浓度年均值为0.042毫克/立方米，达到二级质量标准；二氧化氮浓度年均值为0.035毫克/立方米，达到一级质量标准。

全年降水pH平均值为7.8，未出现酸雨现象。

二、地表水环境质量

流经六盘水市中心城区和主要城镇的河流有：长江流域乌江水系的三岔河及其支流响水河、小河；珠江流域北盘江水系的北盘江干流及其支流六枝河、拖长江等。2013年六盘水市环境监测站对以上河流的十七个监测断面分别在枯水期、丰水期、平水期进行了监测。

1. 水质现状

2013年十七个监测断面中四个断面达到Ⅱ类水质，占总断面数的23.5%；七个断面达到Ⅲ类水质，占总断面数的41.2%；两个断面达到Ⅳ类水质，占总断面数的11.8%；四个断面达到劣Ⅴ类水质，占总断面数的23.5%。2013年度十七个监测断面达标率为64.7%，与2012年度比较达标率提高了5.9%（2012年度十七个监测断面达标率为58.8%）。

表1　六盘水市2013年河流各断面达功能区情况表

规定类别	断面名称	实达类别
Ⅱ	窑上	Ⅱ
	岔河	Ⅲ
	三丈水	Ⅱ
Ⅲ	箐口	劣Ⅴ
	九洞桥	劣Ⅴ
	大格杻	Ⅲ
	金竹沟	Ⅳ
	岩脚寨	Ⅲ
	龙场	Ⅱ
	发耳	Ⅲ
	上易黑	Ⅲ
	滴水潭	Ⅲ
Ⅳ	虹桥	Ⅳ
	小云尚	Ⅲ
Ⅴ	范家寨	劣Ⅴ
	小河Ⅰ	Ⅱ
	小河Ⅱ	劣Ⅴ

三个Ⅱ类水功能区中，达到Ⅱ类的有两个，其余一个为Ⅲ类，Ⅱ类和Ⅲ类分别占66.7%、33.3%；

九个Ⅲ类水功能区，实达Ⅱ类的有一个，占11.1%，达到Ⅲ类的有五个，占55.6%，达到Ⅳ类的有一个，占11.1%，实达劣Ⅴ类的有二个，占22.2%；

二个Ⅳ类水功能区，一个达到Ⅲ类，一个达到Ⅳ类；

三个Ⅴ类水功能区，达到Ⅱ类有一个，占33.3%，其余二个均为劣Ⅴ类，占66.7%。

2. 河流现状

响水河：四个监测断面，一个断面（窑上）达标，达Ⅱ类水质，达到功能区要求，Ⅱ类水质的占25%。其余断面（箐口、九洞桥、范家寨）未达标，均为劣Ⅴ类水质，占75%，超标断面主要超标项目为氨氮、五日生化需氧量、高锰酸盐指数、石油类、总磷等。

三岔河：六个监测断面，达标四个断面（大格纽、虹桥、岩脚寨、龙场），其中一个断面（龙场）优于功能区要求。两个断面（岔河、金竹沟）未达标。Ⅱ类水质的占16.7%，Ⅲ类水质占50.0%，Ⅳ类水质的占33.3%。岔河断面超标项目为氨氮和总磷，金竹沟断面超标项目为化学需氧量。

拖长江：一个监测断面（小云尚），达Ⅲ类水质，水质优于功能区要求。

北盘江：一个监测断面（发耳），达Ⅲ类水质，水质达到功能区要求。

六枝河：三个监测断面（三丈水、上易黑、滴水潭），水质全部达到功能区要求。

小河：两个监测断面，一个断面（小河Ⅰ）达标，优于功能区要求，Ⅱ类水质占50%。一个断面（小河Ⅱ）未达标，为劣Ⅴ类水质，劣Ⅴ类水质占50%。超标项目有五日生化需氧量、化学需氧量、氨氮、总磷、阴离子表面活性剂。

3. 出入境水质状况

流经六盘水市河流的入境断面为三岔河上游的岔河断面，水功能区划为Ⅱ类水质，由毕节市威宁县流入六盘水市。出境断面为三岔河的龙场断面，水功能区划为Ⅲ类水质。

入境断面岔河断面水质2013年12个月均未达到规定类别Ⅱ类水功能区要求。岔河断面水质全年均为Ⅲ类。

出境断面龙场断面水质全年均达到Ⅲ类水质功能区要求，其中除7月外的11个月达到Ⅱ类，优于功能区要求。

4. 重点流域监测

六盘水市境内国控重点流域监测断面为发耳和龙场，每月采样一次进行监测，监测项目为pH、溶解氧、高锰酸盐指数、五日生化需氧量、化学需氧量、氨氮、汞、铅、石油类等二十五项。监测达标情况见表2。

表2　2013年重点流域监测达标情况表

断面	规定类别	1月	2月	3月	4月	5月	6月	7月	8月	9月	10月	11月	12月	2013年达标率（%）	2012年达标率（%）
发耳	Ⅲ类	Ⅲ类	Ⅲ类	Ⅲ类	Ⅲ类	Ⅲ类	Ⅲ类	Ⅲ类	Ⅲ类	Ⅲ类	Ⅲ类	Ⅲ类	Ⅲ类	100	100
龙场	Ⅲ类	Ⅱ类	Ⅱ类	Ⅱ类	Ⅱ类	Ⅱ类	Ⅱ类	Ⅲ类	Ⅱ类	Ⅱ类	Ⅱ类	Ⅱ类	Ⅱ类	100	100

监测结果显示发耳断面水质全年监测结果达标率100%，龙场断面水质全年均达到Ⅲ类水质功能区要求，其中除7月外的11个月达到Ⅱ类，优于功能区要求。两个断面全部达到了规定类别Ⅲ类水质的要求。

5. 河长制监测情况

根据黔环通〔2009〕30号文件要求，六盘水市三岔河的岔河、大格扭、落水洞、虹桥、大河边五断面作为三岔河河长制的考核断面，每月监测一天，每天监测一次，监测项目为《地表水环境质量标准》（GB3838—2002）表1、表2的29项及悬浮物共30项指标。

2013年全年三岔河流域河长制水质监测断面中，岔河、大格扭、落水洞和虹桥三个断面全年监测结果达标，均能满足功能区要求。大河边断面除6月总磷超标外，其余月份均达标。五个监测断面年均值均达到功能区要求。

三、集中式饮用水源地水质月报

六盘水市中心城区供水水源为玉舍水库、备用水源为窑上水库，六盘水市环境监测站每月均对这两个水库水质进行监测。每月连续监测两天，每天监测一次。每月必测项目为《地表水环境质量标准》（GB3838—2002）表1、表2全部项目、表3中优选33项及湖库型水源地每月补充监测叶绿素、透明度；每年6月或7月进行一次109项全分析，109项为《地表水环境质量标准》（GB3838—2002）表1、表2、表3中的全部项目。

窑上水库、玉舍水库2013年每月所监测的指标全部达到《地表水环境质量标准》（GB3838—2002）中集中式生活饮用水地表水源地水质要求。达标情况见表3。

表3　2013年饮用水源地水质达标情况

断　面	1月	2月	3月	4月	5月	6月	7月	8月	9月	10月	11月	12月	达标率（%）
窑上水库	Ⅱ类	Ⅱ类	Ⅱ类	Ⅱ类	Ⅱ类	Ⅱ类	Ⅱ类	Ⅱ类	Ⅱ类	Ⅱ类	Ⅱ类	Ⅱ类	100
玉舍水库	Ⅱ类	Ⅱ类	Ⅱ类	Ⅱ类	Ⅱ类	Ⅱ类	Ⅱ类	Ⅱ类	Ⅱ类	Ⅱ类	Ⅱ类	Ⅱ类	100

四、其它水源点监测

六盘水市城区有部分居民靠其它水源点供水，2013年六盘水市环境监测站对市区范围内的水源点进行监测，共监测2个地表水源点（窑上水库、扒瓦），1个地下水源点（白马洞）；全年共监测3次（枯、丰、平），每期采样一次。

地下水源点采用《地下水质量标准》（GB/T14848—93）Ⅲ类水质标准进行评价，地表水源点采用《地表水环境质量标准》（GB3838—2002）Ⅲ类水质标准进行评价。采用综合污染指数对水源点评价。六盘水市监测的三个水源点水质属于尚清洁以上，与2012年相比，窑上、扒瓦、白马洞三个水源点水质无变化，均属尚清洁。

五、声环境质量

1、市中心城区24小时功能区噪声

1类区（市师范）：2013年昼间等效声级平均值为50.8分贝（A），夜间等效声级平均值为45.6分贝（A），昼间等效声级达到《声环境质量标准》（GB3096—2008）中的1类区噪声标准，夜等效声级超过《声环境质量标准》（GB3096—2008）中的1类区噪声标准0.6分贝（A）。与2012年相比（2012年昼间等效声级平均值为51.9分贝（A）、夜间等效声级平均值为44.7分贝（A））昼间下降了1.1分贝（A）、夜间上升了0.9分贝（A）。

2类区（黄土坡）：2013年昼间等效声级年平均值为53.0分贝（A），夜间等效声级年平均值为47.7分贝（A），昼、夜等效声级均达到《声环境质量标准》（GB3096—2008）中的2类区噪声标准。与2012年相比（2012年昼间等效声级年平均值为53.4分贝（A）、夜间等效声级年平均值为48.4分贝（A））昼间下降了0.3分贝（A）、夜间下降了0.7分贝（A）。

3类区（水钢修建部）：2013年昼间等效声级年平均值为56.2分贝（A），夜间等效声级年平均值为49.9分贝（A），昼、夜等效声级均达到《声环境质量标准》（GB3096—2008）中的3类区噪声标准。与2012年相比（2012年昼间等效声级年平均值为56.6分贝、夜间等效声级年平均值为47.6分贝（A））昼间下降了0.4分贝（A），夜间上升了2.3分贝（A）。

4类区（市环保局）：2013年昼间等效声级年平均值为60.5分贝（A），夜间等效声级年平均值为54.6分贝（A），昼、夜等效声级均达到《声环境质量标准》（GB3096—2008）中的4类区4a类噪声标准。与2012年相比（2012年昼间等效声级年平均值为60.0分贝（A），夜间等效声级年平均值为52.6分贝（A））昼间上升了0.5分贝（A）、夜间上升了2.0分贝（A）。

4类区（老客车站）：2013年昼间等效声级年平均值为61.2分贝（A），夜间等效声级年平均值为54.7（A），昼、夜等效声级均达到《声环境质量标准》（GB3096—2008）中的4类区4a类噪声标准，与2012年相比（2012年昼间等效声级年平均值为61.0分贝（A），夜间等效声级年平均值为52.6分贝（A））昼间上升了0.2分贝（A），夜间上升了2.1分贝（A）。

2、市中心城区区域环境噪声

2013年市中心城区区域环境噪声等效声级平均值为53.6分贝，较2012年上升了0.2分贝。其中1类区等效声级平均值为53.2分贝，达到《声环境质量标准》（GB3096—2008）1类区标准；2类区等效声级平均值为53.6分贝，达到2类区标准；3类区等效声级平均值为54.5分贝，达到3类区标准。

3、市中心城区道路交通噪声

2013年全市交通噪声昼间等效声级年均值为68.3分贝（A），（标准值为70分贝（A）），达到标准要求，超标干线长度7.5Km，占监测干线总长度的24.8%。与2012年相比（2012年昼间等效声级年均值为67.9分贝（A），超标干线长度5.9Km，占监测干线总长度的19.5%。）交通噪声污染略有加重。

专　　文

在中共六盘水市市委常委扩大会议上的讲话

市委书记　李再勇

（2013年12月1日）

今天是我到六盘水工作的第10天，这期间主要是学习和调研。23日、24日，利用两个休息日分别和市委、市人大、市政府、市政协的有关同志进行了交谈；25日至29日，先后到五个县区进行了调研，分别看了一些点上的情况，听取了各县区工作汇报和情况介绍。通过和大家的深入谈话和实地调研，对六盘水的情况有了进一步了解，思考了一些问题，形成了一些初步想法。今天，召开市委常委扩大会议，主要是围绕学习贯彻十八届三中全会和即将召开的省委十一届四次全会精神，结合这几天调研的情况，把我对近期工作的一些思考和想法同大家进行探讨，供同志们下来研究，力争把全市各项工作做得更好、更实。

刚才，周荣同志对有关工作提出了具体要求，我完全同意，希望大家认真抓好贯彻落实。下面，我讲四个方面意见。

一、深入学习、深刻领会，全面贯彻落实党的十八届三中全会和即将召开的省委全会精神

党的十八届三中全会，是在我国改革开放新的重要关头召开的一次重要会议，是对全面深化改革的一次总部署、总动员，又一次吹响了新一轮改革的集结号，在中国改革发展史上具有里程碑意义。省委即将召开十一届四次全会，研究贯彻落实十八届三中全会精神的意见。全市各级党组织要把学习贯彻党的十八届三中全会和习近平总书记一系列重要讲话精神作为首要政治任务，切实把思想和行动统一到十八届三中全会精神上来，把智慧和力量凝聚到十八届三中全会决策部署和省委即将召开的全会精神上来，加强领导，精心组织，狠抓落实，切实做到“五个必须”。

*首先，学习贯彻必须吃透决定原文。*要深刻领会十八届三中全会提出的新思想、新论断、新观点、新部署和新要求，逐字逐句研究全会决定，准确把握十八届三中全会和习近平总书记一系列重要讲话的丰富内涵和精神实质，切实增强理论自信、道路自信、制度自信。要把十八届三中全会决定和习近平总书记一系列重要讲话，以及国务院稳增长、调结构、抓转型、促改革系列文件作为重要教材，统筹制定学习计划、宣传计划、专题研究计划，既要从总体上把握，又要分专题领会，做到系统学、全面学、深入学，真正做到学深学透、弄懂弄通，真学、真懂、真信、真用。通过吃透原文，强化理论武装，树立辩证

的、历史的思维方式、工作方式和行为方式，用马克思主义科学发展观来提高科学决策的水平，找到科学发展的方法和路径。

第二，学习贯彻必须联系工作实际。习近平总书记在山东考察时强调："学习贯彻全会精神，重在结合实际，抓好中央重大改革措施的细化和落实。要有序推进改革，该中央统一部署的不要抢跑，该尽早推进的不要拖宕，该试点的不要仓促推开，该深入研究后再推进的不要急于求成，该得到法律授权的不要超前推进。"这是极具针对性的要求。就六盘水来讲，学习贯彻十八届三中全会精神，就是要围绕全市改革发展稳定的实际，紧密联系六盘水城市发展定位，联系六盘水市一、二、三产业发展实际，联系科学发展、创新驱动、转型升级、后发赶超、跨越发展的要求，紧扣现阶段六盘水市经济社会发展存在的问题和差距。通过建立问题导向机制，以问题为导向联系实际，寻找实现新的目标、新的要求的科学路径。重点抓好"三个结合"：一是结合思想实际。紧紧围绕干部群众关心的热点难点问题进行深入调研，及时了解干部群众所思所想、所疑所惑，深入开展"十破十立"解放思想大讨论，解开干部群众的思想"扣子"，努力做到在释疑解惑上有新突破，在统一思想上有新提高，在推进工作上有新跨越。二是结合工作实际。按照十八届三中全会的新部署、新要求和克志书记"突出问题导向、体现贵州特色、做出贵州亮点"的要求，结合六盘水市发展实际，进一步细化发展目标、完善工作思路，明确改革的目标和重点、找准改革的路径和措施，找到工作的结合点、切入点、创新点，既要通过改革解决制约全市经济社会发展的关键性问题，又要突出六盘水市的特色和亮点。三是结合改革实际。要立足于当前六盘水市改革发展实际，把学习贯彻全会精神的过程作为凝聚人心、推动发展的过程，作为深化改革、扩大开放、激发内生动力和发展活力的过程，作为实现科学发展、后发赶超、推动跨越、同步小康目标的过程，不断凝聚全面深化改革的强大合力。

第三，学习贯彻必须指导社会实践。要把学习党的十八届三中全会精神的成果转化为推动工作的强大动力，通过学习，用新的思想、新的观念、新的方法和作风指导一产转型、二产升级、三产优化，使我们的各项社会实践活动更加符合科学发展观的要求，更可持续地推动经济社会发展，使人民群众在改革中分享到更多的"红利"。要通过对精神的领会和理论的学习，不断提高党的执政能力和水平，以便更好地为人民服务，将党的根本宗旨落到实处。通过深化对全会精神的领会和贯彻落实，使人民群众最关心、最直接、最现实的利益问题得到最大限度的维护、发展和保障。

第四，学习贯彻必须丰富活动载体。要结合学习贯彻党的十八届三中全会精神，在继续深入开展解放思想"十破十立"大讨论的基础上，集中1个月时间，在全市深入开展"十破十立"—找差距、找问题、找目标、找路径"四找"活动，进一步解放思想、转变观念，在新一轮改革开放起点上找到新的发展目标，选择科学的发展路径，全力推动科学发展、后发赶超、同步小康。要采取深入剖析自己找、聘请专家帮助找、发动群众参与找，通过报刊、电视、网络等方式，广泛发动群众参与找准六盘水市经济社会发展存在的差距和问题，站在新的起点上找准新的发展目标，选择更加科学的发展路径，把开展活动的过程作为听取民意、汇聚民智、关注民生的过程，将学习贯彻成果真正转化为活动的实际成效。要在扎实开展"十破十立"——"四找"活动基础上，认真总结今年各项工作，实现完美收官，同时，要超前谋划好明年和今后一个时期新的发展目标和发展路径。宣传部门要牵头认真制定"十破十立"——"四找"活动方案和宣传报道方案，全市各级各部门要加强统筹协调，迅速启动活动；要创新活动方式，积极发动群众，抓好督促检查，确保活动取得实效。

第五，学习贯彻必须营造良好氛围。各级各部门要精心谋划，周密部署，采取多种方式，加大学习培训力度，营造浓厚学习氛围，切实做到"四抓"：一是抓宣讲。要在积极配合中央和省委宣讲团搞好宣讲的同时，认真制定宣讲方案，抓好骨干培训，加强统筹协调，深入开展全会精神的宣讲活动；要充分发挥工、青、妇、计生协会等群团组织的作用，使全会精神进机关、进学校、进农村、进社区、进企业、进军营，实现纵到底、横到边、全覆盖。二是抓培训。各级各部门要把十八届三中全会精神，作为党委（党组）

中心组和干部职工集中学习的重要内容，邀请专家学者解读文件精神，开展专题辅导。组织部门和党校要把十八届三中全会精神纳入各级各类干部培训的重要内容，通过举办一系列培训班，提高各级领导干部抓好全面深化改革各项工作的能力。三是抓讨论。要按照“十破十立”—找差距、找问题、找目标、找路径的要求，继续深入开展解放思想大讨论活动，以新一轮思想大解放促进经济社会新一轮大发展。要通过开展“十八届三中全会精神大家谈”等活动，释放正能量，形成冲击波，激发新动力，焕发出前所未有的发展热情、改革动力和工作干劲。要通过学习讨论检验干部的素质和能力，比谁学得更好，比谁学得更深，比谁站得更高，比谁看得更远。四是抓宣传。各级新闻媒体要结合“走、转、改”活动，整合传统媒体资源和新兴媒体资源，组织精兵强将，精心策划包装，深入宣传报道“十破十立”—“四找”活动，通过开设专题、专栏等推出一系列有深度、有高度、有力度的宣传报道。通过宣传报道，引导大家把思想集中到发展上，把行动集中到改革上，把目标集中到小康上，努力营造学习贯彻十八届三中全会精神的良好舆论氛围。

二、解放思想、开拓创新，着力破解发展中的重点难点问题

思想是行动的先导。我们与发达地区的差距，表面看是发展水平的差距，本质上是思想观念的差距。在新一轮发展中，我们面临巨大的机遇和挑战。随着改革的全面深化、高速和高铁时代、大数据时代的到来，人们的思想观念、生活方式将会发生深刻变化，给发展带来前所未有的机遇和挑战，把握得好，抓住机遇，我们将会迎来发展的大好机遇；反之，就会错失机遇，永远落后。所以我们必须增强大局意识、机遇意识、责任意识，进一步解放思想、开拓创新，以等不起、慢不得、坐不住的责任感、使命感，奋力赶、全力转、努力追，创造经得起历史、人民和时代检验的发展业绩。

第一，要在顶层设计上下功夫、求突破。顶层设计关系全局，必须统筹思考、统筹谋划。特别是要充分认识六盘水的比较优势，认真研究国发2号文件关于“建设全国重要的能源基地，资源深加工基地，毕水兴能源资源富集区，西南重要的战略资源支撑基地，物流节点城市，‘凉都六盘水’旅游休闲度假胜地和加快六盘水老工业基地改造、六枝资源型城市可持续发展、贵阳—安顺—六盘水城际轨道交通建设、加强黔中城市群与六盘水等城市联系、乌蒙山片区扶贫攻坚、攀西—六盘水经济区规划建设”以及大连对口帮扶等系列重大战略机遇，围绕“群众致富、企业增效、财政增收、社会进步”目标，进一步深化市情认识，优化发展思路，做好顶层设计。一是在发展目标上：实现“四个更加”。总体上我们的目标就是建成产业更加优化、环境更加优美、人民更加富裕、社会更加和谐的经济强市。就各县区而言，盘县要建成贵州最靓丽的西大门，六枝要建成以现代服务业为龙头的现代化精品城市，水城、钟山、红桥要三城联动、同城发展、产城互动、城乡一体，建成国际标准旅游休闲度假城市。市委、市政府要围绕这个目标统筹做好顶层设计，各区县要在推进这个目标上加强统筹。二是在发展路径上：力求“五个新突破”。要坚持以科技创新为引领，以实体经济为支撑，以生态建设为底线，以改革开放为动力，以民生保障为根本，以党的建设为保障，致力在产业转型升级上，在创新驱动、区域合作上，在以交通为重点的基础设施建设上，在城乡一体化发展上，在生态文明建设上实现新突破，走出一条高效、富民、可持续的发展路径。三是在推进措施上：要做到“三严”“三宽”。所谓“三严”：就是干部管理要严、城市管理要严、法纪执行要严。所谓“三宽”：就是发展思路要宽、招商视野要宽、用人渠道要宽。四是在突出特色上：突出特色，就是要具有唯一性、不可复制性。比如中国凉都品牌、煤炭资源、乌蒙山喀斯特峰丛景观就具有唯一性。我们一定要突出这种个性化资源做好顶层设计，体现差异化，避免同质化，增强吸引力，提升竞争力。五是在产业转型上：六盘水是资源大市，资源储量大、品种全、品质优，这是我们的优势。如何围绕产业转型抓好顶层设计，发挥资源的最大效应，延长产业链，拓宽产业幅，提升附加值，抢占产业链的末端和价值链的高端，是摆在我们面前的重要课题。要按照“四个一体化”的思路，大力发展煤电钢、煤电铝、煤电化、煤电材等产业，利用地下矿产资源、地上自然资源、政府公共资源整合其他产业业态，优化产业结构，提升产品市场竞争力，促进产业转型升级。这篇“升级性调整”的文章我们务必要做好。六是在明年工作的谋划上：要围绕增比进位，围绕综合实力进入全省“第一方阵”，围绕提前实现全面小康等目标，强化经济发展指标、重点工作、重点项目、重点措施等方面的谋划工作，确保一开局就形成大干快上的良好局面。

第二，要在转型升级上下功夫、求突破。随着第三次工业革命的到来、深化改革的全面推进、交通瓶颈的逐步打破，我们将迎来转型发展的大好机遇。我们必须抓住机遇、用好机遇，立足优势、用足优势，促进转型发展、跨越发展。一是围绕农民致富抓农业转型。坚持以“四在农家·美丽乡村”建设为载体，以“六项行动计划”为抓手，以农业结构调整为龙头，加快发展现代农业，全面推进农业转型发展。总体要求是，立足农民，跳出农民抓农民增收致富；立足农业，跳出农业抓农业结构调整；立足农村，跳出农村抓农村经济发展。按照这个总体要求，把退耕还林、经济发展和群众致富结合起来，把水土保持、生态提升和农民产业发展结合起来，把环境整治、“四在农家·美丽乡村”建设与农业可持续发展结合起来，大力发展茶叶、猕猴桃、魔芋、洋芋等特色农业和都市农业、旅游农业、效益农业，实现“经济价值、生态价值、社会价值”的最大化和有机统一。要完善农村的经济合作体系建设，通过农业合作社、家庭农场、农业大户，用公司+农户、农户+合作社等各种新的形式，实行规模化生产、集约化生产、效益化生产。要完善农村的金融体系建设，支持农业产业的发展，增加农民财产性收入，提高农民对农业产业的投入能力和向城市的转移能力。二是围绕优化结构抓工业转型。要以现代装备制造业、高新技术产业为龙头，大力发展现代工业。加快推进传统产业转型升级，以实施“四个一体化”为载体，推进盘江、水矿、水钢等传统产业延长产业链、拓宽产业幅，通过新信息、新技术的嫁接实现转型升级。要大力引进和发展新能源、新材料、生物医药、新一代信息技术、节能环保产业、高端装备制造业、安全产业、生产性服务产业等新兴产业，大力引进总部经济和区域结算中心，丰富产业业态，完善产业体系，优化产业结构，推动转型升级。要强化产业配套，提高资源就地加工转化率和资源循环利用率，原材料就近采购率，更加注重下游和上游企业的引进和培育，打通“产业断头路”，形成完整的产业链条。三是围绕现代服务业抓三产转型。再过两至三年，六盘水市将全面迎来“高铁时代”和“高速时代”，人流、物流、观念流、信息流、文化流、资金流速度加快，能不能让这些流动要素在六盘水聚集起来、产生新的发展能量，对我们的发展提出了新的要求。我们要大力发展以旅游业和金融业为龙头的现代服务业，丰富消费服务、商务服务、生产服务和精神服务等多种服务业态。要深入推进水城、钟山、红桥同城发展和盘县、六枝城市建设，发挥接纳人流、物流、信息流的平台作用。要把金融业作为支撑一产、二产、三产配备要素，大力发展金融业，着力引进一批风投公司、创投公司、担保公司、消费金融公司、融资租赁公司、财务决算公司、市级投融资发展公司，打造新型融资平台，拓宽融资渠道，支撑产业发展。支持具备条件的民间资本依法发起设立中小银行，扩宽民间融资渠道。高度重视物流经济，推动运输、仓储、电子商务平台发展，打造现代物流体系。要坚持教育、医疗优先发展和优质发展战略。大力发展“9+3”义务教育，重视农村教育、寄宿制中小学建设，加强中小学校长和教师队伍建设。要大力发展优质教育、优质医疗，优化教育、医疗资源布局，规划建设或者采取引进企业合作举办双语学校、国际学校，高度重视职业技术教育，培养一批懂技术、能操作的新型劳动者；要通过医疗制度改革和医疗保障制度改革，进一步优化医疗资源布局，提高医疗技术服务，积极发展养老服务和健康服务产业。要通过发展优质教育和优质医疗，促进第三产业转型和服务一、二产业转型。

第三，要在创新驱动、区域合作上下功夫、求突破。党的十八大明确提出实施创新驱动发展战略，强调科技创新是提高社会生产力和综合国力的战略支撑，必须摆在国家发展全局的核心位置。今年9月，中央政治局以实施创新驱动发展战略为题在北京中关村举行第九次集体学习，习近平总书记在主持学习时强调：实施创新驱动发展战略决定着中华民族前途命运。李克强总理在10月18日召开的国务院常务会议上要求：“积极挖掘新的消费增长点，加快实施创新驱动战略，大力培育新兴产业，有效化解过剩产能。”从国际上看，科技创新已成为推动经济社会发展的主要力量、成为世界发展潮流。如土地规模仅相当于我国云南省的德国，紧紧依靠科技创新和先进制造业的发展，成为了世界第四大经济体；“中东硅谷”以色列，其高新技术产业产值占GDP的50%以上。

上世纪80年代后期，当今全球第一战略权威、商业管理界公认的“竞争战略之父”——哈佛商学院迈克尔·波特教授对战后美国、瑞士、瑞典、德国、日本、意大利、韩国和英国等8个国家的产业发展和参与国际竞争的经济发展过程进行深入研究，认为一个国家的产业参与国际竞争的过程大致可分为四个依次递进的阶段，即：要素驱动阶段、投资驱动阶段、创新驱动阶段、财富驱动阶段。美国经济学家钱纳里的发展阶段理论进一步提出，人均GDP在1000—3000美元时，经济发展主要依靠要素驱动，这是经济发展的最初阶段，主要是以土地、矿产、水等自然资源、环境和低技能廉价劳动力作为推动经济发展的主要力量。3000—5000美元时，主要依靠投资驱动，这个阶段主要是以资本投资作为经济发展主要推动力。5000—8000美元时，主要依靠创新驱动，这个阶段主要是以技术、资本、人才等创新要素作为经济发展的主要推动力。8000美元以上时，则主要依靠财富驱动，在这个阶段，追求人的个性全面发展、追求文学艺术、体育保健、休闲旅游等生活享受，成为经济发展新的主动力。

六盘水市2012年人均GDP达4300美元左右，接近5000美元的门槛，但从我们的产业结构来看，第二产业占比达到60%以上，企业的发展和产业的升级空间很大，我们需要投资和创新“双轮驱动”，需要协同创新和自主创新“共同发力”。所以，针对自身发展的需要和创新能力的不足，我们一定要加强区域合作，主动对接对口帮扶城市大连、比邻城市昆明、中关村贵阳科技园及长三角、珠三角发达地区，积极主动推进攀西—六盘水经济区规划建设，进一步构建开放合作的大平台，利用我们的优质资源和优势产业，围绕我们的需求，优化配套政策，加大对技术、资本、金融、人才、市场、战略投资者等创新要素的吸引和聚集，聚焦一切力量推进六盘水市产业的转型升级，跨越发展。

第四，要在基础设施建设上下功夫、求突破。目前，制约六盘水发展的最大障碍是交通基础设施建设滞后。要尽快突破交通瓶颈制约，打通连接省内外的通道，全力加快杭瑞高速、六六高速、盘兴高速、水威高速公路和月照机场建设，确保六六高速、月照机场明年建成通车、通航，明年上半年六安城际快速铁路要正式开工建设，加快改善发展的基础条件，切实降低物流成本，加快提升六盘水的区位优势。要加快城市路网建设步伐，快速拉大城市框架，全力加快城市内环快线及联络线建设速度。明年3月份，要启动新一轮大规模的城市路网建设。要加快推进六盘水海关、六盘水检验检疫机构建设，规划建设“公路港”，积极创造条件申建加工贸易承接基地、出口基地和自由贸易园区，加快改善对外开放的基础条件。要大力实施“四在农家·美丽乡村”基础设施建设六项行动计划，坚持整体推进、重点突破，多渠道筹集资金，加快改善农村生产生活条件。

第五，在推进城镇化上下功夫、求突破。2012年，六盘水市城市化率为32%（统计部门数据），比全国平均水平低20个百分点。城镇化是工业化、农业现代化的载体，是最大的内需。实施城镇化带动战略，仍然是六盘水市当前乃至今后一段时期的一项重要任务、重要工作抓手。一是要推进水城、钟山、红桥同城化。规划区按照国际化旅游城市的标准和100万人口、100年不落后的目标要求，高起点定位、高标准规划、高质量建设、同城化发展，实现基础设施、产业发展、功能完善、公共服务、空间布局的统筹推进、协调发展。请市政府牵头抓紧研究，提出实施方案、加快推进。二是要推进城乡一体化。要大力推进统筹城乡发展，尽快修订、完善城市总体规划、城乡土地利用规划、城镇体系规划、镇村布局规划，加强制度改革创新，推进城乡发展规划、资源配置、产业布局、基础设施、公共服务、就业社保和社会管理一体化，形成功能区域合理分明、基础设施配套完善的局面。要优化城乡空间布局，全面落实主体功能区规划，对地域相邻、产业类型相同、民俗习惯相近的乡镇要进行合并，促进资源整合，发挥区域带动作用。三是要完善城镇化发展体制机制。重点抓好人、地、钱三个核心问题。在人的问题上，要改变过去侧重土地的城镇化，今后要侧重于以人为核心的城镇化，以人气聚集财气、商气。在地的问题上，要落实土地用途管制，从严合理供给城市用地，建立有效调节工业用地和居住用地的合理比价机制。在钱的问题上，要探索采取地方政府发行债券等方式拓宽城市建设融资渠道，把“暗债”变成“明债”；探索允许社会资本进入、建立城市基础设施和住宅政策性金融机构等方式，整合社会资源参加城镇化建设。要发挥非公企业推动城镇化的作用，继续落实好支持小微企业发展的“3个15万元”政策措施，培育发展更多的中小企业，创造更多的就业岗位，为农村人口转为城镇人口创造条件；对非公企业放宽服务准入标准，打破垄断格局，促进城镇服务业发展；通过特许经营等方式允许社会资本进入城市公益事业，参与城市基础设施建设和运营。

第六，要在资源整合上下功夫、求突破。当前，六盘水市至少有三个方面的资源优势，一是地下的煤炭、煤层气、页岩气、金属矿、地热等能矿资源；二是地上的独特气候资源、自然景观资源、生物资源特别是生物基因资源等自然资源；三是政府的政策资源、规划资源、土地资源、资金投向引导性资源、特许经营资源、市政广告资源、加油站资源等公共资源。全市各级党委、政府要加强统筹调度，加大资源整合力度，发挥资源对项目、资金、人才、市场等的引导作用，尤其是发挥规划资源对人流、物流、资金流的配置作用，发挥资源的最大效益。在招商引资工作中，要充分利用资源优势，发挥资源叠加效应，增强招商引资的吸引力。重点抓好“三换”：一是以资源换资本。按照“资源股本化”的思路，对我们的能矿资源、旅游资源进行打包评估后，通过打造资源融资平台进行融资，实现以资源换资本，来发展非资源型产业。二是以资源换项目。将自然资源的开发权、开采权配置与基础设施项目、产业项目、装备制造项目、高新技术项目的建设引进进行捆绑、整合，在推进能矿资源开发利用的同时，促进基础设施建设和非资源型产业的发展，提高非资源型产业比重，推动产业转型升级。三是以资源换人才。把自然资源开发项目的招商引资与人才引进捆绑，将人才配套引进作为资源配置的前置条件之一，依托项目配套引进人才。同时，要运用政府公共资源，推进医院、学校、科研院所等加强与对口帮扶城市、东部发达地区的合作，柔性引进优秀人才。

第七，要在生态建设上下功夫、求突破。牢固树立生态是“底线”，也是“红线”的理念。生态资源是六盘水市最大的资源，只有良好的生态资源，才能发展高端产业。要加强生态文明建设，保护物种的多样性，走生态产业化、产业生态化的绿色发展之路。要充分利用良好的生态环境资源优势，加快发展康体健身、健康疗养、美容养生等高端旅游休闲产业和新一代信息技术产业、大数据等高新技术产业。要加快发展循环经济，今后煤炭洗选用水一律不准外排，所有中水必须实现闭路循环。要加大环保执法力度，切实增强生产型企业特别是煤炭企业的环保意识。要加强空气质量的监测治理，自加压力，主动开展空气质量PM2.5检测并定期向社会公布，接受群众的监督，让六盘水市空气质量进入全国地级城市前列。要大力实施节能减排，加大污染治理力度；实施生态修复和国土绿化行动，结合农业产业结构调整，全面实施25度以上耕地退耕还林工程，大力提高国土绿化率。在全市（含县区）全面开展创建全国文明城市、国家卫生城市、国家环保模范城市、国家循环经济示范城市“四创”活动。要加快生态文明体系建设，建立完善生态文明建设体制和机制，让六盘水天更蓝、地更绿、水更清、气更净、环境更优美。

三、奋力拼搏、真抓实干，全面完成今年各项目标任务

现在离年底刚好一个月时间，各项工作进入了最后的冲刺阶段。各级各部门必须强化措施，奋力拼搏，把各项工作继续抓得紧而又紧、实而又实，确保稳增长、保稳定、惠民生的各项目标顺利实现。

一是紧盯全年目标不放松。从刚才周荣市长通报的主要经济指标完成情况看，要完成全年目标，任务还非常艰巨。全市各级各部门要进一步增强责任感、紧迫感，要按照同步小康、增比进位的目标要求，抢抓最后30天时间，对重点工作逐项进行梳理，准确把握经济走势，未雨绸缪，趋利避害，确保苗头问题“见机早”、调控措施“拿得准”、经济指标“运行稳”。统计部门要密切监控指标变化，当好经济运行的“预报员”，对经济走势密切关注，及时报告。对主要经济指标出现异常的，要及早应对，防止经济滑出可控范围，确保全面或超额完成全年各项目标任务。

二是紧盯重大项目不放松。要对现有项目进行全面梳理，摸清底数，加大项目建设协调推进力度，已经动工的项目要加快进度，已经签约的项目要抓紧落地，确保全年固定资产投资目标圆满实现。要紧紧抓住年前这段时间，精心筹划，统筹安排，抓紧制定明年重点项目建设计划，尽快完成项目立项、规划设计、征地拆迁、资金筹集等前期工作，确保新年即开工，新年新气象。尤其是要抓紧做好2014年第一季度项目集中开工的准备工作，牢牢把握全年工作主动权，确保实现“开门红”。

三是紧盯安全稳定不放松。安全和稳定事关政治大局，关系经济发展，联系群众利益，是头等大事。要认真学习贯彻习近平总书记关于加强安全生产工作的重要指示和省委书记赵克志、省长陈敏尔的重要批示精神，以高度负责的担当精神，把维护安全稳定工作放在心上、抓在手中、落实到行动上。要以提升群众安全感和幸福指数为目标，全面做好信访稳定工作，坚决防止重大群体性事件、重特大案件、社会敏感案件的发生，为群众生产生活创造安定和谐的社会环境。对责任事故要坚持“零容忍”，始终保持对煤矿、非煤矿山、食品药品、交通、消防等重点领域安全生产的高压态势，严格监管、严格执法、严格问责，坚决杜绝重特大事故发生，切实抓好生产安全、食品安全、环境安全和社会安全工作，确保社会和谐稳定。

四是紧盯民生保障不放松。民生连着民心。各级各部门要把老百姓的事情当成天大的事情来看、来抓、来管，深入开展冬季送温暖、献爱心慰问活动，听民情、察民忧、访民意、惠民生，切实帮助困难群众解决生产生活问题。要超前谋划元旦春节期间困难群众特别是孤寡老人、低保户、五保户、孤儿、留守儿童的生活，让困难群众身暖心暖。要加快“十大民生工程”和“二十件民生实事”建设步伐，找准症结、建立台账、加快推进，确保全部按时竣工，兑现市委、市政府对群众的庄严承诺。明年的民生实事，要通过报刊、网络等广泛征求群众意见，群众急需办理什么实事、政府就办理什么实事。

四、大力加强党的建设，为推动科学发展、后发赶超、同步小康提供坚强保证

推动六盘水经济社会发展，关键要有一个勤政、廉洁、高效、务实的领导班子，建设一支想干事、能干事、干实事、能够干成事的干部队伍，培养一种干事创业的精气神。我们必须大力加强党的建设，进一步把广大党员干部群众的思想统一到发展上来、心思集中到发展上来、力量凝聚到发展上来，高举发展、为民两大旗帜，发扬“奉献、包容、创新、超越”的新时期六盘水精神，团结一心、振奋精神，真抓实干、奋勇争先，大力营造“全党抓发展、全民奔小康”的浓厚氛围，全面推进科学发展、后发赶超、推动跨越、同步小康，实现“快、好、高”的目标。

第一，要充分发挥各级党委的领导核心作用。党委的领导核心作用就是要“总揽全局、协调各方”。这既是对各级党委的工作要求，更是党章赋予各级党委的领导责任。所谓总揽全局，就是要集中精力把好方向、抓好大事、出好思路、用好干部，从政治上、思想上、组织上全面加强和改善对各项工作的领导。所谓协调各方，就是要坚持党的领导、人民当家作主与依法治市有机结合起来，团结一切可以团结的力量，形成工作合力。各级党委特别是党委书记要善于把人大、政府、政协和审判机关、检察机关以及人民团体等各类组织统筹起来，切实加强领导，贯彻党的决策和工作部署，支持他们依法依章开展工作；要善于把不同党派、不同民族、不同信仰、不同阶层的智慧和力量凝聚起来，共同推动六盘水市的发展；要善于把一切关心、支持六盘水发展的海外侨胞、归侨侨眷及社会各界人士的积极性调动起来，参与六盘水的建设和发展。

第二，要充分发挥党员干部的执政骨干作用。党员干部是我们推动各项工作的中坚力量。各级党委要进一步优化领导班子配备和干部队伍结构，注重从基层一线培养选拔干部，拓宽社会优秀人才进入党政干部队伍渠道。要把“信念坚定、为民服务、勤政务实、敢于担当、清正廉洁”五条标准和“看、听、思、说、干”五种能力，作为干部培养选拔的基本遵循。要紧紧围绕这“五条标准”和“五种能力”来选干部、配班子，真正选拔忠诚可靠、信念坚定的干部，选拔勇于创新、敢于担当的干部，选拔群众公认、实绩突出的干部，选拔作风务实、清正廉洁的干部，树立良好的用人导向。今后的干部选拔，就是要凭实绩、凭实干，对热衷于跑关系、拉门子的，坚决不能使用。组织部门要认真研究考核评价体系，拿出具体意见报市委研究。

*第三，要充分发挥基层组织的战斗堡垒作用。*党的基层组织是党的全部工作和战斗力的基础。要着力抓好乡镇党委书记、村党组织书记、农村致富能人、先进纯洁党员队伍“四支队伍”建设，保持基层党组织的生机和活力。要以打造服务型、富民型党组织为载体，把各级党组织的潜能充分挖掘出来，把党员干部的积极性充分调动起来，夯实基层组织、强化基层组织，建成强有力的基层组织网络，使基层党组织真正成为带领群众发展致富、创造幸福生活的主心骨和领路人。要认真总结基层创造的生动实践，积极发现、培育基层先进典型，加大宣传推广力度，切实发挥示范带动作用。

*第四，要充分发挥宣传工作的舆论导向作用。*舆论导向正确，是党和人民之福；舆论导向错误，是党和人民之祸。各级宣传部门和新闻媒体要坚持团结鼓劲、正面宣传为主，牢牢把握正确的舆论导向，坚持围绕中心、服务大局，把服务经济发展作为工作的重中之重，为同步小康加油鼓劲。要针对当前改革发展进程中深层次矛盾逐步增多的实际，积极营造有利于深化改革开放的舆论环境，更好凝聚改革共识。要大力宣传人民群众中涌现出来的先进典型和感人事迹，宣传党员干部良好的精神风貌，宣传社会各方面温暖人心的善行义举，不断凝聚、释放加快发展的正能量。要加强网络社会管理，加大对网上有害信息、网络谣言的整治力度，坚决依法打击网上传谣造谣等违法行为。要加强党的舆论阵地建设，办好“一台三报一网络”，按照讲政治、顾大局、负责任的要求，努力建设一支思想过硬、本领过硬、作风过硬的宣传思想干部队伍。要牢牢掌握舆论斗争的话语权和主动权，紧紧围绕群众关心的热点、焦点，引导社会情绪、社会心理向积极健康的方向发展，切实维护社会和谐稳定。

*第五，要充分发挥党纪国法的预防惩戒作用。*坚持不懈地坚决惩治和有效预防腐败，认真贯彻标本兼治、综合治理、惩防并举、注重预防的方针，以构建反腐倡廉工作“三道防线”为重点，按照“教导管防在前，察帮诫劝紧随，惩处罚治在后”的思路，加快推进惩治和预防腐败体系建设。要严格贯彻执行中央、省委、市委关于改进工作作风、密切联系群众的有关规定，坚决反对“四风”，坚决治理庸、懒、散、慢等行为，继续深入开展“阳光晒权”活动，让权力在阳光下运行，让权力为百姓服务，推进干部作风持续深入好转。要按照中共中央、国务院关于《党政机关厉行节约反对浪费条例》的要求，把干部作风建设与廉洁政府建设结合起来，与机关效能建设结合起来，实现作风大转变、效能大提升、经济大发展。

最后，我再强调一下几个会议的筹备问题。近期，将集中召开市委六届五次全会暨全市经济工作会议、全市项目建设观摩暨工业发展大会、全市扶贫开发工作会议和省“两会”后召开的市“两会”，以及春节期间慰问活动，大家要注意统筹安排好，相关部门要密切配合，认真做好各项准备工作。

今天只是点一个题，请大家共同思考。以上工作，希望同志们尽快研究相关方案，进行专题研究，市委、市政府分管领导要组织专题研究。请市委市政府督查室抓紧进行责任分解，明确牵头领导和部门，进行专项研究，在此基础上，成熟一项推动一项，在适当的时候，我和周荣同志将专题听取大家汇报。

希望大家抢抓机遇，开拓创新，以新的姿态推动六盘水经济社会更好更快发展。我就讲这些意见，供同志们参考。

王晓光同志在全市经济工作会议上的讲话

（2012年12月22日）

这次全市经济工作会议的主要任务是，认真贯彻落实党的十八大、中央经济工作会议、省委十一届二次全会、全省经济工作会议和市委六届二次全会精神，深入分析当前经济形势，总结2012年经济工作，安排部署2013年经济工作。

12月15至16日召开的中央经济工作会议，是党的十八大之后中央召开的一次十分重要的会议。习近平总书记、温家宝总理发表了重要讲话，讲话思想深邃、视野开阔、语言平实、文风清新，全面总结了今年的经济工作，深刻透彻地分析了当前国际国内经济形势，明确提出了明年经济工作的总体要求、主要任务和重大举措。12月20日至21日召开的全省经济工作会议，全面贯彻中央经济工作会议和省委十一届二次全会精神，对明年的经济工作进行了全面安排部署，具有很强的针对性、指导性和可操作性。中央和全省经济工作会议的召开，为我们做好明年的经济工作指明了方向，对于进一步统一思想、鼓舞斗志、凝聚力量，加快全面建成小康社会步伐，具有十分重要的意义。我们一定要认真学习，深刻领会，切实把思想和行动统一到中央和省对当前经济形势的分析判断和安排部署上来，紧密结合六盘水市实际，总结好今年的工作，安排部署好明年的工作。

下面，我就深入学习贯彻中央、全省经济工作会议精神，切实做好明年经济工作，讲三点意见。

一、正确分析六盘水市经济形势，切实把思想和行动统一到中央和省委、省政府的重大决策部署上来

即将过去的一年，是六盘水市经济发展受外部冲击最大、困难最多、挑战最为严峻的一年。一年来，全市上下紧紧围绕年初确定的总基调、总目标、总任务，抢抓国发2号文件机遇，坚持攻坚克难上项目、全力以赴保生产、千方百计破瓶颈，坚持不懈惠民生，各项工作取得了新的突破和进展，在全面建成小康社会道路上又迈出了坚实一步。特别是在国际经济环境复杂多变、国内经济“增长下行、成本上行”趋势明显、六盘水市主要工业产品价格持续低迷的情况下，取得的成绩好于预期。突出表现在“八个前所未有”：一是增比进位的力度前所未有。据省统计局预测，六盘水市增比进位综合排名由上年的第6位上升到第4位，13项指标保位、7项指标进位、1项指标退位。4个县区“3进1退”，其中盘县名列第1，水城县进入第6，六枝特区升到第16，成绩来之不易。二是项目建设的力度前所未有。预计产业项目投资、基础设施项目投资、民生项目投资分别增长74%、78.6%和24%。全市固定资产投资规模首次突破1000亿元大关，同比接近翻一番。三是结构调整的力度前所未有。特别是工业中的“四个一体化”、农业中的“十大产业”、服务业中的旅游、文化产业，有总体谋划、有项目支撑、有具体抓手，工作力度全面加大。四是城市建设的力度前所未有。城市主干道绿化美化、7个城市广场、6个湿地公园和10个特色示范镇建设统筹推进，城市综合体成为城市建设的最大亮点。五是基础设施建设的力度前所未有。特别是高速公路、通村油路、机场、水利等基础设施，在项目争取、资金筹措、施工组织上明显加强，工程建设全面提速。六是对外开放的力度前所未有。

招商引资机构、队伍建设全面加强，“走出去”的力度、频度增加，是历年来引资总额最多、成效最为显著的一年。七是民生改善的力度前所未有。就业、低保、教育、卫生、扶贫等工作力度加大，一些工作走在了全省前列。“四在农家”建设实现新突破。农村彻底告别了茅草房。八是全市上下干事创业的激情前所未有。通过开展“三忠诚”教育、保持党的纯洁性教育和解放思想大讨论，干部盼发展、谋发展、抓发展的激情高涨．想干事、能干事、干成事的氛围浓厚。从总体上看，一年来，在全市上下的共同努力下，六盘水市出现了“三个显著变化”：一是来的领导多了。一年来，先后有36位省部级领导干部、300余位厅级领导干部到六盘水市调研、检查、指导工作，在对六盘水市各项工作给予指导、帮助的同时，更增添了我们做好工作的信心。二是来的企业多了。特别是中建四局、川威、富力、葛洲坝、隆德、东部、兖矿、娃哈哈、奥特莱斯等国内外知名企业集团强势入驻六盘水市，为六盘水市城市建设、产业发展注入了强劲动力。三是工作亮点多了。

一年来，六盘水市“富民型"党组织建设、干部“帮联驻”、保持党的纯洁性教育、公共资源交易中心建设、52具陈尸处理、社会矛盾排查化解等工作得到中央、省委领导签批、肯定，先后有5个省级现场会在六盘水市召开。这些成绩的取得，是省委、省政府坚强领导、关心支持的结果，是全市上下攻坚克难、不懈奋斗的结果。实践证明，六盘水市各级干部队伍是一支敢打硬仗、能打硬仗、善打硬仗的队伍。只要我们树立高度的能力自信、发展自信、跨越自信，就一定能够战胜困难，缩小差距，闯出一片新天地。

中央经济工作会议指出，明年国际形势依然错综复杂、充满变数，全球经济仍处于应对金融危机的状态之中。从国际看，世界经济低速增长态势仍将继续，主要经济体总需求仍然疲软，各种形式的保护主义明显抬头，西方大国对外转嫁内部经济困难的意图十分明显，真正走出危机仍需时日。美国“财政悬崖”会造成多大冲击，欧债危机会发酵到什么程度，这些问题都有待冷静观察。从国内看，党的十八大的胜利召开，正在形成强烈的导向效应，给我们带来重大机遇。国家优先实施西部大开发战略，实行差别化的经济政策，是我们加快发展的强大政策支撑。中央已经明确，明年将继续实行积极的财政政策和稳健的货币政策，财政赤字和中央预算比今年有较大幅度增加，为我们争上项目、扩大投资创造了新的机遇。从全省看，预计今年人均GDP可突破3000美元，城镇化率、工业经济比重、民营经济比重分别达到36%、39%和40%，已经进入加速发展阶段。随着主基调、主战略的深入推进，以县为单位“同步小康创建活动"的启动实施，发展的基本面将长期向好，政策优势、后发优势、环境优势将集中显现。

因此，对明年的经济形势，我们要一分为二看待，一方面。对可能碰到的困难要有预判，善于用“底线思维”方法，凡事从坏处准备，把发展面临的问题和挑战估计得更充分一些，把应对举措准备得更充分一些，努力争取最好结果，牢牢把握工作的主动权。另一方面，又要看到有利的一面，增强做好明年经济工作的信心和决心。第一，要在你追我赶的态势中看位子。要统一思想，坚定信心，锁定目标，在加快自身发展的同时，认真研究赶超对象，一步一步向全省“第一方阵”迈进。第二，要在有紧有松的调控中找空间。吃透上级政策，准确判断形势，对国家重点支持的“三农”、民生、结构调整、社会事业、基础设施等领域，要善于谋划项目、编制项目、包装项目，千方百计挤进国家和省的盘子。第三，要在稍纵即逝的变化中抓机遇。继续抓好西部大开发、国发2号文件、集中连片特困地区扶贫开发、“三位一体”综合规划、循环经济试点等政策的项目化、实物化落实，千方百计把国家的政策优势转化为发展优势。第四，要在得天独厚的优势中挖潜力。要在做好煤文章、延长产业链、提高附加值的同时，强力突破保安电网，推进热电联产项目，提升比较优势。总之，我们要善于在变局中把握机遇，在逆境中主动作为，在挑战中勇于胜出，使明年经济发展再跃上一个新台阶。

二、牢牢把握明年经济工作的总体要求，促进全市经济社会又快又好更快更好发展

2013年既是全面贯彻党的十八大精神的开局之年，也是与全省全国同步建成全面小康社会的关键之年。做好明年的经济工作，意义十分重大。根据中央、全省经济工作会议精神，结合六

盘水市实际，明年全市经济工作的总体要求是：全面贯彻党的十八大和中央经济工作会议精神，省委十一届二次全会和全省经济工作会议精神，坚持以邓小平理论、“三个代表”重要思想、科学发展观为指导，按照市委六届二次全会的部署，继续坚持“稳中求快”总基调，围绕“突出特色、做大总量、提速转型、增比进位”总目标，落实“好中求快、快中保好、又快又好、更快更好”总要求，坚定不移地贯彻主基调、实施主战略，坚持工业化、信息化、城镇化、农业现代化同步发展，更加注重做大总量，更加注重结构调整，更加注重城镇带动，更加注重改革开放，更加注重改善民生，更加注重绿色发展，奋力走出一条跨越发展、后发赶超、全面小康的发展之路。

明年经济发展的主要预期目标是：全市生产总值确保增长18%以上，力争达到20%；全社会固定资产投资确保增长50%以上，力争达到80%；财政总收入确保增长20%以上，力争达到23%。确定这样的目标，主要基于以下考虑：一是要与“十二五”规划相衔接；二是要与增比进位的要求相适应；三是要与全面建成小康社会的要求相吻合。体现了必要与可能的统一，体现了积极、稳妥、向上的原则，是通过努力完全可以实现的。

（一）突出抓好项目建设，大力推进投资量的扩张、质的提升。稳增长，关键在于扩投资；扩投资，关键在于抓项目。我们之所以强调项目、狠抓投资，这是由六盘水市发展所处的阶段决定的，没有投资就没有增量、就没有后劲，更谈不上结构。要切实加强项目谋划和管理，集中力量加快一批在建项目、创造条件开工一批新建项目、积极争取一批待建项目、规划论证一批后备项目。要加强对国家产业政策和投资政策的研判，学会“察言观色”，随时把握政策导向，准确把握投资重点，增强项目前期工作的前瞻性、科学性和针对性。要加强与上级部门的沟通对接，善于“见缝插针”，争取更多的大项目、好项目进入国家和省的盘子。要高度重视优化投资结构，切实提高工业投资、农业投资、高新产业投资、民营经济投资、城镇建设投资比重，加强重点领域和薄弱环节的投资，推进投资主体多元化。改革投融资体制，积极争取债券融资，大力抓好“引银入市”，支持地方金融机构改革发展，推动金融产品及服务创新，进一步解决融资难的问题。

（二）突出抓好“三农”工作，大力推进农业增效、农民增收。六盘水市农业比重不大，但农村人口比重大，“三农”工作始终是全党工作的重中之重。与全省、全国同步建成小康社会，重点在农村，难点也在农村。要发挥比较优势，大力发展喀斯特山区特色农业，切实提高经济作物和生态畜牧业的比重，拓宽农民增收渠道。农业是一项周期性长、见效慢的产业，对于市委、市政府确定的“十大产业"，要一项一项抓、一项一项推，紧抓不放，一抓到底，抓出成效。强化农村非农技术培训，大幅度提高非农产业收入比重。坚持以工哺农、以城带乡，大力推进农村产权改“四在农家、美丽乡村”建设，确保全面完成12万户“四在农家”建设任务。

（三）突出抓好工业经济，大力推进结构调整、转型升级。六盘水市是一个资源型城市，尚处于“成长期”，在今后相当长的一个时期内，以煤炭、电力为支柱的主导产业还不能削弱、更不能放弃，关键是要提高资源综合利用率，延长产业链、增加附加值，推进资源效益最大化。明年六盘水市工业能否提速增效，很大程度上取决于煤炭生产状况，只有煤炭产量上去了，发电量才有保证。有关部门要加大技术指导和服务力度，加快煤矿技改、验收步伐，千方百计保证能够有更多煤矿进入联合试运转。要在全力突破保安电网的基础上，加大热电联产项目建设力度，确保“四个一体化”项目取得实实在在的进展。同时，要大力发展特色轻工业，敢于向盲区、弱项挺进，努力在装备制造、电子信息、生物制药、新能源、新材料、节能环保、食品加工等领域实现重大突破。要以申办全省项目建设观摩会为契机，在继续抓好产业园区基础设施、标准厂房建设的同时，把抓园区项目投产达产作为硬指标、硬任务，确保有亮点、有看点。

（四）突出城乡统筹发展，大力推进城镇扩容、品位提升。明年全省旅发大会将在六盘水市召开，这既是省委、省政府交给我们的一项光荣而艰巨的任务，又是我们展示城市建设管理水平、推动旅游产业发展的重大机遇，必须高度重视、全力以赴，只能办好、不能办砸。要大力加快城市综合体建设，已经纳入重点建设的项目，有关县区要成立工作专班，做到规划、方案、资金、责任、时限“五落实”，千方百计加快推进。要加大城市公交建设力度，全面启动市中心城区内环快线建设，加大重点路段、重要节点城市立交、人行天桥、地下通道建设力度，下大力解决市中心城区交通拥堵问题。要下定决心全面启动水城河综合治理二期工程，抓好沿河景观打造和排污管网建设，尽快使水变清、岸变绿、景变美。全面抓好市中心城区主干道景观改造提升工程，认真搞好房屋立面、道路绿化、灯光灯饰改造，提升城市品位。要坚持新区先行、综合体带动、产城互动、典型示范、改革突破，强力推进县城、特色示范镇建设，有序推进农村转移人口市民化。深入开展“五城联创”，推进管理重心下移，高度重视小街小巷、楼群院落、农贸市场、车站码头的治理，从根本上改变城镇脏乱差状况。

（五）突出抓好改革开放，大力推进体制创新、增强发展活力。省委、省政府继续将明年作为“改革开放年”。我们必须按照省的要求，以先行先试的勇气和直面矛盾的担当，深入推进重点领域和关键环节改革，努力在投融资、行政审批、公共事业、招商引资方式上加大工作力度，提高招商引资水平。外出参加招商活动要精心准备，周密策划，做足功课，不打无准备之仗，切实提高招商引资命中率。要大力加快开放载体建设，搭建开放平台，提高办节办会水平。大力加强对非公有制经济的政策、融资、咨询、行政等服务体系建设，创造权利公平、机会公平、规则公平的发展环境，切实为非公有制经济发展解决问题、扫除障碍。

（六）突出抓好社会建设，大力推进民生改善、促进社会和谐。对于中央、省、市出台的改善民生的措施，要确保全面落实到位，不打折扣。近年来，国家出台的富民惠民利民政策很多、资金数额很大，一定要加大对基层干部的教育力度，把这些政策落实好、执行好，绝不能优亲厚友，更不能中饱私囊。要加强城乡社会保障体系建设，不断提高统筹层次和保障水平。大力实施学前教育、义务教育、高中阶段教育、职业教育、高等教育“五项突破工程”，启动实施“9+3”义务教育和免费中等职业教育计划。要合理规划、统筹城乡学校布局，健全“控辍保学”工作长效机制。切实加强社会管理创新，认真学习借鉴外地社会管理的先进经验，加强基层社会管理和服务体系建设，突出抓好社区建设，夯实社会管理的基层基础。全面落实群防群治，加强人防、物防、技防体系建设，深入开展专项整治行动，不断提高人民群众安全感满意度。全面落实安全生产责任制，加强安全生产监管队伍建设，加大各类安全隐患排查力度，坚决遏制重特大事故发生。

三、切实加强党对经济工作的领导，确保各项任务落到实处

明年各项工作的思路已经清楚，目标任务已经明确。关键是把改进干部作风、致力真抓实干作为常态，用超强的执行力和推动力，坚定不移地抓好工作落实。

第一，要解放思想，敢想敢闯敢试。事业发展永无止境，解放思想永无止境。解放思想必须年年讲、月月讲、时时讲。作为领导干部，不注重加强新知识的学习，不注重接受新生事物，不注重改造主观世界，就会掉队落伍，被时代所淘汰。六盘水要实现增比进位突破，必须要有敢想敢试的先行者、敢闯敢于的实干家。看准的事情，要当机立断，力争抢先一步、快人一拍；认准的目标，要盯住不放，做到力排众议、一抓到底。只要有利于改革发展，只要能造福全市百姓，都要大胆去闯、放手去干。

第二，要恪尽职守，有位有为有责。坚持发展第一、事业为重，责任第一、大局为重。各级领导干部要切实做到守土有责、守土尽责、守土有效，全面完成组织交办的任务。要坚持正确的用人导向，对那些勤奋工作、政绩突出、作风扎实的干部，特别是在经济发展一线敢打敢拼、能攻善战、勇闯新路的干部，大胆提拔重用，切实以实绩分高低、以发展论英雄，调动各级干部干事创业的积极性和主动性。

第三，要奋发作为，创业创新创先。创业，既体现在鼓励、支持、引导全民创业上，也体现到干部自身的干事创业上。创新，就是以新的理念引领发展，走特色路、打特色牌。创先，就是不仅要真抓实干，更要创先争优、增比进位，各项工作都要高标准、严要求。任何事不干则已，要干就干成、干好。要学习政策、研究政策、用活政策，善于用新思路、新方法、新举措，解决工作中出现的新问题。

第四，要改进作风，求实务实落实。要围绕经济发展中的重点难点问题，深入基层，深入群众，深入一线，做到领导指挥在一线，措施落实在一线，问题解决在一线。要进一步强化执行力，做到接受任务不讲条件，执行任务不找借口，完成任务力求圆满。要健全抓落实的工作机制，对市委、市政府的重大决策部署，分管领导要加强组织协调，有关部门要全力以赴，做到任务层层分解、压力层层传递。要完善督查反馈机制，对工作落实中出现的新情况、新问题，要及时认真研究，拿出解决办法，推动工作落实。

第五，要廉洁自律，清正清廉清明。风清气正反映一个地方的政治生态，体现一个地方的精气神。廉洁也是生产力。各级领导干部要把清正廉洁作为人生操守，以平和之心对名，以淡泊之心对位，以知足之心对利，以敬畏之心对权，明晰法律与纪律的高压线，明晰公与私的警戒线，明晰个人与家庭的情感线，严守廉洁从政底线，自觉践行“为民务实清廉”的群众路线，不断赢得群众的信任和拥护，确保全市上下党风正、政风清、民风和。

“两节”即至，各项工作千头万绪。各级各部门一定要按照市委、市政府的统一部署，切实抓好当前各项工作，确保今年圆满收官，确保明年扎实开局。各级领导干部要心系群众冷暖，结合实际深入开展多种形式的“送温暖、献爱心”活动，把党和政府的温暖送到困难群众家中。要开展农民工工资支付情况专项执法检查，确保农民工工资及时足额发放到位。要精心组织货源，加强市场价格监测预警，确保节日期间市场物价特别是生活必需品价格基本稳定。要加强食品、药品安全专项执法检查，确保人民群众身体健康和生命安全。要深入开展安全隐患排查治理，严格落实安全生产责任制，防止各类重特大事故发生。要精心组织好群众性文化娱乐活动，营造欢乐、祥和、喜庆的节日氛围。要抓紧谋划好明年各项工作，做到及早安排、及时部署、及早启动，确保工农业生产、项目建设、招商引资、财政税收实现“开门红”，努力争取全年工作主动。

同志们，做好明年的经济工作，意义重大，任务艰巨。我们要紧密团结在以习近平同志为总书记的党中央周围，高举中国特色社会主义伟大旗帜，在省委、省政府的坚强领导下，万众一心，众志成城，开拓创新，奋发进取，埋头苦干，扎实做好明年改革发展稳定各项工作，为与全省全国同步全面建成小康社会而努力奋斗!

政府工作报告

（2013年2月19日在六盘水市第七届人民代表大会第三次会议上）

市人民政府市长　何　刚

各位代表：

现在，我代表市人民政府向大会报告工作，请予审议，并请各位政协委员和列席的同志提出意见。

2012年政府工作回顾

过去一年，在省委、省政府和市委的坚强领导下，在市人大、市政协的监督、支持和帮助下，我们坚持以科学发展观为统领，以贯彻落实国发2号文件为总抓手，认真贯彻落实省第十一次党代会、市第六次党代会精神，坚持“两加一推”主基调，大力实施“三化同步”主战略，着力保增长、调结构、增活力、惠民生、促和谐，努力克服经济下行压力加大等不利因素的影响，全市呈现出“发展提速、投资增加、民生改善、后劲增强、社会和谐、人心思进”的良好局面，较好地完成了年初确定的目标任务。

全市生产总值完成738.65亿元，增长16%，增速高于全国、高于西部、高于全省。财政总收入完成156.35亿元，增长21.71%；公共财政预算收入完成103.49亿元，增长46.11%。社会消费品零售总额完成182.82亿元，增长16%。城镇居民人均可支配收入达到18764元，增长14.6%；农民人均纯收入达到5182元，增长16.8%。金融机构人民币存、贷款余额分别为676.21亿元、508.38亿元，分别增长17.19%、21.92%。全市综合排位实现前移进位，从2011年末的全省第6名上升至第4名。

一年来，我们主要抓了以下八个方面的工作。

（一）强力推进项目建设，固定资产投资大幅增加。着力抓好国发2号文件的项目化、实物化落实，积极“上争”，全年争取中央预算内资金15.54亿元，是近年来争取中央资金最多的一年。通过建立“三化”现场观摩会、项目集中开工和固定资产投资“旬调度、月督查、季考核”等项目推进机制，项目建设掀起新高潮。全社会固定资产投资突破千亿元大关，达到1088.9亿元，增长97.8%，其中50万元以上固定资产投资完成766.39亿元，增长74.2%。81个省级重点项目完成投资147.7亿元，329个市级重点项目完成投资428亿元。分季度集中新开工项目累计940个、总投资1193.3亿元，完成投资334亿元。加大项目前期工作力度，市级投入项目前期工作经费8400万元，增长320%，项目库储备项目达3518个。多渠道筹集项目建设资金，大力推行企业债券、信托融资、中期票据、融资租赁等融资方式，实现直接融资49.24亿元。尽力保障项目建设用地，全年供应土地4346.77公顷，增长375.9%。

（二）努力克服经济下行影响，工业经济溯逆而进。通过采取调整产品结构、价跌量补、高载能行业配套电价补贴等应对措施，下大力抓扶持、促生产、拓市场，工业经济实现平稳较快发展。全市规模以上工业增加值364.42亿元，增长21.6%。传统支柱产业进一步做大做强，主要工业产品产量实现稳步提升，原煤产量7156万吨、钢产量501.48万吨、发电量375.49亿千瓦时、水泥产量523.24万吨。着力打造煤电钢、煤电铝、煤电化、煤电材“四个一体化”品牌，六枝路喜、黔桂天能等一批重点循环经济项目加快推进。西南天地煤炭装备制造等一批新兴产业不断壮大。产业园区建设取得新进展，增加值占工业增加值的42.5%，基础设施建设投入完成60.8亿元，建成标准厂房120.4万平方米，在建企业165家，投产企业149家。更加注重节能减排，万元GDP能耗降低3.43%，完成了主要污染物总量减排目标任务。

（三）*加大城镇规划建设力度，城镇化进程不断加快*。紧紧围绕打造现代特色都市目标，以承办第八届全省旅游产业发展大会为契机，加快城镇建设步伐，城乡面貌改观较大，城镇化率提高到41%。启动第四轮城市总体规划修编，完成30个乡镇、505个村的村庄整治规划编制工作。市中心城区基础设施和公共服务设施建设力度进一步加大，以城市综合体引领城市发展，启动了凤凰山、六盘水体育中心、明湖等一批各具特色的城市综合体项目，市中心城区“6个城市广场”“6个城市湿地公园”建设步伐加快，市中心城区集中供热工程启动实施。红桥新区、双水城区、六枝城区、盘县城区的城市建设取得较大进展。以郎岱、柏果、玉舍等10个省级、市级特色示范小城镇建设为重点，小城镇建设步伐加快。深入开展“整脏治乱”“五城联创”活动和“五项城市管理工程”，城市管理水平进一步提升。

（四）*坚持以农民增收为核心，农业农村经济加快发展*。认真落实强农惠农政策，争取省级以上农业资金16.04亿元，市、县财政共投入农业专项资金3.23亿元，农业农村投资大幅增加。全年粮食获得丰收，总产量达75.29万吨，增长33.4%。特色产业发展加快，“九大产业”均按计划或超额完成，结构调整取得实质性进展，粮经比达到63∶37。六枝郎岱、盘县滑石、水城米箩、钟山大河等一批农业产业园区加快建设。农业产业化经营步伐加快，新增省级龙头企业14家、市级龙头企业19家，农民专业合作经济组织402个，4家中药制药企业通过国家GMP认证。首次举办农业产业重点项目推介暨投资洽谈会，签约资金44.9亿元，22个签约项目开工建设。全年完成土地流转10.45万亩。深入推进“四在农家”创建工作，完成6万户新民居建设改造任务，农村面貌发生显著变化。

（五）*加强基础设施建设，发展条件进一步改善*。六盘水月照机场飞行区土石方主体工程基本完成；长昆铁路客运专线建设进展顺利，六沾铁路复线建成通车，六盘水火车站站房改造主体工程基本建成；水盘高速公路进入收尾阶段，六镇高速、六六高速、杭瑞高速境内段建设有序推进，机场高速、市中心城区内环快线开工建设，启动了盘兴高速、六威高速、毕兴高速前期工作；建成乡村公路756.7公里。鱼洞坝、白河沟水库基本建成，双桥、旧院、卡河、观音岩、懒龙河等中型水库建设顺利；市中心城区应急水源花鱼洞供水工程开工建设；实施病险水库除险加固5座，完成烟水配套工程1.5万亩，新增有效灌溉面积4.86万亩，解决了22.79万农村人口饮水安全问题。完成信息基础设施和电网建设投资12.75亿元。深入实施天然林保护、石漠化治理等重点生态工程，完成营造林36.33万亩。

（六）*继续深化改革开放，发展动力活力明显增强*。国有企业改革改制工作有序、规范推进。投融资体制改革取得新突破，成立了市政府金融办，新组建的8家市级融资平台公司、3家村镇银行运行良好，全市首支16亿元企业债券发行成功。改革试点示范工作取得新进展，钟山区和水城县滥坝镇被列入全国第三批改革发展试点县、试点城镇，水城县被确定为全省统筹城乡和新型工业化试点县。市、县两级政府政务服务大厅建成投运，减少126项行政许可事项、106项非行政许可事项、184项行政服务事项，行政效能进一步提高。公共财政体系初步建立。文化、卫生、教育事业单位实现全员聘用制。民营经济不断壮大，完成增加值338.93亿元，占全市生产总值的比重达45.89%。深化区域经济交流与合作，成功举办“第三届川滇黔十市州合作与发展峰会”暨“第九届中国凉都·六盘水消夏文化节”。招商引资力度加大，成功引进了中建四局、川威集团、富力集团、葛洲坝集团等一批战略合作者，全年招商引资实际到位资金650.07亿元，增长174.3%。

（七）*加快发展社会事业，公共服务水平不断提高*。教育“四项突破工程”全面实施，新建、改扩建乡镇幼儿园25所，启动建设县区中学5所、小学6所，建成农村寄宿制学校3万平方米、教师周转房3598套，实施农村中小学学生营养餐工程、惠及21.3万名学生。贵州科学院六盘水分院正式授牌，国家煤炭清洁转化产品质量监督检验中心基本建成。市人民医院成功创建三级甲等医院，水矿医院等3家创建三级甲等医院通过省级评审；乡镇卫生院和村卫生室规范化建设稳步推进；各类传染病得到有效控制。人口计生工作实现“三降一升”，摆脱了全省挂末位次。大力实施文化、体育、广电惠民工程，六盘水大剧院、市博物馆、市图书馆、六盘水美术馆等项目开工建设；建成全民健身路径25条、村级农民体育健身工程35个、农家书屋125个、农村数字书屋20个；完成24789套农村广播电视设备安装，新增58个行政村有线电视联网延伸覆盖。双拥工作成效显著。妇女、儿童、老龄、残疾人等事业健康发展，科技、民族、宗教、外事、侨务、对台、档案、气象、人防、共青团、工会、红十字等工作取得新成绩。

（八）*高度重视民生问题，发展成果更多惠及人民群众*。扎实办好“十二件民生实事”，完成投资41.9亿元。全面实施积极的就业政策，省级创业型城市创建工作通过评审；认真落实“3个15万元”政策，新增微型企业1600户，带动就业10751人；新增城镇就业86374人，城镇登记失业率为4.14%。基本医疗、基本养老、失业、工伤、生育等保险制度体系进一步完善；城镇低保月人均保障标准提高40元，农村低保年平均保障标准提高157元，保障水平位居全省前列。新建48个居家养老服务站（点）和9个农村养老服务中心，市老年公寓投入使用。加强保障性住房建设，完成14284套保障性安居工程和33090户农村危房改造任务；启动实施150万平方米城市棚户区改造；利用公积金贷款支持保障性住房7.93亿元，被国家列为公积金支持保障性住房建设试点城市。全力打造“扶贫攻坚示范区”，12个乡镇实现“减贫摘帽”，减少贫困人口14.08万人。坚持用群众工作统揽信访工作，实行市、县、乡各级领导包案督访消化制度，疑难信访问题总量从2011年的14200件降至400多件。大力开展“三反”和“打黑除恶”专项行动，“平安凉都”创建活动深入推进。安全生产形势总体平稳，事故起数和死亡人数实现“双降”。

过去一年，我们切实加强民主法制建设和政府自身建设。自觉接受人大的法律监督、工作监督和政协的民主监督。认真办理人大代表建议和政协提案。高度重视民主党派、工商联和无党派人士的意见和建议，注重发挥工会、共青团、妇联等人民团体的参与监督作用。加强电子政务建设和应用，推进政府信息公开，各类公开办事制度不断完善。“六五”普法深入推进。扎实开展保持党的纯洁性教育试点活动。强化行政监察和审计监督，率先在全省建成公共资源交易中心并投入运行，着力纠正不正之风，勤政廉政建设取得新成绩。

各位代表！过去一年取得的成绩实属不易。这是市委、市政府深入研判形势、科学决策、有力应对的结果，是全市各族干部群众凝聚共识、迎难而上、团结拼搏的结果。在此，我代表市人民政府，向为六盘水市经济社会发展作出艰苦努力和付出辛勤劳动的全市广大工人、农民、知识分子、干部，向各民主党派、工商联、无党派爱国人士和各人民团体，向驻市人民解放军、武警官兵、公安干警、民兵和预备役人员，向所有关心和支持六盘水市改革开放和现代化建设的各界人士，表示衷心的感谢并致以崇高的敬意！

在充分肯定成绩的同时，我们也清醒地认识到存在的困难和问题。主要是：高速公路建设滞后，乡村道路建设管理差距大，工程性缺水问题突出，生态环境脆弱，制约发展的瓶颈问题没有得到根本解决；产业结构单一，传统产业不强，新兴产业发展缓慢；城镇化率较低，农村公共基础设施落后，城乡居民收入差距大，全面建成小康和扶贫攻坚任务繁重；加强和创新社会管理的任务十分艰巨，人民群众对社会治安状况不够满意，生产安全事故尚未得到有效遏制；政府的履职能力与发展需要和人民要求还有差距，创造力和执行力不够。对于这些问题，我们将采取切实有效措施，下大力认真解决。

2013年政府工作的主要任务

今年是全面贯彻落实党的十八大精神的第一年，也是“同步小康创建活动”的启动年。做好今年各项工作，保持全市经济社会发展的良好势头，对于如期实现全面建成小康社会的奋斗目标，意义十分重大。

今年政府工作的总体要求是：以邓小平理论、“三个代表”重要思想、科学发展观为指导，全面贯彻落实党的十八大、省委十一届二次全会和市委六届二次全会精神，坚持“稳中求

快”总基调，围绕“突出特色、做大总量、提速转型、增比进位”总目标，落实“好中求快、快中保好、又快又好、更快更好”总要求，坚定不移地贯彻主基调、实施主战略，坚持走追赶型、调整型、跨越式、可持续发展路子，推进工业化、信息化、城镇化、农业现代化同步发展，以更加开阔的思路、更加解放的思想、更加进取的精神、更加扎实的作风，促进全市经济社会又好又快、更好更快发展，为同步全面建成小康社会奠定坚实基础。

全市经济社会发展的主要预期目标是：生产总值增长18%以上；全社会固定资产投资增长50%以上；财政总收入和公共财政预算收入分别增长20%以上；招商引资到位资金增长53%以上；社会消费品零售总额增长20%以上；城镇居民人均可支配收入增长15%以上，农民人均纯收入增长17%以上；人口出生率控制在12.3‰以内；城镇登记失业率控制在4.2%以内；完成省下达的节能减排指标任务。

围绕上述总体要求、主要预期目标，我们将按照“坚持三个不能代替”“突出三个核心指标”“做到一个大于、一个快于、一个高于”的要求和“515”工作部署，着力做好以下十个方面工作。

（一）保持投资较快增长，推动经济加速发展。抢抓国家扩大投资的重要机遇，以国发2号文件为抓手，以“十大工程”为重点，把抓投资作为第一任务，确保完成固定资产投资1600亿元以上，力争完成2000亿元。加强项目前期工作。围绕国家产业政策和投资政策，谋划一批大项目、好项目，调整充实项目库。加强项目研究和规划设计，实行并联审批、联合办公，进一步缩短土地、环评等审查、审批时限。优化项目施工管理。严格实施招投标、项目监理和概预算审核，强化项目跟踪审计。优化施工组织，选择实力雄厚、口碑良好、信誉一流的优强企业，促进项目加快建设。培育和引进一批项目建设专业技术人员。保障项目用地需求。积极争取国家、省增加用地指标，开展城乡建设用地增减挂钩、低丘缓坡土地开发利用，全面清理闲置土地，盘活土地存量，提高项目建设供地率。保证重点建设项目所需环境容量。创新项目融资方式。加大“上争、外引、内聚”的力度，拓宽融资渠道。采取资本金注入、投资补助、贷款贴息等方式，加快直接投资向股权投资、以奖代补、融资平台担保等间接投资转变，撬动金融资本和社会投资。支持市开发投资公司发行二期企业债券。狠抓项目推进实施。强化“五个一”项目推进机制，继续推行“三化”现场观摩和项目集中开工，每季度集中开工300个以上项目，全年新开工1200个以上项目，总投资达到2000亿元以上。加大“旬调度、月督查、季考核”力度，努力形成更多实物工作量。

（二）大力推进产业发展，加快结构调整优化。坚持“调特一产、调强二产、调优三产”的思路，打造特色优势产业，努力实现有质量、有效益、可持续的发展。

做特做优农业。在稳定粮食总产量的前提下，积极发展喀斯特山区特色农业，提高经济作物和生态畜牧业的比重，拓宽农民增收渠道。发展特色山地农业。全力推进农业十大产业发展，全年新增马铃薯高产示范基地19万亩、商品蔬菜基地6万亩、茶叶15万亩、猕猴桃8万亩、核桃25万亩、油茶5万亩、中药材5万亩、红豆杉3万亩，完成烤烟种植14.5万亩，肉类总产量增长10%以上。推进农业产业化。抓好六枝郎岱现代农业、盘县普古娘娘山生态农业、水城米箩猕猴桃产业、钟山大河都市型现代农业等示范园区建设。培育壮大现有龙头企业，新增一批市级龙头企业。强力推进农业项目招商引资工作，积极开展农业产业招商推介活动。加强农业服务体系建设。加大农业机械、科技培训、质量检测等技术服务力度，夯实现代农业发展基础。实施“千村千社”计划，制定完善支持农民专业合作经济组织的相关配套政策和措施，发展一批农业专业合作社。加快农村信息化平台建设，逐步实现农民与市场的有效衔接。

做大做强工业。围绕延长产业链、提高附加值，加快推进六盘水市工业转型升级，实现工业循环发展、可持续发展，全年工业增加值增长24%以上。全力推进工业十大产业发展。着力打造煤电钢、煤电铝、煤电化、煤电材“四个一体化”品牌，确保一批重大项目年内落地。加快煤矿兼并重组和整合技改，加强大型化、基地化、机械化、信息化煤矿和保安电网建设，完成原煤产量8000万吨；支持首钢水钢（集团）公司技改升级，实施双元铝业扩能改造，启动广投盘县铝加工项目；推进六枝电厂、马依电厂等一批火电、风电、水电项目，建成黔桂电厂“上大压小”一台机组、盘北煤矸石电厂以及毛家河水电站、盘县坡上牧场风力发电等电力项目，年内装机容量达835万千瓦，发电量达436亿千瓦时；加快六枝畅达二期、恒远新型建材二期等项目建设，完成水泥产量800万吨、新型墙体标砖6亿块、空心砌块380万立方米；推进老鹰山煤基气化替代燃料二期等煤化工项目；建成西南天地煤炭装备制造、盘江矿山机械制造等装备制造项目；大力培育电子信息、生物制药、节能环保、特色轻工等产业。加快产业园区建设。着力完善园区基础设施、环保设施和标准厂房建设，推动产业向园区聚集。全力抓好六枝路喜循环经济示范、盘县柏果资源精深加工及转化、水城董地煤电铝一体化、钟山水月等一批产业园区建设。新建标准厂房150万平方米以上，完成基础设施投资65亿元、产业项目投资140亿元以上，实现园区工业总产值600亿元以上。把培育负荷、发展高载能产业作为园区发展的切入点，积极推进热电联产项目建设，努力在园区直供电上实现突破，促进能源资源优势转化为经济优势。加强经济运行调节。抓好工业经济监测和预警，建立完善监测调控体系，强化煤电油运等要素保障，确保全年工业经济平稳运行。

做新做实服务业。把发展服务业作为产业结构优化升级的重点，结合六盘水市实际，全力推进服务业十大产业发展。大力发展文化旅游产业。围绕承办好第八届全省旅游产业发展大会，发挥“中国凉都”品牌优势，深挖“三线”文化、民族民间文化、消夏避暑文化等资源，着力打造“休闲度假旅游”这张名片。加快凉都体育生态公园、水城野玉海国际山地休闲度假区、六枝牂牁江西嘎景区、盘县妥乐古银杏景区等一批旅游景区景点建设，建成凉都国际、盘江雅阁等一批五星级酒店，规划建设25万平方米小户型休闲旅游度假房。全年接待游客1000万人次，实现旅游综合收入68亿元。加快发展现代物流业。以建设区域性物流中心为目标，推进六盘水煤炭储备中心、钟山区马嘎润发等一批物流项目建设，努力形成专业化、规模化、集约化的现代物流体系。积极拓展其他服务产业。全力改造提升餐饮、住宿等传统服务业。加快培育“楼宇经济”“会展经济”等新型业态和金融服务、信息服务、研发设计、电子商务等现代服务业。鼓励发展教育、养老、康体、家政等面向民生的服务业。

（三）加强城镇体系建设、促进城乡协调发展。坚持做强市中心、做大县城、做特城镇、做美农村“四位一体”，加快城乡一体化发展步伐，全市城镇化率达到45%。注重规划引领。完成第四轮城市总体规划修编工作；加快新一轮控制性详规修编，城市建设用地控制性详规覆盖率达到100%；开展市中心城区各类专项规划编制工作。完成10个小城镇和602个村的村庄整治规划编制工作，实现全市所有乡镇和行政村村庄整治规划全覆盖。加快城镇建设。推进凤凰山、六盘水体育中心、明湖、红桥等一批城市综合体项目建设，抓好老城片区、水西片区旧城和棚户区改造，拓展市中心城区面积5平方公里以上。打造一批特色示范小城镇，每个县（特区、区）建成1至2个特色小城镇，8月底建成3个省级示范小城镇。启动一批具有六盘水特色的工矿区城镇改造。以“美丽乡村”为目标，统筹推进农村危房改造、扶贫生态移民搬迁、“四在农家”建设，全年完成12万户“四在农家”新民居建设和100个村“整村推进”任务。提高承载能力。加快建设市中心城区内环快线、现代有轨电车、大丫口公交始发站、红桥南客运站等重点项目。完善城镇骨干路网、供水、排水、电力、通讯等市政设施和学校、医院、文化等公共设施。完成市中心城区集中供热工程建设150万平方米；基本建成市中心城区和盘县、六枝城区城市排水（雨水）一期工程；启动实施民用燃气保障工程，提升改造市中心城区燃气管网，推进盘县燃气管网建设。强化城市管理。深入开展“五城联创”活动，全面提高城市管理水平。推进城市公交体制改革。加大占道经营、机动车辆乱停乱放等违规行为整治力度。积极推进小街小巷、楼庭院落、车站码头的升级改造和治理。大力实施城市绿化美化亮化工程。加大宣传教育力度，努力提升市民综合素质。建立健全市、县、街道、社区四级城市管理网络和部门联动机制，充分调动社区力量，落实“门前三包”，强化精细化、网格化管理，实现城市管理重心下移。突破城镇化障碍。加快城乡公共服务一体化进程，进一步完善土地流转、社会保障、户籍管理等政策措施，努力消除户籍、住房、教育、社保等方面的门槛，有序推进农业转移人口市民化。积极开展六枝特区撤区设市、盘县撤县设市、水城县撤县设区和乡改镇、镇改办工作。

（四）坚持基础设施先行，强力突破发展瓶颈。加快现代综合交通运输体系建设。完成交通投资98.6亿元。配合做好长昆客运专线建设，开工建设六盘水至安顺城际铁路；建成水盘高速、六镇高速，加快杭瑞高速境内段、六六高速、机场高速建设，开工建设盘兴高速、六威高速；完成212省道窑上至俄脚段改造，建成纸厂至红桥、长寨至兴隆、英武至大山二级公路，开工建设郎岱至毛口旅游公路；开工建设通村油路1111公里，建成1261公里；建成六盘水月照机场，启动盘县机场前期工作；建成野钟新发、西嘎旅游码头，开工建设毛口、岩脚等旅游码头。加快解决工程性缺水问题。完成水利投资50亿元以上。配合抓好黔中水利枢纽一期工程建设，加快双桥、旧院、卡河、朱昌河、懒龙河、观音岩、出水洞等中型水库建设，开工建设纳革、彭家桥、毛草寨、五里坪等一批小型水库，全面开展纳入国家“三位一体”规划水利项目前期工作并力争早日开工。完成烟水配套工程2万亩，治理水土流失面积48平方公里，完成中小河流域治理50平方公里，治理病险水库3座，新增解决22万农村人口饮水安全问题。全力支持信息基础设施和电网建设。抓住国家将六盘水市列为第一批“智慧城市”试点机遇，加强信息保障能力建设，完成信息基础设施投资5.8亿元。新增50个自然村寨通电话和宽带，建成覆盖39785户农村广播电视“村村通”和200516户农村广播电视“户户通”直播卫星接收站，完成825个行政村有线广播电视联网延伸覆盖。推进城乡电网建设和改造，完成投资7.27亿元。

（五）扩大开放深化改革，推进体制机制创新。把扩大开放放在更加重要的位置，扎实推进“改革开放年”活动。扩大开放方面，努力构筑对外开放新高地。加快六盘水海关、检验检疫机构、口岸物流中心、“无水港”等开放载体建设；加强与对口帮扶城市、国内外友好城市的交流与合作，积极构建“攀西—六盘水”经济区、毕水兴能源资源富集区。着力打造对外开放新平台。积极参加第九届泛珠三角区域合作与发展暨经贸洽谈会、省酒博会、川滇黔十二市州合作与发展峰会等活动，高标准承办好“第八届贵州省旅游产业发展大会”暨“第十届中国凉都·六盘水消夏文化节”，以凉都品牌助推旅游；精心筹备各类大型商务会展、文体活动和高端论坛等活动，提高办节办会水平。大力培育对外开放新主体。打破所有制、行业和地域界限，推进企业整合重组、强强联合，加快建设一批大企业、大集团；继续实施民营经济“三年倍增计划”，鼓励民营经济进入基础产业、金融服务、文化产业和商贸流通领域，重点扶持发展一批具有良好前景的中小民营企业，努力实现民营经济增加值占生产总值比重提高到48%以上。全力增创招商引资新优势。完善招商引资激励措施，大力推行产业招商、园区招商、以商招商，加强与世界500强、大型民企和央企的合资合作，引导更多战略投资者落户六盘水市；加强招商引资项目跟踪和协调服务，提高招商项目“四率”，确保全年引进市外实际到位资金1000亿元以上。

深化改革方面，推进国有企业改革，制定出台国有企业改革改制方案，推动市、县两级国有企业改革脱困、加快发展。加大“引金入市”力度，积极引进股份制银行、外资银行、证券公司、基金公司等各类金融机构，支持市内企业通过上市、发行债券等方式到资本市场直接融资。推进农村综合改革，开展农村土地所有权、土地承包经营权、房屋所有权确权颁证试点工作。实质推进国库集中支付制度。深化医药卫生、教科文等社会事业领域体制改革及事业单位分类改革。认真落实支持县域经济发展和扩权强县的各项政策措施，支持有条件的县区冲刺全国百强县和贵州省经济强县，推动县域经济壮大规模、增强实力。

（六）加强生态环境保护，切实保障持续发展。把生态文明理念融入经济建设、政治建设、文化建设、社会建设各方面和全过程，加快建设“美丽六盘水”，努力实现天蓝、水净、山绿。加快国家循环经济示范城市建设。立足六盘水市的产业特点和资源现状，按照减量化、再利用、资源化的原则，积极构建企业、园区、社会三个层面的循环经济体系，出台市级鼓励发展循环经济的政策措施，重点抓好煤矸石、粉煤灰、煤层气、冶金渣、焦炉煤气、矿井废水及城市“中水”等综合利用，努力走出一条具有六盘水特色的循环经济发展路子。大力实施生态修复和国土绿化行动。完成营造林35万亩以上，治理石漠化17.6平方公里以上，森林覆盖率提高2个百分点以上。加强环境综合治理，严格保护和管理自然保护区、重点水源区、生态脆弱区，坚决禁止乱挖滥采矿产资源，加强重点流域污染防治，强化工矿区环境综合整治，加快乡镇污水处理厂建设，大力整治村庄村寨环境。扎实抓好节能减排。严格执行环保、安全、能耗等市场准入标准，建立健全淘汰落后产能工作目标责任评价、考核和奖惩制度，落实政府和企业责任，运用经济、法律、行政等手段，全年淘汰落后产能204万吨、节能80万吨标煤以上；确保燃煤电厂、水泥企业脱硝设施建成投运，水钢（集团）公司脱硫设施完成调试并稳定运行。加强生态文明制度建设。加大《清洁生产促进法》宣传贯彻力度，促进生产、生活、流通等各环节的文明清洁生产。开展绿色园区、绿色工厂、绿色城市、绿色社区、绿色家庭创建活动，倡导低碳环保的生产生活方式。认真落实生态补偿机制，开展地质灾害综合防治和矿山环境恢复治理，加快建立反映市场供求和资源稀缺程度、体现生态价值和代际补偿的资源有偿使用制度和生态补偿制度。

（七）大力发展社会事业，完善公共服务体系。优先发展教育事业。坚持教育投入优先，全市行政经费压缩5%，用于支持“9+3”义务教育和三年免费中等职业教育计划的实施，确保小学辍学率低于2%、初中辍学率低于3%。继续推进“四项突破工程”。加大农村中小学学生营养餐工程实施力度。开工建设农村寄宿制学校学生宿舍4万平方米，闲置校舍改建幼儿园9所，农村小学、教学点增设附属幼儿班45个，新建、改建进城务工人员子女义务教育学校4所，新建、扩建高中、中职学校各4所，开工建设六盘水师范学院二期、六盘水职业技术学院二期工程。依托大企业职教优势，建设一批大中专层次的职业院校。加大教师培训力度，强化教师、学生思想道德建设，全面推进素质教育。大力扶持民办教育、民族教育、特殊教育、边远山区教育，均衡发展各类教育。加快发展医疗卫生事业。巩固提高新农合参合率，全面推广商业保险机构参与新农合经办服务及大病补充保险工作。开工建设市人民医院二期工程和市中医院，建好县级人民医院，完成19所乡镇卫生院标准化建设。大力培养以全科医生为重点的基层医护人员，启动实施“千名乡村医护人员培训”“万名医师支援农村”工程；抓住浙江医疗卫生系统与贵州省结对帮扶的机遇，大力培训和引进优秀人才，提升医疗服务水平。大力发展科技文化体育事业。加快建设以企业为技术创新主体的科技创新体系，积极实施“686”科技创新工程，提高科技进步水平；以科技带动产业发展，规划建设一批科研站所，推进贵州科学院六盘水分院建设。完善城乡公共文化服务体系，加快市级“七馆四中心”、县级“四馆两中心”建设，大力实施广播电视“村村通、户户通”等广电惠民工程，启动六盘水体育中心二期工程、市文化馆、老王山多梯度高原运动训练基地建设，基本建成六盘水大剧院、六盘水体育中心、市图书馆、市博物馆、六盘水美术馆。举办六盘水市体育运动会。加强文化遗产和自然遗产保护。统筹推进人口计生等工作。进一步夯实人口计生基层基础，巩固扩大计生工作成果，确保“三降一升”目标实现，力争再进位。创新人才引进机制，完善配套措施，强化人才队伍培养，营造良好用人环境。切实做好妇女儿童、民族、宗教、外事、侨务、老龄、对台、档案、地方志、红十字等工作。

（八）注重保障改善民生，提高人民生活水平。紧扣“全面建成小康社会”主题，全力办好“二十件民生实事”。扎实推进扶贫开发。围绕集中连片特殊困难地区区域发展和扶贫攻坚规划，实施扶贫生态移民搬迁2万人，减少贫困人口15.2万人，新增19个贫困乡“减贫摘帽”，完成52个贫困村“整村推进”计划。继续加强“减贫摘帽”贫困乡脱贫致富工作。积极扩大社会就业。坚持以产业促就业、以创业带就业，千方百计实现城乡居民收入倍增。做好申报国家级创业型城市创建工作。全面落实创业扶持政策，完成扶持微型企业3000户。统筹做好高校毕业生、农村转移劳动力、就业困难人员、退役军人的就业和技能培训工作。全年新增城镇就业10万人。完善社会保障体系。进一步扩大城镇职工基本医疗、基本养老、失业、工伤、生育保险参保人数，继续巩固和扩大新型农村和城镇居民社会养老保险参保人数。完善社会救助和保障标准与物价上涨挂钩联动机制，做好城乡居民最低生活保障提标工作，确保保障标准提高10%以上。实施23.8万受灾困难群众冬春口粮救助。改进困难群众生活用煤供应方式。加强保障性安居工程建设。新建保障性安居工程35700套，其中廉租房1096套、公共租赁住房9262套、城市棚户区15000套、煤矿棚户区10342套；竣工保障性安居工程13974套，完成农村危房改造28080户；继续做好公积金贷款支持保障性安居工程试点工作。

（九）加强社会管理创新，维护社会和谐稳定。提升社会管理服务能力和水平。学习借鉴外地先进经验，大力开展“和谐社会模范区”创建活动，建立健全重大决策社会稳定风险评估机制，推广社区戒毒、社区康复“阳光工程”，倡导“一线工作法”，推动全市社会管理向全省一流水平迈进。继续完善领导干部公开接访、包案督访、带案下访制度，加快解决一批与群众利益密切相关的突出问题。注重关爱弱势群体。开展关爱外出民工、留守儿童、空巢老人“三关爱”活动，加强对流浪儿童和乞讨人员的救助管理，重视“失独家庭”养老扶助，健全残疾人社会保障服务体系。加强公共安全管理。牢固树立安全发展理念，强化政府的监管责任和企业的主体责任，扎实推进安全标准化建设和安全生产信息化建设，持续深入开展“打非治违”专项行动，重点抓好煤矿、道路交通、消防安全、食品药品等领域和行业专项整治，坚决遏制重特大事故的发生。扎实推进“平安六盘水”建设，建成“天网工程”，大力开展“打黑除恶”、打击“两抢一盗”专项行动，加大社会面巡逻防控力度，努力提高人民群众安全感和满意度。加强国家安全、司法行政、双拥优抚等工作。

（十）加强政府自身建设，提高政府工作水平。完成今年各项目标任务，需要全市政府系统付出艰辛努力。我们将按照“团结、务实、勤奋、清廉”的要求，严格执行中央、省委和市委改进工作作风、密切联系群众的规定，加强服务政府、效能政府、法治政府、责任政府建设。进一步解放思想激发创造力。围绕“十破十立”和“十强化十转变”，坚决摆脱“旧思维”、突破“老框框”、改变“潜规则”，敢于尝试、敢于担当、敢想会干，努力实现增比、进位、突破，开创改革发展新局面。进一步转变职能提升服务力。强化“环境是对外开放第一竞争力”的理念，深化行政管理体制和审批制度改革，能减则减、能放则放、能快则快、能优则优，为群众和企业提供便捷高效的政务服务。加强效能建设，治庸治懒治散，严肃查处不作为、慢作为、乱作为和“吃、拿、卡、要”等违法违规行为，做到在其位、谋其政、尽其责。进一步抓好落实强化执行力。令行禁止，雷厉风行，确保中央、省委和市委的决策部署落实到位。主动作为，不等不靠，积极争取政策，用足用好政策。深入基层，深入群众，及时采取有效措施排忧解难。讲求实干，注重实效，坚决反对形式主义、官僚主义。大力精简会议、文件和应酬，腾出更多的精力抓落实。进一步依法行政彰显公信力。自觉接受市人大的法律监督和工作监督、市政协的民主监督以及新闻舆论和社会监督。高度重视民主党派、工商联和无党派人士的意见和建议，充分发挥工、青、妇等人民团体的桥梁纽带作用。严格行政执法，强化责任追究，推进政务公开、政府信息公开。加强行政监察和审计监督，注重反腐倡廉教育，自觉遵守廉政准则，秉公用权、依法用权、廉洁用权。大力提倡艰苦奋斗、勤俭节约，反对挥霍奢侈、铺张浪费，以廉洁的政府形象取信于民。

各位代表，完成今年的目标任务，实现对人民群众的庄严承诺，使命崇高，责任重大。让我们紧密地团结在以习近平同志为总书记的党中央周围，全面贯彻落实党的十八大精神，在市委的坚强领导下，进一步解放思想，开拓进取，凝心聚力，真抓实干，向着全面建成小康社会宏伟目标阔步前进，为谱写六盘水人民美好生活的新篇章而努力奋斗！

文件选编

中共六盘水市委 六盘水市人民政府关于实施2013年“十大工程”和“二十件民生实事”的通知

六盘水党发〔2013〕2号

各县、特区、区党委和人民政府，市委各部委，市级国家机关各部门，水城军分区，各人民团体，各经济开发区党工委和管委会，省属驻市有关单位，市属企事业单位：

为深入贯彻落实市委六届二次全会和2013年全市经济工作会议精神，落实“515”工作部署，推动增比进位，加快同步小康步伐，市委、市政府决定实施2013年“十大工程”和“二十件民生实事”。现将全市2013年“十大工程”和“二十件民生实事”实施事项通知如下：

一、2013年“十大工程”

（一）产业园区建设工程

红桥、红果、盘北、董地、水月、大河、木岗等7个产业园区建成标准厂房150万平方米；红桥、红果、盘北、董地、水月、大河、木岗、路喜、岩脚、保田等10个产业园区加快基础设施及环保设施建设。估算总投资106.7亿元，2013年预计完成投资95.7亿元。

（二）城市综合体建设工程

基本建成凤凰山、体育中心、红桥等3个城市综合体，开工建设明湖、龙井、西宁、红果湿地公园等4个城市综合体，加快建设红果黔锦花园、干沟桥、东方龙城、连城国际等4个城市综合体。估算总投资253亿元，2013年预计完成投资95亿元。

（三）特色小城镇建设工程

基本建成郎岱镇、岩脚镇、木岗镇、柏果镇、石桥镇、大山镇、玉舍乡、发耳乡、大湾镇9个示范小城镇，完成毛口乡、保田镇、都格乡3个示范小城镇建设。估算总投资53.3亿元，2013年预计完成投资53.3亿元。

（四）现代农业产业园区建设工程

加快推进六枝（郎岱）现代农业综合产业园区、六枝工矿区（大用）优质蔬菜产业园区、六枝北部库区（新场）生态农业示范园区、贵州（盘县普古）娘娘山高原湿地生态农业示范园区、盘县（平关）设施农业产业园区、盘县老黑山核桃产业园区、盘县“哒啦仙谷”休闲农业观光园、水城（米箩乡）猕猴桃产业园区、水城（龙场乡）富硒茶产业园区、水城（猴场乡）喀斯特陡坡地精品水果示范区、水城（南开乡）无公害蔬菜产业园区、钟山区（大河镇）都市型现代农业产业园区、凉都红豆杉产业园区等13个现代农业产业园区基础设施建设及农业产业化种植。估算总投资90.8亿元，2013年预计完成投资7.5亿元。

（五）旅游景区景点建设工程

加快推进玉舍国家森林公园、凉都体育生态公园、荷城旅游城市综合体、明硐国际旅游新城、六盘水统筹城乡转型综合发展项目（凉都百车河生态旅游度假区）、五里坪户外运动基地、乌龙溪温泉景区、牂牁江西嘎景区、陇脚月亮河布依风情小镇、四格坡上草原景区、妥乐古银杏景区等11个景区景点建设。估算总投资156.1亿元，2013年预计完成投资89.1亿元。

（六）交通运输基础设施建设工程

基本建成月照机场；力争开工建设六盘水至安顺城际铁路；建成水盘高速、六镇高速，加快建设杭瑞高速境内段、六六高速、机场高速、鸡场坪至柏果高速公路，开工建设盘兴高速、六威高速；建成S212省道窑上至俄脚段、红桥至纸厂公路、俄脚至五里坪旅游公路、雨格至坪地公路、长寨至兴隆旅游公路，加快建设郎岱至毛口旅游公路；建成通村水泥路（油路）2262.3公里，建成运煤公路160公里；建成城市内环快线、红桥隧道；加快建设大丫口公交始发站、德坞西客运枢纽站、红桥南客运站、水城东客运枢纽站。估算总投资664.5亿元，2013年预计完成投资172.8亿元。

（七）生态文明建设工程

建成鱼洞坝水库、花鱼洞取水工程；开工建设纳格、西得泥、雨渠沟、万营、五里坪、红岩、箐沟7座水库；加快建设旧院、懒龙河、卡河、朱昌河、出水洞、双桥、观音岩7座水库；完成营造林、退耕还林43万亩；开工建设石漠化综合治理工程60平方公里；建成盘县煤矸石高新利用项目（铝钛提取），开工建设水城县老鹰山煤电化一体化基地粉煤灰综合利用项目。估算总投资83.2亿元，2013年预计完成投资27.3亿元。

（八）教育基础设施建设工程

开工建设六盘水师范学院二期工程、六盘水职业技术学院二期工程、六盘水市高中教育城；继续实施9+3教育工程。估算总投资36.8亿元，2013年预计完成投资9.7亿元。

（九）医疗卫生基础设施建设工程

完成水城矿业集团公司总医院扩建工程建设，加快建设市人民医院改扩建工程、市妇女儿童医院、市第三人民医院、盘江集团总医院扩建工程；建成市中心血站及六枝特区、盘县、水城县、钟山区急救中心；开工建设市卫生监督所、市疾控中心、市食品药品检验所，建成六枝特区、盘县、水城县、钟山区卫生监督所；完成19所乡镇卫生院标准化建设。估算总投资16.4亿元，2013年预计完成投资3.4亿元。

（十）文体广播电视建设工程

实施广播电视建设工程；建成六盘水美术馆、六枝特区青少年活动中心、六枝特区档案馆、水城县青少年活动中心（体育馆）、钟山区图书馆、钟山区文化馆、钟山区档案馆，加快建设凉都大剧院、市博物馆、市图书馆、市科技馆（职工活动中心）、市档案馆、市地方志馆、凉都体育中心二期工程、凉都影视文化中心、钟山区全民健身活动中心，开工建设市文化馆、六枝特区体育中心、盘县文体广电旅游大楼、盘县文化馆、盘县图书馆、盘县博物馆、盘县剧场（会议中心）、盘县文化广场，力争开工建设老王山多梯度高原运动训练基地。估算总投资28.1亿元，2013年预计完成投资17.4亿元。

二、2013年“二十件民生实事”

（一）实施扶贫生态移民搬迁2万人、农村危房改造2.8万户、“四在农家”新民居建设12万户。估算总投资210000万元，2013年预计完成投资190000万元。

（二）新开工城镇保障性安居工程3.6906万套（户），其中：煤矿棚户区改造1.0342万户、城市棚户区改造1.5万户、廉租住房1096户、乡镇教师公租房5143套、工业园区公租房2176套、中高等院校职工公租房2334套、其它普通公租房815套；竣工保障性安居工程（含基本建成）1.3974万套。估算总投资871571万元，2013年预计完成投资187675万元。

（三）解决农村22万人饮水安全问题。估算总投资11770万元，2013年预计完成投资11770万元。

（四）城镇新增就业10万人，公益性岗位安排困难人员就业7500人。估算总投资12870万元，2013年预计完成投资12870万元。

（五）实施方便早餐工程，市中心城区建设5个方便早餐制作配送中心，配置100台送餐车；六枝特区、盘县各建设2个方便早餐制作配送中心，各配置20台送餐车。估算总投资1300万元，2013年预计完成投资1300万元。

（六）新建农村寄宿制学校学生宿舍4万平方米；闲置校舍改建幼儿园9所；农村小学、教学点增设附属幼儿园45个班；加强校园周边秩序整治，实现教育系统联网视频监控系统与城市天网工程无缝对接。估算总投资9440万元，2013年预计完成投资9440万元。

（七）实施1036个村委会所在地路灯工程。估算总投资1500万元，2013年预计完成投资1500万元。

（八）新建10个公共电子阅览室，修建一批室外健身场地，实施全市行政村一村一月一场电影放映。估算总投资363万元，2013年预计完成投资363万元。

（九）加快推进乡镇（街道）社会管理服务中心规范化及社区社会管理服务站建设，实施社区网格化管理。估算总投资79800万元，2013年预计完成投资45000万元。

（十）建设和改造10千伏线路1721公里、低压线路1160公里，提高农村供电可靠性。估算总投资50032万元，2013年预计完成投资5000万元。

（十一）进一步加强社会治安防范体系建设。完成天网工程、地网工程、技防入户工程项目建设；加快推进乡镇政府所在地技防监控设施建设；严厉打击"两抢一盗"，全市"两抢一盗"万人刑事发案率下降5%，破案绝对数同比上升5%，建成295个警务室、938个警务岗亭；继续实施禁毒阳光工程，确保吸毒人员收治率达100%，开工建设3个戒毒所；群众安全感满意度测评较上年上升。估算总投资297134万元，2013年预计完成投资144235万元。

（十二）计划生育（人口出生率和自然增长率）、安全生产（起数和死亡人数）、节能减排（单位GDP能耗和主要污染物排放）指标均继续保持"双降"；加快推进安全生产信息化平台建设。估算总投资30000万元，2013年预计完成投资1500万元。

（十三）加强食品安全监管体系建设，培训群体聚餐场所管理人员2500人，开展农村集体聚餐备案指导，备案率达95%以上，指导率达100%；开展2所学校食堂电子监管试点工作。估算总投资120万元，2013年预计完成投资120万元。

（十四）加快推进市中心城区城市景观提升改造建设，实施市中心城区道路维修改造、路面硬化、人行道改造、房屋外立面改造、亮化提升工程，全面完成市中心城区小街小巷改造。估算总投资155500万元，2013年预计完成投资155500万元。

（十五）继续实施河道治理工程，对水城河13.5公里河道进行污水治理和景观改造，对双龙河下游河道10公里进行治理。估算总投资118000万元，2013年预计完成投资14000万元。

（十六）市中心城区新增200万平方米集中供热，新建和改造燃气管网38.487公里。估算总投资88163万元，2013年预计完成投资42200万元。

（十七）加快推进红桥新区中和国际汽配城、领翔机电城二期、小商品市场建设；建成红桥新区金果民族文化商业城、钟山区元禧五金机电城；全市新建31个、改造65个乡镇农贸市场，市中心城区新建7个农贸市场（农超对接点）；新建3条特色餐饮街；在市中心城区规划建设一批流动摊贩疏导点。估算总投资295600万元，2013年预计完成投资113700万元。

（十八）加强市中心城区公交车、出租车软硬环境整治，新增公交站台、出租车招呼站420个；实施汽车尾气治理工程。估算总投资5995万元，2013年预计完成投资4000万元。

（十九）建成六枝特区、盘县、水城县、钟山区社会福利院（老年公寓）。估算总投资24000万元，2013年预计完成投资24000万元。

（二十）加强医德医风建设，实施"千名乡村医护人员培训、万名医师支援农村"工程。培训乡村医护人员1000人，市人民医院对口支援六枝特区人民医院、水城县人民医院、盘县人民医院。估算总投资49万元，2013年预计完成投资49万元。

中共六盘水市委
六盘水市人民政府
2013年2月1日

市人民政府关于支持全市高载能产业发展的意见

六盘水府发〔2013〕2号

各县、特区、区人民政府，各经济开发区管委会，市人民政府各部门、各单位，中央、省属驻市行政企事业单位：

为加快高载能产业健康发展，着力打造煤电铝、煤电钢、煤电化、煤电材“四个一体化”品牌，推动六盘水市资源和能源优势转化为经济优势，根据《国务院关于进一步促进贵州经济社会又好又快发展的若干意见》（国发〔2012〕2号）精神，结合六盘水市实际，提出以下意见。

一、支持高载能产业发展的重要意义

（一）支持高载能产业发展是发挥六盘水市资源优势的现实选择。支持高载能产业发展是六盘水市发挥比较优势，实现后发赶超、同步小康的有力支撑，是“立足煤、依托煤、跳出煤、超越煤”发展思路的具体体现，是进一步延长高载能产业链、提升产品附加值，实现资源优势转化为经济优势的现实选择。

（二）支持高载能产业发展是就地消纳富余电力的有效途径。六盘水市现有电力装机容量已达700万千瓦，到“十二五”期末全市电力装机容量将超过1500万千瓦，能源产业综合优势大幅提升，加快发展高载能产业是最大程度就地消纳市内富余电力，变能源输出为产品输出，将能源优势转化为经济优势的有效途径。

（三）支持高载能产业发展是落实国家承接产业转移政策的实际行动。承接技术水平先进的高载能产业转移，布局高载能产业项目，是落实国家产业转移政策的具体行动，又是推进六盘水市经济内生性增长，促进产业优化升级的客观要求。

二、支持高载能产业发展的指导思想、基本原则和发展目标

（四）指导思想。以科学发展观为指导，以能源优势为支撑，以承接产业转移为途径，加快发展技术水平先进的高载能产业，扩大产业规模，延伸产业链条，重视环境保护和资源综合利用，坚决淘汰落后产能，优化资源配置，提高能源利用效率，把六盘水市建成全省重要的高载能产品生产基地，形成具有六盘水特色的高载能产业，推动全市经济社会发展加速发展。

（五）基本原则。一是坚持科技创新。利用高新技术对现有高载能企业进行技术升级改造，引进先进工艺，扩大生产能力，促进技术进步，发展精深加工，提高产品质量。二是坚持节能减排。提高能源利用率和转换率，加大污染防治力度；发展循环经济，降低单位产品能耗，有效减少污染排放。三是坚持淘汰落后。在资金上支持高载能企业通过技术改造，“上大压小”淘汰落后产能，达到合理经济规模。四是坚持集聚发展。引导高载能产业向电力等能源要素聚集区大规模合理布局，建设高载能产业园区，提升配套服务水平，支持高载能企业和新上项目按照循环经济产业链集中布局，实现集聚生产、集中治污、集约发展。

（六）发展目标。通过对高载能产业的支持，积极发展煤电铝、煤电钢、煤电化、煤电材一体化资源深加工产业，推进企业自备电厂（热电联产动力车间）建设，完善企业自备电厂电价管理，加快大用户直购电试点。争取到“十二五”期末，全市实现年钢产量1000万吨、水泥产量1000万吨、铝及铝加工产量145万吨，形成年煤焦油加工能力45万吨、甲醇240万吨、二甲醚40万吨、煤制烯烃80万吨规模。

三、支持高载能产业发展的政策措施

（七）财税政策。加大市级财政资金对高载能企业技术改造的支持力度，全面落实国家深入实施西部大开发战略的税收优惠政策，对符合国家产业政策的高载能企业，按优惠税率征收企业所得税。

（八）电力政策。进一步完善峰谷、分时、丰枯等电价政策，积极争取省级电价补贴，加大市、县（特区、区）电价补贴力度，实施特殊时期临时性电价补贴措施。凡符合国家产业政策的高载能企业，利用高新技术、引进先进工艺进行扩能改造，除已有电价补贴外，提高新增电量电价补贴标准。

（九）土地政策。凡符合国家产业政策和土地利用、城市规划的高载能产业的建设项目，切实做到保障用地需要，及时报批、及时供地。

（十）环保政策。在完成总量控制目标和确保环境质量达标的基础上，主要污染物总量控制指标优先支持重点高载能项目。全市高载能产业的重点建设项目，环保部门要提前介入项目前期工作，在评估、审批、验收等环节优先安排，限时办理。

四、支持高载能产业发展的保障措施

（十一）加强组织领导。成立由市政府分管副市长任组长，市政府有关副秘书长和市经信委主要负责人任副组长，市政府相关部门负责人为成员的全市支持高载能产业发展工作领导小组。领导小组办公室设在市经信委，由市经信委主要负责人兼任办公室主任。领导小组及其办公室具体负责支持高载能产业发展的组织、指导、协调工作。各级政府各有关部门要加强协调配合，及时解决项目建设中遇到的困难和问题，齐心协力支持高载能产业加快发展。

（十二）建立发展资金。各级政府要加大支持高载能产业发展的力度，各级财政要安排支持高载能企业发展的专项资金，并将专项资金列入同级财政年度预算，实行专款专用。专项资金主要用于补贴高载能企业技术升级改造，引进先进工艺技术设备，促进技术进步，发展精深加工，降低单位产品能耗；用于高载能企业为扩大生产能力，减少污染排放，发展循环经济方面的贷款贴息。

（十三）加强服务协调。各级政府各有关部门要积极支持高载能企业加快发展，按照“一企一策”的要求，分别制定支持企业发展的具体办法和措施。建立高载能项目调度制度，由领导小组办公室牵头，每季度召开一次协调会，对每个高载能项目建设情况进行逐一分析，全面梳理项目建设中遇到的困难和问题，逐一研究提出解决办法和措施，落实责任部门，限期帮助解决，并将投资项目建设情况按季汇总报市政府。

（十四）加强督导检查。市委市政府督查室要将本意见的内容作为重点督查事项，定期、不定期对全市各级各有部门对意见落实情况进行督查，并及时向市委、市政府报告，确保各项支持政策和措施落到实处。

2013年1月10日

市人民政府关于实施教育“9+3”计划的意见

六盘水府发〔2013〕10号

各县、特区、区人民政府，各经济开发区管委会，市人民政府各部门、各单位，中央、省属驻市行政企事业单位：

为贯彻落实《省人民政府关于实施教育“9+3”计划的意见》（黔府发〔2013〕1号），巩固提高9年义务教育，实行3年免费中等职业教育，结合六盘水市实际，提出如下意见：

一、目标任务

（一）巩固提高9年义务教育水平。到2015年，全市小学生辍学率控制在1.8%以内，初中生辍学率控制2.8%以内，高中阶段教育和高等教育毛入学率分别达到85%、30%。盘县2015年实现县域内义务教育初步均衡，六枝特区、钟山区2016年实现县域内义务教育初步均衡，水城县2017年实现县域内义务教育初步均衡。

（二）实行3年免费中等职业教育。2013—2015年，中等职业教育每年分别完成招生3.46万人、2.97万人、3.1万人，3年累计输送市外职业学校就读4.1万人。2015年，中等职业学校在校学生总数达8.42万人，中等职业教育和普通高中教育在校生规模大体相当。从2013年秋季学期起，免除市内中等职业教育学生学费，60%以上中等职业教育学生享受国家助学金。

二、重点工作

（一）建立健全义务教育控辍保学长效机制。将控辍保学工作纳入督导评估体系。认真落实控辍保学“双线”目标责任制，即：市政府与县级政府、县级政府与乡级政府（办事处）、乡级政府（办事处）与村（居）民委员会、村（居）民委员会与村（居）民为一线，教育局与学校、学校与教师、教师与家长为一线，层层签订责任书。加强义务教育阶段学生学籍管理和对学生流动的动态监管，切实掌握中小学生流动和辍学情况，形成“学校、乡（镇）中心校、县级教育局、市教育局、省教育厅”五级网上联动管控。突出学校办学的地方特色和民族特色，推进优质数字教育资源广覆盖，提升学生学习兴趣，避免因厌学而辍学。建立政府主导，民政、教育、公安、妇联、共青团等多部门参与的流浪儿童救助保护联动工作机制。完善贫困学生资助体系建设，帮助家庭困难学生接受教育。加强对进城务工人员随迁子女和农村留守儿童学生学籍变动管理，确保适龄儿童依法接受义务教育。

（二）合理配置义务教育资源。按照实事求是、科学规划、质量优先、兼顾效益的原则和“农村中学集中布局到县城、寄宿制小学集中布局到乡镇”的思路，实施中小学布局结构调整。规划建设高中教育城，实施“退高进初进小”战略，缓解市中心城区义务教育入学难和大班额问题。加强义务教育阶段标准化学校建设。继续推动“4+2”工程（即学前教育突破工程、农村寄宿制学校建设攻坚工程、高中阶段教育突破工程、高等教育突破工程、中小学围墙安全工程、优美教室工程），改善教育基础设施条件，促进学校“六化”（即规化、硬化、绿化、净化、文化、信息化）、“四园”（即校园、花园、乐园、家园）建设。

（三）扩大中等职业学校办学规模。2013年，开工建设市职教园区，以现有的市电大、水城县职校为基础，引资新建2所职业学校；扩建

4所县（特区、区）职校，新建六枝特区第二职校、盘县第三职校、钟山区第二职校；加快六盘水职业技术学院二期工程建设，支持首钢水钢技校、水矿技校、盘江技校分别升级整合为职业学院，依托上述4所职院（校）建设和带动若干中等职业学校，形成拥有较强竞争实力的职教集团；在5个省级经济开发区各兴办1所2000人规模的职校，通过校企合作，解决园区企业技能型人才的培养培训问题，提高职校办学效益。根据全市产业布局调整职校规划，到2015年基本形成职业技术院校以采矿、冶金为龙头，地方职院以农业、医疗类专业为重点，职教园区和县（特区、区）职校以服务类专业为主导的职业教育体系。

（四）加强师资队伍建设。根据招生数预测情况和师生比规定值核定教师编制，按编制足额配齐义务教育阶段教师和中职学校教师，2015年配齐普通高中教师。鼓励教师到农村和偏远地区学校任教。建立健全县域内校长和教师定期轮岗交流机制，促进师资合理配置。加大教师培训力度，继续开展好“国培计划”“省培计划”和“一德四新”全员培训，完善教研联盟的引领作用，通过建立学会、开展竞赛等方式构建教师交流平台。改革教师聘用制度，拓宽教师引进渠道，提高专任教师和“双师型”教师比例。

三、保障措施

（一）加强领导。成立市实施教育“9+3”计划工作领导小组，由市政府主要领导担任组长，分管领导任副组长，市教育局、市发展改革委、市财政局、市民政局、市人资社保局、市监察局、市经信委、市国资委、市审计局、市国土资源局、市住建局、市农委、市编委办、团市委、市妇联负责人任成员，领导小组下设办公室在市教育局。市教育局负责制定“9+3”计划及其实施细则，建立实施“9+3”计划责任分解考评机制，制定实施“9+3”计划所需资金保障方案，组织实施中等职业学校基础能力建设，做好中等职业学生免学费、贫困生资助和项目规划编报工作，积极争取国家、省投入和项目扶持政策；市发展改革委负责将“9+3”计划纳入社会发展总体规划，争取国家和省中等职业学校基础能力建设项目和资金支持；市财政局负责筹措实施“9+3”计划所需资金，积极争取国家、省相关部门大力支持，督促县级财政足额拨付中等职业学校学生生均公用经费；市民政局负责督促指导各地及时做好流浪未成年人和符合城乡社会救助条件的学生救助工作；市人资社保局负责督促落实教师队伍建设政策规定，统筹利用技工学校资源、指导办好技工学校，会同有关部门依法查处非法招用童工行为；市监察局负责对控辍保学工作不力相关责任人进行问责；市经信委、市国资委负责引导监管企业与中等职业学校建立完善工学结合、校企合作办学模式，推动职业院校开放办学；市审计局负责对实施“9+3”计划资金使用进行审计监督；市国土资源局负责保障实施“9+3”计划建设用地；市住建局负责妥善解决好农村中小学教师住房困难问题；市农委负责指导职业学（院）校办好现代农业类专业；市编委办负责督促指导县（特区、区）政府落实各类学校教职工编制，足额配齐各类教师；团市委、市妇联组织协同做好留守儿童和进城务工人员随迁子女关爱工作。

（二）加大投入。争取上级政策和资金支持，多渠道筹措资金支持“9+3”计划的实施。健全职业教育多元投入机制，提高中等职业教育在教育经费投入中的比例。保障城市教育费附加30%和压缩全市各级党政机关行政办公经费的5%的投入职业教育，中央转移支付资金、土地出让收益金、地方教育附加均要按规定比例用于发展职业教育。从2013年秋季学期起，全面免除市内中等职业教育在校学生学费，严格按中央、市、县8：1：1比例配齐相关经费，确保中职免费教育的实施。

（三）落实政策。鼓励创新校企合作机制与体制，推行工学结合、校企合作的人才培养模式，制定《职业教育校企合作实施方案》和《省级经济开发区新建职业教育机构指导意见》。深化中职招生改革，加强职业学校招生宣传，引导更多初中毕业生就读中职学校。落实民办教育优惠政策和促进措施，督促各县（特区、区）设立民办教育专项资金，吸引社会资金投入中等职业教育。制定职业院校和培训机构收费优惠政策，落实教师引进编制、职称评定、薪资待遇、生活环境等方面的优惠政策，确保引得来、留得住、教得好。

（四）严格考核。市实施教育“9+3”计划工作领导小组每年定期对各县（特区、区）实施教育“9+3”计划进行考核，督查各县（特区、区）政府履行职责情况，对工作不力、未按时完成“9+3”计划年度目标任务的县（特区、区）政府主要负责人进行约谈。市教育局每年要对各县（特区、区）当年辍学率情况和中等职业教育办学情况进行排名，及时向社会公布。

2013年4月7日

市人民政府关于印发市中心城区城市管理攻坚战总体方案的通知

六盘水府发〔2013〕11号

各县、特区、区人民政府，各经济开发区管委会，市人民政府各部门、各单位，中央、省属驻市行政企事业单位：

《市中心城区城市管理攻坚战总体方案》已经2013年4月7日市人民政府第21次常务会议研究同意，现印发给你们，请认真抓好落实。

2013年4月18日

市中心城区城市管理攻坚战总体方案

从2013年1月6日起，六盘水市在市中心城区开展了市中心城区整脏治乱专项行动工作，在占道经营、店外经营、重要区域环境卫生治理方面取得了一定成效，但与市委、市政府的要求、与第八届贵州旅游产业发展大会（以下简称旅发大会）会议环境的要求、与广大人民群众的要求还有较大的差距。为全面解决市中心城区脏乱差问题，创建清洁、舒适的“旅发大会”环境和城市生活环境，经征求市委有关部门意见，决定在市中心城区开展城市管理攻坚战，特制定本方案。

一、指导思想

以全党动员为总要求，以全民参与为基础，以标本兼治为目标，以执法管理为重点，以部门履责为核心，围绕市中心城区城市管理方面存在的突出问题，采取集中力量、逐个突破、巩固提升的方式，逐步完善市中心城区基础设施，提升市民素质，全力打造市中心城区一流的城市市容和环境卫生；以城市管理攻坚战为抓手，进一步规范城市管理，提高城市公共服务水平，为实现“打造现代特色都市，全面建设实力、魅力、活力、文明、幸福六盘水”目标打下基础。

二、工作目标

通过开展市中心城区城市管理攻坚战，市中心城区城市市容和环境卫生发生翻天覆地的变化，达到整洁、文明、有序的一流水准，充分展示凉都六盘水良好的城市形象，为“旅发大会”营造良好的城市卫生环境。同时，以城市管理攻坚战的开展为契机，全面探索符合六盘水市实际的城市管理体制机制，加大投入，建、管、罚、教并举，提高城市管理水平，逐步建立和完善长效管理机制，不断提升凉都六盘水城市的文明形象。

三、工作任务

（一）交通秩序专项治理。合理设置并完善道路交通标识标线、信号灯、隔离栏等管控措施。规范车辆、行人通行秩序，整治机动车、非机动车乱停乱行乱鸣、行人乱穿乱跨等行为。规范大型运输车辆入城时段、通行路线限制管理。落实农用车、拖拉机、摩托车禁止入城规定。（牵头单位：市公安局；协办单位：市城管局、市交通局、水城县政府、钟山区政府、钟山经济

开发区管委会）

（二）清洁生产专项治理。严格市中心城区范围内钢铁、水泥生产等企业达标排放管理。督促证照齐全的煤炭洗选厂、砂石厂、石料厂、蜂窝煤厂落实环保措施，对证照不齐的进行取缔。加大对市中心城区燃煤锅炉、配煤场清理取缔力度。加强对道路扬尘的综合治理，规范建筑工地封闭施工、进出车辆冲洗、严格夜间施工等文明施工管理；规范载运渣土、煤炭、砂石、水泥等大型运输车辆的封闭运输管理，杜绝运输过程中遗洒、飘散载运物。对车行路面、人行道、临街墙面等已形成的粉尘污染进行冲洗、清洗。实施尾气治理，启动机动车尾气检测及环保检验合格标志核发工作。（牵头单位：市环保局；协办单位：市住建局、市城管局、市公安局、市规划局、市国土资源局、市经信委、市能源局、水城县政府、钟山区政府、钟山经济开发区管委会）

（三）公共交通专项治理。加快公交车站台的建设和管理，加大公交车站台容貌的整治力度，达到雨棚、候车座椅等设施无破损、干净整洁，公交线路指示牌清晰明了，站台广告内容健康、美观、简洁。强化公交车、的士车文明营运管理，公交车、的士车车容车貌干净整洁，车身广告内容健康、美观简洁、无破损，的士车无拒载、宰客、甩客等现象。加大非法营运车辆、非法营运“摩的”的打击力度。（牵头单位：市交通局；协办单位：市公安局）

（四）乱搭乱建专项治理。加大对违法乱搭乱建行为的打击力度；大力宣传规划建设方面的法律法规和政策，曝光违法乱搭乱建行为，并依法给予严厉的处罚；进一步建立健全打击违法乱搭乱建的机制，防止“两违”滋生。（牵头单位：市规划局；协办单位：市住建局、市国土资源局、水城县政府、钟山区政府、钟山经济开发区管委会）

（五）停车场专项治理。对已建停车场进行摸底调查，对被挪作他用的停车场进行全面清理，恢复其停车功能。在此基础上，结合实际需求合理规划建设一批地上、地下、立体停车场，“旅发大会”前规划建设一批临时停车场。（牵头单位：市规划局；协办单位：市住建局、水城县政府、钟山区政府、钟山经济开发区管委会）

（六）小街小巷专项治理。对小街小巷道路、人行道、楼庭院落进行硬化。对行道树进行补植补种并加强管理。完善路灯、排水、垃圾处理等基础设施，加强日常维护管理。进一步规范已批准施划停车泊位的管理。（牵头单位：水城县政府、钟山区政府）

（七）占道经营专项治理。加大对流动摊贩占道经营、店外店经营、占道堆放物品、占道加工、占道修（洗）车等行为的治理力度。在市中心城区规划、规范设置一批便民疏导点，引导流动摊贩进入疏导点经营。（牵头单位：市城管局；协办单位：市规划局、市交通局、市环保局、水城县政府、钟山区政府、钟山经济开发区管委会）

（八）户外广告专项治理。全面清除街道、小区、院落、楼道的“野广告”，基本杜绝乱张贴、乱刻画、乱涂写现象。加强户外广告的审批和管理，对违规、破旧、破损的户外广告及非广告的霓虹灯、门头牌匾、电子显示屏、宣传栏等进行清理、取缔；对新增户外广告，严格按照规划进行审批，做到设置整齐、规范。（牵头单位：市城管局；协办单位：水城县政府、钟山区政府、钟山经济开发区管委会）

（九）周边山体景观专项治理。对市中心城区周边山体树木进行补植补种，增加林地面积。加快周边山体夜景灯光建设及升级改造。加快推进已规划建设的公墓点和农村公益性公墓建设。依法对城市周边山体上的“空坟”“假坟”进行清理取缔，对周边山体可视范围内的坟墓进行搬迁，对暂时不具备搬迁条件的坟墓采取绿化或其他工程措施进行遮档。（牵头单位：市民政局；协办单位：水城县政府、钟山区政府、钟山经济开发区管委会）

（十）市场环境整治和规划建设。加大对市中心城区各类专业市场的环境整治力度，重点做好人民路五金机电市场的搬迁引导工作，督促水西路水果批发市场向曹家湾农副产品批发市场的转移搬迁，对现有农贸市场进行提升改造。着力培育市中心城区3家以上大型专业市场，抓好市中心城区7个农贸市场建设，在市中心城区设立6个平价粮油肉菜直销店，6个以上固定的蔬菜水果直销疏导点（区），满足市民需要和市场需求。（牵头单位：市商务粮食局，市工商局；协办单位：水城县政府、钟山区政府、钟山经济开发区管委会）

（十一）市民素质提升工程。编制通俗易懂的《市民文明手册》，大力倡导争做文明市民；在社区建立市民素质提升学校，帮助市民提升文明素质；分片成立违法违规劝导队，在重要交通路口、重要路段、重要场所开展文明宣传和劝导；建立健全信用记录，对机关干部、学生、城镇居民等分类建立信用记录；在媒体上开辟曝光专栏等，对文明行为进行正面报道，对违法违规行为进行曝光。（牵头单位：市文明办；协办单位：市城管局、市教育局、市工商局、人行六盘水市中心支行、六盘水银监分局、水城县政府、钟山区政府、钟山经济开发区管委会、六盘水日报社、六盘水广播电视台、市电子政务办）

（十二）体制机制建设。探索符合六盘水市实际的市中心城区城市管理体制机制，进一步理顺城市管理领导体制、投入机制、参与机制、监督评价机制，明晰城市管理部门职能，提高管理效能。不断建立健全城市管理网络，制定出台相关城市管理标准、管理办法，促进城市管理规范化进程。（牵头单位：市城管局；协办单位：水城县政府、钟山区政府、钟山经济开发区管委会）

四、实施步骤

本次市中心城区城市管理攻坚战分为宣传发动、专项攻坚、巩固提升3个阶段。

（一）宣传发动。2013年4月中旬，适时召开市中心城区城市管理攻坚战动员大会，全面启动城市管理攻坚战工作。2013年4月19日前，在市级主要媒体公布本方案和《市人民政府关于整治市中心城区不文明行为的通告》（六盘水府发〔2013〕9号），公布举报电话和信箱。

（二）专项攻坚。2013年4月15日至8月底，在市委、市政府的统一指挥协调领导下，各责任单位按照各专项行动工作方案进行专项攻坚，实现“在旅发大会期间，市中心城区城市市容和环境卫生发生翻天覆地变化，达到整洁、文明、有序的一流水准，充分展示凉都六盘水良好的城市形象”的目标。

（三）巩固提升。2013年9月初至12月底，对已取得的城市管理攻坚战成效进行巩固，对薄弱环节进行加强。总结工作经验，形成符合六盘水市实际的各项管理办法和管理标准，提高城市管理水平，逐步建立和完善长效管理机制，不断提升凉都六盘水城市文明形象。

五、保障措施

（一）组织保障。为切实加强对市中心城区城市管理攻坚战的组织领导，成立由市政府代理市长周荣任组长，市政府副市长刘友宾、范三川、周宏文、马雷、谢朝碧任副组长，市直各部门、各单位主要负责人为成员的市中心城区城市管理攻坚战工作领导小组（以下简称领导小组），具体负责此次攻坚战工作的组织领导。领导小组下设办公室在市城管局，具体负责领导小组的日常工作，市城管局主要负责人兼任办公室主任。

领导小组下设交通秩序专项治理、清洁生产专项治理、公共交通专项治理、乱搭乱建专项治理、停车场专项治理、小街小巷专项治理、占道经营专项治理、户外广告专项治理、周边山体景观专项治理、市场环境整治和规划建设、市民素质提升工程、体制机制建设工作组，分别由市政府分管领导任组长，市政府分管副秘书长、牵头单位主要负责人任副组长，相关单位分管负责人为成员，具体抓好各专项行动的落实。各工作组下设办公室在牵头单位，具体负责工作组的日常工作。

（二）投入保障。各级财政部门要为本次城市管理攻坚战提供必要的经费保障，确保攻坚战的顺利进行。

（三）司法保障。各责任单位在实施城市管理攻坚战执法管理时要依法行政，做到执法主体、执法程序合法，执法依据充分、确凿。公安、法院等部门要对恶意阻碍执法人员依法执行城市管理职责的行为进行依法追究。

（四）绩效管理。对城市管理攻坚战责任单位的工作绩效评估采取两种方式进行，一是由统计部门进行随机抽样调查，二是委托社会调查中介机构进行问卷调查，由领导小组办公室汇总评定。绩效评估结果由市直目标办纳入各责任单位的年终目标考核，并作为干部选拔任用的重要依据。

六、工作要求

（一）提高认识，高度重视。城市管理关系广大人民群众的切身利益，要坚持“人民城市人民管，管好城市为人民”的理念，把城市管理攻坚战作为打造城市环境、提升人民群众幸福指数、塑造凉都形象的重要工作来抓。特别是“旅发大会”是宣传、推介凉都六盘水的一次重大机遇，城市管理攻坚战的实施，对 “旅发大会”期间打造市中心城区整洁、文明、有序的一流城市市容和环境卫生起着重要作用。各牵头单位要站在全局和战略的高度，认真履行牵头职责，把城市管理攻坚战各项工作抓好、抓实、抓出成效。各协办单位要积极、主动配合牵头单位，认真履行自身工作职责，确保职责范围内各项工作取得实实在在的成效。市直各单位要大力宣传开展城市管理攻坚战的目的、意义，并按照城市管理攻坚战总体方案及各专项行动工作方案，全力支持、配合各牵头单位、协办单位做好相关工作，确保城市管理攻坚战的顺利开展。

（二）措施得力，重在实效。各责任单位要本着务求实效的原则，运用工程管理的方式，规划好时间表、路线图，根据城市管理攻坚战总体工作目标和各自工作任务，制定切实可行的专项行动工作方案。专项行动工作方案要细化到每一个问题都有具体的措施和办法，落实责任单位、责任人、完成时限等。

（三）责任明确，协作配合。本次城市管理攻坚战涉及面广、情况复杂，涉及市中心城区各级各部门，各责任单位要明确责任、履责到位，杜绝推诿扯皮现象发生。对于城市管理中存在的职责交叉或管理空白，由领导小组研究明确。

（四）加强宣传报道。各级新闻媒体要加大对开展城市管理攻坚战的目的和意义、开展情况、先进人物和先进事迹、违法违规及不文明行为和现象等进行宣传报道，通过舆论引导和舆论监督，推进城市管理攻坚战的顺利进行，进一步提高全市人民遵守秩序、爱护环境的自觉性和积极性，努力形成全社会共同关注、支持、参与城市管理的强大舆论氛围。

（五）加强调度和督促检查。各工作组办公室要每旬对本组工作情况进行一次调度，并将工作情况汇总报领导小组办公室。领导小组办公室要每旬对城市管理攻坚战总体工作情况进行一次调度，并将工作情况汇总报市委、市政府；同时，加大督促检查力度，及时协调解决工作中遇到的困难和问题。市委市政府督查室要每月对城市管理攻坚战工作开展情况进行一次督促检查，并将工作情况汇总报市委、市政府，对工作不力的单位和个人提请问责。

2013年4月19日

市人民政府关于印发六盘水市全民健身实施计划（2011—2015年）的通知

六盘水府发〔2013〕13号

各县、特区、区人民政府，各经济开发区管委会，市人民政府各部门、各单位，中央、省属驻市行政企事业单位：

现将《六盘水市全民健身实施计划（2011—2015年）》印发给你们，请结合实际，认真贯彻执行。

2013年4月28日

六盘水市全民健身实施计划（2011—2015年）

为进一步发展六盘水市全民健身事业，广泛开展全民健身运动，提高全市人民的身体素质及健康水平，与全国、全省同步全面建成小康社会，根据《全民健身条例》（国务院令第560号）《国务院关于印发全民健身计划（2011—2015）的通知》（国发〔2011〕5号）以及《省人民政府关于印发贵州省全民健身实施计划（2011—2015年）的通知》（黔府发〔2012〕18号）要求，结合六盘水市实际，制定本实施计划。

一、指导思想

深入贯彻落实科学发展观，坚持体育事业公益性，加快推进全民健身公共服务体系建设，切实保障人民群众参加体育健身活动的合法权益，促进全民健身与竞技体育协调发展，扩大竞技体育群众基础，丰富人民群众精神文化生活，形成健康文明的生活方式，提高全民族身体素质、健康水平和生活质量，促进人的全面发展，促进社会和谐和文明进步。

二、目标任务

到2015年，全市公共体育设施广泛覆盖，城乡居民体育健身意识进一步增强，参加体育锻炼的人数日益增加（占总人口的40%），城乡居民身体素质明显提高，全民健身公共服务能力和服务水平普遍提高，基本体育公共服务均等化进程显著加快，基本建成符合市情的全民健身公共服务体系。

（一）经常参加体育锻炼人数显著增加。全市城乡居民体育健身意识和科学健身素养普遍增强，体育健身成为更多人的基本生活方式。每周参加体育锻炼活动不少于3次、每次不少于30分钟、锻炼强度中等以上的人数比例达到30%以上，在校学生每天至少参加1小时体育锻炼活动。提高老年人、机关职工、残疾人参加体育锻炼人数比例。

（二）城乡居民身体素质进一步提高。全市城乡居民达到《国民体质测定标准》合格标准以上（不含在校学生）的人数比例增加到18%以上；在校学生普遍达到《国家学生体质健康标准》基本要求，耐力、力量、速度等体能素质明显提高，达到优秀标准的人数比例超过20%。

（三）公共体育基础设施建设快速推进。市中心城区形成以凉都体育中心、黄土坡体育中心为核心，能开展篮球、足球、网球、乒乓球、羽毛球、游泳、拳击、跆拳道、体操等多项体育运动的全民健身场地，满足市民多样的体育健身需求。各县（特区、区）均建1个以上体育场或体育馆，30%以上的乡（镇、街道）、村建有体育健身工程，80%以上的街道、社区建有全民健身路径工程，全市人均体育场地面积达1平方米以上。有条件的公园、绿地、广场建有体育健身设施。改善各类公共体育设施的无障碍条件，提高各类体育设施的开放率和利用率，形成各级各类体育设施合理布局、互为补充、面向大众的网络格局。

（四）全民健身活动内容不断丰富。积极开展篮球、足球、羽毛球、乒乓球、游泳、田径、网球、跆拳道等竞技性强、普及面广的体育运动项目。广泛组织健身操（舞）、传统武术、健身气功、太极拳（剑）、骑车、登山、踢毽、门球、气排球等群众喜闻乐见、简便易行的健身活动。每年争取承办一批国际性强、全国性、跨省（区）或全省性赛事活动，实现“周周有活动、月月有赛事”；同时结合六盘水市丰富的户外运动资源，针对性的开展各种户外运动活动。

（五）全民健身组织网络更加健全。市、县两级普遍建立体育总会、人群体育协会、行业体育协会、单项运动协会及老年人、残疾人、农民、学生等体育社团，依靠社会办赛事能力进一步增强。社区体育俱乐部、青少年体育俱乐部有较大发展。60%以上的城市街道、35%以上的乡（镇、街道）、40%以上的行政村（社区）建有体育组织和体育健身站（点），形成遍布城乡、规范有序、富有活力的社会化体育健身组织网络。

（六）社会体育指导员和志愿服务队伍进一步发展。全市获得社会体育指导员技术等级证书的人数达到2000人以上，获得社会体育指导员国家职业资格证书的人数达到50人以上。建立健全市、县两级社会体育指导员培训机制，使每个乡（镇、街道）社会体育指导员人数平均达10人以上，每个健身活动站有1名以上社会体育指导员。进一步提高社会体育指导员综合素质和服务水平，大力开展全民健身志愿服务活动，广泛组织优秀运动员、教练员、学校体育教师开展义务健身辅导，定期培育全民健身骨干，形成组织落实、结构合理、覆盖城乡、服务到位的体育健身志愿服务队伍。

（七）科学健身指导服务得到广泛开展。宣传推广科学的健身方法，积极开展体质测定、运动能力评估。通过对城乡居民进行日常体质测试，依据不同人群体质状况提供针对性的科学健身指导服务，增强全民健身的吸引力，提高全民健身服务质量和水平。

（八）全民健身服务业不断壮大。进一步发展壮大体育健身服务业，培育和形成一批实力雄厚、技术力量强的体育健身服务企业，形成规范有序的体育健身服务市场。城乡居民体育健身消费意识明显增强，体育健身服务从业人员不断增加。

三、工作措施

（一）广泛开展全民健身宣传教育活动。充分利用报刊、广播电视、互联网等平台，通过开设全民健身栏目，举办科学健身讲座，播放全民健身公益广告、宣传片等方式，加大全民建设的宣传力度。借助全民健身日、“中国凉都·六盘水”消夏文化节、重大体育赛事及各种节庆体育活动，宣传全民健身，倡导健康生活方式，组织前沿体育科学系列讲座，普及科学健身知识。倡导“终身体育”理念，在全社会形成崇尚体育健身、积极参加体育健身的社会风气。

（二）加快发展城市社区体育。各级政府要将社区体育工作作为城市建设和小城镇建设的重要内容，统筹规划，加大投入，不断改善社区居民体育健身环境和条件，提供基本公共服务。要做好社区体育健身设施的规划和建设，所有新建商住小区、安置小区必须按法定标准配套建设体育场地和设施。要大力推进社区体育活动中心、体育健身站（点）和健身队伍的规范化建设，确保城市街道和社区有专（兼）职管理人员、有健身设施、有健身组织、有健身指导员、有健身活动。充分整合利用辖区健身娱乐资源，做到优势互补，资源共享，实现社区健身服务与单位职工体育、学校体育协调发展。

（三）大力发展农村体育。各级政府要将发展农村体育纳入当地全面建设小康社会和社会主义新农村建设规划，统筹城乡全民健身事业发展，促进城乡体育资源和公共体育服务的均衡配置，逐步建成城乡一体化的体育健身服务体系，增强农村基层体育公共服务能力。建立以农民体协为纽带、乡镇为重点、村民委员会为基础的组织网络，发挥乡镇综合文化站的作用，利用好农村学校、企事业单位的体育设施和体育人才资源，在传统节日和农闲时节广泛开展农民喜闻乐见的体育活动，继续实施“农民体育健身工程”，充分结合“四在农家”创建活动。大力开展以“送体育器材、送体育知识、送体育活动”为主题的活动，办好基层农民运动会等农村体育活动。

（四）积极发展少数民族体育。建立健全基层少数民族体育协会。重视培养少数民族体育教师、社会体育指导员和高水平体育人才。发展少数民族传统体育项目，在少数民族地区开展以民族民间传统体育项目为主要内容的体育竞赛和活动。有条件的学校要在体育课和课外活动中设置与优秀民族体育项目相关的教学内容，提高少数民族和民族地区人民群众的身体素质和健康水平，重视民族民间传统体育项目的发掘整理和传播推广工作，大力弘扬少数民族优秀传统体育文化。

（五）切实加强青少年体育工作。全面实施《国家学生体质健康标准》，切实抓好学校体育工作，把增强学生体质作为学校教育的基本目标之一纳入学校教育考核主要指标。健全学校体育工作机制和督导制度，提高体育教学质量。广泛开展“阳光体育运动”，积极开展课余体育训练，倡导科学、健康的青少年健身和运动理念。办好市、县两级业余体育运动学校、体育传统项目学校，加强青少年体育俱乐部和青少年户外体育活动营地建设，建立和完善学校、社区、家庭相结合的青少年体育网络和联动机制。学校每学年应举办一次以上全校性体育运动会。

（六）广泛开展职工体育活动。充分发挥行业体协、机关企事业单位工会、职工体育协会作用，广泛建立职工体育俱乐部和体育健身团队，开展符合单位特点和职工喜闻乐见的体育健身活动和体育竞赛。坚持工间（前）操制度，开展体育锻炼标准达标测验和职工体质测试活动。创新职工体育发展模式和基层职工体育组织形式和活动方式，吸引更多职工参与体育锻炼，不断完善社区体育与职工体育互补机制。有条件的单位可每年举办全民健身运动会。推动进城务工人员体育健身活动的开展，提高进城务工人员的身体素质和生活质量。

（七）重视发展老年人体育。建立健全老年人体育协会、体育健身俱乐部、体育健身团队。积极开展老年人体育健身活动，为老年人参加体育活动提供必要条件。加强对老年人参加活动的科学指导，不断创新适合老年人身体特点的体育健身项目和方式。公共体育设施对老年人参加体育活动提供便利和优惠。老年人教育机构开设老年人体育课程，老年人活动中心配置适合老年人体育活动的设施，社区服务兼顾老年人体育健身服务。鼓励、支持社会组织和个人兴办老年人体育服务机构和体育健身设施。

（八）大力推进残疾人体育。建立健全残疾人体育组织，培养为残疾人服务的体育教师和社会体育指导员。加大公共财政投入并动员社会力量实施“助残健身工程”，为残疾人建设就近方便的体育健身设施。公共体育设施应当方便残疾人参加体育活动。特殊教育机构和普通学校要做好残疾学生体育工作，提供适合残疾学生特点的体育健身与体育康复项目。提高残疾人参加体育锻炼人数比例，组织残疾人体育健身活动和残疾人运动会。

（九）继续推行体育锻炼标准和体质测定标准。采取多种办法广泛开展达标活动，积极推行《国家体育锻炼标准》及各体育项目《业余运动员技术等级标准》。引导和鼓励城乡居民经常、持久地参加体育健身活动，不断提高体质健康水平和体育技能水平。

（十）广泛开展全民健身活动。遵循“因地制宜、重点突出、特色鲜明、就地就近”的原则，组织开展形式多样、丰富多彩的群众体育活动，不断创新活动形式和内容，组织有影响、有特色的大型群众体育赛事，打造一批户外体育运动品牌。组织举办好全市综合性群众体育比赛活动，办好职工运动会、中学生运动会、老年人健身展示等活动。

（十一）大力开展全民健身志愿服务活动。鼓励和动员社会各界参与全民健身志愿服务，形成以社会体育指导员为主体，优秀运动员、教练员、体育科技工作者、大中专院校体育专业师生和社会热心人士参与的全民健身志愿服务队伍。建立全民健身志愿服务工作体系，健全登记管理和培训制度，普及志愿服务相关知识，提高全民健身志愿服务队伍的专业化水平和服务质量，形成全民健身志愿服务长效机制。

（十二）加强体育市场培育、开发和管理。发挥政府部门、社会团体、企事业单位的积极作用，形成多渠道、多层次、多形式的全民健身投资体系。提倡家庭和个人为体育健身投资，引导群众进行体育消费，拓宽体育消费领域，开发适应六盘水市群众消费水平的体育健身、康复、娱乐等市场，提高体育健身服务水平。

四、保障措施

（一）加大全民健身事业财政投入。市、县两级政府要按照《全民健身条例》要求，将全民健身事业纳入本级国民经济和社会发展规划，将全民健身工作所需经费列入财政预算，将全民健身工作纳入年度政府工作计划。随着本地经济的发展逐步增加对全民健身事业的投入，由体育部门安排使用的体育彩票公益金应当按国家有关标准（60%以上）用于全民健身事业，并按省有关要求将体育彩票公益金地方留存部分的5%用于支持残疾人体育事业。

（二）有计划地建设公共体育健身设施。各级政府要将公共体育健身设施建设纳入国民经济和社会发展规划，加大对城乡公共体育健身设施建设的投入。按照国家有关公共体育设施用地定额指标规定保证城乡公共体育健身设施建设的用地需求。城乡新建居住区要按照国家有关居住区规划设计规范标准，配套建设公共体育健身设施，并与居民住宅区的主体工程同时设计、同时施工、同时投入使用，政府有关部门要监督落实。加大农村地区的公共体育健身设施建设力度，构建市、县（特区、区）、乡（镇、街道）和行政村（社区）四级基本公共体育设施体系。继续实施和规范管理全民健身路径工程、农民体育健身工程、“雪炭工程”。充分利用公园、绿地、广场等公共场所和山野等自然条件，建设室外公共体育健身设施和户外运动设施。城市建设要考虑居民出行方便，兼顾健身、休闲需要，建设更多健身步道，提供多种便利条件，促进居民体育健身活动。

（三）提高各类体育设施利用率。公共体育设施应根据其功能、特点向公众开放，并在一定时间和范围内，对学生、老年人和残疾人优惠或免费开放。各类学校在课余时间和节假日要向学生开放体育设施，并在确保校园安全的前提下，积极创造条件向公众开放体育设施，市、县（特区、区）政府要对向公众开放体育设施的学校给予经费补贴，为学校办理有关责任保险。新建和改建学校体育设施，要便于向公众开放。维修改造各类体校体育设施，使其成为全民健身活动重要阵地。公园每天有固定时段免费向公众开放体育健身设施。机关、企事业单位体育设施要积极创造条件向社会开放。公共体育设施管理单位要建立健全岗位责任制和改造目标管理责任制，完善综合服务功能，不断提高使用效率。防止公共体育设施被挤占、挪用。

（四）支持社会兴办全民健身事业。充分调动全社会兴办全民健身事业的积极性，扩大社会资源进入全民健身事业的途径，多渠道增加全民健身投入。完善各项优惠政策，鼓励和引导社会力量捐资、出资兴办全民健身业。体育主管部门要会同有关方面加强对经营性体育健身场所的监管。对社会力量兴办体育类民办非企业单位，要在注册登记、工作指导等方面提供支持和保障。

（五）支持基层体育组织建设。积极发展城乡体育健身组织，建立和完善基层体育总会、单项体育协会、人群体育协会、行业体育协会及青少年体育俱乐部、社区体育俱乐部建设。鼓励和支持全民健身活动站点、体育俱乐部等群众性体

育组织开展全民健身活动，宣传科学健身知识。依托体育场馆和休闲场地等公共设施，建立全民健身指导站（点）。机关、企事业单位工会要支持职工体育组织开展体育健身活动。

（六）加强社会体育指导员队伍建设。进一步完善社会体育指导员技术等级制度，吸引、组织从事社会体育指导人员加入社会体育指导员队伍。做好社会体育指导员培训、管理和服务工作。重视培养从事指导少数民族体育和残疾人体育活动的社会体育指导员。相关行政部门要完善培训体系，创新培训方式，提高培训质量，为社会体育指导员开展工作提供必要条件和便利。建立健全社会体育指导员组织体系和档案，充分发挥社会体育指导员协会的作用，做好社会体育指导员培训和各项管理服务工作，完善社会体育指导员职业标准，严格开展职业技能培训和职业技能鉴定工作，逐步做到营利性体育健身场所和指导高危项目的体育健身指导人员，持社会体育指导员职业资格证书上岗工作。鼓励和支持退役运动员通过职业技能培训和鉴定，拓宽就业渠道，为全民健身服务。

（七）扶持发展全民健身服务业。不断创新体育健身新方式，积极开展新兴的户外运动，促进体育与文化、医疗、教育、旅游相融合，促进全民健身与竞技体育、体育产业相融合，互相带动、共同发展。扶持大众化体育健身休闲场所运营和体育健身休闲用品开发，鼓励社会力量兴办体育健身休闲产业。加快体育健身休闲专业人才培养，加强体育健身标准化工作，加快推行体育健身服务质量认证制度，建立和完善体育健身服务规范，提高体育健身科学性、安全性和从业人员服务水平。

（八）做好全民健身信息、科研和法制建设工作。加快全市全民健身公共信息服务网络建设，建立全民健身基础数据统计，提高全民健身公共信息服务能力。继续组织开展国民体质监测和全民健身活动状况调查。建立健全体质测试服务机构，开展城乡居民日常体质测定和科学健身指导。充分发挥体育科研机构和院校的作用，加强全民健身科研工作，组织对重大理论和实践问题的科研攻关，研制推广体育健身新项目、新方法，提高全民健身科学化水平。研究、推广适合不同人群特点的体育健身新项目、新方法。深入落实国家、省关于全民健身的法律法规，加强执法监督检查。

五、组织实施

（一）加强组织领导。本实施计划在市政府领导下，由市文体广电局会同有关部门、群众组织和社会团体共同推行。各县（特区、区）政府要依照本实施计划，根据当地实际情况，制定本行政区域的全民健身实施计划，并责成辖区内体育主管部门会同有关部门共同组织实施。

各级政府及其体育主管部门要切实提高认识，认真履行职责，积极探索全民健身工作的新思路、新办法，加强组织领导，落实政策保障、人员配备、资金投入、监督奖励等措施，并建立目标责任制，签订目标责任书，实行目标考核。

（二）加强成效评估。市、县（特区、区）体育主管部门要会同有关部门不定期对《六盘水市全民健身实施计划（2011—2015年）》的实施情况进行检查指导，并在2014年对实施成效进行全面评估，将评估报告报同级政府和上级体育行政主管部门。各级政府要把全民健身工作列入重要议事日程，定期听取汇报，及时研究工作中的困难和问题。对为全民健身事业作出突出贡献的单位和个人进行表彰。

市人民政府关于促进循环经济加快发展的实施意见

六盘水府发〔2013〕17号

各县、特区、区人民政府，各经济开发区管委会，市人民政府各部门、各单位，中央、省属驻市行政企事业单位：

为认真贯彻《中华人民共和国循环经济促进法》《国务院关于印发循环经济发展战略及近期行动计划的通知》（国发〔2013〕5号）和《国务院关于进一步促进贵州经济社会又好又快发展的若干意见》（国发〔2012〕2号），提升经济社会绿色发展、和谐发展、可持续发展的质量和水平，打造六盘水市经济升级版，结合六盘水市实际，提出如下实施意见：

一、总体思路、基本原则和主要指标

（一）总体思路

以邓小平理论、“三个代表”重要思想和科学发展观为指导，围绕主基调，实施主战略，以建设实力、魅力、活力、文明、幸福六盘水为目标，遵循“减量化、再利用、资源化”的原则，积极构建循环型产业体系，推动资源再生利用产业化，推行绿色消费，形成覆盖全社会的资源循环利用体系，加快转变经济发展方式，推进资源节约型、环境友好型社会建设，提高生态文明水平。

（二）基本原则

坚持以人为本、协调发展的原则。切实将发展循环经济与产业结构调整、节能减排、资源综合利用、加强企业管理相结合，改变传统的生产模式，促进资源的最大化利用、循环利用和可持续利用，推动经济社会与资源的协调发展。

坚持科技引领、调整结构的原则。加快建立循环经济技术体系，积极开展循环经济技术研究开发，大力推广应用先进技术，提高循环经济技术支撑能力和创新能力，依靠科技创新调整产业结构。

坚持减量优先、优化增量的原则。从源头上减少生产、流通、消费各环节能源资源消耗和废弃物产生，大力推进再利用和资源化，促进资源永续利用；统筹对废弃物资源化利用相关产业即静脉产业进行合理布局，推动动脉产业与静脉产业协同发展。

坚持示范带动、全面推进的原则。在农业、工业、服务业各产业，城市、园区、企业各层面，生产、流通、消费各环节培育一批循环经济示范典型，全面推广循环经济典型模式，实现循环经济发展规模化。

坚持因地制宜、突出特色的原则。根据功能定位、经济特点、资源禀赋和环境承载力等状况，科学确定循环经济发展重点，突出特色，充分发挥循环经济促进经济转型升级的积极作用。

（三）主要指标

到2015年，将六盘水市打造成为全国循环经济示范城市和生态宜居城市，将盘县、钟山区打造成为国家循环经济示范县（区）；全市主要资源产出率比2010年提高15%，水资源产出率达95.2元/立方米，建设用地土地产出率比2010年提高43%；工业固体废物综合利用率≥72%，主要再生资源回收率≥70%，工业用水重复利用率>90%，城镇污水处理设施再生水利用率≥15%，城市生活垃圾资源化利用比例达到30%。（注：主要资源产出率、水资源产出率按2010年可比价计算）

二、重点领域和工作任务

（一）构建循环工业体系。

在工业领域全面推行循环型生产方式，实施清洁生产，促进源头减量；推进企业间、行业间、产业间共生耦合，形成循环链接的产业体系；鼓励产业集聚发展，实施园区循环化改造，实现能源梯级利用、水资源循环利用、废物交换利用、土地节约集约利用，促进企业循环式生产、园区循环式发展、产业循环式组合，构建循环型工业体系。到2015年，单位工业增加值能耗、用水量分别比2010年降低21%和30%，工业固体废物综合利用率达到72%，50%以上工业园区达到循环化要求。

1．煤炭工业。继续推进煤矿兼并重组，加快煤矿技改扩能步伐，全面提升煤炭产能、产量。到2015年，煤炭开采利用率达到70%以上，开采损失率低于25%，原煤入洗率达到60%以上，煤矸石综合利用率达到75%，煤层气（瓦斯）抽采利用率达到60%，矿井水综合利用率达到75%，土地复垦率达到60%。

推动煤矿绿色开采。选择先进高效的开采技术，推广矸石充填、以矸换煤等即采即填技术工艺，探索采用保水开采、瓦斯与煤先抽后采或共采等开采方式，提高煤炭资源回采率和煤层气的利用率，鼓励煤层气多渠道利用；推动矿井水用于矿区补充水源和周边地区生产、生活和生态用水。

实施系统节能降耗。鼓励煤矿和选煤厂开展系统节能，淘汰老旧设备和落后选煤工艺，加强工序能耗管理，加大风机、水泵及选煤厂技术改造，加强洗煤废水循环利用，减少电耗、水耗和介质消耗。加大煤泥脱水技术的攻关力度，提高煤泥利用率。

推进矿区生态环境保护。抓紧研究制定奖励、补贴政策，鼓励利用矿区矸石对采空区进行填充，对沉陷区进行立体生态整治，利用矸石、灰渣等进行土地复垦，发展生态农业和旅游业等适宜产业。鼓励复垦土地的再利用。

构建煤基循环经济产业链。推进煤矸石、洗中煤、煤泥发电以及煤矸石制砖和生产水泥，构建煤—电—建材产业链，做到再生利用、循环利用、“吃干榨净”。推进煤制烯烃、煤制乙二醇、煤制二甲醚等项目建设，构建煤—焦—化、煤层气—能（源）—化工等煤基多联产产业链。

2．电力工业。到2015年，火电平均供电煤耗降到325克标准煤/千瓦时，粉煤灰综合利用率达到70%，脱硫石膏综合利用率达到80%。

加强节能降耗。调整优化电源结构，淘汰落后小火电机组，提高火电机组技术装备水平。加大锅炉、风机、水泵等设备节能改造，推广等离子无油点火等节能技术，降低用电率；加快热电和关联产业项目建设进度，严格实行“以热定电”；加快智能电网建设和电网节能技术改造，提高电网传输效率，有效降低线损。

推进粉煤灰、脱硫石膏综合利用。鼓励利用粉煤灰生产建材产品，推广粉煤灰在市政建设、筑路等工程中的应用，有序推进在高铝粉煤灰中提取氧化铝，支持粉煤灰经超细化加工作为造纸、橡胶等的填充材料。鼓励利用脱硫石膏生产纸面石膏板、高档装饰建材及改良盐碱土壤等。

支持可再生能源发电和资源综合利用电厂建设。优先支持水能、风能、太阳能、生物质能等可再生能源发电以及符合条件的煤层气、煤矸石、余热余压、垃圾等综合利用电厂并网发电。

构建发电与相关产业的循环经济链。构建发电—粉煤灰—建材、筑路、建筑工程，发电—高铝粉煤灰—氧化铝，发电—脱硫石膏—建材及装饰材料，煤矸石、垃圾、污泥—发电—灰渣—建材等产业链，鼓励电力企业利用余热资源为城市供暖供热。

3．钢铁工业。到2015年，吨钢综合能耗降到580千克标准煤，吨钢耗新水量降到4立方米，冶炼废渣综合利用率达到97%，重点钢铁企业焦炉干熄焦普及率达到95%以上。

强化节能降耗。加快淘汰落后高炉、转炉等。推广连铸坯热送热装和直接轧制技术。优化烧结、球团生产工艺，提高精料水平。优化高炉炉料结构。推广干熄焦、干法除尘、烧结余热回收、干式压差发电（TRT）、高效喷煤、蓄热式燃烧、全燃煤气发电等技术。

推动余热余压、固体废物和废水资源化利用。大力推广焦炉、高炉、转炉副产煤气回收利用和各工序余热余压发电，鼓励燃气蒸汽联合循环发电。鼓励转炉渣、含铁尘泥、氧化铁皮回炉烧结，利用高炉渣、转炉渣生产水泥等建材产品。推动焦油、焦炉煤气、粗苯等焦化副产品综合利用。鼓励建立企业内部水循环系统，对废水进行分质串级循环利用。

鼓励钢铁生产系统与社会生活系统循环链接。鼓励钢铁企业利用余热资源为城市供暖供热。大力推动钢铁企业消纳废塑料等废弃物。建立废钢回收体系，支持钢铁企业建设废钢加工配送基地。

构建钢铁行业循环经济产业链。构建焦化、冶炼—副产煤气、余热余压—发电，冶炼—废渣—建材，冶炼—含铁尘泥—烧结，炼焦—焦油、煤气—化工产品，冶炼—钢铁产品—废钢铁—电炉炼钢等产业链。

4. 有色金属工业。构建冶炼—废渣—有色金属，冶炼—尾气—化工产品，冶炼—余热—发电（供暖供热），冶炼—有色金属—再生金属—冶炼等产业链；到2015年，铝锭综合交流电耗降到13300千瓦时/吨，工业用水循环利用率达到87%。

强化节能降耗。大力推广先进适用技术和装备，优化生产工艺流程，强化节能管理；重点推广新型阴极结构铝电解槽、低温高效铝电解等先进节能工艺技术，用液体沥青代替固体沥青、电解质块代替冰晶石；加快短流程连续炼铅、液态铅渣直接还原炼铅等技术开发和推广应用。鼓励热送热装、直接铸造。

推动冶炼废渣、废气、废液和余热资源化利用。推进从冶炼废渣中提取有价组分；加强余热利用和冶炼废水循环利用。

推进废有色金属再生利用。推进再生铝高值利用，提高在有色金属产量中的比重；支持从废铅酸蓄电池提取废酸和铅等。

5. 化学工业。构建气化工—废渣—水泥，焦化—废渣—水泥等化学工业循环经济产业链。到2015年，行业平均中水回用率达到90%，固体废物综合利用率达到75%。

推进节能降耗。煤化工行业重点推广先进煤气化、节能高效脱硫脱碳、低位能余热吸收制冷等技术，鼓励再生水、矿井水利用及余热回收发电或供暖供热。

推动“三废”（废水、废气、废渣）资源化利用。煤化工行业重点推进废渣用于生产水泥、砖等建材产品，推广煤制烯烃水循环利用、碎粉加压气化含酚废水治理、中水回用、高浓盐水处理、低温余热利用、高温气体热利用等技术。

6. 建材工业。构建工业生产—废渣—建材，建筑废弃物、路面材料—建材，水泥、玻璃生产—余热—发电，水泥—粉尘—水泥，玻璃—废玻璃—玻璃，陶瓷—废陶瓷—陶瓷，石材—废碎石、石粉—人造石、砖，复合材料—废复合材料—复合材料等产业链。到2015年，水泥熟料综合能耗降到112千克标准煤/吨，水泥生产线纯低温余热发电比例提高到70%以上，新型墙体材料比重达到65%以上，水泥窑协同资源化处理废弃物生产线比例达到10%。

加强节能降耗。重点推进窑炉等热工设备节能改造；继续推广大型新型干法水泥生产线，推进水泥粉磨、熟料生产等节能改造；推广纯低温余热发电等窑炉余热梯级利用技术；加强粉尘回收利用；加大对新型建材产业和建材综合利废的支持力度，择优扶持建材企业，组织开展新型建材产业化示范和资源综合利用示范工程的建设。

推动利废建材规模化发展。推进利用矿渣、煤矸石、粉煤灰、尾矿、脱硫石膏、建筑废弃物和废旧路面材料等大宗固体废弃物生产建材；优先发展高档次、高掺量的利废新型建材产品；推动废玻璃、废玻纤、废陶瓷、废复合材料、废碎石及石粉等回收利用并生产建材产品；推进墙体材料革新，进一步扩大禁止生产和使用实心粘土砖（实心页岩砖）的范围。

发展绿色建材产品。鼓励发展节能玻璃、太阳能玻璃、复合多功能墙体材料、木塑复合材料等新材料；提高高标号水泥及高性能混凝土的应用比例，推进水泥及混凝土用量的减量化。

推进水泥窑协同资源化处理废弃物。鼓励水泥窑协同资源化处理城市生活垃圾、污水厂污泥、危险废物、废塑料等废弃物，替代部分原料、燃料，推进水泥行业与相关行业、社会系统的循环链接。

7. 食品工业。构建稻谷加工—稻壳—稻壳碳、生物质能，稻谷加工—米糠—米糠油、米糠蛋白，小麦加工—麦胚、麸皮—麦胚油、膳食纤维，肉类加工—皮毛、内脏、血液—医药、生化产品等，发酵/酿酒—酒糟、残渣—无害化处理—有机肥、饲料，发酵/酿酒—废液—沼气，水果蔬

菜加工—果渣—饲料，茶叶加工—茶渣—无害化处理—肥料等产业链。到2015年，食品行业单位工业增加值能耗、用水量分别比2010年降低16%、30%，食品工业副产品综合利用率提高到80%以上。

加强节能降耗。加快淘汰落后产能，加快推广节能、节水、节粮工艺技术和装备；优化生产工艺，实现生产过程中水和热的循环梯级利用；大幅度减少食品过度包装。

推进食品加工副产物和废弃物资源化利用。粮食加工行业重点推进利用稻壳、米糠、麦胚、麸皮等副产物生产稻壳碳、米糠油、米糠蛋白、玉米油、麦胚油、膳食纤维等；发酵、酿酒行业重点推进利用酒糟、废液等进行无害化处理，将其作为生产饲料、有机肥料、生物质能等原料利用；加强废水循环利用。加强过期食品、召回食品的无风险资源化利用。

推动食品行业与上下游产业一体化发展。鼓励食品行业向上下游产业延伸，建立从原料生产到终端消费的全产业链，促进各环节有效衔接；推广以种植、养殖、加工一体化为特征的工农业复合型循环经济发展模式。

8. 产业园区。积极推进新建、搬迁企业和项目园区化、集聚化发展，推动各类产业园区实施循环化改造，构建循环经济产业链，实现企业、产业间的循环链接，提高产业关联度和循环化程度，促进园区绿色低碳循环发展。

构建园区循环经济产业链。根据物质流和产业关联性，对园区进行功能分区，合理布局企业、产业、基础设施及生活区；推进园区改造提升传统产业，培育发展战略性新兴产业，促进产业结构优化升级，形成园区企业之间原料（产品）互供、资源共享的一体化；专业性产业园区要纵向延伸产业链；综合性产业园区要“补链”招商，促进产业横向耦合；工农业复合型产业园区要推进农副产品深加工利用，延长产业链，提高附加值；提高新建和搬迁改造园区的产业关联度和循环化程度。

推进园区资源高效循环利用。推动园区内企业废物交换利用、废水循环利用、能源梯级利用、土地节约集约利用；推进园区生活污水再生利用，建设雨水收集利用设施；大力发展清洁能源和可再生能源；鼓励专业化服务公司为园区废物管理提供“嵌入式”服务。

推行园区基础设施绿色化。对园区内供水、供电、供热、道路、通信等公共基础设施实施绿色化改造，促进共建共享、集成优化；加快园区污染物集中治理设施建设及升级改造，鼓励园区创新环境服务模式，积极推进污水、垃圾处理设施建设和运行专业化、社会化。

（二）构建循环农业体系。

大力推动资源利用节约化、生产过程清洁化、产业链接循环化、废物处理资源化，形成农林牧渔多业共生的循环型农业生产方式，加快农业机械化，推进农业现代化，改善农村生态环境，提高农业综合效益，促进农业发展方式转变。同时，鼓励支持发展家庭农场。

1. 种植业。

发展节约型种植业。推广使用节能型农业机械，推广普及节能型太阳能蔬菜大棚；推广普及管道输水、膜下滴灌、水肥一体化等高效节水灌溉技术，支持旱作农业示范基地建设，加大旱作节水农业技术推广力度，大力推广测土配方施肥技术；科学使用化肥，鼓励农民增施有机肥，提升土壤有机质含量，减少不合理化肥施用量，大力推广农作物病虫害综合防治技术；推广使用高效、低毒、低残留农药；开展有机农产品基地建设。

推动农作物秸秆综合利用。因地制宜推广农作物秸秆饲料化、肥料化、基料化、原料化、燃料化等利用方式，重点推进秸秆过腹还田、腐熟还田和机械化还田，鼓励利用富含营养成分秸秆加工制作饲料，推广应用秸秆栽培食用菌，发展新型秸秆代木、功能型秸秆木塑复合型材，推广秸秆制沼集中供气、固化成型燃料等；推动农田残膜、灌溉器材回收利用。

2. 林业。

加强林竹加工业节能降耗。大力发展木材精深加工，严格控制木材粗加工项目；加快淘汰高耗能落后工艺、技术和设备，推动木材、竹材加工设备节能改造。

推动林竹废弃物资源化利用。鼓励利用采伐、造材、加工等林业“三剩物”（采伐剩余物、造材剩余物、加工剩余物）和次小薪柴生产板材、培养食用菌等，鼓励对食用菌培养基进行再利用；推动利用竹业“三剩物”生产竹碳、活性碳、精制醋粉等产品以及进行延伸加工利用。

构建林业循环经济产业链。构建林业—“三剩物”、次小薪柴—板材，林业加工—木屑—食用菌—培养基—饲料、肥料，竹业—“三剩物”—竹炭、活性炭，竹业—“三剩物”—醋液—醋粉—药品、保健品，竹业—竹屑—型材，林竹—制浆—造纸等产业链。

3．畜牧业。

推进畜禽养殖清洁生产。推进适度规模养殖，鼓励养殖与种植相结合，建设标准化畜禽养殖场，推广畜禽清洁养殖、雨污分流、干湿分离和设施化处理技术；支持深加工集成养殖模式，发展饲料生产、畜禽养殖、畜禽产品加工及深加工一体化养殖业；发展畜禽圈舍、沼气池、厕所、日光温室“四位一体”生态农业。

加强畜禽粪污资源化利用。鼓励利用畜禽粪便发展农村户用和集中供气沼气工程，鼓励利用畜禽粪便、秸秆、有机生活垃圾等多种原料发展大型沼气工程；推广堆肥处理、工厂化生产有机肥、好氧发酵农田直接施用技术，促进养殖粪污资源化利用和无害化处理。推动畜禽加工副产物和废弃物利用；提高畜禽加工附加值。支持开展屠宰废水循环利用。

构建农牧业循环经济产业链。构建畜禽粪便—沼气—发电，畜禽粪便—沼气—沼渣、沼液—无害化处理—肥料、农药—农林作物，畜禽加工—副产物—生化制品等产业链。

4．渔业。

推行设施渔业清洁生产。发展设施渔业立体生态养殖，推广使用优质良种和安全高效配合饲料，集成标准化饲养、疫病防控、安全用药等关键技术，发展循环水节水养殖；实现养殖水域空间资源合理利用；鼓励利用稻田、采矿塌陷区发展水产养殖。

延伸渔业循环产业链。促进水产养殖业与种植业有效对接，实现鱼、粮、果、菜协同发展；鼓励利用鱼类、虾蟹、贝藻以及水产加工副产物，生产氨基酸、调味品、保健品等产品。

5．工农业复合。

推进种植业、养殖业、农产品加工业、生物质能产业、农林废弃物循环利用产业、高效有机肥产业、休闲农业等产业循环链接，形成无废高效的跨企业、跨农户循环经济联合体，构建粮、菜、畜、林、加工、物流、旅游一体化和第一、第二、第三产业联动发展的现代工农业复合型循环经济产业体系；大力推广农业循环经济典型模式，重点培育推广畜（禽）—沼—果（菜、林、果）复合型模式、农林牧渔复合型模式、上农下渔模式、工农业复合型模式等，提升农业综合效益。

（三）构建循环服务业体系。

推进服务主体绿色化、服务过程清洁化，促进服务业与其他产业融合发展，充分发挥服务业在引导人们树立绿色循环低碳理念，转变消费模式方面的积极作用。

1．旅游业。

加强旅游资源保护性开发，严格执行旅游项目环境影响评价制度，合理确定景区游客容量；设施建设采用节能环保产品，积极利用可再生能源，配套建设污水再生利用、雨水收集、垃圾无害化处理系统；支持旅游景区使用节能环保交通工具，开发绿色旅游产品，科学设置垃圾分类回收装置，推进废弃物分类回收和资源化利用；大力倡导低碳旅游出行方式，在旅游景区加强生态科普宣传教育，传播绿色低碳理念。

2．通讯服务业。

鼓励通讯企业采用分布式基站网络结构，在全市范围内推进绿色基站建设；合理设计供电方案，推广应用绿色电源；推进绿色数据中心建设，加快老旧设备退网，鼓励建设云计算、仓储式及集装箱式数据机房，推动广泛应用先进节能技术，加大节能改造力度，提高数据中心和机房的能源利用效率；探索采用押金制等方式建立废旧手机、电池、充电器等通信产品的回收体系，提高回收率。推进手机充电器、电池标准化工作。

3．零售批发业。

积极推行清洁生产。开展清洁生产审计、ISO14000环境管理体系认证；推动现有商用建筑进行保温、隔热改造并对采暖、制冷、通风、照明、冷藏等系统进行节能改造，采用自动控制扶梯等节能设备和技术；鼓励发展连锁经营、统一配送、电子商务等现代流通方式，运用物联网技术强化资源整合和供应链全程优化。

推进废弃物回收利用。鼓励零售批发企业对废弃包装物、废弃食品、垃圾等进行分类回收；

鼓励批发零售企业采用以旧换新等方式回收废旧商品；严格执行“限塑令”。

推动绿色消费。充分发挥零售批发业连接生产和消费环节的桥梁作用，支持零售批发业采购节能环保产品，鼓励商贸流通企业开设绿色产品销售专区、专柜等，向消费者推介绿色产品，带动绿色产品生产；积极培育租赁业、旧货业发展，促进产品再利用。

4. 餐饮住宿业。

推进餐饮住宿业绿色化。推动餐饮住宿业对照明、空调、锅炉系统进行节能改造，使用节能节水产品和无磷高效洗涤剂，分类排放生活垃圾，分类存放餐厨废弃物；鼓励大型住宿餐饮企业建设具有集中加工、采购、贮存和配送功能的厨房。

倡导绿色服务。倡导减少使用一次性木筷、快餐盒以及客房一次性牙刷、剃须刀等用品；鼓励企业开设绿色客房并给予消费者相应优惠；鼓励餐饮企业实行分餐制，提供科学合理的菜单及不同规格的盛具。

5. 物流业。

提高物流运行效率。大力发展多式联运，促进多种运输方式合理分工运行，削减总行驶量；强化产地物流功能，实行“减量化”运输；抓住物流节点城市这块牌子，建立以城市为中心的公共配送体系，优化城市配送网络，鼓励统一配送和共同配送；推广可多次利用的周转包装，支持托盘共用系统建设，实现包装物的梯级利用，加强对废弃包装物的回收和再生处理。

加快绿色仓储建设。合理规划和优化仓库布局，采用现代化储存保养技术，降低各类仓储损耗；完善仓储设施节能环保标准；规范有毒化学品、放射性物品、易燃易爆物品的仓储保管；支持仓储设施利用太阳能和其他清洁能源。支持建设绿色生态型物流园区。

（四）推进社会层面循环经济发展。

加快完善再生资源和垃圾分类回收体系，推动再生资源利用产业化，发展再制造，推进餐厨废弃物资源化利用，实施绿色建筑行动和绿色交通行动，推行绿色消费，实施大循环战略，加快建设循环型社会。

1. 完善再生资源回收体系。

规范再生资源回收网络。加快建设城市社区和乡村回收站点、分拣中心、集散市场三位一体的回收网络；鼓励各类投资主体积极参与建设、改造回收站点和专业分拣中心。

健全生活垃圾分类回收体系。完善生活垃圾分类回收、密闭运输、集中处理体系，在社区及家庭推行垃圾分类排放；鼓励居民分开盛放和投放厨余垃圾，建立高水分有机生活垃圾收运系统，实现厨余垃圾单独收集、循环利用。

加强重点再生资源回收。落实有关优惠政策，做好废金属、废塑料、废玻璃、废纸等传统再生资源的回收，提高回收率；创新回收方式，强化监督管理，推进废电器电子产品、报废汽车、废旧轮胎、包装物、废旧纺织品的回收，推动废铅酸电池、废镉镍电池、废弃含汞荧光灯、废温度计、废弃农药包装物等有害废物的回收。

建立旧件逆向回收体系。支持建立以汽车4S店、特约维修站点为主渠道，回收拆解企业为补充的汽车零部件回收体系；积极利用现有再生资源回收网络，做好机动车零部件、机床、工程机械、矿山机械、农用机械、冶金轧辊、复印机、计算机服务器以及墨盒、硒鼓等回收工作；开展消费者交回旧件并以置换价购买再制造产品（以旧换再）的工作，扩大再制造旧件回收规模。

2. 推动再生资源利用产业化发展。

推动废旧机电产品、电线电缆、通信设备、汽车、家电、手机、铅酸电池、塑料、橡胶、玻璃等再生资源利用的规模化、产业化发展，带动就业，提高产值。鼓励通过兼并、重组、联营等方式，加快行业整合力度，提高产业集中度，推进再生资源规模化利用。

推进再生资源高值化利用。支持再生资源利用企业延长产业链，加快形成覆盖分拣、拆解、加工、资源化利用和无害化处理等环节的完整产业链，着力加强深度加工利用，提高产品附加值。做好执法部门罚没产品的回收利用工作。

3. 实施绿色建筑行动。

推进建筑节能改造。大力推进城市综合体等大型公共建筑和办公建筑采暖、通风、照明等节能改造，开展居住建筑节能改造试点；鼓励在旧城区综合改造、市容整治、建筑抗震加固中，采用加层、扩容等方式开展节能改造。

强化新建建筑节能。严把设计关口，加强施工图审查，城镇建筑设计阶段100%达到节能标准要求；加强施工阶段监管和稽查，到2015年，施工阶段节能标准执行率达到100%；严格建筑节能专项验收，对达不到节能标准要求的不得通过竣工验收；鼓励有条件的地区、项目开展执行节能65%标准的试点、示范工作。

发展绿色建筑。加强新区绿色规划，积极推进绿色建筑设计和施工；重点推动党政机关、学校、医院以及剧院、博物馆、科技馆、体育馆、文化馆、图书馆等建筑执行绿色建筑标准；在商业房地产、工业厂房中推广绿色建筑，鼓励商品住宅装修一次到位，倡导简约适度装修；推进建筑废物集中处理、分级利用，生产高性能再生混凝土、混凝土砌块等建材产品。

推进农村建筑节能。引导农房按绿色建筑标准进行设计和建造，加大工作支持力度，调整农村用能结构，推广应用太阳能、生物质能和农房节能技术；推动绿色小城镇发展。到2015年，支持建设一批节能农房和农村危房改造开展建筑节能示范，全市乡（镇、街道）规划区内新建公共建筑节能标准执行率达到70%以上。

4. 构建绿色综合交通运输体系。

构建综合交通运输体系。统筹衔接各种运输方式，加快实现“零距离换乘”和“无缝化衔接”；新建机场、车站严格执行建筑节能标准，充分利用自然光、太阳能等可再生能源，积极使用节能环保产品；鼓励再生利用道路沥青以及利用粉煤灰筑路、建桥等。

运营服务环节大力提高能源资源利用效率。引导采用绿色环保型交通工具，加快淘汰老旧车辆；加快车站节能节水改造；扩大新材料、新技术的应用，降低非牵引能耗；大力推广甩挂运输、不停车收费系统（ETC）。

倡导绿色出行。完善城市交通系统，加强城市步行和自行车交通系统建设，加快建成轨道交通，推进不同公共交通体系之间以及市内公交系统与铁路、高速公路、机场等之间无缝衔接；引导居民外出多乘公共交通，少开私家车。

5. 推进餐厨废弃物资源化利用。

推动建立规范的餐饮企业、单位食堂餐厨废弃物定点收集、密闭运输、集中处理体系，逐步建立家庭厨余垃圾收运体系；支持餐厨废弃物资源化利用设施建设，鼓励利用餐厨废弃物生产沼气、生物柴油、工业油脂、有机肥等；推动对城市餐厨废弃物收集、运输、处理实行许可或备案制。加大对餐厨废弃物资源化利用和无害化处理的监管，严厉打击用“地沟油”等餐厨废弃物生产食用油等违法行为。到2015年，市中心城区初步实现餐厨废弃物分类收运和资源化利用。

6. 推行绿色消费。

引导节约消费、适度消费，反对铺张浪费，提高全社会节能、节水、节材、节粮意识；鼓励消费者购买和使用节能环保产品、节能省地住宅，拒绝使用一次性用品；鼓励自备购物袋，禁止使用超薄塑料购物袋。限制企业对商品进行过度包装；倡导绿色、环保、简约、实用的装修理念，抵制奢华、过度装修住宅；鼓励外出就餐适度点餐、餐后打包，婚丧嫁娶等红白喜事用餐从简操办；倡导生态旅游，杜绝随意丢弃垃圾，自觉进行垃圾分类。鼓励网上购物、视频会议、无纸化办公，珍爱野生动植物。

7. 构建节约型机关。

大力推行“电子政务”。实现公文处理无纸化、信息资源数字化、业务管理电脑化、工作流程网络化；办公文稿从起草、校对、审核到签发，文件收发、资料存储和信息交换全部在局域网上操作；加强办公设备管理。减少空调、计算机、复印机等用电设备的待机能耗；加强公务用车编制管理和日常运行管理，控制公务用车编制和配备标准，严格实行审批和政府集中采购；政府机关要在节能、节水、节纸、节粮等方面率先垂范，严格执行强制或优先采购节能环保产品制度，健全公务接待用餐管理制度，切实建设节约型政府。

8. 实施大循环战略。

在推动企业内部、园区内部、产业内部实行清洁生产和资源循环利用的基础上，遵循生态循环规律，打破行业之间、企业之间、产业之间、县域之间的各种障碍，在全市范围内实施大循环战略，推动产业之间、生产与生活系统之间、市内外之间的循环式布局、循环式组合、循环式流通，加快构建循环型社会，全面推进循环发展，实现资源利用可循环、环境容量可承载、经济发展可持续。

三、实施国家循环经济“十百千”示范行动

到2015年，通过实施国家循环经济“十百千”示范行动，实现技术突破和管理创

新，推动六盘水市创建全国循环经济示范城市工作取得阶段性成果。

（一）打造国家循环经济十大示范工程。

1．资源综合利用示范工程。建设矿产资源综合利用示范基地；建设煤层气、煤矸石、矿井水综合利用示范工程；建设建筑和道路废物资源化利用示范工程；建设雨水收集利用和再生水利用示范工程。

2．产业园区循环化改造示范工程。选择基础条件好、改造潜力大的省级开发区开展循环化改造示范；支持改造综合性园区和重化工集中的园区，推动产业间横向耦合、纵向延伸、循环链接；支持改造工农业复合型产业园区，推动农林产品及副产物深加工利用。

3．再生资源回收体系示范工程。建设网点布局合理、管理规范、回收方式多元化、重点品种回收率高的再生资源回收体系示范县（特区、区），规范建设覆盖全市的废旧商品回收分拣系统，培育组织化规模化程度高、技术先进的龙头企业，推动一批商贸流通企业参与回收体系建设。

4．“城市矿产”基地建设示范工程。建设技术先进、环保达标、管理规范、利用规模化、辐射作用强的国家“城市矿产”示范基地。

5．再制造产业化示范试点工程。建设再制造产业示范基地，推动再制造业集聚发展。建设具有一定基础的机动车零部件、机床、工程机械、矿山机械、农用机械、冶金轧辊、复印机、计算机服务器以及墨盒、硒鼓等旧件回收、再制造加工、检测和质量控制工程试点。积极培育再制造专业化服务机构。

6．餐厨废弃物资源化利用和无害处理示范试点工程。选择几个点开展餐厨废弃物资源化利用和无害化处理示范试点，支持回收利用体系和能力建设，健全标准和规范，实现餐厨废弃物安全、高效利用和无害化处理。

7．生产过程协同资源化处理废弃物示范工程。发挥建材、钢铁、电力等行业消纳废弃物的功能，培育协同资源化处理废弃物示范企业（单位），消纳污泥、生活垃圾、危险废物等。

8．农业循环经济示范工程。在全市交通干道、机场、高速公路沿线范围内选择农业生产组织实施秸秆综合利用试点示范工程，支持建设产品加工副产物资源化利用、稻田综合种养植（殖）、畜禽粪便能源化利用、工厂化循环水养殖节水示范工程。

9．循环型服务业示范工程。选择几家管理水平较高的餐饮住宿企业开展绿色化改造示范工程，选择几家物流企业开展绿色物流示范试点，选择几个旅游景区实施旅游业循环经济示范工程，推动服务行业实行清洁生产，推行绿色服务模式，引导消费者建立绿色消费方式。

10．资源循环利用技术产业化示范推广工程。选择基础较好、技术力量较强的高校、科研单位或大型企业，支持建设循环经济重点工程实验室、技术中心、工程研究中心和质量检测中心。加强源头减量、循环利用、再制造、零排放、产业链接等循环经济关键共性技术研发。

（二）创建国家百个循环经济示范城市（县）。

选择盘县、钟山区作为六盘水市打造国家循环经济示范县（区），全面推行循环型生产方式和绿色消费模式，率先构建起覆盖全社会的资源循环利用体系，资源产出率提高幅度达到全国平均水平，通过发展循环经济探索实现转型发展的道路，为全市、全省循环经济建设发挥示范引领作用。

（三）培育国家千家循环经济示范企业（园区）。

选择钟山经济开发区、盘北经济开发区、水城经济开发区、水月工业园区、首钢水城钢铁（集团）公司、路喜工业园区、双元铝业等骨干企业或园区，树立循环经济典型。示范园区（企业）的资源产出率、土地产出率、单位产值能耗、物耗、水耗、产业废弃物综合利用率、工业用水重复利用率等各项指标要达到或高于国内领先水平。每年选择10户企业作为试点，探索循环经济的发展路子，在全市主要产业中加快建成一大批循环经济型企业。新建产业园区要按照生态工业学原理，制定相应政策和措施，科学筛选和确定入园项目，实现整体效益最大化。

实施循环经济“十百千”示范行动，以企业自主投资为主，国家和地方政府通过现有政策和资金渠道给予必要的资金支持。争取的上级补助资金重点支持相关公益性基础设施、公共服务平台、重点项目、能力建设及关键共性技术产业化示范和推广应用。鼓励金融机构和社会主体将资金投向循环经济重大工程。鼓励企业通过自有资本、银行贷款、上市融资等方式实施循环经济重大工程。

四、保障体系

（一）加强组织领导。全市上下要从战略和全局的高度增强循环经济发展的紧迫感和责任感，切实加强对循环经济工作的组织领导。六盘水市循环经济示范城市建设领导小组（以下简称领导小组）组长调整为市长担任，分管副市长任副组长，各相关部门主要负责人为成员，具体负责全市发展循环经济的指导和协调，研究解决工作中的矛盾和问题。领导小组办公室设在市环保局，负责全面推进循环经济发展工作。各县（特区、区）、各单位、各部门也要成立相应的机构，主要领导要亲自抓，分管领导要具体抓，建立健全工作协调机构，明确领导责任和相关部门的职责分工，形成一级抓一级，层层抓落实的工作格局，切实做到领导到位，责任到位，投入到位，措施到位。

（二）强化宣传教育。要充分发挥广播、电视、报刊、杂志、互联网、手机等媒介的作用，开辟专栏、组织专题，利用每年的“节能宣传周”“环境宣传周”及“世界环境日”等集中宣传时机，加大对循环经济的宣传报道力度，提高全社会特别是各级领导干部的对发展循环经济、转变经济发展方式的认识。大力倡导节俭文明的生活方式，转变消费观念，规范消费行为，逐步形成节约资源、保护环境的科学消费方式。

（三）加大投入力度。市、县（特区、区）政府投资主管部门，在制定和实施投资计划时，对有利于发展循环经济的重大项目和技术开发，要给予直接投资或资金补助、贷款贴息等支持。要发挥政府投资对社会投资的引导作用，引导各类金融机构对促进循环经济发展的重点项目给予金融支持。鼓励民间资本、不同经济成分和各类投资主体参与循环经济发展。建立六盘水市循环经济发展专项资金，重点用于全市循环经济推动、重点项目的实施、技术推广、示范试点、政策研究和宣传培训等。

（四）狠抓工作落实。《国务院关于印发循环经济发展战略及近期行动计划的通知》（国发〔2013〕5号）对做好循环经济工作提出了更高的要求，各县（特区、区）、各部门、各单位要结合各自工作实际，认真研究，制定提出本县（特区、区）、本部门具体实施意见和行动计划，明确各自发展循环经济目标任务、工作重点、产业体系、重点产业链和具体项目，细化目标任务，精心组织，狠抓落实，扎扎实实地推进循环经济工作发展，争创全国循环经济示范城市，为全国循环经济发展做出表率和示范。

（五）加强监督检查。各县（特区、区）、各部门、各单位要进一步转变作风，深入调查研究，真抓实干，勇于探索，不断创新工作思路和方法，创造性开展工作。要认真总结和推进各县（特区、区）、各部门、各单位发展循环经济的经验，搞好阶段性总结，及时协调解决工作中存在的困难和问题。要加强监督检查，定期通报工作进展情况，把各项工作和措施落到实处，确保全市循环经济工作取得实实在在的成效。

（六）完善考核机制。从2013年起，市、县（特区、区）要把发展循环经济的各项指标任务纳入政府目标管理体系和干部考核体系，落实目标责任制，建立奖惩机制，对在循环经济发展研究、试点、示范、推广、实施等方面做出显著成绩的单位和个人给予表彰奖励，对未完成指标任务的各县（特区、区）、各部门、各单位和企业进行通报批评，并给予必要的处罚。

2013年8月8日

市人民政府关于深化医药卫生体制改革的实施意见

六盘水府发〔2013〕24号

各县、特区、区人民政府，各经济开发区管委会，市人民政府各部门、各直属机构，中央、省属驻市行政企事业单位：

根据《国务院关于印发“十二五”期间深化医药卫生体制改革规划暨实施方案的通知》（国发〔2012〕11号）和《省人民政府关于印发贵州省“十二五”期间深化医药卫生体制改革规划暨实施方案的通知》（黔府发〔2012〕36号），围绕建成小康社会，为实现2020年人人享有基本医疗卫生服务既定目标，结合六盘水市经济社会发展水平和居民健康需求，提出如下实施意见：

一、基本现状

（一）改革成效

1．全民医疗保障制度基本建立，保障水平显著提升。覆盖城乡居民的基本医疗保障制度基本建立，2012年全市职工基本医疗保险（以下简称职工医保）、城镇居民基本医疗保险（以下简称城镇居民医保）和新型农村合作医疗（以下简称新农合）参保（合）人数分别达28.8万人、35.84万人和221.55万人，覆盖率达95%。城镇居民医保和新农合人均筹资标准达290元，普遍建立了门诊统筹，政策范围内住院费用支付比例达78.6%；取消了医疗救助起付线和医疗救助病种限制，适度扩大救助范围，保障范围不断扩大。

2．国家基本药物制度初步建立，药品价格明显降低。全市104所公办基层医疗卫生机构和1037所行政村卫生室全部实施国家基本药物制度，实现基本药物网上集中采购，全市累计采购基本药物26962.32万元，减轻群众用药负担4758万元。

3．卫生队伍建设得到加强，人力资源大幅增加。2012年，全市卫生技术人员总数达10246人，千人比为3.17；执业（助理）医师总数达3954人，千人比为1.22；护士总数达3978人，千人比为1.23。学历结构上，中专学历占29.24%，大专学历占42.27%，本科学历占28.05%，研究生及以上学历占0.44%。全市乡镇卫生院共有人员编制2536个，在编1457人，外聘无编人员500余人，共有主治医师94人，执业（助理）医师712人，执业护士199人；社区卫生服务机构共有卫生人员299人；村卫生室共有村卫生员1862名。政府对村医的补助标准每月人均达817元以上。同时，全力实施全科医生为重点的基层医疗卫生队伍人才培养规划，4年累计培训7231人次。

4．卫生基础建设力度加大，就医环境日益改善。2009年来，开工建设4所县级医院，现六枝特区人民医院已完工投入使用。改扩建35所乡镇卫生院：2009年改扩建8所，2010年改扩建3所，2012年改扩建19所；新建1037所村卫生室；完成4所社区服务中心建设：2009年建成黄土坡、凤凰、荷城社区卫生服务中心，2010年建成德坞社区卫生服务中心。市人民医院综合住院楼，市第二人民医院外科大楼于2011年底建成并投入使用。市妇女儿童医院、市第三人民医院正在积极建设中。完成创建“三甲”医院5所，截至2013年6月已全部通过省卫生厅组织的评审；“二甲”医院5所，2011年评审通过4所，2012年评审通过1所。

5．公共卫生服务水平不断提高，群众受益面不断扩大。国家重大公共卫生服务项目全面实施，基本公共卫生服务项目由国家规定的10类扩展到13类，人均经费标准达30元。甲乙类传染病得到有效控制，人均期望寿命达到73.45岁。

（二）存在问题

1．卫生人员总量不足，素质偏低，配置不合理。无资质人员所占比重较大，城乡卫生人才配置差距大，优质医疗资源主要集中在中心城区，其中60%以上的卫生技术人员集中在市、县（特区、区）中心城区，城乡医疗资源失衡现象严重。现有高级职称人数少、年龄偏大，高级职称占全市卫生技术人员总数的5.88%，中级职称占17.59%，初级职称占43.94%，无职称占32.59%；高学历人才缺乏，研究生及以上学历仅占0.44%。引进高层次人才和急需特殊人才所能提供的优惠政策吸引力不足。

2．投入不足，服务水平不高。全市公立医院由于举债建设，资金压力较大，一定程度上制约了发展。基层卫生人员不足且不稳定、技术设备较落后、待遇偏低和保障不足，致使基层医疗服务能力不能满足人民群众的需求。同时，由于竞争发展意识不强，学术氛围不浓、重点学科建设不够，医疗技术服务水平不高、以药补医的局面尚未根本改变，看病难、看病贵的问题还没有得到根本解决。

二、目标任务

到2015年，基本医疗卫生服务能力不断提升，卫生总费用增长得到合理控制，政府卫生投入增长幅度高于经常性财政支出增长幅度，政府卫生投入占经常性财政支出的比重逐步提高，群众负担明显减轻，个人卫生支出占卫生总费用的比例降低到15.5%以下，看病难、看病贵问题得到有效缓解。全市每千人拥有床位数达到4张，千人口执业（助理）医生数达到1.5人，5岁以下儿童死亡率控制在12‰以下。每千人口卫生技术人员达到4.5人以上，婴儿死亡率控制在10‰以下，孕产妇死亡率控制在30/10万（10万分之30）以下。人均期望寿命达到75岁。

到2020年，基本医疗卫生服务水平和效率明显提高。卫生总费用增长更趋合理，政府卫生投入增长幅度高于经常性财政支出增长幅度，政府卫生投入占经常性财政支出的比重显著提高，群众负担大幅减轻，个人卫生支出占卫生总费用的比例降低到10%以下，基本解决看病难、看病贵问题。全市每千人拥有床位数5张以上，千人口执业（助理）医生数达2人，5岁以下儿童死亡率控制在12‰以下。每千人口卫生技术人员达到5人以上，婴儿死亡率控制在3‰以下，孕产妇死亡率控制在25/10万（10万分之25）以下。人均期望寿命达到76岁。

三、重点工作

（一）健全全民医保体系

1．巩固扩大医保参保率。2015年，职工医保、城镇居民医保两项基本医疗保险参保率均稳定在95%以上，新农合参保率稳定在98%以上；2020年，职工医保、城镇居民医保和新农合三项基本医疗保险参保率均稳定在98%以上。

2．提高医保筹资保障水平。到2015年，新农合政府补助标准每人每年360元以上，个人缴费水平相应提高。职工医保和城镇居民医保、新农合政策范围内住院费用支付比例达到75%左右。到2020年，新农合政府补助标准每人每年400元以上，个人缴费水平相应提高。职工医保和城镇居民医保、新农合政策范围内住院费用支付比例达到85%左右。

3．建立重大疾病保障制度。完善重大疾病保障办法，逐步提高重大疾病医疗保障基金水平，扩大疾病保障种类。到2015年，新农合除按省规定的22个病种外，对病人自我负担部分超过5000元的疾病，一律纳入大病统筹，建立城镇居民大病统筹制度。到2020年自行负担比例降低到5%左右。

4．完善城乡医疗救助制度。加大救助资金投入，资助特殊困难群体参加城镇居民医保或新农合。对无身份证明（姓名和居住地），无责任承担机构（或人员），无抢救治疗经费的“三无”病人，发生急救急诊医疗费用通过医疗救助基金、政府补助等渠道解决。鼓励和引导社会力量发展慈善医疗救助。到2015年，对救助对象政策范围内住院自行负担医疗费用救助比例提高到70%以上；到2020年，对救助对象政策范围内住院自行负担医疗费用救助比例提高到80%以上。

5．提高医保管理服务水平。2013年起全面实现统筹区域内医疗费用的即时结算，积极推广医保就医“一卡通”。2015年全面实现全市医疗费用异地即时结算，基本实现职工医保制度内跨区域转移接续，推进各项基本医保制度之间衔接。积极改革完善医保支付制度，在全市范围内积极

推行按病种付费、按人头付费、总额预付等医保支付方式改革。将符合资质条件的非公立医疗机构和零售药店纳入医保定点范围，逐步将医保对医疗机构医疗服务的监管延伸到对医务人员医疗服务行为的监管。到2020年，基本建立具有基金管理、费用结算与控制、医疗行为管理与监督等复合功能的医保信息系统，实现与定点医疗机构信息系统的对接。制定完善医保分级评价体系，制定医保基金支出总体控制目标并分解到定点医疗机构，将医疗机构次均（病种）医疗费用增长控制和个人负担定额控制情况列入医保分级评价体系。

（二）巩固完善基本药物制度，提升基层医疗机构服务能力

1．扩大基本药物实施范围。继续巩固落实基本药物制度。对非公办基层医疗卫生机构，可逐步采取购买服务的方式将其纳入基本药物制度实施范围。鼓励公立医院和其他医疗机构优先使用基本药物。从2013年起，基本药物使用量和销售额二级公立医院应达到40%以上，三级医院应达25%以上，并逐步提高基本药物配备使用比例。到2015年，基本药物使用量二级公立医院应达到50%以上，三级医院应达到35%以上。到2020年，基本药物使用量二级公立医院应达到60%以上，三级医院应达到45%以上。

2．加快基层医疗卫生机构建设。继续实施乡镇卫生院、社区卫生服务机构、村卫生室规范化建设，做好国家安排的3000人以上行政村建设第二个村卫生室项目工作，重点做好中心乡镇卫生院规范化建设项目。到2015年，中心乡镇卫生院规范化建设达标率达到95%以上。每个街道所辖区域都有1所社区卫生服务中心和相应的社区卫生服务站。到2020年，中心乡镇卫生院规范化建设达标率达到100%。每个街道所辖区域都有1至2所社区卫生服务中心和相应的社区卫生服务站。

3．加大基层医疗卫生人员培训力度。重点实施具有全科医学特点、基本药物使用等针对性和实用性强的培训项目。到2015年，力争全市乡镇卫生院90%以上的临床医生达到执业（助理）医师及以上执业资格，60%达到大专学历，25%达到本科学历。到2020年，力争全市乡镇卫生院98%以上的临床医生达到执业（助理）医师及以上执业资格，70%达到大专学历，35%达到本科学历。

4．加强全科医生队伍建设。到2015年，为基层医疗卫生服务机构培养合格的全科医生，基本实现城市每万名居民有1至2名全科医生，每个乡镇卫生院至少有1名全科医生。到2020年，实现城市每万名居民有2至3名全科医生，每个乡镇卫生院至少有1至2名全科医生。

5．促进人才向基层流动。大力鼓励医务人员到基层服务，落实津补贴政策或建立激励奖补政策。建立上级医院与基层医疗卫生机构之间的人才合作交流机制，继续推行二级医院帮扶乡镇卫生院制度。在县级医疗卫生机构设立正高级专业技术岗位，在乡镇卫生院和社区卫生服务中心设置副高级专业技术岗位。到2015年，基本配齐基层医疗卫生机构人员。到2020年，基层医疗卫生机构人员结构更趋合理。

（三）积极推进公立医院改革

1．全面推进县级公立医院改革。按照国家和省要求，结合六盘水市实际，2015年前全面组织实施。到2015年力争使县域内就诊率提高到90%左右，基本实现大病不出县。到2020年使县域内就诊率提高到95%以上。

2．完善经费补偿机制改革。到2015年，逐步取消药品加成政策，将公立医院补偿由服务收费、药品加成收入和财政补助3个渠道改为服务收费和财政补助2个渠道。市、县两级财政要按实际情况调整支出结构，加大投入。到2020年，全面落实取消药品加成政策，建立完善的医疗技术服务价格体制。

3．积极控制医疗费用增长。加强对医疗服务行为的监管，强化医保对医疗服务的监控作用，采取总额预付、按人头、按病种付费等复合支付方式，引导医疗机构主动控制成本，严格考核基本医保药品目录使用率及自费药品控制率等指标。到2015年，建立实施完善的公立医院目标管理责任制，严格控制医疗费用增长。到2020年，全市各县级以上公立医院全面实行现代医院科学管理长效机制，实现医疗费用透明管理。

4．推行医院服务管理新举措。2014年起，逐步建立全市统一预约挂号平台，逐步实行预约诊疗，切实解决群众“看病难”问题。到2015年，临床路径实施进度三级综合医院不低于60个病种，二级综合医院不低于40个病种。到2020年，临床路径实施进度三级综合医院不低于70个病种，二级综合医院不低于50个病种。

（四）统筹推进相关领域改革

1．提高公共卫生服务均等化水平。大力推进重大公共卫生服务项目，加强公共卫生服务体系建设。到2015年，人均基本公共卫生服务经费标准达到40元以上；孕产妇死亡率控制在30/10万（10万分之30）以内，农村孕产妇住院分娩率达95%以上，婴儿死亡率和5岁以下儿童死亡率分别控制在10‰和12‰以内，新生儿破伤风发病率以县为单位控制在1‰以内。到2020年，人均基本公共卫生服务经费标准达到60元以上；孕产妇死亡率持续控制在25/10万（10万分之25）以内，农村孕产妇住院分娩率达97%以上，婴儿死亡率控制在3‰以内，5岁以下儿童死亡率控制在10‰以内，新生儿破伤风发病率以县为单位持续控制在1‰以内。

2．优化医疗资源结构和布局。千人床位数达到4张的县、特区、区，原则上不再扩大公立医院规模。市级重点抓好医疗机构临床重点专科建设和综合医院妇儿科建设。鼓励各级整合资源，促进大型设备资源共建共享。鼓励发展康复医疗和长期护理、疗养院及确有特长专科医院发展。到2015年，以县为单位至少建成1所三乙以上医院。到2020年，以县为单位至少建成1所三甲医院。

3．加快形成多元化办医新格局。新增医疗卫生资源优先考虑社会资本。放宽社会资本举办医疗机构的准入条件，鼓励有实力社会力量举办医疗机构。鼓励非公立医疗机构向高水平、规模化的大型医疗集团和专科医院发展。引导社会资本以多种方式参与包括国有企业医院在内的部分公立医院改制，积极总结推广贵州水矿控股集团有限责任公司总医院下属的大湾医院、老鹰山医院的办院模式。到2015年，非公立医疗机构床位数和服务量达到医疗机构总数的20%左右。到2020年，非公立医疗机构床位数和服务量达到医疗机构总数的30%以上。

4．加大卫生人才使用培养力度。推进医师多点执业，鼓励具备行医资格的人员申请多个地点执业，完善执业医师注册、备案、考核、评价、监管政策，建立医师管理档案。到2015年，每千人口卫生技术人员数、执业（助理）医师数、注册护士数分别达到4.5人、1.5人、1.4人，进入全省前列。以县为单位医疗纠纷人民调解委员会建成率达100%，并逐步健全医疗责任商业保险制。到2020年，每千人口卫生技术人员数、执业（助理）医师数、注册护士数分别达到5人、2人、1.9人。医疗纠纷人民调解委员会和医疗责任商业保险机制有序运转。

5．支持中医药（民族医药）事业发展。到2015年，以县为单位至少建设1所县级中医医疗机构（包括中西医结合和民族医医疗机构）和1个基层常见病多发病中医药适宜技术推广基地。县级中医院均达到二甲水平。基层医疗卫生机构中医药服务量达到服务总量的30%。鼓励零售药店提供中医坐堂诊疗服务。到2020年，基层医疗卫生机构中医药服务量达到服务总量的50%。

6．进一步推进卫生信息化建设。到2015年，基层医疗卫生信息系统逐步覆盖乡镇卫生院、社区卫生服务机构和行政村卫生室。逐步实现电子健康档案、电子病历、药品器械、医疗服务、医保信息等数据标准统一。到2020年，建成全市医疗卫生信息一体化管理系统。

四、保障措施

（一）强化目标责任。进一步健全目标责任制，形成政府主导，部门分工协作的工作机制。各县、特区、区，各部门要围绕总体目标和重点任务细化年度任务，制定工作方案，落实责任制，把重点任务落到实处。开展动态监测、定期通报和实施评估工作，把医改实施情况作为政绩考核的重要内容。

（二）加大政府投入。各级政府在安排年度卫生投入预算时，要切实落实“政府卫生投入增长幅度高于经常性财政支出增长幅度，政府卫生投入占经常性财政支出的比重逐步提高”的要求，将卫生投入经费纳入同级财政预算，并逐步加大投入。从2014年起，对公办的基层卫生医疗机构建立考核激励机制，每年对考核为前10名的乡镇卫生院或社区卫生服务中心各奖励10万元，考核为前20名的村卫生室各奖励5万元，所需经费由市县两级各承担50%。

（三）加强宣传培训。坚持正确的舆论导向，做好医改政策的宣传解读，及时解答和回应社会各界关注的热点问题，大力宣传医改典型经验和进展成效，在全社会形成尊医重卫、关爱患者的风气，营造改革的良好氛围。广泛开展培训，不断提高各级医改政策水平，确保改革顺利推进。

2013年12月16日

市人民政府办公室关于印发六盘水市煤矿企业兼并重组工作方案的通知

六盘水府办发〔2013〕18号

各县、特区、区人民政府，各经济开发区管委会，市人民政府各部门、各单位，中央、省属驻市行政企事业单位：

《六盘水市煤矿企业兼并重组工作方案》已经2013年1月21日市人民政府第21次市长办公会议研究同意，现印发给你们，请遵照执行。

2013年1月30日

六盘水市煤矿企业兼并重组工作方案

为了积极稳妥推进全市煤矿企业兼并重组工作，根据《国务院办公厅转发发展改革委关于加快推进煤矿企业兼并重组若干意见的通知》（国办发〔2010〕46号）《中共贵州省委贵州省人民政府关于矿产资源配置体制改革的意见》（黔党发〔2012〕18号）《省人民政府办公厅关于转发省能源局等部门贵州省煤炭企业兼并重组工作方案（试行）的通知》（黔府办发〔2012〕61号）要求，结合六盘水市实际，制定本工作方案。

一、指导思想、基本原则和主要目标

（一）指导思想。按照科学布局、集约开发、安全生产、高效利用、保护环境的发展方针，结合六盘水市煤层赋存条件和开采技术条件，加快推进煤矿企业兼并重组，不断巩固煤矿整合、技改成果，淘汰落后产能，优化煤炭资源配置和产业布局，有序开发和保护煤炭资源，培育大型煤炭企业（集团），推进煤电钢、煤电铝、煤电材、煤电化“四个一体化”产业发展，增强市场竞争力，加快把六盘水市建成重要能源基地和资源深加工基地。

（二）基本原则。

——坚持政府引导与市场调节相结合。通过政策引导、政府推动，依照有关法律和规定推进煤矿企业兼并重组。充分发挥市场配置资源的基础性作用，创新体制机制，支持和鼓励采用先进技术装备，发展先进生产力，提高产业集中度，提升安全生产水平，淘汰落后产能，培育大型现代煤炭企业，促进煤炭产业升级，转变煤炭产业发展方式。

——坚持统一规划与因地制宜、分类处置相结合。按照国家尽量减少开发主体的要求，处理好兼并重组与整顿关闭、资源整合的关系，统一编制煤矿企业兼并重组规划，坚持做大做强；坚持从各地区实际出发，因地制宜，分类处置，协调推进全市煤矿企业兼并重组工作。

——坚持减少煤炭开发主体与提升产业发展水平相结合。同一矿区尽量由一个煤矿企业兼并重组主体实施开发。支持具有资金、技术、管理优势的大型企业（集团）以资源为基础，以资产为纽带，采取兼并、收购和股份合作等方式，跨地区、跨行业、跨所有制兼并重组煤矿企业，鼓励煤电钢、煤电铝、煤电材、煤电化“四个一体化”经营，实现规模化和集约化发展，提升产业发展水平。

——坚持推进兼并重组与维护企业职工和投资者合法权益相结合。煤矿企业兼并重组要依照有关法律和规定，制定兼并重组方案，并广泛听取企业职工和投资者意见，依法保障兼并重组相关企业正常生产经营，切实维护职工和投资者合法权益。

（三）主要目标。到2015年，基本淘汰15万吨／年以下煤矿；煤矿企业（集团）控制在42个左右，全市矿井个数调整到200个左右；全市煤矿企业（集团）年生产能力不低于200万吨；打造1个年生产能力5000万吨级特大型煤矿企业（集团）；1个年生产能力3000万吨级大型煤矿企业（集团）；做强6个年生产能力1000万吨级以上的煤矿企业（集团）；培育12个年生产能力500万吨级煤矿企业（集团）；组建一批生产能力200万吨的煤矿企业（集团）。煤炭产业集中度和安全生产水平进一步提高，500万吨级以上的煤矿企业（集团）煤炭产量占全市煤炭总产量的比重超过80%。全市煤矿采煤机械化程度达到60%以上，掘进机械化程度（含机械装载）达到85%以上，技术管理和从业人员素质大幅度提高。

二、主要任务和工作要求

（一）编制煤矿企业兼并重组规划。各县（特区、区）要遵循兼并重组的原则，在相关规划和政策指导下，依据煤炭资源勘查成果、煤炭资源开发和矿井布局现状，编制煤矿企业兼并重组规划，明确矿区规模、煤矿个数、淘汰矿井数量和产能，保障煤电钢、煤电铝、煤电材、煤电化“四个一体化”和经济社会发展煤炭资源需求。

（二）申报煤矿企业兼并重组主体资格。煤矿企业兼并重组主体（以下简称兼并重组主体）应具备以下条件：一是具有独立法人资格并在市内工商部门注册的煤矿企业（集团），注册在市外的煤矿企业集团兼并重组六盘水市内煤矿的，必须在市内注册子公司；二是已获得安全生产许可证的煤矿企业（集团）；三是煤矿企业（集团）（含纳入企业集团推进计划的的子公司）设计规模不低于200万吨／年；四是所属矿井及煤矿企业（集团），必须经评估具备瓦斯防治能力。优先支持实施煤电钢、煤电铝、煤电材、煤电化“四个一体化”的企业（集团）成为兼并重组主体。兼并重组主体申报细则按省能源局牵头制定的细则执行。拟申报兼并重组主体的企业（集团）依照申报细则备齐申报材料后，经各县（特区、区）签署同意申报意见后向市兼并重组领导小组办公室提出申请，符合条件的由市领导小组办公室代拟市人民政府同意申报的意见，获得市人民政府同意申报意见后，由兼并重组主体将申报材料报省煤矿兼并重组领导小组办公室。

（三）选择有效重组模式。遵循市场经济规律，以资源为基础，以产权为纽带，采取企业并购、协议转让、联合重组、控股参股等多种形式开展煤矿企业兼并重组。

（四）切实减少煤矿企业和矿井数量。积极优化重组煤矿资源、资产、资金、技术、管理、人才等生产要素，深化煤矿企业兼并重组工作。拟实施兼并重组的矿井要符合产业政策、产业规模和安全标准，并且所处地理位置相对集中。

1．设计生产能力30万吨／年以下的各类煤矿（井）：相邻两个及以上矿井纳入整合范围；周边无相邻矿井、不具备整合条件的煤矿，但其资源条件、开采技术条件能满足30万吨／年及以上技改规模的，按技改程序办理。

2．到2015年基本淘汰不具备整合条件又不具备技改扩能条件的15万吨／年以下煤矿；逐步淘汰不具备整合条件又不具备技改扩能条件的30万吨／年以下煤与瓦斯突出矿井。

3．30万吨／年及以上具备整合条件的煤矿，应纳入整合范围。

4．已进入“探转采”的探矿权或采矿权申请人已获得国土资源部门划定矿区范围批复的，可与周边具备整合条件的合法煤矿进行整合；在淘汰落后产能中已关闭但保留采矿权的煤矿资源可参与整合；分属不同企业（集团）具备整合条件的煤矿，由相关企业（集团）协商整合。

5．已取得采矿权但规模不符合国家产业政策的，可参与兼并重组。

（五）维护社会和谐稳定。严格执行相关法律法规和政策，妥善处置企业兼并重组资产、债务，依法维护债权人、债务人以及企业职工等利益主体合法权益，按照《省人民政府办公厅转发省能源局关于加快推进煤矿企业兼并重组工作指导意见的通知》（黔府办发〔2011〕47号）明确的标准对被兼并重组和整合的煤矿实施补偿。市、县（特区、区）各部门要认真贯彻落实人力资源社会保障部等七部委《关于做好淘汰落后产能和兼并重组企业职工安置工作的意见》（人社部发〔2011〕50号），加强对职工安置工作的组织领导；各县（特区、区）人民政府及人力资源社会保障部门要切实做好职工安置方案审核、就

业再就业政策落实以及社会保险关系接续等工作，确保企业和社会稳定。兼并重组主体要发挥技术、资金、人才和安全管理等方面优势，有效解决中小煤矿安全保障水平低、资源利用率不高和环境综合治理能力弱等问题，承担相应社会责任，保障乡（镇、街道）、村及当地群众合法权益，构建和谐矿区，确保社会稳定。跨地区兼并重组主体应在被兼并重组煤矿企业注册地设立独立法人，且一个兼并重组主体在一个县（特区、区）只能注册一个独立法人，并按原渠道就地缴纳税费；市、县（特区、区）可根据兼并重组后对煤矿企业资源开采和加工的贡献协商财税分成。

（六）加强生态环境保护。兼并重组主体要按照循环经济要求，开展项目节能减排评估、环境评价和水资源论证等，实现资源循环利用。严禁在禁采区进行煤炭开采活动，对限采区内的煤矿一律不扩界、不允许规划或建设新的煤矿项目。城乡规划区内的煤炭资源开发应征求相关城乡规划主管部门意见。

三、工作步骤

（一）编制煤矿企业兼并重组规划。2013年2月28日前各县（特区、区）人民政府将辖区内煤矿兼并重组规划报市煤矿企业兼并重组工作领导小组，市兼并重组领导小组及时组织对各县（特区、区）的规划进行审核，2013年3月底前报省煤矿企业兼并重组工作领导小组审核。

（二）申报兼并重组主体。原则上2013年2月28日前经各县（特区、区）签署同意申报意见后由兼并重组主体将申报材料报市兼并重组领导小组办公室，获得市人民政府同意申报意见后，兼并重组主体将申报资料于2013年3月31日前报省煤矿企业兼并重组领导小组办公室。

（三）编制兼并重组实施方案。2013年8月31日前，各县（特区、区）人民政府依据核准的煤矿企业兼并重组规划，组织兼并重组主体企业编制兼并重组实施方案，2013年9月30日前，市人民政府兼并重组领导小组组织对实施方案初审后报省煤矿兼并重组领导小组审查，经省人民政府批准后实施。

（四）方案的组织实施。实施方案经省人民政府批准后，由各县（特区、区）人民政府组织协调，兼并重组主体具体实施，于2014年3月31日前基本完成兼并重组工作。

（五）完善相关证照变更手续。兼并重组后的煤矿各类证照必须变更到兼并重组主体名下。兼并重组主体依据实施方案和兼并重组合同或协议向省直有关部门申请证照变更，由省各有关部门按规定予以办理，市有关部门要积极协调证照变更的办理工作。

四、配套政策措施

（一）科学配置煤炭资源。按照煤矿企业兼并重组实施方案，兼并重组矿区内不能单独设置矿业权的煤炭资源，由兼并重组主体提出申请，按程序报批，以协议方式配置给兼并重组主体；依法关闭煤矿尚可利用的煤炭资源，由兼并重组主体提出申请，按程序报批后，优先配置给兼并重组主体。

（二）加强财税政策扶持。对兼并重组主体的煤矿安全技术改造、煤炭产业升级、煤矿地质勘查等项目优先安排有关专项资金补贴和贴息。对企业兼并重组涉及的相关税费减免政策，按照《财政部国家税务总局关于企业重组业务企业所得税处理若干问题的通知》（财税〔2009〕59号）《国家税务总局关于发布〈企业重组业务企业所得税管理办法〉的公告》（国家税务总局公告2010年第4号）《财政部国家税务总局关于企业事业单位改制重组契税政策的通知》（财税〔2012〕4号）《国家税务总局关于纳税人资产重组有关增值税问题的公告》（国家税务总局公告2011年第13号）《国家税务总局关于纳税人资产重组有关营业税问题的公告》（国家税务总局公告2011年第51号）和《财政部国家税务总局关于企业改制过程中有关印花税政策的通知》（财税〔2003〕183号）等规定执行。兼并重组期间，减免矿业权转让交易服务费。新增资源储量采矿权价款按新设煤矿标准执行。国土资源管理部门对调整资源量后增加的储量按新标准计征采矿权价款，原有储量按老标准计征采矿权价款。

（三）拓宽融资渠道。支持符合条件的兼并重组主体通过煤矿采矿权质押融资、发行债券、上市融资和再融资、设立财务公司等方式筹集发展资金。对符合国家产业政策和相关条件的煤矿企业兼并重组项目，各类金融机构应积极提供相应的授信支持和金融配套服务。鼓励设立煤炭产业投资基金支持煤矿企业兼并重组。

（四）支持企业发展先进生产力。对兼并重组小煤矿达到一定数量和规模的兼并重组主体，优先规划、核准其新建煤矿、改扩建煤矿、坑口电站和综合利用电站以及煤炭综合利用加工转化项目，支持兼并重组主体实施采掘机械化改造，对于因实施机械化改造提升的能力，可通过能力核定予以认可。

五、保障措施

（一）加强组织领导。市人民政府成立六盘水市煤矿企业兼并重组工作领导小组，负责协调兼并重组过程中遇到的重大问题，由常务副市长任组长，分管副市长任副组长，市发展改革委、市经信委、市监察局、市财政局、市人资社保局、市国土资源局、市环保局、市水利局、市地税局、市工商局、市安监局、市政府法制办、市政府金融办、市能源局、市国税局、水城煤监分局等单位的负责人为成员，负责组织领导、统筹协调和指导全市煤矿企业兼并重组工作，加强对全市煤矿企业兼并重组工作的指导和考核。领导小组办公室设在市能源局，负责日常工作。市有关部门要按照各自职能，明确责任，密切配合，共同做好煤矿企业兼并重组、煤矿整合、淘汰落后产能工作。

各县（特区、区）人民政府要成立相应的领导小组，加强组织领导，研究制定工作方案并组织实施，确保完成煤矿企业兼并重组工作。

（二）明确工作职责。各县（特区、区）人民政府是本地推进煤矿企业兼并重组工作责任主体，要科学制定工作方案，稳步落实兼并重组实施工作，及时解决工作中出现的问题，化解矛盾；按照属地管理原则和安全生产规定，做好兼并重组期间的安全生产监管工作。市能源局要认真做好兼并重组指导、协调工作；市发展改革委要支持兼并重组企业的项目建设，优先安排兼并重组企业煤矿安全改造等资金计划；市国土资源局要会同市财政局做好兼并重组企业煤炭资源采矿权价款处置工作；市财政局要会同市有关部门落实支持煤矿企业兼并重组的有关财政政策；市地税局、市国税局要积极提出和争取涉及煤矿企业兼并重组的税收优惠政策；各证照颁发部门要做好兼并重组企业及所属矿井各类证照的变更、重新核发工作；市监察局对煤矿企业兼并重组工作实施监察，负责查处弄虚作假、损害、侵害煤矿企业合法权益等失职渎职行为；市其他有关单位要积极配合和支持该项工作。兼并重组主体要切实加强安全生产管理工作，落实企业安全生产主体责任。被兼并重组企业要积极主动参与煤矿企业兼井重组，通过平等协商，确保平稳过渡，实现互利共赢。

（三）规范和简化办理程序。坚持政策公开、方案公开、兼并重组主体公开、办事程序公开、时效期限公开原则，保证煤矿企业兼并重组工作规范、有序进行，在互利共赢与自愿协商基础上积极稳妥推进兼并重组工作。参与兼并重组的煤矿办理整合、技改审批手续时，市相关部门和单位要参照《省人民政府办公厅关于建立整合煤矿办理审批手续一条龙办公机制的通知》（黔府办发〔2007〕34号），简化程序、缩短时限，加快办理审批手续。在煤矿企业兼并重组期间，参与兼并重组且证照齐全、具备安全生产条件、与整合技改新建系统无关联的生产矿井依法正常生产，允许其生产至整合技改工程建成进入联合试运转或与新建系统发生关联时结束。此类生产矿井在正常生产期间，其相关证照需延期的，申请省有关部门按规定办理。

（四）加强监督管理。对未批先建、超时联合试运转、改扩建区域组织生产的，责令立即停止生产建设，并依法依规追究相关单位和有关人员责任；对兼并重组煤矿违法违规组织生产的，责令立即停止生产，并依法依规追究相关单位和有关人员责任；对灾害严重、安全基础差、不具备改造条件的，积极引导退出煤炭生产领域，并依法实施关闭。

（五）加大政策宣传力度。各级各有关部门要组织开展形式多样的宣传活动，深入宣传实施煤矿企业兼并重组的重要意义和政策措施，介绍煤矿企业兼并重组的先进经验和工作成果，为煤矿企业兼并重组工作营造良好的舆论环境。

2013年2月3日

市人民政府办公室关于印发六盘水市加强品牌建设实施方案的通知

六盘水府办发〔2013〕35号

各县、特区、区人民政府，各经济开发区管委会，市人民政府各部门、各单位，中央、省属驻市行政企事业单位：

《六盘水市加强品牌建设实施方案》已经市人民政府同意，现印发给你们，请认真组织实施。

2013年3月16日

六盘水市加强品牌建设实施方案

为贯彻落实国务院《质量发展纲要（2011—2020年）》和《省人民政府办公厅关于加强品牌建设的指导意见》（黔府办发〔2012〕51号），全面加强六盘水市自主品牌建设，提升产业竞争力，推动经济社会又好又快、更好更快发展，制定本方案。

一、工作目标

（一）总体目标。到2017年，形成一批在省内外具有较强竞争优势、质量好、影响力大、市场占有率高的名牌产品、国家地理标志保护产品、驰（著）名商标、农业标准化示范区、省级知名品牌创建示范区。培育创建中国名牌产品2个以上，贵州省名牌产品25个以上；创驰名商标2个以上，贵州省著名商标45个以上；创建地理标志产品8个以上；培育创建1至2个省级知名品牌示范区。

（二）阶段目标。2013年，筛选、确定重点培育项目、企业及其产品，建立品牌建设项目库，培育贵州省名牌产品8个以上、贵州省著名商标25个以上、地理标志产品2个以上。2014年，培育贵州省名牌产品11个以上，贵州省著名商标30个以上，地理标志产品4个以上。2015年，培育贵州省名牌产品15个以上，贵州省著名商标35个以上，地理标志产品6个以上。2016年，培育中国名牌产品1个以上，中国驰名商标2个以上，贵州省名牌产品20个以上，贵州省著名商标40个以上，地理标志产品7个以上。2017年，基本完成总体目标，形成一批名牌产品群体。

二、工作任务

（一）加快推进知名品牌创建示范区建设。围绕打造全国重要能源基地、资源深加工基地的战略部署，以产业聚集区、工业园区、经济技术开发区等为重点，积极扶持钟山经济开发区、红果经济开发区打造为贵州省知名品牌示范区，制定和完善相应的推进机制和制度，规范产业发展，提升区域竞争力。

（二）推进现代农业品牌建设。以马铃薯农业标准化示范区、烤烟标准化示范区、生猪养殖农业标准化示范区、猕猴桃产业示范区等为依托，逐步完善现代农业产业体系，积极推进优势特色农产品和农产品加工业品牌建设。按照“标准化生产、产业化经营、品牌化销售”的发展模式，加大特色农产品注册商标和地理标志开发保护力度，支持发展无公害农产品、绿色食品、有机农产品和地理标志农产品等安全优质农产品公共品牌，支持龙头企业延伸产业链，提高产品附加值和农业综合生产能力。

（三）推进资源深加工产业品牌建设。围绕煤电铝、煤电钢、煤电化、煤电材“四个一体化”，以首钢水钢、水城矿业、盘江精煤、双元铝业等骨干企业为依托，大力推进资源深加工，创建更多、更优的名牌产品和品牌企业。

（四）推进特色轻工业品牌建设。借助贵州酒类品牌的带动作用，大力打造六盘水市白酒品牌，加入“贵州白酒”品牌行业。立足生态优势和产业基础，以发展高品质绿茶为方向，引导茶叶企业组建产销联合体，共同打造在省内外市场有较大影响力和较强市场竞争力的茶品牌。培育一批农产品知名品牌。

（五）推进新兴产业品牌建设。加快发展新材料、生物医药、新能源、节能环保和循环经济等新兴产业，培育形成一批质量和水平高、有一定影响力的自主品牌。

（六）推进现代服务业品牌建设。推广先进质量管理理念和管理体系，鼓励企业应用先进服务技术和服务标准，创新服务形式，扩大服务内涵，推动形成一批品牌影响力大、在国内有一定知名度的大型服务业企业和企业集团，推进企业规模化、品牌化、网络化经营。

（七）推进文化和旅游产业品牌建设。办好办精中国凉都·六盘水消夏文化节，提升凉都城市品牌的国际和国内影响力。结合“三线文化”“夜郎文化”“红色文化”“民族文化”等文化资源打造一批文化品牌，培育一批旅游休闲度假胜地。

三、主要措施

（一）强化品牌建设基础。建立工作机构，落实工作经费和人员。鼓励企业制定中长期品牌发展规划，合理实施品牌扩张和延伸，利用品牌优势通过收购、兼并、控股、联合、委托加工等多种途径做大做强品牌。引导企业注册并规范使用商标、商号，搞好品牌的策划和注册登记，从品牌定名、定位、定形（文字、图案、色彩等设计）入手做好品牌的策划。引导企业加大科技创新力度，加快开发核心技术，努力形成自主知识产权和自主品牌。引导企业通过建立现代企业制度，采用先进管理方法，建立科学、规范的管理制度和运行机制，提高自身经营管理水平和品牌经营能力。积极推行质量、环境、职业健康与安全等体系认证。实行有计划、有重点的品牌培育、发展、激励和保护措施。

（二）建立品牌建设激励机制。加强政府引导，树立典范，推广经验，充分发挥知名品牌的导向和示范作用。从2013年起，对当年获得“中国名牌产品”“中国驰名商标”等国家级品牌称号的企业，市人民政府一次性奖励50万元；对当年获得“贵州名牌产品”“贵州省著名商标”等省级品牌的企业，市人民政府一次性奖励15万元；对当年通过国家级产品认证和获得市级知名商标认定的企业（商标持有人），由所在地政府一次性奖励2万元。企业（商标持有人）当年获得多项奖励的，按最高奖励标准执行，不重复奖励；对复评后仍然是同级奖项的企业（商标持有人）不再奖励。

（三）加强品牌技术人才队伍建设。鼓励和支持企业培养和引进品牌经营、技术创新等方面的高级人才，充分发挥人才在品牌提升方面的重要作用。鼓励和支持有关部门、高等院校和企业开展合作，开展品牌知识、品牌经营专业和相关法律法规等方面的培训，加快质量品牌专业人才培养，提高企业创牌能力和品牌运作水平。

（四）营造品牌发展环境。鼓励企业及时将科研成果、核心技术申请知识产权保护。鼓励知识产权的转让和先进技术的推广，加大自主知识产权的开发和保护力度；严厉打击侵犯知识产权的违法行为，保护企业自主创新和争创品牌的积极性。加大打击制售假冒伪劣商品等违法行为力度，加快质量诚信体系建设，为品牌发展营造优胜劣汰、公平竞争的市场环境。加大宣传力度，营造有利于自主品牌成长的舆论环境。

四、组织领导

成立市人民政府分管领导任组长，市质监局、市工商局、市发展改革委、市国资委、市经

信委、市农委、市商务粮食局、市知识产权局、市旅游局、市财政局等部门负责人为成员的六盘水市品牌建设工作领导小组，加强对品牌创建工作的领导。领导小组办公室设在市质监局，负责处理领导小组日常事务、协调和指导品牌建设相关工作。各成员单位按照“各司其职、统筹协调、密切配合、全面推进”的原则，按照职责分工，制定本行业领域内品牌建设的规划，并采取有效措施抓好落实，推进六盘水市品牌建设工作。

市质监局负责编制品牌建设中长期规划和实施方案，制定和完善品牌培育、激励、发展、保护机制，推动知名品牌创建示范区建设，做好地理标志保护、有机产品认证认可工作。

市工商局负责实施商标战略，指导商标注册、规范商标使用，依法查处商标侵权行为，保护商标专用权；积极培育驰名商标和著名商标。

市发展改革委负责将品牌建设纳入国民经济和社会发展规划，协调重点产业品牌建设工作。

市国资委负责指导和督促监管的国有企业发挥表率作用，全面提高质量水平，努力形成一批知名品牌。

市经信委负责指导工业（通信业）企业提高创新能力和品牌培育能力。

市农委负责推动实施农业品牌化发展，做好农产品地理标志保护及农业区域公用品牌建设工作，提高农产品市场竞争力。

市商务粮食局负责指导创建一批省内外知名商贸、物流企业，推荐上报流通服务业品牌。

市知识产权局负责组织实施知识产权战略，提高知识产权创造、运用、保护和管理能力。

市旅游局负责推进旅游服务标准化建设，提升旅游服务质量，创建一批质量水平高、市场竞争力强的品牌旅游目的地、品牌旅游产品和品牌旅游企业。

市财政局负责品牌建设获市人民政府奖励的企业（商标持有人）的奖金兑现。

各县（特区、区）人民政府、各经济开发区管委会要建立健全层级联动的品牌培育发展工作机制，根据实际情况安排一定经费保障品牌建设工作；制定品牌培育规划，采取有效措施，积极开展“质量兴市”“质量兴企”等活动；研究制定具体实施方案，建立消费者和市场认可的品牌激励机制；加强对区域内知名品牌的宣传、保护和支持，推进品牌建设的健康发展。

2013年3月22日

市人民政府办公室关于印发六盘水市结核病防治规划（2013—2015年）的通知

六盘水府办发〔2013〕40号

各县、特区、区人民政府，各经济开发区管委会，市人民政府各部门、各单位，中央、省属驻市行政企事业单位：

《六盘水市结核病防治规划（2013—2015年）》已经市人民政府同意，现印发给你们，请认真遵照执行。

2013年3月29日

六盘水市结核病防治规划（2013—2015年）

为加强全市结核病防治工作，有效遏制结核病的流行，保障人民群众身体健康，根据《全国结核病防治规划（2011—2015年）》和《贵州省结核病防治规划（2011—2015年）》，结合六盘水市结核病疫情与防治工作现状，制定本规划。

一、防治现状

结核病是严重危害人民群众健康的呼吸道传染病，报告病例数多年位居全市首位，是六盘水市重点传染病之一。经过多年努力，六盘水市结核病防治工作取得了显著成绩。2002年到2012年，全市发现并治疗肺结核患者28960例，其中，涂阳肺结核患者9112例，避免了6.8余万健康人感染结核菌，实现了《六盘水市结核病防治规划（2001—2010年）》中提出的控制目标。

当前，六盘水市结核病防治工作还面临诸多问题与挑战，疫情防治形势依然十分严峻。六盘水市90%的结核病病人分布在边远欠发达的农村，发现和防治难度较大；耐多药肺结核危害日益凸显，每年新发现的患者人数不断增加；全市结核病防治基础设施建设滞后，基层防治设备落后，防治力量薄弱，公众对结核病危害的认识不足，防治任务仍然十分艰巨，需要长期不懈的努力。

二、指导原则和防治目标

（一）指导原则。遵循深化医药卫生体制改革的目标和要求，坚持以人为本、预防为主、防治结合、依法防治、科学防治，落实结核病人“收、减、免”政策，强化督导管理，加大经费投入，加强机构和队伍建设。健全政府组织领导、部门各负其责、全社会参与的结核病防治机制。因地制宜、分类指导、稳步推进，全面实施结核病控制策略。

（二）防治目标。进一步减少结核病感染、患病和死亡，切实降低结核病疾病负担，提高人民群众健康水平，促进国民经济发展和社会和谐稳定。

——全市肺结核患者发现并治疗管理人数达到0.9万；

——全市新涂阳肺结核患者的治愈率保持在85%以上；

——涂阳肺结核患者密切接触者筛查率达到95%以上；

——报告肺结核患者和疑似肺结核患者的总体到位率达到90%以上；

——以县为单位，全市抗结核固定剂量复合制剂使用覆盖率达到100%；

——以县为单位，全市4个县（特区、区）建立新型结核病防治服务体系；

——县级结核病实验室开展痰培养工作，市级结核病实验室开展药敏试验工作；

——跨区域流动的肺结核患者的信息反馈率达到90%以上，流动人口肺结核患者的成功治疗率达到80%以上；

——以县为单位开展耐多药肺结核诊治工作覆盖率达到50%以上，耐多药肺结核可疑者筛查率达到60%以上；

——艾滋病病毒感染者中结核病的筛查率达到90%以上；

——全民结核病防治核心信息知晓率达到85%以上。

三、防治措施

（一）加大工作力度，早期发现患者。各级各类医疗机构要切实落实肺结核患者或疑似患者的报告和转诊制度。定点医疗机构根据国家有关规定为肺结核可疑者免费提供痰涂片、胸部X线检查等诊断服务。鼓励应用新技术、新方法，提高患者发现水平。全市每年发现并登记各类肺结核患者3000人以上，其中新涂阳肺结核患者800人以上。将发现的患者按照要求转诊至肺结核定点治疗机构诊治，并对患者进行规范管理，确保新涂阳肺结核患者的治愈率保持在85%以上。对未前往肺结核定点治疗机构就诊的患者，按照要求进行追踪，确保纳入治疗管理。各级卫生、教育、公安、司法、民政、红十字会等部门和单位密切配合，有针对性地开展结核病密切接触者、艾滋病病毒感染者、羁押人群等高危人群以及老年人、学生、流动人口等重点人群的结核病筛查工作，尽早发现肺结核患者。

（二）建设新型结核病防治服务体系，规范患者管理，提高治疗水平。加强市、县（特区、区）、乡（镇、街道）三级结核病防治网络建设，逐步构建“各级各类医疗机构负责报告、转诊，定点医院负责诊断、治疗、登记，基层医疗卫生机构负责追踪及管理，疾病预防控制机构负责规划管理”的新型防治服务体系。每个县（特区、区）确定至少1家定点医疗机构，负责诊治一般结核病患者；市级卫生部门根据当地区域卫生规划和结核病防治工作需要，确定定点医疗机构负责耐多药肺结核及疑难、重症结核病患者的诊治和技术指导工作。应优先考虑当地具有临床诊疗资质的结核病防治所、传染病院以及具备收治传染病患者能力的综合医院作为定点医疗机构。基层医疗卫生机构负责转诊、协助追踪肺结核患者，并根据定点医疗机构制定的治疗方案，对本地肺结核患者的治疗进行督导管理。疾病预防控制机构负责组织开展结核病防治规划管理、疫情监测与处置、实验室质量控制、防控技术指导、宣传教育、绩效评估等工作。全市完成新型结核病防治体系建设的县（特区、区）2013年达到75%，2014年达到100%。落实肺结核患者免费诊疗与管理政策，定点医疗机构要对肺结核患者实行规范化治疗，免费提供一线抗结核治疗和随访检查，规范开展辅助检查和辅助治疗，按照标准对肺结核患者进行诊断，按照统一的治疗方案给予确诊的肺结核患者免费治疗，并为患者建立病例档案。避免不必要的检查和治疗，切实减轻患者的医疗费用负担。加强患者的治疗管理，探索和推广适宜的治疗管理技术和方法。2013年全市4个县（特区、区）推广使用抗结核固定剂量复合制剂，提高患者治疗的依从性。落实结核病感染控制工作制度，加强对医疗卫生人员的防护。

（三）提高实验室检测水平，扩大耐多药肺结核诊疗覆盖面，遏制耐药菌传播。各地要将耐多药肺结核防治工作纳入当地结核病防治规划。根据国家有关规定，逐步建立市级耐多药肺结核诊疗定点医院和县级耐多药肺结核监测点，加强医疗机构能力建设，提高实验室检测水平，县级结核病定点医疗机构负责开展痰培养工作或推荐耐多药肺结核可疑者至市级以上定点医疗机构进行确诊，并逐步开展结核分支杆菌的分离培养。2013年支持2个县（特区、区）结核病实验室开展分枝杆菌分离培养工作，全市开展分离培养工作的县（特区、区）2013年要达到50%，2014年达到75%，2015年达到100%；市级或省级定点医疗机构负责对可疑者进行耐药检测，以及对确诊的耐多药肺结核患者的住院治疗、出院后随访复查和登记报告；基层医疗卫生机构负责按照定点医疗机构制定的治疗方案，对出院后的耐多药肺结核患者进行治疗管理；县级疾病预防控制机构负责结核病实验室检测技术指导工作，市级以上定点医院负责开展药物敏感实验，为耐多药肺结核患者的诊断治疗提供实验室依据，市级结核病实验室要在2013年内具备开展药物敏感试验能力，市级疾病预防控制机构负责组织开展辖区内痰涂片、痰培养和药物敏感试验的实验室室间质量评估工作，承担耐药监测工作。市级和县级疾病预防控制机构负责对耐多药肺结核防治工作进行督导，开展健康教育和评价。积极推广快速诊断方法，缩短耐多药肺结核患者的诊断时间。

（四）加强流动患者管理，完善防控机制。各地要认真做好流动人口结核病患者的发现、登记、转诊、接收和管理工作，充分利用结核病专报系统，落实跨区域结核病患者管理机制。加强对在治肺结核患者的定期访视工作，及时掌握患者治疗动向。对出院或转诊的患者，转出地结核病防治机构要及时将患者信息、诊疗情况等资料，通过结核病管理信息平台或电话、传真，通知转入地结核病防治机构，并与转入地结核病防治机构建立信息互通渠道，掌握患者转出后的全疗程管理信息；转入地结核病防治机构要及时对转入患者进行追踪、规范治疗和管理，向转出地结核病防治机构及时通报后续治疗信息。加强流动人口和羁押人群结核病患者的属地化管理，对转出的流动人口和出所（劳教所、看守所、拘留所等）后不在本区域的结核病患者实行跨区域管理。加强部门协调配合，为贫困流动人口结核病患者提供关怀和救助。积极探索针对农民工等流动人口结核病防治的有益做法和经验，不断完善流动人口结核病防治政策。

（五）加强双重感染防治，减少患者死亡。各相关医疗卫生机构要切实加强合作，共同开展结核菌/艾滋病病毒双重感染的诊断及对感染者治疗、管理和疫情监测工作。为所有艾滋病病毒感染者和患者提供结核病筛查服务，筛查率达到90%以上，发现的肺结核患者按照要求进行规范治疗管理；为结核病患者提供艾滋病病毒筛查服务，筛查发现的艾滋病病毒感染者由艾滋病防治专业机构按照国家有关政策进行治疗。为结核菌/艾滋病病毒双重感染患者及时提供治疗与关怀，努力救治患者，减少患者死亡。

（六）强化宣传教育，普及防治知识。坚持结核病公益性宣传教育，将结核病宣传教育纳入相关工作安排，充分利用“3·24世界防治结核病日”等时机，有计划、有针对性地开展宣传教育工作。重点宣传结核病防治核心信息，普及结核病防治知识和国家免费治疗的政策；鼓励创新宣传方式，对重点人群有针对性地开展宣传。各有关部门、社会团体和新闻媒体要充分发挥各自优势，不断改进和创新方式方法，积极宣传结核病防治知识和防治工作，切实增强宣传教育的实效，营造有利于结核病防治的社会氛围。

（七）加强科学研究，提供技术支撑。科技部门对卫生、教育等部门开展的结核病防治科研、科技重大专项、自然科学基金等科研项目加大支持力度，重点支持开展结核病发病机理、流行危险因素、防治模式、新诊断技术等领域的研究工作。通过科研项目的开展，建立对新技术、新方法的评估和验证工作机制，及时推广适宜技术和方法。推动基础研究和应用研究紧密结合，加快科技成果转化，为全面提升结核病防治水平提供有力技术支撑。

四、保障措施

（一）加强组织领导，健全防治管理。各级人民政府要进一步提高对结核病防治工作重要性、长期性和艰巨性的认识，本着对人民群众健康高度负责的态度，加强对结核病防治工作的组织领导。要将结核病防治工作纳入本地区国民经济和社会发展规划，纳入政府目标管理考核内容。要根据本规划提出的目标，制定本地区结核病防治规划及年度实施计划。要建立健全联防联控工作机制，明确分工，确保领导到位、责任到位、措施到位，共同做好防治工作。

（二）明确部门职责，加强防治合作。卫生部门负责本地区结核病防治工作的监督管理，将结核病防治纳入卫生发展规划，作为重点疾病加以控制。发展改革部门按照基本建设分级管理原则，将结核病防治工作纳入本区域国民经济和社会发展规划，并负责加强结核病防治机构能力建设。财政部门根据结核病防治需要、经济发展水平和财力状况，合理安排补助资金并加强资金监管。教育部门负责加强学校结核病防治知识的宣传教育，在卫生部门指导下落实学校结核病防治工作。科技部门要大力支持卫生等部门，推进科技重大专项等科研项目对结核病防治研究工作的促进。公安部门和司法行政部门负责在卫生部门指导下，对劳教所、看守所、拘留所等场所的被监管人员及戒毒康复场所的戒毒人员开展结核病检查和治疗。民政部门负责加大对贫困结核病患

者的的救助力度，按规定将符合条件的贫困结核病患者纳入低保，提供医疗救助。人力资源社会保障、卫生部门负责按规定将结核病患者纳入医疗保险范围，支付相关的诊疗费用。食品药品监管部门负责加强对抗结核药品的监管，保证抗结核药品的质量。文体广电等部门负责开展结核病防治工作的公益性宣传，大力普及结核病防治知识。红十字会等社会团体为贫困结核病患者提供人道主义救助，开展健康教育和人道关爱活动。

（三）保障经费投入，有效整合资源。各级人民政府要进一步完善“政府投入为主、分级负责、多渠道筹资”的经费投入机制，将结核病防治经费纳入政府的财政预算。各级地方财政要逐步加大对结核病防治工作的投入，结合上级财政补助资金，继续保障患者发现、治疗管理、疫情监测、培训、督导、宣传教育等防治措施的落实，完善对基层医务人员发现和管理患者的激励机制。要加大对结核病定点医疗机构建设的投入，对定点医疗机构承担的结核病防治任务进行合理补偿，保障其高质量完成结核病诊疗任务。要统筹安排各方面经费，建设符合实验室生物安全标准的结核病检测实验室，并落实相关工作经费，逐步使市和县级实验室分别具备开展结核菌快速检测、药敏试验和痰培养的能力。加强资金管理和经费使用情况的监督检查，提高资金使用效益。

（四）完善保障政策，减轻患者负担。各地在执行国家现行结核病免费诊疗政策的基础上，可根据当地实际适当扩大诊疗费用减免项目，将国家免费政策之外的结核病诊疗费用纳入城镇基本医疗保险和新型农村合作医疗报销范围，并逐年提高报销比例。结合国家基本药物目录调整，逐步增加二线抗结核药品的种类。民政、卫生部门和红十字会等要对贫困结核病患者给予医疗、生活救助，帮助减轻患者负担。

（五）加强队伍建设，提高防治能力。各级人民政府要加强结核病防治队伍的建设，合理配置防治人员。定点医疗机构和疾病预防控制机构均要设置专门科室和人员负责结核病防治工作。要将定点医疗机构结核病实验室纳入全市结核病实验室网络管理，不断提升专业技术能力。加强各级结核病防治人员的培训，全面提升专业技术能力。加强学术带头人和创新型人才培养，积极引进高精尖人才，全面提高六盘水市结核病防治能力。建立激励机制，完善包括结核病专职防治人员在内的卫生防疫津贴制度，提高基层人员的补助标准，调动防治人员的积极性，稳定防治队伍。

（六）保障供应，规范药品管理。通过加强抗结核药品的需求测算、库存控制和库房管理，保证抗结核药品的不间断供应，提高各级抗结核药品的管理质量，杜绝药品的过期和损耗，实现药品管理的动态科学化管理。市、县两级结核病防治机构要进一步规范药品发放程序，完善药品仓储设施，切实保证抗结核病药品的质量，保障抗结核药品的供应，逐步扩大国产抗结核固定剂量复合制剂的供应。

五、监督与评估

各县（特区、区）人民政府要根据本规划要求，将工作目标和任务层层分解到具体部门，落实各项工作责任，并建立督导反馈跟踪机制。市级至少每季度对各县（特区、区）开展一次督导，各县（特区、区）每1—2个月对所辖各乡（镇、街道）进行一次督导。督导发现的问题要跟踪督办，确保整改要求落实到位。卫生部门要会同发展改革、财政等部门每年对本地区防治工作情况进行检查，发现问题及时解决，确保圆满完成规划确定的各项目标和任务。市级卫生部门要对结核病疫情较重的县（特区、区）进行有针对性的技术督导。市卫生局、市发展改革委、市财政局要不定期地对各地区的规划执行情况进行检查和通报，2015年按照国家要求对规划的整体实施情况进行全面评估。

2013年4月2日

市人民政府办公室关于印发六盘水市社会救助申请家庭经济状况核对暂行办法的通知

六盘水府办发〔2013〕66号

各县、特区、区人民政府，各经济开发区管委会，市人民政府各部门、各单位，中央、省属驻市行政企事业单位：

《六盘水市社会救助申请家庭经济状况核对暂行办法》已经2013年5月10日市人民政府第23次常务会议研究同意，现印发给你们，请认真遵照执行。

六盘水市社会救助申请家庭经济状况核对暂行办法

第一条 为切实做好社会救助申请家庭经济状况核对工作，有效实施社会救助制度，切实提高政府救助的准确性和公信力，根据国家、省的有关规定，结合六盘水市实际，制定本办法。

第二条 本办法适用于全市城乡居民申请最低生活保障、住房保障、医疗救助、就业援助、教育救助、法律援助、临时救助、慈善救助等社会救助项目时，根据需要，经申请人及其家庭成员授权，对其经济状况开展调查、核对以及出具书面报告的活动。

已享受最低生活保障等社会救助项目的家庭，应定期或不定期接受家庭经济状况复审，需要进行家庭经济状况核对时，适用本办法。

接受经济状况调查核实的居民个人或家庭，在本办法中统称为核对对象。

第三条 市城乡居民（村民）家庭经济状况核对工作领导小组及办公室负责社会救助申请家庭经济状况核对工作的指导和协调。市民政局是全市社会救助申请家庭经济状况核对工作的主管部门，市、县（特区、区）社会救助机构是专门负责本市社会救助申请家庭经济状况核对具体工作的机构（以下简称核对机构）。

第四条 核对工作坚持“政府主导、民政牵头、部门配合、社会参与”和“实事求是、诚信申报、逐项核对、如实反馈、促进公平”的原则；既要依法、客观、公正，又要维护核对对象的合法权益。

第五条 核对内容包括申请人及其共同生活的家庭成员拥有的全部可支配收入和家庭财产。

第六条 家庭可支配收入是指扣除缴纳的个人所得税及个人按规定缴纳的社会保障性支出后的收入。包括：

（一）工资性收入。指因任职或者受雇而取得的工资、薪金、奖金、劳动分红、津贴、补贴以及与任职或者受雇有关的其他所得等。

（二）家庭经营净（纯）收入。指从事生产、经营及有偿服务活动所得。包括从事种植、养殖、采集及加工等农林牧渔业的生产收入，从事工业、建筑业、手工业、交通运输业、批发和零售贸易业、餐饮业、文教卫生业和社会服务业等经营及有偿服务活动的收入等。

（三）财产性收入。包括动产收入和不动产收入。动产收入是指出让无形资产、特许权等收入，储蓄存款利息、有价证券红利、储蓄性保险投资以及其他股息和红利等收入，集体财产收入分红和其他动产收入等。不动产收入是指转租承包土地经营权、出租或者出让房产以及其他不动产收入等。

（四）转移性收入。指国家、单位、社会团体对居民家庭的各种转移支付和居民家庭间的收入转移。包括赡养费、扶养费、抚养费，离退休金、失业保险金，社会救济金、遗属补助金、赔偿收入，接受遗产收入、接受捐赠（赠送）收入等。

（五）其他应当计入家庭收入的项目。

第七条　下列收入不计入家庭收入：

（一）优抚对象享受的抚恤金、护理费、保健金及义务兵家属优待金。

（二）省级以上劳动模范退休后享受的荣誉津贴。

（三）因工（公）负伤人员的工伤医疗费、护理费、一次性伤残补助金、残疾辅助器具费以及因工（公）死亡人员丧葬补助费、一次性抚恤金。

（四）教育奖（助）学金、见义勇为奖金、计划生育奖励与扶助金。

（五）临时社会救助及慰问金。

（六）县级以上民政部门认定不计入家庭收入的其他收入。

第八条　家庭财产主要包括：

（一）银行存款和有价证券。

（二）机动车辆（残疾人功能性补偿代步机动车辆除外）、船舶。

（三）房屋。

（四）债权。

（五）其他财产。

第九条　核对机构可通过调取相关部门信息以及入户调查、邻里访问、信函索证等方式，核对申请人及其家庭成员经济状况信息：

（一）系统核对。通过政府核对信息平台，由核对机构与相关部门建立居民家庭经济状况核对网络系统，并通过信息网络系统核对已救助和拟救助家庭的收入和财产信息。

（二）人工核对。对部门间暂不具备建立信息网络条件的，由核对机构与相关部门间采用加密移动存储工具方式，对申请救助家庭的收入和财产信息进行核对。

（三）实地核对。由乡（镇、街道）或相关部门，在审核救助申请时，采取入户调查、邻里走访、信函取证等方式核对救助对象家庭的收入和财产信息。

第十条　家庭可支配收入和家庭财产的核定：

（一）工资性收入可以通过调查就业和劳动报酬、各种福利收入，以及社会保险费、住房公积金、个人所得税的缴纳情况等核定。

（二）经营性净（纯）收入可以通过调查工商登记、企业或者个体工商户的生产经营情况以及企业所得税的缴纳情况等核定。

（三）财产性收入可以通过调查存款、股息与红利、保险收益、出租房屋收入、知识产权收益情况、有价证券持有情况以及债权债务情况等核定。

（四）转移性收入可以通过调查养老金、失业保险金、社会救济金、住房公积金的领取情况，以及获得赡养、赠与、补偿、赔偿情况等核定。

（五）实物财产可以通过调查房产、车辆，以及古董、艺术品等有较大价值实物拥有情况等核定。

第十一条　信息核对工作程序：

（一）申报。核对对象在乡（镇、街道）诚信申报家庭收入情况以及家庭实际生活状况（凡申请享受低保、住房保障、医疗救助、临时救助的保障家庭，在初次受理时一并填报），与乡（镇、街道）签订《委托核查家庭经济状况授权书》，并提供受理所需的相关证明材料，乡（镇、街道）受理委托后在10个工作日内及时进行实地核查并报各县（特区、区）核对机构。

（二）核对。县级核对机构于10个工作日内将需要核对的信息通过信息平台和数据拷盘相结合的方式与本县（特区、区）相关部门和单位进行信息交换核对后以书面报告形式向申请人及有关部门出具核对结果，书面报告作为政府相关部门审核审批有关社会救助的依据。

（三）反馈。县（特区、区）相关部门和单位应于收到需核对信息之日起5个工作日内将信息反馈给本县（特区、区）核对机构。

第十二条 需要核对的信息县（特区、区）无有关部门对应，需要与市有关部门和单位核对或者需要跨县区、跨省核对的信息，县（特区、区）核对机构应在收到信息材料后5个工作日内上报市级核对机构，由市级核对机构在10个工作日内与市有关部门、有关地区核对后出具书面报告。情况复杂的，经核对机构主要负责人批准，可适当延长，但最长不得超过20个工作日。

第十三条 申请人、县（特区、区）相关部门对核对报告提出异议的，核对机构应当在10个工作日内进行复核。情况复杂的，经核对机构主要负责人批准后，可适当延长，但最多不得超过20个工作日。

第十四条 除第六条规定的核对内容外，核对对象的支出与其提供的收入状况明显不符的，核对机构可以对相应支出情况进行核对。

第十五条 各相关部门和单位在保障信息安全的情况下应给予积极配合，及时准确地向同级核对机构提供下列与核对对象有关的信息：

（一）公安部门负责提供核对对象户籍信息和车辆拥有情况。

（二）人力资源和社会保障部门负责提供核对对象的就业及缴纳社会保险费和领取社会保险金的情况。

（三）住房和城乡建设部门负责提供核对对象房产拥有、房产交易情况。

（四）住房公积金管理机构负责提供核对对象住房公积金缴纳和使用情况。

（五）主管税务部门负责提供核对对象自申请之日起半年内税收登记和纳税情况。

（六）工商部门负责提供核对对象开办企业或个体工商户的注册登记信息。

（七）人民银行负责牵头提供核对对象存、贷款情况。

（八）扶贫部门负责提供核对对象的扶贫救助情况。

（九）民政部门负责提供核对对象享受有关社会救助、优待抚恤情况。

（十）应当提供的其他有关情况。

第十六条 核对机构应当建立严格统一的管理和责任制度，规范调查核实工作，采取必要的措施保障核对信息安全。

核对机构进行入户调查、邻里访问、信息调取等核对工作时，应当派出至少2名工作人员，并出示相关证件。

第十七条 核对机构及其工作人员应当对在核对过程中获得的涉及核对对象的信息予以保密，不得向与核对工作无关的组织或者个人泄露。核对机构工作人员滥用职权、玩忽职守、徇私舞弊的，根据国家相关规定给予行政处分，构成犯罪的，依法追究刑事责任。

第十八条 有关部门实施除最低生活保障、住房保障、医疗救助、就业援助、教育救助、法律援助、临时救助、慈善救助以外的其他社会救助、社会福利等制度时，需要委托核对机构对居民经济状况进行调查核实的，应当经市人民政府批准后实施。

第十九条 本办法由市民政局负责解释。

第二十条 本办法自公布之日起施行。

市人民政府办公室关于做好重要生活必需品保供稳价工作的实施意见

六盘水府办发〔2013〕79号

各县、特区、区人民政府，各经济开发区管委会，市人民政府各部门、各单位，中央、省属驻市行政企事业单位：

据统计，2013年1至6月，六盘水市中心城市居民消费价格总水平和鲜菜价格累计涨幅均排全省第1位。为深入贯彻落实国家、省有关保供稳价文件和会议精神，进一步做好六盘水市粮、油、肉、菜等重要生活必需品保障供应和价格稳控工作，经市人民政府同意，提出如下实施意见：

一、高度重视重要生活必需品保供稳价工作

各县（特区、区）、各有关部门要充分认识做好当前粮、油、肉、菜等重要生活必需品市场供应和价格稳定工作的重要性和紧迫性，密切关注和监测市场供应及价格动态，认真分析当前供需状况及其价格走势，采取有效措施，加强和改善宏观调控，确保市场正常供应和价格稳定。

二、建立健全重要生活必需品生产制度

以各类农业示范园区建设为契机，大规模推进农业结构调整。进一步扩大中心城区周边乡（镇、街道）蔬菜种植面积，调整蔬菜种植品种结构及上市档期安排，保障蔬菜均衡供应。积极帮助和指导各大中型生猪养殖基地、禽蛋生产基地及养殖大户从事养殖业生产和上市供应，确保本地肉、禽、蛋的市场需求。大力发展特色种养业和配套加工产业，逐步提高本地重要生活必需品的自给率和商品率。

三、逐步完善重要生活必需品储备制度

充分考虑重要生活必需品的产品特性和生产周期，科学选择实物储备、商业代储、企业最低库存储备、商业储备等合适的储备形式。健全地方重要生活必需品储备制度，各县（特区、区）要建立相应的成品粮油储备机制，逐步完善小包装成品粮油、肉禽、蔬菜、食盐、食糖等重要生活必需品的地方储备。继续推行小包装成品粮油、生猪活体储备商业代储机制，扶持和发展定点储备活畜禽规模养殖场，重点加快市粮油储备中心、3000吨低温猪肉储备库和3000吨高温蔬菜保鲜库项目建设步伐。

四、加强重要生活必需品保障基础设施建设

重点支持和加快区域性粮油批发市场、农副产品批发市场、农贸市场、农产品冷链物流、农超对接项目的建设与升级改造，建设一批公益性的市场调控基础设施。2013年重点完成市中心城区新建或改造6个农贸市场和1个农产品批发市场的建设任务。补贴和引导鲜活农产品农超对接和粮、油、肉、菜直销工作，规划建设一批社区平价粮油肉菜供应点、连锁生鲜超市及周末菜市场，减少流通环节。在市中心城区先行试点建设一批平价粮油肉菜直销店，在市中心城区佳惠超市设立平价直销专区。适时开展周末农副产品直销市场试点，支持和鼓励城郊农户进城开展蔬菜自产自销。采用固定门店、快餐亭、早餐车相结合的方式组织实施平价早餐工程，在市中心城区建成5家标准化生产和统一配送一体化的主食加工配送中心，100个早餐车；盘县、六枝各建2个配送中心，20个早餐车。

五、加快重要生活必需品市场流通体系建设

成立蔬菜购销协会，发挥协会联通产（供）销衔接的桥梁作用，引导流通企业加强与产（供）地的产（供）销衔接，落实长效合作机制。落实重要生活必需品流通中用电用水等实行支持性价格政策，规范和降低农产品市场收费，积极协调批发市场、农贸市场等在重要节假日或特殊时期减免进场费、摊位费，降低粮、油、肉、菜等重要生活必需品流通成本。在全市范围内将粮、油、肉、菜、蛋、禽、盐、糖等重要生活必需品的运输纳入“绿色通道”，确保整车运输鲜活农产品的车辆免缴通行费和优先便捷通行。鼓励本地大型物流企业整合社会散小运输户，主动参与重要生活必需品物流运输，提供规模化、多样性、低成本的物流服务。

六、加强领导，明确责任，各司其职，齐抓共管

成立市重要生活必需品保供稳价工作领导小组，由市政府常务副市长任组长，分管副市长任副组长，成员由商务粮食、物价、财政、农业、经信、交通、工商、税务、公安、质监、食品药品监管、民政和宣传等部门负责人组成。成员单位职责为：

商务粮食部门负责督导大型商贸流通企业实施调剂性储备，确保重要生活必需品不断档、不脱销，保障市场供应；做好粮油加工储备、调运等各环节的衔接和调度工作，加强粮油的储备管理，确保应急状态下能及时足量投放市场；会同有关部门对价格调节基金、流通业发展专项资金等补贴资金使用情况进行监督管理。

物价部门负责价格监督检查工作，必要时实施价格干预措施或者紧急措施，坚决打击价格违法行为；牵头对价格调节基金使用情况进行核实、监督和管理、考核。

财政部门负责价格调节基金、流通业发展专项资金等补贴资金的划拨补贴相关工作，确保资金及时拨付补贴到位；对重要生活必需品流通基础设施建设予以支持。

农业部门负责加强与农产品批发市场、主要蔬菜生产基地、大中型生猪养殖基地、禽蛋生产基地的联系，根据市场需求安排或指导本地农产品生产基地落实生产计划，确保六盘水市重要生活必需品的基本市场需求。

经信部门负责督导本地商品生产加工企业制定粮、油、肉、菜等重要生活必需品加工生产计划，提高生产、加工和分装能力，掌握其库存动态情况；加强设备检修，保证稳定的生产加工能力，以适应可能发生的集中生产、加工和分装的需要。

交通和公安交警部门负责落实重要生活必需品调运的“绿色通道”，要加强紧急情况下运力的组织协调，确保重要生活必需品运输的需要。

工商部门负责加强市场的检查和监管，严厉打击囤积居奇、哄抬物价、欺行霸市等不法行为。

税务部门负责落实重要生活必需品实施从生产到消费的全环节低税收政策，落实免征蔬菜流通环节增值税政策。

公安部门负责加强执法，严厉打击蓄意造谣、扰乱市场、蛊惑人心、聚众围堵、破坏社会稳定等不法行为。

质监和食品药品监部门负责生产环节的产品质量监督管理和生产、流通环节的计量监督管理工作，负责食品安全的综合监督、组织协调和依法组织开展对食品安全事故的查处。

民政部门负责落实对城乡低收入人群特殊时段救灾救济物资、价格补贴的发放工作。

宣传部门负责及时向社会公布重要商品的供求情况，宣传政府稳定市场物价的措施和效果，倡导理性消费。

2013年8月10日

市人民政府办公室关于印发六盘水市政务服务工作管理办法的通知

六盘水府办发〔2013〕89号

各县、特区、区人民政府，各经济开发区管委会，市人民政府各部门、各单位，中央、省属驻市行政企事业单位：

《六盘水市政务服务工作管理办法》已经2013年9月24日市人民政府第28次市长办公会研究同意，现印发给你们，请遵照执行。

六盘水市政务服务工作管理办法

第一章　总　则

第一条　为规范政务服务工作，根据《中华人民共和国行政许可法》《中共中央办公厅国务院办公厅印发〈关于深化政务公开加强政务服务的意见〉的通知》（中办发〔2011〕22号）《省人民政府办公厅关于进一步推进政务服务规范化建设的实施意见》（黔府办发〔2013〕36号），结合六盘水实际，制定本办法。

第二条　本办法所称政务服务工作是指具有政务服务事项的政府工作部门、公用企事业单位（以下简称部门〈单位〉），为公民、法人和其他组织，办理政务服务事项和围绕办理政务服务事项所开展的其他活动。

第三条　本办法所称政务服务事项，是指经清理保留的行政审批事项和作为政务服务事项的其他服务事项。

行政审批事项包括行政许可事项和非行政许可审批事项。作为政务服务事项的其他服务事项由本级人民政府决定，或由本级人民政府授权政务服务管理机构决定。

第四条　县级以上人民政府建立本级人民政府政务服务中心（以下简称政务中心），作为本级人民政府集中办理政务服务事项的场所。部门（单位）应当在政务中心设置办事窗口，办理本部门（单位）不涉及保密和国家安全，不受政务中心场地限制的政务服务事项。政务服务事项办件量少的部门（单位）经本级人民政府同意，可共同设立综合窗口。

因政务中心场地限制，经本级人民政府批准，部门（单位）可以建立政务服务分中心（以下简称分中心），办理本部门（单位）未进驻政务中心的政务服务事项。因便民的需要，经本级政务服务管理机构同意，部门（单位）可以在适宜的地方设置便民办事点（以下简称便民点），作为本部门（单位）办理某个或某类政务服务事项的场所。

第五条　本市县级以上政务服务工作适用本办法。

第二章　工作职责

第六条　县级以上人民政府设立政务服务管理机构，代表本级人民政府指导、协调和监督本级政府组成部门和职能机构的政务服务工作。

第七条　政务服务管理机构的主要职责为：

（一）贯彻执行国家、省、市有关政务服务

的法律、法规和方针、政策，制定本级政务服务的政策措施、工作计划并组织实施；

（二）代表本级人民政府指导、协调和监督本级政府组成部门和职能机构的政务服务工作。组织制定政务服务事项办理标准，规范政务服务行为，落实运行规则和服务模式，组织各进驻窗口规范、高效、优质服务，并就各部门政务服务工作开展情况进行考核；

（三）组织编制本级政务服务事项动态目录，制定本级政务中心进驻方案，组织本级政务服务事项操作规程及办事指南梳理、审核和公布，组织行政审批时限的压缩、行政审批流程的优化和相关工作；

（四）组织本级并联审批、全程代办、延时服务、预约服务、上门服务、休息日服务等延伸服务工作；

（五）制定本级政务中心各项规章制度、管理办法并组织实施。负责承办政务服务工作联席会议；

（六）承担本级政务中心日常管理、组织协调、综合服务和监督检查等工作。对进驻本级政务中心的窗口工作人员进行日常管理，受理本级政务服务工作中违规行为的举报和投诉，对进驻工作人员进行考核并兑现考核结果；

（七）对本级分中心、便民点开展指导、监督和考核。对下级政务服务管理机构进行业务指导；

（八）完成本级人民政府交办的其他事项。

第八条 部门（单位）主要负责以下工作：

（一）明确本部门（单位）分管政务服务工作的领导，组织政务服务事项和人员的进驻，并在进驻人员中明确首席代表，保持进驻人员稳定；

（二）制定和实施本部门（单位）政务服务工作的各项措施；

（三）梳理本部门（单位）政务服务事项的操作规程或办事指南；

（四）与本级政务服务管理机构共同保障办事窗口的办公条件；

（五）设有分中心、便民点的部门（单位），应当按照政务中心的管理方式，作好分中心、便民点的管理；

（六）接受政务服务管理机构的指导、协调、督办和考核；

（七）完成本级人民政府交办的其他政务服务工作。

第九条 部门（单位）设在政务中心的办事窗口，主要负责以下工作：

（一）执行政务中心的各项管理规定，接受政务服务管理机构的指导、协调、督办和考核，负责与政务服务管理机构的工作衔接；

（二）代表所在部门（单位）统一受理政务服务申请、统一送达政务服务决定；

（三）根据所在部门（单位）授权，直接办理政务服务事项，或者将受理的政务服务申请分办到承办机构，并督促办理；

（四）贯彻执行各项政务服务工作制度；

（五）完成所在部门（单位）和政务服务管理机构交办的其他政务服务工作。

第十条 首席代表主要负责以下工作：

（一）管理所在部门（单位）设在政务中心的窗口；

（二）行使所在部门（单位）授予的政务服务事项办理职权；

（三）将所在窗口受理的政务服务申请分办到所在部门（单位）的承办机构，并督促办理；

（四）代表所在部门（单位）参与联办事项的协调和办理；

（五）管理所在部门（单位）在政务中心使用的印章；

（六）代表所在部门（单位）与本级政务服务管理机构进行联络。

第三章 进驻管理

第十一条 部门（单位）应当将不涉及保密和国家安全，不受政务中心场地限制的政务服务事项进驻政务中心。

因涉及保密、国家安全等原因不宜在公开场所办理的事项，经省政府批准后，不进驻政务中心。

第十二条 部门（单位）应当将政务服务事项的受理、承办、决定、送达等全部办理环节，进驻到政务中心或分中心、便民点。

个别环节不能在政务中心或分中心、便民点办理的，由部门（单位）商政务服务管理机构决定。

第十三条 部门（单位）应当将政务服务职能向一个内设机构集中，承担政务服务职能的机构向设在政务中心的办事窗口集中，成建制地进驻政务中心，并充分授权。

第十四条 政府工作部门派遣到政务中心的进驻人员，原则上应当具备国家公务员或在职在编人员身份，取得行使行政执法职权身份证明，有2 年以上工作经验，从事或者熟悉政务服务业务。

公用企事业单位派遣到政务中心的进驻人员，原则上应当为该单位正式在职在编人员，有2年以上工作经验，从事或者熟悉相关业务。

第十五条 政务中心进驻人员2 年一定，在政务中心工作未满2 年的，原则上不得更换。因特殊情况需提前更换的，其所属部门（单位）应当商本级政务服务管理机构同意，并报本级人民政府办公室批准。

第四章 事项管理

第十六条 政务服务事项实行动态目录管理。政务服务事项目录，由政务服务管理机构组织编制。增加、拆分、合并政务服务事项，或者调整政务服务事项中的内容，部门（单位）应当将增加、拆分、合并或内容调整的情况，报送政务服务管理机构。增加、拆分、合并或内容调整政务服务事项，应当重新梳理其操作规程或办事指南。

取消、下放政务服务事项，部门（单位）应当在取消、下放前将取消、下放决定的依据报送政务服务管理机构备案。

暂停实施政务服务事项，部门（单位）应当在暂停实施前将暂停实施的依据和暂停的时间报送政务服务管理机构备案。

第十七条 部门（单位）应当根据有关法律、法规、规章、规范性文件的规定，结合政务服务工作的要求，梳理出本部门（单位）政务服务事项的操作规程或办事指南。

政务服务事项操作规程或办事指南应当包括以下内容：

（一）事项名称；

（二）设定依据；

（三）实施主体依据；

（四）办理条件；

（五）办理方式及数量；

（六）申请材料；

（七）规定办理期限；

（八）承诺办理期限；

（九）收费标准和依据；

（十）主要办理程序和办理流程图。

上述第（三）项至第（十）项内容，有关法律、法规、规章、规范性文件未作具体规定或规定不全的，由部门（单位）按照合法、合理、效能、便民的原则，结合实际情况拟定。

第十八条 部门（单位）梳理的政务服务事项操作规程或办事指南按下列程序处理：

（一）送政务服务管理机构审核；

（二）经审核符合要求的，由政务服务管理机构报本级人民政府审定；

（三）经审定的，由本级政务服务管理机构和实施的部门（单位）对外公布。

部门（单位）应当按照审定公布的政务服务事项及其操作规 程开展政务服务工作。

第五章 事项实施

第十九条 部门（单位）应当遵循公开、公平、公正和便民的原则，实施政务服务工作，提高办事效率，提供优质服务。

第二十条 行政许可事项的实施，应当符合《中华人民共和国行政许可法》《贵州省行政许可实施程序暂行规定》和有关法律、法规、规章、规范性文件及本办法的规定。非行政许可审批事项和其他服务事项的实施，应当符合有关法律、法规、规章、规范性文件和本办法的规定，并参照《中华人民共和国行政许可法》执行。

第二十一条 部门（单位）应当按照《中华人民共和国行政许可法》《中华人民共和国政府信息公开条例》（国务院令第492 号）的规定，及时准确地公开政务服务信息。

第二十二条 除部门（单位）设在政务中心的办事窗口以及所设的分中心、便民点外，其他机构不得受理政务服务申请和送达政务服务决定。

第二十三条 部门（单位）、办事窗口、分中心、便民点，应当执行公开公示、首问负责、一次性告知、收件回执、限期办结等政务服务工作制度。

第二十四条 需由两个以上部门（单位）分别实施的政务服务事项，本级人民政府可以决定实行联合办理或者统一办理。

实行联合办理、统一办理的政务服务事项的

主办单位、协办单位，由政务服务管理机构提出，报本级人民政府决定。主办单位负责组织办理该政务服务事项。协办单位应当积极配合主办单位的工作，接受主办单位的安排、协调和督促。

联合办理、统一办理的实施程序，由政务服务管理机构会同主办单位、协办单位拟定并报本级人民政府批准后执行。

第六章　服务规范

第二十五条　政务中心应当布局合理，服务台面整齐统一，设有免费停车、办事等候、资料填写、文印服务、信息查询、传真收发、免费饮水、卫生间等便民场地和设施。

第二十六条　政务中心实行朝九晚五上下班制度，实行AB岗替岗制度。

第二十七条　政务中心应当根据服务对象的需求，开展延时服务、预约服务、上门服务、休息日服务、全程代办服务、绿色（特别）通道服务。

第二十八条　政务中心实施统一收费制度。进驻政务中心的政务服务事项，其相关费用的收取应当在政务中心进行，并严格执行物价部门审定的收费项目及标准，使用财政部门统一印制的票据。

第二十九条　政务中心工作人员应当统一着装，挂牌上岗。

第三十条　分中心、便民点，可根据实际情况，参照本章规定执行。

第七章　信息化建设

第三十一条　政务服务管理机构、部门（单位）应当推行电子政务，逐步实现政务服务的在线办理和电子监察。

尚未实现政务服务在线办理和电子监察的分中心、便民点，应当按照政务服务管理机构的要求，将政务服务工作情况抄告政务服务管理机构，政务服务管理机构根据抄告的情况适时进行督办。

第八章　监督考核

第三十二条　监察机关应当在政务中心设立监察投诉窗口、公布投诉电话。

第三十三条　政务服务管理机构应当建立健全政务服务的考评制度和投诉举报制度，不断提高政务服务工作质量，切实保障公民、法人和其他组织的合法权益。

第三十四条　政务服务工作的监督检查，属于行政许可范畴的，依据《贵州省行政许可监督检查暂行办法》执行，不属于行政许可范畴的，参照《贵州省行政许可监督检查暂行办法》执行。

第三十五条　部门（单位）、办事窗口、分中心、便民点及其工作人员违反本办法的，或者不按照本级人民政府、本级政务服务管理机构的要求完成政务服务工作的，按照《贵州省行政服务 监督和管理办法（试行）》《贵州省行政执法过错责任追究办法》《贵州省行政许可过错责任追究暂行办法》等相关规定，由监察机关直接或交由相关部门处理，政务服务管理机构和相关部门参与调查并提供情况。

第三十六条　政务服务工作列入机关目标管理，政务中心进驻人员的年度考核由政务服务管理机构负责，政务中心进驻人员年度考核优秀名额不占部门（单位）指标。

第九章　附　则

第三十七条　省属驻市有关单位的政务服务工作，按照本办法执行；中央、省属驻市行政企事业单位的政务服务工作，参照本办法执行。

第三十八条　本办法由市政府政务服务中心负责解释。

第三十九条　本办法自2013年12月1日起施行。《市人民政府办公室关于印发〈六盘水市市级政务服务工作管理办法〉的通知》（市府办发〔2009〕62号）同时废止。

2013年10月28日

市人民政府办公室关于加快商贸流通业发展的实施意见

六盘水府办发〔2013〕91号

各县、特区、区人民政府，各经济开发区管委会，市人民政府各部门、各直属机构，中央、省属驻市行政企事业单位：

为认真贯彻落实《国务院关于深化流通体制改革加快流通产业发展的意见》（国发〔2012〕39号）和《省人民政府关于深化流通体制改革加快流通业发展的意见》（黔府发〔2013〕5号），加快推进“请贸入六”，全面提升六盘水市商贸流通业发展水平，现提出如下实施意见。

一、总体思路

紧紧围绕“突出特色、做大总量、提速转型、增比进位”的总目标，按照摆脱“路径依赖”、走出“资源陷阱”，加快构建具有六盘水特色的现代产业体系的要求，坚持转型发展，大力改善商贸流通条件，加快发展电子商务、连锁经营等现代流通方式，改善市场秩序和消费环境，加强流通人才培养及运用工作，强化基层流通管理，推进农村市场网络建设，全面提升商贸流通业发展水平。

二、重点工作

（一）大力发展现代物流。科学编制和完善商贸流通网络规划，加快建立以大型物流基地为中心、物流配送中心为节点、布局结构合理、技术设施先进、运转畅达高效的现代物流体系，并纳入城市总体规划和土地利用总体规划。围绕“5个100”工程建设，在工程区域范围内优先增设服务网点。支持大型批发市场建设，在市中心城区、重点镇和中心村培育形成一批辐射带动力强的商贸中心、专业市场及配送中心。建立与生产基地直接挂钩的农产品配送中心，畅通农产品进城渠道，推广农超对接、农批对接、农校对接等产销衔接方式。加快培育电子商务、连锁经营和统一配送等现代流通方式。实施电子商务示范工程，支持大型连锁零售业开展电子商务，鼓励流通企业开展网上交易。积极探索传统零售方式与电子商务相结合，创新网络销售模式，发展电话购物、电视购物、网上购物等网络商品与服务交易。促进银企合作，推广银联卡、信用卡消费，扩大刷卡结算覆盖面。

（二）培育壮大流通企业。整合社会物流资源，鼓励有条件的生产企业逐步分离物流业务，支持大型连锁经营集团建立现代采购配送中心，支持物流企业与省内外先进物流企业合资、合作，加快培育和引进大型物流企业。通过直营、特许加盟等方式，整合改造分散经营的杂货店、小店铺，逐步建立连锁企业集团。发展社区示范工程，鼓励各类经营主体进入社区，设立便利店、菜市场、早餐店、家政服务点等居民日常生活必备的商业网点。继续实施“万村千乡市场工程”和“新农村现代流通网络建设工程”，发展农村连锁经营网络，引导城市连锁店、专卖店向农村延伸。

（三）提高市场保障供应能力。支持建设和改造一批具有公益性质的农产品批发市场、农贸市场、菜市场、社区菜店、农副产品平价商店，以及重要商品储备设施、大型物流配送中心、农产品冷链物流设施等，发挥公益性流通设施在满足消费需求、保障市场稳定、提高应急能力中的重要作用。建立城乡市场统计监测体系，加强对肉类、粮油、食盐、食糖、蔬菜等生活必需品和重要生产资料的监测、预警和调控，及时向社会发布市场信息。完善地方重要商品储备制度，优化储备品种结构，建立和扩大肉类、食糖、小包装粮油、蔬菜等生活必需品储备规模。加强市场应急调控能力建设，综合运用信息引导、区域调剂、收储投放等手段保障市场供求基本平衡。

（四）大力规范市场秩序。加大对食品、药品、农产品、牲畜屠宰、成品油、餐饮等行业监管力度，建立涉及人身健康与安全的商品检验制度，依法加强对该类商品的流通准入管理，形成覆盖准入、监管、退出全过程的管理机制。建立健全肉类、水产品、蔬菜、水果、酒类、中药材、农资等商品流通追溯体系。建立健全市场监管公共服务体系，加大流通领域商品质量监督检查力度，依法严厉打击侵犯知识产权、制售假冒伪劣产品、商业欺诈和商业贿赂等违法行为，加强价格监督检查和反垄断监管，加大对公用事业延伸服务的收费监管力度。加强网络商品交易的监管，规范零售商、供应商交易行为。加快商业诚信体系建设，推行商贸流通企业信用分类试点，逐步实行信用分类监管。规范发展商会、行业协会等中介服务组织，支持行业协会为流通企业提供法律、政策、管理、技术、市场信息咨询及人才培训等服务。

（五）大力实施“请贸入六”。积极鼓励世界500强、全国500强和贵州前20强的国际品牌、国家品牌、商业企业的直营店或专卖店、连锁经营企业以及城市综合体建设项目等入驻，并在六盘水市办理工商登记。鼓励和引导多种经济成分投资商贸设施建设，实现商贸流通基础设施建设投资逐年增长。重点扶持有特色、有品牌、吸纳就业人员多的商贸流通企业。积极培育经营主业突出、管理技术先进、核心竞争力强的商贸流通大公司、大集团，使之成为商贸流通领域的龙头企业。鼓励各地开辟免费使用的早市、晚市、周末市场。支持有实力的流通企业通过控股、参股、收购、特许经营等方式，跨行业、跨地区兼并重组，实现资源整合和有效扩张。支持中小流通企业特别是小微企业向专业化、特色化发展。

（六）深化流通领域对外开放。鼓励民营、外资等非公经济参与发展商贸，严禁阻碍、限制外地商品、服务和经营者进入本地市场。积极培育在省内外甚至国内外有影响的市场主体和会展品牌。加快海关、出入境检验检疫机构、“无水港”和综合保税区等对外开放平台建设。支持有条件的流通企业“走出去”，开展对外投资合作，加快外贸基地建设，优化进出口产品结构。

三、扶持政策

（一）加大财政支持力度。逐步加大对居民生活必备的商业网点建设的投入力度。设立流通业发展专项资金，自2013年起，每年从市价格调节基金切块1000万元作为加快商贸流通产业发展市级补贴资金，各县、特区、区、按一定比例配套，重点用于支持公益性流通设施、农产品和农村流通体系、城乡统筹商贸网络、流通信息化建设，商贸会展、电子商务等新兴业态培育和推进，商贸流通企业引进和发展，美食特色文化打造以及宾馆酒店、家政服务、生态会所提档升级等。对新入驻的规模以上商贸流通企业及全国性、全省性会展的承办单位给予一定数量的补贴，补贴资金由市县两级财政共同承担。对政府确定的重点商贸流通项目，金融部门要提供重点信贷支持，中小企业信用担保机构要提高担保比重，相关业务部门要积极争取专项资金予以支持。

（二）加大用地扶持力度。优先保障农产品市场和便民生活服务网点用地。优先满足商贸流通发展规划中心城区项目土地指标供应，并实行与物流仓储相同的供地方式。优先办理列入规划的商贸流通项目建设用地手续，缩短土地供应周期。鼓励流通企业盘活利用已有的存量土地，高效利用土地资源。鼓励利用旧厂房、闲置仓库等建设流通设施，涉及原划拨土地使用权转让或租赁的，经批准可采取协议方式供应。对旧城区改建需搬迁的流通业用地，在收回原国有建设用地使用权后，经批准可以协议出让方式为原土地使用权人安排用地。经政府确定的加工配送中心、专业交易市场和仓储物流设施建设，可同时享受开发区、园区工业用地价格政策。

（三）加大税收扶持力度。全面落实国家深入实施西部大开发战略的税收优惠政策，对符合国家产业政策的商贸流通企业，按优惠税率征

收企业所得税，在一定期限内免征农产品批发市场、农贸市场城镇土地使用税和房产税。贯彻落实国家有关免征鲜活农产品流通环节增值税政策。开展农产品增值税进项税额核定扣除试点，促进鲜活农产品进超市经营。落实家政服务企业免征营业税政策，促进生活服务业发展。落实提高小型微型企业增值税和营业税起点政策，减轻流通业小型微型企业税收负担。

（四）加大规费减免力度。政府确定的重点市场和公益性商贸流通项目，各种规费按“收支两条线”原则先征后返，用于配套设施建设。降低农产品生产流通环节用水用电价格和运营费用。规模化生猪、蔬菜等生产的用水、用电与农业同价。农产品批发市场、农贸市场、农产品冷链物流的冷库，以及鼓励类商业的用水、用电、用气、用热与工业同价。严格执行鲜活农产品运输绿色通道政策。规范和降低农产品批发市场、农贸市场和社区菜场市场摊位费收费标准。政府投资建设或控股的市场按保本微利原则从低核定收费标准。农产品批发市场、农贸市场、社区菜市场实行实名制管理，规范经营者转租转包行为。农产品批发市场、农贸市场要开设专门区域，供郊区农户免费进场销售自产鲜活农产品。

（五）营造良好政务服务环境。对入驻六盘水市的大型商贸流通企业和重大商贸流通项目，可按“一企一策”原则制定优惠政策；对入驻经济开发区（产业园区）的商贸流通企业和重点商贸流通项目，企业可按照就高不就低的原则选择相关优惠政策；商贸流通企业职工技术培训享受农民工就业技术培训政策。新建、改扩建的各类大型专业、批发、农贸等市场投入使用后，给予1—2年的经营培育期，期间可享受相关税费优惠政策。对入驻企业办理消防等手续开设“绿色通道”。交通、公安交警等部门优先在市场附近设置停车站（点）。搭建连锁加盟、产权交易、技术引进、业态创新、信息共享、信贷支持和法律咨询等服务平台，为商贸流通企业创造良好的发展环境。

四、工作保障

（一）加强组织领导。成立加快商贸流通业发展工作领导小组，由市政府分管领导任组长，市商务粮食局、市发展改革委、市财政局、市国税局、市地税局、市工商局、市规划局、市国土资源局、市城管局、市公安局、市统计局、市物价局、市质监局、市食品药品监管局、市卫生局等部门负责人为成员，负责对入驻商贸流通企业的统筹协调服务及培育工作，领导小组下设办公室在市商务粮食局，由市商务粮食局局长兼任办公室主任，负责日常工作。

（二）加强监管体系建设。针对流通领域各种新情况，制定相关规定，依法治商。商务、工商、质监、食品药品监管、卫生等部门要协同配合，开展专项治理和综合执法，依法打击制假售假、商业欺诈、不正当竞争等违法违规行为。清理整顿大型零售企业向供应商违规收费和恶意占压供应商货款。加强价格监督检查和反垄断监管。

（三）强化人才队伍建设。围绕商贸流通业重点项目，大力引进现代物流管理、电子商务、会展策划、零售管理等高级人才。建立商贸流通业专家人才档案，为商贸流通现代化储备人才。探索建立商贸流通人才培养、使用、评价和激励机制，在户籍管理、子女就学、工资收入等方面给予特殊政策，解决社会保险、配偶就业、医疗保健等问题。

（四）建立健全督促落实机制。建立健全商贸流通业统计指标体系和奖惩机制，定期跟踪督促检查，确保各项任务落到实处。对工作成绩特别突出的单位和个人，要予以表彰奖励；对违反规定的，视情节予以问责。

（五）加强舆论宣传。大力宣传本地商贸流通业发展优势、特点，引导和鼓励社会力量参与商贸流通业发展，加强诚信文化建设，营造商贸流通业加快发展的良好环境。

2013年11月7日

附　录

六盘水市人民政府文件

2013年市人民政府文件目录

市人民政府关于印发政府工作报告的通知（六盘水府发〔2013〕1号）

市人民政府关于支持全市高载能产业发展的意见（六盘水府发〔2013〕2号）

市人民政府关于授权市国资委对六盘水市民生发展有限责任公司履行出资人职责的通知（六盘水府发〔2013〕4号）

市人民政府关于兑现2012年安全生产工作考核奖励的决定（六盘水府发〔2013〕5号）

市人民政府关于做好2013年能源（煤炭）工作的意见（六盘水府发〔2013〕6号

市人民政府关于印发《六盘水市人民政府会议制度》等规定的通知（六盘水府发〔2013〕7号）

市人民政府关于切实做好2013年安全生产工作的意见（六盘水府发〔2013〕8号）

市人民政府关于整治市中心城区不文明行为的通告（六盘水府发〔2013〕9号）

市人民政府关于实施教育“9+3”计划的意见（六盘水府发〔2013〕10号）

市人民政府关于印发市中心城区城市管理攻坚战总体方案的通知（六盘水府发〔2013〕11号）

市人民政府关于对市中心城区坟墓进行专项治理的通告（六盘水府发〔2013〕12号

市人民政府关于印发六盘水市全民健身实施计划（2011—2015年）的通知（六盘水府发〔2013〕13号）

市人民政府关于加强和改进新形势下行政学院工作的实施意见（六盘水府发〔2013〕14号）

市人民政府关于公布市中心城区基准地价的通知（六盘水府发〔2013〕16号）

市人民政府关于促进循环经济加快发展的实施意见（六盘水府发〔2013〕17号）

市人民政府关于对市公安局和六枝特区公安局成功破获系列拐卖儿童案件进行表彰的通报（六盘水府发〔2013〕18号）

市人民政府关于开展第一次可移动文物普查工作的通知（六盘水府发〔2013〕19号）

市人民政府关于表彰2013年度市人民教育基金奖优秀教师及优秀教育工作者的决定（六盘水府发〔2013〕21号）

市人民政府关于进一步完善分税制财政管理体制的通知（六盘水府发〔2013〕22号）

市人民政府关于印发当前全市改革开放重点工作安排的通知（六盘水府发〔2013〕23号）

市人民政府关于深化医药卫生体制改革的实施意见（六盘水府发〔2013〕24号）

市人民政府关于表彰全市就业小额担保贷款工作先进集体和先进个人的决定（六盘水府发〔2013〕26号）

2013年市政府办公室文件目录

市人民政府办公室关于做好2012年度政府信息公开工作年度报告有关事项的通知（六盘水府办发〔2013〕1号）

市人民政府办公室关于进一步规范发文机关代字的通知（六盘水府办发〔2013〕2号）

市人民政府办公室关于印发六盘水市水源工程建设项目审批程序优化方案的通知（六盘水府办发〔2013〕3号）

市人民政府办公室关于进一步规范政府性投资项目投资审批工作的通知（六盘水府办发〔2013〕4号）

市人民政府办公室关于印发市中心城区“整脏治乱”专项行动工作方案的通知（六盘水府办发〔2013〕5号）

市人民政府办公室关于下达全市2013年争取中央预算内投资目标任务的通知（六盘水府办发〔2013〕6号）

市人民政府办公室关于印发六盘水市国有煤矿企业安全生产监督管理暂行办法的通知（六盘水府办发〔2013〕7号）

市人民政府办公室关于盘江精煤股份有限公司金佳矿发生煤与瓦斯突出事故的通报（六盘水府办发〔2013〕8号）

市人民政府办公室关于印发六盘水市安全生产工作绩效考核奖惩办法的通知（六盘水府办发〔2013〕9号）

市人民政府办公室关于印发六盘水市2013年新型农村合作医疗统筹补偿实施方案的通知（六盘水府办发〔2013〕11号）

市人民政府办公室关于全市2012年第四季度招商引资考核情况的通报（六盘水府办发〔2013〕12号）

市人民政府办公室关于全市2012年度招商引资考核情况的通报（六盘水府办发〔2013〕13号）

市人民政府办公室关于印发六盘水市公共资源交易管理委员会办公室联席会议制度和现场监督管理制度的通知（六盘水府办发〔2013〕14号

市人民政府办公室关于表彰市政府政务服务大厅先进工作者的通报（六盘水府办发〔2013〕16号）

市人民政府办公室关于印发六盘水市煤矿企业兼并重组工作方案的通知（六盘水府办发〔2013〕18号）

市人民政府办公室关于认真做好2013年春运工作的通知（六盘水府办发〔2013〕19号）

市人民政府办公室关于2012年度商务粮食工作目标考核结果的通报（六盘水府办发〔2013〕20号）

市人民政府办公室关于进一步规范市中心城区防空地下室建设及易地建设费收取有关事项的通知（六盘水府办发〔2013〕21号）

市人民政府办公室关于确保2013年第一季度实现开门红的通知（六盘水府办发〔2013〕22号）

关于水城县保华乡“2·26”道路交通事故的通报（六盘水府办发〔2013〕23号）

市人民政府办公室关于2012年度市有关部门向上争取资金补助目标任务完成情况的通报（六盘水府办发〔2013〕24号）

市人民政府办公室关于进一步做好市中心城区土地一级整理促进城市综合体建设城市棚户区改造工作的通知（六盘水府办发〔2013〕25号）

市人民政府办公室关于进一步做好减轻农民负担工作的实施意见（六盘水府办发〔2013〕26号）

市人民政府办公室关于调整六盘水市公安消防部队地方消防经费保障标准的通知（六盘水府办发〔2013〕27号）

市人民政府办公室关于水矿控股集团格目底公司马场煤矿“3·12”煤与瓦斯突出事故的通报（六盘水府办发〔2013〕28号）

市人民政府办公室关于印发六盘水市价格调节基金使用管理实施细则（试行）的通知（六盘水府办发〔2013〕29号）

市人民政府办公室关于印发六盘水市2013年增比进位综合测评考核奖惩暂行办法的通知（六盘水府办发〔2013〕30号）

市人民政府办公室关于2012年度固定资产投资考核情况的通报（六盘水府办发〔2013〕31号）

市人民政府办公室关于印发六盘水市商业保险机构参与经办新型农村合作医疗业务实施方案（试行）的通知（六盘水府办发〔2013〕32号）

市人民政府办公室关于下达2013年全市财政收入任务的通知（六盘水府办发〔2013〕33号）

市人民政府办公室关于印发六盘水市电子公文交换管理暂行办法的通知（六盘水府办发〔2013〕34号）

市人民政府办公室关于印发六盘水市加强品牌建设实施方案的通知（六盘水府办发〔2013〕35号）

市人民政府办公室关于对盘县水城县市安监局迟报漏报突发事件信息的通报（六盘水府办发〔2013〕36号

市人民政府办公室关于印发市“两会”期间市人大代表市政协委员所提意见和建议的通知（六盘水府办发〔2013〕37号）

市人民政府办公室关于印发六盘水市向上争取资金考核办法（试行）及2013年向上争取资金目标任务分解表的通知（六盘水府办发〔2013〕38号）

市人民政府办公室关于印发2013年全市固定资产投资目标任务分解表的通知（六盘水府办发〔2013〕39号）

市人民政府办公室关于印发六盘水市结核病防治规划（2013—2015年）的通知（六盘水府办发〔2013〕40号）

市人民政府办公室关于水城县新街乡“3·29”道路交通事故的通报（六盘水府办发〔2013〕41号）

市人民政府办公室转发市教育局关于建立对乡镇人民政府教育工作进行督导评估制度的意见的通知（六盘水府办发〔2013〕42号）

市人民政府办公室关于印发钟山宾馆债权债务清收清偿及资产移交工作方案的通知（六盘水府办发〔2013〕43号）

市人民政府办公室关于印发六盘水市行政村有线广播电视联网覆盖建设工程实施方案的通知（六盘水府办发〔2013〕44号）

市人民政府办公室关于兑现2012年度全市社会消防安全目标考评表彰先进单位和先进个人的通报（六盘水府办发〔2013〕45号）

市人民政府办公室关于加强红豆杉资源保护的通知（六盘水府办发〔2013〕46号）

市人民政府办公室关于做好2013年建议提案办理工作的通知（六盘水府办发〔2013〕47号）

市人民政府办公室关于印发市中心城区坟墓治理专项行动工作方案的通知（六盘水府办发〔2013〕48号）

市人民政府办公室关于印发市中心城区农贸市场提升改造专项行动实施方案的通知（六盘水府办发〔2013〕49号）

市人民政府办公室关于印发市中心城区占道经营治理专项行动工作方案的通知（六盘水府办发〔2013〕50号）

市人民政府办公室关于印发市中心城区户外广告治理专项行动工作方案的通知（六盘水府办发〔2013〕51号）

市人民政府办公室关于印发市中心城区整治营运车辆运营秩序和车容车貌专项行动方案的通知（六盘水府办发〔2013〕52号）

市人民政府办公室关于印发市中心城区清洁生产专项行动工作方案的通知（六盘水府办发〔2013〕53号）

六盘水市人民政府办公室中共六盘水市委组织部六盘水市人力资源和社会保障局印发关于在全市遴选市人民政府办公室归口单位工作人员实施方案的通知（六盘水府办发〔2013〕54号）

市人民政府办公室关于转发钟山区小街小巷治理工作方案的通知（六盘水府办发〔2013〕55号）

市人民政府办公室关于印发市中心城区停车场清理建设专项行动工作方案的通知（六盘水府办发〔2013〕56号）

市人民政府办公室关于印发市中心城区市场规范建设专项行动方案的通知（六盘水府办发〔2013〕57号）

市人民政府办公室关于印发市中心城区城市管理体制机制建设专项行动工作方案的通知（六盘水府（六盘水府办发〔2013〕58号）

市人民政府办公室关于表彰2012年度批发零售住宿餐饮业先进企业和扶持批发零售住宿餐饮业发展先进单位的通报（六盘水府办发〔2013〕59号）

市人民政府办公室关于印发市中心城区交通秩序整治专项行动方案的通知（六盘水府办发〔2013〕60号

市人民政府办公室关于印发六盘水市实施教育“9+3”计划攻坚方案的通知（六盘水府办发〔2013〕61号）

市人民政府办公室关于印发六盘水市贯彻落实《机关事务管理条例》的实施意见的通知（六盘水府办发〔2013〕62号）

市人民政府办公室关于印发六盘水市机动车环保定期检测及环保检验合格标志核发工作方案的通知（六盘水府办发〔2013〕63号）

市人民政府办公室关于印发六盘水市2013年度地质灾害防治工作意见的通知（六盘水府办发〔2013〕64号）

市人民政府办公室关于明确全市小（1）型及

以上水库和市中心城区暨重点区域防汛责任人的通知（六盘水府办发〔2013〕65号）

市人民政府办公室关于印发六盘水市社会救助申请家庭经济状况核对暂行办法的通知（六盘水府办发〔2013〕66号）

市人民政府办公室关于转发六盘水市“千村千社”建设实施方案的通知（六盘水府办发〔2013〕67号）

市人民政府办公室关于切实做好企业“一套表”调查单位入库工作的通知（六盘水府办发〔2013〕68号）

市人民政府办公室关于印发六盘水市实施教育“9+3”计划考核试行办法的通知（六盘水府办发〔2013〕69号）

市人民政府办公室关于印发六盘水市2013年市级单位公用经费与目标考核挂钩办法（试行）的通知（六盘水府办发〔2013〕70号）

市人民政府办公室印发关于规范报送公文精简文件简报若干规定的通知（六盘水府办发〔2013〕71号）

市人民政府办公室关于印发六盘水市实施教育“9+3”计划问责暂行办法的通知（六盘水府办发〔2013〕73号）

市人民政府办公室关于印发六盘水市消火栓管理办法的通知（六盘水府办发〔2013〕74号）

市人民政府办公室关于印发六盘水市公共厕所管理办法（试行）的通知（六盘水府办发〔2013〕75号）

市人民政府办公室关于印发市中心城区公交站台建设管理办法（试行）的通知（六盘水府办发〔2013〕76号）

市人民政府办公室关于印发六盘水市煤矿驻矿安监员激励考核试行办法的通知（六盘水府办发〔2013〕77号）

市人民政府办公室关于印发六盘水市煤炭税源监控系统管理规定的通知（六盘水府办发〔2013〕78号）

市人民政府办公室关于做好重要生活必需品保供稳价工作的实施意见（六盘水府办发〔2013〕79号）

市人民政府办公室关于印发六盘水市深化医药卫生体制革 2013年主要工作安排的通知（六盘水府办发〔2013〕80号）

市人民政府办公室关于设立六盘水市产业园区建设推进办公室的通知（六盘水府办发〔2013〕82号）

市人民政府办公室关于加强煤矿企业兼并重组期间安全生产工作的通知（六盘水府办发〔2013〕83号）

市人民政府办公室关于大战第四季度全面完成今年实施教育“9+3”计划的通知（六盘水府办发〔2013〕84号）

市人民政府办公室关于印发六盘水市金融机构支持地方经济发展考核奖励办法（试行）的通知（六盘水府办发〔2013〕86号）

市人民政府办公室关于印发“中国凉都·六盘水”政府网站群管理暂行办法的通知（六盘水府办发〔2013〕87号）

市人民政府办公室关于印发六盘水市实施妇女特色手工产业“凉都锦绣计划”工作方案的通知（六盘水府办发〔2013〕88号）

市人民政府办公室关于印发六盘水市政务服务工作管理办法的通知（六盘水府办发〔2013〕89号）

市人民政府办公室转发市林业局关于加快林下经济发展的实施意见的通知（六盘水府办发〔2013〕90号）

市人民政府办公室关于加快商贸流通业发展的实施意见（六盘水府办发〔2013〕91号）

市人民政府办公室关于印发六盘水市支持和鼓励新设银行业金融机构的暂行办法的通知（六盘水府办发〔2013〕92号）

市人民政府办公室关于印发六盘水市市级政府性债务管理办法（试行）的通知（六盘水府办发〔2013〕93号）

市人民政府办公室关于贯彻落实粮食行政首长负责制确保市内粮食安全的实施意见（六盘水府办发〔2013〕94号）